重庆市万盛区志

CHONGQING SHI WANSHENG QU ZHI

（1986—2011）

重庆市万盛区志编纂委员会 编

方志出版社
Publishing House of Local Records

图书在版编目（CIP）数据

重庆市万盛区志. 1986—2011 / 重庆市万盛区志编纂委员会编. -- 北京：方志出版社，2019.3
ISBN 978-7-5144-3514-6

Ⅰ. ①重… Ⅱ. ① 重… Ⅲ. ①万盛区—地方志—1986—2011 Ⅳ. ①K297.193

中国版本图书馆CIP数据核字（2019）第020810号

重庆市万盛区志（1986-2011）

编　　者：重庆市万盛区志编纂委员会
责任编辑：黄　彦

出 版 人：冀祥德
出 版 者：方志出版社
地址　北京市朝阳区潘家园东里9号（国家方志馆4层）
邮编　100021
网址　http://www.fzph.org
发　　行：方志出版社图书经销中心
电话（010）67110500
经　　销：各地新华书店
印　　刷：重庆巴南彩印厂

开　　本：889×1194　　1/16
印　　张：67.625
字　　数：1964千字
版　　次：2019年3月第1版　　2019年3月第1次印刷
印　　数：0001~1000册

ISBN 978-7-5144-3514-6　　定价：350.00元

《重庆市万盛区志（1986–2011）》编纂委员会

（2013年12月11日发文）

顾　问　李明清

主　任　肖　猛

副主任　朱　川

成　员　李光堂　陈春明　唐应良　幸　敏　张习杰

　　　　梁正恒　卢建华　胡文彬　张果安　令狐荣芬

《重庆市万盛区志（1986–2011）》编纂委员会

（2015年11月2日发文）

顾　问　杨晓云

主　任　肖　猛

副主任　朱　川

委　员　唐应良　陈春明　张　勤　幸　敏　张习杰

　　　　刘洪波　卢建华　胡文彬　张果安　令狐荣芬

《重庆市万盛区志（1986–2011）》编纂委员会

（2017年9月4日发文）

顾　问　肖　猛

主　任　袁光灿

副主任　李　川

　　　　胡　俊

委　员　张　林　陈春明　张　勤　杨学明　梁正恒　张习杰

　　　　刘洪波　封云波　张顺林　胡文彬　罗玉平　张果安

　　　　江玉忠　令狐荣芬

《重庆市万盛区志（1986–2011）》编纂委员会办公室

主　任　令狐荣芬

副主任　万　庆

委　员　朱雪峰　周美君　魏　丹　费国容（2014年8月起）

王梓洋（2016年8月起）

《重庆市万盛区志（1986–2011）》编辑部

主　编　令狐荣芬

副主编　万　庆　张仁元（2014年7月–2014年9月）

朱雪峰（2015年8月起）

编　辑　（按姓氏笔画为序排列）

朱雪峰（至2015年8月）

刘　颖（2014年12月–2015年11月）

张仁元（2013年10月–2014年6月）

张怀友（2014年9月–2015年12月）

郑　睿（2014年12月–2015年11月）

黄卓生（2014年5月–2018年5月）

《重庆市万盛区志（1986–2011）》区级审稿人员

（按姓氏笔画为序排列）

万　庆　石泽洪　朱元凯　朱雪峰　孙龙英　周美君　费国容

夏　勇　黄卓生　曾庆福　简云斌　詹一士　戴上林

《重庆市万盛区志（1986–2011）》区级专项审查单位

中共重庆市万盛经济技术开发区工作委员会办公室

重庆市万盛经济技术开发区管理委员会办公室

中共重庆市万盛经济技术开发区工作委员会政法委员会

中共重庆市万盛经济开发区工作委员会宣传部

中共重庆市万盛经济开发区工作委员会统战部

重庆市万盛经济技术开发区国家保密局

重庆市万盛经济技术开发区法制办公室

重庆市万盛经济技术开发区外事办公室

重庆市万盛经济技术开发区统计局

中国人民解放军綦江区人民武装部万盛办事处

重庆市地方志办公室审稿人员

刘文海　夏小平　董宁波　杨祖静

2007年1月19日，中国共产党万盛区第九次代表大会召开

2010年1月29日，万盛区第十六届人民代表大会第五次会议召开

2006年7月25日，中共万盛区第八届委员会第八次会议暨万盛区人民政府全体会召开

2010年1月28日，政协万盛区第七届委员会第四次会议召开

重庆市万盛区行政区划图

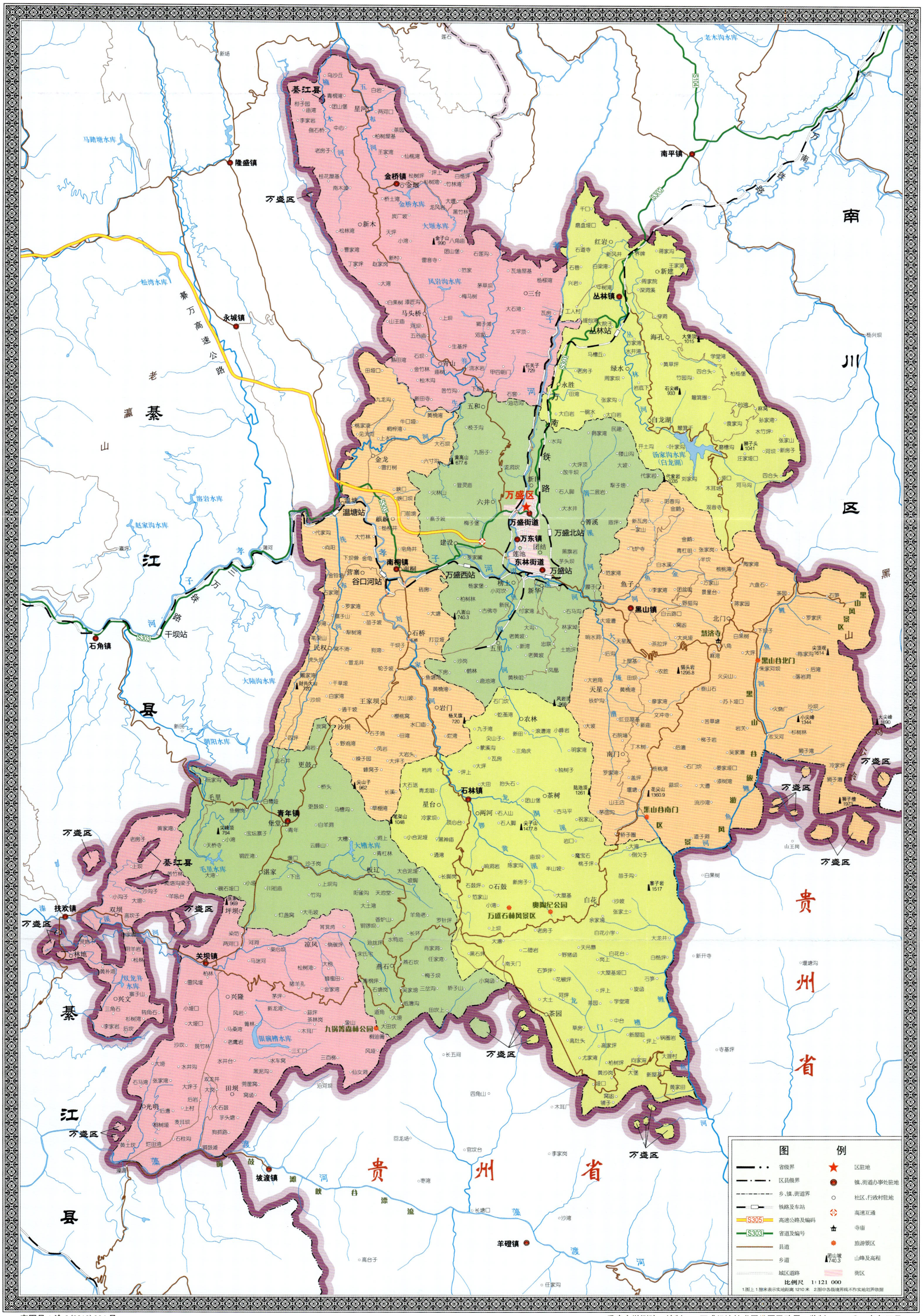

审图号：渝 S(2019)004 号

重庆市勘测院 编制　万盛经济技术开发区民政局 监制　二〇一九年三月

2003年8月4日，万盛区召开学习贯彻“三个代表”重要思想报告会

2009年3月6日，万盛区召开深入学习实践科学发展观活动动员大会

2007年6月16日，重庆直辖十周年暨万盛十大功臣颁奖仪式

2006年12月21日，万盛区政府与桐梓县政府签订《关于加强桐万旅游经济合作的协议》《关于桐万农业和农村经济合作的协议》《关于共同打造渝黔煤电化基地的协议》等区域合作协议

2008年10月28日，重庆煤电化基地綦江·万盛共建共享20万吨醋酸项目合作签约仪式

万盛城区全景（2012年 拍摄）

子如广场（2011年 拍摄）

万盛大道夜景
（2010年 拍摄）

商品房住宅小区（2010年 拍摄）

万盛工矿棚户区改造工程南桐镇八〇一居民安置点（2010年 拍摄）

万盛工矿棚户区改造工程万东镇塔山居民安置点（2011年 拍摄）

青年镇堡堂村朝房居民点（2007年 拍摄）

黑山镇田园风光（2009年 拍摄）

2008年1月3日，重庆市万盛工矿棚户区改造工程开工奠基仪式

万盛工矿棚户区改造工程实施前的南桐镇八〇一工矿棚户区（2008年 拍摄）

龙凤呈祥碑转盘街景
（2007年 拍摄）

开天辟地雕塑（南桐矿业公司建矿七十周年纪念）
（2010年 拍摄）

羽毛球之乡雕塑
（2009年 拍摄）

万盛区旅游环线公路周边农村新居（2009年 拍摄）

万盛城市生活污水处理厂（2011年 拍摄）

2002年4月22日，福耀玻璃集团重庆公司竣工投产庆典仪式

福耀集团万盛浮法玻璃有限公司生产车间（2011年 拍摄）

2011年9月26日，重庆万盛南天门试验风机项目工程开工奠基仪式

2006年12月26日投产的中国国电集团重庆恒泰发电公司1号机组（2006年 拍摄）

万盛工业园区（关坝-青年组团）年产20万吨醋酸项目生产线（2011年 拍摄）

南桐特种水泥公司外景（2010年 拍摄）

万创无缝钢管厂生产车间（2010年 拍摄）

南桐矿业公司和中国煤炭科工集团天地科技股份有限公司合作研发的大倾角煤与瓦斯突出薄煤层综合机械化开采技术，获2010年度国家能源科技进步三等奖。图为南桐煤矿大倾角煤与瓦斯突出薄煤层综合机械化开采工作面（2008年　拍摄）

2002年6月13日10时50分，南桐矿务局鱼田堡煤矿和南桐煤矿矿井发生严重透水事故。图为鱼塘角抢险救灾现场

黑山谷飞鱼瀑布（2010年 拍摄）

黑山谷渝黔大峡谷（2011年 拍摄）

黑山谷水上栈道（2010年 拍摄）

黑山谷北门雪景（2010年 拍摄）

万盛石林石扇（2008年 拍摄）

万盛石林石门
（2011年 拍摄）

万盛石林一线天（2011年 拍摄）

万盛石林天门洞（2007年 拍摄）

铜鼓滩峡谷漂流（2009年 拍摄）

九锅箐机枪台（2013年 拍摄）

万盛樱花温泉(2005年 拍摄)

2004年5月，万盛区第七届苗族踩山会在石林镇举行

2008年2月21日，万盛区举办“中国·美丽山乡”万盛乡村旅游年启动仪式暨“吹吹打打闹元宵”民间吹打比赛

2009年9月26日至10月15日，万盛区第二届采笋节在石林镇茶园村举行。图为游客准备剥采收的竹笋

2009年12月18日，万盛区第三届年猪文化节在石林镇举行

1995年8月8日，重庆——万盛旅游专列“万盛石林”号首发列车驶入万盛站

万盛城区首家四星级酒店——万盛国际大酒店（2011年 拍摄）

黑山谷景区内首家五星级酒店——响水村国际度假酒店（2011年 拍摄）

万东镇五和村梨树种植（2003年 拍摄）

南桐镇民权村花椒种植

关坝镇林地村脐橙

青年镇脆红李

青年镇更鼓村茶园

丛林镇蘑菇种植

金桥镇夜郎贡米种植基地

金桥镇青山萝卜

石林镇南天门方竹笋

黑山镇猕猴桃种植示范园区（2008年 拍摄）

黑山谷红心猕猴桃

万盛水土保持科技示范园（2010年 拍摄）

2004年9月15日，綦江——万盛高速公路通车典礼在万盛收费站举行

綦江——万盛高速公路万盛段温泉大桥（2004年 拍摄）

2009年9月28日，南川——万盛高速公路开工典礼

建设中的南川——万盛高速公路万盛段老房子隧道（2011年 拍摄）

2008年9月17日，关坝镇光明村藻渡河光明大桥建成通车

乡村公路（2008年 拍摄）

旅游环线公路（2007年拍摄）

2007年2月，万盛客运中心（国家二级综合汽车站）投入运营。图为万盛客运中心主体大楼（2008年 拍摄）

2009年12月1日，万盛区率先在全市远郊区县中开通真正意义上的城市公交线路。图为公交101路（建行——建行）首发车

重庆市第四十九中学校A区运动场（2010年 拍摄）

重庆市进盛实验中学校校园全景（2011年 拍摄）

万盛职业教育中心校园全景（2012年 拍摄）

重庆市第一一五中学校园全景（2013年 拍摄）

子如中学校园全景（2011年 拍摄）

东林明德小学校园（2014年 拍摄）

万东镇新华小学校园（2008年拍摄）

关坝镇中心学校校园全景（2012年 拍摄）

2006年6月29日，万盛区庆祝建党八十五周年专场文艺演出

2007年6月18日，万盛区庆直辖十周年“滴翠剑名”杯农民歌咏大赛

2010年10月13日，电影《我11》在丛林镇晋林机械厂旧址开机拍摄。图为拍摄片场

2010年6月5日，首批国家非物质文化遗产——金桥吹打参加中央电视台音乐频道《民歌中国》栏目

重庆市首批非物质文化遗产——万盛苗族踩山会。图为踩山会祭祀大典

伴随国防“三线”建设传入万盛的山西民俗乐舞丛林威风锣鼓

万东镇榜上村“播州界”摩崖石刻（2016年 拍摄）

中华民国政府航空委员会第二飞机制造厂遗址（海孔洞）外景（2010年 拍摄）

清同治十二年(1873年）禁运煤示碑

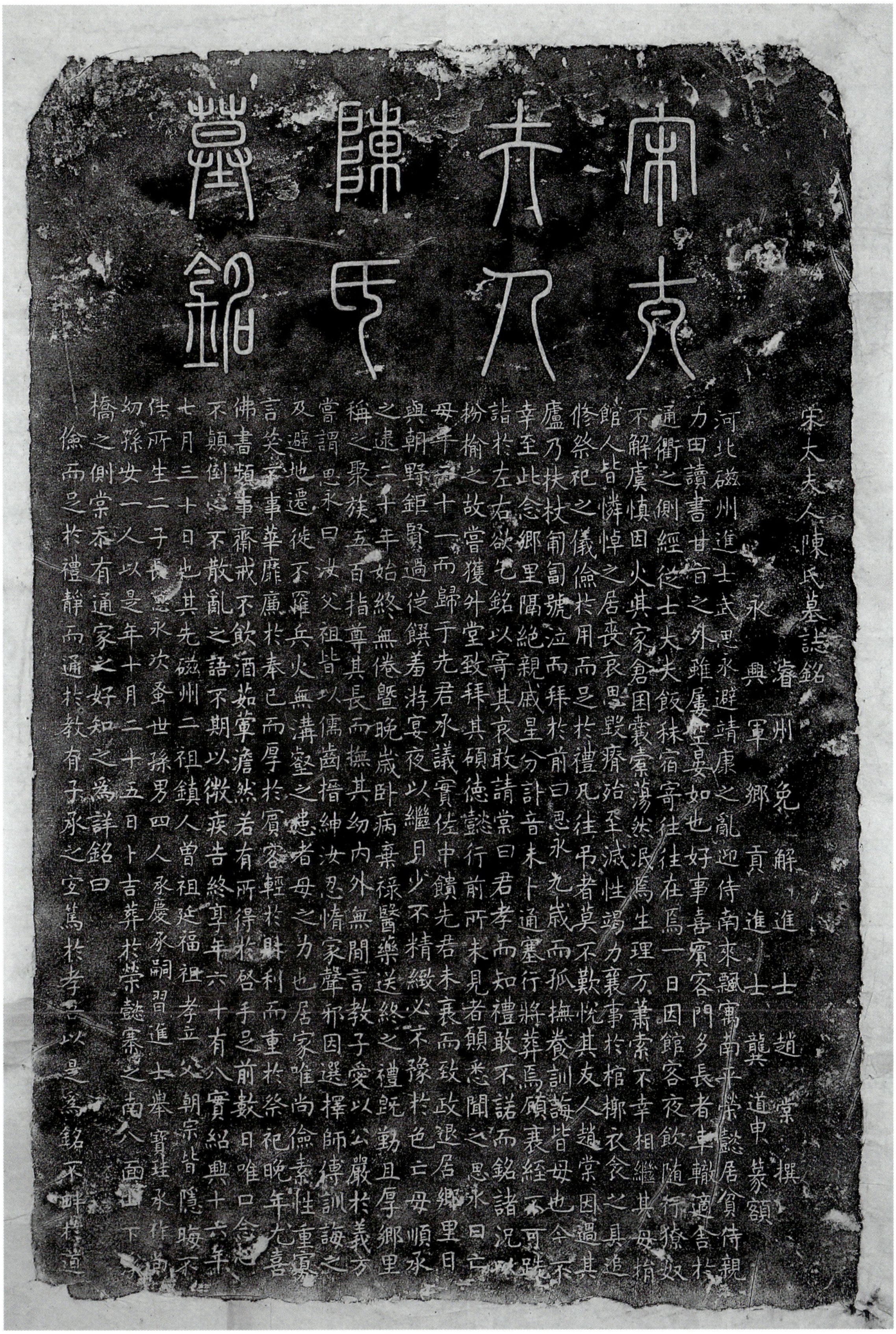

南宋绍兴十六年（1146年）宋太夫人陈氏墓志铭拓印

青年镇飞龙塔（2007年 拍摄）

万盛区地方历史编研成果

金桥镇穿洞坪崖墓群（2016年 拍摄）

2004年8月，南桐镇中心校少儿门球队代表重庆市参加在河北省廊坊市举行的全国少年儿童门球比赛获第三名

2008年8月15日，在第二十九届（北京）夏季奥运会上，万盛籍羽毛球运动员张亚雯（右）获羽毛球女子双打铜牌（重庆市直辖后的首枚奥运会奖牌）

2010年10月16日，中国（重庆）首届羽毛球文化节在万盛文体中心开幕

2010年10月16日，万盛区被国家体育总局乒乓球羽毛球运动管理中心授予中国羽毛球协会后备人才培养基地称号

2010年11月，万盛区第二十九届中小学生田径运动会在重庆市万盛区田家炳中学举行。图为跳高比赛项目

2011年9月10日，黑山谷•龙鳞石海杯全国定向赛在万盛石林景区开幕

万盛文体中心体育馆（2010年 拍摄）

万盛文体中心运动场（2010年 拍摄）

万盛公园内的全民健身广场

万盛公园登山步梯（2009年拍摄）

2002年12月5-6日，万盛区约2万名0～3岁儿童接种首轮脊髓灰质炎疫苗。图为万盛区中医院门诊接种点医生为儿童喂服脊髓灰质炎减毒活疫苗糖丸

万盛区人民医院门诊大楼
（2008年 拍摄）

重庆南桐矿业公司总医院门诊综合楼
（2017年 拍摄）

黑旗岩断层地貌

万盛区海拔最高点——狮子槽（1973米）。图为狮子槽远眺（2010年 拍摄）

孝子河万盛城区河段（2010年 拍摄）

2007年7月12日14时许，万东镇箐溪村李子山社发生山体滑坡，并引发次生泥石流灾害。因监测预防工作得力，人员疏散及时，此次灾害未造成人员伤亡。图为滑坡体

2011年1-8月，万盛区遭遇春夏连续干旱。上图为8月3日万盛区居民饮用水主要供水地汤家沟水库（又名白龙湖）蓄水水位，下图为水库常年同期蓄水水位

序

地之有志，犹国之有史。古人云："治天下者，以史为鉴；治郡国者，以志为鉴。"方志为一地之全史，记山川水土，录要事得失，弘一方文化，展一域文明，实为求训致用、彰往昭来的经世之章。

编修地方志是中华民族的优良传统，盛世修志，志载盛世。《重庆市万盛区志（1986—2011）》的编辑出版是万盛地方志编修史上的一件大事。这是继万盛首部社会主义新方志——《重庆市南桐矿区志》之后的又一部珍贵的地方性文献，也是万盛精神文明建设的又一成果。通览全志，体例完备，史料翔实，文约事丰，时代和地方特色鲜明。它客观反映了万盛二十六年的发展变化，准确记述了万盛改革开放和资源型城市转型取得的重大成果，全面展示了万盛勇于开拓、兼容并蓄的人文情怀。一册在手，各级领导决策有了依据，人民群众记住了乡愁，曾经的过往有了凭证。

五百六十余平方千米秀美山川，厚德载物；二十七万多勤劳智慧人民，自强不息。历史在人民的创造中前行，昨天的万盛已载入史册，明天的辉煌有待我们努力创造。我们要深入学习贯彻党的十九大精神，以习近平新时代中国特色社会主义思想为指引，在实现中华民族伟大复兴的中国梦的社会实践中，不忘初心、牢记使命，锐意进取、埋头苦干，奋力开创万盛经济社会发展新局面，为决胜全面建成小康社会、实现资源型城市成功转型、加快建设美丽幸福现代的新型经济技术开发区而努力奋斗。

我们相信，载入万盛未来史册的，必将是更加灿烂辉煌的篇章！

中共重庆市万盛经济技术开发区工作委员会书记　肖　猛

重庆市万盛经济技术开发区管理委员会主任　袁光灿

2018年6月26日

凡例

一、《重庆市万盛区志（1986—2011）》以马克思列宁主义、毛泽东思想、邓小平理论、“三个代表”重要思想、科学发展观和习近平新时代中国特色社会主义思想为指导，运用辩证唯物主义和历史唯物主义的立场、观点和方法，全面、客观、准确地记述万盛区 26 年的发展变化，力求思想性、科学性和资料性的统一。

二、本志上限为 1986 年，下限为 2011 年。为与《重庆市南桐矿区志》保持连续、衔接，对相关内容做简明扼要地追溯，对《重庆市南桐矿区志》中的少数遗漏、错讹之处，在相关章、节中予以追溯、更正。

三、本志按照越境不书的原则，记述的地域范围以万盛区被撤销前的行政区划为界。

四、本志采用述、记、志、传、图、表和录等多种体裁，以志为主体。

五、本志遵循横排门类、纵述史实的编次原则，坚持以类系事、事以类从、类为一志，以类为主按时间顺序从前往后记述的编写方法。

六、本志除引文外，一律采用语体文；除概述、附录文献和引文外，一律采用记述体，坚持述而不议的原则，将褒贬、功过、得失等皆寓于记述之中。

七、本志汉字的使用以 2013 年国务院公布的《通用规范汉字表》和 1986 年 10 月国家语言文字工作委员会公布的《汉字简化表》为标准，标点符号和数字的使用以 2011 年国家质量监督检验检疫总局和中国国家标准化管理委员会公布的《标点符号用法》和《出版物上数字用法的规定》为标准。

八、本志采用公元纪年，涉及古代年号和民国纪年夹注公元纪年。

九、本志计量单位的使用以 1984 年国务院公布的《中华人民共和国法定计量单位》为标准，少数旧制单位经换算后使用或夹注。书中引述政策性文献内容时，保留文献中的原用单位，如“亩”等。

十、本志中的机构、会议、职务、地名和人物的称谓，一律按不同时期的实际称谓记述；专用名词首次出现用全称，其后可用简称；古（原）地名夹注现地名；科学技术名词及专用术语，一般采用通用的中文名称；以西文字母开头的词语，一般采用夹注方式处理，同时亦沿用少量普及的外语名称。

十一、书中所用图片主要由重庆市万盛经济技术开发区新闻中心、教育局、旅发委、卫生计生局、文广新局、南桐镇政府、关坝镇政府和青年镇政府提供。

十二、本志人物篇设人物传略和名录。人物传略遵循生不立传原则，以卒年为先后序，同年按姓氏笔画为序，主要收录老红军，革命烈士，在万盛区担任过地师级正职（且必须为离休干部）党政军领导，担任过中共中央委员或候补委员的万盛籍人士，万盛区国家非物质文化遗产代表性传承人等。

十三、《重庆市万盛区志（1986—2011）》编纂委员会组成人员只收录发文时名单，后有变化不再收录。

目录

第一篇　政区

第二篇　自然地理

第三篇 人口

第四篇 城乡建设与环境保护

第五篇　经济管理

第六篇　工业

第七篇　煤炭

第八篇　商贸服务

第九篇　旅游业

第十篇　农业

第十一篇　乡镇企业

第十二篇　交通　邮电

第十三篇　财政　税务

第十四篇　金融

第十五篇　招商引资与经济协作

第十六篇 中国共产党万盛区地方组织

第十七篇 人民代表大会

第十八篇　人民政府

第十九篇　政协

第二十篇　民主党派

第二十一篇　社会团体

第二十二篇 政法

第二十三篇　军事

第二十四篇　民政

第二十五篇　人力资源管理与社会保障

第二十六篇　科学技术

第二十七篇　教育

第二十八篇　文化

第二十九篇 体育

第三十篇 医疗卫生

第三十一篇　社会生活

第三十二篇　人物

附录

概述

一

重庆市万盛区位于重庆市南部，渝黔两省市交界地带，北面、东面与重庆市南川区接壤，南面与贵州省桐梓县相连，西面与重庆市綦江县相邻，介于北纬 28°44′～29°07′，东经 106°45′～107°03′。区境南北最长 41 千米，东西最宽 23 千米，边界长约 221.3 千米（与南川区边界 59.1 千米，与綦江县边界 106.7 千米，与桐梓县边界 55.5 千米），面积 565.58 平方千米。2011 年 10 月，辖万盛、东林 2 个街道和万东、南桐、青年、关坝、丛林、金桥、石林及黑山等 8 个镇，有 35 个社区和 57 个行政村。全区有户籍 96007 户，户籍人口 26.83 万人，其中农业人口 12.30 万人，非农业人口 14.53 万人；有常住人口 26.39 万人，其中城镇人口 19.57 万人，农村人口 6.82 万人。人口民族构成以汉族为主，占全区人口 99% 以上，有苗族、土家族、回族、布依族、仡佬族、彝族、壮族、满族、侗族、蒙古族、白族、黎族、藏族、朝鲜族、景颇族、哈尼族、羌族、瑶族、高山族、傈僳族、仫佬族、畲族、水族、傣族和基诺族等 25 个少数民族。区内少数民族人口以苗族为主，占少数民族人口总数 80% 以上。另有待识别民族（穿青人）1 个。区政府驻万盛街道新田路 2 号，距重庆市主城区 73 千米。

万盛区的前身是始建于 1955 年 1 月的重庆市南桐矿区，是因境内煤炭资源开发而设立的重庆市辖区。1993 年 2 月 16 日，民政部批复四川省政府（民行批〔1993〕42 号），同意将重庆市南桐矿区更名重庆市万盛区。2011 年 10 月 22 日，国务院批复重庆市政府（国函〔2011〕129 号），同意撤销重庆市万盛区、綦江县，设立綦江区，以万盛区和綦江县的行政区域为綦江区行政区域。10 月 31 日，中共重庆市委、重庆市政府印发《关于撤销双桥区、大足县设立大足区和撤销万盛区、綦江县设立綦江区有关工作的通知》，决定设立重庆市綦江区和重庆市万盛经济技术开发区。

万盛区地处四川盆地东南缘与云贵高原衔接过渡地带，山川秀美，资源丰富。区境地势东高西低，山脉南北伸展，岭谷相间，高低悬殊。境内最高点黑山镇狮子槽东侧峰顶（海拔 1973 米），最低点南桐镇温塘孝子河出境处河床（海拔 265 米），垂直高差 1708 米。区境内主要地貌为山地。中山及山原占全区面积 88.46%，丘陵占 4.05%，平坝及台地占 7.49%。东部、南部与黔北山区相连，海拔一般在 1000 米以上，流水侵蚀切割作用强烈，多悬崖深谷，石灰岩地区多见岩溶景观；北部、中部和西部，多为海拔 500 米～800 米低山，其间有 300 米～500 米的山丘及山间平坝，地势较开阔，光、温、水较充足，土壤肥厚，是区内粮食、蔬菜的主产区。

万盛区境内无较大河流分布，多是源短流小的山间小溪河，河谷深切，岸坡陡峭。平时水量较少，但一遇暴雨便水量剧增，水流湍急，常淹没农田造成灾害。区内流域面积在 10 平方千米以上的河流有孝子河、丛林河、清溪河、小河（又称鱼田小河）、刘家河、养生河（又称麻坝沟）、洗布河（又称金鸡沟）、溱溪河、藻渡河、鲤鱼河、五布河（又称木洞河）、楠木河和龙门槽等 13 条。上述河流均属长江流域，除五布河、楠木河直接汇入长江外，其余均为綦江支流。

万盛区属亚热带季风气候区，气候温和，降雨丰沛，四季分明，无霜期长，冬暖春早，初夏多雨，夏热多伏旱，秋多绵雨，冬季云多日照少，灾害性天气种类多。山区立体气候明显。1986—2011年，境内年平均气温18.3℃，年平均日照1135.0小时，日照率26.0%，年平均降水量1242.8毫米，年平均无霜期339.2天。

万盛区境内资源丰富，主要矿产资源有煤、硫铁矿、石灰岩、白云石、皂石（俗称黑滑石）、石英砂、水泥黏土和耐火黏土等。煤炭为主要矿产资源，已探明全区煤炭的工业储量为3.79亿吨。全区林地面积287.21平方千米，森林覆盖率47%，常见树种300余种，以松、杉、柏、青杨为主，珍稀树种有香果树、杜仲、银杏、鹅掌楸（俗名马褂木）和武陵木兰（白花树）。区内主要野生动物有黑叶猴、野猪、鹿、狐狸、水獭、红腹锦鸡、红腹角雉、白冠长尾雉、野鸡和斑鸠等。中药材有天麻、苡仁、云木香等117种。万盛风光旖旎，景色秀美，有黑山谷、万盛石林、奥陶纪地质公园、铜鼓滩、九锅箐森林公园和樱花温泉等景区。境内有中华民国航空委员会第二飞机制造厂遗址，金桥镇穿洞坪和关坝镇高坎子、石虎头等十余处东汉至南北朝时期崖墓群，明代"播州界"摩崖划界石刻，南明总兵杨宗枝墓，清"天全寨""禁运煤示碑"和飞龙塔等一批文物古迹；有国家级非物质文化遗产、"巴渝民间十大艺术"之一——"金桥吹打"和重庆市非物质文化遗产——苗族踩山会、后坝狮舞、金桥唢呐传统制作工艺、祝家山红苗服饰传统制作工艺、道竹芦笙传统制作工艺和黑山请水习俗等。

1986—2011年，万盛人民在中共万盛区委、万盛区政府的带领下，坚持以经济建设为中心，科学调整产业结构，适时推进资源型城市转型发展，社会经济快速发展，城乡面貌日新月异，群众物质文化生活不断改善，社会各项事业取得长足进步。2011年，全区地区生产总值617793万元（当年价），人均地区生产总值23410元（按常住人口计算），工农业生产总值806430万元，财政收入114602万元（预算内财政收入76706万元），全社会固定资产投资417740万元，分别是1985年的47.06倍、42.10倍、29.86倍、91.78倍和279.61倍；在岗职工年均工资35631元，农村居民人年均纯收入7255元，居民储蓄余额419669万元，分别是1985年的38.64倍、22.39倍和114.79倍。26年间，国民经济结构发生重大变化。三大产业结构比从1985年的25.58∶65.53∶8.89变化为2011年的9.5∶56.7∶33.8。国民经济所有制结构发生重大变化，非公经济产值占地区生产总值比例从1985年的3.44%发展到2011年的近50%。

1986年后，全区人民思想道德水平不断提高，社会和谐稳定。坚持用党的基本路线和中共十一届三中全会以来党的各项方针、政策教育广大干部、群众。组织实施社会主义思想教育活动，先后开展邓小平理论、"三个代表"重要思想、保持共产党员先进性、科学发展观等学习教育活动，提高党员干部的思想认识水平，使其树立全心全意为人民服务的思想。坚持用社会主义核心价值体系引领社会思潮，把社会主义核心价值体系贯穿于全区干部、群众的思想教育之中，教育人们树立正确的世界观、人生观、价值观。提出并弘扬"艰苦奋斗、团结拼搏、求真务实、开拓创新"的"万盛精神"。开展公民道德建设，加强社会公德、职业道德、家庭美德和个人品德的建设。开展"五讲四美三热爱"活动（讲文明、讲礼貌、讲卫生、讲秩序、讲道德，心灵美、语言美、行为美、环境美，热爱祖国、热爱社会主义、热爱中国共产党），开展"文明单位""文明镇（乡）、村（社区）""文明小区"和"文明个体工商户"等创建活动。1986—2011年，全区创建国家文明单位1个（中国电信万盛分公司）、全国创建文明单位先进单位1个（区地方税务局），国家文明村1个（万东镇五里村）、全国创建文明村镇先进村2个（黑山镇鱼子村、青年镇堡堂村），省级文明单位标兵2个、省级文明单位29个，省级文明村标兵2个、省级文明社区标兵1个、省级文明村8个、省级文明社区5个、省级文明小区4个，区文明行业5个、区文明镇2个、区文明单位标兵68个、区文明单位109个、区文明社区24个、区文明村38个、区文明小区 1 个、区文明个体工商户 24 户。

二

1986—2011 年，万盛区组织实施“七五”“八五”“九五”“十五”和“十一五”5 个五年计划和“十二五”1 个五年规划，工农业生产取得骄人成绩。

农业 不断深化农村改革，筑牢农业基础。在继续完善家庭联产承包责任制的基础上，放活土地经营使用权，鼓励土地承包经营权流转，推动农业适度规模化经营。1998 年，万盛区完成第二轮土地承包工作，统一实行“增人不增地，减人不减地，一定 30 年不变”（1998 年 4 月 1 日至 2028 年 3 月 30 日）的土地延长承包政策。2011 年，全区农村土地流转面积 4285.67 公顷，土地规模经营集中度 52%。实施农村税费改革和农业直接补贴政策，减轻农民负担，提高农民种粮积极性。先后取消专门向农民征收的行政事业性收费，政府性基金，集资和农业税、农林特税收及附加。2006—2011 年，区内农民累计获国家种粮等直接补贴 1.46 亿元，农民年人均获补贴 175.6 元。实施退耕还林工程，改善生态环境。2001—2011 年，累计退耕还林 5200 公顷。农业总产值、增加值从 1985 年的 4436 万元、3359 万元分别增加到 2011 年的 90707 万元、58926 万元。其中种植业总产值从 2543 万元增加到 50925 万元，林业总产值从 198 万元增加到 13486 万元，畜牧业总产值从 1471 万元增加到 22737 万元，渔业总产值从 25 万元增加到 2717 万元。2011 年，全区农作物播种总面积 20480 公顷，粮食作物播种面积 12488 公顷，总产量 45958 吨；经济作物中油料作物种植面积 645 公顷，总产量 1203 吨；蔬菜种植面积 5643 公顷，总产量 149944 吨；茶园面积 813 公顷，茶叶产量 761 吨；果园面积 1934 公顷，水果产量 3610 吨；生猪出栏 90678 头，牛出栏 365 头，羊出栏 8500 只，兔出栏 71910 只，家禽出栏 746500 只；鲜奶产量 428 吨，蜂蜜产量 11 吨，禽蛋产量 2877 吨，蚕茧产量 26 吨，肉类总产量 8451 吨。

工业 积极优化工业结构转型，推动工业生产可持续发展。万盛是一个因煤炭资源的开采而兴起的资源型城市，煤炭采掘业一直占据工业主力军的位置。长期以来，万盛作为重庆市煤炭资源重要供应地，为重庆市经济发展、社会进步和人民生活水平提高做出了重大贡献。因为矿产资源的有限性和不可再生性，万盛经历了一个从煤炭资源开发、繁荣到衰退、转型的过程，出现产业结构单一的问题。2009 年 3 月 2 日，万盛区被国务院确定为全国第二批资源枯竭型城市之一，得到中央政策的大力支持。2010 年 6 月 18 日，重庆市政府印发《促进万盛区资源城市转型发展的意见》（渝府发〔2010〕60 号），为万盛的转型发展作出总体部署。在新的历史时期，借助中央和重庆市政府的政策东风，万盛这座资源型城市涅槃重生，再次起航。根据重庆市产业布局和自身资源及区位特点，万盛区积极发展煤电化工、新型材料、装备制造等三大接续替代产业。三大接续替代产业集中布局，统一规划，形成产业集群和规模效应。煤炭采掘业总产值在工业中的比重从“十五”（2000—2005 年）的 55.8% 降低到“十一五”（2006—2010 年）末期的 46%，减少 9.8 个百分点。2011 年，万盛区有工业企业 169 家，从业人员 28942 人，总产值 715723 万元，增加值 286000 万元，营业收入 700273 万元，利润总额 22844 万元，上缴税金 53876 万元。其中规模以上工业企业 41 家，年均从业人员 20383 人，实现总产值 640727 万元，增加值 267500 万元，营业收入 625273 万元，利润总额 17122 万元，上缴税金 46452 万元。钢材（成品量）、发电量、原煤、水泥、玻璃及其制品和汽车（摩托车）配件等区内主要工业产品产量（产值）分别为 51071 吨、412194 万千瓦时、3679261 吨、1940220 吨、16701 万元和 54499 万元。

商贸和金融 社会消费品市场活跃，商贸持续繁荣，金融服务业不断完善。2011 年，全区社会消费品零售总额实现226684万元，是1985年的22.91倍。其中城镇214215万元，农村12469万元；批发零售贸易业191449万元；住宿餐饮业35235万元。有各类集贸市场16个，注册个体工商户8023户，注册资金23017万元，注册私营企业1565家，注册资金205257万元。外贸进出口总额1281万美元，其中进口878万美元，出口403万美元；利用外资620万美元、内资（市外国内）7.55亿元。招商引资项目25个，招商引资协议资金137亿元，招商引资到位资金205亿元。区内金融机构存款余额66.08亿元（其中居民储蓄存款余额419669万元），人民币贷款余额487934万元（其中个人贷款114443万元）；全区保险费收入12267万元，理赔支出5950万元。

旅游业 随着城市的转型发展，万盛区积极探索新的发展之路。依托境内黑山谷、万盛石林、九锅箐、铜鼓滩和樱花温泉等得天独厚的自然景观资源，以及金桥吹打和红苗文化等一批特色鲜明的人文资源，把旅游产业作为转型发展的重要方向。2009年，全区启动旅游二次创业，回购黑山谷、万盛石林、铜鼓滩三大景区。2011年，区内有挂牌星级酒店7家（五星级2家、四星级1家、三星级3家、二星级2家）、旅行社2家、旅游门市部5家、旅游及相关产业从业人员12000人。全年接待国内外游客511万人次，其中大陆游客508万人次；旅游经济总收入262496万元。

交通邮电 经过26年发展，境内交通网络逐渐形成，邮电通信事业发展迅速，人民的交流方式日益多样、便捷化。2004年9月，綦江—万盛高速公路通车，万盛交通区位条件得到极大改善。2009年，率先在全市远郊区县开通真正意义上的城市公交线路。2011年，区内镇通畅率100%，村通畅率94.7%；镇通客车率100%，村通客车率79%。交通运输、仓储和邮政业总产值20460万元，是1985年的53.46倍。全区公路通车里程1075千米，是1985年的3.19倍，其中等级公路738千米（高速公路7千米）；拥有客运汽车245辆，出租汽车108辆。全区货运周转量570857万吨千米，客运周转量27892万人千米；货运量6036万吨，是1985年的322.09倍；客运量1263万人次，是1985年的1.44倍。邮政业务总量1848万元，邮政业务收入2145万元。电信业务总量11270万元，拥有固定电话用户47962户（为1985年的106.58倍），移动电话用户199257户，互联网用户24290户，程控交换机总容量51128门，移动电话基站484座，电信线路3301千米（其中光缆2129皮长千米，电缆1172皮长千米）。

城市建设 城市人口日益增长，城市规模不断扩大，城市环境得到极大改善。2011年，城市建成区面积11.25平方千米，铺装道路面积76.75万平方米，城市排水管道长75千米，供水管道长253.66千米（为1985年的9.29倍），城市路灯10088盏，开通城区公交线路6条。全年供水总量834.84万吨，其中生活用水349.46万吨；天然气供气量923万立方米，其中生产用气量578万立方米；液化气供应量7385吨，其中生活用气4630吨。全区园林绿地面积409公顷，其中公共绿地面积141公顷，公园面积44公顷。建成区绿化覆盖面积446公顷、覆盖率40.5%，人均公共绿地13.6平方米。生活垃圾清运量6.4万吨，处理量6.4万吨；年污水处理量2252.58万吨。拥有环卫专用车36辆，其中洒水车10辆、洗扫车2辆；拥有城区公共厕所26座，公共垃圾站18座。

三

26年间，万盛区科教文卫事业硕果累累。

教育事业 2011年，全区有中小学校48所，各类学校教师2409人，在校学生30534人，招生8435人，毕业8396人。其中普通中学13所（包括完全中学2所、九年一贯制中学4所），教师1316人，在校学生 15220 人，当年招生 5049 人，毕业生 4899 人；中等职业学校 1 所，教师 103 人，在校学生 2430 人，招生 1157 人，毕业 451 人；小学 35 所，教师 990 人，在校学生 12884 人，招生 2229 人，毕业生 3046 人。幼儿园 37 所，教师 325 人，在园儿童 6653 人，幼儿园招生 3340 人。学龄儿童入学率 100%；小学六年巩固率 100%，毕业率 100%；初中阶段入学率 99.45%，巩固率 99.64%，毕业率 99.36%；高中阶段入学率 96%。“三残”（智残、体残、肢残）儿童入学率 99.2%，脱盲儿童入学率 100%。中考联招上线人数 1105 人、上线率 33.5%，高考上线 1289 人、上线率 76.1%。

群众文化 2011 年，区内有文化事业机构 4 个、剧场（影剧院）1 座、档案馆 1 个，文化馆 1 个，图书馆 1 个，电视台 1 个。图书馆藏书 4 万册，接待读者 2.4 万人次；电视台开播电视节目 45 套。年末有线电视联网用户 5.66 万户，开通数字电视用户 2000 户。全年电影观众 29.7 万人次，艺术演出观众 15 万人次，村村通喇叭 1200 个。农村有线电视“村村通”实现 100%。

医疗卫生 2010 年 8 月，万盛区获重庆市卫生城区称号。2011 年，全区有各级各类卫生机构 127 个，其中综合医院 4 所、中医院 1 所、妇幼保健院 1 所、专科医院 1 所，疾病预防控制机构 1 个，采供血机构 1 个，乡镇卫生院 8 所和社区服务站 4 个等，村卫生室及分室 63 个，民营医疗机构及个体诊所 29 个；病床数 1391 张（医院 1135 张，卫生院 256 张），每千人口床位数 5.2 张；有医疗卫生技术人员 1237 人（高级职称 85 人、中级职称 229 人、初级职称 923 人），每千人口拥有卫生技术人员 4.6 人，其中医生数 1.73 人，护师（士）数 1.88 人；初级卫生保健覆盖率 100%，婴儿死亡率 10.95‰，婴儿出生缺陷率 1.53%。

体育事业 万盛区体育事业基础较好，特别在羽毛球运动项目上有着光荣的历史。2011 年，区内有各种体育场地 590 个，其中体育场馆 2 个；等级运动员 20 人，等级裁判员 15 人。1985—2011 年，区体校先后为重庆市、四川省和国家输送羽毛球专业运动员、教练员 30 名，乒乓球专业运动员 8 名，篮球、举重等专业运动员 6 名，培训等级运动员 1000 余名。

社会保障 2011 年年末，区内社会养老保险参保单位 739 家，参保人数 96815 人，征收养老保险金 25361 万元，发放养老金 31309 万元；城乡基本医疗保险参保人数 201056 人，征收医疗保险金 4748 万元；发放医疗保险金 3723 万元；失业保险参保单位 313 家，参保职工 27113 人，征收失业保险金 1212 万元，发放失业保险金 246 万元；工伤保险参保单位 595 家，参保职工 44689 人，征收保险金 3017 万元，发放工伤保险金 3864 万元；生育保险参保单位 97 家，参保职工 21744 人，征收保险金 212 万元，发放生育保险金 18 万元。区内有社会福利收养单位 14 家，床位 427 张，收养 379 人。

2011 年 10 月，经国务院批准，重庆市调整行政区划，撤销万盛区，设立重庆市万盛经济技术开发区。万盛区走完 56 年的光辉历程。勤劳勇敢的万盛人民在开发区党工委、管委会的领导下，一定能创造更加辉煌的事业和美好的生活，谱写更加绚丽的历史新篇章。

大事记

1986 年

4 月　南桐矿区地方志编纂委员会成立，下设办公室作为常设机构，为区政府直属事业机构。1993 年 5 月，更名万盛区地方志办公室。2001 年 9 月，万盛区地方志办公室被并入万盛区档案局，保留牌子。

5 月 12 日　相声表演艺术家侯宝林一行到南桐矿区讲学并演出，南桐矿务局授予侯宝林荣誉矿工称号。

5 月 29 日　重庆市公安局南桐矿务局公安分局成立，性质为企业公安机构，业务隶属重庆市公安局二处，行政关系隶属南桐矿务局，负责南桐矿务局所辖范围案件侦破和安全保卫工作。

9 月中旬　全国总工会、国家经济委员会授予南桐矿务局红岩煤矿掘进 131 队“全国先进班组”称号和“五一劳动奖状”，罗南钊“全国先进班组长”称号和“五一劳动奖章”。

12 月 4 日　南桐矿区第十届人民代表大会常务委员会审议通过《南桐矿区国民经济和社会发展第七个五年（1986—1990 年）计划》。

是年　南桐矿务局被全国企业整顿领导小组、国家经济委员会评为“企业整顿先进单位”。

1987 年

2 月 24 日　南桐矿务局被中共中央宣传部、国家经济委员会、全国总工会授予“1986 年度全国职工思想政治工作优秀企业”称号。至 1990 年，连续保持此荣誉称号。

3 月 31 日至 4 月 3 日　中共南桐矿区第四次党员代表大会召开，选举吕祥发为区委书记。

是月　南桐矿务局与中科院等单位共同承担的“煤与瓦斯突出综合治理技术”被列入国家“七五”攻关项目。1991 年 5 月 8 日，该项目在北京通过鉴定。

4 月 21 日至 26 日　南桐矿区十一届一次人代会召开，选举刘文渊为区人大常委会主任，选举王成云为区政府区长。

9 月 15 日　中共南桐矿区委、南桐矿区政府印发《关于加强体制的领导和健全体制改革领导机构的决定》，决定成立南桐矿区体制改革领导小组。

10 月 17 日　中共南桐矿区委、南桐矿区政府印发《关于在我区农村进行“队改社”工作的通知》。至是年底，全区 9 个乡镇的 926 个生产队改为 910 个农业合作社。

10月19日至21日　南桐矿区第六次妇女代表大会在区委礼堂召开。会议选举产生区妇联第六届执行委员会、执委会常务委员会，选举张希凤为执委会常务委员会主任。

10月31日　重庆市政府市长肖秧到南桐矿区调研指导工作。

是年　南桐矿务局红岩煤矿被煤炭部定为全国20个大水矿床矿井之一。

1988年

1月1日　《关于贯彻〈四川省计划生育条例〉，调整我区生育政策的通知》（桐府发〔1988〕28号）施行。全区分四类地区执行不同的生育政策。

1月20日　重庆市经济委员会批准南桐矿区民用煤气工程初步设计方案，是月工程动工建设。1989年1月，民用煤气通气试烧成功。

1月26日　南桐矿区监察局成立，为区政府工作部门。

5月10日　南桐矿区万盛乡农村合作基金会成立。至1989年年底，区内各乡镇均成立农村合作基金会。

6月20日　中共南桐矿区委、南桐矿区政府印发《关于深化企业领导体制改革若干问题的意见》，确立厂长（经理）责任制。

9月20日　中共南桐矿区委印发《贯彻中央和省市委关于政法委员会体制改革决定的通知》，撤销中共南桐矿区政法委员会，成立中共南桐矿区委政法领导小组。

10月5日至7日　南桐矿务局举行建矿50周年庆祝活动。

10月16日14时20分　南桐矿务局鱼田堡煤矿23区+20米水平石门发生煤与瓦斯突出事故。突出煤炭9000余吨，堵塞巷道1800米，死亡15人。

11月24日至26日　共青团南桐矿区第七次代表大会在区委礼堂召开。会议选举产生共青团南桐矿区第七届委员会、常务委员会，选举朱光源为书记。

12月6日至8日　南桐矿区科学技术协会第二次代表大会在区委礼堂召开。会议选举产生区科学技术协会第二届委员会，选举尹才安为主席。

12月24日　中国统配煤矿总公司通知：从1982年2月1日四川省煤炭企事业单位划归煤炭部管理时起，南桐矿务局为地（专）级单位。

是月　南桐矿区政府批复同意《南桐矿区城镇总体规划》。

1989年

1月7日至11日　中国统配煤矿总公司防治瓦斯工作会议在南桐矿区召开。

5月5日　万东路（矿山路）第一期工程开工建设，10月30日竣工。是年8月，万盛乡政府驻地至东林万盛火车站段道路扩建工程开工建设。

5月10日至11日　重庆市人大常委会主任于汉卿到南桐矿区调研指导工作。

10月31日　南桐矿区残疾人联合会成立大会在区委礼堂举行。区残联设主席团、执行理事会，主席团由区残疾人代表大会选举产生，执行理事会是区残疾常设机构，负责日常工作。理事长由主席团推举，政府批准，实行理事长负责制。

11月　南桐矿务局羽毛球队代表重庆市赴法国图卢兹市参加1989年国际羽毛球联赛，获女子单打、女子双打、混合双打亚军，男子双打、混合双打第三名。

12月16日　中共南桐矿区委党史工作委员会更名中共南桐矿区委党史研究室。

1990年

1月　中共重庆市委免去吕祥发中共南桐矿区委委员、常委、书记职务，任命何国清为中共南桐矿区委委员、常委、书记。

2月19日至22日　中共南桐矿区第五次党员代表大会召开。

2月22日　中共南桐矿区委五届一次全委会选举何国清为区委书记。

2月25日至3月3日　政协南桐矿区委三届一次会议召开，选举李维焱为区政协主席。

2月27日至3月5日　南桐矿区十二届一次人代会召开，选举郑兴明为区人大常委会主任，李贻盛为区政府区长。

5月23日　中共南桐矿区委政法领导小组更名中共南桐矿区委政法委员会。

6月30日至9月初　南桐矿区遭受旱灾，全区9个乡镇39592户、156131人受灾，农作物受灾10913.33公顷，成灾5866.67公顷，绝收1993.33公顷。

8月21日至23日　重庆市政府市长孙同川到南桐矿区慰问高温天气下坚守岗位的职工。

9月　南桐矿区农机水电局成立。

10月5日　中共重庆市委书记肖秧到南桐矿区调研指导工作。

11月　中国少年先锋队南桐矿区第一次代表大会在区委礼堂召开。会议宣布中国少年先锋队南桐矿区工作委员会成立，选举产生第一届工作委员会。

是月　南桐矿区文学艺术界联合会成立。

1991年

1月8日　重庆市总工会批准撤销重庆市总工会南桐矿区办事处，组建重庆市南桐矿区总工会。

是月　中共南桐矿区委组织部、南桐矿区科委、区人事局授予曾庆固、赵万正、王泽民、彭跃（女）、王万荣、熊荣才、徐德林、唐国强和卢贤盛为南桐矿区首批“知识分子拔尖人才”称号。

3月14日　中共南桐矿区委、南桐矿区政府印发《关于深化我区城乡综合改革的意见》。

5月1日　《南桐矿区“见义勇为”奖励办法（试行）》施行。

6月7日至9日　南桐矿区总工会第一次会员代表大会在区委礼堂召开。会议选举产生区总工会第一届委员会，选举金荣才为主席。

7月25日　中共南桐矿区委印发《关于在农村开展社会主义思想教育工作的意见》。

9月11日　撤销中共南桐矿区委组织部老干部局，组建中共南桐矿区委老干部局。区委组织部代区委管理老干部局。

1992年

5月6日　全区遭受大暴雨袭击，青年镇和景星乡、南天乡雨量超过100毫米，其中景星乡为237毫米。

5月15日　南桐矿区对外经济贸易委员会成立，与区计划经济委员会合署办公，实行两块牌子、一套班子的体制。

6月　南桐矿务局工会干部、印度尼西亚归国华侨、国家级羽毛球教练唐勇入选《中国侨杰列传》（海洋出版社）。

8月　南桐矿务局第三中学校（初、高中部）落成。

9月4日　南桐矿区投资公司成立，挂靠区财政局，属全民所有制事业单位，实行股份制企业化管理。

9月14日　南桐矿务局根据中国统配煤矿总公司文件规定，首次向12000名长期从事煤矿工作的职工颁发荣誉证书和荣誉金。

10月22日至23日　共青团重庆市委基层整体化建设现场经验交流会在南桐矿区召开。

11月3日　重庆市政府批复重庆市农垦局和重庆煤炭工业公司，同意将九锅箐茶场并入南桐矿务局。1993年6月26日，双方在南桐矿务局举行交接仪式。

11月21日　撤销南桐乡、南桐街道，在南桐乡、南桐街道基础上建立南桐镇；撤销青山乡，将其辖区并入金桥乡；撤销万盛乡，在其基础上建立万东镇；撤销关坝乡、丛林乡，在关坝乡、丛林乡基础上分别建立关坝镇、丛林镇。

12月22日　南桐矿区文学艺术界联合会第一次代表大会在区委礼堂召开。会议通过南桐矿区文学艺术界联合会章程，选举产生第一届委员会、常务委员会，选举彭永辉为主席。

1993年

2月15日至18日　中共南桐矿区第六次党员代表大会召开。

2月18日　中共南桐矿区委六届一次全委会选举何国清为区委书记。

2月25日至3月2日　政协南桐矿区委四届一次会议召开，选举唐宗碧为区政协主席。

2月16日　民政部批复四川省政府，同意南桐矿区更名万盛区。4月8日，万盛区举行挂牌仪式。

2月27日至3月4日　南桐矿区十三届一次人代会召开，选举郑兴明为区人大常委会主任，选举李贻盛为区政府区长。

3月22日　万盛区首家典当行——融盛典当商行成立。

4月1日　中共南桐矿区纪委、南桐矿区监察局合署办公。

4月5日　万盛区旅游园林管理局成立，与区城乡建设管理委员会合署办公。

5月22日　万盛区国有资产管理局成立，履行全区国有资产管理职能，与区财政局实行两块牌子、一套班子的体制。

7月10日　中共万盛区委、万盛区政府印发《关于鼓励外商投资的若干规定》《关于鼓励横向经济联合与协作的若干规定》《关于加快发展乡镇企业有关政策的规定》《关于加快发展个体私营经济的若干规定》《关于旅游资源开发优惠政策》。

8月4日　中共万盛区委撤销中共万盛街道委员会、中共东林街道委员会，建立中共万盛街道工作委员会、中共东林街道工作委员会。

8月8日　汤家沟水库工程开工建设，工程计划占地388.03公顷。2001年11月28日，工程竣工，命名为白龙湖水库。

8月18日　中共万盛区委恢复区工商业者联合会。

9月8日　万盛区数字程控本地电话网启动建设，设计容量6000门。

10月30日　南桐矿务局工会被全国总工会授予"全国模范职工之家"称号。

是年　万盛区厂矿家属聚居区的居委会更名家属委员会。更名后，全区有37个家属委员会。

1994年

1月1日　《万盛报》创刊，旬刊、四开四版，区内发行。

2月21日至22日　全区农村工作会议召开。中共万盛区委书记何国清作题为《树立社会主义市场经济观念，促进农业和农村经济更快更好地发展》报告。

4月　南桐矿务局红岩煤矿掘进131队被煤炭部授予"1993年度全国十面红旗"称号。

5月　万盛区政府批转《万东镇小城镇建设实施方案》。全区第一个重庆市试点小城镇建设拉开序幕。

6月29日　万盛区归侨侨眷第一次代表大会在区委礼堂召开。会议宣告万盛区归侨侨眷联合会成立，选举产生第一届委员会，选举刘梦华为主席。

8月　唐宗碧辞去政协万盛区委主席职务。

9月　万盛宾馆动工兴建。1995年4月竣工。

10月16日17时45分　关坝镇铜鼓滩煤矿发生煤与瓦斯爆炸事故，死亡16人。

10月20日至21日　共青团万盛区委第九次代表大会召开。

是月　万盛区首部企业志书——《南桐矿务局志》出版发行。

12月20日　政协万盛区委四届三次全委会选举尤春香为政协万盛区委主席。

1995年

1月28日　中共重庆市委免去何国清中共万盛区委委员、常委、书记职务。

3月23日　撤销万盛区商业局，其宏观管理职能转移至区政府财贸办公室。

5月1日　全区开始实行双休日制度。

5月25日　四川省政府以川府函〔1995〕163号文件批转省环保局《关于红岩煤矿饮用水源被严重污染情况调查及处理意见的报告》，责成南川市南平造纸厂、神童造纸厂限产、停产或转产，控制孝子河流域的严重污染。

8月8日　重庆站、万盛站往返旅游列车（335/336次）“万盛石林号”开通。

10月8日　万盛区建区40周年庆祝大会在区体育馆举行。

10月17日　中共重庆市委任命为姜平中共万盛区委委员、常委、书记。

12月13日　中共万盛区委六届八次全委会召开。会议通过《关于制订万盛区国民经济和社会发展“七五计划”和2010年远景目标的建议》，提出“艰苦奋斗，团结拼搏，求真务实，开拓创新”的万盛精神。

是年　渝州齿轮厂迁往重庆市巴南区鱼洞镇。

1996年

2月23日　中共重庆市委书记张德邻到万盛区调研指导工作。

4月1日　万盛区人民武装部收归军队建制。

5月23日至31日　中国煤矿文工团到南桐矿务局慰问演出40余场。

6月　万盛区人民医院被四川省卫生厅授予二级乙等医院资质。

7月1日　万盛区遭遇暴雨灾害，2个街道和8个乡镇的92个行政村、650个合作社受灾，1人死亡、1人失踪，20家企业停产，直接经济损失1100万元。

9月　煤炭部副部长濮洪九到万盛区考察南桐矿务局多种经营情况。

10月13日　尤治福被四川省政府批准为革命烈士（1994年4月8日，南桐矿务局运销处工务段党支部书记尤治福在扑灭砚石台油坊沟山火中牺牲）。

11月　中国人寿保险有限公司重庆市万盛区经营部成立。

1997年

1月25日　在重庆渝州宾馆召开的国有企业破产兼并和职工再就业座谈会上，国务院总理朱镕基听取南桐矿务局关于减人提效工作汇报。

3月14日　第八届全国人民代表大会第五次会议批准设立重庆直辖市。重庆市万盛区随之划出四川省。

4月30日　中共万盛区党员代表会议召开，选举田建渝、江平万、李贻盛、陈之惠、姜平、魏学彬为出席中共重庆市第一次代表大会的代表。

5月13日至17日　万盛区十三届五次人代会召开。会议接受李贻盛辞去区政府区长职务的请求，选举魏学彬为区长。

7月14日　中共万盛区委国防教育领导小组、万盛区国防教育委员会成立，实行两块牌子、一套班子的体制。

7月15日　万盛区公安分局万盛派出所户籍民警江平万被公安部授予全国特级优秀人民警察称号。

8月　万盛区煤炭工业管理局成立，履行全区煤炭工业管理职能，与区乡镇企业管理局实行两块牌子、一套班子的体制。1998 年 4 月 9 日，与区乡镇企业管理局分设。

9 月 1 日　万盛区邮政编码由 6308 × × 改为 4008 × ×。

9 月 10 日　中共万盛区委、万盛区政府与南桐矿务局成立区局联合发展协调小组。

10 月 25 日　煤炭部副部长濮洪九到万盛区九锅箐考察。

11 月 3 日　万盛区精神文明建设委员会成立。

11 月 27 日　中共万盛区委、万盛区政府聘任朱学稳等 41 人为万盛区国民经济和社会发展战略研究顾问。

12 月 23 日至 26 日　中共万盛区第七次代表大会召开。

12 月 25 日　南桐矿务局总医院获国家二级甲等医院资质。

12 月 26 日　中共万盛区委七届一次全委会召开，选举姜平为区委书记

12 月 29 日至 1998 年 1 月 3 日　政协万盛区委五届一次会议召开，选举尤春香为主席。

12 月 30 日至 1998 年 1 月 4 日　万盛区四届一次人代会召开。会议选举马礼政为区人大常委会主任，魏学彬为区政府区长。

1998 年

2 月　南桐特种水泥厂一期工程动工。1999 年 9 月 8 日，水泥旋转窑点火运行，结束渝南地区水泥生产无旋转窑的历史。

3 月 18 日　重庆市计划生育文化专题现场办公会在万盛区召开。万盛区被确定为重庆市生育文化试验区。

3 月 21 日　万盛工业园区成立。

5 月 11 日　中共万盛区委将中共万盛区委人民武装委员会和万盛区国防动员委员会合并，组建中共万盛区委人民武装委员会暨重庆市万盛区国防动员委员会。中共万盛区委书记任第一主任，区政府区长任主任。

6 月 11 日　中共万盛区委、万盛区政府印发《关于进一步改善投资环境扩大对外开放的决定》，提出鼓励外商投资的财政、土地和“试验地”等优惠政策。

7 月 1 日　万盛区靖丰合作基金会发生挤兑风波。7 月 2 日，波及区内其他 6 家非银行金融机构。7 月 3 日，波及 8 个乡镇的农村合作基金会，全区金融机构和经济秩序受到严重冲击。中共万盛区委、万盛区政府及时采取措施平息风波。

是日　南桐矿务局从煤炭部直接管理改为重庆市地方政府管理。

7 月 8 日　万盛区五交化有限责任公司被重庆商社（集团）有限责任公司兼并，更名重庆市万盛区五交化有限公司。

7 月 23 日至 26 日　万盛区首届苗族踩山会暨旅游漂流节举行。

8 月 6 日 19 时左右　万东镇炭口湾煤矿发生淹井事故，死亡 11 人。

8 月 6 日至 7 日　万盛区遭遇特大暴雨袭击。2 个街道和 8 个乡镇受灾，直接经济损失约 1.3 亿元。正在万盛区调研工作的重庆市政府市长蒲海清到受灾第一线指挥抗洪救灾工作。

8 月 8 日　重庆市人大常委会主任王云龙到万盛区察看水灾受害情况。

9 月 23 日　万盛区抗洪救灾表彰大会召开，表彰先进集体 11 个、先进个人 22 名。

10月22日至23日　万盛区第八次妇女代表大会召开。

12月28日　撤销重庆市公安局南桐矿务局公安分局，组建重庆市公安局东林分局，列入重庆市公安局编制序列。

是日　中共万盛区委、万盛区政府印发《关于加快万盛城市建设的决定》，提出“一城两片”的城市建设布局和建设重庆市山水园林城区、中国优秀旅游城市。

是月　国家重点项目——孝子河流域（万盛段）水污染综合整治工程开工建设。该工程主要包括工业废水治理，城市生活污水治理和生态环境整治等。

220千伏綦（江）万（盛）送电工程（一期）开工建设。该工程是国家重点建设工程二滩水电站的配套工程。1999年11月竣工，2000年8月8日投入运行。

是年　国营平山机械厂迁往重庆市巴南区鱼洞镇。

1999年

1月6日　南桐—关坝二级公路改造工程开工建设，改造长度20.7千米。

1月18日　重庆市劳动局渝劳发〔1999〕2号文件规定，1月起南桐矿务局5900余名集体企业职工纳入万盛区地方基本养老保险。

3月17日　8时51分，关坝镇油坊煤矿1403三段K_3煤层机巷掘进工作面发生煤与瓦斯突出事故，死亡11人。

4月17日　重庆市盐务管理局万盛分局成立。

5月15日　重庆市政府批准黑山—石林景区为重庆市风景区。

5月25日　政协重庆市委主席张文彬到万盛区调研指导工作。

7月1日　万盛区邮政局青年职工陈玲玲被共青团中央、国家经贸委、劳动和就业保障部授予“全国十大杰出青年岗位能手”称号。

8月6日　万盛区首家农村专业合作社——万东果品专业合作社成立。

9月9日　万盛区被国家发展计划委员会、农业部和水利部联合确定为“九五”第二批国家商品粮基地。

9月16日　南桐镇南桐村被中央文明委命名为“全国创建文明村镇先进村”。

9月20日　万盛区政府与贵州省桐梓县勘界工作领导小组签订《联合勘定的行政区域界线协议书》，确定双方边界长55.5千米。

9月22日　南桐总医院被卫生部、联合国儿童基金会、世界卫生组织授予“爱婴医院”称号。

9月28日　重庆朝天门—万盛石林旅游专线班车开通运营。

9月29日至10月3日　万盛区首届美食文化节举行，评定区饮食名店1家、区名特小吃25道。

10月8日　綦万（綦江—万盛）高等级公路开工建设。该公路起于綦江县母家湾，止于万盛区万东镇黄家湾，长32.31千米（万盛区内长7.11千米）。2004年9月15日通车。

12月31日　重庆市万盛区国岭水泥有限公司（原南桐矿务局水泥厂）举行挂牌仪式，交万盛区政府管理。

2000 年

1 月 5 日　重庆市政府代理市长包叙定到万盛区南桐特种水泥公司调研指导工作。

4 月 1 日　南桐矿务局计划生育工作划归万盛区政府管理。

4 月 17 日　万盛区启动第五次全国人口普查。

4 月 22 日　中共重庆市委书记贺国强到万盛区调研指导工作。

4 月 28 日　青年镇湛家村农副产品加工协会成立，是万盛区首家综合性农副产品加工协会。

5 月 16 日　万盛区首家个人独资企业——重庆市万盛区汇鑫铸锻厂成立。

5 月 19 日　中共重庆市委书记贺国强在南桐矿务局东林煤矿实施提前破产的报告上作出批示，要求市级部门帮助南桐矿务局尽快进入破产程序。

6 月 26 日　万盛区与福建省长乐市结为友好区市。

9 月 5 日　万盛区第一次党外知识分子表彰大会召开。

10 月 30 日　南桐矿务局与唐山煤科分院共同研究的"九五"国家科技攻关项目——"典型高硫煤洗选加工利用技术研究"课题通过国家验收。

11 月 14 日　国家经贸委同意南桐矿务局实施债转股 9076 万元，其中华融资产管理公司 7310 万元，中国信达资产管理公司 1766 万元。

11 月 30 日　政协重庆市委主席张文彬率市政协视察团到万盛区考察。

12 月 16 日　万盛区地方历史文化研究会成立。

12 月 18 日　万盛区政府与綦江县政府签订《联合勘定的行政区域界线协议书》，确定双方边界长 106.7 千米。

12 月 20 日　万盛区政府与南川市政府签订《联合勘定的行政区域界线协议书》，确定双方边界长 59.1 千米。

12 月 30 日　南桐矿务局自办的 10 所中小学校（3 所中学，7 所小学）移交万盛区政府。南桐矿务局第一中学、南桐矿务局第二中学、南桐矿务局高级中学分别更名重庆市万盛区东林中学、重庆市万盛区南大门中学、重庆市万盛区高级中学。

2001 年

1 月 1 日　丛林供销社、城东供销社、青年供销社、桃子供销社、南天供销社、腰子供销社、金桥供销社和关坝供销社歇业。是年 12 月 3 日，注销丛林供销社、城东供销社、青年供销社、关坝供销社、金桥供销社、腰子供销社和桃子供销社等 7 个基层供销社，重新注册万东供销社（设城东和丛林两个分社）、青隆供销社（设关坝分社）、石林供销社（设腰子分社）和青灵供销社 4 个基层供销社，改制为股份制企业。

3 月 4 日　石林景区发现约 4.5 亿年前的古生物化石——中华震旦角石。

3 月 6 日　湖北襄樊石油公司收购万盛区石油公司全部资产及部分国有土地使用权，组建重庆市万盛区襄盛石油公司，隶属中国石化销售有限公司重庆石油分公司。该公司在万盛西站附近修建渝南黔北地区最大的万吨油库和7个加油站。

3月16日　关坝—贵州长塘口公路万盛境内段改造工程动工。公路全长29.8千米，区境内长9.8千米。是年9月5日竣工。

5月17日　万盛区被重庆市体委命名为重庆市羽毛球培训基地。

5月19日　重庆万安玻璃有限公司与福耀玻璃集团合资，成立福耀玻璃集团（重庆）有限公司。6月，重庆万安玻璃有限公司被福耀玻璃集团（重庆）有限公司整体收购。

是月　南桐矿务局干坝子洗选厂研制的清净动力煤获国家经贸委颁发的“2001年度国家重点新产品”证书。

6月8日　南桐矿务局林业处生产的“黑山谷”牌林海翠茗绿茶获中国（成都）第二届国际茶博览会金奖。

6月18日　福耀玻璃集团（重庆）有限公司年产60万片汽车夹层玻璃、110万片汽车前后挡风玻璃、200万片汽车钢化侧窗玻璃、3万片大型客车玻璃和1万套汽车防弹玻璃生产线开工建设。2002年4月22日，建成投产。

7月5日22时左右　关坝镇田坝村水井台社发生地表塌陷，塌陷区域最长80米、最宽30米，造成3户村民的住房垮塌。

7月22日至24日　2001年“凯胜杯”全国少年丙组羽毛球比赛（重庆赛区）在万盛体育馆举行。区运动员资登峰获12岁组男子单打冠军。

8月20日　万盛区启动区、乡（镇）两级机构改革。经过调整，中共万盛区委部门从16个撤并为10个，区政府部门从54个撤并为28个。

8月27日　万盛区自来水公司被重庆水务集团收购。

8月30日　中共重庆市委书记贺国强到万盛区四维精美龙头有限公司、福耀集团（重庆）有限公司建设工地和万盛石林调研指导工作。

9月15日　万盛旅游志愿者服务团成立。

10月　万盛区公安分局东林派出所教导员王廷桂（女）被中宣部评为“家庭美德”先进典型。

11月2日　万东镇新华村刀子岩危害整治工程动工。是月15日，竣工。

是月　撤销南天乡、金桥乡，在南天乡、金桥乡基础上分别建立石林镇、金桥镇。至此，全区有万盛和东林等2个街道，万东、南桐、关坝、青年、丛林、金桥和石林等7个镇，景星1个乡。

12月6日　万盛大道工程开工建设。该路北起勤俭路，南至清溪桥，长1671米，宽40米。

是日　重庆市东林煤矿经全国企业兼并破产和职工再就业工作领导小组批准破产。

2002年

1月1日　南桐矿务局管理的32个家属委员会移交万盛区政府管理。

1月31日　南桐矿务局南桐煤矿南翼6408工作面发生煤与瓦斯突出事故，死亡21人。重庆市政府市长包叙定赶赴现场组织指挥救援。

3月14日　中国香港“健康快车”到万盛，为白内障患者免费施行复明手术。

3月28日　中共万盛区党员代表会议召开。会议选举王廷桂（女）、申大华、姜平、程真祥、谢建华和魏学彬为出席中共重庆市第二次代表大会代表。

4月4日至5日　重庆市东林煤矿8个单位（一矿、二矿、三矿、四矿、新田湾井、机械厂、工程处、培训中心）分别召开职代会，讨论通过《重庆市东林煤矿破产方案》。

5月1日　黑山谷风景区开园迎宾。

5月18日　银碗槽水库工程开工建设，为小（一）水库。2003年9月30日竣工。

5月20日　全国企业兼并破产和职工再就业工作领导工作小组办公室同意重庆市东林煤矿进入破产程序。7月19日，重庆市东林煤矿向万盛区人民法院递交破产申请书。11月11日，万盛区人民法院裁定重庆市东林煤矿破产。

是月　万盛区体育总会成立。6月10日，成立大会在万盛宾馆举行。区体育总会是体育法人社团，下设分会9个。

6月11日　中国太平洋保险股份有限公司重庆分公司万盛营销服务部成立。

6月13日10时50分　因刘家河河床塌陷，洪水溃入南桐和鱼田堡煤矿井下。15日21时45分，洪水又冲垮东林煤矿加固的挡水墙，涌入东林煤矿 -100米水平，致973名矿工被困。经30小时抢救，除3名矿工死亡外，其余全部生还。

6月24日至25日　政协重庆市委主席张文彬到福耀玻璃（重庆）配件公司、黑山谷景区和汤家沟水库调研指导工作。

6月25日　万盛区再就业服务中心将南桐矿务局6500余名下岗职纳入管理。

7月5日　黑山—石林旅游环线公路开工建设，全长18.46千米。

7月24日　中共重庆市委副书记、重庆市政府常务副市长王鸿举在南桐矿务局召开救灾复产和破产重组现场办公会。

是日　重庆市政府常务副市长王鸿举、副市长吴家农率市政府18个部门到万盛区现场办公，专题研究万盛产业结构调整和南桐矿务局破产问题。

8月　万盛区首部区志——《重庆市南桐矿区志》出版发行。

9月11日至13日　重庆市人大常委会主任王云龙到万盛区调研指导旅游工作。

10月1日　万盛区首届农产品展览会举行。展会展出特色农副产品100多个，签订农业招商项目17个。

是月　“十一”黄金周期间，重庆市政府市长包叙定到万盛区黑山谷、石林景区调研指导旅游工作。

广进花园综合楼开工建设，是万盛区第一幢商品房。2003年11月13日竣工。

12月5日　红枫综合市场开工建设。该市场占地0.87公顷，建筑面积1.1万平方米。

12月12日　石林景区获AAAA景区资质。

12月26日　中共万盛区个体劳动者协会委员会成立。

12月27日　中共重庆市委免去姜平中共万盛区委委员、常委、书记职务，任命翁杰明为中共万盛区委委员、常委、书记。

12月30日　万盛区十四届人大常委会四十次会议接受魏学彬辞去区政府区长职务的请求，任命孙瑞彬为区政府代理区长。

2003年

1月24日　万盛区全国第二次基本单位普查结束。全区有法人1024个（比“一普”时增加38个），其中企业法人53个，机关事业单位法人269个，社团法人22个，其他法人199个（村、居委会138个）。

是日　重庆市东林三矿（原鱼田堡煤矿）掘进103队队长张前东获中央电视台主办的首届“感动中国”2002年度十大人物称号。是年4月，张前东获“全国五一劳动奖章”。2005年被评为全国劳动模范。

2月18日至21日　中共万盛区第八次代表大会召开。

2月21日　中共万盛区委八届一次全委会召开，选举翁杰明为区委书记。

3月6日至10日　政协万盛区委六届一次全委会召开，选举岳建忠为区政协主席。

3月6日至11日　万盛区十五届一次人代会召开，选举程真祥为区人大常委会主任，孙瑞彬为区政府区长。

3月16日　万盛客运中心开工建设，2005年5月16日竣工，2007年2月投入运营。

3月11日　中共重庆市委副书记聂卫国到万盛区调研指导工作。

3月21日　万盛区综合行政执法局成立，履行全区市容环卫管理、市政管理、城市园林绿化管理行政监督职能。

3月27日　中共重庆市委书记黄镇东到万盛区调研指导工作，为万盛区提出“小而精、小而美、小而富、小而强”的发展目标。

是月　万盛区招商局成立。

4月15日至16日　政协重庆市委主席刘志忠到万盛区调研资源转型、结构调整工作。

4月18日　万盛区行政审批服务大厅启用，首批24个部门在大厅设有服务窗口。

5月　重庆渝川燃气有限责任公司万盛分公司成立。

6月28日　中共重庆市委副书记姜异康到万盛区指导抗洪救灾工作，慰问灾民。

7月15日　重庆方盛电力有限责任公司1×5万千瓦发电机组项目动工。

是月　万盛区规划局成立，由区建设委员会代区政府管理。

8月13日　全国人大常委会副委员长、九三学社中央主席韩启德，九三学社重庆市委主委、重庆市政府副市长谢小军到万盛区调研旅游工作。

8月30日　博赛矿业集团20万吨机焦项目工程开工建设。

9月16日　万盛广场开工建设。该广场占地27534平方米，2005年9月竣工。为纪念实业家、慈善家、教育家和爱国者刘子如“艰苦创业，慈善奉献，忠心爱国”的精神，万盛区政府将广场命名为“子如广场”，重庆市政府市长王鸿举为广场题名。

9月28日　石林—九锅箐旅游公路开工建设，公路全长21.2千米。

10月16日　万盛区启动事业单位机构和人事制度改革工作。

10月18日　万（盛）—桐（梓）公路在石林镇青龙村柏杨坪举行开工仪式，11月15日正式开工。该公路区境内长72千米。

10月20日　南桐矿务局经重庆市国有资产监督管理委员会批准整体改制为重庆南桐矿业有限责任公司，隶属重庆市煤炭工业局管理。11月29日，南桐矿业公司举行成立和揭牌仪式。

是月　万盛区住房公积金管理部成立，隶属区房地产管理局管理。

11月20日　黑山森林公园被国家林业局批准为国家级森林公园。

12月22日　《万盛报》停刊，《今日万盛》创刊。

12月23日　中央歌舞团“三下乡”（文化、科技、卫生下乡）文艺演出团到万盛区慰问演出。

12月24日　黑山谷景区被国家旅游局授予AAAA旅游景区资质。

12月30日　万盛区天然气通气点火仪式在万盛街道松林小区举行。

是年　国营晋林机械厂迁往四川省彭县天彭镇。

2004年

1月1日　撤销万盛报社，组建万盛新闻社。

1月16日　重庆市政府市长王鸿举到万盛区看望和慰问困难群众。

3月8日　三万铁路全线停止旅客运输。

4月8日　全国人大常委会法制工作委员会到万盛区调研立法工作。

4月19日　万盛区召开首次城市房屋（川煤九处清溪桥126～139号危房）拆迁行政裁决听证会。

5月1日　重庆奥陶纪公园工程开工建设。公园规划占地12平方千米。2005年5月1日，一期工程竣工并开园迎宾。

5月10日至10月24日　万盛区第一届运动会在区体育馆举行。运动会设田径、游泳等10个大项、66个小项，产生金、银、铜牌各66枚，打破区纪录6项。其间，21个代表团，1000余名运动员参赛。

5月18日4时左右　关坝镇箐林村村民林某某因婚姻纠纷杀害4人后逃亡。是月22日14时，区公安分局将其抓获。

5月21日至22日　全国政协常委、政协重庆市委副主席、民革重庆市委主委夏培度到万盛区考察，组织召开民革重庆市企业家联谊会暨投资推荐座谈会。

5月26日　万盛区十五届人大常委会十一次会议接受程真祥辞去区人大常委会主任职务和孙瑞彬辞去区政府区长职务的请求。

5月28日　中共重庆市委免去翁杰明中共万盛区委委员、常委、书记职务，任命孙瑞彬为中共万盛区委书记。

6月5日13时5分　因连日大雨，万东镇新华村胡家沟社一山体滑坡，冲垮南桐矿业公司东林煤矿矸石山，20万立方米矿渣沿坡地向前推移500余米，摧毁民房14栋，造成15人死亡、6人失踪，毁坏农田5.33公顷、采石场4个，直接经济损失1500余万元。

6月8日　万盛区十五届人大常委会十二次会议任命程真祥为区政府副区长、代理区长。

6月15日至8月　万盛区调整行政村、村民小组建制。全区行政村、村民小组从92个、912个分别调整为57个、516个。

是月　万盛区招商局和万盛产业园区管理委员会合并，组建新的万盛产业园区管理委员会，挂招商局牌子，实行两块牌子、一套班子的体制。

7月22日　国家安全生产监督总局、国家煤矿安全监督局将国家矿山医疗救护中心南桐（重庆）分中心设在南桐矿业公司总医院。

8月14日　万盛区政府与重庆美华医疗器械有限公司签订一次性医疗器械研发及生产项目协议。

该公司是万盛区首家中美合资企业。

8月24日　南桐总医院获重庆市卫生局授予的职业卫生技术服务机构资质。

是月　重庆市一〇三中学校初三学生梁林福（独臂）在全国残疾人青少年乒乓球比赛中，获同级别第一名。

10月1日　万盛城区24小时禁止机动车鸣笛规定实施。

10月11日　万盛区启动全国第一次经济普查。2006年2月10日，普查结束。

10月20日　“滴翠剑名”“黑山谷”“翠屏”“盛军星”“国岭”“南特”“旗山”等9枚商标被万盛区政府评定为万盛区知名商标。

11月30日　万盛区城市污水处理厂工程动工，工程占地3.33公顷。2007年6月29日，竣工并投产运行。

是日　九锅箐森林公园被重庆市林业局批准为省级森林公园。

12月9日　中国青年志愿者医疗扶贫万里长征服务队到万盛区开展义诊。

12月14日　万盛区盛泉茶厂生产的“石海翠竹”茶获第八届国际茶文化研讨会暨首届蒙顶山杯国际茶文化旅游节名茶金奖。

12月15日　綦江—万盛高速公路出口至万盛城区连接线工程开工建设。该公路起于綦万高速公路出口万盛收费站，止于观井湾，与万东路相连，长1.84千米。2005年12月27日竣工。

是月　意大利元老猕猴桃有限公司投资的16.67公顷猕猴桃示范园落户景星乡。该公司是第一家投资区农业产业的外资企业。

2005年

1月1日　撤销重庆市公安局东林分局，其所属民警及资产被移交万盛区公安分局。

1月28日　中共重庆市委免去孙瑞彬中共万盛区委委员、常委、书记职务，任命张远林为中共万盛区委委员、常委、书记。

2月1日　万盛区第一所港资援建的希望小学——金桥侨兴小学落成。

2月4日至6日　万盛区第一届房交会举行。30多家企业和单位参加，销售商品房338套、28704平方米，成交额3837.85万元。

2月25日至28日　政协万盛区委六届三次全委会召开，接受岳建忠辞去区政协主席职务的请求，选举李钟亮为区政协主席。

万盛区十五届三次人代会召开，选举岳建忠为区人大常委会主席，程真祥为区政府区长。

4月19日　南桐矿业公司、万盛煤炭（集团）有限公司、国电重庆恒泰发电有限公司共同组建重庆联创煤业有限公司，建设兴隆煤矿。该矿设计年生产能力45万吨，开采年限53年。

4月27日　国务院安全生产委员会副主任、国家安全生产监督管理总局副局长王德学率督导组到万盛区检查南桐矿业公司安全生产工作。

是月　万盛区“村村通”广播电视工程开工建设。

5月19日　按重庆市规定，万盛区政府决定从是年起免征农业税及附加。

6月1日　万盛区政府区长程真祥与桐梓县政府县长罗其方在重庆雾都宾馆签订《关于加强经济社会合作发展的备忘录》。

是月　重庆重客隆超市连锁有限责任公司万盛连锁店成立。是年 11 月，东林连锁店成立。次年，南桐连锁店成立。

8 月 15 日　世界跳水冠军高敏专程到万盛区东林煤矿井下体验矿工生活。

8 月 18 日　同创集团董事长兼总经理张明渝向石林镇青龙小学捐资 30 万元，修建同创希望小学。

9 月 5 日　万盛区总商会成立。

9 月 16 日 16 时 40 分　一列从重庆南川区开出的装有焦炭和肥料的火车，行至南川—万盛铁路万东镇新田村枣坪社附近时脱轨，8 节车厢与车头脱离后冲出轨道。脱轨的车厢将附近一个预制板厂厂房砸倒，造成 2 人死亡，2 人受伤。

9 月 22 日　万盛区举行建区 50 周年庆典活动。

9 月 29 日　重庆市第四十九中学校更名万盛区田家炳中学。

是日　綦江县、万盛区、南川市发展研讨会在万盛区举行。会议确定“区域合作，共谋发展”宗旨。

鱼田堡煤矿掘进 103 队队长张前东在北京受到中共中央政治局委员、全国人大常委会副委员长、全国总工会主席王兆国和中共中央政治局委员、中宣部部长刘云山接见。

是月　万盛区首部少数民族志书——《重庆市万盛区苗族志》印刷发行。

10 月 21 日　万盛区慈善会成立。

10 月 26 日　万东镇五里村获全国文明村称号，重庆市电信有限公司万盛分公司获全国精神文明创建先进单位称号。

是月　金桥镇马头桥村村民侯祯碧被全国敬老爱老助老主题教育活动组织委员会评为第二届“全国孝亲敬老之星”。

国电恒泰发电有限公司装机容量 2×30 万千瓦火力发电厂动工建设。

11 月 3 日　万盛区子如研究会、万盛区慈善会子如分会、万盛区子如中学校和万盛区子如小学校挂牌仪式在区子如广场举行。

11 月 11 日　中央先进性教育活动第七巡回组到万盛区检查指导工作。

11 月 14 日　国家煤矿安全监察局局长赵铁锤率第三整顿检查组到万盛区检查南桐矿业公司贯彻国务院第 464 号令情况。

12 月 30 日　青山湖水库工程动工，为小（一）型水库。2007 年 1 月 11 日竣工。2010 年 6 月 2 日交付使用。

12 月 31 日　南桐矿业公司民用供水单位移交万盛自来水公司管理。

是日　南桐矿务局总医院改制为重庆市南桐矿业有限公司总医院。

是年　万盛区财政收入 12324 万元，首次超过亿元。

台塑集团董事长王永庆捐资 50 万元（人民币，下同）新建万东镇建设小学教学楼 1700 平方米，学校更名万东镇建设明德小学；捐资 30 万元援建南桐镇九龙明德小学。2007 年捐资 27.5 万元，援建东林明德小学。2011 年，捐资 70 万元，援建石林小学。

2006 年

1 月 27 日　重庆市政府市长王鸿举、副市长周慕冰到万盛区检查煤矿安全生产。

3 月 12 日　南桐矿业公司获全国煤矿群众安全工作先进集体称号。

3月14日　“黑山雪芽”茶及其基地通过农业部有机食品认证中心认证，成为万盛区第一个有机食品茶业产品品牌。

3月28日　重庆市发展农村党员工作会在万盛区召开。

4月20日　重庆历史名人刘子如生平展室及红岩连线万盛文化室开展仪式在万盛区宣传文化中心举行。

4月25日　万盛区启动全国第二次农业普查工作。

4月26日　万盛区光彩事业促进会成立。

是月　撤销景星乡，在其基础上建立黑山镇。至此，全区有万盛和东林2个街道，万东、南桐、关坝、青年、丛林、金桥、石林和黑山等8个镇。

5月20日　万盛区金桥吹打被列入国务院公布的第一批国家非物质文化遗产名录，编号Ⅱ-52。

5月26日　万盛区农村“户户通电”工程启动建设。

是日　首届重庆青年人才论坛万盛分论坛交流会在区委礼堂举行。万盛分论坛设12个支坛，活动以“转型、创新、发展”为主题，全区各行业100余名青年人才参加活动。

是月　南桐矿业公司南桐选煤厂选煤车间选煤班被中华全国总工会授予“全国五一劳动奖状”。

6月16日　中共重庆市委免去张远林中共万盛区委委员、常委、书记职务，任命程真祥为中共万盛区委书记。

6月18日至10月17日　中国·重庆黑山谷“清凉一夏”美食旅游节举行。其间，接待游客35.38万人次，旅游综合收入4688.37万元。

6月27日　重庆市政府市长王鸿举到万盛区察看万盛电厂建设情况，并参观刘子如生平展室。

6月30日　中共万盛区委、万盛区政府命名刘子如生平展室为万盛区爱国主义教育基地。

是月　万盛籍羽毛球运动员张亚雯获2006年印尼羽毛球公开赛金牌2枚。9月24日在第十五届世界羽毛球锦标赛上获女子双打银牌。

重庆市东林煤矿所属五矿一厂破产单位分别重组为南桐矿业公司的6个分公司，申领营业执照，历时3年的破产重组工作结束。

7月2日　重庆市第二届青少年体育舞蹈锦标赛、第二届体育舞蹈交谊舞锦标赛、第二届体育舞蹈团体舞锦标赛在万盛举行，万盛区代表队获团体一等奖。

7月7日　中国侨联主席林北枢和中国香港来洲投资有限公司董事长林龙安等到万盛区考察。

7月上旬至9月18日　全区范围出现连续高温天气，遭受特大旱灾，造成直接经济损失约1.5亿元。其间，8月15日和9月1日，出现极端高温天气，最高气温44.3℃，为区内有气象记录以来的最高气温。

8月19日　中共重庆市委书记、重庆市人大常委会主任汪洋，重庆市政府副市长陈光国到万盛区指导抗旱救灾工作。

8月22日　万盛区城市垃圾处理场开工建设。垃圾处理场位于南桐镇，占地面积15.33公顷，日处理生活垃圾210吨，是万盛区最大的垃圾处理场。

9月25日　中共重庆市委书记、重庆市人大常委会主任汪洋到万盛区调研资源型城市转型推进工作。

11月2日至3日　中国国民党革命委员会万盛区委员会成立大会召开。会议选举产生民革万盛区委第一届委员会，选举冯天俊为主委。

11月28日至29日　全国人大常委会委员、农业与农村工作委员会副主任王云龙，重庆市人大常委会副主任陈贻举率在渝全国人大代表到万盛区考察万盛电厂、煤矿采空塌陷区、福耀玻璃（重庆）配件有限公司、青山湖水库一期工程。

12月21日　万盛区与贵州省桐梓县区域经济合作工作会在万盛区举行，共商区域发展。

12月28日　重庆煤炭（集团）公司被整体并入重庆市能源投资集团公司，南桐矿业公司成为重庆市能源集团子公司。

是月　《重庆市万盛区军事志（1911—2005）》出版发行。

2007年

1月19日至21日　中共万盛区第九次代表大会召开。

1月21日　中共万盛区九届一次全委会选举程真祥为区委书记。

2月3日至7日　政协万盛区委七届一次会议召开，选举吕进为区政协主席。

2月4日至8日　万盛区十六届一次人代会召开，选举岳建忠为区人大常委会主任，选举向涛为区政府区长。

4月1日至5月31日　万盛区开展打击赌博违法犯罪专项活动，查处涉黄赌治安案件84件，收缴赌金5万元，赌博机86台。

4月3日　中共万盛区委新经济与新社会组织工作委员会成立，是中共万盛区委派出机构，主管全区新经济与新社会组织的党建工作，与区总工会合署办公，实行两块牌子、一套班子的体制。

是月　万盛区启动全国第一次污染源普查。全区有污染源2996个（工业497个、生活1410个、农业1089个），集中式污染治理设施2个。

5月25日　万盛区苗族踩山会、金桥吹打入选重庆市第一批非物质文化遗产名录。

是月　中共万盛区委书记程真祥、万盛政府区长向涛率区考察团到甘肃省白银市学习资源型城市转型经验。

光明大桥开工建设。该桥位于关坝镇光明村藻渡河上，为混凝土拱桥，全长99.59米。2008年9月17日，建成通车。

6月6日　中共万盛区委、万盛区政府授予王茂贵、方建红、傅凤兰（女）、张亚雯（女）、张前东、陈俊、陈守华、罗应金、段昌俊和蒲斌等10人“重庆直辖10年万盛十大功臣”称号。

7月12日2时至13日8时　全区普降特大暴雨。这是1966年有气象记录以来，24小时内降雨量最大的一次暴雨。此次暴雨引起的洪涝、地质灾害造成全区直接经济损失约6500万元。

7月12日16时　暴雨导致万东镇箐溪村李子山发生人面积山体滑坡。滑坡体长270米，宽80米～120米，总土石方约27万立方米。灾害损毁耕地10公顷、农房14栋，致233头牲畜死亡。

7月14日　中共重庆市委书记、重庆市人大常委会主任汪洋到万盛察看暴雨灾情，指导防汛救灾。

7月20日　中共重庆市委书记、重庆市人大常委会主任汪洋到万盛区万东镇箐溪村李子山察看滑坡灾情，高度赞扬箐溪村地质监测员冯光容临危不乱、疏散群众的英雄事迹。

是日　万盛区政府与东方希望集团在重庆雾都宾馆签订20万吨醋酸项目协议。

9月19日　万东镇地质监测员冯光容被重庆市精神文明建设委员会办公室、重庆市总工会、共青团重庆市委和重庆市妇联授予重庆市见义勇为模范。

10月2日17时15分　重庆冠忠公交集团公司万盛分公司一辆客车行驶至綦江—万盛高速公路三角段时被乘客纵火引燃，造成27人死亡。是月5日，该案告破，纵火人为该公司职工萧某某夫妇。

11月7日　重庆市万盛工矿棚户区改造工程指挥部成立。中共万盛区委书记、万盛区政府区长分别任总指挥长、指挥长。

11月8日　重庆市政府市长王鸿举在市政府主持召开研究万盛工矿棚户区改造有关工作的专题会议，听取重庆市万盛工矿棚户区改造工程指挥部总指挥长程真祥的工作汇报。会议确定重庆市政府副市长余远牧牵头，重庆市建委负责指导协调万盛工矿棚户区改造工程，万盛区政府作为责任主体负责实施，南桐矿业公司配合区政府工作。

12月15日凌晨　万丽花园小区发生特大杀人案，一家祖孙3人被杀害。次日16时，凶手岳某某被抓获。

12月20日至26日　万盛区首届年猪文化节在青年镇举办。其间，青年镇与江北区鱼嘴镇结为友好镇。

12月29日　中国邮政储蓄银行有限责任公司重庆万盛区支行成立。

是月　万盛区被重庆市体育局授予“重庆市羽毛球之乡”称号。

2008年

1月3日　重庆市最大规模的“民心工程”——重庆市万盛工矿棚户区改造工程在南桐镇八〇一片区启动。该工程分南桐八〇一、东林、塔山、新田湾和腰子口等5个片区。

1月16日　万盛区第七届社区居民委员会换届选举。选举产生社区主任28人、副主任11人、委员69人。

1月28日　万盛区主题性城市雕塑——万盛羽毛球之乡雕塑在綦万高速公路万盛入口转盘处落成。

1月30日至31日　重庆市政府市长王鸿举到万盛区调研指导工业生产和棚户区改造工作。

2月4日　万盛区田家炳中学被重庆市政府批准为重庆市重点中学。

2月20日　万盛区廉租房一期工程开工奠基仪式在万盛街道浸水垭举行。2009年1月16日，在子如广场举行交房仪式。

2月28日　“万盛热线”网站开通，网址为http://ws.cqnews.net。

3月8日　万盛区政府与云南汇和集团签订年产5万吨高纯镁和3万吨镁合金深加工项目合同。该项目位于万盛工业园区晋林组团。

4月2日　重庆市人大常委会主任陈光国到万盛区调研旅游工作。

4月22日　南桐总医院塔山分院更名重庆市万盛区精神病传染病专科医院，仍隶属南桐总医院。

5月6日至7日　水利部、国家安监总局、长江水利委员会等部门到万盛区检查在建和已建的水利工程情况。

5月13日　吉林省辽源市人大常委会副主任罗俊卿率队到万盛区考察资源型城市转型发展工作。

是日　万盛区首家中意（意大利）合资企业——重庆爱优工业有限公司成立。

5月18日　万盛区收治69名汶川地震重伤员，9月25日痊愈出院。

5月22日　万盛区“心系灾区，情牵汶川”抗震救灾募捐活动在万盛文化广场举行，募集善款512.78万元。

6月1日　万盛电视台节目改版，增设“万盛新闻联播”“10分关注”“民生直通车”“纪录”等多个栏目。

6月26日　万盛文化体育中心开工建设，工程占地面积8公顷，建筑面积3.6万平方米。2010年

9月26日，竣工投入使用。

8月15日　万盛籍羽毛球运动员张亚雯与队友获第29届（北京）奥运会羽毛球女子双打铜牌。这是重庆市直辖以来获得的第一块奥运会奖牌。

10月13日　南桐矿业公司举行建矿70周年庆典。

10月28日　重庆煤电化基地“万盛·綦江共建共享”20万吨醋酸项目合作签字仪式在中共万盛区委礼堂举行。万盛区政府区长向涛、綦江县政府县长徐世国代表双方在协议上签字。

11月12日　南非煤炭工业工程公司总经理维纳德·瑞克斯博士率南非煤矿专家代表团到万盛区参观考察南桐矿业公司东林煤矿和救护大队。

12月3日　万盛区与浙江省乐清市友好合作签约仪式暨经济社会发展座谈会在乐清市新世纪大酒店举行。万盛区政府长向涛与乐清市政府市长潘孝政签订《关于加强经济社会领域合作与发展的框架协议》。

12月13日　中共重庆市委免去程真祥中共万盛区委委员、常委、书记职务，任命向涛为中共万盛区委书记。

12月15日　万盛区十六届人大常委会十四次会议接受向涛辞去万盛区政府区长职务的请求，任命潘毅琴为区政府副区长、代理区长。

12月22日　重庆市最大的资源综合利用水泥项目——南桐特种水泥公司年产220万吨新型干法生产线开工建设。2010年8月26日，工程竣工投产。

12月29日　板辽水库（一期）工程开工建设，为小（一）型水库。2011年11月竣工。

2009年

1月17日至20日　万盛区十六届四次人代会召开，选举潘毅琴为万盛区政府区长。

是月　万盛区青少年体校被国家体育总局授予“2009—2012年国家高水平体育后备人才基地”资质。

2月12日　万盛区机构编制委员会批准设立万盛区农业委员会。3月24日，万盛区农业局、区政府农业办公室（挂区扶贫开发办公室牌子）、区农业综合开发管理办公室合并，组建万盛区农业委员会（挂万盛区农业综合开发管理办公室、万盛区扶贫开发办公室牌子），为区政府组成部门。

2月13日　《万盛区城市总体规划》公布施行。

3月5日　万盛区被国务院纳入第二批资源枯竭城市名单。

3月24日　万盛区政府组建的重庆秘境山乡旅游投资公司（国有独资公司）回购黑山谷、万盛石林、铜鼓滩漂流三大核心景区全部股权。

3月31日　万盛区启动第三次全国文物普查、古籍普查和非物质文化遗产普查。

4月2日　成都军区副司令员董贵山到万盛区考察区人武部建设情况。

4月12日至13日　水利部部长陈雷与在重庆参加全国水土保持工作现场会代表一同到万盛区视察水土保持科技示范园。

4月13日　重庆市第一个国家级水土保持科技示范园——万盛水土保持科技示范园获水利部授牌。

4月16日至21日　中共万盛区委书记向涛率区党政代表团赴河南省焦作市和辽宁省阜新市学习考察资源型城市转型经验。

4月22日　中组部党建研究所副所长岳素花率课题组到万盛区调研改革完善农村基层党组织领导

班子选举办法。

4月23日　全国政协副主席、九三学社中央副主席王志珍，九三学社中央副主席赖明和九三学社中央副主席、重庆市政府副市长谢小军到万盛区参观区水土保持科技示范园。

4月25日至30日　万盛区政府区长潘毅琴率区党政代表团到宁夏回族自治区石嘴山市和宁东能源化工基地及江西省萍乡市，学习考察资源型城市转型经验。

4月28日　全国总工会授予南桐矿业公司红岩煤矿采煤131队“工人先锋号”称号。

5月11日　南桐矿业公司建矿70周年纪念雕塑——“开天辟地”在观景路与万盛大道交叉路口落成。

6月11日至12日　福耀集团董事长曹德旺到万盛区洽谈浮法玻璃项目建设。

6月21日　万盛区首个农民艺术团——青羊民间艺术团成立。

6月22日　万盛籍羽毛球运动员张亚雯任“冷酸灵杯·我是重庆——2009中国重庆城市形象代言人”形象推广大使。

是日　东方希望集团总经理刘永行到万盛区考察煤电化基地建设。

是月　九锅箐森林公园入选十大“重庆中老年最向往的避暑胜地”。

7月3日　重庆市万盛区黑山旅游开发区管理委员会成立，为区政府派出机构，与区旅游局合署办公。

7月22日　万盛区政府区长潘毅琴、副区长黄友明率队到河南省焦作市考察学习资源枯竭型城市转型经验。潘毅琴与焦作市政府市长孙立坤签订《推进旅游产业发展实现资源型城市转型友好合作备忘录》，万盛旅业（集团）有限公司与焦作市云台山旅游发展有限公司签订《结为友好企业合作备忘录》。

是月　中国平安财产保险股份有限公司万盛支公司成立。

8月6日　国家发展与改革委员会国土开发与地区经济研究所副所长王青云率队到万盛区调研资源型城市生态补偿工作。

8月15日　万盛籍运动员张亚雯与队友获2009年世界羽毛球锦标赛（印度海德拉巴）女子双打冠军。

8月19日　重庆万盛国家地质公园获国土资源部批准。

9月1日　《万盛区公共场所禁止吸烟规定》施行。

是日　万盛区青年企业家罗森元获中国科协、财政部授予的“2009年全国科普惠农兴村带头人”称号。

9月26日　中共万盛区委、万盛区政府授予刘子如、张亚雯、张前东“万盛城市英雄”称号。

9月28日　南万（南川—万盛）高速公路开工典礼在南川区水江镇举行。公路全长30千米，万盛境内长14千米。2010年3月25日，万盛段动工建设。

是日　万梨（万盛—綦江梨园坝）公路万盛境内段开工建设。公路全长105.70千米，万盛境内长30.70千米。

10月　万盛区首部地方综合性年鉴——《万盛年鉴（2009）》印刷发行。

11月9日　中共万盛区委书记向涛到河南省郑州市参加中组部和农业部等部门举办的全国党领导的村级民主自治机制工作交流会，作题为《积极探索党领导的村级民主自治工作的有效途径》的交流发言。

11月20日至21日　中共万盛区委书记向涛率队到天津市北辰区、滨海新区考察学习借鉴园区建设、招商引资和产业发展经验。

是月　重庆万盛浮法玻璃有限公司浮法玻璃生产线项目在万东镇建设村万盛工业园区建设组团开工建设。2011年5月，一期工程建成投产。

12月1日　万盛101路（建行—建行）、102路（子如广场—子如广场）无人售票城市环线公交线路开通，同步启用公交IC卡运营系统，票价1元。

12月25日　万盛区人民医院获国家二级甲等医院资质。

是年　万盛区村级组织“五权一体”民主管理运作机制被中组部确定为基层民主典型经验，向全国推广。

2010年

2月3日　万盛工矿棚户区改造工程在南桐八〇一社区举行交房仪式。首批1248户居民领取新居钥匙。

2月25日　国家部委联合调研组资源环境调研小组到万盛区考察南桐煤矿矸石山治理工程。

是月　万盛区体育局荣获2009年全国全民健身活动先进单位称号。

重庆银行股份有限公司万盛支行成立。

万盛区首家养蜂专业合作社——老黑山蜂业专业合作社成立。2011年8月12日，该合作社获自营进出口权。

万盛区盛泉茶厂生产的“黑山翠剑”牌方竹笋被重庆市名牌农产品认定委员会认定为2009年重庆市名牌农产品。

3月18日　国家发展与改革委员会西部开发司组织重庆市和贵州省的相关区（市）县在万盛召开渝黔资源合作专题调研座谈会。

3月19日　万盛区环保局被国务院授予“第一次全国污染源普查先进集体”称号。

3月22日　万盛区丛林镇海孔洞（中华民国航空委员会第二飞机制造厂旧址）和南桐镇麒麟村山顶坡碉堡被确定为重庆市首批抗战遗址。

4月9日　万盛区与山东省枣庄市签订《关于加强资源型城市转型合作发展框架协议》，双方缔结为友好城市。

是日　南桐矿业公司荣获重庆市“五一劳动奖状”。

5月13日　政协重庆市委副主席、民进重庆市委主委陈景秋率队到万盛区签订《第四轮“进盛合作”协议》。

5月20日　万盛区与重庆华强生物科技产业有限公司签订《青山湖湿地公园开发协议》。

5月24日　重庆市政府印发《关于促进万盛区资源型城市转型发展意见》。

5月31日　九三学社万盛区委员会成立大会在区委礼堂举行。九三学社中央副主席、九三学社重庆市委主委、重庆市副市长谢小军到会授牌。会议选举雷瑞宏为主委。

是月　万盛区人民医院荣获重庆市“五一劳动奖状”。万盛区人民医院职工张勇和万盛区田家炳中学校长邱刚获重庆市“五一劳动奖章”。

6月3日　万盛区政府与重庆市科研院、国家镁合金材料工程技术研究中心签订《关于共建重庆（万盛）镁产业基地合作协议》。

6月8日　第二届万盛、桐梓教育交流合作交流会在万盛区田家炳中学举行。

6月22日　中共重庆市委副书记张轩到万盛区调研“创先争优”活动开展情况。

6月23日1时50分至24日3时　万盛区普降暴雨，降雨量93.3毫米，农作物受灾1.79公顷，受灾人口5.55万人，房屋损坏162间，5条主干道塌方100处，沟渠淤堵1800米，机耕道损坏2200米，直接经济损失2014万元。

是日　万盛区首座天然气汽车加气站投入运营。该气站位于万东镇新房子工业园区，占地0.46公顷。

6月26日　英国前副首相约翰·普雷斯科特到万盛区考察黑山谷景区。

6月27日　重庆市旅游大项目工作会在万盛区九锅箐召开。

6月28日　新黑山谷开园仪式在黑山谷景区北门举行。

是月　万盛区首个生猪养殖专业经济组织——石林镇青柏生猪养殖专业合作社成立。

万盛区黑山精品农业园区被重庆市政府确定为首批省级现代农业示范园区。

7月9日　中共万盛区委、万盛区政府在区委大礼堂召开黑山谷景区提升改造工程建设总结表彰大会。会议表彰10名三等功获得者、36个先进集体和100名先进个人。

7月16日　万盛区网络协会成立，中国·重庆万盛网开通。

7月23日　万盛区黑山镇鱼子村大学生志愿者杨雪和万东镇新田村大学生志愿者谢玉梅在重庆市首届大学生村干部创业设计大赛决赛中分别获第一、第二名。

是月　万盛区公布第一批30项非物质文化遗产项目名录。

8月17日　中共万盛区委、万盛区政府召开非公有制经济暨微型企业发展大会。

8月26日　万盛区启动第二轮土地承包确权颁证工作，涉及全区8个镇的57个村、495个合作社，4.2万农户、13.8万人。

8月28日　在北京召开的第十六届亚洲旅游业金旅奖盛典暨大中华区旅游文化大奖会上，万盛区获“亚洲大中华区最具投资价值旅游区”称号，黑山谷风景区获“亚洲区最具魅力风景名胜区”称号。

9月1日　万盛区八〇一小学、重庆市一一五中学和南桐中学合并为万盛区八〇一实验学校。

是日　万盛区婚姻登记中心婚姻登记信息系统与全市联网。

9月8日　中共秦皇岛市委书记王三堂率秦皇岛市党政代表团到万盛区考察旅游工作。

9月14日　万盛区第一个乡镇气象站——黑山气象信息服务站成立。

9月28日　万盛区启动“绿化长江，重庆行动”捐资造林大型公益活动，募资2300万元，其中福耀玻璃集团万盛浮法玻璃公司定向捐款2000万元，专门用于植树造林。

10月16日至12月16日　中国（重庆）首届羽毛球文化节在万盛文体中心举行。文化节由国家体育总局乒羽中心、中共重庆市委宣传部、重庆市体育局、万盛区政府主办。其间，国家羽毛球队总教练李永波被聘为万盛羽毛球文化大使，副总教练、男队主教练钟波被聘为万盛羽毛球队名誉总教练，唐勇被授予万盛羽毛球运动特别贡献奖，彭跃等5人被授予突出贡献奖。

是日　万盛区被国家体育总局命名为中国羽毛球协会后备人才培养基地。

10月29日　全国政协副主席、民革中央常务副主席厉无畏率队到万盛考察黑山谷景区。

是日　万盛区第一个省级农业科技专家大院——万盛区猕猴桃科技专家大院建成。

10月30日至11月5日　“李宁杯”2010年全国青年甲组羽毛球比赛在万盛文体中心举行。

11月1日　万盛区启动第六次全国人口普查。2011年6月22日，普查数据公布。

11月25日　中国电影家协会主席李前宽到万盛区晋林厂旧址考察影视拍摄基地。

11月26日　万盛区青年志愿者、南桐矿业公司电厂职工黄波被共青团中央、中国青年志愿者协会授予第八届“中国青年志愿者优秀个人奖”称号。

12月9日　国务院安全监督委员会综合督查组到万盛区检查指导南桐矿业公司安全工作。

12月14日　万盛区创建重庆市文明城区工作先进区工作通过验收。

12月18日　万盛区创建重庆山水园林城区工作通过验收。

12月30日　万盛区农村土地承包经营权确权颁证现场会在金桥镇马头桥村举行。全区约4万户农户获得重新核查登记的农村土地承包经营权证。

是月　万盛区和平小学被教育部授予“全国学校教育先进单位”称号。

2011 年

1 月 16 日　万盛区举行重庆（万盛）煤电化园区安置房建设工程奠基仪式。

1 月 18 日　国家发展与改革委员会主办、重庆市发展和改革委员会承办，万盛区政府协办的中国资源型城市可持续发展立法前期研究座谈会在重庆举行。这是万盛区首次作为协办单位，协助和承担国家立法的相关研究工作。

1 月 25 日 19 时 38 分　中国神华宁煤集团从宁夏回族自治区发出的“宁煤”（宁夏煤炭）专列抵达万盛站，标志着“宁煤入渝”成功。

2 月 17 日　福耀玻璃（重庆）配件有限公司陈清发获重庆市第三届优秀中国特色社会主义事业建设者荣誉称号。

2 月 22 日　万盛区政府与重庆市地产集团签订《储备土地回购协议》，以 2.2 亿元整体回购该集团在万盛储备的 36.67 公顷土地，用于资源型城市转型建设与发展。

是月　“万盛旅游”微博账号在新浪、腾讯网站开通。

3 月 1 日　刘正金（金桥吹打技艺传承人）、杨银华（万盛苗族踩山会技艺传承人）当选重庆市非物质文化遗产传承人。

3 月 5 日　万盛区政府与美国维多利亚旅游公司签订旅游开发合作框架协议，合作开发大黑山风景区。

3 月 10 日　中央电视台音乐频道“民歌·中国”栏目播出金桥镇农民表演的唢呐曲目《急马出山》。

3 月 10 日至 14 日　万盛区第一批 60 余名领导干部赴陕西省延安市接受革命传统教育。

3 月 19 日　黑山谷景区被 2011 年国际旅游营销博鳌峰会组委会授予国家旅游名片称号。

是日　万盛区公安分局被公安部授予“全国公安机关执法示范单位”称号。

4 月 1 日　万盛区田家炳中学高中学生张俊涛讲演的《三峡移民》获重庆市“中华魂”青少年读书活动演讲赛中学一等奖。

是日　万盛区微型企业协会成立。

4 月 18 日　中国香港旅游团 8 名游客到黑山谷旅游。这是万盛区接待的第一个中国香港旅游团队。

4 月 20 日　万盛区城乡居民社会养老保险首发仪式在南桐镇举行。

是日　重庆市奉节县党政代表团到万盛区考察旅游产业。

5 月 9 日　政协重庆市委副主席、民革重庆市委主委杨天怡率队到万盛区调研资源型城市转型发展。

5 月 10 日至 13 日　重庆市总工会、体育局和万盛区政府联合举办的重庆市 2011 年“黑山谷杯”职工羽毛球赛在万盛文体中心举行。

是日　万盛浮法玻璃有限公司日熔 2 × 600 吨优质浮法玻璃项目第一条生产线投产。

5 月 11 日　万盛资源型城市转型规划通过国家发改委东北司组织的资源枯竭城市转型规划评审。

5 月 11 日至 15 日　全国中小学德育创新高峰论坛暨德育经验交流会在万盛区举行。全国德育教育界 1000 余名教育工作者参会。

5 月 18 日　重庆日报社、重庆电视台、重庆电台、重庆晨报社、重庆晚报社、重庆时报社、重庆商报社和华龙网等8家媒体组成的“民生进行时”大型主题宣传活动报道组到万盛区集中报道工矿棚户区改造、采空沉陷区饮水保障、廉租房建设和农民新村建设等民生工程。

5月19日至20日　辽宁省葫芦岛市党政代表团到万盛区考察资源城市转型经验。

5月21日　提升改造后的万盛石林景区开园。景区总面积约70平方千米，其中核心景区面积约20平方千米，由龙鳞石海景区、奥陶纪公园、椅子台红苗度假区三大部分组成。

5月25日　万盛棚改工程黑山谷大道（万盛火车站—腰子口加油站）竣工通车。

5月29日　西南大学地理科学类实践教育基地落户万盛石林景区。

是日　重庆市首家国际酒店公司直营管理的景区五级星酒店——戴斯圣杰温泉酒店在黑山谷南门开业。

是月　重庆市第二个风力发电场选址万盛区石林镇南天门。该风力发电场由中船重工（重庆）海装风电设备公司投资建设。9月26日，工程开工建设。

6月27日　全区村卫生室实施国家基本药物制度，实行药品“零利润”销售。

6月28日　重庆市第一支区县森林火灾专业扑救队伍——万盛区生态安全及应急处置专业队成立。

7月6日　南桐矿业公司“南桐”牌冶炼精煤获重庆品牌100强称号。

7月14日　《中国共产党重庆历史·万盛区卷》出版发行。

7月25日　重庆市区县妇联主席工作会在万盛召开。

7月31日　在重庆市永川区举行的2011年重庆市青少年国际式摔跤竞标赛上，万盛区运动员获男子74千克、女子58千克级金牌，男子67千克、女子58千克级银牌。

是月　重庆（万盛）镁产业科技园区开工建设。

“黑山谷方竹笋”和“黑山谷猕猴桃”被国家商标局批准注册为地理标志商标。此为万盛区首次获得地理标志商标。

8月6日　万盛城区首家四星级酒店——万盛国际大酒店开业。

是日　万盛区金桥中心校科技辅导员杨波设计的遥控摄像航空母舰获第26届全国青少年科技创新大赛一等奖。

8月30日　重庆市人大常委会《公民报》宣传工作座谈会在万盛召开。

是月　万盛区第一首原创旅游歌曲——《敬酒歌》音乐视频（MTV）制作完成。

9月10日至19日　“黑山谷·龙鳞石海杯”第十八届全国定向锦标赛、第七届全国定向冠军赛在龙鳞石海景区举行。其间，黑山谷·龙鳞石海景区被命名为第一个全国科技体育定向运动训练基地。

9月24日　韩国全罗北道扶安郡守金浩珠率队到万盛区交流旅游发展经验。

9月28日　黑山谷消防站及训练中心在黑山谷景区北门出口举行奠基仪式。该中心占地3.29公顷，总建筑面积8500平方米，主要由消防站、训练中心、士官公寓等组成。

10月14日　民革中央副主席何丕杰到万盛区考察社会服务工作和地区产业发展情况。

10月17日至19日　中国有色金属工业协会镁业分会第十四届年会暨2011年镁业大会在万盛举行。会议由中国有色金属工业协会镁业分会主办，万盛区政府和重庆市科学技术研究院协办。来自国家发展与改革委员会、工信部和科技部等政府机构及镁产业相关企业、科研院所的近500余人参会。

10月19日　万盛区政府与中国有色金属工业协会镁业分会签订战略合作协议，双方将合作共建世界镁规模化应用示范基地。

是日　中国（重庆）镁业高峰论坛在万盛举行。

10月20日　北京、天津、上海和重庆四个直辖市的供销总社主任到万盛区考察龙鳞石海景区，并在景区植下纪念树。

10月22日　国务院批复重庆市政府，同意撤销重庆市万盛区、綦江县，设立重庆市綦江区，以万盛区、綦江县行政区域为綦江区的行政区域。

是日　中国人民解放军第三军医大学大坪创伤专科医院南桐创伤分院揭牌仪式在南桐总医院举行。

10月27日　《中共万盛区委大事简编（1995.01—2011.07）》出版发行。

10月29日　中共重庆市委、重庆市政府印发《关于撤销双桥区、大足县设立大足区和撤销万盛区、綦江县设立綦江区有关工作的通知》（渝委发〔2011〕31号），决定撤销万盛区、綦江县，在万盛区、綦江县的基础上设立綦江区；设立重庆市万盛经济技术开发区；中共万盛区第九届党员代表大会代表履行职责至中共綦江区第一届党员代表大会代表选举产生时为止；万盛区第十六届人民代表大会代表履职至綦江区第一届人民代表大会代表选举产生时为止；政协万盛区第七届委员会委员履职至政协綦江区第一届委员会委员选举产生时为止；中共万盛区委、万盛区人大常委会、万盛区政府、政协万盛区委、中共万盛区纪委、万盛区人民法院和万盛区人民检察院的职能、职权，分别履行至綦江区相应的新机构成立时为止。12月26日，重庆市綦江区、重庆市万盛经济技术开发区政权、管理机构挂牌。

是月　黑山谷景区在第二届国际旅游经济发展论坛上被授予“中国最美养生峡谷”称号。

12月21日　南桐矿业公司兴隆煤矿竣工投产。

是年　南桐矿业公司与中国煤炭科工集团合作的大倾角煤与瓦斯突出薄煤层综合机械化开采技术研究获2010年度国家能源科技进步三等奖。

万盛区遭遇春夏连旱。1—8月，降水量仅为446毫米，比常年同期减少47%，全区各水库可用水量仅为400万立方米（总库容为3400万立方米），大部分山坪塘和小水库干涸，8个镇7.5万人出现饮水困难，4666.67公顷农作物严重受旱。

万盛区田家炳中学恢复重庆市第四十九中学校校名。

第一篇　政区

第一章　境域　建置

第一节　境域

一、位置与面积

万盛区位于重庆市南部，地处北纬 28° 44′ ~ 29° 07′，东经 106° 45′ ~ 107° 03′。区政府驻万盛街道新田路 2 号，距重庆市主城区 73 千米。区境南北最长约 41 千米，东西最宽约 23 千米，面积 565.58 平方千米。

二、边界

万盛区东面、北面与重庆市南川区接壤，西面与重庆市綦江县相邻，南面与贵州省桐梓县相接。区境边界长约 221.3 千米，其中与南川区边界 59.1 千米，与綦江县边界 106.7 千米，与桐梓县边界 55.5 千米。

2011 年万盛区边界情况一览表

表 1-1

<table>
<tr><th colspan="2">万盛区</th><th colspan="2">接壤地区</th><th colspan="2">力盛区</th><th colspan="2">接壤地区</th></tr>
<tr><td rowspan="4">黑山镇</td><td rowspan="3">北门村</td><td rowspan="2">南川区</td><td>南平镇</td><td rowspan="6">南桐镇</td><td>金龙村</td><td>綦江县</td><td>永城镇</td></tr>
<tr><td>金山镇</td><td>温塘村</td><td>綦江县</td><td>永城镇</td></tr>
<tr><td>桐梓县</td><td>狮溪镇</td><td>营寨村</td><td>綦江县</td><td>永城镇</td></tr>
<tr><td>南门村</td><td>桐梓县</td><td>羊磴镇</td><td rowspan="2">民权村</td><td rowspan="2">綦江县</td><td>永城镇</td></tr>
<tr><td rowspan="2">石林镇</td><td>白花村</td><td rowspan="2">桐梓县</td><td>狮溪镇</td><td>石角镇</td></tr>
<tr><td>茶园村</td><td>羊磴镇</td><td>沙坝村</td><td>綦江县</td><td>石角镇</td></tr>
</table>

续表

万盛区		接壤地区	
青年镇	燕石村	桐梓县	羊磴镇
青年镇	毛里村	綦江县	石角镇
青年镇	更鼓村	綦江县	石角镇
关坝镇	双坝村	綦江县	石角镇
关坝镇	双坝村	綦江县	扶欢镇
关坝镇	林地村	綦江县	扶欢镇
关坝镇	兴文村	綦江县	扶欢镇
关坝镇	光明村	綦江县	扶欢镇
关坝镇	光明村	綦江县	赶水镇
关坝镇	田坝村	桐梓县	坡渡镇
关坝镇	田坝村	綦江县	赶水镇

万盛区		接壤地区	
金桥镇	三台村	南川区	石莲乡
金桥镇	星河村	綦江县	隆盛镇
金桥镇	金堰村	南川区	石莲乡
金桥镇	金堰村	綦江县	隆盛镇
金桥镇	新木村	綦江县	永城镇
金桥镇	新木村	綦江县	隆盛镇
丛林镇	红岩村	南川区	南平镇
丛林镇	红岩村	南川区	石莲乡
丛林镇	新建村	南川区	南平镇
丛林镇	海孔村	南川区	南平镇
丛林镇	白龙湖村	南川区	南平镇

第二节　建置沿革

商、西周、春秋时期及战国前期，区境为巴国地。

周慎靓王五年（公元前 316 年），秦惠王遣司马错领兵灭蜀国、巴国，建秦之蜀郡、巴郡，区境为巴郡地。

秦王政二十六年（公元前 221 年）秦始皇统一六国后，至西汉元封四年（公元前 107 年），区境属巴郡地。

西汉元封五年（公元前 106 年），在四川盆地设置益州，巴郡归益州管辖。区境属益州巴郡地。

东汉兴平元年（194 年），益州牧刘璋三分巴郡：垫江以北为巴郡，江州至临江为永宁郡，朐忍至鱼复为固陵郡。区境属益州永宁郡地。东汉建安六年（201 年），永宁郡复称巴郡。

南朝梁太清四年（550 年），武陵王萧纪于巴郡置楚州，巴郡归楚州管辖。北朝西魏大统十七年（551 年）改楚州为巴州。北朝北周闵帝元年（557 年）又改巴州为楚州。区境先后属楚州巴郡、巴州巴郡和楚州巴郡地。

隋开皇三年（583 年），废除郡一级地方行政区划，将州、郡、县三级地方行政区划精简为州、县二级。废巴郡，改楚州为渝州。区境属渝州地。隋大业三年（607 年），改州为郡。渝州改为巴郡，区境属巴郡地。

唐武德元年（618 年），又改郡为州。巴郡又改为渝州。区境属渝州地。《元和郡县图志》卷三十·“江南道六·溱州”载：“太宗贞观十六年（642 年）有渝州万寿县人牟智才上封事，请于西南夷窦渝之界招慰不庭，建立州县。至十七年（643 年）置（溱州），以南有溱溪水为名。”[①]溱州辖荣懿、扶欢、

① 另据《旧唐书·地理志》《新唐书·地理志》载，唐置溱州时间为贞观十六年（642 年）。

乐来三县（均为与州同时所置），州及荣懿县治所在今万盛城区，扶欢县在今綦江县扶欢镇境内，乐来县治地不详。唐咸亨元年（670年），废乐来县。唐天宝元年（742年），改州为郡，溱州更名溱溪郡。唐乾元元年（758年），又改郡为州，溱溪郡复名为溱州。唐末，溱州沦为羁縻州。

五代史十国时期，溱州仍为羁縻州，先后隶属楚和后蜀。

北宋庆历八年（1048年），以羁縻溱州隶渝州。熙宁四年（1071年），朝廷平定当地南平僚人叛乱后，以荣懿、扶欢两县地置荣懿、扶欢两寨，②隶渝州。至此，溱州已仅存名号而已。

北宗熙宁八年（1075年），③朝廷再次平定当地南平僚人叛乱后，废溱州及属县，设南平军，④领南川（今綦江县）、隆化（今南川区）两县和扶欢、荣懿等寨堡。区境为南平军所辖荣懿寨全部和扶欢寨及南川、隆化两县部分区域。

元至元二十二年（1285年），废南平军及南川县（今綦江县），改隆化县（今南川区）为南川县，并以原南川县地置南平綦江长官司，辖境内寨的建制亦随之被废。南川县、南平綦江长官司分别隶隶四川省重庆路总管府、四川省播州宣慰使司。至元二十九年（1292年）播州宣慰使司改隶湖广省。区境为南平綦江长官司和南川县属地。从1285年起直至1955年，区境内不再有县级及以上行政区划建制。

元至正二十三年（1363年），明玉珍据蜀称帝，在重庆建大夏国。是年，改南平綦江长官司为綦江县。直至明四年（1371年），区境大部分为明氏政权所有。区境分属綦江、南川两县及播州长官司。

明洪武四年（1371年），灭明氏大夏国。洪武五年（1372年），置播州宣慰使司，领草塘和黄平两安抚司，真州、播州、余庆、白泥、容山和重安6长官司，隶四川省。洪武九年（1376年），改行省为布政使司。洪武十年（1377年），撤南川县，辖境被并入綦江县。洪武十三年（1380年），复置南川县。洪武十五年（1382年），播州宣慰使司改隶贵州都指挥使司。洪武二十七年（1394年），播州宣慰使司复隶四川布政使司。区境分属四川布政使司重庆府綦江、南川两县及播州宣慰使司播州长官司。

明神宗平定播州土司杨应龙叛乱后，于万历二十九年（1601年），分播州地置遵义军民府（隶四川布政使司）和平越军民府（隶贵州布政使司）。遵义军民府领遵义、桐梓、绥阳和仁怀4县。区境分属四川布政使司重庆府綦江、南川县和遵义军民府桐梓县。

清顺治三年（1646年），改布政使司为省。清康熙二十六年（1687年），改遵义军民府为遵义府。区境分属四川省重庆府南川、綦江两县和遵义府桐梓县。清雍正六年（1728年），遵义府改隶贵州省。区境分属四川省重庆府南川、綦江县和贵州省遵义府桐梓县。

清宣统三年（1911年）十月初二（11月22日），重庆独立，成立蜀军政府。民国元年（1912年）3月，蜀军政府和四川军政府合并。重庆设重庆镇抚府，辖川东南五十四州、厅、县，南川、綦江县隶之。是年，贵州省设都督府。

民国2年（1913年），废府、州、厅，设道辖县。南川县、綦江县隶属四川省川东道（道治在巴县，今渝中区），桐梓县隶属贵州省黔中道。区境地分属四川省川东道南川、綦江县和贵州省黔中道桐梓县。

民国3年（1914年），川东道改为东川道。

民国17年（1928年），废除道一级行政区划。区境地分属四川省南川、綦江两县和贵州省桐梓县。

---

② 寨：北宋、南宋时期一种政区建制，与县同级，一般设在边疆或少数民族聚集区域。

③ 据《续资治通鉴长编》《宋史·地理志》。另据《文献通考》载，时间为熙宁七年（1074年）。

④ 军：北宋、南宋时期一种政区建制，与州同级，一般设在边疆或少数民族聚集区域。

1950年1月，中央人民政府撤销四川省，将其辖地划分为川南、川北、川东和川西4个行署区及重庆市，隶属中共中央西南局。行署区下设专区，南川县隶属川东行署区涪陵专区，綦江县隶属川东行署区璧山专区。桐梓县隶属贵州省遵义专区。1951年，璧山专区改为江津专区。区境分属川东行署区涪陵专区南川县、江津专区綦江县和贵州省遵义专区桐梓县。

1952年9月，撤销川北、川南、川东和川西4个行署，将其合并为四川省；綦江县改隶西南局重庆市。区境分属四川省涪陵专区南川县，西南局重庆市綦江县和贵州省遵义专区桐梓县。

1953年3月，重庆市改为中央政府直辖市，綦江县改隶四川省江津专区。区境分属四川省江津专区綦江县、涪陵专区南川县和贵州省遵义专区桐梓县。1954年7月，撤销重庆直辖市，改为四川省辖市。

1955年1月21日，国务院以〔1955〕国政常字第6号文批复四川省政府，同意在四川、贵州两省交界处，包括四川省南川县第十区7个乡镇（万盛镇，邓家、大垭、腰子、丛林、簸箕和松林乡），綦江县3个乡（建设、青年和金灵乡），贵州省桐梓县第十区全区17个乡（桃子、王家坝、民权、营寨、天桥、上坝、兴文、坪坝、中朝、箐林、板辽、茶园、庙坝、大坝、农林、景星和青山乡），共27个乡镇（含南桐、东林等煤矿区），建立重庆市的一个市辖区，名称定为重庆市南桐矿区。"南桐"取自南川县和桐梓县县名首字（因区境大部分辖区原属南川县和桐梓县），"矿"字因境内煤炭资源丰富，因矿设区，故名"南桐矿区"。8月16日，重庆市南桐矿区政权机构成立，驻万盛镇。

南桐矿区区名与区政府驻地名不一致，且区名与辖区内的南桐乡、南桐街道和南桐矿务局及南桐煤矿等单位同名，造成名称重叠混乱，影响区内各单位和人民群众的对外交往，且不便于地名管理，区内干部群众要求更改区名的呼声较为强烈。1992年12月5日，四川省政府向国务院上报《关于重庆市南桐矿区更名万盛区的请示》。1993年2月16日，民政部以民行批〔1993〕42号批复四川省政府，同意将重庆市南桐矿区更名重庆市万盛区。"万盛"取自区政府驻地万盛街道。万盛街道曾先后有荣懿镇、甑子上等名，清初始称万盛场，寓意万业隆盛。

1997年3月14日，全国人大八届五次会议批准设立重庆直辖市。重庆市万盛区随之划出四川省。

2011年，重庆市政府先后向国务院上报《关于部分区县行政区划调整的请示》（渝府文〔2011〕10号）和《关于部分区县行政区划调整的补充请示》（渝府文〔2011〕31号）。是年10月22日，国务院以国函〔2011〕129号文批复重庆市政府，同意撤销重庆市万盛区、綦江县，设立重庆市綦江区，以万盛区、綦江县行政区域为綦江区的行政区域。

2011年10月31日，中共重庆市委、重庆市政府印发《关于撤销双桥区大足县设立大足区和撤销万盛区綦江县设立綦江区有关工作的通知》（渝委发〔2011〕31号），决定撤销万盛区、綦江县，设立綦江区、重庆市万盛经济技术开发区。12月26日，重庆市綦江区、重庆市万盛经济技术开发区挂牌。

第二章　行政区划

第一节　街道　乡镇

1986 年，南桐矿区辖万盛、东林和南桐 3 个街道，青年 1 个镇，万盛、南桐、关坝、丛林、金桥、青山、南天和景星 8 个乡。

1992 年 11 月，撤销南桐乡、南桐街道，在南桐乡、南桐街道基础上建立南桐镇；撤销青山乡，将其辖区并入金桥乡；撤销万盛、关坝、丛林乡，在万盛、关坝、丛林乡基础上分别建立万东镇、关坝镇、丛林镇。

2001 年 11 月，撤销南天、金桥乡，在南天、金桥乡基础上分别建立石林镇、金桥镇。

2006 年 4 月，撤销景星乡，在景星乡基础上建立黑山镇。

2011 年，万盛区辖万盛和东林 2 个街道，万东、南桐、关坝、青年、丛林、金桥、石林和黑山等 8 个镇。

第二节　社区　行政村

1986 年，全区有 92 个村，34 个居民委员会。

1986 年南桐矿区居民委员会、行政村一览表

表 1–2

乡镇 街道	居民 委员会	行政村	名称
万盛街道	11	0	一段、浸水垭、二段、万新路、建设段、新田段、莲池段、勤俭路、永红村（红岩煤矿）、砚石台（南桐矿务局四井）、建钢村
东林街道	11	0	一段、二段、三段、四段、五段、六段、七段、八段、九段、十段、十一段
南桐街道	11	0	桃子街道、北门村、四湾村、观音岩村、南门村、新工村、王家坝村、动力村、八〇一村、十二段、五〇一村
青年镇	1	11	居民委员会：青年街道 行政村：青年、堡堂、湛家、堰口、大漕、板辽、更鼓、均田、安乐、毛里、燕石
万盛乡	0	17	建设、六井、迎峰、五和、新田、莲池、团结、皂角、民建、箐溪、新华、榜上、新民、五里、鹤林、六合、凤凰

续表

乡镇街道	居民委员会	行政村	名称
南桐乡	0	14	南桐、麒麟、峡口、金兰、温塘、营寨、民权、九龙、沙坝、风岩、王家坝、岩门、石桥、工农
关坝乡	0	10	上坝、中坝、林地、兴文、坪坝、凉风、箐林、兴隆、田坝、光明
丛林乡	0	8	丛林、红岩、新建、海孔、永胜、绿水、七龙、白果
南天乡	0	12	星台、农林、两河、园场、大坝、庙坝、大坪、猪行、白花、青龙、和平、柏树
景星乡	0	9	金鹅、鱼子岗、天星、农胜、前进、八角、新场、石门、石笋
金桥乡	0	5	金桥、双河、中心、南木、大堰
青山乡	0	6	庙树、河坝、新村、范家、三台、邓家

1993年，厂矿家属聚居区的居委会改为家属委员会。更改后，区内有13个居民委员会，37个家属委员会。2001年，家属委员会、居民委员会均改为社区，同时社区管理机构统一为居民委员会。改制后，区内有社区24个。此后，又撤并、增设一些社区。2011年，区内有社区34个，其中万盛街道7个、东林街道6个、万东镇7个、南桐镇6个、关坝镇2个、青年镇1个、丛林镇3个、金桥镇1个、石林镇1个。

2004年6—8月，万盛区精简行政村、村民小组。行政村数量从92个精简为57个。此后，又有个别调整。2011年，区内有行政村57个，其中万东镇9个、南桐镇10个、关坝镇8个、青年镇6个、丛林镇6个、金桥镇6个、石林镇8个、景星乡4个。

一、社区

万盛街道　1989年7月，万盛街道永红村居民委员会拆分为平硐段、红岩工人村西段、红岩工人村东段和新风井段4个居民委员会。1993年，勤俭路、砚石台、建钢村、平硐段、红岩工人村西段、红岩工人村东段和新风井段等7个居民委员会改为家属委员会。是年，平硐段、红岩工人村西段、红岩工人村东段和新风井段等4个家属委员会划归丛林镇管辖。1997年，撤销莲池段居民委员会，建立万东北路一段、万东北路二段居民委员会。1998年，撤销一段（西段）、二段（东段）居民委员会，建立老街、松林居民委员会。2000年，撤销老街、勤俭路、建钢村3个居民委员会。2001年，万东北路二段与浸水垭居民委员会合并改建为万东北路二段社区，砚石台家属委员会改为砚石台社区，其余居民委员会均改建为社区。

东林街道　1993年，东林街道一段居民委员会改为南桐矿务局机关和平一村家属委员会，二段居民委员会改为南桐矿务局机械制造厂和平三村家属委员会，三段居民委员会改为南桐矿务局机械制造厂和平二村家属委员会，四段居民委员会改为南桐矿务局洗选厂铁路一村家属委员会，五段居民委员会改为南桐矿务局东林煤矿建设村家属委员会，六段居民委员会改为南桐矿务局东林煤矿新胜街家属委员会，七段居民委员会改为南桐矿务局机关清溪桥家属委员会，八段居民委员会改为南桐矿务局机关五星村家属委员会，九段居民委员会改为南桐矿务局鱼田堡煤矿工人村东段家属委员会，十段居民委员会改为南桐矿务局鱼田堡煤矿工人村西段家属委员会，十一段居民委员会改为南桐矿务局东林煤矿腰子街家属委员会；建立南桐矿务局供应处铁路二村、南桐矿务局总医院、南桐矿务局东林煤矿观井湾和南桐矿务局鱼田堡煤矿井口4个家属委员会，在区氮肥厂、造纸厂、农机厂和福利厂一带住宿区建立两河口居民委员会。2001年，腰子口、新胜街、建设村3个家属委员会合并改建为腰子口社区，

铁路一村、铁路二村 2 个家属委员会合并改建为铁路村社区，和平一村、和平二村、和平三村 3 个家属委员会合并改建为和平村社区，五星村、清溪桥、总医院 3 个家属委员会合并改建为清溪桥社区，鱼田堡煤矿井口、工人村东段、工人村西段 3 个家属委员会合并改建为鱼田堡社区，两河口居民委员会、观井湾家属委员会合并改建为观井湾社区。

南桐街道　1989 年，南桐街道建立矸子山段、麒麟路段、上五〇一段和下五〇一段 4 个居民委员会。1991 年，建立平山机械制造厂（二五七厂）家属委员会。1992 年，建立南桐煤矿三井（新田湾）居民委员会。1993 年，除桃子街道居民委员会外，其余居民委员会外均改为家属委员会。其中十二段居委会更名南桐化工厂家属委员会。1992 年 11 月，南桐街道被撤销后，所辖居民（家属）委员会均被划入新建的南桐镇。

万东镇　1996 年，建立红枫居民委员会。2001 年，红枫居民委员会改为红枫社区。2005 年，建立莲池苑、建新 2 个社区。2010 年，建立莲池、海棠 2 个社区。2011 年，建立塔山、新房 2 个社区。

南桐镇　1998 年，桃子街道居民委员会更名桃子街居民委员会。1999 年，撤销平山机械制造厂（二五七厂）家属委员会。2001 年，南桐镇所辖 16 个居民（家属）委员会，按地域划分支路、桃子、南桐、新工村和四湾村 5 个社区。2005 年，支路社区拆分为支路、平山 2 个社区。2010 年，撤销桃子、四湾 2 个社区，新建立八〇一、二郎峡 2 个社区。

关坝镇　1993 年，建立渝州齿轮厂（五〇四七厂）家属委员会。1996 年，建立兴隆街居民委员会。1999 年，撤销渝州齿轮厂（五〇四七厂）家属委员会。2001 年，兴隆街居民委员会改为兴隆街社区。2007 年，建立双坝社区。

青年镇　1998 年，青年街道居民委员会更名青年街居民委员会。2001 年，青年街居民委员会改制为青年街社区。

丛林镇　1993 年，建立晋林机械厂（一五七厂）家属委员会；万盛街道平硐段、红岩工人村西段、红岩工人村东段和新风井段 4 个家属委员会划归丛林镇管辖。2001 年，红岩工人村西段、红岩工人村东段 2 个家属委员会合并改建为红岩社区，平洞段、新风井段 2 个家属委员会合并改建为五十千米社区，晋林机械厂（一五七厂）家属委员会改为晋林社区。2003 年，晋林机械厂迁往成都彭州市后，晋林社区仅存建制，无居民委员会。2005 年，红岩社区拆分为红岩、九一一 2 个社区。2011 年，红岩社区被并入九一一社区。

金桥镇　2008 年，建立金灵社区。

石林镇　2008 年，建立两河社区。

二、行政村

万东镇　2003 年 12 月，建设、六井、新华、榜上、新民和五里村等 6 个村被划入万盛产业园区，并将管辖权移交给万盛产业园区管理委员会。2004 年 6 月，万盛产业园区管理委员会将上述 6 个村的管辖权交还万东镇政府。2004 年 6—8 月，新田村与皂角村合并改建为新的新田村，迎峰村与五和村合并改建为新的五和村，民建村与箐溪村合并改建为新的箐溪村，凤凰村、鹤林村和五里村合并改建为新的五里村，新华村与六合村合并改建为新的新华村，榜上村与新民村合并改建为新的榜上村。2010 年，撤销莲池村。

南桐镇　2004 年 6—8 月，麒麟村与峡口村合并改建为新的麒麟村，金兰村与九龙村合并改建为金龙村，丰岩村与沙坝村合并改建为新的沙坝村，营寨村与工农村合并改建为新的营寨村。

关坝镇　2004 年 6—8 月，兴隆村与箐林村合并改建为新的兴隆村，上坝村与中坝村合并改建为双坝村。

青年镇　2004 年 6—8 月，均田村与更鼓村合并改建为新的更鼓村，堡堂村与青年村合并改建为新的堡堂村，毛里村与安乐村合并改建为新的毛里村，堰口村与湛家村合并改建为新的湛家村，板辽村与大漕村合并改建为新的板辽村。

丛林镇　2004年6—8月，白果村与七龙村合并改建为白龙湖村，丛林村与绿水村合并改建为新的绿水村。

青山乡　1992年10月，青山乡被撤销，其管辖的庙树、河坝、新村、范家、三台和邓家6个村被划入金桥乡。

金桥镇　1992年10月，青山乡庙树、河坝、新村、范家、三台和邓家6个村被划入。2004年6—8月，邓家村与庙树村合并改建为青山村，范家村与河坝村合并改建为马头桥村，新村村与南木村合并改建为新木村，中心村与双河村合并改建为星河村，金桥村与大堰村合并改建为金堰村。

石林镇　2004年6—8月，大坪村与两河村合并改建为新的两河村，园场村与庙坝村合并改建为茶树村，猪行村与大坝村合并改建为石鼓村，和平村、青龙村和柏树村合并改建为茶园村。2010年3月，撤销茶树村，恢复园场村、庙坝村建制，同时园场村更名茶树村。

黑山镇　2004年6—8月，农胜村与前进村合并改建为南门村，金鹅村与鱼子岗村合并改建为鱼子村，石门村、石笋村、八角村和新场村合并改建为北门村。

2011年万盛区社区、行政村一览表

表1-3

乡镇街道	社区	行政村	名称
万盛街道	7	0	万东北路一段、万东北路二段、建设、松林、砚石台、万新、新田
东林街道	6	0	腰子口、铁路村、和平村、清溪桥、观井湾、鱼田堡
万东镇	7	9	社区：红枫、莲池苑、建新、莲池、海棠、新房、塔山 行政村：建设、六井、五和、新田、团结、箐溪、新华、榜上、五里
南桐镇	6	10	社区：支路、八〇一、南桐、二郎峡、新工、平山 行政村：南桐、麒麟、金龙、温塘、营寨、民权、沙坝、王家坝、岩门、石桥
关坝镇	2	8	社区：兴隆街、中坝 行政村：双坝、林地、兴文、坪坝、凉风、兴隆、田坝、光明
青年镇	1	6	社区：青年街 行政村：堡堂、更鼓、湛家、板辽、毛里、燕石
丛林镇	3	6	社区：晋林、五十千米、九一一 行政村：绿水、新建、永胜、海孔、红岩、白龙湖
金桥镇	1	6	社区：金灵 行政村：金堰、星河、新木、马头桥、青山、三台
石林镇	1	8	社区：两河口 行政村：星台、两河、茶树、庙坝、农林、石鼓、茶园、白花
黑山镇	0	4	鱼子、天星、南门、北门

第三章　街道　乡镇概况

第一节　街道概况

一、万盛街道

万盛街道位于万盛区中部，辖境东西南三面与万东镇接壤，北面与丛林镇相邻，是中共万盛区委、万盛区政府等党政群机关驻地，是万盛区政治、经济、文化中心。2011 年，辖区面积 2.5 平方千米，辖社区 7 个、居民小组 98 个，辖区内有居民 17745 户、38179 人（2010 年第六次全国人口普查数据），常住人口 44142 人，有汉族、苗族、土家族、蒙古族、彝族、壮族、布依族、朝鲜族、满族、侗族、瑶族、白族、藏族、哈尼族和仡佬族等 15 个民族，少数民族人口 193 人。

万盛街道因地处万盛场而得名。1957 年 4 月，设立万盛街道。1966 年 8 月更名东风街道。1972 年，复名万盛街道。1957 年 4 月至 1960 年，街道办事处驻新华街 36 号；1961—1963 年，驻新华街 27 号；1964 年至 2010 年 3 月，驻万新路 12 号；2010 年 4 月 1 日，迁至勤俭路 32 号附 1 号。

2011 年，地区生产总值 13 亿元，工业总产值 6.62 亿元，社会消费品零售总额 17.28 亿元，辖区内有区属机关单位 48 个、事业单位 142 个、市驻区机关单位 10 个、法人单位 377 个、产业活动单位 283 个、个体工商户 2145 户，金融、保险机构 6 家，有幼儿园 10 所、小学 3 所、中学 2 所、教师进修校 1 所，有街道文化站 1 个、社区文化室 7 个，有医院 3 所、卫生防疫站 1 个，妇幼保健站 1 个。

二、东林街道

东林街道位于万盛区中部，辖境四周均与万东镇接壤，是重庆南桐矿业公司机关驻地。2011 年，辖区面积 1.48 平方千米，辖社区 6 个、居民小组 76 个，辖区内有居民 12247 户、33045 人，有汉族、苗族、土家族、哈尼族、布依族、傣族、侗族、高山族、回族、景颇族、满族、瑶族、彝族、仡佬族、壮族、朝鲜族和仫佬族等 17 个民族，少数民族人口 137 人。

东林街道因境内东林煤矿而得名。1956 年 5 月 17 日，设立东林煤矿街道，街道办事处设在腰子街。1959 年，更名鱼田堡煤矿街道。1963 年，街道办事处迁至东林二村。1965 年，更名东林街道。1967 年，更名红卫街道。1981 年 8 月，复名东林街道。2003 年，街道办事处迁至和平一村 180 号（静园），距区政府驻地 2 千米。

2011 年，地区生产总值 11.99 亿元，工业总产值 19.33 亿元，社会消费品零售总额 2.33 亿元，辖区有火车站 1 个（万盛站），有重庆南桐矿业公司所属东林煤矿、鱼田堡煤矿、干坝子洗选厂、机械制造厂、物资供应分公司和运销分公司等 10 余家二级单位及福耀玻璃(重庆)配件公司等大中型企业，有幼儿园 5 所、小学 3 所、完全中学 1 所，有医院 2 所。

第二节　乡镇概况

一、万东镇

万东镇位于万盛区中部，辖境东西最长约9千米，南北最长约11千米，东与黑山镇、丛林镇相邻，南与石林镇接壤，西与南桐镇相接，北与金桥镇、丛林镇毗连。2011年，辖区面积63.25平方千米，辖社区7个、居民小组39个，行政村9个、村民小组102个，有居民20355户、47879人，其中城镇居民13884户、29274人，农村居民6471户、18605人，有汉族、苗族、藏族、维吾尔族、回族、蒙古族、壮族、布依族、满族、侗族、白族、土家族、傣族、仫佬族和彝族等15个民族，少数民族人口245人。

万东镇由万盛乡改建而来，万盛乡因万盛场而得名。民国16年（1927年）8月建镇，名万盛镇。民国24年（1935年）改镇为联保，民国29年（1940年）改联保为乡。1953年，万盛乡政府驻地附近区域划出设万盛镇，所辖农村地区设松林乡。1956年8月，松林乡、腰子乡和万盛镇的新田、莲池2个村合并为万盛乡。1957年4月，撤销万盛镇，在其基础上建立万盛街道。1958年，万盛、桃子、民权、建设、丛林和大垭6个乡合并组建新的万盛乡。9月，万盛乡改建为万盛人民公社。1960年10月，划出原桃子、民权乡和建设乡部分辖地及五里、新民、新华等耕区，组建南桐人民公社。1961年5月，划出原丛林辖地，组建丛林人民公社；划出原大垭乡辖地，组建大垭人民公社。是年，五里、新民、新华等耕区重新划归万盛乡管辖。1966年9月，万盛公社更名东风公社。1972年，复名为万盛公社。1983年5月，万盛公社改为万盛乡。1992年11月，撤销万盛乡，在其基础上建立万东镇。镇政府驻莲池社区关爷庙。

2011年，地区内生产总值8.53亿元，粮食总产量3998吨，乡镇企业总产值9.3亿元，社会消费品零售总额3.70亿元，镇财政收入1082万元，农民人均纯收入8264元，辖区内有小学3所、完全中学1所、职业中学1所，有镇文化站、广播站各1个、村级文化活动中心9个、各类图书室14个，有镇卫生院1所、卫生院门诊点2个、村级卫生室9个。

二、南桐镇

南桐镇位于万盛区西部，辖境东与万东镇相邻，南与石林、青年镇接壤，西与綦江县石角、永城镇相接，北与金桥镇毗连。2011年，辖区面积64.42平方千米，辖社区6个、居民小组53个，行政村10个、村民小组95个，辖区内有居民20642户、51037人，其中城镇居民28650人，农村居民22387人，有汉族、布依族、藏族、侗族、回族、黎族、苗族、土家族、彝族、仡佬族和壮族等11个民族，少数民族人口360人。

南桐镇由南桐乡和南桐街道合并而来，南桐乡和南桐街道均由桃子乡演变而来，且均得名自辖区内南桐煤矿。民国30年（1941年）桃子乡建乡，因乡政府驻地在桃子荡而得名。1956年，桃子乡南桐煤矿附近地域，设立南桐煤矿街道，街道办事处驻南桐煤矿南大门。1958年，更名南桐街道，街道办事处迁往桃子荡。是年，桃子乡境被划入万盛人民公社。1960年，乡境从万盛人民公社划出，组建南桐人民公社。1966年8月，更名跃进人民公社。1972年，复名南桐人民公社。1983年5月，改为南桐乡。1992年11月，撤销南桐街道和南桐乡，在南桐街道和南桐乡基础上，建立南桐镇。镇政府驻陈家湾，距区政府驻地6千米。

2011年，地区内生产总值9.6亿元，粮食总产量5730吨，工业增加值4.15亿元，社会消费品零售额2.33亿元，地方财政收入3161.77万元，农民人均纯收入7320元，有小学4所、中学2所、镇文化站 1 个、各类图书室 11 个，有镇卫生院 1 所、村卫生室 10 个。

三、关坝镇

关坝镇位于万盛区西南部，属渝黔两省（市）的万盛、綦江、桐梓 3 区（县）交界地带。辖境东西最长约 13 千米，南北最长约 14 千米，东与青年镇和桐梓县坡渡镇相邻，南与桐梓县坡渡镇和綦江县赶水镇接壤，西与綦江县赶水、扶欢镇相接，北与青年镇和綦江县石角镇毗连。2011 年，辖区面积 78.75 平方千米，辖社区 2 个、居民小组 10 个，行政村 8 个、村民小组 103 个，有居民 8922 户、26314 人，其中城镇居民 2844 户、7105 人，农村居民 6078 户、19209 人，有苗、壮、布依、彝、藏、哈尼和侗族等 13 个民族，少数民族人口 721 人。

关坝镇之名取自境内“关口”和“坪坝”两地名首尾各一字。关坝镇由兴隆镇演变而来。民国 19 年（1930 年）建兴隆镇。民国 24 年（1935 年），改镇为联保。民国 30 年（1941 年），又改联保为镇。1952 年 6 月至 1953 年 4 月，兴隆镇划分为坪坝、箐林、中朝、上坝和兴文 5 个乡。1956 年，坪坝、箐林两乡合并，组建兴隆乡，兴文乡被并入上坝乡。1958 年 8 月，撤销中朝乡，上坝乡被并入兴隆乡。是年 9 月，兴隆乡改为兴隆人民公社。1959 年 12 月，兴隆人民公社被并入青年人民公社。1961 年 5 月，恢复兴隆人民公社建制。1966 年，兴隆人民公社更名红星人民公社。1972 年，复名兴隆人民公社。1981 年 8 月，因与重庆市其他区县公社同名，兴隆人民公社更名关坝人民公社。1984 年 5 月，关坝人民公社改为关坝乡。1992 年 11 月，撤销关坝乡，在其基础上建立关坝镇。镇政府驻兴隆场，距区政府驻地 26 千米。

2011 年，地区内生产总值 9.87 亿元，农业总产值 7884 万元，工业总产值 1.74 亿元，社会消费品零售额 8641 万元，粮食总产量 6052 吨，地方财政收入 4297 万元，农民人均纯收入 7177 元，有幼儿园 6 所、小学 3 所、初中 1 所，有镇广播电视服务中心、文化站各 1 个，有村（社区）文化活动中心 10 个、各类文化专业户 18 户、各类图书室 11 个，有镇卫生院 1 所，村卫生室 8 个。

四、青年镇

青年镇位于万盛区西南部，辖境东与石林镇相邻，南与桐梓县坡渡镇接壤，西与綦江县石角镇相接，北与南桐镇毗连。2011 年，辖区面积 55.48 平方千米，辖社区 1 个、居民小组 5 个，行政村 6 个、村民小组 41 个，有居民 8522 户、24026 人，其中城镇居民 2684 户、3667 人，农村居民 5838 户、20359 人，有汉、苗、回、白和布依族等 5 个民族，少数民族人口 300 余人。

青年镇由青羊镇演变而来，青羊镇得名自青羊市。明末，场镇内出土一状似羊角的青石，故改名青羊市。民国 19 年（1930 年）建镇。民国 30 年（1941 年）改镇为乡。民国 32 年（1943 年），更名青年乡。1956 年 8 月，天桥乡被并入青年乡。1958 年 11 月，青年乡与板辽乡合并，组建青年人民公社。1959 年 12 月，兴隆人民公社被并入青年人民公社。1961 年 5 月，原兴隆人民公社辖地划出。1984 年 5 月，青年人民公社改为青年乡。1985 年 4 月，撤销青年乡，在其基础上建立青年镇。镇政府驻青羊市，距区政府驻地 18 千米。

2011 年，地区内生产总值 3.62 亿元，农业总产值 7238 万元，粮食总产量 7999 吨，乡镇企业总产值 2.72 亿元，社会消费品零售额 8327 万元，地方财政收入 2528.33 万元，农民人均纯收入 7439 元，有幼儿园 6 所、小学 4 所、初中 1 所，有镇文化站 1 个、村（社区）文化活动中心 7 个、各类文化专业户 3 户、各类图书室 8 个，有镇卫生院 1 所、村卫生室 8 个。

五、丛林镇

丛林镇位于万盛区东北部，辖境东西最长约 8.9 千米，南北最长约 12.7 千米，东与南川区南平镇相邻，南与黑山、万东镇接壤，西与金桥镇和南川区石莲乡相接，北与南川区南平镇毗连。2011 年，辖区面积 55.94 平方千米，辖社区 3 个、居民小组 14 个，行政村 6 个、村民小组 42 个，有居民 6014 户、

18492人，其中城镇居民9504人，农村居民8988人，有汉、苗、土家、回、仡佬、蒙古、布依、壮、侗、藏、满和朝鲜族等12个民族，少数民族人口220人。

丛林镇由丛林乡演变而来，得名自丛林沟。丛林场镇地处两面临山的山沟，清嘉庆年间，此处林木丛生，植被茂盛，因名丛林沟。民国18年（1929年）建乡。民国24年（1935年）改乡为联保。民国29年（1940年），又改联保为乡。1953年，拆分为丛林、簸箕2个乡。1956年8月，簸箕乡被并入丛林乡。1957年11月，海孔村农业合作社第三、四、五生产队地域划出，建立重庆市海孔国营农场。1958年8月，丛林乡被并入万盛乡。1961年5月，恢复建制，建立丛林人民公社。6月，重庆市海孔国营农场辖地划归丛林人民公社。1966年9月，丛林公社更名为红岩公社。1972年，复名丛林公社。1984年5月，丛林人民公社改为丛林乡。1992年11月，撤销丛林乡，在其基础上建立丛林镇，同时将万盛街道所辖平硐段、红岩工人村西段、东段、新风井段4个家属委员会地域划入丛林镇。镇政府驻丛林街，距区政府驻地12千米。

2011年，地区内生产总值2.82亿元，农业总产值6590万元，粮食总产量3715吨，乡镇企业总产值3.32亿元，社会消费品零售额2500万元，地方财政收入1186万元，农民人均纯收入7121元，有幼儿园2所、小学2所、初中1所，有镇文化站1个、村（社区）文化活动中心9个、各类文化专业户20户、各类图书室9个，有镇卫生院1所、村卫生室6个。

六、金桥镇

金桥镇位于万盛区西北，辖境东西最长约6.5千米，南北最长约15.3千米，东与丛林镇、南川区石莲乡相邻，南与万东、南桐镇接壤，西与綦江县永城、隆盛镇相接，北与綦江县隆盛镇、南川区石莲乡毗连。2011年，辖区面积64.78平方千米，辖社区1个、居民小组3个，行政村6个、村民小组47个，有居民6049户、18437人，其中城镇居民1142户、1682人，农村居民4907户、16755人，有汉族、苗族、布依族、藏族、朝鲜族、回族、黎族、傈僳族、满族、土族、土家族、佤族、瑶族、彝族和壮族等15个民族，少数民族人口88人。

金桥镇由金灵乡演变而来，金灵之名得自境内金灵庙。民国24年（1935年）建金灵乡。民国26年（1937年）改乡为联保。民国30年（1941年），又改联保为乡。1958年9月，金灵、青山两乡合并改建为青山人民公社。1961年10月，青山人民公社拆分为金灵、青山两个人民公社。1966年9月，金灵人民公社更名金桥人民公社，取“人民公社是金桥”之寓意。1984年5月，金桥人民公社改为金桥乡。1992年11月，青山乡被并入金桥乡。2001年11月，撤销金桥乡，在其基础上建立金桥镇。镇政府驻金灵庙，距区政府驻地21.6千米。

2011年，粮食总产量11275吨，乡镇企业总产值2.01亿元，地方财政收入650万元，城乡居民人均纯收入6725元，有幼儿园3所、小学3所、初中2所，有镇文化广播服务中心1个、公共图书室7个，有镇卫生院1所。

七、石林镇

石林镇位于万盛区南部，辖境东西最长约9千米，南北最长约15千米，东与黑山镇、桐梓县狮溪、羊磴镇相邻，南与桐梓县羊磴镇接壤，西与青年、南桐镇相接，北与万东镇毗连。2011年，辖区面积94.28平方千米，辖社区1个、居民小组4个，行政村8个、村民小组49个，有居民3261户、11577人，其中城镇居民433户、681人，农村居民2828户、10896人，有汉、苗、白、布依、侗、土家、彝和哈尼族等8个民族，少数民族人口218人。

石林镇由两河乡演变而来，镇名得自境内万盛石林景区。1956年8月，农林、庙坝两乡和大坝乡大部分地域合并，组建两河乡。1958年8月，两河、茶园两乡合并组建新的两河乡。是年9月，两河乡改为两河人民公社。1962年11月，两河人民公社拆分为两河、茶园两个人民公社。1966年4月，两河、茶园两个人民公社合并组建新的两河人民公社。是年9月，两河人民公社更名红光人民公社。1972年4月，复名两河人民公社。1984年5月，两河人民公社改为两河乡。1984年8月，永川专区被划入重庆市。因永川专区永川县也有两河乡，为避免同名，南桐矿区两河乡更名南天乡，乡名得名自境内山隘南天门。2001年11月，撤销南天乡，在其基础上建立石林镇。镇政府驻两河口，距区政府驻地16千米。

2011年，地区内生产总值1.34亿元，农业总产值5798万元，粮食总产量4057吨，乡镇企业总产值2.32亿元，社会消费品零售额4483万元，地方财政收入856万元，农民人均纯收入6790元，有幼儿园1所、小学3所、初中1所，有镇文化站1个、各类图书室9个，有镇卫生院1所、村卫生室8个。

八、黑山镇

黑山镇位于万盛区东南部，东与南川区南平、金山镇接壤，南与桐梓县狮溪、羊磴镇相邻，西与万东、石林镇相接，北与丛林镇毗连。辖境东西最长约9.2千米，南北最长约11.3千米。2011年，辖区面积98平方千米，辖行政村4个、村民小组31个，有居民2368户、9081人，其中城镇居民397户、2429人，农村居民1971户、6652人，有汉、苗、彝、土家、羌、景颇、傣、蒙古、仡佬等9个民族，少数民族共121人。

黑山镇由景星乡演变而来，镇名得自境内黑山谷景区。1956年8月，景星、大垭两乡合并，组建新的大垭乡。1958年8月，大垭乡被划入万盛乡。1960年，恢复建制，成立大垭人民公社。1962年11月，大垭人民公社拆分为大垭、景星2个人民公社。1966年4月，大垭、景星2个人民公社合并，组建新的景星人民公社。1984年5月，景星人民公社改为景星乡。2006年4月，撤销景星乡，在其基础上建立黑山镇。镇政府驻马家坳，距区政府驻地7千米。

2011年，地区生产总值1.88亿元，农村经济总收入1.76亿元，粮食总产量4280吨，乡镇企业总产值1.40亿元，社会消费品零售额3434万元，地方财政收入1576.81万元，农民人均纯收入7157元，有小学3所、初中1所，有镇文化广播电视服务中心1个、村文化室4个、公共图书室1个、农家书屋4个，镇卫生院1所、医疗门诊3个、医疗站7个。

第二篇　自然地理

第一章　地质　地貌

第一节　地层及其分布

万盛区境内出露地层众多，但无基底出露，有 7 个系、31 个地层单位。出露地层全为沉积岩系，除泥盆系、石炭系、白垩系、古近系、新近系缺失外，从寒武系至第四系均有不同程度发育。区境内自东向西，地层由老变新，古生界出露面积 344.84 平方千米，占全区面积 60.95%，中生界出露面积 220.74 平方千米，占 39.05%。

寒武系　区境出露地区仅有中上统娄山关群，厚度大于 712 米，出露面积 70.70 平方千米，占全区面积 12.50%，包括高台组、石冷水组、平井组、后坝组和毛田组。岩性以白云岩为主，分布于丛林镇白龙湖，黑山镇鱼子、北门、南门，石林镇白花、茶园，青年镇板辽、燕石等村的低中山地区。

奥陶系　为一套海相泥岩—碳酸盐岩沉积，总厚 460.2 米 ~ 540.7 米，出露面积 79.24 平方千米，占全区面积 14.1%，含三叶虫、笔石、腕足及头足等生物化石，包括桐梓组、红花园组、湄潭组、十字铺组、宝塔组、临湘组和五峰组。其中湄潭组、五峰组岩性为页岩、粉砂岩和细砂岩，其余各组均以灰岩为主，偶夹页岩。宝塔组下部是龟裂纹构造，十字铺组灰岩风化显瘤状或疙瘩状。该系分布于丛林镇白龙湖和黑山镇、石林镇大部分村的低中山地区。

志留系　为一套浅海相碳酸盐岩—碎屑岩沉积，发育不齐全，仅有中、下统，厚 289 米 ~ 1247 米，出露面积 126.80 平方千米，占全区面积 22.42%，含笔石、三叶虫、珊瑚、苔藓虫和海百合茎等化石，包括龙马溪组、石牛栏组和韩家店组。其中龙马溪、韩家店组岩性以页岩为主，夹粉砂岩及生物灰岩、透镜体，石牛栏组则以泥灰岩为主，夹钙页岩。该系分布于丛林镇海孔、白龙湖、绿水，万东镇箐溪，黑山镇鱼子、天星、南门、北门，石林镇农林、两河、星台、白花、茶园，南桐镇岩门、沙坝，青年镇板辽、燕石，关坝镇凉风、兴隆等村及九锅箐的低山及低中山地区。

二叠系　总厚 731 米 ~ 1247 米，出露面积 68.1 平方千米，占全区面积 12.04%，包括梁山组、栖霞组、茅口组、龙潭组、长兴组。其中梁山组岩性为黏土层、炭质页岩、含铝土矿；龙潭组为一套海陆交互相含煤岩系，由泥岩、粉砂岩、砂岩、灰岩及煤层组成，产煤地层分上下两个煤组，含煤五层，总厚 6

米～7米，煤质良好，储量丰富，同时伴有耐火黏土、菱铁矿、黄铁矿、硫铁矿等矿产；栖霞、茅口、长兴组岩性以灰岩为主，偶夹钙质泥岩，富含腕足、珊瑚、三叶虫、腹足及蜓科化石。该系分布于丛林镇新建、绿水、海孔、红岩、永胜，万东镇新田、团结、新华、五里，南桐镇王家坝、石桥、营寨、岩门、沙坝，青年镇更鼓、堡堂、板辽、湛家及关坝镇凉风、兴隆、田坝等村的低山地区。

三叠系　总厚1083.77米～1103.97米，出露面积111.87平方千米，占全区面积19.78%，包括飞仙关组、嘉陵江组、雷口坡组、须家河组。其中飞仙关组为一套浅海相碎屑岩—碳酸盐岩沉积，含瓣鳃及腕足化石，分四段，一、三段为灰岩、泥质灰岩，二、四段为泥岩夹灰岩；嘉陵江组为浅海—咸化海相沉积，其组成以碳酸盐岩、镁质碳酸盐夹石膏为主，分四段，一、三段为灰色块状厚层灰岩、白云质灰岩，二、四段为灰色中厚层白云岩夹灰岩；雷口坡组为咸化海相镁质碳酸盐、石膏、碎屑岩沉积，其组成为灰色厚层块状白云岩、白云质泥岩，底部为盐溶角砾岩及黄绿色泥岩（即水云母黏土岩，习惯称“绿豆岩”，含钾量较高）；须家河组为滨湖相沉积，其组成为厚层灰白色长石石英砂岩偶夹灰色泥岩及薄层粉砂岩，因起源于湖盆边缘，不具还原环境、不含煤层。该系分布于丛林镇红岩、新建、永胜，万东镇新田、团结、新华、榜上、五里，南桐镇石桥、南桐、麒麟、金龙、温塘、营寨、民权、沙坝，青年镇更鼓、湛家、堡堂及关坝镇坪坝、兴隆、田坝和光明等村的低山及槽谷、槽坝地区。

侏罗系　为一套湖泊相碎屑沉积，厚约3713米，出露面积108.87平方千米，占全区面积19.25%，包括珍珠冲组、自流井组、新田沟组、沙溪庙下亚组、沙溪庙上亚组、遂宁组，蓬莱镇组，岩性以泥岩为主，夹砂岩、粉砂岩，其中蓬莱镇组底部夹砂岩铜矿。该系分布于金桥镇全境和万东镇五和、六井、建设，南桐镇金龙、温塘，青年镇毛里，关坝镇双坝、林地和兴文等村的坪状低山地区。

第四系　为全新统近代河流阶地、残积及洞穴堆积，河流阶地沉积物为砂黏土夹砾石，洞穴堆积常见于嘉陵江组灰岩形成的洞穴中，堆积物多为黏土。该系分布于孝子河沿岸及洞穴内。

万盛区地层概况一览表

表2-1

界	系	统	地层名称	厚度（米）	出露面积（平方千米）	占全区面积（%）
新生界	第四系	全新统	–	很小	很小	–
中生界	侏罗系	上统	蓬莱镇组	923.1	3.45	0.61
			遂宁组	589.4	20.36	3.60
		中统	沙溪庙上亚组	1286.1	58.71	10.38
			沙溪庙下亚组	421.1	8.71	1.54
			新田沟组	60.5	4.64	0.82
		中下统	自流井组	322.5	6.84	1.21
		下统	珍珠冲组	110.3	6.16	1.09
	三叠系	上统	须家河组	262.3	16.57	2.93
		中统	雷口坡组	11.67	8.88	1.57
		下统	嘉陵江组	404.9～415	44.68	7.90
			飞仙关组	404.9～415	41.74	7.38

续表

界	系	统	地层名称	厚度（米）	出露面积（平方千米）	占全区面积（%）
古生界	二叠系	上统	长兴组	57 ~ 74	8.43	1.49
			龙潭组	64 ~ 102	12.90	2.28
		下统	茅口组	210 ~ 250	20.36	3.60
			栖霞组	132 ~ 147	20.36	3.60
			梁山组	8 ~ 12	6.05	1.07
	志留系	中统	韩家店组	254 ~ 584	57.69	10.20
		下统	石牛栏组	289 ~ 353	42.81	7.57
			龙马溪组	188 ~ 310	26.30	4.65
	奥陶系	中上统	五峰组	1.05 ~ 2.9	13.12	2.32
			临湘组	0.3 ~ 1.29		
			宝塔组	46 ~ 48		
			十字铺组	1.8 ~ 2.5		
		下统	湄潭组	236 ~ 260	66.12	11.69
			红花园组	71 ~ 89		
			桐梓组	104 ~ 137		
	寒武系	中上统	娄山关群(5个组)	> 712	70.70	12.50

第二节　地质构造

万盛区位于新华夏系第三隆起带与沉降带之间，按成都理工大学（原成都地质学院）“四川构造体系图”的划分，属四川沉降带东缘，即川东褶带与川鄂湘黔隆起褶带西缘交接部，地质构造复杂。按区域构造划分，区境大致以孝子河—青年—关坝为线，分为东西2个构造区。东区属新华夏系第三隆起带之川鄂湘黔隆起褶带西缘，古生代显著坳陷，中生代显著隆起，古生代地层大片出露，南北向、东北向褶皱、断裂均有较强发育。褶皱以箱状为主，断裂多为与褶皱伴生的压性及部分扭性、张性断裂。西区属新华夏系第三沉降带之川东褶带东缘，古生代相对隆起，中生代显著坳陷，出露中生代地层，构造比较简单。

一、经向褶皱

龙泉寺背斜　又称乌龟山背斜，位于南桐镇营寨、王家坝、沙坝等村的西部，长约18千米，轴向南北，北端倾没，为一不对称鼻状构造。核部为寒武系、二叠系下统，西翼倾角70°~80°，东翼倾角42°~64°。

龙家湾向斜　分布于石林镇白花、茶园等村，北起余家塝，南延出区，区内长约8千米，轴向北西—南东。核部为志留系中统，倾角10°~25°，东翼陡，倾角20°~78°，西翼缓，倾角20°~25°，为一不对称向斜。

半边山背斜　分布于丛林镇的红岩、绿水、永胜等村，区内长约10千米，轴向南北，轴部被断层破坏。

核部为志留系、二叠系下统，比较狭窄，两翼为二叠系—三叠系，东翼缓，倾角10° ~ 25°，西翼陡，倾角70° ~ 80°，多倒转，为不对称背斜，北端倾没于嘉陵江组中，显鼻状构造。

丛林向斜　位于半边山背斜以东，分布于丛林镇新建、海孔、绿水等村，为南平向斜的昂起端，区内长约3千米，轴向近南北，核部为三叠系，两翼为二叠系，西翼稍缓，倾角14° ~ 24°，东翼稍陡，倾角20° ~ 70°，为不对称向斜。

龙骨溪背斜　区内为背斜之小部分，南北均延出区外，分布于丛林白龙湖村和黑山北门村的新场、八角及鲤鱼河一带。轴向在区内呈北东向，核部地层为寒武系，两翼为奥陶系和志留系，东翼缓，倾角15° ~ 20°，西翼陡，倾角30° ~ 80°。

二、经向断层

干湾断层　位于龙泉寺背斜西翼，青年镇更鼓村干湾一带，长约6千米，走向南北，倾向东，倾角80°，断于二叠系下统，上下盘地层直立以至倒转，为一压性断层。

龙泉寺断层　位于龙泉寺背斜轴部，北起南桐镇营寨村半岩，向南经龙泉寺、麻泰山一带，长约25千米，南延出区，北段近南北向，南段偏东延伸，断层西倾向东，倾角50° ~ 80°。断于三叠系飞仙关组至寒武系娄山关群，最大断距在板辽坝约650米，东盘寒武系逆于西盘志留系之上。

半边山南桐关断层　位于半边山背斜轴部，南延至黑山镇南门村的南桐关，长约23千米。断层北段走向南北，倾向东，主要断于二叠系下统—志留系，为压扭性断层；南段长约15千米，走向南偏东，倾向东，倾角40°，断于志留系至寒武系，压性显著，伴张性断层。

大槽断层　位于石林镇石鼓村大槽至庙坝村锣黄河一带，长5千米~6千米，走向北东32°，倾向南东，断于奥陶下统—志留系下统，上盘向南西，下盘向北东扭动，为压扭性断层。

白果断层　位于龙骨溪背斜轴部东侧，黑山北门村白果树东面，麻坝河西侧一带，区内长约9千米。断层走向北东，倾向西，逆断层，断于寒武系地层。

三、华夏系褶皱

龙洞坪向斜　位于石林镇两河村龙洞坪一带，轴向北东40°，核部为志留系下统，较平缓，两翼由奥陶系组成，倾角20° ~ 27°。

猪行背斜　位于石林镇石鼓—庙坝一带，长约8千米，轴向北东40°，核部为奥陶系下统，平缓，倾角20° ~ 25°，被断层切割，两翼为志留系地层，西翼倾角6° ~ 9°，东翼较陡，倾角20° ~ 27°，为不对称背斜。

四、新华夏系褶皱

桃子荡背斜　分布于南桐镇金龙、麒麟村西边，实为背斜南端，在南桐镇营寨村半岩与经向构造龙泉寺背斜呈斜接，区内长约5千米，轴向南北，核部为三叠系下统飞仙关和嘉陵江组，两翼为三叠系中上统雷口坡、须家河组地层，东翼缓，倾角25° ~ 55°，西翼陡，倾角60° ~ 85°，为不对称梳状背斜。

莲花石向斜　纵贯金桥、万东两镇的八面山昂起，轴向近南北，区内长约16千米，核部为侏罗系上统，两翼为中下统地层，东翼陡，倾角58° ~ 75°，局部直立倒转，西翼较缓，倾角20° ~ 35°，为不对称向斜。

第三节　地貌

万盛区地处四川盆地东南边缘山地向云贵高原的过渡地带，地势东高西低，山脉南北伸展，岭谷相间，高低悬殊。境内最高点黑山镇狮子槽东侧峰顶，海拔 1973 米，最低点南桐镇温塘孝子河出境处河床，海拔 265 米，两处垂直高差 1708 米。

东部和南部与黔北山区相接，地势高峻，为低中山地貌，地形被水系深切，多悬崖峭壁，深沟峡谷，灰岩地区多见岩溶景观，海拔 1000 米 ~ 1973 米，相对高度 200 米 ~ 1000 米。西部和中部为长条形锯齿状低山夹溶蚀槽谷及丘陵、平坝，海拔 300 米 ~ 1000 米，相对高度 50 米 ~ 300 米。北部地形倒置，为坪状低山地貌，整个地势高出东、南、西三面 200 米左右，岩层近于水平，坡缓谷宽，海拔 500 米 ~ 991 米，相对高度 20 米 ~ 200 米。

根据农业地貌类型统一系统划分，区内地貌分为平坝、台地、低丘陵、高丘陵、低山、中山和山原 7 个类型。山地中，有坡度小于 25° 的缓坡山地，大于 25° 的陡坡山地。

一、平坝

境内平坝多为三叠系灰岩侵蚀的岩溶残积而成，少数为河流冲积而成，海拔 300 米 ~ 600 米，面积 40.16 平方千米，占全区面积 7.10%，主要分布在万东镇莲池、海棠社区和榜上、五里、建设、六井村，南桐镇南桐、麒麟、金龙、石桥村，青年镇堡堂、湛家、更鼓、板辽村，关坝镇坪坝、兴隆、双坝、林地村，金桥镇马头桥村，丛林镇绿水村等地。其中较大的平坝有万盛坝、麒麟坝和青年坝。平坝区域地势较开阔，光照、降水较充足，温度适宜，土壤肥厚，是区内粮食、蔬菜的主产区。

二、台地

境内台地多为基岩台地，海拔 300 米 ~ 600 米，面积 2.21 平方千米，占全区面积 0.39%，主要分布在金桥镇青山村，丛林镇绿水、红岩村，南桐镇麒麟村等地。台面地势较平缓，向阳且温光条件好，但河流切割深，水源不足。

三、低丘陵

境内低丘陵主要为三叠系灰岩侵蚀而成，海拔 300 米 ~ 600 米，面积 9.78 平方千米，占全区面积 1.73%，主要分布在万盛坝、麒麟坝、峡口坝、青年坝、关坝等平坝边缘，与高丘陵或低山衔接。低丘陵坡缓谷宽（境内缓坡地占低丘陵面积 99.27%，陡坡地低丘陵面积 0.73%），且温光条件好，是区内粮食、柑橘发展区。

四、高丘陵

境内高丘陵主要为三叠系、二叠系灰岩侵蚀而成，海拔 400 米 ~ 700 米，面积 13.12 平方千米，占全区面积 2.32%，主要分布在万东、南桐、黑山、青年等镇的平坝、低丘陵与低山连接的过渡地带。高丘陵谷宽岭高（境内缓坡地占高丘陵面积 75.55%，陡坡地占高丘陵面积 24.45%），温光条件好，但水源较缺，坡脚多为稻田，坡部多种植旱粮。

五、低山

境内低山海拔 500 ~ 1000 米，面积 376.34 平方千米（其中缓坡地占低山面积 70.71%，陡坡地占低山面积 29.29%），占全区面积 66.54%，分布于全区 8 个镇的大部分地区。因地质构造作用不同，区内低山具有不同特征。北部和西部为向斜发育而成的倒置坪状低山，岩层近于水平，谷宽坡缓，多阶梯坡；地层为侏罗系砂泥岩互层，土壤以紫色土为主，宜种范围广；较高的山峰有金桥镇境范家山和金子山，海拔分别为773.8米和991.4米。东部和南部低山位于龙骨溪背斜西翼，岩层倾角大，坡陡谷窄，出露中生界二叠系和古生界地层；流水切割作用强烈，形成深沟峡谷，多溶洞、溶沟、石林、孤峰等喀斯特地貌，为溶蚀褶皱低山；较高的山峰有青年镇境尖山、关坝镇境老鸦箐、丛林镇境石尖峰和万东镇境的方家山。

六、中山

境内中山海拔1000米～1973米，面积109.38平方千米（其中缓坡地占中山面积59.54%，陡坡地占中山面积40.46%），占全区面积19.34%，主要分布在区东南部边缘。出露古生界地层，沟谷幽深，多悬崖峭壁，相对高度200米～1000米，为中度至深度切割低中山。较高山峰有关坝镇境九锅箐森林公园的翠屏山、石林镇境南天门及望香台和黑山镇境黑山森林公园的大尖峰及狮子槽东侧山峰。

七、山原

境内山原海拔800米～1200米，面积14.59平方千米，占全区面积2.58%，主要分布在坪状低山、溶蚀褶皱低山及低中山的平缓地带。区内面积较大的山原有黑山镇境新场、八角，金桥镇境范家、大堰，丛林镇境新建及关坝镇境九锅箐等。山原地势较平坦开阔，土层厚，是粮食、经济作物产区。

万盛区地貌类型概况一览表

表2-2

地貌类型	海拔（米）	面积（平方千米）	占全区面积比（%）
平坝	300 ～ 600	40.16	7.10
台地	300 ～ 600	2.21	0.39
低丘陵	300 ～ 600	9.78	1.73
高丘陵	400 ～ 700	13.12	2.32
低山	500 ～ 1000	376.34	66.54
中山	1000 ～ 1973	109.38	19.34
山原	800 ～ 1200	14.59	2.58
合计		565.58	100

万盛区境内主要山峰一览表

表2-3　　单位：米

山峰名称	所在区域	海拔
棬子岭	万东镇箐溪村	1033.1
尖山顶	万东镇建设村	701.5
方家山	万东镇团结村	694.2
大坡尖	丛林镇海孔村	1016.1
石尖峰	丛林镇绿水村	993
猫头岩	黑山镇南门村	1295.8
梯子岩	黑山镇南门村	1565
花尖山	黑山镇南门村	1360.9
南桐关	黑山镇南门村	1153

续表

山峰名称	所在区域	海拔
大尖峰	黑山镇北门村	1881
狮子槽	黑山镇北门村	1973
笔架山	石林镇星台村	1050.5
红冠箐	石林镇农林村	1275
卷洞门	石林镇白花村	1295
鹰宝石	石林镇庙坝村	1254.6
大茅坡	石林镇白花村	1500
尖山子	石林镇庙坝村	1477.8
寨子岩	石林镇白花村	1524
南天门	石林镇石鼓村	1524
望香台	石林镇石鼓村	1664.4
麻泰山	青年镇燕石村	1427
轿子山	青年镇燕石村	1293
老鹰岩	青年镇板辽村	948.6
尖山	青年镇板辽村	963.2
老鸦箐	关坝镇坪坝村	979
寨子山	关坝镇兴文村	919
翠屏山	关坝镇九锅箐	1415
跨脚岩顶	南桐镇麒麟村	609.6
金子山	金桥镇金堰村	991.4

第二章　河流　井泉

第一节　地表河流

万盛区内无较大河流分布，多山涧小河，河谷深切、狭小，源短流小，平时水量不足，但一遇暴雨便水量剧增，水流湍急，常淹没农田造成灾害。境内有河流67条，其中区内流域面积10平方千米以上的河流有孝子河、丛林河、清溪河、小河（又称鱼田小河）、刘家河、养生河（又称石莲沟）、洗布河（又称金鸡沟）、溱溪河（又称扶欢河）、藻渡河、鲤鱼河、木洞河（又称五布河）、楠木河和龙门槽等13条。上述河流均属长江流域，除五布河、楠木河直接汇入长江外，其余均为綦江支流。

孝子河　原名水溧溪，又名平滩河，綦江右岸支流，长江二级支流，下游称蒲河。发源于重庆市南川区神童镇淳家铺子，向西南流入巴南区下涧口水库，出库向西流经石莲乡折而向南，又折向西，转南过神童镇东林、玉皇向东北呈一河曲，之后急转南下，在陡溪桥入万盛区境。依次流经区内丛林镇、万东镇、万盛街道和南桐镇。在万东镇境左纳清溪河、鱼田小河后，折向西流，在南桐镇境左纳刘家河后，折北转西，右纳养生河（又称石莲沟），左纳洗布河（又称金鸡沟），于南桐镇温塘村大沙坝流出万盛区境，在綦江县三江街道境内汇入綦江。区内河长29.01千米，流域面积330.02平方千米，河床平均宽36米，比降10.68‰，落差142.5米（入境陡溪桥至出境温塘大沙坝），多年平均径流深598.64毫米、径流量9.1立方米/秒，理论水能蕴藏量6911.5千瓦。

丛林河　孝子河支流，发源于重庆市南川区南平镇冷风槽，在丛林镇白龙湖村藿麻沟入万盛区境，自北向南流经丛林镇，于丛林镇天宝洞汇入孝子河。区内河长18.47千米，流域面积46.60平方千米，河床平均宽度10.8米，比降24.6‰，落差455米，多年平均径流深600毫米、径流量0.89立方米/秒，理论水能蕴藏量3501千瓦。

清溪河　孝子河支流，发源于黑山镇山王庙，自东向西流经黑山镇、万东镇、东林街道，在东林街道腰子口社区右纳清溪沟后，于万东镇境两河口汇入孝子河。河长11.01千米，流域面积68.3平方千米，河床平均宽度8.80米，比降70.36‰，落差755米，多年平均径流深770毫米、径流量1.67立方米/秒，理论水能蕴藏量9332千瓦。

小河　亦称鱼田小河，孝子河支流，发源于石林镇大石巴，自南向北流经石林镇、万东镇，于万东镇境新民桥汇入孝子河。河长9.4千米，流域面积23.1平方千米，河床平均宽8米，比降86.2‰，落差810米，多年平均径流深650毫米、径流量0.48立方米/秒，理论水能蕴藏量3810千瓦。

刘家河　孝子河支流，发源于石林镇徐瓦房，自南向北流经石林镇、南桐镇，于南桐镇境谷口河汇入孝子河。河长17.98千米，流域面积70.60平方千米，河床平均宽8.9米，比降68.64‰，落差1220米，多年平均径流深650毫米、径流量1.45立方米/秒，理论水能蕴藏量8023千瓦。

养生河　又名石莲沟，孝子河支流，发源于重庆市南川区石莲乡夏家嘴碓窝丘。自北向南流经南川区石莲乡，在万盛区金桥镇三台村入境后，自北向南流经金桥镇、南桐镇，于南桐镇境麻坝河大桥处汇入孝子河。在过金桥镇青山村流水岩时，形成38.5米高瀑布，右纳猫洞沟后，河道弯曲成S形，流至张三塘处形成三叠总高260米的瀑布，直泄南桐镇金龙村大石坝河谷。2009年9月，青山湖水库（原张三塘水库）建成后，瀑布不复存在。河长20.70千米，流域面积47.92平方千米，河床平均宽8.7米，比降16.95‰，落差350米，多年平均径流深540毫米、径流量1.11立方米/秒，理论水能蕴藏量3126千瓦。

洗布河　又称金鸡沟，孝子河支流，发源于青年镇湛家山，自南向北流经青年镇、南桐镇，于南桐镇境温塘汇入孝子河。河长14.20千米，流域面积23.32平方千米，河床平均宽5.9米，比降23.6‰，落差350米，多年平均径流深550毫米、径流量0.41立方米/秒，理论水能蕴藏量1180千瓦。

溱溪河　又名扶欢河，綦江右岸支流，发源于青年镇板辽马达洞，自东向西流经青年镇、关坝镇后，进入綦江县境，于綦江县扶欢镇两河口汇入綦江。区内河长21千米，流域面积64.30平方千米，河床平均宽12.4米，比降29.15‰，落差610米，多年平均径流深491.29毫米、径流量1.0立方米/秒，理论水能蕴藏量4331千瓦。

藻渡河　又名旱渡河，古称东溪，綦江右岸支流，是万盛区与綦江县界河。发源于重庆市南川区金佛山南麓新尾嘴。上源称柏枝溪（百支溪），南流转西，过头渡镇、金山镇（小河坝），折向南流，入贵州省桐梓县境，过狮溪镇（在狮溪镇又称狮溪河），折西过湾塘，右纳鲤鱼河，又转南折西过羊磴镇（在羊磴镇又称羊磴河）、坡渡镇（在坡渡镇又称坡渡河）后，在铜鼓滩入万盛区关坝镇境，在关坝镇光明村学堂岗入綦江县赶水镇，于赶水镇藻渡煤矿附近汇入綦江。区内河长4.9千米，流域面积 83.4 平方千米，河床平均宽 50 米，比降 15.4‰，落差 18 米，多年平均径流深 760.36 毫米、径流量 29.1 立方米 / 秒，理论水能蕴藏量 4410 千瓦。

鲤鱼河　藻渡河支流，发源于重庆市南川区南平镇田湾，在区黑山镇北门村入境，在石林镇椅子台出境，于贵州省桐梓县羊磴镇湾塘汇入羊磴河。区内河长 23.1 千米，流域面积 83.4 平方千米，河床平均宽 11.6 米，比降 22.95‰，落差 530 米，多年平均径流深 733 毫米、径流量 3.02 立方米 / 秒，理论水能蕴藏量 11117 千瓦。

五布河　又称木洞河，长江支流，发源于金桥镇金子山杨家口，向北流经金桥镇，于茨竹沟入綦江县隆盛镇后，继续北流入巴南区，在巴南区木洞镇汇入长江。区内河长 9.22 千米，流域面积 11.28 平方千米，河床平均宽 6.7 米，比降 35.8‰，落差 330 米，多年平均径流深 523.74 毫米、径流量 0.26 立方米 / 秒，理论水能蕴藏量 837 千瓦。

楠木河　五布河支流，发源于金桥镇金子山赵家岗，向北流经金桥镇境，于金桥镇星河村芭蕉屋基入綦江县隆盛镇后，汇入五布河。区内河长 8.24 千米，流域面积 10.4 平方千米，河床平均宽 7.75 米，比降 22.8‰，落差 180 米，多年平均径流深 532.8 毫米、径流量 0.18 立方米 / 秒，理论水能蕴藏量 318 千瓦。

龙门槽　鲤鱼河支流，发源于石林镇茶园村望香台。自西北向东南流经河坪、河坝，在草房处折向南行，在茶园村马井子汇入鲤鱼河。河长为 7.22 千米，流域面积 17.94 平方千米，河床宽 5 米 ~ 10 米，比降 108.3‰，落差 782.14 米，多年平均径流深 733 毫米、径流量 0.417 立方米 / 秒，理论水能蕴藏量 3200 千瓦。

万盛区主要河流概况一览表（一）

表 2–4

河流名称	发源地	汇入河	汇合地	区境内起止地	地形	地质	土壤	植被
孝子河	南川区神童镇淳家铺子	綦江	綦江县三江街道	陡溪桥—大沙坝	岩溶丘陵	嘉陵江组灰岩	石灰岩土	柏
丛林河	南川区南平镇冷风槽	孝子河	天宝洞	藿麻沟—天宝洞	低山槽谷	二叠系灰岩	黄壤	松、杉
清溪河	黑山镇山王庙	孝子河	两河口	山王庙—两河口	低山槽谷	二叠系灰岩	黄壤	松、杉
小河	石林镇大石巴	孝子河	小河坎新民桥	红冠箐—新民桥	岩溶丘陵	嘉陵江灰岩	石灰岩土	柏
刘家河	石林镇徐瓦房	孝子河	谷口河车站	徐瓦房—谷口河车站	低山槽谷	志留系页岩 二叠系灰岩	黄壤	松、杉
养生河	南川区石莲乡碓窝丘	孝子河	麻坝河大桥	小石梁—麻坝河大桥	坪状低山	侏罗系泥页岩	紫色土	柏、棕
洗布河	青年镇湛家山	孝子河	温塘	湛家山—温塘	岩溶丘陵	嘉陵江灰岩	石灰岩土	柏
藻渡河	南川区金佛山南麓	綦江	綦江县赶水镇	铜鼓滩—学塘	低山	二叠系灰岩	黄壤	松、杉
鲤鱼河	南川区南平镇田弯	藻渡河	桐梓县羊磴镇	石笋—椅子台	中山	寒武系灰岩	黄壤	松、杉
溱溪河	青年镇马达洞	綦江	綦江县扶欢镇	马达洞—童善桥	低山槽谷	嘉陵江灰岩	石灰岩土	柏

续表

河流名称	发源地	汇入河	汇合地	区境内起止地	地形	地质	土壤	植被
五布河	金桥镇 金子山杨家口	长江	巴南区木洞镇	金子山—茨竹沟	坪状低山	侏罗系泥页岩	紫色土	柏、棕
楠木河	金桥镇 金子山赵家岗	五布河	綦江县隆盛镇	金子山—芭蕉屋基	坪状低山	侏罗系泥页岩	紫色土	柏、棕

万盛区主要河流概况一览表（二）

表 2–5

河流名称	河长（千米）		流域面积（平方千米）			多年平均径流总量（万立方米）			多年平均径流深（毫米）	多年平均径流量（立方米 / 秒）	河床平均宽度（米）	比降（‰）	落差（米）		理论水能蕴藏量（千瓦）
	区境及以上	区境内	区境及以上	区境以上	区境内	区境及以上	过境	区境内					区境及以上	区境内	
孝子河	67.7	29.0	478.6	148.5	330.0	28665.7	7797.6	20868.1	600	9.1	36	10.7	540	142.5	6911.5
丛林河	18.5	18.5	46.6	0	46.6	–	–	–	600	0.9	10.8	24.6	455	455	3501
清溪河	11.0	11.0	68.3	0	68.3	–	–	–	770	1.7	8.8	70.4	755	755	9332
小河	9.4	9.4	23.1	0	23.1	–	–	–	650	0.5	8	86.2	810	810	3810
刘家河	18.0	18.0	70.6	0	70.6	–	–	–	650	1.5	8.9	68.6	1220	1220	8023
养生河	26.7	20.7	64.6	16.6	47.9	–	–	–	540	1.1	8.7	17.0	420	350	3126
洗布河	14.2	14.2	23.3	0	23.3	–	–	–	550	0.4	5.9	23.6	350	350	1180
藻渡河	84	4.9	1207	1123.6	83.4	91775.6	84271.9	7503.8	760	29.1	50	15.4	–	18	4410
鲤鱼河	27.6	23.1	129.8	46.5	83.4	–	–	–	733	3.0	11.6	23.0	960	530	11117
溱溪河	21.0	21.0	64.3	0	64.3	3159.8	–	3159.8	491	1.0	12.4	29.2	610	610	4331
五布河	9.2	9.2	15.6	0	11.3	815.8	215	600.7	524	0.3	6.7	35.8	330	330	837
楠木河	8.2	8.2	10.4	0	10.4	554.1	–	554.1	533	0.2	7.8	22.8	180	180	318

第二节　暗河

根据 1978 年水文地质勘探资料记载，区内主要暗河有 8 条，长 2.3 米 ~ 5.3 千米，总径流量约 0.7 万立方米 / 日。暗河主要分布在丛林、万东、南桐、关坝等镇内。

万盛区主要暗河概况一览表

表 2–6

名称	所在地	地层	出口海拔高度（米）	长度（米）	发育方向	流量（立方米 / 秒）	排泄情况
响水洞	丛林镇红岩村响水洞	二叠系上统长兴组	610	3000	自东向西转北西顺层发育	15.60	流出后汇入丛林河
马达洞	丛林镇红岩村马达洞	二叠系下统茅口组	540	4200	自北向南顺层发育	–	原来流出后汇入丛林河，现排入红岩煤矿矿井
海孔	丛林镇海孔村海孔	二叠系下统茅口组	600	2550	南东向北西	–	原来流出后汇入丛林河，现排入红岩煤矿矿井
龙须桥	万东镇箐溪村韩兴湾	二叠系下统栖霞组	360	5300	自北向南顺层发育	21.87	流出后汇入清溪河
腰子口	万东镇刀子岩	二叠系下统栖霞组	260	3200	自南向北顺层发育	5.00	流出后汇入清溪河
王家坝	南桐镇王家坝	二叠系下统茅口组	310	3000	自南西向北东顺层发育	–	原来流出后汇入刘家河，现排入南桐煤矿矿井
岩门	南桐镇岩门	二叠系下统栖霞组	340	2300	自南西向北东顺层发育	9.96	流出后汇入刘家河
柴心坝	关坝镇柴心坝	二叠系下统茅口组	540	2300	自南向北顺层发育	38.00	流出后汇入溱溪河

第三节　井泉

一、温泉

万盛区内有温泉 1 处，即温塘温泉。出露地点在南桐镇温塘村孝子河床及两岸，构造部位为桃子荡背斜南端西翼与龙泉寺背斜北端衔接复合处的溶蚀槽谷边缘，出露处地形为三叠系嘉陵江组与雷口坡组接触带，岩石构造裂隙发育，走向北东，与大的构造线基本一致。泉水出露点 3 处，彼此相距不远，总流量 9.45 立方分米 / 秒。泉水化学类型为硫酸盐型，矿化度 1.99 克 / 立方分米 ~ 2.3 克 / 立方分米，雨季时有少许浅部淡水渗入，重碳酸根离子略有下降。水温 39℃ ~ 46℃，地平面上以中间者水温最高、为 46℃，水温和流量变化不大，温泉的补给源远而深（大于 2000 米），年径流总量 29.80 万立方米。

二、自然泉井与机电井

自丛林镇陡溪桥起，经万东、南桐镇向南至藻渡河的溶蚀洼地和槽谷中，嘉陵江灰岩岩溶发育，泉水露头多。流量一般小于 1 立方分米 / 秒，岩溶大泉 1 立方分米 / 秒 ~ 10 立方分米 / 秒。在红岩、砚石台一带，泉水点每平方千米3.7个；在南桐、桃子荡、鱼田堡一带，每平方千米6.3个。水位深埋一般小于50米，万盛溶蚀洼地深埋2米～6米，桃子荡至麒麟坝一带深埋1米～8米，青年至关坝一带深埋2米～3米，红岩、砚石台一带深埋约5米。在局部低洼处，有上升泉及自流钻孔。1986年，区内有机电井20余眼，农村泉水井1571眼。此后，受煤炭开采和城市建设等因素影响，自然泉井逐渐消失。2011年年末，区内有机电井967眼，其中日取水量大于20立方米的13眼，小于20立方米的954眼；有人力井27眼，主要分布在万东、关坝和金桥镇的无水源、易干旱地区。

第三章　气候

万盛区属亚热带湿润季风气候区。冬季受偏北季风控制，夏季受偏南季风控制，气候温和、降水丰沛、四季分明、无霜期长。冬暖春早，初夏多雨，夏热多伏旱，秋多绵雨，冬季云多日照少。灾害性天气种类多，山区立体气候特征明显。

第一节　日照　雾

一、日照

万盛区气象站监测点地处北纬28°　57′、东经106°　56′。据此计算，太阳中心从东方地平线升起到没落于西方地平线，冬季每日可照时数最短不到11小时，夏季每日可照时数最长可接近14小时。但是受城区东、西方山体遮蔽影响（以区气象局位置为基点，其东方山体仰角为7°，西方山体仰角为3°），同时又受云、雾遮蔽影响，日出时间大为推迟，日落时间又大为提前，实际日照时数比可照时数少。

1986—2011年，年均日照时数1135.0小时、日照率26.0%。年日照时数最多1449.3小时（2002年），最少812.7小时（1989年）。月均日照时数以7—8月为最多，通常超过100小时，仅有3次小于100小时。月均日照时数以12月至次年2月为最少，通常不足50小时，其中1月份最少，日照时数仅26.6小时。其间，经常会出现连续多日无日照的情况，最长连续37日无日照（1997年11月26日至1998年1月1日）。

1986—2011年万盛城区各月平均日照时数表

表2–7　　单位：小时

月份	1	2	3	4	5	6	7	8	9	10	11	12
日照时数	26.6	42.8	76.7	100.0	118.9	112.5	188.3	191.9	134.3	60.3	55.2	27.5

二、雾

万盛区的雾以辐射雾为主，山区常有由暖空气沿山滑升而形成的“坡雾”。

雾常在零时到日出前后出现，一般延续至上午；有时也延续至中午甚至全天不散。

1986—2011 年，万盛区年平均雾日 31.5 日。年雾日最多 74 日（1987 年），最少 1 日（2011 年）。全区各月份都可出现雾。11 月至次年 2 月雾日较多，尤以 12 月雾日最多，月平均雾日为 7.3 日；7 月雾日最少，月平均雾日不足 1 日。

第二节　气温

万盛区地处四川盆地东南缘与云贵高原衔接的过渡山区，地势东高西低、高低悬殊，气温垂直分布差异明显。1986—2011 年，区境年平均气温 18.3℃，年平均气温最高值 19.5℃（2006 年）、最低值 17.5℃（1986 年、1996 年），月平均气温最高为 7 月，28.1℃，最低为 1 月，7.8℃；极端最高气温值 44.3℃（2006 年 8 月 15 日、9 月 1 日），极端最低气温值 -1.3℃（2011 年 2 月 2 日）。区境西部南桐镇温塘村最低点海拔 265 米，年平均气温 18.7℃，东部黑山镇北门村狮子槽东侧山峰海拔 1973 米，年平均气温 8.4℃，高度相差 1708 米，年平均气温相差 10.3℃。

万盛区四季划分情况表

表 2-8

观测点	海拔（米）	春（10℃～22℃）			夏（＞22℃）			秋（10℃～22℃）			冬（＜10℃）			平均气温（℃）			
		初日（日/月）	终日（日/月）	季长（天）	初日（日/月）	终日（日/月）	季长（天）	初日（日/月）	终日（日/月）	季长（天）	初日（日/月）	终日（日/月）	季长（天）	春	夏	秋	冬
区气象站	325	10/2	17/5	97	18/5	26/9	132	27/9	7/12	72	8/12	9/2	64	16.0	26.0	16.1	8.4
石林气象哨	420	21/2	17/5	86	18/5	26/9	132	27/9	4/12	69	5/12	20/2	78	16.2	25.4	15.8	8.1
关坝气象哨	500	25/2	28/5	93	29/5	19/9	114	20/9	2/12	74	3/12	24/2	84	16.7	25.5	16.2	7.9
青年气象哨	570	4/3	29/5	87	30/5	18/9	112	19/9	29/11	72	30/11	3/3	94	16.8	25.2	16.0	7.5

续表

观测点	海拔（米）	春（10℃～22℃）			夏（＞22℃）			秋（10℃～22℃）			冬（＜10℃）			平均气温（℃）			
		初日（日/月）	终日（日/月）	季长（天）	初日（日/月）	终日（日/月）	季长（天）	初日（日/月）	终日（日/月）	季长（天）	初日（日/月）	终日（日/月）	季长（天）	春	夏	秋	冬
丛林气象哨	690	6/3	11/6	98	12/6	17/9	98	18/9	27/11	71	28/11	5/3	100	17.0	24.8	15.5	7.0
金桥气象站	745	10/3	13/6	96	14/6	10/9	89	11/9	26/11	77	27/11	9/3	103	17.1	24.7	15.9	6.9
黑山气象哨	1050	27/3	25/6	91	26/6	6/9	73	7/9	14/11	69	15/11	26/3	132	17.0	23.4	15.4	6.0

1986—2011 年万盛区平均气温一览表

表 2-9　　单位：℃

观测点	一月	二月	三月	四月	五月	六月	七月	八月	九月	十月	十一月	十二月	全年
区气象站	7.8	10.1	13.8	18.5	22.3	25.0	28.1	27.7	24.1	18.5	14.2	9.3	18.3
石林气象哨	7.2	9.5	13.2	17.9	21.7	24.4	27.5	27.1	23.5	17.9	13.6	8.7	17.7
关坝气象哨	6.8	9.1	12.8	17.5	21.3	24.0	27.1	26.7	23.1	17.5	13.2	8.3	17.3
青年气象哨	6.2	8.3	12.1	17.1	20.5	23.6	26.7	26.4	22.6	17.0	12.7	7.7	16.7
丛林气象哨	5.6	7.9	11.6	16.3	20.1	22.8	25.9	25.5	21.9	16.3	12.0	7.1	16.1

续表

观测点	一月	二月	三月	四月	五月	六月	七月	八月	九月	十月	十一月	十二月	全年
金桥气象哨	5.3	7.6	11.3	16.0	19.8	22.5	25.6	25.2	21.6	16.0	11.7	6.8	15.8
黑山气象哨	3.5	5.8	9.5	14.2	18.0	20.7	23.8	23.4	19.8	14.2	9.9	5.0	14.0

1986—2011 年万盛区气温概况一览表

表 2-10

年份	平均气温（℃）	最高气温		最低气温		≥ 0℃积温	≥ 10℃积温
		℃	日 / 月	℃	日 / 月		
1986	17.5	38.7	15/8	–0.7	3/3	6410.5	5791.8
1987	18.3	37.5	24/5	1.1	27/1	6678.2	6215.5
1988	18.0	41.4	19/7	2.8	4/3	6613.0	6064.2
1989	17.7	40.8	22/7	0.2	14/1	6483.0	5954.9
1990	18.5	40.6	23/8	2.0	31/1	6787.4	6273.1
1991	18.1	39.2	24/5	–0.5	28/12	6609.2	6207.4
1992	17.9	41.3	12/8	–0.2	16/1	6563.3	5944.0
1993	17.8	37.8	14/7	–0.6	24/1	6496.8	5998.9
1994	18.3	40.5	5/8	0.0	23/1	6702.6	6195.4
1995	17.9	40.7	6/9	0.1	5/1	6560.9	5937.1
1996	17.5	40.4	22/8	0.9	13/12	6432.6	5816.9
1997	18.0	41.4	31/8	1.4	26/1	6574.1	6070.4
1998	18.9	39.5	19/7	0.7	20/1	6903.1	6476.7
1999	18.2	40.4	15/6	–0.9	24/12	6647.2	6227.6
2000	17.9	39.6	18/7	0.3	1/2	6561.8	5975.5
2001	18.5	40.7	7/8	0.2	23/12	6768.2	6214.2
2002	18.4	40.2	16/7	0.2	28/12	6732.1	6318.2
2003	18.7	40.7	1/8	0.6	10/1	6819.3	6328.6
2004	18.1	40.8	11/8	2.4	30/1	6631.5	6199.2
2005	18.2	40.4	6/7	0.5	15/1	6768.7	6144.0
2006	19.5	44.3	15/8、1/9	1.7	9/1	7148.6	6616.1

续表

年份	平均气温（℃）	最高气温		最低气温		≥ 0℃积温	≥ 10℃积温
		℃	日 / 月	℃	日 / 月		
2007	18.9	39.5	8/8	2.1	27/1	6927.5	6591.7
2008	18.1	39.1	27/7	0.0	15/2	6653.1	6228.5
2009	18.8	41.5	19/7	2.2	22/11、22/12	6873.7	6427.8
2010	18.5	41.3	10/8	-0.8	17/12	6752.9	6339.1
2011	18.7	42.3	18/8	-1.3	2/2	6836.3	6315.3

第三节　气压　风

一、气压

1986—2011 年，区境年平均气压 976.2 百帕，年平均气压最高值 977.0 百帕（1995 年）、最低值 975.2 百帕（2009 年）；月平均气压最高为 12 月、985.8 百帕，最低为 7 月、965.2 百帕；极端最高气压值 1003.3 百帕（1992 年 11 月 9 日、1993 年 12 月 16 日），极端最低气压值 951.8 百帕（1991 年 5 月 24 日）。

1986—2011 年万盛区各月平均气压一览表

表 2-11　　单位：百帕

月　份	平　均　气　压	月　份	平　均　气　压
1	984.6	7	965.2
2	981.6	8	968.0
3	978.1	9	974.1
4	974.5	10	980.5
5	971.4	11	983.2
6	967.4	12	985.8

二、风

万盛区处于亚热带季风气候范围内，受东亚季风环流影响，风向随季节变化十分明显。9 月至次年 4 月，盛行西北风；5—8 月，盛行东南风。西风频率最大，其次为东南风，东北风频率最小，静风率为 38%。受区内山地地形影响，境内大气流动不顺畅，静风多、风速小。区境内风速虽小，但在秋、冬、春季遇寒潮时风速会显著增大。夏季雷雨时，也常会出现大风。

1986—2011 年，区境年平均风速为 0.9 米 / 秒。年平均风速最大值为 1.3 米 / 秒（1992 年），最小值 0.6 米 / 秒（1986 年、1987 年和 1989 年）。

1986—2011 年万盛区各月最大风速一览表

表 2-12 单位：米 / 秒

月份	1	2	3	4	5	6	7	8	9	10	11	12
发生年份	1987	1986 2003	2002	2005	1993	1992	1994	1994	1992	1987	1993	2007
发生日期	1	3、20	8、11	22	26	19	15	13	10	16	18	31
风向	WNW	SSE	SSE、S	NW	NNE	SSE	ESE	N	SE	SSE	S	WNW
最大风速	8.7	7.0	8.0	9.4	13.0	9.0	12.0	12.0	10.0	10.0	8.0	5.2

说明：万盛区气象站观测点数据

1986—2011 年万盛区各月平均风速一览表

表 2-13 单位：米 / 秒

月份	1	2	3	4	5	6	7	8	9	10	11	12
平均风速	0.6	0.7	1.0	1.1	1.1	1.0	1.3	1.2	1.1	0.7	0.6	0.5

说明：万盛区气象站观测点数据

第四节 降水 霜 蒸发量 湿度

一、降水

万盛区降水量较充沛，以雨为主，雪、冰雹较少。降水在时间和空间分配上差异较大。1986—2011 年，年均降水量 1242.8 毫米，降水量大于 1000 毫米的年份占 96%。年降水量最大值 1685.5 毫米（2002 年）、最小值 795.4 毫米（2011 年）。在时间上，冬半年（11 月至次年 4 月）在大陆干冷气团控制下降水较少，约占全年 25%，夏半年（5—10 月）在海洋暖湿气团的控制下降水较多，约占全年 75%，雨热同期特点显著；春季（3—5 月）降水占 26%，夏季（6—8 月）降水占 45%，秋季（9—11 月）降水占 22%，冬季（12 月至次年 2 月）降水占 7%。在空间上，降水东南多，西北少。境内除海拔较高的黑山、石林等地的中山地区每年均有降雪外，其余地区平均每年有雪日为 0.7 天，无降雪的年份占 62%。1986—2011 年，境内最早初雪日为 12 月 27 日（1991 年），最晚终雪日为 3 月 1 日（1986 年），最大降雪发生在 1991 年 12 月 28 日，积雪深 3 厘米。

1986—2011 年万盛区平均降水日数一览表

表 2-14 单位：天

一月	二月	三月	四月	五月	六月	七月	八月	九月	十月	十一月	十二月	全年
18	15	17	19	20	21	18	18	16	21	17	17	217

说明：万盛区气象站观测点数据

1986—2011 年万盛区月平均降水量一览表

表 2–15　　单位：毫米

月份	区气象站	石林气象哨	丛林气象哨	南桐气象哨	青年气象哨	关坝气象哨	金桥气象哨	黑山气象哨
1	28.2	25.1	31.4	23.5	26.7	14.8	25.1	36.4
2	27.5	21.9	27.4	26.0	21.9	20.3	24.1	36.9
3	53.1	44.7	41.1	45.7	38.0	44.8	47.9	89.4
4	108.0	117.3	143.3	88.4	115.4	125.6	114.3	168.9
5	165.4	162.0	150.1	153.1	150.3	130.3	146.8	267.7
6	189.6	266.0	225.9	183.4	197.9	230.4	188.8	347.2
7	187.1	196.3	122.6	175.6	161.6	204.9	143.8	183.9
8	172.8	232.8	203.6	144.4	165.8	213.4	175.9	211.1
9	106.3	123.4	99.6	82.4	101.6	112.6	97.4	187.4
10	110.1	114.4	108.4	97.5	90.9	105.9	106.4	160.4
11	60.9	70.0	73.7	50.3	106.6	53.1	64.8	104.6
12	33.9	47.7	28.3	28.9	29.4	35.1	33.3	34.8
全年	1242.8	1421.7	1252.3	1099.2	1103.3	1291.0	1168.7	1830.4

二、霜

1986—2011 年，区境年平均有霜日 3.3 天，年有霜日最多 11 天（1993 年），1991 和 2004 年全年无霜。最早初霜日 11 月 10 日（1993 年），最晚终霜日 3 月 26 日（1995 年）。月均分布 11 月 0.2 次、12 月 0.7 次、1 月 1.3 次、2 月 0.7 次、3 月 0.5 次，其他月份未出现过霜。

三、蒸发量

1986—2011 年，区境年平均蒸发量 1225.0 毫米；年最大蒸发量 1489.3 毫米（2011 年），最小蒸发量 1078.9 毫米（1996 年）；12 月至次年 1 月蒸发量最小，7—8 月蒸发量最大，且大于降水量。

1986—2011 年万盛区平均蒸发量一览表

表 2–16　　单位：毫米

一月	二月	三月	四月	五月	六月	七月	八月	九月	十月	十一月	十二月	全年
29.1	43.3	77.0	108.1	137.1	136.0	213.1	205.6	141.9	62.6	44.2	27.0	1225.0

说明：万盛区气象站观测点数据

四、湿度

万盛区大部分区域海拔 325 米左右，相对湿度多年平均值 81%。10 月至次年 1 月，相对湿度较高，月平均相对湿度在 85% 以上；3—5 月和 7—9 月，相对湿度较低，月平均相对湿度低于 80%。

1986—2011 年万盛区平均相对湿度一览表

表 2–17

一月	二月	三月	四月	五月	六月	七月	八月	九月	十月	十一月	十二月	全年
85	81	79	79	78	81	75	75	78	86	86	87	81

说明：万盛区气象站观测点数据；表中数值为百分率

第四章　资源

第一节　土地资源

一、土壤

（一）土壤类型

区内土壤类型多样，主要有 6 大类。

黄壤土　主要由侏罗系、三叠系、志留系、奥陶系及寒武系灰岩、泥页岩、砂岩等母质发育而成，面积 314.63 平方千米、占全区面积 55.63%。广泛分布于中低山各类坡地上，海拔 300 米 ~ 1400 米，范围包括黑山、石林两镇全境，丛林、万东、南桐、青年和关坝 5 镇的大部及金桥镇的小部分地区。其理化特征为黏、酸瘦、冷、缺磷。在中山地区，一般多为林地，土地经济效益和综合效益不高。在低山，一般情况下土层较肥厚。

紫色土　由侏罗系紫色砂岩及二叠系飞仙关组暗色泥岩母质发育而成，面积 100.8 平方千米，占全区面积 17.8%。主要分布于金桥镇绝大部分区域，万东镇五和、六井和建设 3 个村，南桐镇金兰村、青年镇安乐村、毛里村和关坝镇双坝村等地。关坝镇双坝村的向斜低山大小坡丘上，紫色土一般为壤土，母质肥沃，土壤矿质较为丰富，但易被雨水冲刷流失，且保蓄水性能差。

石灰岩土　由三叠系雷口坡组、嘉陵江组、飞仙关组二、四段灰岩及志留系石牛栏组上段灰岩和奥陶季系中上统灰岩母质发育而成，面积 82.58 平方千米，占全区面积 14.60%。其中耕地面积 15.63 平方千米，占全区面积 2.77%。主要分布于除金桥镇以外的 7 个镇的中低山灰岩土露地段及槽谷地带，海拔 265 米 ~ 1200 米。石灰岩土质地一般为中壤—中黏，代换量较大，土壤保蓄性能强，有机质含量高，潜在养分较充足，宜种度广，自然肥力高，且大部分分布于槽谷平坝一带，光、热、水条件优越。人为熟化程度高。同时，因这类土地分布的地区相对平坦、交通方便，水利、电力设施较完备，是区内发展工业的重要用地。

水稻土　水稻土是人类长期种植水稻、水耕熟化的产物，面积 56.60 平方千米，占全区面积 10.00%。主要分布于海拔 265 米 ~ 1300 米的中低山中下部及槽谷丘陵、平坝地带，92% 以上分布在海拔 265 米 ~ 800 米。

黄棕壤土　母质为志留系和二叠系灰岩、泥页岩，面积 8.66 平方千米，占全区面积 1.53%，全部为林地。主要分布于黑山镇北门村的石门、石笋海拔 1500 米以上的中山地区。土性软绵、肥厚，是发展用材林和经济林较理想的土壤。

潮土　由第四系近代河流冲积母质发育而成，面积1.34平方千米，全部为耕地，占全区面积0.24%。分布于溪河沿岸新冲积阶地上，母质复杂，矿质养分丰富，质地较轻，耕性好，宜种度广，自然肥力及人为熟化程度较高，是较好的蔬菜种植土壤。

（二）土壤等级

全区土壤分为5个等级。

一级土壤　面积29.30平方千米，占全区耕地面积20%。主要包括分布在低山槽谷、槽坝内石灰岩土质的小黄泥，大眼泥及暗紫泥土属的油沙田等。这类土壤土质深厚，质地、酸碱度适中，保水、保肥性能好。其分布地区地势较平缓开阔，光、热、水条件好。

二级土壤　面积19.04平方千米，占全区耕地面积13%。主要包括河流沿岸的冲积土及分布于低山中下部的大泥、油砂土、石灰土等。此类土壤母质富含矿物质，土壤潜在养分充足，一般土质较厚，保养性能强，自然肥力较高，但有部分土壤质地偏沙或偏黏，具有不同程度的干旱或湿害。其分布地区地势起伏较大，坡度较陡，光热条件较好。

三级土壤　面积37.35平方千米，占全区耕地面积25.5%。主要包括分布在低山中上部的紫色石骨子土、沙土、石灰子土，黄河泥油、冷黄泥及矿毒水稻土等。这类土壤母质胶体品质差，易被雨水冲刷，土层薄，质地过沙或黏、板，土性碱或酸，缺磷钾及微量元素。其分布地区地势起伏大、坡陡，光、热、水条件差。宜种范围窄，适合耐瘠耐酸耐旱作物生长。

四级土壤　面积54.20平方千米，占全区耕地面积37%。主要包括分布在低山中上部的紫色石骨子土、紫黄泥、中低坡部的黄泥，离沙土及槽沟内的鸭屎泥等。这类土壤土层深浅不一，质地偏黏，常夹砾石，瘦、薄、酸，缺磷、钾，保蓄水能力一般。其分布地区地势起伏较大，坡较陡、光、热条件稍差。

五级土壤　面积6.59平方千米，占全区耕地面积4.5%。主要分布于中低山岗岭靠近森林的瘦瘠地。此类土壤分布地区地势高，地形起伏大，光热条件差，坡陡不宜耕种，但宜林。

二、土地利用分类

耕地　1991年，全区耕地面积181.12平方千米，占全区面积32.02%。1996年，全区耕地179.34平方千米，占全区31.7%，较1991年减少1.78平方千米。1999年，全区耕地177.73平方千米，较1991年减少3.39平方千米。2005年，全区耕地155.32平方千米，较1991年减少25.8平方千米。2009年，全区耕地151.18平方千米，较1991年减少29.94平方千米。2011年，全区耕地146.49平方千米，较1991年减少34.63平方千米。

园地　1991年，全区园地面积16.19平方千米，占全区面积2.86%。其中果园1.43平方千米，桑园0.31平方千米，茶园14.40平方千米，其他园地0.04平方千米。1996年，全区园地16.99平方千米，较1991年增加0.8平方千米。1999年，全区园地17.13平方千米，较1991年增加0.94平方千米。2005年，全区园地24.62平方千米，较1991年增加8.43平方千米。2009年，全区园地23.26平方千米，较1991年增加7.07平方千米。2011年，全区园地23.04平方千米，比1991年增加6.85平方千米。

林地　1991年，全区林地面积254.10平方千米，占全区面积44.46%。主要分布于黑山、石林等镇中低山地区。1996年，全区林地253.88平方千米，较1991年减少0.22平方千米。1999年，全区林地253.43平方千米，较1991年减少0.67平方千米。2005年，全区林地276.76平方千米，较1991年增加22.66平方千米。2009年，全区林地290.54平方千米，较1991年增加36.44平方千米。2011年，全区林地287.21平方千米，较1991年增加33.11平方千米。

牧草地　1991年，全区牧草地面积1.17平方千米，占全区面积0.20%。2005年，全区牧草地0.66

平方千米，较 1991 年减少 0.51 平方千米。2011 年，全区牧草地 1.97 平方千米，较 1991 年增加 0.8 平方千米。

居民点及工矿用地　1991 年，全区居民及工矿用地面积 27.4 平方千米，占全区面积 4.84%。其中城镇居民用地 2.74 平方千米、占 8.96%，农村居民用地面积 18.08 平方千米、占 65.98%，独立工矿用地面积 6.20 平方千米、占 22.62%，特殊用地 0.67 平方千米、占 2.43%。1996 年，居民及工矿用地 28.44 平方千米，较 1991 年增加 1.04 平方千米。1999 年，居民及工矿用地 29.76 平方千米，较 1991 年增加 2.36 平方千米。2005 年，居民及工矿用地 36.61 平方千米，较 1991 年增加 9.21 平方千米。2011 年，居民及工矿用地 37.24 平方千米，较 1991 年增加 9.84 平方千米。

交通用地　1991 年，全区交通用地面积 3.71 平方千米，占全区面积 0.66%。其中铁路用地 0.67 平方千米、占 18.06%，公路用地 1.23 平方千米、占 33.15%，农村道路用地 1.81 平方千米、占 48.79%。1996 年，全区交通用地 3.78 平方千米，较 1991 年增加 0.07 平方千米。1999 年，全区交通用地 4.5 平方千米，较 1991 年增加 0.79 平方千米。2005 年，全区交通用地 2.62 平方千米（不含乡村公路面积）。2009 年，全区交通用地 7.17 平方千米，较 1991 年增加 3.46 平方千米。2011 年，全区交通用地　7.76 平方千米，较 1991 年增加 4.05 平方千米。

水域用地　1991 年，全区水域面积 7.37 平方千米，占全区面积 1.30%。其中河流 4.76 平方千米，水库蓄水面积 0.32 平方千米，坑塘 1.8 平方千米，滩涂 0.19 平方千米，沟渠 0.24 平方千米，水工建筑 0.06 平方千米。1996 年，全区水域 8.08 平方千米，较 1991 年增加 0.71 平方千米。1999 年，全区水域 8.56 平方千米，较 1991 年增加 1.19 平方千米。2005 年，全区水利设施用地 1.15 平方千米（不含河流水面面积）。2009 年，全区水域及水利设施用地 7.20 平方千米。2011 年，全区水利设施用地 6.8 平方千米。

未利用土地　1991 年，全区未利用土地面积 74.83 平方千米，占全区面积 13.23%。其中荒草地 14.76 平方千米，裸土地 0.03 平方千米，裸岩石砾地 1.37 平方千米，田坎 58.67 平方千米。1996 年，全区未利用土地 74.19 平方千米，较 1991 年减少 0.64 平方千米。1999 年，全区未利用土地 74.15 平方千米，较 1991 年减少 0.68 平方千米。2005 年，全区未利用土地 13.39 平方千米，较 1991 年减少 61.44 平方千米。2011 年，全区未利用土地 32.82 平方千米，较 1991 年减少 42.01 平方千米。

第二节　水资源

一、水资源分区

万盛区处于长江上游四级分区 V4-2-4，根据水资源分区原则及区内自然地理、水文气象特征及经济发展水平的不同，区境水资源分区细划为丘陵平坝工矿区（Ⅰ区）、低山工农结合区（Ⅱ区）、坪状低山农业区（Ⅲ区）和中低山农业区（Ⅳ区）4 个小区。

丘陵平坝工矿区（Ⅰ区）　该区地形属岩溶丘陵夹平坝，地层多为三叠系的石灰岩，海拔高度 265 米 ~ 550 米，分布面积 127.25 平方千米，占全区面积 22.5%。主要分布在万盛和东林 2 个街道以及万东、南桐、丛林 3 个镇。

低山工农结合区（Ⅱ区）　该区地形主要属低山地形，低山间夹有溶蚀槽谷盆地，地层多为紫色页岩、砂岩和石灰岩，海拔高度 500 米 ~ 750 米，分区面积 120.16 平方千米，占全区面积 21.4%。主要分布在青年、关坝和南桐 3 个镇。

坪状低山农业区（Ⅲ区） 该区地形主要属坪状低山，地层多为紫色页岩、砂岩，海拔高度500米～800米，分布面积71.47平方千米，占全区面积12.6%。要分布在金桥和万东2个镇。

中低山农业区（Ⅳ区） 该区地形主要属低山和中山，地层多为石灰岩和页岩相互排列，海拔高度500米～1973米，分布面积246.88平方千米，占全区面积43.5%。主要分布在万东、丛林、石林和黑山4个镇。

二、水资源量

地表水 万盛区地表水主要是境内河流和过境河流。区内河流均为雨源河流，补给方式是大气降水流入土壤和岩石裂缝孔隙后，以泉水形式流出地面，形成溪流。万盛区多年平均径流深565毫米，多年平均地表水资源量31979万立方米。区内地表径流地区分布不均匀，径流分布的不均匀性与降水分布的不均匀性关系很大，而且分布趋势与降水分布的趋势比较一致，也是东南高，西北低。东南部为中低山区，降雨较丰，径流深较高，多年平均径流深670毫米；西北部为坪状低山区，农业耕作发达，径流深较低，多年平均径流深462毫米。

1956—2000年万盛区地表水年径流流量概况一览表

表2–18

分区名称	多年平均径流量（立方米）	径流深（毫米）	频率20%年径流量（立方米）	频率50%年径流量（立方米）	频率75%年径流量（立方米）	频率95%年径流量（立方米）
全区	31979	565	38695	31339	26223	19827
丘陵平坝工矿区	6472	509	7832	6343	5308	4013
低山工农结合区	5625	467	6806	5513	4612	3487
坪状低山农业区	3300	462	3993	3234	2706	2046
中低山农业区	16582	670	20065	16249	13597	10281

地下水 万盛区地下水分为松散堆积物孔隙水、强风化裂隙水、碎屑岩类型裂隙水和碳酸盐岩类裂溶洞水4个基本类型。区境降水充沛，地表径流丰富，森林植被较好，地表水渗透含蓄条件好，为各类岩组裂隙和岩溶发育为地下水的形成提供了良好条件。东部山高谷深，有利于地下水的排泄，浅层地下水循环交替迅速。中部岩溶槽谷，地形低洼，是岩溶地下水富集地段。区内地下水含水层出露面积564.86平方千米，多年平均年径流量7578万立方米，多年平均地下水资源量7578万立方米。其中丘陵平坝工矿区地下水资源量1704万立方米，低山工农结合地下水资源量1612万立方米，坪状低山农业区地下水资源量957万立方米，中低农业区地下水资源量3305万立方米。区内地下水可开采量比例系数为0.47，可开采量3562万立方米。

三、水能

区内有流域面积大于10平方千米溪河13条，河床落差18米～1220米。其中刘家河落差最大，为1220米，藻渡河落差最小，为18米。区内河流水能理论蕴藏量60096.5千瓦。2011年，全区有水力发电站13座，装机总容量7575千瓦。其中直接利用河流水源发电电站9座，装机总容量4550千瓦，占理论蕴藏量7.57%；利用水库蓄水发电电站4座，装机总容量3025千瓦，占理论蕴藏量5.03%。

第三节　矿产资源

1996年，区境内有矿产资源17种。煤炭储量最大，开采利用度最高，是万盛区的主要矿产资源。滑石、萤石、硫铁矿、商品大理石、饮料矿泉水、高岭土、白云石、煤矸石和石英砂有一定开采利用。石灰石、含钾岩石、凹凸棒石、石膏、冰洲石、水晶、铅锌矿和铜矿开采度利用程度不高。2009年统计的区境内有可开采，并有利用价值的矿产资源储量及分布状况如下。

煤　储藏于二叠系龙潭组地层中，分布在东林街道和万东、南桐、丛林、青年和关坝5个镇内，探明储量3.79亿吨。

滑石　又称皂石，赋存于二叠系茅口组下部石灰岩中，发现的矿点有丛林镇下石桥、周家院、万家山、马达洞，万东镇凉水井、鱼中、刀子岩、五斗堡、兴隆湾、喝龙嘴、韩家湾，南桐镇王家坝、岩门，石林镇石门坎，青年镇龙叫、响岩，关坝镇田坝、大窝凼和河洞等处，探明储量97万吨。

萤石　发现的矿点有丛林镇白果，黑山镇龙潭溪、苦竹窝等3处，探明储量51.71万吨。

硫铁矿　主要储藏于二叠系上统龙潭组地层中，二叠系下统梁山组亦有一定储量，探明储量886.6万吨。

大理石　在全区范围内均有发育，品位较好的主要有关坝镇九层岩、桐梓湾，万东镇陆潮湾，南桐镇营寨等矿点，探明储量927.73万立方米。

饮料矿泉水　为二叠系须家河组第二段长石英砂岩中的地下水，储量约538.14万立方米。

高岭土　赋存于二叠系梁山组地层内，发现的矿点在东林街道腰子口，储量约23.9万吨。

白云岩　主要藏于二叠系雷口组和寒武系娄山关组，以娄山关组质量为最佳，探明储量3.26亿吨。

煤矸石　广泛分布于煤系地层和各煤层之间，储量难以估计。

铁矿　主要位于三叠系梁山组和上二叠系龙潭组地层，发现的矿点有丛林镇鲜家坝，青年镇响岩，关坝镇打儿寨、财兴嘴等4个矿点，探明储量360万吨。

石英砂岩　储于三叠系上统须家河组，分布在金桥、万东、南桐和关坝镇境内，探明储量1883万吨。

石灰岩　储量大，分布广，储量约145亿吨。

铝土矿　储量约27.8万吨。

第四节　动植物资源

一、植物资源

农业种植资源　区内粮食作物主要有水稻、玉米、小麦、红薯和马铃薯5种。水稻居粮食作物之首，玉米居第二位。蔬菜品种有14类、68属、241个品种。其中甘蓝类3属、20种，白菜类3属、18种，芥菜类2属、9种，豆类6属、27种，薯芋类6属、22种，水生菜类5属、11种，根菜类2属、18种，茄果类3属、26种，瓜类2属、18种，绿叶菜类11属、33种，葱蒜类7属、13种，食用菌类7属、10种，野生菜类4属、4种。油料作物有油菜、花生、向日葵和芝麻4种。果树种植主要有柑橘、桃、李、柿、猕猴桃、苹果、柚子、樱桃、枇杷、无花果、甘蔗、拐枣、葡萄、杨梅和杏等12科、22属、

107 种。规模种植的果树品种主要有柑橘、猕猴桃、梨和柿。

林木种植资源　区境人工种植的用材树种，主要有柏树、马尾松、杉树、香樟、楠木、枫香和喜树等 6 科、8 属、8 种。其中针叶用材林 3 科、4 属、4 种，阔叶用材林 3 科、4 属、4 种。珍稀树种有楠木、五针松 2 种，优良乡土树种有马尾松、杉树、柏树和枫香 4 种。引进树种有柳杉、湿地松等。城市绿化和农房四周散生树，有青杨、桉树、栾树、榕桐、刺桐、小叶榕和黄桷树等。人工栽培花卉 300 余种。

区境人工种植的经济林树种有茶树、漆树、桑树、棕树、油桐、花椒、黄栀子和油橄榄等 17 科、18 属、22 种。规模种植的主要有茶树、花椒、黄栀子和桑树。其中茶树有 34 种，主要品种四川中、小叶茶树，占 70%，云南大叶茶树，占 20%，福鼎大白茶树，占 10%。桑树有 25 种，以四边桑为主。竹林资源丰富，主要有方竹、刺竹、楠竹、慈竹、黄竹、材竹和麻竹等 10 余个品种，其中重点开发利用的主要有方竹、楠竹和麻竹。

野生植物　区内有野生植物 150 余科、250 属、1800 余种。其中森林植物 85 科、167 属、510 种。以栎类、樟类、杉木、马尾松以及方竹、箭竹、棕竹等为主。有党参、泡参、山药、天麻、天冬、云楂、桔梗、苡仁、厚朴、杜仲和五倍子等 117 种中药材。野生花卉以山茶花、南天竹、高寒红鹃、蜂兰和山柿子等为主，草花品种 100 多种。国家一级保护植物有桫椤、珙桐和南方红豆杉，国家二级保护植物有杜仲、银杏、福建柏、鹅掌楸、香果树、穗花杉、楠木、罗汉松、油松、金佛山兰、天麻、黄连和黄檗等。

二、动物资源

人工饲养动物　区境人工饲养动物有猪、牛、山羊、骡、马、兔、鸡、鸭、鹅、蜂和鱼。鱼类品种有草鱼、鲶（鲇）鱼、彭洋鲫、鲤鱼、鲢鱼、鳙鱼、单性罗非鱼、溪水白鲳、斑点叉尾巡和湘云鲫等品种，其中以养殖草鱼为主，占养殖总量的 60% 以上。

野生动物　区内野生动物资源种类丰富。据不完全统计，鱼类中有鲤鱼、鲫鱼、黄幼等 12 科、6 目，爬行类有乌梢蛇、菜花蛇、金环蛇和眼镜蛇等，两栖类有蟾蜍、吸盘蛙和大鲵（娃娃鱼）等，鸟类有雉鸡、竹鸡、猫头鹰、喜鹊、乌鸦和麻雀等，兽类有黑叶猴、云豹、穿山甲、狐狸、山羊、野猪、刺猪、獾、麂子、黄鼬和野兔等，节肢动物有蜻蜓、螳螂、黑蚁、异色瓢虫、蜂、马尾松毛虫、梓翠尺蠖、大豹蛱蝶和中环蝶等，环节动物有蚯蚓等，软体动物有蜗牛、螺等。国家一级保护动物有黑叶猴、云豹，国家二级保护动物有红腹锦鸡、红腹角雉和白冠长尾雉等。

第五章　自然灾害

第一节　气象灾害

万盛区地处山区，地形复杂，气候多变，灾害性天气种类繁多，主要有伏旱、低温、绵雨、暴雨、冰雹、大风、寒潮等。

伏旱　1986—2011 年，区内伏旱年频率 50.0%，其中重伏旱占 15.4%，严重伏旱占 7.6%。伏旱最早开始于 6 月 28 日，最晚结束于 9 月 20 日。2006 年 7 月上旬至 9 月 18 日，出现连续高温天气，全区 2 个街道、8 个镇，共 26.2 万人及 12.27 万头牲畜出现饮水困难，直接经济损失 1.5 亿元。2011 年，万盛区遭遇春夏连旱。1—8 月，降水量仅为 446 毫米，比往年同期减少 47%，全区各水库可用水量仅为 400 万立方米（总库容为 3400 万立方米），大部分山坪塘和小水库干涸，8 个镇 7.5 万人出现饮水困难，4666.67 公顷农作物严重受旱。

低温　3 月中旬至 4 月上旬春播期间，常有 5 天以上低于 12℃的低温伴阴雨过程。此种天气易引起烂种烂秧灾害发生。1986—2011 年，低温出现率 42.3%。5 月 20 日前和 9 月 20 日以后，常出现低于 20℃的低温阴雨。1991 年 4—5 月，全区出现 3 次大幅度降温天气，5 月上旬日平均气温只有 15℃，造成秧苗烂死 40% 以上。

连阴雨　5 月，常出现 5 天以上的初夏连绵阴雨天气。这种天气易造成水稻秧苗冻死。1986—2011 年，其出现频率 30.8%。10—11 月中旬，常有 5 天以上的秋季连绵阴雨天气。这种天气易造成小麦霉烂减产。1986—2011 年，出现频率 65.4%，其中严重连阴雨占 21.7%。

暴雨　1986—2011 年，全区发生暴雨 78 次。主要集中在 6—8 月，最早出现在 4 月 1 日，最迟出现在 11 月 4 日。2007 年 7 月 12 日 2 时至 13 日 8 时，全区普降特大暴雨。这是 1966 年区有气象记录以来，24 小时内降雨量最大的一次暴雨。暴雨导致全区 1655.33 公顷作物受灾，6 条区内主要公路干线发生 10 处较大塌方，1 条主要公路干线的路面被冲毁 900 平方米，其他公路水毁塌方 150 余处，塌方总量约 11000 立方米，2 条公路交通中断 12 小时，34 千米乡村公路路面不同程度被冲毁，72 座山平塘、1 处石河堰不同程度受损，11 处集中式人饮工程和 30 处提灌设施被损坏，冲毁沟渠、管道 629 处、23.5 千米，冲垮水泥田坎 3500 余处、5600 米，水泥便道 60000 余米，农田垮塌 0.3 平方千米，土地治理、水土保持项目受损 2.67 平方千米、垮塌 0.73 平方千米，万盛城区 3 处供水主管道爆裂，1700 余户居民停水，1200 余米高压电线受损，900 余户农房、180 余户城市居民住宅不同程度受灾，其中 152 间农房倒塌，92 户城市房屋及农房进水，131 间畜禽圈舍受损（垮塌 37 间），88 家工矿企业因灾停产，其中停产煤矿 46 个。此次暴雨、洪涝、地质灾害造成全区直接经济损失约 6500 万元。

冰雹　1986—2011 年，发生冰雹 28 次，平均每年 1.1 次，最多年 1992 年，为 4 次。1994 年 7 月中旬，区境内局部地方出现冰雹天气，全区 8 个乡镇的 29 个村、310 个合作社、9890 户受灾。其中重灾 1870 户，房屋、圈舍倒塌损坏 790 间，玉米受灾 800 公顷，成灾 398.67 公顷，减产 66 万千克，经济作物成灾 113.33 公顷，减产约 7 万千克，造成直接经济损失 85 万元。

大风　1986—2011 年，全区发生 8 级（风速 17 米 / 秒）以上大风 52 次，平均每年 2.0 次。1992 年发生次数最多，为 10 次。大风主要出现时间为 7—8 月。1994 年 8 月 6 日，万盛区出现大风天气，吹断电线杆 148 根，造成直接经济损失 62 万元。

寒潮　1986—2011 年，出现寒潮 79 次，平均每年 3.0 次，最多年 5 次。3—4 月，寒潮出现频率最大，严重危害春播和小麦扬花。

第二节　地质灾害

一、滑坡

滑坡是区内最主要地质灾害之一。1986—2011 年，全区发生滑坡 53 处，其中危害性较大、坡体产生明显整体滑移的有 31 处。

1987年6—7月，区境内相继发生3起滑坡毁房事件。6月30日，金桥乡大堰村上棕树发生推移式中型土质滑坡，滑坡体总土石方量约18000立方米，危及10户、31人的生命财产安全。7月3日，南天乡瓦房发生推移式中型土质滑坡，滑坡体总土石方量约45000立方米，危及景区公路及游人安全。7月，万盛乡浸水垭发生推移式中型土质滑坡，滑坡体总土石体积约37800立方米，危及万盛城区西面入口行人及天然气主管道安全。

1988年4—5月，区境内多次发生滑坡毁房事件。南天乡农林村发生山体滑坡，毁房3间。万盛乡五和村发生山体滑坡，毁房2间。南天乡农林村发生山体滑坡，毁房2.5间。

1989年4月，南桐乡丰岩村小沟社发生山体滑坡，毁房1间，致死1人。

1991年5月20日，南天乡大坪村砖房社发生山体滑坡，毁房7间，致伤1人，损失粮食250千克，直接经济损失2万元。青年镇毛里村河坝社发生山体滑坡，毁房3间，损失5000余元。青山乡三台村团结社发生山体滑坡，毁房1间。

1999年6月25—26日，因连续暴雨，南天乡和平村千丘社发生山体滑坡，滑坡体长500米、宽180米，下沉深度1.5米，致使25户、108人紧急搬迁。

2007年7月12日16时左右，万东镇箐溪村李子山发生大面积滑坡，滑坡体长约270米，宽80米～120米，总土石方量约27万立方米。滑坡损毁14户农村居民房屋、牲畜233头，耕地10公顷。

此外，人类不良工程活动也容易诱发滑坡发生。1986—2011年，全区因采矿引发矿山地质灾害15起，造成直接经济损失1.5亿余元。主要有万东镇榜上村老鹰岩滑坡，丛林镇丛林村马槽土丘滑坡，石林镇和平村千丘社滑坡，石林镇大坝村毛家湾滑坡等。最大一起发生于2004年6月5日15时许，万东镇新华村胡家沟社一山体和南桐矿务局东林煤矿矸子山渣场栏坝垮塌，山体和矿渣约20万立方米沿坡向前推移500米。滑坡损毁14户居民房屋，致死及失踪21人，致伤32人，毁坏农田1.21公顷，耕地40.93公顷，蔬菜地0.95公顷，鱼塘0.45公顷，采石场4个，造成直接经济损失1500余万元。2005年10月25日，在同一地点再次发生滑坡，一名路过该处的学生被掩埋。

二、地面塌陷

1986—2011年，万盛区发生地面塌陷18处，主要分布于南桐、青年、关坝镇等地的煤矿采空区。较为典型的有南桐镇石桥村岩孔坝地面塌陷，塌陷面积1.2平方千米，威胁48户居民的生命财产安全；青年镇更鼓村更鼓坝地面塌陷，塌陷面积1.5平方千米，局部最大塌陷直径42米，深15米，损毁耕地26.67公顷，75户居民房屋开裂，威胁300人的生命安全；2001年7月5日晚10时许，关坝镇田坝村水井台社发生地面塌陷，塌陷范围长80米、宽30米，危及12户村民的生命财产安全，其中3户村民的住房全部垮塌。

三、潜在地质灾害

潜在不稳定斜坡 2010年年末，全区调查确认潜在不稳定斜坡有34处，主要分布在金桥、黑山、青年和关坝等镇。较为典型的有石林镇农林村范家坡潜在不稳定斜坡，危及28户、106人的生命财产安全；黑山镇南门村潜在不稳定斜坡，危及99户、435人的生命财产安全。

危岩 危岩是一种潜在危险性较大的地质灾害，突发性、偶然性强。2009年12月排查统计，区内有危岩18处，主要集中分布在丛林、青年、关坝和黑山等镇。地质灾害隐患共计威胁1673户、8042人，威胁财产10735万元。较为典型的有黑山镇北门村垭口杉树林危岩，体积22.50万立方米，危及30人的生命财产安全；关坝镇田坝村枇杷林危岩，危及15户、70人，民房2500平方米和九层岩、铜鼓滩2个生产矿井。

第三篇 人口

第一章 人口规模

第一节 人口数量

1990 年第四次全国人口普查时（统计标准时间为 1990 年 7 月 1 日零时），区内常住人口总数 265250 人。

2000 年第五次全国人口普查时（统计标准时间为 2000 年 11 月 1 日零时），区内常住人口总数 265743 人，与第四次普查数据相比增加 493 人，环比增长 0.19%。区内户籍人口 268265 人。

2010 年第六次全国人口普查时（统计标准时间为 2010 年 11 月 1 日零时），区内常住人口总数 255776 人，与第五次普查数据相比减少 9967 人，环比降低 3.75%。区内户籍人口 268050 人。

1986—2011 年，万盛区常住人口总数保持在 26 万人左右。从总体趋势上看，2000 年以前，呈缓慢增长趋势；2000 年以后，因外出务工人口增加及国防厂矿外迁，呈降低趋势。

1986—2011 年万盛区户籍人口一览表

表 3-1　　　　单位：人

年份	人口	年份	人口
1986	244780	1999	265059
1987	252576	2000	269304
1988	256041	2001	269583
1989	259031	2002	269538
1990	262693	2003	267602
1991	265277	2004	266825
1992	265507	2005	267153
1993	267400	2006	267801
1994	268753	2007	267719

续表

年份	人口	年份	人口
1995	267428	2008	268200
1996	264805	2009	269031
1997	265096	2010	268592
1998	266442	2011	268325

第二节　人口分布与密度

2000年第五次全国人口普查时，万盛区人口分布和人口密度情况如下。

第五次全国人口普查万盛区人口分布一览表

表3–2

地域	人口（人）	人口密度（人/平方千米）	地域	人口（人）	人口密度（人/平方千米）
万盛街道	29746	18834	青年镇	23944	431
东林街道	27364	18464	丛林镇	24453	437
万东镇	39126	619	南天乡	11926	126
南桐镇	54684	849	景星乡	9758	100
关坝镇	24678	313	金桥乡	20064	310

说明：人口数为常住人口

1986—2011年万盛区人口密度一览表

表3–3　　单位：人/平方千米

年份	人口密度	年份	人口密度
1986	433	1999	475
1987	447	2000	476
1988	453	2001	476
1989	458	2002	476
1990	464	2003	473
1991	469	2004	472
1992	470	2005	472
1993	473	2006	473
1994	475	2007	473
1995	473	2008	474

续表

年份	人口密度	年份	人口密度
1996	468	2009	475
1997	469	2010	456
1998	471	2011	474

说明：人口总数为户籍人口，区境面积取 565 平方千米

第三节　人口变动

2000 年第五次全国人口普查时，区人口出生率 8.36‰，死亡率 7.27‰，自然增长率 1.09‰，总和生育率0.99，迁入人口6974人，其中市内其他区县迁入万盛区人口4532人，市外迁入万盛区人口2442人。

2010 年第六次全国人口普查时，区人口出生率为 8.22‰，死亡率 6.22‰，自然增长率 2.00‰，总和生育率 0.99，迁入人口 12040 人，其中市内其他区县迁入万盛区人口 6667 人，市外迁入万盛区人口 5373 人。

第二章　人口构成

第一节　性别构成

1986 年，南桐矿区总人口 244780 人，其中男性 126869 人，女性 117911 人，性别比 107.60（女性 = 100，下同）。

2000 年第五次全国人口普查时，区内常住人口总数 265743 人，其中男性 134695 人，女性 131048 人，性别比 102.78。

2010 年第六次全国人口普查时，区内常住人口总数为 255776 人，其中男性 128968 人，女性 126808 人，性别比 101.70。

第二节　年龄构成

2000 年第五次全国人口普查时，区内常住人口总数 265743 人。0 岁人口 2168 人，男性 1101 人、女性 1067 人；0 ~ 4 岁 12590 人，男性 6498 人、女性 6092 人；5 ~ 9 岁 19543 人，男性 9972 人、女

性 9571 人；10 ~ 14 岁 22315 人，男性 11311 人、女性 11004 人；15 ~ 19 岁 14565 人，男性 7682 人、女性 6883 人；20 ~ 24 岁 12438 人，男性 5840 人、女性 6598 人；25 ~ 29 岁 29001 人，男性 14280 人、女性 14731 人；30 ~ 34 岁 30094 人，男性 15374 人、女性 14720 人；35 ~ 39 岁人口 23803 人，男性 11978 人、女性 11825 人；40 ~ 44 岁 15924 人，男性 8314 人、女性 7610 人；45 ~ 49 岁 20523 人，男性 10534 人、女性 9989 人；50 ~ 54 岁 16511 人，男性 8200 人、女性 8311 人；55 ~ 59 岁 14115 人，男性 7591 人、女性 6524 人；60 ~ 64 岁 11820 人，男性 6161 人、女性 5659 人；65 ~ 69 岁 8694 人，男性 4310 人、女性 4384 人；70 ~ 74 岁 5806 人，男性 2947 人、女性 2859 人；75 ~ 79 岁 3039 人，男性 1464 人、女性 1575 人；80 ~ 84 岁 1887 人，男性 818 人、女性 1069 人；85 岁及以上 897 人，男性 320 人、女性 577 人。

2010 年第六次全国人口普查时，区内常住人口总数为 255776 人。0 岁人口 2092 人，男性 1059 人、女性 1033 人；1 ~ 4 岁 9080 人，男性 4616 人、女性 4464 人；5 ~ 9 岁 10377 人，男性 5218 人、女性 5159 人；10 ~ 14 岁 14749 人，男性 7604 人、女性 7145 人；15 ~ 19 岁 18216 人，男性 9198 人、女性 9018 人；20 ~ 24 岁 15869 人，男性 7934 人、女性 7935 人；25 ~ 29 岁 13503 人，男性 6749 人、女性 6754 人；30 ~ 34 岁 12409 人，男性 6067 人、女性 6342 人；35 ~ 39 岁 28220 人，男性 14267 人、女性 13593 人；40 ~ 44 岁 28827 人，男性 14946 人、女性 13881 人；45 ~ 49 岁 22473 人，男性 11399 人、女性 11074 人；50 ~ 54 岁 14875 人，男性 7770 人、女性 7105 人；55 ~ 59 岁 18451 人，男性 9362 人、女性 9089 人；60 ~ 64 岁 14612 人，男性 7143 人、女性 7469 人；65 ~ 69 岁 12390 人，男性 6377 人、女性 6013 人；70 ~ 74 岁 9355 人，男性 4587 人、女性 4768 人；75 ~ 79 岁 5851 人，男性 2658 人、女性 3193 人；80 ~ 84 岁 2927 人，男性 1387 人、女性 1540 人；85 岁及以上 1500 人，男性 627 人、女性 873 人。

第五、六次全国人口普查万盛区人口年龄构成一览表

表 3–4

普查次数	0 ~ 14 岁		15 ~ 64 岁		65 岁及以上		15 ~ 49 岁育龄妇女	
	人口（人）	占比（%）	人口（人）	占比（%）	人口（人）	占比（%）	人口（人）	占比（%）
第五次	56616	21.30	188794	71.05	20323	7.65	72362	27.23
第六次	36298	14.19	187455	73.29	32032	12.52	68958	26.96

第三节　民族构成

万盛区境内人口以汉族为主，占总人口 99% 以上，少数民族人口不足 1%。

1986 年，区内有苗、回、彝、壮、蒙古、布依、满、白、土家、高山、侗和藏族等 11 个少数民族。另有穿青人 1 个。

2000 年第五次全国人口普查时，区内有汉族 263776 人，占总人口 99.26%；有少数民族 1967 人，占总人口 0.74%。

2010 年第六次全国人口普查时，区内有汉族 253627 人，占总人口 99.16%；有少数民族 2149 人，占总人口 0.84%。

2011年,区内有25个少数民族、2208人,其中苗族1773人(占少数民族总人口80%)、土家族152人、回族51人、布依族45人、仡佬族33人、彝族23人、壮族22人、满族17人、侗族16人、蒙古族13人、白族10人、黎族8人、藏族7人、朝鲜族5人、景颇族5人、哈尼族4人、羌族4人、瑶族4人、高山族4人、傈僳族3人、仫佬族3人、畲族2人、水族2人、傣族1人、基诺族1人。另有穿青人1人。

第四节　文化构成

2000年第五次全国人口普查时，区内人口平均受教育年限7.45年，其中男性7.86年、女性6.92年；有15岁及以上文盲人口20152人，其中男性4597人、女性15555人；人口文盲率9.64%，其中男性4.34%、女性15.06%。

2010年第六次全国人口普查时，区内人口平均受教育年限8.48年，其中男性8.94年、女性8.02年；有15岁及以上文盲人口13492人，其中男性3156人、女性10336人；人口文盲率为6.15%，其中男性2.86%、女性9.48%。

第五次全国人口普查万盛区人口文化程度一览表

表3–5　　单位：人

未上过学		上过扫盲班		小学学历		初中学历		高中学历		中专学历		大专学历		本科学历		研究生学历	
男性	女性	男性	女性	男性	女性	男性	女性	男性	女性	男性	女性	男性	女性	男性	女性	男性	女性
5291	15665	906	2308	49154	48486	50232	40322	12930	10564	3057	2734	2608	1654	934	292	10	2

第六次全国人口普查万盛区人口文化程度一览表

表3–6　　单位：人

未上过学		小学学历		初中学历		高中学历		大专学历		本科及以上学历	
男性	女性	男性	女性	男性	女性	男性	女性	男性	女性	男性	女性
3621	11038	36375	40516	54620	45879	20886	17750	4602	3637	2083	1440

第五节　行业和职业构成

2000年第五次全国人口普查时，抽取全区15岁及以上劳动年龄人口的10%（18969人，其中在业人口12552人，非从业人口6417人），调查行业和职业构成状况。三次产业人口占行业人口比重分别为第一产业52.76%，第二产业28.22%，第三产业19.02%。

第五次全国人口普查万盛区在业人口行业构成情况表

表 3-7　　单位：人

行业	从业人数	所占百分比
农林牧渔业	6622	52.76
采掘业	1921	15.30
制造业	1092	8.70
电力、煤气及水的生产和供应业	101	0.80
建筑业	428	3.41
地质勘察业、水利管理业	10	0.08
交通运输、仓储及邮电通信业	337	2.68
批发 、零售贸易和餐饮业	840	6.69
金融保险业	61	0.49
房地产业	15	0.12
社会服务业	301	2.40
卫生、体育和社会福利业	166	1.32
教育、文化艺术及广播电影电视业	321	2.56
科学研究和综合技术服务业	0	0
国家机关、政党机关和社会团体	292	2.33
其他行业	45	0.36
合计	12552	100

第五次全国人口普查万盛区在业人口职业构成情况表

表 3-8　　单位：人

职业	从业人数	所占百分比
国家机关、党群组织、企业、事业单位负责人	216	1.72
专业技术人员	701	5.58
办事人员和有关人员	402	3.20
商业、服务业人员	1303	10.38
农林牧渔水利业生产人员	6606	52.63
生产、运输设备操作人员及有关人员	3322	26.47
不便分类的其他从业人员	2	0.02
合计	12552	100

2010 年第六次全国人口普查时，抽取全区 16 岁及以上劳动年龄人口的 10%（17940 人，其中在业人口 9651 人，非从业人口 8289 人）。三次产业人口占行业人口比重分别为第一产业 38.94%，第二产业 32.57%，第三产业 28.49%。

第六次全国人口普查万盛区在业人口行业构成情况表

表 3–9　　单位：人

行业	从业人数	所占百分比
农林牧渔业	3758	38.94
采矿业	1681	17.42
装备制造业	594	6.15
电力、煤气及水的生产和供应业	128	1.33
建筑业	740	7.67
仓储和邮政业	391	4.05
交通运输、计算机服务和软件业	47	0.49
信息传输、批发和零售业	773	8.01
住宿和餐饮业	397	4.11
金融业	48	0.50
房地产业	69	0.71
租赁和商务服务业	53	0.55
科学研究、技术服务和地质勘察业	11	0.11
水利、环境和公共设施管理业	54	0.56
居民服务业和其他服务业	212	2.20
教育	212	2.20
卫生、社会保障和社会福利业	136	1.41
文化、体育和娱乐业	42	0.44
公共管理和社会组织	305	3.16
国际组织	0	0
合计	9651	100

第六次全国人口普查万盛区在业人口职业构成情况表

表 3–10　　单位：人

职业	从业人数	所占百分比
国家机关、党群组织、企业、事业单位负责人	173	1.79
专业技术人员	551	5.71
办事人员和有关人员	532	5.51
商业、服务业人员	1584	16.41
农林牧渔水利业生产人员	3763	38.99
生产、运输设备操作人员及有关人员	3048	31.58
不便分类的其他从业人员	0	0
合计	9651	100

第六节　家庭构成和婚姻状况

1986 年，南桐矿区常住人口总数 57236 户（其中农业户 34828 户，非农业户 22408 户），户平均人数 4.28 人。

2000 年第五次全国人口普查时，区内家庭户 76797 户、人口 263070 人。普查人口婚姻状况时，抽取全区人口的 10%，按全国人口普查统计口径以 15 岁为统计起点，15 岁及以上人口 18969 人，其中男性 9630 人、女性 9339 人，未婚 2341 人，已婚有配偶(含初婚和再婚)15054 人，离异 410 人，丧偶 1164 人；15 ~ 50 岁妇女平均活产子女数 1.28 人，平均存活子女数 1.22 人。

第五次全国人口普查万盛区人口家庭构成情况表

表 3–11

家庭户				家庭户类别			
户数（户）	人口（人）	户规模（人/户）	其中一人户（户）	一代户（户）	二代户（户）	三代户（户）	四代以上户（户）
76979	263070	3.43	5849	15571	41196	19307	723

第五次全国人口普查万盛区人口婚姻状况表

表 3–12　　单位：人

15 岁及以上未婚人口			初婚有配偶人口			再婚有配偶人口			离异人口			丧偶人口		
合计	男性	女性	合计	男性	女性	合计	男性	女性	合计	男性	女性	合计	男性	女性
2341	1575	766	14255	7163	7092	799	374	425	410	216	194	1164	302	862

2010 年第六次全国人口普查时，区内家庭户 83844 户、人口 244243 人。普查人口婚姻状况时，抽取全区人口的 10%，按全国人口普查统计口径以 15 岁为统计起点，15 岁及以上人口 18301 人，其中男性 9105 人、女性 9196 人，未婚人口 2800 人，有配偶(含初婚和再婚)人口 13486 人，离异人口 653 人，丧偶人口 1362 人；15 ~ 64 岁妇女平均活产子女数 1.34 人，平均存活子女数 1.30 人。

第六次全国人口普查万盛区人口家庭构成情况表

表 3–13

家庭户				家庭户类别			
户数（户）	人口（人）	户规模（人/户）	其中一人户（户）	一代户（户）	二代户（户）	三代户（户）	四代以上户（户）
83844	244243	2.91	16621	30034	34432	18740	638

第六次全国人口普查万盛区人口婚姻状况表

表 3-14　　单位：人

15 岁及以上未婚人口			有配偶人口			离异人口			丧偶人口		
合计	男性	女性	合计	男性	女性	合计	男性	女性	合计	男性	女性
2800	1719	1081	13486	6694	3792	653	338	315	1362	354	1008

第三章　计划生育

第一节　管理机构

一、万盛区人口和计划生育委员会

1963 年 9 月 25 日，南桐矿区计划生育委员会成立。1967 年 1 月，受“文化大革命”影响，机构瘫痪。1971 年 8 月 10 日，机构恢复。1978 年 9 月，更名南桐矿区计划生育领导小组。1981 年 7 月，更名南桐矿区政府计划生育办公室。1983 年 7 月 8 日，撤销区政府计划生育办公室，成立南桐矿区计划生育委员会。

1986 年 10 月 16 日，区计划生育委员会设立办公室和计划财务科 2 个科室。

1989 年 5 月，增设法制宣传科。

1993 年 4 月，南桐矿区计划生育委员会更名万盛区计划生育委员会。

2001 年 9 月，万盛区计划生育委员会更名万盛区人口与计划生育委员会。同时，法制宣传科更名宣传教育技术科，设立政策法规统计科。

2010 年，万盛区人口与计划生育委员会更名为万盛区人口和计划生育委员会，下设办公室、计划财务科、宣传教育技术科、政策法规统计科 4 个科室。

二、事业单位

万盛区人口和计划生育生殖健康中心　1983 年 5 月，南桐矿区计划生育宣传技术指导站成立，办公地点设在区卫生局。2001 年，区计划生育宣传技术指导站更名区人口与计划生育生殖健康中心。2010 年，万盛区人口与计划生育生殖健康中心更名为万盛区人口和计划生育生殖健康中心。

万盛区计划生育药品器械管理站　1998 年 6 月 16 日，万盛区计划生育药品器械管理站成立，主要负责全区计划生育药品器械的供应和管理工作。

第二节 生育政策

1985年12月，中共南桐矿区委、南桐矿区政府根据《中共中央批转国家计划生育委员会党组〈关于计划生育工作情况的汇报〉》（中发〔1984〕7号）精神，制发《关于进一步完善生育政策的意见》，进一步规定生育2个子女的政策范围。全区分为四类情况，实行区别对待。第一类：城镇机关、厂矿、企业、事业单位职工，城镇居民和非农业人口，要求生育两个子女的，仍按1981年规定执行。第二类：农村丘陵地区交通比较方便、居住比较集中，海拔500米以下，人均耕地不足一亩的农户，在32周岁以上，只生有1个子女且为女孩的夫妇，可照顾再生育1个子女。第三类：低山地区交通不便、居住分散，海拔500米～800米，人均耕地1亩～2亩之间的农户，年龄在28周岁以上，只生有1个子女且为女孩的夫妇，可照顾再生育1个子女。第二、三类地区只生有1个子女且为男孩的夫妇，在符合政策规定的条件下（重庆市政府办公室〔1984〕121号文件规定的条件），可照顾再生育1个子女。第四类：高山地区，交通很不方便，居住分散，海拔800米以上，人均耕地2亩以上的农户，年龄在26周岁以上，只生有1个子女的夫妇，普遍照顾可再生育1个子女。

1987年，根据《四川省计划生育条例》和中共重庆市委办〔1988〕85号文件精神，区计划生育委员会将南天、景星两乡划为全部照顾生育二胎的乡。

1988年，南桐矿区政府发印发《关于贯彻〈四川省计划生育条例〉，调整我区生育政策的通知》（〔1988〕28号文）。新政策将全区分为四种类型，执行不同的生育政策。1988年1月1日起实施新政策。区内生育政策四类地区如下。一类：非农业人口执行《四川省计划生育条例》第六条，照顾面控制在5%以内。二类：海拔500米以下的丘陵、河谷区，人均耕地自然亩1亩左右，丈量亩2亩左右，执行《四川省计划生育条例》第十二条，照顾生育面控制在10%以内。此类地区有村民小组69个、育龄妇女4625人，占区育龄妇女数7.75%。三类：海拔500米～800米之间，山势起伏较大，境内相对高度300米以上，交通不便，人口分散，缺乏劳动力的山区，人均耕地自然亩1亩以上，丈量亩3亩左右，林地自然亩为1.5亩以上，丈量亩4亩左右，只生有1个子女且为女孩的夫妇，可照顾生育二孩。此类地区有村民小组426个、人口85281人、育龄妇女26468人，占区育龄妇女数44.32%。四类：海拔800米以上，人口稀少，且增长缓慢，人口密度在110人/平方千米以下，交通不便，人均耕地自然亩2亩以上，丈量亩5亩以上，人均林地自然亩4.5亩以上，丈量亩15亩左右，独生子女夫妇，可生育二孩。杂居在这个地区的少数民族夫妇，可生育三孩。此类地区有村民小组431个、人口47841人、育龄妇女11243人，占区育龄妇女数18.83%。

区内符合四类照顾生育二孩的农业合作社有：

万盛乡梨子塝、凉水井、大坡、干田塝、内槽、支子沟、霍家堡、白岩、庙湾、土地坪、茶场和大坪12个农业合作社；

南桐乡风岩、大坪、山堡、洞口、枣树、草棚湾、长溪、小沟、枇杷树、河坝、樱桃窝、大山坡、干草垭、前进、茶山、桐子林、大湾、八面山、八零、炉寸沟和五马石21个农业合作社；

关坝乡砖房、祠堂、长五间、山会口、箱子厂、木耳厂、坐曹湾、芝麻土、蜜蜂田、鱼塘、新龙湾、苏家湾、仁和、黄泥坎、堰箐井、水井台、岩孔、关家岗、青树林、沙坎、炉塘、火石土、芋头塘、斑竹林、岚垭、田湾、瓦房、石院子、大塝、新田、竹林湾、天坪丘、千口、鱼塘坎、苦竹林、冷水台、羊吼台、新房子、南天门、石岗、石林岗、张家山、古屋基、转角石、老鹰岩、猫孔、和平、油沙坡和水井湾

49个农业合作社；

青年镇铜锣、大坪、燕石、竹林、唐家坪、岩塘、大田、纸槽沟、千丘榜、道角、梅子坝、三岔沟、河坝、肖家洞、罗争坪、青枫、回龙、坡脚、祠堂、后沟、马跪田、杨家沟、老哇石、红岩、关井沟、砖房、河坝、小坪子、接龙桥、大湾、坪上、桐树岗和半山33个农业合作社；

南天乡河坝、水井湾、青龙嘴、白杨坪、茶园坪、游家湾、向阳、朝阳、新建、沙坡、柏果、天轿顶、新房子、老房子、枇杷岗、大湾、鲤鱼河、千丘、和平、倒坐寺、学堂坪、茶园、茨竹沟、大合土、柏树坪、榜上、大里村、黄家田、大山坡、范家山、华嘴、石鼓坪、青龙湾、窝凼、撕栗坪、二磴岩、大槽、椅子台、枫橡林、猪行、马家坳、松林坡、水卡子、长箭沟、建设、土地岗、团结、罗黄沟、大屋基、王家坪、下榜、抬头石、慈竹孔、园场、团山、新华、大坝、生基岗、毛家湾、瓦房、桐梓园、朱水井、窑坪、通湾、垭口、大垭、岩上、窑子杠、红星、大浪、冷家坝、大园子、岩脚、砖房、大田坎、石院子、石神脚、核桃湾、坪上、民家湾、红冠箐、龙背、小大湾、尖山子和三角箐85个农业合作社；

景星乡垭口、陈家沟、后湾、嘴上、沙坝、小尖峰、羊喝坪、罗家箐、陶家湾、河沟、核桃树、蒋家园、新场、后槽、白果、下坝子、马家垭口、麻湾、大坪土、团林、火尖山、大竹坝、大面坡、奶子山、豇豆屋基、石院墙、杨林、鲜家坪、新房子、落凼、梁家湾、罗家湾、核桃湾、江流坝、毛面、黄桷湾、扶林、新湾、四合头、湛家嘴、廖家湾、老房子、岩口、闩坝、苦草塘、胡家岩、胡豆田、新建、上屋基、生基坪、后沟、九拐子、小井、三潮水、堰岩、飞炉寺、寨子湾、石燕、向阳山、新瓦房、大坪、青龙岗、刘家嘴、龙塘溪、半坎、杨家湾、白水、新屋基、大水沟、团盆嘴和万家山71个农业合作社；

丛林乡有白杨嘴、观音寺、麻窝、河坝、砂湾、新开寺、刘家沟、木耳厂、青枫元、塔岗、张家山、大湾、新瓦房、雷家坝、核桃坝、汤家沟、移家沟、黄草坪、松涛湾和长坝20个农业合作社；

青山乡有幸福、永远、油菜湾、和平、志愿、团山堡、范家山、新丰、中弯、胜利、松林、肖家沟、田湾、赵家岗、丁家坪、老房子、光明、岩口、大湾、小湾、香树林、前丰、沙坪、新民、河坝和丛林26个农业合作社；

金桥乡有天井屋基、团山堡、长五间、河堝、乌抛湾、生基湾、迎峰、银匠屋基、河坝、土坎坝、麒麟湾、老鸦岩、大堰、黄龙湾、小坪、新房子、棕树堝、漆树屋基、竹林湾、龙井湾、青枫湾、小湾、双石坝、染房、新田湾、杨垭口、金子山、龙凤、坪上、梨树、小湾、石桥、张家湾、后湾、四合头、大炉井、互利、曹家湾、碾盘湾和垭口46个农业合作社。

收回独女户按《四川省计划生育条例》第十二条照顾生育二孩的农业合作社（属二类地区）有：

万盛乡黄桷树、二郎峡、水沟、兴隆湾、六井坝、芭蕉湾、偏岩子、新地坝、喻家沟、冉家湾、小坡脚、张家湾、熊家湾、白果坪、小湾、观井湾、两河口、中学、朱家坝、菱角、松林湾、莲池坝、娄黄坝、杨柳沟、青桥树、芋头坝、后坝、红星、水口、三层坎、后湾、李家湾、半坡、陈三房、大田坝、石坝、龙孔、作坊和大石坝39个农业合作社；

南桐乡麒麟坝、联合、杨柳井、洋房子、沙坝子、海棠、娄家湾、新铺子、王家咀、大石园、皂角井、水井湾、桃子、山角寺、长槽、天星、生基坪、黄干沟、池井沟、四合头、新田和后湾22个农业合作社；

青年镇新场1个农业合作社；

关坝乡街上、年丰和铁厂坡3个农业合作社；

丛林乡砖房、界牌、果园和海孔坝4个农业合作社。

1994年5月7日，万盛区政府印发《关于加强农村少数民族计划生育管理的暂行规定》（万府发〔1994〕8号），提倡和鼓励双方均为少数民族的夫妇只生育1个孩子；符合照顾生育政策的，经批准同意生育二孩的不得生育三孩；可照顾生育三孩的，任何人均不得生育四孩。夫妇一方系少数民族的，执行女方居住地民族的生育政策。

2006 年 5 月，重庆市人口和计划生育委员会印发《重庆市再生育特殊情形的通知》（渝人口计生委〔2006〕59 号），规定可以申请再生育 1 个子女的 5 种情形。一是再婚夫妻，再婚前双方依法生育的子女累计不超过 2 个，再婚后新组成家庭中只抚养的 1 个子女，经重庆市人口和计划生育行政部门组织鉴定患有疾病、不能成长为正常劳动力的。二是解救回乡的被拐卖妇女，在被拐卖期间生育的子女未与其共同生活的，可不计入生育子女数。三是第一次依法生育的双胞胎子女经鉴定符合下列条件之一的：1. 双胞胎子女均患有疾病，不能成长为正常劳动力的；2. 符合《重庆市人口与计划生育条例》规定的部分山区农村居民的双胞胎子女中一个患有疾病不能成长为正常劳动力，只有一个健康女孩的；3. 符合《重庆市人口与计划生育条例》规定的边远高寒大山区农村居民或者少数民族自治区、聚居区夫妻一方为少数民族农村居民的双胞胎子女中一个患有疾病，不能成长为正常劳动力的。四是第一次依法再生育的子女经鉴定患有非遗传性疾病，不能成长为正常劳动力的。五是依法生育的子女在 18 周岁前死亡的可不计入夫妻生育子女数。

2002 年 9 月 28 日，万盛区政府将青年、关坝、丛林 3 镇的 8 个村民小组从一孩生育政策地调整为山区生育政策地。

2011 年 5 月 11 日，万盛区政府调整“部分山区”和“边远高寒大山区”生育政策执行范围。

2011 年万盛区执行“部分山区”或“边远高寒大山区”生育政策的镇、村、村民组一览表

表 3-15

镇	村	执行部分山区生育政策的村民组（三类地区）	执行边远高寒大山区生育政策的村民组（四类地区）
万东镇	建设村	黄桷树、新华、石桥、陈家沟、和平、二郎	
	六井村	六井坝、白塔、瓦房、下庄、面房、联丰	
	五和村	伍家湾、夹石头、窑罐厂、会厂湾、苦竹沟、石道场、杉树塝、黄高、小湾	霍家堡、支子沟、内槽、白岩、干田塝
	新田村	芭蕉湾、偏岩子、新地坝、喻家沟、冉家湾、小坡脚、张家湾、白果坪、皂角、龙洞坎、熊家湾、老君坝、枣坪、长湾、水落、韩家、茶林、凉水井	
	榜上村	杨家堡、柏树林、陈三房、小河坎、傅家湾、天池、岗二、大丘、大沟、大田坝、半坡	大坪
	五里村	高家、下房、上房、六福、新湾、柏杨、新屋、八字石、鱼田	凤凰
	新华村	胡家沟、瓦子坝、双鹞嘴、二井、新井、白果、忠联、尖山	土地坪
	团结村	瓦啄沟、大湾、杨柳沟、青桥树、芋头坝、三层坎、后湾、李家湾	
	箐溪村	黄桷桥、李子山、下堡、五斗堡	梨子塝
南桐镇	麒麟村	长坝、峡口、光明、艳阳、新民、麒麟、联合、海棠、新铺子、杨柳井、沙坝子	
	南桐村	沙滩、砖房、余家湾、蒋家山、大石元、后湾、皂角井、桃子、水井湾、长槽、三角寺	

续表

镇	村	执行部分山区生育政策的村民组（三类地区）	执行边远高寒大山区生育政策的村民组（四类地区）
南桐镇	金龙村	大石坝、柿湾、龙泉、台子、岗上、田湾	元木沟、瓦房
	温塘村	温塘、窝凼、打坪坎、石板塘、戴家沟	
	营寨村	下坝、金龟、赶塘、垭口、水井湾、白云、王家坳、胡家嘴、金灵	
	民权村	大土、罗家湾、梨树台、齐兴、坪上、斧头坝、四楞、茶垭、烂田湾	读书沟
	沙坝村	桐子沟、戴家湾、沙坝、财井、新田、庆坝、四坪、回龙湾、苏家林、白家湾、白家坡、苏家塘	丰岩、长溪、大坪
	岩门村	榜上、槲栗坡、岩门、花子湾、马鞍山	茶山、大湾、前进
	王家坝	王家坝、先丰、黄家湾、通杆坡、大竹林、群力、大石盆、卢梯口	大山坡
	石桥村	和平、石桥、岩孔坝、卢家湾、跃进、胜利垭、新房子、生基坪、四合头、池井沟、大塘	八面山
关坝镇	兴隆村	青丰、水井湾、龙井、全心、王家岩、年丰、铁心	联合、木耳厂、三合、砖房、祠堂、兴隆塆、和平、油沙坡
	田坝村	石嘴、关井、大坝、后岩、大岗、枇杷林、田坝	水井台、沙坎、南垭、芋头塘、炉堂
	双坝村	天成、罗斗田、小沟子、李家沟、河沟、卫东、高坎子、青塘井、青家沟、半坡、椅子台	羊吼台、新房子、南天门、冷水台、鱼塘坎、竹林湾、天坪丘、千口、苦竹林
	林地村	李家湾、石板山、垭口、红星、艾树沟、霍家湾	
	兴文村	松林堡、杨家山、大沟、三角石、金家沟、黄卜塆、阴半岩、石虎头	石岗、石林岗
	坪坝村	关口、街上、枣林塆、皂角树、余家垭口、新铺子、染房	张家山、转角石
	凉风村	财兴、水井坎、边湾、立子林	芝麻土、堰硝井、仁和、黄泥坎、蜂蜜田、鱼塘、苏家湾
	光明村	张家湾、铁炉、团窝田、黄土坎、沙土	兴田、大榜、水井沟
青年镇	毛里村	小桥	白鹭垭、瓮子塘、三湾、小坪子、关山沟
	更鼓村	罗家林、元石井、赵家湾、均田、道竹、上坝、曾家湾、金鹅、庙岗	
	板辽村	大屋基	联合、板辽、回龙、水库、兴龙
	堡堂村	桐梓街、陈家湾、龙洞湾、吴家坝、双星	
	湛家村	大路坪、熊家坪、钟河、山足、上湾、堰口、龙叫、堰塘	半山
	燕石村		山岔、岩塘、千丘、燕石、铜锣

续表

镇	村	执行部分山区生育政策的村民组（三类地区）	执行边远高寒大山区生育政策的村民组（四类地区）
丛林镇	红岩村	石道、磨盘、唐家堡、白岩、下龙井	
	新建村	郭家沟、水角井、彭家湾、界牌、碑岗	
	绿水村	新桥、牟沙、周家院、重堂、方家湾、水井湾、小竹林、岩脚	
	白龙湖村	达脚沟、张家沟	雷家堡、汤家沟、观音寺、张家山、麻窝、塔岗、袁家沟、刘家沟、新开寺、大湾
	海孔村	余家林、果园、海孔坝	松涛湾、黄草坪
	永胜村	芭蕉湾、何家湾、田湾、红光、中坝、老房子	一碗水
金桥镇	三台村	红岩、前进、新建、太平	丛林
	马头桥	沙坝、先丰	前丰、新民、胜利、新建、幸福、范家、新丰、和平
	青山村	邓家岩、苏家岗、蒲家沟、戴家沟、石坝、林星、新田、桂花、庙树	花园
	新木村	南木滩、志愿	丁丘、新房子、柏树塥
	金堰村		张家湾、新屋基、坪上、小竹、金子山、新棕、大堰、其黄
	星河村		青树湾、下榜、梁子上、两河口、土坎坝、天井、银匠、长河、鸟抛湾
石林镇	农林村	花果山、鱼池	龙背、范家湾、龙洞坪
	两河村	半坡、双河、田湾	石堡、蒙溪沟、耳香坪、石人脚
	星台村	青龙嘴、当湾、丁家湾、石坎子	朱水井、通湾、龙孔头、红星、大坪
	石鼓村	王家嘴	大坝、天地岗、毛家湾、撕栗坪、范家山、猪行、椅子台、石鼓坪
	茶树村		抬慈、新华、团山、园场
	庙坝村		王家坪、庙坝、松树坡
	白花村		新建、白花台、大湾、沙坡、柏果
	茶园村		青白、游茶、河水、茶园、和平、柏树、大田
黑山镇	鱼子村	和平、鱼子岗、古墓坪、大铺子、中学	飞炉寺、石堰、万家山、白水、龙塘溪
	南门村		石院墙、鲜家坪、落凼、江流坝、响水河、廖家湾、林口、苦草塘、窝凼
	北门村		石门、石笋、新场、河沟、八角、团林、家园、山谷
	天星村		田坝、铁炉、联合、天星

第三节 计划生育管理

1990 年 8 月，区计划生育委员会编制《南桐矿区人口与计划生育“八五”计划与“十年”规划》。

南桐矿区人口与计划生育“八五”计划与“十年”规划指标一览表

表 3–16

指标名称	“八五”计划							“十年”规划						
	1995 年计划	比 1980 年		比 1985 年		比 1990 年		2000 年设想	比 1980 年		比 1990 年		比 1995	
		±（%）	年递增（%）	±（%）	年递增（%）	±（%）	年递增（%）		± %	年递增（%）	± %	年递增（%）	± %	年递增（%）
年末人口（人）	279039	25.03	1.5	15.63	1.5	5.28	1.03	272039	30.86	1.35	10.19	0.77	4.66	1.91
年均人口（人）	277639	24.60	–	19.26	–	5.34	–	290739	30.52	–	10.31	–	4.72	–
出生人口（人）	4300	18.94	–	11.37	–	–4.44	–	4100	70.62	–	–8.89	–	–4.66	–
人口出生率（‰）	15.49	4.70	–	–1.09	–	–1.58	–	14.10	3.31	–	–1.97	–	–1.39	–
死亡人口（人）	1500	26.16	–	–4.09	–	–11.64	–	1500	26.16	–	–4.64	–	0	–
人口死亡率（‰）	5.4	0.06	–	–1.32	–	–0.6	–	5.16	–0.18	–	–0.84	–	–0.24	–
自然增长人口（人）	2800	130.64	–	21.90	–	–4.34	–	2600	114.19	–	–11.17	–	–7.14	–
人口自然增长（‰）	10.09	4.64	–	0.20	–	–1.01	–	8.94	3.49	–	–2.16	–	–1.13	–
计划生育率（%）	90.00	–0.2	–	13.70	–	–	–	92.00	1.80	–	2.00	–	2.00	–

1995 年 7 月，区计划生育委员会编制《万盛区“九五”人口计划和“十年”发展规划》。“规划”的主要目标是：至 2000 年，全区总人口控制在 28.5 万以内，年均出生 4000 人，年均人口出生率 14.04‰，年均人口死亡率 5.53‰，年均人口自然增长率 8.5‰，计划生育率 92% 以上。

万盛区人口与计划生育“九五”计划及 2010 年规划指标一览表

表 3–17

年份	年末总人口（人）	出生人口（人）	人口出生率（‰）	自然增长人口（人）	人口自然增长率（‰）	计划生育率（%）
1985	239467	3861	16.34	2297	9.22	76.30
1990	262693	3853	14.77	2365	9.07	95.85
1995	271422	4300	15.92	2759	9.88	90.00
2000	285000	4000	14.04	2423	8.50	92.00
2010	294300	3500	11.50	2000	6.57	92.00

2000 年 12 月，区计划生育委员会编制《万盛区“十五”人口计划和“十年”发展规划》。“规划”的主要目标是：至 2005 年，全区总人口控制在 27.67 万以内，年均出生 2500 人，年均人口出生率

8.92‰，年均人口死亡率6.78‰。年均自然增长率2.14‰，符合政策生育率到95%以上。至2015年全区总人口28.25万，年均出生2500人，年平均人口出生率8.92‰，年均人口死亡率6.78‰，年均人口自然增率2.14‰。

万盛区人口与计划生育“十五”计划与2015年人口规划指标一览表

表3–18

年份	总人口（万人）			出生人口（万人）	人口出生率（‰）	自然增长人口（万人）	人口自然增长率（‰）
	年初	年末	年平均				
2001	27.15	27.27	27.21	0.30	11.03	0.12	4.41
2002	27.27	27.39	27.33	0.30	10.98	0.12	4.39
2003	27.39	27.49	27.44	0.28	10.20	0.10	3.64
2004	27.49	27.59	27.54	0.28	10.17	0.10	3.63
2005	27.59	27.67	27.63	0.28	10.13	0.08	2.90
2006	27.67	27.75	27.71	0.27	9.74	0.08	2.89
2007	27.75	27.83	27.79	0.26	9.36	0.08	2.88
2008	27.83	27.91	27.87	0.26	9.33	0.08	2.87
2009	27.91	27.97	27.94	0.25	8.95	0.06	2.15
2010	27.97	28.03	28.00	0.25	8.93	0.06	2.14
2011	28.03	28.09	28.06	0.25	8.91	0.06	2.14
2012	28.09	28.15	28.16	0.24	8.53	0.06	2.13
2013	28.15	28.19	28.17	0.24	8.52	0.04	1.42
2014	28.19	28.23	28.21	0.24	8.51	0.04	1.42
2015	28.23	28.27	28.25	0.24	8.50	0.04	1.42

2005年9月，区人口与计划生育委员会编制《万盛区人口与计划生育事业“十一五”发展规划》。“规划”的主要目标是：在“十一五”期间，全区年均出生人口控制在2600人以内，年均人口出生率控制在10‰以内，年均人口自然增长率控制在3.5‰以内，出生人口缺陷发生率控制在2%以内，出生人口性别比保持在正常范围；至“十一五”末，全区总人口控制在27.5万以内，95%以上的育龄群众能够得到安全有效、可接受的生殖保健服务。

万盛区“十一五”人口发展规划概况一览表

表3–19

年份	总人口			出生		自然增长	
	年初人口（万人）	年末万人（万人）	年平均人口（万人）	人口（万人）	出生率（‰）	人口（万人）	自然增长率（‰）
2006	27.0	27.1	27.05	0.26	9.61	0.09	3.33

续表

年份	总人口			出生		自然增长	
	年初人口（万人）	年末万人（万人）	年平均人口（万人）	人口（万人）	出生率（‰）	人口（万人）	自然增长率（‰）
2007	27.1	27.2	27.15	0.26	9.58	0.09	3.31
2008	27.2	27.3	27.25	0.26	9.54	0.09	3.30
2009	27.3	27.4	27.35	0.26	9.51	0.09	3.29
2010	27.4	27.5	27.45	0.26	9.47	0.09	3.29

第四节　计划生育成果

1985年，全区出生人口3735人、出生率15.9‰，死亡1590人、死亡率6.79‰，自然增长人口2145人、人口自然增长率9.16‰。

1986年1—11月，全区出生人口4214人，出生率17.60‰，计划生育率75.98%。出生人口中，一孩2486人、一孩率58.99%，二孩1462人、二孩率34.6%，多孩266人、多孩率6.31%。计划生育率比1985年同期降低0.90%，多孩率增长0.98%。2002年10月至2003年9月，全区出生人口2030人、出生率7.47‰、自然增长率1.48‰。2005年10月至2006年9月，全区出生人口2097人、出生率7.67‰、自然增长率2.40‰，符合政策生育率93.66%，随访服务率86%。2006年10月至2007年9月，全区出生人口2433人、出生率8.85‰、死亡率4.97‰、自然增长率2.70‰。出生人口中，符合政策生育2182人，符合政策生育率90%。2007年10月至2008年9月，全区常住人口出生2034人，符合政策生育率90.17%，人口自然增长率2.05‰。2008年10月至2009年9月，全区常住人口符合政策生育率93.97%，人口自然增长率1.74‰，出生缺陷一级预防覆盖率82.6%。2010年10月至2011年9月，全区常住人口出生1923人、自然增长率1.36‰、政策内生育率93.03%，出生缺陷一级干预率85%以上，人口信息准确率99.8%。

2006—2010年，受第四次生育高峰和照顾“双独”生育二孩高峰叠加影响，区内出生水平在保持稳定的基础上略有上升，但仍在计划范围之内。全区人口出生率从2005年的7.7‰增长到2010年8.13‰，人口自然增长率从2005年的2.72‰降低到2010年0.71‰。

1994—2011年万盛区总和生育率一览表

表3-20

计生统计年度	育龄妇女（人）	当年出生人口（人）				总和生育率
		合计	一孩	二孩	多孩	
1995	73642	3289	2416	819	54	1.56
1996	71326	3039	2180	804	55	1.49
1997	68634	2900	2011	844	45	1.48
1998	67716	2823	1843	918	62	1.46

续表

计生统计年度	育龄妇女（人）	当年出生人口（人）				总和生育率
		合计	一孩	二孩	多孩	
1999	66992	2228	1565	618	45	1.16
2000	67374	1916	1424	461	31	1.00
2001	67245	1772	1280	457	35	0.92
2002	67939	1740	1203	486	51	0.90
2003	65376	1971	1351	572	48	1.06
2004	62862	2098	1324	728	46	1.17
2005	66369	2088	1368	659	61	1.10
2006	70757	2142	1406	674	62	1.06
2007	73119	2337	1593	667	77	1.12
2008	73307	2034	1408	558	68	0.97
2009	84899	1890	1351	483	56	0.78
2010	–	–	–	–	–	–
2011	–	–	–	–	–	–

说明：计生统计年度是上年10月至当年9月

第五节　生殖健康服务

1986年，区计划生育技术指导站开展巡回服务，到青山、金桥、南天和景星乡帮助乡卫生院开展业务。是年，普查孕情106人，提供伤残儿童鉴定服务156人。

1994年3月25日，区计划生育技术指导站与各乡镇、街道签订1994—1995年避孕药具管理、发放工作责任书，规定避孕药具应用率96%以上、药具随访率99%以上、避孕药具使用率99%、使用药具签订合同率95%以上。

2004年，派出医务人员54人次，到18个村开展生殖保健服务。查出患有各种妇科疾病妇女376人、治愈105人，提供出生缺陷检查服务20人次，不育不孕咨询检查服务239人次、治疗56人。

2005年5—6月，开展“优质服务月”活动，走访不育不孕夫妇284对，调查136对。

2006年，检查治疗患有妇科疾病妇女2275人，提供出生缺陷检查服务355人次，查出胎儿缺陷并及时采取措施终止妊娠2例，提供不孕不育咨询检查服务186人次，跟踪服务孕妇1550余人。是年，区生殖健康中心门诊诊治患者1516人，提供病残儿童鉴定服务61人次。

2007年，区生殖健康中心门诊诊治患者1646人，提供病残儿鉴定服务66人。下派医务人员60人次，进村入户提供生殖保健服务2864人次，查出患有妇科疾病妇女294人，免费治疗186人。

2008年，诊治患者2179人，提供病残儿鉴定服务45人次。

2009年，诊治患者2328人，提供病残儿鉴定服务64人次。

2010年，门诊诊治患者2523人，提供病残儿鉴定服务51人次。

2011年，门诊诊治患者2952人。

第四篇　城乡建设与环境保护

第一章　管理机构

第一节　城乡建设管理机构

一、万盛区城乡建设委员会

1980年2月，南桐矿区城市建设局成立。1984年12月，撤销区城市建设局，组建区城乡建设管理委员会，设行政办公室、人事保卫科、城市建设科、园林绿化科、乡镇建设科、建筑工程质量管理科和征地办公室等7个科室。

1986年年初，区城乡建设管理委员会有区城市监察中队、区环境卫生管理所、区路灯管理组、南桐公园管理处、区绿化工程队和区建筑设计室6个事业单位。2月，区政府城市管理办公室挂靠到区城乡建设管理委员会。4月，区建筑工程质量监督管理站成立，为区城乡建设管理委员会下属事业单位。

1988年3月，区路灯管理组更名区路灯管理所。

1993年4月，区旅游园林管理局设立，与区城乡建设管理委员会合署办公，区政府城区综合开发办公室被并入区城乡建设管理委员会。

1994年3月，南桐公园管理处与区绿化工程队合并，组建万盛公园绿化工程处。

1998年12月，区旅游园林管理局更名区旅游局，改为区政府管理机构。

1999年4月，区城市监察中队升格为区城市监察大队；万盛区建设工程交易所成立，为区城乡建设管理委员会管理事业单位。

2001年9月，区城乡建设管理委员会更名区建设委员会。10月，区政府城市管理办公室被撤销，其职能被划入区建设委员会；区人民防空领导小组办公室被并入区建设委员会，保留区人民防空领导小组办公室牌子。同时，调整区建设委员会下设科室，调整后有办公室、计划财务科，规划科，法规科、人事保卫科、市政园林管理科、建筑业管理科和人防科等8个科室。

2003年3月，区规划局设立，为区政府直属机构，由区建设委员会代为管理。10月，区建设委员会调整下设科室，撤销规划科、法规科（将法规科职能划归办公室，在办公室挂法规科牌子），设立城镇发展科。调整后有办公室、计划财务科、人事保卫科、市政园林管理科、建筑业管理科、城镇发展科和人防科等7个科室。

2004 年 4 月，万盛公园绿化工程处改名万盛公园绿化工程管理所。11 月，区规划建筑设计室改制成科技中介服务型的股份制企业，称重庆市万盛建筑设计有限公司。

2007 年 9 月，撤销市政园林管理科，将区环境卫生管理所、区路灯管理所、万盛公园绿化工程管理所划转给区市政园林局（区综合行政执法局）管理。

2009 年 12 月，区建设委员会更名区城乡建设委员会。

2011 年，区城乡建设委员会设有办公室、计划财务科、人事保卫科、建筑业管理科、城镇发展科和人防科等 6 个科室。

二、万盛区城市管理办公室

1986 年 2 月，南桐矿区政府城市管理办公室成立，挂靠在区城乡建设管理委员会。

1995 年，区城市监察中队纳入区城市管理办公室管理，对外称区城市监察中队。

2001 年 9 月，区政府城市管理办公室被撤销。

三、万盛区规划局

2003 年 7 月，万盛区规划局成立，为主管全区城乡规划管理机构，由区建设委员会代区政府管理，设办公室和规划管理科 2 个科室。

第二节　市政管理机构

一、万盛区综合行政执法局

2003 年 3 月 21 日，区政府组建万盛区综合行政执法局，为区政府专门行使行政监督处罚的机构，行使市容环卫管理、市政管理、城市园林绿化管理的全部行政监督处罚职能和城市规划、环境保护、工商行政、公安交通管理部分监督处罚职能。区综合行政执法局下设办公室、监察执法科 2 个科室，有区综合行政执法大队 1 个事业单位。

2003 年 8 月，撤销区综合行政执法大队，设立区城市管理行政执法大队、区文化旅游市场管理行政执法大队、区交通运输管理行政执法大队。其中城市管理行政执法大队、文化旅游市场管理行政执法大队为区综合行政执法局事业单位。

2004 年 11 月，区政府重新组建区综合行政执法局，行使市容环卫管理、市政管理、城市园林绿化管理、城市规划管理、环境保护管理、工商行政管理、公安交通管理、旅游景区规划和市场管理方面行政监督处罚职能。新的区综合行政执法局有办公室、法制科和督查室 3 个科室，有区城市管理行政执法大队、区旅游市场管理行政执法大队 2 个下属事业单位，并有区公安分局派驻的城管治安中队。

2005 年 4 月，设立区综合行政执法局南桐执法中队、青年执法中队，为区综合行政执法局派出机构。

2005 年 7 月，区综合行政执法局挂万盛区市政管理局牌子，与其合署办公。

2007 年 9 月，区政府调整区综合行政执法局（区市政管理局）职能和机构设置。区综合行政执法局新增城区公共停车场管理职能，将区建设委员会承担的市政基础设施管理维护、市政基础设施维护依法审批的行政管理、城市园林绿化规划管理维护和道路照明设施管理维护职责划给区综合行政执法局，将区水务局承担的城市防洪沟、下水道管理维护，城市污水排水许可，城市生活污水处理费的征收、使用和管理职责划给区综合行政执法局。区综合行政执法局有办公室、计划财务科、法制科、市政绿化科、市容环卫科和综合行政执法大队（保留南桐执法中队和青年执法中队）等 6 个内设机构，有区环境卫生管理所、区路灯管理所、区城市排水设施管理所和园林绿化管理所等 5 个事业单位。

2010年7月，区综合行政执法局牌子挂靠在重新组建的区市政园林管理局，与其合署办公。

二、万盛区市政园林管理局

2005年7月，万盛区市政管理局成立，牌子挂靠在区综合行政执法局，与其合署办公。同时，区建设委员会所属的区环境卫生管理所成建制被划转给区市政管理局管理。

2008年9月，更名区市政园林管理局。

2010年7月，区政府组建新的万盛区市政园林管理局，并调整其职能职责和机构设置。重新组建的区市政园林管理局，为区政府工作部门，挂重庆市万盛区综合行政执法局牌子，与其合署办公。区市政园林管理局（区综合行政执法局）新增城市数字化管理系统建设维护管理职责，并将区城乡建设委员会承担的公园建设、维护、管理职责和公园的游艺机、游乐园行业管理职责划给区市政园林管理局。区市政园林管理局有办公室、计划财务科、法制科、市政绿化科、市容环卫科和城市管理行政执法支队（保留南桐执法中队和青年执法中队）等6个内设机构，下辖区环境卫生管理所、区灯饰照明管理所、区城市排水设施管理所、区园林绿化管理所和区公园绿化工程管理所等5个事业单位。

第三节　房地产管理机构

一、行政机构

万盛区房地产管理局　万盛区房地产管理局是万盛区房地产业的行政主管机构，其前身是成立于1956年的重庆市房地产管理局南桐矿区房管所。1984年1月，重庆市房地产管理局南桐矿区房管所升格为重庆市房地产管理局南桐矿区分局。1993年4月，重庆市房地产管理局南桐矿区分局更名重庆市房地产管理局万盛区分局。1999年3月13日，重庆市房地产管理局万盛区分局划归地方政府管理，更名重庆市万盛区房地产管理局。2011年，区房地产管理局设办公室、物业管理科、房屋拆迁科和财务科等4个科室。

万盛区城镇建设拆迁管理办公室　1987年5月10日，南桐矿区城镇建设拆迁管理办公室成立。1993年4月更名万盛区拆迁管理办公室。2001年12月，区城镇建设拆迁管理办公室被撤销，其职能被划转区房地产管理局。

二、事业单位

万盛区公房经营管理所　万盛区公房经营管理所设在区房地产管理分局。1993年4月更名万盛区公房经营管理所。1994年7月16日，万盛区公房经营管理所改为独立设置，人员经费及开支渠道不变，为全民事业单位。2010年12月，改制为自收自支事业单位。

万盛区房地产交易管理所　1994年4月21日，万盛区房地产交易管理所成立，挂万盛区房地产交易市场牌子，工作人员从区房地产管理分局内部调剂，不另增加编制。

万盛区房屋产权产籍监理所　1998年4月28日，重庆市土地房屋管理局万盛房屋产权产籍监理所成立，隶属重庆市土地房屋管理局，为自收自支事业单位。根据《重庆市土地房屋权属登记条例》（2004年9月27日重庆市第二届人民代表大会常委委员第十二次会议通过）规定，房屋产权产籍监理机构划归地方管理。2005年12月，万盛区房屋产权产籍监理所成立，挂万盛区房地产交易所牌子。2010年12月20日，万盛区政府明确万盛区房屋产权产籍监理所为区房地产管理局管理的自收自支事业单位。

重庆市房产价格评估事务所万盛区分所　1993年7月5日，重庆市房地产管理局设立重庆市房产价格评估事务所万盛区评估站，为重庆市房产价格评估事务所派出机构。重庆市房产价格评估事务所

按规定聘用评估站工作人员。1995 年 7 月 21 日，撤销重庆市房产价格评估事务所万盛区评估站，设立重庆市房产价格评估事务所万盛区分所。2003 年 10 月，万盛区房产价格评估工作被划转万盛区房屋产权产籍监理所负责管理。

重庆市土地房屋勘测院万盛区房产测量所 2001 年 12 月 25 日，重庆市土地房屋勘测院万盛区房产测量所成立，为重庆市土地房屋勘测院分支机构。

重庆市白蚁防治研究所万盛区分所 2000 年 8 月 24 日，重庆市万盛区房管局与重庆市城市害虫防治研究所协商，设立重庆市城市害虫防治研究所万盛区分所。该所是重庆市城市害虫防治研究所派出机构，非法人资格、非独立的事业实体，自收自支、内部核算、自负盈亏。

万盛区房屋安全鉴定所 2003 年 10 月 28 日，万盛区房屋安全鉴定所成立，为自收自支事业单位，隶属万盛区房地产管理局。

重庆市住房公积金管理中心万盛区分中心 1995 年 11 月 28 日，万盛区住房资金管理办公室成立，设在区房地产分局。2003 年 10 月 28 日，撤销重庆市万盛区住房资金管理办公室，组建万盛区住房公积金管理部，为自收自支事业单位，隶属区房地产管理局。2008 年 9 月 25 日，万盛区住房公积金管理部上划重庆市住房公积金管理中心管理。上划后，重庆市万盛区住房公积金管理部为重庆市住房公积金管理中心的分支机构，名称为重庆市住房公积金管理中心万盛区分中心。

万盛区廉租住房保障管理中心 2010 年 12 月 20 日，重庆市万盛区廉租住房保障管理中心成立，为自收自支事业单位，隶属区房地产管理局。

万盛区国有土地上房屋征收与补偿中心 2011 年 5 月 31 日，万盛区国有土地上房屋征收与补偿中心成立，为财政差额拨款事业单位。

第四节　环境保护管理机构

一、万盛区环境保护局

1983 年 12 月，南桐矿区环境保护局成立。1993 年 4 月，更名万盛区环境保护局。2005 年万盛区环保局有办公室和综合科等 2 个科室，2011 年有办公室、综合科和建设项目管理科等 3 个科室。

二、万盛区环境保护行政执法大队

1985 年 9 月，南桐矿区环境监理所成立，是区环境保护局管理的事业单位。1993 年 4 月，更名万盛区环境监理所，增挂区环境监察中队牌子。2002 年 8 月，万盛区环境监察中队更名万盛区环境监察支队。2004 年 11 月，撤销区环境监理所和区环境监察支队，组建万盛区环境保护行政执法大队。2005 年 12 月，区环境保护行政执法大队列入依照国家公务员制度管理的单位。2011 年，区环境保护行政执法大队有环境应急管理与事故处置科、投诉受理与督查处理科和污染源现场监察科等 3 个科室。

三、万盛区环境监测站

1984 年 4 月，南桐矿区环境监测站成立，是区环境保护局管理的事业单位，业务上受重庆市环境科研监测院指导。1993 年 4 月，更名万盛区环境监测站。

第二章　城市规划

第一节　总体规划

1955—2011 年，万盛区先后 6 次编制城市总体规划。1986 年前编制 2 次，1986 年后编制 4 次。

1955 年南桐矿区成立时，城市规模很小，且布局杂乱无章，市政建设、公用设施处于自然发展状态，没有形成市场和基础设施。1958 年 11 月，重庆市建设委员会派出规划小组到区帮助编制城镇规划。经过实地调查，编制成《南桐矿区城镇建设初步规划（1958—1962）》，规划期限为 4 年。

1975 年，重庆市规划处应南桐区革委会请求，派员到区协助编制城镇规划。经过实地调查，编制成《万盛城镇初步规划（1987—1990）》。总体思想是：贯彻“搞小城市”，不搞“大、洋、全”的大城市方针；充分利用并逐步改造老城区，不搞大拆大建；贯彻“保护环境、造福人民”的方针，保护水源，改善环境；贯彻“工农结合、城乡结合、有利生产、方便生活”的方针。规划期为 1976—1990 年，规划范围是城区。规划区 1975 年有人口 1.3 万人，计划在规划期截止时发展到 1.9 万人；占地面积从 1975 年的 52.65 万平方米增加至 84.72 万平方米，其中工业用地从 12.62 万平方米增加至 17.16 万平方米，仓库用地从 2.18 万平方米增加至 4 万平方米，对外交通用地从 0.81 万平方米增加至 1.45 万平方米，道路广场用地从 3.97 万平方米增加至 10.45 万平方米，公共绿化用地从 1.3 万平方米增加至 7.93 万平方米，居住用地从 19.03 万平方米增加至 23.85 万平方米，公共建筑用地从 11.94 万平方米增加至 18.29 万平方米，其他用地从 0.5 万平方米增加至 1.54 万平方米。城市功能分区规划：区属工业和“三废”较多的街道工业布局在两河口区氮肥厂一带（即区氮肥厂以东，区炼焦厂以北，区造纸厂以西地区），“三废”较少的工业布局在四川省煤炭厅第一建井公司第二工程处（以下简称工程处）以东的山脚地区；仓库布局在塔山以西，两河口公路北侧；居住区在老街、工程处、区机关 3 个居住区，适当提高建筑层数，挖掘潜力；交通、教育、卫生和文化设等设施区域采取就地扩建的方式扩展；休闲区域，在塔山修建公园。

中共十三届三中全会后，随着城市经济体制改革的不断深入，南桐矿区经济社会条件发生很大的变化，原有城镇设施已不能适应发展形势，城市规划需要作出相应调整。南桐矿区政府决定适时调整万盛城镇总体规划。1984 年，组建南桐矿区城镇规划办公室，设在区城乡建设管理委员会。1985 年起，区城镇规划办公室开始收集城镇规划资料，并在重庆市规划局指导和参与下编制《万盛城镇总体规划》。1987 年年末，编制成《万盛城镇总体规划（1987—2000）》和其他各项专业规划。1988 年 2 月 14 日，区政府将《万盛城镇总体规划（1987—2000）》提交区人大常委会审议。3 月 3 日，区十一届人大常委八次会议审议通过。4 月 2 日，区政府将《万盛城镇总体规划（1987—2000）》提请重庆市政府审批。9 月 24 日，重庆市政府批复同意。规划编制总体方针是“统一规划、合理布局、综合开发、配套建设”。规划期限 1987—2000 年，其中 1987—1990 年为近期，1991—2000 年为远期。规划范围包括万盛和东林 2 个片区，北至区自来水公司、小坡脚和区水泥厂，南至五九五〇七库房、东林煤矿，东至李家湾和腰子口，西至南桐公园和塔山一带。规划首次提出将万盛和东林 2 个片区作统一规划布局，实施相向发展战略。1986年规划区内有人口4.2万人，计划至1990年时，人口达到4.6万人，其中东林、万盛各2.3万人；至2000年时，人口达到5.2万人，其中万盛2.7万人、东林2.5万人。城区占地面积从1986年的2.09平方千米增加至4.35平方千米。城市规划范围内，保留现有污染不大的工业企业，先行控制和治理污染较大的工业企业，待机迁出，原则上不再安排新的工业建设；新建小型无污染或污染不大的工业企业，退出规划区域外沿六井坝—建设组团一带发展。调整城市道路框架，增加城区道路出口，城区外围形成环路，主要满足对外和过境交通；在城区中部自万盛勤俭路口至清溪桥新建一条南北走向的城市中心干道，连接万盛和东林2个片区，并以干道为主体，在城区内部形成若干环路，划分街区和居住组团，在街区和组团内配设相应生活服务设施。城区孝子河西岸敞开，保留农田和绿地，不安排城市房屋建设用地，使城市面向青山，以利于环境保护和新鲜空气流入；整治孝子河沿岸，建设沿河岸绿化带，留出水面，以丰富城市景观。规划的近期目标是进一步调整城镇工业和仓库布局，使环境污染得到较为有效的控制，完成民用煤气和瓦斯气的建设；调整拓宽城区道路，缓解城区内部交通拥挤的状况，做好解决过境公路穿越准备工作；使城市中心地区面貌进一步改观，完善文化、体育、商贸等设施；大力开发商品房，成片建设新的组团居住区；提高绿化覆盖率，发展公共绿地和街头绿点。规划的远期目标是：城区道路功能明确，通畅无阻；公共设施和基础设施齐全；环境污染得到有效控制，实现无烟城区目标；城区绿化水平显著提高，人均住房面积达到8平方米；城镇形成规模，功能布局合理，达到小城市水平。

随着社会经济的发展，特别是旅游业的兴起，《万盛城镇总体规划（1987—2000）》已不适应发展形势，需要适时作出调整。1994年10月，万盛区政府开始组织编修新的城市总体规划，委托重庆市规划设计院测量万盛主城区6.36平方千米地形，绘制1 ∶ 500的城区地形图。1996年年初，《万盛区城市总体规划（1996—2020）》（送审稿）编修完毕。4月8日，通过重庆市规划局组织的专家评审。5月27日，区十三届人大常委会二十七次会议审议通过。是年6月26日，万盛区政府将其报请重庆市政府审批。此后，根据重庆市政府的建议，编制成《重庆市万盛区城市总体规划（1996—2020）》。1998年3月16日，经重庆市规划局报请重庆市政府审批。1998年4月20日，重庆市政府原则同意《重庆市万盛区城市总体规划（1996—2020）》。规划编制的指导思想是充分利用万盛丰富的旅游资源，合理优化二、三产业结构，科学合理地确定城市建设发展方向和城市功能性质，将万盛建设成旅游新区和山水园林城市。规划至2020年时，万盛城区人口达到8.5万人，城市用地规模达7.6平方千米。此次规划确定万盛城区为全区政治、经济、文化中心，是全区旅游服务基地，以发展第三产业为主的新兴山水旅游城市；重视城市基础设施建设，特别是道路交通、通信、水、电、气和文化教育等设施建设，更大地发挥中心城市的吸引力和辐射力；在功能分区和城市建设风貌上，突出旅游城市特点，科学合理地布置功能分区和富有特色的标志性建筑群以及园林绿地，注重环境美化和环境保护以及旧城改造。

2003年2月18—21日召开的中共万盛区第八次代表大会提出将万盛建成“绿色”城市的目标。是年11月，中共万盛区委、万盛区政府安排区建设委员会和区规划局编制《重庆市万盛区建设“绿色城市”发展纲要》。2004年1月，编制工作结束。是月14日，万盛区政府常务会议原则同意《重庆市万盛区建设“绿色城市”发展纲要（2004—2020）》，并报请中共万盛区委审定。6月9日，中共万盛区委八届委员会二十五次常委（扩大）会审议并原则通过。该纲要围绕“旅游强区、工业重镇、绿色城市”的目标，按照“小而精、小而美、小而富、小而强”的城建要求，科学规划，分类指导，力争把万盛建成以主城区为主导，各建制镇环绕，富有山地城市特色的“绿色城市”；提出至2007年全区城镇化率达到65%，主城区面积超过11平方千米，人均住房面积达到20平方米，城市绿地达到35%，人均绿地面积达到6.5平方米；至2010年全区城镇化率达到69%，主城区面积超过13平方千米，人均住房面积达到25平方米，城市绿地达到37%，人均绿地面积达到7平方米；至2020年全区城镇化率达到 80%，主城区面积超过 24 平方千米，人均住房面积达到 30 平方米，城市绿地达到 45%，人均绿地面积达到 8 平方米。2004—2010 年为第一阶段，以城市建设、环境保护为主。2010—2020 年为第二阶段，以人文精神建设为主。纲要将万盛城市结构划分为 3 个层次：第一层次以中心组团、建设组团、鱼田堡组团、平山组团和南桐组团等 5 个组团构建万盛主城区城市框架，5 个组团相对独立，又彼此联系，各有职能，共同完成主城区城市综合职能，形成有机布局的空间整体；第二层次以青年—关坝组团、景星组团、丛林组团和石林组团等 4 个外围组团构成；第三层次由其他工矿点和民居点构成。在区域层次重点保护风景名胜、森林和饮用水资源，开展生态建设和修复工作。

中共万盛区委、万盛区政府从 2002 年开始组织编修新的城市总体规划。2004 年 1 月完成修订工作并上报重庆市政府审批，但未获批准。为促使城市建设科学合理，相互协调，防止盲目性、无序性，同时确保下层次规划编制有据可依，2008 年中共万盛区委、万盛区政府组织修改、完善新的城市总体规划，并上报重庆市政府审批。12 月 3 日，重庆市政府批准《重庆市万盛区城市总体规划（2008—2020）》。此次规划的城市发展目标是：至 2020 年将万盛建设成为经济发达、生活富裕、社会文明、环境优美的旅游强区、工业重镇和富有山水园林特色的绿色宜居森林城市，形成煤电化、旅游、镁业、建材、现代农业五大产业，打造“两基地一城市”（煤电化产业基地、旅游休闲度假基地、绿色宜居中等城市），构筑渝黔区域合作示范区和重庆能源安全保障区，争创资源型城市转型先进典型。规划层次：按城乡一体的思路，确定万盛城市为行政辖区范围，总面积约 565 平方千米，包括主城区、外围组团、集镇及旅游接待点和独立工矿点。外围组团包括关（坝）青（年）、黑山、丛林、石林、金桥等五个组团，集镇及旅游接待点包括黑山老镇、石林老镇、江流坝、白花旅游村、天籁谷旅游村、罗家箐旅游村、九锅箐、白龙湖、青山湖和鱼子岗等，独立工矿点包括红岩煤矿和砚石台煤矿等。规划城市规模：至 2020 年，全区总人口 30 万人，城镇人口 25.2 万人，城镇化水平 84%，城市建设用地规模达 25.2 平方千米；主城区范围包括万盛街道、东林街道、万东镇及南桐镇行政辖区，分为中心、建设、平山、南桐和鱼田堡等 5 个组团，总面积约 130 平方千米；规划至 2020 年，主城区城镇人口达到 16 万人，建设用地规模达 15.12 平方千米。城市总体布局：以主城区为核心，外围组团（镇政府驻地区域）为增长极，各集镇、旅游接待点、独立工矿点为基点，形成“中央主城，外围组团，周边基点，轴向发展”的组团式结构，构成“一大、两中、四小、若干居民点”的格局。一大——主城区：区域性政治、经济、文化中心，渝南地区新材料生产和旅游服务基地，以发展特色资源加工业、汽车配套产业和第三产业为主，人口规模 16 万人，用地规模 1512.4 公顷。两中——青年、关坝组团：万盛区煤电化产业及服务基地，以煤电化产业、特色资源加工和旅游服务业为主的综合型组团，人口规模 5.2 万人，用地规模 673 公顷。其中青年片区 3 万人、205 公顷，关坝片区 1.4 万人、92.6 公顷，电厂片区 0.8 万人、375.4 公顷。四小——丛林、金桥、石林、黑山组团：丛林工矿型城镇，金桥贸易型城镇，石林、黑山旅游服务型城镇。其中丛林 1.6 万人、160 公顷，金桥 0.2 万人、15 公顷，石林 0.5 万人、40 公顷，黑山 0.9 万人、72 公顷。

第二节 片区规划

20 世纪 80 年代末，南桐矿区开始提出片区规划的理念。万盛第一个片区规划是《南桐矿区孝子河综合整治方案》。

1990 年 4 月 11 日起，中共南桐矿区委、南桐矿区政府开始组织编制《南桐矿区孝子河综合整治方案》。在重庆市建设委员会和重庆市规划局参与下，历时2个月完成编制工作。6月6日，通过重庆市、南桐矿区两级城建、环卫部门参加的论证评审会审核。10月，区城乡建设管理委员会组织评审《南桐矿区物资贸易中心组团规划》《南桐矿区挡风玻璃厂厂区规划》和《南桐矿区桃子地区胜利桥涉及的道路红线方案》等3个片区规划。

2001年2月10日，《孝子河综合治理工程体育馆（老体育馆）片区商住房设计方案》编制完成，并通过评审。

2002年3月15日，区建设委员会审议通过《芙蓉矿务局留守处职工住宅小区规划实施方案》。9月19日，区规划委员会审议通过《重庆市万盛区方家山生态环境总体规划》。10月31日，区规划委员会审查区建设管理委员会编制的《万盛杰事杰工业园区建设性详细规划》，建议扩大园区内外交通的过渡空间，补充环境保护篇章，按规划深度要求完善该规划的技术经济指标和标注内容。

2003年4月14日，万盛区城市规划领导小组审议通过《万盛大道城市设计方案》，将万盛大道定位为路宽40米的城市景观大道，将位于区行政中心南侧的运动场用地调整为区老年服务中心、青少年活动中心和宣传文化活动中心规划用地，区行政中心北侧的区人民法院和区人民检察院办公楼用地调整到桂花路两侧。12月16日，区规划委员会审议通过重庆大学城市规划设计研究院编制的《万盛区资源型特色产业园控制性详细规划》。

2004年，编制《关坝电厂移民安置小区规划》。规划原则是相对集中建设，形成商业气氛、聚集优势和区位优势。6月14日，区规划委员会审议通过重庆大学规划设计研究院提交的《重庆市万盛区平山片区控制性详细规划》。

2005年11月，编制完成《万盛区子如文化开发建设项目规划（2005—2010）》。总体目标是把子如文化打造成为国外知晓，国内知名的文化名片，以促进地区经济社会协调发展。规划的开发区域分万盛主城和金桥2个片区，并将万盛至金桥沿线规划建设成为子如文化综合开发建设长廊。万盛主城片区布点相对集中于主城进出口通道、子如广场和居民重点聚居地。金桥镇片区范围为金桥镇场镇及新木村、马头桥村，以子如故居为核心开发区域，将其作为子如文化的主要景点和万盛区爱国主义教育基地。12月，编制成《万盛区城市中心组团中部片区控制性详细规划》《南桐组团控制性详细规划》和《平山组团控制性详细规划》，并通过审批或评审。

2006年5月，编制完成《六井坝主干道城市景观设计》。10月，重庆市规划建设院编制的《腰子口城市形象设计》通过评审。

2007年，区规划局委托清华城市规划设计研究院编制《重庆市万盛区万盛大道详细规划设计》和《重庆市万盛区建设组团控制性规划修改和城市设计》（这两个“规划”均于2008年编制完成，并通过评审），委托重庆市规划设计研究院编制《六井坝—腰子口沿线城市景观设计及控制性详细规划》和《万盛公园片区控制性详细规划》。

2008年，《老城片区控制性详细规划和城市设计》《中心组团东林片区控制性详细规划和城市设计》编制完成，并通过评审。10月，启动《鱼田堡组团控制性详细规划和城市设计》编制工作，制订《娄黄坝片区总体开发方案》和《六井坝片区总体开发方案》，测量并绘制老君坝片区、关坝电厂片区和青年镇外围组团1∶500地形图。

2009年，编制完成《方家山生态公园总体规划》《万盛公园景观规划设计》和《孝子河滨江景观设计》，修改完善《中心组团东林片区控制性详细规划和城市设计》《鱼田堡片区控制性详细规划》，测量并绘制五〇八库区域1.56平方千米、黑旗岩区域1.5平方千米、方家山区域2平方千米、南桐片区5.2平方千米、石林镇1.5平方千米共11.76平方千米的1∶500地形图。

2010年，完成《中心组团东林片区控制性详细规划和城市设计方案》《平山组团控制性详细规划》

《鱼田堡组团控制性详细规划》的修订工作。

第三章　城市建设

第一节　城市综合开发

1986—2005年,城市开发项目主要涉及商住房、商品房、集资建房、危房改造、拆迁安置、小城镇建设、安居工程和广厦工程等8类，建筑总面积81.08万平方米，总投资51957万元。2005年，万盛主城区面积9.57平方千米，人均居住面积17.8平方米。

1986年3月至1990年12月，南桐矿区商品房开发股份有限公司先后开发矿山路10号住宅、矿山路物资大楼、万盛地下商场、中药材公司、中国农业银行南桐矿区办事处东侧小区、人民公交短途站小区、区国土局职工家属住宅、矿山路8号工程、人民公交短途站和南南大楼组团等12个开发建设项目，总建筑面积4.10万平方米，总投资858.99万元，每平方米造价170元~300元，南南片区组团形成。

1991年1月至1995年12月，万盛区商品房开发股份有限公司先后开发松林小区第一楼与松林小区1、2、3、4、5、6、7、8和9号工程，信用联社办公楼及住宅、区交警队办公楼、中力文化街、珊瑚楼招待所等项目，总建筑面积5.12万平方米，总投资1595.40万元，每平方米造价300元~500元。

1994年6月，万东镇被确定为重庆市第一批小城镇试点镇后，万东镇政府组建万东房地产开发有限公司。1994年10月至1995年12月,该公司开发小城镇朱家小区一期工程,总建筑面积2.50万平方米,总投资1250万元，每平方米造价约500元。

1996—2000年，万东房地产开发有限公司先后开发小城镇朱家小区二期工程和红枫A区第一、二组团项目，总建筑面积3.41万平方米，总投资1993万元，每平方米造价550元~600元。万盛区城市综合开发公司承接三元大厦和龙凤碑路口改造工程，总建筑面积2.35万平方米，总投资992.5万元；开发松林小区A1、A2、A3、A4工程，总建筑面积6000平方米，总投资228万元。在区安居工程指挥部和区旧城拆迁指挥部安排下，建设红枫B区安居工程，总建筑面积13万平方米，总投资5200万元，每平方米造价约400元。为解决区内教师住房问题，实施“广厦工程”，5年间竣工总建筑面积2.40万平方米，总投资960万元。

2001—2005年，宏居、兆厦、奇翼、广进、豪安、松园居、航大、博进、周正、渝盛、安地思、信豪和巨鼎等10余家房地产开发公司先后成立。5年间，开发滨江花园、广进花园、广进名都、万盛大道、莲池苑、芙蓉苑A区、南桐支路步行街、支路旧城改造B C D栋、珊瑚名都、万丽花园、辰景花园和巨鼎商务广场等工程项目。

2006年3月15日，重庆市城市综合开发办公室到万盛指导城市开发，组织相关企业到万盛区参加地产项目推介会。

2007年，城市开发投资3.5亿元，新开工建设房屋面积31.93万平方米。

2008年，城市开发投资4.4亿元，新开工房屋面积60.18万平方米（不含棚户区改造），竣工房屋面积23.28万平方米。启动万盛城市西区开发工程，该片区总用地面积126万平方米。是年，完成黑塘子合作社 19.70 公顷土地征用拆迁及平场。万盛城区面积扩大 0.42 平方千米，其中主城区扩大 0.31 平方千米。

2009 年，新开工城市建筑面积 64.96 万平方米，竣工建筑面积 89.18 平方米；城市西区开发工程投资 6000 万元；万盛大道房地产开发与市政建设总投资 2.3 亿元。渝南明珠、海棠晓月、聚鑫园、广进名都和阳光国际 5 大地产项目相继完工。

2010 年 3 月，启动万盛城市西区商务中心建设工程，西区商务中心规划用地面积 10.51 万平方米，总建筑面积 11.50 万平方米（含地下面积 3.17 万平方米）。是年，竣工城市开发建设项目 16 个，总建筑面积 40.81 万平方米。

1986—2005 年万盛区城市开发项目统计表

表 4–1

开发企业	项目名称	总建筑面积（平方米）	总投资（万元）	开工年份	竣工年份
万盛区城市综合开发公司	矿山路 10 号住宅	4745	85.41	1986	1987
	矿山路物资大楼	4488.11	103.23	1986	1987
	万盛地下商场	380	14.00	1986	1987
	区中药材公司	3000	66	1986	1987
	区人民公交短途站西侧	10344.3	227.57	1987	1988
	区广播电视局大楼	2500	57.5	1987	1988
	区林产品公司家属住宅区	975	19.50	1987	1988
	矿山路 8 号工程	731	16.81	1988	1988
	农业银行驻区办事处东侧住宅	2277.79	48.83	1988	1988
	南南大楼组团	10000	180	1988	1990
	人民交通公司短途站	710	213	1988	1990
	区国土局家属住宅区	860	19.78	1989	1990
	松林小区第一楼	1700	54	1993	1994
	区信用联社大楼	6000	250	1994	1995
	区交警队办公楼	1000	200	1994	1995
	中力文化街	3000	150	1994	1995
	珊瑚接待所	1180	151	1995	1996
	红枫 B 区安居工程	3000	99	1995	1996
	松林小区 1 ~ 9 号工程	20000	700	1995	1996
	三元大厦	6000	240	1997	1998
	龙凤路口改造工程	17500	725	1998	2000
	松林小区 A1、A2、A3、A4 工程	6000	228	1999	2001

续表

开发企业	项目名称	总建筑面积（平方米）	总投资（万元）	开工年份	竣工年份
万东房地产公司	小城镇朱家小区（一期）	25000	1250	1994	1995
	小城镇朱家小区（二期）	5500	3033	1996	1997
	红枫 A 区第一、二组团	28600	1690	1998	2000
	万盛大道盛康木芳	6700	420	2003	2003
	万盛大道松林苑	15200	1100	2003	2004
广进房地产公司	孝子河滨江花园	18600	960	2001	2003
	广进花园	19000	972	2002	2003
	广进名都	22110	2850	2004	2005
	东林农贸市场	9000	1116	2004	2005
博进房地产公司	立泰大厦	14000	2000	1995	2005
豪安房地产公司	滨江花园 1 号、2 号楼	8283	400	2001	2002
	万盛大道商住楼 B2	106644	782	2002	2003
	区体育馆附属工程	2805	373	2004	2005
渝盛建设公司	滨江花园 6 号楼	4500	230	2001	2002
	滨江花园 16 号楼	4410	230	2001	2002
	滨江花园 20 号楼	400	70	2002	2003
	新天美居	5188	550	–	2005
	芙蓉苑小区	20000	700	2004	2005
奇翼物业公司	滨江花园 7 号、9 号楼	8500	425	2001	2003
	莲池苑 1 号、26 号、29 号、30 号楼	16171	1440	2004	2005
	莲池苑 15 号、16 号楼	3360	360	2004	2005
宏居房地产公司	南桐支路步行街	32500	2040	2002	2004
	支路旧城改造 B、C、D 区段	5051	380	2003	2004
	万盛大道综合楼	13349	850	2003	2004
	万盛大道鼎化综合楼	9761	650	2003	2005
	万盛广场商住楼	12263	2213	2003	2005
	万盛名都商住楼	7100	610	2005	2005
兆厦房地产公司	辰景花园小区	20592	1300	2004	2004
松园居房地产公司	动力村商住楼	3308	143	2003	2004
	四川煤矿基本建设工程公司第九工程处旧房改造工程	9411	524	2004	2005
航大房地产公司	万丽花园	17000	2500	2003	2004
周正房地产公司	莲池苑安置房 A、B 栋	11027	605	2003	2004
	莲池苑 17 号、21 号、23 号、28 号楼	21269	1820	2004	2005

续表

开发企业	项目名称	总建筑面积（平方米）	总投资（万元）	开工年份	竣工年份
信豪房地产公司	万盛大道 B2、C3 区段	10379	700	2003	2004
	莲池苑“豪苑居”工程	6485	516	2004	2005
巨鼎房地产公司	商务广场商住楼	34111	3000	2004	2005
安地思房地产公司	东林危房改造	70500	4200	2003	2005
其他建筑企业	红枫 B 区安居工程	130000	5200	1996	2005
个人集资	滨江、红枫等集资房	70000	3500	1998	2004
合计		810745	51957	–	–

第二节　旧城改造

1986—2011 年，全区旧城改造有 3 种模式：一是解危解困；二是“安居工程”和“广厦工程”相结合；三是市场运作统筹开发，综合利用，成片拆除修建商品房。这三种模式交叉进行，互为联系。

2008 年 9 月 18 日，万盛区危旧房改造、廉租房建设及万盛老街危旧房改造指挥部成立。区政府区长任指挥长，副区长任副指挥长，万盛区人大常委会、政协万盛区委，中共万盛区委政法委和区建设委员会等 21 个部委局办负责人为指挥部成员。指挥部办公室设在区国土房管局，下设综合组、拆迁安置组、工程建设组、维稳协调组和监察室。至此，成片旧城改造的主管部门从区建设委员会转移至区国土房管局。

一、拆除危旧房与解危解困

1986 年，全区有危房 32000 平方米，其中区房管局直管的危房 14668 平方米。是年，改造万盛街莲池村 154 号危房，建筑面积 1374 平方米，投资 17.68 万元。1987 年，改造万盛街四巷 32 号（区商业局宿舍）危房，次年底竣工，建筑面积 2587.7 平方米，工程造价 34 万元。1989 年，定向改造万盛街道部分危房，建筑面积 3343 平方米，工程造价 95 万元。1990 年，改造东林铁路新村 65 号危房，建筑面积 2900 平方米，总投资 87 万元；改造万盛街道莲池村危房，一期竣工建筑面积 11980 平方米，工程投资 59.4 万元。1991 年 6 月，改造万盛街道矿山路 24 ~ 25 号（东风旅馆）危房，主体工程于 1993 年完工，建成商住楼 1 幢，建筑面积 5022 平方米，工程造价 350 万元，安置住户 42 户。

1993—1997 年，改造万盛街道矿山路、万新路和万盛老街交叉处的成片危房。至 1997 年年末，拆除危旧房屋 62000 平方米，安置住户 617 户，投资 5000 万元，竣工建筑面积 15 万平方米。

1998—2005 年，全区危旧房解危解困累计投资 7489.43 万元，竣工建筑面积 196303.7 平方米。1998 年 5 月，完成万盛老街上场口片区危旧房改造拆迁工作，108 户拆迁户办理拆迁手续，拆迁面积

6800 平方米。1999 年，改造工程开工建设，2000 年建成朝晖大厦，建筑面积 14500 平方米，总投资 1074 万元。2003 年，完成区房地产管理分局机关大院及新田路 49 ~ 66 号危改工程。拆除危旧房 7 幢，建筑面积 3057.8 平方米，拆迁住户 37 户。2004 年，改造工程开建工建，2005 年建成区房地产管理分局机关大院综合楼和新田路住宅楼 1 幢，总建筑面积 11517 平方米，总投资 680 万元。

2007 年，拆危解困政策出台，规定凡拆危解困项目，享有优惠政策。是年，江南馨苑二期、尚科·上城商住楼、民盛大厦、钟表楼、尚科·上城 B 栋、清溪水岸、滨江园林、清溪桂苑、嘉禾苑、首邦·同城印象、鸿荣小区和建和丽都改扩建等 12 个工程项目被纳入主城区危旧房改造项目。2008 年 6 月，万盛旅游文化街组团改扩建项目被列入危旧房改造项目。项目占地面积 6968 平方米，建筑面积 67380 平方米，一期拆除房屋 6 栋、3617.94 平方米，总投资 1390 万元。9 月，"左岸阳光"地产项目被列入主城区中心组团危旧房改造项目。项目用地面积 5786 平方米，建筑面积 40143.97 平方米，拆除房屋 6 栋、面积 1477.64 平方米，总投资 3000 万元。2010 年，改造危旧房 72 栋、5397 套、约 323500 平方米。2011 年 5 月 23 日，"都市星座"二期 1、2、3 号改扩建项目被列入危旧房改造项目。项目占地面积 2597 平方米，拆迁住户 6 户、面积 3278 平方米（危旧房拆迁面积 1812 平方米），建筑面积 6952 平方米，总投资 1000 万元。9 月 27 日，"润州·江山城"旧城项目被列入危旧房改造项目。项目用地面积 27660 平方米，建筑面积 144578.2 平方米，拆除危旧房屋 37 栋、面积 41675.97 平方米。

二、旧城改造与安居、广厦工程

1986—1990 年，先后拆除南桐电影院、区文化馆及职工宿舍等建筑物。1996 年，在拆迁旧址上，建起建筑面积 26000 平方米住宅楼。这是区内投入市场综合开发改造的第一块旧城区。

1993 年，万盛区政府家属区、区人民武装部家属区、区政府食堂、区招待所和中共万盛区委、万盛区政府的部分办公室用房及区房地产管理分局直属的周家大院等公用房屋全部拆除，实施安居、广厦工程，新建建筑面积 7000 平方米。1994 年，采取边拆边建，陆续安置居住，适当走向市场，滚动开发等手段。1996 年年初，安居工程红枫 B 区项目动工建设，1998 年底竣工。工程投资 3150 万元，分为中共万盛区委办公室、万盛区人大常委会办公室、万盛区政府办公室、万盛区政协办公室、中共万盛区委组织部、中共万盛区委老干局、万盛区职业中学、万盛区城市房屋建设综合开发公司和重庆万盛房地产开发公司等 11 个组团。拆迁除中共万盛区委、万盛区政府原家属宿舍等危旧房屋 9134.4 平方米，新建成楼房 14 幢、440 套、建筑面积 45000 平方米，新建及改造小区道路 443 米，小区便道 1000 米，种植树木 700 余株，建设绿地 7000 平方米，砌筑堡坎、排洪沟坎 1310 米。是年，南桐支路地区实施安居、广厦工程，拆除破旧房屋 6000 平方米，新建建筑面积 22000 平方米。1997 年 8 月 13 日，安居工程红枫 A 区项目动工建设，2000 年竣工。工程总投资 5000 万元，其中地方财力投入 2500 万元，住改资金投入 500 万元，申请国家贷款 2000 万元。新建成楼房 19 幢、620 套、建筑面积 50000 余平方米。至 2011 年，区内未再实施安居、广夏工程。

三、市场运作集中开发旧城区

1995 年，万盛区房地产开发公司担任业主，改造万盛火车站—清溪桥道路两旁大量低质商住用房及棚房。至 2000 年，先后拆除大坝饮食合作商店、东大商场、大坝百货商店、大坝食品店、东林卫生院、东林粮站、区盐业批发部、东林粮库及办公楼、贵州省正安县和道真县设在东林的物资转运站及 2 个露天菜市场等建筑用地面积 17000 平方米，拆除简易棚房面积 2000 平方米，腾出空地 18800 平方米。在该地块上，修建临街商住楼 27000 平方米，投放市场交易。

1996 年，南桐矿务局生活服务公司担任业主，南桐矿务局工程处承建，改造东林街道和平村。拆除始建于 20 世纪 50 ~ 60 年代的平房 19 幢，建筑面积 13000 平方米。至 1998 年，新建职工住房 8 幢，建筑面积 48000 平方米，入住职工 500 余户。

1999—2001 年，南桐矿务局启动万盛火车站站前广场改造工程，拆除南桐矿务局俱乐部部分旧房及临时棚房 1800 平方米，建成面积约 5000 平方米矿工广场。

2003—2005 年，安地思房地产开发有限责任公司在东林地区拆除旧城区住房建筑面积 14000 平方米，建成松园居、和平家园和南苑佳景等居住小区，总建筑面积 70500 平方米，其中商品房 744 套。

2004 年，巨鼎房地产开发有限责任公司与四川煤矿基本建设工程公司第五工程处、芙蓉矿务局达成协议，负责开发改造工程公司片区，新建的住宅大部分补给拆迁回填的居民，少部分投放市场交易。至 2005 年年底，拆除留守处办公区及家属住宅 16 幢、建筑面积 17000 平方米，拆除棚房 7000 平方米，第一期芙蓉丽苑小区主体工程竣工。

1986—2005 年万盛区旧城改造项目一览表

表 4-2

项目名称	开建年份	竣工年份	总建筑面积（平方米）	总投资（万元）
万盛莲池村 154 号危改工程	1986	1986	1374	17.63
万盛街四巷 32 号（区商业局宿舍）危改工程	1987	1988	2587.7	34
万盛街 38 ～ 54 号危改工程	1989	1989	3343	95
东林铁路新村 65 号危改工程	1990	1989	2900	87
万盛莲池村危改工程（二期）	1990	1989	11980	59.4
万盛莲池村危改工程（三期）	1991	1991	3080	92.4
矿山路 24 ～ 25 号危改工程	1991	1993	5022	350
万盛糖果店、三元桥片区危改工程	1993	1997	150000	5000
南桐电影院和区文化馆办公用房危改工程	1993	1996	26000	–
区政府家属区、周家大院等危改工程	1994	2000	198000	–
东林片区危改工程	1995	2000	27000	–
南桐支路安居、广厦工程	1996	1999	22000	–
东林和平村危改工程	1996	1999	48000	–
万盛老街上场口危改工程	1999	2000	14500	1074
东林松苑居、和平家园、南苑佳景工程	2003	2005	70500	–
区房管分局机关大院危改工程	2004	2005	9117	550
新田路 49 ～ 66 号危改工程	2004	2005	2400	130
工程公司片区旧城改建项目	2005	–	–	–

四、工矿棚户区改造

2007 年 11 月 7 日，组建重庆市万盛工矿棚户区改造工程指挥部，中共万盛区委书记、万盛区政府区长分别任总指挥长和指挥长，区政府常务副区长和中共南桐矿业公司党委书记、南桐矿业公司总经理分别任常务副指挥长。11 月 8 日，重庆市政府市长王鸿举主持召开研究万盛工矿棚户区改造有关工作的专题会议，听取重庆市万盛工矿棚户区改造工程指挥部总指挥长程真祥的工作汇报。会议确定重庆市政府副市长余远牧牵头，重庆市建委负责指导协调万盛工矿棚户区改造工程，万盛区政府作为责任主体负责实施，南桐矿业公司配合区政府工作。

2008年，中共重庆市委、重庆市政府将万盛工矿棚户区改造工程列入2008—2012年十大民生和民心工程。工程涉及万盛、东林2个街道和南桐、丛林2个镇1.3万户、4.15万人，拆迁和改建房屋面积68万平方米，总投资17.8亿元。计划在南桐镇八〇一、东林街道及万东镇新房子新建棚改安置房12131套、建筑面积70.2万平方米，加固维修棚户区旧房1371套、建筑面积8万平方米。重庆市政府财政补助资金2.1亿元，重庆市能投集团安排资金1亿元，棚户区居民出资1.4亿元，万盛区政府自筹其余资金。

2008年1月3日，万盛工矿棚户区改造工程在八〇一棚户区启动。至年末，八〇一片区棚户区改造项目全部开工，东林片区改造项目部分开工，累计完成投资3.5亿元，签订拆迁协议3838户，拆迁1737户，拆迁房屋面积35万平方米，新开工房屋面积45万平方米，次年初2000户居民回迁入住。

2009年，工矿棚户区改造项目全部开工。是年，新开工60万平方米，累计完成投资5.9亿元（是年完成投资2.4亿元），签订房屋拆迁协议9091户，搬迁2034户，新开工房屋面积40.52万平方米，竣工面积34.356万平方米，建成安置房5082套。

2010年，累计竣工房屋房面积66.3万平方米（是年竣工房屋房面积32.35万平方米），签订房屋拆迁协议8969户，交付房屋5000套，建筑面积27.5万平方米。

2011年，累计完成投资8.2亿元（是年完成投资1.58亿元），建成安置房148栋、10864套、建筑面积约63.64万平方米，交付房屋6000套，约2万居民回迁入住。

第三节　市政建设

一、道路

1986年，万盛、东林和南桐3个街道有路、街、巷16条。万盛街、腰子街、新胜街、桃子街和桃子横街路宽2米～13米，总长4300米；其中万盛街中部最宽处13米，腰子街宽2米。万新路、矿山路、勤俭路、新田路，路宽7米～31米，总长5230米；其中勤俭路最宽处31米，最窄处7米。万盛街、桃子街有巷道7条，总长900余米，平均路宽3米。

1986年南桐矿区城区路、街、巷统计表

表4-3　　单位：米

路名	位置	长度	宽度	始建时间	路面类型
万新路	西至三元桥东端，东北与万红路相接	1160	7～22.5	1967年	沥青
矿山路	北接万新路、万盛街，南至观井湾	2000	7～30	1953年	沥青
勤俭路	北接万新路，西南至矿山路	750	7～31	1971年	沥青
新田路	南接万新路，北至中共万盛区委招待所	800	7～13	1955年	混凝土
万盛街	万盛场中部	435	5～13	清以前	石板
腰子街	刀子岩脚下山口中	860	2～3	清光绪年间	石板
新胜街	靠黑旗岩脚下，南涉箐溪河，西接清溪河二号桥，北邻新华村	4000	4～6	1941年	混凝土

续表

路名	位置	长度	宽度	始建时间	路面类型
桃子街	桃子荡中部，东靠现桃子立交桥，南接南桐电厂专用公路，北邻三万铁路	320	8.4	清道光年间	石板
桃子横街	桃子荡西部，与三万铁路平行	400	5	1972 年	土石
万盛街一巷	北起万盛街，南抵莲池村	175	2 ~ 3	–	混凝土
万盛街二巷	北起万新路，南抵万盛街	130	2	–	混凝土
万盛街三巷	南起万盛街，北通万新路	166	3	–	混凝土
万盛街四巷	北起万新路，南抵万盛街	108	5 ~ 6	–	混凝土
万盛街五巷	北起万盛街，南抵居民区	90	–	–	混凝土
万盛街六巷	北起万盛街口，南抵居民区	120	–	–	混凝土
桃子巷	桃子街中段南侧一巷	–	–	–	混凝土

1986 年，主城区和城乡接合部新建街巷 7 条，总长 900 余米，平均路宽 3 米，混凝土方砖路面。

1986 年底至 1987 年 10 月，翻修桃子街和桃子横街，将土石路面改造为六角型地板砖，总长约 4500 米。

1989 年，新铺设区公安分局至重庆市第一〇四中学巷道，长 170 米，宽 1.4 米 ~ 2 米；区政府大门至砚石台路口巷道，长 200 米，宽 1.2 米。

1989 年 5 月 5 日，万东路改造工程第一期开始施工，10 月 30 日竣工。改造工段为区人民医院—万东镇政府大门区段和三岔路导向，总长 420 米。是年 8 月，万东路改造工程万东镇政府大门—东林火车站区段改扩建工程开始施工。中途因拆迁和经费问题多次停建，至 1996 年车行道竣工。人行道和边坡等附属设施至 2003 年竣工。

2001—2005 年，主城区新建车行道 4.239 千米、面积 3.35 万平方米，新建人行道 5250 米、面积 2.1 万平方米。2005 年主城区内道路密度从 1999 年年末的 2.5 千米 / 平方千米增加到 3.75 千米 / 平方千米。新建成万东南路、万东北路、滨江路、万盛大道（一期）等城市骨干道路及红枫小区、松林小区、滨江小区和万盛大道（一期）商住小区的环行通道。

2006 年，开始实施城区道路“白改黑”（混凝土路面改建成沥青路面）工程。改造万新路、新田路、勤俭路、万东北路重客隆—龙凤碑区段等城市道路，总长 2.8 千米、面积 4.5 万平方米。

2007 年，改造（“白改黑”）万东北路龙凤碑—观井湾区段和红枫路，总长 1.8 千米、面积 3 万平方米；通过 BT 模式（BT 是英文 Build 和 Transfer 的首字母，意即“建设 – 移交”，是政府利用非政府资金来开展非经营性基础设施建设项目的一种融资模式）融资，启动万盛大道（二期）、桂湖路、桂花路和红枫路等 4 条道路建设工程。

2008 年 6 月，万盛大道（二期）主体工程竣工，长 584 米、宽 20 米。至此全长 1244 米的万盛大道全线贯通。是年，桂湖路、桂花路和红枫路等 3 条道路主体工程竣工；改造（“白改黑”）万东南路、松林社区道路、万盛公园道路，总长 5793 米、面积 5.95 万平方米；塔山路（长 1400 米、宽 20 米）纳入城市道路管理。至此，区内城市道路总长 16.9 千米、面积 31.6 万平方米。

2009 年，万盛大道（二期）、观景路、桂花路和桂湖路等全部工程竣工；改造（“白改黑”）城区道路 3200 平方米，实现城区主次干道全部沥青化；铺设棚户区人行道路板 5 万平方米。

2010 年，改造（“白改黑”）城区次干道和小区道路，总长 9549.96 米、总面积 13.37 万平方米；

新建建北路、建南路、观景路、红枫路、进修路和塔山路等10余条主干道连接线和附属支路，总长14381.52米、总面积28.9万平方米。是年，启动腰火（腰子口—火车站）路建设工程，改造城区人行道路板2.78万平方米。

2011年，万盛主城区已建成南北走向的主干道万东北路、万盛大道和滨江路，东西走向的迎宾大道、勤俭路、万新路以及与主干道相连接的红枫路、体育路、桂湖路等20余条城市道路。

二、桥梁

三元桥　始建于清咸丰元年（1851年），位于孝子河城区段上段，为三孔石拱桥，桥长53.1米、宽7.5米、高10.4米，桥孔跨径12.8米。民国25年（1936年）修建川湘公路时，三元桥改造为宽度6.2米的车行桥。1985年，再次改造三元桥，1986年3月竣工。改造后，车行道宽7.2米，左右两侧人行道各宽2.5米，并建有1.7米高钢筋混凝土护栏。

爱情桥　建于1958年，为人行便桥，位于孝子河城区段中段，桥长40米，宽1.5米，水泥板桥面。2003年拆除。

两河口大桥　建于1971年，位于孝子河两河口河段，为三孔双曲钢筋混凝土桥，长44米、宽7米、高17米，桥孔跨径37米，两侧人行道均宽1米。2004年改造为双孔T形混凝土桥梁，双向4车道，人行道拓宽至2.5米，并设置钢制人行护栏。

珊瑚桥　位于孝子河城区段中段，为钢筋混凝土T形梁双孔桥。2002年8月开工建设，2005年10月竣工。桥长41米、宽15米，桥拱跨径41.23米，双向两车道，两侧人行道各宽4米。

国盛桥　又名孝慈桥，位于孝子河城区段中段，为现浇箱梁式结构桥梁。2006年1月开工建设，2007年4月竣工。桥长44米、宽15米，双向两车道，两侧人行便道各宽4米。

康羽桥　位于孝子河城区段下段，区文体中心旁。2010年开工建设，2011年竣工。桥长56.6米、宽22米，双向4车道，两侧人行便道各宽4米。

康体桥　位于孝子河城区段下段，连接区文体中心和重庆市第四十九中学校。2010年开工建设，2011年竣工。桥长63米、宽9米。

工农桥　始建于1959年，位于孝子河砚石台煤矿段，为条石石拱桥，桥长33米、宽4米，桥孔跨径9米。1983年，南桐矿务局将该桥改造为钢筋混凝土T形梁。改造后行车道宽6米，两侧人行道各宽1.5米，混凝土护栏高1.5米。

清溪桥　建于1957年，位于清溪河中下游（南桐矿务局总医院段），为石墩平桥，桥长29米、宽4米，桥孔跨径14米，两侧人行道各宽1.5米。

福利桥　建于1958年，位于清溪河下游河段，为T形钢筋混凝土单孔平桥，桥孔跨径14米，桥长30米，车行道宽4米，两侧人行道各宽1.5米。

明德小学1号桥　建于2011年，位于清溪河中上段，是东林通往黑山谷公路上的桥梁。桥长37.5米、宽22.5米，双向4车道，两侧人行便道各宽3米。

明德小学2号桥　建于2011年，位于清溪河中上段，是东林通往黑山谷公路上的桥梁。桥长57米、宽22.5米，双向4车道，两侧人行便道各宽3米。

东林跨线桥　又名东林立交桥，建于2011年，跨万南铁路，是东林通往黑山谷公路上的桥梁。桥长42米、宽21米，双向4车道，两侧人行便道各宽2.9米。

三、城市广场

文化广场　位于万东北路14号，面积3600平方米。此处原为区文化馆和电影院办公用房。1994年，拆除原区文化馆和电影院办公楼及部分居民房屋，改建而成。

矿工广场　位于万东南路东端北侧，面积5374平方米，绿化面积2795平方米。1999年开始修建，

2001年5月竣工，2008年命名。广场内设4个条状花带和3个花坛。

子如广场　位于万盛大道15号，面积23500平方米，绿化面积5500平方米。2003年9月16日开始修建，2005年9月竣工。广场入口正面为刻有“子如广场”大字的碑石，广场南北各有1座3层高商业建筑。

安全文化广场　位于公园路与滨江路交汇处，面积5000平方米。2010年开始修建，并于同年竣工，2013年命名。

四、灯饰

1986年，全区有路灯正线8条、支线28条，总长2.75千米，导线总长4.65千米，安装有路灯577盏、74.45千瓦，其中白炽灯268盏、汞灯293盏、钠灯16盏。

1991年起，开始改造路灯线路，更换灯型。1998年，路灯总数增至1452盏，钠灯增至642盏，线路总长增至33.1千米。

2003年，重新安装万东南路、万东北路、万新路及立泰转盘路段路灯2509盏，新安装金属灯杆双臂35套、单臂18套、10米中杆灯1组、庭院灯3组；在南桐支路、松林路及滨江路新安装金属双臂灯架63组；在主城区新安装花篮式庭院灯13组。

2004年，新安装及改造新田路、勤俭路和万盛大道（一期）路段路灯、安装路灯80套，拆除旧不锈钢庭院灯12组、水泥电杆25根，更换路灯线路2500米。在万盛公园茶园、万盛宾馆、南桐矿业公司供应处办公楼屋顶各安装空中玫瑰旋转灯1组。

2005年，在勤俭路区交通局—区计划生育委员会路段新安装双臂金属灯杆17套，在万东南路观井湾—南桐矿业公司大门路段新安装单臂杆灯19套、双臂金属杆灯34套，在城区繁华地带设置庭院灯4组，在万盛大道（一期）新安装单臂金属灯杆8套、双臂杆灯12套。

2001—2005年，主城区新安装路灯1821盏，路灯总数增至3370盏，新建路灯配电所20座，配电所总数增至27座，路灯总功率增至470千瓦，全面改造万东北路、万新路、勤俭路和新田路等12条城区主次干道路灯。

2006年，在迎宾大道沿线安装路灯140余盏。

2007年，实施城区背街小巷无灯区建设工程，基本消除无灯区。是年，在主城区安装节能路灯485盏，接收塔山路迎宾大道路灯128套和子如广场1865盏灯饰的管理和维护责任。

2008年，实施万盛、东林背街小巷亮化工程，在万盛火车站—南桐矿业公司机械厂制造厂—中国工商银行万盛支行鱼田堡分理处和皇马假日会所—菱角村D栋安置房路段安装路灯。

2009年，万盛大道（二期）、万东南路、南桐支路和进盛中学路段安装路灯611套。

2010年，三元桥至珊瑚桥沿岸河堤及三元桥、珊瑚桥、国盛桥安装景观灯饰，城区无灯区安装路灯108套，子如广场小游园安装景观灯饰181套，塔山路安装金属杆灯110套，在文体中心安装特色路灯155套。

2011年，改造文化广场、观井湾社区、东林铁路新村路段路灯，八〇一学校—八〇一棚户区安置房路段新安装路灯341套，黑山谷大道新安装路灯200套。年末，全区有城市路灯10088盏（高压钠灯2811盏、LED（发光二极管）灯4244盏、节能灯2718盏、金卤灯275盏、其他光源灯40盏），总功率946.98千瓦，路灯线路总长119.92千米（架空线路6千米，地埋线路113.92千米），城区路灯装灯率99%，路灯亮灯率主干道98%以上、支次干道和背街小巷97%以上。

五、排水设施

2007年以前，万盛城市排水管道管径偏小，以0.5米管径为主，汛期常发生堵塞、淹没。2007年，全面实施主城区主排水管道小改大工程，改造万东北路、红枫小区和松林小区的下水管道，将原有0.5

米管径管道换成 1 米～ 2 米管径管道。

2008 年，万盛大道（二期）道路及房产建设中，配套建设管径 1.8 米排水管道 1297 米，并全部接入污水处理系统。年末，城区排水系统由从方家山脚下自东向西 7 条（东林矿工广场、观井湾、135 队、新田路、重庆市第一〇四中学、水口社、冉家湾）排洪沟和城区排水管网组成，7 条排洪沟接入城区排水管网，城区排水管网连接孝子河。7 条排洪沟总长 8.5 千米，主要由雨水明渠构成，安装防护板的暗渠仅有 3.5 千米。城区排水管道长 56.6 千米，设井盖 1004 个、水篦子 1067 个。孝子河城区段长 3.5 千米，河上建有 2 座机械提升式泄洪闸坝。

2009 年，全区投入资金 100 万元，清理孝子河城区段二号坝至三元桥长约 2.7 千米的河道淤泥 3.4 万立方米。

2010 年，在新城区拓展、旧城区提升和棚户区改造工程中，全区实行雨污分流和污水管网改造工程，投入资金 6795.6 万元，建成配套污水管网 56.63 千米。年末，万盛城区有防洪沟 9.5 千米，排水管道长 56.64 千米，设井盖 1126 个、水篦子 1127 个。

2011 年，全区建成配套污水管网 6 千米。年末，万盛城区防洪沟总长 11.4 千米，排水管道总长 76.73 千米，设井盖 1835 个、水篦子 1553 个。

第四节　园林绿化

一、街道绿化

1986 年年初，万盛城区道路已经初步形成绿化网格。城区 4 条主街道全部种植行道树，其中新田路树种为刺桐，矿山路树种为栾树、泡桐和香樟，勤俭路和万新路树种为苦楝和广玉兰。万盛城区附近主干道（浸水垭街口至观井湾，两河口、重庆市第四十九中学校至万盛城区），路边树种为青杨和杂树。此外，在路口、空地等处设有花坛、绿带、绿点和绿篱等绿化区。

1986 年，矿山路万东北区段、勤俭路、新田路和万新路等 4 条街道补种行道树，树种为法桐、青桐、栾树和青杨等。

1987 年，矿山路新华书店—观井湾区段行道树改植为小叶榕，勤俭路行道树改植为黄桷树。矿山路增种绿化带，种植麦冬、美人蕉等花草。

1995 年 3 月，万盛街道行道树改植为小叶榕、黄桷树等长绿树种。

2000 年，绿化新建成的建设路、松林路、莲池路、体育路、三元路和桂湖路等城区道路。

2001 年，配套绿化万东南路，种植文化路行道树。

2003 年，万东南路沿线种植行道树及设置绿化带，新增绿化面积 1804 平方米；改造麻坝河万盛入口园林景观，新增绿地 3000 平方米；改造万东北路、勤俭路慢车道隔离带和立泰转盘绿岛，涂白保护城区道路行道街树干；节假日期间累计摆放鲜花 15000 盆装扮市容。

2004 年，绿化商业街并设置街心花园。

2005 年，绿化新建成的万盛大道和滨江路，改造观井湾—东林广场隔离绿化带，换栽银保劳大楼绿化区植被，绿化万盛小坡足和浸水垭 2 个城市入口。

2008 年，改造子如广场、客运中心、滨江小区和中国工商银行万盛支行办公楼前小广场等绿地。万盛大道（二期）两侧栽植干径 20 厘米以上香樟、含笑和银杏等树种 448 棵，设置相应配套绿化，改型龙凤碑转盘、立泰转盘和万盛大道路口转盘花坛，并改种花卉。

2009年，万盛大道（二期）、观景路、红枫路、桂花路和桂湖路栽植乔木约600棵，新建观景路绿化隔离带，改良万盛大道（一期）绿化带及行道树，栽植重阳木155棵、桂花150棵，改造绿化隔离带5500平方米，改造塔山路（一期）绿化带及行道树，改良观井湾加油站旁、塔山医院大门旁和区氮肥厂家属区旁沿线约4000平方米的绿化。实施“大树进城”工程，在城区重要节点和繁华地段，栽植干径50厘米～100厘米黄桷树和小叶榕53棵。

2010年，万盛大道、塔山景观大道、桂花路等道路栽植乔木1000余棵，城区修建观景花台、绿岛、转盘等15000余平方米，客运中心、滨江路和子如广场等城区重要节点和繁华地段，栽植干径50厘米～100厘米的银杏、黄桷树和小叶榕123棵。

2011年，黑山谷大道沿线及护坡种植行道树及设置绿化花池，新增绿地面积0.67公顷，在二郎峡—塔山路沿线新栽植行道树银杏800余棵，新增绿地面积0.67公顷。继续实施“大树进城”工程，在城区重要节点栽植干径50厘米以上的黄桷树、银杏和香樟等大树共12棵，新增绿地面积0.33公顷。实施“奇石进城”工程，在高速路口、龙凤碑转盘、立泰转盘、重百转盘和风锤转盘等11个重要节点安装奇石。

二、广场及河岸绿化

子如广场绿化　2005年9月，子如广场建成，面积23500平方米，广场绿地面积5500平方米。广场内布置花坛10个，其间种植黄桷树、海棠、桃花、木英花、红梅、黄葛兰、罗汉松、红枫、银杏、茶花、紫薇等树种和名贵花卉，并有少量移植古树，广场两侧各有一个面积200平方米梯形绿地，移植50年以上树龄的黄桷古树。2009年，启动子如广场绿色游园项目建设。2010年，项目竣工，面积14500平方米，设置喷水池、奇石，并增加花卉和树木的种类。

矿工广场绿化　2001年，矿工广场建成，占地面积5374平方米，绿地面积2794.6平方米，绿地率52%。广场内有4个条状花带和3个花坛，花坛内种植映山红、茶花、南洋木，绿带种植毛叶金香、麦冬花卉等。

文化广场绿化　1994年，区文化广场建成，在广场周边移植6棵树龄近20年、干径40厘米以上的黄桷树，在舞台两侧各设置一个60平方米的小型绿化带。

孝子河岸绿化　2001年，绿化孝子河滨江路体育馆片区。2010年，绿化孝子河护坡，在孝子河城区段岸边护坡栽植红叶702株、木芙蓉698棵，新增绿地面积0.33公顷。

三、城市公园

万盛公园　原名南桐公园，是万盛区城市公园、重庆市二级达标公园。始建于1977年，1980年9月开园。1993年4月，更名万盛公园。公园位于孝子河城区段西侧的塔山，依山临河而建，东与城区隔河相望，南至两河口，西至六井坝，北至浸水垭，是一个以观光休闲为主要功能的城市公园。

公园初建时，面积约26公顷，海拔310米～450米，由三山、二坝、八岭组成。园内林木葱茏，建有人工湖（翠屏湖）、亭廊、水榭等设施。1987年3月16日，南桐矿区人大常委会、区政府分别审查通过《南桐公园总体规划》。规划分为功能区规划、植场规划和道路规划3部分。

1987年8月，改造公园主干道三道拐—石垭口区段，拓宽部分路段，浇筑成混凝土路面，并加设边沟和护坡，11月竣工。

1989年年末，修筑容量200立方米的蓄水池2个，并铺设相应管道设施，购进游船6艘。动物展览馆竣工，购进猴子、孔雀、鹿子和红腹锦鸡等动物。

1992年，动物园展览馆引进梅花鹿。

1994年，铺设鹿馆至猴馆道路，并修建动物园展览馆堡坎、围墙等基建工程。

1995年，区自来水公司把自来水管道接到公园蓄水池，将公园路灯线与万盛主城区街灯线路连接，与主城灯饰工程配套。

1996 年，公园新增八仙园、南亚风情城和醒狮壁等景点。

1997 年，公园开始收取门票，门票 1 元 / 张。

1998—1999 年，扩建苗圃，并在苗圃内修建鱼塘，改扩建小游园 3 个。

1999—2000 年，全面改造公园内部基础设施。改造樱花园及周围景点面积 8352.96 平方米，更换原有树种，新栽桃树 410 株、铁梗海棠 67 株、紫玉兰 44 株。改造盆景园植场基地 799 平方米，新修可堆放约 5 吨盆土场地 1 个。改造百花园面积 350 平方米，播撒草坪 250 平方米。改造动物园展览馆面积 350 平方米，购进太平鹦鹉、白文鸟等 100 对。是年，公园门票调整为 2 元 / 张。

2005 年，园内主干道 400 米路段新安装霓虹灯；新铺设公园办公室至动物展览馆路灯线路 600 米，安装灯架 18 个。

2006—2008 年，在公园办公室后山和八仙园分别修建观景平台 1 个，总面积 507 平方米，为市民提供鸟瞰万盛城区风光的场所。

2007 年，改建公园入口大门，更新园内水网系统，在园内修建 600 平方米的标准网球场。

2008 年 3 月 8 日，登山步道——“健身天梯”工程动工，9 月 28 日竣工。步道长 310 米，高差 95 米，有石梯 739 步。年末，万盛公园主次干道长 7500 米，主要植被以马尾松、料竹为主，辅以栽植数量不等的黄桷树、珊瑚、紫薇、桃树和铁梗海棠、紫玉兰、楠竹、茶花等其他植物 30000 余株，绿地面积 20 万平方米，绿地率 75%。

2009 年，扩建万盛公园，新增公园面积约 33 公顷。

2010 年，实施万盛公园专类植物园建设，新种植各类苗木面积 2.53 公顷。是年末，全民健身运动中心建成。

2011 年 1 月 14 日，重庆市政府授予万盛公园“重庆市规范化管理二级达标公园”称号。

桂花公园　2003 年，桂花公园开始筹划建设，公园规划面积 100 公顷。是年，完成土地转让、地形图绘制以及公园初步规划。至 2005 年，公园内有桃树 5000 余株，修建人行便道 1400 米，排水沟 1200 米。是年，桂花公园被纳入方家山公园规划之内。

方家山公园　2004 年，万盛区政府提出建方家山公园的初步意见，公园性质为森林生态公园。2005 年，开始控制性保护整个方家山的地形、地貌、地场（林木）。2010 年，方家山生态公园建设总体规划通过评审，确定 133.33 公顷的核心区建设规模。至年末，累计完成投资 50 万元，修建人行便道 2.3 千米。

四、山水园林城区创建

1990 年，中共万盛区委、万盛区府提出城市建设和园林绿化要“精、美、雅、特”的工作要求，将万盛作为山水园林城市来规划和定位，制订创建山水园林城市目标，把绿化任务明确到街道、社区、学校和企事业单位。2000 年，全面绿化社区公共绿地、小区支路。2001 年，区规划局联合区建设委员会等部门编制《万盛区园林绿地系统规划》，提出万盛城市绿化的四个层次（主城区园林绿地系统、绕城生态绿色环带、复合生态系统、森林系统），将塔山山体整体纳入万盛公园扩建范围，发展为森林公园，沿河带布置 10 米 ~ 50 米宽的滨河绿带，建设中心组团、建设组团、鱼田堡组团、平山组团 4 个滨河公园，建设专类公园 7 个。

2005 年，万盛城区绿化覆盖率 15.89%，建成区绿地面积 103.55 公顷，区绿地率 10.51%，建成市级园林式单位 2 个、区级园林式单位 15 个。2011 年 1 月，万盛区创建为重庆市山水园林城区。是年，全区园林式单位占比 73.9%，园林式居住小区占比 61%。

第四章　公用事业

第一节　供水

万盛区供水服务由重庆市万盛自来水公司提供。该公司前身是重庆市南桐矿区自来水公司，1993年更名重庆市万盛区自来水公司。2001年，区自来水公司加入重庆水务集团股份有限公司。2007年，重庆市万盛区自来水公司改为重庆市万盛自来水有限公司。公司承担万盛海拔400米以下城区及规划区（万盛城区、东林片区、南桐片区和砚石台—红岩片区及建设组团、平山组团）的生活和生产供水。

1986年，区自来水公司有深水井5口，泵房8座，水厂1个（新田水厂），蓄水池2个、容积2868立方米，供水管道2.73万米，日供水能力4000立方米，供水面积1.5平方千米，服务人口2.55万人，供水普及率80%。区自来水公司供水水源全部为地下水。是年，万盛城区水价0.18元/立方米，砚台地区0.08元/立方米。

1988年5月1日调整水价，万盛城区调整为0.20元/立方米，砚台地区调整为0.10元/立方米。是年6—8月，3号、6号和7号深水井先后建成投入使用。是年9月1日，再次调整水价，万盛城区生活用水价格调整为0.25元/立方米，生产用水0.35元/立方米，砚台地区调整为0.15元/立方米。

1989年3月，10号深水井建成投入使用。

1991年6月，桂花水厂建成投入使用，日供水能力4000立方米。至此，区自来水公司水厂增至2个，日供水能力增至8000立方米。

1994年，汤家沟水库建成。区城乡建设管理委员会以汤家沟水库蓄水为水源修建方家山水厂。1995年7月1日，方家山水厂建成投入使用，日供水能力2万立方米。

1996年5月1日调整水价，全区生活用水价格调整为0.80元/立方米，生产用水1.10元/立方米，餐饮用水1.50元/立方米。是年8月，区城乡建设管理委员会将方家山水厂使用权、管理权移交给重庆市万盛区自来水公司。至此，区自来水公司水厂增至3个，日供水能力增至2.8万立方米。其中新田水厂、桂花水厂以地下水为水源，方家山水厂以汤家沟水库蓄水为水源。

1997年4月，桃子荡、南桐支路地区居民供水工程竣工，新安装公称直径250毫米供水主管道5600米，建1000立方米蓄水池1个，新增供水区域1平方千米，新增供水人口1.5万人。

1999年，鱼田堡片区供水工程竣工，新增公称直径200毫米供水主管道2600米，新增供水区域1平方千米，新增供水人口1万人。

2000年9月1日调整水价，居民用水价格调整为1.15元/立方米，工业用水1.65元/立方米，建筑类用水1.85元/立方米，商业服务类用水2.05元/立方米，环卫用水0.65元/立方米，赔农用水0.71元/立方米，砚台石地区综合用水1.30元/立方米，桃子地区用水价格在万盛城区价格基础上每立方米增加0.20元。是年10月，方家山水厂消毒设施改造工程竣工，改液氯消毒为二氧化氯消毒。

2002年3月4日，南桐镇政府将塔山—南桐支路供水管道产权移交万盛自来水公司管理和使用。是年3月15日，鱼田堡煤矿生活用水系统移交万盛自来水公司管理和使用。

2004 年，南桐支路至平山供水管道工程和鱼田堡片区供水改造工程竣工。

2005 年 3 月 1 日调整水价，生活用水价格调整为 1.75 元 / 立方米，工业用水 2.10 元 / 立方米，建筑类用水 2.40 元 / 立方米，环卫用水 1.45 元 / 立方米，商业用水 2.75 元 / 立方米，洗车和经营性洗浴 5.00 元 / 立方米，纯净水厂和饮料厂用水 20.00 元 / 立方米，汤家沟水库用水价格从 0.40 元 / 立方米调整为 0.50 元 / 立方米。是年 8 月 31 日，区自来水公司 7 号深水井拆除，土地被划转给万盛区国有资产经营管理公司。年末，公司自来水管道总长 183 千米，供水覆盖面积 6.5 平方千米，日供水能力 2.8 万吨，供水人口近 10 万人。

2006 年 2 月，万盛自来水公司接收南桐矿业公司民用供水系统所属东林中心区、砚石台—红岩片区和南桐片区民用供水系统资产和人员。接收后，公司水厂增至 7 个（新增南桐、红岩、新风井和腰子口 4 个水厂），日供水能里增至 4.4 万立方米（新增 1.6 万立方米），供水管网增至 225 千米（新增 42 千米），服务人口增至约 16 万人（新增约 6 万人），供水区东至方家山，南至鱼田堡煤矿，西至温塘钻井泥浆厂，北至红岩煤矿。是年 3 月，公司改造新接收区庭院供水管网和水厂，推行一户一表（一个用户配置一个水表）制度。全年在南桐片区、红岩片区、砚石台片区和东林片区安装公称 100 毫米供水管道 11.28 千米，安装水表（一户一表）14110 个，改造南桐水厂一级、二级和红岩水厂二级机泵，新安装新风井水厂—红岩工人村公称 100 毫米供水管道。

2007 年，改造东林片区部分庭院管网和腰子口水厂机泵，安装公称直径 300 毫米供水主管线 1600 米，安装水表（一户一表）6000 个。

2008 年 1 月 1 日调整水价，居民生活用水价格调整为 2.06 元 / 立方米，工业用水 2.41 元 / 立方米，建筑类用水 2.71 元 / 立方米，商业用水 3.06 元 / 立方米，环卫用水 1.76 元 / 立方米，纯净水厂、饮料厂用水 20 元 / 立方米，洗车用水、经营性洗浴用水 5 元 / 立方米（含水资源费，不含污水处理费）。9 月，公司第二水厂开工建设。是年，改造红岩水厂机泵和高压泵，扩建腰子口水厂清水池，水池容积从 300 立方米增至 700 立方米。

2009 年，公司第二水厂建成投入使用，日供水能力 1 万立方米。年末，公司有水厂 6 个，直径 100 毫米以上供水管网 84 千米，年供水能力 1500 万立方米，供水面积 17 平方千米，服务人口约 13 万人。

2011 年，安装黑山谷大道公称直径 400 毫米供水管道 1.5 千米，并改造沿途供水管网，安装黑山谷景区应急供水工程江流坝组团北门水厂—江流坝 12 千米供水管道，改造白花组团白花水厂。年末，万盛自来水有限公司主要有方家山水厂、东林水厂、第二水厂、南桐水厂和红岩水厂等供水厂，水源主要为汤家沟水库、青山湖水库蓄水和清溪河、刘家河河水，供水面积 17 平方千米，供水区域东至方家山，南至石桥村，西至温塘村，北至新风井，日供水能力 5.75 万立方米，服务人口约 14 万人。

第二节　供电

万盛区供电服务由綦南供电公司万盛供电分公司提供。该公司前身是綦南供电局万盛供电所，2005 年升格为綦南供电局万盛供电分局，2011 年改制为綦南供电公司万盛供电分公司。万盛供电分公司担负万盛区居民及厂矿企业和綦江县石角、隆盛等 4 个镇的 72 个行政村约 4 万户居民及厂矿企业，以及贵州省桐梓县坡渡、羊蹬 2 个镇的 11 个行政村约 1 万户居民及厂矿企业的供电任务。

2008 年，万盛供电分局有 220 千伏变电站 1 座，110 千伏变电站 2 座，35 千伏变电站 7 座，主变安装容量 400.6 兆伏安。是年，城网配电观井湾开闭所竣工。

2009年，万盛供电分局有220千伏变电站1座，110千伏变电站3座，35千伏变电站7座，安装容量463.6兆伏安。是年，改造110千伏输电线路51.53千米，改造城网观井湾开闭所，可供容量增至20000千伏安。

2010年，万盛供电分局有高压客户310户、低压客户110661户，有220千伏变电站1座、110千伏变电站3座、35千伏变电站7座，安装容量535.6兆伏安。

2011年，万盛供电分公司有高压客户350户、低压客户113093户，有220千伏变电站1座、110千伏变电站3座、35千伏变电站7座，安装容量548.6兆伏安。

2006—2011年綦南供电公司万盛供电分公司售电情况表

表4–4　　单位：千瓦时

年份	售电	备注
2006	34692	–
2007	37753	–
2008	43582	–
2009	34841	万盛片区
2010	40825	万盛片区
2011	46924	万盛片区

2006—2011年綦南供电公司万盛供电分公司供电线路一览表

表4–5

年份	220千伏输电线路		110千伏输电线路		35千伏输电线路		10千伏城网配电线路		城网低压线路长度（千米）	城网配电变压器（台）	10千伏农网配电线路		农网低压线路长度（千米）	农网配电变压器（台）
	数量（条）	长度（千米）	数量（条）	长度（千米）	数量（条）	长度（千米）	数量（条）	总长度（千米）			数量（条）	总长度（千米）		
2006	5	129.68	7	150.18	11	139.60	5	16.63	44.04	109	20	783.69	6431.13	661
2007	5	129.68	7	150.18	11	139.60	5	18.71	44.78	113	22	818.58	6527.69	685
2008	5	129.68	7	150.18	11	139.60	8	23.55	49.32	120	22	823.80	6615.55	714
2009	5	129.68	7	150.18	11	139.60	8	23.55	–	121	23	834.51	6664.87	736
2010	5	129.75	11	147.63	14	144.77	8	23.55	–	149	23	835.93	6664.87	793
2011	5	129.75	11	147.63	14	144.77	8	26.03	–	177	23	863.58	6682.74	841

第三节　供气

一、罐装液化气

20世纪90年代中期，万盛区开始引入罐装液化石油气，货源来自重庆市主城区。1998年，全区有液化石油气经营店10个（是年新批建液化石油气经营店7个）。1999年3月，万盛区万安贸易公司在东林地区新建液化石油气充装站1座，容积320立方米，于10月投产经营，分销瓶装液化气。2005年，全区有液化气充装站1个，经营点11个，从业人员52人。1999年10月至2005年12月，全区累计销售液化石油气1125吨。2004年，随着管道天然气引入和发展，罐装液化气市场逐渐萎缩。区内保留有液化气充装站1个、经营点11个，但销售量日益减少。

二、管道天然气

2003年5月8日，重庆市渝川燃气有限公司万盛分公司成立，系中国石油股份有限公司西南油气田分公司重庆气矿托管的专门提供万盛区终端燃气服务的国企公司。2004年12月，万盛城区天然气工程竣工投入使用，供气管道长9093米，起于万东镇黑塘子社万盛配气站，日供气能力15.39万立方米。至2011年，公司供气服务包括万盛主城区、东林片区、砚石台片区、南桐支路片区和鱼田堡片区等5个区域的居民、集体、商业和工业等用户。公司气源主要来自四川开江，重庆梁平、开县、垫江等地，属管输供气，有配气站1个。

2008—2011年万盛区管道天然气用户统计表

表4–6　　单位：户

年份	居民用户	集体用户	工业企业用户	商业企业用户	压缩天然气（CNG）用户	合计
2008	15612	35	2	–	–	15649
2009	21177	27	2	142	–	21358
2010	29212	27	2	142	1	29424
2011	37175	60	2	211	1	37449

第四节　城市公交

1955年南桐矿区建立时，重庆市人民公交公司组建万盛路队，运营万盛—南桐煤矿、万盛—东林、万盛—红岩煤矿和万盛—鱼田堡煤矿等公交线路。1986年后，随着市场经济的活跃，各类班线经营主体大量涌现，万盛路队公交线路逐步萎缩。2005年，重庆万盛冠忠公共交通发展公司成立，为重庆冠忠（第三）公共交通公司全资子公司，与重庆市汽车运输（集团）公司万盛总站实行一套班子、两块牌子的体制。2009年12月1日，开通101路（建行—建行）、102路（子如广场—子如广场）城市环线公交线路，投入运营公交车6辆（均为无人售票车辆）。公交票价参照区内班线客车标准制订，起价 1 元，同步启用公交 IC 卡运营系统。2010 年，开通 103 路（建行—红岩）、330 路（建行—樱花温泉）和 331 路（建行—南桐）等 3 条公交线路。2011 年，重庆市政府调整外环客运市场结构，重庆万盛冠忠公共交通发展公司退出万盛客运市场，运营线路、车辆移交重庆市汽车运输（集团）公司。

1997 年 10 月 8 日，重庆盛辉商贸公司成立，主要经营汽车客运出租业务。2002 年 5 月，更名重庆市汽车运输（集团）公司鑫盛公司。2006 年，更名重庆市鑫盛汽车运输公司。

第五章　城市管理

第一节　市容管理

1984 年，南桐矿区城区实行商店门市经营者、居民户“门前三包”（包卫生、包绿化、包秩序），制订“门前达标”的管理公约。1985 年 7 月，各街道设立或聘任城建管理员、环卫管理员、绿化管理员和环保监督员等人员，从事市容市貌管理。

1986 年 3 月，区城市监察中队成立。1988 年 1 月，区内各街道办事处设置城市管理办公室。至此，区内城市管理执法机构基本形成。

1989 年，继续实行“门前三包”的基础上，施行“色度管理”制度。

1996 年，推行城建监察执法目标责任制，根据规划、市政、园林、绿化和环卫等不同执法范围制订考核目标。

1998 年，万盛区政府城市管理办公室制订《重庆市万盛区城区街道容貌标准》。

1999 年，开展“三创”（创建市容一条街、单位、小区）活动，万东北路和勤俭路 2 条街道，万东镇政府和南桐矿务局总医院 2 个单位，砚石台煤矿老君坝小区和东林铁路一村供应处小区 2 个小区列入年度市容“三创”计划目标。

2000 年，综合整治万东北路、勤俭路和万东镇政府、南桐矿务局总医院以及砚石台煤矿老君坝小区、东林铁路一村供应处小区。是年，城区主干道门点（385 个）“门前三包”责任书签订率、上墙率、落实率均 100%，次干道门点（211 个）“门前三包”责任书签订率、上墙率、知晓率和落实率均 95% 以上。

2003 年，搬迁老街入口处水果摊和工人俱乐部游乐设施，关闭滨江路宠物市场和小集镇农贸市场。加强户外广告宣传品的管理，取消过街横幅标语，拆除和收缴严重影响城区市容的户外广告牌，取缔性广告源头和性病非法行医窝点 3 个。开展犬只管理，制订《万盛区人民政府关于加强犬只饲养管理的通告》。

2004 年，万盛区建立城市管理联络员制度，增加管理经费，终止“门前三包”制度。是年，城市垃圾处置费征收率 60%，重庆市水域环境卫生管理责任书签订率 94%，城市道路占用率 1.6%，城市道路完好率 95%，城市裸地硬化率 100%，路灯设施完好率 95%。

2006 年，区市政管理局向东林街道、南桐镇和青年镇派驻城市管理综合行政执法队伍。3 月，在城市管理重点难点路段尝试实行“片管”制度，城管队员路段包干制，分级、定标、定责管理。4 月 1 日起，城区临街门店施行市容环境卫生管理责任制。5 月，综合执法局进驻区行政审批大厅市政管理窗口办理审批。

2007年，全面推行市容环境卫生责任制，与城区主干道、繁华窗口、临街单位（门店）签订责任书。1月4日，万盛大道路边的烧烤摊点全部搬迁到子如广场南侧空地修建的烧烤摊区。1月8日，区市政园林管理局与区交警支队和交通部门组成联合执法组，开展易撒漏物质密闭运输“百日专项整治”行动。4月13日，三元桥转盘和观井湾设立密闭运输临时检查点。是年，区市政园林管理局开始统一规划设计主要街道户外广告，开始将临街公共设施非法小广告清理工作纳入市场化运作，通过招投标形式引入中介清洁公司，清理城区主次干道的非法小广告。

2009年，城区设置摩托车停车位500余个，搬迁自发形成的临时停车场2处，先后6次集中整治在基本无煤区域内违规使用燃煤的行为。

2011年，组建区市政园林管理局代为管理的12319指挥中心。

第二节 城市环卫

一、环卫设施

1986年，南桐矿区城区有垃圾圈51个，垃圾站3个，有铸铁结构蛙形果皮箱73个，洒水车1辆，收运垃圾汽轮车9 辆，汽车2辆。在南桐乡麒麟村建有垃圾堆放场1个，年清运垃圾能力11053吨，城区（不含厂矿）有公厕17座，建筑面积1229平方米，306个蹲位，其中男158个、女148个。是年8月，在南桐麒麟村新建的垃圾焚烧炉投入使用，设计垃圾处理能力30万吨/年。

1986年南桐矿区城区公厕统计表

表4-7

所在地点	修建年份	建筑结构	建筑面积（平方米）	蹲位（个）		
				合计	男	女
中共南桐矿区委礼堂	1957	砖木	110	26	14	12
孝子河中共南桐矿区委河段	1958	砖木	60	16	10	6
南桐矿区文化馆内	1959	砖木	80	16	8	8
南桐矿区粮食公司	1960	砖木	80	18	9	9
桃子车站	1967	砖木	60	12	8	4
桃子老街	1967	片石拱	60	12	6	6
东林菜市场	1967	砖木	80	16	8	8
南桐矿区防疫站	1978	砖木	30	6	3	3
汽修厂	1981	砖混	81	18	9	9
南桐公交车站	1981	砖混	50	20	10	10
万盛粮站	1983	砖混	89	36	18	18
家友门市	1984	砖混	101	24	12	12
川剧团	1984	砖混	81	18	9	9

续表

所在地点	修建年份	建筑结构	建筑面积（平方米）	蹲位（个）		
				合计	男	女
东林派出所	1984	砖混	103	24	12	12
南桐百货公司	1985	砖混	81	20	10	10
莲池段	1985	砖混	34	10	5	5
南桐矿区人民医院	1985	砖混	49	14	7	7
总计			1229	306	158	148

1996 年，城区内有公厕 25 座，水冲式公厕占比 70%。

2005 年，区环卫所有垃圾运输车 6 辆、洒水车 4 辆、吸粪车 1 辆，城区建有垃圾堆放站 5 个、垃圾箱 200 余个。区内有南桐镇麒麟垃圾处理场 1 个。是年，两河口污水处理厂开工建设。

2006—2008 年，在万盛大道、万东北路、万东南路新安装一批不锈钢果皮箱，购置可卸式垃圾运输车 2 辆，配备金属垃圾箱体 16 个，新购洒水车 2 辆，吸污吸粪车 1 辆，清漂打捞船 2 艘。

2007 年 1 月，滨江路、观井湾两河口 2 个压缩式垃圾中转站开工建设，年底竣工投入使用，日处理垃圾能力 210 吨。至此，城区原有的垃圾放站相继弃用。是年 8 月，万盛区城市生活垃圾处理场（场址在南桐镇风岩村）竣工投入使用，麒麟垃圾处理场停止使用。是年，新建人交公厕和漩涡公厕。

2008 年 12 月，安装城区化粪池气体安全监控预警系统。该监控预警系统主要监测万盛主城区 12 个化粪池的安全运行情况。是年，拆除川剧团、莲池和晶晶 3 座公厕。年末，城区有垃圾运输车 7 辆、洒水车 4 辆、吸粪车 1 辆，公厕 15 座（环卫所直接管理），化粪池 292 个。

2009 年，添置环卫车辆 17 辆，更新果皮箱和垃圾桶共 600 个，改造公厕 14 座（一类公厕 1 座、二类公厕 2 座、三类公厕 11 座）。

2010 年，添置环卫车辆 5 辆、10 立方米垃圾压缩箱设备 6 台、1 米可卸式垃圾箱 40 个，拆除支路公厕、新安装移动公厕 8 座、改造公厕 17 座，新建支路和八〇一垃圾中转站 2 座，改造垃圾中转站 3 座。是年，实施垃圾“不落地”工程，拆除城区所有垃圾圈，全部替换为密闭式垃圾箱。

2011 年，新建新房子片区压缩式垃圾中转站 1 座，新增大型垃圾箱体 2 个；改造公厕 4 座、新建 3 座。年末，城区有垃圾中转站 8 座（环卫所直接管理），公厕 14 座（环卫所直接管理），环卫车辆 19 辆（垃圾运输车 15 辆、洒水车 3 辆、扫地车 1 辆），垃圾箱 123 个（1 立方米 103 个、10 立方米 8 个、15 立方米 12 个），果皮箱 508 个。

2011 年万盛区环卫所管理的公厕统计表

表 4–8

公厕名称	修建年份	公厕地址
百货公厕	1985	百货公司旁
东林机厂公厕	1986	东林二村
中共万盛区委党校公厕	1989	新田路 83 号
南南公厕	1990	万东北路南桐车站
孝子河中共万盛区委河段公厕	1991	新田路 168 号

续表

公厕名称	修建年份	公厕地址
万盛区文化馆公厕	1993	万盛区文化馆内
东林大坝公厕	1994	东林二村
万盛区粮食公司公厕	1996	万盛街四巷
珊瑚公厕	1997	珊瑚大桥
国土公厕	1998	万盛区国土局后面
子如广场公厕	2004	汇鑫假日酒店后面
滨江路公厕	2005	滨江路
人交公厕	2007	原人交车站
漩涡公厕	2007	清溪桥松园居后面

2011 年万盛区环卫所管理的垃圾中转站统计表

表 4–9

垃圾中转站名称	垃圾中转站地址	修建年份
东林大坝垃圾站	东林二村	1994
万盛区粮食公司垃圾中转站	万盛街四巷	1996
鱼田堡垃圾站	万盛鱼田堡	1999
观井湾垃圾站	万盛关井弯车站后面	2007
滨江路垃圾站	滨江路	2007
支路垃圾中转站	桃子支路	2010
八〇一垃圾中转站	重庆市第一一五中学对面	2010
塔山垃圾中转站	塔山翠屏路	2011

二、环卫清洁

1986 年，清运垃圾 9020 吨，防尘洒水 11495 吨。

1996 年，开始实行每天两次普扫主城区，全天候保洁面积约 8 万平方米的繁华路段。

2004 年，城区垃圾处置费征收率 60%。

2005 年，环卫清扫面积 31 万平方米，包括主城区，西到侵水垭路口，北到小坡脚，东至东林广场。每天 4 时 30 分开始清扫，7 时 ~ 22 时 30 分保洁，日处理垃圾 70 吨，每天 9 时洒水 1 次，16 时再洒水 1 次。

2006 年，扩大环卫清扫范围，将子如广场、迎宾大道共 77010 平方米纳入城区清扫范围。实行分段划片清扫、定岗定人管理制度，中心城区责任制覆盖率超过 90%。城区主次干道环卫作业实行两班制全天候保洁。每天冲洗街道 1 次。全面实行垃圾袋装化，城区居民垃圾袋装率超过 95%，垃圾无害化处理率 90.9%。

2008 年，主城区日清扫面积 42.5 万平方米，日清运垃圾 90 吨。是年，开始每天按时冲洗城区道路。

2009 年 3 月 4 日，万盛区引进机械清漂船清理孝子河城区段水域。是年，主城区日清扫面积 47.8 万平方米，城区机扫率主干道 100%、次干道超过 60%，日清运垃圾 150 吨。加强孝子河城区段水域环境卫生管理，与沿河 23 个单位签订水域环境卫生责任书，建立背街小巷环境卫生网格化管理机制，将城区背街小巷划分为30个片区、134个网格，由117个部门、单位分别负责各网格区域的环境卫生管理。

2010年，主城区日清扫面积60万平方米。

2011年，主城区有环卫工人228人，负责城区主次干道环境卫生，日清扫面积81万平方米，日清运垃圾150吨。城区主要道路18小时保洁，一、二级市政道路16小时保洁，三、四级市政道路14小时保洁。

第三节　创建卫生城区

2009年年初，中共万盛区委、万盛区府决定创建市级“卫生、园林、文明”城区。是年2月27日，在文化广场举行创建市级“卫生、园林、文明”城区启动仪式。在“创卫”活动中，区内建成重庆市卫生镇1个，区级卫生镇4个，重庆市生态卫生村5个，重庆市卫生单位12个，区级卫生单位58个。

2010年9月3日，重庆市爱国卫生委员会办公室授予万盛区重庆市卫生城市称号。是年，城区建成区绿地率32.8%、绿化覆盖率38%，人均公园绿地面积10.5平方米，城区道路绿化普及率100%、达标率81%，创建市级最佳绿化市街1条、市级园林式单位3个，区级园林式小区22个、园林式单位34个，新建子如广场绿色游园14500平方米，新建居住小区绿化率34%，旧居住小区绿化率26%，居住小区人均公共绿地2.1平方米。城区空气质量优良天数超过280天，城区生活污水集中处理率88%，集中式饮用水源地水质综合合格率100%，用水普及率超过98%。区内8个镇垃圾站建设工程竣工。城区山、水、林、城和谐统一的格局初步形成。

第六章　镇村建设

第一节　城镇建设

一、集镇建设

1994年以前，乡镇政府驻地通称集镇。

1986年3—10月，组织测量万盛乡、南桐乡、关坝乡、金桥乡、南天乡、丛林乡和青年镇等7个乡镇的集镇地形，绘制1：500比例的地形图。

1987年10月，关坝乡兴隆农贸市场工程开工建设，市场面积3400平方米，铺设混凝土地面，设置摊位240个。11月，金桥农贸市场工程开工建设，1988年2月竣工，市场面积2000平方米，设置摊位140个。年末，万盛乡、南桐乡、关坝乡、金桥乡、南天乡、丛林乡、青山乡和青年镇等8个乡镇的集镇规划编制完成。

1988 年南桐矿区乡镇集镇市场情况表

表 4–10

单位：平方米

乡镇名称	市场面积	市场性质	场期	备注
青年镇	3200	晴雨市场	逢 1、3、5 赶场	
关坝乡	3400	晴雨市场	逢 2、5、8 赶场	
金桥乡	2000	露天市场	逢 1、3、5 赶场	
南天乡	–	依道为市	逢 5、10 赶场	
青山乡	–	依道为市	–	
丛林乡	–	厂区为市	白日场	晋林厂依道为市
南桐乡	–	沿街为市	白日场	桃子荡老街

1988 年 5 月，青年镇自来水厂建成投入使用。工程总投资 45 万元，日供水能力 800 立方米，管线长度 4500 米，供水区域 1 平方千米，当年供水人口约 4000 人。是年 6 月，南天乡拓宽集镇街道，金桥乡拓宽并硬化集镇街道。

1989 年 4 月，关坝乡改造兴隆场老街，硬化路面并拓宽街面，整治路面 1600 平方米，拆除临街建筑 500 平方米，拓宽街道 280 平方米，新修乡邮电所—火烧桥道路 130 米。是年 7 月，青年镇、关坝乡、金桥乡、南天乡、丛林乡和南桐乡等 6 个乡镇修改集镇规划。至 1990 年 10 月，6 个乡镇全部编制成集镇现状图、规划图、建设规划图、道路交通图、管网图和说明书。

1989 年 10 月，青年镇、关坝乡利用区交通局改造青关公路机会，拓宽过境道路集镇区段，并加修加固边沟和堡坎等道路附属设施。是年 11 月，关坝乡个体户犹方池出资，修建关坝自来水厂。水厂日供水能力 500 立方米，供水管线长 2000 米，供水区域 0.8 平方千米。

1990 年 5 月，丛林乡利用区交通局改造万盛到界牌公路机会，拓宽过境道路集镇区段，并减缓道路坡度，加设边沟等道路附属设施。

1992 年 3 月，青年镇工贸市场（露天市场）工程开工建设，11 月竣工，占地面积 0.47 公顷。

1992 年年末至 1993 年年末，丛林乡、关坝乡、金桥乡、南天乡和青年镇共修建公厕 8 座。

1994 年 1 月，南桐支路鸿丰市场工程竣工，占地面积 7460 平方米。是年 5 月，万东镇开始实施小城镇建设。此后，万盛区大部分乡镇陆续被确定为市级或者区级小城镇建设试点镇。集镇建设被归入小城镇建设。

1994 年万盛区乡镇集镇情况表

表 4–11

乡镇名称	建成区面积（平方千米）	建筑面积（万平方米）	商业房面积（万平方米）	市场面积（平方米）
青年镇	0.42	3.9	0.50	6500
关坝镇	0.35	3.2	0.42	3200
金桥镇	0.20	1.4	0.15	2000
南天乡	0.12	0.6	0.04	–
丛林镇	0.15	0.8	0.11	–

续表

乡镇名称	建成区面积（平方千米）	建筑面积（万平方米）	商业房面积（万平方米）	市场面积（平方米）
南桐镇	0.85	6.5	0.85	4000

二、小城镇建设

1994年5月18日，万盛区政府批转万东镇政府《万东镇小城镇建设实施方案》，万盛区小城镇建设的序幕自此拉开。是日，万盛区政府批转万盛区小城镇建设领导小组办公室《关于收取城镇建设增容费的请示》，同意从1994年5月1日起实行。是年6月，万东镇被确定为重庆市第一批小城镇建设试点镇。

2002年10月26日，万盛区向重庆市城镇化工作领导小组申报将青年镇、关坝镇作为万盛区中心镇。至是年7月，万盛区有小城镇6个，镇域面积407.14平方千米，镇域人口14.79万人，镇区人口4.84万人，城镇化率29.5%，建成区面积3.48平方千米，地区生产总值量8.39亿元。7月，制订区内小城镇建设近期、中期和远期目标：至2005年小城镇城镇化率达到34.65%，镇区人口达到5.78万人左右，建成区面积达到4.7平方千米，地区生产总值量达到9.23亿元；至2010年城镇化率达到41.94%，镇区人口达到7.15万人左右，建成区面积达到6.7平方千米，地区生产总值达到16.64亿元。

2001—2005年，相继完成《南桐镇镇区控制性详细规划》和《石林镇风貌设计方案》，相继启动《青年镇镇区控制性详细规划》《关坝镇镇区控制性详细规划》和《金桥镇镇区控制性详细规划》编制工作。此次规划进一步明确各小城镇发展的空间布局、等级结构、功能定位，产业方向等形成小城镇发展的体系框架。

2006年7月，万盛区政府印发《关于进一步加强小城镇消防规划编制工作的紧急通知》，要求青年镇、关坝镇、南桐镇编制“十一五”（2006—2010年）期间小城镇消防规划。

2008年7月16日，万盛区编制委员会印发《关于强化镇建管职能完善监管机构的通知》，将万东、南桐和关坝3个镇的城镇建设管理办公室更名建设管理办公室，在青年、丛林、黑山、石林和金桥5个镇新设建设管理办公室。

万东镇　1994年5月18日，万盛区政府批转万东镇政府《万东镇小城镇建设实施方案》。6月，万东镇被确定为重庆市第一批小城镇建设试点镇。7月22日，万盛区政府批复同意万东镇政府上报的《关于扶持万东镇小城镇建设有关政策问题的请示》，给予万东镇小城镇建设减免征地占用税、交通建设附加费等10项优惠政策。8月，万东镇政府编成《万东镇小城镇住宅小区详细规划》。是月，万东镇政府组建万东镇房地产开发公司，作为承担住宅小区建设房地产开发的主体。是年，征用莲池村朱家社土地0.21公顷，启动第一期小城镇住宅小区开发工作。1995年8月，简朗桥住宅小区项目竣工。是年底，万东镇采用集资方式在万东镇政府办公楼北侧建成职工住宅楼1幢。是年12月，因万东镇与万盛主城区距离太近，重庆市小城镇建设领导小组撤销万东镇重庆市小城镇建设试点镇资格，同时将万东镇小城镇纳入万盛主城区城市建设总体规划。

南桐镇　1994年10月，万盛区政府将南桐镇作为万盛区小城镇建试点镇，并批准南桐镇政府上报的《南桐镇小城镇建设实施方案》。方案规划南桐小城镇建设以南桐支路为中心向两侧拓展，从桃子立交桥向青年镇方向延伸。1995年，引进桃子粮油综合楼建设项目。1996年，桃子粮油综合楼建设工程竣工。1996年，采取集资方式新建南桐镇机关职工住宅楼和教师住宅楼，1997年工程竣工。是年，安装万盛至南桐支路汤家沟水库引水管道5050米，修建容积1000立方米的蓄水池1个。是年，南桐

镇被确定为重庆市小城镇建设试点镇。1998 年，改造南桐综合商店、桃子邮电支局、区糖酒蔬菜公司南桐支路门市及部分居民住宅，安装支路至麒麟坝引水管道 2000 米。1999 年建成南桐支路电信大楼，改造小城镇高压线路 1400 米。2001 年，支路粮油市场和鸿丰市场—酱油厂地段商住楼竣工。2002 年，实施南桐支路旧城改造工程，拆除旧房并启动商业步行街一期工程。2004 年，改造南桐村会计室、镇党校、支路社区保障平台和镇中心校教学楼等房屋，建成綦南供电所供电大楼。在镇区范围内安装路灯 24 盏、装饰灯 8 盏，铺设桃子街人行道板 6000 平方米，建成鸿丰人行桥和方盛电厂支路大桥，安装南桐支路—平山居民小区供水管网 5000 米。2005 年 6 月，万盛区政府把南桐小城镇纳入万盛主城区总体规划，将南桐小城镇规划为南桐中心片区，并委托重庆市规划协会编制《南桐中心片区控制性详细规划》。南桐中心片区以南桐支路为中心，北至大理石厂，东至二郎峡，南至八面山，西至石桥，面积 92.11 公顷。规划目标是把南桐中心片区建成旅游业、矿产业基地和南桐镇的经济文化中心。是年，商业步行街二期工程竣工，启动支路邮电局、区蔬菜公司片区二期改造工程，安装支路—方盛电厂路灯 89 盏。2011 年，南桐中心片区面积扩展至 3.8 平方千米，常住人口约 4 万人。

关坝镇　1996 年，关坝镇被确定为万盛区小城镇建设试点镇。1998 年年初，关坝镇被确定为重庆市小城镇建设试点。是年，关坝镇政府制订《关坝镇“九五”规划和 2010 年远景规划》。规划小城镇建成区面积 0.8 平方千米 ~ 1 平方千米，人口达到 1 万人。目标是至 2010 年把关坝镇建成设施完善，功能齐全、环境优美、集旅游、娱乐、购物和工业园区特色为一体的商贸集散中心。2000 年，关坝工贸市场竣工。是年，建成新城区 25000 平方米、街道 450 米，改造旧城面积 5000 平方米。至年末，建城区面积增至 0.43 平方千米，城区道路总长 4 千米。2001 年建成 3.5 万千伏变电站和供电营业所综合楼。2002 年 7 月，中共关坝镇党委、关坝镇政府修订《关坝小城镇建设规划》。将关坝小城镇定位为万盛区南大门，旅游服务、物资集散型边贸重点镇，规划至 2010 年小城镇建成区面积达 2 平方千米，人口达 2 万人。10 月，区建设委员会将关坝镇定位为重点培育和发展边贸旅游的区域中心镇。是年，小城镇建设一期工程竣工，建成兴隆大道 500 米，硬化关坝—长塘口公路城区段 400 米，小城镇城区面积增至 0.45 平方千米，入住居民增至 321 户、1250 人。2005 年，小城镇有 6 条主街巷。2011 年，小城镇建成区面积增至 0.5 平方千米，入住居民增至 6540 人。

青年镇　1996 年，青年镇被确定为重庆市小城镇建设试点镇。1998 年 7 月，重庆市政府批准《青年镇小城镇建设总体规划》。规划将青年小城镇功能定位为商业和居住，规划建成区 1.5 平方千米，人口 1.2 万人，依托旧城，因地制宜，把小城镇建设成经济发达、生活富裕、文化繁荣、环境优美，富有浓郁地区特色的现代化小城镇。1999—2002 年，根据调整后的小城镇建设规划，按照统一风格装饰改造田坝街—兽医站旧城区建筑风貌，在吴家坝征地 1.27 公顷作为小城镇拓展新区，新增建成区约 5 万平方米，硬化道路 1.5 千米，安装下水道管网 3000 余米。2003 年，青年镇被重庆市小城镇建设领导小组确定为区域中心镇。是年，修编新《青年小城镇建设总体规划》。规划建成区规模扩大至 2 平方千米，人口增至 3 万人。规划目标是至 2010 年把青年镇建成集文化、商贸、休闲、住宅、娱乐为一体的区域中心镇。2005 年，在小城镇 5 条主要街道安装排水管网 2 万米，建成镇政府办公楼前广场，按江南民居风貌改造镇文化中心片区建筑，将桐梓街—至田坝街和半边街打造成商业步行街。年末，小城镇建成区面积 0.8 平方千米、人口 0.8 万。2006—2011 年，建成小城镇新区一期工程，占地面积 3 万平方米，新扩展广场 1000 平方米，完成新建区供排水管网安装工程，铺设青 1 号、2 号、3 号和 6 号市政道路 2255 米，启动农产品交易市场、新世纪超市和青羊广场等综合配套工程建设。按照“一街四村”的建设思路，改造旧城 2.3 万平方米，改造旧城排水管网 3000 米，拆除原兽医站楼房，在原址建成 300 平方米的街心花园。实施镇区道路“白改黑”（从混凝土路面改为沥青路面）工程，改造镇区道路 1.5 千米，启动青年—石角公路（毛里村经场镇—堡堂双星段）5.5 千米道路硬化工程，在桐梓街、半边街铺设仿石板路面，建成后河坝巴渝风貌一条街、桐梓街新城、朝房夜景、铜匠山庄和青羊石新区等一批特色工程，形成具有古镇文化特色的风貌。

丛林镇　1990年，丛林镇政府制订《丛林小城镇建设规划》。规划小城镇以镇政府驻地为中心、沿雷石路成射线状发展。1997年，施行在规划区内投资办厂、经商、建住宅建筑税全免的优惠政策。是年12月，丛林镇被确定为万盛区小城镇建设试点镇，享有与市级小城镇建设试点镇相同的优惠政策。是年，拆迁不符规划的建筑物750平方米，新建房屋11000平方米，形成小城镇大道。1998年4月，小城镇迁址新风井方案专题会召开。因房屋土地补偿等问题多次协商无果，决定不迁址。是年，新增餐饮、娱乐、商业等店铺14家，并改造和新建路灯、水、电等设施。2000年，丛林镇政府再次修订小城镇建设总体规划，规划在雷石公路新桥至周家两旁建工业、商贸、住宅和农产品集散4个小区。2002年，丛林小城镇新建住房建筑面积7213平方米。2011年，小城镇有街道1条、长1千米，人口1024人。

金桥镇　1997年12月，金桥乡被确定为万盛区小城镇建设试点镇，享有与市级小城镇建设试点镇相同的优惠政策。1999年，金桥乡政府机关办公楼、初中教学楼及教师住宅楼竣工。2000年，群众集资楼竣工。2001年，金桥镇水土保持监督管理站办公楼竣工。2002年，下场口新建住宅楼4栋。2003年，金桥镇中心校办公楼竣工。2005年7月，金桥镇政府修订《金桥镇场镇建设控制性详细规划》。规划至2005年将小城镇建设为功能相对完善、生态良好的镇政治、经济、文化中心，建成区北扩至小魏湾、南扩至四合头、西扩至拱桥、东扩至水池，面积达25.8万平方米，人口达2100人。是年，金桥镇子如中学食堂、学生公寓、金桥镇派出所办公楼和金桥文化站办公楼竣工。2011年，小城镇建成区面积增至0.4平方千米，入住人口3000人，建有初中、小学、卫生院、农贸市场、兽医站、车站等公共设施，有商业门点54个。

第二节　乡村建设

1986年，南桐矿区有农村人口4.75万户、15.4万人，农村房屋总面积490.64万平方米，人均住房面积32.73平方米。农房多为土木结构，少数为砖石混凝土结构。1986—1991年，农房建设以增加农房数量为主要目的，以建设新房为主要方式，6年累计新建农房57.47万平方米。1992—1999年，农房建设以改善结构和完善功能为主要目的，以拆除改建为主要方式，8年累计新建农房60.69万平方米。修建的农房多为1～2层，砖石混凝土结构、存水屋顶。2000—2005年，农房建设以追求外表美观、环境优雅和功能完善为主要目的，6年累计新建农房32.77万平方米。其间修建的大部分农房外墙贴墙砖、屋内安装地板砖，并在房前屋后种植花草树木，美化环境。在推进城市化进程中，万盛区政府按照统一规划、相对集中、有利生产和方便生活的原则，相继建成景星乡江流坝，南桐镇平山，关坝镇万盛电厂，万东镇胡家沟、二郎峡和冉家湾等一批新村。

1986—2005年万盛区新建农房统计表

表4-12　　　　单位：万平方米

时间	万东镇	南桐镇	关坝镇	青年镇	丛林镇	金桥镇	青山乡	石林镇	景星乡	小计
1986	2.47	2.83	0.90	1.36	0.74	0.35	0.42	0.24	0.82	10.13
1987	1.52	1.40	0.86	0.60	0.82	0.38	0.45	0.23	1.38	7.64

续表

时间	万东镇	南桐镇	关坝镇	青年镇	丛林镇	金桥镇	青山乡	石林镇	景星乡	小计
1988	0.68	2.65	1.10	1.68	1.07	0.42	0.50	0.26	0.60	8.96
1989	0.64	2.00	1.02	0.98	0.69	0.32	0.43	0.21	0.51	6.80
1990	0.37	1.09	9.60	0.59	0.87	0.45	0.48	0.24	0.66	14.35
1991	0.31	3.66	1.30	1.22	0.86	0.50	0.61	0.22	0.91	9.59
1992	0.28	2.10	1.10	2.73	0.77	0.43	0.52	0.28	0.84	9.05
1993	0.28	0.83	0.70	1.18	0.98	0.82	–	0.30	0.70	5.79
1994	0.42	1.06	0.60	1.90	1.40	0.73	–	0.50	0.60	7.21
1995	0.43	2.06	1.26	2.85	–	0.85	–	0.64	0.40	8.49
1996	0.17	2.40	1.18	1.29	1.03	0.33	–	0.70	1.05	8.15
1997	0.11	1.95	1.40	0.83	0.35	0.18	–	–	0.80	5.62
1998	0.11	3.49	0.81	1.08	1.15	0.20	–	–	2.20	9.04
1999	–	1.81	0.78	1.44	0.51	0.18	–	0.66	1.96	7.34
2000	0.19	2.81	0.50	0.50	0.32	0.21	–	0.68	1.50	6.71
2001	0.14	1.60	0.60	0.70	0.17	0.30	–	0.74	1.40	5.65
2002	0.15	0.80	0.55	0.63	0.14	0.40	–	0.76	1.20	4.63
2003	0.30	1.10	0.46	0.53	0.21	0.35	–	0.36	1.10	4.41
2004	0.31	0.93	0.50	0.79	0.23	0.36	–	0.40	1.00	4.52
2005	0.41	3.16	0.60	0.71	0.09	0.40	–	0.78	0.70	6.85
合计	9.29	39.73	25.82	23.59	12.40	8.16	3.41	8.20	20.33	–

2006 年，乡村建设开始统称为社会主义新农村建设。新农村建设的主要内容包括建设农民新村、巴渝新居，改造高速路沿线和风景区环线两侧农房外立面装饰，改造农村危旧房屋，铺筑乡村人行步道 4 个方面。

2006 年 4 月 10 日，万盛区确定新农村建设示范村 2 个（万东镇五里村、青年镇堡堂村）、新农村建设推进村 20 个。11 月 10 日，万东镇五里村、青年镇堡堂村入选重庆市新农村建设示范村，金桥镇新木村入选重庆市新农村建设推进村，上述 3 村同时入选重庆市康居示范村。是年，启动康居村建设项目 3 个，编成农民新村规划 22 个，建成康居示范农户 81 户。

2007 年，启动康居村建设项目 4 个，编成农民新村规划 2 个，建成康居示范户 50 户。

2008 年，青年镇全镇被纳入示范村、推进村建设。是年，全区启动康居村建设项目 8 个（万东镇榜上村、新田村，石林镇白花村、茶园村，关坝镇双坝村，青年镇更鼓村、湛家村，南桐镇营寨村），编成康居村建设规划 8 个。

2009年万盛区巴渝新居建设和危旧房改造补助资金及任务分解一览表

表4–13

乡镇名称	巴渝新居建设		农村危旧房改造	
	建设数量（户）	补助金额（万元）	改造数量（户）	补助金额（万元）
万东镇	15	4.5	25	7.5
南桐镇	20	6	20	6
关坝镇	50	15	30	9
青年镇	45	13.5	38	11.4
丛林镇	15	4.5	10	3
金桥镇	35	10.5	25	7.5
石林镇	50	15	40	12
黑山镇	20	6	37	11.1
合计	250	75	225	67.5

2010年11月2日，万东镇箐溪村、新田村，南桐镇麒麟村、石桥村，黑山镇南门村，青年镇堡堂曹房社、桐梓街、后河坝社，关坝镇双坝村，石林镇石鼓村、白花村，丛林镇绿水村等13个村（社）入选2010年重庆市农民新村名单。是年，开工建设巴渝新居1203户、竣工917户，改造农村危旧房屋1518户、竣工1477户，启动农民新村建设项目13个、竣工12个，打造市级农民新村示范村1个，建成巴渝新居示范点2个。

2010年万盛区第二批巴渝新居建设和农村危旧房改造补助资金情况表

表4–14　　单位：万元

乡镇名称	巴渝新居建设补助金额	农村危旧房改造补助金额	备注
万东镇	16	10	
南桐镇	20	50	
关坝镇	40	0	
青年镇	60	75	75万元中含市级中心镇补助
丛林镇	12	0	
石林镇	80	0	
合计	228	135	

2010年万盛区农村危旧房改造专项补助资金情况表

表4–15

乡镇名称	改造数量（户）	改补助金额（万元）	新农村风貌整治补助金额（万元）
万东镇	83	50	40
南桐镇	250	153	50
关坝镇	50	30	50

续表

乡镇名称	改造数量（户）	改补助金额（万元）	新农村风貌整治补助金额（万元）
青年镇	167	100	100
丛林镇	50	30	50
金桥镇	50	52	30
石林镇	83	50	30
黑山镇	67	45	40
合计	780	510	390

2011 年，新开工建设农民新村项目 5 个，竣工 5 个，建成巴渝新居 906 户，改造农村危旧房 2230 户（其中农村危旧房 D 级 521 户），整治农村院坝 708 户、约 3 万平方米，建农村人行步道 64 千米。

第七章　建筑业

第一节　建筑企业

1986 年，南桐矿区有建筑企业、事业单位 70 家，职工 7892 人（工程技术人员 227 人）。建筑企业中城镇建筑企业、事业单位 16 家，其中全民所有制 1 家、集体所有制 9 家、个体 6 家，有职工 1785 人（工程技术人员 68 人），机械设备 456 台，固定资产净值 131 万元；农村建筑企业、事业单位 41 家，其中乡镇 8 家、村 16 家、合作社 4 家、联办 9 家、个体 4 家，职工 3898 人（工程技术人员 109 人），机械设备 410 台（件）；南桐矿务局系统建筑企业 13 家，其中全民所有制企业 1 家、集体所有制企业 12 家，职工 2109 人（工程技术人员 50 人），机械设备 217 台，固定资产净值 297.32 万元。

1986 年南桐矿区城镇建筑单位情况表

表 4–16

企业名称	性质	成立年份	等级	职工（人）	工程技术人员（人）	机械设备（台、件）	固定资产净值（万元）
南桐矿区建筑公司	集体	1962	三级	587	22	175	63.00
万盛建筑工程队	集体	1975	四级	123	2	51	15.00
东林建筑工程队	集体	1974	四级	125	1	92	14.60
南桐矿区房管局工程队	全民	1980	四级	55	5	15	5.50
南桐矿区房管局建筑工程队	集体	1979	五级	86	17	14	2.00

续表

企业名称	性质	成立年份	等级	职工（人）	工程技术人员（人）	机械设备（台、件）	固定资产净值（万元）
南桐矿区市政工程队	集体	1979	五级	87	2	4	6.00
南桐矿区防水专业队	集体	1983	五级	30	1	5	1.00
南桐矿区装饰公司	集体	1984	五级	30	3	34	0.80
南桐矿区粮食公司修缮队	集体	1985	五级	30	0	3	1.50
桃子建工队	集体	1963	四级	270	15	33	21.40
个体企业（6家）	个体	1985	五级	362	0	30	3.00
合计				1785	68	456	131.00

1986年南桐矿区农村建筑单位情况表

表4-17

企业名称	主管单位	等级	职工（人）	工程技术人员（人）	机械设备（台、件）
万盛建筑工程公司	万盛乡政府	三级	703	9	85
南桐乡建筑工程队	南桐乡政府	四级	450	18	44
关坝乡建筑工程队	关坝乡政府	四级	240	9	21
青年镇建筑工程队	青年镇政府	四级	87	6	11
丛林乡修建队	丛林乡政府	五级	200	5	19
青山乡修建队	青山乡政府	五级	98	3	8
南天乡修缮队	南天乡政府	修缮	30	1	2
景星乡修缮队	景星乡政府	修缮	30	1	3
万盛乡工程一队	团结村村民委员会	四级	85	4	15
万盛乡工程二队	六井村村民委员会	四级	107	3	34
南桐乡建筑工程二队	南桐村村民委员会	四级	415	14	24
南桐乡建筑工程三队	石桥村村民委员会	五级	123	4	13
万盛乡莲池修建队	莲池村村民委员会	五级	169	3	14
万盛乡新华修建队	新华村村民委员会	五级	45	2	3
万盛乡五里修建队	五里村村民委员会	五级	65	1	10
万盛乡团结修建队	团结村村民委员会	五级	60	2	9
万盛乡六井修建队	六井村村民委员会	五级	60	3	12
南桐乡麒麟修建队	麒麟村村民委员会	五级	54	2	6
关坝乡兴隆村修建队	兴隆村村民委员会	五级	100	8	13
万盛乡新田修建队	新田村村民委员会	五级	126	4	9

续表

企业名称	主管单位	等级	职工（人）	工程技术人员（人）	机械设备（台、件）
万盛乡榜上修建队	榜上村村民委员会	修缮	70	2	11
南桐乡峡口修缮队	峡口村村民委员会	–	100	2	2
南桐乡石桥修缮队	石桥村村民委员会	–	65	2	8
万盛乡鹤林修缮队	鹤林村村民委员会	–	51	1	1
联户办企业（9家）	联办	–	145	0	19
组办企业（4家）	组办	–	163	0	10
户办企业（4家）	户办	–	57	0	4
合 计			3898	109	410

1986 年南桐务矿局建筑企业情况表

表 4–18

企业名称	成立年份	等级	职工（人）	工程技术人员（人）	机械设备（台、件）	固定资产净值（万元）
南桐矿务局工程处	1965	二级	467	13	70	215.70
南桐矿务局建筑队	1978	三级	248	6	34	14.92
南桐煤矿建筑工程队	1979	四级	301	10	27	21.60
南桐煤矿建筑二队	1973	四级	167	4	15	5.50
砚石台煤矿建筑队	1979	四级	108	2	14	2.40
东林煤矿建筑队	1979	四级	150	2	12	8.60
南桐煤矿修建队	1981	五级	173	2	10	4.80
南桐电厂修建队	1979	五级	128	2	8	9.00
红岩煤矿修建队	1978	五级	127	2	3	4.50
鱼田堡煤矿修建队	1980	五级	101	3	8	2.10
南桐矿务局机关修建队	1980	修缮	30	1	4	2.80
南桐矿务局中心医院修建队	1984	修缮	46	2	4	4.20
南桐矿务局修缮队	1980	修缮	63	1	8	1.20
合 计			2109	50	217	297.32

1986年后，随着市场经济的快速发展，区内建筑企业有的转制、重组，有的被兼并或破产。2009年，乡镇建筑企业主管机构区乡镇企业管理局被撤销，各乡镇建筑企业称谓亦随之消失。2003年10月，南桐矿务局整体改制为重庆市南桐矿业有限责任公司，南桐矿务局系统的建筑企业随着国企改革，也逐渐消亡。2005年，区工商行政管理分局登记注册的建筑企业有15家。

2005 年万盛区建筑企业一览表

表 4–19

建筑企业名称	级别	建筑企业名称	级别
四通建筑公司	三级	万盛建筑公司	二级
渝盛建筑公司	三级	盛发建筑公司	三级
鸿丰建筑公司	三级	荣华建筑公司	三级
景盛建筑公司	三级	顺兴建筑公司	三级
昌洲建筑公司	三级	恒厦建筑公司	三级
华兴建筑公司	三级	渝南建筑公司	三级
万盛建筑工程队	三级	郑铭建筑公司	二级
南桐建筑安装公司	三级	–	–

2006 年，区内有建筑企业 35 家，按主项资质分，房屋建筑工程总承包企业 16 家（二级 3 家、三级 13 家），公路工程总承包企业 1 家（二级），建筑装饰装修企业 5 家（三级），机电设备安装维修企业 1 家（三级），市政公用事业工程总承包企业 1 家（三级），环保工程专业承包企业 1 家（三级），混凝土预制构件企业 5 家（三级），消防设施专业企业 1 家（三级），劳务分包企业 4 家。

2007 年，区内有建筑企业 26 家（国有企业 2 家），其中二级企业 4 家。

2010 年，区内有建筑企业 28 家，其中二级企业 6 家、三级企业 9 家。

2011 年，区内有建筑企业 28 家，其中二级企业 5 家、三级企业 9 家。

第二节 建筑设计

万盛区建筑设计室是区内主要建筑设计机构，三级设计资质，可设计 7 层以下建筑。1986—2005 年，区建筑设计室承担设计项目 496 项，建筑面积 97.39 万平方米，工程总造价 3.71 亿元。2005 年后，随着设计市场的开放，重庆市内、外的建筑设计院、所开始进入万盛区建筑设计市场。2006—2011 年，区外设计部门设计项目 200 余项，建筑面积约 200 万平方米，工程总造价超过 5 亿元。

1986—2005 年万盛区建筑设计室设计项目情况表

表 4–20

年份	设计项目（个）	建筑面积（平方米）	工程总造价（万元）
1986	25	26710	400.70
1987	25	40240	603.60
1988	17	26180	392.70
1989	24	32880	493.20
1990	32	33380	500.70
1991	23	11869	178.04

续表

年份	设计项目（个）	建筑面积（平方米）	工程总造价（万元）
1992	20	27300	546.00
1993	14	17300	346.00
1994	16	19200	394.00
1995	17	32300	807.50
1996	18	29600	740.00
1997	30	63200	2528.00
1998	26	66950	2678.00
1999	24	60167	3406.68
2000	26	53348	2133.92
2001	23	80030	2407.68
2002	34	126700	3601.35
2003	24	126200	6335.00
2004	24	46800	6310.00
2005	27	53504	2340.00
合计	469	973858	37143.07

第三节　建筑行业管理

一、建筑市场管理

1989 年 10 月，组建南桐矿区整顿建筑市场领导小组，清理整顿建筑市场。

1990 年，整顿区内建筑市场，复查建筑企业资质。是年，复查审定三级建筑企业 3 家，四级建筑企业 11 家，非等级建筑企业 6 家，装饰企业 1 家。

1991 年 5 月，检查全区 1991 年开工建设工程。

1996 年 1 月 13 日至 4 月 5 日，开展工程建设综合大检查。区城乡建设管理委员会组建工程质量用户投诉站。投诉站设在区建设工程质量监测站，负责接待和处理群众的投诉。6 月 27 日，区城乡建设管理委员会与区公安分局、劳动局、财贸办公室、旅游局、安全生办公室联合专项整治石油化工企业、油库、宾馆、商场、影剧院和通信枢纽等重要建筑。

1999 年 3 月，区城乡建设管理委员会印发《万盛区建设施工招投标补充规定》《万盛区家庭居室装饰装修管理办法》和《万盛区整顿和规范建设市场实施意见》。

2000 年，重新核定 1999 年度建筑施工企业资质和混凝土预制构件生产企业资质，吊销 20 家企业资质证书，吊销 9 家混凝土预制构件生产企业资质证书。核定后全区有建筑施工企业 34 家，其中二级资质 4 家，三级资质 13 家，四级资质 17 家；有混凝土预制构件生产企业 23 家，其中二级资质 2 家，三级资质 18 家，四级资质 3 家。

2004 年，检查区内 34 家建筑企业建筑资质，其中 1 家企业资质条件未达到基本要求，否决 5 家拖欠农民工工资企业的工程招投标资格。完善工程交易大厅功能，充实评标专家库，增设经济标评标专家5人。是年，进一步明确和完善房地产开发企业的职能职责，在设计审查、竣工验收中，明确提出房地产开发项目的供水、供电、供气、通信和闭路等配套设施应与主体工程同时设计、同时施工、同时验收，并将部分配套设施建设明确为开发企业的义务。是年，新开工工程40个、报建率100%，招标工程27个、招标率100%，审查施工图纸工程30个、审查备案率100%，监理工程31个、监理率100%，竣工工程24个，质量验收一次性合格率100%。

2006年，复核区内建筑企业资质和建筑业从业管理人员资质，专项整治混凝土预制构件企业违法转包、分包和挂靠行为，建立建筑企业信用手册制度，完善市场准入和清出机制。

2007年，要求所有房屋建筑和市政基础工程的施工合同和监理合同必须在签订7日内，到区建设委员会备案。未办理合同备案手续的工程，不予发放施工许可证。

2009—2011年，万盛区建筑工程应招标工程招标率、应公开招投标率、应监理工程受监率和工程质量合格率均100%。

二、建筑施工与建筑质量管理

1987年，检查建筑工程51个，消除事故隐患30处，发出停工整改通知书3份，处理建筑质量事故5件，处罚违章建筑事件3起，监督建筑工程244个。全区竣工建筑工程79个，验收合格74个。

1991年，南桐矿区蔬菜副食水产公司修建商业网点7个，其中1个网点属有证违章建筑，另有4个工程项目是在未报批手续的情况下施工。1992年4月21日，区城乡建设管理委员会通报其违法建设情况，责令其补办手续，并写出书面检查。

1992年4月23日，南桐矿区城乡建设委员会安全委员会成立。委员会办公室作为日常工作机构，设在区城乡建设委员会建管科。9月4日，万盛区政府规定任何拥有房屋产权和使用权的单位、个人，只能按照批准的房屋规划设计建筑功能使用房屋，未经法定管理部门批准，不准擅自装修、改造、改建、扩建、重（新）建房屋，包括屋面加层、搭建、圈占、拆墙挖洞、开门和改窗等。10月20日，区城乡建设委员通报建筑质量领域存在的主要问题是混凝土凭经验配方，施工中轴线控制不严，砖砌体接触质量差，灰缝透亮，严重不饱满等。

1998年3月13日，区城乡建设管理委员会专项治理高处坠落、坍塌、触电和中毒等建筑领域多发性事故。规定造价30万元以上的工程项目在无施工组织设计、安全技术措施的情况下不准开工建设。强化押证施工制度，特种作业人员必须持证上岗。5月8日，区城乡建设管理委员要求通过资质审查和领取建设部统一印制建筑企业资质证书的企业都必须参加年检。二级以上企业经区城乡建设管理委员审查后，报请参加重庆市城乡建设管理委员的年检。区城乡建设管理委员会负责三、四级企业年检工作。

1999年5月21日，区城乡建设管理委员会和区教育委员会要求校舍建设单位必须实行工程竣工验收制度，未经竣工验收或验收不合格的工程不得交付使用。6月2日晚21时15分，万盛区建筑安装工程公司发生基础槽边坡坍塌事故，造成2人死亡。6月21日，区城乡建设管理委员会调查确定事故原因，给予事故负责人警告、记过、罚款等处罚，给予事故责任公司降低一级资质，取消招投标资格半年处理。

2000年起，全区实施建筑施工现场进场材料鉴证取样和跟踪送样制度。7月4日，规定各建设、勘察设计、施工单位遵守先勘察后设计的原则。8月1日起，全区实施建筑工程施工图设计文件审查制度。

2002年3月1日，要求区内各建筑施工企业逐级落实安全生产责任制。4月，在全区范围内开展以“大宣传、树样板、树形象、上台阶”为主题的“建筑安全生产月”活动。

2003年，开展建筑施工现场从业人员持证上岗情况检查。检查建筑面积在1000平方米以上或造价在100万元以上的房屋建筑工程和市政基础设施工程15个，建筑面积7.8万平方米。关键岗位持证率95%，技术工人和普工持证上岗率30%左右。

2004 年 6 月 11 日，编制《重庆市万盛区重特大建筑安全事故应急处置指导预案》。

2005 年，组织安全生产大检查 4 次，专项检查 8 次，发出安全整改通知书 70 余份，检查工地 41 个。是年，建筑工程监督覆盖率 100%，受监理工程竣工验收合格率 100%，工程质量抽查合格率 100%。

2006—2008 年，开展安全生产大检查和各类专项检查 70 余次，发出事故隐患整改通知书 120 余份，停工整改通知书 80 余份。

2009 年，全区有纳入质量、安全监管的建设项目 78 个，监管面积超过 200 万平方米。是年，开展安全检查 4 次、专项整治 14 次。全年巡查施工现场 726 次，出动巡查人员 2178 人次，发出安全限期整改通知书 642 份，查出事故隐患 3575 处，签发行政处罚通知书 39 份，处罚违章企业 14 家，处罚金额 21 万元，约谈 18 家单位负责人。

2010 年，组织安全生产检查和各类专项检查 10 次，发出隐患整改通知书 80 余份、停工整改通知书 15 份，查处隐患 500 余处，罚款 20 余万元。

2011 年，全区组织开展安全生产检查和各类专项检查 15 次，发出隐患整改通知书 50 余份、停工整改通知书 22 份，查处隐患 300 余处，罚款 10 余万元。

第八章　房地产业

第一节　房地产管理

一、公房管理

公房租赁　1986 年，开始有偿向不属区房地产管理分局分配住房的单位和个人分配公房。1989 年，上调非住宅公房租金。在自愿互利的基础上向外发展横向经济合作，与中国建设银行南桐矿区支行联办储蓄所，利用新开辟、调配营业用房等途径，安排多种经营人员 21 人。1992 年，执行重庆市住户改革方案规定的房租新标准，整顿租赁秩序，统一更换区直管公房的住宅租约，清理私自转租约住户。是年 10 月，开始收取住房保证金。至年末，区房地产管理分局直管的 2528 间公房中，调整租金 2382 套、免调 146 套，更换租约 2508 户；百分之九十以上单位自管公房调整租金。直管公房收取住房保证金 51.1 万元，占核定总数 90%。有自管公房的 106 个单位，98 个报审住房保证金收取方案，占应报审数 98.45%。1994 年，改革非住宅公房出租经营管理制度，随行就市出租经营部分非住宅公房。2003 年，区房地产管理局将东风商城整体出租，并收回东风商城附近“红顶屋”经营权，面向社会公开招租，并利用社会资金改善其周边环境。2005 年，万盛区直管公房面积 24201 平方米，其中住宅面积 15683.6 平方米，非住宅面 8517.4 平方米，年租金收入 145.74 万元。2006 年，推进公房租金市场化，清查转租转让公房行为。全年清理转租户 18 户。2010—2011 年，继续推进公房租金市场化，进一步清查转租转让。两年累计清理转租户 60 户（2010 年 40 户、2011 年 20 户），更换住宅租约 1050 户（2010 年 250 户、2011 年 800 户）。2011 年，收取浸水垭 150 套廉租房租金 8.66 万元，并追收本欠租金 0.85 万元，追取历欠租金 0.58 万元。

1990—2011 年万盛区房地产管理局直管公房出租情况表

表 4–21

年份	出租面积（平方米）			租金收入（万元）
	住宅	非住宅	合计	
1990	104090	18015	122105	–
1991	109173	15244	124417	58.03
1992	109662	15269	124931	62.55
1993	40460	16087	56547	84.33
1994	40245	11836	52081	73.46
1995	39458	12402	51860	72.07
1996	24549	10965	35514	72.23
1997	21593	10324	31917	78.38
1998	20409	8622	29031	79.45
1999	19664	8720	28384	81.56
2000	19307	8849	28156	88.64
2001	17876	8588	26464	88.47
2002	17023	8379	25402	87.28
2003	15985	8354	24339	98.17
2004	15821	8517	24338	11.59
2005	15311	8517	23828	14.57
2006	15311	8517	23828	16.18
2007	14931	7566	22497	15.95
2008	14065	7592	21657	18.58
2009	6994	4152	11146	18.19
2010	7053	3539	10592	17.12
2011	6411	3184	9595	17.32

公房修缮 1986年，区房管分局的5个维修小组维修公房4634户。1987年，开展直管公房危房普查、鉴定，普查房屋285栋，建筑面积10892平方米，占直管公房面积14%。走访公房住户2056户，占总户数94.2%，维修394户。1988年，清查直管公房，查出危房58栋，建筑面积14000平方米，解除危险点47处。2000年，维修公房1325户次，解危13次。2001年，投资5万元，装饰万盛中药材大楼（亦称弯弯大楼）外墙，改变旧楼面貌。2003年，利用社会资金整体装修改造重庆房地产职工黑山培训中心，使存量资产得到保值、增值。是年，挂牌管理区内78幢危旧公房，指定专人负责、定期检查。1986—2005年，组织各类房屋安全大检查180余次，摸底调查全区危旧房屋，公房日常维修受益户60000户次，解危抢险700余次，累计投入修缮解危资金1000万元。2006—2007年，实行直管公房报修查修制度，修理房屋面积3500平方米，受益户370户，疏通排水沟148米。2008—2011年，修理公房门窗50扇，疏通管道430米，清掏窖井5个，拆换檩木3根（10米），解除危险45处，拆换椽子板1300米，清掏化粪池3个，更换卷帘门7扇（30平方米），防水处理屋面130平方米。

二、产权产籍管理

1985 年，区房地产管理分局开展南桐矿区第一次城镇房屋普查工作。1986 年 1 月普查工作结束。是年，换发房屋管业证 870 件。

1989 年年初，更换房屋所有权证。至 1992 年年末，累计办理房产证 2824 件、面积 1158336 平方米。

1994 年 4 月 21 日，万盛区在重庆市率先组建房地产交易市场和房地产交易所，并制订交易管理办法和交易程序，逐步将房地产买卖、交换抵押、租赁、商品房的预售等房地产市场行为纳入规范性管理。纠正了南桐矿务局自行发放房地产权证，侵犯行政机关权力的行为。1994 年南桐矿务局同意将住房制度改革政策与万盛区政府住房制度改革政策接轨，房地产权证换发为重庆市政府授权重庆市房地产管理局制发的产权证件。

1996 年，清理房屋产权产籍档案 17652 卷。

1997 年 12 月 25 日，重庆市档案局和万盛区档案局联合检查验收，万盛区房管局综合档案达到重庆市二级标准。

1999 年，办理各类登记手续 3620 件，总建筑面积 82 万平方米。为破产、转产及被兼并的企业办理评估和转移登记 280 件。

2001 年，开始建立房地产业务责任追究制，规定房产证的办理必须在 15 个工作日内完成。

2002 年，重庆市万盛区房地产交易市场大厅（含档案库等附属设施）竣工，形成集交易管理，产权登记，信息咨询，市场服务于一体的硬件设施。

1994—2005 年，累计办理交易登记 26310 件，房屋成交面积 320.1 万平方米、106289.23 万元，房产抵押登记 4909 件，房改售房 2846 件，为国家代征税费 401.4 万元，为亏损企业和开发商减免规费 130 万元。

2006 年，办理城镇房地产登记 4000 余件，总建筑面积 71.37 万平方米。

2007 年，开展农村土地房屋“两证合一”试点工作。全年办理各种房屋登记 4377 件、面积 62.72 万平方米，发证率 99% 以上，档案入柜率 100%。

2008 年，开始办理个人与个人，个人与企业间的贷（借）款登记业务，规范房地产他项权登记。规范农村房屋权属登记“两证合一”（农村土地证、房屋登记证）工作。全年办理各种房屋登记 4683 件、面积 52.09 万平方米，登记发证率 99.2%。

2009 年，办理多类房地产交易登记 12735 件，面积 52.09 万平方米，登记发证率 99% 以上。

2010 年，办理登记 12898 件、面积 169.07 万平方米，登记发证率 99%。

2011 年，办理房屋抵押登记 2909 件，其中住宅 2570 件、非住宅 339 件。两证合一二手房买卖，办证时限缩短到 3 个工作日。全年办理二手房交易 1643 件，其中住宅 1938 套、均价 1312 元 / 平方米，非住宅 155 套、均价 2692 元 / 平方米。

三、城镇房地产纠纷仲裁

1986 年 11 月 24 日，南桐矿区城镇房地产纠纷仲裁委员会成立，设在区房地产管理分局。

1987—1993 年，受理纠纷案件 31 件，调解结案 30 件。

1995 年，中华人民共和国成立初期制订的改造房屋管理政策基本上落实完毕，地产纠纷仲裁工作自然终止。

四、房产价格评估

1993 年，区房管分局开始房产价格评估。全年评估业务 37 件，评估房产面积 3949.4 平方米。

1994 年，评估万盛区水泥厂、万盛区百货公司和万盛区糖果公司 3 家企业房产价格。

1996—1997 年，评估业务 139 件。

1998 年，评估业务 215 件，评估房产面积 6.48 万平方米。

1999—2000 年，评估业务 280 件。

1993—2005 年，万盛区房管分局开展优惠出售公房的房屋价格评估。评估公房 3084 户（直管公房 1250 户），房屋面积 151564 平方米（直管公房 71164 平方米），评估总价值 807.03 万元（直管公房 400 万元）。开展房产抵押价格评估，开展评估业务 4909 件，房产面积 92.43 万平方米，评估金额 6.03 亿元。

2006—2011 年，万盛区房管分局与重庆市同城、凯宏和展华等 3 家评估公司开展房地产评估业务合作，并先后入围中国工商银行万盛支行、重庆农村商业银行万盛支行、中国建设银行万盛支行、中国邮政储蓄储蓄银行万盛支行、重庆市公积金管理中心万盛分中心等部门认可的评估单位。其间，累计完成房地产价值、新建商品房价格、房产抵押价值、拆迁房产价格、房屋交易价格等各类评估业务 4500 余件，评估总价值 9.36 亿元。

五、房产测绘

2001—2005 年，先后测绘万盛区滨江路房地产开发片区、万盛大道房地产开发片区以及万盛街、勤俭路、东林地区、清溪桥等地的 68 幢房屋，累计测量房屋 2500 余户、面积约 30 万平方米。2006—2011 年度，先后受客户委托测算聚鑫缘、城市花园、广进骊都、渝南明珠、海棠晓月、清溪水岸、永利豪庭、左岸阳光、黑山十里原麓、水墨林溪和黑山天上人间等房地产开发项目及万盛老街危旧房改造工程、工矿棚户区改造工程项目等各类城市房屋 750 余幢，累计测算竣工房屋面积 438 万平方米。

六、农房管理

2001 年，万东和南桐 2 镇纳入万盛区房产监理所直接管理，其他乡镇则委托当地政府代管。全面清理区内农房，到各乡镇走访、调查、研究，及时解决农房管理工作中出现的具体问题。农房维修基本上是农民自住自修。至 2005 年，累计办理农村房屋产权证 2616 件，管理农房面积 43.76 万平方米。

2006 年，开展“两证合一”试点。2007 年，在全区范围内推行“两证合一”制度。

2008—2011 年，完成黑山镇江流坝、万东镇二郎峡、关坝镇万盛电厂安置房产权证办理。

2002—2011 年万盛区房产交易所农房管理情况表

表 4-22

年份	办理产权证（件）	建筑面积（万平方米）	年份	办理产权证（件）	建筑面积（万平方米）
2002	524	8.03	2008	810	13.72
2003	639	9.34	2009	818	11.91
2004	913	17.15	2010	977	15.95
2005	540	9.24	2011	2861	45.85
2006	713	11.91	合计	9616	156.25
2007	821	13.15			

七、危房鉴定

1987—2011 年，鉴定城市房屋 1412 幢（不含 2006 年、2007 年数据），建筑面积 916924 平方米；鉴定农村危房 9969 户，建筑面积 1563819 平方米。

1987—2011 年万盛区城市危房鉴定情况表

表 4–23

年份	鉴定危房（幢）	建筑面积（平方米）	年份	鉴定危房（幢）	建筑面积（平方米）
1987	59	164670	2003	128	74970
1988	38	13050	2004	114	3399
1989—1991	37	19186	2005	106	44084
1992	47	20001	2006	–	37786
1993—1994	15	12871	2007	–	68000
1995—1997	28	8902	2008	81	68690
1998	20	21906	2009	452	257775
1999	22	9453	2010	46	14762
2000	13	2070	2011	172	56577
2001	22	11128	合计	1421	916924
2002	21	7644			

八、房屋公共维修基金管理

房屋公共维修基金（物业专项大修基金）用于住宅小区、单幢建筑房屋共用部位、共用设施设备大修、更新和改造。基金由业主筹集，专户储存、专款专用。

2001 年，《万盛区房屋公共维修基金管理办法》施行，规定房屋公共维修基金的筹集标准为步梯房按购房款 2%，电梯房按 3%。至 2005 年，全区累计收集房屋公共维修基金 425.66 万元，涉及 50 幢房屋、2268 户居民。

2006 年，收集房屋公共维修基金 478.48 万元。是年，建立房屋公共维修基金使用审批制度。

2007 年，收取房屋公共维修基金 124.5 万元。

2008 年，追收房屋公共维修基金 46 万元，批准使用房屋公共维修基金 6.59 万元，受益居民 1155 户。

2009 年，追收房屋公共维修基金 160 万元。全年收集房屋公共维修基金 500 万元。

2010 年，追收房屋公共维修基金 200 万元。全年收集房屋公共维修基金 900 万元。

2011 年 3 月 1 日，《重庆市物业专项维修资金管理办法》施行。万盛区缴存标准为电梯房每平方米 80 元、步梯房 50 元。是年，物业专项大修基金总额 6817.38 万元。

九、商品房预售许可管理

2002 年 11 月 21 日，万盛区首幢商品房——广进花园综合楼动工建设。自此，万盛区房管局开始办理商品房预售许可证。2003—2005 年，累计办理商品房预售许可证 24 个，预售房屋面积 382361.78 平方米。

2006 年，开展商品房预售行政执法检查 3 次，查出违规行为 20 余起，处罚违规企业 1 家。是年，办理商品房预售许可证 6 个，受理登记发证率 99.6%。

2007 年，《万盛区商品房预收款监督管理暂行办法》施行，规定总建筑面积在 4 万平方米以内（含 4 万平方米）的商品房开发项目，经区房管局审核批准，按商品房购房款总额 20% 收取预收款。

2008 年，审核批准商品房开发项目 5 个，核发商品房预售许可证 21 个，房屋总面积 49.94 万平方米，其中住宅 43.7 万平方米。

2009年，开展商品房预售行政执法检查12次，责令整改违规行为为5起，核发商品房预售许可证17个。

2010年，建立房地产商品房预售方案、公示备案制度。是年，核发商品房预售许可12个，批准商品房发放销售面积32.4万平方米。

第二节 住房制度改革

一、公房租金改革

1992年，执行重庆市住户改革方案规定的房租新标准，整顿租赁秩序，统一更换区直管公房住宅租约，清理私自转租住户。10月，开始收取住房保证金。至年末，区房地产管理分局直管的2528间公房中，调整租金2382套，免调146套，更换租约2508户；百分之九十以上单位调整自管公房租金。1993年年初，在区房管分局直管公房中率先执行重庆市住户改革方案规定的新房租标准。上半年全区各单位自管公房普遍开始执行房租新标准。年末，区房管分局直管公房调整租金住户2382户、占比94.22%，其余146户为免调住户；各单位自管公房调整租金住占比90%。

二、优惠出售公有住房

1993年7月，《万盛区公有住房优惠出售实施暂行办法》施行。8月起，将万盛区2.3万套公有住房优惠出售给住户，逐步实现住房商品化。

1994年，《万盛区公有住房优惠出售实施暂行办法的补充规定》实施，向社会公布公有住房优惠出售基价，调整部分公有住房租金。是年，颁发售出公房房屋所有权证3000余件。

1996年，《万盛区部分产权住房政策衔接办法》实施，完善售出公房产权。

三、集资合作建房

集资合作建房是指在政府或主管部门组织、扶持和单位资助下，采取职工集聚资金、相互协作共同建设住房的一种方式。

1994—2002年，万盛区城镇居民共自筹资金2.34亿元，新建住宅5466套，总建筑面积45.96万平方米。

2004年7月5日，重庆市停止党政机关和事业单位集资合作建房的方式，机关、事业单位职工住房通过住房货币分配和经济适用住房政策解决。

四、住房公积金制度

1992年10月，万盛区开始收取住房保证金。至年末，收取住房保证金177.93万元。1996年1月1日，万盛区开始推行住房公积金制度，住房公积金缴存比例为工资总额5%。2000年，住房公积金缴存比例调整为6%，部分单位调到10%。2003年，住房公积金缴存比例调整为7%。2005年，南桐矿业公司住房公积金改为万盛区政府管理。

第三节 房屋拆迁管理

万盛区城市房屋拆迁依据《重庆市城镇建设拆迁管理办法》（1987年施行）、《重庆市城市房屋拆迁管理条例》（2002年施行）和《重庆市国有土地上房屋征收与补偿办法（暂行）》（2011年5月

5 日施行）等法规。

1987—2011 年万盛区城镇房屋拆迁情况表

表 4–24

<table>
<tr><th>年份</th><th>核发拆迁证
（件）</th><th>拆除建筑面积
（平方米）</th><th>拆迁住户
（户）</th><th>安置拆迁户
（户）</th></tr>
<tr><td>1987</td><td>22</td><td>14276</td><td>–</td><td>–</td></tr>
<tr><td>1988</td><td>75</td><td>48851</td><td>–</td><td>–</td></tr>
<tr><td>1989</td><td>36</td><td>17710</td><td>–</td><td>–</td></tr>
<tr><td>1990</td><td>41</td><td>20254</td><td>–</td><td>–</td></tr>
<tr><td>1991</td><td>42</td><td>25408</td><td>–</td><td>–</td></tr>
<tr><td>1992</td><td>28</td><td>27800</td><td>–</td><td>–</td></tr>
<tr><td>1993</td><td>17</td><td>20627</td><td>–</td><td rowspan="5">617</td></tr>
<tr><td>1994</td><td>14</td><td>38500</td><td>–</td></tr>
<tr><td>1995</td><td>14</td><td>7709</td><td>–</td></tr>
<tr><td>1996</td><td>16</td><td>10495</td><td>–</td></tr>
<tr><td>1997</td><td>–</td><td>–</td><td>–</td></tr>
<tr><td>1998</td><td>4</td><td>21500</td><td>68</td><td>–</td></tr>
<tr><td>1999</td><td>2</td><td>7838</td><td>124</td><td>124</td></tr>
<tr><td>2000</td><td>2</td><td>3083</td><td>28</td><td>28</td></tr>
<tr><td>2001</td><td>6</td><td>12521</td><td>184</td><td>184</td></tr>
<tr><td>2002</td><td>5</td><td>12805</td><td>190</td><td>210</td></tr>
<tr><td>2003</td><td>10</td><td>37358</td><td>487</td><td>500</td></tr>
<tr><td>2004</td><td>7</td><td>16283</td><td>177</td><td>161</td></tr>
<tr><td>2005</td><td>4</td><td>8630</td><td>47</td><td>55</td></tr>
<tr><td>2006</td><td>3</td><td>21673</td><td>280</td><td>280</td></tr>
<tr><td>2007</td><td>3</td><td>18498</td><td>100</td><td>100</td></tr>
<tr><td>2008</td><td>0</td><td>0</td><td>0</td><td>0</td></tr>
<tr><td>2009</td><td>3</td><td>179217</td><td>2043</td><td>1723</td></tr>
<tr><td>2010</td><td>1</td><td>5680</td><td>88</td><td>88</td></tr>
<tr><td>2011</td><td>–</td><td>–</td><td>–</td><td>–</td></tr>
<tr><td>合计</td><td>355</td><td>576715</td><td>3908</td><td>4070</td></tr>
</table>

第四节　房地产开发

一、商品房开发

2002 年 11 月 21 日，广进花园综合楼开工建设，是万盛区第一幢商品房楼盘。

2003 年，万丽城市花园商品综合楼开工建设，是万盛区第一幢电梯商品房楼盘。

2003—2006 年，开发建设商品房楼盘 27 个，总建筑面积 455686.69 平方米。

2007 年前，万盛区商品房开发特点是规模小、分散，均以独幢或几幢组成，未能形成有一定规模的居住小区。

2007 年 9 月 28 日，浦辉·海棠晓月商品房楼盘开工建设，是万盛区第一个成规模的封闭式居住小区。是年，万盛区开发建设商品房楼盘 15 个，总建筑面积 217811.42 平方米。

2008—2009 年，开发建设商品房楼盘 34 个，总建筑面积 887882.61 平方米。

2010 年，区内旅游房地产兴起。是年，开发建设商品房楼盘 9 个，总建筑面积 190302.76 平方米。其中黑山谷旅游地产楼盘 5 个，建筑面积 47723.94 平方米。

2011 年，开发建设商品房楼盘 18 个，总建筑面积 299407.92 平方米。其中旅游地产楼盘 6 个，建筑面积 29398.21 平方米。

二、廉租住房建设

2006 年，万盛区建立廉租住房保障制度。万盛区政府制订《关于解决城市低收入家庭住房困难的实施意见》和《万盛区廉租住房建设实施方案》。

2007 年，调查统计全区符合廉租住房保障标准的城镇低收入家庭 4190 户。

2008 年 2 月，廉租住房一期工程开工建设，住宅 150 套、建筑面积 6000 平方米。2008 年 12 月工程竣工。

2009 年，将全区 3000 余户低收入住房困难家庭全部纳入廉租住房保障范围，接受申请 3684 户（其中最低收入住房困难家庭 2440 户，低收入住房困难家庭 1244 户），率先在重庆市完成低收入住房困难家庭应保尽保任务。9 月 15 日，勤俭路 93 号地块廉租住房工程动工建设。

2010 年，万盛老街片区地块、丛林镇、关坝镇、金桥镇和青年镇廉租住房工程动工建设。

2011 年，万东镇新房子社二期廉租房工程竣工住宅楼 5 幢、408 套，建筑面积 1.9 万平方米，其余 30 幢、2426 套，建筑面积 11.43 万平方米开工建设。四川省汽车运输公司第二十一车队地块廉租住房竣工，住房 302 套、建筑面积 1.5 万平方米。

第五节　物业管理

1996 年，区房管分局组建万盛区群益物业经营服务部，开展以楼宇管理、小区管理为主的物业管理业务。

1998 年，区房管分局组建物业管理科，负责万盛区物业管理行业日常管理工作。

2001 年，《万盛区物业管理实施细则》和《万盛区房屋公共维修基金收取管理办法》实施。3 月 27 日，万盛区群益物业经营服务部改为万盛区盛美物业管理有限责任公司，具备三级物业管理资质。

2003 年，万盛区第一个小区业主委员会——电信小区业主委员会成立。

2005 年，《万盛区物业管理用房建设和使用管理暂行规定》《万盛区物业管理区域划分暂行规定》《万盛区物业管理移交管理办法》和《万盛区物业管理行政处罚程序规定》等法规实施。

2008 年，备案新建小区 6 个，面积 40 万平方米。撤销 2 家企业的物业服务资质。全区有实行物业管理住宅小区（大厦）30 个，社区管理住宅小区 2 个，有业主委员会 20 个，主城区物业管理覆盖率 80%。

2010 年，全区有实行物业管理的住宅小区（大厦）43 个，社区管理住宅小区 4 个，有业主委员会 24 个，主城区物业管理覆盖率 90%。

2011 年，万盛黑山论坛开辟业主、物管、宜居专题栏目。全区有物业管理住宅小区（大厦）47 个，社区管理住宅小区 6 个，有业主委员会 27 个。主城区物业管理面积 125 万平方米，覆盖率 90%。

1999—2011 年万盛区物业管理统计表

表 4-25

年份	物管企业（家）	从业人员（人）	物管面积（万平方米）	物管覆盖率（%）
1999	8	163	20.26	-
2000	8	170	34.00	-
2001	8	195	38.55	-
2002	9	200	41.00	-
2003	9	210	45.00	71
2004	13	290	50.00	71
2005	13	310	63.83	72
2006	6	240	55.00	50
2007	9	360	67.80	60
2008	8	520	100.00	80
2009	11	600	105.00	81
2010	12	600	115.00	85
2011	14	640	125.00	88

第九章　环境保护

第一节　环境保护规划与行政执法

一、环境保护规划

1986年，区环境保护局编定《南桐矿区经济和社会发展第七个五年计划环保指标》。1994年，编定《关于“九五”计划和2010年环境发展规划》。是年9月，编定《关于“九五”计划和2010年环保发展规划补充意见》。2002年，编定《万盛区环境保护“十五”规划》。2006年，编定《万盛区“十一五”环境保护规划》，包括“十五”环保计划完成情况，“十一五”环保形势分析，环境保护指导思想和基本原则、目标，主要任务及环境保护重点区域和重点领域等内容。是年，编定《孝子河水污染综合整治发展规划》和《万盛区南桐镇环境保护规划》等专项环境保护规划。

二、环境保护执法

排污费征收　1988年，开始征收排污费。1991年1月1日，开始征收区内企事业单位燃煤二氧化硫排污费，每吨煤收费5元。7月1日起，按新标准征收区内企事业超标排放污水、超标排放环境噪声的超标排污费。1994年1月1日，区环境保护局开始实行市区级排污费分级征收政策。市级以上企业缴纳的排污费解缴市财政金库，区属企事业缴纳的排污费解缴区财政金库。1995年10月1日，开始征收万盛主城区饮食、娱乐、服务业废气、废水和噪声超标排污费。1996年10月1日，提高征收企事业单位燃煤二氧化硫排污费标准，每排放1千克废气，收费0.2元；不能提供煤质检验证明和煤炭产地的企事业单位，每吨煤收取二氧化硫排污费20元。1999年5月1日，开始实行排污费收缴分离制度。

1986—2011年万盛区排污费征收情况表

表4–26　　单位：万元

年份	征收金额	年份	征收金额
1986	51.987	1999	153.215
1987	63.831	2000	130.015
1988	101.319	2001	115.405
1989	112.470	2002	102.229
1990	100.117	2003	118.183
1991	97.327	2004	107.190
1992	110.078	2005	344.209
1993	118.934	2006	360.790
1994	115.939	2007	362.710

续表

年份	征收金额	年份	征收金额
1995	121.676	2008	362.710
1996	141.173	2009	378.751
1997	151.704	2010	493.818
1998	164.187	2011	1050.861

污染防治设施管理　1986—1989年，区环境保护局定期或不定期检查区内各企事业单位建成的污染防治设施运行情况。1990年，为全区47个单位污染防治设施情况建卡登记。是年，区内有污染防治设施165台（套），年处理废水5939万吨，处理废气185376万立方米，处理废渣13万吨，年降低环境噪声254分贝。1991—2011年，污染防治设施被纳入日常管理，每月检查重点污染防治设施1次，每季度检查一般污染防治设施1次，每年开展年检监测1次。

排污许可证管理　1990年，南桐矿区开始实行水污染物排放许可制度。是年，接受区内17家重点水污染排放单位申报，并为其登记；编制区水污染物排放总量控制削减方案，确立10家重点水污染源名单及控制项目。1992年，经重庆市环保局审核，向区内10家重点中小污染源单位发放水污染物排放许可证或临时许可证，按月监测其污染物排放情况，处罚超标排污企业。2002年，全区企事业单位及第三产业推行排放污染物许可管理制度，区内58家企事业单位获排污许可证或临时许可证。2006年，发放排污许可证或临时排污许可证63个。2009年，发放排污许可证16个、辐射放射许可证13个、夜间施工临时排污许可证322个、临时排污许可证11个。2010年，发放排污许可证13个、夜间施工临时许可证246个。2011年，发放和更换排污许可证39个，审批建筑工程夜间施工排污（临时）许可证119个。

环境保护执法检查　1986年5月，区人民代表大会常务委员会及区环境保护局检查南桐煤矿职工医院、南桐煤矿洗选厂、砚石台煤矿和区水泥厂等重点排污单位排污情况，提出整改意见。1992年10月，检查南桐矿务局总医院和区属乡镇企业等10个单位环保设施运行情况，环保设施正常运行率94.7%，关停环保设施不达标的南天乡石门坎硫铁矿。1993年7月，区环境执法检查组抽查红岩煤矿、万东镇政府和景星乡政府贯彻环保法规情况。1994年6—8月，检查南桐矿务局、区工业局、南桐镇、南天乡等7个部门和企事业单位环保设施运行情况，处罚环保设施运行不正常或擅自撤除、闲置污染物防治设施的单位，提出整改意见。1995年2—5月，检查渝兴齿轮厂、渝万玻璃厂、精美卫生洁具五金件厂环保情况。1996年5—8月，检查南桐镇、万东镇、南天乡、南桐矿务局、区造纸厂、南桐化肥厂、区水泥厂和邱家湾煤矿等机关和企事业单位环保情况。1999年8月，区环保执法检查组检查汤家沟水库饮用水源保护情况，全区25度以上坡耕地退耕还林恢复生态情况，万盛主城区推广清洁燃料情况，红枫A区安居工程、万盛综合市场以及江洲水泥厂执行建设项目环保管理制和贯彻环境保护法律法规等方面情况。汤家沟水库饮用水源保护较好，主城区推广清洁燃料率95%以上，年减少使用燃煤1.44万吨，减少二氧化硫排放量1008万吨。2000—2005年，出动执法检查人员近700人次，重点检查462家企事业单位。2006—2011年，出动执法检查人员7533人次，检查企业3437家次，下发限期整改通知书207份，查处违法行为139起，罚款329万元。

第二节 环境监测

一、监测设备

1984 年，区环境监测站初建时，有业务用房 230 平方米，监测分析仪器 6 台，可开展监测项目 11 个。1991 年，区环境监测站迁入新建的环境监测楼。1995 年，区环境监测站添置原子吸收分光光度计、气相色谱仪和微型计算机等设备。2001—2005 年，添置 1/10000 分析天平、自动烟尘测试仪、PM10（可吸入颗粒物）采样机器、空气连续自动采样器、离子色谱仪、电导率仪、除湿机和恒温干燥箱等设备。全站设备总价值 100 余万元，业务用房 320.8 平方米，办公用房 61.2 平方米，辅助用房 30.6 平方米。2006—2011 年，购置设备 120 余台（件），价值 390 余万元。其中 2007 年购置原子荧光、原子吸收和离子色谱等设备 12 台（件），2008 年购置气相色谱、煤质分析和自动烟尘（气）测试仪等设备 60 台（件），2009 年购置红外测油仪、噪声统计分析仪、紫外分光光度计和自动吹扫捕集及应急分析仪等设备 52 台（件）。

二、例行监测

大气监测　1990—1991 年，区环境监测站设有平山（清水池）、万盛（监测站楼顶）和东林（大坝旅馆楼顶）3 个监测点。1991 年，增设南桐乡大湾特殊监测点，监测南桐电厂排污情况。1995 年以前，全区大气污染总体水平属较重污染，其中以东林和桃子荡地区为甚。1996 年以后，全区大气污染总体水平度为中度污染，环境空气质量变化呈逐步改善趋势。污染源以煤烟为主，二氧化硫、酸雨、降尘污染严重。是年，区环境监测站将监测点改设在万盛、东林和箐溪。2001—2011 年，区境空气质量呈逐步改善趋势，空气质量有明显好转。2011 年，区内保留万盛、东林 2 个监测点。

水质监测　主要监测孝子河、刘家河和清溪河水质。多年水质监测表明，孝子河万盛段断面主要污染物是非离子铵、石油类，高锰酸盐指数超标，污染级别属重污染；刘家河石桥断面主要污染物是非离子氨、石油类，化学需氧量超标，挥发酚在个别水期超标，污染级别属轻污染；清溪河腰子口断面主要污染物是非离子铵、石油类，化学需氧量在个别水期超标，污染级别属轻污染。

1986—2011 年万盛区孝子河温塘断面水质监测情况表

表 4–27　　单位：毫克 / 升

年份	酸碱度（pH）	化学需氧量	五日化学需氧量	高锰酸盐指数	非离子铵	石油类	挥发酚	铅
1986	7.95	38.7	14.3	27.9	0.18	0.15	0.011	0.005
1987	8.01	59.2	18.7	28.3	0.27	0.12	0.020	0.005
1988	7.96	69.9	19.8	30.6	0.32	0.19	0.013	0.005
1989	8.00	72.2	28.8	24.2	0.25	0.23	0.011	0.005
1990	7.92	80.2	29.8	33.6	0.30	0.27	0.020	0.005
1991	7.90	74.8	30.7	43.6	0.24	0.12	0.068	0.005
1992	7.98	91.3	13.9	19.5	0.12	0.38	0.007	0.002
1993	7.80	52.7	7.5	14.0	0.19	0.50	0.019	0.002

续表

年份	酸碱度（pH）	化学需氧量	五日化学需氧量	高锰酸盐指数	非离子铵	石油类	挥发酚	铅
1994	7.78	57.4	5.5	13.0	0.28	0.23	0.028	0.002
1995	7.90	78.2	11.5	21.2	0.21	0.32	0.030	0.002
1996	8.18	144.1	11.0	21.1	0.12	0.28	0.033	0.002
1997	8.21	100.5	5.4	15.9	0.16	0.25	0.008	0.002
1998	8.09	131.5	3.3	8.38	0.23	0.51	0.006	0.002
1999	8.11	100.2	4.8	8.1	0.07	0.10	0.001	0.002
2000	8.08	61.5	4.8	5.8	0.07	0.09	0.006	0.002
2001	8.01	29.4	4.2	4.2	0.04	–	0.121	0.002
2002	7.93	29.0	3.8	5.4	0.69	–	0.001	0.002
2003	8.33	35.1	3.4	5.4	1.00	–	0.003	0.002
2004	7.93	16.4	4.5	5.5	1.10	0.204	0.001	0.002
2005	8.12	19.8	2.7	3.1	1.09	0.190	0.001	0.020
2006	8.26	13.0	3.8	3.7	–	0.045	0.001	0.020
2007	8.15	19.7	3.0	3.4	–	0.023	0.001	0.020
2008	7.92	16.0	3.0	2.6	–	0.034	0.001	0.010
2009	8.06	15.4	3.2	1.7	–	0.050	0.001	0.0009
2010	7.87	17.4	2.6	3.2	–	0.025	0.0007	0.0005
2011	7.41	18.4	2.9	3.4	–	0.025	0.0002	0.0005

说明：1.2010年挥发酚检测方法从《水质挥发酚的测定蒸馏后4–氨基安替比林分光光度法GB/T7490–1987》变更为《水质挥发酚的测定 4–氨基安替比林分光光度法 HJ503 – 2009》。2.2008 年铅的检测方法从原子吸收分光光度法（GB7475–87）变更为石墨铅原子吸收分光光度法（《水和废水监测分析方法》第四版）

功能区噪声监测　1991—1993 年，万盛城区划分为居民文教区，一类混合区，二类混合区，工业集中区和交通干线两侧五类功能区，设监测点 5 个，分别为川煤五处留守处，莲池村邮电宿舍，区中医院正北 50 米处，孝子河区冰糕厂段对面和万东镇政府门口。1995 年，按照国家 CB14623 – 93 标准，城区划分为 II 类（二类）和 IV 类（四类）两类功能区，监测点改为 2 个，分别设在区环保局和区煤气公司。II 类功能区噪声在标准范围内，IV 类功能区夜间噪声超标。2005—2011 年，功能区域噪声等效声级均未超过国家标准。

1986—2011 年万盛区城市功能区噪声监测情况表

表 4–28　　单位：分贝

年份	二类			四类		
	昼间等效连续声压级	夜间等效连续声压级	昼夜等效连续声压级	昼间等效连续声压级	夜间等效连续声压级	昼夜等效连续声压级
1986	51.6	45.9	48.2	68.6	52.0	66.6

续表

年份	二类			四类		
	昼间等效连续声压级	夜间等效连续声压级	昼夜等效连续声压级	昼间等效连续声压级	夜间等效连续声压级	昼夜等效连续声压级
1987	52.2	47.5	51.3	69.1	50.5	67.9
1988	53.1	42.7	48.8	66.5	51.2	65.6
1989	49.7	44.3	45.2	67.8	51.0	65.9
1990	50.2	45.2	46.3	68.5	50.8	67.6
1991	46.9	40.2	46.6	69.3	56.2	68.4
1992	52.0	53.6	59.4	67.2	51.0	65.9
1993	52.0	52.7	56.1	67.6	51.4	67.5
1994	63.0	49.3	62.1	70.6	57.1	69.3
1995	49.2	40.5	49.7	65.9	53.8	64.8
1996	–	–	–	–	–	–
1997	–	–	–	–	–	–
1998	–	–	–	–	–	–
1999	50.6	40.8	50.8	63.8	56.4	64.9
2000	51.2	43.3	52.2	63.2	55.8	64.3
2001	51.9	45.8	53.6	62.6	55.2	63.8
2002	49.6	40.4	49.9	63.5	50.4	62.8
2003	51.6	43.7	52.4	54.5	45.1	54.7
2004	51.5	41.6	51.5	61.6	53.2	62.2
2005	52.4	45.4	53.7	54.7	46.7	55.5
2006	52.6	46.8	54.5	59.5	48.7	59.3
2007	52.1	44.5	53.1	58.3	52.2	62.7
2008	48.9	43.7	51.1	61.6	53.9	62.5
2009	50.7	41.7	51.0	61.6	53.8	62.5
2010	53.5	43.3	53.4	61.4	55.4	63.2
2011	56.8	47.1	56.9	62.0	53.9	62.7

交通噪声监测　1993年前，万盛主城区设有道路交通噪声监测点3个，分别设在万东镇政府、红旗路口、区油脂公司。1993年后，调整监测点位置，改设在矿山北路、勤俭路和万东北路，具体位置为供销贸易中心、区汽修厂和二轻商场。2011年，万盛城区道路交通噪声时有超标现象。

1986—2011 年万盛区城区道路交通噪声监测情况表

表 4–29

年份	路段长度（千米）	路段均宽（米）	车流量（辆/小时）	等效连续声压级（分贝）	年份	路段长度（千米）	路段均宽（米）	车流量（辆/小时）	等效连续声压级（分贝）
1986	2.5	12.6	159	73.4	1999	2.0	12.1	474	69.7
1987	2.5	12.6	177	72.3	2000	2.0	12.1	403	69.4
1988	2.5	12.6	168	75.7	2001	2.0	12.1	590	70.0
1989	2.5	12.6	182	79.7	2002	2.0	12.1	671	69.5
1990	2.5	12.6	174	72.0	2003	2.0	12.1	775	69.2
1991	2.5	12.6	202	75.7	2004	2.0	12.1	778	69.1
1992	2.5	12.6	269	77.2	2005	2.0	12.1	804	68.4
1993	2.0	12.1	204	72.2	2006	4.54	22.4	745	68.8
1994	2.0	12.1	249	71.7	2007	4.54	22.4	826	67.8
1995	2.0	12.1	280	67.5	2008	4.54	22.4	815	67.5
1996	2.0	12.1	316	68.9	2009	4.54	22.4	879	67.7
1997	2.0	12.1	551	66.8	2010	4.54	22.4	877	67.2
1998	2.0	12.1	408	65.9	2011	0.10	18.0	1464	66.6

区域环境噪声监测　1990 年，区环境监测站首次开展区域环境噪声监测。1995 年，开展第二次监测。1996 年起，每年开展监测 1 次。1999 年前，区域环境噪声监测网络为 23 个 (250 米 ×250 米)。1999 年，按技术要求设为 112 个 (100 米 ×100 米)，覆盖城区面积 1.12 平方千米。至 2011 年，万盛区环境区域噪声等效声级均未超过国家标准。

1996—2011 年万盛区区域环境噪声监测情况表

表 4–30　　单位：分贝

年份	等效连续声压级		L10		L50		L90	
	均值	标准差	均值	标准差	均值	标准差	均值	标准差
1996	60.3	6.67	63.0	6.97	56.7	6.37	53.2	6.14
1997	54.3	6.87	55.2	7.03	48.8	6.33	45.1	6.24
1998	49.2	5.76	51.1	5.87	47.0	5.12	44.7	4.70
1999	54.9	6.67	56.7	6.63	51.6	6.71	48.4	6.75
2000	55.7	7.40	56.6	7.40	55.1	7.50	53.5	7.81
2001	54.2	6.08	56.2	6.05	51.3	5.76	48.1	5.63
2002	54.2	6.06	56.3	6.02	51.5	5.74	48.0	5.61
2003	54.5	8.31	57.3	6.32	53.0	6.32	50.1	6.19
2004	54.9	5.95	56.5	5.63	51.3	5.57	48.1	5.49

续表

年份	等效连续声压级		L10		L50		L90	
	均值	标准差	均值	标准差	均值	标准差	均值	标准差
2005	53.9	5.92	56.1	5.81	51.4	5.84	48.7	5.66
2006	55.4	5.25	57.7	5.44	52.7	4.68	49.3	4.14
2007	54.6	3.7	56.6	3.9	52.0	3.6	50.1	10.1
2008	55.0	3.8	57.8	3.9	51.5	3.5	46.6	3.1
2009	55.6	4.4	60.5	18.2	53.4	4.3	50.0	3.6
2010	53.3	4.3	55.9	4.9	49.5	4.6	46.5	4.8
2011	53.2	4.92	55.4	5.06	51.5	4.91	49.1	5.15

说明：表中 L10 表示在整个测量时间内，有 10% 的时间 A 声级超过的值，相当于噪声的平均峰值；L50 表示在整个测量时间内，有 50% 的时间 A 声级超过的值，相当于噪声的平均中值；L90 表示在整个测量时间内，A 声级超过的值，相当于噪声的平均本底值

专题监测　区环境监测站主要开展污染源、排污申报、建设项目验收和环境影响评价等专题监测。1991—2000 年，区环境监测站监测企业 1402 家次，排污口 1803 个，获得监测数据 27686 个。2001—2005 年，监测企业 832 家次，排污口 1263 个，获得有效监测数据 21647 个。2001 年，完成重庆市环保局下达区内重点废气污染源企业 3 家（区水泥厂、麒麟水泥厂、南桐电厂），重点废水污染源企业 6 家（红岩煤矿、南桐煤矿、砚石台煤矿、南桐电厂、晋林机械厂、金桥纸厂）的监测工作，复查重庆市控重点企业 11 家、区属企业 18 家、医院 6 所。2006—2011 年，监测企业 1060 家次，排污口 1609 个，获得监测数据 27558 个。

第三节　环境污染

一、工业“三废”

大气污染物　1995—2011 年，万盛区环境监测站监测废气污染源 14 家。区内主要污染源是辖区内的 5 家水泥厂（后期只有 2 家）和南桐矿业公司电厂，其余是部分企业的锅炉和窑炉。南桐矿业公司电厂是废气排放大户，是全区首要大气污染源，其排放的污染物占全区排放污染物 60% 以上。

1995—2011 年万盛区废气污染物排放及废气处理情况表

表 4–31

年份	工业废气排放总量（亿立方米）	工业废气处理率（%）	工业废气治理设施（套）	工业废气治理设施正常运行率（%）	工业二氧化硫排放总量（万吨）	工业二氧化硫去除量（万吨）	工业烟尘排放量（万吨）	工业烟尘去除量（万吨）	工业粉尘排放量（万吨）	工业粉尘去除量（万吨）
1995	25.96	86.80	61	95.10	1.425	0.207	0.144	2.964	0.140	0.122

续表

年份	工业废气排放总量（亿立方米）	工业废气处理率（%）	工业废气治理设施（套）	工业废气治理设施正常运行率（%）	工业二氧化硫排放总量（万吨）	工业二氧化硫去除量（万吨）	工业烟尘排放量（万吨）	工业烟尘去除量（万吨）	工业粉尘排放量（万吨）	工业粉尘去除量（万吨）
1996	29.97	82.60	46	86.90	1.691	0.246	0.194	2.888	0.124	0.275
1997	28.30	86.10	65	100.00	1.209	0.477	0.710	5.937	0.132	0.660
1998	22.30	76.20	56	100.00	0.728	0.604	0.506	5.526	0.250	0.720
1999	30.30	93.30	58	91.40	0.736	0.740	0.353	4.973	0.247	0.765
2000	29.60	91.60	63	98.40	0.890	0.780	0.310	4.560	0.234	0.699
2001	27.38	–	68	100	0.459	0.965	0.286	2.313	1.072	4.828
2002	33.26	–	48	100	0.487	0.868	0.081	5.062	0.001	0.222
2003	41.43	–	67	100	0.393	0.964	0.204	3.835	0.008	0.079
2004	33.62	–	50	100	0.194	0.879	0.020	4.239	0.002	0.157
2005	54.80	100	41	100	0.390	1.514	0.034	1.695	–	–
2006	46.68	100	50	100	0.550	0.599	0.557	3.447	0.127	0.167
2007	32.43	100	50	100	4.763	4.299	0.600	45.09	0.080	1.044
2008	155.8	100	40	100	3.341	5.662	0.608	39.62	0.021	0.517
2009	216.1	–	45	100	3.279	8.470	0.265	18.12	0.010	0.121
2010	548.3	–	95	100	3.274	12.62	0.343	93.42	–	–
2011	548.6	100	95	100	3.274	12.62	0.343	93.42	–	–

水污染物　1995—2011年，区环境监测站监测废水污染源企业18家。区内主要工业废水排放企业是煤矿，而煤矿矿井废水排放又集中在南桐矿业公司6个煤矿，其排放量之和占全区工业废水排放量85%以上。青年、关坝有10个煤矿排放矿井废水，占全区工业废水排放量5%左右。矿井废水中最主要的污染物是悬浮物和硫化物，化学需氧量、氢离子浓度指数（pH）超标。辖区内有两家涉及电镀的企业，其电镀废水基本能达到排放标准。

1995—2011年万盛区工业废水排放及处理情况表

表4–32

年份	工业废水排放总量（万吨）	工业废水排放达标量（万吨）	工业废水排放达率（%）	工业废水处理率（%）	工业废水治理设施（套）	工业废水治理设施正常运行率（%）	工业废水中化学需氧量排放量（吨）	六价铬排放量（吨）	石油类排放量（吨）
1995	1860.1	1690.2	90.87	90.20	34	97.06	961.0	0.04	0.12
1996	2014.7	1769.5	87.83	91.40	38	94.70	1833.6	0.11	0.16
1997	2003.5	1746.3	87.16	92.10	28	100.00	1488.4	0.07	0.11
1998	1963.6	1774.0	90.34	93.80	33	90.90	968.4	0.06	0.06

续表

年份	工业废水排放总量（万吨）	工业废水排放达标量（万吨）	工业废水排放达率（%）	工业废水处理率（%）	工业废水治理设施（套）	工业废水治理设施正常运行率（%）	工业废水中化学需氧量排放量（吨）	六价铬排放量（吨）	石油类排放量（吨）
1999	1936.3	1755.6	90.67	95.70	30	86.70	1312.5	0.04	0.04
2000	1948.7	1871.1	96.02	96.90	35	88.60	1071.9	0.03	0.14
2001	1921.8	1918.9	99.85	—	30	—	1253.6	0.06	—
2002	2042.6	1578.3	77.27	—	25	—	2587.6	0.02	—
2003	939.2	874.1	93.07	—	34	—	325.0	—	—
2004	847.5	840.73	99.20	—	30	—	193.5	—	—
2005	121.6	840.7	69.10	—	31	100	1390.6	—	—
2006	1260.7	1210.2	96.0	100	33	100	1542.0	—	—
2007	1305.63	1102.5	84.4	100	31	100	1492.0	—	—
2008	1241.6	1396.6	64.80	98.38	15	100	1396.7	—	—
2009	2915.5	634.58	21.77	28.89	19	100	1965.8	0.0001	8.27
2010	2987.19	2944.1	98.56	—	12	100	2230.5	0.00	76.6
2011	3646.52	3521.8	96.58	—	12	100	3019.2	0.00	65.8

固体污染物　区内固体污染物主要是煤矸石。南桐矿业公司、乡镇煤矿、景星白云石矿和各采石场是主要固体污染源。

1995—2011 年万盛区固体污染物排放及处置情况表

表 4–33

年份	工业固体废物产生量（万吨）	工业固体废物综合利用量（万吨）	工业固体废物综合利用率（%）	工业固体废物贮存量（万吨）	工业固体废物处置量（万吨）	工业固体日废物排放量（万吨）
1995	71.62	29.95	41.82	32.17	0.00	9.50
1996	71.70	33.42	46.61	24.86	1.02	12.40
1997	71.51	31.16	43.57	28.65	0.00	11.70
1998	59.72	37.00	61.96	13.52	0.00	9.20
1999	60.33	29.52	48.93	20.61	0.00	10.20
2000	59.84	31.87	53.26	15.87	0.00	12.10
2001	85.03	58.25	68.51	13.77	–	2.05
2002	44.07	26.79	60.79	12.56	–	0.00
2003	26.72	25.93	97.03	0.79	0.75	0.00
2004	35.33	35.20	99.63	0.84	0.07	0.00
2005	35.33	35.20	99.60	0.85	0.06	0.00

续表

年份	工业固体废物产生量（万吨）	工业固体废物综合利用量（万吨）	工业固体废物综合利用率（%）	工业固体废物贮存量（万吨）	工业固体废物处置量（万吨）	工业固体日废物排放量（万吨）
2006	23.27	21.47	92.06	–	0.002	–
2007	51.00	50.4	98.60	–	–	–
2008	100.88	98.74	97.73	–	–	–
2009	139.96	129.56	91.21	11.99	10.5	–
2010	153.41	145.71	97.72	3.39	7.58	–
2011	171.22	169.19	99.33	1.13	0.23	–

二、生活污染物

随着社会发展以及万盛城区人口不断增加，生活中消耗的资源和排放的污染物也随之增加。城市居民燃料结构逐步改变，生活用煤逐渐减少，液化石油气、电、天然气等清洁燃料用量逐年增多，二氧化硫和烟尘排放量逐年降低，城市生活垃圾和污水排放量有所增加。

1995—2010年万盛区生活污染物排放及处理情况表

表4–34　　单位：万吨

年份	生活用煤量	生活污水排放量	生活污水中化学需氧量排放量	生活二氧化硫排放量	生活烟尘排放量	生活垃圾产生量	生活垃圾处理量
1995	7.5	599	0.221	0.223	0.138	3.94	2.65
1996	6.4	604	0.223	0.213	0.160	3.98	2.68
1997	5.9	706	0.226	0.226	0.173	4.03	2.72
1998	6.2	713	0.228	0.294	0.155	4.07	2.80
1999	5.4	875	0.233	0.480	0.135	4.16	2.84
2000	5.2	886	0.236	0.560	0.130	4.21	2.90
2001	5.3	729	0.243	0.256	0.134	–	–
2002	5.6	757	0.252	0.268	0.141	–	–
2003	5.1	788	0.158	0.243	0.135		–
2004	6.0	788	0.158	0.243	0.135	–	–
2005	5.6	1081	0.216	0.196	0.101	–	–
2006	5.8	568	5.440	0.183	0.086	–	–
2007	0.83	483	0.314	0.046	1.247	–	–
2008	0.62	615	0.259	0.035	1.000	–	–
2009	0.40	626	0.258	0.019	0.0036	–	–
2010	0.40	637	0.274	0.019	0.0036	–	–

三、噪声与辐射

噪声　主要有社会生活，建筑业夜间施工，餐饮娱乐业和车辆噪声。污染区域主要分布在城区。

辐射　2011年，全区有辐射源点39个，主要污染源为通讯公司信号发射基站、电视差转台、医疗设备、变电站、高压线等。

第四节　环境治理

一、污染治理

大气污染治理　2006—2011年，改造万盛电厂、南桐矿业公司电厂、国电重庆恒泰公司脱硫系统，安装在线监测系统，实时监控企业大气污染物排放浓度；实施南桐矿业公司6大煤矿的15台锅炉煤改瓦斯工程和南桐总医院及塔山分院、万盛田家炳等3所中学锅炉煤改气工程；改进金桥包装制品厂和美亚纸业等企业锅炉技术；推进主城区第三产业、企事业单位使用天然气；关闭区水泥厂、国岭水泥厂，加强麒麟水泥厂、东林化工厂、箐溪造纸厂、四维精美龙头公司等单位烟气和粉尘治理措施。

水污染治理　南桐矿业公司实施南桐、红岩、鱼田堡、东林、砚石台和新田湾等煤矿矿井废水综合治理工程，新建污水处理厂及扩建管网等废水治理工程项目6个。溱溪河流域涉及水污染的10家乡镇煤矿建成污水处理站9座，实现部分乡镇煤矿废水达标排放。

噪声污染治理　实施南桐电厂、干坝子洗选厂、万创无缝钢管厂、飞宏铸造厂噪声污染治理工程，基本消除污染。

区域、流域和点源污染治理　1989年后，万盛区污染治理转为区域、流域治理与点源治理相结合。区环保局、区财政局每年安排污染治理项目。至2011年，建成乡镇煤矿污水处理站9座，建成南桐、红岩、砚石台和鱼田堡等煤矿矿井废水治理工程，改造万盛排水公司环保设施，综合整治孝子河流域万东、南桐和石林等镇部分村域环境，设置金桥、石林、青年和关坝等镇饮用水源保护区界碑，实施10余家企事业单位煤改气工程，在万盛、东林街道和万东镇推广使用清洁能源，实施南桐矿业公司所属煤矿15台锅炉煤改瓦斯工程，实施国电恒泰、南桐电厂脱硫设施技术改造工程，关停区水泥厂，治理福耀玻璃、南桐矿业公司干坝子洗选厂等企业噪声污染。

二、工业“三废”综合利用

废水利用　区内废水主要来源为南桐矿业公司所属煤矿。矿井废水利用率极低，除少部分用于灌溉外，绝大部分直接排放到附近水域中。

废气利用　区内废气主要来源为水泥、电力和化工企业，均未回收综合利用。

固体废弃物利用　全区工业固废综合利用主要有煤矸石发电综合利用。方盛电厂年综合利用煤矸石约20万吨。区内水泥企业生产原料部分为煤矸石。青年和关坝镇有数家煤矸石砖厂。

三、城市环境综合整治

2001年后，机动车噪声污染问题越来越突出。2004年10月1日，施行《关于在万盛区主城区禁止机动车鸣笛的通告》，禁止城区范围内鸣笛。是年，整改城区范围内工业企业、机关事业单位和第三产业燃煤情况，限期改烧清洁燃料，削减污染物排放总量。

四、城市水域治理

1998年，开始综合整治孝子河流域水污染。至2011年，孝子河流域水质明显改善。

第五节　生态保护

一、生态环境保护

2000 年 10 月 9 日，全区生态环境调查工作会召开，统一部署全区的生态环境调查工作。2003 年，启动创建重庆市环境保护示范景区活动。2004 年 2 月 25 日，万盛黑山谷景区创建为重庆市环境保护示范景区。其范围为景星乡 (石笋、石门、八角、农胜、前进) 和石林镇 (白花、和平)7 村及景星乡、石林镇集体林场、国有林场，面积 91.82 平方千米。

二、野生动植物保护

2003 年，区环保局调查外来物种情况，区内未发现外来物种和造成生态环境破坏的物种。是年，区环保局配合区旅游局挂牌保护黑山、石林景区内名贵树种。2005 年 2 月，区环保局再次调查外来物种情况，仍未发现外来物种。区环保局要求在旅游开发中，保护好黑叶猴出没地段生态环境。2011 年，《万盛区风景名胜区森林公园等生态良好区域环保巡查制度》实施，组织执法人员不定期巡查，禁止非法采集生物、捕捉动物等行为。

三、农村环境保护

2000 年，区环保局调查农村畜禽养殖业污染情况。2005 年，开展小城镇环境保护规划编制工作。南桐镇作为重庆市 45 个中心镇之一，按照全市统一要求编制《重庆市万盛区南桐镇环境保护规划（2005—2020 年）》，并通过重庆市环保局评审。2008 年，区环保局、区农林局普查农村污染，摸清全区养殖场分布及污染状况后，开始综合治理规模养殖场。每年修建一批户用沼气池，用来处理养殖粪污，同时解决部分农村能源问题。2011 年，全区开始实施农村环境连片整治工作。首批有黑山、石林和金桥 3 个镇的 15 个村。在居民聚居点修建污水处理设施，配置垃圾箱、垃圾车等环卫设施，解决农村环境污染问题。

第五篇　经济管理

第一章　规划管理

第一节　管理机构

一、万盛区发展和改革委员会

1958 年 7 月，南桐矿区计划委员会成立，行使物资分配、计划管理及统计管理职能。1979 年 2 月，更名区计划基本建设委员会，行使计划、物资、基建、物价、统计和城建等管理职能。1983 年 12 月，撤销区计划基本建设委员会，组建区计划经济委员会，设办公室、综合科、计划科、工业科、交通科、供销科和财统科等 7 个科室。

2001 年 8 月，撤销区计划经济委员会，组建区发展计划委员会，区物价局、区招商引资办公室、区对外经济贸易委员会被并入区发展计划委员会，保留牌子。划出工业技术改造、技术进步、能源管理、电力管理和矿产资源管理等职能，划入物价管理、收费许可和价格评估等职能，区发展计划委员会设办公室、综合科（挂西部开发办公室和信息办公室牌子）、投资管理科（挂招商办公室牌子）、招商引资科（挂生态办公室、外经贸管理科牌子）和物价管理科等 5 个科室。

2007 年 4 月，撤销区发展计划委员会，组建区发展和改革委员会，设办公室、综合科、投资科、项目科、经合科、重点项目建设办公室、物价科、物价检查所和价格认证中心等 9 个机构。

二、万盛区政府经济技术协作办公室

1986 年 7 月 29 日，组建南桐矿区政府经济技术协作办公室，与区经济信息服务中心合署办公，行使发展区内外横向经济联合和协作职能。1988 年 2 月，与区经信中心分设。1991 年 2 月，设置业务科。1992 年 9 月，区政府在广东省深圳市设立联络处，在汕头市龙湖区、云南省瑞丽市设立办事处，归口区经协办领导。1993 年 2 月，区政府设驻广东省惠阳县办事处。是年 4 月，区经协办与区计划经济委员会合并，保留区经协办牌子。1994 年，区政府驻外联络（办事）处相继被撤销。2001 年 8 月，区经协办被撤销，有关区域经济合作与协作管理职能由新组建的区发展计划委员会行使。

三、万盛区对外经济贸易委员会

1992 年 5 月 15 日，南桐矿区对外经济贸易委员会成立，与区计划经济委员会合署办公，行使外资引进，参与“三资”企业（外资企业、中外合资经营企业、中外合作经营企业）谈判、规划、审批，制订“三资”企业管理政策、办法，负责外资技术装备引进、利用及产品出口工作，指导“三资”企业管理和人才培训。1993 年 4 月，更名为万盛区对外经济贸易委员会。2009 年 12 月，被撤销。

第二节　规划编制与执行

国家从 1953 年开始编制执行第一个五年计划，2006 年将五年计划更名五年规划。

区五年计划（规划），全称为区国民经济和社会发展五年计划（规划）纲要，是区国民经济计划（规划）的重要部分，属长期计划。主要是对全区重大建设项目、生产力分布和国民经济重要比例关系等作出规划，为全区国民经济发展远景规定目标和方向。

从 1986 年南桐矿区第七个五年计划（简称“七五”计划）执行，至 2011 年 3 月万盛区第十二个五年规划（简称“十二五”规划）实施，万盛区共编制 6 个五年计划（规划），其中 5 个五年计划、1 个五年规划。

一、“七五”（1986—1990 年）计划

（一）“七五”计划的编制

1984 年，南桐矿区政府编制国民经济和社会发展“七五”计划。1987 年 4 月，经南桐矿区十一届人大一次会审议批准执行。

（二）“七五”计划主要经济和社会发展指标

至 1990 年，全区工农业总产值达到 17028 万元，比 1985 年增长 41.58%。其中区属工业总产值比 1980 年翻一番以上，区地方财政收入比 1980 年增长 1.5 倍以上，乡镇企业总产值比 1985 年增长 111%，城乡人民物质、文化、生活水平和居住条件进一步改善。

南桐矿区“七五”计划主要经济指标一览表

表 5–1

指标名称	单位	1985 年实际	1990 年计划	比 1985 年增长（%）	年平均增长率（%）
一、工农业总产值	万元	12027.0	17028.0	41.58	7.2
工业	万元	8036.0	11808.0	46.94	8.0
农业	万元	3991.0	5220.0	30.79	5.6
二、乡镇企业总产值	万元	5048.2	10650.0	111	16.1
三、社会商品零售总额	万元	9894.0	16000.0	61.71	10.0
四、职工工资总额	万元	1392.0	1979.7	42.22	7.3
职工人均工资	元	920.0	1121.7	21.66	4.0
五、农村生产性人均纯收入	元	324.0	500.0	54.32	11
六、区财政收入	万元	1248.7	1594.0	27.65	5.0
七、全区人口	人	239467	249500	4.19	8.3
八、人口自然增长率	‰	9.72	8.93	−8.13	—
九、安置城镇待业人员	人	12227	11250	−7.99	−1.6

（三）“七五”计划执行情况

工农业总产值完成 17680 万元，其中农业总产值完成 4880 万元，工业总产值完成 12800 万元。乡镇企业总产值完成 12570 万元。

新建贸易大楼、农贸市场、民用煤加工等一批商业基础设施。增设商业服务网点 400 余个，建筑面积 3 万平方米。

新建区农业发展基金、乡镇企业发展基金和事业发展基金等，扩充支农资金、企业技改基金、科技发展基金和扶贫基金。

粮食产量达到 6.5 万吨，完成计划的 100%，年递增 1.8%，比 1985 年增长 9.4%。完成成片植树造林 1333.33 公顷，林、牧、副、渔占农业总产值的比重 40.6%。工业企业技术改造投资 4000 万元，完成技改项目 43 个。

万东公路一期工程竣工；城区日供水能力 6000 吨 ~ 8000 吨，基本满足城区用水需要；建成万盛民用煤气工程，5000 多户居民家庭用上煤气；完成市“星火计划”项目 2 个；建成万盛卫星地面收转站和区图书馆，是全市第一个文物普查验收合格区（县）；改造和新建区人民医院、中医院住院部大楼，成为全市第一个基本消灭疟疾区，全省第一个基本消灭麻风病区（县）；教育资金投入增长速度高于财政经常性增长水平，基本消除中、小学危房；全区总人口达到 26.14 万人，为计划的 104.8%，年递增 1.8%，为 1985 年的 9.2%，自然增长率 10.47‰。

南桐矿区“七五”计划主要经济指标执行情况一览表

表 5-2

指标	单位	1985 年实际	1990 年计划	1990 年实际	完成率（%）	比 1985 年增长（%）	年平均增速（%）
一、工农业总产值	万元	12027.0	17028.0	17680.0	103.8	47.0	8.0
工业	万元	8036.0	11808.0	12800.0	108.4	59.3	9.8
农业	万元	3991.0	5220.0	4880.0	93.1	22.3	4.1
二、乡镇企业总产值	万元	5048.2	10650.0	12570.0	118.0	149.0	20.0
三、社会商品零售总额	万元	9894.0	16000.0	22200	138.8	124.4	17.5
四、职工工资总额	万元	1392.0	1979.7	–	–	–	–
职工人均工资	元	920.0	1121.7	1472.7	131.3	60.0	–
五、农村生产性人均纯收入	元	324.0	500.0	620	124.0	91.4	13.9
六、区财政收入	万元	1248.7	1594.0	2700	169.4	116.2	15.9
七、全区人口	人	239467	249500	261400	104.8	9.2	1.8
八、人口自然增长率	‰	9.72	8.93	10.47	–	–	–
九、安置城镇待业人员	人	12227	11250	15473	137.5	26.5	–

二、“八五”（1991—1995 年）计划

（一）“八五”计划的编制

1990 年 5 月，南桐矿区计经委编制南桐矿区国民经济社会发展十年规划和“八五”计划。1991 年 3 月，南桐矿区十二届人大二次会议审议批准实施。1992 年 8 月 1 日，南桐矿区修改“八五”计划中 1993—1995 年经济发展目标。8 月 13 日，区政府第六次全体会议讨论通过。

（二）“八五”计划主要经济和社会发展指标

1. 经济发展目标

至 1995 年，全区工农业总产值达到 25650 万元，年均发展速度 9%。“八五”计划前两年平均发展速度 6.9%，后三年平均发展速度 10.3%。农业总产值达到 5650 万元，年均发展速度 4%。工业总产值达到 20000 万元，年均发展速度 10.6%，“八五”计划前两年平均发展速度 8%，后三年平均发展速度 12.4%。乡镇企业总产值达到 22000 万元，年均发展速度 12.9%，“八五”计划前两年平均发展速度 12.5%，后三年平均发展速度 13.1%。粮食总产量提高到 6.6 万吨。社会商品零售总额达到 33000 万元，平均发展速度 10%。区财政收入达到 3600 万元，平均增长速度 7.3%，“八五”计划前两年平均增长速度 6%，后三年平均增长速度 8%。固定资产投资规模 12000 万元，“八五”期间除水利工程投资外，工业技术改造和城市基础设施建设投入略高于“七五”时期。

2. 科学技术发展目标

在工农业生产中，经济增长依靠科技进步因素所占比重达到 30%（2000 年达到 40% ~ 50%）；推广应用重点科技项目 15 项；农业科技示范户“八五”末达到农户总数 10%，科技示范村 9 个，示范乡 3 个；“八五”末，全区科技人员增加到 4350 人，年递增 3%。

3. 社会事业发展目标

教育　“八五”末城市幼儿入园率达 90% 以上；农村学前一年幼儿入学率达 80% 以上；城市、农村小学入学率分别达到 99%、95% 以上；万盛乡、南桐乡、青年镇初中入学率达 95% 以上，其余乡达 90% 以上；弱智儿童班入学率达 48%。

文化　“八五”期间，每年举办全区性的大型文化活动 5 次，文艺演出 80 ~ 100 场次，新华书店营业收入以每年 5% 的速度递增，电影放映营业收入力争保持“七五”末期水平，图书馆藏书 1995 年达到 6 万册，档案馆档案储藏量达到 2 万卷（册）。

卫生　全区健康教育普及率 50%，农村集资医疗保健覆盖率 30%；安全卫生水普及率 95% 以上，农村简易自来水普及率 50%；新增病床 77 张，达到 500 张，把区人民医院建成二级甲等医院，中医院建成二级乙等医院。

体育　每年举办全区体育活动 38 次，全区中小学体育达标率 90%，为省、市输送运动员 5 人。

广播电视　“八五”末，全区农村小广播箱入户率达到 70%，电视转播人口覆盖率 80%。

城市建设　完成万盛城区日供水 4000 吨的第二水厂建设，使日供水能力增至 10000 吨，城市自来水普及率达到 100%；力争“八五”末基本完成万东路全线改造工程；建设南桐公园主干道 800 米，步道 3 条、200 米，新建垃圾无害处理场，新增苗圃 1 公顷。

环境保护　全区环境质量“八五”应有进一步改善，1992 年城市烟尘控制覆盖率达 100%；“八五”末城区环境噪音降低到 63 分贝；治理污染较重的孝子河，主要指标争取达到三类水域标准；城镇绿化覆盖率达到 26% 左右。

人口　1995 年全区总人口控制在 28.2 万人以内，人口自然增长率 10 年控制在 10‰以内。

人民生活　城镇职工工资收入年递增 5%，1995 年达到 2293 元；农民人均纯收入“八五”每年净增 70 元，1995 年达到 1000 元。计划安置城镇待业人员 15000 人，待业率明显低于“七五”末。

万盛区“八五”计划主要经济指标一览表

表 5–3

指标名称	单位	1995 年计划	比 1980 年		比 1985 年		比 1990 年	
			增长（%）	年平均增长（%）	增长（%）	年平均增长（%）	增长（%）	年平均增长（%）
一、工农业总产值	万元	25650	279.9	9.8	113.3	7.9	50.63	9.0
农业	万元	5650	77.4	8.9	41.6	8.5	8.24	4.0
工业	万元	20000	460.7	12.2	148.9	9.5	69.38	10.6
二、乡镇企业总产值	万元	22000	1283.6	19.1	335.8	15.9	100.57	12.9
三、社会商品零售总额	万元	33000	452.7	12.1	233.5	12.8	106.25	–
四、职工年均工资	元 / 人	2293	265.1	9.0	148.7	9.5	104.42	5.0
五、农民人均纯收入	元 / 人	1000	–	–	–	–	–	9.0
六、区财政收入	万元	3600	653.1	14.4	178.6	10.8	125.85	7.2
七、全区人口	人	282000	26.4	1.6	17.8	1.6	13.03	1.4
八、人口自然增长率	‰	10	–	–	–	–	–	–
九、粮食总产量	吨	66000	28.9	1.7	11.1	1.1	5.6	1.1

万盛区十年（1990—2000 年）规划主要经济指标一览表

表 5–4

指标名称	单位	十年规划设想						
		2000 年设想	比 1980 年		比 1985 年		比 1990 年	
			增长（%）	年平均增长（%）	增长（%）	年平均增长（%）	增长（%）	年平均增长（%）
一、工农业总产值	万元	42000	522.1	9.6	151.4	9.7	63.7	10.4
农业	万元	7000	119.8	4.0	50.8	4.2	23.9	4.4
工业	万元	35000	881.2	12.1	190.1	11.2	75.0	11.8
二、乡镇企业总产值	万元	43000	17.9	17.9	258.3	13.6	95.5	14.3
三、社会商品零售总额	万元	53200	11.6	11.6	160.6	10.0	61.2	10.0
四、职工年均工资	元 / 人	3070	8.3	8.3	70.9	5.5	33.9	6.0
五、农民人均纯收入	元 / 人	1400	–	–	115.4	8.0	40.0	7.0
六、区财政收入	万元	5300	12.8	12.8	108.3	7.6	47.2	8.0
七、全区人口	人	300000	1.5	1.5	14.2	1.3	6.4	1.2
八、人口自然增长率	‰	10.0	–	–	–	–	–	–
九、粮食总产量	万吨	6.8	1.4	1.4	8.8	0.8	3.0	0.6

万盛区“八五”后三年（1993—1995 年）经济发展目标一览表

表 5-5

指标名称	单位	1991 年实际	1992 年预计	前两年平均增长（%）	1995 年目标	后三年平均增长（%）	“八五”平均增长（%）
一、地区生产总值	亿元	5.03	5.70	22.6	8.7	15.1	18
二、第三产业增加值	亿元	1.13	1.60	41.4	3.0	23.3	30
三、地区国民收入	亿元	4.28	4.70	19.2	7.6	17.4	18
四、工农业总产值	亿元	3.44	4.00	14.0	8.35	28.0	27.8
农业	亿元	1.13	1.23	6.9	1.35	3.0	4.6
工业	亿元	2.31	2.77	13.9	7.00	36.5	28.6
五、乡镇企业总产值	亿元	1.97	3.00	35.3	10.00	49.4	44.3
六、社会商品零售总额	亿元	2.25	2.48	10.3	3.50	12.2	11.4
七、区财政收入	亿元	2736.00	3052.00	9.5	5000	17.8	14.5
八、职工人均收入	元	1925.00	2100.00	8.1	3000	12.6	10.8
九、农民人均收入	元	720.00	800.00	11.0	10	14.5	13.1
十、粮食总产量	万吨	6.73	6.00	–	6.0	稳产	–
十一、人口自然增长率	‰	8.97	9.26	–	–	保持	–

（三）“八五”计划执行情况

地区生产总值9.39亿元，提前9年翻两番，其中第三产业比重上升到36.5%，人均占有量达到3460元。区属工农业总产值 8.98 亿元，其中区属农业总产值 1.52 亿元；区属工业总产值 7.46 亿元。乡镇企业总产值 14.6 亿元，社会商品零售总额 4.1 亿元，区财政收入 5500 万元，职工人均工资 3612 元，农民人均纯收入 1430 元，粮食总产量 6.8 万吨。全社会投入 5.68 亿元，为“七五”计划的 6.9 倍，完成“八五”计划的 189.3%。人口自然增长率 5 年平均控制在 9.39‰，低于 10‰的“八五”控制目标。

投入水、电、路、通信等基础设施和社会公益事业设施建设资金 2.3 亿元，为“八五”总投入40.5%。新建汤家沟水库一期工程及方家山水厂、桂花水厂，六井坝变电站，架设黑山、石林旅游供电线路，改造万东路及黑山、石林旅游公路，建成温塘大桥及桃子公路立交桥，开通 6000 门程控电话及移动通讯、光缆通信。新建南桐集贸市场、粮油批发市场、东林农贸市场、东风商城、万盛宾馆和黑山宾馆及中力旅游文化街，新建区工会俱乐部、体育馆、广播大楼、文化大楼。扩建区人民医院、中医院，改造关坝镇卫生院、万东镇卫生院和金桥镇卫生院。新建万盛聋哑学校、中盛小学，改扩建一批中小学校及幼儿园校舍 3 万平方米。实施万盛松林片区、东林糖果店片区开发以及万东小城镇和住宅建设，共新建住宅 10.6 万平方米。建成麒麟渣场及无公害处理设施等 43 项基础性公益性项目。

粮食生产连续 5 年增长，肉类总产量比 1990 年增长 21.9%。农业综合开发 5 年累计 2689.20 公顷，猕猴桃、蚕桑、药材等基地初具规模，乡镇企业支柱产业逐步形成。填补区内无“三资”企业空白，累计利用外资 806.4 万美元，兴办“三资”企业 4 家，引进国外技术 2 项。“八五”期间累计引进区外资金近 1 亿元。

广播电视综合覆盖率达到 80%，医院病床增加到 1006 张，医院服务功能不断完善，初级卫生保健 8 项指标达到国家标准。环境质量有所改善，二氧化硫排放、大气总悬浮颗粒、交通噪声和废水废气处理率均完成或超额完成计划。城乡居民储蓄由1990年的人均525元，增加到1995年的1510元。1994年，增加就业3224人，超计划11.2%；城镇待业率5.7%，超计划14%。城镇居民住房建筑面积人均8平方米，农民住房人均25平方米，农民改水受益率达到98.1%，自来水普及率达到60.7%。3000余户居民安装家庭电话。"八五"期末，全区总人口因一些驻区市属厂矿和军工企业的搬迁而减少，出生3800人，出生率14.39‰，全区人口271422人。

万盛区"八五"计划主要经济指标完成情况一览表

表5–6

指标名称	单位	1995年实际	完成"八五"计划（%）	五年平均增长（%）	为1990年倍数
一、地区生产总值	亿元	9.39	117.4	12	2.5
二、第三产业比重	%	36.5	–	–	21.1
三、区属工农业总产值	亿元	8.98	–	23.7	2.9
农业	亿元	1.52	108.6	7.1	–
工业	亿元	7.46	106.6	30.2	–
四、乡镇企业总产值	亿元	14.6	146	55	8.9
五、社会商品商品零售总额	亿元	4.1	118	15.5	2
六、区财政收入	万元	5500	110	16.7	2.2
七、职工人均工资	元	3612	120.4	15	–
八、农民人均纯收入	元	1430	119.2	17	–
九、粮食总产量	万吨	6.8	113	–	–
十、区属全社会投入	亿元	5.68	189.3	–	6.9
十一、人口自然增长率	‰	9.39	–	–	–

三、"九五"（1996—2000年）计划

（一）"九五"计划的编制

1994年5月，区计经委向重庆市计委报送《万盛区国民经济和社会发展"九五　"计划及2000年发展规划（草案）》。1996年2月，万盛区十三届人大四次会议审议批准实施。

（二）"九五"计划主要经济和社会发展指标

至2000年，地区生产总值达到23亿元，第三产业占地区生产总值比重45%，现价人均占有量8070元。区属工业总产值11.5亿元，区属农业总产值1.86亿元，乡镇企业总产值10亿元，全区社会消费品零售总额9亿元，区财政收入6000万元。全社会5年总投资10亿元，高于全国年均增幅7个百分点。粮食总产量稳定在6.5万吨水平。城镇职工年人均工资8000元，农民年人均纯收入2850元。2000年，全区人口控制在28.5万人以内，人口自然增长率9‰。

万盛区“九五”计划主要经济指标一览表

表 5-7

指标名称	单位	2000 年计划	“九五”年平均增长率（%）	为 1995 年倍数	备注
一、地区生产总值	亿元	23	20	2.5	现价
二、第三产业比重	%	45	–	–	
农业	亿元	1.86	4.1	1.27	
工业	亿元	11.5	28.5	3.5	
三、乡镇企业总产值	亿元	10	30	3.6	新口径
四、乡镇工业总产值	亿元	7.5	33	4.2	新口径
五、社会消费品零售总额	亿元	9	18.4	2.3	
六、区财政收入	万元	6000	16.5	2.2	按可比口径
七、城镇职工年人均工资	元	8000	17	2.2	
八、农民人均纯收入	元	2850	15	2.0	
九、粮食总产量	万吨	6.5	–	–	
十、全社会投入	亿元	10	–	–	5 年累计总投资
十一、人口自然增长率	‰	9	–	–	

（三）“九五”计划执行情况

地区生产总值 13.41 亿元，人均地区生产总值 5022 元，较全市平均水平低 135 元。第一产业增加值 2.47 亿元，第二产业增加值 4.67 亿元，第三产业增加值 6.27 亿元。社会消费品零售总额完成 5.13 亿元，地方财政收入 3643 万元，全社会投入 13.9 亿元。农民人均纯收入 2300 元，较全市平均水平高 505 元。人口自然增长率 2.15‰，较计划控制目标低 6.85 个千分点，总人口 26.7 万人，低于 27.5 万人的控制目标。

农业结构调整良好，猕猴桃、方竹笋、茶叶三大骨干项目初具规模，巩固和发展水果、蔬菜、商品鱼基地，蚕桑实现恢复性发展，粮经比例由“八五”末的 75 ∶ 25 调整为 69 ∶ 31。农业总产值 1.9 亿元，农村经济总收入 11.76 亿元，粮食产量稳定在 7 万吨水平，蔬菜、水果、茶叶、肉类等有较大幅度增长。完成汤家沟水库坝枢工程及配套渠系，开工建设银碗槽水库，启动水土保持治理工程；完成青年镇、南天乡、金桥乡饮水工程，实施丛林河小流域治理，青年镇粮食自给、金桥乡商品粮建设等 9 大工程项目。乡镇企业产值、销售、利税实现年均 10% 以上增长速度。小城镇建设初具规模，发展到 3.4 平方千米，累计投入近 6000 万元，竣工面积 10.6 万平方米。

工业经济发展后劲不足，全区剥离不良债务 1.8 亿元。调整工业结构，完成挡风玻璃厂、南桐化工厂、麒麟水泥厂、天泽钻井材料公司、南天压铸厂、金桥造纸厂等一批企业的扩产技改；新建 15 万吨旋窑水泥生产线、汇洋金属镁厂、银封源镁业有限公司、景星白云石矿等工业项目；启动精美卫生洁具五金件有限公司、多泰制药厂等企业建设；淘汰一批“五小”（小煤矿、小炼油、小水泥、小玻璃、小火电）企业。与“八五”比较，工业发展速度放慢 5 个百分点，在国民经济中比重降低至 23.1%，降低 11.2 个百分点。

“九五”期间，建成黑山谷、石林、铜鼓滩、九锅箐森林公园、樱花温泉、万盛公园 6 大景区，接待游客 25.3 万人次，比“八五”计划增长 69.8%，旅游直接收入 1215 万元，比“八五”增长 29 倍。第三产业在地区生产总值中比重达 46.8%，比“八五”提高 10.3 个百分点，超计划 5.8 个百分点。“九五”

期间，新开通农村客运线 10 条，客货运量年均增长 18%；邮电通信业务总量年均增长 37.2%。金融保险业保持快速发展态势，城乡居民储蓄余额突破 10 亿元。批发、零售、仓储、服务业逐步由国合商业转向个体、私营经济，全地区社会消费品零售总额年均增长 5.8%。

基础设施建设 5 年累计投资 13.9 亿元，是“八五”2.4 倍。其中交通建设 9.6 亿元，占全部投资 69%。完成雷石公路万盛段二级公路改造，城区至主要景区和乡镇公路全部实现硬化或油化，改建或新建公路约 108 千米，基本实现村村通公路。城市建设加快，城区面积达 4.5 平方千米，比“八五”增加 0.3 平方千米；改造万东路，新建文化路；建成方家山水厂，改造 3000 米城区供水管网，完成城区、鱼田堡工人村地区饮水工程，新增日供水能力 2 万吨，彻底解决城区居民饮水难问题；实施城市“灯饰工程”“畅通工程”和“绿色工程”，建成文化广场和矿工广场；孝子河综合整治与开发全面实施；城市建设与改造取得新成就，累计竣工各类房屋 36 万平方米。建成 220 千伏变电站，实施城市和农村电网改造，提前实现村村通电；开通国际互联网，建成青年、桃子端局，移动通信网络覆盖区内主要交通干线、乡镇及景区，全区电话普及率 11%，农村电话村通话率 65%，移动电话用户 1 万多户，比“八五”末新增 6000 余户。

引进重钢、斯瑞达等一批区外企业，争取上级资金及招商引资金额近 6 亿元；与南桐矿务局合作建成年产 15 万吨特种水泥厂；与福建长乐市等地结为友好城市；黑山野生食品厂、银丰源镁业公司等获取自营进出口权。全区 60.7% 的企业基本实现体制改革目标。

实施科技项目 74 项，其中农业新技术 15 项；天泽钻井材料公司、南桐矿务局干坝子洗选厂被列入重庆市推广高新技术试点企业，科技对经济贡献率由“八五”末的 28.9% 提高到 37.5%。基础教育明显进步，城市幼儿园入园率 90% 以上，小学适龄儿童入学率接近 100%，初、高中毕业会考及格率分别在 80%、95% 以上；万盛职业中学创建为重庆市首批重点职业中学；完成南桐矿务局 10 所中小学的剥离工作。全区卫生医疗条件进一步改善，各乡镇农村初级保健达标；城市国有、集体企业职工养老保险统筹覆盖率和养老保险发放率均 100%。挖掘整理苗族文化、夜郎文化，初步形成区旅游文化格局；开通卫星加密电视频道，广播电视综合覆盖率 95%。民政部门完成勘界工作，区档案馆达重庆市二级标准，国土部门全面完成管理目标认证。

城市职工人均工资年均增长 5%，农民人均收入年均增长 7.9%；新建城镇住房 78 万平方米，城镇居民人均住房面积 13 平方米，比“八五”末增加 5 平方米；农民新村建设起步，农村住房楼房率 26%。

关停、取缔“五小”企业 16 家，建成环境噪声达标区 1.92 平方千米。

万盛区“九五”计划主要经济指标一览表

表 5-8

指标名称	单位	2000 年计划	“九五”平均增幅（%）	为 1995 年倍数	“九五”计划完成情况		备注
					2000 年实际	年均增速（%）	
一、地区生产总值	亿元	23	20	2.5	13.41	6	现价
二、第三产业比重	%	45	–	–	47.3	–	
三、农业总产值	亿元	1.86	4.1	1.27	1.9	4.5	
四、工业总产值	亿元	11.5	28.5	3.5	–	–	新口径
五、乡镇企业总产值	亿元	10	30	3.6	–	–	新口径

续表

指标名称	单位	2000年计划	“九五”平均增幅（%）	为1995年倍数	“九五”计划完成情况		备注
					2000年实际	年均增速（%）	
六、社会消费品零售总额	亿元	9	18.4	2.3	5.12	5.7	
七、区财政收入	万元	6000	16.5	2.2	3643	2.1	新口径
八、城镇职工年人均工资	元	8000	17	2.2	–	3.9	
九、农民人均纯收入	元	2850	15	2.0	2300	7.9	
十、粮食总产量	万吨	6.5	–	–	–	–	
十一、全社会投入	亿元	10	–	–	13.9	11.8	
十二、人口自然增长率	‰	9	–	–	2	–	
十三、全区总人口	万人	28.5	–	–	26.7	–	

四、“十五”（2001—2005年）计划

（一）“十五”计划的编制

1999年6月，万盛区编制《万盛区“十五”计划纲要》。2001年2月，万盛区十四届人大四次会议审议批准实施。

（二）“十五”计划主要经济和社会发展指标

地区生产总值达到21.5亿元，财政收入达到6239.0万元。三次产业（第一、二、三产业分别为农业、工业、服务业）比例调整为13：39：48，旅游综合收入在国民生产总值中比重达到10%以上，非公有制经济占地区经济比重达到70%；城镇化水平达到50%，农村居民人均可支配收入达到3078元，城市居民人均可支配收入增长8%，城镇居民人均住房达到17平方米，有线电视入户率达80%。

（三）“十五”计划执行情况

2005年，地区生产总值19.06亿元，为2000年1.6倍；地方财政收入1.23亿元，比2000年接近翻两番；5年累计完成全社会固定资产投资39.1亿元，为2000年2.6倍；社会消费零售总额8.39亿元，为2000年1.6倍。引进福耀玻璃集团、30万吨特种水泥、重钢白云石矿、20万吨机焦等一批优势工业项目。产业结构调整取得新的进展，三次产业结构由2000年的18.4：34.8：46.8调整为2005年的16.2：41.8：42，其中工业总产值19亿元，比2000年翻一番。城镇化水平提高到66.2%，主城区面积从5平方千米扩大到9.4平方千米，主城区框架已具雏形。建成綦万高速公路，万盛进入重庆1小时经济圈；完成孝子河综合治理、银碗槽水库、洗布河、张三塘小流域治理。汤家沟水库、银碗槽水库建成，解决城乡5.7万人饮水困难，水利设施瓶颈得到缓解；农网改造完成并实现同网同价；退耕还林5333.33公顷，森林覆盖率35.8%。完成重庆市东林煤矿政策性破产重组，教育、医疗卫生、人事、农业服务等体制机制逐步完善；5年累计引进区外直接投资28亿元，为“九五”的5.5倍。5年内，通过发展中小企业和非公有制经济，拓宽就业渠道，新增就业17058人。2005年城镇居民人均可支配收入、农民人均纯收入分别为6905元和3241元，分别比2000年增长81%、40.9%；城乡居民人均住房面积从13平方米、30平方米分别提高到17.8平方米、32平方米。2002—2005年接待游客245.83万人次，旅游收入18076.3万元。

万盛区“十五”计划主要经济指标执行情况一览表

表 5–9

指标名称	单位	2000 年实际	“十五”计划		“十五”计划完成情况			备　注
		绝对值	绝对值	年均增长（%）	绝对值（2005 年）	年均增长（%）	完成计划（%）	
一、地区生产总值	亿元	13.41	21.5	10.0	19.06	10	100.0	可比价
1. 第一产业	亿元	2.47	2.9	3.2	3.09	2.8	108.6	
2. 第二产业	亿元	4.67	8.5	12.5	7.96	13	109.4	
其中：工业	亿元	3.1	5.5	11.0	6.53	13	114.5	
建筑业	亿元	1.57	3.0	12.5	1.43	12	100.0	
3. 第三产业	亿元	6.27	10.1	10.0	8.01	9.4	101.0	
二、全社会固定资产投资	亿元	3.5	10.5	–	12.46	28.0	–	
三、社会消费品零售总额	亿元	5.13	7.5	8.0	8.39	14.8	136.1	
四、地方财政预算内收入	万元	3643	6239.0	12.0	12324	27	192.3	
五、农民人均纯收入	元	2300	3078.0	6.0	3241	6.3	101.3	
六、城镇居民人均可支配收入	元	3813	–	–	6905	12.6	–	

五、“十一五”（2006—2010 年）计划

（一）“十一五”计划的编制

2006 年 2 月，万盛区十五届人大四次会议批准实施《万盛区“十一五”计划纲要》。

（二）“十一五”计划主要经济和社会发展指标

按照建设“小而精、小而美、小而富、小而强”的新万盛要求，到 2010 年，基本建成“旅游强区、工业重镇、绿色城市”框架，力争实现地区生产总值、全社会固定资产投资、工业增加值、地方预算内财政收入、城镇居民人均可支配收入“五个翻番”。至 2010 年，地区生产总值年均增长 11%，万元地区生产总值能耗比“十五”期末降低 20%，5 年累计完成投资 70 亿元，工业增加值达到 13 亿元，地方预算内财政收入实现 2.5 亿元，城镇居民人均可支配收入年均增长 14.5%，农民人均纯收入年均增长 4%。

万盛区“十一五”计划主要经济指标一览表

表 5–10

指标名称	单位	2010 年计划	“十一五”年平均增长率（%）
一、地区生产总值	亿元	48	13.3
二、地方财政一般预算收入	亿元	4	27.1
三、工业总产值	亿元	50	21.3
四、社会消费品零售总额	亿元	19	17.8
五、累计完成全社会固定资产投资	亿元	144	29.8
六、城镇居民人均可支配收入	元	13000	13.5

续表

指标名称	单位	2010 年计划	“十一五”年平均增长率（%）
七、农民人均纯收入	元	5808	12.4
八、万元地区生产总值能耗降低率	%	20	-
九、累计完成投资	亿元	70	-

（三）“十一五”计划执行情况

“十一五”期间，累计完成全社会固定资产投资 144 亿元，年均增长 29.8%。全区公路总里程 1081 千米，比“十五”末增加 278 千米，新建、改造农村公路 645.6 千米，镇畅通率、行政村通达率均 100%。建成青山湖水库一期、板辽水库一期等重点水源工程和重庆市唯一国家级水土保持科技示范园区。电力、通信、供水、天然气保障能力进一步增强。基本建成万盛大道、东城大道、支路—塔山等城市道路，完成城区主次干道“白改黑”（混凝土路改沥青路）。建成子如广场等 3 个城市广场和 4 个集镇广场。完成森林工程建设 72 平方千米，地区森林覆盖率 46%，城市人均公园绿地面积 10.5 平方米。建成万盛城市生活污水处理厂、万盛生活垃圾处理场和 8 个镇垃圾转运站，城市生活污水集中处理率 88%，城市生活垃圾无害化处理率 95%。建成矿坑废水、电厂烟气治理等 24 个重大环保工程，城区空气质量优良天数超过 280 天，地区环境质量明显改善。累计开工城市房屋面积 262 万平方米，竣工 194 万平方米，城市建成区面积扩大到 10.28 平方千米。改造建设 70 万平方米工矿棚户区，启动 34 万平方米廉租房建设，搬迁受地质灾害威胁群众 855 户，建设巴渝新居 1833 户，改造农村危旧房 2024 户，解决 7.5 万农村人口饮水安全问题。

万盛区“十一五”计划主要经济指标完成情况一览表

表 5–11

指标名称	单位	2005 年实际	2010 年实际
一、地区生产总值	亿元	18.97	35
第一产业	亿元	3.09	-
第二产业	亿元	7.87	-
其中工业	亿元	6.44	15
第三产业	亿元	8.01	-
二、人均地区生产总值	元	7578	14110
三、地方财政预算内收入	亿元	1.23	2.5
四、全社会固定资产投资	亿元	39.1	-
其中引进直接投资	亿元	28	-
五、社会消费品零售总额	亿元	8.39	14.8
六、非农业增加值比重	%	83.3	88.6
七、非农产业就业比重	%	59.5	68
八、高新技术制造业增加值占地区生产总值比重	%	0.8	4
九、接待游客人次	万人次	68.9	110
十、城镇化率	%	66.2	70

续表

指标名称	单位	2005 年实际	2010 年实际
十一、森林覆盖率	%	35.8	45
十二、工业固体废物综合利用率	%	25	40
十三、主要污染物排放总量减少率	%	–	15
十四、城市生活污水集中处理率	%	–	75
十五、生活垃圾无公害处理率	%	–	85
十六、主城区空气质量满足Ⅱ级天数比例	%	53	70
十七、公路通车总里程	千米	802.9	1081
十八、电力装机容量	万千瓦	10	70
十九、城镇登记失业率	%	4.7	< 5
二十、城镇新增就业人员	万人	0.48	–
二十一、城镇居民人均可支配收入	元	6905	13000
二十二、农村居民人均纯收入	元	3241	3943
二十三、人口自然增长率	‰	2.6	< 3
二十四、人均受教育年限	年	7.9	8.7
二十五、儿童“四苗”接种率	%	93.7	95
二十六、孕产妇死亡率	1/10 万	0	0
二十七、城镇职工基本养老保险参加人数	万人	1.2	2.5
二十八、城镇职工基本医疗保险参加人数	万人	4	4.5
二十九、新型农村合作医疗参加率	%	0	> 90

六、“十二五”（2011—2015 年）规划

（一）“十二五”规划的编制

2011 年 3 月 8 日，万盛区十六届人大六次会议批准《万盛区国民经济和社会发展第十二个五年规划纲要》。

（二）“十二五”规划主要经济和社会发展指标

到“十二五”末，经济发展方式明显转变，资源型城市积累的突出矛盾和问题得到基本解决，资源开发补偿机制和接续替代产业发展扶持机制基本建立，以旅游、煤电化、新材料、机械制造为主的接续替代产业成为推动转型的有力支撑，人民生活质量和水平显著提升，生态环境明显改善，经济社会基本步入可持续发展轨道，资源型城市转型取得显著成效，实现全面建设小康社会目标。到 2015 年，地区生产总值达到 130 亿元，年均增长约 19%；地方财政一般预算收入超过 10 亿元；三次产业结构更加合理，非农产业比重达到 95% 以上，工业总产值超过 150 亿元；旅游产业综合收入达到 60 亿元，接待游客 1000 万人次；财政民生工程支出每年保证在 50% 以上；行政村通畅率达到 100%，区内等级公路里程达 800 千米，高速公路里程达到 21 千米，城镇化率达到 79%；采煤沉陷区综合治理基本完成，资源保护和补偿机制逐步形成，单位 GDP 能耗有效降低，主要污染物排放总量持续下降，森林覆盖率达到 52% 以上，地质灾害和河流污染得到有效控制，经济社会发展与资源环境的承载力相适应，环境质量与生活质量同步提高，启动创建国家卫生城区、国家生态园林城区。

万盛区“十二五”规划经济和社会发展主要指标一览表

表 5-12

类型	序号	指标名称	单位	2015 年计划	备注
经济发展	1	地区生产总值	亿元	130	预期性
	2	人均地区生产总值	元	50000	预期性。以常住人口计算
	3	工业总产值	亿元	150	预期性
	4	地方财政一般预算收入	亿元	10	预期性
	5	全社会固定资产投资总额	亿元	[400]	预期性
	6	利用区外资金	亿元	[350]	预期性
	7	社会消费品零售总额	亿元	60	预期性
	8	常住人口城镇化率	%	79	预期性
		户籍非农人口比重	%	65	预期性
	9	非农产业增加值比重	%	95	预期性
	10	煤电化、新材料、机械制造产值占工业总产值比重	%	＞70	预期性
	11	旅游综合收入	亿元	60	预期性
	12	高新技术产业增加值占地区生产总值比重	%	6	预期性
社会民生	13	城镇居民人均可支配收入	元	31000	预期性
	14	农民人均纯收入	元	14000	预期性
	15	城镇登记失业率	%	<4.5	预期性
	16	城乡养老保险参保率	%	85	约束性
	17	城乡医疗保险参保率	%	95	约束性
	18	主要劳动年龄人口人均受教育年限	年	12.2	预期性
	19	保障性住房面积	万平方米	104	约束性
	20	人口自然增长率	‰	<5	约束性
	21	人口平均预期寿命	岁	80	预期性
	22	亿元 GDP 生产事故死亡率	人 / 亿元	0.1	约束性
基础设施	23	区内等级公路里程	千米	800	预期性。其中高速公路 21 千米
	24	行政村通畅率	%	100	预期性
	25	城市生活污水集中处理率 / 生活垃圾无害化处理率	%	95/98	约束性
生态环保	26	森林覆盖率	%	52	约束性
	27	单位地区生产总值能耗降低率	%	[15]	约束性
	28	单位地区生产总值二氧化碳排放降低率	%	[17]	约束性
	29	工业固体废弃物综合利用率	%	80	约束性
	30	主要污染物排放总量减少率	%	[10]	约束性
	31	主城区空气环境质量满足Ⅱ级天数	天	300	预期性

说明：1. 经济指标绝对数为当年价；2. 主要污染物指二氧化硫、化学需氧量、氨、氮、氮氧化物；3.[　]为规划期累计数；

4. 单位地区生产总值能耗降低率、单位地区生产总值二氧化碳排放降低率、主要污染物排放总量减少率 3 项指标以重庆市下达任务为准；5.“十二五”时期，“地方财政预算内收入”改为“地方财政一般预算收入”

第三节　项目审批

一、审批机构

1991 年 6 月 4 日，中共重庆市委副书记张文彬率市政府 12 个部门到南桐矿区召开现场办公会。会上确定市政府重点帮助区氮肥厂节能技改、汽车挡风玻璃厂引进钢化玻璃生产线等 12 个重点建设项目。是月，为在组织上保障现场会确定的重点项目，成立区政府项目办公室，与区计划经济委员会合署办公，承担项目引进和资金平衡的职能。

1993 年 4 月，区政府项目办公室被撤销。1995 年 2 月，恢复区政府项目办公室，挂靠在区计划经济委员会，承担全区重点项目的提出、组织论证和储备，帮助已确定的项目立项、协调关系、争取资金，指导重点项目建设、担负督促和检查的职能。1998 年 5 月，撤销区政府项目办公室，组建区政府项目管理招商引资办公室，挂靠在区计划经济委员会，内设项目管理科和招商引资科，承担研究制订并组织实施全区产业结构调整及发展规划，招商引资政策、措施，统筹、协调、管理、指导各部门、乡、镇、街道的项目发展与招商引资工作，建立项目库，并组织重点项目的前期论证和招商谈判；审查区外投资项目立项和手续办理；跟踪管理和监督市、区确定的重点项目；受理客商投诉等职能。

2001 年 8 月，区项目管理招商引资办公室更名区招商引资办公室，被并入区发展计划委员会，保留区招商引资办公室牌子，内部设招商引资科。2003 年 3 月，招商引资工作从区发计委分离，单独成立区招商局。区政府成立区重点项目建设领导小组，区政府区长任组长，分管项目的副区长任副组长；领导小组办公室设在区发计委；其职能是调度、协调、服务、及时跟踪、督促、检查重点建设项目。

2004 年 6 月，区重点项目建设和管理办公室成立，由区发展计划委员会管理。其职责是编制全区重点项目建设中长期规划，提出重点项目建设年度计划并组织实施，监测重点项目建设运行情况，协调解决重点项目建设中的重大问题，会同有关部门开展全区重点项目建设考核。

二、审批权限及程序

1986 年，区政府规定，凡投资在 50 万元以上的生产性建设项目和投资在 20 万元以上的非生产性建设项目，必须由区计经委转报区政府审定；其他项目由区计经委审批；不需由区统一平衡原材料，不用征地的自筹资金更新改造项目，由建设单位的主管部门审批，但须报区计经委备案。

1989 年，总投资 300 万元及以上的生产性建设项目，100 万元及以上的非生产性建设项目由重庆市计委审批；100 万元及以上的危房改造项目，非工交系统由重庆市计委审批，100 万元以下的由区计经委审批；其他项目由区政府审批，自筹资金安排的楼堂馆所项目须报国务院审批。

1991 年 2 月，投资 50 万元及以下的幼儿园、中小学、农业、文化、卫生、商业网点及职工住宅等项目计划的管理，由区计经委在重庆市计委切块给区的计划指标内择优安排。

1992 年，投资在 300 万元以下，不需解决资金平衡贷款的基建项目和技改项目，改由区计经委在重庆市计委划拨的投资规模指标内审批。总投资在 100 万元及以下的教育、农业、卫生、商业网点及职工住宅等自筹资金基建项目切块由区政府安排。

1997 年 3 月，除区级重点项目外，凡涉及区的公路建设、市政设施、小型农田基本建设、小城镇中的基本建设、不需平衡资金和条件的乡镇企业竞争性项目、企业内投资 50 万元以下、投资额在 50

万元及以上，300万元以下不需平衡资金和条件的竞争性项目，由有关主管部门审批，报区计经委备案。

2002年5月，《万盛区投资项目管理办法》施行，投资5万元及以下的各类固定资产投资和规定竞争性项目，以及不需市、区平衡建设条件或金额的自筹资金的基础性项目和公益性项目实行登记备案制。

2004年7月，《万盛区国有资金项目管理暂行办法》实施，投资500万元以上项目或500万元以下特别重要的政府公益性项目应当实行建设管理代理制。投资10万元以上的国有资金项目，其项目建议书须报区发计委审查后报区政府审批立项。投资50万元以上的项目，原则上须事先编制可行性研究报告，报区发计委征求相关行政管理部门的专业审查意见后审批或转报。

三、重点项目管理

1991年6月，重庆市政府现场办公会确定南桐矿区重点建设项目12个：区氮肥厂节能技改、汽车挡风玻璃厂引进钢化玻璃生产线、重庆钢球厂搬迁后的厂房及设备无偿交区政府、铜鼓滩煤矿改造、建两个坑口电厂、修建汤家沟水库、修建万东路、修建万盛综合市场、建烤烟基地及几个多种经营项目、万盛—雷神店公路改造和磨子洞开发。其后，区政府于1991年6月—1992年5月安排16个项目，分3个层次滚动实施。第一层次安排区挡风玻璃厂引进钢化玻璃生产线等5个项目，第二层次安排区氮肥厂节能技改等8个项目，第三层次安排铜鼓滩煤矿改造等3个项目。

1993年，全区安排重点投资项目14个。其中技术改造重点项目7个：重庆精美卫生洁具五金件生产线、引进重庆汽车挡风玻璃厂A类夹层和钢化玻璃生产线、重庆中药十分厂中成药生产线（二期）、渝兴齿轮厂、重庆南桐化工厂乳化炸药生产线、软管厂开发YCM型系列锚具新产品、万渝玻璃厂彩色玻璃生产线；基建重点项目7个：汤家沟水库一期工程、600门数字程控本地电话网、区体育馆、万东路三期工程、区文化大楼、区聋哑学校和区广播局业务技术用房。

1997年3月19日，区政府建立综合部门与金融机构联席会议制度，共同研究投资结构调整和投资体制改革的重大决策。是月22日，《万盛区加强固定资产投资管理的意见（试行）》实施。是年，列入区重点建设的项目8个：雷石公路改造、綦万公路、红枫A区安居工程、汇洋金属镁、民用燃气（10万吨机焦）、中药厂技改、精美公司五金件生产线和30万吨水泥厂。

1998年，区重点建设项目14个。其中竞争性项目5个：汇洋金属镁、民用燃气综合改造、南桐特种水泥厂（一期工程）、石林宾馆和温泉度假村；基础性项目7个：綦江—万盛一级公路、汤家沟水库续建枢纽工程、220千伏变电站、石林—黑山旅游公路路面改造、万东南路改造，猕猴桃产业化工程、万东北路及三元桥片区改造；公益性建设项目2个：红枫A区国家安居工程（一期）、汇洋大厦。

2000年，区重点在建或新建项目12个，重点开发前期工作类项目12个。

2001年，区重点在建项目10个，计划启动项目10个。

2002年1月，区重点建设项目30个，其中在建项目10个，新建项目10个，储备项目10个（迎宾大道、垃圾处理场、金属镁深加工、综合汽车站、石林特色旅游小城镇、三星级旅游酒店、矿山生态环境恢复、工业园区基础设施、丛林生态经济园区和市民广场）。

2003年，区重点在建项目10个，计划开工的新建项目10个。是年10月，区政府下达2004年重点在建或新建项目28个，其中续建项目13个，新建项目9个，计划启动项目6个（重庆多泰制药公司重组、青山湖水库、孝子河城区段护岸工程、煤矿采空区治理、万盛大酒店、二水厂建设）。

2004年5月，区政府调整2004年重点项目计划，列入重点项目28个，其中在建项目调整为11个，调减城市污水处理和奥陶纪风景区项目2个。新建项目调整为11个，新增煤矿采空区综合治理工程、旅游文化街项目2个。计划启动重庆多泰药业公司重组、张三塘水库、孝子河城区段护岸整治、二水厂建设、兴隆井田开发、杰士杰工业园生活区项目6个。是年11月，区政府下达2005年重点项目24个，其中续建项目 12 个、新建项目 12 个。

2005 年，区政府调整重点项目 20 个，其中续建项目 9 个，新建项目 11 个。是年 11 月，区政府下达 2006 年重点项目 20 个，其中续建项目 9 个，新建项目 11 个。

2006 年，区政府调整重点项目 18 个，其中续建项目 10 个，新建项目 8 个，增加青山湖水库一期，无缝钢管生产，加油、加气站建设，南桐—双坝农村公路建设等 8 个新建项目。是年 11 月，区政府下达 2007 年重点项目 30 个，其中续建项目 10 个，新建项目 20 个。

2007 年 5 月，区政府调整 2007 年重点项目 30 个，其中在建项目为 10 个，调减加油、加气站建设，芙蓉小区危改工程，南桐—双坝农村公路建设等 4 项。新建项目为 20 个，增加天籁谷景区、万盛电厂废弃物综合利用、土地整治开发、三万南（三江—万盛—南川）铁路改造等 20 个项目。是年 11 月，区政府下达 2008 年重点项目 34 个，其中续建项目 13 个，新建项目 21 个。

2008 年 5 月，区政府调整 2008 年重点项目 34 个，其中续建项目 13 个，调减万盛电厂二期、羽毛球训练基地、秦汉夜郎王国等 13 个项目，新建项目 21 个，增加工矿棚户区改造工程、20 万吨 / 年醋酸、万金公路改造、万盛西区城市开发等。是年 11 月，区政府下达 2009 年重点项目计划，列入续建项目 19 个，新建项目 12 个。

2009 年 5 月，区政府调整 2009 年重点工作项目计划，列入重点项目 31 个，其中续建项目 19 个，减调万金公路改造、万盛二水厂、九锅箐森林公园等 6 个项目，新建项目 12 个，增加南万高速公路建设、人饮及水土保持工程、城市电网改造等。是年 11 月，区政府下达 2010 年重点项目计划，列入续建项目 24 个，新建项目 28 个。

2010 年 5 月，区政府调整 2010 年重点项目计划，列入重点项目 52 个，其中续建项目 24 个，新建项目 28 个。是年 11 月，区政府下达 2011 年重点项目计划，列入续建项目 30 个，新建项目 57 个。

2011 年 5 月，区政府 2011 年重点项目 87 个。在建项目为 30 个，调减黑山林场、八角游客服务中心、工程玻璃生产线等项目。新建项目为 57 个，增加南天门风电厂、丛林—北门公路、保健饮料灌装生产线、景区汽车营地、椅子台度假区建设、地质遗迹保护、矿山环境综合治理工程等项目。

2000—2011 年万盛区重点项目一览表

表 5-13

年份	在建项目	计划启动项目
2000	万盛石林深度开发、城乡民用燃气综合改造、金属镁、精美公司重组技改、景星白云石矿开发、綦江—万盛高速路、220 千伏变电站、汤家沟水库二期工程、农村电网改造、孝子河（万盛段）综合治理、生态环境建设	银碗槽水库、万盛大道、综合汽车站、旅游环线公路、万盛—水江一级公路、两河口污水处理厂、南桐特种水泥厂二期工程、工业园区基础设施建设、方竹笋产业化、鲤鱼河引水工程、洁净煤工程技改、方家山综合开发试验区
2001	崇庆浒石林开发、精美公司重组技改、景星白云石矿开发、万安玻璃公司技改、农网改造、綦江—万盛高速路、银碗槽水库、孝子河（万盛段）治理、电信大楼、广电宽带网	关坝—长塘口公路改造、万盛大道一期工程、工业园区基础设施建设、两河口污水处理厂、城乡民用燃气改造、方家山生态环境经济开发试验、汇洋金属镁、茶园改造名优茶扩产、夜郎食品公司技改、观井湾小区建设

续表

年份	在建项目	计划启动项目
2002	崇庆浒石林开发、万盛石林深度开发（三期）、汇洋金属镁、银碗槽水库、孝子河（万盛段）水污染整治、西部国债生态建设、清溪河小流域治理、杨树基地建设、农村能源长治工程、广播电视宽带网	万盛行政中心、黑山—石林景区旅游公路改造、天然气工程、一万吨/年锰锌钛氧体粉料、污水处理厂、特种水泥厂二期工程、红枫综合市场、农业产业化百万工程配套项目、方家山生态环境建设、汽车摩托车减震器
2003	綦江—万盛高速路、万盛大道一期工程、市民广场与行政中心、孝子河（万盛段）污水处理、生态环境建设、银碗槽水库、汽车客运中心、红枫综合市场、1×5万千瓦电厂、天然气一期工程	万盛大道二期工程、城市污水处理厂、迎宾大道、万盛—羊蹬公路改建、石林—九锅箐公路、万盛大酒店、白果树旅游接待中心、小工业品加工走廊、特色工业园区万盛组团基础设施建设、杰士杰工业园区
2004	綦江—万盛高速路、杰士杰重庆工业园、1×5万千瓦电厂、20万吨机焦工程、特色产业园区基础建设、万盛大道二期工程、万盛广场与招商大楼、城市污水处理厂、万盛—羊蹬公路改建、石林—九锅箐旅游公路、奥陶纪风景区、孝子河万盛段综合整治、生态农业	2×30万千瓦电厂、兴隆井田开发、福耀玻璃二期扩建、重庆市第四十九中学校异地新建、杰士杰重庆工业园配套生活区、公共事业建设、步行街建设、垃圾处理场、迎宾大道
2005	綦江—万盛高速路万盛连接线、福耀浮法玻璃生产线、制镜生产线、杰士杰重庆新材料产业化基地、万盛火电厂、城市污水处理工程、万盛区生活垃圾处理工程、腰子口—羊蹬公路改建工程、奥陶纪风景区建设工程、万盛大道二期工程	旅游文化街、采煤沉陷区综合治理工程、一次性医疗器械研发及生产、销售中心一期工程、亚通管材、芙蓉小区、莲池苑房地产项目、农业及生态建设、区人民法院、区人民检察院办公楼及看守所建设、农贸市场改造、城市供水管网建设、招商大楼建设、孝子河流域综合整治工程
2006	万盛火电厂、福耀浮法玻璃生产线、制镜生产线、兴隆井田开发、采煤沉陷区综合治理工程、城市污水处理工程、万盛区生活垃圾处理工程、旅游文化街、万盛大道二期工程、农业及生态建设、孝子河流域水污染综合整治	青山湖水库一期工程、芙蓉小区危改工程、无缝钢管生产、加油、加气站建设、万盛区城市道路路面改造、南桐—双坝农村公路建设、农民工订单式培训基地建设、田家炳中学综合楼建设、乡镇医院建设、海博金属镁冶炼技改
2007	万盛电厂、福耀浮法玻璃生产线、兴隆煤矿、采煤沉陷区综合治理工程、青山湖水库、旅游文化街、交通道路建设	天籁谷景区、万盛大道二期综合开发工程高中学校建设、万盛城区道路路面改造二期工程、公安分局、消防支队指挥中心建设、万盛电厂废弃物综合利用、房地产开发、土地整治开发、无缝钢管精轧项目、渝黔煤电化基地建设、万盛电厂二期、矿焦化冶联产项目、南桐化工厂生产线技改、三江—万盛—南川铁路改造、南川—万盛高速公路建设、国有煤矿沉陷区供水工程、渝黔煤电化基地供排水工程、羽毛球训练基地、孝子河流域水污染综合治理、石漠化治理、黑山八角小城、秦汉夜郎王国、黑山森林公园综合开发

续表

年份	在建项目	计划启动项目
2008	万盛大道二期综合开发工程、黑山生态小城旅游综合开发、南桐矿业公司兴隆煤矿采煤沉陷区综合治理工程、旅游文化街、公安分局指挥中心、海博镁业技改、南桐化工厂重组技改、天籁谷景区、南川—万盛高速公路建设、土地整治开发 福耀（万盛）浮法玻璃、电厂废弃物综合利用	工矿棚户区改造工程、20 万吨 / 年醋酸、文化体育活动中心、万金公路改造、南桐煤矿 120 万吨 / 年技改扩能工程、廉租住房一期工程、万盛西区城市开发、万盛二水厂、九锅箐森林公园、新农村建设项目、矿井废水再生利用、汇和镁业、万盛—关坝—赶水二级公路修建工程、煤电化基地供排水工程、博奥镁合金加工、南桐特种水泥 220 万吨 / 年生产线、高中学校建设、四星级酒店、40 万吨 / 年二甲醚、清溪河河道综合整治、石林景区深度开发
2009	20 万吨 / 年醋酸、工矿棚户区改造工程、南桐特水 220 万吨 / 年生产线、福耀（万盛）浮法玻璃生产线、兴隆煤矿、南桐煤矿 120 万吨 / 年技改扩能、万盛大道二期综合开发工程、万盛西区城市开发、金属镁综合利用及镁合金加工、四星级酒店、文化体育活动中心、进盛中学、田家炳中学、职教中心建设、黑山谷上档提质及休闲旅游综合开发项目、2008 年度土地整治开发、煤电化基地供排水工程、矿井废水再生利用、新农村建设项目、南川—万盛高速公路建设、采煤沉陷区土地复垦治理及土地整治开发	廉租住房工程、汽车离合器生产线、南川—万盛高速公路建设、万梨公路万盛段、人饮及水土保持工程、城市电网改造、万盛区垃圾处理场收运系统扩建项目、2009 年农村公路改造工程、万盛区公共卫生服务中心、森林工程、南桐电厂节能环保技改、三江—万盛—南川铁路改造
2010	20 万吨 / 年醋酸工程、南桐煤矿 120 万吨 / 年技改扩能、兴隆煤矿建设项目、南桐特水 220 万吨 / 年生产线、优质浮法玻璃生产线、黑山谷景区提升改造、新农村建设、棚改工程、廉租住房工程、万盛大道二期综合开发、四星级酒店、西区城市开发、文化体育活动中心、中小学校舍安全工程、万盛区公共卫生服务中心、森林工程、矿坑废水再生利用、南川—万盛高速公路万盛段、万梨路万盛段、板辽水库、电力基础设施建设、青山湖水库二期工程、采煤沉陷区土地整理开发、三江—万盛—南川铁路万盛段	工业固废综合利用项目、工程玻璃生产线、大巴钢化玻璃及电器底座玻璃生产线、金属镁综合利用及金属加工、原镁冶炼及镁合金生产线二期工程、机械加工、八角游客服务中心、江流坝接待服务区购物中心、响水村宾馆改扩建、黑山景区旅游休闲度假、鱼子岗生态休闲度假、万盛区旅游农产品开发、两河四岸景观综合整治、万盛公园景观提升工程、社会福利中心、青山湖湿地公园、水土保持治理工程、平翔煤矿瓦斯发电、景观人道综合整治工程、园区基础设施建设、82 万吨 / 年尿素项目、南桐矿业公司矿山设备制造、石林景区提升改造工程、山桐子种植与加工、黑山开心林场、旅游环线公路改造工程、农村公路通村通畅工程、鲤鱼河引水工程

续表

年份	在建项目	计划启动项目
2011	圣杰温泉假日酒店、白花美丽山乡度假区、龙鳞石海景区提升改造、20万吨/年醋酸工程、兴隆煤矿、优质浮法玻璃生产、高端铸件生产、爱优工业公司迁建、中小学校舍安全工程、工矿棚户区改造、西区城市综合开发、廉租住房工程、蒲辉·海棠晓月、渝南明珠、舜兴阳光国际、森林工程、南川—万盛高速公路、万盛—梨园坝公路、旅游环线公路改造、煤电化基地基础设施建设、电力基础设施建设、青山湖湿地公园、青山湖水库二期工程、鲤鱼河引水工程、工业固废综合利用、江流坝度假区、三江—万盛—南川铁路改造、黑山八角度假区、大黐谷旅游休闲度假区、土地整治	鱼子岗度假区、节能玻璃生产、新农村建设重点工程、社会福利中心、中小学标准化建设工程、人民医院综合楼改扩建、东城大道及万盛大道南延线工程、万盛花园房地产开发、蓝波湾楼盘、尚基·河畔盛景楼盘、观井湾楼盘、市容环境综合整治工程、农村环境综合整治示范、南桐支路片区旧城改造、巴渝新居及农村危旧房改造、文化馆片区旧城改造、万新农贸市场和电影院片区开发、文体中心游泳馆建设、黑山谷景区供水工程、藻渡河—关坝公路改造、建设组团场平工程、镁产业科技园区标准化厂房建设、西区配送中心建设、城市综合物流中心建设、青年—关坝片区天然气工程、圣地天伦生态园、二甲醚生产线建设、万盛镁合金加工厂、镁及镁合金深加工、矿山环境综合治理重点工程、地质遗迹保护、旅游生态区建设、椅子台度假区建设、景区汽车营地、影视文化创意产业园建设、60万吨/年焦炭、1.5万吨/年原镁、2×30万千瓦资源综合利用电厂、万盛电厂扩建2×66万千瓦机组、60万吨/年甲醇、20万吨/年烯烃、50万吨/年硝基复合肥、南天门风电场、南桐矿业公司矿山设备制造、50万吨/年钙化物生产、1.65万吨/年硅铁生产、7500支/年镁还原罐生产、托拉斯公司整体搬迁及扩能、保健饮料罐装生产线、“三所一队”迁建工程、黑山南门民警战训基地、青年镇市级特色中心镇供销社旧城改造、重庆—万盛—柳州铁路、万盛—正安高速公路、万盛—赶水高速公路、丛林—北门公路、黑山谷景区供气工程、关坝农贸市场改扩建

第四节　固定资产投资管理

一、计划管理

1986年1月，区计经委《关于加强固定资产投资管理试行办法》规定，各种基本建设和更新改造项目都必须纳入计划管理。

1989年1月，根据重庆市计委《关于加强全民所有制单位自筹资金基本建设投资管理的暂行补充规定》规定，取消自筹资金基本建设投资计划切块安排方式，改由重庆市计委综合平衡、择优安排。动用机动财力和预算外资金安排的幼儿园、中小学基本建设项目，纳入投资计划规模。4月，重庆市计委规定，采取切块方式管理集体投资计划，由区计经委在市计划核定的投资规模指标内分城镇、农村建设项目，安排到建设单位。11月，重庆市计委规定，危房改造应纳入固定资产投资范围。

2004年7月，《万盛区国有资金投资项目管理办法》规定，年度国有资金投资总量，列入国民经济和社会发展计划草案，经区人民代表大会审议通过后执行。

二、资金管理

1986年1月，区计经委《关于加强固定资产投资管理的试行办法》规定，固定资产投资的资金包括区财政的机动财力、各项税费超收分成、上级安排的城市建设费、交通建设费及各企事业单位允许用于固定资产投资的资金，资金使用需报区政府审定，实行“先存后批”原则。

1988 年 8 月，区计经委、区审计局和区内银行规定，自筹资金的基本建设项目要按自筹资金投资计划的 15% 认购重点企业债券，超过投资计划的部分按 30% 认购。

1989 年 1 月，《重庆市计划经济委员会关于全民所有制单位自筹基本建设投资管理暂行补充规定》规定，企业更新改造资金和大修基金、银行贷款、各类租赁资金、各项行政事业经费、应上缴的税金利润和流动资金等 7 类资金不得用作自筹基本建设的专项资金。4 月，《重庆市计划经济委员会关于加强我市集体所有制单位固定资产投资管理的暂行规定》规定，1989 年起，除工商银行、农业银行和农村信用社外，其他任何银行和非银行金融机构不得向集体企业发放固定资产投资贷款，集体所有制单位不得用各项行政事业经费、应上缴的税利、流动资金等投资固定资产建设。

1991 年 4 月，国务院取消建筑税，改按投资方向实行差额税率征收投资方向调节税。11 月，国家计委和国家税务局规定商品住宅、低档饮食服务网点和片区改造中的城市配套设施按 5% 征收投资方向调节税，楼堂馆所按 30% 征税，其余除适用零税率的商品房建设外按 15% 征税。

1997 年 3 月，万盛区实行资本金制度。建设项目资金统一规范为企业自有资金，区、乡（镇）、街道财政性资金，上级部门投入的资金，商业银行及非银行金融机构贷款，招商引资资金和个人集资资金。

2003 年 7 月，万盛区国债项目资金实行“三专一封闭”（在国有商业银行设国债资金专户，建立专账，明确专人管理，资金封闭运行）管理制度。

三、建设管理

1986 年 1 月，《万盛区计划经济委员会关于加强固定资产管理办法》规定，固定资产投资项目实行地区和部门首长负责制，固定资产投资项目实行项目负责制。

1993 年，《万盛区计划经济委员会关于建设项目实行业主负责制的暂行规定》规定，新开工和进行前期准备工作的投资项目，推行业主责任制。

1997 年 3 月，《万盛区加强固定资产投资管理的意见（试行）》规定，建设项目须首先确定投资责任主体，实行招标投标制，试行工程建设监理制。

2000 年 7 月，《重庆市人民政府关于实施建设项目法人责任制的规定》规定，只设分公司、分厂的新建、扩建项目，现有企业为项目法人；需新设立公司的项目，新设立公司为项目法人；市重点项目、非经营性项目，由安排投资的政府部门指定法人或采用招投标方式确定项目法人。

2002 年 5 月，《万盛区招投标管理暂行办法》规定了招标或者不招标项目的具体范围。

四、投资结构

固定资产投资管理受国家宏观调控影响，不同时期投资结构呈现不同特点。

“七五”计划（1986—1990 年）期间，全区固定资产投资主要投向公路、广电文化、卫生、危房改造及职工住房建设。1986—1990 年全区固定资产投资总额 5687.8 万元，其中技术改造投资 3800 万元、占 66.8%，基础建设投资 1887.8 万元、占 33.2%。

“八五”计划（1991—1995 年）期间，全区固定资产投资总额 55635.5 万元，其中基础建设投资 23036 万元、占 41.4%，竞争性项目投资 32599.5 万元、占 58.6%。

“九五”计划（1996—2000 年）期间，全区固定资产投资总额 137807.6 万元，其中公益性和基础建设投资 90805.6 万元、占 65.9%，竞争性项目投入 47002 万元、占 34.1%。

“十五”计划（2001—2005 年）期间，全区固定资产投资总额 357057.52 万元，其中基础性建设投资 164925.79 万元、占 46.2%，公益性项目投资 73230.78 万元、占 20.5%，竞争性项目投资 118900.95 万元、占 33.3%。

“十一五”计划（2006—2010 年）期间，全区固定资产投资 1438051 万元，年均增长 29.8%。按所有制分类，其中全民所有制项目投资 680811 万元、占 47.3%，集体所有制项目投资 1723 万元、占 0.1%，个体所有制项目投资 6561 万元、占 0.5%，其他经济所有制项目投资 748956 万元、占 52.1%。

2011 年，全社会固定资产投资 417740 万元，其中区内投资 366419 万元，跨地区投资 51321 万元。

1986—1995 年万盛区固定资产投资情况一览表

表 5-14　　单位：万元

年份		投资总额	投资分类								
			技术改造	基本建设	生产性	非生产性	所有制性质		投资项目类型		
							全民	集体	竞争性	基础性	公益性
“七五”时期		5687.8	3800.0	1887.8	3489.8	2198.0	2885.3	2802.5	–	–	–
其中	1986	935.6	572.0	363.6	284.6	651.0	453.8	481.8	–	–	–
	1987	1420.8	1145.0	275.8	1047.1	373.7	561.2	859.6	–	–	–
	1988	1448.0	863.0	585.0	1041.1	406.9	880.4	567.6	–	–	–
	1989	1077.0	655.0	422.0	620.0	457.0	456.4	620.6	–	–	–
	1990	806.4	565.0	241.4	497.0	309.4	533.5	272.9	–	–	–
“八五”时期		55635.5	–	–	–	–	–	–	32599.5	11496.0	11540.0
其中	1991	2295.5	–	–	1743.6	551.9	–	–	–	–	–
	1992	8832.0	–	–	–	–	6316.4	2515.6	–	–	–
	1993	11287.0	–	–	–	–	5322.0	5965.0	–	–	–
	1994	14300.0	–	–	–	–	–	–	–	13675.0	625.0
	1995	18921.0	–	–	–	–	–	–	8274.0	3245.0	7402.0

1996—2005 年万盛区固定资产投资情况一览表

表 5-15　　单位：万元

年份		投资总额	投资项目类型		
			竞争性	基础性	公益性
“九五”时期		137807.6	47002.0	51420.0	39385.6
其中	1996	17901.6	8304.0	1876.0	7721.6
	1997	25613.0	10670.0	7541.0	7402.0
	1998	30467.0	11643.0	8003.0	10821.0
	1999	31932.0	7798.0	17439.0	6695.0
	2000	31894.0	8587.0	16561.0	6746.0
“十五”时期		357057.6	118901.0	164925.8	73230.8

续表

年份		投资总额	投资项目类型		
			竞争性	基础性	公益性
其中	2001	37700.0	21164.0	9466.0	7070.0
	2002	48579.0	22244.0	20043.0	6292.0
	2003	66071.6	18120.0	36334.1	11617.5
	2004	102615.2	29174.0	49529.2	23912.0
	2005	102091.8	28199.0	49533.5	24339.3

说明：1.1994年起，投资体制改革，实行分类管理，划分为竞争性、基础性和公益性项目三大类；2.2005年投资额为区发计委统计数据

2006—2010年万盛区固定资产投资情况一览表

表5-16　　单位：万元

年份		投资总额	投资分类			
			全民所有制	集体所有制	个体所有制	其他经济所有制
“十一五”时期		1438051	680811	1723	6561	748956
其中	2006	231046	60030	0	134	170882
	2007	139591	48499	230	4080	90454
	2008	245648	98532	9000	2403	143813
	2009	371246	214810	800	770	155586
	2010	450520	258940	513	2846	188221

第二章　统计管理

第一节　专业统计

1984—2011年，全区执行的定期统计报表主要有农业、工业、商贸、固定资产投资、劳动工资、建筑业、房地产开发和综合平衡统计8项。

一、农业统计

1986—2011年，农业统计报表分为年度报表和定期报表。各时期统计调查的办法、内容和统计指标均有一些变化。其中2000年后变化较大，新增加种植业、特色项目、农业产业化龙头企业生产经营、农业产业化基地和农村经济等5种报表，取消农业产值1990年不变价的计算方法。

二、工业统计

1986—1999 年，工业统计范围只限于统计独立核算工业企业的产值、产量和财务指标。执行的报表有《独立核算大中型工业企业主要指标》《全民所有制独立核算工业企业单位数、总产值、净产值和主要财务指标》《集体所有制独立核算工业企业单位数、总产值、净产值和主要财务指标》《其他经济类型独立核算工业企业户数、总产值和主要财务指标》和《非独立核算工业企业户数、总产值》等 7 个表种。

1999 年起，执行新的工业统计报表制度，分为年报表和定期报表。统计范围改为国有企业规模以上（年销售收入 500 万元）工业企业和非国有企业。统计指标在原来要求统计工业企业户数、产值的基础上，增加销售额、利润等效益指标。年报表有《法人单位基本情况》《规模以上工业企业生产情况》《规模以上工业企业财务状况》和《工业产销总值及速度》等。1999 年后，工业统计年报表和定期报表执行的表种未变，但要求统计的指标逐年增多，至 2005 年，工业统计要求统计的指标达 500 余项，较 1986 年增加 40% 以上。

2006—2011 年，工业统计包括能源统计和科技统计。能源统计报表包括《工业企业能源购进、消费及库存》和《工业企业用水情况报表》；科技统计包括《工业企业科技投入产出》等表式。

三、商贸统计

商贸统计分为年报和月报，统计指标主要反映社会商品零售总额。2003 年以前，采取由区工商行政管理分局登记注册的商贸企业、私营企业和个体经营户的销售收入等汇总后报统计局的方式统计。2003—2011 年，采取全面调查和抽样调查相结合的方式统计。抽样调查限额以上的批发、零售企业和住宿餐饮企业及个体经营户。统计指标分为批发业、零售业、住宿餐饮业及其他行业四类，分别统计商品销售额、零售额、商品购销存和商品结构等指标。

四、固定资产投资统计

1986 年，固定资产投资统计综合年报表分为基本建设和更新改造两套报表，有 18 表种。统计范围仅限于全民所有制企业和集体所有制企业基本建设和更新改造投资。

1999 年起，开始将私营企业和个体企业投资额 30 万元以上的基本建设和购置固定资产纳入统计范围。

2005—2011 年，固定资产投资统计年报表有《固定资产投资统计基层标准表》《城镇和工矿区私人建房情况表》《农村非农业固定资产投资统计表》和《农村私人投资情况统计表》4 个表种；定期报表有《固定资产投资完成情况月报表》《全社会固定资产投资情况季报表》和《农村私人投资情况季报表》3 个表种。

五、劳动工资统计

1986—2011 年，劳动工资统计分为季报、年报。每季度末设季报、年终报送年报。统计范围主要是规模以上（500 万元）工业企业，限额以上（200 万元）商贸企业和城镇有关部门从业人员劳动工资变动情况。

六、建筑业统计

1986—1996 年，建筑业统计分为全民所有制建筑业和集体所有制建筑业企业两类。统计内容主要包括建筑企业经济效益、工程质量、财务成本、体制改革和效益等情况，有 12 ~ 16 个表种。

1997—1999 年，不分全民和集体两类企业统计，改为《更新改造、基本建设投资完成情况》《建筑企业生产完成情况》和《财务状况统计表》3 个表种。

2000 年起，试行全面统计与抽样调查相结合的统计方法。全面统计资质三级以上（含三级）的建筑企业，抽样调查资质四级以下（含四级）的建筑企业。

2005—2011 年，建筑业统计有《建筑企业生产情况》《建筑企业财务情况》《建筑企业房屋建筑完成情况》和《劳务分包建筑企业生产经营情况》4 个表种。

七、房地产开发统计

房地产开发统计始于 1998 年。1998—2002 年，只统计年报。2003 年起，增加月报。同时房地产开发企业按全部开发项目汇总填报年报，月报表调整为按总投资 50 万元以上开发项目单独填报。

2003—2011 年，房地产开发统计年报有《法人单位基本情况》《产业活动单位基本情况》《房地产开发统计基层表》和《房地产开发财务状况》4 个表种；定期月报有《房地产开发统计基层表》1 个表种。该表由《房地产企业基本情况》《房地产开发企业资金来源情况》和《房地产开发项目情况表》3 表组成，统计指标 130 余项。

八、综合平衡统计

1986 年，综合平衡统计报表为《地区国民经济和社会发展主要统计指标》。统计指标包括全民基本情况、总人口数、土地面积、工农业产值、固定资产投资、商业、劳动工资、财政金融、文化、教育和卫生等 8 大类、125 个指标。1988 年，《地区国民经济和社会发展主要统计指标》改为《国民经济和社会发展主要指标》，指标增加到 167 项。2005 年，《国民经济和社会发展主要指标》改为《重庆市三大经济区社会经济环境监测报表》。统计指标有综合经济、土地人口与劳动力、农业、工业、建筑业、交通运输、邮电通信、固定资产投资、商业、对外贸易、财政、金融、保险、教育、卫生、科技、文化、人民生活、社会保障、社会治安、城市建设和生态环境 16 大类、304 项指标，新增《三大经济区社会经济环境综合检测统计月（季）报表》。统计指标包括反映区域国民经济和社会发展规模、结构和速度效益等综合指标。

2006—2011 年，综合统计指标包括生产总值、农业、工业、商贸、对外贸易、固定资产投资、建筑与房地产开发、邮电运输业、人民生活、金融和保险、财政与税收、教育、卫生、体育、城市建设与生态环保、人口与劳动就业、社会保障及福利、社会治安计 18 项、368 个指标。新增各镇主要指标、区生产总值历史数据等经济指标。

第二节　统计调查

1989—2011 年，万盛区开展人口普查 3 次，第三产业普查 1 次，基本单位调查 2 次，工业普查 1 次，农业普查 1 次，经济普查 1 次。

一、人口普查

（一）第四次全国人口普查

普查以 1990 年 7 月 1 日零时为标准时点，7 月 1—10 日，普查登记全区常住人口。全区常住人口 265250 人，比 1982 年第三次全国人口普查数增加 35378 人。是年 11 月 26 日发布区人口普查公报。

（二）第五次全国人口普查

普查以 2000 年 11 月 1 日零时为标准时点，11 月 1—10 日，普查登记全区常住人口。全区常住人口 265743 人，比第四次全国人口普查数增加 493 人。2001 年 4 月 4 日发布区人口普查公报。

（三）第六次全国人口普查

普查以 2010 年 11 月 11 日零时为标准时点，11 月 10 日，普查登记全区常住人口。全区常住人口 255776 人。受行政区划调整影响，万盛区第六次全国人口普查未发布统计公报。

二、第三产业普查

普查以1992年10月31日为标准时间，以1991年、1992年为资料调查年度，普查和抽查辖区内的第三产业独立核算企业（含私营企业、“三资”企业）、行政、事业单位和领取营业执照的城乡个体经营户的属性［包括所在乡（镇）、街道，隶属关系、业务主管部门、经济类型、核算形式、行业种类、开业时间等］、经济指标（包括总产出、中间消耗、增加值、附营收入、年末固定资产原值等），即普查登记独立核算单位，抽取1%个体经营户核查。

1991年年末，全区第三产业个体经营户3213家，注册资金129.48万元。1992年年末，第三产业独立核算单位628家，其中企业324家，机关事业单位304家；第三产业个体经营户3747户，注册资金163.21万元。通过对第三产业个体经营户的抽样调查、推算，1991年第三产业个体经营收入4646.20万元，经营成本3133万元，营业利润1142万元，上缴税收370.12万元。1992年第三产业个体经营户营业收入5737.17万元，营业成本5254万元、营业利润1026.66万元，上缴税金426.58万元。

三、基本单位普查

（一）第一次全国基本单位普查

普查以1996年12月31日为标准时间，以1996年为资料调查年度，采取普查对象填表，普查办公室复核抽样汇总的方式，普查登记全区所有法人（企业法人、事业法人、机关法人、社会法人和群众自治组织法人）及法人所属产业活动单位的基本信息（单位代码、名称、法定代表人、电话号码、邮政编码、地址等）、属性（行业类别、经济类别、隶属关系、主管部门等）、基本经济活动（从业人员数、注册资金、固定资产、销售收入、开业时间、经营状况等）及其他信息（执行的会计制度种类、产业活动单位归属法人单位情况等）四个方面的信息和数据。1996年12月下旬开始普查，1997年6月结束。

1996年年末，全区有法人862家，其中企业法人765家，机关社团法人97家；法人所属产业活动单位423家。

（二）第二次全国基本单位普查

普查以2001年12月31日为标准时间，以2001年为资料调查年度，采取划分普查小区逐个查清办法，普查登记全区所有法人及其所属产业活动单位的基本标志、主要属性、基本状态和主要数据。

2001年年末，全区有法人1030家，其中企业法人547家，事业法人160家，机关法人107家，社团法人14家，其他法人202家；法人所属产业活动单位1742家。

四、工业普查

1996年1月1日至12月31日，万盛区开展第三次全国工业普查。普查以1996年12月31日为标准时间，以1996年为资料调查年度，普查对象为区内全部工业和附营工业生产单位，乡及以上独立核算工业企业和附营工业生产单位，年产品销售收入（营业收入）在100万元以上的村办工业、私营工业、个体工业、合作工业，由企业填表直报的方式登记；年产品销售收入（营业收入）不足100万元的村办工业、个体工业、合作经营工业和生产单位，由企业（生产单位）填建议卡片，普查办公室录入微机，以报表的方式登记。

调查内容包括工业企业基本情况、财务状况、劳动情况、工业产品生产、销售库存情况、主要工业产品销售库存实物量、附营单位生产情况、工业原材料，能源消费与库存、能源加工转换、工业企业科技活动情况、主要经济技术指标、工业产品生产能力、工业生产设备及其新旧程度、工业设备技术状况、工业产品质量、工业产品销售收入情况和工业企业部分合资情况等10余个系列的信息和数据指标。

五、农业普查

普查以1997年1月1日为标准时间，1996年为资料调查年度，采取以行政村划分普查小区，逐户上门登记的形式，分5个普查登记表逐项登记农业生产单位（村、社、农户、茶场、林场、果园和饲养场）、非农业生产单位（乡镇企业、村社办企业和农村个体工商户）的从业人数、耕地面积、农田水利设施配套情况、产量产值及经营状况等信息和数据。是年6月结束。

六、经济普查

普查以2004年12月31日为标准时间，2004年为资料调查年度，普查登记区内从事第二产业、第三产业的全部法人单位、产业活动单位和个体工商户的基本属性、就业人员、财务状况、生产经营情况等方面的信息和数据。普查工作于2005年7月1日开始，是年12月结束。2006年2月6日，发布万盛区第一次经济普查主要数据公报。

（一）基本情况

2004年年末，全区有第二、第三产业法人单位880家，其中企业法人456家，机关事业法人276家，社团法人39家，其他法人109家；产业活动单位1358家；个体经营户8681家，其中第二产业452家（工业429家、建筑业23家），第三产业8229家（主要有交通运输业1602家，批发和零售业4173家，住宿和餐饮业886家，租赁和商务服务业68家，教育业4家，卫生和社会福利业97家，居民服务和其他服务业639家，文化体育和娱乐业292家）。第二、第三产业就业人员58452人，其中第二产业31021人、占53.1%，第三产业27431人、占46.9%。

全区登记注册企业578家，其中国有企业31家，集体企业132家，股份合作制企业28家，国有联营企业1家，其他联营企业2家，国有独资企业6家，其他有限责任公司67家，股份有限公司19家，私营企业164家，其他内资企业125家，中国香港、中国澳门、中国台湾地区投资企业1家，外商投资企业2家。

全区产业活动单位1273家，其中农林牧渔业2家，采矿业109家，制造业145家，电力燃气及水生产供应业16家，建筑业24家，交通运输仓储邮政业28家，信息传输、计算机、服务业8家，批发和零售业284家，住宿和餐饮业33家，金融业22家，房地产业27家，租赁和商务服务业25家，科学研究技术服务和勘探业48家，水利环境和公共设施管理22家，居民服务和其他服务业21家，教育业124家，卫生、社会保障和娱乐业24家，公共管理和社会组织311家。

（二）第二产业基本情况

2004年，全区第二产业法人企业257家，就业人员28773人。其中工业法人企业234家，就业人员23828人；建筑业法人企业23家，就业人员4945人；工业个体户429家，就业人员2141人；建筑业个体户23家，就业人员107人。主要工业产品原煤303.14万吨，发电量1.96亿千瓦时，水泥31.08万吨，烧碱5.38吨；建筑业法人企业总产值20549万元，建筑业个体户经营收入262万元。工业法人企业经营收入130975万元，利润9485万元；建筑业法人企业工程结算收入14453万元，利润282万元。

（三）第三产业基本情况

2004年，全区第三产业法人企业199家，就业人员3615人；行政事业及其他法人单位424家，就业人员7133人；个体经营户8229家，就业人员16683人。全区交通运输仓储设备和邮政收入1955万元，利润26万元；交通运输个体户收入17823万元；房地产收入15746万元，利润798万元；批发和零售收入40369万元，利润1560万元；批发和零售业个体户收入45860万元，住宿餐饮业收入983万元，利润90万元；住宿业个体户收入797万元；餐饮业个体户收入11667万元。

（四）生产总值历史数据修订

区统计局利用第一次经济普查资料，核算2004年全区生产总值，核算出2004年全区正常总值与年报的生产总值差距较大，为保持地区生产总值数据的历史可比性，采用国际常用的趋势离差法修订1993—2004年地区生产总值的历史数据。

1993—2004年万盛区生产总值修订数据值一览表

表5-17　　　　单位：万元

年份	生产总值	第一产业	第二产业			第三产业
			合计	工业	建筑业	
1993	63519	10321	31322	27798	3524	21876
1994	77705	16018	35290	30787	4503	26397
1995	94586	22850	39329	32976	6353	32407
1996	104592	23166	44524	37050	7474	36902
1997	116646	24500	51081	37849	13231	41065
1998	118824	24200	49290	35646	13644	45334
1999	112751	24500	42297	30612	11685	45954
2000	116672	24911	41472	31855	9617	50289
2001	126190	25071	44045	34170	9875	57074
2002	129347	25883	44461	33945	10516	59003
2003	144057	26660	52140	40337	11803	65257
2004	168987	29357	66878	54823	12055	72752

第三章　物价管理

第一节　物价变化

一、农副产品价格

（一）粮油价格

1992年以前，农副产品价格是国家计划管理的基本价格，实行统购统销、议购议销以及合同订购价格。1992年以后，国家放开粮油价格和粮油经营，价格主要是宏观调控，实行收购保护价和指导价，销售限价以及定购粮收购价等价格形式，集市粮食交易价格均自由议价。

1986年，南桐矿区粮食丰收，全区各乡镇开放粮食市场，价格随行就市，按质议价。

1987年3月，区产特级米销售价由每千克0.33元调为0.34元。1994年6月，重庆市9区（含南桐矿区）特级中籼米每千克1.90元，标一中籼米1.78元，特一粉2.02元，特二粉1.84元，玉米1.16元，菜油8.40元。

1996年7月，区特米每千克2.94元，标一米2.78元，标二米2.68元，特一粉2.68元，特二粉2.58元，标准粉2.28元。凭票凭证小包装特米（聚乙烯塑料袋装6千克）19.14元，小包装标一米（编织袋装6千克）18.00元，特一粉挂面每千克3.16元，特二粉挂面3.06元。

（二）经济作物及其制品价格

1. 茶叶

1986年8月，南桐矿区集市沱茶、花茶零售价平均调升11.95%，批零差统一按13%执行。

1986年南桐矿区沱茶花茶零售价格一览表

表5–18　　单位：元/千克

品名	级别	价格		调整价	
		零售价	批发价	零售价	批发价
丛林沱茶	–	6.80	6.08	7.50	6.64
云峰沱茶	–	6.80	6.08	7.50	6.64
清屏沱茶	–	4.60	4.06	5	4.40
佛山沱茶	–	7	6.28	7.70	6.80
渝南沱茶	–	7	6.28	7.70	6.80
渝城沱茶	–	7.75	6.70	8.40	7.44
茉莉花茶	一级	17	15.18	20	17.70
茉莉花茶	二级	14.60	13.04	15.80	13.98
茉莉花茶	三级	10.40	9.28	11.80	10.44
茉莉花茶	四级	9	8.04	10.20	9.02
茉莉花茶	五级	7.8	6.96	8.40	7.44
茉莉花茶	六级	5.20	4.60	5.80	5.14
花碎茶	特级	5.20	4.60	5.20	4.60
花碎茶	一级	3.40	3.04	3.40	3.04
花末茶	–	3	2.64	3	2.64
花片茶	–	2.60	2.30	2.60	2.30

1987年6月，区产毛峰绿茶50克（一市两，精装，下同）零售价2.85元，一级茉莉花茶1.24元，二级茉莉花茶1.03元，三级茉莉花茶0.80元，茉莉花礼品茶1.29元。外组云南茶叶（试销）下关大理沱茶零售价每500克（一市斤，下同）6.45元，勐海沱茶6.45元，下关便装甲级沱茶7元，下关盒装甲级沱茶7.75元，南涧凤凰沱茶6.85元，勐海盒装春蕊9.35元，云南听（罐或筒）装速溶咖啡15元。8月，区物价局核准区产丛林甲级沱茶零售价0.47元/50克，渝南沱茶0.42元/50克。10月，核准渝城甲级沱茶零售价1.07元/100克（个），南桐沱茶0.77元/100克（个）。12月，核定渝城甲级沱茶零售价由1.07元/个上浮至1.44元，丛林甲级沱茶由0.47元/个上浮至0.62元，南桐沱茶由0.77元/个上浮至1.15元。

1988年，渝城甲级沱茶由1.44元/个调至1.58元，渝城沱茶调至1.5元/个，渝南沱茶调至1.42元/个，南桐沱茶调至1.38元/个，丛林云峰沱茶调至1.38元/个，清屏沱茶调至1.0元/个，渝林沱茶调至 1.24 元 / 个。

1992 年 4 月，区产特级散装茉莉花茶零售价每千克 40 元，特一级 34 元，一级 29 元，二级 24 元，三级 19 元，四级 15 元。

2. 蔬菜

1988 年，区内蔬菜购销差率实行分类差率管理，因气候影响增产或减产季节，蔬菜经营部门可视其情况，采取“菜多烂价时可在指导价下浮 20% 对菜农保护收购；菜紧价高，市价高出指导价一倍以上时，按市价倒扣 20% ~ 30%”执行。1991 年，区政府决定在蔬菜产销体制改革以前，适当提高莲花白、瓢儿白、水藤菜、圆白萝卜 4 种菜收购指导价，同时取消国合企业零售环节价格水平控制和申报制度，实行差率管理和必要时限价管理，放权给经营单位。1992 年，蔬菜价格本着“管淡放旺”精神，只适当管理 5 个大品种的价格，其他的随行就市。

1992 年南桐矿区集市蔬菜价格一览表

表 5-19　　　　单位：元 / 千克

品种	等级	6月					7月				
		5 日	10 日	15 日	20 日	25 日	5 日	10 日	15 日	20 日	25 日
藤菜	一等	0.8	0.6	0.8	0.6	0.6	0.6	0.6	0.4	0.4	.03
豇豆	一等	1.2	1.2	1.0	1.0	1.0	0.8	0.8	1.0	0.6	0.6
西红柿	一等	1.0	0.4	1.0	1.2	1.2	1.0	1.0	0.6	0.6	0.5
青椒	一等	0.8	0.8	1.0	1.0	1.0	1.0	1.4	0.8	0.8	0.9
茄子	一等	1.0	1.0	0.8	0.8	0.8	0.9	1.2	0.9	0.8	0.8
黄瓜	一等	0.6	0.6	0.8	0.6	0.8	0.8	0.8	0.7	0.7	0.7
南瓜	一等	0.6	0.6	0.5	0.5	0.6	0.6	0.4	0.4	0.4	0.4
冬瓜	一等	—	—	0.8	0.8	0.8	0.8	0.8	0.6	0.6	0.6
丝瓜	一等	2.4	2.4	1.4	1.4	1.4	1.0	1.0	0.9	0.9	0.8
莴笋	一等	0.6	0.6	0.6	0.8	0.8	-	-	-	-	-

（三）养殖类产品价格

1. 猪肉、牛肉

1986 年 10 月，南桐矿区鲜猪肉销售均价每市斤（500 克）1.22 元，冻猪肉 1.50 元。

1987 年 7 月，猪肉的销售指导价格随生猪收购指导价上浮而浮动，鲜肉带骨统货由每千克 2.44 元调至 2.60 元，无骨腿夹鲜肉由每千克 3.10 元上调至 3.20 元，冻肉由每千克 3.00 元调至 3.10 元；销售价格由区食品公司自定，集体肉店的零售价，在国营企业进货的按国营价格执行，自组货源的按不高于当地当时国营价格的 10% 销售。猪肉价格调整后，凭票供应穆斯林民众的牛肉（无骨、不分黄牛水牛肉）由每千克 2.20 元调至 2.50 元。

1988 年 5 月，调整区城镇居民凭票定量供应的猪肉价格，带骨统货由每千克 2.60 元调至 4 元，无骨腿夹最高限价 4.90 元（不分鲜冻）。凭票供应穆斯林民众的牛肉（无骨、不分黄牛水牛肉）由每千克 2.50 元调至 3.9 元。鉴于生猪出栏小旺季和市场供应情况，带骨统货、无骨腿夹肉和牛肉每千克均下浮 0.40 元作为 6 月 1 日执行的销售价格；其余不分猪肉的销售指导价格仍由区食品公司自定。

1989 年 3 月，因集市粮价上涨，养猪成本增大，为稳定市场价格，区城镇居民凭票定量供应的猪肉价格年内不变。

1992 年 1 月，市政府取消城镇居民凭票定量供应，猪、牛、羊肉敞开供应。

1994 年 9 月，区政府决定对区食品公司销售的猪肉国家储备部分的批发、零售价格实行调价备案制。

2. 牛奶

1986 年 5 月，区物价局调整区畜牧场牛奶价格：市场销售煮沸牛奶每 500 克由 0.28 元调至 0.32 元，鲜牛奶由 0.26 元调至 0.30 元；供应行业煮沸牛奶由 0.26 元调至 0.30 元，鲜牛奶由 0.25 元调至 0.29 元；议价粮牛奶可以上浮 0.05 元。8 月，冰冻鲜牛奶市场销售价每袋 0.30 元。12 月，瓶装牛奶每 500 克 0.38 元。

1988 年 3 月，订奶户瓶装煮沸牛奶调至 0.44 元，零售散装（打提）煮沸牛奶调至 0.40 元，生牛奶（打提）调至 0.38 元；议价粮牛奶可另加粮差 0.04 元，只可下浮，不可上浮；供应医院、托儿所等单位的煮沸牛奶（散装）调至 0.38 元；饮食业销售的热甜牛奶每杯［净重 190 克（含糖 15 克）］0.24 元，冻牛奶每杯（250 克）0.27 元；白酸牛奶每瓶（250 克）出厂价 0.32 元，零售价 0.36 元；果汁酸牛奶每瓶（250 克）出厂价 0.39 元，零售价 0.45 元。5 月，区畜牧场 200 克瓶装（软塑）冻牛奶零售价每瓶 0.35 元。

1989 年 5 月，区政府决定牛奶销售价每 500 克提高 0.07 元，个体、集体奶场的牛奶每 500 克可以上浮 0.04 元。

1990 年 1 月，订奶户瓶装煮沸牛奶由每 500 克 0.45 元调至 0.47 元，散装打提由 0.47 元调至 0.51 元；供应医院、托儿所等单位的煮沸牛奶（瓶装）每 500 克由 0.45 元调至 0.51 元；饮食业销售的热甜牛奶每杯由 0.24 元调至 0.28 元，淡牛奶每杯由 0.27 元调至 0.33 元；个体、集体奶场的牛奶每 500 克可以上浮 0.06 元。12 月，取消牛奶凭票和收粮票规定，实行指导价。煮沸牛奶（瓶装）每 500 克由 0.54 元调至 0.66 元，散装（打提）由 0.51 元调至 0.63 元；供应医院、托儿所等单位的煮沸牛奶（瓶装）每 500 克由 0.51 元调至 0.63 元；饮食业销售的热牛奶价格不作调整。

1993 年 1 月，牛奶及其制品（包括送奶费）价格放开，国家指导价、定价改为市场调节价，企业可根据季节产销情况自行确定收购和销售价格。

二、轻工业品价格

（一）棉纺织品价格

1. 针棉制品

针棉制品包括毛巾、汗衫、背心、棉衣、棉裤、卫生衫裤、床单和锦纶袜等。1986 年 1 月，实行按质论价，针棉制品全部执行优质优价、优质加价，获国家金、银奖，部、省（自治区、直辖市）优质奖的产品分别加价 15%、10%、5%，7.5 号以下（80 支及以上）高支纱及其制品的厂销价可上浮 10%。

1989 年 12 月，国家调整和整顿棉纱、棉布和针棉制品价格，重申不得以任何名目和形式另外加价，针棉制品价格属于国家管理，不实行计划内和计划外两种价格，各地自定的临时办法一律取消。32 支普梳精漂圆领衫（90 厘米）每件 3.85 元，32 支浅色棉毛男衫（90 厘米）每件 7.27 元，32 支浅色小开口男裤（90 厘米）每条 7.54 元；精梳涤棉混纺（T65/C35）制品执行新的国家标准后，其优等品价格在一等品基础上加价 3%。

2. 棉絮

1987 年 9 月，棉絮价格按整斤重量棉絮价格减去同级棉絮的衣花重量价格计算。

1988 年 12 月，一、二级棉絮、衣花统一销售价恢复为 1984 年 8 月 15 日前的价格，即一级衣花由每 0.5 千克 2.60 元恢复至 2.90 元，一级 2.5 千克棉絮由 16.50 元恢复至 17.57 元。

1989 年 11 月，区三级衣花零售价每千克 7.82 元，三级棉絮 2.5 千克每床 23.58 元。

1990年10月，三级衣花每千克7.82元调为10.24元，三级棉絮2.5千克每床23.58元调为32.10元。

1993年11月，三级衣花每千克10.24元调为13.40元，三级棉絮2.5千克每床32.10调为40.10元。

1988—1993年南桐矿区棉絮零售价格表

表5-20　　单位：元/床

规格	日期	等级						
		一级	二级	三级	四级	五级	六级	七级
0.5千克	1988-12-10	4.76	4.52	–	–	–	–	–
	1989-11-16	6.74	6.53	6.11	5.92	5.57	4.87	4.52
	1990-10-30	8.30	8.10	7.80	7.30	6.80	6.00	5.50
	1993-11-15	10.40	10.10	9.80	9.20	8.70	7.70	7.10
1千克	1988-12-10	8.34	8.07	–	–	–	–	–
	1989-11-16	11.91	11.47	10.60	10.19	9.44	7.93	7.21
	1990-10-30	15.10	14.50	13.90	12.90	11.90	10.10	9.10
	1993-11-15	18.90	18.30	17.50	16.30	15.20	13.00	11.90
1.5千克	1988-12-10	11.56	10.13	–	–	–	–	–
	1989-11-16	17.16	16.48	15.15	14.53	13.38	11.00	9.96
	1990-10-30	22.00	21.10	20.10	18.70	17.10	14.30	12.80
	1993-11-15	27.40	26.40	25.30	23.50	21.70	18.40	16.70
2.0千克	1988-12-10	14.73	14.16	–	–	–	–	–
	1989-11-16	22.19	21.26	19.39	18.55	16.94	13.76	12.22
	1990-10-30	28.70	27.50	26.20	24.00	22.00	18.00	16.00
	1993-11-15	35.70	34.30	32.70	32.20	27.80	23.20	20.80
2.5千克	1988-12-10	17.57	16.87	–	–	–	–	–
	1989-11-16	27.16	25.94	23.58	22.51	20.46	16.38	14.40
	1990-10-30	35.40	33.80	32.10	29.30	26.70	21.70	19.10
	1993-11-15	43.90	42.00	40.10	36.90	33.80	28.00	24.80
3千克	1988-12-10	20.87	20.03	–	–	–	–	–
	1989-11-16	32.19	30.72	27.84	26.52	24.03	19.08	16.66
	1990-10-30	42.00	40.10	38.20	34.70	31.60	25.40	22.10
	1993-11-15	52.10	49.90	47.60	43.60	39.90	32.80	29.00
3.5千克	1988-12-10	22.23	21.34	–	–	–	–	–
	1989-11-16	37.17	35.43	32.03	30.46	27.54	21.70	18.87
	1990-10-30	48.60	46.50	44.20	40.10	36.40	29.10	25.30
	1993-11-15	60.30	57.70	54.90	50.30	45.90	37.50	33.00

续表

规格	日期	等级						
		一级	二级	三级	四级	五级	六级	七级
4 千克	1988-12-10	25.14	24.12	–	–	–	–	–
	1989-11-16	42.18	40.20	36.28	34.49	31.11	24.39	21.12
	1990-10-30	55.40	52.80	50.10	45.50	41.20	32.90	28.40
	1993-11-15	68.60	65.60	62.40	57.00	52..00	42.32	37.10
4.5 千克	1988-12-10	27.94	26.78	–	–	–	–	–
	1989-11-16	47.15	44.91	40.47	38.45	34.62	27.01	23.33
	1990-10-30	62.00	59.10	56.10	50.90	46.00	36.50	31.60
	1993-11-15	76.70	73.40	69.80	63.70	58.00	47.00	41.20
5 千克	1988-12-10	30.74	29.45	–	–	–	–	–
	1989-11-16	52.12	49.62	44.66	42.40	38.13	29.65	25.52
	1990-10-30	68.70	65.40	62.00	56.30	50.80	40.20	34.60
	1993-11-15	84.90	81.20	77.10	70.40	64.00	51.70	45.20

（二）百货、文化用品价格

1986 年后，除学生作业本、名牌缝纫机等少数百货、文化用品实行计划管理外，其余均放给企业，出厂价、批发价、零售价实行市场调节。1988 年因物价上涨过快，国家干预火柴、肥皂、洗衣粉、牙膏等价格。1991 年起（受监审的肥皂、洗衣粉、牙膏和铝锅外），百货、文化用品价格全部放开。

1. 学生作业本

1986 年 2 月，区物价局将区商业局、教育局、二轻局和二轻供销公司提供的学生作业本（36 开、30 页）零售价每本 0.06 元调为 0.08 元。12 月，调为 0.18 元。

1989 年 1 月，区物价局核定区新星印刷厂生产的中、小学作业本（36 开、30 克有光纸、30 页）每本零售价 0.30 元，不达要求的按 18 开每本 0.36 元，36 开每本 0.18 元处理。

万盛区学生作业本零售价格表

表 5-21　　单位：元 / 本

调价时间	名称及规格	零售价	
		调价前	调价后
1986 年 2 月 5 日	36 开 30 页（30 克 #1、#2 白有光纸）	0.06	0.08
	18 开 30 页（30 克 #1、#2 白有光纸）	0.12	0.16
	18 开 30 页大字本（30 克 #1、#2 白有光纸）	0.16	0.21
	25 开 20 页图画本（60 克 #1、#2 书写纸）	0.10	0.13
	24 开 30 页外语本（60 克 #1、#2 书写纸）	0.18	0.24

续表

调价时间	名称及规格	零售价	
		调价前	调价后
1987 年 3 月 10 日	36 开 30 页（30 克 #1、#2 白有光纸）	0.08	0.12
	18 开 30 页（30 克 #1、#2 白有光纸）	0.16	0.24
	18 开 30 页大字本（30 克 #1、#2 白有光纸）	0.13	0.20
	25 开 20 页图画本（60 克 #1、#2 书写纸）	0.21	0.28
	24 开 30 页外语本（60 克 #1、#2 书写纸）	0.24	0.35
1989 年 12 月 25 日	36 开 30 页（30 克 #1、#2 白有光纸）	0.12	0.18
	18 开 30 页（30 克 #1、#2 白有光纸）	0.24	0.36
	18 开 30 页大字本（30 克 #1、#2 白有光纸）	0.28	0.38
	25 开 20 页图画本（60 克 #1、#2 书写纸）	0.20	0.30
	24 开 30 页外语本（60 克 #1、#2 书写纸）	0.53	0.44

2. 肥皂、洗衣粉

1988 年 4 月，“重庆牌”53 型（300 克）民用肥皂零售价由每条（俗称“联”）0.51 元调为 0.73 元。1989 年 11 月，每条 0.73 元调为 0.92 元。1990 年 7 月调为 1.09 元。1995 年 3 月调为 2.0 元，53 型（270 克）每条 1.81 元。

万盛区肥皂洗衣粉零售价格

表 5–22

品名及规格	单位	调价时间					
		1989 年 11 月 20 日		1990 年 7 月 10 日		1995 年 3 月 15 日	
		调价前	调价后	调价前	调价后	调价前	调价后
重庆牌肥皂（53 型 300 克）	元 / 条	0.73	0.92	–	1.09	–	2.00
重庆牌肥皂（53 型 270 克）	元 / 条	–	–	–	–	–	1.81
鹅牌袋装洗衣粉（500 克）	元 / 袋	1.24	1.81	–	1.96	–	–
鹅牌袋装洗衣粉（500 克增白或加香）	元 / 袋	1.31	1.86	–	2.01	–	–
鹅牌袋装洗衣粉（500 克加酶）	元 / 袋	1.38	1.97	–	2.06	–	–
鹅牌袋装洗衣粉（500 克彩漂或加酶）	元 / 袋	–	–	–	2.06	–	–
鹅牌袋装洗衣粉（501 克彩漂或加酶）	元 / 袋	1.49	2.06	–	2.16	–	–
鹅牌袋装洗衣粉（250 克）	元 / 袋	0.64	0.93	–	1.00	–	–
蜀绣牌袋装洗衣粉（500 克）	元 / 袋	1.39	1.91	–	2.06	–	–
蜀绣牌袋装洗衣粉（500 克增白或加香）	元 / 袋	1.44	1.96	–	2.11	–	–

（三）家用电器价格

1. 电冰箱

1987—1988 年，重庆产电冰箱仍实行调价申报制度，部分市外产电冰箱参照产地价格和重庆市价格实行零售最高限价，低于限价销售不限；没有规定零售最高限价的市外电冰箱（包括进口原装）的加价按产地或口岸地物价部门规定的批发价作为计价依据，顺加运费率（省外产品 4.5%，省内 2%）后，再增加 7% 的综合差率制订批发价，再增加 10% 的批发零差率制订零售价格。区物价局规定，除执行市物价局的管理办法外，在市零售价的基础上再增加 1.7% 的中小城市差率，制订南桐矿区零售价格；从重庆市近郊区进的货没有最高限价的，要在市零售价的基础上再增加 2% 制订区零售价格。

1987—1988 年南桐矿区部分电冰箱零售最高限价一览表

表 5-23　　单位：元 / 台

品牌	型号规格	产地	零售最高限价			
			第一批	第二批	第三批	第四批
万宝	158L 双门直冷	广州	1511	1530	–	–
万宝	155L 双门风冷	广州	1702	1724	–	–
葵花	100L 双门	上海	838	849	–	–
双鹿	CG145L 单门	上海	1310	–	–	–
华日	150LE 双门	杭州	1217	1233	–	–
华日	185L 双门	杭州	–	–	1851	–
中意	185L 双门	长沙	1913	1938	–	–
中意	230L 双门	长沙	2165	2193	–	–
香雪海	125L 单门	美国	809	819	840	–
香雪海	170L 双门	美国	1618	1639	1749	–
雪花	150L 单门	北京	893	905	–	–
雪花	185L 单门	北京	1095	1109	–	–
长庆	137L 单门	南溪	886	898	923	–
长庆	180L 双门	南溪	–	–	1746	–
将军	150L 双门	重庆	1761	1784	–	–
五洲阿里斯顿	185L 双门	重庆	1752	1775	–	–
阿里斯顿	230L 双门	重庆	2095	2122	–	–
波拉	175L 单门	波兰	–	–	1038	–
萨拉托夫	150L 双门	苏联	–	–	1058	1106
阿克梯克	140L 单门	罗马尼亚	–	–	928	–
明斯克	250L 双门	苏联	–	–	–	2295
半球	217L 双门	湛江	–	–	–	2438
琴岛 – 利勃海尔	212L 双门	青岛	–	–	2031	–
沙松	BY140L 单门（日本主件）	沙市	–	927	–	–
家美乐	BY160L 双门（意大利主件）	沙市	–	1324	–	–
双燕 – 夏普	BC140LA 节能单门	成都	–	883	–	975
沈努西	180L 双门	沈阳	–	–	1887	1958

续表

品牌	型号规格	产地	零售最高限价			
			第一批	第二批	第三批	第四批
容声	166LC 型平背式双门	顺德	–	–	–	1882
齐洛瓦	190L 双门	丹东	–	–	1824	2101
冰峰	135LA 型双门单温	天津	–	–	996	–
都乐	110L 单门	柳州	–	–	733	–
美菱	185L 双门	合肥	–	–	1695	–

2. 彩色电视机

1988 年 4 月，四川省物价局提高长虹牌、成都牌彩色电视机产地零售价，重庆市亦随之调整市产金鹊牌、红岩牌、三洋牌彩色电视机零售价，凡带遥控功能的同类型产品可再加 140 元，具有其他功能的不另加价。5 月，彩电实行专营管理，未售完的彩电由区五金交电公司按规定的出厂价收购。

1990 年，37 厘米（14 英寸）售价由 1190 元调为 1250 元，47 厘米 18 英寸）由 1700 元调为 1900 元，51 厘米（20 英寸）由 1900 元调为 2100 元，56 厘米（22 英寸）由 2100 调为 2300 元，53 厘米（21 英寸）平面直角由 2400 元调为 2700 元。

1988 年 4 月南桐矿区彩色电视机零售价格一览表

表 5–24　　单位：元 / 台

品牌	产地	规格型号	近郊六区零售价	区零售价	备注
长虹	绵阳	51 厘米（20 英寸）	2380	2408	带遥控器
长虹	绵阳	51 厘米（20 英寸）	2237	2264	
长虹	绵阳	47 厘米（18 英寸）	2034	2058	
长虹	绵阳	37 厘米（14 英寸）	1373	1389	
成都	成都	51 厘米（20 英寸）	2237	2264	
成都	成都	47 厘米（18 英寸）	1986	2007	
成都	成都	37 厘米（14 英寸）	1322	1338	
金鹊、红岩	重庆	51 厘米（20 英寸）	2200	2226	
金鹊、红岩	重庆	47 厘米（18 英寸）	1950	1973	
其他品牌	省外	56 厘米（22 英寸）	2400	2429	获奖与否同价
松下	日本	56 厘米（22 英寸）	3000	3026	进口与组装同价
松下	日本	51 厘米（20 英寸）	2750	2783	进口与组装同价
松下	日本	47 厘米（18 英寸）	2350	2378	进口与组装同价
松下	日本	40 厘米（16 英寸）	1850	1872	进口与组装同价
松下	日本	37 厘米（14 英寸）	1500	1518	进口与组装同价
松下	日本	53 厘米（21 英寸）遥控立式平面直角	3300	3340	进口与组装同价

（四）副食品价格

1991 年以前，食糖、味精等少数副食价格由物价部门管理，多数下放企业自行定价。1991 年后，国家改革食糖计划管理形式，食糖和其他副食品的出厂、调拨、批发、零售价格陆续放开。

1987—1990 年南桐矿区食糖零售价格一览表

表 5–25

调整时间	品名及规格	单位	批发价	零售价	备注
1987.11.24	红糖	元 / 千克	1.22	1.40	
1987.12.07	冰糖	元 / 千克	2.02	2.30	
	红糖	元 / 千克	1.28	1.46	砖糖、碗糖、篓糖
1988.07.01	一级散装白砂糖	元 / 千克	2.15	2.44	
	一级塑料袋装白砂糖（500 克）	元 / 袋	1.14	1.30	市糖酒公司包装
1989.12.20	一级散装白砂糖	元 / 千克	2.30	2.60	计划内
	一级散装白砂糖	元 / 千克	2.74	3.10	计划外
	一级塑料袋装白砂糖（500 克）	元 / 袋	1.20	1.35	市糖酒公司包装
1990.11.01	一级散装白砂糖	元 / 吨	3048.00	–	
	一级散装白砂糖	元 / 千克	–	3.46	
	一级塑料袋装白砂糖（500 克）	元 / 袋	1.57	1.78	

1987—1990 年南桐矿区酿造品零售价格一览表

表 5–26

品名	等级及规格	厂家	单位	调价时间	调整价
酱油	二级塑料瓶装	区酿造厂	元 / 千克	1987.05.28	0.6
川味豆腐乳	3.5 × 3.5 × 1.6 厘米	区酿造厂	元 / 块	1988.01.28	0.05
南桐香醋	散装	区酿造厂	元 /500 克	1988.06.15	0.45
云峰酱油	二级散装	青年酿造厂	元 / 千克	1989.02.27	0.60
云峰麸醋	二级散装	青年酿造厂	元 /500 克	1989.02.27	0.45
酱油	二级散装	区酿造厂	元 / 千克	1989.11.25	0.72
酱油	二级塑料瓶装	区酿造厂	元 / 千克	1989.11.25	0.90
酱油	三级散装	区酿造厂	元 / 千克	1989.11.25	0.47
酱油	鲜味塑料袋装	区酿造厂	元 / 千克	1989.11.25	1.10
酱油	海味塑料瓶装	区酿造厂	元 / 千克	1989.11.25	1.10
甜酱	一级散装	区酿造厂	元 / 千克	1989.11.25	0.64
小辣方豆腐乳	3.5 × 3.5 × 1.6 厘米	区酿造厂	元 / 块	1989.11.25	0.065
小白方豆腐乳	3.5 × 3.5 × 1.6 厘米	区酿造厂	元 / 块	1989.11.25	0.058
小五香豆腐乳	3.5 × 3.5 × 1.6 厘米	区酿造厂	元 / 块	1989.11.25	0.058
川味豆腐乳	3.5 × 3.5 × 1.6 厘米	区酿造厂	元 / 块	1989.11.25	0.07

续表

品名	等级及规格	厂家	单位	调价时间	调整价
黄豆鼓	散装	区酿造厂	元 / 千克	1989.11.25	1.25
酱油	二级塑料瓶装	区酿造厂	元 / 千克	1990.12.04	1.26
酱油	鲜味塑料瓶装	区酿造厂	元 / 千克	1990.12.04	1.53
酱油	海味塑料瓶装	区酿造厂	元 / 千克	1990.12.04	1.53
酱油	蒜味塑料瓶装	区酿造厂	元 / 千克	1990.12.04	1.53
南桐香醋	玻璃瓶装	区酿造厂	元 /500 克	1990.12.04	0.80
黄豆豉	散装	区酿造厂	元 / 千克	1990.12.04	2.00
甜酱	一级散装	区酿造厂	元 / 千克	1990.12.04	1.64
小辣方豆腐乳	3.5 × 3.5 × 1.6 厘米	区酿造厂	元 / 块	1990.12.04	0.09
小白方豆腐乳	3.5 × 3.5 × 1.6 厘米	区酿造厂	元 / 块	1990.12.04	0.08
小五香豆腐乳	3.5 × 3.5 × 1.6 厘米	区酿造厂	元 / 块	1990.12.04	0.08
川味豆腐乳	3.5 × 3.5 × 1.6 厘米	区酿造厂	元 / 块	1990.12.04	0.08

三、水、电、气价格

（一）自来水价格

1986 年，城区居民生活用水价 0.18 元 / 立方米，砚石台地区 0.08 元 / 立方米。1988—2008 年，万盛区多次调整居民生活用水、工业用水等价格。2008 年，万盛区居民生活用水价格为 2.06 元 / 立方米，工业用水 2.41 元 / 立方米，建筑类用水 2.71 元 / 立方米，商业用水 3.06 元 / 立方米，环卫用水 1.76 元 / 立方米，纯净水厂、饮料厂用水 20 元 / 立方米，洗车用水、经营性洗浴用水 5 元 / 立方米（含水资源费，不含污水处理费）。

1988—2011 年万盛区自来水价格一览表

表 5–27　　单位：元 / 立方米

调价时间	用水地区或供水单位	居民生活用水	工业生产用水
1988.05.01	万盛地区	0.10	0.20
1988.05.01	砚石台地区	0.10	0.10
1988.09	万盛地区	0.25	0.35
1988.09	砚石台地区	0.15	0.15
1991.04.01	区自来水公司、青年镇自来水站	0.35	0.50
1993.01	青年镇自来水站	0.45	0.50
1993.06.01	万盛地区	0.50	0.60
1994.09.21	区自来水公司	0.70	0.90
1994.11.28	关坝镇自来水厂	0.70	0.90
1994.11.28	南桐矿务局	0.70	0.90
1996.05.01	万盛地区	0.80	1.10
1996.10.24	晋林机械厂对外供水	0.70	0.90

续表

调价时间	用水地区或供水单位	居民生活用水	工业生产用水
1997.08.22	桃子地区	1.00	1.30
1997.09.18	砚石台地区	1.00	1.00
1998.08.01	青年地区	1.05	1.20
1999.08.01	南桐矿务局	0.80	1.30
2000.07.25	万盛地区	1.05	1.65
2000.07.25	砚石台地区	1.30	1.30
2000.07.25	桃子、支路地区	1.35	1.85
2000.08.25	南桐矿务局	1.15	1.65
2005.03.01	万盛地区	1.75	2.10
2008.01.01	万盛地区	2.06	2.41

（二）生活用电价格

万盛区农村电网改造前，电力供应主要以綦南供电局直供和南桐矿务局转供为主，以区小水电直供、国营厂矿转供为补充。区物价部门管理除綦南供电局直供电价外的并入地方网的小水、小火电价格，其中包括南桐矿务局、国营厂矿的转供电以及乡镇小水电上南桐矿务局网的电价。因农村供电设施陈旧、供电能力不足、电能质量差、网损高等原因，农村电价较高。1999—2002 年，农村电网改造、电力体制改革，取消水电站电力经营资格，綦南供电局在各乡镇设立直管营业站，全区农村以及由綦南供电局辖区和南桐矿务局传供电区域，实现城乡电力同网同价，城乡居民生活照明用电 0.432 元 / 千瓦时。

2006 年，万盛区居民用电每千瓦时 0.52 元，非居民用电 0.72 元，商业用电 0.84 元，非普工业用电 0.661 元，大工业用电 0.537 元，农业生产用电 0.458 元，农业排灌用电 0.226 元。

1991—1996 年万盛区农村居民生活用电价格一览表

表 5–28　　　　单位：元 / 千瓦时

调价时间	调价单位	金额
1991.10.01	南桐矿务局	0.1947（高压）0.1980（低压）
1992.04.01	晋林机械厂	0.28
1992.04.01	丛林乡水电站	0.27
1992.05.01	关坝乡电管站	0.26
1992.06.01	金桥乡电管站	0.29
1992.07.01	南桐矿务局	0.2047（高压）0.208（低压）
1992.07.01	南天乡电管站	0.32
1992.08.10	青年镇电管站	0.29
1993.04.01	南桐矿务局	0.244（高压）0.255（低压）
1994.01.01	晋林机械厂	0.30
1994.01.15	南桐矿务局	0.245（高压）0.255（低压）

续表

调价时间	调价单位	金额
1994.01.15	南天乡电管站	0.34
1994.06.14	丛林镇电管站	0.33
1995.01.01	平山机械厂	0.296
1995.08.21	平山机械厂	0.33
1996.08.01	景星乡、南天乡电管站	0.40
1996.08.01	晋林机械厂	0.40

1997—2011 年万盛区城乡居民生活用电价格一览表

表 5–29　　单位：元 / 千瓦时

调价时间	调价单位	金额		
		小于 1 千伏	1 千伏 ~ 10 千伏	35 千伏
1997.07.15	丛林镇、景星乡、南天乡电管站	0.492	0.376	0.366
1997.11.01	张三塘水电站（对南桐镇金兰村）	0.470	–	–
1997.11.01	张三塘水电站（对金桥乡三台村）	0.530	–	–
2000.07.01	南桐矿务局对外供电	0.396	0.386	0.386
2002.12.11	南桐矿务局对外供电	0.432	0.422	0.422
2004.01.01	南桐矿业公司	0.432	0.422	0.422
2004.06.24	南桐矿业公司	0.432	0.422	0.422
2004.08.13	南桐矿业公司	0.463	0.453	0.453
2005.05.01	南桐矿业公司	0.463	0.453	0.453
2006	南桐矿业公司	0.52	0.51	0.51
2008.7.4	万盛供电分局，恒泰万盛电厂，方盛电厂，南桐矿业公司	0.52	0.51	0.51
2009.11.20	万盛供电分局，恒泰万盛电厂，方盛电厂，南桐矿业公司	0.52	0.51	0.51
2011.6.1	万盛供电分局，恒泰万盛电厂，方盛电厂，南桐矿业公司	0.52	0.51	0.51

（三）燃气价格

万盛区居民生活用燃气有半水煤气、石油液化气、天然气和南桐矿务局的瓦斯，价格均由区物价局制订和管理。1984 年，南桐矿务局规定在定量内局内职工用户每立方米 0.02 元，局外用户 0.08 元。1985 年调整为局内职工用户每立方米 0.03 元，局外用户 0.25 元。1989—1998 年，万盛城区部分居民使用半水煤气；1994 年开始使用石油液化气；2003 年开始使用天然气。

1989—1998 年万盛区民用半水煤气价格一览表

表 5-30　　单位：元 / 立方米

调价时间	出厂价	生活用气		集体用气		营业用气	
		调价前	调价后	调价前	调价后	调价前	调价后
1989.02.25	–	–	1.10	–	–	–	–
1991.04.01	–	–	1.15	–	–	–	–
1992.08.01	–	–	–	0.15	0.30	–	–
1993.10.01	–	–	–	–	–	–	0.80
1995.07.01	0.13	–	0.25	–	–	–	–
1995.08.01	–	–	–	0.30	0.50	–	–
1998.04.26	0.23	–	0.35	0.50	0.70	0.80	1.00

1994—2011 年万盛区石油液化气零售价格一览表

表 5-31　　单位：元 / 瓶

调价时间	规格及质量	调价前	调价后	备注
1994.12.15	14 ± 0.5 千克	–	55	
1996.04.01	13 ± 0.5 千克	55	60	
2002.06.23	13 ± 0.5 千克	60	55	最高限价
2003.01.06	13 ± 0.5 千克	55	60	最高限价
2003.01.06	5 千克	22	25	最高限价
2004.08.26	13 ± 0.5 千克	60	65	最高限价
2005.09.14	13 ± 0.5 千克	65	70	最高限价
2011.02.20	11 千克	80	80	最高限价 85

2003—2011 年万盛区天然气价格一览表

表 5-32　　单位：元 / 立方米

调价时间	生活用气	工业用气	集体用气	商业用气
2003.03.17	1.36	1.01	1.76	2.06
2006	1.36	1.26	1.92	2.22
2010.4.25	1.36	1.463	2.00	2.30
2010.6.29	1.36	1.844	2.3	2.30

四、专卖商品价格

（一）食盐价格

1986—2011 年，食盐价格一直实行国家定价，价格管理权限在国家、省、市政府物价部门。

1989 年，500 克散装食盐 0.28 元，500 克塑料袋 0.34 元。1991 年，500 克散装食盐 0.32 元，500 克塑料袋 0.38 元。1994 年，500 克散装食盐 0.50 元，500 克塑料袋 0.55 元。1996 年，500 克单膜袋食

盐 0.70 元。2000 年，1000 克复合膜袋食盐 1.90 元。2003 年，500 克铝膜方袋食盐 1.40 元，500 克铝膜自立袋 1.50 元，500 克纸塑方袋 1.50 元。

（二）酒类价格

1989 年，500 毫升白料扁玻璃瓶诗仙太白酒批发价 9.43 元，零售价 10.6 元；250 毫升分别为 5.23 元、5.83 元；125 毫升分别为 2.68 元、3.01 元。

1991 年，重庆市物价局陆续放开省外产瓶装白酒、全国名酒、重庆啤酒价格。1993 年起，重庆市物价局完全放开酒类价格管理（除 1994 年限定重庆啤酒实行外），由企业自定价格。

第二节　价格管理

1984 年 2 月，南桐矿区物价局成立，设物价检查所。1992 年 7 月，区信息价格认证中心成立，与区物价检查所合署办公，从事与价格有关的咨询，评估认证，履行各类价格咨询服务、价格评估、鉴定、调解、仲裁服务。2001 年更名区价格认证中心，履行由刑事犯罪、行政处罚、行政评估、国家赔偿和法律援助案件的涉案物资的价格认定职能。

1985 年，国家取消药品全国统一价，价格改由省（自治区、直辖市）管理；“双轨制”管理工业生产资料价格；取消生猪收购制度，实行合同收购，改生猪收购国家定价为国家指导下的议价，南桐矿区国营和集体食品部分经营的生猪价格由区政府确定指导价格，包括生猪收购的最低限价和猪肉的最高销售限价。

1986 年，南桐矿区猪肉价格放开，1992 年后敞开销售，放开猪肉、蔬菜等鲜活副食品价格；取消粮食统购政策，实行合同订购，把超购加价改为“倒三七”比例计价（即三成按原统购价，七成按原超购价）；农村粮食销售由购销价格倒挂改为购销同价；提高铁路短途运价等一系列重大改革，物价上升幅度较大，全年物价指数比 1985 年增长 7%。是年 5 月，国家将单一的计划价格改为国家定价、国家指导价和市场调价价三种价格形式。

1987 年，国务院规定企业根据国家下达的指令性计划生产和调拨的产品必须执行国家规定的价格，实行国家指导性计划的产品也要执行；国家允许企业自销的生产资料由国家物价部门制订全国统一最高价，企业可在最高限价或浮动幅度内自行定价，但企业之间不得串通商定垄断价格。是年 7 月，四川省规定企业超产、自销的生铁、钢材、有色金属、废钢、烧碱、化肥、农药、农膜、木材、水泥、汽车、煤油、汽油、柴油等重要生产资料，凡国家有限价规定的按国家规定执行，国家没有规定的按省规定的限价执行，省没有规定的，各地区可根据实行情况确定当地限价或指导价；凡国家、省、市、地、州没有规定的，可由双方协商议价或进入生产资料市场按市场价格销售。是年，南桐矿区提高粮食和蚕茧收购价，把粮油议价经营的利润控制在 3% 以内，对企业定价的主要农副产品实行差价管理和调价申报制度。1 月、7 月、11 月 3 次调整生猪收购价，由 1986 年的 1.46 元 / 千克增加到 2.2 元 / 千克，调整碳铵、电石、皱纹纸、啤酒、白酒、雪糕、农用薄膜、运输车票、黑白照相纸及旅馆住宿价格。

1988 年 1 月，国务院再次强调重要的生产资料生产企业只有在完成指令性计划履行合同的情况下，才允许自销留成和超产的产品。凡由国家供应主要原料的必须执行国家价格；国家没有提供原料或执行国家价格确有困难的，经过批准后其价格可在一定幅度内浮动。进入市场交易的重要生产资料，其价格应置于国家监督之下，严禁倒买倒卖。是年，国家允许同一市场、同一商品以多种价格存在，恢复品质、季节、地区、城乡差价。

1989 年，重庆市物价局规定，计划内的生产资料不得转为计划外高价销售，调整价格必须按规定的审批权限，不得越权；计划外的实行最高限价，废金属价格实行限价和差率、差价管理。是年，区政府实行物价双重控制目标责任制，采取 5 项措施确保物价控制目标。

1990—1992 年，南桐矿区较大幅度调整民用煤、小水电、部分农业生产资料、成品油、自来水、食盐、粮油、电力、煤气、水泥、卫生纸和猪肉等 47 类、299 个品种商品价格，适当调整医疗、教育、广播、电视、理发和黑白照相等 6 类、60 项行政事业和经营性收费。36 家国合商业企业除执行国家定价商品外，其余商品价格放开，由企业自主定价。1991 年 9 月，国家取消原油、成品油、钢材、生铁、纯碱等计划外生产资料全国统一限价。

1993 年，万盛区调整本地碳铵、自来水、搬运装卸、水、电价格。国家定价商品比重在社会商品零售额、农副产品收购额、生产资料销售额中分别仅占 6%、12%、18%。

1994 年 3 月，区政府征收经营化肥、农药、农膜、农用柴油等农资的单位和个人价格调节基金，碳铵 5 元 / 吨，尿素 20 元 / 吨，磷肥 2 元 / 吨，农药 100 元 / 吨，农膜 100 元 / 吨，农用柴油 100 元 / 吨。

1995 年，区物价调控小组成立，将物价控制目标责任分解到有关部门，差率花管理市场粮油价格，并限定最高价，改农业生产资料的国家指导价为国家定价；整顿旅店业、停车场、房地产、公路、农贸市场收费；在全区中小学和部分企业建立收费卡制度等措施平抑市场物价，全年市场物价涨幅逐月回落。

1997 年 10 月，区物价局建立药品价格公布制度，定期公布药品价格信息，供药品生产、经营企业和医疗机构了解并执行药价政策。

1996—2000 年，区政府建立和完善行政事业收费年审、缴费登记卡、农民负担监督卡制度，相继制订《农村电力管理办法》《自来水价格管理办法》和《公路客运、旅游行业、医疗行业明码标价》等一系列物价管理制度。5 年间，调整电力、煤气、餐饮业、自来水、粮油、种子、化肥、农药和交通运输等行业的价格。

2001 年，调整价格结构，对区内城市居民用电实行超时基数、分别用电优惠价格管理。调整自来水安装费、成品油价格；改南桐支路至关坝公路双向收费为单向收费；调整并公布 69 种列入国家基本医疗保险目录的药品零售价格，药品价格降低 20% 左右；重新核定旅游业、出租车、工商行政管理收费标准。

2002 年，降低“一户一表”安装收费标准，规定农村电网收费，降低农村综合电价、制止农村电网改造中的乱收费行为。

2004 年，实行峰谷分时电价，丰枯季节电价和涉农电价管理，区物价印发《加强化肥和粮食作物价格管理的通知》，制止不合理涨价，适当调整蚕茧收购价格，中籼稻最低收购价格。组织自来水和天然气价格听证会。

2005 年，建立应对价格异常波动的预警机制，加强对垄断行业的价格监管，适当调整公路客运、数字电视及城市居民生活用水价格。

2006 年，推进电价、水价改革，加强涉农、教育、公交客运、有线电视等商品和服务收费管理。

2007 年，规范义务教育和高中阶段的收费项目标准，调整民用天然气售价和成品油批零差率。

2008 年，实行电煤价格临时干预措施；摸底调查成品油、天然气、城乡供水、高耗能企业用水价格，水、电、上网电价、生猪生产、运输、销售环节和商品房、经济适用房价格、建筑材料、煤炭（特别是电煤）供应情况。

2009 年，取消轮子坡、青年站等二级公路收费站，重新核定该线路客运票价；监测检查甲型 H1N1 流感防治药品、材料结构，确保基本药品零售指导价执行到位。

2010 年，调整区内工业、商业、集体和车用天然气价格，重新核定车用天然气附加费价格。

2011 年，提高价格监测分析质量，预测价格走势和主要商品市场供应变化情况，健全应对价格异常波动预警机制。

1987—1994 年万盛区物价指数统计表

表 5-33

年份	物价指数	年份	物价指数
1987	110.9	1991	106.1
1988	123.3	1992	110.0
1989	116.5	1993	116.3
1990	101.0	1994	145.0

说明：表中的价指数是以上年物价为 100 对应计算出的当年物价数值

第三节　行政事业性收费管理

行政性和事业性收取的费用是国家财政资金，实行收支两条线管理。1987 年 12 月，国家物价局公布第一批行政事业性收费管理目录，共计 67 个大项、447 个小项。

1987 年 7 月，南桐矿区清理整顿收费领导小组成立，清理整顿全区国家机关、事业单位的行政事业性收费及各类企业个体工商户的经营性收费。

1988 年，区清理整顿收费领导小组逐项审查全区 45 个部门、163 个单位执行的 278 项各类收费和 805 种收费标准，核实后颁发收费许可证，取缔乱收费项目 25 项，降低收费标准 41 项，补办或缓办收费许可证 55 个，收费项目 146 种。

1989 年 3 月起，全区实行亮证收费制度。

1990—1992 年，通过治理“三乱”（乱收费、乱罚款、乱集资）、“四查”（查收费项目、查收费范围、查收费标准、查集资用途）和“四整顿”（整顿项目、整顿标准、整顿票证、整顿章法），规范公安、房管、教育、卫生、国土和交通等部门的收费标准及行为，取缔不合理收费 25 类、41 项。1992 年，查出 19 个单位违规收费 6.9 万元，清理 54 所中小学收费，取消不合理收费 33 项，清退 1.02 万元。

1993 年，《万盛区物价局关于进一步实施行政事业收费许可证和商品明码标价的通知》实施，规范行政事业收费行为。清理农民负担，取缔达标升级收费 43 项，乱集资 37 项。查出 119 家企业 1992 年度负担的缴费项目 451 项，缴费总额 787.77 万元，职工人均负担 572.71 元，其中行政事业性收费 2952 项，收费 633.07 万元，占企业负担总额的 80.36%，无收费许可证或擅自立项向企业收费 43 项，提高收费标准 22 项，经区政府批准取消或停止收费 15 项。

1994 年 1 月，万盛粮站、区物资回收公司、区针纺百货公司、区化肥厂、区化工厂等 8 家企业试行缴费登记册制度。

1996 年，区政府废止不合理的行政事业收费 27 项，降低收费标准 12 项，处理 10 个单位违规收费 4.8 万元。全区中小学、区农办、区农业局建立缴费登记卡制度。

1997年，全区27个部门329个单位有收费项目189项，收费总额5054.64万元，较1996年增长12.34%。

1998年，重点检查教育、医疗系统涉农收费和农业、文化、国土、计划生育等系统收费，没收非法所得4.47万元，取消试卷费、报酬费和针药费等一批自立或不合理收费项目。

1999年，查出5所中学、7所小学违规收费6.74万元，清退6.26万元，取消自立项目32项，没收非法所得0.24万元。推进收费改革，取消区工商分局、计划生育等部门收费31项。

2000年，将收费许可证年审与收费检查结合，取消不合理收费60项，降低收费标准8项，将19个部门验审合法的收费项目分期分批在《万盛报》上公布。

2001年，验审和清理32个部门、312个单位的收费项目，重新审定收费项目169项，取消24项，改10项行政事业收费为经营性收费，停止执行收费项目10项。规范旅游行业、出租车市场和工商行政管理部门收费。

2002年，取消行政事业性收费项目55项，改18项行政事业性收费为经营性收费。建立涉农价格收费监督网络，开展涉农价格和收费检查。

2004年，印制万盛区涉农价格和服务费公示手册，制止乱收费行为。

2005年，完善义务教育阶段“一费制”收费办法，治理教育乱收费行为；规范房地产和物业管理收费行为及秩序；检查农民工和下岗职工再就业收费。

2007年，召开关坝自来水公司价格听证会，拟定居民自来水价格为1.16元/立方米。重新核定万盛—南坪高速公路的客运票价为36元/人。累计调整2400余种中、西成药最高零售价。

2008年1—10月，征收煤炭价格调节基金1517.4万元。

2009年，调整万盛—关坝客运票价，从6元/人调整为5.5元/人。九锅箐森林公园门票从15元/人调至20元/人，景区内3条线路电瓶车价分别为10元/人、3元/人、8元/人。

2010年，审计124个行政事业收费许可证，项目52个，涉及资金6579.376万元。

第四节　物价监督

1986—2005年，万盛区物价局重点检查电力、公安、卫生、工商、国土、农业和学校等行政事业收费及垄断行业经营性收费，涉及群众基本生活必需品、日用工业品、工、农业生产资料、医疗服务和公用事业服务等收费，查处各类价格违法案件1359件，违法金额547.54万元，责令清退210.08万元，罚没337.46万元。

2006—2011年，查处各类违法案件26件，违法金额294.04万元，责令清退88.07万元，罚款205.97万元。

1986—2011年万盛区查处物价违法案件情况表

表5-34

年份	案件数量（件）	处罚金额（万元）		
		合计	罚没金额	责令清退
1986	3	0.13	0.13	–

续表

年份	案件数量（件）	处罚金额（万元）		
		合计	罚没金额	责令清退
1987	41	2.34	2.28	0.06
1988	145	53.79	52.96	0.83
1989	200	63.17	63	0.17
1990—1992	161	176.48	116.06	60.42
1993	318	1.56	0.54	1.02
1994	35	14.34	14.34	-
1995	13	4.87	0.07	4.8
1996—2000	339	91.66	37.02	54.64
2001	24	21	2	19
2002	27	33.1	2.6	30.5
2003	27	8.74	0.2	8.54
2004	20	50.86	34.35	16.51
2005	6	25.5	11.91	13.59
2006	1	1.02	1.02	-
2007	5	2.27	0.37	1.9
2008	4	2.15	1.55	0.60
2009	7	22.15	21.43	0.72
2010	5	91.83	7.11	84.72
2011	4	174.62	174.49	0.13

第五节　价格认证

1992 年 7 月，南桐矿区信息价格服务所成立，与区物价检查所合署办公。

1993—2005 年，区信息价格事务所接受价格评估认证 2528 件，评估价额 1802 万元，提供价格咨询服务 368 件（期）。

2006—2011 年，接受价格评估认证 2160 件，评估金额 1730 万元，提供价格咨询服务 409 件。

1993—2011 年万盛区价格事务工作情况表

表 5-35

年份	价格服务（件、期）	价格评价（件）	评价金额（万元）
1993—1997	102	252	161
1998	28	95	45

续表

年份	价格服务（件、期）	价格评价（件）	评价金额（万元）
1999	22	120	90
2000	24	110	200
2001	24	120	150
2002	24	220	415
2003	24	588	204
2004	24	570	200
2005	96	453	337
2006	88	460	330
2007	80	400	300
2008	75	390	280
2009	60	350	290
2010	56	300	260
2011	50	260	270
合计	777	4688	3532

第四章　工商行政管理

第一节　管理机构

一、万盛区工商行政管理分局

1986年，南桐矿区工商行政管理局（简称区工商局）设有行政科、人事教育科、企业管理科、市场管理科、经济合同管理科和个体经济管理科等6个科室。是年2月，设立企业管理所，为区工商局直属机构，履行企业年检和万盛、东林、南桐3个工商所辖区的企业监管职能。

1987年6月，区工商局设立经济检查所，为区工商局直属机构，履行全区经济检查办案职能。1990年8月，增设商标广告管理科。1993年4月，南桐矿区工商行政管理局更名万盛区工商行政管理局。1995年2月，增设法制科。1999年8月，工商行政管理体制改革，区工商局转交重庆市工商行政管理局，为市工商局直属机构，更名重庆市工商行政管理局万盛区分局（简称区工商分局）。

2001年10月，区工商分局机构改革，划出广告业务发展、电子商务网络监管、市场培育、市场规划、市场管理服务和引导个体经济发展职能，设办公室（挂法制科牌子）、组织人事科（挂监察室牌子）、计划财务科、注册登记科、企业和个体监督管理科、市场监督管理科（挂合同管理科牌子）、公平交易科（挂消费者权益保护科、“12315”申诉举报中心牌子）和商标广告管理科8个科室，下设万盛、东林、南桐、青年和关坝5个工商行政管理所。区经济检查所更名区经济检查支队，与公平交易科合署办公。

2003年7月，法制工作职能从办公室分离，法制科单独设置。2004年2月，增设信息中心。

2005年，区工商分局设办公室、组织人事科、法规科、财务装备科、企业注册管理科（挂个体私营经济监督管理科牌子）、市场监督和消费者权益保护科、食品流通监督管理科、商标和广告监督管理科、企业信用体系建设管理科和监察室等10个科室，辖区工商行政管理经济检查执法支队1个直属机构，万盛、东林、南桐、青年和关坝等5个工商行政管理所。

2009年，增设黑山旅游开发区工商行政管理所。

二、万盛区消费者权益保护委员会

1988年5月，南桐矿区消费者权益保护协会成立，是经区政府批准的地区性社会团体。1993年4月，更名重庆市万盛区消费者权益保护协会。2001年3月，更名重庆市万盛区消费者权益保护委员会。2002年6月改为事业机构。

区消费者权益保护委员会实行理事会制度，理事会成员由政府相关部门、有关机构、团体和新闻媒体推举。1988—2011年，共产生3届理事会。

第二节　工商管理登记

一、企业登记

1986年，登记新开办企业106家，歇业132家。是年底，全区工商注册企业2209家，从业人员49879人，注册资金19107.1万元。其中全民企业1542家，从业人员36929人，注册资金16683万元；集体企业667家，从业人员12912人，注册资金2418.6万元。

1986年后，企业登记管理工作由审批登记制逐步向登记注册制转变。企业登记管理发生四个方面的变化，一是由“受理、审查、核准”三段式登记逐步改为“一审一核”制和当场登记制；二是由实质性审查逐步过渡到以形式审查为主，实质性审查为辅；三是由分级管理逐步过渡到属地管理；四是逐步实行公开透明管理制度。

1988年7月，《中华人民共和国企业法人登记管理条例》实施，为具备独立民事行为的企业核发法人营业执照，其他企业和企业分支机构仍核发营业执照。

1994年7月，实施公司登记制，公司设立、变更和注销均凭公司章程，由公司自主决定。是年底，全区工商注册企业1935家，从业人员78583人，注册资金57823万元。其中全民企业558家，从业人员34754人，注册资金34409万元；集体企业1327家，从业人员39292人，注册资金17019万元；联合及其他企业50家，从业人员4537人，注册资金6395万元。

1995年，企业登记开始按其组织形式分类登记。是年底，全区工商注册企业1999家。其中国有企业583家（法人企业100家），注册资金31777万元；集体企业1352家（法人416家），注册资金16907万元；联营企业21家（法人17家），注册资金4915万元；股份制企业19家，注册资金2412万元；股份合作制企业24家（法人17家），注册资金7259万元。

2004年7月，《中华人民共和国行政许可法》实施，企业登记向法制化、规范化发展，企业一切登记事项均在法律法规允许的前提下，由企业自主决定。

2005年，全区有内资企业687家，企业注册资本总额168590万元。

2011年，全区有内资企业2041家。

万盛区企业按行业分类情况表

表 5-36

行业	1986 年		2005 年		2011 年	
	企业（家）	注册资金（万元）	企业（家）	注册资金（万元）	企业（家）	注册资金（万元）
农、牧、渔、水利	3	34	13	209	316	26508
建筑业	59	639	12	16605	55	146363
地质勘探	–	–	2	23578	2	23578
交通、邮电、通信	14	108	32	2420	248	10975
电力、煤气	1	70	9	7106	27	67893
商贸、餐饮业	74	121	349	11795	675	377666
金融业	44	1160	41	5639	61	347724
房地产业	–	–	10	20115	78	21539
社会服务业	27	22	37	10375	44	2691
教育、文化、广电业	–	–	6	687	18	6557
采掘业	153	1439	45	32027	86	48220
制造业	197	5822	97	35746	217	161730
卫生、体育、社会福利	–	–	1	45	1	45
科学研究和综合技术服务业	–	–	4	–	31	5205
其他行业	–	–	5	–	182	58470

1986—1994 年万盛区企业按所有制形式分类情况表

表 5-37

年份	合计			全民			集体			联营及其他		
	企业数量（家）	从业人员（人）	注册资金（万元）	企业数量（家）	从业人员（人）	注册资金（万元）	企业数量（家）	从业人员（人）	注册资金（万元）	企业数量（家）	从业人员（人）	注册资金（万元）
1986	2209	49879	19107	1542	36929	16683	667	12912	2419	1	38	6
1987	1585	34565	10091	412	6512	4692	1170	27984	5386	3	69	13
1988	1694	36109	10893	432	6574	5011	1257	29339	5829	5	196	53
1989	1705	66861	31498	474	37110	24877	1227	29582	6590	4	169	31
1990	1706	69669	44013	451	36596	35031	1245	32736	8809	10	337	173
1991	1527	67766	46156	436	37446	35861	1082	30160	10108	9	160	187
1992	1714	74657	51343	470	37334	37224	1231	33762	12247	13	3561	1872
1993	1908	80943	38659	529	37354	38045	1358	39270	17281	21	4310	3333
1994	1935	78583	57823	558	34754	34409	1327	39292	17019	50	4537	6395

1995—2011 年万盛区企业按组织形式分类情况表

表 5-38

年份	合计		国有		集体		联营及其他		股份制企业		股份合作制		公司	
	企业数量（家）	注册资金（万元）	企业数量（家）	注册资金（万元）	企业数量（家）	注册资金（万元）	企业数量（家）	注册资金（万元）	企业数量（家）	注册资金（万元）	企业数量（家）	注册资金（万元）	企业数量（家）	注册资金（万元）
1995	1999	57270	583	31777	1352	16907	21	4915	19	2412	24	1259	–	–
1996	1971	62048	603	32757	1279	20325	19	2047	38	5510	32	1409	–	–
1997	1792	70088	545	33171	1084	16608	13	2089	83	14491	67	3729	–	–
1998	1472	75553	457	33751	840	15588	11	2062	88	20441	76	3711	–	–
1999	1281	98764	356	30129	726	37396	7	578	–	–	58	2934	134	27727
2000	1276	79169	337	30109	698	14421	38	602	–	–	55	2572	179	31498
2001	1177	99335	298	30464	533	14840	5	364	–	–	140	2746	201	50921
2002	987	106511	244	34347	408	17929	3	323	–	–	188	2665	144	56447
2003	896	133497	228	14978	339	11953	3	323	–	–	184	2450	142	103794
2004	815	148256	206	14989	289	10099	–	–	–	–	186	4790	134	118378
2005	687	168390	167	14551	217	9346	–	–	–	–	169	5515	134	139178
2006	610	777093	21	414095	89	3853	105	9051	28	9596	52	3380	336	751214
2007	677	1071163	24	622655	89	3853	109	9659	30	9596	52	3380	397	1044675
2008	755	1101354	25	644075	90	3856	118	9919	42	9596	52	3380	453	1074604
2009	843	1167510	27	644205	90	3856	124	9943	46	13896	52	3380	531	1136436
2010	1071	1229741	30	913027	90	3856	229	6884	48	13896	53	3385	651	1201721
2011	2041	1305163	33	670740	103	4267	90	7946	51	13896	83	3517	712	1275537

二、企业监督管理

（一）企业年检

1986—2002 年，1—4 月年检。2003 年起，按企业执照号码尾数与月份对应的顺序滚动年检。2006—2011 年，3—6 月份年检。

1989 年，区工商局整顿批发企业，规定从事批发行业企业的注册资金额度，业务用房面积和从业范围等事项。

1995 年，清理“三无”（无资金、机构、场地）企业 65 家，其中“三无”8 家，无资金 48 家，无组织机构 7 家，“两无”2 家。吊销 1 家“三无”企业营业执照，注销 5 家，限期补齐手续 2 家；允许 30 家无资金的全民和城镇老集体通过年检，限期补充资金 5 家，注销 8 家，未通过年检 5 家；注销 2 家无组织机构，限期完善手续 5 家；注销 2 家“两无”企业。

2000 年，清理无前置审批许可的建筑企业 6 家。

2002 年 2—6 月，打击企业“两虚一逃”（虚报注册资金、虚假出资，抽逃出资）行为，立案查处抽逃出资公司1家，罚款1.8万元，将该公司降为B级企业。是年，全区有涉及安全生产的企业219家，通过年检133家，注销28家。

（二）专项整治

查处无照经营　1999年5月，检查经营企业2430家，查出无照经营企业134家，责令171家企业补办执照。2001年7—8月，重点整治制假、危害公共安全和严重扰乱市场秩序的无照经营行为，集中行动29次，检查企业5080家，查出无照经营企业205家，未亮执照经营143家；取缔34家无照经营企业，吊销15家违规经营公司执照、35家非公司执照，责令196家企业补办执照。2002年8月，检查美容美发服务经营户52家，查出有照无证2家，无证无照23家，给予警告，责令限期改正处理。9—10月，重点整治运输市场无证经营行为，检查20次，查出无照经营企业291家，责令改正89家，补办营业执照143家，取缔59家，罚款2.2万元。2003年3—8月，检查万盛城区、校园周边、商品交易场所、集贸市场和重点行业、娱乐业、景区农家乐、食品经营业、药品及医疗器械业和农资经营业等企业1535家，查出无照经营336家，发出整改通知216分，取缔无照经营170家，罚款8.41万元，没收煤炭384.6吨。2004年，查出无照经营企业368家，取缔无照经营159家，补办营业执照146家，罚款10.03万元。2005年，取缔食品无照经营户128家，罚款13.64万元。

安全生产集中整治　2001年6月，检查民用爆破器材和烟花爆竹危险物品（含成品油）生产、销售、储运企业，责令22家不符合安全生产条件的乡镇煤矿停产整顿。2002年7—8月，检查47家非煤矿山企业，查出无照无证经营4家，有照无证经营1家，无照有证经营1家，责令限期补办采矿许可证和营业执照。2004年，查处3家消防设施不合格企业。吊销14家被区国土局注销前置许可证的煤炭生产企业的营业执照。

公众聚集场所整治　2001年7—9月，检查区内公众聚集场所106家，查出不符合安全标准3家。2002年5—9月，检查校园周边各类图书、音像出版物经营户299家，查出无照经营5家。2003年3—9月，检查万盛主城区、火车站、夜市、游摊、报刊经营点、印刷业、网吧和录像制品业等各类经营点722家，取缔无照经营户6家。

1986—2005年万盛区企业违章登记情况表

表5-39

年份	案件总量（件）	违反非公司企业登记条例				违反公司企业登记条例		
		案件总量（件）	没收非法所得（万元）	罚款（万元）	吊销执照（家）	案件数量（件）	罚款（万元）	吊销执照（家）
1986	112	112	–	2.68	4	–	–	–
1987	698	698	55	2.06	–	–	–	–
1988	19	19	19	4	–	–	–	–
1989	18	18	18	19	–	–	–	–
1990	7	7	6	11	–	–	–	–
1991	2	2	–	–	–	–	–	–
1992	2	2	–	0.04	–	–	–	–
1993	3	3	–	0.03	–	–	–	–
1994	18	18	–	0.13	–	–	–	–

续表

年份	案件总量（件）	违反非公司企业登记条例				违反公司企业登记条例		
		案件总量（件）	没收非法所得（万元）	罚款（万元）	吊销执照（家）	案件数量（件）	罚款（万元）	吊销执照（家）
1995	89	89	–	0.86	57	–	–	–
1996	33	33	–	29.3	7	–	–	–
1997	102	102	–	0.67	85	–	–	–
1998	61	59	–	0.3	58	2	0.82	1
1999	50	41	–	–	49	9	0.1	–
2000	51	42	–	0.01	50	9	6	8
2001	45	41	–	0.16	36	4	0.1	3
2002	15	–	–	–	–	15	0.2	15
2003	64	53	–	–	53	11	–	11
2004	168	127	–	–	127	41	–	41
2005	168	37	–	–	37	31	–	31

三、外资企业与中介组织监管

2000年起，重庆市工商局授权区工商分局监管辖区内的外资企业。2000年区内有重庆四维良铜卫浴公司、四维精美卫生洁具五金件有限公司、重庆万丰制衣有限公司和重庆市万融塑胶有限公司4家外资企业。2005年区内外资企业增加到14家（法人2家，分支机构12家），注册资本8729万元。2011年，区内有外资企业9家（法人6家，分支机构3家），注册资本17887万元。

1997年，区工商局开始登记注册从事经纪活动的公民、法人或其他经济组织。2005年，全区有中介组织52家，注册资金2158万元，中介从业人员295人。1997—2005年，查处中介组织违反登记管理规定案件10件，罚款9200元。2011年，全区有中介组织147家（会计评估类1家、职业婚姻介绍类1家、商贸信息咨询类23家、广告类54家、其他68家），注册资金329864万元。

第三节　市场管理

一、市场建设

1985年年底，全区有集贸市场14个，面积1.08万平方米，万盛农贸市场有晴雨棚360平方米，其余集贸市场均为以街（路）为市的露天市场。

1986年3月，新建万新路市场，为全区第一个棚顶市场。

1987年12月，青年农贸市场建成。1990年12月，关坝农贸市场建成。1991年9月，把集贸市场建设纳入城镇建设规划，动员社会力量多渠道、多层次、多形式建设集市，采取多渠道筹集资金和给予减免税费的18条优惠政策。是年，东林农贸市场、万盛劳动商场和万盛地下商场建成。至1991年，全区有农贸市场21个，面积2.9万平方米。

1992—2001 年，先后建成万盛东风商城、金桥农贸市场、南桐支路鸿丰市场、鱼田堡集贸市场和万盛综合市场等市场，面积 5.85 万平方米。2001 年，全区有各类集贸市场 30 个，面积 7.45 万平方米。

二、市场登记

1994 年，区工商局登记市场 17 个市场（区工商局自办 3 个、联办 1 个、社会办 13 个），占地总面积 4.06 万平方米，建筑总面积 4.46 万平方米（室内棚顶 2.67 万平方米，露天市场 1.79 万平方米），摊位 2510 个。

1995 年，全区有集贸市场 16 个（消费品综合市场 12 个，工业品综合市场 4 个），建筑总面积 5.4 万平方米，摊位 2956 个。全区市场管理人员 111 人，经营户 2048 家，市场成交额 24066 万元。

1996—1998 年，全区集贸市场 19 个（消费品综合市场 13 个，工业品综合市场 5 个，粮油批发市场 1 个），市场建筑总面积 5.8 万平方米，摊位 3935 个，固定经营户 3122 家。

1999 年，全区集贸市场 26 个（消费品综合市场 15 个，工业品综合市场 7 个，粮油批发市场 1 个，旧货调节市场 1 个，仔猪市场 1 个），市场总建筑面积 7.44 万平方米，固定摊位 5493 个，固定经营户 3250 家。

2000 年，根据市工商局要求，市场登记工作被纳入企业管理，区工商局不再开展市场登记年检工作。

1986—2011 年万盛区集贸市场一览表

表 5-40　　单位：平方米

市场名称	位置	占地面积	建筑面积	建成年份
万盛农贸市场	万新路	5899	6838	1986
晋林厂市场	晋林厂区	246	246	1986
劳动商场	万新路	696	1392	1987
青年集贸市场	青年	4033	4033	1987
关坝集贸市场	关坝	5185	5493	1990
东林集贸市场	东林	4492	5238	1991
金桥集贸市场	金桥	1782	1876	1993
东风商城	万盛	800	2400	1993
鸿丰市场	南桐支路	5845	7460	1994
鱼田堡市场	鱼田堡	2035	1306	1994
粮油批发市场	万盛	711	1710	1995
观井湾市场	观井湾	500	400	1996
南桐集贸市场	南桐煤矿	4000	3500	1996
砚石台市场	砚石台煤矿	1080	1080	1996
富华商城	万盛	800	2400	1996
景星仔猪市场	景星	–	–	1998
万盛小城镇市场	万盛	2000	2000	1998
万盛综合市场	万盛	12655	12000	1999
万盛地下商场	万盛	344	344	1999
腰子口市场	东林	800	800	2000

续表

市场名称	位置	占地面积	建筑面积	建成年份
关坝工业品市场	关坝	3500	3392	2000

说明：2004 年 4 月，观井湾市场被撤销

三、商品流通管理

1984 年 3 月，南桐矿区《关于加强蚕茧收购经营市场管理的通知》规定，区蚕茧公司统一收购蚕茧。

1986 年 8 月 15 日起，屠工须执畜牧兽医站制发的兽医卫生许可证和区工商局制发的屠宰许可证，在指定的范围内从事屠宰或经营活动。

1988 年，生产企业产生的废金属由废旧金属经营单位收购或进入废旧金属市场自销。8 月起，经营林木种子的企业或个人须取得区林业局出具的质量检疫证和区工商局发的营业执照。

1989 年 1 月 1 日起，除批准的乡（镇）办、村办、社办、联办煤矿及区矿业公司、区煤建公司外，其他任何单位和个人一律不得直接或间接经营煤炭，煤炭销售价格由区物价局核定，经铁路外销煤炭由南桐矿区矿业公司专营。9 月起，区农业局种子部门取得县级及以上种子质量检疫机构出具的质量合格证后，方可收购、销售杂交水稻种子。是年 11 月，许可区食品公司定点收购生猪。

1994 年 1 月起，生产农作物新品种种子的单位须持有种子管理部门核发的种子生产许可证，区种子公司统一计划、生产、收购、调运、检验和经营杂交水稻种子。6 月，粮油定购任务未完成之前，粮食部门以外的单位和个人不准收购粮食。9 月起，区农资公司专营区内化肥。11 月起，收购生猪外运的单位和个人，须先到区工商局登记，并办理税收、检疫手续。

1995 年 3 月，区内生产、经营废旧金属的企业采购、运输、销售生产性废旧金持废旧金属采购证，外地来区采购的企业、个体工商户须持采购证明到区工商局和区公安分局登记，并在指定单位收购。

1996 年 5 月，全区上市生猪实行定点宰杀制度。

1997 年 10 月，举办商品展销会须持工商机构核发的商品展销会登记证。

1998 年 2 月，重庆市工商局市场处统一发放商品展销会登记证，区工商局凭市工商局开具的委托登记通知书核准登记、监督管理。8 月，开始按保护价收购余粮，并建立粮食批发市场。11 月，化肥流通管理由直接计划管理为主改为间接管理为主，取消化肥指令性计划和统配收购计划，化肥生产和经营由企业自主决定，化肥出厂价改为政府指导价。

1999 年起，粮食部门按“购得进销得出”的原则，随行就市收购小麦、玉米。9 月，煤炭经营实行分级审查、管理制度。

2000 年 8 月起，自用粮食企业、粮食经营企业及粮食跨县运输须持有《重庆市粮食收购资格证》或《粮食运输证明》。

2003 年 6 月，回收报废汽车的企业或个人需持有报废汽车回收资格。

1986—2003 年万盛区市场交易情况表

表 5–41

年份	成交额（万元）			比上年同期增长（百分数）	占社会商品零售额（百分数）
	合计	综合市场	工业品市场		
1986	1931	1931	0	33	18.45

续表

年份	成交额（万元）			比上年同期增长（百分数）	占社会商品零售额（百分数）
	合计	综合市场	工业品市场		
1987	2469	2469	0	27.8	18.50
1988	3250	3250	0	31.6	–
1989	3939	3939	0	21.2	–
1990	4362	4362	0	10.7	–
1991	5976	5252	724	28	–
1992	7997	6780	1217	29	–
1993	10004	8294	1710	25	–
1994	17416	15276	2140	84	53.83
1995	21596	19126	2470	41	52.98
1996	23821	21429	2392	10.32	51.86
1997	29528	26087	3441	22.23	53.60
1998	34856	31381	3745	18.04	70.16
1999	33741	25304	8435	–3.2	69.92
2000	35260	22208	7052	4.5	68.93
2001	37126	29701	7425	5.29	–
2002	38259	30607	7652	3.05	–
2003	40422	32860	7562	5.6	–

四、市场监管

（一）集中整顿

1986 年 9 月，区工商局与区水务局、物价局、卫生防疫站、计监站、商业局、供销社、酒类专卖处集中检查全区散装白酒生产厂和酒类批发、代批发企业的“一照三证一单”（营业执照，税务登记证、卫生许可证、酒类销售许可证和化验单），检查酒类零售企业和个体工商户的“一照一证一票”（营业执照，卫生许可证，进货发票）。检查 158 家，未悬挂营业执照 64 家，无化验单 9 家，共罚款 302 元，封存散装白酒 17.33 吨。

1991 年，检查化肥、废旧金属、白糖、卷烟市场，查处违法违章案件 13 件，罚款 3200 元。

1994 年，集中整顿农资、粮食、猪肉、蚕茧市场，查扣违规经营粮 7000 千克，无照经营农资业务企业 10 家，查扣违章经营化肥 91.3 吨，收缴假玉米种子 67 千克；查处违章经营蚕茧 1 件。是年，查扣违章经营废旧金属 112 吨。

1995 年 3—7 月，集中检查全区 8 个乡镇的 38 个农资经营点，查处非法经营农资案件 18 件，查扣化肥 389 吨、种子 26.35 吨、掺杂使假饲料 60 吨，取缔非法农资经营点 13 个，罚款 5770 元。7—10 月，检查 870 家饮料经营户，收缴过期变质饮料 215 袋，劣质软包装饮料 1500 袋；端掉用自来水、屋顶水灌装饮料窝点 1 个，罚款 5500 元。是年，查处各类违法违章案件 327 件，罚款 3.01 万元。

1996 年 4 月，查处非法经营农资案件 7 件，查扣化肥 33 吨。9 月，取缔关坝镇铜鼓滩旅游公路沿线非法煤炭交易黑市 5 家。

1986—1996年，查处各类市场违法违章行为5503件，罚金6.78万元，为消费者挽回损失2.56万元。

（二）专项整顿

1. 节日市场整治

1998年，检查食品经营门点134家，查处违法经营户162家，收缴假冒名酒34瓶，冒牌烟46条，过期变质食品99千克。

1999年，检查各类经营户2302家，查处无照经营135家，不亮照经营78家；查获假胡椒65千克，过期变质食品232瓶（袋），假酒82件，没收进口旧服装725件。

2000年"五一"节前，以打假为重点专项检查万盛综合市场，查出制售假冒伪劣商品86种，案值3.5万元，罚款3万元。

2001年，元旦、春节、"五一"节、国庆节等节假日期间，检查全区集贸市场、旅游景区各类经营户820家次，查出无照经营64家，不亮照经营115家；查获病死猪肉、劣质香肠等3.25吨，过期变质饮料1495瓶，"三无"食品263袋，假白酒123瓶，过期水果罐头、麦乳精165瓶、月饼5665个；取缔乱摆经营摊点68家。

2002年元旦、春节期间，突击检查区内11个集贸市场，3个定点屠宰场，7个腌腊制品加工店，3个超市和250家副食品批发零售店，查获无照加工腌腊制品窝点14个，查扣不合格杆秤136把，过期"三无"食品1452包（袋、盒）。

2003年，检查日用百货经营户860家次，收缴过期饮料136瓶，过期奶粉、玉米粉、麦片等9千克，含磷洗涤用品136千克，仿冒国泰味精30千克，白板肉65千克，收缴不合格杆秤33把，罚款2714元。

2004年，检查日用百货经营户2500家，查处违法违章案件76件，查获劣质食品283千克。

2005年元旦、春节期间，检查农贸市场的设施安全、市场商品质量情况。查出设施存在隐患的市场1个，没收变味黑芝麻、卤豆干、麦乳精等过期变质食品18.6千克，暂扣火锅底料、味精、麻辣丝等问题食品31.8千克。

2006年，在元旦、春节、"3·15"消费者权益保护日、"五一"节期间，检查全区集贸市场9个，商场5个，食品批发户和农村、城乡接合部的食品摊点及小卖部720家，查出过期食品43千克、过期饮料35瓶、含有聚氯乙烯（PVC）的保鲜膜10卷。中秋节期间，查处制售假冒伪劣食品案件3件。是年，区工商局向56家烟花爆竹经营户发放安全警示通知书。

2007年，集中检查苏丹红、食用油、食品添加剂、散装食品、夏季食品、烟花爆竹、电暖手袋等重商品，整治猪肉市场和节日市场，检查各类经营户4170家次，查获"三无"食品2667.8千克，不合格鞭炮272件；取缔无照经营副食、饮食、小饰品、酒、蔬菜等经营户50家；查处违法案件68件，罚款7.6万元。

2008年，抽样检查重客隆超市、重百超市等4家超市内的腌腊制品、调味品、酒，抽查食品12组，合格10组，不合格2组。检查经营户168家，收缴不合格杆秤13支，过期调味品2袋。

2009年，专项检查建材、家用电器、节日期间食品和服装等商品3次，抽查商品62组，查处销售不合格服装、农资案件7件，案值1.18万元，罚款0.98万元；查获不合格腌腊制品8吨，不合格白酒7吨，仿冒白酒6吨，不合格化肥1吨，不合格鞭炮2100余封。

2010年，查出质量不合格商品47种，查处案件47件，案值13.4万元。查获质量不合格白酒7吨、仿冒白酒6吨，不合格化肥1吨、鞭炮2100封、塑料购物袋约1万个，查获不合格腌腊制品8吨。

2011年春节，区工商分局办理临时烟花爆竹销售点营业执照142家，办理变更登记70家，注销登记4家，检查批发企业1家，零售经营户142家次。

2. 集贸市场整治

2002年3月—2003年3月，检查全区23个市场的市场经营主体和商品经营主体资格，场内经营商品质量、经营行为及场内设施安全、治安秩序等，规范市场经营主体 8 家，商品经营主体 275 家，取缔无照经营 76 家。指导督促市场业主制订管理制度 15 个，消除市场设施隐患 15 处，没收不合格杆秤 405 把，查处短斤少两行为 151 起，取缔占道经营户 15 家，处理治安案 4 件。

2007 年 11 月 15 日，重庆市政府食品专项整治督导组到万盛督查，查出绰奇商贸有限公司万新农贸市场部分熟食品、半成品生熟不分，无防蝇防尘设施。

2009 年，开展“限塑”专项整治，发放“限塑”宣传资料 3000 余份，帮助市场业主完善与经营户签订“限塑”整治承诺书 98 份，查获不合格塑料购物袋约 1 万个。

2011 年，万盛、东林工商所与城区 6 大菜市场业主代表签订菜市场开办者责任书，市场开办者与商品经营者签订菜市场商品经营者责任书。

3. 农资市场整治

1998 年 2—3 月，检查各乡镇化肥经营点，查处非法化肥经营店 15 家，查获劣质化肥 51 吨。

1999 年，开展春秋两季“红盾打假护农”执法行动，检查种子、农药、化肥、农机具等经营户 178 家，重新确定农资经营网点 82 家，查处非法农资经营户 18 家，无照经营化肥案 4 件，没收化肥 16 吨，罚款 480 元。

2000 年春耕期间，检查化肥、种子、农药、农膜、农机（具）等经营户 85 家，查获过期失效农药 789 瓶，查处无照经营化肥、种子、农药等案 16 件，罚款 5600 元。

2001 年，检查所有农资经营门点，立案查处非法倒卖化肥和违章销售过期农药案 2 件。

2002 年 4 月，检查农资经营户 78 家，查处非法经营种子 12 家，查扣劣质种子 250 千克，劣质化肥 9.8 吨，过期农药 1480 瓶，劣质鼠药 1840 包。检查 5 个专业市场的 36 家农资商、52 个摊位，查扣含有玉米赤露醇的“九二〇”农药 1200 克，硝基呋喃唑酮 300 片，保果王农药 72 包。

2003 年春夏，查获伪劣种子 150 千克，化肥 4.5 吨，农药 35 千克，取缔无照种子经营户 8 家，罚款 2500 元。

2004 年，建立农资企业经济户口，检查农资经营户 524 家次，立案查处农资违法违章案 9 件，查获劣质化肥 60 吨，劣质农药 1955 瓶（袋），没收劣质树苗 804 株，劣质种子 320 千克，罚款 9050 元。

2005 年 2—10 月，区工商分局与农资经营企业和农资个体户签订质量监管目标责任书 130 份、农资质量经营承诺书 56 份，与家种子经营户签订种子经营质量保证书 24 份，并建立农资进销货台账，发送农资信誉卡 8000 张。检查化肥、农药经营点 58 个，查处违法违章案件 14 件，罚款 4500 元。

2006 年，检查农资经营企业、个体户 152 家，签订种子经营质量保证责任书 39 份，发放宣传资料约 1.5 万份；取缔无照种子经营户 1 家，查处经销冒牌稻种案 1 件，没收冒牌稻种 279 千克和违法所得 608 元，罚款 500 元。全年检查农资经营户 115 家，检查品种数量 77.26 吨，查办涉农案件 9 件，涉案金额 7.95 万元，罚款 4.85 万元。

2007 年，立案查处不合格农资经营案 3 件，罚款 1500 元，查获不合格化肥 8 吨，种子 300 千克。

2008 年，查获不合格玉米种子 12.5 千克。

2010 年，检查各类农资经营户 143 家，抽样监测种子 6 组、化肥 6 组，均合格。

2011 年，检查农资经营主体 479 家次；抽检玉米种子 6 组、水稻种子 1 组（6 组合格，1 组不合格），抽检化肥 3 组均合格。

4. 粮食市场整治

1998 年 10—12 月，取缔非法粮食经销点 4 家，查处擅自在农民手中收购粮食案 49 件，查扣大米 11.18 吨、稻谷 7.5 吨、玉米 31.64 吨，总价值 5.4 万元，罚款 3000 元。

1999 年，检查粮食经营户 355 家次，查处违法经营粮食案 90 件，没收粮食 135 吨，罚款 1.35 万元。

在全区50家粮食加工零售大户建立加工零售台账。

2000年，核发粮食加工企业合法粮食收购资格证6份，检查粮食经营企业246家次，查处违法收购、贩运粮食案15件，没收粮食20.3吨，罚款1.78万元。

2001年，检查粮食经营户203家次，查处违法收购粮食案8件，没收粮食4.12吨，罚款4100元。

2002年，清理全区粮食收购企业和个人粮食收购资格，重新登记12家粮食收购主体资格，重新建立和完善6家粮食加工户的粮食购销台账。全年查处违法经营粮食案3件，罚款2000元。

2003—2004年，建立粮食收购准入制度、陈化粮流通管理制度，完善粮食加工户进销台账。

2005年，查处销售不合格大米案2件，无照收购稻谷案件1件，没收不合格大米4.88吨、稻谷1吨。

5. 食品放心工程

2003年7—11月，检查市场41家次，食品经营户1009家次，抽查食品448批次，查处违法食品经营案16件；建立食品经营户进销台账250套，建立集市猪肉摊区索证、进销台账、质量监管制度，建立糖果糕点质量关口前移制度，检查经营户及学校食堂691家次，查处假冒伪劣糖果糕点案件47件，取缔无照经营户7家，限期整改13家。

2004年2月24日，区政府组织召开食品生产企业专项治理工作会，区工商分局与10家较大的食品超市业主签订流通领域食品质量安全责任书。全年检查节日食品市场、火锅底料、奶粉、旅游商品、集贸市场卤制品等5次，检查经营户1365家次，查处违法违章案12件，查获劣质食品283千克，收缴劣质火锅底料117包、劣质奶粉487罐（袋），取缔病死猪肉经营窝点1个，查获病死猪肉190千克。

2005年，检查日用百货、食品等经营户622家次，销毁过期罐头6瓶，没收含有“苏丹红1号”的方便面21袋，销毁不合格牛肉和病死猪肉493千克，销毁过期儿童食品25千克，没收不属国家指定具有相应资质厂家生产的糖精15千克，销毁霉变腌腊制品1.696吨，取缔用病死猪肉加工腌腊制品的窝点1个。

2006年，万盛区有食品生产经营主体1220家，其中证照齐全合法有效1067家，有照无证63家，有证无照12家，执照过期37家，许可证过期41家；变更登记134家，注销登记21家，取缔无照经营5家。开展万盛区食品药品法规及安全知识进万家活动，发放食品药品法规及安全知识宣传资料20种、1.4万份。是年，查获假冒伪劣食品126千克，查处食品违法案21件，罚款2.12万元。

2007年，清理食品、餐饮等生产、销售经营户1618家，其中证照齐全1418家，无证无照67家，注册事项与实际不符133家。检测各类农产品360组，合格358组，不合格2组。抽查酒类、饮料类、月饼类等各种食品样品106组，合格71组，不合格35组，立案查处5件，罚款2590元。查处各类猪肉违法案58件，罚款约1万元。

2008年，检测农产品1022组、食品59组，查获不合格散装菜油1吨。

2010年，查处食品案件16件，案值14.9万元，没收并销毁不合格食品1750余袋。

2011年，区工商分局与辖区700余家食品经营者签订安全责任书，检查食品经营户4413家次，抽检食品487组，查获假冒伪劣食品1.1吨，办结食品违法案48件。

6. 旅游景区市场整治

1997—2005年，规范景区经营户主体资格485家，纠正景区不规范的承诺宣传横幅23条，查处无照经营45家，设立景区“12315”投诉点8个，受理消费者投诉38件。

2006年，检查景区各类经营户725家次，取缔无照经营户13家，销毁过期变质和“三无”食品54包，受理消费者举报1件、申诉10件。

7. 校园周边市场整治

2001年11月，检查29所中小学周边小食品摊点，取缔无照经营户21家。

2002年，检查25所学校周边食品、饮品、书刊录像放映经营户、网吧、娱乐场所300家，查处超经营范围经营户25家，取缔无照经营户15家，查扣游戏机5台。

2006年2月，检查校园周边食品经营户，收缴过期食品30千克，饮料15瓶。

2009年，检查学校周边经营户447家，取缔食品无照经营户20家，收缴“三无”食品600余袋。

第四节　个体私营经济管理

一、个体私营经济登记

1986年，全区有个体工商户2712家，从业人员3951人。

1987年，国家允许家庭经营个体工商业，登记程序改为由申请者持有关证明直接向当地工商局申请登记。

1988年，国家允许农村村民、城镇待业人员、个体工商户、辞职和退职人员、离休、退休和其他人员从事工业、建筑、交通运输业、商业、饮食业、服务业、修理业和科技咨询等行业。是年，全区有私营企业18家、从业人员365人，注册资金77.66万元。

1993年，实行凭身份证、职业状况证明直接向区工商局登记，不需验资，允许景星、南天、金桥乡的村民从事生产、生活服务业的个体私营经营，允许私营企业一业为主多种经营。

1994年8月，《万盛区关于大力发展个体私营经济的若干规定》允许党政机关、事业单位分离出来的富余人员从事批发、零售、兼营、代销、代加工、代运业务。

1998年，放宽个体私营投资主体从业人员范围、经营范围和组织形式，自然人投资超过51%以上的股份制、联营等经济形式的按私营企业登记。

2000年12月，个体工商户登记申请可以到工商所办理。

2001年6月，除国家明令禁止的行业外，个体工商户、私营企业生产经营领域不受限制，实行先照后证制度。国有、集体企业可改制私营企业，新企业可使用原企业名称。持在万盛区暂住一年以上有效证件可申办相应有效期的个体私营企业营业执照。10月起，私营企业享有与国有、集体、内资企业相同的登记政策。

2005年，全区有个体工商户4619家，从业人员10102人，注册资金4535万元，产值8238万元，营业额19904万元；私营企业458家，从业人员4911人，注册资本（金）43506万元，产值11278万元，营业收入11148万元，零售额14714万元。

2011年，全区有个体工商户7944家，注册资金22893.745万元。

1986—2011年万盛区个体工商户登记基本情况表

表5–42

年份	数量（家）	比上年增长（百分数）	从业人员（人）	注册资金（万元）	产值（万元）	营业额（万元）
1986	2712	–	3915	339	–	171
1987	2496	–7.96	3419	247	–	1598
1988	2931	17.43	3999	454	653	1691

续表

年份	数量（家）	比上年增长（百分数）	从业人员（人）	注册资金（万元）	产值（万元）	营业额（万元）
1989	3215	9.69	3802	613	1231	2046
1990	3306	2.83	3941	660	1393	1996
1991	3577	8.20	4255	688	1753	2456
1992	3707	3.63	4436	662	1644	3360
1993	3980	7.36	4665	625	969	4033
1994	6142	54.32	7236	1068	1823	8088
1995	6508	5.96	7625	1473	3047	10455
1996	7121	9.42	18526	1919	3946	13122
1997	7676	7.79	19092	2961	4438	15515
1998	8019	4.47	19918	3244	4623	17500
1999	4868	−39.29	12416	1442	5403	25531
2000	4185	−14.03	10799	1507	3017	11894
2001	4388	4.85	11207	1880	5261	18916
2002	3991	−9.05	8996	2412	6207	26395
2003	4153	4.06	9523	3233	6088	20562
2004	4195	1.01	10149	4703	7488	18830
2005	4619	10.10	10102	4535	8238	19904
2006	3693	–	–	5999	–	–
2007	3951	–	–	8945	–	–
2008	4673	–	–	8364	–	–
2009	5330	–	–	11553	–	–
2010	5974	–	–	15524	–	–
2011	7944	–	–	22894	–	–

1988—2005 年万盛区私营企业登记基本情况表

表 5-43

年份	数量（家）	从业人员（人）	注册资金（万元）	产值（万元）	营业收入（万元）	零售额（万元）
1988	18	356	77.66	151.52	–	–
1989	24	427	112.13	222.03	26.85	11.7
1990	32	497	153.88	141.67	63.43	7.51
1991	37	557	204.21	189.64	70.31	57.56
1992	37	577	235.93	196.8	68.99	38.85
1993	56	763	527.29	240.26	352.54	188.6

续表

年份	数量（家）	从业人员（人）	注册资金（万元）	产值（万元）	营业收入（万元）	零售额（万元）
1994	83	1015	1063.8	335.00	622.00	264.00
1995	112	1406	1875.84	2389.00	1574.00	-
1996	153	2231	4014.00	1701.00	4280.00	1455.00
1997	176	2695	5000.00	2011.00	5183.00	2183.00
1998	185	3120	5812.00	2627.00	6685.00	2683.00
1999	139	3072	5239.00	3905.00	6292.00	3488.00
2000	136	3089	5960.00	5993.00	6984.00	6552.00
2001	177	4237	19122.00	10978.00	13987.00	9490.00
2002	257	4262	30093.00	7772.00	10539.00	9910.00
2003	358	4922	33543.20	8335.00	7744.00	10871.00
2004	422	5246	42111.00	10252.00	10556.00	13371.00
2005	458	4911	43506.00	11278.00	11148.00	14714.00

二、个体私营经济监督管理

（一）验照与年检

1986—2005 年，每年 1—4 月，查验上一年登记的个体工商户营业执照。办理变更登记 397 家次，注销营业执照 5190 家次，补换营业执照 6951 家次；查处违法违章案件 1270 件，罚款 4.2 万元。

1989—2001 年，私营企业与个体工商户一同年检；2001 年后，改为与国有、集体企业、内资企业一同年检。办理变更 126 家次，补办营业执照 19 家次、注销营业执照 222 家次；查处违法违章案件 229 件，罚款 1600 元。

（二）日常监管

1986 年，检查个体工商户和私营企业 1046 家次，罚款 500 元，没收进口废旧服装 748 件。1989 年，检查 2640 家次，查处违章经营户 254 家次，罚款 1682 元，取缔无照户 88 家；查获非法出版物 19356 册，罚款 687 元。1990 年，检查 2940 家次，取缔违章经营户 265 家，取缔无照经营 189 家，罚款 1316 元。1991 年，检查市场摊区 10 次，查处违法违章户 162 家，罚款 1303 元，取缔无照经营 45 家；收缴非法翻版录像带 132 盒，黄色淫秽书刊 43 册；取缔无照台球经营户 13 家。1994 年，清理无照户 307 家，罚款 2100 元。1995 年，检查 905 家，取缔无照经营户 173 家，罚款 9085 元。1997 年，查处违法违章案 322 件，罚款 4670 元，吊销执照 5 家。1998 年，检查 484 家次，查处无照经营户 85 家，未办变更登记 16 家，违反执照管理规定 14 家。1999 年，查处无照经营户 586 家，罚款 1.37 万元。

2000 年，开始属地化监管个体工商户和私营企业。2003 年，将国有企业、个体工商户、私营企业统一属地化建立经济户口，全面推行属地化管理。

1986—2005 年万盛区查处个体工商户违法违章情况表

表 5-44

年份	违法违章经营户（家）	处理情况			
		批评教育（家）	罚款额（元）	停业整顿（家）	吊销执照（家）
1986	–	–	500	–	–
1987	277	78	–	–	–
1988	226	29	10645	5	5
1989	434	200	1682	1	1
1990	265	133	1316	–	–
1991	241	121	1071	97	1
1992	368	247	8100	2	–
1993	75	–	550	–	–
1994	137	–	8400	3	–
1995	410	–	15900	3	–
1996	566	–	23400	–	–
1997	234	–	5730	–	5
1998	333	–	14000	–	–
1999	194	–	11500	–	–
2000	426	–	10000	–	–
2001	206	–	40000	–	–
2002	315	–	18900	–	–
2003	305	–	18900	–	–
2004	627	–	15000	–	61
2005	246	–	80000	–	89

1991—2005 年万盛区查处私营企业违法违章情况表

表 5-45

年份	违法违章企业（家）	处理情况		
		罚款额（元）	停业整顿（家）	吊销执照（家）
1991	3	–	–	–
1992	–	1200	–	–
1993	–	–	–	–
1994	–	–	–	–
1995	–	–	–	–
1996	4	400	–	–
1997	24	440	–	5

续表

年份	违法违章企业（家）	处理情况		
		罚款额（元）	停业整顿（家）	吊销执照（家）
1998	47	–	–	8
1999	45	53000	–	60
2000	–	–	–	–
2001	6	2300	–	12
2002	14	21500	–	–
2003	2	2100	–	–
2004	1	–	–	–
2005	30	1000	–	–

第五节　经济合同管理

一、企业经济合同管理

1986—1991 年，召开业务主管部门和企业负责人参加的贯彻《中华人民共和国经济合同法》大型会议 5 次，散发宣传资料 2000 余份，指导、督促企业建立经济合同管理机构 197 个，拟订管理制度 956 条。

1992—1994 年，要求企业经济合同管理达到管理组织网络化、管理制度系列化、合同签约标准化、传递运行程序化、履行全面化、合同管理和经营管理一体化 6 条标准，每年明确企业达标对象、指导企业开展经济合同管理规范化达标，其中 1992 年达标 20 家、1993 年达标 22 家、1994 年达标 24 家。

2007 年，备案房地产合同 3 份，物业合同 1 份，备案率 100%；办理动产抵押登记 2 件，抵押物价值 1.07 亿元，主债权金额 4300 万元。

2010 年，区工商分局发放涉农合同示范文本 283 套，点评合同格式条款 25 条，责令使用格式条款的 42 家企业和个体工商户限期整改，取消店堂内格式告示。

2011 年，区工商分局设立的两个农村合同帮扶指导站，协调 4 起涉及农村房屋租赁和土地转租范围的农村合同纠纷，指导制订订单合同文本 2 种，涉农合同签约 245 份，合同总金额 5238.46 万元，履约合同 241 份，总金额 5228.56 万元。与区供销联社和黑山镇、石林镇共同拟定猕猴桃、萝卜买卖、收购合同参考文本，签约 240 份，使用率 75%。

二、经济合同鉴证、调解、仲裁

1986—1988 年，只鉴证建筑合同。1989 年，鉴证范围扩大到建筑安装设计、民用煤和工业用煤合同。1995 年，将财产抵押、动产租赁合同纳入鉴证范围。1986—2003 年，鉴证各类经济合同 3338 份、金额 46903 万元，履约率 99% 以上。2003 年后不再鉴证经济合同。

1984 年，区经济合同仲裁委员会成立。1984—1995 年，区工商局调解仲裁合同纠纷 287 件，解决争议金额 352.33 万元。

1989 年，清理 1986—1988 年间企业合同纠纷 197 起，争议金额 1514.47 万元。企业自行协商解决 110 起，争议金额 1415.16 万元；企业申请仲裁解决 49 起，争议金额 53.17 万元；企业起诉法院处理 25 起，争议金额 38.17 万元；核销悬案 13 起，金额 7.97 万元。1989—1994 年，清理企业合同纠纷 984

起，争议金额15915万元；收回债权439起，金额7249万元；督促企业支付281起，金额3579万元。1991年，协助企业追收欠款1412万元。

1997—2011年，调解合同纠纷15件，争议金额34.75万元。

三、经济合同监管

1986年，开始实行凭“三书”（法定代表人证明书、法人分支机构负责人证明书和法人授权委托书）签订经济合同制度。是年，推行全区统一的购销合同文本。1989年10月起，推行全国统一的示范文本。1991年，实行凭区工商局批准的证明，由公安机关审核并雕刻统一规格的经济合同专用章制度。至2005年，企业签订经济合同使用统一示范文本率保持在95%左右。1986—2005年，区工商（分）局查处各类违法违章合同案件106件，罚款41.95万元，解除违法合同178份，金额791万元，确认无效合同44份，金额10.7万元。

四、动产抵押与拍卖监管

1996年1月，开始办理动产抵押登记。至2011年，共办理动产抵押物登记142件，主债权76796.6万元。

2001年，开始现场监管拍卖活动。至2011年，共登记拍卖25件，现场监拍18件，拍卖成交736.23万元。

1986—2011年万盛区经济合同监管情况表

表5-46

年份	检查合同		确认无效合同		解除违法合同		处理违法合同	
	数量（件）	金额（万元）	数量（件）	金额（万元）	数量（件）	金额（万元）	数量（件）	金额（万元）
1986	72582	26852	–	–	–	–	–	–
1987	49647	30949	–	–	–	–	–	–
1988	1124	4955	–	–	–	–	–	–
1989	610	7802	–	–	–	–	10	1.10
1990	361	5072	1	1.70	–	–	3	3.27
1991	400	10429	–	–	–	–	–	–
1992	1304	72951	–	–	–	–	14	10.40
1993	1754	45900	4	9.00	–	–	4	0.90
1994	519	53006	–	–	–	–	3	0.30
1995	629	5127	–	–	14	12.00	3	1.00
1996	980	18878	39	–	27	243.00	7	–
1997	565	6765	–	–	36	252.50	–	–
1998	605	10301	–	–	101	283.50	3	–
1999	1165	–	–	–	–	–	–	–
2000	21777	31133	–	–	–	–	11	14.89
2001	–	–	–	–	–	–	17	1.20
2002	275	15016	–	–	–	–	6	1.01

续表

年份	检查合同		确认无效合同		解除违法合同		处理违法合同	
	数量（件）	金额（万元）	数量（件）	金额（万元）	数量（件）	金额（万元）	数量（件）	金额（万元）
2003	453	11669	–	–	–	–	12	2.42
2004	–	–	–	–	–	–	6	4.16
2005	–	–	–	–	–	–	7	1.30
2006	365	–	–	–	–	–	–	–
2007	454	–	–	–	–	–	–	–
2008	483	–	–	–	–	–	–	–
2009	587	–	–	–	–	–	–	–
2010	362	–	–	–	–	–	–	–
2011	496	–	–	–	–	–	–	–

第六节　商标广告管理

一、商标管理

1986—1992 年，商标注册、变更、续展、注销实行行政核准制。区工商局受理初审后，报重庆市工商局转国家商标局核准。1986 年，全区注册商标 24 枚，1992 年，全区注册商标增至 76 枚。1992 年 9 月，重庆市商标事务所在区工商局设立商标事务代办点，代理商标注册、变更、续展、注销等业务。1995 年，渝州齿轮厂“渝齿”牌摩托车和汽车配件商标入选四川省著名商标，区华丽服装厂注册“特圣”牌商标。2002 年，注册商标 14 枚（其中“甬盛凯马”是区内以自然人名义注册的第一枚商标），续展商标 1 枚，转让商标 3 枚。2003 年，注册商标 22 枚，续展商标 4 枚。2004 年，评选万盛区知名商标 9 枚。2007 年，注册商标 23 枚，其中旅游服务类 11 枚，涉农 4 枚。2008 年，《万盛区商标品牌助推工程实施意见》实施。2009 年，重新启动知名商标的认定改制，实施《万盛区知名商标认定和保护办法》。6 月，南桐矿业公司机械制造厂“NJ”入选重庆市著名商标，是万盛区第一枚重庆市著名商标。2009 年，保护性注册南桐矿业公司“南桐”文字和公司形象图案等 9 个类别、18 枚商标。是年，注册商标 49 枚。2010 年，注册商标 60 枚，转让 4 枚，延展 2 枚，变更 1 枚，协查商标 256 件。是年，全区有注册商标 243 枚，其中区知名商标 9 枚，重庆市著名商标 3 枚。2011 年，注册商标 58 枚（“黑山谷”系列商标 40 件），地理标志 2 枚（“黑山谷”方竹笋和“黑山谷”猕猴桃），微企商标申请 5 枚，新申报著名商标 3 枚。是年，全区有效商标 340 枚，其中区知名商标 13 枚，重庆市著名商标 5 枚。

1986—2005 年，查处商标侵权和商标违法违章行为案件 136 件，其中商标侵权 69 件、商标违法违章案件 67 件，罚款 13.41 万元，收缴销毁商标标识 169.44 万张（套）。2007 年，查处商标侵权案 13 件，涉案金额约 56 万元，罚款 20 余万元，没收假冒茅台酒 301 瓶，侵权商品 67 盒（支、瓶、台）。2008 年，查处假冒侵权案 13 件，涉案金额 12.56 万元，罚款 7.35 万元，收缴侵权商标食品包装袋 18103 个，没收侵权商品 1258 件。2009 年，查处商标侵权案 7 件，涉案金额 11.2 万元，取缔印制侵权商标标志窝点 1 个。2010 年，查处销售侵犯注册商标专用权商的案 3 件，涉案金额 4398 元。2011 年，收缴滥用专供标志的食用油 320 桶，假冒名酒 19 瓶。

1988—2011 年万盛区商标侵权案件一览表

表 5-47

年份	查处案件数量（件）			罚没金额（元）	收缴销毁商标标识（张）
	合计	侵权	一般违章		
1988	4	4	–	–	98774
1989	14	3	11	201	10135
1990	3	2	1	650	20000
1991	1	1	–	13582	1216
1992	4	1	3	–	57840
1993	2	1	1	300	16668
1994	4	–	4	5200	97000
1995	15	12	3	6350	1100000
1996	7	5	2	6300	4220
1997	2	2	–	700	3943
1998	3	2	1	23396	12852
1999	20	1	19	9780	94686
2000	5	1	4	7300	19557
2001	30	15	15	33356	874
2002	9	9	–	1952	319
2003	1	–	1	5000	60025
2004	8	8	–	–	125
2005	4	2	2	20000	2080
2006	4	4	0	2000	–
2007	13	12	1	840250	–
2008	3	3	0	54300	–
2009	4	4	0	31800	–
2010	3	3	0	4300	–
2011	8	8	0	60180	–
合计	171	103	68	1098277	1600314

二、广告管理

1986—1993 年，全区有区广播站和区印刷厂两家单位兼营广告业务，广告从业人员 38 ~ 40 人、广告年营业额 1.2 万元 ~ 2.05 万元。1994 年，国有、集体企业、个体工商户、事业单位等不同组织形式，主营、兼营等不同经营形式的广告经营单位争相发展。2011 年，全区有广告经营单位 86 家。

1994 年，区工商局将卷烟、优质烈酒、商品药品、医疗器械、保健品、化妆品、食品等商品广告、医疗广告、个人行医广告、外地来区招生、招工、招聘广告，各类展销会、订货会、交易会广告、营业性文艺演出广告、金融广告、家用电器广告及各种路牌广告纳入事前验审范围。1998 年 4 月，将利用区内报纸、期刊、广播、电视发布食品、化妆品、药品、医疗器械、家用电器、金融、房地产广告和利用路牌、灯箱、墙壁、护栏、条（横）幅、气球、电杆等发布广告纳入事前验审范围。1994 年，受理事前验审广告 4 件。2005 年，受理事前验审广告 160 件。1991—2005 年，区工商（分）局查处各类广告违法违章案件 146 件，罚款 25.3 万元，收缴违法印刷品广告 28 万份。2007 年 4 月，区工商分局查处违法医药类张贴广告 5 幅，查处区电视台违法广告案 4 件，涉案金额 6.3 万元，罚款 18.9 万元。2008 年 10 月，查处虚假宣传广告案 9 件。2009 年，审批户外广告 54 件 782 幅，查处擅自发布户外广告案件 7 件，监测电视媒体广告 2391 条次。2010 年，审批户外广告 102 件，利用广告检测仪 24 小时监测万盛区电视台、南桐矿业公司电视台播放的广告。

1991—2011 年万盛区查处广告违法案件情况表

表 5-48

年份	案件数（件）	罚没金额（元）	收缴违法广告（份）
1991	1	30	–
1992	–	–	–
1993	2	100	–
1994	3	400	4000
1995	17	194900	37000
1996	8	1100	38000
1997	1	1000	32000
1998	3	700	7500
1999	9	2200	50000
2000	7	1100	55000
2001	29	8400	10000
2002	15	6000	40000
2003	24	4100	50000
2004	12	1300	1500
2005	15	19600	–
2006	2	8400	–
2007	6	105020	–
2008	11	73500	–
2009	14	74400	–
2010	–	–	–
2011	1	1000	–
合计	180	503250	325000

第七节　经济监督检查

一、整治非法倒卖

1986—1993 年，区工商局查处各类非法倒卖国家规定专营的重要生产资料和紧俏耐用消费品案件 60 件，罚款 39.5 万元。查处物资主要有钢材、有色金属、木材、煤炭、化肥、国债券、计划供应票等。其中性质最恶劣的是 1987 年非法倒卖北京支援南桐矿区乡镇企业钢材案，移送司法机关 2 人；涉案数额最大的是 1989 年区华丽服装厂非法收取国库券案，涉案金额 10 万元；罚数额最大的是 1991 年区国营林场非法倒卖木材案，罚款 10 万元。

1993 年后，烟草、化肥、农膜和种子等生产资料仍实行专营制度。1994—2005 年，查处各类非法倒卖案件 96 件，罚款 162.65 万元。其中涉案金额最大的 1999 年非法倒卖烟叶案，收缴烟叶 105 吨，获变价款 465 万元。

二、整治制售假冒伪劣商品

1987—2005 年，查处制售假冒伪劣商品案件 329 件，罚款 52.24 万元。

1987 年 5 月，区工商局在万盛、东林、南桐、青年举办伪劣商品实物展览。是年，查获冒牌香烟 225 条，白酒 1.08 吨，茶叶 8369 千克，饮料 346 千克，油条精 11458 包，油毛毡 464 卷，电冰箱 20 台，录音带 263 盒，有害化妆品 614 瓶。

1989 年 9 月，查处制假售假案 10 件，罚款 1.79 万元。

1991 年，查处制售假冒伪劣商品案 6 件，收缴假冒名酒 120 瓶、劣质电线 1860 圈（1.86 万米）。

1992 年，查获假冒泸州老窖酒 2500 瓶，假“一滴香”食品添加剂 200 瓶，劣质化肥 180 吨，劣质午餐肉 2135 听（罐、筒），劣质洗衣粉 154 袋，劣质棉絮 236 床；取缔制造假冒卷烟窝点 3 个，收缴卷烟机 3 台，烟丝 13.9 千克，烟纸烟盒 8.7 万张（盒），价值 15.46 万元。

1993 年 4 月，查获利用假“五粮液”酒瓶模具制造酒瓶案，收缴假“五粮液”酒瓶 3600 个。是年，查处制假案 7 件，查获假“重庆”牌肥皂 2833 联（块）及包装箱 344 个，假“金角”牌牛肉干 1143 袋，劣质棉絮 177 床，假“素美”牌洗衣粉 2424 袋及包装袋 4760 个，洗衣粉原料 6 吨。

1994 年，查处违法违章案 15 件，罚款 21640 元，其中制售假冒伪劣商品案 8 件，收缴冒牌商品包装箱 24045 个，冒牌香烟 55 条、肥皂 157 联（块）、味精 118 袋，冒牌洗衣粉 2466 袋及原料 4.7 吨，劣质棉絮 124 床。

1995 年，查处商标违法案 15 件，罚款 6350 元；取缔南桐镇用屋顶水、自来水生产饮料窝点 1 个，取缔关坝镇制造假冒“红塔山”“红楼”“山城”牌等香烟窝点 1 个；查处虚假违法广告案 16 件，罚款 19.459 万元，收缴违法广告 3700 份。

1996 年，查处制售假冒伪劣商品案 6 件，查获进口旧服装 5000 件，冒牌名酒 1796 瓶，劣质化妆品 226 瓶，冒牌商标标志 7947 张（套）。

1997 年，查处制售假冒伪劣商标案 8 件，查获走私冒牌名酒、报废汽车、冒牌“红岩”墨水和进口旧服装等商品；查处制售假劣药品案 4 件，涉案金额 2.75 万元，罚款 3.14 万元。

1998 年，取缔万东镇生产假冒“五粮醇”“尖庄”“剑南春”“古佛”“泸州老窖”等名酒窝点 1 个；查获假冒“佛手”牌味精 4959 袋、777.2 千克，涉案金额 2.08 万元。

1999 年，检查农资经营单位 86 家，受理化肥投诉案 18 件，查处无照经营化肥案 4 件，罚款 280.25 元，收缴劣质化肥 11.4 吨；查获冒牌味精 59.6 千克，洗衣粉 110 袋，摩丝 28 瓶，胡椒 10 千克；销毁病死猪肉 245 千克，过期变质食品 57.5 千克，罐头 209 个。

2000 年，检查商品经营户（网店）1107 家，收缴假冒名酒 103 瓶，假冒“红岩”墨水 83 瓶，假胡椒 1 千克，销毁过期变质饮料、罐头 149 瓶（个），“三无”食品 170 袋，没收母猪肉 252 千克。

2001 年，查处制售假冒伪劣商品案 63 件，罚款 2.02 万元；取缔病死猪肉加工窝点 3 个，销毁病死猪肉、香肠、腊肉 3 吨，罚款 3500 元，刑事拘留 1 人，吊销营业执照 1 家；查获假冒日化用品 2148 瓶（桶、件、块），收缴不合格灶具 94 台；查出区人民医院、南桐矿务局中心医院等 8 所医院违规使用工业用氧。

2002 年，检查种子、农药、化肥、农机具经营企业（户）区 78 家，受理举报 5 件，查处非法经营种子户 12 家，查扣伪劣种子 110 千克，劣质化肥 9.8 吨，过期农药 480 瓶，不合格喷雾器 3 台；收缴过期变质饮料 29 千克，劣质“三无”食品 57 千克，仿冒白酒 131 瓶，涉嫌掺有“吊白块”（主要成分为甲醛合次硫酸氢钠）的豆皮 12.5 千克等假冒伪劣商品 20 余种，入市价值 2200 元；纠正景区虚假宣传横幅、广告 23 条，查处无照经营 45 家，受理游客投诉 38 件。

2003 年，检查糖果糕点生产经营户和学校食堂 407 家次，没收不合格糖果糕点 229 千克，收缴过期饮料 1458 瓶，立案查处 38 件，取缔无照经营户 8 家，罚款 1.7 万元。

2004 年，查处制售假冒伪劣商品案 19 件，案值 13.57 万元，罚款 18.76 万元。

2005 年，收缴假冒“立白”“汰渍”等名牌洗衣粉 282 件，假冒“奥群”牌羊毛衫 104 件，劣质大米 4.875 吨。

三、查处走私、贩私和非法倒卖文物、金银

1986—1999 年，查处非法销售走私国外（境外）旧服装案 6 件，罚款 700 元，收缴并销毁 7603 件。其中最大案件是 1996 年 9 月天津人刘某、王某走私国外（境外）旧服装案，收缴旧服装 5000 余件。

1987 年，查获走私外国手表 35 块。1989 年和 1995 年，分别查获走私汽车 2 辆。1996—2002 年，查处贩私案 5 件，查获走私手机 14 部。

1987 年，查获假银圆 488 枚。1988 年，查获倒卖玉狮 1 对，金条 1 根、假银圆 278 枚。1989 年，查获非法收购黄金 3.25 克。1995 年，查获非法倒卖金戒指 1 枚。

四、整治不正当竞争

1999 年，整治区内供水、供电、邮政、电信、保险等公用企事业单位在经营活动中的 5 种限制竞争行为。1999 年，查处案件 2 件，罚款 5524 元。2000 年，查处限制竞争行为案件 20 件，罚款 8.48 万元；查处行政性垄断案件 2 件，行业性垄断案件 2 件，罚款 27 万元。2005 年，查处万盛区供电分局限制竞争行为，罚款 15 万元。

1996 年，检查区内药品生产、经销企业和医疗机构 1993—1997 年在药品购销活动中给予或收受回扣行为，查出 2 人收受回扣 8500 元，收受好处费 3.93 万元，不入账单位 2 家。1997 年，查处商业贿赂案件 25 件，其中药品回扣 4 件，涉案金额 9.59 万元，罚款 4800 元。2003 年 11 月至 2004 年 11 月，查处商业贿赂案 10 件，涉案金额 419.89 万元，罚款 54.65 万元，没收帕萨特轿车 1 辆（价值 18 万元）。

五、其他专项整治

2002 年，区工商分局在关坝镇查获万盛区首例传销案件，涉案 70 余人。2004 年 3 月，在万盛红枫 A 区查获传销“完美产品”案。是年 6 月，在区社保局宿舍楼查获传销案件 1 件。

2003 年 4 月，查处利用“非典”名义从事非法活动案 9 件，罚款 7435.5 元，受理消费者举报 2 件、投诉 1 件，挽回损失 277 元。

2003 年 10 月至 2004 年 6 月，万盛区有汽车销售企业和涉及汽车销售经营范围的企业 7 家，经营报废汽车回收业务的企业 2 家。是年，查处非法拆解汽车案 3 件，非法回收报废汽车案 2 件，罚款

2.2 万元；没收报废长安牌小货车 2 辆，报废汽车发动机 3 台，前桥 3 根，后桥 6 根，摩托车主要部件 588.5 千克。

2004 年 7—8 月，检查经营出版物的书店、书屋、超市、网吧、电子游戏室 102 家，收缴淫秽光盘 169 张，色情口袋书 7 本，查扣电子游戏机 1 台，无照经营户 8 家，罚款 2000 元。

2005 年 1—2 月，检查煤矿 2 家，洗选厂 2 家，煤炭经营点 5 家，查处无照经营和掺杂使假煤炭案件 16 件，取缔窝点 12 个，案值 852 万元，没收煤炭 93.1 吨，罚款 9 万元。2—11 月，检查乡镇煤矿 53 家，立案查处 17 件，罚款 83.6 万元。

1986—2011 年万盛区查处经济案件情况表

表 5-49

年份	案件总数量（件）	罚没总金额（万元）	投机倒把案						不当竞争案		其他案件案	
			倒卖物资票证		制售假冒伪劣商品		走私贩运		数量（件）	罚金（万元）	数量（件）	罚金（万元）
			数量（件）	罚金（万元）	数量（件）	罚金（万元）	数量（件）	罚金（万元）				
1986	13	3.66	5	1.81	0	0	0	0	0	0	8	1.85
1987	42	7.33	12	2.49	4	1.41	6	0.12	0	0	20	3.31
1988	31	7.68	13	5.29	5	0.81	2	0.02	0	0	11	1.56
1989	55	53.03	9	11.55	10	1.79	2	14.44	0	0	34	25.25
1990	20	17.51	9	3.21	0	0	1	0	0	0	10	14.29
1991	24	19.70	8	14.37	3	0.57	3	0.06	0	0	10	4.70
1992	28	2.57	4	0.79	3	0.04	1	0.10	0	0	12	3.65
1993	11	5.45	0	0	7	4.93	1	0	0	0	3	0.06
1994	64	1.86	6	0.37	10	0	1	0	0	0	48	1.48
1995	87	11.66	14	3.47	3	0	2	0	0	0	68	9.04
1996	56	5.60	0	0	7	0.98	1	0	1	0.05	47	4.67
1997	37	6.60	0	0	8	0	0	0	9	0	20	4.67
1998	89	3.31	0	0	48	3.23	0	0	1	0.11	20	2.57
1999	429	21.80	18	7.21	4	0.16	0	0	7	0.14	20	–
2000	454	150.36	14	135.76	83	1.86	0	0	20	8.48	407	14.43
2001	531	37.53	3	0.14	63	2.02	4	0.39	23	24.65	357	12.74
2002	1163	114.68	9	0.09	24	4.35	2	0.2	47	1.47	461	34.98
2003	1249	90.84	51	1.21	0	0	0	0	20	17.6	1130	106.13
2004	919	137.09	1	0.46	19	18.76	0	0	7	49.65	1198	89.62
2005	638	109.20	0	0	28	11.32	0	0	2	16	608	81.88
2006	63	78.34	–	–	11	7.73	–	–	3	10.06	49	60.55
2007	49	77.81	–	–	21	28.45	–	–	0	0	28	49.36

续表

年份	案件总数量（件）	罚没总金额（万元）	投机倒把案						不当竞争案		其他案件案	
			倒卖物资票证		制售假冒伪劣商品		走私贩运		数量（件）	罚金（万元）	数量（件）	罚金（万元）
			数量（件）	罚金（万元）	数量（件）	罚金（万元）	数量（件）	罚金（万元）				
2008	72	267.12	–	–	37	223.97	–	–	0	0	35	43.15
2009	95	84.02	–	–	52	17.1	–	–	0	0	33	66.92
2010	23	169.82	–	–	13	1.81	–	–	3	35.01	7	133.00
2011	85	78.78	–	–	74	54.35	–	–	0	0	11	24.43

第八节　消费者权益保护

1986—1990年，保护消费者权益工作由区工商局企业科监管。1990年8月—2001年10月，保护消费者权益工作由区工商局商标广告科监管。2001年10月，区工商分局机构改革，增设消费者权益保护科，履行消费者权益保护职能。2002年2月，各工商所设立“12315”申诉举报中心，并与市工商局“12315”申诉举报中心联网，形成市工商局—区工商分局—工商所三级申诉举报网。

1988年5月，区消费者权益保护协会成立，在5个工商所设立消费者权益保护协会分会和消费者投诉站。2001年3月，更名区消费者权益保护委员会。2005年，全区8个乡镇、2个街道设立消费者权益保护委员会分会。57个行政村、18个社区设消费者投诉站。区药监局、质监局、农业局、建设委员会、房地产管理局设立消费者维权办公室。重庆万盛田家炳中学、重庆一〇四中学、重庆一一五中学设立消费者宣教站。至2005年，全区有消委会分会15个，消费者投诉站90个，消费者维权指导办公室5个，消费者维权宣教站3个。

2000—2005年，区工商分局查处侵害消费者权益案件1003件、案值625.94万元，罚款93.3万元；受理申诉举报542件，调解申诉案件539件，为消费者挽回经济损失44.74万元。

1988—2011年，区消费者权益保护委员会（协会）受理消费者投诉3825件（未统计1992年数据，下同），调解处理消费纠纷3806件，接待消费者咨询6.24万人次，为消费者挽回经济损失362.55万元，支持消费者向法院申诉案件10件，移送有关行政部门查处侵权案85件，罚款74.44万元。

2000—2005年万盛区查处消费侵权案件和受理申诉情况表

表5–50

年份	查处侵权案			受理申诉举报		
	数量（件）	案值（万元）	罚没额（万元）	数量（件）	调解数量（件）	挽回损失（万元）
2000	226	31.39	12.6	365	364	23.04
2001	394	21.78	21.53	26	26	4.5
2002	121	494.50	7.75	70	69	1.73

续表

年份	查处侵权案			受理申诉举报		
	数量（件）	案值（万元）	罚没额（万元）	数量（件）	调解数量（件）	挽回损失（万元）
2003	94	12.38	6.51	19	18	0.17
2004	58	25.89	37.60	18	18	8.3
2005	110	40	7.31	44	44	7

1988—2011年万盛区受理消费投诉情况表

表5–51

年份	受理（件）	解决（件）	解决率（%）	接待（人次）	挽回损失（万元）	提供政府罚款（万元）	支持起诉（件）
1988	42	42	100	–	2.73	–	–
1989	69	62	89.8	40	2.35	–	–
1990	76	72	94.7	41	4.69	–	–
1991	48	44	91	–	2.44	–	–
1992	–	–	–	–	–	–	–
1993	60	60	100	10204	1.08	0.26	–
1994	101	101	100	6242	2.39	0.17	–
1995	119	119	100	443	3.28	0.69	–
1996	156	156	100	509	4.76	0.05	5
1997	122	122	100	452	5.74	0.09	–
1998	155	155	100	1103	10.94	1.71	–
1999	88	88	100	248	4.66	–	–
2000	365	364	99.7	748	19.61	8.50	3
2001	222	222	100	–	3.77	–	–
2002	276	275	99	3280	7.58	3.2	2
2003	188	187	99.5	1380	11.50	3.6	–
2004	109	109	100	394	8.05	18.7	–
2005	177	177	100	640	23.64	16.18	–
2006	386	385	100	356	89.80	2.88	–
2007	375	375	100	4158	79.5	8.5	–
2008	288	288	100	12153	16.2	13.5	–
2009	198	198	100	13430	18.65	50.56	–
2010	92	92	100	3065	20.5	0	–
2011	113	113	100	3541	18.69	0	–
合计	3825	3806	–	62427	362.55	128.59	10

第五章　审计管理

1983 年 12 月 28 日，南桐矿区审计局成立。1984 年 10 月，区审计局内设行政事业审计科和企业审计科。1989 年 12 月，增设办公室。1991 年 3 月，增设金融基建审计科。2002 年 12 月，增设社会保险与经济责任审计科。2005 年，区审计局有办公室、企业审计科、企业与外资审计科、金融与投资审计科、行政事业财政审计科和社会保险与经济责任审计科等 5 个科室。

1990 年 5 月 31 日，南桐矿区审计事务站成立。2007 年 7 月 25 日，万盛区政府投资建设项目审计中心成立，为区审计局管理的事业单位。

第一节　企业审计

企业审计工作始于 1984 年。是年，审计区酿造厂、区煤建石油公司、区油脂经营部财务，查出违规资金 6.88 万元和倒卖国家指令性计划供应大豆 6450 千克，上缴区财政 3.29 万元，由区工商局收缴区财政 0.20 万元。

1985 年，审计区百货针织批发公司、区物资回收公司、区工业供销公司。查出区百货针织批发公司虚增成本 8.24 万元；区物资回收公司和区工业供销公司抬高物资供应价，多收 2.95 万元，非法经营国家指定性物资，以废旧金属串换钢材，牟利 3.39 万元；区工业供销公司违规将大量国家指定性物资销往省外牟取暴利，非法收入 4.14 万元。

1986 年，审计区农业机械化服务公司，查出违反财务制度和财经纪律金额 2.17 万元，漏报营业额 126.84 万元，漏税 4.23 万元。

1987 年，审计区糖酒公司 1986 年财务决算，查出该公司 1985—1987 年用平价一类、二类名优酒搞“联营”分利 2.57 万元。

1988 年，审计区蔬菜公司，查出该公司管理费分摊不合理，0.48 万元回扣不入账，专用基金超支 9.44 万元等。

1990 年，审计区烟草公司，审计总额 119 万元，查出违纪金额 4.14 万元；审计区矿业公司，审计总额 42 万元，查出违纪金额 34.48 万元；审计区林产品公司，审计总额 345 万元，查出违纪金额 11.65 万元；审计区蚕茧公司，审计总额 78.6 万元，查出违纪金额 336 元。受重庆市大检查办公室委托，检查中央企业国营晋林机械厂，总额 9695 万元，查出违纪金额 16 万元，并提出 7 条整改意见。

1991 年，审计重庆精益食品厂，审计总额 78.52 万元，查出违纪金额 1.69 万元；审计区糖酒公司，审计总额 169.54 万元，查出违纪违规金额 3.07 万元，罚款 0.47 万元；审计区猕猴桃公司，审计总额 27.78 万元，查出违纪违规金额 6.01 万元，罚款 0.72 万元；审计区烟草公司，审计总额 461.9 万元，查出违纪违规金额 10.79 万元，罚款 0.62 万元。

1992 年，审计区百货公司，审计总额 52.45 万元，查出违纪违规金额 8.35 万元；审计区五交化公司，审计总额196.85万元，查出违纪违规金额66.83万元，追还侵占挪用资金22.73万元。

1993年，审计亏损企业2家，核实企业盈亏，清理债权债务。

1994年，审计区石油公司、万通物资公司；审计区政府驻瑞丽公司，审计总金额7867万元，查出违纪金额119万元。

1995年，审计区城市综合开发公司、区化肥厂等4家企业，共查出违纪金额5.3万元（其中偷税漏税1万元）。

1997年4月21日至5月23日，审计重庆市烟草公司万盛分公司。查出该公司违规挤占成本6.10万元，多提烟叶“扶持费”2.7万元；超范围计提烟叶农业特产税，造成区财政多返还特产税4.15万元。4月23—30日，审计区医药公司，审计认为，该公司内控制度较健全，没有大的违规行为。

1998年2月13日至3月30日，审计区粮食公司1993—1997年的亏损及1992年以前挂亏消化情况，查出违纪违规金额27.52万元，按规定作调亏处理。3月31日，审计区自来水公司1993—1997年财务，该公司财务管理比较混乱，经费管理不规范，收缴水费存在问题。

1999年8月23日至9月15日，审计区煤气公司，查出欠缴固定资产投资方向调节税2.58万元，欠缴营业税费1.66万元，违规发放奖金0.20万元。

2000年4月22日至5月22日，审计区新华书店1999年财务，查出少列资产及收益，虚列负债及费用抵减应纳税收6.81万元。4月25日至5月17日，审计重烟万盛分公司，查出违纪金额19.06万元，应补缴企业所得税0.65万元，罚款3.19万元。

2001年，审计企业4家，查出违规金额45万元。

2002年，区属部分企业破产，其余企业全部改为股份合作制。至此，区审计局不再履行企业审计职能。

第二节　行政事业单位审计

1986年，审计区公安分局、区人民检察院、区人民法院、区工商局、区劳动局、区城建局、区防疫站、区计量办和区交通局等9个单位1985年的罚没收入。9个单位罚没收入总额11.31万元，已全部上缴国库，收入、缴库、退库和支出4个环节均符合规定。

1987年，审计区民政局1985年、1986年民政事业费98.7万元。民政事业费开支管理较好，收到良好社会效果，存在“以拨代报”和“只拨不报”，财务失控和管理不严等问题，收缴青山乡民政员贪污款103.40元。是年，区审计局开始试行行政事业定期审计制度。审计区民政局、区统计局、区广播电视局、区环保局、区工商局和万盛街道办事处等6个单位，除区工商局外，其他单位财务工作管理较好。

1988年，结合“为政清廉”“治理整顿”和税收、财务、物价三大检查，定期审计区委办、区人事局、区档案局、区文化局、区司法局、区统计局、区商业局、区广电局、区乡镇企业局、区城乡建委、区计生委、区二轻工业局、区工商局和万盛、东林街道办事处等25个机关，专项检查有罚没收入的区人民检察院、区公安分局、区工商局、区城乡建委、区环保局、区国土局、区劳动局、区林业局、区交通局、区计量所、区药检所和区防疫站12个单位。查出区林业局挪用、挤占育林基金12.14万元，罚没奖励超过10%的规定等问题，增大育林费支出0.47万元，罚款0.36万元；收缴区城乡建委、区林业局截留的违法森林管理和违章建筑罚款0.63万元；查出南桐乡计划生育办公室存在以伪造单据、擅自购买专控商品、巧立名目发放报酬问题，收缴贪污款831元，罚款0.40万元，给予责任人罚款82元和提请区监察局给予行政记过的处罚决定。

1990 年，定期审计行政事业单位 5 个，发现会议费和招待费数额都较大，查出严重违纪单位 1 个，违纪金额 5.23 万元，应收缴财政 0.57 万元。是年 8 月 14—30 日，区审计局重点检查区公安分局、东林派出所、南桐乡公安室“三乱（乱收费、乱罚款、乱摊派）”问题，查出无收费依据收费 1.17 万元，不使用统一收据收费 0.38 万元，收入不使用区财政统一收据，公款私存等问题，提出区公安分局应停止收取治安工作赞助费和特业办公费，南桐乡公安室应停止收取违反“乡规民约”罚款的处理意见和建议。

1991 年，定期审计行政单位单位 10 个，查出区交通局长期挪用养路费 22.33 万元。

1992 年，定期审计单位 14 个，执行财经纪律较好的单位 9 个，存在违纪违规问题的单位 5 个，违纪违规金额 19.96 万元；部分单位存在会计队伍不稳定，人员素质较低、会计基础工作薄弱等问题。是年，检查 14 个单位税收、财务、物价情况，查出违纪违规金额 20 余万元。

1993 年，定期审计单位 5 个，查出违纪金额 70 万元，主要是挪用专项资金，会议费、伙食费和外出考察费开支较大。

1994 年，实施新会计制度、新税制度。检查单位 19 个，收缴违纪金额及补交税款约 16 万元。

1995 年，审计区公安分局罚没收入情况，查出违纪违规金额 2.32 万元；查出设立“小金库”的单位 5 个，金额 83.1 万元。

1997 年 1 月 13 日至 8 月 29 日，审计区人民检察院、区农机水电局、区科委、区房管分局、区社保分局、区计生委和区林业局等单位财务收支情况。查出区人民检察院挪用暂收赃款 5.22 万元，用于垫支小车款和复印机款；区农机水电局用重庆市非经营性结算统一收据收取工程项目设计、农机培训费 5.25 万元；区科委挤占科技发展基金 23.49 万元，虚列预算支出 4.8 万元，违规购买移动电话机 0.98 万元；区房管分局违规发放房改资金贷款 70 万元，挤占、挪用房改资金 257.33 万元；区计划生育委员会挤占、挪用计划生育费 25.23 万元，挪用计划生育保证金 27.81 万元；区林业局违规使用公款 2.18 万元，滥用育林资金 13.83 万元投资兴办万渝公司。

1998 年 7 月 29 日至 8 月 26 日，审计区公安分局，查出违纪违规款 2.76 万元，品迭后为 1.05 万元。

1999 年 1 月 6 日至 6 月 15 日，审计区民政局、区城乡建委、区农机水电局、区计经委、区卫生局、区广电局、区人民法院和区人民检察院财务收支情况。查出区民政局虚列预算支出 64.06 万元，区城乡建委漏缴预算资金 0.61 万元，区农机水电局漏缴预算外资金收入 4.00 万元，区计经委截留转移矿产资源补偿费 37.8 万元，区卫生局截留个体行医管理费 0.20 万元，区人民法院漏缴诉讼费 25.49 万元，区人民检察院执行财务管理制度较好。

2000 年，审计区劳动局、区交管所、区广电局和区工商分局财务收支情况。查出区劳动局 6.74 万元账外资金未纳入财会部门统一核算，基金存款利息 2.79 万元未纳入基金管理；区交管所私设“小金库”3.42 万元，工作人员私分代理业务手续费 1.41 万元，违规列支预算外资金 0.60 万元；区广电局采取“账外账，公款私存”等方式将收取的部分行政性、经营性收费及其他收入 51.76 万元，以职工私人姓名开设 3 个账户，未使用法定收据收取点歌费、闭路电视安装费 22.11 万元，未纳入账内核算的闭路电视安装费 12.13 万元，违规领取“目标考核费”1.74 万元，滥发现金 40.34 万元，漏缴营业税费 0.43 万元；区工商分局超标支付着装费 0.52 万元，截留租赁收入 6.32 万元，欠缴营业税等税费 0.36 万元。

2001 年，审计 14 个行政事业单位财务收支情况，查出违规金额 480 万元，罚款 16 万元。

2002 年，审计区人事局、区建委、区民政局、区社保分局和区房管局等单位，查处违规单位 1 个，补缴税金 1 万元。

2003 年，审计区公安分局、区计生委、区投资公司、区国债服务部和区国资分公司等单位，查出管理不规范资金 4 万元。

2004 年，审计区建委、区国土局等单位财务收支情况，查出区建委违规资金 112.98 万元，区国土局违规资金 67.51 万元。

2005 年 4 月 9 日至 5 月 12 日，审计区广电局财务收支情况，查出不规范资金 64.2 万元，作出归还资金渠道和调账处理。

2006 年，审计区卫生局、区人民医院、产业园区管委会和区供销联社 4 个单位财务收支情况。查出区卫生局违规收费 6.67 万元；区人民医院违规收取、支付、减免医保费、体检费等 20.77 万元；产业园区管委会接受捐赠固定资产 4.91 万元不作账务处理；区供销联社漏缴房屋租赁收入营业税费、无据发放职工天然气补助费等 3.97 万元。

2007 年，审计区人民法院、区建委、区粮食局、区总工会和区国资公司，查出管理不规范资金 361 万元。

2008 年，审计区发改局、区招商局、区民政局、区教委、区林业局和区广电局，查出管理不规范资金 304.9 万元。

2009 年，审计区经贸委、区信访办、区招商局、区民政局、区质监局、区环保局、区广电局和区人防办，查出不规范资金 365 万元。

2010 年，审计行政事业单位 5 个，查出不规范资金 215 万元。

2011 年，审计区交通局、区教委、区林业局和区水务局，查出不规范资金 545 万元。

第三节　金融机构审计

1987 年，审计中国工商银行南桐矿区办事处（简称区工行）财务收支情况，查出多列、虚列费用、截留利润资金 8 万元和漏报征税奖金 3.67 万元。

1990 年，审计中国农业银行南桐矿区办事处（简称区农行）和区工行财务收支情况，审计总金额 1058.83 万元，查出违纪金额 8.28 万元。

1991 年，审计中国建设银行南桐矿区支行（简称区建行）财务收支情况，查出违纪违规金额 10.42 万元。

1993 年，审计区农行、区保险公司和区证券公司财务收支、信贷计划执行和拆借资金情况。查出区农行逾期贷款 422 万元，财务收支违纪金额 52 万元（其中截留转移 10 万元，其他违纪 42 万元）；区保险公司违纪金额 7 万元；区证券公司违纪金额 3 万元。

1994 年，审计区信用联社及其营业部和关坝信用社财务收支、信贷资金情况。查出区信用联社违纪违规金额 86.2 万元。

1995 年，审计区建行资产负债、损益以及区建行房地产信贷部财务收支和青年信用社的财务收支情况，查出虚列支出、漏列营业收入和挤占成本等问题。

1996 年，审计区农行和万盛信用社资产、负债、损益和粮油收购专项资金用途。查出区农行多列固定资产 19.35 万元，少列费用 3.60 万元，漏记应税收入 25.40 万元；万盛信用社错列费用 0.67 万元，虚增收入 20 万元等违纪违规问题。

1997 年 7 月 2 日至 8 月 8 日，审计区农行 1996 年资产、负债、损益情况。查出区农行少列成本、虚增利润 13.46 万元，应调减“239 承兑汇票”科目 27 万元。

1998年5月，审计中国人寿保险公司万盛营业部、中国财产保险公司万盛营业部、万盛区证券公司资产、负债和效益情况。查出人保万盛营业部漏列收入6.39万元，少缴个人所得税960.01元；财保万盛营业部少列营业收入6640.89元，少缴企业所得税2191.49元。

1999年，审计区工行资产、负债和损益情况。查出区工行“应税利息”少挂账465.22万元，未纳入职工工资总额核算收入34.49万元，多提固定资产折旧11.72万元。

2001年，审计中国财产保险公司万盛区支公司资产、负债和损益情况，查出违纪违规金额87万元。

2002年，审计区信用联社、关坝信用社、中国人寿保险公司万盛区支公司资产、负债和损益情况。查出区信用联社少缴税收1.50万元，关坝信用社少缴税收5000元；人保万盛区支公司少计利息收入，未足额核实法定分保业务，未按规定支付医疗险76万元。

2003年起，因区内金融机构收归其上级主管部门管理，区审计局不再审计。

第四节　农业资金审计

1990年，审计农业专项资金，查出违纪金额963元。

1996年，审计区农业综合开发专项资金，查出挤占挪用11.69万元，用于建房及补充业务经费。

1997年4月24日至5月4日，审计区农业综合开发专项资金，并延伸审计项目执行单位景星乡农业综合开发指挥部。资金到位较好，工程管理规范，财务清楚，支出基本合格。

1998年4月28—30日，审计区农业综合开发专项资金，建议严格预决算制度，健全管护制度。6月1—19日，审计区水利专项资金财务收支情况及区农机水电局、区财政局、汤家沟水库工程指挥部、关坝镇水保站和金桥乡水保站等12个部门和单位。查出区农机水电局、区财政局分别欠拨汤家沟水库工程款8.40万元、366.71万元；金桥乡水保站挤占水利专项资金6.32万元；区农机水电局转变水利专项资金支出项目2.20万元。

1999年3月16日至4月3日，审计区农业综合开发专项资金，并延伸审计景星乡、丛林镇2个项目执行单位，建议加强财务基础工作，做到专户存储，专账核算，专款专用。

2000年8月23日至9月4日，审计区农业综合开发专项资金，并延伸审计景星乡、丛林镇、品种园3个项目执行单位。区农综办、区财政局及乡镇农业综合开发工程指挥部账表数据与审计认定数据相符。是年，审计区支农专项资金，审计资金总额384万元，查出违规资金102万元，挤占挪用37万元。

2006年4月7—11日，审计区农业局“淡水养鱼”和森林资源发展两个项目资金用途。两个项目资金到位较好，财务管理规范、账务清楚、支出合规。5月22日至6月5日，审计区农业综合专项资金。区农综办和项目实施单位的账表与审定相符，开发资金收支情况基本符合法规。

2007年5月28日至6月20日，审计区农业综合土地治理项目资金，审计总额470万元（中央财政资金300万元，重庆市140万元，区配套30万元），未发现违规违纪问题。8月31日至9月3日，审计区农村沼气建设国债项目资金，账表数据与审定数据相符。11月1—5日，审计10万只山地鸡养殖项目资金，审计总额235万元，资金使用合理，专款专用。

2008年5月29日至6月3日，审计区农业综合开发项目资金，并延伸审计万东镇、黑山镇、石林镇、南桐镇、金桥镇、青年镇和丛林镇等项目执行单位。开发项目资金使用符合规定，无违规违纪问题。

2009年2月25日，审计区扶贫资金，并延伸审计项目执行单位石林镇、黑山镇、青年镇和关坝镇。

查出2008年区扶贫办滞留扶贫资金90.90万元，未经批复自行调整资金45.70万元。6月4—20日，审计区农业综合开发项目（土地治理工程、汶川地震损毁、自然灾害损毁等）竣工决算情况。送审工程造价358.94万元，审定额356.40万元，审减资金2.54万元。查出一区属单位挪用专项资金4600元，一建筑公司违规转包工程82.48万元。6月15日至7月5日，审计区新农合基金，并延伸审计区人民医院、区中医院，抽查万东镇卫生院、桃子地区卫生院、黑山镇卫生院，未发现违规违纪问题。7月31日至8月5日，审计区农村沼气建设国债项目资金，未发现违规违纪问题。9月14—30日，审计区农村饮水安全项目资金。送审项目造价210.70万元，审定金额206.63万元，审减金额4.07万元。查出该项目未实行监理制，未按规定招投标，承包人不具备相应资质；石林镇和金桥镇项目资金未按专户存储和专账核算。

2010年，审计区新增投资农村沼气项目资金，农村劳动力转移培训阳光工程资金，区农业综合开发竣工项目决算情况，农业综合开发产业化经营项目资金和区退耕还林工程专项资金。查出滞拨重庆市计划内退耕还林查补资金638.35万元；挪用巩固退耕还林成果后续产业资金136.00万元，违规支付后续产业资金25.00万元。

第五节　财政资金审计

1990年，审计区财政审签和青年镇财务收支情况（青年镇财政审计总额355.67万元），查出违纪金额11.56万元。

1991年，审计南桐乡财务收支情况。审计总额222.9万元，查出违纪违规金额18.5万元，罚款2399元。

1995年，审计万盛街道和青年镇财政收支决算。纠正决算不实、虚列预算支出、预算内收入转为预算外收入、挤占支农周转金等违规行为。

1996年，审计区财政1995年度财政预算执行情况，抽审一级预算支出单位25个，审计金额2495万元。查出漏列本级预算收入115.76万元；审计南桐镇财政务支情况。该镇支农周转金管理较乱，账目不清，挪用乡镇企业发展基金9.5万元；审计全区乡镇下属98个单位预算外收支情况，查出违纪违规金额42.39万元，收缴区财政13.22万元，归垫专项账务7.36万元。

1997年1月13日至2月28日，审计区1996年度财政预算执行和其他财政收支情况。区财政预算执行未突破预算调整赤字；查出区城乡建委、区农机水电局、区农业局、区科委共虚列预算支出38.38万元，区农机水电局、区科委共挤占专项基金和专用资金38.97万元，区科委未办理手续购置桑塔纳轿车、移动电话和无线寻呼机（BP机），区农机水电局、区劳动局共违规收费、罚款10.88万元，区城乡建委、区人民法院、区农机水机局、区农业局、区计生委和区科委预算外收入在“其他暂存”列收列支，未纳入财政专户存储管理共84.38万元。

1998年年初，审计区1997年度财政预算执行情况，抽审一级预算单位15个、二级预算单位12个，抽查预算内资金2909万元，审计预算外资金1669万元。

1999年1月5日至2月14日，审计区1998年度财政预算和其他财政资金执行情况。收支品迭后，支出大于收入824万元（其中挂账384万元），比调整预算减少赤字124万元，累计赤字1285万元，超支挂账3255万元；全区年终滚存结余预算外资金636万元；纳入财政专户管理的128个单位存入专户资金3462万元（其中上年滚存结余705万元），经审核拨支3176万元，年终专户滚存结余286万元。抽审一级预算单位16个，抽审资金5863.98万元，查出区财政局、区人民法院共欠缴应缴预算收入 83.34 万元，区广电局、区人民法院共截留、坐支行政事业性收费 135.27 万元，区就业服务管理办公室、区环保局共挪用专项资金 73.99 万元，区广电局、区人民法院违规发放奖金 46.88 万元，区广电局、区劳动局私设“小金库”58.50 万元。

2001 年年初，审计区 2000 年度财政预算执行情况，抽审一级预算单位 7 个，二级预算单位 5 个，查出违纪违规金额 98.88 万元。

2002 年年初，审计区 2001 年度财政预算执行情况，抽审一级预算单位 8 个，查出区交通局教育培训中心经营收入 21.29 万元未纳入财务统一核算，交通局稽查所凭非法定收据无证收费，乱发奖金等问题，查出景星乡林业站拖欠应上缴区金库罚没收入 1.66 万元。

2003 年，审计区 2002 年度财政预算执行情况，抽审一级预算单位 7 个，查出违纪违规金额 29.00 万元。

2003 年 12 月至 2004 年 4 月，审计区 2003 年度财政预算执情况，抽审一级预算单位 7 个，查出违纪违规金额 14.29 万元，全额收缴区财政金库。

2005 年 2—5 月，审计区 2004 年财政预算执行情况。2004 年财政收支基本平衡，全区财政累计赤字 10193 万元。

2006 年，审计区 2005 年度财政预算执行情况，抽审一级预算单位 9 个。查出管理不规范资金 941.7 万元；区财政局无预算拨款和超额预算拨款累计 2302 万元（区 1560 万元，乡镇 742 万元），欠拨区部门的预算经费累计 9950.67 万元，欠拨乡镇累计 157.81 万元；万东镇 2005 年经营民爆器材多收批零差 6.45 万元；万东镇政府 2040 平方米办公楼 42 万元的固定资产未核标。

2007 年年初，审计区 2006 年度财政预算执行情况，抽查一级预算单位 6 个。查出管理不规范资金 581 万元；区司法局挤占挪用项目结余国债资金 12.45 万元；区国土局违规出借 70 万元给重庆市进盛实验中学校征地；田家炳中学无依据收取学生“一卡通”费 3.28 万元；区水务局违规使用“节水增效”专项资金 63 万元，“水土流失费”4 万元未缴区财政，无依据收取企业安全保证金 41.56 万元，未按规定收取南桐矿业公司“水保”两费。审计关坝镇财政决算收支情况，决算基本真实。

2008 年 4—5 月，审计区 2007 年度财政预算执行情况，抽审一级预算单位 9 个。查出 3 家房地产开发公司漏缴土地增值税 38.42 万元（万盛周正 15.3 万元，万盛宏居 16.25 万元，重庆巨鼎 6.87 万元），区教委无收费依据收取教师考核表册费 1.2 万元，区民政局收取安灵堂租金 3.25 万元未上缴区财政。9 月 1—6 日，审计区环保局度财政收支情况。查出无依据收取污染农赔工作经费 8.5 万元（麒麟水泥厂 1.5 万元，南桐特种水泥厂 3 万元，万盛煤焦化有限公司 1.5 万元），应收而未收的罚款 1.2 万元，滞留污染防治项目补助金 170 万元。

2009 年年初，审计 2008 年度区财政预算执行情况，抽审一级预算单位 9 个。查出区财政局未按区人大批准的预算拨付资金 15821.76 万元，未及时收取国有资产权转让收入 60 万元；区招商局占用及滞留万盛立泰商厦出售价尾款 42 万元；区地税局未追缴区顺通排水安装工程队少缴税款 1.57 万元；区综合执法局越权收取个体经营户保洁费 4.22 万元；区计生委未及时上缴社会抚养费 170.07 万元，将区财政划拨的 6 万元租赁费转入单位工会账户；区国土局违规出借 30 万元给区农办，通过过渡户收取两家房地产公司土地转让金 134.90 万元，挪用重庆市国土局划拨款 30.98 万元，违规收取福耀二期工程、板辽水库二期工程、文体中心建设和区国资公司业务费等费用 127.80 万元，代扣工程中标单位税金 12.10 万元未按时入库；区经贸委违规收取企业、单位培训费、赞助费等 35.09 万元。

2010 年年初，审计 2009 年度区财政预算执行情况，抽审一级预算单位 5 个。查出项目欠款资金 31985.25 万元（区国土局 3662.71 万元，区林业局 311.542 万元，区卫生局 1811.70 万元，区执法局 1559.96 万元，区水务局 1302.43 万元，区交通局 1273.11 万元，棚户区建设 11656.94 万元，地灾建设 1023.40 万元，廉租房建设 6579.58 万元），非税收入未及时解缴入库 8764.18 万元，无预算拨款 19.63 万元；

区旅游局未将景区管理费185.09万元纳入区财政预算管理；区交委占用市级专项资金617.86万元作为行政经费开支；区地税局挤占基建转款37.31万元，坐收坐支非税收入9.96万元。丛林镇农村饮水工程方案多次重复施工，浪费15.62万元；廉租房一期工程勘测、设计、监理等未公开招标投标，工程设计不严谨、重复施工，浪费7.76万元。

2011年5—8月，审计2010年度区财政预算执行情况，并延伸审计区发改委、区卫生局等单位。查出区建委欠征配套费617.53万元；区财政未及时解缴非税收入19090.41万元（石林资产转让费、代扣残保、财政利息等10052.66万元，配套费、排污费、电力附加费、煤炭规费9037.75万元），违规出借专项资金1730万元，虚拨经费2803.25万元；区卫生局违规向各医院、卫生院收取事业发展基金227万元，超范围支出农村改厕补助资金3万元；区森林办多报森林工程完成额5418.27万元；区税务局擅自调整2008—2009年大中型水库移民后期扶持工程项目资金227万元，超范畴拨付丛林镇木耳厂社山平塘整治工程7万元。

第六节　固定资产投资审计

2006年，区审计局增加固定资产投资审计职能。3月2—7日，审计区水务局2004年长江上游水土保持重点防治工程基建投资情况，查出刘家河小流域治理工程承包商违反营业税相关规定，欠缴税款3798元。7月13日至8月16日，审计关坝—中坝公路占地补偿资金使用情况，查出挪用专项资金20万元。

2007年，审计城区沥青路面一期改造工程、万盛—桐梓公路、区人民法院、区人民检擦院办公楼、重庆一〇四中学教学楼等固定资产投资项目和区交通局2006年度农村公路资金使用情况及石林—九锅箐公路财务收支情况，共审减投资215万元，收缴税款26万元。

2008年，审计毛里水库除险加固工程、城区沥青路面二期改造工程和青山湖水库工程竣工决算情况。查出违纪违规金额58.9万元，审减投资178.70万元。

2009年，审计区工矿棚户区改造工程项目资金使用情况、区人民医院门诊大楼改造工程、万东镇卫生院业务专用房改造、万盛—金桥公路改造工程竣工决算、区计生委办公楼装修、政府二级公路还贷、板辽水库和廉租房（一期）审计等8个项目，审减资金269万元。

2011年，审计万盛西区城市综合开发建设、南桐镇卫生院、区工矿棚户区改造工程、孝子河治理工程、板辽水库建设、关坝镇农村饮水工程和南桐镇、万东镇、青年镇农村饮水工程等11个项目，审减投资110万元。

第七节　内部审计

1987年，区粮食公司、区二轻公司、供销社区办、区物资站、工商银行区办、农业银行区办、区工交局、区乡镇企业局、区糖酒公司、区农资公司、区水泥厂和区木器厂等12个单位设有内审机构或配备兼职审计员。1989年，区教育局设立内审机构。1991年，区属部门设有内审机构11个，配有专兼职内审人员16人。1995年，区属部门设有内审机构14个，配备专职内审人员8人，兼职内审人员

37人。2006年，因编制原因，各单位不再设立内审机构。

1990年，区供销社审计该社下属2个单位1990年财务收支情况和6个公司第二轮承包经营情况。1991年，区供销社承包经营责任审计面100%，区商业局、区粮食局、区农业局、区城乡建委等部门的内审机构承担其下属单位承包经营终结审计工作。1992年，区林业局等部门的内审机构承担其下属单位承包经营审计工作。1993年，在推行公有民营过程中，各内审机构承担核实资产清理、测算税利基数等工作。区二轻局、区乡镇企业局和区公安分局等部门内审机构承担其下属单位承包经营审计工作。1994年，区供销社系统内审机构审计其所属20余家公有民营转制企业，审计面100%。区公安分局审计各科室和派出所，规范区公安系统的收费、管理和使用行为。1996年，区二轻局、区乡镇企业局、区供销联社的内审人员下企业参与核资，协助中介机构评估资产。区公安分局内审机构审计各科室和派出所收费及罚款情况，纠正乱收费、乱罚款行为，查处违纪违规人员。2003年，全区内审项目51个，其中财务收支审计25个，基本建设竣工决算审计6个，专项资金审计15个，经济责任审计3个，其他审计2个。查出损失浪费46万元，促进增收节支46.52万元，提出审计建议45条，纠正违规金额13.28万元。2004年，区各部门单位内审机构内审项目28个，其中财务收支审计25个，经济责任审计1个，其他审计2个。提出审计建议7条。2005年，区各部门单位内审机构内审项目71个，其中财务收支审计项目40个，经济责任审计项目9个，其他项目审计22个。查出损失浪费51万元，提出建议意见50条。

第八节 社会审计

1991年，区审计事务所验证117个单位工商注册资金，验资总额2256万元；接受委托审计项目18个，审计查证总额10100万元，纠正错账275笔，查证违法违纪金额49.76万元，移交检察机关立案侦查3件。

1992年，区审计事务所验证194个单位工商注册资金，验资总额7769.84万元；接受委托审计项目12个，为2家企业担任经济顾问，为1家企业委托记账。

1993年，区审计事务所验证186个单位工商注册资金。

1994年，区审计事务所验证91个单位工商注册资金，验资总额6000万元；接受委托审计查证项目38个，为2家企业担任经济顾问；评估区百货公司资产。

1995年，区审计事务所验证79个单位工商注册资金，验资总额5553.76万元；接受委托审计查证项目101个，为5家企业担任经济顾问。

1996—1997年，区审计事务所接受社会委托审计项目192个。

1999年2月起，区审计局不再履行社会审计职能。

第六章　质量技术监督管理

1989 年 10 月，南桐矿区技术监督局成立。1993 年 4 月，更名万盛区技术监督局。2000 年 12 月，更名万盛区质量技术监督局（简称区质监局），设办公室、质量科（标准化科）和特种设备科（计量科）3 个科室，辖执法大队、计量检定所和产品质量监督检验所 3 个直属机构。2006 年 2 月，区质监局将计量检定所、产品质量监督检验所 2 个直属机构移交重庆市计量质量检测研究院江津计量质量检测中心管理。2010 年，区质监局设办公室（法制科）、质量科（标准化管理科、认证认可监督管理科、食品生产监管科）2 个科室，辖执法大队（计量科、特种设备安全监察科）1 个直属机构。

第一节　质量管理监督

一、质量管理

1989 年起，区技术监督局在全区企业中组织成立质量管理 (QC) 小组 61 个，引导企业开展“挖金山工程”和“节能降耗”活动。

1991 年 3 月，区政府成立质量工作领导小组，提出“质量兴区”战略目标，把提高企业产品质量摆在各项经济工作首位，实施产品质量认证和企业质量体系审核注册工作。

2003 年 8 月，为福耀玻璃（重庆）配件公司、南桐化工厂等 5 家企业建立质量档案，完善质量管理体系。是年，南桐特种水泥公司获重庆市质量效益型企业称号。

2004 年，福耀玻璃（重庆）配件公司生产的“FY（福耀）牌”汽车挡风玻璃获中国名牌称号。

2005 年，福耀玻璃集团（重庆）配件公司、南桐化工厂、万盛区安达橡胶制品公司、万盛区麒麟水泥公司和万盛区国岭水泥厂 5 家企业产品取得工业产品生产许可证。是年，南桐特种水泥公司获重庆市质量兴渝企业称号。

2006 年，南桐特种水泥公司获重庆市质量效益型企业称号。

2007 年，四维精美龙头公司生产的“四维（swell）牌”水龙头获重庆名牌称号。

2010 年，南桐矿业公司冶炼精煤获重庆名牌称号。

2011 年，区质监局启动质量兴镇、兴园、兴企业试点工作；指导福耀玻璃（重庆）配件公司、四维精美龙头公司、天泽钻井材料公司导入卓越绩效模式。是年，南桐矿业公司冶炼精煤获重庆知名产品称号。

二、质量监督

（一）工业产品质量监督

1990—2011 年，区质监局抽样检验企业工业产品和市场销售商品，共抽验产（商）品 7648 个批次（定期检验 6152 个批次，不定期检验 926 个批次，委托检验 570 个批次），综合合格率 68.5% ~ 91.1%。

2006—2011 年，抽检建材产品 80 批次，合格 68 批次，合格率 85%；抽检 26 家企业化肥 61 批次，合格 53 批次，合格率 86%；查处违法案件 185 件（立案 141 件，现场处罚 44 件），结案 185 件，结案率 100%；累计出动执法人员 1000 余人次，出动车辆 330 辆次，检查商家 590 余户；18 家企业通过质量管理体系认证。

1990—2011 年万盛区企业产品质量检验情况表

表 5-52　　单位：批次

年份	检验数量	年份	检验数量	年份	检验数量	年份	检验数量
1990	125	1996	448	2002	468	2008	356
1991	198	1997	401	2003	453	2009	327
1992	221	1998	426	2004	381	2010	316
1993	254	1999	446	2005	348	2011	335
1994	234	2000	477	2006	330	–	–
1995	354	2001	466	2007	284	–	–

（二）食品安全监管

2005 年，区质监局建立食品生产加工环节乡镇街道协管制度。

2006 年，实行生产企业巡查、回访、年审、抽查等监管制度，并完善万盛区食品生产加工业动态管理图管理系统。

2007 年，39 家食品生产加工小作坊签订食品安全承诺书，并按照区质监局统一制订的格式建立进货和销售台账。

2008 年，53 家食品小作坊签订食品质量安全承诺书，建立小作坊进货、销售、食品添加剂台账，聘请食品监督员 20 人和信息员 83 人。是年，巡查食品小作坊 117 家、1126 人次，抽查产品 72 批次，合格率 87%。

2010 年，区质监局完成 20 家食品生产企业年审，年审率与获证企业监管率均达 100%。对食品加工企业法律知识培训 7 次，参加培训 350 人次。

2011 年，巡查食品生产企业 20 家、小作坊 38 家，巡查率和隐患整改率均 100%；核发食品生产许可证 5 个，更换 5 个；面对面开展法律法规宣传和警示教育 110 家次；录入 59 家食品生产加工企业档案。20 家食品生产加工企业签订质量安全责任书和生产加工环节食品安全主体责任公开担保书，38 家小作坊签订质量安全承诺书。

（三）质量技术监督执法

1989—2011 年，区质监局出动执法检查人员 14353 人次，检查企业经营门点 6073 户次，查处各类违法违章案件 1190 件，取缔制假窝点 57 个，罚款 612 万元，办理群众投诉 2500 件，为企业和消费者挽回损失 877.4 万元。

2007 年，抽检化肥 9 批次，合格率 88.9%，处罚经营户 1 家；抽取钢材 16 批次，合格率 75%，处罚经营户 4 家；抽取外墙砖 2 批次，均不合格，处罚经营户 2 家；抽取塑钢窗 3 批次，均不合格。2008 年，参与政府集中采购物资的质量监管工作，抽检各类物资产品 45 批次，合格率 91.1%。2009 年，区质监局开展“查家电、保消费、打假下乡”和“查农资、保农业、服务三农”等专项执法行动 8 次。

1989—2011年万盛区质量技术监督执法情况表

表5-53

年份	案件数量（件）	取缔制假窝点（个）	罚没金额（万元）	办理投诉（件）	挽回损失（万元）
1989	29	1	1.6	81	18.6
1990	43	4	2.3	165	35.6
1991	35	4	2.4	168	29.4
1992	44	4	3.8	147	33.1
1993	47	2	3.6	139	29.5
1994	45	3	3.6	146	28.8
1995	48		3.4	141	29.6
1996	49	2	3.9	104	36.2
1997	47	2	4.8	107	28.7
1998	49	4	4.6	114	39.6
1999	51	3	4.9	98	34.8
2000	52	2	4.9	104	29.4
2001	68	4	14.3	113	35.2
2002	64	4	38.7	122	39.6
2003	81	3	57.9	116	35
2004	57	2	46.5	104	39.5
2005	52	1	48.8	115	37.4
2006	70	2	45.3	92	39.5
2007	63	1	43.6	88	38.3
2008	52	2	40.7	76	37.6
2009	56	2	48.4	63	35.2
2010	47	3	51.2	58	43.8
2011	41	2	132.8	39	123
合计	1190	57	612	2500	877.4

三、认证认可监管

2006年，重庆市黑山茶业公司、重庆翠信茶业公司分别取得有机转换产品认证证书（第三年转换期）、重庆市名牌农产品称号。

2008年，全区有质量管理体系认证企业16家。

2009年，区质监局建立社会监督、分级管理、定期巡查和跟踪检查等4项监管制度。

2010年，4家食品生产企业产品获有机产品认证，万盛区盛泉茶厂通过危险分析和关键控制点（HACCP）认证。

2011年，18家企业实施ISO 9000，ISO 14000等自愿性认证。是年，区质监局建立万盛区认证认可基础数据库；检查实验室5家，处罚2家。

2005—2011 年，检查 56 家企业执行“3C”认证情况，开展专项整治 14 次。

第二节　计量管理

1986 年 7 月，南桐矿区强制推行“度以米、量以升、衡以千克”计的国家法定计量单位。

1987 年，区内有从事杆秤制造、计量器具修理的经营户各 2 家，经考核合格后，核发制造计量器具许可证和修理计量器具许可证。

1988 年 3 月，水产、水发（泡）食品经营户使用钻孔秤盘水产秤。

1989 年，建立强制检定计量器具计量档案，实行逐月定查、季度抽查、年度总查制度。

1994 年 7 月，强制检定新建房屋安装的水表、电表、气表。

1999 年 7 月，区技监局介入房产交易面积纠纷的测量、监督、仲裁。

2000 年 8 月，监督、检定医疗卫生计量器具和出租车计价表。

2006 年，专项整治矿用计量器具、黄金饰品和定量包装商品。

2007 年，南桐总医院红枫诊所、万东镇卫生院和南桐总医院南桐分院支路诊所被评为计量放心医院；中石油万盛经营部、中石化两河口加油站和关坝镇兴隆加油站被评为计量放心加油站；万新农贸市场、东林集贸市场和永贸物业公司万盛分公司被评为计量放心集贸市场。

2008 年，检定 44 家小煤矿的 2239 台（件）计量器具。

2009 年，免费检定 3 个集贸市场的 376 台衡器，为 32 家规模以上工业产品生产企业建立质量档案。

2010 年，专项检查 2 家涉农产品销售单位计量器具和 34 家煤矿的安全防护计量器具，处罚 6 家煤矿；委托 5 个产煤镇开展煤矿计量监管委托执法；试点建立煤矿信息化安全防护计量器具监管方式平台。是年，集贸市场固定摊位计价秤、公平秤受检率 100%；出租车计价器，加油（气）站加油（气）枪和加油（气）机受检率 100%。

2011 年，26 家规模以上工业企业建立企业质量档案，2 家企业建立质量管理体系认证。

1986—2011 年万盛区计量器具检定情况表

表 5-54　　单位：件（台）

年份	检定数量	年份	检定数量	年份	检定数量	年份	检定数量
1986	1566	1993	2876	2000	3208	2007	3689
1987	1831	1994	2202	2001	3311	2008	3792
1988	1835	1995	2510	2002	3356	2009	3865
1989	1861	1996	2898	2003	3562	2010	3956
1990	2130	1997	2953	2004	3455	2011	4156
1991	2431	1998	3102	2005	3448	合计	77445
1992	2653	1999	3221	2006	3578	–	–

第三节　标准化管理

一、企业标准化管理

1900—2011年，全区制订、修订产品标准111个，产品标准备案218个，建立3家企业标准化体系，大中型工业企业采用国际标准80%以上，建成翠信茶业公司国家级农业标准化示范区1个。

1990—2011年万盛区制订修订产品标准情况表

表5-55　　单位：个

年份	制修产品标准	产品标准备案	年份	制修产品标准	产品标准备案
1990	1	49	2001	4	5
1991	14	40	2002	7	3
1992	5	10	2003	8	6
1993	4	11	2004	5	5
1994	5	9	2005	4	6
1995	8	13	2006	1	1
1996	11	15	2007	7	7
1997	5	8	2008	3	3
1998	8	10	2009	3	3
1999	2	5	2010	5	5
2000	1	4	2011	0	0

二、消灭无标准生产

从2000年4月起，全区开展消灭无标准生产工作。帮助企业制订、修订产品标准7个，查找现行国家标准40个、行业标准69个、地方标准20个，举办标准化培训班2期，培训工作人员120人，督促158家企业办理产品标准确认登记。2001年6月，全区注册登记产品标准化确认184个，标准受益率96.33%。

三、推行国际标准

1993年，在部分规模较大、条件较好的企业中推行国际标准。至2005年，万盛旅业（集团）公司、南桐特种水泥公司、重庆四维精美龙头公司、万盛区襄盛石油公司、福耀玻璃（重庆）配件公司、万盛区四通建筑公司和南桐化工厂7家企业获ISO 9001质量管理体系认证。其中南桐特种水泥公司获采用国际标准验收合格证书。2008年，福耀玻璃（重庆）配件公司生产的夹层玻璃和钢化玻璃采用国外先进水平的标准（欧洲ECE标准）。

四、统一代码

1993—2011年，全区机关、事业、企业和社会团体办理组织机构代码证6034个，年审组织机构代码证52534个。

第四节　特种设备安全监察

特种设备［包括锅炉、压力容器（气瓶）、压力管道、电梯、起重机械、厂（场）内专用机动车辆、客运索道和大型游乐设施等具有特殊潜在危险性设备的统称］是生产和生活中广泛使用的重要技术设备和设施。

2002 年，锅炉、压力容器、压力管道和电梯等的安全监察职能从万盛区劳动局划归区质监局。

2004 年，普查压力管道 9.1 千米，登记 9.1 千米，其中最大管径 219 毫米，最高工作压力 3.8 兆帕(MPa)。

2005 年，全区注册登记的特种设备 341 台，其中锅炉 50 台，压力容器 146 台，起重机械 58 台，电梯 17 台，索道 2 条，游乐设施 10 台，厂内机动车辆 58 台。全区在用气瓶 10990 个，其中液化气瓶 8020 个，氧气瓶 1339 个，乙炔瓶 1631 个。

2006 年，消除各类特种设备隐患 147 起，查处违法案件 14 件。

2006—2008 年，与 106 家特种设备使用单位签订安全责任书，完善特种设备动态信息系统数据。专项整治起重机械、土锅炉 21 次；演练应急救援预案 7 次。锅炉定检率 95%、压力容器 90%、气瓶 85%、电梯 100%、游乐设施 100%、客运索道 100%、起重机械 92%、厂（场）内机动车辆 73%、工业管道 60%。

2011 年，检查各类企业 108 家，排查一般隐患 42 处，重大隐患 2 处，下达特种设备安全监察指令书 20 份，隐患整改率 100%；特种设备操作人员持证上岗率 93%，使用注册登记率 100%，重大隐患整改率 100%；出租车、公交客车全部粘贴电子标签。是年，全区有特种设备使用单位 112 家；登记注册锅炉 57 台（含电厂锅炉 5 台）、压力容器 370 台、电梯 236 台、起重机械 185 台、厂（场）内专用机动车辆 86 辆、客运索道 2 条，压力管道 47 千米，各类气瓶 15004 个。

第七章　国土资源管理

1955—1987 年，区国土资源管理职能分别由区房地产管理局、区城乡建设委员会、区计划经济委员会和区农业局行使。

1987 年 1 月，南桐矿区国土局成立，设办公室、土地利用管理科和土地规划综合科 3 个科室。是年 8 月，撤销土地规划综合科，设土地监察科。

1989 年 6 月，区农业局管理的区农业区划委员会办公室划归区国土局管理。7 月，增设地政地籍管理科。

1993 年 4 月，更名万盛区国土局。

1997 年 3 月 31 日，增设土地出让管理办公室。

2001 年 8 月 17 日，区委、区政府联合行文撤销区国土局、区房地产管理局，组建区国土资源和房屋管理局，但撤建工作并未进行，区国土局和区房地产管理局仍保留各自的内设机构，行使原定职能。10月，区计经委管理的区矿产资源办公室划归区国土资源和房屋管理局管理，同时增设地质环境科。11月，撤销万盛区国土资源和房屋管理局，组建万盛区国土资源局，设办公室、规划用地科、土地资产管理科、地籍科、执法监察科和地质环境科等6个科室。

2002年6月，万盛区土地开发整理和土地收购储备中心（2005年更名万盛区土地开发整理和储备中心）成立，为区国土资源局管理的事业单位。7月，万盛区地质环境监测站成立，为区国土资源局管理的事业单位。

2005年，执法监察科更名政策法规科，增设人事财务科。是年，区国土资源局改为受重庆市国土资源和房地产管理局、万盛区政府双重管理，有办公室、规划利用科、地籍科、地质环境科、政策法规科和人事财务科等6个科室，区征地办公室、区矿产资源管理办公室、区土地开发整理和储备中心和区地质环境监测站等4个事业单位，万东、南桐、关坝国土资源管理所3个派出机构。

2006年，区国土资源行政执法大队成立。2007年，与区国土资源局政策法规科（挂执法监察科牌子）合署办公。

2009年12月，万盛区实施机构改革，将区国土资源局、区房地产管理局合并，组建区国土资源和房地产管理局，实际上两个机构仍分开办公，各自履行职能，但机构数量计为1个。

2011年，区国土资源局设有办公室、规划利用科、地籍科、地质环境科、政策法规科和人事财务科6个科室，区征地办公室、区矿产资源管理办公室、区土地开发整理和储备中心、区地质环境监测站和区国土资源行政执法大队等5个事业单位，万东、南桐、关坝、青年、丛林、金桥、石林和黑山国土资源管理所等8个派出机构。

第一节　土地规划

一、第一轮土地利用总体规划

1992年5月13日，万盛区政府开始编修第一轮土地利用总体规划。1994年8月，《万盛区土地利用总体规划》（第一轮，规划近期至2005年，远期至2020年，远景规划至2050年）编制完成，主要包含《万盛区土地利用现状图》（比例为1：5万）、《万盛区土地利用总体规划图》（比例为1：5万）和《万盛区土地利用总体规划方案》。1996年4月上报重庆市政府审批。6月17日，重庆市政府原则同意。

规划将全区土地划为农业用地(面积23559.18公顷，占全区面积41.64%)、园艺用地（面积3030.72公顷，占全区面积5.36%）、林业用地（面积25717.09公顷，占全区面积45.46%）、牧业用地（面积45.87公顷，占全区面积0.08%）、城镇建设用地（面积1037.59公顷，占全区面积1.83%）、村镇建设用地（面积1865.9公顷，占全区面积3.30%）、独立工矿用地（面积755.53公顷，占全区面积1.34%）、自然和人文景观保护用地（面积18725公顷，占全区面积33.10%）和其他用地（面积564.62公顷，占全区面积1.0%）9个利用分区。规划至2010年，全区基本农田保护面积14347.17公顷，其中万东镇1663.68公顷，南桐镇1880.50公顷，青年镇1658.82公顷，关坝镇1968.79公顷，丛林镇1311.39公顷，金桥乡2468.23公顷，景星乡1451.97公顷，南天乡1943.78公顷。全区耕地面积16893.94公顷，比1996年减少1040公顷；全区人均耕地0.061公顷，农村人均耕地0.14公顷；园地面积3030.72公顷，增加1331.71公顷；林地面积25403.46公顷，增加15.69公顷；牧草地面积45.9公顷，减少59.97公顷；城镇、工矿、村社用地面积3577.59公顷，增加233.78公顷；交通用地面积479

公顷，增加 101.33 公顷；水域用地面积 877.65 公顷，增加 69.30 公顷；未利用土地面积 6766.92 公顷，减少 651.85 公顷。

二、第二轮土地利用总体规划

1997 年 9 月，为适应重庆直辖后万盛区发展的新形势，开始编修《万盛区土体利用总体规划》（第二轮，1996 年为基期年，2010 年为规划年，2030 年为展望年）。1998 年 10 月，通过重庆市土地利用总体规划委员会评审。1999 年 3 月，上报重庆市政府批复实施。

土地利用规划目标　规划期内，除城镇建设用地增加面积比第一轮规划指标减少 63.51 公顷外，其他规划指标与第一轮保持不变。

重点建设项目用地　规划期内，全区重点项目规划用地 634.56 公顷。其中工业项目 17 项，规划用地 102.2 公顷；交通项目 6 项，用地 55.76 公顷；水利项目 2 项，用地 20.7 公顷；旅游项目 2 项，用地 400 公顷；其他项目 3 项，用地 55.9 公顷。

土地保护、复垦和开发　至 2010 年，耕地面积 16893.94 公顷，基本农田保护总量 14347.15 公顷，占 1996 年耕地总面积 80%（1996 年为 17933.94 公顷）。开发未利用土地为耕地 233.33 公顷，退耕建园地 133.33 公顷，农村废弃宅基地退出还林增加耕地 100 公顷，农村山、水、田、林、路综合治理，归并田土坎、调整田形增加耕地 173.33 公顷，复垦私挖乱采、毁坏耕地 60 公顷，退耕还林 116.38 公顷。

乡镇土地利用　规划期内，除万东、南桐和青年镇外，其余乡镇开发复垦的耕地面积必须大于非农业建设用地面积。一级镇万东镇为旅游服务中心，规划新增非农业建设用地 132.2 公顷，退耕 155.59 公顷，补充耕地 46.67 公顷（开发 5.8 公顷，整理复垦 40.87 公顷），规划期内减少耕地 241.12 公顷。二级镇南桐和青年镇为工业和物资集散中心，规划新增非农业建设用地 50.47 公顷，退耕 539.44 公顷，补充耕地 87.67 公顷（开发 34.87 公顷，整理复垦 52.8 公顷），规划期内减少耕地 502.24 公顷。三级镇关坝和丛林镇为乡镇企业集中区，农作物、林、矿主产区及加工区，规划新增非农业建设用地 30.66 公顷，退耕 393.2 公顷，补充耕地 90.54 公顷（开发 38.73 公顷，复垦耕地 51.84 公顷），规划期内减少耕地 333.32 公顷。四级镇景星、南天和金桥乡为林业生产开发区和粮食副食品生产区，规划新增非农业建设用地 20 公顷，退耕 584.08 公顷，补充耕地 341.81 公顷（开发 147.93 公顷，整理复垦 193.88 公顷），规划期内增加耕地 30.71 公顷。

三、第三轮土地利用总体规划

2004 年，按照全市统一要求，开始编修第三轮万盛区土地利用总体规划。2011 年年初，编制《万盛区土地利用总体规划（2006—2020）》（2005 年为基期年，2010 年为近期目标，2020 年为远期目标），并上报重庆市政府。2011 年 6 月 10 日，重庆市政府批复同意实施。

此次规划的总体战略日标是优化城乡土地资源，为全区经济社会发展提供用地保障；加强基本农田建设，确保耕地数量不减少、质量不降低；充分利用旅游资源，促进黑山、石林等镇旅游业快速发展，着力培育资源型城市转型支柱产业。

2005 年，全区农用地面积 51203.02 公顷（耕地 15531.97 公顷，园地 2461.75 公顷，林地 27676.23 公顷，牧草地 66.03 公顷，其他农用地 5467.04 公顷），占土地总面积 90.50%；建设用地 3537.87 公顷（城乡建设用地 3040.34 公顷，交通水利用地 377.10 公顷，其他建设用地 120.43 公顷），占土地总面积 6.25%；未利用地 1834.84 公顷（水域 495.36 公顷，自然保留地 1339.48 公顷），占土地总面积 3.25%。

规划至 2010 年和 2020 年，耕地保有量不低于 15400 公顷和 15180 公顷，建设占用农用地分别控制在 275 公顷和 602 公顷以内，建设占用耕地分别控制在 160 公顷和 370 公顷以内；土地整理复垦开发补充耕地分别不低于 300 公顷和 410 公顷，园地面积分别达 2640 公顷和 3680 公顷，林地面积分别达27760公顷和28120公顷。至2020年，牧草地面增加到150公顷，基本农田保护面积不低于12200公顷。

规划至2010年和2020年，城乡建设用地规模分别控制在3200公顷和3290公顷以内，全区新增建设用地分别控制在329.37公顷和729.37公顷以内；城镇工矿用地规模分别控制在1350公顷和1540公顷以内；交通水利及其他建设用地分别在控制590公顷和800公顷以内。

调整土地利用布局，优先规划国土生态屏障用地，重点规划“两基地一城市”（煤电化综合发展基地、旅游休闲度假基地、绿色宜居特色城市）和资源转型用地，科学调整农用地，优化配置建设用地。

根据区域自然区位条件、产业基础和经济发展现状，综合考虑不同地区土地利用现状、资源利用潜力和环境承载能力，结合土地利用战略定位，万盛区划分为4个土地利用综合区域，即主城中心区、工业经济区、生态旅游区和特色农业区，并相应明确各区土地利用发展方向，指导不同区域土地利用。

第二节　耕地保护

耕地保护的主要方式是划定基本农田保护区。保护区以乡（镇）为单位划区定界，范围包括基本农田和为其生产服务的农村道路、农田水利、坑塘水面及其相关的农业设施，任何单位或个人不得破坏或擅自改变保护区土地用途，建设项目占用耕地，实行占补平衡政策。

1993年9月，万盛区开始编制基本农田保护规划。1995年5月，《万盛区基本农田保护规划》（包括图表制作）编制完成。全区基本农田保护区面积8159.17公顷，其中万东镇901.64公顷，南桐镇1163.01公顷，青年镇1187.86公顷，关坝镇1174.60公顷，丛林镇536.11公顷，南天乡716.64公顷，景星乡854.64公顷，金桥乡1624.67公顷。全区有保护片块663块，其中一级273块、面积3343.64公顷（含366.67公顷蔬菜基地，33.33公顷商品鱼基地，133.33公顷猕猴桃基地），二级保护390块、面积4815.53公顷。

1997年4月15日起，除解决城镇中低收入家庭住房困难的安居工程及重点建设项目用地外，1年内禁止非农业建设项目占用耕地。1991—1997年，全区各类建设用地占用耕地61.46公顷，其中违法占用耕地0.6公顷。

1999年2月，查出綦万高速路和孝子河流域水污染整治工程“征而未用、多征少用”的耕地76.87公顷。

2000年2月起，农村居民建房占用耕地的须缴纳耕地开垦费。

2009年，全区划定基本农田保护区面积14800公顷，占全区面积26.16%，其中基本农田12400公顷，占基本农田保护区面积83.78%。基本农田保护区的重点在金桥、石林、青年镇和万东、南桐、丛林镇的部分区域。一般耕地（一般农地区）面积14414.58公顷，占全区面积25.48%。

1988—2011年万盛区非农业建设占用耕地及补充耕地情况表

表5-56　　单位：公顷

年份	建设占用耕地面积	开发土地新增耕地面积	年份	建设占用耕地面积	开发土地新增耕地面积
1988	4.60	19.33	2000	7.53	30.00

续表

年份	建设占用耕地面积	开发土地新增耕地面积	年份	建设占用耕地面积	开发土地新增耕地面积
1989	5.13	18.00	2001	4.93	15.93
1990	2.53	12.73	2002	9.73	53.47
1991	5.53	21.33	2003	0.13	8.93
1992	15.00	26.07	2004	64.07	232.60
1993	40.80	17.00	2005	10.73	80.73
1994	9.20	10.00	2006	19.60	211.93
1995	5.00	12.00	2007	56.67	0
1996	2.80	12.00	2008	97.40	463.13
1997	17.93	21.67	2009	14.33	260.00
1998	55.53	60.00	2010	45.73	180.87
1999	12.00	13.53	2011	46.93	0

第三节　土地资产管理

一、房屋土地使用权管理

1993年3月起，区内各房屋开发公司、各企事业单位及房管部门使用划拨土地修建商品房，需按城镇国有土地出让和转让规定，补交或抵交出让金；将划拨土地使用权及其地上建筑物和其他附着物用于经营盈利，需缴纳出让金；未按规定缴纳土地开发金或未办理变更登记的已售商品房用地，需按规定办理出让转让手续缴纳出让金。

1995年10月，重庆市国土局详细规范了土地使用权（出让或划拨）转让（买卖、交换、赠予、联营、企业改制、以土地为条件与他人联建等）、出租、抵押等交易行为。

1996年7月，企业产权租赁，各类市场招商，公房转让、公房出租，企业改制纳入划拨土地使用权转让出租管理。

2000年，一、二类居住用地和商业、金融、保险、服务业、旅游、市场、加油站、娱乐等用地纳入招拍卖土地范围。

2002年11月，万盛区商品房开发实行土地出让制度。

二、企业国有土地资产管理

1993年11月，区国土局规范公有民营单位的国有土地资产处置行为：将商业门点、经营场所、柜台等土地使用权出租给本单位职工经营，须向国土部门申报，并按规定注册登记；未将房屋作价出租，只收取管理费，不收取土地出让金；将房屋作价并实行有偿使用，须办理土地出让手续，交纳出让金；将商业门点、经营场所、柜台等土地使用权出租给其他单位和个人使用，须办理土地出让手续、交纳出让金；以协议、招商、拍卖方式转让土地使用权或地上建筑物、其他附着物，转让手续须由区国有资产管理局和区国土局办理；职工承租单位商业门点、经营场所、柜台等后，与其他人（本单位职工除外）共同经营或转租，须承租人交纳出让金。

1995 年，清理全区 90 家国有企业土地，补办初始登记 50 宗、面积 1004688.6 平方米，办理变更登记 21 宗、面积 170605.9 平方米；补办土地使用权转让、出租手续 10 宗，补交土地收益金 3.5 万元；评估区属国有企业应纳入清产核资的土地 178 宗，面积 332661.4 平方米，评估价 1576.3 万元。清理驻区市属以上国有企业 2 家（南桐矿务局、重庆市钢球厂）企业土地，评估土地 84 宗、面积 43906.5 平方米，评估价 6739.5 万元；南桐矿务局所属煤矿、教育、医卫和林场等 9 个单位土地只作使用权置换登记。国营晋林机械厂、平山机械厂、渝州齿轮厂因属搬迁企业，土地未清产核资。

1996 年 8 月，改制企业土地与其他资产一并纳入企业资产评估。是年，评估企业抵押、破产、兼并等土地 23 宗、面积 74907.25 平方米，总地价 1128 万元。

1997 年，评估区内 64 家国有企业土地 597 宗，总地价 2.9 亿元；评估 113 家企业抵押破产、兼并、重组等土地面积 264420.4 平方米，评估地价 4784 万元。

1998 年 5 月，《万盛区城镇企业改革中土地资产管理暂行办法》实施，规范了城镇国有、集体企业实行产权制度改革中土地资产处理方式、处置条件和程序。是年，处置 6 家改制国有企业土地 1534 平方米。

1999 年，评估 4 家改制企业土地 10 宗、面积 8 万平方米，总地价 1024.78 万元。

2001 年，处置改制企业国有土地 18 宗、面积 11812 平方米，应收出让金 194181 万元，实收 66.82 万元；利用三线建设企业搬迁闲置的国有土地 26.67 公顷；采取部分划拨、部分出让方式，解决区石油公司破产后土地资产变现困难。

2002 年，全区国有企业清产核资改制重组处置工作结束。此后，不再开展此项工作。

三、地价管理

1992 年 5 月至 1993 年，全区开展城镇国有土地分等定级。

1993 年 12 月，区内土地最高级别为 7 级，最低级别为 15 级。

1996 年 8 月，调整全区土地级别。

2001 年 3 月，再次调整全区国有土地级别，土地级别从 1992 年的 7 ~ 15 级调整为 8 ~ 16 级，并公布新的国有土地使用权基准地价和公示地价。

2002 年至 2003 年 7 月，土地出让方式实行协议出让与区土地“招拍挂”（招标、拍卖、挂牌出让）相结合。2003 年 8 月，实行规划定位、公司运作，区土地“招拍挂”委员会确定地价的市场运作方式。

2004 年，万盛区土地“招拍挂”工作领导小组成立。是年，挂牌出让土地 3 宗、面积 9557 平方米，出让金 755 万元。是年，拍卖立泰商厦“烂尾楼”土地 2165 平方米，成交价 450 万元。

2005 年，挂牌出让土地 27 宗，面积 101800 平方米，出让金 1389 万元。

1992年南桐矿区国有土地使用权出让公示地价级别一览表

表5-57　　　　　　　　　　　　　　　　　　　　　　　　单位：元/平方米

土地范围		级别	出让综合价			备注
			商业	工业	住宅	
万盛地区	南起万盛农机公司，东至万盛老街个体摊区尾部，西至三元桥，北沿万新路至区中医院（含新田路电影院和冰糕厂）	7	168	96	92	背街地带可适当降低1～2级
	万盛农机公司起沿矿山路至福利厂，冰糕厂起沿新田路至水站，三元桥起至浸水垭（含浸水垭一带），区中医院沿万红路至周家院（含软管厂、木器厂、水泥厂等），万盛老街个体摊区尾部起沿勤俭路至人民医院（含区建委附近及松林片区）	8	152	86.5	85	
	小坡脚起沿川湘公路至枣坪；建钢村一带（含农科所及万盛西站等）；两河口起沿川湘公路至陶瓷厂（含区造纸厂、氮肥厂、乳鸽基地等）；从周家院起沿万红路至砚石台煤矿	9	136	77	78	未明确的地点可根据靠近的级别酌情增减
	砚石台煤矿至红岩矿煤矿（含红岩矿煤矿井口一带）	10	112	63	66	
	红岩矿煤矿至九一一仓库地带和红岩矿煤矿工人村	11	92	45	56	
东林地区	福利厂至八一六厂；福利厂沿矿山路至火车站沿线	8	152	86.5	85	
	清溪桥起沿清鱼路至鱼田堡煤矿；万盛火车站至干堰沟（含东林煤矿）	9	136	77	78	
	干堰沟至腰子口（含军区水泥厂）	10	112	63	66	
	腰子街和新胜街地带	11	92	45	56	
南桐地区	八〇一起经支路至桃子街；桃子街起至南桐煤矿中心区	10	112	63	66	
	南桐煤矿一井井口起至南桐矿新工区（含纸箱厂等）；桃子街道至谷口河车站；平山地带（含化工厂、平山、温塘车站等）	11	92	45	56	
	南桐煤矿三井（新田湾）	13	65	22	36	
青年地区	青年镇街道	12	83	36	43	
关坝地区	渝州齿轮厂	12	83	36	43	
	关坝乡街道（含原兴隆铁厂和矸石砖厂）	13	65	22	36	
丛林地区	晋林厂区和红岩新风井	12	83	36	43	
	乡政府所在地一带（含汤家沟水库）	13	65	22	36	
南天地区	乡政府所在地一带	14	48	20	29	
景星地区	乡政府所在地一带	14	48	20	29	

说明：征地安置补偿费、土地再开发费按实计算；拆迁安置补偿费按实计算或自理

1992年南桐矿区划拨国有土地使用权转让、出租、抵押公示地价级别一览表

表5-58　　　　　　　　　　　　　　　　　　　　单位：元/平方米

土地范围		级别	商业用地		工业用地		住宅用地		备注
			年地租	未明确年限	年地租	未明确年限	年地租	未明确年限	
万盛地区	南起万盛供电所家属楼；东至万盛老街个体摊区尾部；西至三元桥；北沿万新路至中医院（含新田路电影院一带）	7	61	202	20.8	48	17.8	46	背街地带可适当降低1～2级
	矿山路（物资大楼至福利厂）；新田路（电影院以远至水站）；三元桥至浸水垭（含浸水垭地带）；区中医院沿万红路至周家院（含软管厂、木器厂、水泥厂等）	8	54.5	180.5	17.4	43.5	15.45	40	
	万盛街（个体摊区尾部）沿勤俭路至区人民医院（含区建委附近及松林片区）	–	–	–	–	–	–	–	
	小坡脚起沿川湘公路至枣坪；建钢村一带（含农科所及万盛西站等）；两河口起沿川湘公路至陶瓷厂（含区造纸厂、氮肥厂、乳鸽基地等）；从周家院起沿万红路至砚石台煤矿	9	43	159	14	39	13.1	34	未明确的地点可根据靠近的级别酌情增减
	砚石台煤矿至红岩煤矿（含红岩煤矿井口一带）	10	40	132	11.1	30	10.8	28	
	红岩煤矿至九一一仓库地带及红岩煤矿工人村	11	31	105	8.7	27	8.8	23	
东林地区	福利厂至八一六厂；福利厂沿矿山路至火车站沿线	8	54.5	180.5	17.5	43.5	15.45	40	
	清溪桥起沿清鱼路至鱼田堡煤矿；万盛火车站至干堰沟（含东林煤矿）	9	48	159	14	36	13.1	34	
	干堰沟至腰子口（含军区水泥厂）	10	40	132	11.1	30	10.8	28	
	腰子街和新胜街地带	11	31	105	8.7	27	8.8	23	
南桐地区	八〇一起经支路至桃子街；桃子街起至南桐矿中心区	10	40	132	11.1	30	10.8	28	
	南桐矿三井（新田湾）	13	8	28	4.2	11	5	13	
青年地区	青年镇街道	12	16	52	6	19	6.7	17	
关坝地区	渝州齿轮厂	12	16	52	6	19	6.7	17	
	关坝乡街道（含原兴隆铁厂和矸石砖厂）	13	8	28	4.2	11	5	13	
丛林地区	晋林厂区和红岩新风井	12	16	52	6	19	6.7	17	
南天地区	乡政府所在地一带（含汤家沟水库）	13	8	28	4.2	11	5	13	
	乡政府所在地一带	14	5	17	2.7	9	3.6	9	
景星地区	乡政府所在地一带	14	5	17	2.7	9	3.6	9	
青山金桥地区	乡政府所在地一带	15	3	12	2	7	2.1	6	

1996 年万盛区国有土地级别一览表

表 5–59

土地范围		级别	备注
万盛地区	万东路三元桥至四十九中学校门段，万新路南起万盛街个体摊区尾部、北至区建筑公司向东至红旗旅馆，勤俭路全线	7 级	将勤俭路全线、塔山路农机公司至四十九中上升一个级别由 8 级调为 7 级
	四十九中校门向南至观井湾、消防中队沿川湘公路至软管厂，区建筑公司沿新田路向北至周家院，煤建石油公司向西至公交公司加油站	8 级	保持原级别
	区软管厂沿万红公路至砚石台煤矿		
	建钢村、氮肥厂、塔山医院、造纸厂一带，农科所、万盛西站	10 级	该地区由 9 级下调至 10 级，将红岩地区调整到丛林地区
东林地区	观井湾三叉路口沿万东路至火车站、东林农贸市场	8 级	将八一六厂下调为 9 级
	清溪桥沿清鱼公路至鱼田堡煤矿，南桐矿务局供应处门口至干堰沟（含东林煤矿），八一六厂、挡风玻璃厂一带，东林和平二村一带	9 级	新确定东林和平二村（东林街道办事处一带）的土地级别
	干堰沟到腰子口（含军区水泥厂）	10 级	保持原级别
	新胜街五〇八库至玉竹龙宫	11 级	新确定五〇八库玉竹龙宫旅游地的土地级别
南桐地区	南桐支路中心向万青公路、川湘公路辐射 100 米，南桐北起汽车站向南至南桐煤矿一井食堂	9 级	该地区均由 10 级上升为 9 级
	八〇一小学沿川湘公路南至汽修厂、北至邮电支局，大田坝沿万青公路至水井湾，南桐支路至五〇一垭口，桃子老街一带	10 级	保持原级别
	南桐煤矿一井井口到南桐煤矿新工区局二中（含纸箱厂、谷口河车站）	11 级	保持原级别
	化工厂、平山厂地区、温塘车站		
丛林地区	丛林镇政府所在地一带	12 级	保持原级别
	晋林机械厂、红岩煤矿办公楼一带，红岩煤矿工人村	12 级	将红岩煤矿及红岩工人村地段由 11 级降为 12 级
	红岩煤矿新风井	13 级	由 12 级降为 13 级
青年地区	青年镇政府所在地一带	12 级	保持原级别
	新田湾、南桐煤矿三井	13 级	保持原级别
关坝地区	兴隆街及集贸市场一带	12 级	上调 1 级
	渝州齿轮厂和矸石砖厂	13 级	渝州齿轮厂迁走后，该地由 12 级降至 13 级
	原兴隆铁厂、南桐矿务局林业处	13 级	新确定九锅箐土地级别
南天地区	乡政府所在地	14 级	保持原级别
	石林风景区	13 级	保持原级别
景星地区	乡政府所在地	14 级	保持原级别
	黑山风景区内国有土地	13 级	新确定黑山风景区土地级别
金桥地区	乡政府所在地和原青山乡政府所在地内的国有土地部分	15 级	保持原级别

2001年万盛区国有土地级别一览表

表5-60

土地范围		级别
万盛地区	万东北路三元桥至重庆市第四十九中学校门段，万新路南起万盛老街个体摊区尾部，向北至区建筑公司，向东至红旗旅馆，勤俭路全线，浸水垭从三元桥至人交公司	8级
	重庆市第四十九中学校门向前至观井湾，消防中队沿川湘路至软管厂，区建筑公司沿新田路向北至周家院，浸水垭从万盛公园门口至万青公路	9级
	区软管厂沿万红公路至砚石台煤矿，建钢村，化肥厂，塔山医院，区造纸厂一带	10级
	农科所，万盛火车西站	11级
东林地区	观井湾三岔路中沿万东北路至东林火车站，东林农贸市场	9级
	清溪桥起沿清鱼路至鱼田堡煤矿，南桐矿务局供应处门口起至干堰沟（含东林煤矿）原八一六厂、挡风玻璃厂一带，东林和平村一带	10级
	干堰沟到腰子口，含江洲水泥厂（原军区水泥厂）	11级
	新胜街五〇八库至玉竹龙宫	12级
南桐地区	南桐支路中心向万青公路、川湘公路辐射100米，南桐煤矿中心区，北起汽车站向南至南桐煤矿一井食堂	10级
	八〇一小学起沿川湘路南至汽修厂、北至邮电支局，大田坝起沿万青路至水井湾，桃子车站至五〇一垭口，桃子老街一带	11级
	南桐煤矿一井井口至南桐煤矿新工区局二中，含纸箱厂、谷口河车站	12级
	化工厂、原平山厂地区、温塘火车站	12级
丛林地区	丛林镇政府所在地一带	12级
	晋林机械厂、红岩煤矿办公楼一带、红岩工人村	13级
	红岩煤矿新风井	14级
青年地区	青年镇政府所在地一带	12级
	新田湾、南桐煤矿三井地区	14级
关坝地区	关坝旅游街及集贸市场一带	12级
	原渝州齿轮厂和矸石砖厂，原兴隆铁厂一带	14级
	南桐矿务局林业处	13级
南天地区	乡政府所在地	14级
	石林风景区	13级
景星地区	乡政府所在地	15级
	黑山风景区内国有土地	14级
金桥地区	乡政府所在地和原青山乡政府所在地内的国有土地部分	15级

2006年万盛区国有土地（商业用地）级别一览表

表 5-61

	土地范围	级别
万盛街道	万新路转盘路口至老农贸市场、新田路万新路口至新田路29号、万盛大道勤俭路口至红枫街口、万东北路三元桥至客运中心、勤俭路、莲池路、体育路、珊瑚路、文化广场、市民大道（步行街）、万新路口至其他路段、新田路31号至区委、万盛大道其他路段、万盛老街（从个体摊区至朝晖大厦）、文化路、滨江路、松林路、红枫路、雷石路万新路口至软管厂、工程公司片区	8级
	红枫路以南至规划的观景路以北片区、新田路其他路段、规划的观景路以南至万东南路片区、规划的旅游文化街、孝子河以西娄黄坝规划区、浸水垭地区（三元桥头至万青公路路口）、雷石路软管厂至张家湾加油站、造纸厂至綦万高速路出口沿线	9级
	六井坝规划区、雷石路其他路段、万盛公园景区	10级
	建设村（工业园区）片区	11级
	砚石台煤矿地区	13级
	铁路西站地区	14级
东林街道	东林农贸市场片区、万东南路清鱼公路口至火车站、清鱼公路经福耀玻璃厂沿线、清溪桥地区	10级
	铁路社区铁路一村、铁路社区铁路二村、和平社区东林二村、和平社区东林一村、和平社区和平一村、和平社区和平三村	11级
	腰子口社区新胜街1号桥至水泥厂、鱼田堡地区、腰子口社区新胜街其他路段、腰子口社区建设村	12级
	腰子口社区腰子街老街、腰子口社区原五〇八库	13级
南桐镇	支路中心区（以东至八〇一小学，以北至支架厂，以南至大田坝）	10级
	支路中心区外的其他地区、南桐煤矿中心区	11级
	桃子社区五〇一地区、南桐煤矿南桐村其他社区、桃子老街	12级
	南桐煤矿新工区、南桐煤矿四湾社区、平山中心区、天桥化工厂地区、南桐镇石桥地区	13级
	南桐煤矿新田湾地区、温塘火车站地区	14级
青年镇	桐梓街青关公路口至田坝街122号、田坝街新街口至桐梓街口、田坝街桐梓街口至半边街口、桐梓街其他路段、田坝街新街口至半边街口、白鹭街、新街白鹭街口至田坝街口	12级
	田坝街其他路段、半边街、新场其他路段	13级
	规划区及其他街道	14级
关坝镇	兴隆街新街、旅游街、兴隆街老街	12级
	规划区及其他街道	13级
	万盛电厂、联创煤矿矿区	14级
	九锅箐场部	16级
丛林镇	丛林街新桥至道班房、丛林街其他路段、晋林厂	13级
	红岩煤矿井口地区、红岩煤矿工人村片区、规划区及其他街道、金属镁厂	14级
金桥镇	金庙街镇中学至客运站、金庙街粮站至万金公路口、金庙街卫生院至信用社	14级
	金庙街其他路段	15级
	规划区及其他街道、原青山乡政府所在地	16级

续表

土地范围		级别
石林镇	石林镇政府所在地国有土地	14级
	规划区	15级
	石林景区	16级
黑山镇	黑山镇政府所在地国有土地	14级
	黑山景区、黑山谷、新场、八角庙、江流坝、重钢白云石矿区	15级
	规划区及其他街道	16级

2006年万盛区国有土地（住宅用地）级别一览表

表5-62

土地范围		级别
万盛街道	万新路转盘路口至老农贸市场、新田路万新路口至新田路29号、万盛大道勤俭路口至红枫街口、万东北路三元桥至客运中心、勤俭路、莲池路、体育路、珊瑚路、文化广场、市民大道（步行街）	8级
	万新路口至其他路段、新田路31号至区委、万盛大道其他路段、万盛老街（从个体摊区至朝晖大厦）、文化路、滨江路、松林路、红枫路、红枫路以南至规划的观景路以北片区、规划的旅游文化街、浸水垭地区（三元桥至万青公路路口）、雷石路万新路口至软管厂、工程公司片区	9级
	新田路其他路段、规划的观景路以南至万东南路片区、孝子河以西娄黄坝规划区、六井坝规划区、雷石路软管厂至张家湾加油站	10级
	雷石路其他路段、造纸厂至綦万高速路出口沿线、建设村（工业园区）片区	11级
	铁路西站地区、万盛公园	12级
	砚石台煤矿地区	13级
东林街道	东林农贸市场片区	9级
	万东南路清鱼公路口至火车站	10级
	铁路社区铁路一村、和平社区东林一村、和平社区东林二村、和平社区和平一村、腰子口社区新盛街1号桥至水泥厂、清鱼公路经福耀玻璃厂沿线、箐溪桥地区	11级
	铁路社区铁路二村、和平社区和平二村、和平社区和平三村、腰子口社区新盛街其他路段	12级
	鱼田堡地区	13级
	腰子口社区建设村、腰子口社区腰子街老街、腰子口社区原五〇八库	14级
南桐镇	支路中心区（东至八〇一小学，北至支架厂，南至大田坝体）	10级
	支路中心区外的其他地区、南桐煤矿中心区、桃子老街	11级
	桃子社区五〇一地区	12级
	南桐煤矿南桐村其他社区　平山中心区、天桥化工厂地区、温塘火车站地区	13级
	南桐煤矿新工区、南桐煤矿四湾社区、南桐镇石桥地区、南桐煤矿新田湾地区	14级
青年镇	桐梓街青关公路口至田坝街122号、田坝街新街口至桐梓街口、田坝街桐梓街口至半边街口	12级
	桐梓街其他路段、田坝街新街口至半边街口、白鹭街、新街白鹭街口至田坝街口	13级
	田坝街其他路段、半边街、新场其他路段	14级
	规划区及其他街道	15级

续表

土地范围		级别
关坝镇	兴隆街新街、旅游街	12 级
	兴隆街老街	13 级
	万盛电厂、联创煤矿矿区	14 级
	规划区及其他街道、九锅箐场部	15 级
丛林镇	丛林街新桥至道班房	14 级
	丛林街其他路段、红岩煤矿井口地区	15 级
	规划区及其他街道、晋林厂、红岩煤矿工人村片区、金属镁厂	16 级
金桥镇	金庙街镇中学至客运站、金庙街粮站至万金公路口、金庙街镇卫生院至信用社	14 级
	金庙街其他路段	15 级
	规划区及其他街道、原青山乡政府所在地	16 级
石林镇	石林镇政府所在地国有土地	14 级
	规划区	15 级
	石林景区	16 级
黑山镇	黑山景区、黑山谷、新场、八角庙、江流坝	13 级
	黑山镇政府所在地国有土地	14 级
	重钢白云石矿区	15 级
	规划区及其他街道	16 级

2006 年万盛区国有土地（工业用地）级别一览表

表 5-63

土地范围		级别
万盛街道	万新路转盘路口至老农贸市场、新田路万新路口至新田路 29 号、万盛大道勤俭路口至红枫街口、万东北路三元桥至客运中心、勤俭路、莲池路、体育路、珊瑚路、文化广场、市民大道（步行街）、万新路口至其他路段、新田路 31 号至区委、万盛大道其他路段、万盛老街（从个体摊区至朝晖大厦）、文化路、滨江路、松林路、红枫路、雷石路万新路口至软管厂	8 级
	红枫路以南至规划的观景路以北片区、新田路其他路段、规划的观景路以南至万东南路片区、规划的旅游文化街、孝子河以西娄黄坝规划区、浸水垭地区（三元桥头至万青公路路口）、工程公司片区、雷石路软管厂至张家湾加油站、雷石路其他路段	9 级
	六井坝规划区、造纸厂至綦万高速路出口沿线、万盛公园景区	10 级
	建设村（工业园区）片区、砚石台煤矿地区	11 级
	铁路西站地区	13 级

续表

土地范围		级别
东林街道	万东南路清鱼公路口至火车站	9级
	东林农贸市场片区、清鱼公路经福耀玻璃厂沿线、清溪桥地区、铁路社区铁路一村、铁路社区铁路二村、和平社区东林二村、和平社区东林一村、和平社区和平一村、和平社区和平三村、腰子口社区新胜街1号桥至水泥厂、鱼田堡地区、腰子口社区新胜街其他路段、腰子口社区建设村	10级
	鱼田堡地区	11级
	腰子口社区原五〇八库	12级
	腰子口社区腰子街老街	13级
南桐镇	支路中心区（以东至八〇一小学，以北至支架厂，以南至大田坝）、支路中心区外的其他地区、南桐煤矿中心区、桃子社区五〇一地区、南桐煤矿南桐村其他社区、桃子老街、南桐煤矿四湾社区、南桐镇石桥地区	10级
	天桥化工厂地区、平山中心区	11级
	温塘火车站地区、南桐煤矿新工区	12级
	南桐煤矿新田湾地区	13级
青年镇	桐梓街青关公路口至田坝街122号、田坝街新街口至桐梓街口、田坝街桐梓街口至半边街口、桐梓街其他路段、田坝街新街口至半边街口、白鹭街、新街白鹭街口至田坝街口、新场其他路段	13级
	田坝街其他路段、半边街、规划区及其他街道	14级
关坝镇	兴隆街新街、旅游街、兴隆街老街	13级
	规划区及其他街道、万盛电厂、联创煤矿矿区、九锅箐场部	14级
丛林镇	丛林街新桥至道班房、丛林街其他路段、晋林厂	13级
	红岩煤矿井口地区、红岩煤矿工人村片区、规划区及其他街道、金属镁厂	14级
金桥镇	金庙街镇中学至客运站、金庙街粮站至万金公路口、金庙街卫生院至信用社	14级
	金庙街其他路段	15级
	规划区及其他街道、原青山乡政府所在地	16级
石林镇	石林镇政府所在地国有土地	14级
	规划区、石林景区	15级
黑山镇	黑山镇政府所在地国有土地	13级
	黑山景区、黑山谷、新场、八角庙、江流坝、重钢白云石矿区、规划区及其他街道	14级

1998—2011年万盛区土地交易统计表

表5-64

年份	出让		划拨转出让	
	面积（平方米）	金额（万元）	面积（平方米）	金额（万元）
1998	403200	1553.22	-	-
1999	19000	189.18	-	-

续表

年份	出让		划拨转出让	
	面积（平方米）	金额（万元）	面积（平方米）	金额（万元）
2000	19900	86.22	–	–
2001	254200	951.06	–	–
2002	109400	2094.18	–	–
2003	284800	8318.47	–	–
2004	354600	10241.15	–	–
2005	102400	1837.82	–	–
2006	201000	1912.98	53400	1353.91
2007	317900	16197.03	119500	753.24
2008	157400	7125.74	43300	866.64
2009	59300	4322.42	15000	178.71
2010	1039900	27159.30	46300	586.79
2011	482500	29476.540	4083800	113275.90
合计	3805500	111465.31	4361300	117015.19

第四节　地籍地政

一、土地调查

1990年，开始详查全区土地。1991年3—4月，在万盛乡外业调绘试点，调绘航片16张，调绘面积37平方千米。5—11月，全区8个乡镇、3个街道共调绘航片197张，调绘面积565.58平方千米；调绘地类工程图41867个，零星地注记3656个，线状地物794条，填写外业手簿3656页；测绘县级飞地105宗，地区级飞地32宗，省级飞地43宗，总面积3.13平方千米；调绘村界509.89千米，乡界113.7千米，县界111.05千米，地区界49.3千米，省界64.85千米，共调绘境界权属界848.79千米；填写土地权属认可片425套、1310份，土地权属争议缘由书9份。1992年，土地详查结束。

土地详查查清了全区各类土地面积及利用现状，理清了区、乡、村土地权属界限，编辑成区乡土地地类面积汇总表、区乡土地权属一级分类面积统计表、区乡耕地分坡度面积统计表、区乡飞地面积统计表、碎部图斑面积表、现状地物扣除情况表、零星地物扣除情况表、1∶5万级土地利用彩色挂图、1∶5万土地利用现状图、1∶1万分幅土地权属界线图和1∶5万土地边界接合图，整理编辑《万盛土地资源》和《万盛区土地利用现状调查报告》。

2010年，万盛区开展第二次土地调查。

2009 年万盛区城镇土地一级分类面积一览表

表 5-65　　单位：公顷

土地类型	全区	万盛街道	东林街道	原南桐街道
耕地	481.07	210.59	183.14	87.34
园林	14.26	8.27	5.51	0.48
林地	258.60	165.41	63.41	29.78
草地	53.94	32.04	17.06	4.84
商服用地	64.66	42.38	12.39	9.89
工矿仓储用地	52.94	10.24	34.33	8.37
住宅用地	166.42	72.62	56.58	37.22
公共管理服务用地	65.80	35.32	25.20	5.28
特殊用地	7.54	3.64	3.45	0.45
交通运输用地	101.11	62.70	27.61	10.80
水域及水利设施	45.91	29.47	14.77	1.67
其他	349.10	195.15	93.58	60.37
合计	1661.35	867.83	537.03	256.49

2009 年万盛区农村土地一级分类面积一览表

表 5-66　　单位：公顷

土地类型	全区	万东镇	南桐镇	青年镇	关坝镇	丛林镇	金桥镇	石林镇	黑山镇
耕地	14637.25	1404.66	1850.40	1715.60	1968.07	1408.79	2796.15	2008.81	1484.77
园地	2311.42	446.97	864.91	299.29	174.88	152.50	176.37	119.68	76.82
林地	28794.98	2881.35	1820.21	2504.03	3156.71	2977.01	2315.60	6121.64	7018.43
草地	2005.28	70.76	324.93	210.81	337.85	110.37	12.30	227.84	710.42
城镇及工矿用地	3612.22	1060.67	809.22	344.36	512.71	226.18	301.73	170.38	186.97
交通运输用地	615.87	75.99	91.43	60.01	69.70	82.66	76.38	73.85	85.85
水域及水利设施用地	674.01	74.39	104.72	64.79	72.08	96.36	146.46	46.47	68.74
其他用地	3480.71	318.97	454.26	376.75	454.20	323.43	697.47	508.28	347.38
合计	56131.74	6333.76	6320.08	5575.64	6746.2	5377.3	6522.46	9276.95	9979.38

2009 年万盛区飞地（綦江县）一级分类面积一览表

表 5-67　　单位：公顷

所在行政区域名称	飞入地面积								
	合计	耕地	园地	林地	草地	城镇村及工矿用地	交通运输用地	水域及水利设施用地	其他土地
赶水镇风门村八社	11.71	5.60	0	3.48	1.13	0	0.11	0	1.39
隆盛镇可乐村梁家厂社	2.36	1.63	0	0.30	0	0	0	0	0.43

续表

所在行政区域名称	飞入地面积							
	合计	耕地	园地	林地	草地	城镇村及工矿用地	交通运输用地	水域及水利设施用地	其他土地
赶水镇风门村	0.48	0.38	0	0	0	0	0	0	0.10
扶欢镇石足村二社	26.04	16.06	0	5.29	0	0.63	0.08	0.05	3.93
扶欢镇东升村四社	31.22	16.04	0	10.03	0	1.45	0.27	0	3.43
扶欢镇盘石村一社	24.21	16.13	0	0.12	0	4.62	0.45	0	2.89
扶欢镇小卷洞村四社	9.81	1.90	0	6.98	0	0.44	0.00	0.06	0.43
永城镇温泉村沙坡社	9.38	2.86	0	4.11	0	1.48	0.22	0.10	0.61
永城镇永和村马鞍山社	0.36	0.21	0	0	0	0.09	0	0	0.06
合计	115.57	60.81	0	30.31	1.13	8.71	1.13	0.21	13.27

2009 年万盛区飞地（南川区）一级分类面积一览表

表 5-68　　单位：公顷

所在行政区域名称	飞入地面积								
	合计	耕地	园地	林地	草地	城镇村及工矿用地	交通运输用地	水域及水利设施用地	其他土地
南平镇天马村一社	2.89	2.06	0	0	0	0	0	0	0.83
南平镇天马村九社	1.53	1.3	0	0	0	0	0	0	0.23
南平镇天马村十二社	13.46	0	0	12.33	0	1.13	0	0	0
南平镇天马村十三社	0.85	0	0	0.85	0	0	0	0	0
南平镇天马村十四社	4.81	2.30	0	0	0	0.22	0.04	0	2.25
南平镇水丰村二社	5.04	2.30	0.54	0	0	0	0	0	0.56
南平镇水丰村三社	2.37	1.82	0	0	0	0.14	0	0	0.41
南平镇水丰村八社	4.23	1.72	0	0.69	0	0	0	0	1.82
南平镇水丰村九社	6.07	1.95	1.10	2.07	0	0.19	0	0	0.76
南平镇云雾村八社	0.38	0	0	0.38	0	0	0	0	0
石莲乡新民村二社	1.14	0.22	0	0.86	0	0	0.01	0	0.05
石莲乡新民村三社	0.10	0.08	0	0	0	0	0	0	0.02
石莲乡拱桥村一社	3.47	2.09	0	0.76	0	0.06	0	0	0.56
石莲乡拱桥村二社	1.53	1.25	0	0	0	0	0	0	0.28
石莲乡拱桥村五社	0.54	0.42	0	0	0	0	0	0	0.12
石莲乡拱桥村六社	2.84	1.12	0	1.18	0	0.25	0	0	0.29
石莲乡拱桥村九社	2.07	1.12	0	0.66	0	0	0.01	0	0.28
石莲乡拱桥村十社	0.91	0	0	0.91	0	0	0	0	0
石莲乡桐梓村四社	0.48	0	0	0.48	0	0	0	0	0

续表

所在行政区域名称	飞入地面积								
	合计	耕地	园地	林地	草地	城镇村及工矿用地	交通运输用地	水域及水利设施用地	其他土地
石莲乡桐梓村五社	0.29	0	0	0.29	0	0	0	0	0
合计	55.00	19.75	1.64	21.46	0	1.99	0.06	0	8.46

二、土地使用权、所有权登记

（一）国有土地使用权登记

1989年2月，全区开展国有土地使用权普查登记、确权发证工作。土地使用单位申报登记，区国土局调查勘测，权属合法、界址清楚、面积精准者报区政府批准颁发国有土地使用权证。

1990年4月13日，地籍调查工作全面展开，至1992年年底完成国有土地使用权申报登记发证工作。全区申报各类国有土地使用权3424宗，经调查、勘测、核实、确权，颁发南桐矿区国有土地使用权3169宗、面积5277997平方米。查清全区国有土地权属状况，基本建立起国有土地地籍档案。

至2011年，全区共计办理国有土地使用权初始登记38402宗、面积237.6万平方米，变更登记14300宗、面积473.4万平方米。

（二）农村集体土地使用权登记

1990年2月，南桐镇试点集体土地使用权申报登记确权发证。集体土地使用权以宗地为单位申报，申报登记范围是乡（镇）企事业建设用地和农村宅基地用地。至1991年，全区共申报集体土地使用权42586宗、经调查核实确权发证42373宗，占申报登记99.5%。1992年，农村集体土地使用权普查登记确权发证工作结束。

（三）农村集体土地所有权登记

1996年8月，开始办理农村集体土地所有权申报登记及发证。登记发证工作分两批进行，第一批南桐镇、万东镇，第二批其他乡镇。至1997年，登记发证全部完成，共登记核发农村集体土地所有权证923宗。

通过登记国有土地使用权、农村集体土地使用权、农村集体土地所有权，全区基本建立起较为完善的土地地籍管理制度。

三、地籍图测绘

1986—1988年，重庆市房管局城镇土地测绘队测绘区内11平方千米国有土地，绘制1∶500地籍图。

1991—1993年，测绘全区国有土地，绘制1∶500地籍图。区国土局测绘街道和乡镇国有土地，南桐矿务局和重庆铁路分局分别测绘其使用的国有土地。

1995年，重新测绘万盛、东林两个街道国有土地，绘制1∶500地籍图。

1999年，测绘青年、关坝两镇国有土地，绘制地籍图。

2000—2001年，再次测绘万盛街道4平方千米国有土地，并绘制新地籍图。

四、土地使用权抵押登记

1994—2011年，全区土地使用权抵押登记4427宗，面积1864.3万平方米，抵押贷款371970.11万元。

五、国有土地使用权审验

1998年至1999年7月，审验国有土地使用权证17555宗，查出变更地址34宗，改变用途78宗，出租抵押343宗，改扩建24宗，违法占地243宗，追缴土地出让金4.5万元，规费2.15万元，改正有误土地证 112 本，查处违法占地案件 27 件、面积 1678 平方米。2000 年后，不再审验国有土地使用权证。

六、土地权属纠纷调解

1986—2011 年，调解土地权属纠纷 147 件。

第五节　土地监察

1989 年 8—12 月，区政府设立土地监察临时办公室，领导和协调全区土地监察工作。全面清理农房占地情况，查处违法占地案 6863 件（是年 153 件），面积 5.59 公顷，处罚款和赔偿费 68.81 万元，补收耕地占用税 24 万元。

1990 年，查处违法占地案 77 件（乡级干部违法占地建房案 6 件）、面积 5473.6 平方米，退还集体土地 568 平方米，收回国有土地 1436 平方米，限期复耕 880 平方米，处罚款和赔偿费 1.57 万元，拆除违法建筑 23 处、1054.2 平方米。

1991 年，查处违法用地案 60 件，拆除违法建筑物 19 处。

1992 年，责令瞒报、谎报和拒不缴纳土地出让金的单位和个人，限期办理土地出让手续。全年征收土地出让金 10 万元。

1993 年，查处各类土地违法案件 61 件，面积 2410 平方米，拆除违法建筑 750 平方米，退还集体土地 350 平方米，复耕 305 平方米，收回国有土地 65 平方米，罚款 2.29 万元。

1994 年，清理私挖滥采小煤窑，查处未办临时用地手续私人小煤窑 55 家、面积 1.48 万平方米，关闭 3 家，收回集体土地 560 平方米。是年，查处土地违法案 52 件（城乡接合部违法占地案 47 件），面积 2462 平方米，拆除违法建筑 133 平方米，退还集体土地 232 平方米，复耕 218 平方米，罚款 1.35 万元。

1995 年，查处土地违法案 31 件、面积 1564 平方米，拆除违法建筑 513 平方米，收回国有土地 45 平方米，退还集体土地 469 平方米，罚款 1.74 万元。

1996 年，查处土地违法案 41 件、面积 2889 平方米，退还集体土地 557 平方米，罚款 2.17 万元。

1997 年，查处土地违法案 35 件、面积 21000 平方米。

1998 年，查处土地违法案 27 件、面积 127 平方米，拆除违法建筑 127 平方米，罚款 2.13 万元。

1999 年，清理 1992—1999 年建设用地，查出各类违法占地案 45 件、面积 2.71 万平方米。是年，查处各类违法用地案件 28 件、面积 1678 平方米，拆除还耕 705 平方米。

2000 年，建立土地监察巡回检查制度。将全区分为三级巡查区，基本农田保护区、城市规划区和城乡接合部为一级重点巡查区；公路、铁路干线两侧，各乡（镇）小集镇和村庄周围为二级巡查区；其余区域为三级巡查区。区国土局和各乡（镇）土地管理机构分片动态巡查。清理城镇国有土地转让、出租情况。完善划拨土地使用权出租手续 150 宗、面积 2310 平方米，收取收益金 1.1 万元；办理划拨土地使用权转让手续 424 宗、面积 6505 平方米，收取收益金 16.8505 万元；办理国有土地出让手续 5 宗、面积 6556 平方米，收取出让金 2.33 万元。是年，查处各类违法用地案件 28 件、面积 1679 平方米，拆除违法建筑 276 平方米，罚款 1.5 万元。

2001 年，查处各类违法用地案 32 件、面积 1594 平方米，拆除违法建筑 420 平方米。

2002 年，查处土地违法案件 7 件、面积 3500 平方米，拆除违法建筑 500 平方米，罚款 2 万元。

2003 年，清理 2002 年 2 月至 2003 年经营性土地出让，查出未按程序公示、未交土地出让金的经营性用地3宗，面积10万平方米。是年，查处土地违法案件8件、面积1092平方米，拆除违法建筑250平方米，罚款约2万元。

2004年，查处土地违法案11件、面积5277平方米，拆除违法建筑200平方米，罚款7.50万元。

2005年，查处土地违法案件5件、面积5195平方米，拆除违法建筑1998平方米，罚款5.38元；清理出闲置土地2宗，面积240104平方米。

2006年，清查全区“以租代征”违法违规租用农村集体土地而实则非农建设行为，查处南桐镇、关坝镇煤场20处。是年，查处土地违法案件5件、面积20平方米，罚款0.53万元。

2007年，开展土地执法百日行动，万盛电厂“未批先用”项目被国土资源部罚款约37万元。是年，查处土地违法案件9件、面积337平方米，罚款0.30万元。2007—2009年，查处重庆杰事杰新材料公司和重庆金坤房地产有限公司不按合同约定开发利用土地案，收回土地66.40公顷。

2008年，清查矿山越层越界开采、非法转让采矿权、无证开采，查出越层越界开采小煤矿28家，罚款38.5万元，并责令退回法定开采界线，筑永久性密闭墙；责令停产5家。是年，查处土地违法案件2件、面积1669平方米，罚款0.54万元。

2009年，查处土地违法案件9件、面积53332平方米，拆除违法建筑683平方米，退回集体土地2333平方米，罚款0.69万元。

2010年，查明国土资源部下发卫星图斑294个，总面积91.19公顷，涉及土地46宗，其中立案查处图斑涉及违法用地8宗、面积1.57公顷，占用耕地0.77公顷，罚款22.9万元。是年，查处土地违法案件3件、面积7799.81平方米，罚款10.49万元。

2011年，查处土地违法案件7件、面积32599平方米，罚款0.23万元。

第六节　矿产资源管理

一、储量管理

2001年4月，建设项目压覆矿产资源实行审查、审批制度。10月，区国土房管局制订全区矿产资源的储量评审、认定、登记、统计规范，分期分批登记取得采矿许可证的矿山企业。

2002年6月，实行占用矿产资源储量年度报审制度。

2003年，检测51家煤矿、30家非煤矿山资源储量，登记停办、关闭矿山的剩余矿产资源储量。

2004年4—10月，重新申办登记矿产资源储量，发放重庆市占用矿产资源储量登记证书。是年，全区57家矿山企业补办矿产资源储量登记。

2005年5—12月，检查61家煤矿的煤炭资源储量和煤炭资源管理情况。42家煤矿回采率较好，19家煤矿回采率合格。

2006年，建立全区6家国有煤矿、38家乡镇煤矿、21家非煤企业数据库。

2009年，要求矿山企业编制矿产资源储量动态交换图。

2010年，将储量动态管理与日常巡查相结合，检查乡镇煤矿38家，非煤矿山企业41家，注销10家煤矿、11家非煤矿山企业的采矿权许可证。

2011年，注销2家企业采矿权许可证，办理9家煤矿采矿权许可证延期登记。

2009 年万盛区矿产资源储量一览表

表 5-69

矿产名称	单位	累计查明资源储量	矿产名称	单位	累计查明资源储量
煤	万吨	37862.2	滑石	万吨	97
建筑用石灰岩	万立方米	38462	高岭土	万吨	23.9
水泥用石灰岩	万吨	1434	砖瓦用泥岩	万立方米	2011
冶金用石灰岩	万吨	404	铁矿（贫矿）	万吨	360
炼镁白云岩	万吨	32610	铝土矿	万吨	27.8
萤石	万吨	51.7	耐火黏土	万立方米	704.28
硫铁矿	万吨	886.6	地热水	立方米 / 日	794
石英砂	万吨	1883	煤层气	亿立方米	67.2

二、采矿权管理

1988 年，区政府成立矿产资源管理领导小组，行使乡镇、个体采矿权的登记管理和全区矿产资源管理法律法规的宣传、监管、执法职能。

1989—1990 年，分两批登记乡镇、个体煤矿和非煤矿山。登记煤矿 66 家，发证 66 个；登记非煤矿山 81 家，发证 68 个。至 1993 年，全区登记煤矿企业 84 家。

1994 年，开始年度性检查煤矿企业。是年，调解矿权纠纷 6 起。

1997 年，《万盛区采矿登记管理办法》实施。是年，办理变更延续登记 37 家，注销 7 家。

1998 年，四川省采矿许可证改为重庆市采矿许可证，换发 158 家（煤矿 89 家、石灰岩矿 57 家、萤石矿 3 家、硫铁矿 6 家、高岭土矿 1 家、白云石矿 2 家），占应换证数 97%。是年，关闭各类矿山 30 家，占全区矿山总数 15.5%。

1999 年，全区登记各类矿山企业 133 家。其中乡镇煤矿 57 家，从业人员 3876 人，年产原煤 65 万吨；私营煤矿 23 家，从业人员 1564 人，年产原煤 20 万吨；萤石矿 3 家、从业人员 61 人，年产萤石 1.2 万吨；白云石矿 3 家，从业人员 56 人，年产白云石矿 6 万吨；硫铁 3 家，从业人员 51 人，年产硫铁矿 1.05 万吨；石灰岩矿 44 家，从业人员 479 人，年产石灰岩 57 万吨。

2000 年，全区有矿山企业 158 家，注销 12 家矿山企业采矿许可证，查处侵权越界开采矿山企业 8 家。

2001 年 7 月，调整部分矿山企业采矿范围，查处越界开采，不再延续登记资源枯竭或资源无保障的煤矿企业和交通要道、风景区范围内破坏生态环境的采石场。是年，关闭不合格煤矿 12 家。

2002 年，关闭不合格煤矿 12 家，关闭不合格非煤矿山 23 家，新审批地面矿山 8 家。

2005 年 1—3 月，征收矿产资源补偿费 112 万元。8 月，《万盛区采（碎）石场管理暂行办法》实施，禁止在自然保护区、风景名胜区、饮用水源保护区、电力设施安全距离内、城区主干道可视范围内和地质灾害多发地区开办采（碎）石场。

2006 年后，采矿权逐渐集中到资源集中、开发条件好的 5 个镇，关闭布局在城市规划范围内的 14 家非煤矿山企业。

2007 年 3 月，万盛区整合萤石矿权采矿权，萤石采矿权从 4 宗整合为 2 宗。

2011 年，全区有非煤矿山企业 40 家。

2011年万盛区非煤矿山一览表

表5-70　　单位：万吨

序号	矿山名称	年生产能力	所在地
1	重庆市万盛区兴鑫园黏土厂	1	万东镇
2	重庆市万盛区万乐建材有限公司	5	万东镇
3	重庆市万盛区旭东采石场	8	万东镇
4	重庆市万盛区万东镇团结村干孔石厂	5	万东镇
5	重庆丰功建材有限公司胡家沟石灰石矿	15	万东镇
6	新华村胡家沟片石厂	8	万东镇
7	德文采石厂	6	万东镇
8	重庆市万盛区天泽万东黏土厂	1	万东镇
9	万东大田片石厂	5	万东镇
10	鼎阔黄砂加工厂	20	南桐镇
11	重庆市万盛区巴洲采石场	20	南桐镇
12	重庆市万盛区张中宝采石场	5	南桐镇
13	全特黄砂有限公司	20	南桐镇
14	重庆市万盛区巴山采石场	5	南桐镇
15	重庆市南桐特种水泥有限责任公司	90	南桐镇
16	万盛区胜利垭采石厂	5	南桐镇
17	展梓石材有限公司	30	南桐镇
18	重庆市万盛区双源矸石砖厂	2	青年镇
19	重庆市俊东石灰石钙粉有限公司	3	青年镇
20	重庆博奥镁业白云石矿	30	青年镇
21	重庆市万盛区渝青白云石加工矿	5	青年镇
22	重庆市万盛区竹坝河石粉厂	5	青年镇
23	重庆市万盛区关坝镇中坝源矸石砖厂	3	关坝镇
24	万盛区关坝矸石砖厂	5	关坝镇
25	重庆市万盛区长兴石粉厂	5	关坝镇
26	重庆市万盛区郑周采石厂	5	关坝镇
27	重庆市万盛区隆景采石厂	5	关坝镇
28	重庆市万盛区大坝采石厂	5	关坝镇
29	重庆市万盛区黄杨采石场	8	关坝镇
30	重庆市万盛区钦云硫铁矿厂	3	关坝镇
31	重庆市万盛区圣山建材有限公司	8	关坝镇
32	重庆市万盛区若兰化工有限公司	15	丛林镇
33	重庆市上成化工有限公司	10	丛林镇
34	重庆市万盛区天泽丛林黏土厂	1	丛林镇

续表

序号	矿山名称	年生产能力	所在地
35	重庆市万盛区大宝山萤石矿	0.6	丛林镇
36	重庆玉屯矿业有限公司丛林钙矿	45	丛林镇
37	重庆钢铁矿业有限公司万盛石灰石矿	30	丛林镇
38	重庆市万盛区永鸿萤石矿	0.9	黑山镇
39	重庆市万盛区永全白云石矿	20	黑山镇
40	重庆钢铁矿业有限公司景星白云石矿	80	黑山镇

三、矿产资源开发规划

（一）“九五”至2010年矿产资源勘探与开发利用规划

1995年年初，在调查全区矿产资源储量和开发利用现状基础上，分别编制《“九五”至2010年矿产资源勘探项目规划》和《“九五”至2010年矿产资源开发利用规划》。

煤炭　查清南桐矿务局红岩煤矿鲜家坪背斜，南桐煤矿平土井田和鱼田堡煤矿大石板采区煤柱的地质资料和储量。把南桐矿务局弃采的边角残煤和尚未开发的兴隆井田+300米以上、青年井田南段+350米以上的煤炭资源划归乡镇煤矿开采。全区乡镇煤矿由1994年的100个减至60个以下，新建年产30万吨矿井1个，年产6万吨～9万吨矿井5个，其余矿井全部建成3万吨以上规模。在关坝或青年新建无烟煤洗煤厂1个，20万千瓦火力发电厂1座，大型煤气站1座。通过新建、扩建，全区原煤年洗选能力提高到40万吨～60万吨。

硫铁矿　拟定硫铁矿勘探项目1个，重点勘探青年燕石村奥陶系桐梓组和二郎峡三叠系须家河组发现的硫铁矿。引资、新建年产5万吨以上硫铁矿2个，硫铁矿年产量达到30万吨。新建年产4万吨硫酸项目1个。

铝土矿　普查全区铝土矿，扩建万盛铝压铸厂。

白云矿　普查青年镇板辽河一带白云石矿，与重庆钢铁公司共同投资开发白云石资源。引进金属镁项目1个，建设年产5万吨白云石矿井1座。

铜矿　普查关坝镇光明村与綦江铜鼓村铜矿点相临界点。

滑石矿　勘探全区滑石矿。在万东、丛林、南桐镇各新建年产1万吨以上滑石矿井1个。

铁矿勘　在“九五”至2010年期间，勘探全区铁矿。

萤石　勘探丛林白果和景星萤石矿。在丛林、景星两乡镇各新建年产1万吨～2万吨萤石矿井1个。

高岭黏土　普查关坝镇和青年镇高岭石黏土矿。

石英砂岩　普查全区石英砂岩。新建中型或大型石英砂开采场和洗选厂各1个，扩建渝万玻璃厂及南天尾砂砖生产线。

石灰石　清理整顿全区现有石灰石开采点，改扩建区内水泥厂。新建年产30万吨水泥厂1座，与南桐矿务局联合开发轻质碳酸钙或氧化铝产品，利用劣质煤和石灰石开发二氧化碳、漂白粉新产品，新建年产20万平方米外墙砖生产线1条。

（二）2005—2020年矿产资源总体规划

2004年3月，区政府开始编制《重庆市万盛区2005—2020年矿产资源总体规划》（2004年为基准年，2010年为近期年，2020年为展望年）。2005年3月，该规划批准实施。规划内容包括矿产资源调查、勘察、开发方向，矿产资源调查基础地质调查评价勘察，矿产资源开发利用，矿山生态环境保护与恢复治理4

个方面。规划期目标是利用企业自筹、政府专项资金、矿产资源补偿资金以及外资查清探明资源状况，完成区域内1：5万的综合地质调查。控制矿山数量，扩大矿山规模，实现矿山开采规模与矿区（床）储量规模相适应。关停并转技术落后，资源浪费严重、环境污染严重矿山，至2010年全区保留地方煤矿40个左右，至2020年保留30个。至2010年全区矿业总产值达5亿元，其中采选业4.5亿元，其他附属产业0.5亿元。矿山排放的所有工业污染物达到国家或重庆市规定标准，“三废”治理率达85%，生态环境治理率达50%，土地复垦率达85%。

矿产资源勘察与开发方向 2005—2010年，煤炭年产量控制在300万吨～400万吨。加大乡镇煤炭资源普查、深部资源勘探和三叠系须家河组薄煤层调查，确保煤炭后备资源。鼓励开发利用硫铁矿、白云岩、石灰岩、石英砂岩等矿种，限制开采建筑用砂，禁止生产和使用黏土砖，逐步限制页岩砖生产，推广煤矸石免烧砖，勘察矿泉水。

矿产资源调查及基础地质调查评价、勘察 完成区内重要矿产资源和地热水、矿泉水1：5万物探、化探勘察。开展区内矿山地质环境、地质灾害调查和旅游地质调查。建设矿产资源信息系统，建立1：5万地质学资料管理系统。在规划允许勘察区范围内勘察商业性矿产资源，鼓励矿山企业在矿区周边允许范围和深部勘察矿产资源。划分矿产资源鼓励勘察区、限制勘察区和禁止勘察区。

矿产资源开发利用 关坝、青年、南桐、万东（城区除外）和丛林等乡镇煤炭资源；关坝、青年、南桐、万东（城区除外）、丛林、石林和景星石灰岩、白云岩资源；红岩井田、砚石台井田煤炭资源和东林、鱼田堡高挥发分薄煤层为矿产资源鼓励开采区。樱花温泉度假村景区，关坝大窝凼，城市规划中丛林组团、景星组团、石林组团、青年—关坝组团的城镇建设用地范围，恒泰电厂片区建设用地范围为矿产资源限制开采区。万盛城区和各乡镇集镇，城镇规划中的主城建设用地范围及区乡镇远景规划区，黑山国家森林公园、万盛石林，九锅箐，铜鼓滩，青山湖水库水库、白龙湖水库、金桥水库、大槽水库、银碗槽水库等重要水资源保护区，石林镇猪行村红豆杉分布区域，旅游公路沿线和主干公路可视范围内为矿产资源禁止开采区。

矿山生态环境保护与恢复治理 恢复治理原则是统一规划、分类指导、分片治理矿山生态环境，最大限度减轻矿山生产活动对环境的污染和破坏。建立矿山地质灾害评估和环境影响评价制度。严格控制现有矿山“三废”排放，严防矿山地质灾害。以复垦还绿方式综合治理闭坑矿山，实现矿山开发与建设用地基本平衡。南桐、红岩、砚石台、东林、鱼田堡、兴隆、平土和青羊寺等8个井田区划为重点恢复治理区，整治与复垦土地，绿化废弃地。

（三）2010—2015年矿产资源总体规划

2009年，区规划编制领导小组开始编制《重庆市万盛区矿产资源总体规划（2010—2015年）》（2009年为基准年，规划期2010—2015年，展望到2020年）。该规划包括矿产资源开发利用现状与形式，编制指导思想、基本原则与目标，矿产资源调查评价与勘察，矿产资源开发利用与保护，矿山地质环境保护、恢复治理与土地复垦和规划实施保障措施等6部分。

四、矿业秩序监管

1989—1990年，区政府全面清理区内乡镇小煤矿，关闭布局不合理、资源贫乏、安全不好、管理不善的乡镇煤矿。全区乡镇小煤矿从1989年的87家减少到1990年66家。

1990年，查封私挖滥采小煤窑300余家次，打击煤贩子60余人次，没收煤炭1000余吨，罚款2.1万元。

1994年，查封私挖滥采小煤窑291家次，没收煤炭304吨，罚款2.87万元，申请法院强制执行3人。

1995年，查封私挖滥采小煤窑156家次，没收煤炭800吨，查处非法贩运煤炭5人次。

1996年，查出未参加年检的乡镇煤矿25家，非煤矿山120家，不按期缴纳矿产资源补偿费矿山企业的81家，查封煤窑89家次，没收煤炭425吨，罚款1460元，追收矿产资源补偿费约5万元，责令27家越层越界开采的煤矿退回法定开采范围。

1997年，查封非法小煤窑40家，没收煤炭70吨，罚款3000元。

1998年，查封、炸毁非法小煤窑112家，处罚窑主56人次，没收煤炭371吨，罚款2.36万元。私挖小煤窑从最多时的164家，减少到33家。

1999年，全区乡镇煤矿限产60万吨。是年，关闭不合格煤矿12家，关闭非煤矿山11家，取缔无证小煤窑112家。

2001年6—7月，各乡镇两次清理整顿非煤矿山，关闭105家。是年，关闭不符合要求煤矿8家，责令25家越界开采矿井退回法定开采范围。

2003年，关闭不合格矿山6家，关闭私挖滥采煤窑43家次，没收煤炭40余吨，罚款3000余元；责令23家超深越界开采矿井退回法定开采范围，罚款15万元；责令11家矿山企业停产整顿。

2004年，查封非法小煤窑55家次，没收煤炭200余吨，拆除工棚30间、罚款7万元；清理越层越界开采矿井18家，关闭布局不合理，安全生产条件达不到要求的矿井30家，责令停产整顿4家；清理非法转让采矿权企业3家、出租承包采矿权企业4家。

2005年，停止无偿授予采（碎）石场采矿权，采取招标、拍卖、挂牌等方式依法有偿转让。规划区范围内露天作业的采（碎）石场须通过环保、安全审核批准。是年，清理越界开采矿井25家，罚款5000元；关闭非法煤窑53家，没收工具5件，拆除工棚30间，没收煤炭200余吨，罚款8000元；关闭布局不合理，达不到安全生产条件的非煤矿山12家，停产整顿3家；清理非法转让采矿权企业11家，非法承包采矿权企业20家，罚款1万元；责令持过期采矿许可证采矿的6家企业停产。

2006年，关闭小煤矿6家。

2007年，关闭无证开采小煤矿16家，没收煤炭20吨。

2008年，38家矿山企业完成规定矿区范围报告和地质灾害危险性评估报告，通过重庆市政府检查验收。

2009年，关闭1家非煤企业（萤石矿），处理违法案件16期。

2010年，推行采矿权出让制度，新办矿山企业一律采用“招拍挂”方式出让采矿权。是年，查处矿业违法案件15件。

2011年，查处违法煤矿4家，罚款9.5万元；查处煤矿越界开采行为20次，下达停产书20份，移送司法处理1家；关闭煤矿1家，关闭非法采矿场1座，没收全部产品。

五、矿产资源补偿费征收

矿产资源补偿费按矿产品销售收入的一定比例（煤矿按1%、非煤矿山按2%）征收，采矿权价款经评估确认。2005年1月1日，煤矿资源补偿费和采矿权价款实行运输环节定点计量收费。2010年，调整非煤矿山企业采矿权价款征收方式和标准。采矿权价款改在办理登记或延续登记时缴纳，标准分别每吨0.5元（冶金类）、0.4元（水泥配料类）、0.3元（建筑砖瓦类）。2007—2011年，全区收取非煤矿山资源补偿费139.13万元，采矿权价款3208万元。

2007—2011年万盛区非煤矿山资源补偿费采矿权价款征收情况表

表5-71　　单位：万元

年份	资源补偿费	采矿权价款
2007	6.7	350
2008	14	327

续表

年份	资源补偿费	采矿权价款
2009	22.74	1300
2010	62	580
2011	33.69	651

第八章　国有资产管理

1993 年 5 月 22 日，万盛区国有资产管理局成立，与区财政局实行两块牌子、一套班子的体制。国有资产管理施行“统一领导、分级管理”原则。

第一节　行政事业单位国有资产管理

1993 年 3—5 月，清查登记全区行政事业单位财产。全区 77 个行政事业单位财产清理前账面值 4194.3 万元，清查核实为 5042.6 万元，增值 848.3 万元。

1996 年，全区 156 个行政事业单位国有资产总值 12651 万元，比 1995 年增加 1832 万元，增长 16.93%。

1999 年 6 月 21 日，《万盛区行政事业单位国有资产管理办法》实施，规范国有资产处置行为。

2000 年 4 月 13 日，《万盛区行政事业单位国有资产管理执行办法》，规定国有资产的调拨、转让、报废和报损办法。12 月 12 日，区政府同意以不低于 60 万元的价值出售重庆市消防总队第一支队第十四队营房（含门面），价款用于新建营房征地款。

2001 年 2 月 26 日，区人民医院用部分资产抵押贷款，用于设备更新和基础设施建设。10 月 15 日，区农业科学研究所资产整体无偿划拨给区职教中心。11 月 18 日，区体育馆（位于万东北路二段 16 号）资产（房屋面积 3500 平方米，土地 8670 平方米，设备 740 万元）无偿划拨给共青团区委，用于修建区青少年活动中心。

2003 年 7 月 22 日，区政府将区部分行政事业单位总量为 7350.5 万元的资产划拨给重庆万盛国有资产经营管理有限公司（简称万盛国资公司）。是月 22 日，将区文化馆综合楼（位于万东北路 14 号，面积 1400 平方米）出售，收入直接缴入区财政专户，用于区文化中心建设。

2005 年 6 月 28 日，《万盛区行政事业单位国有资产处置办法》实施，重新规范国有资产处置行为。7 月 24 日，拆除景星乡农技站房屋（294 平方米），土地公开出让，收入由景星乡政府使用。

2006 年　7 月 4 日，关坝镇政府将原办公大楼和附属设施（建筑面积 1480 平方米）及其占用土地一并划拨给镇初级中学使用，用于改建学生宿舍和食堂。

2007 年，清查全区 238 个行政事业单位（区行政主管单位 69 个，全额、差额、自收自支事业单位 169 家）2006 年资产，总资产 6.74 亿元（固定资产 3.2 亿元），总负债 3.5 亿元。

2008 年 3 月 18 日，在重庆联合产权交易所公开挂牌处置渝中区交通巷 4 号房产，出让价 336.24 万元。

2009 年 12 月 11 日，区国有资产管理局要求各镇、区各行政事业单位缴纳 2009 年出租经营收入的 15% 作为国有资产占用费。

2010 年，清查全区 145 个行政事业单位 2007—2009 年固定资产变动情况。全区行政事业单位固定资产原值 51348 万元，比 2006 年增加 19348 万元。其中行政单位 19974 万元，增加 10674 万元；事业单位 31374 万元，增加 8674 万元。

2011 年，万盛区行政事业单位固定资产总额 6.8 亿元，其中行政单位 2.8 亿元，事业单位 4 亿元。

第二节　企业国有资产管理

1991 年 11 月 6 日，重庆市机械工业管理局将重庆钢球厂资产无偿划转南桐矿区，划拨资产原值 663.99 万元，净值 386.72 万元；资产净值中已转固定资产净值 294.04 万元，未转固定资产及其他物资 92.68 万元。

1993 年 9 月 7 日，万盛区水泥厂、氮肥厂、物资局、石油公司、蔬菜公司被确定为重庆市清产核资试点企业。12 月 19 日，区国资局将重庆钢球厂资产无偿划转区工业开发总公司使用和管理，被划转资产按 10 月 20 日实物清点移交书金额列账，即原值 665.38 万元，净值 387.13 万元，折旧 228.24 万元。12 月 31 日，区氮肥厂、水泥厂、蔬菜公司、金属回收公司、建材公司、生资公司 7 家国营企业清产核资工作结束，清理前资产值 4064 万元，重估增值 453 万元，清理后资产值 4517 万元。

1994 年 6—8 月，全区清产核资企业重估前固定资产原值 4776 万元，重估后 6510 万元，增值 1744 万元，增长 37%；重估前净值 3142 万元，重估后 4111 万元，增值 969 万元，增长 31%。至此，全区 37 家国有企业核资 31 家，占 84%，除停业整顿和实行产权制度改革的企业外，实际达 92%。是年，复核清产核资的企业 24 家。

1995 年 5—12 月，清查区广播电视服务部等 18 家企业，评估区化肥厂等 37 家企业（1993—1994 年核资）土地资产。7 月 3 日，区国有资产管理局授权区轻工业局全权处理重庆专用机械设备制造厂的资产经营和租赁。是年底，区国有资产占有户 198 家，资产总额 49974 万元，欠债总额 24536.5 万元，负债率 49.1%；工商企业（公司）41 家（国有独资企业 32 家，有限责任公司国有股占 30% 以上的 1 家，其他 8 家），国有资产总额 31231 万元，负债 19700.5 万元，负债率 63.08%，20% 以上的企业亏损；另有在建单位 1 家，国有资产总额 2671 万元，负债 382 万元，负债率 14.3%；有工业开发区、原八一六中转站土地和关坝铁厂等闲置资产约 400 万元。

1996 年，区糖酒公司、东林、晋林和兴无 3 家工矿贸易公司，南桐茶叶公司、区生资公司、金属建材公司等企业分别改制或破产清算。

1997 年 4 月 11 日，区国资局和重庆交通投资公司共同出资成立重庆市万盛区万通公路开发有限责任公司。区国资局代表国家前期出资 100 万元，重庆交通投资公司出资 50 万元作为该公司注册资本。10 月 15 日，万盛区集体企业清产核资试点工作结束。全区城镇集体企业 141 家，试点 52 家，实际清产核资 51 家（区轻工局 9 家，区财办 11 家，区供销社 16 家，南桐矿务局集管处 15 家），占应清理企业 36.17%。资产总额清查前账面值 12204 万元，清查后 12089 万元，减少 115 万元，降低 0.9%；经企业申报，主管部门审核，区地税局审查，共核销各种损失 337.17 万元。是年，区百货针织批发公司、五金交电化工有限公司、万州贸易发展公司、渝南汽车运输公司、红岩工矿贸易公司、糖酒蔬菜副食公司、化肥厂、饮食服务公司、酿造厂、蚕丝公司、种子公司、医药公司和农机公司等企业改制。

1998 年 6 月 30 日，区国资局投资 2300 万元设立重庆百舸经济开发有限公司（国有独资公司）。8 月 21 日，区国资局重新划拨确认万盛区工业经济开发总公司资产，将其价值 2688 万元的房地产（房屋 93 栋、29486 平方米，价值 1588 万元；土地及公共设施占地 57065.1 平方米，价值 1100 万元）以及其他占用设施划拨给百舸公司作为注册资金。11 月 12 日，全区 1998 年城镇集体企业清产核资工作结束。全区 57 家集体企业（工业 21 家，建筑 7 家，交通运输邮电 3 家，批发、零售、贸易、餐饮 18 家，其他 8 家）资产总额 14412.9 万元（流动资产 10540.3 万元，前期投资 51.7 万元，固定资产 3717.9 万元，无形和递延资产 103.0 万元），负债 13962.8 万元，所有者权益 450.1 万元，产权界定投入资金 2596.4 万元（集体投入 1993.7 万元，国家投入 95.1 万元，职工个人股金 98.8 万元，其他集体企业投入 5.5 万元，其他投资者投入 403.3 万元），经营积累 –2102.0 万元（集体权益 –2178.5 万元，国家权益 –6.0 万元，职工个人股权益 10.7 万元，其他集体企业权益 22.7 万元，其他投资者权益 49.1 万元），待定资产 0.3 万元，界定资产 494.7 万元。

1999 年 3 月 20 日，区国资局将黑山、石林旅游公路改造工程资金 2120.7 万元（黑山、石林旅游公路改造工程投入 700 万元，南桐支路至关坝二级公路改建工程 1420.7 万元）划拨给区顺达公路开发有限责任公司（简称顺达公司）作资本金。4 月 12 日，区国资局与重庆万盛煤炭（集团）有限责任公司（简称万盛煤炭公司）签订兼并区石林旅游开发公司资产转让协议。是年，区一帆商贸有限公司、石油燃料公司、物资总公司、矿业公司、中药材公司等企业改制。

2000 年 7 月 24 日，区国资局界定万盛综合市场产权：区政府划拨给区物资总公司的土地价值和综合市场地面建筑物（已售部分除外）价值为国有资产；综合市场中原区酿造厂工业用地 6004.6 平方米已被纳入区物资总公司改制评估，其价值为非国有资产；建设综合市场时形成的负债，国有和非国有资产按照同等比例分摊。

2001 年 3 月 28 日，区国资局收回原区证券公司资产，组建重庆郎生实业发展有限公司（简称郎生公司）。6 月 5 日，区广播电视局所属资产（含网络、电子设备、车辆）1444.58 万元划拨给重庆广播电视网络传输有限责任万盛分公司（简称重庆广电网络万盛分公司），用于增资扩股。7 月 2 日，郎生公司与重庆九鹏物资有限责任公司共同组建万盛综合市场有限公司（暂定名，国有控股公司），注册资本金 726.8 万元。8 月 14 日，区国资局将区万通公司总资产（扣除递延资产后）2921.45 万元连同欠债 2862.05 万元一并划给万盛速达公路开发有限公司。9 月 26 日，区国资局将出售区自来水公司国有资产的 616 万元划给区建设委员会，其中 125 万元用于安置自来水公司职工，491 万元用于投资组建重庆市万盛区兆维城市发展有限公司（简称兆维公司）。另将区建委位于勤俭路 23 号的办公楼 2 栋，平房 3 栋，地产 0.20 公顷划拨兆维公司。10 月 16 日，区国资局将区广播电视局位于勤俭路 52 号的办公楼第 2 ~ 10 层（2556 平方米）和底层门面（418.5 平方米）以及办公大院土地 2195 平方米划拨给重庆广电网络万盛分公司，用于该公司宽带项目建设抵押贷款。12 月 29 日，区国资局将万盛农贸市场、东林农贸市场、万盛仔猪市场资产和负债一并划给郎生公司。东林工商所办公楼搬迁补偿费 50 万元由郎生公司支付。是年，区林产品公司改制。

2003 年 3 月 20 日，《万盛区国有资产经营管理有限公司管理办法（试行）》施行。区财政局向区国资公司委派财务总监，负责监督区国资公司及其子、孙公司、控股公司的财务等重大事项。5 月 9 日，区国资公司与兆维公司合并组建万盛区国有资产经营管理有限公司，注册资本金 2700 万元，股东为区财政局，新公司由区政府授权区建委管理。5 月 30 日，区国资局将黑山交通宾馆和南桐支路至关坝，至石林公路资产 3042 万元划拨给区顺达公司，区交通局将 2 条公路收费权移交该公司。7 月 22 日，区政府将部分行政事业单位7350.5万元国有资产划拨给区国资公司。8月22日，区国资局授权区文体局公开处置位于万东北路14号区文化馆综合楼的第2、3、4楼（约1400平方米）资产，收入用于区文体中心建设。12月17日，区财政局将汤家沟水库坝枢工程部分资产3447.99万元划拨给区利民水利有限责任公司。23日，区有限广播电视网络被整合并入重庆广播电视网络传输有限责任公司（简称重庆电视网络公司），重庆电视网络公司支付的净资产补偿费259.54万元作为区政府收益统一使用。26日，万盛大道、万东北路、万东南路、勤俭路部分路段211439平方米土地价值作为区国资公司注册资本金。

2004年6月23日，区顺达公司、区利民水利电力有限责任公司和区升太旅业开发有限公司3家国有独资公司资产被划转给区国资公司。8月12日，区国资局将区水电局持有的区张三塘电力公司36%的股权全额划给区利民水电公司管理。9月13日，将万盛水泥有限公司国有股份48.7万元（股份占30%）和万盛百货有限公司股份14万元（股份占22%）划拨给区国资公司。10月21日，将区食品公司南桐支路肉联厂1.53公顷土地按45万元/公顷的价格出让给区渝旺食品公司，出让收益专项用于区食品公司职工安置；支路肉联厂国有资产（不含土地）按100万元入股渝旺食品公司，合资修建二级定点屠宰场。11月24日，区国资公司收购九鹏公司在鹏生综合市场有限公司的股份，并全额控股。收购之后挂牌出让鹏生公司资产。30日，区国资公司以公开方式整体出让东林集贸市场的改扩建工程项目，出让收益上缴区财政局。是年，停建7年的万盛立泰商厦资产以950万元被公开拍卖。

2005年5月23日，区乡镇企业发展有限公司以评估价616.68万元（上下浮动5%）作为底价，公开拍卖国有固定资产。12月8日，整合区顺达公司、利民水电公司、郎生公司和升太旅业公司和划拨给区国资公司（4家公司注册资本9781.86万元），划给区国资公司。

2006年9月27日，区粮食购销公司将桃子粮库土地2公顷及地上附着物净资产40余万元整体转让给方盛电力有限责任公司，获得一次性支付补偿金260万元。

2007年10月30日，区粮食购销公司综合开发东林粮库地块，土地出让金由区财政局采取列收列支方式返还于抵偿区财政局历年欠拨政策性补贴资金，土地开发所获收益用于支持公司发展。

2008年9月16日，区林场将国有林地1233.27公顷入股，作为组建重庆秘境山乡旅游投资有限公司（简称秘境旅游公司）资本金。12月22日，区林场出资成立重庆市绿瑞林业工程有限公司（国有独资公司）。是月24日，区政府规定区国资公司管理的资产转让处置后，按资产转让处置总价款计提3%的代办收入，剩余价款全部收归区财政。

2009年1月12日，区顺达公司、利民水电公司、郎生公司和升太公司的出资人变更为区财政局，4家公司恢复原国有独资公司主体资格，原注册资本不变。10月21日，区国资公司核销万盛农资水果批发市场原值，同时削减资本公积，填补减少的注册资本。11月24日，重庆秘境旅游公司整体接受区升太公司的资金、资产、债权、债务。

2010年3月3日，区财政局将持有的重庆联创煤业有限责任公司（公司净资产14353.73万元）29%的国有股权以协议转让方式转让给南桐矿业公司，转让价款为4104.8万元。4月27日，万盛旅业（集团）有限公司公开处置报废的23辆观光电瓶车等设备。是日，万盛建设投资有限公司（简称万盛建投公司）按再利用方式处置万盛杰事杰项目遗留厂房事宜，双方协商按原厂房用料200吨钢材计算，以不低于是日期货市场同类钢材价格的70%成交。5月4日，区国资局同意将重庆秘境旅游公司以4816.51万元价格整体转让，之后注销该公司。8月12日，区国资局注册设立中小型企业信用担保公司。该公司性质为有限责任公司，首期注册资本金5000万元，后逐渐增加到1亿元。12月17日，万盛建投公司以货币方式投资1000万元入股重庆盛镁镁业有限公司，占该合资公司14.6%的股份。是年，企业国有产权转让4宗，评估价40.16万元，其中成交转让2宗，交易额30.09万元。

2011年7月13日，全区有国有企业40家（含参、控股），资产总额27.8亿元。是月27日，组建万盛羽毛球文化有限公司，为区国有独资公司。11 月 16 日，区城市综合开发公司变现珊瑚楼招待所固定资产安置企业职工。21 日，重庆联合产权交易所万盛直属支所公告 2010 年产权交易项目 17 宗，评估值 1043.82 万元；成交 14 宗，比 2009 年增长 1.8 倍；成交额 808.41 万元，增长 6.34 倍，成交率 82%；增值率 12.58%，规范率 100%。12 月 25 日，区粮食有限责任公司 37568.62 平方米国有土地使用权由划拨转为出让，应缴土地出让金 1673.04 万元，可暂不计提各项规费并免收契税。

第九章　食品药品监督管理

1979 年 2 月，重庆市南桐矿区药品检验所成立。2001 年 1 月，组建区政府药品监督管理办公室，管理区药品检验所，统一行使药品监督管理职能。8 月，区政府药品监督管理办公室被划归重庆市药品监督管理局管理，更名重庆市万盛区药品监督管理办公室。12 月，撤销重庆市万盛区药品监督管理办公室，组建重庆市药品监督管理局万盛区分局。2003 年 12 月，撤销重庆市药品监督管理局万盛区分局，在其基础上组建重庆市食品药品监督管理局万盛区分局，挂万盛区食品安全协调委员会办公室牌子，设办公室、综合科、市场监管科和综合科等科室 3 个。

第一节　食品监督管理

2004 年 6 月 30 日，万盛区食品安全协调委员会成立，在全市率先提出分段监管新模式。2005 年，编制《万盛区食品放心工程三年规划》，整合分散在卫生、工商、质监、农业、经贸、盐业等部门的资源，组建乡镇、街道、社会食品安全监督网络，实行多网合一，一网多用制度。2008 年，食品安全监管纳入区政府的综合目标考核。2010 年，实行餐饮量化分级管理。至 2011 年，区食品安全协调委员会制订《万盛区食品安全协调委员会工作职责》《万盛区突发食品安全事件专项应急预案》《万盛区食品安全事故报告制度》《万盛区食品安全监管信息报送及发布制度》和《万盛区食品安全责任追究制度》等制度，建立起食品安全体制。

2004 年，检查食品生产、加工、经营企业（摊点）300 家次，检查农贸市场 7 个。查获不合格火锅底料 117 包、果冻 944 个，过期米花糖 678 袋，无证生产大米 10 吨，销毁发病高温猪 4 头，销毁变质排骨 4.5 千克、卤鸭肉 80 千克，假冒麻油 5 千克；查处销售不合格奶粉案 2 件，没收奶粉 397 袋，罚款约 1 万元；查处销售假冒月饼经营户 2 家，销售过期酱油经营户 1 家。

2005 年，检查食品生产、加工、经营企业 4031 家次，取缔无照经营户 128 户，无卫生许可证经营户 10 户。

2006 年，整治景区及周边食品经营户、农家乐食品，没收、销毁过期变质和“三无”食品 54 包。

2007 年，查办食品违法案件 94 件，取缔无照经营户 31 户，清理无照经营小食杂店、小摊点 642 户，督促 416 户食品经营者建立进货台账；39 家食品生产加工小作坊签订产品质量安全承诺书和责任书；检查大型超市 13 家、餐饮单位 400 家、中小学食堂 47 个次、度假山庄（农家乐）54 家、供水单位 35

家次。

2008 年，检查超市及食品经营户 5168 户次，封存问题奶粉 626 千克，液态奶 836.5 千克，超市等商家共退货 802.5 千克（价值 6.7 万元）。

2009 年，查处不安全食品案件 35 件，查处无证无照食品经营户 20 家，收缴不合格食品 400 余袋，查获假食用盐（工业盐）0.75 吨，无害化处理病猪 200 头、内脏 6000 多副。

2010 年起，整治地沟油、一次性筷子、餐饮厨房垃圾、废弃食品、食用油脂、学校食堂、建筑工地食堂、一次性塑料餐盒和乳品及含乳制品，检查餐饮单位 1023 家次。

2011 年，检查餐饮单位 1137 家次，发现问题餐饮单位 116 家，整改 115 家，取缔无证经营餐饮业 19 家，立案查处 17 件，行政处罚 6 件，发出责令改正通知书 33 份，没收问题食品 63.25 千克，罚款 7.27 万元。是年，检查保健食品经营单位 96 家次，备案登记 72 家；检查化妆品经营单位 40 家次，抽检化妆品 7 批次。全年执行重大活动餐饮安全保障任务 8 次。

第二节　药品和医疗器械监督管理

一、生产监管

2001 年，万盛区有药品、医疗器械生产企业 4 家，即重庆多泰制药有限公司（主要生产脉血康胶囊）、重庆鹏程工业公司钙化厂（主要生产钠石灰）、重庆市万盛中药有限责任公司中药饮片加工厂（主要生产中药饮片）、重庆市南桐节育器具厂（主要生产宫内节育器）。

2002 年起，重庆市药品监督管理局万盛区分局为区内药品、医疗器械生产单位建立监管档案。

2003 年 5 月，取缔生产“枣仁安神糖浆”制假窝点 1 个。

2004 年，重庆时珍阁普生制药有限公司、重庆鹏程工业公司钙化厂实施并通过药品生产质量管理规范。

2005 年 8 月，重庆鹏程工业公司钙化厂在生产过程中未执行药品生产质量管理规范，罚款 0.5 万元。12 月，万盛中药饮片加工厂未获药品生产许可证，被关闭。

2007 年，引进重庆美华医疗器械有限公司，主要生产一次性输液器中间段。

2009 年 5 月，重庆鹏程工业公司钙化厂使用未经批准的药品包装材料，罚款 0.7 万元。

2010 年 7 月，重庆美华医疗器械有限公司生产过程及管理不符合要求，责令其停产整顿。

2011 年 5—9 月，开展食品药品安全百日专项整治行动，检查药品医疗器械生产企业，未发现违法行为。是年，区内有重庆多普泰药业有限公司、重庆鹏程工业公司钙化厂 2 家药品生产企业，重庆市南桐节育器具有限公司、重庆美华医疗器械有限公司 2 家医疗器械生产企业。

二、流通监管

2001 年年初，区内有万盛医药公司、万盛区中药公司 2 家药品批发企业，69 家药品零售店。2 月，在全区药品经营企业和使用单位推行药品购销记录和药品经营不良行为记录制度，统一发放新的药品经营许可证。3 月，南桐矿务局总医院、区人民医院、区中医院和青年地区医院药房被评为放心药房。是年，抽检药品 273 批次，查出不合格药品 41 种，立案查处 16 起假劣药品，取缔以义诊为名，行卖药之实的团伙 3 个。

2002 年，引进桐君阁大药房、时珍阁大药房、双叶药房、和平药房和华博药房等连锁公司，设置连锁药店 39 家。8 月，重庆市食品药品监督管理局将零售药店审批权下放给区县分局。是年，整顿药品经营非法挂靠、规范药品零售连锁经营、严格药品购销记录管理，区内24家企业办理医疗器械经营企业许可证，56家医疗器械生产、经营、使用单位建立监管档案。

2003年，建立年度放心药房评选机制，评选放心药房12家。是年，销毁假劣药1445件，价值22万元。

2004年，90家药品经营企业更换药品经营许可证，责令10家未达到药品经营质量管理规范要求的单位停业。10月，执行药学技术人员挂牌上岗制度。是年，检查药品和医疗器械经营、使用单位650家次，监管覆盖面100%；抽检药品、医疗器械208批次，查出不合格药品15批次，现场查处24次，立案查处10起，罚款7.5万元。

2005年3月，查获一起跨省制售假药团伙案，抓获制售假劣药品人员4人，收缴成品、半成品药共2.1万包，切割机、粉碎机2台等。是年，检查药品经营使用单位548家次，日常监管面100%；抽检药品、医疗器械135批次，查出不合格药品3批次；查处无证经营医用氧企业2家；查处群众举报的假劣药品17起，结案14起，现场处罚21起，罚款9.6万元。

2006年，建立农村药品供应网络和监督网络；全区8个乡镇、57个行政村医疗机构实现药品统一配送，配送覆盖率100%。是年，检查药品经营使用单位689家次，全区药品、医疗器械检查覆盖率100%。

2007年，各乡镇（街道）、行政村（社区）建立食品药品监督站、信息站93个。

2008年，专项检查麻黄碱制剂、中药饮片、静脉注射人免疫球蛋白、捐赠及救灾药品、医疗器械、含兴奋剂药品、奥运期间药品安全，检查经营使用单位734家次，监管面100%，罚款1.48万元。

2009年，专项检查双黄连注射液和盐酸克伦特罗经营情况；开展"百家药房无假药"专项整治行动，查处违法案件7件，罚款1.4万元。是年，检查药品经营单位400家次，重点打击从非法渠道购进药品的违法行为，立案11件，结案9件，现场查处10件，罚款3.4万元。

2010年，检查药品、医疗器械经营单位501家次，立案查处7件，现场查处6件，罚款3万元；抽检药品110批次，抽检医疗器械8批次，查处不合格药品6批。

2011年，查获梁某无证经营药品案，涉案金额13万元；查获陈某中成药非法添加化学物质案，移交公安机关处理。是年，检查药品、医疗器械经营单位182家次，立案查处5件，现场查处2件，没收假劣药品、医疗器械价值1352元，罚款6522元；抽检药品112批次，抽检医疗器械8批次。

2001—2011年万盛区药品、医疗器械经营许可证办理情况表

表5-72　　单位：个

年份	药品经营许可证			医疗器械经营许可证		
	新办	变更	换发	新办	变更	换发
2001	0	0	45	0	0	0
2002	0	0	0	0	0	24
2003	18	0	0	0	0	0
2004	0	9	90	0	0	0
2005	4	3	9	0	0	0
2006	0	12	0	0	0	0
2007	5	14	0	0	0	0
2008	1	0	0	0	0	0
2009	13	4	67	0	1	1

续表

年份	药品经营许可证			医疗器械经营许可证		
	新办	变更	换发	新办	变更	换发
2010	14	8	7	0	0	0
2011	6	15	3	0	0	1
合计	61	65	221	0	1	26

2001—2011 年万盛区药品抽检情况表

表 5–73　　单位：批次

年份	抽检数量	不合格数量	年份	抽检数量	不合格数量
2001	273	16	2007	107	11
2002	456	7	2008	91	10
2003	208	15	2009	90	10
2004	190	18	2010	110	11
2005	133	3	2011	112	7
2006	102	3	合计	1872	111

2001—2011 年万盛区查处药品、医疗器械违法情况表

表 5–74

年份	案件（件）	罚款金额（万元）	没收假劣药品价值（万元）	年份	案件（件）	罚款金额（万元）	没收假劣药品价值（万元）
2001	16	1.23	5.25	2007	27	3	–
2002	31	0.7	–	2008	11	1.48	–
2003	60	4.96	1.6	2009	21	3.4	–
2004	34	7.5	–	2010	13	3	–
2005	38	9.6	–	2011	7	0.65	0.14
2006	7	1.5	–	合计	265	32.65	6.14

三、使用监管

2001 年 4 月，《万盛区纠正医疗机构购销中不正之风工作实施意见》实施。是年，区内有区属医院（含乡镇医院）14 家，厂矿职工医院、门诊部、卫生室 7 家，民营医院 1 家，个体诊所 28 家，村级卫生室 55 个，社区卫生服务中心 2 个。全年查处使用不合格药品案件 41 件，没收药品、医疗器械价值 5.25 万元，罚款 2.54 万元。

2002 年 1 月，检查区内药品经营使用单位的大容量注射剂。南桐矿务局总医院、南桐分院、万盛区人民医院 3 家医院均停止配制大容量注射剂，并拆除生产设备。8 月 28 日，启动药品不良反应监测报告制度。是年，抽查医疗单位 28 家、个体诊所 8 家。

2003 年 9 月 17 日，设立区药品不良反应监测领导小组，负责全区药品不良反应监测工作。区内各药品生产、经营、医疗预防保健机构均成立相应的不良反应监测领导小组，形成区食药监分局与区属医疗机构、区计生服务机构、厂矿医疗机构、经营企业、生产企业组成的全区药品不良反应监测体系网络。是年，重点检查防治非典型肺炎药品、医疗器械进货渠道、购进记录、质量情况，加大快检和抽检防治非典型肺炎中药饮片力度，规范中药汤剂的煎制；检查村卫生室 81 个，个体诊所 10 家，卫生院 8 家。

2004 年，设立村级药柜 16 个，制订《万盛区乡镇医疗机构药房管理规范（试行）》。

2005 年，检查人体疫苗、医用氧使用情况，查获 11 家医疗机构从非法渠道购进医用氧。

2006 年，建立特殊药品监管网络，在线全过程监管辖区内特殊药品使用。

2007 年，检查生产、经营使用单位 846 家次；跟踪检查零售药店、狂犬疫苗、人血蛋白、广东佰易人免疫球蛋白、中药非法添加药物使用情况。

2009 年，监管医疗机构麻醉药品的安全和监测不良反应，检查麻疹疫苗、甲型 H1N1 流感防控药械，保证药械使用环节安全。是年，全区药品不良反应监测网络注册用户 29 户，医疗器械不良反应监测网络注册用户 14 户。

2002—2011 年万盛区药械不良反应、药物滥用监测情况表

表 5–75　　　　单位：件

年份	药品不良反应事件	医疗器械不良反应事件	药物滥用事件	年份	药品不良反应事件	医疗器械不良反应事件	药物滥用事件
2002	1	–	–	2007	12	–	–
2003	1	–	–	2008	78	1	–
2004	11	–	–	2009	75	6	–
2005	46	–	–	2010	51	26	236
2006	52	–	–	2011	36	1	88

第六篇　工业

第一章　企业体制改革

第一节　经营管理体制改革

一、承包经营制

1979年，全区亏损的全民工业企业实行“定额包干、减亏分成、盈利加奖”，盈利全民工业企业实行“盈利包干、增长分成”的经济承包责任制。

1983年，区工业主管部门与区政府签订“一包八保”（包利润，保上缴利税、产值、产品质量、产品数量、安全生产、主要产品消耗下降、主要产品成本、无计划生育二胎）全奖全赔的经济承包合同。区工业主管部门与企业，企业与车间、车间与班组层层签订承包合同。是年，南桐矿区工业交通局、南桐矿区二轻工业局与行业管理的区水泥厂、区化肥厂、区农机厂、区软管厂、万盛玻璃厂、南桐造纸厂、南桐化工厂和南桐钟表厂等20家企业签订企业经济经营承包合同（合同期1年），占全区工业企业总数86%。区内部分工业企业推行厂长负责制，企业自主权相应扩大，企业按照生产的特点和实际工作需要自行设置内部的机构，厂长任免中层干部，企业自主制订生产计划，经营、销售产品，有权奖励、处罚职工。

1986年《中共南桐矿区委南桐矿区政府关于坚持改革、搞好企业若干问题的意见》《中共南桐矿区委南桐矿区政府关于贯彻三个〈条例〉巩固完善厂长（经理）负责制的意见》《南桐矿区关于继续简政放权和推行厂长责任制有关问题的试行办法》和《南桐矿区关于推行厂长负责制实施意见》实施。全区工业企业在实施厂长负责制的同时，引入竞争机制，先后在重庆汽车挡风玻璃厂、南桐平板玻璃厂、重庆汽车喇叭厂、东林服装厂和南桐钟表元件厂等企业召开职工大会，确定企业经营目标，公开招标、公开答辩、公开竞争选聘厂长（经理）。

1987年7月，区政府印发《关于我区全民所有制企业进一步完善承包经营责任制的决定》。10月，区政府批转区经济体制改革办公室《关于完善我区所属企业当期承包经营责任制补充意见的报告的通知》，规定企业承包经营基数，控制承包集团成员，采用经济责任制的办法，不搞层层承包，承包经营者和其他领导成员的收入和奖励控制在企业职工年均收入的1～3倍，工资总额同经济效益挂钩。区经济体制改革办公室在重庆汽车挡风玻璃厂、南桐氮肥厂、南桐化工厂、南桐木器厂和南桐钟表元件厂等企业试行职工工资与企业经济效益挂钩。是年，14家区工交系统企业重新与主管部门签订招标承包和承包经营责任制合同。区玻璃厂、汽修厂、平板玻璃厂、挡风玻璃厂和汽车运输装卸公司等以招标方式选择企业负责人。二轻企业全面推行计税工资制和厂长负责制。1987年1—10月，14家集体企业产值比上年同期增长22.8%，利润增长161.88%。

二、任期目标制

1988年，中共南桐矿区委、南桐矿区政府印发《关于1988年深化经济体制改革的安排意见》《关于深化企业领导体制改革的若干问题的意见》。区轻工业系统推行厂长（经理）年度任期目标责任制，干部利益与企业效益挂钩。区工业局、区二轻局与所属企业签订"一包三保"（包利润、保技改开发、保质量、保安全生产）经营责任书，承包期3年。承包中采取一企一策，落实"一书为主、四书同订"（经营者签订经济承包合同书时，企业党组织签订保证监督责任书，企业工会签订支持监督责任书，企业职工签订劳动合同书，上级主管部门签订保证服务责任书），下放经营权，引入竞争机制，实行风险抵押机制。

1991年，区工业主管部门与局属工业企业签订1991—1993年经营目标责任书，主要内容为实现利润、上缴所得税、归还贷款、资产增值、安全生产计划生育等指标，明确限定领导人员数额，领导奖惩份额，承包经营者分档超额计提奖金。区二轻局制订《关于企业领导集体经营目标责任制的实施办法》，明确集体承包中党支部、工会工作职责，奖惩办法及干部管理等细则。南桐化工厂、南桐钟表元件厂、南桐造纸厂、南桐纸箱厂等企业签订目标责任书。

三、企业"五自主"

1992年，《关于进一步扩大对外开放、对内放开、对下放若干政策的通知》明确将企业依法享有的生产经营决策权、产品劳务定价权、产品销售权、物资采购权、进口出口权、投资决策权、留用资金支配权、企业资产处置权、联营兼并权、劳动用工权、人事管理权、企业内部机构设置权、工资奖金分配权、抵制拒绝摊派权等还权于企业。全区工业企业试点"五自主"（生产经营、产品价格、劳动用工、内部分配、技术改造自主），施行企业用工、分配、人事三项制度及打破"一大三铁"（大锅饭，铁交椅、铁工资、铁饭碗）为主要内容的内部改革。

1995年3月，区内工业企业推行全员劳动合同制，之后相继改革产权制度，普遍执行企业"五自主"。

第二节　产权制度改革

1992年，全区国有企业以及区、乡（镇）、村、组集体企业采取出售、转让、租赁、兼并、破产与解体等多种形式改制。

1993年，南桐化工厂试点股份合作制改革，拉开全区工业企业产权制度改革序幕。9月4日，区钟表元件厂、区篷垫沙发厂、区皮革厂、区制鞋厂和区二轻供销公司等5家企业组建重庆鸿达工业公司，性质是城镇集体所有制企业，实行董事会领导下的总经理负责制。10月8日，万盛平板玻璃厂与万东镇共同投资750万元（万盛平板玻璃厂出资55%，万东镇出资45%），兴建万盛区渝万玻璃厂。

1994年11月，区水泥厂改制为万盛区水泥有限责任公司，注册资金总额161万元，其中国有股48.7万元，职工个人股112.3万元。

1995年3月，区内工业企业全面推行全员劳动合同制，企业全体职工与企业在平等自愿、协商一致基础上依法签订劳动合同，打破企业内部干部与工人身份界限，固定工与合同制工人身份界限。首批劳动合同制在南桐专用机械厂、区水泥有限公司、南桐造纸厂和南桐电瓷厂试点。是年底，全区轻工系统所属 21 家企业全部实行劳动合同制，职工签约率 95%。5 月 31 日，区糖酒公司破产。

1996 年 6 月，重庆金属软管厂、重庆鸿达工业公司、区印刷厂和南桐空压厂等改革企业产权制度。重庆盛兴齿轮厂组建为有限责任公司，区金属软管厂、区包装印刷总厂改制为股份合作制企业，区空压厂解体。是年，区金属建材公司、区生产资料公司、区空气压缩机厂和重庆渝万玻璃厂破产。

1997 年 1 月，万盛平板玻璃厂、南桐木器厂、重庆长江专用机械设备制造厂、万盛玻璃厂、万盛化肥厂和南桐造纸厂等企业改制。1997 年 7 月，区工业局所属 21 家企业破产 5 家、被兼并 1 家，改制为股份合作制企业 11 家，改制为有限责任公司 2 家，涉及职工 3200 余人。

1999 年，重庆汽车喇叭厂与万盛玻璃厂资产重组，重庆万安玻璃有限责任公司整体租赁重庆汽车挡风玻璃厂，另有南天压铸厂等 8 家企业实行租赁经营。是年，招商引资 200 万元，解决下岗人员再就业 512 人。

2002 年 6 月，浙江西山集团收购重庆江洲水泥厂，组建重庆兰盛水泥有限责任公司，接受重庆江洲水泥厂债权债务，负责职工安置。

2003 年 11 月，重庆时珍阁实业（集团）有限公司收购重组重庆多泰制药有限公司，并按集体所有制职工政策安置重庆多泰制药有限公司职工。是年，区属 3 家企业解体。

2004 年 1 月 6 日，南桐造纸厂破产。

2005 年，区东大商场解体。

2006 年，东林矿业公司等 5 家国有企业破产。

2008 年 2 月区化肥厂、重庆长江专用机械设备厂、重庆精益食品厂、区煤气公司、南桐工矿贸易公司和红岩工矿贸易公司 6 家国有工业企业启动破产程序。

2010 年 10 月 20 日，区化肥厂、重庆长江专用机械设备厂、重庆精益食品厂、区煤气公司、南桐工矿贸易公司和红岩工矿贸易公司 6 家国有企业破产。

第二章　工业企业类型

第一节　国有企业

1986 年，南桐矿区地方国有企业有重庆长江专用机械设备厂、区化肥厂、区水泥厂、区煤气公司 4 家。1995 年，区水泥厂改制为万盛区水泥有限责任公司。1998 年 7 月，区化肥厂、重庆长江专用机械设备厂、区煤气公司停产。

2005 年，区水泥有限责任公司停产。

2008 年 9 月，重庆长江专用机械设备厂、区化肥厂、区水泥有限责任公司和区煤气公司启动企业破产程序。2010 年，重庆长江专用机械设备厂、区化肥厂和区煤气公司破产。

第二节　集体企业

区集体工业企业多数成立于20世纪50～60年代，主要从事机械、建材、化工、医药、包装、印刷、造纸和服装等行业。

1986年，区属集体工业企业有20家，即区玻璃厂、重庆市平板玻璃厂、重庆市金属软管厂、重庆市汽车挡风玻璃厂、重庆市汽车喇叭厂、南桐钟表元件厂、南桐木器厂、南桐印刷厂、重庆南桐节育器具厂、南桐制鞋厂、南桐皮鞋厂、南桐沙发厂、南桐造纸厂、南桐纸箱厂、南桐化工厂、南桐电瓷厂、南桐空气压缩机厂、南桐服装厂、东林服装厂和区化肥厂经营部。1999年后，多数企业停产。2005年，除南桐化工厂、重庆南桐节育器具厂外，其余全部停产。

第三节　私营企业

1986年，全区有私营工业企业317家，从业人员639人，注册资金36.72万元。

2011年，全区有私营工业企业175家，从业人员15029人，工业总产值242931万元，利润17179万元，上缴税金16774万元，固定资产净值80799万元。

第四节　股份合作制企业

1996年7月，南桐化工厂、南桐造纸厂、万盛玻璃厂、重庆金属软管厂、重庆市汽车喇叭厂、重庆万安玻璃公司、重庆万盛金欣贸易公司、重庆鸿达工业公司、南桐木器厂、南桐纸箱厂和南桐印刷厂等区属企业改制为股份合作制企业。

2011年，全区有股份合作制企业4家，从业人员209人，实现增加值1493万元，总产值6514万元，营业收入6573万元，利润总额232万元，税金386万元，固定资产净值1142万元。

第五节　联营企业

1993年10月，万东镇与重庆平板玻璃厂投资750万元，联合成立重庆渝万玻璃厂股份合作制企业。万东镇以土地房屋作为投资，折价337.5万元，占45%；重庆平板玻璃厂出资412.5万元，占55%。1994年6月投产，年生产玻璃72万平方米，销售收入2160万元，利税660万元。1996年6月停产。

1995年11月，重庆鸿达工业公司与南桐镇投资87万元，联合成立重庆鸿达矿灯厂。重庆鸿达工业公司出资48万元，占55%；南桐镇出资39万元占45%。公司主要生产矿灯和汽车电瓶。2002年停产。

至此，区内无联营企业。

第六节　外资企业

2000 年，全区有重庆四维良钢卫浴有限公司、重庆四维精美卫生洁具五金件有限公司、重庆万丰制衣有限公司和重庆市万融塑胶有限公司等 4 家外资企业。

2005 年，全区外资企业发展到 14 家，其中独立法人企业 2 家、分支机构 12 家，投资总额 10729 万元，注册资金 8729 万元。

2011 年，区内有外商投资企业 8 家，从业人员 555 人，增加值 1947 万元，总产值 4738 万元，营业收入 4634 万元，利润总额 100 万元，税金 147 万元，固定资产净值 889 万元。

第三章　工业门类

2011 年，全区有工业企业 169 家，从业人员 28942 人，实现增加值 28.60 亿元，总产值 71.57 亿元，营业收入 70.03 亿元，利润 22.84 亿元，上缴税金 5.39 亿元。规模以上（ 2 000 万元以上）工业企业 41 家，年均从业人员 20383 人，实现增加值 26.75 亿元，总产值 64.07 亿元，营业收入 64.97 亿元，利润 1.71 亿元，上缴税金 4.65 亿元。

2011 年万盛区主要工业产品产量或产值一览表

表 6–1

产品名称	单位	产量或产值	产品名称	单位	产量或产值
钢材（成品量）	吨	51071	砖	万块	10080
发电量	万千瓦时	412194	石灰	吨	12540
原煤	吨	3679261	耐火材料	吨	791
塑料制品	吨	300	机制纸及纸板	吨	27339
汽车配件	万元	53376	白酒	吨	124
摩托车零配件	万元	1123	中成药	吨	57
水泥	吨	1940220	茶叶	吨	45

第一节　煤炭工业

万盛区煤炭资源丰富，开采企业有南桐矿业公司和乡镇、民营煤炭企业。

1985年，南桐矿务局有5家煤矿、7对生产矿井，生产原煤236万吨；区属乡镇煤矿93家，生产原煤48万吨。

2003年10月，南桐矿务局改制为南桐矿业公司。

2007年起，区政府逐渐关闭乡镇、集体和民营煤矿。

2011年，南桐矿业公司有7家煤矿、8对生产矿井，生产原煤256.22万吨；区属乡镇煤矿20家，生产原煤111.71万吨。全区煤炭开采行业从业人员21287人（南桐矿业公司17702人，乡镇煤炭企业3585人）。

其他详细内容参见第七篇《煤炭》。

第二节　机械及铸造工业

1985年，全区有机械工业企业24家（市属以上10家，区办8家，乡镇办6家），职工10418人（市属以上8469人，区办1846人，乡镇办103人），固定资产原值1524.3万元（市属以上14218.6万元，区办976.7万元，乡镇办48万元），主要产品有空气压缩机、矿车、金属支柱、钢球、汽车喇叭、金属软管、钟表元件、自行车、摩托车、清净宝、空调器、精密剪板机、衣扣机、复接管机和荧光灯镇流器等。

2006年，全区有机械工业企业35家，从业人员951人，实现增加值1383万元，营业收入7799万元，利润总额–65万元。

2007年，全区有机械工业企业26家，从业人员972人，实现增加值1807万元，营业收入9519万元，利润总额–79万元，上缴税金554万元。

2008年，全区有机械工业企业35家，从业人员1344人，营业收入15115万元，利润总额175万元，上缴税金400万元。

2009年，全区有机械工业企业26家，从业人员2753人，实现增加值28019万元，营业收入10125万元，利润总额3981万元，上缴税金3462万元。

2010年，全区有机械工业企业27家，从业人员1831人，营业收入67361万元，上缴税金2274万元。

2011年，全区有机械工业企业26家，从业人员2753人，实现增加值31826万元，营业收入91644万元，利润总额3726万元，上缴税金3990万元。重要企业有重庆四维精美龙头有限公司和重庆方汀机械有限责任公司等。

重庆长江专用机械设备制造厂　区属全民所有制企业。1972年5月，南桐农机厂建厂，后更名南桐机械厂、重庆长江专用机械设备制造厂，先后隶属区工业局、区轻工业局和区经济贸易委员会。1985年前，主要生产240型、50型揉茶机、切茶机、炒茶机、电动机、喷灌机、粉碎机、钢磨和其他机械。1991年12月，研制出RB65–50–180型农用排灌单级离心泵，开发生产多工位螺母自动冷墩机、自动切割机、双轴螺母自动切丝机、双击整模自动冷墩机、多工位螺栓冷墩机和螺栓自动搓丝机等6大类、27种产品，有金属切削机床、车床、液压设备40余台。2004年年末，有在册职工3人、退休职工28人，总资产291.5万元，总负债935万元，负债率320.75%。2005年停产，2010年破产。

1986—1998年重庆长江专用机械设备制造厂主要经济指标一览表

表6-2

年份	职工（人）	工业产值（万元）	销售收入（万元）	利润（万元）	上缴税金（万元）
1986	177	88.2	78	-3	14
1987	182	163	99	26	12
1988	175	163	107	16.4	12.9
1989	174	145	120	10	12
1990	150	86	78	27.1	5.1
1991	153	128	154	0.1	5
1992	170	293	257	13	11
1993	162	308	354	-1	7
1994	150	230	161	-65	7
1995	144	259	207	-66	4
1996	153	170	166	-157	1
1997	137	110	114	-141	10
1998	69	30	57	-116	5

重庆金属软管厂　1966年2月建厂。1967年年末，转向生产金属软管和荧光灯镇流器，更名万盛金属软管厂。1979年改为合作工厂，划归区工交局。1984年更名重庆金属软管厂。1986年，全厂有职工274人，固定资产原值63.1万元，总产值87.69万元，生产金属软管157.15万米、预应力波纹管1.15万米，工业总产值433.72万元，销售收入483.48万元，利润39.34万元，上缴税金18.61万元。1987年，该厂投入130万元，新建轧钢车间、分条车间和酸洗车间。1988年，开发铅制波纹管、不锈钢软管。1993年，投资110万元，开发YC型系列锚具新产品，被重庆市科委列为"星火计划"项目。该厂生产的20瓦、30瓦、40瓦荧光灯镇流器获国家商业部优质产品称号。1997年，该厂有固定资产320万元、厂房8800平方米，能生产镀锌金属软管、包塑金属软管、不锈钢软管、铅制波纹管、荧光灯镇流器、高压汞灯镇流器、钠灯镇流器和高压钠灯触发器等产品。是年6月，改制为股份合作制企业。2002年停产。

1986—2001年重庆金属软管厂主要经济指标一览表

表6-3

年份	职工（人）	工业产值（万元）	销售收入（万元）	利润（万元）	上缴税金（万元）
1986	274	433.72	483.48	39.34	18.61

续表

年份	职工（人）	工业产值（万元）	销售收入（万元）	利润（万元）	上缴税金（万元）
1987	264	422.96	397.42	41.11	16.60
1988	268	277.59	417.55	34.68	23.18
1989	268	229.08	392.72	24.76	27.84
1990	238	267.90	359.79	0.10	14.95
1991	237	419.52	413.77	-8.87	20.30
1992	230	526.41	523.27	16.98	16.94
1993	206	313.28	595.08	46.98	31.19
1994	195	302.83	384.24	11.55	12.25
1995	193	183.37	264.38	-58.86	18.11
1996	185	222.49	330.50	-19.31	10.73
1997	185	195.30	277.39	-11.04	5.56
1998	170	238.40	209.70	-101.11	10.90
1999	145	70.77	71.90	-108.93	15.38
2000	138	127.09	123.78	-51.27	11.54
2001	135	255.48	274.73	-57.61	28.22

重庆市汽车喇叭厂　1966年2月建厂。1969年，试产“山城牌”汽车开关和汽车烽火接线（亦称喝风线）。1972年，更名南桐汽车喇叭厂。1979年4月，改为合作工厂，划归区工交局。1982年，更名重庆市汽车喇叭厂。1985年，有职工242人，固定资产60.6万元，有金属切削机床11台，锻压设备15台，动力机械总能力377千瓦。1986年，生产喇叭、摩托车喇叭14万只。1997年1月，改制为股份合作制。1999年停产。

1986—1998年重庆市汽车喇叭厂主要经济指标一览表

表6-4

年份	职工（人）	工业产值（万元）	销售收入（万元）	利润（万元）	上缴税金（万元）
1986	232	174.76	117.86	3.75	7.08
1987	232	189.63	125.75	2.56	7.55
1988	230	160.98	133.39	7.24	29.97
1989	236	236.68	156.68	8.08	28.65
1990	235	188.92	137.00	-8.28	25.82
1991	235	209.45	155.64	-7.82	28.15
1992	213	278.92	205.32	-14.21	34.30
1993	208	405.09	323.93	1.58	21.05
1994	205	427.59	342.71	-14.34	34.30

续表

年份	职工（人）	工业产值（万元）	销售收入（万元）	利润（万元）	上缴税金（万元）
1995	201	437.65	394.85	-20.15	27.08
1996	205	327.47	287.23	-74.30	24.47
1997	190	200.75	148.62	-12.21	10.40
1998	183	80.09	58.76	-97.89	3.53

重庆市南桐矿区钟表元件厂　1956年，万盛、桃子钟表组成立。1958年，万盛、桃子钟表组合并为地方国营南桐矿区钟表元件厂。1962年5月，恢复万盛、桃子两个钟表组。1964年，两个修理表组合并成立南桐矿区钟表修理社，属集体合作企业。1980年，更名重庆市南桐矿区钟表元件厂。1985年，有职工63人，固定资产原值14万元，年产表盖2万只。是年，南桐节育器具厂成立，与厂该实行两块牌子、一套班子的体制。1993年10月，重庆市南桐矿区钟表元件厂、南桐沙发蓬垫厂、南桐制鞋厂、南桐皮革厂和南桐矿区二轻供销公司联合成立重庆鸿达工业公司。

1986—1993年重庆市南桐矿区钟表元件厂产值、产量统计表

表6-5

年份	工业总产值（万元）	表盖（万只）	节育环（万只）	年份	工业总产值（万元）	表盖（万只）	节育环（万只）
1986	74	2	42	1990	86	245	170
1987	119	30	80	1991	106	171	231
1988	178	42	15	1992	128	109	253
1989	86	70	20	1993	120	97	205

南桐矿区空气压缩机厂　1960年，区红旗机器厂划出部分设备、人员，组建万盛小五金厂。1966年4月，更名南桐矿区金属加工修理合作社，有职工68人。1969年12月，更名南桐矿区农机修理制造厂。1974年，更名南桐矿区空气压缩机厂。1985年，有职工107人，有车床、磨床、锻压、液压机等50余台，动力机械总功率353千瓦，主要生产高频振动器电机、自行车鞍座、矿车万能连接链、摩托车配件、干燥机、皮带运输机和法兰盘等产品。1994年停产，1996年破产。

1986—1992年南桐矿区空气压缩机厂主要经济指标一览表

表6-6

年份	职工（人）	工业产值（万元）	销售收入（万元）	利润（万元）	上缴税金（万元）
1986	-	34.84	-	-	-
1987	142	52.3	51.7	-5	1
1988	140	78.6	8	--	5.4
1989	140	142.7	90.4	5.1	1.2

续表

年份	职工（人）	工业产值（万元）	销售收入（万元）	利润（万元）	上缴税金（万元）
1990	–	83.5	–	–	–
1991	135	110.50	131.5	0.6	18.4
1992	132	87.2	97.7	0.1	13.5

重庆方汀机械公司　高端铸造企业，主要生产汽车配件类（包括微车发动机缸体、缸套、曲轴、凸轮轴等）、通用动力机械（包括各类阀体铸坯、液压站铸坯、油泵油马达铸坯等）及行走箱、支架、拖板和轴承座等中小铸件产品。2011 年，有职工 263 人，实现增加值 1357 万元，总产值 4846 万元，营业收入 4819 万元，利润 –299 万元。

重庆万创无缝钢管制造公司　成立于 2005 年，占地 7.27 公顷，注册资本 1500 万元。2011 年，有员工 200 人，有热轧穿孔机组各 2 套，冷拔生产线 1 条（有 40 吨、30 吨、20 吨、15 吨、10 吨、5 吨冷拔机各 1 台），LG30、LC40 冷轧精密轧机各 1 台；年产热轧毛管 6 万吨，冷拔无缝钢管 5 万吨，冷轧精密钢管 5000 吨，年销售收入 3 亿元，利税 1000 万元。

第三节　电力工业

2008 年，区内有国电重庆恒泰发电公司、重庆方盛电力公司和南桐矿业公司电厂 3 家火力发电企业，变电站 13 座（220 千伏 1 座、110 千伏 2 座、35 千伏 10 座）。2009 年，全区电力总装机容量 68.42 万千瓦（火电总装机容量 67.9 万千瓦，水电总装机容量 0.52 万千瓦），全年发电 30.40 亿千瓦时（火电 30.27 亿千瓦时，水电 0.13 亿千瓦时），总产值 9.37 亿元（火电 9.33 亿元，水电 0.04 亿元）。2010 年，区内有电力工业企业 10 家，年均从业人员 463 人，实现增加值 3.91 亿元，总产值 10.23 亿元，营业收入 10.27 亿元，利润 528 万元，上缴税金 5926 万元。2011 年，区内有电力工业企业 9 家，年均从业人员 573 人，实现增加值 5.27 亿元，总产值 13.72 亿元，营业收入 12.92 亿元，利润 1511 万元，上缴税金 6793 万元。是年，全区有水力发电站 13 座，装机总容量 7575 千瓦，发电量 1320 万千瓦时。其中直接利用河流发电电站 9 座，装机总容量 4550 千瓦，占理论蕴藏量 6%；利用水库蓄水发电站 4 座，装机容量 3025 千瓦，占理论蕴藏量 0.4%。

南桐矿业公司电厂　为坑口电站，承担南桐矿业公司各矿井保安用电和部分转供电任务。1952 年，四〇一煤矿（今南桐煤矿）在桃子荡筹建电厂。1953 年 5 月，投产发电。1985 年，该厂有汽轮发电机组 4 台，装机容量 6000 千瓦。后经 4 次扩建，1990 年装机容量 1.2 万千瓦。1991 年、1992 年分别完成第一、二期 2×6000 千瓦 8 组扩能改造。1993—1996 年，完成第二次 2×6000 千瓦煤矸石综合发电扩能改造。1999—2002 年，完成环保节能改造。2008—2009 年，完成煤矸石综合利用节能减排改造工程；2008—2010 年，改造红岩、砚石台、红岩新风井、万盛中心变电站和 35 千伏线路。2011 年，电厂总装机容量 2.4 万千瓦，配有 3 台高倍率循环硫化床锅炉（1×35 吨 / 小时 +50 吨 / 小时 +75 吨 / 小时）和 4 台 6000 千瓦凝汽式轮发电机组，以及独立的供电网络，有员工 512 人。1991—2011 年，累计发电

33亿千瓦时，实现利润1.6亿余元，固定资产8000万元，累计上缴税金4000余万元。

重庆方盛电力公司 2003年3月，开工建设，项目总投资2.5亿元，占地70000平方米。2005年4月，投产发电。公司总装机容量5.5万千瓦，年发电4亿千瓦时，年营业额1亿余元。2005年，营业收入2930万元。2011年，有员工148人，实现增加值5281万元，总产值12472万元，营业收入12904万元，利润总额506万元，上缴税金1032万元，固定资产净值19563万元。

国电恒泰发电公司 2003年1月10日，重庆万盛电厂成立。2004年股权变更后成为国电集团公司控股公司，更名国电重庆恒泰发电有限公司。中国国电集团公司、重庆市能源投资集团公司和重庆鼎泰能源（集团）有限公司分别持股60%、30%、10%。公司总装机容量60万千瓦。2005年6月10日，电厂开工建设，两台燃煤发电机组（30万千瓦）分别于2006年12月26日、2007年5月21日投产。2008年，首次在国内30万千瓦及以上燃煤机组应用石灰湿法脱硫技术。2011年，有员工209人，实现安全生产1830天，累计供电128.62亿千瓦时，固定资产167422万元，缴纳税金28989万元。

2011年万盛区小水电站概况一览表

表6–7

序号	名称	位置	所在流域	装机容量（千瓦）	年平均发电量（万千瓦时）	建成年份	类型
1	丛林	丛林镇红岩村	孝子河	800	220	1979	引水式
2	碰头岩	南桐镇南桐村	刘家河	250	–	2001	–
3	金韬	黑山镇	鲤鱼河	650	180	2008	引水式
4	金鹅	黑山镇	清溪河	650	150	2006	引水式
5	和平	石林镇	鲤鱼河	650	150	2008	引水式
6	中间河	石林镇	刘家河	445	–	–	–
7	孔家沟	石林镇两河村	刘家河	375	–	2002	–
8	天地岗	石林镇石鼓村	刘家河	250	–	1986	–
9	成星	石林镇	鲤鱼河	480	–	–	–
10	张三塘	南桐镇	养生河	1600	420	2006	混合式
11	魏家湾	万东镇建设村	养生河	850	230	2007	混合式
12	坝后	丛林镇白龙湖村	丛林河	75	–	1997	–
13	大湾	万东镇团结村	丛林河	500	130	1995	混合式

第四节 化工工业

区内化学工业主要有炸药、化肥、煤化、医药和玻璃5类，主要企业有南桐化工厂、区化肥厂、区煤气公司、万盛煤化有限责任公司、东林化工公司、安达橡胶制品公司、重庆多普泰制药有限公司、福耀玻璃（重庆）配件有限公司、重庆万盛玻璃厂和重庆市万盛区平板玻璃厂等。

2006—2011 年万盛区医药企业概况一览表

表 6-8

年份	企业数量（家）	从业人员（人）	总产值（万元）	利润总额（万元）
2006	13	717	9580	1138
2007	18	828	15850	3001
2008	19	976	20197	2198
2009	23	1024	35374	5983
2010	6	340	16331	1944
2011	6	529	32042	7461

2006—2011 年万盛区化工原料及化学制品企业概况一览表

表 6-9

年份	企业数量（家）	从业人员（人）	增加值（万元）	营业收入（万元）	利润（万元）	税金（万元）
2006	8	241	–	2441	52	–
2007	2	312	1558	4084	239	418
2008	7	394	–	5798	283	357
2009	2	308	4799	9334	2038	970
2010	6	397	5912	12045	3285	1560
2011	6	386	5392	13033	2879	1773

南桐化工厂　1963 年 6 月，区内在两河口组建炸药生产小组。1966 年 6 月，炸药生产小组被并入万盛竹藤棕合作社，生产 84 号炸药，85 号雷管。1971 年搬迁到南桐麒麟村，1972 年 12 月，更名南桐化工社。1973 年，新建年产 5000 吨电石（CaC2）生产线。1976 年，建成年产 3000 吨轻质碳酸钙车间。1978 年 1 月，更名南桐化工厂。1983 年，改造 84 号炸药生产技术，新建年产 3000 吨、2 号岩石铵锑炸药生产线。1990 年，新建乙炔生产线。1996 年，扩建铵锑炸药生产线，年生产能力达到 4000 吨。2005 年，开始生产乳化炸药，年生产能力 1000 吨 ~ 3000 吨。1998 年，不再生产电石。1995 年 11 月，不再生产轻质碳酸钙。1996 年，改制为股份合同制企业。2005 年，有职工 288 人，各类技术人员 75 人（高级工程师 1 人，工程师 5 人），注册资金 454.47 万元，固定资产 2500 万元，利润 30 万元，上缴税金 320 万元。

万盛区化肥厂　1971 年 2 月，南桐氮肥厂开工建设，占地面积 3.46 公顷，主要产品为合成氨和碳铵。1973 年 7 月建成投产。1985 年，南桐氮肥厂占地面积增至 8.15 公顷，固定资产原值 694.68 万元，职工 546 人，年生产合成氨 7532 吨、碳铵 3.01 万吨，总产值 465.64 万元，利润 0.43 万元。1989 年 12 月，利用造气车间生产民用半水煤气。1992 年，年生产合成氨 8935 吨、碳铵 38521 吨，总产值 1313 万元，销售收入 1196 万元，利润 36.8 万元。1993 年，更名万盛区化肥厂。1998 年 6 月，因产品销售不畅，除造气车间外全面停产。1999 年，全厂下岗职工 448 人，在岗 79 人（造气车间）。2004 年，有在册职工 417 人，离退休职工 231 人，资产总额 1341.79 万元，负债总额 3956.67 万元，资产负债率

294.87%。2010 年 10 月，企业破产。

万盛区煤气公司　1987 年 11 月，万盛煤气工程立项，总投资 360 万元，居民每户集资 800 元。1989 年 6 月，南桐矿区煤气公司建成投产，与南桐氮肥厂实行两块牌子、一套班子的管理体制。1995 年 7 月，万盛区煤气公司与万盛化肥厂分离成为独立法人。是年，有职工 70 余人，资产 580 万元，土地 0.38 公顷，房屋面积 3893 平方米，煤气管道长 27.66 千米（中质管网 2.33 千米，低质管网 7.33 千米，庭院管网 18 千米），用户 7000 余户。2001 年，因亏损严重，公司停产。2004 年，公司资产总额 728.87 万元，总负债 1152.36 万元，资产负债率 158.10%。2010 年 10 月，企业破产。

重庆万盛煤化公司　东方希望集团下属企业，是重庆（万盛）煤电化基地开端项目，注册资本 4 亿元。公司位于关坝镇，占地 33.33 公顷，主要产品有甲醇、醋酸和硫黄等，年生产甲醇 30 万吨，醋酸 20 万吨，硫黄 5580 吨。2011 年，有职工 410 人，总产值 11491 万元，利润总额 -1273 万元，上缴税金 285 万元。

万盛区东林化工公司　1994 年 10 月建成投产，为东林煤矿下属企业，设计年生产轻质碳酸钙 8000 吨。1997 年，新建石灰窑 1 座。8 月，新建活性碳酸钙车间，深度加工轻质碳酸钙，提高产品附加值。2000 年 12 月，改制为有限责任公司。2010 年后，公司改变发展方向，由生产轻质碳酸钙为主转向以生产脱硫制品为主，陆续开发脱硫石灰粉、石灰、石灰浆等一系列脱硫产品。2011 年，公司收购大槽湾方露石粉厂。

安达橡胶制品公司　原名南桐矿务局橡胶厂，1985 年建成投产，为砚石台煤矿下属企业，主要经营矿用、民用橡胶密封圈（件）、托辊、地辊、高压胶管、选矿剂等。1997 年 12 月，改制为股份合作企业。2000 年 11 月，改制为有限责任公司，并更名安达橡胶公司，搬迁至平山工业园区。2010 年，公司营业收入 838 万元。

重庆多普泰制药公司　2003 年 11 月，重庆时珍阁实业（集团）有限公司收购重组重庆多泰制药有限公司，并将其更名重庆多普泰制药有限公司。该公司是集药品研发、生产、销售、水蛭养殖为一体的高科技制药企业，注册资金 4006 万元。公司有中药材前处理车间、中药提取车间、药品制剂车间（颗粒剂、片剂、胶囊剂）等 6 条生产线。2011 年，有职工 143 人，实现增加值 7152 万元，总产值 18935 万元，营业收入 15968 万元，利润总额 1334 万元，上缴税金总额 1475 万元。

重庆万盛玻璃厂　1970 年 8 月，万盛街道在浸水垭建玻璃厂，利用猪槽炉人工吹制亮瓦。1973 年，迁至喻家沟，并新建汽车挡风玻璃车间。1974 年，万盛街道玻璃厂分成万盛玻璃制瓶厂、万盛汽车挡风玻璃厂和万盛玻璃仪器厂。1982 年，万盛玻璃制瓶厂更名区玻璃制瓶厂。1985 年 4 月，更名重庆万盛玻璃厂。1996 年 7 月，改制为股份合作制企业。2002 年，有职工 98 人，退休职工 139 人，土地 9923 平方米，房屋 6039.6 平方米，总资产 259.19 万元，总负债 419.9 万元，负债率 162%。是年 3 月，企业停产。

重庆市汽车挡风玻璃厂　1974 年，万盛汽车挡风玻璃厂从万盛街道玻璃厂分出，成立万盛汽车挡风玻璃厂，主要生产煤热弯汽车玻璃和亮瓦，年产 1.5 万块煤热弯汽车挡风玻璃。1978 年新建平板玻璃车间，1979 年建成投产。1984 年 5 月，更名重庆市汽车挡风玻璃厂。1985 年 8 月，企业从新田村喻家沟迁至东林清溪桥，新建年产 10 万平方米钢化玻璃生产线。是年，有职工 89 人，固定资产原值 10.1 万元，动力机械总能力 53 千瓦，有 14 立方米熔炉 1 座，生产挡风玻璃 2.4 万块，产品规格型号 54 种。1987 年，彩色钢化玻璃项目入选重庆市科委"星火计划"。1988 年，开始批量生产彩色钢化玻璃。1992 年，投资 1250 万元，引进瑞士生产设备，新建区域钢化玻璃生产线，是区内第一家从国外引进设备的区办企业。1995 年 12 月，企业负债率 148.7%，实施破产。1998 年 12 月，整体出租给万安玻璃公司经营。

重庆市万盛区平板玻璃厂　1980 年 1 月，南桐矿区万盛汽车挡风玻璃厂平板玻璃生产车间单独划出，组建区平板玻璃厂。是年 5 月，改为合作工厂，主要生产压花、压边平板玻璃。1985 年 12 月，投资15万元，开发磁控溅射制镜镀膜玻璃加工线，设计年产8万平方米。1986—1996年，生产压花玻璃364万平方米，压边平板玻璃270万平方米，产值395.36万元，销售收入398.1万元，上缴税金16.2万元。1993年10月，与万东镇建筑工业陶瓷厂共同投资750万元，新建万盛区渝万玻璃厂（股份合作制企业），设计年产平板玻璃72万平方米。1994年6月，渝万玻璃厂投产。1995年，企业有土地1万平方米，房屋4430平方米，总资产294万元，总负债785万元，负债率267%，停产。

福耀玻璃（重庆）配件公司　1994年1月，重庆万安玻璃有限公司（位于万东镇）成立。1996年7月，改制为股份制企业。2001年5月19日，与福耀玻璃集团合资，成立福耀玻璃集团重庆有限公司。6月，福耀玻璃集团重庆有限公司整体收购重庆万安玻璃有限公司。6月18日，福耀玻璃集团重庆有限公司征地8.33公顷，投资1.3亿元，建设年产60万片汽车夹层玻璃、110万片汽车前后挡风玻璃、200万片汽车钢化侧窗玻璃、3万片大型客车玻璃和1万套汽车防弹玻璃生产线。2002年4月22日，建成投产，年产50万辆（套）汽车玻璃、3万件大型客车玻璃和1万套汽车防弹玻璃。2004年3月，公司经营业务由生产配套玻璃转为生产配件玻璃，更名福耀玻璃（重庆）配件有限公司。2011年，有职工666人，总产值32010万元，营业收入31585万元，利润4340万元，税金1744万元，固定资产净值7464万元。

重庆万盛浮法玻璃公司　福耀玻璃工业集团下属企业。2009年11月，万盛浮法玻璃生产线项目开工。该项目位于万东镇建设村万盛工业园区建设组团，分两期建设，总投资8亿元。2011年5月，一期工程（日熔2×600吨优质浮法玻璃生产线，占地20.60公顷）建成投产。

第五节　食品工业

一、屠宰及肉食品加工业

1985年，区食品公司有两河口、南桐支路、丛林、红岩、关坝和青年等6个屠宰场，职工284人。

1986年，区食品公司在区内收购生猪2.45万头，区外收购4.08万头。是年，全区销售猪肉408万千克，其中区食品公司销售251万千克。

2001年，渝旺食品公司成立，主要加工生产冻猪肉系列产品。

2002年7月5日，区食品公司两河口生猪（牛）屠宰场、南桐支路生猪屠宰场、青年生猪屠宰场，景星生猪屠宰场，虎头坝生猪屠宰场，石林生猪屠宰场和渝旺食品有限公司获得生猪定点屠宰厂（场）资格。是月，渝旺食品公司建成生猪待宰、屠宰、分割生产线，年屠宰生猪3万头。

2004年6月，渝旺食品公司建成国家二级标准屠宰场，年宰生猪20万头。

2011年，全区有6个生猪屠宰场，年屠宰10万头。

二、酿造业

酿酒　1985年，区内有青山白酒厂、南桐乡麒麟白酒厂和沙坝村白酒厂3个、职工11人，年产白酒18435千克。1988年，青山乡白酒厂停业。2000年，金桥乡开办青泉酒厂。2003年，黑山猕猴桃酒厂建成。2005年，全区有万东镇六井酒厂、新民酒厂、麒麟酒厂、青羊酒厂、厚华酒厂、金桥青泉酒厂和黑山猕猴桃酒厂等7家酿酒企业，从业人员59人，年产白酒549吨，实现增加值91万元，总产值242万元，营业收入265万元，上缴税金12.1万元，利润20万元。2011年，全区有金桥镇清泉酒厂、青年镇青羊酒厂、厚华酒厂和黑山猕猴桃酒厂4家酿酒企业，从业人员85人，实现增加值206万元，总产值350万元，营业收入400万元，上缴税金25万元，利润12万元。

调味品　1985年，区内有区酿造厂和青年供销社副食品酿造加工厂2个调味品厂，共有职工65人，固定资产原值33.5万元，年产酱油、豆瓣1092.2吨、食醋124吨、甜酱304吨，产值49.2万元，利润9.4万元。1994年，区酿造厂破产。

三、茶叶加工业

1985年，区内有青年茶厂、丛林茶厂和王家坝茶厂3家茶叶加工企业。

1986年，开始精加工茶叶，茶场、茶农将茶叶统一交售给区供销合作社，区供销合作社交重庆市外贸局茶叶公司精制后出口或内销。

1988年，全区茶叶产量888.9吨，产值418万元，年加工茶叶1万吨。

1990年，调整茶叶粗精结构，增加名优茶产量。因名优茶产量增加，茶叶总产量下降至620吨左右。是年，全区毛茶加工基本实现机械化。

1995年，万盛区盛泉茶厂成立。

2000年12月，重庆友谊茶业公司成立，是区内首家民营茶叶加工企业。

2004年1月，重庆翠信茶业公司成立。

2004年5月，重庆白塔茶业公司、重庆市黑山茶业公司成立。

2006年1月，重庆白塔茶业公司更名重庆市黑山雪茶业公司。

2008年6月，重庆市黑山雪茶业公司改为重庆市万盛区黑山雪茶叶种植专业合作社。10月，重庆市盛尚茶业公司成立。

2010年9月，重庆定青茶业公司成立。

2011年万盛区主要茶叶加工企业情况一览表

表6–10

企业名称	从业人员（人）	增加值（万元）	总产值（万元）	营业收入（万元）	利润（万元）	上缴税金（万元）
黑山雪茶叶种植专业合作社	50	16	200	300	14	–
盛尚茶业公司	30	12	300	350	15	–
翠信茶业公司	80	1134	2918	2578	287	82
黑山茶业公司	100	285	550	550	10	15

四、其他食品加工业

区内打米厂、面条加工厂、糖果厂、糕点加工厂等数量多、规模小、生产能力弱。

1986年，金桥乡糖果厂停业。1987年，南桐乡麒麟杂糖厂、蜜饯厂停业。1990年，南桐板鸭厂停业。

1992年，青山乡开办青山食品厂和青山精米加工厂；南桐镇石桥村投资25万元，开办石桥天然食品厂（2002年停业）。

1993年，景星乡农副产品加工厂注销。1996年，景星乡开办黑山野生食品厂、华银山野菜公司，景星果蔬食品厂破产重组。

1999年，黑山野生食品厂加工方竹笋350吨，营业收入300万元，利润10万元，产品远销日本、美国等国家，带动发展方竹笋基地667公顷。

2003年，重庆堡堂农产品开发公司成立，主要生产挂面、粉丝和粉块。

2005年，全区有食品工业企业16家，从业人员419人，实现增加值386万元，总产值1936万元，营业收入1761万元，利润总额65.5万元，上缴税金74.4万元。

2011年，全区有食品工业企业16家（食品加工企业6家，食品制造企业4家，饮料制造企业6家），从业人员547人，实现增加值3129万元，总产值7622万元，营业收入7523万元，利润总额748万元，上缴税金181万元。

2005年万盛区食品工业企业情况一览表

表6–11

序号	企业名称	从业人员（人）	增加值（万元）	总产值（万元）	营业收入（万元）	利润（万元）	上缴税金（万元）
1	新华粮食加工厂	2	8	71	44	3	2
2	六井食品厂	8	22	46	46	4	3
3	团结食品厂	35	47	177	179	15	13
4	荣彬食品厂	6	5	23	25	3	1
5	渝旺食品有限公司	92	75	731	502	2	4
6	华侨食品有限公司	30	8	31	31	–16	2
7	夜郎野生食品厂	103	89	249	261	12	16
8	孙二娘红豆腐加工厂	8	4	6	7	1	1
9	堡堂农产品公司	50	13	120	150	2.5	0.7
10	集星农产品加工厂	24	30	98	98	12	12
11	飞健食品厂	10	13	36	36	4	2
12	五和粮食加工厂	2	2	5	5	0	1
13	六井瓦房干面厂	6	9	30	38	3	1
14	李家湾粮食加工厂	13	29	161	185	11	11
15	忠联粮食加工厂	2	9	39	39	4	3
16	万里雪冷食品公司	28	23	113	115	5	2
合计		419	386	1936	1761	65.5	74.7

2011年万盛区食品工业企业情况一览表

表6–12

企业种类	企业数量（家）	从业人员（人）	增加值（万元）	总产值（万元）	营业收入（万元）	利润（万元）	上缴税金（万元）
食品加工业	6	166	934	2323	2514	188	24
食品制造业	4	116	570	1481	1481	238	48
饮料制造业	6	265	1625	3818	3528	322	109
合计	16	547	3129	7622	7523	748	181

第六节　建材工业

一、水泥

1986年，区内有区水泥厂、中国人民解放军第九七七九工厂、南桐矿务局水泥厂和麒麟水泥厂4家水泥企业，有职工1108人，固定资产原值445.9万元，有立窑8座，球磨机14台，破碎机11台，鼓风机7台，提升运输机械12台，烘干、搅拌设备47台，机械总动力3898千瓦。全年生产水泥77162吨，产值473.4万元，利润118.6万元，上缴税金33万元。

1998年12月，中国人民解放军第九七七九工厂移交区政府管理，更名重庆江洲水泥厂。

1999年11月，南桐矿务局水泥厂改制为国岭水泥有限公司，交区政府管理。

2002年6月，重庆江洲水泥厂被浙江西山集团收购。

2005年，区内有水泥企业3家，有职工782人，固定资产总值万元。全年生产水泥212480吨、产值5450万元、利润-594.58万元、上缴税金573.53万元。

2011年，区内有水泥企业3家，有职工500人，增加值13554万元，总产值47720万元，营业收入49667万元，利润4472万元，上缴税金746万元。

万盛区水泥公司　位于小坡脚，属股份有限责任公司。1968年，在万盛街道金属软管厂水泥试制组基础上，组建南桐矿区水泥厂。1993年，更名万盛区水泥厂。1995年，改制为有限责任公司，注册资金161万元，其中国有股48.7万元，职工个人股112.3万元。1997年10月，投资240万元，将直径1.5米磨机扩建为直径1.83米磨机，新增高压除尘器，扩建水泥产品库房，新安装自动计量包装机，年生产能力增至6万吨。2004年破产。

万盛区国岭水泥公司　原名南桐矿务局水泥厂，建于1970年，设计能力1.2万吨/年，有直径1.5×7米、直径1.4×7米普通立窑各1座。1997年5月，改土窑为机立窑（直径2.0米），年产水泥4.4万吨。是年8月，改造机立窑技术，改为直径2.3米，每年可增产水泥1万吨。1999年11月，改制为万盛区国岭水泥公司，交万盛区政府管理。

万盛区麒麟水泥公司　位于南桐镇麒麟村，属集体企业。1972年，南桐公社麒麟大队兴办钾肥厂。1974年，因材料和技术原因转产水泥。2000年改制为股份有限责任公司。2005年，有职工224人，生产水泥65100吨，产值1051万元，营业收入1060万元，利润-133万元，上缴税金123.8万元。2011年，有职工85人，总产值1313万元，营业收入1281万元，利润-134万元，上缴税金156万元。

重庆南桐特种水泥公司　1998年2月，南桐矿务局、南桐镇惠东公司共同投资8000万元，组建重庆南桐特种水泥有限责任公司。1999年9月8日，公司建成投产，有年产30万吨湿法旋窑水泥生产线1条。2005年，有职工380人，生产水泥157569.75万吨，总产值3672.4万元，营业收入3718.26万元，利润-305.58万元，上缴税金296.73万元。2010年8月26日，年产220万吨水泥生产线竣工投产，除生产普通硅酸盐水泥外，还生产道路水泥、大坝水泥和中低热水泥等特种水泥。2011年，有职工370人，总产值45977万元，营业收入47956万元，利润4660万元，上缴税金550万元。

二、砖瓦

1983年，农村实行土地承包后，农村经济快速发展，农民收入增加，纷纷改造房屋，自办砖瓦厂。1990年后，机制砖厂替代规模较小的砖瓦窑。

1992年，关坝镇关坝矸石砖厂开办，属镇集体企业；万盛页岩砖厂扩建，增加生产线1条。是年，景星福利砖瓦厂关停。

1993 年，关坝镇关口砖厂建成投产，属镇集体企业。

1994 年 9 月，关坝镇中坝矸石砖厂开办，属镇集体企业。

1995 年，青年镇青年矸石砖厂开办，属镇集体企业。

1996 年，青年镇双源矸石砖厂开办，属私营企业。

1997 年 12 月，万东镇万兴建筑材料公司成立，属股份合作制企业；金桥镇金桥页岩砖厂开办。

2002 年 7 月，万东镇万乐砖厂开办，属民营企业。是年，万盛页岩砖厂因修建綦万高速公路被征用。

2004 年，万东镇双赢砖厂开办。

2011 年，区内有制砖厂 11 家，从业人员 647 人，实现增加值 2843 万元，总产值 10934 万元，营业收入 12026 万元，利润总额 238 万元，上缴税金 712 万元。

三、预制件

1993 年，南桐镇重庆银筑新型建材厂开办（2001 年停产），主要生产 GR 新型建材、预制构件。

2000 年，金桥乡新村预制构件厂开办（2004 年停业）。

2001 年，南桐镇正昌预制场开办，占地 1500 平方米，年生产预制构件 5000 立方米，有职工 20 人。

2005 年，区内有预制场 5 个，从业人员 117 人，实现增加值 223 万元，总产值 672 万元，营业收入 636 万元，利润总额 39 万元，上缴税金 29 万元。

2011 年，万盛区有预制场 2 个，从业人员 58 人，实现增加值 141 万元，总产值 672 万元，营业收入 637 万元，利润总额 18 万元，上缴税金 64 万元，固定资产净值 75 万元。

四、砂石

区内砂石储量大、分布广。2002 年前，全区采石场（点）多数规模小，工艺落后，安全性差。是年，区政府采取关、停、并、转等方式整合全区砂石加工企业。整合后，砂石企业减少到 50 余家。2005 年，区内有砂石加工企业 51 家，从业人员 979 人，总产值 3960 万元，实现增加值 1310 万元，利润总额 261.6 万元，上缴税金 240.2 万元。

2011 年万盛区建材工业企业基本情况一览表

表 6–13

企业种类	企业数量（家）	从业人员（人）	增加值（万元）	总产值（万元）	营业收入（万元）	利润（万元）	上缴税金（万元）
水泥制造业	3	500	13554	47720	49667	4472	746
水泥制品业	2	242	4576	13343	13343	586	978
砖瓦制造业	11	647	2843	10934	12026	238	712
合计	16	1389	20973	71997	75036	5296	2436

第七节　家具制造业

1986年，景星乡开办金鹅木器厂，南桐乡木箱厂停业。1994年，南天乡木材综合加工厂停产。1995年，景星乡兴办八角木器厂。1996 年，景星木器厂破产重组。1997 年，景星乡开办前进木器厂。1999 年，景星乡八角木器厂注销。2000 年，景星前进木器厂注销。

2005 年，全区有家具制造企业 14 家，从业人员 230 人，实现增加值 241 万元，总产值 1144 万元，营业收入 1291 万元，利润总额 64 万元。

2011 年，万盛区有家具制造企业 2 家，从业人员 22 人，营业收入 266 万元，利润总额 7 万元，上缴税金 3 万元。

2006—2011 年万盛区家具制造业情况一览表

表 6–14

年份	企业数量（家）	从业人员（人）	增加值（万元）	营业收入（万元）	利润（万元）	上缴税金（万元）
2006	11	209	263	1347	49	–
2007	13	320	528	1631	112	88
2008	12	271	–	1396	103	30
2009	11	132	507	1287	123	26
2010	2	19	147	266	7	3
2011	2	22	–	266	7	3

第八节 造纸印刷包装业

一、造纸、包装

万盛区造纸工业虽然起步较早，但规模小、工艺落后、产品粗糙。

1985 年，南桐矿区纸箱厂开办，位于石桥村，占地 13854 平方米，房屋 6632 平方米，主要生产包装纸箱。

1986 年，南桐乡麒麟村投资 50 万元，开办麒麟纸厂。南桐乡九龙村投资 80 万元，开办九龙造纸厂。1989 年 3 月 24 日，南桐乡九龙造纸厂因无治理排放污水条件，被区政府关闭。1991 年，金桥乡开办金桥纸箱厂。2000 年，金桥包装纸质品厂开办。2001 年，中渝纸制品厂开办。2000 年，金桥乡开办三台纸厂。2001 年，景星乡政府将景星造纸厂拍卖，拍卖后更名箐溪造纸厂。2003 年，区纸箱厂停产。2004 年，区造纸厂破产。

2005 年，三台纸厂停产。是年，全区有造纸工业企业 3 家，从业人员 248 人，实现增加值 582 万元，总产值 4441 万元，营业收入 4013 万元，利润总额 62 万元，上缴税金 181 万元。

2011 年，全区有造纸工业企业（含包装企业）5 家，从业人员 173 人，实现增加值 990 万元，总产值 8399 万元，营业收入 8406 万元，利润总额 11 万元，上缴税金 85 万元，固定资产净值 627 万元。

2011 年万盛区造纸、包装工业企业基本情况一览表

表 6–15

企业名称	从业人员（人）	增加值（万元）	总产值（万元）	营业收入（万元）	利润（万元）	上缴税金（万元）	固定资产原值（万元）
箐溪造纸厂	10	36	70	70	5	4	23
美亚纸业公司	44	401	3927	3927	–	41	199
万川纸业公司	3	46	80	80	–	–	30
金桥包装制品厂	70	401	4002	3948	–25	3	315
中渝纸品厂	46	106	320	381	31	37	60

二、印刷

1986 年，区内有南桐矿区印刷厂和金桥印刷厂 2 家印刷企业。1993 年，南桐矿区印刷厂更名万盛区印刷厂。1996 年，区印刷厂改制为股份合作制企业。1995 年，金桥印刷厂改制为个体企业，更名恒彬印刷厂。1998 年，区印刷厂停产。2011 年，区内有恒彬印刷厂 1 家印刷企业。

第七篇　煤炭

第一章　煤炭企业

第一节　南桐矿业公司

1957 年 11 月 1 日，南桐矿务局成立，隶属煤炭工业部重庆煤炭工业管理局（简称重庆煤管局）。1959 年 9 月，南桐矿务局被撤销，其所属单位隶属重庆市煤炭工业管理局（简称重庆市煤管局）。1965 年 3 月，南桐矿务局重新成立，隶属四川省煤炭工业管理局（简称四川省煤管局）。1982 年，矿务局划归煤炭工业部直管，列为地（专）级单位。1983 年 6 月，矿务局划归重庆煤炭工业公司领导。1984 年 1 月 1 日，矿务局划为煤炭部部属统配煤矿，隶属煤炭部。1988 年，矿务局划归中国统配煤矿总公司管理。1994 年 3 月，恢复煤炭工业部。是年 9 月，重庆煤炭公司改为重庆煤炭工业管理局，作为煤炭工业部的派出机构直接管理矿务局。1998 年 7 月，矿务局划归重庆市政府管理，行政上仍隶属重庆煤炭工业管理局。1999 年，国家实行煤炭安全监察体制，重庆煤管局改组为重庆煤矿安全监察局（简称重庆煤安局），并加挂重庆煤炭工业局牌子，行使双重职能，矿务局为其管辖单位。

1999 年，矿务局将煤炭开采条件差、市场萎缩、亏损大的东林、红岩、鱼田堡、砚石台和新田湾井煤矿以及局机械制造厂、工程处、教育培训中心合并组建重庆市东林煤矿，与矿务局分离，成为独立法人。4 月 12 日，重庆煤炭工业局批准同意东林煤矿等 8 个单位捆绑式破产。4 月 14 日，重庆煤炭工业局将重庆市东林煤矿委托矿务局管理。

2000 年，南桐矿务局实施债转股。

2002 年 11 月 11 日，万盛区人民法院裁定重庆市东林煤矿破产。

2003 年 10 月 20 日，南桐矿务局整体改制为重庆南桐矿业有限责任公司（简称南桐矿业公司），仍隶属重庆市煤炭工业局。南桐矿业公司包括南桐煤矿、南桐选煤厂、干坝子洗选厂、南桐电厂、林业处、供应处、运销处、生活服务总公司、南桐特种水泥厂、安地思房地产公司和南桐总医院等单位，总股本 27428 万元，其中国家股（重庆市国资委持有）18362 万元、占 66.95%，中国华融资产管理公司 7300 万元、占 26.61%，中国信达资产管理公司 1766 万元、占 6.44%。

2004 年 9 月，重庆市煤炭工业局改制为重庆煤炭（集团）有限责任公司（简称重煤集团公司），南桐矿业公司为其控股子公司。

2005年12月26日，东林煤矿、红岩煤矿、鱼田堡煤矿、砚石台煤矿、新田湾煤矿（井改矿）和南桐机械制造厂分别注册为南桐矿业公司直属单位，重新申领执照。

2006年12月28日，重煤集团公司被整体并入重庆市能源投资集团公司（简称重庆市能投集团公司），南桐矿业公司成为其控股子公司。

2010年11月，南桐工程勘察公司、南桐矿业工程勘察设计公司、安地思房地产有限责任公司转让股权，脱离南桐矿业公司。

2011年，南桐矿业公司有南桐煤矿、红岩煤矿、鱼田堡煤矿、东林煤矿、砚石台煤矿、新田湾煤矿、干坝子洗选厂、南桐选煤厂、电厂、机械制造厂、运销分公司、物资供应分公司、生活服务分公司、九锅箐林业综合分公司、金鑫智慧电脑分公司和技工学校等二级单位16个，渝能矿业公司、联创煤业公司（兴隆煤矿）、南桐特种水泥公司、总医院、万盛区南桐机械制造公司、万盛区东林化工公司、万盛区安达橡胶制品公司和万盛区南桐汽车运输公司等控股子公司8个，庆源矿业开发公司（吉源煤矿）、官仓矿业开发公司（官仓煤矿）、金宏煤业开发公司（柿花田煤矿）、能渝煤炭开发公司（木孔煤矿）和黔渝煤业开发公司（庙新煤矿）等控股在建单位5个；有员工17702人。此外，方盛电厂为矿业公司参股公司。

第二节　区管煤矿

一、管理机构

（一）行政管理机构

万盛区乡镇企业管理局　1973年2月，南桐矿区煤焦生产办公室（简称区煤焦办）成立，隶属中共南桐矿区委工交部，统一管理和调拨社、队煤厂生产的煤焦。1976年10月，撤销区煤焦办，成立南桐矿区社队企业办公室，管理社队企业。1978年12月，撤销区社队企业办公室，成立南桐矿区社队企业局，设矿业组、生产组和管理组。1983年12月，区社队企业局更名区乡村企业局。1984年5月，区乡村企业局更名南桐矿区乡镇企业管理局。1987年1月，区乡镇企业管理局增设建筑企业管理科、矿业管理科。1993年4月，南桐矿区乡镇企业管理局更名万盛区乡镇企业管理局。1997年8月，区乡镇企业管理局与区煤炭工业管理局实行一套班子、两块牌子的体制。1998年4月，区乡镇企业局与区煤炭工业管理局分设，区乡镇企业局的区乡镇矿山安全技术管理站（简称区乡镇安技站）划归区煤管局。2001年8月，区乡镇企业管理局被并入区经济贸易委员会，保留区乡镇企业管理局牌子。2009年，区乡镇企业管理局牌子被撤销。

万盛区煤炭工业管理局　1997年8月，区煤炭工业管理局成立，与区乡镇企业管理局实行一套班子、两块牌子的体制。1998年4月，区煤炭工业管理局与区乡镇企业管理局分设。7月，区矿业公司划归区煤炭工业管理局管理。2001年9月，区煤炭工业管理局更名区煤炭工业局，并入区安全生产监督管理局，保留区煤炭工业局牌子。2009年12月，区煤炭工业局挂靠到区经济和信息化委员会，并更名区煤炭工业管理局，管理区安全生产监督管理站、区渝南矿山救护队和区煤炭税费征缴管理中心3个事业单位。

万盛区安全生产监督管理局　2001年9月，万盛区安全生产监督管理局（简称区安监局）成立，挂区煤炭工业局、区煤矿安全监察局牌子，综合管理全区安全生产工作，履行国家安全生产监督管理职能。区安监局是区经贸委管理的行政机构，下设办公室、安监一科和安监二科3个科室。2003年7月，区安监局升格为区政府直管局。2010年，区煤炭工业局从区安监局中分离。

（二）事业单位

万盛区安全生产监督管理站　其前身是区乡镇矿山安全生产技术站，隶属区乡镇企业管理局。1998 年 4 月，划归区煤炭工业管理局管理，与安全生产技术科实行一套班子、两块牌子的体制。2001 年 9 月，随同区煤炭工业局并入区安全生产监督管理局。2003 年 12 月，更名区乡镇煤矿安全生产监督管理站。2005 年 5 月，更名区安全生产监督管理站，挂万盛区安全技术培训中心牌子。2009 年 12 月，随同区煤炭工业局被并入区经济和信息化委员会。

万盛区非煤矿山安全卫生监察室　其前身是区矿山安全卫生监察室，隶属区劳动局。2001 年 9 月，划归区安监局管理。2003 年 12 月，更名区非煤矿山安全卫生监察室。

万盛区安全生产监察执法大队　2005 年 5 月，区安全生产监察执法大队成立，隶属区安监局，履行全区安全生产监督管理职能。

万盛区安全生产调度指挥中心　2005 年 5 月，区安全生产调度指挥中心成立，隶属区安监局，负责安全生产调度指挥。

万盛区安全生产事故应急救援中心　2005 年 5 月，区安全生产事故应急救援中心成立，隶属区安监局，负责事故应急救援。

万盛区特种作业人员安全技术培训中心　2002 年，区特种作业人员安全技术培训中心成立，为重庆市煤矿安全监察局定点的三级煤矿安全培训中心，负责乡镇煤矿特种作业人员培训。2005 年 5 月，挂靠到万盛区安全生产监督管理站，不再另设编制。

二、乡镇煤矿

1985 年，全区有乡镇煤矿 93 家，从业人员 4320 人，原煤产量 48.49 万吨，产值 1071.09 万元，利润 64.93 万元，上缴税金 45.58 万元，固定资产 358.98 万元。

1986 年，中共重庆市委、重庆市政府提出大力发展乡镇企业战略方针，把“乡、村、组、户、联户”五个轮子一起转作为重点。中共南桐矿区委、南桐矿区政府采取各种措施发展乡镇企业，小煤矿和小煤窑达 140 余个（处），其中不少是私挖滥采。1987 年，重庆市政府明确乡镇煤矿实行行业管理，但区乡镇煤矿仍未脱离区乡镇企业管理局。20 世纪 90 年代后期，国家开始规范乡镇采煤秩序。1998 年，全区保留乡镇煤矿 99 家，其中集体（乡、村、社）54 家，个体 36 家，股份制 9 家。1999 年，全国煤炭生产相对过剩，乡镇煤矿实行关井压产，区乡镇煤矿减至 85 家，至 2000 年减至 77 家。改革开放以来，区乡镇煤矿逐步试行改制。2000 年，南桐镇 8 家煤矿改制为股份制企业（个人控股 55% ~ 70%），3 家租赁给个人；青年镇 4 家煤矿改制为私营企业；关坝镇 4 家煤矿改制为私营企业，3 家实行拍卖或租赁。2001 年，区乡镇煤矿减至 61 家，2003 年减至 55 家。2005 年，整合乡镇煤矿，减至 48 家（核定生产能力 103.5 万吨 / 年），从业人员 5941 人，原煤产量 118.87 万吨，利润 2610 万元，上缴税金 2795.5 万元。

2007 年 5 月，治理乡镇煤矿和矿井“多、小、散、弱、差”问题，全区 31 家小煤矿 45 对生产矿井整合为 20 家小煤矿 38 对矿井（整合后生产能力 200 万吨 / 年），其中关坝镇 7 家：平翔、油坊、田坝、瓮子塘、铁厂坡、箐林、昌隆煤矿，青年镇 4 家：青华龙叫煤矿、万盛区东风能源有限责任公司（红伟、胜达煤矿整合）、更鼓煤矿、万盛区青年煤焦供销公司（黄水凼、烂凼、堰口煤矿整合），南桐镇 2 家：重庆市振兴煤业（集团）有限责任公司（成渝公司、邱家湾、石桥、王家坝、宏达煤矿整合）、万盛区南桐镇焦煤有限责任公司（营寨、建设、全兴、新建煤矿整合），丛林镇 3 家：万盛区永胜煤业有限责任公司（芭蕉湾、水井湾煤矿整合）、万盛区丛林煤业有限责任公司（深洞溪、橙子岩、水角井煤矿整合）、万盛区红溢煤业有限责任公司（寨子、马达洞、杭家院子煤矿整合），万东镇 3 家：万盛区万东煤业有限责任公司（宏顺源、鹤林煤矿整合）、万盛区君红煤业有限责任公司（东红、君合鑫旺、大石板、炭口湾煤矿整合）、凤凰煤矿，金桥镇 1 家：青山煤矿。

2009—2010 年，田坝煤矿更名团结煤业有限公司，油坊煤矿更名油坊煤矿有限公司，瓮子塘煤矿更名瓮子塘煤矿有限公司，铁厂坡煤矿更名铁厂坡煤业有限公司，昌隆煤矿更名昌隆煤业有限公司，青华龙叫煤矿更名青华龙叫煤业有限公司。

2011 年，全区有乡镇煤矿 28 家。

2011 年万盛区部分乡镇煤矿基本情况一览表

表 7-1

序号	名称	核定年生产能力（万吨）	设计年生产能力（万吨）	开拓方式	瓦斯等级	安全评估等级
1	万盛区平翔煤矿	15	15	暗斜井	煤与瓦斯突出	B
2	万盛区团结煤业公司	9	9	斜井开拓	煤与瓦斯突出	B
3	万盛区油坊煤矿公司	9	9	斜井	煤与瓦斯突出	A
4	万盛区瓮子塘煤矿公司	9	9	斜井开拓	煤与瓦斯突出	B
5	万盛区铁厂坡煤业公司	6	6	斜井	煤与瓦斯突出	B
6	重庆昌隆煤业公司	4	6	斜井开拓	煤与瓦斯突出	B
7	重庆青华龙叫煤业公司	6	9	平峒 + 斜井	煤与瓦斯突出	A
8	万盛区东风能源公司红伟煤矿	4	6	斜井开拓	煤与瓦斯突出	B
9	重庆青年煤焦供销公司黄水凼煤矿	9	15	平硐 + 暗斜井	煤与瓦斯突出	A
10	重庆四兴煤业公司全兴煤矿	4	6	斜井开拓	低瓦斯	B
11	重庆成渝矿产公司成渝煤矿	4	9	平硐 + 暗斜井	煤与瓦斯突出	B
12	重庆四兴煤业公司营寨煤矿	9	9	平硐 + 暗斜井	煤与瓦斯突出	A
13	万盛区君红煤业公司东红煤矿	4	4	平硐 + 暗斜井	低瓦斯	B
14	万盛区宏钰煤业公司五〇八煤矿	6	6	平硐	低瓦斯	B
15	万盛区中鸿煤业公司芭蕉湾煤矿	4	4	斜井	低瓦斯	B
16	重庆市斗金煤业公司寨子煤矿	6	6	平硐暗斜井	低瓦斯	A
17	重庆市斗金煤业公司马达洞煤矿	4	4	斜井	低瓦斯	A
18	万盛区双运煤业公司石桥煤矿	3	9	斜井开拓	煤与瓦斯突出	A
19	万盛区双运煤业公司水角井煤矿	4	4	斜井开拓	低瓦斯	A
20	青年煤焦供销公司堰口煤矿	4	4	斜井	煤与瓦斯突出	B
21	重庆市中鸿煤业公司水井湾煤矿	4	4	斜井	低瓦斯	B
22	万盛区宏钰煤业公司宏顺源煤矿	4	6	斜井	低瓦斯	B
23	万盛区宏钰煤业公司大石板煤矿	4	4	斜井	低瓦斯	B

说明：1. 序号 17、18 为一家，19、20 为一家，22、23 为一家。2. 除序号 3、4、5 三家煤矿为集体经济，其余均为私营经济

第二章　煤炭资源

第一节　煤田勘探

一、南桐煤矿

1953 年 7 月—1954 年 6 月，西南煤管局钻探一大队采用坑探和钻探方式勘探，钻孔 9 个，进尺 3720.8 米，提交《西南区南桐煤田精查地质报告》。

1954 年 7 月—1955 年 10 月，西南煤管局 135 队在北起水井沟南至王家坝以东鱼塘角之间精查勘探，钻孔 5 个，进尺 2449.48 米，抽水试验 6 层次，地质调查 6.4 平方千米。1955 年 12 月，桃子荡与鱼田堡井田合并编制《南桐煤田鱼田堡、桃子荡井田地质报告》，经西南煤管局审查，批准储量 –450 米以上 A+B+C+D 级（原始储量）共 3671.3 万吨。

1962 年 2 月—1964 年 10 月，四川省煤田地质公司（简称川煤地质公司）135 队再次勘探南桐煤矿二井，范围南起 F10 断层　（Ⅶ勘探线），北至麻坝河（Ⅷ勘探线），钻孔 16 个，进尺 7248.52 米，抽水试验 3 层次，地质图例测 2 平方千米。1964 年 4 月编制《四川省南桐煤田南桐煤矿二井补充与扩大勘探区精查地质报告》。1976 年 11 月 23 日，四川省煤炭工业局批准该报告。

1978 年 10 月，南桐矿务局为解决南桐煤矿一、二井生产过程中出现的地质、水文等问题，矿务局地质钻探队钻孔 18 个，其中解 1 ~ 解 10 号 10 个钻孔、进尺 2133.6 米，水 1 ~ 水 5 号 5 个钻孔、进尺 710.74 米，301 检查孔 1 个、进尺 550.07 米，补 1、2 号两个孔进尺 1400.85 米、总进尺 4795.26 米。

1987 年 2 月—1989 年 5 月，南桐矿务局为解决南桐煤矿七水平（–450 米水平）的延深开拓，在 –450 米水平钻孔 4 个，进尺 3115.83 米。1989 年 12 月，矿务局提交《南桐煤矿 –450 米水平延深地质报告》。1990 年重庆市煤炭工业公司批复该报告。

1992 年 3—9 月，四川省煤田地质局 136 队勘探深部资源，钻孔 2 个，进尺 1763.5 米。

2006 年 5 月，重庆煤田地质研究所（简称重庆煤研所）提交《重庆南桐矿业有限责任公司南桐煤矿资源保有储量核查检测说明书》，重庆市国土房管局批准矿山矿界内占用煤炭资源（111b+122b+2S21）2978.6 万吨，勘探区内矿界外保有资源储量（111b+122b+2S21+333）5751.8 万吨。

2006—2008 年，重庆 136 地质队勘察南桐煤矿 –700 米 ~ –900 米水平危机矿山接替资源，资源勘察报告经重庆市国土房管局审查，获资源量（含新田湾煤矿）10053 万吨，其中 332（控制资源量）1197 万吨，333（推断资源量）4581 万吨，334（预测资源量）4275 万吨，（332）+（333）占接替资源区资源总量 57.5%，可延长矿井服务年限 55 年。基本查明勘察区地质构造、含煤岩系特征、含煤层位、层数、厚度及赋存状况，初步了解水文、工程、环境地质特征及其他开采技术条件，煤层对比基本可靠，煤层稳定程度属稳定型，复杂程度为中等。

二、红岩煤矿

1955—1958 年，西南煤田地质勘探局（简称西南煤勘局）相继精查勘探丛林沟、鲜家坪和红岩井田。1957 年 8 月，提交《四川省南桐煤田丛林沟井田地质精查报告》。1958 年 8 月，提交《四川省南桐煤田红岩、鲜家坪井田地质精查报告》。1961年10月，四川省储量委员会审批降级，红岩、鲜家坪东翼井田为中间报告，鲜家坪西翼为普查报告。

1983年5月，四川省煤炭工业管理局（简称四川煤管局）审查《红岩煤矿+180米水平延深地质报告》，批准A+B+C级（工业储量）6267.6万吨，D级（远景储量）607万吨，A+B+C+D级6874.6万吨（丛林区5643.8万吨，红岩区1230.8万吨），认为深部控制不足，需要补充勘探。1986年，南桐矿务局补充勘探，提交《红岩煤矿丛林南区+180米水平补充勘探地质说明书》，钻孔5个，进尺2421.86米。该说明书为《红岩煤矿+180米水平延深地质报告》附件，未经审批。

2006年5月，重庆煤研所编制《南桐矿业有限责任公司红岩煤矿保有储量核查检验说明书》。10月13日，经重庆市国土资源和房屋管理局批准，丛林区K_1（#6）煤层保有储量（111b+122b）1103.4万吨，红岩区K_1（#6）煤层保有储量（111b+122b）1023.8万吨、K_3（#4）煤层保有储量（122b）301.8万吨，合计储量（111b+122b）2429万吨。

2008年9月，重庆地质矿产研究院提交《重庆南桐矿业有限责任公司红岩煤矿煤炭资源核实报告》，经重庆市国土资源和房屋管理局审查，认定红岩煤矿矿区范围内2007年年末保有资源储量（111b+122b）2809.8万吨。

三、鱼田堡煤矿

1955年，西南煤勘局135队提交《南桐煤田鱼田堡、桃子荡井田精查地质报告》。1956年2月，煤炭部地质勘探总局批准鱼田堡井田表内A+B+C级储量4117.2万吨，表外A+B+C级240.3万吨，合计4357.5万吨，勘探级别为精查。

1989年，川煤地质公司136队延深精查勘探鱼田堡煤矿（-350米～-600米）和东林煤矿（-100米～-600米），12月提交《四川省南桐矿区鱼田堡、东林煤矿勘探（延深）地质报告》。勘探区范围包括鱼田堡煤矿和东林煤矿矿界，深部边界至-600米标高，报告分别提交鱼田堡煤矿和东林煤矿地质储量。1990年，重庆煤炭工业公司批准鱼田堡煤矿地质储量914.6万吨，其中A+B+C级储量891.2万吨，D级储量23.4万吨，储量计算边界-350米～-600米，勘探级别为精查。

2006年6月，重庆煤研所提交《重庆南桐矿业有限责任公司鱼田堡煤矿资源保有储量核查检测说明书》。重庆市国土资源和房屋管理局批准-350米标高以上保有储量（111b+2S11）808.7万吨，其中（111b）432.2万吨，（2S11）376.5万吨；-350米～-600米标高资源储量（111b+122b+2S22）914.6万吨，其中（111b+122b）517.5万吨，（2S22）397.1万吨。

2008年10月，重庆市地质矿产研究院提交《重庆南桐矿业有限责任公司鱼田堡煤矿煤炭资源储量核实报告》。经重庆市国土资源和房屋管理局审查，认定鱼田堡煤矿矿区范围内2007年年末保有资源储量（111b+122b+2S21+2SS22）1665.5万吨；原矿区范围保有煤炭资源储量（111b+122b+2S21+2SS22）750.9万吨；扩大矿区范围新增煤炭资源储量（111b+122b+2S21+2SS22）924.6万吨。

四、东林煤矿

1953年2月—1954年6月，1955年2月—1955年12月，西南地质局114队、西南煤管局地质二队和钻探一队分别详查东林、鱼田堡、桃子荡井田，并提交详查报告和精查勘探设计。

1954年7月—1955年12月、1956年，西南煤勘局135地质队先后精查勘探鱼田堡、桃子荡井田，1957年1月提交《四川省南桐煤田东林井田精查地质报告》。5月15日，重庆煤管局批准该报告，批准储量A+B级597.7万吨，A+B+C级1801万吨。

1986年6月—1989年11月，川煤地质公司136地质队补充勘探鱼田堡、东林煤矿深部-100米～-350米、-350米～-600米两个水平，提交《四川省南桐矿区鱼田堡、东林煤矿勘探（延深）地质报告》。1990年10月，重庆煤炭工业公司批准东林煤矿-100米～-600米A+B级825万吨，A+B+C级2403万吨，D 级 415 万吨，暂不能利用储量 19 万吨。

1992 年，重庆煤炭工业公司批准东林煤矿主、副井煤柱，洗选厂、水泥厂工业场地和民用瓦斯罐及住宅区煤柱压煤 517.5 万吨（K_3 煤层 339.0 万吨，K_1 煤层 178.5 万吨）；重新划定两矿井深部（–100 米～ –600 米，5 号勘探线至 Z#4 钻孔）边界，划拨出 C+D 级储量 254.1 万吨（其中 D 级储量 23.4 万吨）给鱼田堡煤矿。

2004 年，重庆市国土资源和房屋管理局审查《重庆市万盛区胡家沟农民新村安置房建设用地压覆矿产资源评估报告》，认定用地压覆煤炭资源储量（111b）345.1 万吨，在扣除煤柱相互间重叠的压煤量后，新增压覆煤量 57.01 万吨（K_1 煤层 16.95 万吨，K_3 煤层 40.12 万吨）。

2005 年，重庆市国土资源和房屋管理局审查《重庆南桐矿业有限责任公司东林煤矿矸石山治理工程建设用地压覆矿产资源评估报告》，确认矸石山治理工程压覆煤炭资源储量 443.1 万吨，其中 K_1 煤层 153 万吨，K_3 煤层 290.1 万吨；压覆东林煤矿采矿许可证范围内煤炭资源量 42.2 万吨，其中 K_1 煤层 3.1 万吨，K_3 煤层 39.1 万吨。

2008 年 11 月，重庆地矿研究院提交《重庆南桐矿业有限责任公司东林煤矿煤炭资源储量核实报告》。经重庆市国土资源和房屋管理局审查，认定至 2007 年年底，东林煤矿矿区范围内，核实估算煤炭资源储量（111b+122b+2S22+331+332）2936.86 万吨，其中保有经济储量（111b+2S11）497.83 万吨，扩界新增（111b+2S22+2S11+331+332）2439.03 万吨。

五、砚石台煤矿

1957 年，西南煤勘局提交《四川省南桐煤田砚石台井田精查地质报告》。1958 年 4 月，重庆煤管局批准砚石台井田储量 A+B+C+D 级 3017.1 万吨，其中 A+B+C 级 2532.1 万吨，A+B 级 1767.3 万吨，D 级 485 万吨。1963 年，老三井（位于韩家湾）报废，剩余储量 291.8 万吨转入砚石台煤矿。

1989 年，四川省煤田地质局 136 队勘探砚石台煤矿井田深部，1992 年 10 月提交《砚石台煤矿延深勘探地质报告》。重庆煤管局技术委员会批准储量 A+B+C+D 级 1894 万吨，A+B+C 级 1294 万吨，D 级 600 万吨。

2006 年 10 月，重庆煤田地质研究所提交《重庆南桐矿业有限责任公司砚石台煤矿煤炭资源保有储量核查检测说明书》。重庆市国土资源和房屋管理局批准 K_1、K_3 煤层保有储量（111b+2S11）404.6 万吨，扣除铁路煤柱（2S11）147.9 万吨，实际保有储量（111b）256.7 万吨；扩大区资源（–250 米～ –500 米）拥有资源储量（122b+2S22）916 万吨，扣除铁路煤柱（2S22）123.8 万吨，实际保有储量（122b）792.2 万吨。

2006 ～ 2007 年，南桐工程勘察有限公司勘察砚石台煤矿 –500 米水平，钻孔 2 个，进尺 810 米，基本查清该水平 K_1、K_3 煤层在一区石门以南的稳定性及变化规律。2008 年 2 月，提交《砚石台煤矿 –500 米水平地质说明书》，估算 –500 米水平煤层资源储量，东起于各煤层 –250 米标高，西止于各煤层 –500 米标高。该说明书估算资源储量尚未报批。

2008 年 11 月，重庆地研院编制《重庆市万盛区南桐矿业有限责任公司砚石台煤矿煤炭资源储量核实报告》。经重庆市国土资源和房屋管理局审查，认定矿井 2007 年底 +230 米～ –500 米矿区范围内保有 K_1、K_3 煤层资源储量 1388.8 万吨。

六、新田湾煤矿

1956 年，西南地勘局地质二队在青羊市完成 65 平方千米的地质测量，8 月提交《青羊市地质详查报告及精查勘探设计》，范围包括平土、青羊市、兴隆、藻渡和庙顶背斜等井田。10 月，四川省地勘局綦南地质队又在青羊市井田补钻孔 2 个，进尺 1293 米。1959 年 5 月，提交《四川省南桐煤田青羊市井田精查地质报告》。1961 年，四川省储委审核后认为勘探程度不够，将该报告降为详查，批准 K_1、

K_2、K_3、K_4煤层+580米～-100米标高的煤炭资源，井田南北走向长7100米，东西宽约300米。表内储量A+B+C级1022.7万吨，D级763.4万吨；表外储量A+B+C级5万吨，D级6.9万吨（其中K_4煤层C级25.5万吨，D级27.4万吨；K_2煤层储量估算范围为XⅥ号勘探线至Ⅴ号勘探线以北275米）。

1976年11月24日，四川省煤管局同意将板辽河以北约2千米K_1、K_2、K_3煤层+580米～-100米标高的煤炭资源划入青羊市井田，批准转入储量表内A+B+C级462.7万吨、D级206.4万吨，表外A+B+C级20.2万吨。新田湾煤矿获原始能利用储量2402.3万吨。

1984年和1992年，矿井地质人员分别提交南桐煤矿三井（新田湾煤矿）+180米水平和+40米水平地质说明书作为矿井延深依据，延深报告未涉及生产补充勘探，且是F17断层以北范围，储量级别仍按原精查报告分类。

2006年5月，重庆煤研所提交《重庆南桐矿业有限责任公司新田湾煤矿资源保有储量核查检测说明书》。经重庆市国土资源和房屋管理局审查，批准新田湾煤矿矿区范围内保有K_1、K_2、K_3煤层资源储量（111b+122b）1157.6万吨，其中K_1煤层（111b）75.3万吨、（122b）188.2万吨，K_2煤层（111b）43.7万吨、（122b）146.4万吨，K_3煤层（111b）243.7万吨、（122b）460.3万吨。

2008年，重庆地研院提交《重庆南桐矿业有限责任公司新田湾煤矿煤炭资源储量核实报告》。经重庆市国土资源和房屋管理局审查，批准至2007年年底储量（111b+122b）1135.4万吨，其中（111b）370.9万吨，（122b）764.5万吨。是年，重庆136地质队将新田湾煤矿和南桐煤矿作为危机矿山，编写提交《重庆市万盛区南桐煤矿接替资源勘察报告》（2009年重庆市国土资源和房屋管理局审查通过），提交总资源储量10053万吨，-300米～-500米标高资源量1049万吨。勘察接替资源勘察区分南、北两段，新田湾煤矿位于南段，南桐煤矿位于北段。

七、兴隆煤矿

1956年8月，西南煤勘局地质二队详细测量兴隆井田，填制1：5000地形地质图并开展槽探等工作，提交详查报告及普查勘探设计。

1957年8月至1959年1月，四川省地质局201地质队（綦南地质队）转入勘探，提交精查勘探报告。1959年6月又补充该报告附件，为初探报告。

1968年12月至1971年4月，川煤地质公司135队补充勘探兴隆井田，提交《兴隆场板辽河井田地质精查补充报告》。

1984年4月至1987年6月，川煤地质局136队提交《四川省南桐矿区兴隆井田精查地质报告》。四川省矿产储量管委会批准兴隆井田储量7779万吨，其中表内7299万吨，表外480万吨。

2005年3月，重庆市国土资源和房屋管理局确认兴隆井田+400米以下煤炭资源保有资源储量5976.8万吨。4月，重庆煤研所编制《重庆市万盛区兴隆煤矿主井工业广场建设用地压覆矿产资源评估报告》，经重庆市国土房管局审查，批准拟建主井工业广场范围压覆煤炭资源储量（2S21）183.7万吨，其中压覆K_1煤层（2S21）24.5万吨，K_3^b煤层（2S21）128.2万吨，K_4煤层31万吨。

2009年1月，重庆地研院编制《重庆市万盛区关坝镇兴隆村煤矿煤炭资源储量核实报告》，估算兴隆村煤矿占用K_1、K_3^b煤层煤炭资源储量（121b+122b+2S21+2S22）2778.3万吨。K_1煤层资源储量（121b+122b+2S22）679.7万吨，其中（121b）218.6万吨，（122b）268.9万吨，（2S22）192.2万吨；K_3^b煤层资源储量（121b+122b+2S21+2S22）2098.6万吨，其中（121b）823.1万吨，（122b）585.8万吨，（2S21）24.1万吨（扩建主井工业广场范围压覆煤量），（2S22）665.6万吨。按矿井设计生产能力45万吨/年，服务年限22年，可作为向上申报占用储量及编制开发利用方案的依据。

第二节　煤炭储量

1990 年，南桐矿务局煤炭资源保有储量 25334.6 万吨，其中工业储量 21738.1 万吨，远景储量 3596.5 万吨。是年，《固体矿产资源储量分类》（GB/T17766–1999）颁布，废除原有原煤炭资源 A、B、C、D 储量等级别，改为储量分类编码。

2009 年，南桐矿业公司各矿井扩大矿区范围增划资源，申办许可证，委托重庆地研院编制《煤炭资源储量核实报告》。

2011 年年末，南桐矿业公司采矿权内保有煤炭资源储量 21900.4 万吨，可采储量 16840.6 万吨，其中暂不能开采储量 1711.0 万吨（包括关闭矿井和未关闭矿井的禁采区）。

2011 年南桐矿业公司煤炭资源储量统计表

表 7–2　　单位：万吨

矿井名称	资源储量									期末可采储量	暂不能开采储量
	基础储量		经济资源量						小计		
	111b	122b	2S11	2S21	2S22	331	332	333			
南桐煤矿	2449.3	2933.1	0	810.9	0	0	0	3234.8	9428.1	7480.4	810.9
红岩煤矿	1434.4	1087.9	0	0	0	0	0	437.2	2959.5	2502.1	0
鱼田堡煤矿	668.1	134.7	0	466.4	44.1	0	0	0	1313.3	1076.7	416.8
东林煤矿	1733.5	702.5	0	0	0	451.1	121.9	0	3009.0	2431.8	464.3
砚石台煤矿	179.5	906.0	138.4	0	106.5	0	0	0	1330.4	1076.3	9.7
新田湾煤矿	340.8	741.0	0	0	0	0	0	0	1081.8	886.0	9.3
兴隆煤矿	1041.7	854.7	0	24.1	857.8	0	0	0	2778.3	1387.3	0
合计	7847.3	7359.9	138.4	1301.4	1008.4	451.1	121.9	3672.0	21900.4	16840.6	1711.0

说明：表中 111b—探明的（可研）经济基础储量，122b—控制的经济基础储量，2S11—探明的（可研）次边际经济资源量，2S21—探明的（预可研）次边际经济资源量，2S22—控制的次边际经济资源量，331—探明的内蕴经济资源量，332—控制的内蕴经济资源量，333—推断的内蕴经济资源量

第三章　煤炭生产

万盛区煤炭资源由南桐矿业公司和区乡镇煤矿共同开采。南桐矿业公司是国有大二型统配煤矿，下辖7个煤矿（8对矿井）。2011年，南桐矿业公司矿井设计生产能力415.03万吨/年，从1938年建矿至2011年，矿业公司共生产原煤11477万吨。1991—2011年，区乡镇煤矿共生产原煤2312万吨。

第一节　设施设备

一、掘进装备

（一）南桐矿业公司

1990年，南桐矿务局有耙斗装岩机83辆（使用56辆），小机车44辆，掘进装载机械化程度41.47%。

2008年4月，南桐煤矿在7603机巷首次使用EBZ132窄机身掘进机与锚网支护配套掘进，实现半煤岩巷综合机械化掘进。

2009年，东林煤矿、新田湾煤矿、鱼田堡煤矿和砚石台煤矿装备LWL-80履带式挖斗装载机，东林煤矿和新田湾煤矿装备ZMZ型蟹爪式装载机。

1991—2011年南桐矿业公司掘进装载机械化程度统计表

表7-3

年份	南桐矿业公司	南桐煤矿	红岩煤矿	鱼田煤堡	东林煤矿	砚石台煤矿	新田湾煤矿
1991	53.47	33.32	89.29	67.16	46.22	49.99	–
1992	56.36	26.51	93.42	86.23	45.51	62.67	–
1993	62.65	33.35	89.88	87.14	25.75	70.42	–
1994	53.05	28.17	92.24	74.7	15.08	69.14	–
1995	46.62	24.91	99.82	48.43	12.15	46.12	–
1996	51.22	23.44	99.17	63.65	18.79	58.36	–
1997	49.36	20.62	96.34	56.54	17.13	58.98	–
1998	47.51	21.31	95.41	51.17	18.56	57.15	–
1999	45.76	21.76	91.36	48.76	21.16	59.27	–
2000	37.47	24.52	75.27	53.42	25.71	37.4	–
2001	29.56	36.17	11.98	55.43	23.46	20.28	–

续表

年份	南桐矿业公司	南桐煤矿	红岩煤矿	鱼田煤堡	东林煤矿	砚石台煤矿	新田湾煤矿
2002	30.21	–	–	–	–	–	–
2003	30.17	24.16	29.37	21.16	47.93	40.05	46.94
2004	30.58	23.91	29.91	20.32	48.16	39.26	47.19
2005	31.97	27.17	31.42	18.18	46.27	41.93	51.77
2006	35.05	25.53	37.98	15.20	48.47	44.72	53.34
2007	25.89	25.50	25.60	20.40	45.40	37.76	19.13
2008	35.28	25.59	54.59	20.99	37.76	45.38	29.12
2009	44.49	30.27	59.91	31.97	62.89	57.74	34.51
2010	42.41	27.86	55.97	25.47	67.14	45.24	43.32
2011	78.58	52.30	81.30	85.80	89.10	80.60	88.30

说明：1.2002 年各矿数值，因“6・13”特大水灾事故致矿井停产，数据缺失。2.2001 年前，新田湾煤矿纳入南桐煤矿统计。3. 表中数值为百分数

（二）区乡镇煤矿

20 世纪 80 年代末，区乡镇煤矿掘进普遍使用凿岩机、风镐和电煤钻。2011 年，全区乡镇煤矿有气腿式凿岩机 200 台，电煤钻 165 台，耙斗装岩机 25 台。

二、采煤装备

（一）南桐矿业公司

1990 年，南桐、东林、砚石台煤矿仍以风镐落煤为主，矿务局风镐装备面占总面数的 62.96%。

1985 年，红岩煤矿将 HZWA 型摩擦式金属支柱更新为 DZ 型单体液压支柱，在南桐矿务局各煤矿中率先使用普采工艺方式。

1986 年 7 月，鱼田堡煤矿从波兰引进 KKSB-2030-OZT/CHRL 型大倾角中厚煤层采煤设备，配套使用 FAZOS-1700/3200 型自移式掩压支架（1989 年 3 月停用）。

2005 年前，仅红岩煤矿有 2 个高档普采工作面。

2006 年 10 月，在重煤集团所属煤矿中，南桐煤矿率先在大倾角煤层中使用高档普采工艺方式。2007 年 10 月，红岩煤矿在 2606N4 段工作面使用综合机械采煤，解决矿井破碎顶板支护难题。2008 年 7 月，南桐煤矿在 7603N 上段工作面实现综合机械化采煤。

2011 年，南桐矿业公司采煤机械化程度 20.90%，其中南桐煤矿采煤机械化程度 37.8%，红岩煤矿 28.1%，东林煤矿 23.8%。南桐煤矿采煤机械型号为 MG100/240BW1 和 MG200/456ABW，红岩煤矿为 MG200/475W、MG200/468WD 和 MG2×160/710AWD，东林煤矿为 MG100/240BWE。

（二）区乡镇煤矿

1970 年起，区乡镇煤矿开始以风镐代替手镐挖煤，后逐步推广电煤钻打眼，采煤工作面使用单体液压支柱，金属铰接顶梁。2011 年，区乡镇煤矿有回柱绞车 46 台，固定式矿车（1 吨）670 辆，刮板运输机 13 台。

三、通风装备

（一）南桐矿业公司

1981—1983 年，砚石台煤矿安装 200 千瓦 70B2-21-18 型抽风机 2 台。1988 年 12 月，砚石台煤矿

安装 155 千瓦 2K60-21-18 型抽风机 2 台。1990 年，南桐矿务局有 11 座抽风机房，主扇风机 22 台。

2005 年前，通风机为单级 JBT 等型号，功率小，效率低，噪音大，不能满足通风量，后逐渐更换为双极对旋式高效低噪通风机。2008 年，不再使用单级 JBT 通风机，将风门统一为 3 种规格：一号风门 1.6×1.8 米，二号风门 1.5×1.7 米，三号风门 1.2×1.4 米。

2011 年，南桐矿业公司各煤矿主要采用对旋抽出式通风，有主要通风机房 11 座，主要通风机 22 台（运行 11 台，备用 11 台），矿井核定通风能力 415.63 万吨/年；主要通风设施有永久密闭、临时密闭风门、风桥和永久调节风窗。

2011 年南桐矿业公司各矿井主要通风设备一览表

表 7-4

矿井名称	规格型号	数量（台）	功率（千瓦）	安装或更新年份	安装地点
南桐煤矿	BDK Ⅱ -8- № 27	2	2×355	2005	温塘
	BD- Ⅱ -10- № 28	2	2×355	2006	鱼塘角
红岩煤矿	BD- Ⅱ -10- № 26	2	2×220	2007	新风井
鱼田堡矿	BDK Ⅱ -8- № 27	2	2×132	2005	大石板
	BD- Ⅱ -8- № 22	2	2×185	2007	鱼塘角
东林煤矿	BDK Ⅱ -6- № 19	2	2×110	2005	大石板
	BD- Ⅱ -8- № 21	2	2×110	2007	黄桷湾
砚石台煤矿	BDK Ⅱ -8- № 22	2	2×185	2005	芭蕉湾
	BD- Ⅱ -8- № 20	2	2×90	2007	新平硐
新田湾煤矿	FBCDZ-6- № 20B	2	2×185	2006	广沙湾
兴隆煤矿	BD- Ⅱ -10- № 26	2	2×250	2007	黄茅岗

说明：除兴隆煤矿为新安装外，其余矿井均为更新

（二）区乡镇煤矿

1989 年以前，区乡镇煤矿井下主要通风设备为风门、风桥、离心式风机，后逐渐安装抽风机和风扇。1997 年后，风机更换大功率风机，淘汰小型分散风机，基本实现通风机械化，新矿均有配套通风设备。2011 年，区乡镇煤矿有主扇风机 46 台，局扇 115 台。

四、排水装备

（一）南桐矿业公司

1983—1986 年，南桐矿务局更换井下水泵，将原 SSM200×5、8DA9×6、A Я Л 300×7、8DC×7 等高耗低效泵更换为 D450 和 200D 型低耗高效水泵。1987 年 5 月，东林煤矿安装 200D43×6 泵 4 台。1990 年 12 月，红岩煤矿安 200D43×5 水泵 5 台。是年，南桐矿务局有主排水泵 63 台，排水装机容量 26760 千瓦，排水管路 30 条，主排水管长 12026 米；水仓 26 个，总容量 51400 立方米。

1992 年前，矿井排水设备全部为普通离心式水泵，井下主排水泵电机、启动器及电控器都为非防爆电气设备。1998 年后，延深的矿井开始采用防爆电气设备。2003 年国家明令淘汰井下全部非防爆电气设备，2004 年起，各矿井逐步将普通离心式清水泵更换为防爆型耐磨离心式清水泵。

2011 年南桐矿业公司主要排水设备一览表

表 7-5

矿井名称	水泵型号	主电机功率（千瓦）	安装年份	配套电控型号	备注
南桐煤矿	MD450-60×6	710	2000	BGP12-6N	北翼 ±0 米水平水泵房
	D450-60×6	710	2000	BGP12-6N	南翼 ±0 米水平水泵房
	MD450-60×6	710	2002	BGP12-6N	南翼 - 325 米水平水泵房
	MD280-65×8	710	2003	PBG-400/6	北翼 - 450 米水平水泵房
	MD280-43×6	315	2004	BGP12-6N	北翼 - 200 米泵房
	MD280-43×6	315	2004	BGP12-6N	南翼 - 200 米泵房
	MD280-65×8	710	2006	BGPL-6AK	南翼 - 450 米水平水泵房
	MD360-60×3	315	2011	BGP12-6N	北翼 - 325 米泵房
红岩煤矿	MD280=43×5	280×5、315×5	2006	PJG9L-100/6 QKBC-1000/6-320	原 7 台，后改造安装 3 台，共 10 台泵
	MD450-60×4	560×3	2009	QBGZ-400/6Z QKBG1000/6-320	
鱼田堡煤矿	MD280-43×5	355	2009	BGP12-6n	+100 米水平泵房
	MD280-65×8	710	2006	PJG9L-400/6Y	-100 米水平
	MD280-65×7	355	2007	QBGZ-400/6Z	-350 米水平泵房
东林煤矿	MD450-0/84×4	450	2006	PBG=530/6Z	老泵房
	MD450-0/84×4	450	2006	PBG=530/6Z	老泵房
	D450-60×4	450	2006	PBG=530/6Z	老泵房
	MD450-60×4	450	2006	PBG=530/6Z	老泵房
	D450=60×4	450	2006	PBG=530/6Z	老泵房
	D450-60×4	450	2006	QBGZ=400/6	新泵房
	D450-60×4	450	2006	QBGZ=400/6	新泵房
	D450-60×4	450	2006	QBGZ=400/6	新泵房
	MD450-60×4	450	2006	QBGZ=400/6	- 100 米水平
	MD450-60×4	450	2006	QBGZ=400/6	- 100 米水平
	MD450-60×4	450	2006	QBGZ=400/6	- 100 米水平
砚石台煤矿	MD450-60×4	710	2005	Qkbj1000/6=320	±0 米水平
新田湾煤矿	MD280=43×4	250×2、220×1	1996	Qkbj1000/6=320	+ 180 米水平 3 台
	MD280-43×8	450×4	2002	Qkbj1000/6=320	+ 40 米水平 4 台水平
	MD280=43×4	250×3	2007	Qkbj1000/6=320	- 100 米水平 3 台水平
兴隆煤矿	MD450-60×6	710×6	2010	Kxji-15/1140	6 台

说明：东林煤矿 +200 米水平和 -350 米水平，鱼田堡煤矿 -350 米水平在安装时已经选用新型水泵

（二）区乡镇煤矿

1987年以来，南桐、万盛和丛林乡的小煤矿井下涌出水，均由南桐矿务局井下排水设备排出地面。关坝乡和青年镇小煤矿井下涌出水，主要靠水仓、小泵房，分水平台阶逐一排出地面。

1991年前，区乡镇煤矿主要安装SSM150型离心式水泵排水。2007年，全部安装80DF30×6型、HF80-315型、125DF25×8型低耗高效水泵。2011年，全区乡镇煤矿有主排水泵207台。

五、提升装备

（一）南桐矿业公司

1985年，东林煤矿主井绞车改造为TDK型电控，实现动力制动。1986年，南桐煤矿二井竖井首次使用KTA-HP矿用提升安全监控装置。1987年，东林煤矿更换国产新系列2JK型3.5米绞车，实现可控硅动力制动。1990年，南桐矿务局有带固定容器的主提升绞车13台，分直径2.5米、2.8米、3米和4米5种规格，型号主要有16JK型、JK型、JKM型、HKM3型、KJ型。

1991—2011年，改造和更换各矿提升系统和设备，用变频电控替代继电器电控，用行星减速器更换平行轴压速器，更换提升信号系统。

1992—2011年南桐矿业公司主要提升设备改造情况一览表

表7-6　　单位：千瓦

矿井名称	提升机型号	主电机功率	安装年份	配套电控型号	备注
南桐煤矿	2JKY-3/11.6	315	2010	ZTK(A)	三级矸石井绞车
红岩煤矿	2JK-3/20	315	2009	PLC变频调速	主井
鱼田堡煤矿	2JK-3×1.5/11.5E	630	2006	KCO-1001	
	2JK-4×1.9/20E	560	2007	LLG	
	GKT2×2.5×1.2-20	315	2009	ZTK(A)	
	2JK=3×1.5/20B	500	2010	ZTK(A)	
	2JTB2×1.25-20B	160	2011	ZTK(B)	
	JTPB-1.6×1.2-20	160	2011	ZTK(B)	
砚石台煤矿	2JK-2.5×1.2/20E	260	2010	JKD=BPH	+320米副井
新田湾煤矿	2JTB2×-20	160	1996	BXK1-660	+180米主井
	2JTB1.6×0.9-20	110	2005	BXK1-660	+40米主井
	2JK-2×1.25/20E	132	2007	ZX1-1/10	地面副井
兴隆煤矿	JK=2×2.5/20E	500	2007	TKD-14-33A61/P	矸石井
	JK=2×2.5/20E	400	2007	TKD-14-33A61/P	一级副斜井
	2JT(K)YB-2.5×1.5XP	200×2	2009		二级副斜井
	2JT(K)YB-2.5×1.8XP	250	2009		北一区轨道上山
	JTPB-1.6×1.2	160	2010	KT10265-2ZTK(B)	南二区轨道上山
	JKMD-2.8×4(1)E	560	2011	JKD/BP-NT	主井

说明：东林煤矿只改造电控和液压站，更换电动机

（二）区乡镇煤矿

1987 年前，区乡镇煤矿井下均使用滚筒内齿轮绞车。1989 年，关坝乡、青年镇小煤矿用国产 JK 型绞车代替滚筒内齿轮绞车和苏式、仿苏式绞车。1994 年起，提升绞车逐渐由缠绕式改为摩擦式。2007 年，区乡镇煤矿绞车改为 2JTP1.2×1.0 型、JT-1.0B 型矿用提升绞车。2011 年，区乡镇煤矿有主提升绞车 73 台，皮带运输机 23 台。

六、运输装备

（一）南桐矿业公司

1983 年，南桐煤矿试用防爆特殊型蓄电池机车，并开始从单控驾驶室向双控驾驶室过渡。

1990 年，南桐矿务局有井下上山运输绞车 41 台，分直径 1.2 米、1.6 米、1.7 米、2 米、2.5 米、3 米、3.5 米和 4 米 8 种规格，型号有 JK 型、JTB 型、2JTB 型、SN 型等；回采工作面和采区刮板运输机 229 台，型号有 SGW-20 型、SGW-40 型、SGW-150 型、SGD-20B 型等；胶带运输机 44 台，胶带总长 7938.7 米；井下窄轨电机车 138 台，其中架线式 15 台，蓄电池 123 台；煤、矸装载矿车 4724 辆，其中 V 型 1 吨矿车 4274 辆，2 吨矿车 450 辆；地面运输标准轨 25.07 千米，准轨蒸汽机车 8 台，车辆 57 辆。

南桐矿业公司各矿井下平巷运输系统主要采用平巷轨道防爆特殊型蓄电池机车运输，个别矿井部分采用皮带平巷运输。南桐、红岩、新田湾、兴隆煤矿在井下采用 3 吨底卸式矿车运输原煤。红岩煤矿 -180 米水平一区全部采用皮带运输原煤，其他矿均采用 1 吨矿车单车翻笼卸车方式。2005 年起，矿业公司将井下蓄电池电阻调速机车陆续更换为 IGBT 斩波调速机车，并改单司控为双司控操作机车。2005—2006 年，红岩、新田湾煤矿改造架线式机车，实现防爆特殊型蓄电池机车运输。

（二）区乡镇煤矿

区乡镇煤矿井下运输方式为矿车运输。2007 年，关坝镇平翔、瓮子塘、田坝煤矿和青年镇龙叫煤矿在采区使用皮带运输机，在井底车场使用 CDXT-2.5/600 型防爆蓄电池机车。2008 年，将下煤上山布置在地板上，铺设溜槽自溜。2011 年，区乡镇煤矿有胶带运输机 7 台，蓄电池机车 4 台，矿车 87 辆。

2011 年万盛区乡镇煤矿井下主要设备一览表

表 7-7 单位：台（套）

设备名称	规格（型号）	数量
主扇压风机	FBLZNo.11/37、FBCDZNo.16	46
压风机	CRF-75D-8、YBT52-2/11kW、FBD5.62×5、YBT42-2/5.5kW	46
主排水泵	80DF30×6、125DF25×8、HF80-315	168
矿井提升绞车	2JTP1.00×1.0、JF1.08	37
电煤钻	ZY-1200R、ZY-750D、ZL-380、ZDY-650	46
局扇	YBT52-2、YBT-11kW	207
瓦斯检测仪	MQC-1、CWJ-2、AQC-1D、AZT-92、AZT-200	809
矿车	LU1 吨、1-A 型 2 吨	87
胶带运输机	SPT800、EP60-8	7
蓄电池机车	HJ1-400kW	4

第二节　煤炭开采

一、开拓与掘进

（一）开拓方式

南桐矿业公司各矿井因煤层赋存要素不同，开拓方式主要有两种。一是平硐＋暗斜井，其特征是平硐、分级斜井延深、主石门、集中运输大巷、双翼采区、分区前进式布置。红岩、砚石台和新田湾煤矿为此类开拓方式。二是竖井＋斜井综合开拓，其特征是竖井、多级斜井延深、主石门、水平集中运输大巷、分区布置、前进式或后退式开采。南桐、鱼田堡、东林和兴隆煤矿为此类开拓方式。

区乡镇煤矿开拓方式多为平硐、斜井、暗斜井、平硐斜井和平硐＋暗斜井。

（二）井巷布置

水平集中运输巷及回风巷布置　20世纪90年代初至今，南桐矿业公司各矿水平运输、大巷均布置在6号煤层底板稳定岩石即茅口灰岩或长兴灰岩中，以进、回风石门与开采区巷道联通。这种布置初期掘进成本相对较高，但巷道围岩稳定，采动影响范围小，支付效果好，使用时间长，巷道维护费用低，是各矿井普遍采用的水平巷道布置方式。

采区布置　1990年，南桐矿务局重点采区均为双翼采区布置。采区走向长800米～1200米，垂高180米～250米；采区上下水平分别用进、回风石门与总回风巷及集中运输巷相连；采区主干系统均布置在底板岩石中，有集中轨道上山、下煤上山、回风上山各1条；采区进风石门附近设置采区变电站。1990—1999年，矿井各采区主要采用双翼联合布置。采区走向长800米～1200米，垂高140米～250米，采区上、下水平分别用进、回风石门与水平集中运输巷及总回风巷相连，采区主干系统均布置在底板岩层中。轨道上山、下煤上山、回风上山各布置1条，上山分别用甩道、石门、溜煤（矸）眼与采区半煤巷或煤巷相连。2000—2011年，因各矿井开采深度增加、生产安全成本大幅度增长，采区开采方式逐步由分区推进向跨区推进转变。

工作面布置　20世纪70年代末开始，矿务局各矿井回采工作面均采用单巷布置，即在本层布置风巷、机巷，切割巷3条巷道。1990年后，采用走向长壁采煤法开采的工作面逐步实现无煤柱开采，采用柔性掩护支架采煤法逐步取代留设煤墩的开采方式。

二、采煤

（一）采煤方法

南桐矿业公司先后试验过仓储式、水平分层、水力、钢丝绳锯、条带式、小阶段爆和钻卸等10余种采煤方法，常用采煤方法有长壁式、倒台阶、伪倾斜柔性掩护支架和俯伪斜走向长壁分段密集。

区乡镇煤矿主要采取走向长壁采煤方法，落煤工艺是炮采、风镐落煤。

（二）顶板管理

20世纪80年代前，矿务局长期凭经验控制回采工作面顶板。1983年，购置50台KY-82型、80台CH-50型振弦式顶板动态压力传感器（压力盒）和10台GSJ钢弦式频率计，动态监测、监控、预测和预报顶板来压。

2008年，南桐和红岩煤矿采用KBJ60III-1顶板监测系统，基本实现顶板控制连续化监测。红岩煤矿综采工作面实现遥测监控。

（三）采场支护

1985 年 12 月，红岩煤矿使用 DZ 型外注式单体液压支柱替代金属摩擦支柱。1986 年年初，矿务局引进波兰大倾角综采液压支架。1990 年，全局 27 个回采工作面中，单体液压支柱面 12 个，摩擦式金属支柱面 5 个，柔性掩护支架面 5 个，木支面 1 个。1992 年，鱼田堡煤矿使用炮采型外注式单体液压支柱。2005 年，各矿回采工作面主要采用 DZ 型单体液压支柱、金属摩擦支柱配铰接顶梁、柔性掩护支架控顶支护。2007 年，各矿采面停止使用金属摩擦支柱。10 月，红岩煤矿使用掩护式综采液压支架。2008 年，南桐煤矿使用掩护式综采液压支架。2011 年，东林煤矿使用综采液压支架。是年，南桐矿业公司 22 个回采工作面中，液压支架面 5 个，单体液压支柱面 10 个，柔性掩护支架面 7 个。

第三节　综合利用

一、洗煤

（一）南桐矿业公司

2011 年，南桐矿业公司有干坝子、南桐 2 座洗选厂，年入洗加工原煤能力 270 万吨。

干坝子洗选厂　为矿区型洗选厂，主要洗选加工南桐矿业公司除南桐和新田湾煤矿外的各煤矿生产的原煤，主要产品为电煤、冶炼用炼焦精煤、其他用炼焦精煤、矸煤和硫精砂等。1983 年 10 月—1986 年 2 月，实施该扩建工程，年入洗原煤设计能力从 65 万吨增至 120 万吨。1991 年，设计年综合加工能力为 120 万吨，核定年综合加工能力 90 万吨。2004 年，改造选硫车间，采用水介旋流器—梯形隔膜跳汰机—摇床分选工艺，年洗硫能力 30 万吨。2005—2006 年，改造精煤生产技术，采用双给介三产品重介旋流和煤泥中介旋流技术，实现精密、中煤、矸石分选。2007 年 5 月投产，年原煤入洗能力 90 万吨。2009 年 5—12 月，洗选厂实施 120 万吨 / 年动力煤技改工程。2009—2010 年，实施 120 万吨 / 年重介扩能技改工程，2010 年 7 月投产。

南桐选煤厂　原名南桐煤矿洗选厂，为矿井型选煤厂，主要洗选加工南桐煤矿和新田湾煤矿生产的原煤，主要产品为冶炼用炼焦精煤。1988 年，改洗混煤为洗末煤，形成跳汰—摇床—浮洗联合流程，年入洗原煤设计能力 75 万吨。1994—1996 年，改造入洗工艺，采用高硫炼焦煤全重介洗选脱除无机硫成套工艺和设备，1998 年 5 月投产，年入洗原煤设计能力 90 万吨。2003 年 11 月更名南桐选煤厂。2006 年，实施扩能改造工程，2008 年投产，年原煤处理能力 120 万吨，煤矸石年处理能力 30 万吨，年产精煤 65 万吨、矸煤 40 万吨、硫精砂 4 万吨。2009 年，实施扩能技改工程，扩能后年入洗原煤设计能力 150 万吨，2011 年 12 月竣工。

（二）区属洗选企业

1985 年，南桐矿区没有专门的煤炭洗选加工企业，只有 6 个洗煤点，加工精煤 3.01 万吨。1989 年，南桐乡建东达洗选厂。1992 年，邱家湾、营寨、丛林、沙坝、更鼓和万盛等 6 个洗选厂陆续建成，年洗选能力共 30 万吨。1993 年，南桐镇建沙坝洗选厂，年洗煤能力 4 万吨。2001 年，南桐镇建德顺洗选厂，青年镇建罗鑫精煤洗选厂。2002 年，青年镇建华益精煤洗选公司，南桐镇建建中汇洗选厂（年洗煤能力 5 万吨）和万富洗选厂。2005 年，万盛区有煤炭洗选企业 12 家，从业人员 61 人，产精煤 18.42 万吨。随着乡镇煤矿企业的关停并转及压产，区洗选企业逐年减少。2008 年，区内煤炭洗选企业减至 10 家。2011 年，区内有煤炭洗选企业 7 家，年洗选煤炭 4.67 万吨。

2005—2011 年万盛区属乡镇煤炭洗选企业产量一览表

表 7–8　　单位：万吨

名称	2005 年	2006 年	2007 年	2008 年	2009 年	2010 年	2011 年
中汇洗选厂	2.84	1.89	1.93	1.58	1.27	1.13	1.01
顺德洗选厂	2.48	1.78	1.87	1.43	1.10	0.99	0.98
长源煤业	2.25	1.79	1.56	1.52	1.21	0.87	0.76
振兴煤业	2.14	2.03	1.13	1.48	1.34	0.96	0.54
益生洗选厂	1.92	1.56	1.51	1.32	0.92	0.87	0.45
罗鑫精煤洗选厂	1.90	1.32	1.60	1.03	0.89	0.71	0.52
明波洗选厂	1.68	1.03	1.30	1.04	0.50	0.42	0.41
界牌洗选厂	0.92	0.76	1.07	–	–	–	–
万富洗选厂	0.87	0.80	0.98	0.76	–	–	–
广沙湾洗选厂	0.63	1.17	0.70	–	–	–	–
亿生洗选厂	0.42	0.90	0.60	0.52	–	–	–
华益精煤洗选公司	0.37	0.70	0.76	0.41	–	–	–
合计	18.42	15.73	15.31	11.09	7.23	5.99	4.64

二、炼焦

1985 年，全区焦炭产量 3.75 万吨，乡镇煤矿占 80.27%。1986 年 5 月，邱家湾煤矿投资 50 万元改造精煤洗选、炼焦工艺，年产焦从 1 万吨增加至 2 万吨。1992 年，南桐民权焦厂停业。1999 年，整顿乡镇小煤矿，区内焦炭产量大幅下降。2004 年 8 月，万立焦化公司投产，设计生产化工焦 20 万吨 / 年。该公司采用冶炼化工焦技术，结束万盛区冶炼土焦、洗焦的历史。2005 年，万盛区炼焦企业只有万立焦化公司 1 家，有从业人员 132 人，生产化工焦 1.65 万吨。2006—2008 年，公司分别生产 2.10 万吨、2.40 万吨、2.60 万吨。2009 年，因受市场变化和环境保护政策日渐严格，该公司停产。

三、瓦斯利用

（一）南桐矿业公司

1986 年，南桐煤矿建成 1 万立方米瓦斯储气罐 1 个，供气 4860 户。1987 年，东林煤矿建成 1 万立方米瓦斯储气罐 1 个，并与鱼田堡煤矿瓦斯管道联通，供应大坝地区居民生活用气。1993 年，砚石台煤矿建成 1 万立方米低压湿式瓦斯储气罐 1 个，供气 2500 户。1994 年，南桐煤矿再建 1 万立方米瓦斯储气罐 1 个。1998 年，红岩煤矿建成 1 万立方米低压湿式螺旋式瓦斯储气罐 1 个。至此，南桐矿务局共有瓦斯储气罐 6 个，总容积 5.5 万立方米，供气约 2 万户。

2002 年“6·13”南桐和鱼田堡煤矿透水事故后，除红岩煤矿外其余 4 矿停止瓦斯民用供气。

2005 年，南桐矿业公司改造民用瓦斯系统和煤层气计量系统。是年，除公司机关和大坝地区外，恢复民用瓦斯供应。是年，南桐煤矿修建 1 万立方米储气罐 1 个，在新田湾修建 5000 立方米储气罐 1 个。10 月，南桐矿业公司与英国益可（Ecosecuntioes）环境国际集团公司签署煤矿瓦斯综合利用（CDM）项目协议，转让该项目产生的温室气体减排量（每吨二氧化碳当量转让价 10 美元）。是年，南桐矿业公司实施锅炉煤改气工程。2009 年，南桐矿业公司下属 6 矿锅炉全部煤改气。

2008—2011 年南桐矿业公司瓦斯利用统计表

表 7-9

年份	抽采量（万立方米）	利用量（万立方米）			利用率（%）
		总量	民用	其他	
2008	3867.60	1910.15	750.72	1159.43	49.39
2009	3084.32	1792.87	587.18	1205.69	58.13
2010	3996.50	2041.62	469.75	1571.87	51.09
2011	5786.40	2419.98	430.78	1989.20	41.82

（二）区属煤矿

2009 年，平翔煤矿建 4 × 500 千瓦瓦斯发电站（设计年用瓦斯 52 万立方米），并将瓦斯用于食堂锅炉和取暖。2010 年 10 月，瓦斯发电站投产发电。是年，改造瓦斯抽放系统，抽采瓦斯 250 万立方米。

第四节　煤矿安全

南桐煤田地质复杂，煤矿五大灾害（水、火、瓦斯、煤层、顶板）俱全，严重危害矿工生命安全和制约煤矿安全生产。

一、安全管理体制

南桐矿务局建有行政、党组织和群团组织安全管理体系。改制后，南桐矿业公司建立以公司董事长、总经理为首的各级安全管理责任体系，制订各级行政安全生产责任制和管理办法，设有独立的安全管理机构，行使安全监督和管理职能，建有矿山应急救援体系。

1997 年 8 月前，区乡镇企业管理局是区属煤炭企业主管部门，乡镇矿山（煤矿）安全技术管理站负责生产与安全管理工作，乡镇设分站。1998 年 8 月，区煤炭工业管理局成立，与区乡镇企业管理局实行一套班子、两块牌子的体制，管理乡镇煤矿安全生产。1998 年 4 月，区煤炭工业管理局与区乡镇企业局分设后，区煤管局负责区内安全生产、技术、煤炭资源管理工作；各乡镇设有煤管办。2001 年，区安全生产监督管理局成立，综合管理全区安全生产，履行国家安全生产监督管理职能。

二、安全管理规章制度

1989 年，南桐矿务局制订《南桐矿务局“八五”矿井综合防尘规划》。1990 年，制订“八条线”（行政安全、党委宣传部、纪委、工会、团委、安全生产保卫、家属安全协管会、退休职工安全协管会）安全工作责任制度。2005 年，南桐矿业公司制订《黄牌警告制度》《安全记分办法》和《事故等级划分与调查处理规定》等规章制度。2005—2011 年，先后制订《煤矿领导带班下井及安全监督检查制度》《事故隐患排查与整改制度》和《安全监控系统管理办法》等规章制度。

2000 年 10 月，区煤管局制订《安全工作专项考核办法》。2002 年 8 月，制订《安全风险金收支管理办法》《小煤矿重点采掘头面动态管理办法》《小煤矿瓦斯等级鉴定暂行办法》《乡镇煤矿采掘工程交换图管理办法》和《小煤矿矿长管理办法》等规章制度。2011 年，区煤管局制订《万盛区小煤矿安全生产诚信建档管理及考核办法》《万盛区落实企业安全生产主体责任工作流程图》等规章制度。

三、灾害防治

（一）灾害防治系统

2004年，南桐矿业公司建立矿井灾害防治体系。至2011年，各煤矿安全监测监控、风压自救、供水施救、人员定位、通讯联络和避难硐室“六大”安全避险系统全部完善。南桐煤矿安全监测监控系统为重庆煤科院KJ95NB系统，红岩煤矿为重庆煤科院KJ95NA系统，其他矿为江苏镇江中煤电子公司KJ101N系统。井下人员定位系统采用最新的无线射频和数据处理技术，数据通信技术和地理信息系统。建有固定避难硐室9个（红岩、兴隆矿2个，其他矿1个，每个避难硐室可容纳50～80人），移动救生舱5套（除红岩、兴隆矿外，各矿1套，每个移动救生舱可容纳8～12人）。压风自救系统的管路规格均按矿井需风量、供风距离、阻力损失等参数配置。南桐煤矿有压风机15台，红岩煤矿9台，鱼田堡煤矿4台，东林煤矿6台，砚石台煤矿8台，新田湾煤矿3台，兴隆煤矿4台。各矿井利用防尘水管路作为供水施救系统的供水管路，在井底车场、井筒、各水平运输大巷设置供水主管，在采区巷道设置水平管，在采掘工作面、避灾线路、人员集中点、机电硐室、避难硐室、皮带运输和机巷设置供水支管。各矿井在主、副井绞车房、井底车场、运输调度室、采区变电所、水泵房、运输大巷和石门等处设置直通地面调度室的信号装置及终端设备，具有双向语音通信人机对话等功能。南桐煤矿有井下电话285台，红岩煤矿100台、鱼田堡煤矿118台、东林煤矿183台、砚石台煤矿98台、新田湾煤矿50台、兴隆煤矿58台。

乡镇煤矿全监测监控系统为KJ70、KJ90NA型安全监控系统，通讯系统均设置到各矿矿部和各矿调度室、井底车场。

（二）瓦斯防治

南桐矿业公司防治煤与瓦斯突出的主要措施是开采保护层和预抽煤层瓦斯。1964—2011年，矿业公司开采保护层1319.95万平方米（南桐煤矿535.96万平方米，鱼田堡煤矿315.35万平方米，东林煤矿286.81万平方米，砚石台煤矿127.56万平方米，新田湾煤矿54.27万平方米）。1965—1990年，抽采瓦斯量13783.58万立方米（南桐煤矿5354.50万立方米，鱼田堡煤矿5114.79万立方米，东林煤矿2538.53万立方米，砚石台煤矿405.98万立方米，红岩煤矿369.78万立方米）。2007—2011年，抽采瓦斯量19918万立方米（南桐煤矿6321万立方米，红岩煤矿2918万立方米，鱼田堡煤矿3262万立方米，东林煤矿3133万立方米，砚石台煤矿2273万立方米，新田湾煤矿1568万立方米，兴隆煤矿443万立方米）。2008—2011年，南桐煤矿瓦斯超限次数从1021次降至26次，红岩煤矿从437次降至8次，鱼田堡煤矿从325次降至5次，东林煤矿从330次降至4次，砚石台煤矿从236次降至8次，新田湾煤矿从189次降至7次。2010—2011年，兴隆煤矿瓦斯超限次数从26次降至7次。

2007年，乡镇煤矿在15个高瓦斯和高瓦斯突出的矿井安装安全监测、报警自动控制系统。各乡镇煤矿在地面安装监控系统总站，在井下安装分站2个，配置甲烷瓦斯传感器15个（使用12个、备用3个）。

（三）火灾防治

1990年前，南桐矿务局一般采取均压通风、采空区注黄泥浆方法开采自燃煤层。1992年起，南桐、砚石台和东林煤矿开始采用阻化剂（氯化钠溶液）条带注浆方法开采自燃煤层。2005年，矿业公司建立氮气防灭火系统，采取直接注氮方式消除煤层自燃。

乡镇煤矿所采煤层自燃可能性小。各矿井采取合理选择开拓及开采方法，煤柱护巷、及时永久封闭采掘工作面、通风降温、封闭老空区和老巷道减少漏风等措施防治煤层自燃。1997年，乡镇矿井改进通风方式，采取引风、“W”形通风和预防性灌浆等方式开采易发火煤层。

（四）粉尘防治

1987年后，南桐矿业公司主要采取湿式作业（湿式风钻、喷水雾、煤层注水、水泡泥、自动净化水幕等）方式防治粉尘。至2011年，公司建立防尘管路系统154千米，安装净化水幕320组，防尘喷雾320组，降尘喷雾733处，隔爆设施173处。2011年，南桐煤矿全尘浓度9.4毫克/立方米、呼尘浓度2.6毫克/立方米，红岩煤矿全尘7.2毫克/立方米、呼尘1.9毫克/立方米，鱼田堡煤矿全尘8.5毫克/立方米、呼尘1.5毫克/立方米。是年，各矿接触粉尘人员未出现尘肺病患者。

（五）水害防治

南桐矿业公司矿井水文地质复杂，充水因素较多，补给充分，是全国涌水量较大的矿区，其中红岩煤矿是全国十大水矿床之一。矿业公司治理水害的原则是"立足防洪，分级治理，上截下排，局部封堵"。主要采取治理河流和修筑地面防洪工程等措施防治地面水害。1980—1990年，清理防洪沟、修护、新筑、塌坑填充和垒砌堡坎等工程500项，其中防洪沟2.21万米，新筑防洪沟1.47万米，垒堡坎2657米，充填塌坑5.9万立方米，耗资423.9万元。2008年，新修鱼田堡陆朝湾防洪沟930米。2002年6—10月，治理刘家河，铺设人工河床117米，浇注混凝土2000立方米，充填注浆2200立方米。2005年1—8月，在刘家河南桐蛇劳子"天窗"区河床段注浆，治理该区水患。2010年10月，新建砚石台黄泥凼防洪沟120米，渡槽30米，片石挡墙35米，修补600米，耗资59.63万元。2007—2011年，陆续在南桐煤矿碰头岩浇注人工河床496米，治理碰头岩水渠700米，在鱼田小河大石板段和漏失段分别浇注钢筋混凝土河床535.35米、283.5米，在刘家河刘家坝漏失段浇注钢筋混凝土1247米。主要采取注浆堵水措施防治井下水害。注浆堵水工艺为引流卸压、直接注浆，单液充填、静水注浆，双流缓凝、深入注浆，帷幕隔水、壁后注浆，筑堵水墙、巷道注浆和埋管敷缝、高压强堵等。

1999年，区煤管局采取"疏、截、导、排"等措施防治地面洪水。青年、关坝2镇的煤矿主要采用留设防（隔）煤柱，畅通排水沟防等措施防治老窑洞水、采空区积水。南桐、丛林和万东3镇煤矿井出水通过南桐矿业公司矿井排出。

（六）顶板灾害防治

南桐矿业公司顶板垮塌事故居煤矿各类致死事故之首，主要采取改革采煤方法、支护手段和加强矿压监测等措施防治顶板垮塌。开采急倾斜煤层，20世纪70年代采用伪斜柔性掩护支架采煤法，80年代采用正台阶和俯伪斜分段密集采煤法；开采缓倾斜和倾斜煤层均采用走向长壁法。1983年开始，各矿井回采工作面均设置多种形式的顶板动态仪、压力传感器和频率计观拓进。1992年，南桐、东林煤矿开始在半煤岩巷掘进工作面使用树脂锚杆支护，并发展为锚、网、喷一体化联合支护模式。主要巷道、硐室、岔道口，以混凝土、料石发碹，钢筋混凝土支架、锚杆支护、金属无腿棚支护；回采工作面先后使用金属柔性掩护支架或金属摩擦支柱和单体液压支柱、铰接顶梁。

1986—1989年，区乡镇煤矿采煤支护方式一般为走向棚子或倾斜棚子，背护材料大都为笆片、排花或木板、竹帘。矿工全凭经验控制回采工作面，井下垮塌事故时有发生，常造成人员伤亡。1992年，关坝、青年2镇生产矿井开始在工作面采区采用陷落法管理顶板，在急倾斜煤层使用金属柔性掩护支架，缓倾斜煤层使用金属摩擦支柱HDJA型铰接接顶。2001年后，各矿井回采工作面逐步使用单体、液压支柱和铰接顶梁取代木支护和金属摩擦支柱，铰顶支护采用密集支柱、丛柱和斜撑支柱。

四、矿山救护

南桐矿业公司救护队成立于1953年，1976年改为救护大队，下辖南桐、红岩、鱼田堡、东林、砚石台煤矿5个救护中队和矿务局直属中队，有救护人员206人。1998年后，各煤矿救护中队改为救护小队，全局有救护人员60余人。2004年，南桐矿业公司重新整编救护大队，设直属中队、培训科、作战科、装备科，设砚红、鱼东、南桐和联创4个中队，救护人员增至155人。2008年，南桐矿业公司救护大队被国家应急救援指挥中心认定为国家二级救援基地。2009 年，南桐矿业公司在贵州省黔北地区新建 5 个煤矿，均设救护队伍。2011 年，救护大队达到一级标准化矿山救护大队资质，成为重庆市煤矿救援三级培训基地。是年，南桐矿业公司救护大队辖直属、砚红、鱼东、南桐和联创 5 个中队，13 个小队，有救护人员 155 人。

万盛区乡镇矿山救护中队成立于 1993 年。2011 年，救护中队设 3 个小队（驻关坝镇平翔煤矿小队 1 个，安监局值班机动小队 2 个），救护人员 13 人。

（一）救护装备

2011 年，南桐矿业公司救护大队有综合办公楼 1 幢，训练场地 1 片，培训教室（电教室）1 间，化验室 1 间，综合模拟演习训练巷 1 条，指挥车 2 辆，救护车 3 辆，大型灭火装备（制氮机）2 套，高倍数泡沫灭火机 1 套等救护装备。

2011 年南桐矿业公司救护大队装备情况表

表 7–10

类别	装备名称	单位	标准数量	现有数量
车辆	指挥车	辆	2	2
	商务车	辆	1	1
	气体化验车	辆	1	0
	装备车	辆	2	0
通信器材	移动电话	部	2	2
	视频指挥系统	套	1	0
	程控电话	部	2	2
	寻人仪	台	1	0
	对讲机	部	6	0
灭火装备	惰性（惰泡）灭火装备	套	1	1
	高倍数泡沫灭火机	套	1	1
	快速密闭	套	5	2
	高扬尘水泵	台	2	2
	高压脉冲灭火装置	套	2	2
检测仪器	气体分析化验设备	套	2	2
	热成像仪	台	1	0
	便携式防爆炸三角形测定仪	台	1	0
	演习巷道设施与系统	套	1	1
	多功能体育训练器械	套	1	1
	多媒体电教设备	套	1	1
	破拆工具	套	2	2

续表

类别	装备名称	单位	标准数量	现有数量
信息处理设备	传真机	台	1	1
	复印机	台	1	1
	台式电脑	台	2	6
	笔记本电脑	台	2	1
	数码摄像机	部	1	1
	数码照相机	部	1	1
	防爆射钉	台	2	0
材料	氢氧化钙	吨	0.5	0.5
	泡沫药剂	吨	0.5	0.3
	煤油	吨	1	0.1

2011 年万盛区乡镇煤矿矿山救护中队主要装备一览表

表 7–11

装备名称	单位	在籍	使用	装备名称	单位	在籍	使用
矿山救护车	辆	3	2	水枪	支	6	3
指挥车	辆	1	1	水龙带	米	300	300
灾区电话	部	2	1	引路绳	米	2000	2000
移动电话	部	3	3	高倍数泡沫灭火器	套	1	1
正压氧气呼吸器（4 小时）	台	32	32	液压起重器	台	2	1
正压氧气呼吸器（2 小时）	台	2	2	液压剪刀	把	1	1
正压氧瓶	个	40	40	快速接管工具	套	3	1
呼吸器（2 小时）	台	4	2	防爆摄像机	台	1	1
苏生器	台	5	2	多功能气体检测仪	套	6	3
充填泵	台	4	2	光学瓦斯检测仪	台	15	4
圆盘锯	把	1	1	氧气呼吸器校验仪	台	3	2
灭火器	个	28	26	斧锯镐锹	套	4	2

（二）事故救援

1958—1990 年，南桐矿务局矿山救护队参与井下预防检查 24.7 万人次，排放瓦斯 8.3 万人次，震动性放炮 2625 人次，取样化验 6381 个，矿难抢救 2700 余人（含区县煤矿事故）。1991—2011 年，救护大队多次参与公司和渝东南片区各种事故救援 82 起。

1993—2011 年，区矿山救护中队各种事故救援 309 起，抢救遇险人员 437 人，抢救井下各类设备 1000 多台（件）。

五、百万吨死亡率与重大事故

（一）百万吨死亡率

煤矿井下作业是高风险职业。中华人民共和国成立前（1939 年至 1949 年 9 月），区内煤矿生产百万吨死亡率高达139.9。中华人民共和国成立后，通过改革采煤工艺，改造矿井安全系统，加强职工安全教育、培训和完善管理制度等措施，煤矿生产百万吨死亡率不断下降。1991—2002年，南桐矿务局煤矿生产百万吨死亡率2.64。改制后，南桐矿业公司安全生产状况明显好转，2008—2011年，煤矿生产百万吨死亡率降至2以下。区乡镇煤矿生产百万吨死亡率从最高值49.52（1999年）降至最低值2.08（2011年）。

1965—2011年万盛区煤矿百万吨死亡率统计表

表7–12

年份	南桐矿业公司			万盛区乡镇煤矿		
	产量（万吨）	死亡（人）	百万吨死亡率	产量（万吨）	死亡（人）	百万吨死亡率
1965	144	32	22.22	–	–	–
1966	174	27	15.52	–	–	–
1967	126	38	30.16	–	–	–
1968	54	35	64.81	–	–	–
1969	130	25	19.23	–	–	–
1970	166	24	14.46	–	–	–
1971	204	30	14.71	–	–	–
1972	212	27	12.74	–	–	–
1973	191	28	14.66	–	–	–
1974	124	16	12.90	–	–	–
1975	166	15	9.04	–	–	–
1976	124	29	23.39	–	–	–
1977	172	20	11.63	–	–	–
1978	195	18	9.23	–	–	–
1979	214	19	8.88	–	–	–
1980	204	18	8.82	–	–	–
1981	204	10	4.90	–	–	–
1982	210	24	11.43	–	–	–
1983	216	25	11.57	–	–	–
1984	230	16	6.96	–	–	–
1985	236	21	8.90	–	–	–
1986	242	12	4.96	–	–	–
1987	254	7	2.76	–	–	–
1988	261	26	9.96	–	–	–
1989	261	13	4.98	–	–	–
1990	237	8	3.38	–	–	–
1991	241	7	2.9	89	12	13.48

续表

年份	南桐矿业公司			万盛区乡镇煤矿		
	产量（万吨）	死亡（人）	百万吨死亡率	产量（万吨）	死亡（人）	百万吨死亡率
1992	218	7	3.21	85	17	20.00
1993	221	5	2.26	132	11	8.33
1994	235	5	2.13	95	32	33.68
1995	247	13	5.26	90	23	25.56
1996	262	12	4.58	120	36	30.00
1997	240	5	2.08	100	46	46.00
1998	217	11	5.07	98	43	43.88
1999	229	10	4.37	105	52	49.52
2000	198	9	4.55	100	25	25.00
2001	233	7	3.00	110	18	16.36
2002	140	35	25.00	97	22	22.70
2003	171	11	6.43	94	15	15.96
2004	205	5	2.44	98	18	18.40
2005	201	6	2.93	112	13	11.60
2006	216	9	4.16	106	28	26.42
2007	226	9	3.98	117	11	9.40
2008	234	4	1.71	100	8	8.00
2009	236	3	1.27	95	4	4.21
2010	248	4	1.61	103	9	8.74
2011	256	5	1.95	96	2	2.08
合计	9625	745	–	2142	445	–

（二）重大事故案例

鱼田堡煤矿煤与瓦斯突出事故　1988 年 10 月 16 日 14 时 20 分，南桐矿务局鱼田堡煤矿二水平东翼三采区 +20 米水平石门揭 4 号煤层施工中，风钻打震动炮眼时导致煤与瓦斯突出，突出煤量 8765 吨，岩石 61.4 立方米，涌出瓦斯 201 万立方米，堵塞巷道 1800 米，死亡 15 人，轻伤 28 人，直接经济损失 73.85 万元。事故原因是安全岩柱留设未达到规定距离。

铜鼓滩煤矿瓦斯爆炸事故　1994 年 10 月 28 日 17 时 45 分，关坝镇铜鼓滩煤矿发生瓦斯爆炸事故，死亡 16 人。事故原因是 K3（#4）煤巷掘进端在未受到解放的范围内作业，工作面风流受阻，同时 8 号眼子面上有一条 60 米盲巷未封闭，导致 8 号眼子以上区域瓦斯积聚超限，滚落的硫铁矿撞击矸石产生火花而引起瓦斯爆炸。

炭口湾煤矿水灾事故　1998 年 8 月 6 日 19 时，万东镇炭口湾煤矿发生淹井事故，死亡 11 人。事故原因是当日暴雨，致使山上水池坍塌，池水流入主井口前方新湾河沟，水位超过主井涌入井下 +254 米水平 6 号层采煤工作面和掘进端头。

油坊煤矿煤与瓦斯突出事故　1999 年 3 月 17 日 8 时 51 分，关坝镇油坊煤矿 K3 煤层 1403 三段机巷掘进工作面发生煤与瓦斯突出事故，死亡11人。事故原因是管理人员违章指挥，工人违章作业，在无防突措施情况下，违章掘进，引发事故。

南桐煤矿煤与瓦斯突出事故　2002年1月31日14时30分，南桐煤矿采煤141队在南翼6408E（东）上段工作面作业时导致煤与瓦斯突出，突出煤量2210吨，瓦斯60万立方米，死亡21人，重伤1人、轻伤5人。事故原因是设计时未充分留设安全屏障，风巷未按设计要求施工，放顶时未及时实施强制放顶措施，矿井瓦斯监测系统不完善。

南桐和鱼田堡煤矿水灾事故　2002年6月13日10时50分，刘家河河床突然塌陷，河水溃进南桐和鱼田堡煤矿井下，15日21时45分，鱼田堡煤矿井下积水冲破东林煤矿挡水墙，涌入东林煤矿－100米水平，致使3个矿井被淹，最大静态储水量442万立方米，3个矿井排水、供电、通风、运输和瓦斯监测及抽放系统被毁，3个矿井停产5～8个月，直接经济损失达2亿元。事故发生时，3个矿井共有973名矿工在井下作业，除3人遇难外，其余生还。

鱼田堡煤矿煤与瓦斯突出事故　2007年7月20日11时10分，鱼田堡煤矿瓦斯队在3504E（东）二段机巷打本层预抽孔时，引发煤与瓦斯突出。突出煤量343吨，瓦斯16952立方米，煤炭堆积巷道106米，堵断巷道46米，死亡4人。事故原因是瓦斯超限后，操作员工未按规定停止打钻。

第四章　煤炭销售

第一节　管理体制

一、南桐矿业公司

1965年3月，南桐矿务局设供销科，1966年1月改为供销处，1984年11月，撤销供销处，设供应处和运销处。运销处负责全局煤炭销售、货款回收和内段铁路运输的管理职能。

1991—1993年，煤炭市场供大于求，南桐矿务局分两种渠道对外销售煤炭，一是运销处负责销售红岩、鱼田堡、东林和砚石台煤矿原煤和局干坝子洗选厂加工煤；另一是南桐煤矿负责销售其生产原煤和南桐煤矿洗选厂生产的冶炼精煤。

1994年，南桐矿务局集中统一管理外销煤炭，运销处收编南桐煤矿对外销售煤炭机构，并根据市场分布，在重庆、成都和武汉设立办事处。同时，五矿一厂在完成承包任务和内部经济合同的前提下，在矿务局规定的价格内，可以自行开辟市场，自销煤炭。

1997年年底，全国煤炭市场疲软。1998年年初，南桐矿务局调整销售策略，运销处负责向重点钢铁厂、焦化厂、电厂销售商品煤，各矿及洗选厂负责开辟新市场和向中小客户销售煤炭。

2002年7月，南桐矿务局取消各矿、洗选厂煤炭产品自销权，统一划归运销处管理，保留各矿、洗选厂煤炭副产品销售权。

2004年后，南桐矿业公司煤炭销售年合同量3万吨及以上客户先后由重庆煤炭（集团）公司、重庆市能投集团公司集中管理，矿业公司只负责管理年合同量3万吨以下客户。

2007年，南桐矿业公司取消各矿、洗选厂煤炭副产品销售权，交运销分公司集中统一销售。

二、区乡镇煤矿

万盛区原煤、焦炭除国家计划收购的部分外，多余部分允许企业自销。

第二节　销售市场

1984年，国家允许企业自销超产煤炭。南桐矿务局在确保省内、市内用户用煤前提下，向省外开拓市场。至1990年，新增省外用户42家。1991—1996年，煤炭销售实行指令性计划和指导性计划相结合的政策。南桐矿务局在保证省、市指令性计划前提下，开辟长江下游精煤市场，合同用户主要有涟源钢铁厂、武汉钢铁厂、南京钢铁厂和上海焦化厂。1994年起，增加广西、湖北等地电煤用户。1996—1997年，成渝两地中小企业改制转型或破产重组，中小企业用户市场逐渐萎缩。1997年后，南桐矿务局煤炭外销重点转向大中型实体企业，以重庆、四川、湖南、湖北、江苏、上海和广西等省区市的钢铁、电力、焦化和建材企业为主。

万盛区乡镇煤矿生产的煤炭除供应区工业生产和居民生活外，大部分销售至周边地区。2011年，乡镇煤矿生产的煤炭绝大部分销售给区内工业企业，也有少量销至四川、贵州、广西、湖北、湖南、江苏、安徽和江西等省区。

第三节　销售价格与收入

南桐矿业公司销售的煤炭有原煤、冶炼精煤、冶金焦、焦炭、混煤、块煤、中煤、次煤、煤焦油、洗末煤、混煤、洗混煤、其他精煤和洗电煤等14个品种。1993年前，煤炭销售实行国家指令性定价。1993年起，除电煤、民用煤实行国家指导价格外，其余产品由企业自主定价。2002起，除电煤行国家指导价格，其他煤炭产品均与市场接轨。

万盛区乡镇煤矿发展初期，在煤炭生产销售上实行自产自销、自主定价，不受国家指令性计划的限制，价格主要受煤炭宏观和区域市场供需状况变化影响。2000年后，受国家煤电价格“双轨制”政策影响，部分乡镇煤矿煤炭流向市内主要电力企业，电煤供应价格实行国家计划指导价，略高于市场价格。2005年，电煤供应紧张，为保证市内电煤供应，全市实施电煤行政调控措施，向各区县下达电煤供应任务。万盛区按市下达的电煤供应数量，结合各乡镇煤矿产能水平，按年分解给各乡镇煤矿。因电煤供应价格低于市场价格，区政府每年均安排一定额度的财政资金，专项用于补助电煤供应的生产经营企业。

1986—1990年南桐矿务局煤炭销售价格一览表

表7–13　　　　单位：元/吨

年份	原煤	精煤		
		全局	南桐煤矿	干坝子洗选厂
1986	32.53	66.62	76.52	55.20

续表

年份	原煤	精煤		
		全局	南桐煤矿	干坝子洗选厂
1987	34.44	69.87	80.13	61.25
1988	32.78	77.42	84.43	67.46
1989	35.19	90.84	112.94	57.14
1990	34.55	70.58	77.18	60.67

1991—2011 年南桐矿业公司煤炭销售情况表

表 7-14

年份	精煤					选电煤		混煤及原煤		公司收入（万元）
	公司销量（万吨）	南桐选煤厂		干坝子洗选厂						
		销量（万吨）	单价（元/吨）	销量（万吨）	单价（元/吨）	销量（万吨）	单价（元/吨）	销量（万吨）	单价（元/吨）	
1991	84.32	75.38	157.31	2.63	68.47	75.38	42.49	61.51	46.87	18948.23
1992	70.71	57.94	164.92	0.64	128.89	57.94	69.68	64.29	60.85	18435.10
1993	70.59	66.23	231.37	3.44	160.83	66.23	91.68	78.81	74.94	26339.00
1994	56.39	66.06	216.85	1.15	162.95	66.06	116.48	72.63	79.92	25313.00
1995	53.07	68.38	229.27	5.39	165.19	68.38	115.15	80.62	89.07	28879.00
1996	73.78	88.27	248.60	6.73	179.67	88.27	123.87	59.77	112.90	35011.00
1997	65.65	79.56	260.33	6.04	189.62	79.56	139.76	58.53	116.68	34581.00
1998	57.59	73.49	255.87	4.23	176.04	73.49	131.50	78.61	106.52	32758.00
1999	56.86	74.10	267.41	3.07	172.21	74.10	134.60	65.85	89.78	30208.00
2000	56.44	73.55	247.65	1.69	134.23	73.55	134.21	72.49	84.24	30339.00
2001	50.73	87.08	248.00	1.63	152.44	87.08	124.97	75.37	89.60	30313.00
2002	34.11	43.60	247.51	0.13	118.90	43.60	130.31	25.75	111.82	17292.00
2003	54.33	85.29	245.22	2.44	234.84	85.29	122.35	1.26	90.71	24833.76
2004	71.52	106.09	309.02	17.32	256.33	106.09	145.14	2.12	12606	47246.00
2005	83.38	84.84	400.47	32.72	329.29	84.84	186.96	0.38	164.53	62158.00
2006	99.69	80.71	498.02	40.85	458.11	80.71	182.96	2.07	211.62	68985.00
2007	111.56	98.49	515.73	40.86	469.67	98.49	198.75	–	–	84519.00
2008	118.86	87.27	648.73	42.11	592.88	87.27	241.34	4.68	320.06	149783.78
2009	128.47	97.10	719.93	50.02	648.12	97.10	222.62	–	–	123543.78
2010	150.50	73.30	782.33	57.36	706.84	73.30	199.19	–	–	174895.28
2011	140.84	72.51	908.37	59.85	790.05	72.51	178.59	–	–	188045.65

1991—2011 年万盛区乡镇煤矿煤炭销售情况一览表

表 7–15

年份	原煤			精煤		
	产量（万吨）	单价（元 / 吨）	收入（万元）	产量（万吨）	单价（元 / 吨）	收入（万元）
1991	89.0	100	8900	25.81	200	5162
1992	85.0	100	8500	24.62	200	4930
1993	132.0	100	13200	38.28	200	7656
1994	120.0	140	16800	34.80	280	9744
1995	90.0	140	12600	26.10	280	7305
1996	120.0	165	19800	34.80	300	10440
1997	100.0	165	16500	29.00	300	8700
1998	111.0	165	18315	32.19	300	9657
1999	105.0	165	17325	30.45	300	9135
2000	110.0	170	18700	31.90	340	10846
2001	110.0	170	18700	31.91	340	10846
2002	96.5	200	19300	27.985	400	11194
2003	94.3	250	23575	27.347	500	13674
2004	97.8	300	29340	28.362	600	17017
2005	118.87	450	53490	15.52	850	15742
2006	120.0	500	60000	34.8	850	29580
2007	117.3	555	65102	30.017	900	27015
2008	99.6	700	69720	28.884	900	25996
2009	94.9	800	75920	27.521	1000	27521
2010	103.3	900	92970	19.957	1000	29957
2011	130.0	1000	130000	37.3	1000	37300

第八篇 商贸服务

第一章 商贸企业所有制类型

第一节 国有商贸企业

一、区属国有商贸企业

1986年年初，全区有区百货针织批发公司、五金交电化工公司、万盛百货公司、煤建石油公司、食品公司、蔬菜副食水产公司、饮食服务公司、糖酒公司、医药公司、东林工矿贸易公司、南桐工矿贸易公司、红岩工矿贸易公司、晋林工矿贸易公司、平山工矿贸易公司、兴无工矿贸易公司和重庆市南桐工业品贸易中心等区属国有商贸企业，经营百货、五交化、煤炭、石油、西药、医疗器械、肉禽、蛋、蔬菜、水产、副食、糖酒、糖果糕点、饮食和服务等业务等。

1986—2005年，区属国有商业企业实施租赁、承包等多种经营形式，并改革产权制度，部分企业破产。

2011年，全区有万盛百货公司、南南商贸公司、区饮食服务公司3家区属国有商业企业。3家企业均以门面租金收入维持运营。

2011年万盛区区属国有商贸企业基本情况一览表

表8-1

企业名称	成立时间	经营范围	在册员工（人）	营业网点（个）	资本金（万元）	固定资产（万元）
万盛百货公司	1994年9月	日用工业品	33	1	43	220
南南商贸公司	1996年11月	百货、针织品	48	1	110	130
万盛区饮食服务公司	1997年7月	饮食服务	68	3	235	69

二、市属国有商贸企业

1986年，全区只有四川省盐业公司重庆市南桐矿区支公司1家省属国有商业企业。该公司专营生产用盐和食用盐，并兼有盐业专卖管理职能。

1997年，四川省盐业公司重庆市万盛区盐业支公司更名重庆市盐业总公司万盛区分公司。是年11

月 3 日，区医药公司被重庆市医药股份公司收购。12 月 16 日，更名重庆市医药股份公司万盛区分公司。

1998 年 7 月 8 日，区五金交电化工公司被重庆商社（集团）公司兼并，更名重庆商社万盛五金交电化工公司，为重庆商社（集团）公司全资子公司。

2001 年 7 月 1 日，重庆商社电器公司万盛家电商场从重庆商社万盛五金交电化工公司分离，主营家用电器。

2001 年 12 月，重庆医药股份公司将万盛区医药分公司所属零售门市划给重庆和平药房连锁公司，组建重庆和平药房万盛片区连锁店。

2004 年 9 月，中国烟草总公司重庆市公司万盛区分公司成立。

2005 年，重庆重客隆超市连锁公司万盛、东林和南桐连锁店先后成立。9 月，重庆新华书店集团公司万盛新华书店成立（2010 年 4 月，更名重庆新华传媒有限公司万盛新华书店）。

2006 年 10 月，重百超市万盛店成立。

2007 年 4 月，中石油天然气公司重庆分公司两河口加油站设立。

2008 年 4 月，重庆粮食集团万盛区粮食公司成立。

2011 年，全区有重庆市盐业总公司万盛区分公司、重庆市医药股份公司万盛区分公司、重庆和平药房连锁公司万盛片区连锁店、重庆商社万盛五金交电化工公司、重庆商社电器公司万盛家电商场、重庆重客隆超市连锁公司万盛区连锁店、重庆新华传媒有限公司万盛新华书店、重百超市万盛店、重庆粮食集团万盛区粮食公司、中石油天然气公司重庆分公司万盛经营部和中国烟草总公司重庆市公司万盛分公司等 11 家市属商业企业，经营盐业、中西药、医疗器械、五金、交电、化工、家电、汽油、柴油、润滑油、百货、粮油、瓶装燃气、烟草、书籍和音像制品等。

2011 年万盛区市属商贸企业基本情表况一览表

表 8–2

企业名称	成立时间	经营范围	员工（人）	营业网点（个）	资本金额（万元）	固定资产（万元）
重庆市盐业总公司万盛区分公司	1956 年 2 月	食盐	9	8	15	54
重庆市医药股份公司万盛区分公司	1997 年 11 月	西药、医疗器械	14	1	13.8	194.71
重庆商社万盛五金交电化工公司	1998 年 7 月	五金、交电、化工	25	1	39.20	32.60
重庆商社电器公司万盛家电商场	2001 年 7 月	家器	14	1	–	–
重庆和平药房连锁公司万盛区连锁店	2001 年 12 月	中西药	31	12	–	–
中石油天然气公司重庆分公司万盛经营部	2004 年 6 月	油气产品	30	5	–	–
中国烟草总公司重庆市公司万盛分公司	2004 年 9 月	烟草	–	–	–	–
重庆重客隆超市连锁公司万盛区连锁店	2005 年 6 月	百货、家电、粮油制品	–	3	–	–
重庆新华传媒有限公司万盛新华书店	2005 年 9 月	图书、音像制品	–	1	–	–
重百超市万盛店	2006 年 10 月	百货、家电、粮油	–	1	–	–
重庆粮食集团万盛区粮食公司	2008 年 4 月	粮食及其制品	–	1	–	–

三、其他国有商贸企业

2000 年 12 月，区石油公司破产。2001 年 3 月，区石油公司资产被中石油化工公司湖北襄樊石油公司收购，组建万盛区襄盛石油公司。

2001 年 9 月 15 日，中石油天然气公司重庆涪陵销售分公司收购南桐石油公司。2003 年 2 月，设立张家湾加油站。2004 年 6 月，中石油天然气公司重庆涪陵销售分公司万盛经营部成立。8 月，设立麒麟加油站和桃子加油站。9 月，设立白果加油站。

1986—2005 年万盛区国有商贸企业经营情况一览表

表 8–3　　单位：万元

年份	销售金额	商品零售总额	利润	上缴税金
1986	6444	2632	126.53	201.97
1987	7165	3139	129.79	224.05
1988	9785	4067	402.53	284.57
1989	9289	4498	149.53	340.38
1990	9190.6	4991.5	42.67	235.42
1991	9243.8	4579.6	–133.5	342.93
1992	8840.1	4145.8	–72.02	309.43
1993	7469.6	3582.1	–373.48	294.2
1994	6452.5	277.6	–392.24	222.15
1995	6624.2	3044.2	–448.81	190.79
1996	6520.9	3274	–417.82	147.28
1997	4976.1	2583.2	–388.36	108.63
1998	4224.6	2092.3	–270.17	72.9
1999	4611.8	3085.6	–135.16	78.73
2000	3145.7	3495.7	–171.8	80.19
2001	3638.69	3112.1	–158.17	139.17
2002	12239.68	3185.15	–164.76	172.96
2003	9889.52	4746.47	120.87	177.57
2004	9900.64	4992.81	865.66	188.12
2005	–	–	–	–

说明：2006 年后，不再统计国有商业企业经营情况

第二节　集体商贸企业

1986 年年初，全区有集体商业企业 23 家（属区利民商业公司管理的 15 家，属区蔬菜公司管理的 4 家，属区食品公司、兴无贸易公司、晋林贸易公司、平山贸易公司管理的各 1 家），有从业人员 772 人，

营业网点110个，固定资产34.82万元，主要经营五金、交电、化工制品、百货、烟酒、糖果糕点、饮食、副食和蔬菜等商品。

1995—2005年，区内集体商业企业经济效益持续下滑，亏损逐年增大，部分企业破产或自然解体。

2005年，全区有区三菱五金交电化工公司、星星商业公司、元通五金交电化工百货商店、盛友商贸公司、华兴商业公司、瑰园商贸公司、万盛饮食综合商店、顺达贸易商场、泰和贸易商场和万盛饮食服务商店等10家集体商业企业，有员工227人，营业网点32个，固定资产230.94万元。

2007年，重庆盛友商贸公司自然解体。

2011年，元通五金交电化工百货商店、万盛饮食综合商店、顺达贸易商场、泰和贸易商场、万盛饮食服务商店和三菱五金交电化工公司自然解体。是年年末，全区有星星商业公司、华兴商业公司和瑰园商贸公司3家集体商业企业。

2011年万盛区集体商贸企业基本情况一览表

表8-4

企业名称	成立时间	经营范围	员工（人）	营业网点（个）	资本金（万元）	固定资产（万元）
瑰园商贸公司	1978年10月	糖果糕点	20	5	26.70	28.16
星星商业公司	1986年3月	百货	37	2	46.25	25.51
华兴商业公司	1990年11月	副食	29	4	17.64	32.71

1986—2005年万盛区集体商贸企业经营情况一览表

表8-5　　单位：万元

年份	销售金额	商品零售总额	利润	上缴税金
1986	1258	1006	12.24	39.84
1987	1281	999	7.79	40.89
1988	1687	1273	17.06	47.31
1989	1930	1344	20.71	49.65
1990	2039.6	1419.5	21.4	58.28
1991	1940.5	1250.2	3.67	50.02
1992	1818	1068.2	–15.5	47.31
1993	1353.4	903.9	–62.86	44.74
1994	894.2	760.3	–42.5	29.92
1995	1048.3	934.9	–29.31	17.38
1996	823.1	414	–45.17	14.48
1997	644.6	516.8	–17.07	15.94
1998	444.8	372.6	–23.96	13.31
1999	1991.2	179	–9.45	8.53
2000	188.7	138.7	–13.65	7.4
2001	157.6	157.6	–1	8.24

续表

年份	销售金额	商品零售总额	利润	上缴税金
2002	186	185	-3.31	8.47
2003	126.35	126.35	-10.68	7.43
2004	144.92	144.92	-1.23	8.67
2005	187.13	187.13	-9.69	8.35

说明：2006 年后，不再统计集体商业企业经营情况

第三节　供销合作商贸企业

1986 年，全区有区农资公司、废旧物资回收公司、干菜果品公司、日杂公司、综合贸易公司、中药材公司、蚕茧公司、同兴商业联合公司、万盛供销社、关坝供销社、青年供销社、桃子供销社、景星供销社、丛林供销社和金桥供销社等 15 家供销合作商业企业，职工 1005 人。

1989 年 4 月，区供销合作社改组为区供销合作社联合社，下有区农资公司、废旧物资回收公司、干菜果品公司、日杂公司、综合贸易公司、中药材公司、蚕茧公司、青年供销社、关坝供销社、万盛供销社、景星供销社、丛林供销社、金桥供销社（含青山分社）和桃子供销社（含两河分社）等 14 家商业企业，另有社办企业 1 家和综合商店 5 家（干果、日杂、青年、关坝、桃子），全系统职工 1079 人。

1993 年 4 月，区供销合作联合社下有区农资公司、废旧物资回收公司、干菜果品公司、日杂公司、综合贸易公司、同发商贸公司、中药材公司、渝盛饲料养殖公司、万盛供销社（1993 年 5 月 27 日更名城东供销社）、青年供销社、桃子供销社（含两河分社）、景星供销社（1993 年 5 月 25 日更名腰子供销社）、丛林供销社和金桥供销社等 14 家商业企业，另有社办企业 2 家（万兴建材、青年食品厂）和商店 5 家（干果、日杂、青年、关坝、桃子），全系统职工 842 人。

1995 年，区农资公司、物资回收公司改制为有限责任公司。

1996 年，区中药材料公司、综合贸易公司、日杂公司和干果菜品公司破产。

2000 年 8 月，基层供销社开始改制。

2001 年 1 月 1 日，丛林供销社、城东供销社、青年供销社、桃子供销社、南天供销社、腰子供销社、金桥供销社和关坝供销社歇业。12 月 3 日，丛林供销社、城东供销社、青年供销社、关坝供销社、金桥供销社、腰子供销社和桃子供销社等 7 个基层供销社被注销，重新注册万东供销社（设城东和丛林 2 个分社）、青隆供销社（设关坝分社）、石林供销社（设腰子分社）和青灵供销社 4 个基层供销社，并改制为股份制企业。

1997—2001 年，区供销合作社联合社直属公司全部改制为股份制企业。

2001—2005 年，区供销合作社联合社参股组建重庆市堡堂农产品开发公司、万盛区盛泉茶厂、重庆烟花爆竹集团盛典公司、万盛区渝旺食品公司、重庆市黑山茶叶公司、重庆市翠信茶业公司、万盛区利民农资公司、万盛区集星农产品公司、重庆市盛尚茶业公司和万盛区贵先米业公司等 10 家农产品开发企业。

2005 年，区供销合作社联合社下有区农资公司、区物资回收公司、区宏济堂药品公司、区利民农资公司和区同发商贸公司等 5 家社属公司和青隆、石林、万东和青灵等 4 家供销社，全系统职工 112 人。

2009 年，区供销合作社联合社参股（占股 51%）组建重庆博尔商贸有限公司。

2011 年，区供销合作社联合社下有企业 14 家，其中合资企业 1 家，控股企业 1 家，参股企业 12 家；基层供销社 4 家（青隆、石林、万东、青灵）；农产品市场 2 个（关坝、金桥农贸市场）；农民专业合作社和专业合作社联合社 88 个；村综合服务社（服务中心）131 个。

2011 年万盛区部分供销商贸企业基本情况一览表

表 8-6

企业名称	成立时间	经营范围	在册员工（人）	营业网点（个）	资本金（万元）	固定资产（万元）
万盛区同发商贸公司	1993 年 3 月	百货、针织品	9	12	500	876.3
万盛区物资回收公司	1997 年 3 月	废旧物品收购	11	11	75.25	108.6
万盛区农业生产资料公司	1997 年 10 月	农资	12	10	88.2	61
万盛区青隆供销社	2001 年 7 月	百货、针织、农资、副食品	26	38	63.4	203
万盛区石林供销社	2001 年 9 月	百货、针织、农资、副食品	8	6	20	104
万盛区万东供销社	2001 年 9 月	百货、针织、农资、副食品	7	6	63	36.2
万盛区青灵供销社	2001 年 9 月	百货、针织、农资、副食品	9	14	20.1	22
万盛区宏济堂药品公司	2003 年 12 月	中药、西药	23	7	108	230
万盛区利民农资公司	2005 年 3 月	化肥、农机具	14	6	400	12

1986—2011 年万盛区供销社系统商贸企业经营情况一览表

表 8-7　单位：万元

年份	销售总额	社会商品零售额	利润	上缴税金
1986	3051	1809	52	87
1987	3562	2350	78	125
1988	5500	3850	188	220
1989	4859	3207	69	100
1990	4439	3551	–30	88
1991	4754	3218	12	94
1992	5069	3040	–23	101
1993	5456	3273	–97	109
1994	4983	990	–217	87
1995	4005	2805	–221	90
1996	4130	2478	–147	105
1997	3513	2108	–66	65
1998	3499	2549	–118	66
1999	4388	2983	–96	46
2000	4611	3089	4	41
2001	4055	2433	8	25

续表

年份	销售总额	社会商品零售额	利润	上缴税金
2002	4323	2926	5	53
2003	5074	3028	42	27
2004	5157	3610	–8	72
2005	6847	3793	24	57
2006	7650	3850	20	59
2007	9218	4800	33	63
2008	10634	8017	42	57
2009	13825	9954	55	62
2010	22154	15508	133	85
2011	96308	34952	157	115

第四节　私营和个体商贸企业

1986年，全区有个体商户1814户，从业人员2386人，注册资金148.19万元，销售总额1608.95万元。

1991年，全区有私营商业企业6家，从业人员52人，年销售总额70.31万元；个体商户2892户，销售总额2512.32万元。

2005年，全区有私营企业151家，个体商户4911户，从业人员8225人，注册资金4133万元，销售总额15713万元，其中社会消费品零售总额17233万元。

2008年，全国连锁企业国美电器在万盛开设分店。

2009年，全国连锁企业永辉超市在万盛开设分店。

2010年，全国连锁企业苏宁电器在万盛开设分店。

2011年，全区有个体商户8067户，注册资金22893.75万元。

1991—2005年万盛区私营商贸企业基本情况一览表

表8–8

年份	企业数量（家）	从业人员（人）	注册资金（万元）	销售总额（万元）	社会消费品零售总额（万元）
1991	6	52	–	70.31	–
1992	12	107	81.81	–	–
1993	–	–	–	–	–
1994	–	–	–	–	–
1995	–	–	–	–	–
1996	–	–	–	–	–
1997	97	1029	2422	5165	2102

续表

年份	企业数量（家）	从业人员（人）	注册资金（万元）	销售总额（万元）	社会消费品零售总额（万元）
1998	96	1013	2316	6591	2557
1999	76	1010	2217	6280	2621
2000	67	743	2080	6339	3754
2001	79	768	5972	13887	7724
2002	–	–	–	–	–
2003	–	–	–	–	–
2004	180	1146	7233	–	–
2005	151	–	–	–	–

1986—2011 年万盛区个体商户基本情况一览表

表 8–9

年份	商户数量（户）	从业人员（人）	注册资金（万元）	销售总额（万元）	社会消费品零售总额（万元）
1986	1814	2386	148.19	1608.95	1582.05
1987	1871	2475	150.20	1711.3	1414
1988	2008	2617	155.34	1900.45	1891.63
1989	2232	2512	227.28	1945.2	1819.63
1990	2283	2596	228.79	1854.67	1745.47
1991	2892	3340	275.10	2512.32	2186.12
1992	3146	3603	577.39	3223.76	3070.06
1997	6160	15415	1628	12830	9106
1998	6514	1657.6	1885	12547	9905
1999	3934	10436	1102	12733	10505
2000	3970	10104	1322	11563	7553
2001	4054	10396	1535	18761	16550
2002	3601	8209	1850.3	25323	18551
2003	3816	8688	2525.2	19495	25025
2004	4650	8945	3400	15100	24020
2005	4911	8225	4133	15713	17233
2006	4184	–	6637.83	–	–
2007	4601	–	7970.94	–	–
2008	5084	–	8922.78	–	–
2009	6022	–	12859.94	–	–
2010	6640	–	16712	–	–
2011	8067	–	22893.75	–	–

第二章　粮油购销与仓储

第一节　粮食购销

一、粮食收购

（一）合同订购

1985 年后，粮食收购体制从国家统一收购改为合同订购与市场收购相结合“双轨制”。订购粮食品种主要有小麦、玉米、稻谷（大豆、胡豆、豌豆可抵稻谷）。

1985 年，实行“粮化（肥）挂钩”收购政策，凡签订粮食订购合同的农户，每交售 50 千克贸易粮，奖尿素 2.5 千克，并降价供应碳酸氢铵 5 千克。

1987 年，实行化肥、柴油、预付订购粮食订金“三挂钩”收购政策，标准为农户每交售 100 千克贸易粮，供应平价化肥 10 千克、平价柴油 3 千克，并向其预付订购粮食总价 20% 的订金。

1994 年 5 月，国务院发布《关于深化粮食购销体制改革的通知》，继续坚持政府订购粮食，并适当增加收购数量。

1997 年 7 月，国家订购粮食仍按 1996 年确定的订购价收购，议价收购粮食则按保护价（国务院确定的订购基准价）常年敞开收购。

2002 年 1 月 1 日起，取消粮食订购政策，粮食购销完全市场化。

1986—2000 年万盛区合同订购粮食收购情况表

表 8-10　　　　单位：吨

年份	计划收购	实际收购	年份	计划收购	实际收购	年份	计划收购	实际收购
1986	4500	4507	1991	4120	4188	1996	2885	2885
1987	4200	4261	1992	–	2512	1997	2885	3872
1988	4055	4253	1993	3589	3683	1998	3685	3654
1989	4120	4178	1994	–	3773	1999	3330	3092
1990	4005	4157	1995	3532	3586	2000	2500	689

（二）保护价收购

保护价收购粮食，是国家为了保护农民种粮积极性出台的一项重大决策。国家收购农民粮食不得低于保护价，若保护价高于市场价格，其差价由国家财政补贴。

1987 年 12 月 8 日，四川省以 1.2 元 / 千克的保护价格挂牌收购中稻谷。

1997 年 8 月，国务院要求各地在农业丰收的情况下，按保护价敞开收购议价粮。是年，重庆市按每千克中等稻谷 1.32 元、小麦 1.28 元、玉米 1.22 的敞开收购议价粮。

1998 年 6 月 3 日，国务院再次强调按保护价敞开收购农民余粮，解决农民卖粮问题。

2000 年，小麦、玉米不再享有重庆市粮食收购保护价政策。

2004 年 8 月，万盛区中籼稻最低收购价确定为三等稻谷 1.44 元 / 千克。

2005 年，稻谷不再享有重庆市粮食收购保护价政策。农民多余的粮食就地出售给个体商贩或在农贸市场交易。

（三）议价及市场化收购

议价收购是国家按市场价收购农民出售的粮食，其价格略高于平价收购价格，是一项保护农民利益的政策。

1990 年，全区议价收购粮食 1035 吨。1992 年，议价收购粮食 5182 吨。2001 年，议价收购粮食 2743 吨。2005 年，议价收购粮食 1742 吨。

2005 年后，区粮食部门不再收购议价粮。2005—2011 年，全区市场化收购粮食 146645 吨。2009—2011 年，从区外购进粮食 122495 吨。

二、粮食销售

1986 年，区粮食公司供应对象包括城镇居民、农村菜农、经济作物农和驻军，并负责提供企业工程粮、救灾救济和食品加工转换粮等。

1985 年，全区有城镇居民 8.45 万，每月口粮定量总数为 1472 万千克，人均定量 17 千克。1986 年，农村菜农、经济作物农口粮供应实行粮地、粮菜挂钩政策，粮价与城镇居民相同。1991 年，区内部分村、社仍有返销粮（计划经济时期针对缺粮户的特殊粮食供应形式）。1992 年，重庆市城镇居民定量口粮、行业用粮、工种粮不再凭票、凭证供应，实行平价供应，市场销售。1993 年 4 月，全国粮食销售价格基本全部放开，城镇居民口粮供应制度取消。1995 年 7 月 1 日起，全区 24174 名菜、经农口粮不再纳入计划限价供应范围。

2001—2004 年，国家向退耕还林农户每年每公顷补助 2250 千克粮食，栽种经济林补助 5 年，栽种生态林补助 8 年。2002—2003 年，区累计发放退耕还林补助粮 12203 吨。2004 年起，粮食补助改为现金补助。

2005 年后，改革粮油经营体制，国有粮食企业被整合划转到重庆粮食集团，民营和个体粮油经营户快速发展。2008 年，全区有粮食经营企业（个体商户）150 家（户），其中国有企业 1 家，规模以上粮食加工企业 4 家，主营粮油 43 家（户），兼营 105 家（户）。2005—2008 年，全区销售粮食 103336 吨。2009 年，销售粮食 32519 吨，其中城镇居民用粮 17252 吨，食品业用粮 1648 吨，餐饮业用粮 1224 吨，工业用粮 374 吨，销往市外 6133 吨。2010—2011 年，万盛区粮食总需求 192330 吨，其中区内粮食消费量 147022 吨，销往区外 45308 吨。粮食消费量中，城镇人口口粮 44113 吨，农村人口口粮 36439 吨，饲料用粮 61315 吨，工业、种子用粮 5155 吨。

第二节　粮油仓储

1986 年，区粮食公司有粮油仓库 40 余座，面积 13620 平方米，库容量 18940 吨。1986—1990 年，区粮食公司在东林粮站修建食用油罐 2 个，储藏食用油 300 吨。

1987 年，因修建万南铁路，万盛粮站丛林仓库土地被征用，在丛林村黄泥堡重建丛林仓库，1992

年建成。

1990 年，区粮食公司在清溪桥修建粮食仓库 1 座，设计仓储量 150 万千克。1990—1991 年，区粮食公司改造关坝粮站仓库和桃子粮站两河粮店。

1991 年，扩建东林粮站清溪桥中转库，面积增至 1000 平方米，库容量 1500 吨。

1994 年 11 月，区粮食公司收购涪陵无轨火车站万盛转运仓库。

2000 年 10 月，万盛粮站 0107、0109 号仓库被划转给区粮油经营公司。

2003 年 5 月，拆除桃子粮站桃子仓库。

2004 年 2 月，拆除红岩粮店和仓库。3 月，平山粮站迁至南桐镇九龙团山堡，更名团山堡仓库。10 月，将关坝粮库 1411 平方米土地转让给关坝中学，用于修建学生宿舍。

2005 年 4 月，将石林粮店有偿转让给石林镇政府，用于修建区公安分局石林派出所。

2006 年，全区粮食企业有仓库 43 间，库容量 17772 吨。2009 年，全区粮食企业有仓库 29 个，库容量 13012 吨。全区粮食经营企业库存粮食 8107 吨，其中国有粮食经营企业库存 6324 吨，非国有粮食经营企业库存 1783 吨。

2011 年，全区库存粮食 36150 吨，其中国有粮食企业库存 3432 吨，非国有企业库存 1835 吨，转化用粮企业库存 388 吨，城镇居民存粮 758 吨，农户存粮 29737 吨。

第三章　农副产品购销

第一节　蔬菜水果

一、蔬菜

1986—1989 年，南桐矿区菜农口粮实行粮菜挂钩政策，菜农生产的蔬菜全部交由蔬菜公司统购包销。

1986 年，全区蔬菜总上市量 3760 万千克，国营公司销售价格稳中有降。1987 年，区蔬菜公司从山西、甘肃、四川等地调入 81 万千克硬菜和精细小品种蔬菜。全年供应各类蔬菜 4681 万千克，部分蔬菜实行购销同价和保护价收购。

1990—1993 年，实行议购议销，确定大春菜中的莲白、莴笋、菠菜、番茄、瓢白、大白菜、萝卜、南瓜、冬瓜、丝瓜、黄瓜、水藤菜、地瓜、青菜、四季豆、豇豆和藕，秋冬菜中的莲白、莴笋、瓢白、萝卜、大白菜、小白菜和菜薹等 24 个大宗品种（后改为 16 个，减少大春菜中的番茄、菠菜、丝瓜、四季豆、豇豆、藕、大白菜，秋冬菜中的大白菜）与区蔬菜公司签订合同，按年初合同价卖给区蔬菜公司。合同外品种由菜农自行上市或按市场价格议购议销给区蔬菜公司。

1990 年，区蔬菜公司收购基地合同菜 478 万千克，完成计划的 108%，国营公司供应 570 万千克，同比增长 7%，人均供菜 170 克 / 日。1986—1990 年，区蔬菜公司共收购鲜菜 21623 吨。1991 年，区蔬菜公司全年收购蔬菜 560 万千克，其中合同收购蔬菜 428 万千克，议价收购蔬菜和外调蔬菜 132 万千克，人均 154 克 / 日。1992 年，蔬菜经营、价格开放，区蔬菜公司经营蔬菜的门面纷纷转产或出租。

1994 年后，蔬菜销售全面放开。1998 年，区蔬菜公司退出蔬菜经营。

二、水果

区内生产的水果主要由万盛区供销社和所属基层供销社收购、销售。水果品种主要有柑橘、苹果、西瓜和梨等。1986年，区供销社收购柑橘4400千克，苹果59900千克（市内调入16800千克），西瓜9600千克，梨3300千克。1992年，区供销社收购柑橘220千克，苹果104900千克（国内商业购进55100千克），西瓜38500千克，梨1200千克。1993年，个体私营水果商进入市场，区供销社逐渐退出水果经营。

1986—1992年万盛区水果收购情况表

表8-11　　　　单位：千克

年份	柑橘	苹果	西瓜	梨
1986	4400	59900	9600	3300
1987	–	47400	100	74200
1988	200	61800	61200	41000
1989	–	27100	75400	65700
1990	500	37600	36100	18700
1991	–	8500	34800	1400
1992	200	104900	38500	1200

第二节　肉食禽蛋

1986年，生猪购销放开，生猪产、销市场发生急剧变化。区食品公司全年区内收购生猪2.45万头，外地调入4.08万头。是年，全区社会猪肉销售量408万千克。其中区食品公司销售251万千克，占全年社会销售量61.5%。全年收购鲜蛋3.48万千克，肉牛276头，肉羊22只，家禽7504羽。

1987—1990年，区食品公司在区内收购生猪13.55万头，肉牛210头；区外收购生猪16.42万头；肉类销售额6442.66万元。全区宰杀牛羊360头（只），家禽12000羽，宰杀生猪41.87万头；调出冻猪肉42809吨，猪杂1075.4吨。

1992年1月1日起，区内取消生猪收购奖售粮政策，生猪收购价格随行就市；放开食品行业经营、价格。

1993—1995年，区食品公司宰杀生猪54780头。

2000年2月，区食品公司基本退出生猪等农副产品的购销市场。

第三节　日杂

1986年，重庆市供销社专门规定不得擅自从非指定渠道购进日用杂品。是年，区供销社供应的日用杂品主要有篾席、草席、陶瓷、草纸、卫生纸和家具等。全年区供销系统销售草鞋13900双，黄篾席 20100 张，青篾席 3300 张，铁锅 41700 口，日用陶瓷器 1587600 个，草纸 42900 千克，卫生纸 217700 千克，草袋子 400 条。

1993 年，放开商品流通，日杂经营渠道多样化，区供销系统日杂商品销售量逐年下降。

1996 年 10 月，区日杂公司破产。

1986—1992 年南桐矿区供销系统主要日用杂品供应情况表

表 8-12

年份	草鞋（双）	黄蔑席（张）	青蔑席（张）	铁锅（口）	日用陶瓷器				草纸（千克）	卫生纸（千克）	草袋子（条）
					总数（个）	碗（个）	杂件（个）	工陶（个）			
1986	13900	20100	3300	41700	1587600	777600	809900	100	42900	217700	400
1987	12500	17000	2500	39000	1292100	596000	596100	–	49300	180800	1400
1988	10600	19000	3600	40600	1084100	619700	464400	–	44700	176600	2800
1989	17000	13400	1500	34400	883100	549100	333300	700	32400	247200	–
1990	3900	10600	800	35000	683800	297500	385500	800	32600	166100	800
1991	1500	4800	1000	18300	328600	174300	150900	3400	36100	42600	400
1992	2000	5800	500	30700	525400	285900	237200	2300	18700	49200	200

第四章　工业品购销

第一节　日用百货

1986 年，全区有区百货针织批发公司、万盛百货公司、星星百货商店和万盛百货商店等 4 家日用百货专业商店，有东林、南桐、红岩、平山、兴无和晋林 6 家工矿贸易公司。此外，集体企业均有专门网点或柜组经营日用百货。是年，全区商业系统（区百货针织批发公司、万盛百货公司、星星百货商店和万盛百货商店）日用百货销售总额 1450 万元，占全区销售额 24%。

1990 年前，区内日用百货类商品批发价、零售价严执行物价部门规定的价格。1990 年后，消费市场逐步放开，部分小商品价格由企业自行确定。是年 3 月，执行商品明码标价制度。

1992 年，日用百货类商品价格全部放开。

1993 年后，私营、个体商业迅速发展，军工企业外迁，部分企业破产、解体，区商业系统销售额不断下降。

1999 年，区商业系统日用百货销售 106 万元，比 1986 年降低 93%。

第二节　服装

改革开放以来，区内服装消费市场发展迅速，商业批发和零售企业打破传统单一进货渠道。1986年12月，区内纺织品按照商业环节试行顺加价办法，服装最高加价8%。是年，区商业系统企业购进各类服装90200件（套），全年销售86600件（套）。1991年，完全放开服装市场，私营、个体经济迅速发展，市场格局发生变化，国有、集体企业服装购销比重逐年下降。2005年，区内国有、集体商业企业基本上退出服装市场。

1986—1999年万盛区商业系统服装购销情况表

表8-13

年份	购进数量（件、套）	销售数量（件、套）	年份	购进金额（万元）	销售金额（万元）
1986	90200	86600	1993	–	–
1987	91800	98300	1994	–	823.5
1988	103200	112100	1995	–	–
1989	100400	99000	1996	–	–
1990	164000	101600	1997	44.4	61.5
1991	70200	92500	1998	–	55.9
1992	49800	49300	1999	–	23.7

说明：1986—1992年，以服装数量为统计对象；1993—1999年，以服装价格为统计对象。

第三节　五金　家电

1986年，区内专营五金、交电商品的企业有区五交化公司、万盛五交化商店和万新五交化商店和东林、南桐、红岩、平山、兴无和晋林6家工矿贸易公司以及部分集体企业的网点式柜组。是年，区五交化公司与重庆自行车厂联营经销五洲牌自行车，设立南桐维修部。区商业系统购进各种规格圆钉、镀锌铁丝11吨，销售9吨；购进自行车1921辆，销售1671辆；购进收音机、录音机、吊扇、洗衣机、电视机和电冰箱等3647台，销售3721台，其中购进电视机704台、销售720台，购进电冰箱38台、销售40台。

1991年6月1日起，日光灯管、干电池、洗衣机和电冰箱实行企业定价。1994年，全区五金、家电类商品全部实行企业定价。

20世纪90年代中期，私营、个体五金、交电经营户数量不断增多，市场结构发生变化。

2001年7月，万盛家电商场从重庆商社万盛五交化公司中分离，主营家用电器。至2005年，购进各种家用电器3971万元，销售4662万元。

2002 年 8 月，重庆商社万盛五交化公司退出五金和交电类商品经营。

2005 年，国有、集体商业企业基本退出五金和交电（除家用电器外）商品的经营。

2008 年，全国连锁企业国美电器在万盛开设分店。12 月，重庆市实施“家电下乡”补贴政策，给予“家电（汽车、摩托车）下乡”产品销售价格 13% 的财政资金补贴。至 2010 年，全区销售“家电（汽车、摩托车）下乡”产品 3.5 万台（辆），销售金额 1.07 亿元。其中 2010 年销售 22870 台（辆），销售金额 8737.7 万元。

2010 年，全国连锁企业苏宁电器在万盛开设分店。是年，全区启动家电以旧换新工作，首批确定国美、苏宁、商社电器、永辉超市等 7 个电器销售单位为指定销售（回收）网点。全年家电以旧换新销售 2562 台（辆），销售金额 888.7 万元。

2011 年，全区销售“家电（汽车、摩托车）下乡”产品 2.6 万台（辆），销售金额 7834.9 万元；全区家电以旧换新销售 2 万台，销售金额 6750.2 万元。

第四节　药品　医疗器械

1986 年，区医药公司是经营药品、医疗器械的主要国有企业，经营西药、中药、兽用药品、医疗器械具和玻璃仪器等各种药械 2000 余种；东林、南桐、红岩、平山、兴无和晋林 6 家工矿贸易公司和部分集体企业也有专门的柜组经营药品。是年，区医药公司购进各类药品 230.18 万元，销售 250.06 万元；购进各类医疗器械 20.64 万元，销售 20.30 万元。

20 世纪 90 年代后期，国家逐步放开药品经营，私营企业迅速发展起来。

2005 年，重庆市医药股份公司万盛区分公司、重庆和平药房连锁公司万盛区连锁店有营业网点 13 个。是年，全区药械经营企业购进各类药品 705.12 万元，销售 712.32 万元；购进各类医疗器械 125.94 万元，销售 139.98 万元。

1986—2005 年万盛区商业系统药品、医疗器械购销情况表

表 8-14　　单位：万元

年份	药品		医疗器械	
	购进	销售	购进	销售
1986	230.18	250.06	20.64	20.30
1987	261.50	318.27	24.29	24.84
1988	315.98	360.95	27.52	30.38
1989	260.43	339.65	27.72	26.75
1990	275.97	367.82	22.70	30.39
1991	313.05	456.12	37.06	32.92
1992	288.97	373.95	25.20	42.37
1993	–	–	–	–
1994	–	–	–	–

续表

年份	药品		医疗器械	
	购进	销售	购进	销售
1995	–	–	–	–
1996	285.00	378.40	–	–
1997	199.00	282.47	–	–
1998	548.74	667.74	–	–
1999	588.71	–	–	–
2000	988.60	–	–	–
2001	900.57	–	–	–
2002	518.87	–	–	–
2003	631.68	–	–	–
2004	580.56	–	–	–
2005	705.12	–	–	–

第五节　专营商品

一、卷烟

中国烟草总公司重庆市公司万盛区分公司专营区内卷烟销售。2006 年，全区卷烟入网销售率 100%，电话订货客户占比 100%，电子结算客户占比 92%。2008 年，电子结算客户占比 96.02%，互联网订货客户占比 12%。2009 年，互联网订货客户增至 359 户（新发展 230 户），互联网订货客户占比 32%。2011 年，互联网订货客户占比 80.9%（自主互联网订货客户占比 60%），电子结算客户占比超过 98%。

2006—2011 年万盛区烟草分公司卷烟销售情况表

表 8–15

年份	销售卷烟（万支）	销售金额（万元）	费用总额（万元）	利润净额（万元）	上缴税金（万元）
2006	50630.58	8870.43	817.15	644.33	279.47
2007	49684.50	9736.89	869.91	745.97	322.24
2008	50045.68	10990.39	985.87	938.21	367.34
2009	54027.70	13044.63	1224.66	641.68	892.69
2010	56291.50	17928.39	–	–	–
2011	56413.00	21210.70	–	–	–

二、盐业

重庆市盐业总公司万盛区分公司专营区内工农业生产用盐和居民食用盐销售。2006—2011 年，销售食盐 9430 吨，工业盐 2240 吨。

2006—2011 年万盛区盐业分公司食盐、工业用盐销售情况表

表 8–16

年份	网点（个）	销售食盐（吨）	销售工业用盐（吨）	销售收入（万元）	上缴利税（万元）
2006	189	1901	255	337	18
2007	210	1556	355	334	13
2008	232	1601	346	–	28
2009	232	1465	370	–	35
2010	–	1369	465	–	–
2011	–	1538	449	–	–

第六节　特种商品

2011 年，万盛区有民用爆炸用品销售企业 1 家，成品油库 1 个、加油站 12 个，液化燃气储配站 1 个、液化燃气经营网点 10 个。

2006—2011 年万盛区炸药、成品油、液化燃气销售情况表

表 8–17　　单位：万吨

年份	炸药	成品油			液化天然气
		汽油	柴油	合计	
2006	0.077	0.6	1.1	1.7	–
2007	0.075	0.7	1.3	2.0	
2008	0.100	0.7	1.4	2.1	–
2009	0.091	0.74	1.32	2.06	0.79
2010	–	0.85	2.15	3.00	0.77
2011	–	0.83	2.22	3.05	0.82

说明：液化燃气销量含居民用气

第五章　餐饮业　服务业

第一节　餐饮业

20 世纪 80 年代初期，全区有区饮食服务公司，东林、南桐、红岩、平山、兴无、晋林 6 家工矿贸易公司和万盛饮食服务商店等企业从事餐饮业。

1986 年，全区有从事餐饮业的国有或集体企业 13 家（国有 7 家，集体 6 家），有餐饮网点 51 个（国有 28 个，集体 23 个），从业人员 282 人，年收入 185 万元。

1986 年后，私营、个体经济进入餐饮业，打破全民、集体所有制独占经营格局。

1989 年，饮食服务业为适应廉政建设要求，改大餐为小吃，宴席为工作餐。部分农民进入城镇经商，开办餐饮店，各乡镇餐饮业迅速发展。

1996 年，随着万盛旅游经济试验区的确立和黑山、石林、铜鼓滩等旅游景区的开发，万盛城区餐饮业实现规模化发展，珊瑚楼、钟声大酒楼、筑楼餐厅、青羊饭店、炊烟依旧、环福楼和金玉满堂等一批中高档酒楼陆续开业，石林、黑山、铜鼓滩旅游沿线的饭店、酒楼、农家乐应运而生。

1999 年 9 月 29 日至 10 月 3 日，万盛区首届美食文化节举办，评出饮食名店 1 家——青羊饭店；评出竹筒饭（锦华大酒楼），泡菜米线（早来俏食店），特色风味菜苦藠鹅掌汤、八宝药膳全鸭（烛光膳庄），人参八宝鸭（久久酒家），珍珠鸡鸳鸯汤（国凤酒家），优质火锅（王火锅），老火锅（田田火锅、桥头火锅、红枫老火锅），无渣火锅（爱情桥火锅），名菜干烧大虾、松果鱼（环福楼），青羊玉笋、香油笋丝（青羊饭店），飘香鸡、虾仁菜心（味苑饭店），本草鱼（绵华大酒楼），卤猪蹄（向大妈），干汁闷乌龙（钟声大酒楼），万鑫啤香肠（万新食品加工厂），米鸭子（米鸭子店）和麻辣鱼（四季鱼庄）等 21 道名特小吃。

2002 年 10 月，在成都举办的全国厨师节上，万盛筑楼饭店飘香鱼和刘氏烧鸡公餐厅的刘氏烧鸡荣获中国名菜称号。

2003 年 10 月 26 日，在重庆举办的第四届中国美食节上，万盛邓鑫源餐厅的猴头献宝、鑫酒玉扇被评为中国名菜；刘氏烧鸡公餐厅的雄鸡宴荣获中国名宴优秀奖，墨鱼炖土鸡被评为中国名菜，刘氏酥油茶被评为中国名点。

2011 年，全区有餐饮企业 604 家（国有、集体企业 5 家，私营 103 家，个体户 496 家），营业额 24405 万元。

1986—2011 年万盛区餐饮企业数量统计表

表 8-18　　单位：家

年份	合计	国有、集体	私营	个体户	年份	合计	国有、集体	私营	个体户
1986	16	10	–	6	1999	144	44	2	98
1987	20	10	–	10	2000	220	40	2	178
1988	25	11	–	14	2001	280	30	2	248
1989	33	14	–	19	2002	279	22	2	235
1990	35	15	–	20	2003	340	18	5	317
1991	39	16	–	23	2004	366	12	9	345
1992	51	23	–	28	2005	345	11	13	321
1993	69	33	–	36	2006	322	11	16	295
1994	80	35	–	45	2007	357	10	18	329
1995	93	42	1	50	2008	351	5	14	332
1996	103	46	1	56	2009	442	5	16	421
1997	113	48	2	63	2010	531	5	45	480
1998	126	49	2	75	2011	604	5	103	496

2011 年万盛区餐饮企业一览表

表 8-19

序号	企业名称	成立年份	企业性质	序号	企业名称	成立年份	企业性质
1	万盛区饮食综合商店	1981	集体所有制	53	小凯农家乐	2011	私有
2	南桐矿业公司迎宾楼食店	1993	全民所有制	54	落凼农家乐	2011	私有
3	西贝酒家	1995	私有	55	犹辉饭庄	2011	私有
4	万盛区印刷厂包印酒家	1995	全民所有制	56	中坝洋源火锅馆	2011	私有
5	万盛区钟声饮食服务公司	1997	私有	57	十里飘香饭店	2011	私有
6	安泰农庄	2003	私有	58	白花村农家乐	2011	私有
7	六月桃餐旅馆	2003	私有	59	术兰餐馆	2011	私有
8	力年福宾馆	2004	私有	60	桥燕农家乐	2011	私有
9	天骄饮食服务公司	2005	私有	61	廷建农家乐	2011	私有
10	重庆黑山谷休闲度假村	2005	私有	62	德友农家乐	2011	私有
11	聚丰园大酒楼	2006	私有	63	叠溪农家乐	2011	私有
12	白果王餐饮公司	2007	私有	64	鼎堂香餐饮公司万盛店	2011	私有
13	重庆山谷顶尚宾馆	2007	私有	65	玺丽汤锅店	2011	私有
14	汇鑫假日酒店	2007	私有	66	关坝奇缘酒楼	2011	私有
15	白果王餐饮公司万盛分公司	2009	私有	67	万千饮食服务部松林路店	2011	私有
16	钦豪度假村	2010	私有	68	香螺坊餐馆	2011	私有
17	伟凯农家乐	2010	私有	69	梁梅农家乐	2011	私有

续表

序号	企业名称	成立年份	企业性质	序号	企业名称	成立年份	企业性质
18	欢源度假庄	2010	私有	70	林口瀑布度假村	2011	私有
19	桃旺农家乐	2010	私有	71	罗浩餐馆	2011	私有
20	泉鱼农家乐	2010	私有	72	小萍萍农家乐	2011	私有
21	谊涌农家乐	2010	私有	73	建娃酒楼	2011	私有
22	夕阳红农家乐	2010	私有	74	雅丹饭庄	2011	私有
23	川贵农家乐	2010	私有	75	黑山永秀农家乐	2011	私有
24	万紫千红糍粑坊	2010	私有	76	哈绿休闲山庄	2011	私有
25	俊浩然农家乐	2010	私有	77	云忠玉农家乐	2011	私有
26	体芬农家乐	2010	私有	78	怀玉农家乐	2011	私有
27	秀容宾馆	2010	私有	79	宅鼎休闲农家乐	2011	私有
28	秀斌农家乐	2010	私有	80	弥源山庄	2011	私有
29	兰妹客栈	2010	私有	81	猕园居农家乐	2011	私有
30	华贵餐馆	2010	私有	82	意诚餐馆	2011	私有
31	娇贤农家乐	2010	私有	83	电厂餐馆	2011	私有
32	光灿农家乐	2010	私有	84	华瑞酒楼	2011	私有
33	傲南度假村	2010	私有	85	九里飘香宾通餐饮服务部	2011	私有
34	金锣度假村	2010	私有	86	钦杰农家乐	2011	私有
35	春廷酒楼	2010	私有	87	万盛区林音谷度假村	2011	私有
36	勤学农家乐	2010	私有	88	牛当家酒楼	2011	私有
37	炫妍农家乐	2010	私有	89	王家平餐馆	2011	私有
38	乐潇遥农家乐	2010	私有	90	明志食店	2011	私有
39	后先农家乐	2010	私有	91	鱼子岗农家乐	2011	私有
40	尹霜农庄	2010	私有	92	爱峡居酒店	2011	私有
41	辉郎山庄	2010	私有	93	梓萌休闲度假村	2011	私有
42	松康农家乐	2010	私有	94	万芳酒楼	2011	私有
43	双坝酒店	2011	私有	95	开财酒楼	2011	私有
44	朝亚餐馆	2011	私有	96	乡村美农家乐	2011	私有
45	雅颂农家乐	2011	私有	97	泉羊汤锅馆	2011	私有
46	重庆喜客来饮食文化公司	2011	私有	98	其味齐家酒楼	2011	私有
47	羊喝坪农家乐	2011	私有	99	平台餐馆	2011	私有
48	龙海圆餐馆	2011	私有	100	鼎进饭庄	2011	私有
49	睿涵酒楼	2011	私有	101	鲜香楼老火锅餐饮店	2011	私有
50	仁春餐饮农家乐	2011	私有	102	桂兔庄餐馆	2011	私有
51	绿翠香饭店	2011	私有	103	冬雪火锅店	2011	私有
52	小坚农家乐	2011	私有				

说明：只收录注册资金10万元以上企业

2011 年万盛区个体餐饮经营户一览表

表 8-20

序号	店名	成立年份	序号	店名	成立年份
1	马嘶农家乐	2001	40	香聚酒楼	2010
2	环福楼酒家	2002	41	临香源饭店	2010
3	黑山镇竹林山庄	2003	42	陈牛农家乐	2010
4	闲云宾馆	2004	43	万学羊肉馆	2011
5	开棋休闲庄	2004	44	南门饮食店	2011
6	隆明山庄	2004	45	福豪大酒楼	2011
7	城郊农家乐	2006	46	娄皇大酒楼	2011
8	天芝道火锅城	2007	47	雪艳农家乐	2011
9	牛牛山庄	2007	48	黑山镇我怀度假村	2011
10	凤源会宾酒楼	2007	49	南滨食府	2011
11	邱霖农家乐	2008	50	天麻鸡汤锅	2011
12	康隆盛罗非鱼舟酒楼	2008	51	开英酒楼万盛宾馆店	2011
13	化雄农家乐	2008	52	彭正芬食店	2011
14	梁哥饮食店	2008	53	罗罗名鱼餐饮店	2011
15	梦雨山庄	2008	54	牛牛乡酒楼	2011
16	爱情桥火锅城子如广场店	2009	55	大圆门餐饮店	2011
17	德平避暑山庄	2009	56	笨山大叔水晶泡泡锅万盛店	2011
18	强强农家乐	2009	57	体贤度假村	2011
19	龙门农家乐	2009	58	翁浩田螺馆	2011
20	向中原农家乐	2009	59	邓洪火锅馆	2011
21	太湖人家餐馆	2009	60	绿品堂餐饮店	2011
22	玉群农家乐	2009	61	金常菜农家乐	2011
23	福悦山庄	2009	62	小食林餐饮店	2011
24	峡谷农家乐	2009	63	蜀我地道酒楼	2011
25	路口农家乐	2009	64	乡水源美蛙鱼头馆	2011
26	王希山庄	2009	65	辽源农家乐	2011
27	林海山庄	2009	66	万年福宾馆	2011
28	白塔农家乐	2009	67	慧琳冷锅鱼	2011
29	七里香饭店	2010	68	秦朗牛肉汤锅馆	2011
30	蔡桂兰风味酒楼	2010	69	川香品味餐馆	2011
31	上味坊餐馆	2010	70	缘来农庄	2011
32	荷叶三和鱼庄	2010	71	胖哥全羊汤锅	2011
33	金瑜餐饮店	2010	72	古树山庄	2011
34	乐克快餐店	2010	73	根据地火锅	2011

续表

序号	店名	成立年份	序号	店名	成立年份
35	洞子老火锅	2010	74	香巴王国万盛区璇子串串香	2011
36	壹佳汉堡万盛区香记连锁店	2010	75	川西羊肉馆	2011
37	明珠大酒楼	2010	76	重庆家福火锅万盛店	2011
38	茂盛避暑山庄	2010	77	怡然汤锅店	2011
39	大河风情鱼庄	2010	78	海波路农家乐	2011

说明：只收录注册资金10万元以上个体商户

第二节　服务业

一、洗浴、足浴

20世纪80年代，南桐矿区饮食服务公司在东风旅馆底楼开办区内最早的公共洗浴场所——东风公寓洗浴场，是集中收费、男女分区式洗浴场所，面积500平方米。20世纪90年代初，因经营困难，东风公寓洗浴场关停。此外，万盛粮食公司、南桐矿务局各煤矿等国有企业均设有职工澡堂，专供企业职工和家属使用。20世纪90年代中后期，随着成套住房的修建，除煤矿企业外，公共洗浴场所逐渐停业；万盛城区首家个体洗脚城——芳草洗浴中心开业。2001年，全国连锁企业富侨保健服务公司万盛店开业（勤俭路万盛区城乡建委路口）。2007年，重庆市天涯芳草足浴保健公司万盛店（万盛大道18号，康隆盛B区二楼）、金海洋洗浴中心（万盛大道1–3号、2–1号）开业。重庆美亚康业保健按摩服务中心万盛店（勤俭路1号附1号）开业。

二、美发、美容

20世纪80年代中后期，万盛老街有南桐理发店和新兴理发店，区商业、供销集体企业均在各乡镇开办理发店，各工矿贸易公司在各煤矿和兴无厂、晋林厂、平山厂等企业开办理发店。20世纪90年代后，个体理发店兴起，国营理发店逐渐停业；万盛城区开始出现个体美容机构。1998年7月，重庆喜来乐美容技术发展公司（万东北路14号）成立，经营美容、美发等服务。1999年5月，重庆喜来乐美容技术发展公司万盛芳草美容院（万东北路14号）开业，经营美容、美发等服务。2000年后，全区理发行业发展快速，标榜等知名连锁理发店入驻万盛，本地个体理发店也逐渐形成各自特色；英姿丽、柔婷等全国连锁美容院相继入驻万盛。2006年3月，欧曼美城万盛店（万盛大道2号1–5）开业，经营美容、美发等服务。4月，重庆喜来乐美容技术发展公司万盛康隆盛美容会所（康隆盛B区5–3–1）开业，经营美容、美发等服务。2011年，红捷浩月美容美发沙龙、艺首专业发型沙龙、兴群美之发屋、安红美容院和萱菀女士美容院等一批美容、美发企业先后营业，个体理发店遍布全区。

三、照相

1986年年初，全区有照相馆6家。是年，南桐矿区饮食服务公司照相馆更名国营矿山照相馆，南桐工矿贸易公司在桃子荡开设国营桃子照相馆，东林工矿贸易公司在东林街道开设国营漩涡照相馆，青年供销社在田坝街开设国营青年照相馆。20世纪90年代中期，花木照相馆、嘉陵照相馆等一批个体照相馆逐渐兴起。2001年3月，万盛首家婚庆公司——喜洋洋婚庆公司（勤俭路67号1–7）开业，经营婚纱摄影、婚庆服务、开业庆典和其他照相等服务。2005年8月，金夫人摄影万盛店（万东北路

14-1-23 号）开业，经营婚纱摄影、化妆服务和专业儿童摄影等服务。2007 年 6 月，龙之吻摄影万盛店（勤俭路 1-B14、15 号）开业，经营婚纱摄影、庆典摄影服务和鲜花零售等服务。

四、住宿业

1986 年年初，全区有商业旅馆 13 家，总建筑面积 8973 平方米，房间 411 间，床位 1206 张；有对外营业的机关厂矿招待所 9 家。

2011 年，全区有经营住宿服务的企业 78 家（国有、集体 4 家，私营、个体经营户 74 户），有响水村宾馆（床位 110 张）和戴斯圣杰温泉酒店（床位 320 张）等五星级酒店 2 家，万盛国际大酒店（客房 146 间）四星级酒店 1 家，黑山谷度假酒店（床位 110 张）、九锅箐宾馆（床位 158 张）和汇鑫假日酒店等三星级酒店 3 家，万盛宾馆和樱花宾馆（床位 70 张）等二星级酒店 2 家；全年住宿业营业额 10830 万元。

1986—2011 年万盛区住宿企业一览表

表 8-21　　单位：家

年份	合计	国有	集体	私营	个体	年份	合计	国有	集体	私营	个体
1986	6	2	1	1	2	1999	33	3	2	11	17
1987	8	2	2	1	3	2000	32	3	2	9	18
1988	10	2	2	2	4	2001	34	3	2	8	21
1989	13	3	2	2	6	2002	48	6	4	9	29
1990	13	3	2	2	6	2003	61	6	4	11	40
1991	13	3	2	2	6	2004	60	6	4	8	42
1992	13	3	2	2	6	2005	70	5	3	6	56
1993	15	3	2	2	8	2006	59	4	3	6	46
1994	17	3	2	3	9	2007	58	4	3	6	45
1995	20	3	2	6	9	2008	58	3	3	6	46
1996	22	3	2	8	9	2009	68	2	3	6	57
1997	26	3	2	9	12	2010	72	2	2	8	60
1998	31	3	2	11	15	2011	78	2	2	7	67

第六章　市场与交易

第一节　场镇集市

1985年，全区有场镇市场14个，集市面积1.01万平方米。除万盛老街万盛农贸市场（面积360平方米）有晴雨棚外，其余均是以街、路为市的露天市场，且场地狭小。

1986年3月，全区首个棚顶市场——万盛农贸市场（万新路）建成。1987年12月，建青年农贸市场。1990年12月，建关坝农贸市场。1991年12月，建东林农贸市场；万新商业公司等企业开办万盛商场、万盛地下商场。1991年，全区有农贸市场21个，总面积2.9万平方米。全区市场建设向综合市场、专业市场发展，基本消除以街、路为市的露天交易状况。

1992—2001年，区供销联社先后投资建成东风商城、金桥农贸市场、南桐支路鸿丰市场、鱼田堡集贸市场和万盛综合市场。

2001年，全区有各类商品市场30个，总面积7.45万平方米。2001年后，大型超市兴起，区内场镇市场数量逐渐减少，部分厂区市场因工厂搬迁而关闭。

2011年，全区有各类商品市场20个，多为综合类市场，总建筑面积68413平方米，总成交额37130万元。

1986—2011年万盛区主要集贸市场交易情况表

表8-22

市场名称	面积（平方米）	成交金额（万元）					
		1986年	1990年	1995年	2000年	2005年	2011年
万盛综合市场	12600	–	–	–	8243	8802	9316
万盛市场	5899	7861	9644	10283	1487	1553	1626
红岩市场	712	715	879	935	901	941	986
晋林市场	246	643	790	841	811	847	887
砚石台市场	1080	786	966	1028	991	1036	1084
金桥市场	676	834	1025	1091	1051	1098	1150
青山市场	2000	536	659	701	676	706	739
东林市场	3067	2858	3514	3739	3604	3766	3943
鱼田堡市场	2035	1607	1977	2103	2027	2118	2218
观井湾市场	1400	1488	1930	1948	1877	1961	2054
腰子口市场	986	893	1098	1169	1126	1177	1232

续表

市场名称	面积（平方米）	成交金额（万元）					
		1986年	1990年	1995年	2000年	2005年	2011年
鸿丰市场	11902	1787	2196	2337	2252	2354	2464
南桐市场	3500	1429	1757	1870	1802	1883	1971
青年市场	4034	1263	1552	1652	1592	1663	1747
关坝市场	3867	1120	1376	1465	1411	1474	1544
东风商城	2400	742	1067	1145	1150	1202	1323
劳动商城	1392	478	688	739	742	776	811
富华商城	1333	526	757	813	816	853	855
青年工业品市场	5194	359	516	554	557	582	640
关坝工业品市场	4090	287	413	443	445	465	540

第二节　商业网点

一、万村千乡市场工程

2006年，万盛区被列为重庆市“万村千乡”市场工程试点区县。至2009年，全区建成区配送中心1个，镇连锁直营超市2家、覆盖率25%，村便民放心店136家、覆盖率100%，农业生产资料便民店65家、覆盖率100%，农村日用消费品连锁经营现代网络体系实现全覆盖。至2011年，全区改造、新建超市和便民店营业面积8700平方米，信息化改造超市和便民店62家。

重客隆公司是全区唯一的“万村千乡”市场工程日用品承办企业。至2011年，开设乡、村便民店73家。

利民农资公司是万盛区“万村千乡”市场工程承办企业，是全区唯一的农资配送和便民店承办企业。至2011年，有经营门面及库房4000平方米，在全区8个乡镇、57个行政村设有经营网点65家，其中放心店40家，农业生产资料供应占全区总量90%。

二、连锁经营网点

2005年后，重庆百货、重庆商社等地方性国有连锁商贸企业先后在万盛开设连锁经营网点；国美电器、永辉超市、苏宁电器等全国性连锁商贸私营企业先后入驻万盛；区内商贸企业经营方式也逐渐多元化。

2011年，全区有永辉超市民盛分公司、永辉超市公司名都分公司、重百超市万盛店、重客隆超市万盛连锁店、重客隆超市东林连锁店、重客隆超市南桐连锁店、重庆商社电器万盛家电商场、国美电器万盛商场、苏宁电器万盛店、南桐矿业公司金鑫电脑分公司、重庆市全兴药品连锁公司万盛分店、重庆和平药房连锁公司万盛中心连锁店、中石化销售公司川渝重庆分公司两河口加油站、襄盛石油公司塔山加油站、襄盛石油公司丛林加油站、中石油重庆涪陵销售分公司万东加油站、中石油重庆涪陵销售分公司张家湾加油站、中石油重庆涪陵销售分公司麒麟加油站、中石油重庆涪陵销售分公司桃子加油站、中石油重庆涪陵销售分公司白果加油站、德克士万盛店、陶然居万盛店、德乐基万盛店、重庆新华传媒集团公司万盛新华书店、重庆市盐业总公司万盛区分公司、重庆市江辉汽车销售公司万盛店、标榜美发万盛店、金夫人婚纱摄影万盛店和重庆富侨保健服务公司万盛店等连锁商贸企业 29 家。

第七章　对外贸易

第一节　外贸管理

1984 年，南桐矿区开始对外出口贸易，外贸出口产品通过重庆市外贸公司或外贸企业以代理方式转销。

1992 年 5 月，区对外经济贸易委员会成立，管理外贸工作。8 月 20 日，重庆市对外经济贸易委员会将 500 万美元以下的外商投资项目审批权下放区县。10 月 20 日，将 100 万美元以下的外商投资企业合同、章程审批权下放区县。

1994 年，国家将外贸延伸权和管理权下放给区县，区对外经济贸易委员会开始建立外贸出口统计日报制度。

1995 年 5 月，区工业经济开发总公司与重庆景星果蔬食品厂联合组建重庆外贸进出口万盛公司，以市外贸公司名义，经营市、区工艺品、粮油、土特产品、化工医药和机械电子产品等进出口业务。

1998 年，区对外经济贸易委员会申请外贸直接出口权，出口贸易方式从单一委托代理转为自营和代理两种。重庆银丰源镁业公司成为全区首家外贸自营企业。

1999 年 12 月，区黑山野生食品厂获方竹笋、蕨菜出口权和企业生产所需生产资料进口权。

2001 年 6 月，重庆市友谊茶业公司获农副特产品出口权和所需生产资料进口权。

2003 年 1 月，重庆市对外经济贸易委员会将登记管理生产企业（科研院所及高新技术企业）自营进出口权，批准、变更、终止审批外商投资企业管理权和邀请外商签订的签发权等 3 项权限下放区县。

2004 年，万盛区有重庆市友谊茶业公司、重庆夜郎商贸公司、万盛区渝旺食品公司、万盛实业发展公司和福耀玻璃（重庆）配件公司等 5 家企业有外贸经营权。

2010 年，重庆市盛尚茶业公司和重庆翠信茶业公司 2 家企业获重庆市对外经济贸易委员会农产品出口示范基地项目资助。

2011 年，重庆市对外经济贸易委员会将鼓励类、允许类外商投资（1 亿美元以下）部分审批权下放给区县。是年，万盛区有重庆方汀机械制造公司、重庆爱优工业公司、重庆市美华医疗器械公司 3 家外贸企业。

第二节　外贸进出口

1984—1997 年，万盛区金属软管厂、区电瓷厂、万丰制衣公司、黑山野生食品厂、区食品公司、区乳鸽厂、渝轩实业公司、王家坝茶厂、丛林茶厂、青年茶厂、精美洁具五金公司和银丰源镁业公司等 12 家企业，通过重庆市对外贸易进出口公司、西南技术进出口公司等 17 家外贸进出口公司向美国、日本、巴基斯坦、马耳他、新加坡等国家和中国香港、中国台湾地区销售金属软管、插入式熔断器、服装、茶叶、竹笋、盐渍豇豆、鱼腥草、乳鸽、肠衣、金属镁和金属锰等产品，累计出口金额 411.09 万美元。

1998—2008 年，万盛区出口产品主要是茶叶、方竹笋、中药材等农特产品和金属加工件等工业品，生产出口产品的企业主要有重庆友谊茶业公司、重庆夜郎商贸公司、重庆银丰源镁业公司、精美卫生洁具五金件公司等；进口产品主要是成套机械设备和生产原料等，主要进口企业是福耀集团（重庆）配件公司。

2009—2011 年，万盛区出口产品主要是方竹笋等农特产品和医疗器械、金属管材、汽车（摩托车）配件和机械加工件等工业产品，生产出口产品的企业主要有万盛区盛泉茶厂、重庆美华医疗器械公司、重庆方汀机械制造公司和重庆爱优公司等；进口产品主要是成套机械设备和生产原料等，主要进口企业是福耀集团（重庆）配件公司、重庆万盛煤化公司和万盛浮法玻璃公司。

1984—2011 年，全区进出口贸易总额 4215 万美元，其中出口 2350 万美元，进口 1865 万美元。

1984—2011 年万盛区外贸进出口情况

表 8-23　　　　单位：万美元

年份	出口	进口	合计	年份	出口	进口	合计
1984—1997	411	-	411	2005	18	15	33
1998	300	-	300	2006	15	21	36
1999	8	-	8	2007	10	43	53
2000—2001	185	-	185	2008	27	66	93
2002	150	207	357	2009	259	224	483
2003	152	53	205	2010	262	258	520
2004	150	100	250	2011	403	878	1281

第九篇　旅游业

第一章　旅游管理

第一节　管理机构

一、万盛区旅游局

1993 年 4 月，万盛区旅游园林管理局成立，与万盛区城乡建设委员会合署办公，实行两块牌子，一套班子的体制，下设旅游科 1 个科室。1998 年 12 月，更名区旅游局，下设办公室、规划开发科、旅游行业管理科和综合业务科等 4 个科室。1999 年 2 月，区旅游质量监督管理所成立，与区旅游局综合业务科合署办公。2005 年 7 月，撤销综合业务科。

2007 年，区旅游局增加风景名胜区规划、建设、管理、监督和处罚等职能，接管区旅游市场行政执法大队（原为区综合行政执法局管理），并将其更名区旅游行政执法大队。是年，区旅游局下设办公室、规划项目科、开发建设科和市场营销科等 4 个科室。

2009 年 7 月，区旅游局与万盛区黑山旅游开发区管理委员会合署办公。

二、万盛区黑山旅游开发区管理委员会

2009 年 7 月 3 日，万盛区黑山旅游开发区管理委员会成立，为区政府派出机构，与区旅游局合署办公，设办公室、财务部、发展部、建设部、宣传营销部、行业管理部（挂区旅游景区管理所牌子）和综合执法大队（挂区旅游行政执法大队牌子）等 7 个部门。

三、事业单位

万盛区石林景区管理所　1995 年 3 月，万盛区石林景区管理处成立，为正科级单位，隶属区旅游园林管理局。1998 年 12 月被撤销。1999 年 3 月，万盛区石林景区管理委员会成立。2000 年 11 月，撤销区石林景区管理委员会，组建万盛区石林景区管理处，隶属区旅游局。2003 年 12 月，更名区石林景区管理所。2007 年，区石林景区管理所、黑山景区管理所合并，组建万盛区旅游景区管理所。

万盛区黑山景区管理所　1995 年 6 月，万盛区黑山景区管理处成立，为正科级单位，隶属区旅游园林管理局。2003 年 12 月，更名区黑山景区管理所。2007 年，区黑山景区管理所、石林景区管理所合并，组建万盛区旅游景区管理所。

万盛区旅游景区管理所　2007 年，万盛区黑山景区管理所、石林景区管理所合并，组建万盛区旅

游景区管理所。

万盛区旅游行政执法大队 2007年，区综合行政执法局管理的区旅游市场行政执法大队划归区旅游局，并更名区旅游行政执法大队。

四、乡镇旅游管理机构

1994年，景星乡政府设置景星乡旅游管理处，负责全乡境内旅游资源保护、规划、对外联络等行政管理职能。

1999年6月，南天乡设置旅游办公室，负责全乡旅游开发项目的招商引资、规划实施、征用土地等方面的协调工作。2001年，更名石林镇旅游办公室。

2002年，万盛区实施机构改革，景星乡、石林镇2个乡镇的旅游机构被撤销，其旅游管理职能划归乡镇政府经济发展办公室。

第二节　行业管理

1995年，石林景区制订《景区管理制度》《景区门票财务管理制度》和《景区从业人员接待服务规定》等规章。

1997年，万盛区政府印发《关于加强旅游行业管理的通知》，整顿旅游行业作风，定期检查景区、旅行社、旅游定点单位，保证接待质量，规范从业标准，制订旅游安全措施，维护游客权益。

1998年1月，旅游行业开始实行统一领导，分级管理原则，明确相关管理部门职能。2月，重庆市旅游局将旅行社行业管理、旅游饭店行业管理、旅游定点单位管理、旅游从业人员培训、二星级以下饭店的立项审批、受理旅游投诉管理权限下放给区、县。是年，重庆市万盛旅行社分社、重庆市九锅箐旅行社、重庆市万盛旅行社教育旅行分社、重庆市万盛旅行社、百诚旅行分社合格通过年审，万盛宾馆未通过星级饭店复核。

1999年，制订《万盛区旅游定点单位管理办法》《万盛区旅行社管理办法》《万盛区导游人员管理办法》和《万盛区旅游服务、商品质量理赔制度管理办法》等规章；开展旅游行业优质规范服务暨技能竞赛和创建青年文明单位等活动。

2000年，制订《万盛区石林景区人力轿管理办法》《石林景区农家乐管理办法》和《石林景区讲解员管理办法》等规章，实行旅游定点单位质量理赔制度，建立旅游业“三级管理”（区旅游领导小组，区旅游领导小组办公室和旅游局景区管理处）模式。

2002年，整治旅游市场秩序，取缔非法旅游经营行为，31家景区农家乐补办卫生许可证，查处旅游客运车辆违规案件20件，拆除黑山景区违章建筑3处、石林景区违章建筑240余平方米，规范景区停车场经营秩序，打击封建迷信、强买强卖、欺客宰客行为，规范宾馆、农家乐、轿夫收费行为。

2003年，整顿导游队伍，查处“土导”“野导”22人，违规经营旅游服务社1家，石林景区公示讲解员信息和讲解价格。

2004年，区旅游局与主要旅游企业签订安全生产责任书，建立安全生产月会和定期安全检查的制度；整改黑山谷景区落石、落木和石林、铜鼓滩景区山体滑坡隐患。

2005年，组建区旅游安全生产领导小组，评出首批星级农家乐80余家，整顿农家乐经营行为，68家农家乐补办经营证照。

2007年，清理黑山谷、石林景区范围内户外广告，督促广告单位限期修复、更换或拆除。

2008 年 6 月，组建黑山谷南门、北门片区和石林白花片区农家乐分会，景区周边 95% 以上农家乐纳入协会的管理。

2009 年 4 月，组建黑山镇鱼子村片区农家乐分会。8 月 28 日，汇鑫假日酒店被评为万盛城区首家三星级旅游饭店。是年，委托重庆 607 勘察实业总公司勘察黑山谷响水村宾馆后山危岩地质灾害隐患。

2010 年 8—11 月，集中整治区旅游景区（点）道路交通、森林植被、河道水库、宾馆酒店、社会治安等情况，消除重大事故隐患。

2011 年 6 月，区公安分局责令停止在猪行—九锅箐景区路段运营大型客车。

第二章　旅游资源

第一节　自然景观

万盛区山水秀丽，风光旖旎，有“中国最美养生峡谷”——黑山谷、“中国最古老石林”——万盛石林 2 个 AAAA 级景区和奥陶纪地质公园、铜鼓滩、黑山国家森林公园、九锅箐森林公园和樱花温泉等一大批景区、景点。

一、黑山谷

位于黑山镇境内，距万盛城区 20 千米，距重庆市外环公路 95 千米，属峡谷型自然风景区。景区集渝黔自然山水的“幽、秀、险、奇”于一体，是旅游观光、休闲避暑、度假探险和地质科考理想目的地。黑山谷全长 13 千米，峡谷顶底高差 400 米 ~ 600 米，部分区域 1200 米左右；谷坡坡度大部分 70° ~ 80° ；河床最宽处约 30 米，最窄处不足 2 米。景区山高林密、溪河纵横，森林覆盖率 97%，古树古藤、奇花异草遍布峡谷之中，四季花开不断，终年绿海茫茫，负氧离子浓度最高达 10 万个 / 立方厘米左右，是养生度假胜地。2003 年 12 月，黑山谷风景区被国家旅游局评为 AAAA 级风景区。2008 年，入选“巴渝新十二景” 。2011 年 10 月，在第二届国际旅游经济发展论坛上被授予“中国最美养生峡谷”称号。

景区景观丰富、景点众多。岩溶景观有断石笋、神女峰、大佛像、卧佛岗、黑猴迎宾、十里峡谷、鱼跳峡和飞鱼瀑等；流水景观以鲤鱼河一带最具特色，主要类型为峡谷急流和飞瀑，集中在猴跳峡（上猪喉）、鲤鱼峡（中猪喉）和乳花峡（下猪喉）；可在断石笋观看云海、日出、朝霞、暮霭和彩虹等天象景观。

鲤鱼河十里峡谷是黑山谷最著名景点，为“V”字形流水侵蚀峡谷，两侧皆为植被茂密的悬崖，鲤鱼峡、野猪峡、神龙峡两侧峭壁部分坡度超过 100 度，形成罕见倒斜壁奇观，河流几乎成为暗河，终日不见阳光，最窄处可一手摸重庆，一手触贵州。飞鱼瀑是黑山谷最为壮观的瀑布，因瀑布像鱼而得名，水流连绵不断，远远望去，似九天银河泻地，击在瀑底石块上，掀起漫天水雾，甚是壮观。

二、万盛石林

位于石林镇境内，距万盛城区 25 千米，距重庆市外环公路 90 千米，面积 20 余平方千米。石林成岩年代为 4.65 亿年 ~ 6 亿年前，是中国最古老的石林。景区有千塔林、芦花湖、水上石林、万马奔腾、一线天、香炉山、石扇、石鼓、石塔、石芽、剑峰石和蘑菇石等景点，以地表石林、地下溶洞、地下河等喀斯特地貌景观为主，其中水石林、雾石林、洞石林最为奇特。岩层中化石繁多，主要是形成于寒武纪、奥陶纪时期的角石。2002 年 12 月 12 日，万盛石林风景区被国家旅游局评为 AAAA 级旅游区。

三、奥陶纪景区

位于石林镇境内万盛石林与黑山谷景区之间，距万盛石林 12 千米，距黑山谷 6 千米，距万盛城区 21 千米，景区面积 12.57 平方千米。其旅游资源十分独特，主要以地质景观为主，石林石峰上长满岩藤植物，形成“林中有石，石上有树，树石共生”的天下奇观，似一幅幅天然盆景，被誉为“绿色石林”。

四、铜鼓滩漂流景区

位于万盛区关坝镇与贵州省桐梓县坡渡镇交界的坡渡河，距万盛城区 57 千米。漂流河段东起桐梓县长塘口，西止关坝镇铜鼓滩，全长 11.2 千米，落差 40 米，险滩 29 个，主要有一瀑、二岛、三峡、四洞、十滩等景点。河段水量充足、风光旖旎，被誉为“渝黔第一漂”。2011 年，因与桐梓县发生土地纠纷，漂流活动停止。

五、黑山国家森林公园

位于黑山镇境内，距万盛城区 20 千米，面积 26.65 平方千米。公园森林覆盖率 98%，植物种类约 1800 种，国家一级保护植物有银杉、珙桐和桫椤等；动物种类 300 多种，国家一级保护动物有黑叶猴、云豹等。平均海拔 1000 余米，最高点（狮子槽）海拔 1973 米，年平均气温约 12℃，夏季平均温度 23℃，有重庆“避暑胜地”之称。2003 年，黑山被批准为国家森林公园。

六、九锅箐森林公园

位于关坝镇境内，距万盛城区 38 千米。因山形轮廓酷似九口锅而得名，面积 6.55 平方千米，地质地貌独特，气候宜人，森林覆盖率 98%，其中成片原始森林 266.67 公顷，被誉为“山城绿珠”，主要景点有石轿藏经、天狼栈道、枪台烟云和翠屏日出等。2004 年 11 月，被批准为重庆市森林公园。

七、樱花温泉

位于南桐镇温塘村孝子河畔，距万盛城区 12 千米，是一个集休闲度假、疗养保健于一体的旅游景区。温泉出露 3 处，近岸处出露泉水水温 39℃ ~ 46℃，总流量 9.45 立方分米 / 秒，化学类型为硫酸盐型，矿化度 1.99 克 / 立方分米 ~ 2.3 克 / 立方分米，雨季时有少许浅部淡水渗入。泉水富含锶、偏硅酸、硫化物、偏硼酸、锂等对人体有益的多种微量元素。据清道光《綦江县志》记载：“道光六年（1826 年），这里有一‘汤窝寺’，寺下有二泉。其一温暖恰可通身澡浴；其二低二丈许，如沸汤，然能已疥。”道光十五年（1835 年），綦江知县邓仁堃题词“灵液延春”。

第二节　人文景观

一、金桥吹打

原名青山吹打，始兴于明末清初，有 300 余年历史，文化底蕴深厚，曲目繁多，有鲜明的地域特色，是巴渝地区具代表性和有影响的民间吹打技艺。金桥吹打有喜庆、生产生活、丧事、民间传说等类别，有花灯、大曲牌、朝牌、宫堂等曲牌和品打、刁打、散打、干打、夹打、刁散打、竹叶吹奏、口哨等演奏技艺，曲目 1000 余首。其中“马风声”（以模仿群马奔驰而得名，刘多二创立）派最为著名，特点为音域宽、音量大、力度厚、音色明快、穿透力强。1992 年、1999 年，中央电视台两次到万盛拍摄金桥吹打专题片。1999 年被评为重庆市“巴渝十大民间艺术”。2006 年 5 月，金桥吹打入选国家第一批非物质文化遗产民间音乐类名录。

二、苗族踩山会

区内苗族传统节日，原名踩山坪节，时间一般在农历正月初二至初六，是群众性的传统喜庆节日，类似汉族的欢庆丰收和集贸活动。节会期间，既有苗族歌舞、竞技表演，又进行自由贸易，并为苗族青年男女联络感情、求爱定情提供机会，其他民族均可参加。清至民国初期，在南桐镇民权村苗湾和青年镇更鼓村更鼓坝举行。1921 年停办，1989 年恢复举办，地点迁至青年镇更鼓村油橄榄林。1997 年，中共万盛区委、万盛区政府将一年一度的苗族采山会与旅游活动结合起来，举办时间改在适合旅游的 4—7 月，地点迁至万盛石林景区，节会内容主要有苗族祭祀大典、苗族赶圩、苗族传统绝技和红苗歌舞情景剧表演。是年 7 月 11 日，万盛区第一届苗族踩山会在万盛石林景区举办，至 2011 年共举办 13 届。2007 年，万盛苗族踩山会被列为重庆市首批非物质文化遗产。

第三章　旅游规划

第一节　发展规划

2006 年，《万盛区旅游发展总体规划》和《重庆市万盛区区域城镇体系规划—旅游产业与基础设施专项规划》规划的旅游发展战略是开发万盛石林、黑山谷、九锅箐、铜鼓滩等旅游资源，完善旅游服务基地建设和旅游商品加工及贸易，发展高品质旅游产品，把旅游业发展成万盛区第一支柱产业；优化旅游产业布局和人力资源开发，扩大社会就业，推进万盛区城镇化进程，推动经济社会发展和生态环境持续改善；最终目标是将万盛区建设成为重庆市都市圈近郊主要的周末观光休闲基地和生态旅游产业带，长江三峡旅游带外环的重要节点，独具特色并具有一定国际声誉的现代旅游产业综合发展区。

2008 年 8 月，编制《重庆市万盛区旅游目的地总体策划方案》等规划，提出塑造“休闲秘境•康体山乡”的整体形象，构建“日辉月耀、九九归一”的总体构架，打造“黑山夜郎秘境”“龙鳞石海秘境”和“水府洞天秘境”产品。11 月，编制《黑山国家森林公园总体规划》和《黑山—石林风景名胜区总体规划》等万盛核心旅游区域相关总体规划。12 月，编制《九锅箐森林公园总体规划》。是年，在旅游目的地总体策划、相关旅游区域总体规划的基础上，编制黑山生态小城、秦汉夜郎王国、红苗寨等重点项目概念性规划；编制《黑山生态小城控制性详细规划》，提出万盛旅游资源整合实施方案，建立旅游项目储备库。

2009 年 3 月 24 日，万盛区政府所属的国有独资公司——重庆秘境山乡旅游投资公司与重庆发电厂工会委员会、重庆斯瑞达电力经济发展总公司、重庆电力实业开发总公司、重庆市西龙电力检修公司、重庆万盛煤炭公司在重庆联合产权交易所签订转让协议，回购黑山谷、万盛石林、铜鼓滩三大景区全部股权。8 月，万盛区启动旅游二次创业，明确把旅游产业培育成为万盛资源型城市转型的重要替代产业，提出到 2013 年将黑山谷打造成世界地质公园、国家 AAAAA 级旅游景区、重庆都市首选生态旅游休闲度假区和把万盛建设成为全国重要旅游目的地的战略目标。是年，编制《黑山谷景区深度开发修建性详细规划》《黑山八角小城控制性详细规划》《石林圣地天伦生态园修建性详细规划》《黑山谷江流坝旅游项目策划及修建性详细规划》《万盛景观大道综合整治工程的方案设计》《万盛响水村宾馆方案设计》《清风雅水项目方案设计》等旅游景区或片区规划。

2010年，编制《重庆·龙鳞石海景区提升改造策划》《重庆·龙鳞石海·西石海核心景区提升改造修建性详细规划》。

2011年，编制《重庆（万盛）银发基地开发战略总体策划》《黑山森林世界修建性详细规划》和《江流坝接待服务区修建性详细规划》等方案设计。

第二节　总体布局与功能分区

万盛区近期旅游产业布局是以城区为旅游接待中心，打造万盛石林、黑山谷、九锅箐、铜鼓滩和樱花温泉等特色旅游区，远期规划是构筑“一个中心、两大产业环”。

中心：以万盛城区为核心的区域经济及旅游服务中心。重点发展旅游接待服务业、商贸业、金融保险、中介服务和社区服务业、房地产业、交通、通信和信息产业。

外环：以生态观光、休闲度假和旅游服务为主的旅游产业主体区。主要以旅游环线公路为主轴线，以石林、黑山谷、奥陶纪、九锅箐、铜鼓滩、樱花温泉、白龙湖等自然生态旅游景区为核心，围绕石林、黑山、青年、关坝、丛林和金桥六大旅游乡镇，重点开发风景旅游资源，建成休闲度假和生态旅游带。

内环：以旅游基础配套设施、旅游商品加工及贸易为主的旅游产业关联区。主要以区内数条出入境干线公路为主线，围绕万盛城区，南桐、万东等乡镇及周边区域，重点发展旅游基础设施、配套服务设施和旅游商品加工及贸易。

第四章　旅游设施

第一节　景区建设

一、黑山谷景区

2000年，重庆斯瑞达电力经济发展总公司投资1.5亿元独家封闭式开发鲤鱼河景区。2001年5月，鲤鱼河景区更名黑山谷景区。

2002年5月1日，景区开园。2003年12月，黑山谷风景区被国家旅游局评为AAAA级风景区。2008年，入选“巴渝新十二景”。

2009年3月24日，万盛区政府回购黑山谷景区全部股权。10月，贷款1.2亿元用于景区提档升级和休闲旅游综合开发，2010年7月工程竣工，建设项目包括电瓶车道、索道、浮桥、栈道、桥梁，卧龙岗、中猪喉、掬翠阁服务店，黑山谷游客接待中心，改造景区北门，新建景区南门商业街及大门，江流坝康居房，圣杰温泉度假酒店和响水村宾馆，治理危岩，设置标示标牌，建设电力及通信设施等，建成电瓶游览车道6千米，栈道和浮桥6千米，观光索道1千米。

2011年10月，在第二届国际旅游经济发展论坛上，黑山谷景区被授予“中国最美养生峡谷”称号。

二、万盛石林景区

1991年，渝南石林风景区鼓坪石阵被评为重庆十小景。1995年5月，中国科学院地质研究所考察天门洞，并编制开发报告。8月29日，天门洞开发项目开工，10月8日竣工，开发长度585米，洞内安装灯光系统。1997年，石林公司投资开发香炉山、万马奔腾、一线天等景点，修建观景亭（5个）和休息长廊，植树5000余株。2000年，石林公司投资深度开发石林景区，新建凉泉小石林、关马洞片区石林、观赏亭、芦花湖、世纪和平碑林，以及景区人文景观、绿化、标志、公厕等内部配套设施建设。2002年12月12日，万盛石林风景区被国家旅游局评为AAAA级旅游区。2009年3月24日，万盛区政府回购万盛石林景区全部股权。

三、奥陶纪景区

2004年5月，重庆奥陶纪公司投资建设奥陶纪公园，修缮双镜池，修建东门停车场和喜雨山庄会务中心等设施。2005年5月1日，奥陶纪公园开园。

四、九锅箐景区

1993年2月，南桐矿务局接收重庆市九锅箐茶场，规划将九锅箐建成布局合理、独具特色，集生产、旅游、疗养功能一体的综合性开发基地。1994年5月，开展资源调查，提出将九锅箐分为旅游观光、旅游度假、狩猎野营、水上运动、生活居住、产品生产、植被保护和管理接待区等8个功能区的开发规划。至2011年，景区有九锅箐宾馆、工人疗养院、休闲山庄、别墅、长廊和知青文化村等旅游服务设施。

五、樱花温泉景区

1959年，区政府开发温塘村温泉，1961年建成温泉公园，对市民开放。1997年11月，重庆市钻井泥浆公司投资1000万元开发温泉公园。1999年5月，建成樱花温泉度假村，设有住宿、餐饮、娱乐和泳浴等旅游服务设施。温泉景区设有露天和室内游泳池、大池、单池及桑拿浴室和日式厢房、浴室和茶室。

第二节　交通设施

1993年11月，万盛区为开发渝南石林景区，修通万盛—石林景区公路。

1994年11月，改造万盛—黑山伐木站公路，1995年4月竣工。

1996年，改造腰子口—黑山、轮子坡—石林、轮子坡—关坝公路。

1997年1月，建成石林景区长江防护林碑林—石林停车场公路，长1.5千米。是年，改造石林景区张家嘴—大坝公路，长3.7千米；硬化关坝—九锅箐公路，长9千米；改造关坝—长塘口公路，长29.8千米。

1998年3月，改造石林、黑山公路。

1999年，建成南桐—关坝旅游公路。

2000年7月至2003年9月，修建区内第一条山岭重丘三级旅游公路——黑山—石林环线公路，长18.5千米，宽6.5米，沥青碎石路面。2000—2002年，修建黑山四道拐—江流坝、新场—朱家河坝、江流坝—眼镜塘公路，总长18千米。

2003年9月，修建石林—九锅箐旅游公路（山岭重丘三级），长21.2千米，公路宽6米，沥青碎石路面，设计时速30千米。2003年11月—2005年11月，改造万盛—桐梓公路万盛段（山岭重丘三、四级公路），长 56 千米，宽 5 米～6 米，沥青路面。

2009—2010 年，改造江流坝—石林公路（二级）。2009 年起，按国家 AAAAA 级旅游景区标准规划修建腰子口—八角公路（一级）。

2011 年，建成万盛城区—黑山谷—奥陶纪—石林—九锅箐—万盛城区旅游环线公路。

第三节　接待设施

一、万盛城区

万盛宾馆　1995 年建成营业，位于万东北路 42 号，有客房 90 余间，设有餐厅、会议室、观景茶楼等服务设施。1996 年 3 月，被定为万盛区旅游服务接待定点单位。10 月，获二星级旅游涉外饭店资质，是万盛区最早星级饭店。

汇鑫假日酒店　2007 年 1 月建成营业，位于万盛大道 15 号，有客房 59 间，停车位 38 个，设有餐厅、会议厅、多功能厅等服务设施。2009 年 8 月 28 日，被评为三星级旅游饭店。

万盛国际大酒店　2011 年营业，位于红枫路 1 号，酒店大楼 21 层，占地 1 公顷，建筑面积 2.2 万平方米。酒店有各种客房 146 间，设有大型宴会厅、多功能厅、大小会议室、餐饮包厢、购物中心、商务中心、歌舞厅和棋牌室等服务、娱乐设施，是万盛城区档次最高的旅游饭店。

二、旅游景区

2011 年，万盛旅游景区有宾馆、饭店、农家乐共 110 家，其中黑山谷 48 家，万盛石林 43 家，奥陶纪 12 家，九锅箐 6 家，樱花温泉 1 家；接待床位 4469 张，餐位 8276 人，会议室席位 1600 个。

黑山谷度假酒店　2010 年 6 月重新装修营业，位于黑山镇北门村新场社（黑山谷景区北门），有客房 55 间，停车位 40 个，设有餐厅、茶吧、娱乐室、卡拉 OK、垂钓和花园等服务设施。

响水村宾馆　2011 年 5 月营业，位于黑山谷景区北部，是一家集客房、餐饮、会议、休闲为一体的涉外旅游酒店，有各类客房 62 间、床位 110 张，设有中餐宴会厅、各类特色包房、咖啡厅等服务设施。

戴斯圣杰温泉酒店　2011 年 5 月营业，位于黑山镇南门村农中社（黑山谷景区南门）。酒店建筑面积 1.16 万平方米，有各类客房 208 间、床位 320 张，设有会议室、多功能厅、餐厅、娱乐室、咖啡茶艺厅、健身房、水疗馆和温泉游泳池等服务设施。

九锅箐宾馆　1998 年建成，2007 年升级改造，位于关坝镇九锅箐森林公园，总建筑面积 4036 平方米，有床位 158 张，设有棋牌室、卡拉 OK 厅，多功能厅、健身室、购物超市、茶室和餐厅等服务设施。2009 年 5 月，获三星级饭店资质。

樱花温泉度假村　2004 年营业，位于南桐镇温塘村，是集住宿餐饮、休闲娱乐、旅游观光、养身保健、商务会议于一体的多功能旅游饭店，有客房 36 间，床位 70 张，设有温泉游泳池、日式汤浴池、棋牌娱乐室、餐厅和会议厅等服务设施。1999 年，获二星级旅游涉外饭店资质。

第五章　旅游产品

第一节　旅游地产

2010 年，万盛区开始开发旅游房地产。是年，开发旅游地产楼盘 5 个，建筑面积 47724 平方米。其中黑山谷十里原麓楼盘规划面积约 52.42 公顷，建设用地 22.01 公顷，建筑面积 121300 平方米，容积率 0.23，建筑密度 8.6%；九锅箐翠屏苑楼盘建设用地 6626 平方米，建筑面积 8477.65 平方米；黑山谷戴斯圣杰温泉酒店建筑面积 11602 平方米。

2011 年，开发旅游地产楼盘 6 个，建筑面积 29398 平方米。其中黑山印象楼盘 3509 平方米，天上人间楼盘 977 平方米，清风雅水楼盘 5177 平方米，黑山林楼盘 1887 平方米。

第二节　旅游周边产品

一、旅游纪念品

苗族服饰　有苗族传统服装、蜡染花布、三穗带、花带、刺绣品、挑花手提色和香包等商品。

苗族银饰　有银花帽、角、梳、钗、绳、耳环、项圈、长命锁、铃腰带、披服、手圈（镯）和发顶插花等商品。

二、旅游食品

方竹笋　产于黑山和石林镇，因基部略显方形而得名。竹笋肉质厚实，粗纤维少，含蛋白质、氨基酸、钙、磷、铁、锌、维生素 B1、B2、C 等多种微量元素，是食用笋之上品。

黑山猕猴桃　产于黑山镇海拔 800 米以上山区，有红心、黄心和绿心等不同品种，果肉鲜美，味酸甜，维生素 C 含量和营养价值高。

九锅箐青杩腊肉　选用本地土猪肉，用传统配方调味后挂炉透水，用青杩柴烘烤。肉色红黄油亮、肥瘦相宜、咸淡适口。

三、茶叶

黑山雪芽　黑山茶叶公司生产，茶叶外形扁平匀直，色绿润显毫，香气馥郁持久，汤色翠绿明亮，滋味鲜爽醇厚。2004 年 9 月，获第八届国际茶文化研讨会暨首届蒙顶山国际茶文化旅游节金奖。2006 年 4 月，获农业部有机食品认证中心颁发的有机食品证书。

滴翠剑名　重庆翠信茶业公司生产，茶叶外形扁平挺直，光滑翠绿，汤色嫩绿明亮，叶底全芽明亮，香气持久，滋味醇厚。1997 年、1998 年，获第二届、第三届“三峡杯”优质名茶奖。2000 年，获第二届国际（韩国·釜山）名茶博览会金奖。2002 年，获第四届国际（中国·杭州）名茶博览会金奖。2002 年、2010 年，获重庆十大名茶称号。2006 年，被定为重庆市政务接待用茶。

林海翠茗 南桐矿业公司九锅箐林业分公司茶厂生产，茶叶外形扁平挺秀，色泽翠绿，香气清幽，滋味鲜醇，汤色嫩绿清澈。2001年6月，获中国（成都）第二届国际茶博览会金奖。

翠屏系列茶 南桐矿业公司九锅箐林业分公司生产，有银峰、银针、竹叶青、翠屏春和碧绿等高档绿茶5种。1995年10月，翠屏银峰获第二届中国农业博览会银奖。2006年3月，翠屏系列茶获中国绿色食品发展中心颁发的绿色食品A级标识证书。

四、野果酒

九锅红牌野果系列酒 南桐矿业公司九锅箐果酒厂生产。采用九锅箐森林公园野生水果，用窖藏1年以上的纯粮食酿造白酒，炮制3年后调制装瓶，具有独特野果香味，滋味醇和，酸甜适度，回味长久之特点。有野生猕猴桃、桑葚、酸枣、刺梨和拐枣等品种。

第六章　旅游市场

第一节　市场开发

一、客源市场

万盛区旅游客源以重庆游客居多，绝大部分由重庆方向入区，少部分由南川方向入区。客源地区分布具有明显区域性，市内多，市外少，市内主城区多，主城区外少；周边区县多，远郊区县内少。外省游客以四川、贵州2省居多，也有少量海外游客，多来自韩国、日本。

二、旅行社

2011年，全区有区内旅行社2家（万盛旅行社、万盛千路旅行社），旅游门市部5家。

第二节　旅游营销

一、旅游节（会）

苗族踩山会 1998年是华夏城乡旅游年。7月，万盛区第一届苗族踩山会在万盛石林景区举办，邀请重庆市28个相关部门、21个毗邻区县和部分企业集团参加活动。活动首日吸引游客约5万人，签订旅游项目协议，引资6.9亿元。至2011年，连续举办13届。

九锅箐赏花观光节 1999年6月26—27日，万盛区政府与南桐矿务局联合举办首届九锅箐赏花观光节，邀请重庆电视台拍摄九锅箐风光片。此届赏花观光节主要包括新闻发布、文艺演出、招商引资和景点观光等内容。节会期间，与四川苍溪、重庆江津等地商家签订中药材种植、苗圃基地、旅游设施等项目协议，引资200余万元。2000年4月15日至5月20日，举办第二届观光赏花节，推出代表九锅箐特色的“百花争艳”“九锅红叶”“龙年吉祥”“人与自然”“民俗风情”等五大展景，签订项目协议11个，引资500余万元。此后不再举办。

铜鼓滩漂流节　1998年7月26日，万盛区在铜鼓滩景区举行首届漂流节暨漂流竞技大赛，重庆市12支代表队96名运动员参加漂流竞赛。2011年，因与桐梓县发生土地纠纷，停办。

年猪文化节　2007年12月21日，万盛区首届年猪文化节在青年镇举办，重庆市相关部门、江北区、武隆县和贵州省桐梓县等区县和重庆日报社、重庆电视台等媒体单位参加。文化节有文艺演出、招商引资、年猪民俗介绍、农副产品展销等系列活动。节会期间，与上海文化石材公司签订辣椒种植协议，青年镇与江北区鱼嘴镇缔结为友好乡镇。至2009年共举办3届。2010年和2011年未举办。

采笋节　2008年9月26日至10月15日，万盛区首届采笋节在石林镇茶园村举办。节会有苗族歌舞表演、体验农耕文化、游览石林风光、采笋、剥笋比赛和品尝系列笋宴等内容。至2010年共举办3届。

大黑山猕猴桃采摘节　2009年9月9日，万盛区首届大黑山猕猴桃采摘节在黑山镇北门村举办。在北门村猕猴桃示范基地，游客通过采摘猕猴桃，体验自由采摘的快乐。节会期间，猕猴桃销售额320万元。至2010年共举办2届。

二、媒体宣传

（一）书刊宣传

1993—2011年，《重庆日报》《重庆晨报》《重庆晚报》《人民日报·海外版》《四川日报》《每日电讯》《长江旅报》《长江三峡旅报》《香港商报》《信息汇报》《现代工人报》《体育报》《西南经济日报》《攀枝花日报》《华西都市报》《大公报》（中国香港）等市内外知名报刊或旅游刊物先后登载万盛旅游风光图片和报道旅游资源或旅游节会。2002年，《万盛报》开设“旅游上档升级看发展”和“建旅游新区，做文明市民”专栏。

2000年，出版《万盛旅游系列丛书》《旅游文化论文集》和《万盛风光散记》等专集。

（二）广播电视网络宣传

1993年，区旅游局拍摄第一部电视片——《风景这边独好》，在万盛、重庆和深圳等电视台播放。1997年起，重庆电视台“天气预报”节目定时预报万盛区旅游景区天气；重庆电视台、重庆经济台播放万盛旅游专题节目。1998年，邀请四川电视台摄制风光片——《夜郎古国——万盛游》；中央电视综合频道和财经频道、四川卫视、重庆卫视、福建卫视、广东卫视分别播放万盛旅游风光和苗族踩山会短片。2002年，万盛旅业（集团）公司与重庆影视节目交流中心联合摄制万盛旅游风光宣传片——《自然神韵，精彩万盛》，分为《山水天成，自然本我》《搏击一次，回味一生》和《游万盛石林，览苗家风情》3个部分，分别介绍黑山谷、铜鼓滩、万盛石林3个旅游景区。重庆电视台一、二频道每天9次，每次2分钟播放万盛旅游专题片，四频道《旅游天地》栏目每天4次，每次5分～10分钟介绍黑山谷风景区。2004年，中央电视台、重庆电视台《请您欣赏》等栏目播放万盛旅游风光片。2008年12月，重庆卫视《中国西部旅游》栏目播出九锅箐风光专题片。2010年，万盛电视台推出专题节目《爱问旅游人》24期，拍摄《十分关注》（4期）和《浴火重生》等黑山谷景区提升改造工程纪实专题片。2011年2月17日起，中央电视台《朝闻天下》《新闻30分》和《中国新闻》等重点栏目开播万盛旅游形象广告，广告语为“养生黑山谷、探秘古石林”。3月27—31日，旅游卫视《有多远走多远》栏目组到万盛拍摄旅游专题片《探秘养生黑山谷》，并于4月23日在旅游卫视播出。是年，重庆卫视、新闻频道、移动电视频道播放万盛旅游视频广告，重庆交通广播台、成都交通广播台播放万盛旅游音频广告。

2002年，在人民网、华龙网、万盛信息港等网站上开设“景区网页”、刊发旅游新闻，定期更换景区、景点相关文字和图片。2004年，万盛旅业（集团）公司创建“黑山谷”和“石林”网站。2007年4月，万盛旅游网开通，设置旅游概况、动态、旅游政务、旅游景点、门票价格、旅游地图、旅游交通、旅游商品和旅游节会等18个栏目。2011年，与成都大成网、天府论坛等网络合作，宣传万盛旅游。

（三）图片画册宣传

1993年，印制《万盛石林》《万盛—重庆南部的明珠》明信片和《神奇迷人的万盛风光》画册。

1994年，参加四川省“春季旅游风光”和重庆南山旅游图片展，展出万盛旅游风光图片。

1996年，印制《万盛旅游指南》彩色折页约1万份。

1998年，印制第一张万盛旅游导游图。

2002年，在重庆主城区制作67块、4900平方米万盛景区喷绘广告；在万盛大道两旁电杆、灯箱上制作景区景点旅游广告、宣传口号；制作《自然神韵，精彩万盛》导游手册6万份，《万盛石林第五届踩山会》宣传折页10万份；在重庆—万盛的豪华客车座椅套上印刷万盛景区图案；在万盛城区人力三轮车上喷制万盛旅游宣传口号；统一出租车颜色（上蓝下银灰）并喷制统一的旅游标志。

2006年，制作涵盖旅游吃、住、行、游、购、娱六大要素的《万盛旅游锦囊》5万册。

2007年6月，参加在万州区举办的第十二届中国重庆三峡国际旅游节旅游图片展，展出万盛五大景区图片。是年，推出以“美丽山乡·万盛风光”为主题万盛旅游明信片。

2008年9月，举办2008年万盛风光明信片素材征集活动，评选出“黑山谷秋色”“石林石扇”“黑山之魂”和“激流勇进”等12副优秀作品，印制2008年万盛旅游风光明信片。

2009年4月26日，在重庆解放碑举办《黑山谷》画册（风光片）和万盛风光摄影展。是年，在重庆主城繁华商圈写字楼投放电梯平面广告92部。

2011年3月，参加国家旅游局主办的2011中华文化游港澳推广系列活动，向港澳市民、驻港部队代表、港澳旅游界代表、记者放宣传折页、画册，赠送苗家特色手工艺品。是年，在重庆江北机场新航站楼、机场高速、五童立交投放灯箱广告或户外形象广告，在解放碑、观音桥、沙坪坝、南坪商圈投放户外LED广告。

三、其他形式的宣传

1995年5月27日，在重庆人民大礼堂举行的第二届重庆三峡国际旅游节开幕式上，万盛区苗族舞蹈队表演苗族舞蹈。8月8日，开通重庆—万盛“石林号”旅游列车。

1998年，邀请成渝两地文化界知名诗人、作家、书画家等30多人参加九锅箐第二届金秋笔会；邀请雅鲁藏布江漂流队员考察鲤鱼河峡谷。是年，九锅箐旅游公司与南桐矿工报社联合举办“九锅之春”“九锅之夏”“九锅之秋”和“九锅之冬”系列征文活动。

1999年，诗人梁上泉创作《迷人的九锅箐》组歌5首，作曲家金干谱曲，刻制光盘，赠送游客。

2000年，创作《高跷梭罗舞》《夜郎古乐》等作品，组建夜郎风情艺术团、南天乡苗族歌舞团。

2004年，举办“黑山谷之春”旅游文化交流活动；“新丝路模特大赛”重庆培训基地以及重庆电视台世界小姐重庆赛区外景拍摄地选址黑山谷。

2005年，参加第五届重庆市旅游商品展销会、香港旅游周、桂林旅交会、哈尔滨旅交会和成都旅交会等旅游会展。

2006年3月，参加在西安举办的中国西部旅交会，与西安市10家旅行社签订合作协议。6月18日至10月17日，举办“中国·重庆黑山谷清凉一夏”美食旅游节。

2007年3月，参加重庆市2007年生态旅游推介会，黑山谷、石林、铜鼓滩、九锅箐、奥陶纪、樱花温泉参加景区特装展，九锅箐、翠信茶业、黑山茶业、青羊旅游商品、沈师傅腌腊制品参加商品展示。

2008年9月29日至10月3日，举办“神秘古夜郎激情黑山谷·习酒夜郎”狂欢节。是年，在上海举办“天上街市·梦幻重庆”旅游品牌推介活动；参加“川渝亲上亲，周末大串门”城际互动旅游活动；与广之旅签订珠三角市场拓展战略合作签约协议；组织企业旅游大篷车到四川泸州、自贡、南充等地宣传促销；举办穿越黑山谷，攀登狮子槽户外探险活动、九锅箐户外拓展训练邀请赛活动等。

2009 年 6 月 19 日，在首届中国西部旅游产业博览会上，黑山谷景区与贵州开阳县南江大峡谷缔结为城际友好旅游景区；7 月，万盛旅业（集团）限公司与河南焦作云台山旅游公司签订《结为友好企业合作备忘录》；9 月 18—20 日，渝南黔北 10 区县共同签署《渝南黔北地区旅游合作协议书》。

2010年6月27—28日,重庆市旅游大项目工作会在九锅箐召开,重庆市旅游局与万盛区政府签订《旅游合作协议》。

2011 年 9 月 17 日，承办“万盛黑山谷·龙鳞石海杯”第十八届全国定向锦标赛和第七届全国定向冠军赛。是年，黑山谷·龙鳞石海定向运动俱乐部、培训中心落户万盛。

1998—2011 年万盛区旅游收入统计表

表 9-1

年份	接待人数（万人次）	直接收入（万元）	综合收入（万元）	年份	接待人数（万人次）	直接收入（万元）	综合收入（万元）
1998	20	968.3	7000	2005	68.91	7868.85	20200
1999	23.16	1031.15	8100	2006	78.68	9164.98	27500
2000	25.3	1215.38	8900	2007	82.78	10525.24	30600
2001	31.59	1422.79	11000	2008	96.46	12865.08	35800
2002	71.49	6035.11	21000	2009	126.19	15011.23	44000
2003	41.1	3656.77	12000	2010	156.38	20891.62	60000
2004	64.33	6544.81	18000	2011	511.25	70790.19	262000

2006—2011 年万盛区主要景区旅游接待情况统计表

表 9-2

年份	黑山谷景区		石林景区		九锅箐景区		铜鼓滩景区		樱花温泉景区	
	人数（人）	收入（万元）	人数（人）	收入（万元）	人数（人）	收入（万元）	人数（人）	收入（万元）	人数（人）	收入（万元）
2006	13800	1833	54300	958	3091	164	28600	647	20300	86
2007	145100	2080	59600	1044	3420	192	30800	728	28300	94
2008	166900	2309	67700	1193	3294	361	25200	617	39200	99
2009	305500	2427	75100	1267	3610	439	18100	459	39400	118
2010	495400	7283	129500	1407	4169	642	21800	571	53700	163
2011	870400	19366	252400	4353	4028	557	15700	323	194500	619
合计	1997100	35298	638600	10222	21612	2355	140200	3345	375400	1179

说明：九锅箐接待人数含疗养人数

第七章　黑山谷 AAAAA 景区创建

第一节　创建规划

2009 年 8 月 5 日，中共万盛区委、万盛区政府印发《关于强力推进万盛旅游“二次创业”的决定》，提出以深度开发黑山谷、石林景区为核心，按照国家 AAAAA 景区标准，改造景区内交通、游览、景观等设施，增加参与体验性项目；计划至 2013 年，将黑山谷打造为世界地质公园、国家 AAAAA 旅游景区、重庆都市首选生态旅游休闲度假区，把万盛建设成为全国重要旅游目的地，实现年接待游客 800 万人次，综合收入 80 亿元，旅游投资规模累计达 100 亿元，旅游从业人员达 2.5 万人以上，旅游产业成为万盛资源型城市转型的重要替代产业。

第二节　创建活动

万盛区将黑山谷景区和石林景区作为一个整体，打造国家 AAAAA 景区。

2009 年，深度开发黑山谷景区，启动黑山八角小城、天籁谷等休闲度假项目和配套的交通、供电、供水、环保等公用设施建设，打造茶叶、猕猴桃、方竹笋、无公害蔬菜等特色农业产业化基地；编制《石林景区修建性详细规划》。万盛区政府与中国农业银行重庆市分行建立战略合作关系。3 月 24 日，农行重庆分行向万盛区政府授信 30 亿元助推万盛转型发展，其中 10 亿元专项用于万盛旅游产业发展。是日，万盛区政府回购黑山谷、万盛石林景区。8 月，万盛国家地质公园（由黑山谷、万盛石林、奥陶纪公园 3 个片区组成，面积 105 平方千米）获国土资源部批准。10 月 19 日，黑山谷景区提升改造工程开工，2010 年 7 月工程竣工，建设项目包括电瓶车道、索道、浮桥、栈道、桥梁，卧龙岗、中猪喉、掬翠阁服务店，黑山谷游客接待中心，改造景区北门，新建景区南门商业街及大门，江流坝康居房，圣杰温泉度假酒店和响水村宾馆，治理危岩，设置标示标牌，建设电力及通信设施等，建成电瓶游览车道 6 千米，栈道和浮桥 6 千米，观光索道 1 千米。

2010—2011 年，深度开发黑山谷、石林景区，启动白花、椅子台、江流坝等休闲度假项目建设。2010 年 10 月至 2011 年 5 月，万盛旅投（集团）公司改造石林景区，围绕“新开山门、重组游线、丰富体验、打造红苗”的思路，突出“科普、民俗”两大主题定位，新建水上石林、苗王宫、石鼓广场、桃花坞和石林花海等景观。2011 年 2 月 24 日，中共万盛区委、万盛区政府成立“两创”（创建黑山谷·石林国家级旅游景区、创建黑山谷·龙鳞石海国家级地质公园）领导小组，下设综合协调组、宣传营销组、规划建设组、旅游交通组、旅游游览组、旅游安全组、旅游卫生组、邮电购物组、资源环保组、督查组。2012 年 10 月 29 日，全国旅游景区质量等级评定委员会授予黑山谷景区国家 AAAAA 级旅游景区。

第十篇　农业

第一章　管理机构

第一节　万盛区农业局

1971 年 3 月，南桐矿区农业局成立。1986 年，区农业局有办公室、行政科和科教科等科室 3 个；下辖区农业技术推广站、植保站、土肥站、蚕桑站、茶叶技术站、经济作物蔬菜站、畜牧兽医站、水产站、农村经济经营管理站、农业机械管理站、农机监理站、水利电力管理站和农业科学研究所等事业单位 13 个；兼管中央农业广播电视学校南桐矿区分校。1993 年 4 月，更名万盛区农业局。2005 年，区农业局有办公室、科教与市场信息科、种植业科和养殖业科等科室 4 个；下辖区农村合作经济经营管理站、植物检疫站、农业技术推广站、蔬菜站、水产站、畜牧兽医站、农业执法大队、重庆市农业广播电视学校万盛区分校等事业单位 8 个。2009 年 3 月，与区政府农业办公室、区农业综合开发管理办公室合并，组建万盛区农业委员会。

第二节　万盛区林业局

1979 年 9 月，南桐矿区林业局成立。1993 年 4 月，更名万盛区林业局。2001 年 11 月，区林业局有办公室、计划财务科、造林绿化科（挂区绿化委员会牌子）和林政资源管理科（挂区森林防火指挥部办公室牌子）等科室 4 个；下设区公安分局林业派出所、区森林病虫害防治检疫站等事业单位 2 个；管理万盛区林场和重庆国盛林产品公司。2004 年，区公安分局林业派出所更名区森林警察支队。

第三节　万盛区政府农业办公室

1984 年 2 月，南桐矿区政府农业财贸办公室成立，设行政科、综合科和蔬菜科等科室 3 个。1991 年 3 月，撤销区政府农业财贸办公室，组建区政府农业办公室。1993 年 4 月，更名万盛区政府农业办公室。2009 年 3 月，与区农业局、区农业综合开发管理办公室合并，组建万盛区农业委员会。

第四节　万盛区农业综合开发办公室

1988 年 4 月，南桐矿区开发性商品农业领导小组办公室成立。1990 年 4 月，划归区政府农业财贸办公室管理。1991 年 3 月，撤销区开发性商品农业领导小组办公室，组建区农业综合开发办公室，与区政府农业办公室合署办公。2009 年 3 月，与区农业局、区政府农业办公室合并，组建万盛区农业委员会。

第五节　万盛区水务局

1990 年 9 月，南桐矿区农机水电局成立，设办公室、政工科、业务科、保卫科和计财科等科室 5 个，下辖南桐矿区水电勘测设计队、区水政水资源管理站和区农机监理站等事业单位 3 个，代管区农机管理站、区水电管理站、南桐矿区农机公司和张三塘水力发电站，挂区防汛指挥部办公室牌子。

1993 年 4 月，更名万盛区农机水电局。1996 年 1 月，业务科更名水土保持监督科。1998 年 4 月，水土保持监督科更名水政水保科。

2001 年 11 月，更名万盛区水利局，设办公室、计财科，水保水政科和水利基建管理科（挂区防汛抗旱办公室、区农田水利基本建设指挥部办公室牌子）等科室 4 个。

2003 年 12 月，万盛区水土保持站成立，隶属区水利局。

2005 年 6 月，撤销万盛区水利局，组建万盛区水务局，挂万盛区农机局、区防汛指挥部办公室、区农田水利基本建设指挥部办公室牌子，设办公室、规划建设科、水政水资源科（挂区节约用水办公室牌子）和水土保持科（挂区水土保持办公室牌子）等科室 4 个，下辖区供排水管理站、区水务工程建设质量监督站、区水务行政执法大队、区水务工程管理站、区水资源管理站、区水土保持站和区农机安全监理站等事业单位 7 个。

2009 年 7 月，万盛区防汛抗旱指挥部办公室改为单独设置，挂区河道管理站牌子；区水资源管理站加挂水质监测中心牌子。

第六节　万盛区扶贫开发办公室

2001 年 11 月，万盛区扶贫开发办公室成立，挂靠在区政府农业办公室。2009 年 3 月，区政府农业办公室与区农业局、区农业综合开发管理办公室合并，组建万盛区农业委员会。万盛区扶贫开发办公室随之挂靠在区农业委员会。

第七节　万盛区农业委员会

2009 年 2 月 12 日，万盛区机构编制委员会决定设立万盛区农业委员会。3 月 24 日，区农业局、区政府农业办公室（挂区扶贫开发办公室牌子）、区农业综合开发管理办公室合并，组建万盛区农业委员会（挂区农业综合开发管理办公室，区扶贫开发办公室牌子），设办公室、政策法规科、发展计划科、生态能源科、科教信息科、扶贫开发科和新农村建设指导科等科室 7 个；区农业行政执法大队、农机安全监理站、农村合作经济经营管理站、农业综合开发管理中心、植物检疫站、农业技术推广站、农产品质量检测检验站（挂区蔬菜技术推广站牌子）、经济作物技术推广站、动物卫生监督所、渔政监督站和重庆市农业广播电视学校万盛区分校等事业单位 11 个。

第二章　农村经济体制改革

第一节　土地承包

一、第一轮土地承包

1982 年年初，全区有 124 个生产队实行包产到户、占比 13.4%，77 个生产队实行包干到户、占比 8.3%，61 个生产队实行小段包工定额管理、占比 6.6%。10 月 12 日，全区有 822 个生产队实行包产到户或包干到户，占比 88.7%。1983 年 1 月，全区有 906 个生产队实行以户营为主的联产承包责任制，占比 97.84%。联产承包（大包干）是指承包户与生产队签订土地承包合同，承包户只交国家税收和集体提留，承包期 15 年，人口增减不补退土地，3 年调整一次。实行联产承包责任制后，耕地所有权和经营权分离，劳动报酬和生产成果紧密联系。

二、第二轮土地承包

1998 年，万盛区开始实施农村第二轮土地承包，实行“增人不增地，减人不减地，一定 30 年不变”的土地延长承包政策，承包期为 1998 年 4 月 1 日至 2028 年 3 月 30 日。至 2000 年，完成承包地块面积核实、登记、公示，颁发承包经营权证 39094 本，土地承包经营权证入户率 99.85%，建立区、乡（镇）、村三级农村土地承包档案 2600 余册。2002 年，全区 909 个合作社承包耕地面积 8646.67 公顷，登记土地承包合同 43075 份。

2005 年，全区进一步完善农村土地承包关系，换发土地承包经营权证 39039 本，换证率 99.71%，做到承包地块到户，面积到户，合同到户，经营权证书发放到户。区、乡（镇）、村三级档案 2600 余册，全区耕地总面积确定为 6899.53 公顷（历史产量折算面积），占全区面积 12.2%。

2010 年，全区再次完善农村第二轮土地承包关系，开展农村土地承包经营权确权颁证工作。按社不漏户、户不漏人、人不漏地、地不漏界的要求，调查 475 个合作社的 3.77 万农户（18 个社涉及征地问题，2 个社涉及历史遗留问题暂缓调查）。至 2011 年，确权颁证 3.72 万户、占比 98.54%，确权到户的承包面积 13100 公顷，占第二次全国土地调查（2007—2009 年）核定的全区耕地面积（13526.67 公顷）96.85%，农民人均耕地面积从 0.05 公顷增至确权后的 0.1 公顷；全面建立农村土地承包经营权登记簿，发放经营权证 3.59 万本、占比 96.51%，建立土地档案 1000 余卷。

第二节　农村税费改革

1983 年 1 月，全区农村基本实现包干到户的联产承包经营体制。承包户须缴纳国家税金和集体提留。

1983—2000 年，农村直接涉及农民的税费有农业生产性税收、集体提留和乡镇统筹 3 种。农业生产性税收包括农业税及附加、农林特产税及附加和生猪屠宰税 3 种；集体提留包括公积金、公益金和管理费（公积金用于农田水利基本建设、植树造林、购置生产性固定资产和兴办集体企业，公益金用于五保户供养、特困户补助、合作医疗保健以及其他集体福利事业，管理费用于村干部报酬和管理开支）；乡镇统筹费用于乡村两级办学、计划生育、优抚、民兵训练和修建乡村道路等民办公助事业。农民承担的集体提留和乡镇统筹按上年农民家庭人均纯收入的 5% 计算。

2000 年 3 月 17 日，全市试行“三取消、两调整、一改革”（取消乡镇统筹费、农村教育集资费和专门面向农民征收的行政事业收费、政府性基金、集资，取消屠宰税，取消统一规定的劳动积累工和义务工；调整农业税，调整农业特产税政策；改革村提留征收使用办法）农村税费改革。

2002 年 5 月 15 日，重庆市农税改小组批复同意《重庆市万盛区农村税费改革试点方案》，初定全区计税耕地面积 8020 公顷，计税常年产量 8235 千克 / 公顷，全区农户签字 90% 以上。9 月，万盛区农村税费改革试点结束。农民负担总额从 903.17 万元（人均负担 57 元）减至 512.98 万元（人均负担 32.38 元），降低 43.20%。

2005 年起，全区取消农业税及附加。

第三节　农业补贴

2001 年，中国加入世界贸易组织（WTO）后，为确保粮食安全和促进农业增产、农民增收，开始实行农业补贴政策。2004 年，推出农民种粮直接补贴、农业良种补贴和农机补贴等政策。是年，国家退耕还林补贴由补贴粮食改为直接向农民补贴现金。2006 年，增加农资综合直接补贴。2006—2011 年，全区农民累计获国家种粮等直接补贴 1.46 亿元，农民年人均获补贴 177.6 元。

2006—2011 年万盛区农业补贴情况一览表

表 10–1

年份	政府补贴（万元）			种粮直接补贴面积（公顷）	每公顷种粮直补金额（元）	农村人口（人）	农民人均补贴（元）
	种粮直补	退耕还林	其他				
2006	100.4	1650.3	53.5	4935.44	204.00	146589	123.1
2007	100.4	1650.3	53.5	4935.44	204.00	144953	124.5
2008	636.8	1827.3	192.4	5606.05	1135.50	139057	192.0
2009	876.4	1845.0	223.4	4647.64	1885.50	138794	212.2
2010	1011.3	1456.1	169.6	5389.89	1876.50	135839	196.1
2011	1055.9	1271.0	456.7	10055.00	1050.00	127909	217.6

第三章　农村经济管理

第一节　农村经营体制

一、家庭联产承包责任制

1981 年 6 月，中共南桐矿区委召开农村三级干部会议，提出统一经营、联产酬劳，专业承包、联产计酬和包产到户 3 种生产责任制试行办法。至 1983 年，全区 906 个生产队均实行以户营为主的联产承包责任制。实行联产承包责任制后，所有权和经营权分离，劳动报酬和生产成果紧密联系在一起。

1991 年 11 月，中共中央十三届八中全会决定，把家庭联产承包为主的责任制、统分结合的双层经营体制，作为乡村集体经济组织的一项基本制度长期稳定下来。1998 年 4 月 10 日，万盛区农村第二轮土地承包统一实行“增人不增地、减人不减地、一定 30 年不变”的土地延包政策。

2002 年 8 月 29 日，《中华人民共和国农村土地承包法》颁布，从法律上确立以土地承包为主的双层经营体制地位。2005 年，万盛区进一步完善 1998 年以来的农村土地延包工作。2010 年 8 月 26 日，万盛区启动完善农村第二轮土地承包确权颁证工作。

二、承包土地流转经营

深化农村改革，在继续完善家庭联产承包责任制的基础上放活土地经营使用权，鼓励土地承包经营权流转，推动农业适度规模化经营。2011 年，农村土地流转面积 4285.67 公顷，土地规模经营集中度 52%。

万盛区农村家庭承包耕地流转情况一览表

表 10–2

年份	流转面积（公顷）							流转去向（公顷）					流转农户（户）	签订合同（份）	合同流转面积（公顷）	适度规模经营（公顷）
	合计	转包	转让	互换	出租	股份合作	其他形式	合计	转入农户	转入专业合作社	转入企业	转入其他主体				
1995	80.3	66.1	3.2	0	11.0	0	0	80.3	–	–	–	–	714	–	–	0.3
2005	115.6	101.5	9.5	0.3	0	4.3	0	115.6	–	–	–	–	849	755	115.6	16.5
2011	4285.7	1663.0	336.4	11.5	1525.4	272.5	476.9	4285.7	1848.3	414.8	1047.9	974.7	9726	5433	2432.8	4069.8

第二节　农村经营管理

一、指导性计划与服务管理

农村实行家庭联产承包责任制以后，以农户自主管理为主，乡镇、村、社三级组织仅负责服务性管理，以市场为导向，对农业生产提出指导性计划，提供科技信息服务，做好种子、肥料、农药、农机具、农用汽油、柴油和薄膜等农用物资的计划、安排、协调和供应工作。

二、村社集体财务管理

1982 年后，财务管理制度实行统分结合，账内与账外核算相结合，统一规定与因地制宜相结合、统一分配与承包分配的原则。2002 年，试点“村会计委托乡代理”和“社会计委托村代管”的农村集体经济组织财务管理模式。是年，7 个乡镇建立财务代管中心，实现“村账乡（镇）代管，社账村代管”，代管村级资产 3052 万元（货币资产 996 万元，负债 345 万元）；285 个合作社实行“社账村管”制度。

2005 年，8 个乡镇的 57 个行政村全部实施村级会计委托乡镇代理制度，494 个合作社将账务委托村或乡镇代理，共代管村社货币资金 1106 万元。全区 5 个乡镇实现电算化管理，占 63%。

2011 年，全区 8 个乡镇、57 个行政村会计全部实现会计电算化。是年，审计农村集体经济单位 337 个，审计金额 3048 万元。

第三节　农业综合开发

农业综合开发是国家支持、保护农业发展，改善农业资源利用状况，优化农业结构，提高农业生产能力，实现农业持续稳定发展的重要战略措施和反哺农业的政策措施。农业综合开发以改造中、低产田土为主要任务，实施山、水、田、林、路综合治理，连片开发，规模推进，建设高产、稳产的高标准农田，确保粮食高产稳产。丘陵和山区主要开发任务是改造坡瘠地，以地区资源优势为主攻方向，调整农业结构，建设规模发展的优质特色农产品生产基地。1990—2011 年，全区农业综合开发项目总投资 7436.56 万元（中央、重庆市 5135 万元，区、乡 2301.56 万元），群众累计投工 255.79 万个。

一、中低产田土改造

1991 年 10 月至 1992 年 4 月，区中低产田改造一期工程在青山乡河坝村（100 公顷）、丛林镇绿水村（53.33 公顷）实施，改造面积 153.33 公顷，水稻每公顷产量从改造前的 6000 千克增至改造后的 8250 千克。1996—1998 年，景星乡鱼子岗村改造面积 66.67 公顷。1999—2001 年，青年镇堡堂村和丛林镇绿水村改造面积 333.33 公顷。2002—2004 年，南桐镇沙坝村、景星乡鱼子岗村和青年镇大槽村、均田村改造面积 745.33 公顷。2005—2011 年，改造中低产田土 1950.80 公顷。

二、坡瘠地改造

1991—2005 年，全区实施坡瘠地改造工程 5 期，累计改造坡瘠地 4648.33 公顷，其中第一期（1991—1992 年）1155.53 公顷，第二期（1993—1995 年）1104.80 公顷，第三期（1996—1998 年）533.33 公顷，第四期（1999—2001 年）1266.67 公顷，第五期（1999—2001 年）588 公顷；新建和种植猕猴桃 666.67 公顷，桑园 656.80 公顷，果树 265.67 公顷，新茶园 152.33 公顷，黄栀子、杜仲、黄柏、厚朴等中药材 624.27 公顷，笋用竹、直杆蓝桉、花椒、板栗等经济林木 893.87 公顷。

果树　第一期工程在金桥乡金桥村团山堡社种植柑橘，关坝镇林地村种植脐橙等共 99 公顷。第二期工程在万东镇五和村种植黄花梨 93.33 公顷。第三、四期工程在景星乡种植猕猴桃。第五期工程在青年镇堡堂村、万东镇箐溪村种植果树 73.33 公顷。

茶叶　第一期工程在景星乡天星茶场、青年镇更鼓茶场和湛家茶场种植名优茶 78.93 公顷。第二期工程在南桐镇王家坝茶场、万东镇五和茶场种植名优茶 73.67 公顷。2011 年，重庆更鼓茶叶种植专业合作社改扩建茶园 40 公顷。

竹笋　1995 年，景星乡农胜村苦草塘生产合作社立项开发（间伐）方竹笋 200 公顷。方竹笋年产量从间伐前的几吨增至 100 多吨。至 2005 年，全区开发方竹笋约 1000 公顷。

中药材　第一期工程主要在景星乡、南天乡、青年镇种植杜仲、黄柏、厚朴等药材 187.07 公顷。第二期工程在金桥乡种植黄栀子 437.20 公顷。

1990—2011 年万盛区农业综合开发项目工程量统计表

表 10–3

项目	单位	数量	项目	单位	数量
挖掘土石方	万立方米	533.93	拦河坝	座	1
整治条田	公顷	56.67	整治山平塘	口	17
修建排灌沟	万米	19.31	新建提灌站	座	2
整治河道	米	3934	修筑水泥支架	万根	12.1
修建便民桥	座	33	修筑水泥坝	万米	14.6
新建公路	千米	1.5	修建路带沟	千米	42.2
修建水池	口	3369	发放农户引水管道	米	38600
修建沉沙凼	个	7164	新修、修复机耕道	千米	3.68
修建水泥便道	万米	60.4	新建、改造鸡舍	平方米	2000
安砌混凝土	万立方米	8003.8	修建饲料加工厂房	平方米	200
整修公路	千米	78.91	引进良种鸡苗	只	16000

续表

项目	单位	数量	项目	单位	数量
修涵洞	个	52	修建有机茶加工厂房	平方米	3200
消力池	口	31	新建小型蓄排工程	座	5
出苗	万株	500	引进果苗	株	90000

第四节　农业行政执法

2005年前，农业行政执法职能分别由万盛区农业局所辖各事业站、所履行。

2004年12月29日，万盛区农业行政执法大队成立，隶属区农业局，专门履行农业行政执法职能。区农业局所辖各事业站、所承担的涉及农业行政执法的职能被统一划转到区农业行政执法大队。

2006年，整顿农资市场秩序，出动执法人员312人次，查处涉及种子、农药、饲料、兽药和渔政等违法行为10件，查获违法农资523千克，挽回损失5.4万元。

2007年，专项检查农产品质量，出动执法人员552人次，检查猪肉销售户54户，兽药、饲料添加剂销售点30个，农药、肥料销售点50个，认证企业5家，查处销售假农药、兽药销售点各1个，收缴假冒农药40包，假冒兽药15千克、劣质鱼药1千克。

2008年，出动执法人员250余人次，检查猪肉销售户138户，兽药、饲料添加剂销售点104个，农药、肥料销售点133个，认证企业5家，查处案件25件，其中农药8件、数量103千克，肥料7件、数量8100千克，种子5起、数量450千克，兽药3起、数量24千克，价值3.5万元。

2009年，出动执法人员290人次，查处违法行为13件，其中按照一般程序处理10件。配合重庆市农药检定所抽检全区农药市场，抽检农药品种6个。2月24日，抽样检查具有批发性质的两杂（杂交玉米、杂交水稻）种子经营门市4个，抽取冈优158、冈优725、渝开3号、忻玉106等4个品种，全部合格。

2010年，检查经营户240户次，检测蔬菜、水果等品种11大类，样品2864个，市场检疫、屠宰检疫畜、禽51.46万头（只）、无害化处理40头（只）。

2011年，出动执法人员800余人次，查处违法行为19件（移交司法机关1件），检测蔬菜品种9大类，样品2600个，合格率100%。全年防疫猪瘟12.12万头次、口蹄疫10.25万头次、蓝耳病7.65万头次，禽流感70.23万只次，新城疫42.21万只次，无害化处理畜、禽50头（只），处理不合格内脏1544副，检疫产地生猪10.5万头，检疫屠宰生猪2.5万头。

第四章 农业生产条件

第一节 耕地

1986 年，全区耕地 9720.4 公顷（田 4589.6 公顷，土 5130.8 公顷），人均耕地 0.064 公顷。此后，因退耕还林和工业、城市、交通、水利设施建设用地增加，全区耕地面积逐年减少。加之农村外出务工人员增加，农村撂荒土地增多。

2011，全区耕地 6148.8 公顷（田 3824.73 公顷，土 2324.07 公顷），人均耕地 0.049 公顷；全区撂荒土地 59.33 公顷。

1986—2011 年万盛区农业耕地情况一览表

表 10–4 单位：公顷

年份	耕地面积			农村人均耕地	年份	耕地面积			农村人均耕地
	合计	田	土			合计	田	土	
1986	9720.4	4589.6	5130.8	0.064	1999	8973.2	4329.7	4643.5	0.056
1987	9587.7	4565.8	5021.9	0.061	2000	8966.8	4329.1	4637.7	0.056
1988	9522.4	4531.9	4990.5	0.062	2001	8919.6	4330.9	4588.7	0.056
1989	9491.2	4521.7	4969.5	0.060	2002	7987.3	4134.1	3853.2	0.051
1990	9513.3	4538.3	4975.0	0.060	2003	6468.0	3795.1	2672.9	0.043
1991	9396.8	4519.7	4877.1	0.059	2004	6415.8	3840.9	2574.9	0.043
1992	9396.8	4508.4	4765.9	0.058	2005	6336.7	4022.7	2314.0	0.044
1993	9396.8	4483.1	4750.7	0.058	2006	6304.8	3954.9	2349.9	0.044
1994	9396.8	4443.9	4730.3	0.058	2007	6336.9	3933.3	2403.6	0.046
1995	9396.8	4417.1	4719.5	0.057	2008	6272.2	3961.9	2310.3	0.046
1996	9396.8	4396.3	4737.9	0.057	2009	6251.9	3887.7	2364.2	0.047
1997	9396.8	4372.5	4743.8	0.057	2010	6251.9	3887.7	2364.2	0.049
1998	9396.8	4340.9	4699.8	0.056	2011	6148.8	3824.7	2324.1	0.049

说明：表中数据均为历史产量折算面积

2011 年万盛区各镇耕地情况一览表

表 10–5

镇名	耕地面积（公顷）			农业人口（人）	人均耕地（公顷）
	合计	田	土		
万东镇	620.9	294.4	326.5	18866	0.033
南桐镇	847.1	421.2	425.9	22493	0.038
关坝镇	704.1	476.3	227.8	19467	0.036
青年镇	933.4	509.1	424.3	18731	0.050
丛林镇	441.4	339.1	102.3	8747	0.050
金桥镇	1402.3	1018.0	384.3	16811	0.083
石林镇	797.0	413.3	383.7	11433	0.070
黑山镇	402.6	353.3	49.3	8935	0.045
全区	6148.8	3824.7	2324.1	125483	0.049

说明：表中数据均为历史产量折算面积

2011 年万盛区“二调”耕地面积一览表

表 10–6

单位	确权村社（个）		面积（公顷）		
	村	社	合计	耕地	其他
万东镇	9	86	1505.2	1401.3	103.9
南桐镇	10	98	1787.3	1787.3	–
关坝镇	8	91	1764.5	1764.5	–
青年镇	6	41	1679.1	1662.6	16.5
丛林镇	6	42	1142.8	1142.8	–
金桥镇	6	47	2774.0	2760.0	14.0
石林镇	8	49	1875.1	1860.8	14.3
黑山镇	4	30	1238.6	1238.6	–
全区	57	484	13766.6	13617.9	148.7

说明：“二调”即全国第二次国土调查

第二节　劳动力

农村劳动力是指全年经常在家，或在家居住 6 个月以上，或虽然外出劳动 6 个月以上，但其收入主要带回家中的农村劳动力，包括整劳动力和半劳动力。整劳动力是指男子 18 ~ 50 岁，女子 18 ~ 45

岁，能经常参加劳动的人；半劳动力是指男子 16 ~ 17 岁、51 ~ 60 岁，女子 16 ~ 17 岁、46 ~ 55 岁具有劳动能力的人。

随着乡镇企业的兴起，城市化步伐加快，国家退耕还林政策的实施，人均耕地面积的减少，外出务工人数不断增加，大量农村剩余劳动力转向非农产业和城镇，传统的农村劳动力就业结构发生巨大变化。全区农、林、牧、渔占劳动力比重从 1986 年的 75.73% 降低至 2011 年的 37.32%，减少 38.41 个百分点；分布在二、三产业上和外出务工的农村劳动力比例从 1986 年的 24.27% 增长至 2011 年的 62.86%，增加 38.59 个百分点。全区 18 ~ 50 岁的农村青壮年劳动力有 65% ~ 70% 不在家从事农、林、牧、渔业生产活动，留守在家务农的大多是老人、中老年妇女和未成年人。

2004—2005 年，全区转移农村劳动力 11474 个（经过职业技能培训后转移 2106 个），完成职业技能培训 2618 个。

2011 年，全区有农村劳动力 79344 个，从事家庭经营 43499 个，外出务工 35845 个，其中常年外出务工 29943 个（乡外区内 12264 个，区外市内 9961 个，市外 7718 个）。

万盛区乡村从业人员情况一览表

表 10–7 单位：人

年份	从业人员			职业分布					
	合计	男	女	农业	工业	建筑业	交通运输	批发零售餐饮住宿	其他
1987	82693	41512	41181	61506	10376	3918	1125	1345	4123
2001	90533	45550	44983	55179	9298	5447	1916	3001	15692
2011	83467	43985	39482	36366	15350	9659	2002	7159	12931

第三节 农业机械

1985 年，全区农业机械总动力 43826 千瓦（柴油机 17591 千瓦、汽油机 6645 千瓦、电动机 19590 千瓦），有大中型拖拉机 69 辆，小型手扶拖拉机 422 辆，农用汽车 146 辆，排灌机械 195 台。农业机械大多未用于农业生产。

2006—2008 年，全区农业机械化建设投入资金 2275.89 万元（其中农业机械 1712.71 万元），投入维修改造各类提灌机具资金 210.4 万元，推广微耕机 468 台，机耕面积 15940 公顷，机播面积 190 公顷，机收面积 260 公顷，机械脱粒粮食 5.45 万吨，机械初加工农副产品 502 万吨。2008 年，全区农业机械总动力 10.57 万千瓦，有农业机械 15587 辆，农业耕、种、收综合机械化率 18.5%，农业机械化作业服务组织及农机户 3928 户、4641 人，农机户人数占全区农业人口 3.35%。

2009—2011 年，推广微耕机 249 台，小型收割机 3 台，拖拉机 29 辆，其他农业机械 780 台（套），补贴购置微耕机等农机 491 台，水稻机插秧 666.67 公顷。

2005—2008 年万盛区农业机械化情况一览表

表 10-8

年份	农业机械总动力	农业机械数量	农业机械原值	农业机械净值	农机化投入	农机总收入	机耕面积	机电灌溉面积	机电植保面积	机械脱粒粮食	机械初加工农产品	农业生产燃油消耗	农机运输作业量
	万千瓦	辆	万元	万元	万元	万元	公顷	公顷	公顷	万吨	万吨	万吨	万吨千米
2005	9.4	8071	9166	6151	538.1	73370.5	3	1.7	1.7	1.0	1.0	0.4	1150
2006	9.8	11562	9889	6792	672.7	7473.3	4.3	1.6	1.7	1.0	1.2	0.4	1207.8
2007	10.2	8597	15095	13232	301.8	7533.3	5.3	1.6	1.6	1.6	1.3	0.4	2250
2008	10.6	15587	15735	12749.8	1301.4	14562.4	6320	2280	2680	2.9	2.6	0.5	2475.6

1985—2011 年万盛区农业机械统计表

表 10-9

年份	农机总动力	大中型农用拖拉机	小型手扶拖拉机	农用汽车	农用排灌机械		机电排灌站	
	千瓦	辆	辆	辆	台	千瓦	座	千瓦
1985	40186	69	422	146	915	8512	–	–
1990	43371	64	297	307	931	8575	–	–
2001	25021	–	87	380	245	3370	131	3908
2005	26167	–	53	515	576	3978	110	3308
2011	28273	–	75	504	1082	5161	103	3630.6

第四节　肥料

万盛区农用肥料主要有无机肥、生物肥和有机肥 3 大类。

有机肥来自养殖业，有绿肥［紫云英（红花草）、苕子、胡豆、红浮萍等］，秸秆、草皮、油饼、草木灰、腐肥、杂肥和人畜堆、沤肥等；无机肥有氮肥、磷肥、钾肥、复合肥和微量元素肥等；生物肥即菌肥。

一、施肥方法

水稻　推广杂交水稻前，提倡施耙面肥。20 世纪 80 年代推广杂交水稻后，每公顷施纯氮 187.5 千克，犁栽秧田以前施下，翻于泥中，耙田前施一次耙面肥，生长过程中一般不再施肥，可根据苗情补充氮肥。20 世纪 90 年代，开始增施锌肥、硅肥。

玉米　推广杂交玉米以后，提出“重底肥、轻苗肥、攻穗肥”的施肥方法。

红苕　底肥施磷钾肥，追肥施氮肥，以追肥为主。

小麦　种子拌施钼肥、重施底肥、早施追肥、补施穗肥。

二、配方施肥

配方施肥是根据各种作物所需氮、磷、钾三元素的不同和微量元素对相关作物的作用而配制的复合肥、复混肥。1990年，除按常规施足大量元素肥料外，玉米施锌，水稻施锌，小麦施钼，油菜施硼。1994年，水稻增施硅肥。1995年起，提出优化配方施肥，水稻增施有机肥，减少化肥施用量。2000年，开始实施杂交水稻平衡配套施肥技术，稻草还田技术。2005年，全区推行旱地秸秆还土技术。

2006年，开始推广测土配方施肥技术。至2010年年末，采集、分析土样2000份、植株样50株，调查农户102户，开展水稻配方肥料实验20次，发放农作物配方施肥卡3.7万份，使用配方肥（包括复混肥）16302吨，配方肥使用量占化肥总用量的比例从2009年的17.93%增至23.35%，增加5.42个百分点；农作物累计增产7243.8吨，每公顷均增产528千克；总减不合理施肥（纯量）50.54吨，每公顷减不合理施肥（纯量）3.75千克；总增产节支875.36万元，每公顷增产节支636.75元。

2011年，采集、分析土样595份，调查农户100户，免费为3.5万农户提供测土配方施肥技术服务，推广测土配方施肥技术10000公顷，测土配方施肥2000公顷，覆盖全区57个行政村。

1985—2011年万盛区化肥施用情况一览表

表10-10　　单位：吨

年份	合计	氮肥	钾肥	磷肥	复合肥
1985	1779	1332	31	416	0
1986	1959	1406	112	441	0
1987	2667	1950	81	636	0
1988	2867	2147	113	607	0
1989	3296	2589	95	612	0
1990	3274	2484	121	669	0
1991	3360	2476	122	675	87
1992	3612	2601	136	704	171
1993	3241	2287	122	758	74
1994	3716	2580	118	784	234
1995	5308	3411	165	1525	207
1996	5373	3034	144	1934	261
1997	4901	2673	186	1521	521
1998	5580	3111	286	1677	506
1999	5162	2986	311	1294	571
2000	5792	3226	443	1518	605
2001	5672	2946	1526	383	817
2002	5833	2912	1522	417	982
2003	5559	2748	1425	386	1000

续表

年份	合计	氮肥	钾肥	磷肥	复合肥
2004	5890	2748	1582	394	1166
2005	6168	2805	1732	368	1263
2006	8513	3957	2548	350	1658
2007	8349	3904	2542	352	1551
2008	9171	4100	2858	446	1767
2009	9875	4326	3268	511	1770
2010	9616	3710	3155	445	2306
2011	9894	3826	3215	571	2282
总计	146427	78275	27959	20394	19799

说明：按折纯法计算

第五节　农田水利基本建设

万盛区农田水利发展经历4个阶段。1957—1958年，以山平塘建设为主，挖渠筑坝，发展引蓄、引提水工程，建成一批小型水利工程，结束南桐矿区没有水库和电灌站有历史；20世纪60～70年代，重点建设小型水库、山平塘、提排灌泵站和改造中低产田土，建成一批以小型水库为主的农田水利设施；20世纪90年代，以水源工程建设为重点，改造原有工程续建配套技术，开展“山、田、林、路”综合治理；2000年后，以水库建设、病险工程整治、水利田坎和节水灌溉工程建设为重点，建成一批中小型水库。

1986—2011年万盛区农田水利基本建设情况一览表

表10–11

年份	投入工日（万个）	完成各类水利工程（处）	投入资金（万元）	新增、恢复蓄引水能力（万立方米）	恢复、改善灌溉面积（公顷）	新增有效灌溉面积（公顷）	新增节水灌溉面积（公顷）	改造中低产田（公顷）	人饮安全解困（万人）	治理水土流失面积（平方千米）	植树造林（公顷）
1986	1.03	117	103	–	189.20	–	–	–	–	–	–
1987	–	–	–	–	–	–	–	–	–	–	–
1988	10.24	112	–	–	206.67	–	–	–	1.42	–	–
1989	14.32	76	–	11.90	1266.67	60	–	13.33	0.63	–	–
1990	75.78	2175	–	5.40	393.33	6.67	–	180	3.98	2.27	233.28
1991	186.35	1048	425.80	198.10	1213.33	70	–	96.67	1.41	–	247.53
1992	209.44	938	308.66	89.50	1356	174.67	–	136.67	1.65	–	422.53
1993	198.19	820	137.02	97.45	658.67	125.33	–	233.87	1.78	–	285.33
1994	211.28	800	829.55	84	575.33	20	–	13.33	0.45	–	–

续表

年份	投入工日（万个）	完成各类水利工程（处）	投入资金（万元）	新增、恢复蓄引水能力（万立方米）	恢复、改善灌溉面积（公顷）	新增有效灌溉面积（公顷）	新增节水灌溉面积（公顷）	改造中低产田（公顷）	人饮安全解困（万人）	治理水土流失面积（平方千米）	植树造林（公顷）
1995	155	760	927.94	–	933.33	377.33	–	71.33	1.70	3.19	–
1996	192.18	945	–	3	720		–		1.91	–	–
1997	292.09	319	1152.85	15.45	372	189.33	–	333.33	0.57	15.10	204
1998	143.85	337	642	120	666.67	0.67	–	60	1.10	–	–
1999	238.50	338	2026.60	–	666.67	69.33	–	–	2.50	7.33	460
2000	122	250	724	–	140	33.33	–	73.33	0.21	1.33	–
2001	130.50	397	1578.55	–	306.67	23.33	46.67	–	1.09	17	–
2002	138	207	637.54	–	553.33	–	–	–	1.41	11.05	–
2003	103.05	197	2099.86	–	33.33	–	–	–	1.03	27	–
2004	114.80	215	5142.70	9.05	333.33	13.33	40	–	1	23.30	3066.67
2005	65.80	213	2250	26	1166.67	133.33	40	–	0.85	40.40	533.33
2006	88.10	179	760.80	0.3	366.67	33.33	2000	133.33	0.93	12.60	–
2007	45.40	63	1069	0.23	793.33	253.33	733.33	26.67	0.41	20.60	–
2008	81.70	258	355.20	27.20	406.67	86.67	226.67	400	0.33	29.50	–
2009	56.90	–	1368	15.20	726.67	80	780	6.67	1.61	21.20	–
2010	41.80	–	4229	31.20	233.33	26.67	706.67	–	2.04	9.70	–
2011	–	–	849	380	30	120	–	–	–	6.40	–

第五章　种植业

第一节　耕作制度

一、稻田耕作制度

稻田耕作制度经历多次变革。为提高水田利用率，增加复种指数提高产量，采用过双季稻、油菜—双季稻、小麦—中稻、油菜—中稻等形式。

小麦—稻　水稻收割前开渠放水，水稻收后种小麦，小麦收后又种水稻。

油菜—稻　在一部分地方实行，水稻收后种油菜，油菜收后种一季中稻。

蔬菜—稻　主要在万盛城区附近的村社采用，水稻收后种蔬菜，蔬菜收后种一季中稻。

稻—马铃薯　水稻收后用稻草覆盖种秋马铃薯或春马铃薯。2001 年试验成功。

稻—冬闲　水田只种一季中稻。

二、旱地耕作制度

旱地有小麦—玉米—红薯、油菜—豆类—红薯、胡豆—玉米—红薯、蔬菜—玉米—红薯(豆类、青菜)和冬闲土—玉米等耕作方式。

小麦—玉米—红薯　分满种小麦，麦收后种夏玉米和小麦带状种植，间种春玉米两种方式。在麦收前移栽玉米，麦收后栽红薯，玉米收后红薯已满厢。1986—2011年区内大部分地区采用这种耕作方式。

油菜—豆类—红薯　满种油菜，油菜收后种豆类（黄豆、绿豆），豆行中栽红薯，少数地区采用。

胡豆—玉米—红薯　满种胡豆，胡豆收后移栽玉米，玉米行间栽红薯。在适宜种胡豆的地区有部分采用。

蔬菜—玉米—红薯（豆类、青菜）　冬季蔬菜收后种玉米，玉米行间栽红薯或种黄豆、青菜，部分地区采用。

冬闲土—玉米　高海拔山区部分地区留有冬闲土，开春后翻挖种玉米，间种红薯、豆类(黄豆、绿豆、巴山豆）。

第二节　粮食作物

一、水稻

水稻在全区粮食作物中居首位，种植面积大、产量高。1986—2011年，全区水稻种植面积整体呈下降趋势，种植面积最大4444.67公顷(1986年)、最小3388.13公顷(2011年)，总产最高29671吨(1991年)、最低18711度（2006年），每公顷产量最高6870千克（1991年）、最低4815千克（2006年），仅有1992年、1993年、2006年和2011年每公顷产量低于6000千克。

全区种植杂交水稻的主要品种不断变化。1986—1996年，主要种植汕优63、D优63、冈优12号。1996年，试种冈优22、K优5号、K优6号，Ⅱ优6078、Ⅱ优838等品种。1997年，大面积种植冈优22、金优多系1号、Ⅱ优838等品种。1998年，试种稻固优8号、香优63等品种。2001—2003年，大面积种植K优926、Ⅱ优718、8417、冈优725、冈优527、两优倍九、金优527、D优527、K优047等品种，试种Ⅱ优602、910-5。2005年，试种红连优6号、川丰6号、Ⅱ优H103等品种。2006年后，试种B优827等品种。

水稻种类主要为籼稻，少量为糯稻，种植规模每年200公顷左右。1991年，试种桂白糯1号、福糯402、香糯1303等品种，每公顷产5830.5千克，比本地大糯谷增产1950千克。

推广杂交水稻以后，不再种植双季稻。1987年，开始留蓄再生稻，留蓄再生稻101.78公顷，每公顷产751.5千克。1989年，留蓄再生稻增至189.53公顷。1995年后，基本不再留蓄。

1986—2011年万盛区水稻生产统计表

表10-12

年份	产量（吨）		种植面积（公顷）	
	总计	杂交水稻	总计	杂交水稻
1986	26993	17779	4444.67	2565.47

续表

年份	产量（吨）		种植面积（公顷）	
	总计	杂交水稻	总计	杂交水稻
1987	27178	18856	4386.47	2668.93
1988	27137	22483	4418.93	3398.80
1989	28936	25561	4417.73	3625.73
1990	28021	26792	4430.07	3824.67
1991	29671	27741	4318.53	3891.80
1992	25337	23871	4397.07	4031.40
1993	24270	23106	4269.67	3958.80
1994	27464	26302	4285.80	4012.53
1995	28098	26914	4287.93	4011.73
1996	28593	27674	4271.87	4035.07
1997	29351	28351	4274.67	4090.06
1998	28236	27532	4265.13	4090.67
1999	28716	27885	4231.00	4064.80
2000	28347	27774	4155.27	4023.33
2001	26609	26036	4135.87	4019.53
2002	26625	25937	4098.40	3899.40
2003	25901	25114	3917.93	3760.80
2004	25970	25104	3919.00	3754.27
2005	26000	25152	3894.47	3740.33
2006	18711	18451	3884.67	3797.80
2007	22986	22561	3681.00	3569.67
2008	24807	24203	3733.33	3614.93
2009	24441	23981	3677.73	3567.00
2010	24560	23944	3662.80	3553.27
2011	19712	19492	3388.13	3303.80

二、玉米

玉米种植面积和产量在全区粮食作物中居第二位。杂交玉米推广前是广种薄收，推广以后产量大幅度提高。1986—2011 年，全区玉米种植面积整体呈下降趋势，先后试种并大面积推广种植中单 2 号、丹玉 13 号、沈单 7 号、渝单 1 号、农大 60、七三单交、西农单交一号、渝玉 1 号、渝玉 2 号、雅玉 1 号、雅玉 2 号、成单 13、成单 14、成单 18、屯玉一号、登海 3 号、遵糯一号、农大 108、涿单 18、连玉 19、鄂玉 10 号、金糯 1 号和黑糯玉米等杂交玉米品种。

1986—2011 年万盛区玉米生产统计表

表 10–13

年份	产量（吨）		种植面积（公顷）	
	总计	杂交玉米	总计	杂交玉米
1986	16468	13679	4176.20	3188.67
1987	15369	13447	4144.00	3295.93
1988	11943	10629	4085.40	3374.46
1989	15168	13906	4043.33	3395.93
1990	15086	13892	4079.53	3508.07
1991	15780	14784	4148.40	3614.67
1992	12903	11648	3908.87	3437.20
1993	15995	15071	3946.87	3495.80
1994	17433	16334	3985.73	3497.40
1995	16227	14623	3959.60	3469.00
1996	16296	15401	3959.60	3512.00
1997	16873	15820	3939.47	3514.93
1998	16074	15222	3978.13	3566.13
1999	15337	14574	3917.80	3546.93
2000	16175	15519	3752.33	3450.47
2001	14156	13650	3622.53	3336.27
2002	14431	13811	3476.33	3223.20
2003	9645	9082	2318.67	2138.53
2004	11484	10575	2505.93	2290.87
2005	10616	10215	2486.67	2343.47
2006	10400	9893	2484.13	2375.53
2007	10902	10669	2633.33	2533.13
2008	12559	11964	2696.67	2581.33
2009	11409	11205	2462.47	2400.93
2010	11688	11421	2461.60	2396.20
2011	10546	10726	2492.00	2415.13

三、小麦

小麦是全区小春粮食的主要作物。1986—2011 年，全区小麦种植面积整体呈下降趋势，大面积种植的小麦品种有绵阳 11 号、巴麦 18 号、渝麦 4 号、矮麦 58、川麦 22、绵阳 26、渝麦 7 号和川育 14 等。

1986—2011 年万盛区小麦生产统计表

表 10-14

年份	总产量（吨）	种植面积（公顷）	年份	总产量（吨）	种植面积（公顷）
1986	8000	3763.00	1999	8109	3430.53
1987	8289	3737.47	2000	6988	2913.20
1988	7988	3735.47	2001	6370	2599.73
1989	6538	3869.93	2002	5797	2320.80
1990	8302	3881.80	2003	3224	1369.27
1991	9002	3922.80	2004	2286	1012.13
1992	8588	3812.53	2005	2498	1014.13
1993	8920	3844.67	2006	2511	1010.67
1994	8999	3767.47	2007	2417	1000.47
1995	8980	3740.80	2008	2705	1013.33
1996	8513	3730.80	2009	2646	1000.00
1997	8580	3696.87	2010	2652	1000.00
1998	8391	3560.87	2011	2480	900.00

四、红薯

红薯栽种很广，曾作为主要口粮之一，现主要用作饲料或加工淀粉，种植面积因退耕还林逐渐减少。1986—2011 年，全区主要种植的红薯品种有北京 2 号、徐薯 18、南薯 88、宁 403—180、胜南、渝苏一号、渝薯 34、绵薯 4 号、渝苏 297 和渝苏 303 等。

1986—2011 年万盛区红薯生产统计表

表 10-15

年份	总产量（吨）	种植面积（公顷）	年份	总产量（吨）	种植面积（公顷）
1986	10722	3250.73	1999	14899	3785.40
1987	12026	3405.67	2000	14631	3666.73
1988	9778	3342.73	2001	12561	3249.00
1989	11969	3386.80	2002	12685	3188.53
1990	9271	3747.33	2003	8708	2283.67
1991	13181	3608.80	2004	10089	2589.93
1992	9822	3536.80	2005	10272	2668.00
1993	13379	3499.07	2006	4789	2665.60
1994	13056	3521.20	2007	8671	2535.67
1995	13449	3560.60	2008	10491	2765.33
1996	14011	3826.93	2009	10222	2756.67
1997	14115	3733.13	2010	9392	2728.07

续表

年份	总产量（吨）	种植面积（公顷）	年份	总产量（吨）	种植面积（公顷）
1998	14749	3779.40	2011	7148	2878.53

说明：表中总产量数值均为折后数值，产量按 2.5 千克折合 0.5 千克干粮计算

五、马铃薯

马铃薯在区内各类土地均可种植，山区种植较多，在春或秋季种植。1986—2011 年，马铃薯种植面积总体呈增加趋势。

1986—2011 年万盛区马铃薯生产统计表

表 10–16

年份	总产量（吨）	种植面积（公顷）	年份	总产量（吨）	种植面积（公顷）
1986	560	345.87	1999	1971	898.73
1987	617	393.27	2000	2250	1048.33
1988	686	390.33	2001	2345	1107.67
1989	706	432.00	2002	2673	1217.67
1990	893	456.13	2003	2324	1067.60
1991	1066	534.07	2004	2718	240.13
1992	1070	532.87	2005	2732	1239.00
1993	1195	706.06	2006	3165	1423.93
1994	1320	708.60	2007	3737	1594.60
1995	1353	643.40	2008	3374	1323.07
1996	1427	735.53	2009	3613	1381.73
1997	1527	697.93	2010	3670	1370.00
1998	1892	920.87	2011	3815	1464.93

说明：表中总产量数值均为折后数值，产量按 2.5 千克折合 0.5 千克干粮计算

第三节　经济作物

一、茶

万盛区是重庆市重点产茶区县之一。20 世纪 60 ~ 70 年代，茶叶种植面积增长较快，至 20 世纪 80 年代茶园面积基本稳定。茶场经营方式为承包责任制，茶场场长向村承包产量、产值提留等指标。1986 年年初，全区有茶场 76 个，茶园面积 878 公顷，产量 747 吨，产值 215 万元。1988 年，全区茶叶产量 909 吨，为历史最高水平，每公顷产量 1012.50 千克，产值 414 万元（不含精加工产值）。1998 年起，因茶树衰老、投入不足、经营体制等因素的影响，全区茶园面积逐渐减少，茶叶产量逐年下降。2000 年起，拍卖茶园经营权，每公顷 3000 元 ~ 4500 元，年限 20 年 ~ 30 年。2004 年，全区有茶场 54

个，其中拍卖给个体业主经营的茶场20个，其余茶场继续实行承包经营责任制。2006年后，茶园面积和茶叶产量逐年增加。2011年，全区茶园面积831.27公顷，有茶树品种34个（主要栽培品种3个），四川中小叶种占70%，云南大叶种占20%，福鼎大白茶占10%。

1986—2011年万盛区茶叶生产情况一览表

表10–17

年份	面积（公顷）	产量（吨）				产值（万元）			
		合计	名茶	优质茶	大宗茶	合计	名茶	优质茶	大宗茶
1986	878	747	–	687	60	216	–	211	5
1987	767.33	884	–	790	94	307	–	305	2
1988	828.80	909	–	803	106	418	–	414	4
1989	746.93	825	–	712	113	288	–	281	7
1990	750.60	754	–	655	99	254	–	247	7
1991	754.40	766	–	672	94	293	–	290	3
1992	754.47	889	–	722	167	329	–	327	2
1993	760.47	812	–	679	133	364	–	362	2
1994	784.33	728	–	611	117	301	–	300	1
1995	786.47	492	–	425	67	247	–	246	1
1996	771.87	546	–	436	110	331	–	326	5
1997	746.73	594	7	470	117	514	71	443	0
1998	674.47	632	7	498	127	557	75	481	1
1999	657.67	666	8	486	172	577	81	491	5
2000	665.47	675	7	422	246	568	81	482	5
2001	623.67	673	9	526	138	735	116	466	153
2002	606.67	641	11	586	44	765	101	602	62
2003	593.60	622	11	554	57	867	126	567	174
2004	598.67	689	68	552	69	868	189	621	58
2005	598.53	701	74	488	139	1700	500	1149	51
2006	515.80	705	75	537	93	1700	700	900	100
2007	555.27	723	82	525	116	1900	800	1000	100
2008	555.27	725	54	532	139	2000	800	1100	100
2009	555.60	762	82	567	113	1600	100	1350	150
2010	988.67	745	80	527	138	5500	2500	2700	300
2011	813.27	761	79	553	129	4500	2000	2300	200

2011 年万盛区主要茶场（园）一览表

表 10-18　　单位：公顷

名称	位置	面积
重庆翠信茶业公司茶园	青年镇板辽村、湛家村，石林镇石鼓村、茶园村	333.33
重庆市盛尚茶业公司茶园	青年镇更鼓村金鹅社	43.33
重庆黑山茶业公司茶园	青年镇	53.33
凤凰茶场	万东镇五里村凤凰社	33.33
皂角茶场	万东镇新田村皂角社	6.67
民权茶场	南桐镇民权村烂田湾社	26.67
七龙茶场	丛林镇白龙湖村汤家沟社	26.67
八面山茶场	万东镇榜上村	8
万盛区盛泉茶厂茶园	黑山镇南门村	11.33
南桐矿业公司九锅箐茶场	关坝镇凉风村	66.67

二、水果

万盛区出产的水果有柑、橘、柚、梨、橙、桃、李、柿、猕猴桃、苹果、樱桃、枇杷、无花果、枣、甘蔗、香蕉、拐枣、西瓜、葡萄、杨梅和杏等，主要种植的水果有甜橙、猕猴桃、黄花梨、李子和柑橘等。1986 年，全区水果总产量 343 吨。2001 年，全区有南桐镇沙坝村（60 公顷）、九龙村（33.33 公顷），青年镇更鼓村（33.33 公顷）和景星乡等果园基地 4 个。2011 年，全区果园总面积 1934 公顷，产量 3610 吨。

（一）柑、橘、柚、橙

柑橘类水果是万盛区主要种植水果，种植的主要品种有锦橙、温州蜜柑等，原有柑橘品种有广柑、红枳、柚子等。1985 年后，引进北碚 447、梨橙、橘橙、椪柑、山下红、琯溪蜜柚、福建漳州柚、矮晚柚、脆香甜柚和杂柑等新品种。

1985 年，全区有柑橘类果树 22.39 万株，占果树总株数 70.63%，产量 176.3 吨，占水果总产量 71.55%。1986 年，全区柑橘产量 229 吨。2000 年，柑橘类水果种植面积 69.60 公顷，产量 353 吨。2011 年，柑橘类水果种植面积 307 公顷，产量 967 吨。

（二）梨

梨是万盛区主要种植水果之一，栽培的主要品种有黄花梨、金水二号和黄金梨等，本地梨品种有桐子梨、秤砣梨和青皮梨等。1985 年，全区梨产量 64.3 吨。1993 年，从重庆市璧山县、永川市引进黄花梨、金水二号、青云、杭青和杭红等良种梨苗 2 万多株，栽种在万东镇五和村霍家堡合作社。1997 年起，万东镇五和村大面积种植黄花梨，面积 133.33 公顷，先后引进金盖酥、黄金梨、圆黄梨、大果水金、中梨 1 号、秋黄和喜水等品种，成为区内梨树主要种植基地。2000 年，全区梨产量 301 吨。2005 年，全区梨树种植面积 358.33 公顷，产量 726 吨。2011 年，种植面积 400 公顷，产量 1024 吨。

（三）猕猴桃

猕猴桃俗名羊桃，生长在海拔 800 米 ~ 1600 米的疏林和灌木林中。万盛区猕猴桃野生资源极为丰富，主要品种为中华猕猴桃及其变种，分布在石林、黑山、关坝、青年、丛林和南桐等镇，以石林镇笋子山，黑山镇黑山、毛面坡，关坝镇箐林和九锅箐等地最为集中，测算分布面积 1666.67 公顷，占林地面积 6.7%，年采摘量1万多千克。1988年，引进“川猕”猕猴桃，在景星乡、青年镇、丛林乡和南天乡种植。2005年，全区猕猴桃种植面积808公顷，挂果面积200公顷，产量670吨。2011年，种植面积726.27公顷，产量650吨。

（四）桃、李

万盛区桃树一般为零星种植，原有品种有毛桃、白花桃和香桃等。1997年后，引进水蜜桃、油桃、中华圣桃、东风东桃和皮球桃等品种。李树在全区种植甚广，原有品种有江安李、金黄李和鸡血李等。2001年，引进脆红李等新品种，以万东、青年、丛林和金桥等乡镇种植最多。2011年，种植面积200.53公顷，产量508吨。

（五）柿

万盛区本地柿品种有二牛心柿（无核柿）、四柿、磨盘柿和牛奶柿等。1989年后，引进富有、次郎等新品种，栽种在金桥和万东镇。2011年，全区种植面积249.33公顷，产量130吨。

2010年万盛区果园面积分布情况一览表

表10–19　　单位：公顷

名称	小计	柑　橘	梨	李	猕猴桃	其他
万东镇	403.07	51.40	223.47	53.73	0	74.47
南桐镇	50.40	17.53	2.67	7.73	0	22.47
关坝镇	77.40	56.33	10.80	9.47	0	0.80
青年镇	146.33	24.40	27.53	13.27	77.33	3.80
丛林镇	248.20	133.53	8.40	24.87	67.53	13.87
金桥镇	167.27	31.87	22.33	7.60	0	105.47
石林镇	210.33	8.20	76.33	64.53	14.67	46.60
黑山镇	645.00	18.80	15.07	19.33	566.67	25.13
合计	1948.00	342.06	386.6	200.53	726.2	292.61

2011年万盛区主要果园一览表

表10–20

名称	位置	面积（公顷）	产值（万元）
五和梨园	万东镇五和村	233.33	500
重庆猕园农业公司果园（猕猴桃）	黑山镇南门村	20.00	–
重庆楷林农业开发公司果园（猕猴桃）	黑山镇北门村、南门村	80.00	800
重庆野杉珍猕猴桃种植专业合作社果园	黑山镇鱼子村	40.00	50
重庆盛阳农业开发公司（猕猴桃）	黑山镇南门村	13.33	–
重庆乾门农业开发公司（猕猴桃）	黑山镇南门村	13.33	10
重庆润泉农业开发公司（猕猴桃）	黑山镇南门村	13.33	–

三、蔬菜

蔬菜生产在全区农业生产中占重要位置，蔬菜收入每年占全区农业总收入的21%～25%。万盛区种植的蔬菜品种有14类、68个种属、241个品种，其中地方品种84个、占34.9%，引进品种157个、占65.1%。区内蔬菜生产按种植季节分为大春菜（包括早春菜）和秋冬菜（包括早秋菜）两大类。1986年，全区商品蔬菜种植面积282.73公顷，分布在万盛、南桐、青年、关坝和丛林等5个乡镇，产量44455吨。1993年，全区蔬菜产量突破10万吨。1999年，万盛区建设无公害蔬菜基地333.33公顷。其中景星乡133.33公顷，主要分布在新场村、八角村；金桥乡200公顷，主要分布在河坝村、庙树村、范家村和邓家村。2011年，全区蔬菜种植面积5667公顷，产量149944吨；有蔬菜种植基地3个、面积633.33公顷（金桥镇400公顷，青年镇200公顷，石林镇33.33公顷），均以农民专业合作社为经营主体。

20世纪90年代，推广地膜覆盖加小拱棚覆盖、大棚育苗和遮阳网覆盖等栽培技术，蔬菜耕作制度从1985年的一年两熟或一年三熟发展为一年四熟。

2003—2011年万盛区蔬菜种植情况表

表10-21

年份	种植面积（公顷）	产量（万吨）	年份	种植面积（公顷）	产量（万吨）	年份	种植面积（公顷）	产量（万吨）
2003	5333.33	14.0	2006	5200.00	13.0	2009	5200.00	12.9
2004	5200.00	13.0	2007	5200.00	13.0	2010	5600.00	14.0
2005	5200.00	13.0	2008	5600.00	13.7	2011	5666.67	15.0

四、油料作物

万盛区发展的油料作物有油菜、花生、向日葵、芝麻等品种，推广的油菜优良品种有渝油18、渝黄1号、油研系列、中油821、万油17等，主要分布在金桥、青年和关坝等镇；花生优良品种有天府系列、狮选64等，主要分布在金桥、青年、关坝和丛林等镇。

1986年，全区油料作物产量224吨，其中油菜籽产量188吨。

2011年，全区油料作物种植645公顷，产量1203吨。

2005—2011年万盛区油料作物种植情况一览表

表10-22

年份	种植面积（公顷）			产量（吨）		
	总计	其中		总计	其中	
		油菜	花生		油菜	花生
2005	752.60	256.67	482.67	1477	398	1060
2006	760.73	266.67	480.73	1130	429	687
2007	810.00	333.67	465.00	1435	539	881
2008	711.00	199.00	505.00	1303	312	982
2009	677.27	277.00	391.93	1247	448	788
2010	674.13	277.00	388.80	1245	447	787
2011	645.00	255.00	389.00	1203	408	785

第四节 农作物病虫害防治

一、粮食作物病虫害防治

（一）水稻

区内水稻病虫害主要有稻瘟病、纹枯病、稻曲病、稻粒黑粉病、叶鞘腐败病、胡麻叶斑病、稻纵卷叶螟、二化螟、大螟、稻飞虱、稻蓟马和蝗蝻等

农业防治　因地制宜地选用高产、优质、多抗水稻品种（组合）；品种合理布局，连片不插花种植，减少桥梁田；清洁田园，减少病虫草基数。早春翻耕灌水灭蛹，减少螟虫越冬基数；春季耙田时，打捞浪渣、带出稻田，清除菌核、虫蛹和草根。提倡稻田养鸭，减轻病虫害的发生。选用健壮、无病虫种子，做好消毒处理，适时播种、移栽（抛栽），合理密植；大田生长期科学管理。

物理和机械防治　应用频振式杀虫灯诱杀害虫，应用性诱剂诱杀二化螟雄成虫。在害虫发生期，每天 19 时开灯，次日凌晨 5 时关灯，可诱杀二化螟、三化螟、大螟、稻纵卷叶螟、稻飞虱等害虫的成虫，减少下代害虫发生量。

生物防治　保护和利用害虫天敌资源，禁止捕捉蛙、蛇、鸟类等；选用对害虫天敌无害的农药防治病虫草害，避免在其繁殖生产高峰期施用农药；收割期间田埂蓄留杂草或插杨柳枝，保护蜘蛛的栖息场所。

化学防治　用苯醚甲环唑、丙环唑和井冈霉素可溶性粉剂防治纹枯病，用三环唑、稻瘟灵防治稻瘟病，用福戈、毒死蜱、丙溴磷、康宽和茚虫威等防治稻纵卷叶螟，用福戈、毒死蜱、丙溴磷、康宽和茚虫威等防治稻纵卷叶螟、稻苞虫，用福戈、毒死蜱、康宽、杀虫单、三唑磷和三唑磷微乳剂等防治二化螟、大螟，用福戈、阿克泰、艾美乐、康福多、吡虫啉和金好年等防治白背飞虱，用福戈、阿克泰和扑虱灵等防治褐飞虱，用福戈、阿克泰和吡虫啉等防治稻蓟马。

（二）小麦

区内小麦病虫害主要有小麦蚜虫、小麦白粉病、小麦纹枯病和小麦赤灰霉病等。防治时间一般以 3 月下旬到 4 月上中旬为佳。一般使用吡虫啉、多菌灵、粉锈宁和井冈霉素等化学药品防治病虫害。

（三）玉米

区内玉米病虫害主要有玉米蚜虫、大螟、玉米螟、黏虫、土黄、小地老虎和大小斑病等。防治时间一般为 3 月下旬到 4 月上中旬和 6 月上中旬到 7 月上旬。一般使用吡虫啉、高效氟氯氰菊酯、多菌灵和绿芬威等化学药品防治病虫害。

二、经济作物病虫害防治

（一）茶树

区内茶树病虫害主要有小绿叶蝉、螨类、角蜡蚧、茶毛虫、白星病、赤星病和炭疽病等。防治方法有农业防治和化学防治两种。农业防治主要是适时除草，深耕土壤消灭越冬虫卵，人工刮除蚧壳虫，摘除茶毛虫以及害虫卵块。冬季用 5% 石硫合剂喷洒茶园，针对病虫害种类，选用适宜的低毒药剂。

（二）果树

区内果树病虫害有 138 种。其中危害柑橘类的有 55 种，主要病虫有红蜘蛛、锈壁虱、红蜡蚧、吹绵蚧、炭疽病、煤烟病等；危害梨、苹果和仁果类的 48 种，主要有早期落叶病、黑斑病、黑心病、赤星病、干腐病、根腐病、梨大食心虫、梨小食心虫、半兰天牛、梨茎蜂、梨星毛虫、梨食蜂、梨虎等；

危害核果类的 12 种。防治办法主要是利用害虫天敌等捕杀和采用杀虫灯诱杀。

（三）蔬菜

区内蔬菜病虫害有 112 种。其中虫害 61 种，主要有地老虎、蚜虫、菜粉蝶、斜纹夜蛾、烟夜蛾、菜螟、豆荚螟、菜椿象、蝼蛄、金针虫、蛞蝓、红、白蜘蛛、黄守瓜和跳甲等；病害 51 种，主要有霜霉病、霉毒病、根腐病、青枯病、黄萎病和病毒病等。防治手段以农业综合防治为主，化学农药防治为辅。农业综合防治方法主要是选用抗病虫害、抗逆性强的蔬菜良种，实行耕地轮作、深沟高畦、排水、防涝、合理密植，以此改变病虫繁殖环境，种植前清除田间杂草，减少病虫滋生场所；种植前消毒土壤，每公顷用生石灰 1050 千克～ 1875 千克消毒和改变土壤酸性；用 55℃温水浸种 15 分～ 30 分钟，或用 0.2% 多菌灵可湿性粉剂（浓度 50%）溶液浸种 1 小时；用杀虫灯、黄板等诱杀成虫、粘集卵块，降低虫口基数。化学防治方法主要是选用高效低毒低残留农药。

第六章　养殖业

第一节　畜禽

一、畜类

（一）生猪

区内生猪养殖方式以农户分散饲养为主体，规模养殖比例小。饲养的生猪原为盆周山地猪品种，1988 年后开始引进荣昌猪、新荣昌猪 I 系、长白、大约克和杜洛克等品种。2011 年，全区有规模化生猪养殖场 10 个。

1986—2011 年万盛区生猪养殖情况一览表

表 10–23

年份	生猪存栏（头）		生猪出栏（头）	出栏率（%）	猪肉产量（吨）
	合计	能繁母猪			
1986	105583	7581	100072	105.3	7370.9
1987	111592	7240	106027	100.4	7483.0
1988	102606	6815	112424	100.7	7910.0
1989	102182	6862	109566	106.8	7849.3
1990	101556	7015	112081	109.7	7382.8
1991	104082	6812	117765	116.0	8063.5
1992	106088	6544	112088	107.7	8188.0
1993	105537	5924	117049	110.3	8331.0

续表

年份	生猪存栏（头）		生猪出栏（头）	出栏率（%）	猪肉产量（吨）
	合计	能繁母猪			
1994	105120	5469	121717	115.3	8873.0
1995	110453	5831	131760	125.3	9374.0
1996	113973	5177	135282	122.5	10228.0
1997	104465	4945	136257	119.6	10453.0
1998	105271	5059	129882	124.3	10711.0
1999	106823	5463	130572	124.0	10806.0
2000	106614	5271	130617	122.3	10873.0
2001	102778	4880	131436	123.3	10981.0
2002	102591	5033	132214	128.6	11181.0
2003	95683	4477	127207	124.0	10689.0
2004	89894	4039	132304	138.3	11074.0
2005	89142	3873	131969	146.8	10825.0
2006	82567	3062	118550	133.0	9854.0
2007	61339	2810	105037	127.2	8396.0
2008	–	–	–	–	–
2009	61013	2899	80041	130.3	6330.0
2010	50729	2301	90516	148.4	7013.0
2011	50977	2146	90678	178.9	6989.0

（二）牛、山羊

区内饲养牛主要是水牛、黄牛和奶牛，水牛属涪陵水牛品种，黄牛是本地品种，奶牛是中国黑白花奶牛。家庭联产承包责任制实行后，役用耕牛数量逐年减少，肉用牛养殖数量逐年上升。1986 年，全区役用耕牛存栏 6247 头，肉用牛出栏 44 头。2011 年役用耕牛存栏减至 1153 头，肉用牛增至 365 头。

区内饲养的山羊系皮肉兼用的本地品种，2000 年后开始引进南江黄羊、黑山羊和波尔山羊等品种。1986 年，全区山羊存栏 698 只，出栏 532 只。2000 年后，实施重庆市山羊良种繁育体系建设项目，山羊养殖数量快速增加，存栏最高达 10518 只（2003 年）。

1986—2011 年万盛区牛、山羊养殖情况一览表

表 10–24

年份	牛存栏量（头）				役用牛（头）	出栏肉牛（头）	牛奶产量（吨）	山羊（只）	
	合计	水牛	黄牛	奶牛				存栏	出栏
1986	7825	6163	1486	176	6247	44	469	698	532
1987	7600	5939	1484	177	5847	38	481	637	59
1988	7659	5991	1586	162	6108	63	483	482	148

续表

年份	牛存栏量（头）				役用牛（头）	出栏肉牛（头）	牛奶产量（吨）	山羊（只）	
	合计	水牛	黄牛	奶牛				存栏	出栏
1989	7576	5713	1671	192	6030	105	458	434	136
1990	7379	5460	1714	205	6148	55	498	647	149
1991	7027	5267	1576	184	5873	222	507	686	186
1992	6979	5200	1599	180	5572	341	279	686	452
1993	6686	4975	1525	186	5310	570	257	973	608
1994	6134	4555	1494	85	4884	771	194	1325	405
1995	6174	4543	1503	128	4752	596	240	1769	531
1996	6258	4512	1634	112	4913	698	192	2204	871
1997	6107	4500	1492	115	4729	688	221	2315	1270
1998	5836	4318	1399	119	4487	924	160	3735	1174
1999	5649	4277	1253	124	4379	1020	124	2472	1731
2000	5174	3918	1124	132	4130	1127	274	2945	1904
2001	4667	3500	997	168	3747	1128	263	4510	2177
2002	4423	3282	959	182	3516	1052	232	6583	2814
2003	3977	2978	852	150	3176	1061	237	10518	4159
2004	3640	2745	759	136	2848	876	201	9517	5330
2005	2982	2302	524	156	2276	909	531	6824	5910
2006	2720	2038	514	168	2074	724	538	4271	4867
2007	–	–	–	–	–	716	544	3673	4635
2008	2525	1868	497	160	1944	716	544	3673	4635
2009	2255	1511	623	121	1437	579	615	5951	6358
2010	1887	1256	529	102	1262	515	428	6799	6505
2011	1549	1034	442	73	1153	365	428	7551	8500

（三）兔

区内饲养的肉兔有新西兰、奇卡等品种。受市场影响，养殖规模波动起伏较大。1986 年，全区肉兔存栏 3500 只，2011 年，存栏 35583 只。

1986—2011 年万盛区兔养殖情况一览表

表 10–25　　单位：只

年份	存栏	出栏	年份	存栏	出栏
1986	3500	800	1999	407	546
1987	1600	279	2000	537	520
1988	393	153	2001	903	955

续表

年份	存栏	出栏	年份	存栏	出栏
1989	467	179	2002	870	1362
1990	254	180	2003	1190	1753
1991	1300	159	2004	1351	1545
1992	400	140	2005	1036	1375
1993	962	636	2006	1315	1350
1994	–	687	2007	1582	1338
1995	600	727	2008	1582	1338
1996	–	867	2009	32579	70238
1997	279	180	2010	37060	66916
1998	600	1302	2011	35583	71910

二、家禽

区内饲养家禽以鸡、鸭为主，鹅较少。1986 年，全区家禽存栏 115500 羽，出栏 123200 羽，禽蛋产量 373 吨。1995 年后，随着规模养鸡和养鸭户逐渐增加，家禽出栏量成倍增长。2011 年，全区家禽存栏 450710 羽，出栏 746500 羽。

养鸡业以家庭分散饲养为主，规模化养殖占比低，农户养殖的多为本地鸡，规模养殖的蛋鸡品种有罗曼、伊莎和海兰等，肉鸡品种主要为大发乌鸡等。2011 年，全区鸡存栏 29.53 万羽。

养鸭业以家庭分散饲养为主。散养的大多是本地鸭，后引进建昌鸭、天建鸭、绵英鸭和花边鸭等品种。2011 年，鸭存栏量 13.28 万羽。

饲养的鹅主要是本地白鹅和少量的荣昌鹅。2011 年，鹅存栏量 2.26 万羽。

1986—2011 年万盛区家禽养殖情况一览表

表 10–26 单位：羽

年份	存栏	出栏	年份	存栏	出栏
1986	115500	123200	1999	229747	472512
1987	145065	133123	2000	221008	499511
1988	170446	136862	2001	218960	550784
1989	170985	140918	2002	381052	681914
1990	170383	131053	2003	447289	1123885
1991	158204	149222	2004	456737	1041842
1992	238900	291100	2005	458709	1200181
1993	215260	286814	2006	483025	1315596
1994	239417	344172	2007	723374	1504000
1995	221169	410996	2008	723374	1504000
1996	217433	419073	2009	495402	650103

续表

年份	存栏	出栏	年份	存栏	出栏
1997	220993	440513	2010	434761	754371
1998	221147	462021	2011	450710	746500

第二节　水产

全区渔业主要以池塘养殖为主，主要养殖品种有草鱼、鲢、鳙、彭泽鲫、鲤鱼、单雄性罗非鱼、淡水白鲳、斑点叉尾鮰、湘云鲫、先科巨鲫、彩虹鲷和异育银鲫等品种，以草鱼为主，产量占养殖总产量 60% 以上。2006 年后，开始养殖大鲵，引进大鲵亲本 35 尾，商品大鲵及幼苗大鲵 400 余尾。

1986—1990 年，全区实施商品鱼基地建设项目，投资 111.09 万元，建成商品鱼基地 33.42 公顷（成鱼池 25.92 公顷，鱼种池 7.5 公顷），繁殖场 1 个、面积 0.57 公顷，越冬场 1 个、面积 0.029 公顷，主要分布在万盛、南桐和景星 3 个乡镇。2010 年，南桐镇营寨村建成泥鳅繁殖基地，是年产苗约 200 万尾，2011 年上半年产苗约 300 万尾。年末，全区基地水产品产量 1700 吨，推广水产名优苗种 500 万尾，各类水产养殖面积约 206.67 公顷；特色渔业（大鲵养殖）基地建设初具规模，有养殖池 2500 余口、面积 8000 余平方米，饵料鱼池 4 公顷，仿生态繁殖基地 600 平方米，引进、养殖大鲵 1000 余尾。

1986 年，渔业养殖面积 106.73 公顷，产量 183 吨，产值 55 万元；2011 年，养殖面积 206 公顷，1561 吨，产值 1599 万元。

1986—2011 年万盛区水产生产情况一览表

表 10–27

年份	养殖面积（公顷）	产量（吨）	产值（万元）
1986	106.73	183	55
1988	124.33	266	139
1991	140.07	451	304
1993	189.00	753	606
1994	214.00	1082	897
1995	215.00	1270	1232
1998	225.00	1446	1500
2000	202.00	1576	1140
2002	207.00	1655	1371
2004	199.67	1709	1686
2005	198.20	1701	1507
2006	180.60	1600	1618
2007	180.60	1600	1675
2008	197.00	1753	1796

续表

年份	养殖面积（公顷）	产量（吨）	产值（万元）
2009	191.13	1521	1558
2010	199.07	1647	1687
2011	206.00	1561	1599

第三节　桑蚕

万盛区养蚕历史悠久，养殖品种为本地柞蚕，俗称青㭎蚕。1985年，全区有养蚕村48个，养蚕社244个，蚕种2359张，产茧527吨，产值43.9万元。

1991年，全区育蚕桑苗圃29.00公顷，用桑籽172.5千克，出苗566.7万多株，在坡瘠地开辟小桑园343.90公顷，年末累计栽桑1110万株。1992年，蚕桑生产纳入农业综合开发坡瘠地改造项目，全区种植桑树666.67公顷，新栽桑树1000万株，发展蚕种6400多张，产茧10万千克，栽桑养蚕遍及8个乡镇，6000多农户从事蚕桑生产。1999年6月，金桥乡被重庆市蚕茧丝绸公司确定为重庆市优质蚕茧基地乡。

1999年后，受国内外茧丝绸市场疲软影响，区内桑蚕养殖量大幅减少。2011年，全区只有金桥镇养殖桑蚕，产茧26吨。

第四节　动物疫病防治

1989年9—12月，全区开展中华人民共和国成立以来第一次畜禽疫病普查，基本查清全区畜禽疫病种类、分布情况及危害程度。区内曾经发生的一类动物疫病有猪瘟和鸡新城疫，二类动物疫病有布氏杆菌病（多种动物共患病）、狂犬病（多种动物共患病）、牛结核病、牛出血性败血病、猪乙型脑炎、猪细小病毒病、猪繁殖与呼吸综合征、猪丹毒、猪肺疫、猪链球菌病、猪支原体肺炎、鸡传染性喉气管炎、鸡传染性支气管炎、鸡马立克氏病、禽痘、鸭瘟、鸭病毒性肝炎、小鹅瘟、禽霍乱、鸡白痢、鸡球虫病、兔病毒性出血病和兔球虫病，三类动物疫病有肝片吸虫病（多种动物共患病）、羊传染性眼炎、羊肠毒血症、羊疥癣、猪传染性胃肠炎、猪副伤寒、禽结核、禽伤寒和犬瘟热。区内鱼类病有出血病、白头白嘴病、白皮病、打印病、烂鳃病、赤皮病、肠炎病、水霉病、竖鳞病、鳃霉病、锚头蚤病、车轮虫病、小瓜虫、气泡病、萎瘪病、泛池、弯体病和跑马病。

全区实行动物防疫目标管理责任制、计划免疫制度、动物疫情管理制度、动物免疫标识制度、动物防疫条件审核制度、动物检疫报检制度和消毒制度等动物疫病防治制度7个。2000年，万盛区成为重庆市无规定动物疫病区建设项目区和示范区。2004年，达到国家规定的无疫病区示范区标准。

1986年起，接种牛出血性败血病、牛炭疽疫苗。1988年起，全区开展畜禽圈舍春、秋季节消毒，杀灭传染病原。1990年，推广鸡瘟和鸡霍乱预防注射。1997年秋，开展家畜预防性驱虫，控制畜禽主要传染病的发生。1998年起，接种羊快疫、羊肠毒血症、羊猝疽“三联苗”。2000年起，接种猪口蹄疫疫苗。2001年起，接种牛、羊口蹄疫疫苗。2004年，接种鸡新城疫、禽霍乱、鸭瘟、兔瘟、兔出血性败血症疫苗。2005年，强制接种禽流感疫苗。2006—2008年，采集血清6948份，检测猪瘟2099份，口蹄疫2832份，新城疫2107份，3种疫病免疫抗体合格率达到农业部规定标准；检测禽流感3484份，禽流感免疫抗体合格率66.19%。2007年3—7月，全区19个村的447户农户饲养的生猪发生高致病性猪蓝耳病疫情，区重大动物疫病防治指挥部采取强制扑杀和强化免疫等措施，在短时间内控制了疫情。2009年，检疫产地生猪9.5万头，检疫屠宰生猪3.5万头，无害化处理生猪11头，处理不合格内脏1544副。2010年，接种猪瘟疫苗12.12万头次，口蹄疫疫苗11.31万头次，猪蓝耳病疫苗8.48万头次，高致病性禽流感疫苗64.93万羽次，禽流感—新城疫二联苗39.92万羽次；发放消毒药品1000千克，消毒畜禽圈舍18.21万间次。2011年，发放消毒药品1000千克，消毒畜禽圈舍18.21万间次；接种猪瘟疫苗12.12万头次，口蹄疫疫苗10.25万头次，猪蓝耳病疫苗7.65万头次，高致病性禽流感疫苗70.23万羽次，禽流感—新城疫二联苗42.21万羽次。

第七章　水利

第一节　水利设施

1985年，全区有农业水利设施618处，可蓄水1364.4万立方米。其中小型水库10座、蓄水量371万立方米，山平塘420口、蓄水量256万立方米，引水渠63条、引水量327万立方米，石河堰7处、蓄水量77.4万立方米，电灌站118座（装机容量3908千瓦，蓄水量333万立方米）、机灌面积533.33公顷，其余水利工程保灌面积1193.33公顷。这些水利设施绝大多数为人民公社时期修建。实行家庭联产承包制后，部分水利设施逐渐废弃。

2011年，全区有水利设施（工程）4485处，其中水库15座、塘坝（山平塘）420口、引水工程67处、取排水泵站116台（套）、机电人力井工程994眼、窖池793口、农村供水工程1862处、水电站13座、堤防工程31处、水闸工程2处、河湖取水口172个。

一、水库

2011年，全区有水库15座，总库容3101万立方米，设计灌溉面积3.34万公顷。其中中型水库1座，小（一）型水库6座，小（二）型水库8座。

（一）汤家沟水库

汤家沟水库位于孝子河支流丛林河中段的丛林镇白果村、七龙村，距万盛城区17千米，是一个以农业灌溉与城镇供水为主，兼有发电、防洪、旅游等功能的中型水利工程。1993年8月动工，1995年1月2日水库开始向万盛城区供水，2001年6月竣工。水库占地388.03公顷，总投资8204.98万元，校核水位673.3米，总库容1120万立方米，正常蓄水位672.7米；正常库容1060万立方米，死水位643.2米，死库容48万立方米；兴利库容1012万立方米，承担2666.67公顷农田灌溉和7.6万人饮水及部分工业用水任务。

水库属国家标准三等工程，主要建筑物为4级，枢纽工程地震按7度设防，其他工程按6度设防。

工程分枢纽、渠系和消能电站三大部分。枢纽工程由大坝、取水系统和消能工程组成。大坝为C10混凝土砌毛石重力坝，坝顶海拔674.8米，最大坝高49.6米，坝顶长116.8米，坝顶中部设3孔宽7米弧形闸。取水系统设在大坝左岸，由取水竖井、压力钢管、锥阀、消力池及渠道组成。取水竖井顶部高程674.8米，为3×3米正方形钢筋混凝土框架结构，压力钢管为坝内埋管，直径800毫米，钢管末端设锥阀控制，水流消能后进入渠道。消能工程由消力池、海曼、护坦沟组成。消力池中心线总长53.79米，进口宽24米，出口净宽22米。渠系工程由主干道、西干渠、北干渠、南干渠组成，总长44.36千米，其中主干渠长2.5千米，北干渠长9.41千米，西干渠长7.45千米，南干渠长25千米。消能电站由渠首电站、渠末电站组成。渠首电站装机1×75千瓦，渠末电站装机2×250千瓦。

（二）银碗槽水库

银碗槽水库位于关坝镇箐林村，距万盛城区33千米，是一座以农业灌溉为主，兼顾场镇供水的小（一）型水库。1998年水库工程立项，2002年5月18日动工，2003年9月30日竣工，投资3331.12万元。水库正常蓄水位715.3米，正常库容151.3万立方米，总库容182.1万立方米，年供水量271.5万立方米，能满足592.27公顷农田灌溉和关坝地区1.5万居民及部分工业用水需求。

水库工程分为大坝枢纽和输水工程两大部分。枢纽工程布置在箐林村长五间社和祠堂社交界处，由挡水坝、取水工程、泄洪工程及附属工程组成。大坝为钢筋混凝土面板砌石坝，坝顶海拔718.8米，坝顶宽6米，最大坝高46米，坝顶长150.5米，最大坝底宽33.26米。取水工程布置在大坝右坝肩，由取水卧管、消力池、放水箱涵、放水隧洞组成。泄洪建筑物由泄洪隧洞和溢洪道组成。泄洪隧洞长250米，断面为城门洞型，净空4×4.5米，为无闸控制的无压隧洞，过流量76.23立方米/秒。溢洪道紧急泄洪隧洞全长86米，由渐变段、陡槽段和消力池组成。输水工程干渠总长10.33千米。

（三）青山湖水库

青山湖水库位于养生河中游金桥镇青山村、马头桥村，距万盛城区10千米，是一座以城镇供水为主，兼顾工农业业用水与发电的小（一）型水库。2005年12月，青山湖水库（一期）在张三塘水库基础上扩容修建，2009年9月竣工，2010年6月投入使用，总投资8349.42万元。水库控制集雨面积40.3平方千米，总库容279万立方米，坝高18.9米，渠道总长10.2千米，水电站装机1×800千瓦，年供水量840万立方米，能满足南桐、建设、平山及鱼田堡等片区380.87公顷农田灌溉和7.58万居民和部分工业用水需求。

2009年10月，青山湖水库（二期）工程获重庆市发展和改革委员会、市水利局批准立项，规模为中型水库。水库规划正常蓄水位594米，正常库容1020万立方米，校核洪水位595.15米，总库容1205万立方米，最大库容1622万立方米。工程分大坝、灌溉两部分。大坝为混凝土重力坝，规划坝顶海拔596米，坝顶长187.73米、宽8米。

（四）板辽水库

板辽水库位于溱溪河上游青年镇板辽村，距万盛城区25千米，是一座以工业供水为主，兼有农业灌溉、农村饮水等综合利用的小（一）型水库。2008年12月动工，2011年11月竣工，总投资31101.11万元。水库集雨面积10.40平方千米，校核水位613.61米，总库容959万立方米，正常蓄水位612米。水库枢纽由大坝、取水系统和消能工程组成。大坝坝顶海拔614.20米，坝高45.85米，坝长126米。取水口位于大坝右岸，采用闸阀控制流量，设计流量1.39立方米/秒。水库设计年供水820万立方米，灌溉面积270公顷。

2011 年万盛区水库概况一览表

表 10–28

名称	规模	库容量（万立方米）	设计灌溉面积（公顷）	有效灌溉面积（公顷）	设计年供水量（万立方米）	竣工年份
汤家沟水库	中型	1120	870	70	1365.00	2001
青山湖水库（一期）	小（一）型	279	370	100	350.00	2009
银碗槽水库	小（一）型	182	80	10	271.50	2003
板辽水库	小（一）型	959	270	270	820.00	2011
毛里水库	小（一）型	128	210	130	150.00	1969
大槽水库	小（一）型	103	310	50	120.00	1962
金桥水库	小（一）型	161	650	10	133.00	1981
大堰水库	小（二）型	14	0.09	20	16.73	1977
丰岩沟水库	小（二）型	22	90	40	17.16	1976
大炉井水库	小（二）型	15	90	40	14.87	1972
河塥水库	小（二）型	43	100	40	47.60	1977
河坝水库	小（二）型	21	30	30	18.50	1967
中心水库	小（二）型	14	60	60	15.60	1967
双龙井水库	小（二）型	23	70	70	17.50	1959
石弯角水库	小（二）型	17	50	50	13.00	1967

二、山平塘

2011 年，全区有山平塘 420 口，总蓄水量 282.79 万立方米，有效灌溉面积 1165 公顷，保证灌溉面积 615.88 公顷。

2011 年万盛区山平塘概况一览表

表 10–29

乡镇名称	数量（口）	蓄水能力（万立方米）	有效灌溉面积（公顷）	保证灌溉面积（公顷）
万东镇	69	42.20	109.67	53.88
南桐镇	50	21.55	83.20	38.60
关坝镇	106	80.48	358.80	171.20
青年镇	42	13.74	92.80	72.13
丛林镇	32	19.58	193.73	5.67
金桥镇	88	80.99	248.37	240.60
石林镇	16	15.12	38.33	28.47
黑山镇	17	9.13	40.00	5.33
合计	420	282.79	1164.90	615.88

三、引水工程

2011 年，全区有引水工程 67 处，年设计供水能力 1621 万立方米，有效灌溉面积 790 公顷，旱涝保收面积 430 公顷。

2011 年万盛区引水工程概况一览表

表 10–30

乡镇名称	数量（处）	年设计供水能力（万立方米）	有效灌溉（公顷）	旱涝保收（公顷）
南桐镇	10	193	170	60
关坝镇	3	187	10	10
青年镇	5	265	50	50
丛林镇	4	183	0	0
金桥镇	2	130	0	0
石林镇	14	106	270	140
黑山镇	29	557	290	170
合计	67	1621	790	430

四、泵站工程

1985 年，全区有机电提灌站 118 座，提灌机 131 台、总装机容量 3908 千瓦，总提水量 332.88 万立方米，有效灌面 649.93 公顷，保证灌面 534 公顷。

2011 年，全区有泵站 116 座，泵机 116 台、总装机容量 3844.50 千瓦，设计供水能力 3720 万立方米，有效灌溉面积 450 公顷，旱涝保收面积 260 公顷。全区各镇均建有泵站工程，其中小（二）型以上泵站 17 座，泵机 22 台。

2011 年万盛区小（二）型以上泵站概况一览表

表 10–31

泵站名称	所在乡镇	泵机数量（台）	装机功率（千瓦）	设计扬程（米）	建成年份
五斗堡	万东镇	1	55	120	1975
龙井坎		2	370	280	2005
白家坡	南桐镇	1	100	200	1974
余家湾		1	55	90	1968
方盛电厂		2	170	25	2003
南桐电厂		2	250	20	1992
鹤林		2	110	130	2008
碰头岩		1	132	230	1975
麒麟		1	110	78	1978
石板塘		1	110	130	1963

续表

泵站名称	所在乡镇	泵机数量（台）	装机功率（千瓦）	设计扬程（米）	建成年份
跃进		1	55	210	1968
大屋基	青年镇	1	75	125	1984
北干渠	丛林镇	2	110	230	2004
消洞口		1	58	80	1966
大岩		1	50	100	1992
红岩村		1	110	165	2004
一碗水寨家湾		1	170	300	1993
合计		22	2090	–	–

五、窖池

2011 年，全区有窖池 793 口，总容积 3.47 万立方米，总供水人口 2141 人，总灌溉面积 21.80 公顷。其中万东镇 97 口，总容积 0.51 万立方米，灌溉面积 5.07 公顷；南桐镇 187 口，总容积 1.14 万立方米，灌溉面积 8.13 公顷，供水人口 995 人；关坝镇 509 口，总容积 1.82 万立方米，灌溉面积 8.60 公顷，供水人口 1146 人。

第二节　水土保持

一、水土保持规划

万盛区属中度水土流失区，全区土地总面积 565.58 平方千米，水土流失面积 338.66 平方千米，其中轻度流失面积 124.82 平方千米，中度流失面积 193.64 平方千米，强度流失面积 18.23 平方千米，极强度流失面积 1.97 平方千米，年均总侵蚀量 83.28 万吨，年均土壤浸蚀模数 2459.25 吨 / 平方千米。

2004 年 10 月，区水土保持办公室与四川大学共同编制《万盛区水土保持总体规划》。

全区治理水土流失的措施有工程措施、生物措施和保土耕作 3 种。工程措施包括坡田改梯田，治理沟壑和修建小型蓄排工程，以改造坡耕地为骨干工程。规划至 2030 年改造坡耕地 6041.2 公顷，修建排灌沟渠 60.41 千米、道路 150.95 千米、塘（堰）79 处、蓄水池 785 口、沉沙凼 5437 个。生物措施包括造林、种草和封禁。规划至 2030 年种植水土保持林 2747.4 公顷，经济果木林 6353 公顷，新增草地 767.51 公顷，封禁治理 16895 公顷。保土耕作主要针对坡度小于 15 度的耕地，采取落膜覆盖，间套种植、沃土等措施，规划至 2030 年保土耕作面积达到 1061.4 公顷。

二、水土流失治理

1998 年，万盛区被重庆市政府列为水土流失重点监督区和重点治理区。1999 年，全区以小流域为单元，综合治理山、水、田、林、路。至 2005 年，完成丛林河、刘家河、清溪河、汤家沟、孝子河万东段等小流域治理工程，治理面积 81.65 平方公。2009 年，重庆市第一个国家级水土保持科技示范园—万盛水土保持科技示范园建成。至 2011 年，全区治理水土流失面积 309.56 平方千米，生态环境明显好转。

1999—2011 年万盛区水土保持主要项目概况一览表

表 10–32

项目名称	治理面积（平方千米）								修建小型水利、水土保持工程			
	合计	坡耕地改梯田	种植水土保持林	种植经济果木林	保土耕作	封禁治理	种草	设置植物篱	沟渠（千米）	生产便道（千米）	沉沙凼（口）	蓄水池（口）
丛林河小流域治理	22.13	1.20	2.00	2.00	3.33	13.60	0	0	2.18	2.18	238	4
刘家河小流域治理	16.70	0.83	1.25	1.25	0	13.37	0	0	5.00	5.00	58	5
清溪河小流域治理	21.50	1.33	2.00	2.00	0	16.17	0	0	14.20	14.20	73	7
汤家沟小流域	17.00	1.03	1.48	1.48	0.97	12.04	0	0	4.00	4.00	20	3
洗布河小流域治理	14.30	0.84	1.26	1.08	3.74	7.38	0	0	7.20	7.20	30	3
孝子河万东小流域治理	10.00	0.87	3.40	2.20	0.87	2.66	0	0	8.30	8.30	45	7
金鸡沟小流域治理	9.00	0.73	3.07	1.93	0.87	2.40	0	0	9.30	9.30	30	3
张三塘小流域治理	21.40	1.33	2.00	2.00	6.01	10.06	0	0	6.50	6.50	65	6
2004“长治”工程	19.00	1.67	1.33	1.60	4.80	7.60	1.00	1.00	40.00	40.00	100	17
2005“长治”工程	20.00	0.67	0.67	0.80	6.66	9.80	0.67	0.73	15.00	15.00	240	16
2006“长治”工程	20.33	0.67	0.67	0.67	6.66	11.53	0.13	0	14.00	14.00	37	12
2007“长治”工程	15.88	0.27	0.40	0.67	4.07	9.60	0.27	0.60	8.00	8.00	34	12
万盛水土保持科技示范园	40.00	1.38	2.10	2.04	18.76	15.72	0	0	23.60	23.60	60	20
南桐项目区	7.50	0.12	1.00	0.17	2.60	3.61	0	0	9.50	9.50	59	9
大垭槽小流域治理	9.39	0.22	0.50	0.51	1.83	6.33	0	0	4.90	5.50	17	4
总计	264.13	13.16	23.13	20.40	61.17	141.87	2.07	2.33	171.68	172.28	1106	128

三、水土流失预防监督

1999—2011 年，累计查处水事违法案件 79 件，调处水纠纷 30 件，纠正不法行为 76 起，责成消除弃渣 1.5 万立方米，收缴罚款约 1.48 万元；累计征收水土流失防治费、水土保持设施补偿费 2249.61 万元；印发宣传资料 4200 余份，发放水保法规手册 1300 余本，制作固定标语 50 余幅，宣传标语 6100 余条。

第三节　防洪抗旱

一、组织机构

万盛区防汛抗旱指挥部负责组织实施全区防洪抗旱，指挥长由区政府区长或分管农业的副区长兼任。2009 年 7 月，区政府设立区防汛抗旱指挥部办公室。2010 年 12 月，街道、乡镇设立防汛抗旱指挥部。

二、防洪规划

1998 年，区水利局与区防汛抗旱办公室共同编制《万盛区防洪规划》，为全区防洪工程建设、防洪体系的实施提供决策依据。2002 年 2 月，补充、修改《万盛区防洪规划》，提出至 2020 年，全区实现防洪调度指挥自动化、系统化、科学化、设备现代化，万盛城区、东林片区达到20年一遇，其他场镇、农田、交通干线达到10年一遇的防洪标准。

三、防洪工程

防洪工程措施主要有护岸工程、新建或扩建水库工程、病险水库整治工程和水土保持工程等4类。

（一）河流治理

1998—2011年，主要整治孝子河、刘家河、清溪河、洗布河（又名金鸡沟）等主要河流段及乡镇河流段河道，堤防保护人口6.47万人，保护耕地470公顷。

孝子河治理　1998年，孝子河被列入重庆市重点治理的次级河流之一。治理河道分城区段、建设乡段两段。1999年城区段河道整治工程动工，2009年12月竣工，工程投资4554万元，采用20年一遇防洪标准，建设内容包括修建堤防（左岸从区自来水公司至区氮肥厂，右岸从三元桥至两河口）、清淤河道和铺设污水管网等。建成1号、2号坝及2座中型节制水闸，清淤、拓宽河道3.05千米，新建和加固堤防6.1千米（新建3.541千米，加固2.559千米）。2010年12月建设乡段河道整治工程动工，工程概算总投资3235.61万元，采用20年一遇防洪和4级堤防标准，建设内容包括整治河道（二郎峡一职业中学校），修建防洪堤和排洪箱涵等。至2011年，整治河道0.4千米，新建和加固堤防0.8千米。

刘家河治理　1998年，刘家河南桐纸箱厂—石桥段堤防工程动工，2005年竣工。工程总投资280万元，建设内容有修建护堤、清淤河道和拓宽河床等，新建防洪护堤3千米，整修（加固）河堤1千米。2007年1月，刘家河四合头段河道整治工程动工，2008年6月竣工。工程总投资359万元，整治河道1千米。

清溪河治理　2010年12月，清溪河东林片区河道整治工程动工，计划投资20532万元。工程采用20年一遇防洪标准，计划新建和加固堤防7.14千米，整治河道3.6千米。至2011年，新建和加固堤防1.65千米，整治河道0.82千米。

万东镇二郎峡排洪沟工程　2003年工程动工，是年竣工，投资20万元，新建及整治修复防洪沟300米。

青年镇排洪沟工程　2008年7月，工程动工，2009年4月完工，投资102万元，新建和加固堤防1.9千米，整治河道1千米。

关坝镇堤防工程　2008年10月工程动工，计划投资1042万元，新建和加固堤防2.9千米，整治河道1.45千米。至2011年，新建和加固堤防0.281千米，整治河道1.45千米。

石林场镇堤防工程　2010年2月工程动工，计划投资1074万元，采用10年一遇防洪标准，新建和加固提付1.88千米，整治河道0.95千米。至2011年，新建和加固堤防0.621千米。

（二）水库建设

1991—2011年，万盛区建成汤家沟中型水库、银碗槽、青山湖（一期）和板辽湖小（一）型水库等水库4座。2006年，万盛区政府贷款1000万元，启动区内病险水库整治工程，至2011年，整治小（一）型水库（金桥、毛里、大槽水库）3座，部分整治小（二）型水库8座。

毛里水库除险加固整治工程　2006年8月，重庆市水利电力建筑勘测设计院鉴定毛里水库大坝为三类坝。是年12月工程动工，2008年10月交付使用。工程投资360.57万元。

大槽水库除险加固工程　2005年9月，水利部大坝安全管理中心鉴定大槽水库大坝为三类坝。2006年9月工程动工，2011年6月交付使用。工程投资765.58万元。

金桥水库除险加固工程　2010年4月，重庆市水利局鉴定金桥水库大坝为三类坝。是年9月工程动工，2011年8月竣工。工程总投资442万元。

第八章 林业

第一节 林业资源

一、植物资源

万盛区森林资源丰富，植物种类繁多，有野生植物150余科、250属、1800余种，其中森林植物85科、167属、510种，以楝类、樟类、杉木、马尾松、方竹、箭竹和水竹等为主；有中药材117种，植物药有党参、泡参、山药、天麻、天冬、云木香、桔梗、苡仁、厚朴、杜仲和五倍子等，主要品种为苡仁和云木香；野生花卉有山茶花、南天竹、高寒杜鹃、山柿子、棕竹和兰花类等；珍稀植物有国家一级保护植物桫椤、珙桐和南方红豆杉，国家二级保护植物有杜仲、福建柏、银杏、鹅掌楸、香果树、穗花杉、楠木、罗汉松、油松、金佛山兰、天麻、黄连、黄檗和延龄草等，省级保护植物有武陵玉兰和三尖杉等。

万盛区部分森林植物资源一览表

表10-33

序号	门	科	属	种	
				原产	引入
1	裸子植物	苏铁	苏铁	苏铁	
2		银杏	银杏	银杏	
3		松	松	马尾松	
4				华山松	
5					湿地松
6					火炬松
7			雪松		雪松
8		杉	杉木	杉木	
9				灰枝杉	
10			柳杉		柳杉
11			水杉		水杉

续表

序号	门	科	属	种	
				原产	引入
12	裸子植物	柏	柏木	柏木	
13			刺柏	刺柏	
14			建柏	滇柏	
15			圆柏	圆柏	
16				岭柏	
17				龙柏	
18			侧柏	侧柏	
19		罗汉松	罗汉松	罗汉松	
20				竹柏	
21		红豆杉	红豆杉	红豆杉	
22				南方红豆杉	
23	被子植物	木兰	木兰	厚朴	
24				玉兰	
25				荷花玉兰	
26				武陵玉兰	
27			含笑	白兰花	
28				黄兰	
29				含笑	
30			鹅掌楸	鹅掌楸	
31		蜡梅	蜡梅	蜡梅	
32		樟	樟	香樟	
33				油樟（大叶樟）	
34		海桐花	海桐花	海桐花	
35		蔷薇	梨	沙梨	
36				川梨	
37			苹果	苹果	
38				花红	
39				野海棠	
40			木瓜	木瓜海棠	
41			枇杷	枇杷	
42			亚科蔷薇	月季	
43				野蔷薇	
44				玫瑰	

续表

序号	门	科	属	种	
				原产	引入
45	被子植物	樱亚科	樱亚	樱花	
46				野樱花	
47				樱桃	
48			梅亚	梅	
49				杏	
50				李	
51				桃	
52				山毛桃	
53				寿星桃	
54		苏木	皂荚	皂荚	
55			紫荆	紫荆	
56		含羞草	合欢	合欢（夜合树）	
57		蝶形花	槐	槐树	
58			紫穗槐	紫穗槐	
59			刺槐	洋槐	
60				刺槐	
61			金合欢		黑荆
62		山茱萸	楝木	灯台树	
63		蓝果树	喜树	喜树	
64			珙桐	珙桐	
65		五加	刺楸	刺楸	
66		杨柳	杨	杨树	
67				意杨	
68					红叶杨
69			柳	长叶柳	
70				水柳	
71				垂柳	
72				龙瓜柳	
73		杨梅	杨梅	杨梅	
74		忍冬	接骨木	接骨木	
75			金银花	金银花	
76				黄金银花	
77			荚迷	珊瑚树	
78			绣球花	山枇杷	
79		金缕梅	枫香	枫香	

续表

序号	门	科	属	种	
				原产	引入
80	被子植物	桦木	桦木	光皮桦	
81			赤杨	桤木	
82		壳斗	栗	板栗	
83				锥栗	
84			栲	丝栗	
85			青㭎	小叶青㭎	
86			麻栎	槲栎	
87		胡桃	胡桃	核桃	
88				野核桃	
89			枫杨	枫杨	
90			山核桃	山核桃	
91		桑	桑	小桑叶	
92				桑树	
93			榕	黄桷树	
94				无花果	
95				小叶榕	
96			构树	构树	
97		木通	木通	木通	
98		杜仲	杜仲	杜仲	
99		山龙眼	银桦	银桦	
100		梧桐	梧桐	梧桐	
101		大风子	山桐子	山桐子	
102			山拐枣	山拐枣	
103		千屈莱	紫薇	紫薇	
104		锦葵	木槿	木槿	
105				木芙蓉	
106				扶桑	
107		玄参	泡桐	泡桐	
108				川泡桐	
109				蓝花泡桐	

续表

序号	门	科	属	种	
				原产	引入
110	被子植物	大戟	巴豆	巴豆	
111			乌桕	乌桕	
112			野桐	野桐	
113			油桐	油桐	
114				对岁桐	
115				千年桐	
116		山茶	茶属	茶	
117				山茶	
118				油茶	
119				山茶花	
120			木荷	木荷（大头茶）	
121		猕猴桃	猕猴桃	猕猴桃	
122		山柳	山柳	山柳	
123		杜鹃花	杜鹃	杜鹃	
124				紫色杜鹃	
125				阔叶杜	
126				映山红	
127		紫金牛	铁仔	铁仔	
128		桃金娘	桉树	桉	
129				蓝桉	
130				赤桉	
131				大叶桉	
132		使君子	使君子	使君子	
133		石榴	石榴	石榴	
134				大果石榴	
135				千瓣红石榴	
136				海石榴	
137		冬青	冬青	冬青	
138		卫矛	卫矛	大叶黄杨	
139				银边大叶黄杨	
140				金心大叶黄杨	
141		鼠李	枣	枣	
142			枳椇	拐枣	
143		葡萄	葡萄	葡萄	

续表

序号	门	科	属	种	
				原产	引入
144	被子植物	柿树	柿树	柿	
145				毛柿	
146				君千子	
147				乌柿（黑塔子）	
148		芸香子	花椒	花椒	
149			枸橘	枸橘	
150			柑橘	柑橘	
151				柚	
152				橙	
153				桔	
154				佛手柑	
155			金橘	金橘	
156			九里香	九里香	
157			枳	枳	
158		苦木	臭椿	臭椿	
159		橄榄	橄榄	橄榄	
160		楝	米籽兰	米籽兰	
161			楝	川楝	
162				苦楝	
163			香椿	香椿	
164		马桑	马桑	马桑	
165		无患子	栾树	复羽叶栾树	
166		黄杨	黄杨	舌雀黄杨	
167				黄杨	
168		漆树	漆树	漆树	
169				毛漆树	
170			黄连木	黄连木	
171			盐肤木	盐肤木	
172			南酸枣	南酸枣	
173		槭树	槭树	飞蛾槭	
174		木犀	木犀	木犀（桂花）	
175				山桂花	
176				毛桂花	

续表

序号	门	科	属	种	
				原产	引入
177	被子植物	木犀	油橄榄	油橄榄	
178			白蜡树	白蜡树	
179			女贞	女贞	
180				小叶女贞	
181			茉莉花	茉莉花	
182		夹竹桃	夹竹桃	红花夹竹桃	
183				白花夹竹桃	
184				重瓣夹竹桃	
185		茜草	香果树	香果树（丁木）	
186			栀子	黄栀子	
187			钩藤	钩藤	
188			鸡屎藤	鸡屎藤	
189			六月雪	六月雪	
190		马鞭草	黄荆	黄荆	
191		小科	南天竹	南天竹	
192		茄科	枸杞	枸杞	
193		芭蕉	芭蕉	芭蕉	
194		美人蕉	美人蕉	大花美人蕉	
195				美人蕉	
196		棕榈	棕榈	棕榈	
197			蒲葵	蒲葵	
198			棕竹	棕竹	
199		禾本科 竹亚科	簕竹	硬头黄竹	
200				孝顺竹	
201				料慈竹	
202			慈竹	慈竹	
203			刚竹	金竹	
204				毛竹	
205				水竹	
206			寒竹	方竹	
207			箭竹	箭竹	
208			大明竹	苦竹	

二、森林植被

万盛区境内森林植被主体是以马尾松为主的针叶林。黑山镇和石林镇资源占有量最大，物种最丰富。黑山保护区因为海拔高差大，垂直立体气候明显，形成天然的多树种、多类型的植物群体。全区森林植物资源按山体地貌自然高差垂直分布为：高山草甸灌丛带，主要分布在石林镇柏树村和黑山镇北门村等高海拔地区，面积约5平方千米，占林区面积0.2%，主要植被为杜鹃、野荔枝、方竹、箭竹、巴茅和灰灰菜等；常绿和落叶阔叶林带，主要分布在黑山镇北门村高海拔地区及鲤鱼河流域，面积约55平方千米，占林区面积22%，主要植被上层为乔灌类植物，林下植被主要有蕨类、苔藓及地衣等；针阔混交林带和针叶林带，全区各镇均有分布，面积约130平方千米，占林区面积52%，其中针阔混交林带主要分布在黑山保护区及鲤鱼河流域，主要植被上层为马尾松，中下层阔叶类植物，针叶林植物主要有马尾松天然次生林及杉木次生残林。

三、野生动物资源

区内野生动物资源种类丰富，脊椎动物有鱼类、两栖类、爬行类、鸟类和哺乳类。鱼类有鲤鱼、鲫鱼和黄蜡丁等，两栖类中有蟾蜍、吸盘蛙和娃娃鱼等，爬行类中有乌梢蛇、菜花蛇、金环蛇和眼镜蛇等，鸟类中有金翅雀、画眉、杜鹃、雉鸡、竹鸡、猫头鹰、喜鹊、乌鸦和麻雀等，兽类中有黑叶猴、云豹、穿山甲、狐狸、山羊、野猪、刺猪、獾、鹿子、黄鼬和兔等。节肢动物有蜻蜓、螳螂、黑蚁、异色瓢虫、蜂、马尾松毛虫、三泊色毒蛾、梓翠尺蠖、蠖大豹蚊蝶、中环蝶、蚊和蝇等。环形动物以蚯蚓为主，并且大多数集中在林下腐殖层中。软体动物有蜗牛、螺等。动物资源中，属于国家一级保护的动物有黑叶猴、云豹等；属于二级保护动物的有红腹锦鸡、红腹角雉、白冠长尾雉和穿山甲等。

四、林地面积

1985年，全区林业用地面积24381.93公顷，占全区面积43.1%，森林覆盖率34.1%。2002年，全区林地面积30628.20公顷，占全区面积54.2%，森林覆盖率43.5%。2011年，全区林地面积28721公顷，森林覆盖率47%。

万盛区林地情况一览表

表10–34

项目	单位	1985年	2002年		
			合计	国有林地	集体林地
全区林业用地面积	公顷	24381.93	30628.20	1234.87	29393.33
占全区面积比例	%	43.1	54.2	2.2	52.0
有林地面积	公顷	15906.73	20126.73	1039.40	19087.33
占林地面积比	%	65.2	65.7	3.4	62.3
灌木林面积	公顷	2904.93	4022.00	51.00	3971.00
占林地面积比	%	11.9	13.2	0.2	13.0
疏林地面积	公顷	2628.20	462.26	4.46	457.80
占林地面积比	%	10.8	1.51	0.01	1.5
宜林地面积	公顷	2516.20	60.60	42.07	18.53
占林地面积比	%	10.3	0.2	0.14	0.06
其他地类	公顷	425.87	756.60	98.00	658.60

续表

项目	单位	1985年	2002年		
			合计	国有林地	集体林地
占林地面积比	%	1.8	2.5	0.3	2.2
退耕还林地	公顷	0	5200.00	0	5200.00
占林地面积比	%	0	1.13	0	1.13
森林覆盖率	%	34.1	43.5	-	-

五、林木蓄积量

1985年，全区活立木蓄积量76.46万立方米，其中有林地林木蓄积量64.1万立方米、占总蓄积量83.8%，疏林地7.13万立方米、占9.33%，四旁树16.89万立方米、占2.2%，散生林3.54万立方米、占4.62%。

2005年，全区活立木蓄积量99.34万立方米，比1985年增加22.88万立方米、增长23.03%，比1995年增加10238立方米、增长1.03%。

万盛区森林活立木蓄积量情况一览表

表10–35

项目	单位	1985年	2005年		
			合计	国有林地	集体林地
全区活立木蓄积量	立方米	764580	993372	56548	936824
有林地活立木蓄积量	立方米	640993	938480	55430	883050
占总蓄积量比例	%	83.84	94.47	5.58	88.89
疏林地活立木面积	立方米	71346	6213	59	6154
占总蓄积量比例	%	9.33	0.63	0.01	0.62
四旁树活立木蓄积量	立方米	16888	22563	0	22563
占总蓄积量比例	%	2.21	2.27	0	2.27
散生林活立木蓄积量	立方米	35353	26116	1059	25057
占总蓄积量比例	%	4.62	2.63	0.11	2.52

六、林木种质资源

（一）用材林

全区用材树种有柏科柏木，松科马尾松，杉科杉木、柳杉，樟科香樟、楠木，金缕梅科枫香，蓝果树科喜树等，共6科、8属、8个树种（组）。其中针叶类用材树种有3科、4属、4种，阔叶类用材树种有3科、4属、4种。马尾松、杉木、柏木、枫香、香樟属原生优良乡土树种。2011年，全区用材树种面积5319.80公顷，蓄积量275410立方米，其中人工栽植面积2832.30公顷，蓄积量177221立方米。用材树种分布有明显的地域特点，以马尾松为主的针叶林全区均有分布，金桥镇用材树种全部是马尾松。阔叶和针阔叶混交用材树种主要集中在海拔700米～1500米的黑山镇，珍贵用材树种楠木分布在区国有林场丛林工区藿麻沟和黑山镇黑山；五针松分布在石林镇柏树村、丛林镇海孔村。

2011年万盛区优良乡土树种蓄积量一览表

表10-36

树种	马尾松	杉木	柏木	枫香	香樟
面积（公顷）	1352.98	2285.55	712.28	1060.67	143.27
蓄积量（立方米）	1093169	95736	24990	9205	1895

（二）经济林

全区经济林资源有19科、20属、24种。其中野生树种17科、18属、22种，主要有茶、漆、猕猴桃、板栗、野花椒、黄桅子、梨、野荔枝、野樱桃、山枇杷，山核桃和柿子等树；人工开发及栽培树种有4种。野生经济树种主要分布黑山、区林场丛林工区藿麻沟、石林镇茶园村。

（三）珍稀濒危及名木古树

2002年，全区珍稀濒危树种11科、12属、12种，分布在5个乡镇，其中黑山风景区及其相邻区域是珍稀濒危树种集中分布区域。珍稀濒危树种中属国家一级保护的有2科、2属、2种，分别是南方红豆杉和桫椤；国家二级保护的有9科、9属、9种，分别是杜仲、银杏、鹅掌楸、香果树、穗花杉、楠木、罗汉松、水杉和五针松；省级保护的有1科、1属、1种，为三尖杉。

1986年，区内有名、古树（树龄70年以上）102株（29个树种），分布在除万盛乡外的其他8个乡镇。其中树龄100年以上的有95株，树龄最长的古树是生长在南天乡白花村花椒湾的武陵木兰（树龄250余年），最高的古树是生长在南天乡园场村的枫香树（树高35米），胸径最大的古树是生长在关坝乡上坝村鱼塘社的黄桷树（胸径2.4米），国家二级保护古树1株，省二级保护古树8株，省三级保护古树5株。2005年，全区有名、古树（树龄150年以上、速生树种胸径150厘以上、针叶树胸径100厘米以上）32株，分属13科、13属、13个树种。2011年，全区有古树33株（含双生、群生）。

2011年万盛区古树一览表

表10-37

生长地	树种	别名	年龄（年）	年龄类别	胸径（厘米）	树高（米）	分布状况	保护级别
丛林镇绿水村方家湾社山黄店	香樟		150	估测	96	28	单株	Ⅲ
关坝镇光明村张家湾社文榜村	黄桷树		150	传说	70	14	单株	Ⅲ
关坝镇光明村张家湾社文榜村	黄桷树		200	传说	100	18	单株	Ⅲ
关坝镇光明村张家湾社文榜村	黄桷树		100	传说	60	14	单株	Ⅲ
关坝镇上坝村鱼塘湾社边	黄桷树		300	传说	120	28	单株	Ⅱ
南桐镇岩门村花子湾社	黄桷树		330	传说	121	17	单株	Ⅱ
黑山镇北门村小尖峰	香果树	丁木	300	传说	130	22	双生	Ⅱ
黑山镇北门村石门社小尖峰	香果树	丁木	300	传说	70	16	双生	Ⅱ
黑山镇北门村陈家沟	枫香		150	传说	62	26	双生	Ⅲ
黑山镇北门村陈家沟	枫香		150	传说	51	25	双生	Ⅲ
黑山镇北门村陈家沟	枫香		150	传说	75	23	双生	Ⅲ

续表

生长地	树种	别名	年龄（年）	年龄类别	胸径（厘米）	树高（米）	分布状况	保护级别
黑山镇北门村石门社沙坝	香果树	丁木	160	传说	90	27	单株	Ⅲ
黑山镇北门村石门社沙坝	枫香		160	传说	87	26	单株	Ⅲ
黑山镇北门村石门社沙坝	皂角		200	传说	100	25	单株	Ⅲ
黑山镇北门村罗家箐	枫香		250	传说	113	21	单株	Ⅲ
黑山镇北门村罗家箐	枫香		250	传说	89	18	双生	Ⅲ
黑山镇北门村罗家箐	枫香		250	传说	90	21	双生	Ⅲ
黑山镇北门村羊喝坪	枫香		800	传说	110	32	群生	Ⅰ
黑山镇北门村羊喝坪	枫香		500	传说	55	32	群生	Ⅰ
黑山镇石门村羊喝坪	枫香		500	传说	84	29	群生	Ⅰ
黑山镇石门村羊喝坪	枫香		500	传说	98	27	群生	Ⅰ
南桐镇民权村齐心社下龙洞	黄桷树		100	传说	150	30	单株	Ⅲ
南桐镇民权村四楞社天平秋	黄桷树		120	传说	172	20	单株	Ⅲ
南桐镇王家坝村黄家湾社黄葛树	黄桷树		180	传说	150	28	单株	Ⅲ
南桐镇王家坝村通杆坡社关音岩	黄桷树		220	传说	230	20	单株	Ⅲ
青年镇燕石村千丘社砖房	香樟		100	估测	71	25	单株	Ⅲ
青年镇燕石村燕石社新房子	皂角		120	估测	90	18	单株	Ⅲ
青年镇燕石村燕石社新房子	皂角		120	估测	59	18	单株	Ⅲ
石林镇茶园村水井湾	银杏	白果	300	传说	121	28	双生	Ⅱ
石林镇茶园村河水社水井湾	银杏	白果	200	传说	110	25	双生	Ⅲ
石林镇茶园村新房子	朴树	沙包	300	传说	85	19	单株	Ⅱ
石林镇白花村沙坡社	银杏	白果	300	传说	142	19	单株	Ⅱ
万东镇箐溪村李子山社下庄	黄桷树		110	传说	80	8	单株	Ⅲ

第二节　林业生产

一、林木种子

1985—1990 年，采集林木种子 6100 千克。1993 年，引进良种 58 个，自建良种繁殖基地 40 公顷，优良林分采种基地 33.33 公顷。1994 年，采集林木种 3760 千克。

二、绿化造林

1986—1992 年，成片造林 2392.73 公顷。1992 年，绿化公路 24.5 千米，绿化铁路 1.5 千米，绿化溪河 50.5 千米。1998—2002 年，累计造林 2684.87 公顷，管护天然林 2133.33 公顷，绿化公路 109.5 千米，绿化河道 29.6 千米，植树约 5.5 万株，绿化渠道 1.67 公顷，石林、黑山、九锅箐等 3 个景区共新增绿化面积 1.77 公顷。2003 年，城区新增绿地 1.91 公顷，景区新增绿地 4.2 公顷，河道、公路绿化植树

8500株，水流域治理面积430公顷。2005年，荒山造林333.33公顷，绿化乡、村道路71千米。2006—2010年，管护天然林21333.33公顷、退耕还林抚育5200公顷，新增城周森林屏障333.33公顷，速丰林666.67公顷，村镇绿化1000公顷，发展花椒等产业基地378.93公顷，高速路景观绿化及其他通道绿化120千米，绿化水系40.5千米。2011年，管护天然林21333.33公顷、退耕还林抚育666.67公顷，新增城周森林屏障233.33公顷，恢复矿山植被733.33公顷。

三、工程造林

（一）速生丰产林

1986—1998年，全区累计种植速生丰产林2233.67公顷。1993—1995年，抚育幼林1059.07公顷，抚育成林398.27公顷。至2000年，全区保有速生丰产林1652公顷，其中一类林占80%。2009年，桉树速丰林造林666.67公顷。

1986—1998年万盛区种植速生丰产林情况一览表

表10-38　　单位：公顷

年份	种植面积	年份	种植面积	年份	种植面积
1986	165.60	1990	250.27	1994	196.53
1987	165.93	1991	180.73	1995	152.27
1988	200.00	1992	351.07	1998	200.00
1989	148.53	1993	222.73	–	–

（二）长防林工程

1992年，南桐矿区被列入长江中上游防护林工程（简称长防林）建设启动区（县）。1993年，建设长防林1420公顷，其中重点工程1200公顷（植苗造林666.67公顷，直播造林66.67公顷，低效林改造66.67公顷，封山育林400公顷；防护林400公顷，用材林400公顷，经济林400公顷）。至1998年，累计建设长防林10093.33公顷（新造人工林5600公顷，封山育林4493.33公顷），设立国家长防林工程碑4座、牌117块。

（三）多功能防护林

1994年，万盛区开始建设多功能防护林工程，计划治理生态经济沟13条，造林7000公顷。至1998年，治理生态经济沟13条，造林7004.4公顷，其中新造林4020.6公顷，封山育林2983.8公顷（封育补植1038.6公顷）。

1995—1998年万盛区多功能防护林造林面积一览表

表10-39　　单位：公顷

年份	造林计划	实际完成	年份	造林计划	实际完成
1995	749.6	760.1	1997	2469.2	3120
1996	1499.8	1508.5	1998	1611.4	1615.8

（四）天然林保护工程

1999年、2001年，分别建设天然林保护工程2153.33公顷、400公顷。2004年，封山育林2820公顷。

（五）退耕还林工程

2002—2006年，全区8个乡镇的52个行政村441个合作社实施退耕还林工程，涉及农户26400户、93018人，占全区农村人口62%，退耕还林累计保存面积5166.46公顷，其中生态林4854.79公顷，经济林311.67公顷。2007年，改植、改造退耕还林666.67公顷，抚育管护5166.67公顷。2008年，改植、改造退耕还林333.33公顷，并与农户签订管护合同。2010年，重庆市验收保存合格率100%，国家验收保存合格率99%；万盛区获全市2009年度退耕还林工程质量效益考核三等奖。

2002—2006年万盛区退耕还林工程实施情况一览表

表10-40　　单位：公顷

年份	保存面积			不合格面积		
	小计	生态林	经济林	小计	生态林	经济林
2002	1666.66	1508.93	157.73	0	0	0
2003	1866.66	1773.53	93.13	0	0	0
2004	800.00	768.93	31.07	0	0	0
2005	518.47	497.20	21.27	18.27	18.27	0
2006	314.67	306.20	8.47	17.33	17.33	0
合计	5166.46	4854.79	311.67	35.60	35.60	0

2002—2006年万盛区退耕还林林份质量概况一览表

表10-41

年份	保存面积（公顷）								成林率（%）
	总计	生态林中乔木林保存面积			保存面积中成林面积				
		合计	其中		合计	其中			
			胸径≥5厘米	树高≥2米		乔木林	灌木林	乔灌混交林	
2002	1666.67	987.73	420.00	901.73	1581.93	957.53	480.80	143.60	95
2003	1866.67	1002.87	432.20	835.93	1815.07	1080.60	573.00	161.47	97
2004	800.00	238.80	125.47	172.47	783.60	238.80	481.20	63.60	98
2005	518.47	262.40	122.87	184.60	499.00	346.00	23.07	129.93	97
2006	314.67	64.87	5.20	13.73	304.40	64.33	200.80	39.27	97

第三节　林业管理

一、林权管理

1985年，依据人民公社后期“四固定”（土地、牲畜、农具、劳动力），国有林、乡有林、村有林、社有林颁发林权证，全区7个乡镇颁发林权证704个，发证总面积5770.80公顷。

1986年，落实“两制”（稳定山林所有制、落实林木管理责任制），增划自留山6168.93公顷，颁发林权证 9656 个，乡、村落实承包合同 573 份、1059.27 公顷。

1997 年底，全区有国有林面积 2276.67 公顷，其中颁证 1499.47 公顷、占 65.86%，未颁证 777.20 公顷（因国有林场与乡村林地权属边界不清）、占 34.14%。8 个乡镇林地面积 599.73 公顷，颁证 579.07 公顷、占 96.22%。村有林面积 4191.33 公顷，颁证 2893.87 公顷、占 69.04%。社有林面积 9409.80 公顷，颁证 5770.80 公顷、占 61.33%。社员自留山面积 519.20 公顷，颁证 430.73 公顷、占 82.96%。

1998 年 9 月，南天乡政府将望乡台 13.33 公顷方竹林使用权有偿转让给个人。12 月，景星乡政府将石笋村羊喝坪社 71.00 公顷集体林地 50 年的使用权转让给企业，用于旅游和林业生产活动。

2006 年，万盛区开始实施林权改革，以行政村为单位组织镇、村、社、户主到山头地块逐一核实山林权属、面积和边界，公示结果双方签字确认后，颁发林权证，并将相关资料建立档案。是年，颁发新版林权证 4500 个。2009 年，3 个村和 188 个社的集体林落实分山到户政策，42 个村和 323 社的集体林按村民代表大会决定的方案，落实均股、均利到户或统一流转业主经营。是年，颁发新版林权证 4.82 万个，颁证面积 2.78 万公顷。

1999—2011 年万盛区林地占用及使用权转让情况一览表

表 10–42

年份	占用面积（公顷）	转让面积（公顷）	征收植被恢复费（万元）	年份	占用面积（公顷）	转让面积（公顷）	征收植被恢复费（万元）
1999	–	809.53	–	2006	12.60	557.20	55
2000	–	137.53	–	2007	0.66	419.27	4.06
2001	–	158.67	–	2008	0.66	–	39.65
2002	0.96	244.00	–	2009	1.42	–	69.68
2003	1.14	216.27	–	2010	1.58	66.00	126.47
2004	0.22	488.20	–	2011	1.17	593.67	166.65
2005	1.41	212.00	–	–	–	–	–

二、采伐及运输管理

1986年起，实行限额采伐、凭证采伐政策，并普遍征收育林基金。1987年，木材采伐指标8000立方米，实际采伐5200立方米。2001 年，商业性林木采伐停止。2001—2011 年，全区采伐林木 71516 立方米（不含 2002 年和 2004 年采伐量）。

2001—2011 年万盛区采伐林木情况一览表

表 10—43

年份	市计划数（立方米）	区批准数（立方米）	占比（%）	年份	市计划数（立方米）	区批准数（立方米）	占比（%）
2001	10312	3704	35.9	2007	15197	10523	69.2
2002	–	–	–	2008	15197	10580	69.6

续表

年份	市计划数（立方米）	区批准数（立方米）	占比（%）	年份	市计划数（立方米）	区批准数（立方米）	占比（%）
2003	10402	5201	50	2009	15197	10166	66.9
2004	–	–	–	2010	15197	5107	33.6
2005	10312	7798	76	2011	16169	7437	46.0
2006	15197	11000	72.3	–	–	–	–

木材运输管理是林政部门依法限定木材凭证运输、查处违法运输行为。1986年起，实行凭证运输政策。10月，恢复设置腰子口木材检查站，支路检查站分设张家嘴站。1987年12月，设立丛林、板辽和关坝3个木材检查站。1990年2月，设立区木材检查站。

1987年，扣留、追回违法运输木材70立方米，收取赔偿损失费11600元。1988年，扣留木材法运运输车23辆次，木材191.9841立方米，收取赔偿资源损失费、罚款和木材变价款共34330.69元。

1990年，支路、腰子口木材检查站查收违法运输木材27立方米，补征育林费、罚款和木材变价款共21000元；区林业派出所查收非法木运输材30立方米。

1991—1993年，组织夜间巡查275次，查获违法运输木材20余立方米，木材变价1.5万元，补征税费1万元；木材检查站检查木材运输车21000余辆次，发现违规车辆5000辆次，查扣运输违法木材约200立方米，补征育林费及木材变价共6万元。

1998年，没收违法运输木材57.76立方米，木材变价款19674.8元。

2000年，区林产品公司、区林场受区林业局委托可以办理木材运输证。是年，全区核发木材运输证925份、运输木材3739立方米，其中区林产品公司375份、1416立方米，区林场207份、1037.1立方米。2001年，木材运输证办理权统一收归区林业局。是年，查处违法运输木材案件24件，没收木材81.87立方米。2003年，办理木材运输证625份，运输木材1829立方米。2006年，从市外外运进木材25000余立方米。2009年，办理木材运输证878份，运输木材5916立方米。2010年，办理木材运输证387份。2011年5月，全国木材运输管理系统试运行。是年，办理木材运输证847份，运输木材2071.5立方米。

三、林产品经营

1984年，开放集体林区木材经营权，可以自由购销木材。1986初，全区有木材经营单位25个、木材加工点6个。是年，区林产品公司销售额497440元，利润79247元，上缴税金40366元。国营林场实行承包经营管理，从单一的林业生产结构转为以林为主、多种经营，1987年实现利润40000元。

1988年，清理全区集体和个体木材加工企业（户），全区有个体木器加工户41户（停业8户、经营废旧材5户）、集体加工企业25家（停业4家、经营废旧材1家），查出非法木材186.5立方米（集体126.89立方米，个体59.012立方米），补征税费13069.75元。经过清理整顿，初步形成区林产品公司与各产材乡镇联合经营林产品模式。

1989年7月，区林业局与区税务分局稽查队组成联合检查队，抽查全区个体木器厂、沙发加工厂，重点检查万盛、东林地区6家加工厂，补征税费2695.20元。

1990年，区林产品公司销售收入158.88万元，利润31.56万元。区猕猴桃开发公司销售木材1433.653立方米，销售收入410973.2元，上缴利税11553.15元，利润97488.27元；区国营林场总收入642589元，上缴税金72711元，利润70000元。

1993 年，办理林产品经营许可证 7 个、加工许可证 90 个。1998 年，全区有木材经营企业 4 家，装饰木材经营企业 9 家，木制品加工企业 54 家，办证率 100%。

2001 年，整顿全区木材加工、经营企业及场所，关闭、取缔违法木材经营、加工户 9 户，查处非法经营、加工木材案件 4 件，收缴木材 14.71 立方米、价值 3.56 万元，罚款 1660 元，补征育林基金、林区保护建设费等 2.79 万元。

2002 年，全区有木材经营户 27 户、木材加工户 20 户。2006 年，整顿区内木材经营户，核准木材经营户 22 户、木材加工户 15 户。2007 年，全区木材经营加工户销售坑木 16645.5 立方米、排材 2212.5 吨、笆片 3833.3 吨。2008 年，办理木材经营加工许可证 16 个、加工许可证 15 个；全区木材经营加工户销售坑木 12000 立方米、排材 1350 吨、笆片 2300 吨。2009 年，办理木材经营加工许可证 15 个、加工许可证 18 个。2010 年，办理木材经营加工许可证 14 个，加工许可证 20 个。2011 年，办理木材经营加工许可证 20 个、加工许可证 22 个。

第四节　森林保护

一、森林防火

1973—2011 年，区森林防火指挥部办公室先后建立森林防火报告、处置、值班等 7 个制度。1987 年起，相继建立专兼职防火队和巡山护林队伍。至 2005 年，全区有专业扑火队员 25 人，在职半专业扑火队员 515 人，巡山护林人员 2500 人；兼职扑火队伍 27 支、队员 3800 人；有电台 12 部、对讲机 55 部、森林防火车 4 辆、望远镜 6 部、扑火工具 5000 余件；开辟人工专用防火隔离带 412 千米；签订防火责任书和防火公约 4725 份。2006—2009 年，全区发放森林防火宣传资料约 27 万份，书写火警预防标语及制作永久性森林防火碑（牌）10800 多幅（块）。2011 年 7 月，组建全市第一支森林防火专业队伍——万盛区生态安全及应急处置专业队。

1986—2011 年，万盛区发生森林火灾、火警 382 次，过火面积 701.07 公顷。

1986—2011 年万盛区森林火警、火灾统计表

表 10–44

年份	数量（次）	过火面积（公顷）	损失			火灾原因（次）								处理情况		
			幼树（棵）	成材（立方米）	竹（吨）	积肥	烧荒	小孩玩火	上坟	吸烟	打火把	雷击	不明	罚款（元）	拘留（人）	判刑（人）
1986	24	45.53	–	–	–	–	–	–	–	–	–	–	–	0	0	1
1987	9	8.73	–	–	–	4	0	0	0	0	1	0	4	0	0	0
1988	19	13.07	–	–	–	9	0	0	2	0	0	0	8	0	0	0
1989	8	15.93	9269	14	553	2	0	0	2	1	0	0	3	0	0	0
1990	7	19.40	–	–	–	3	0	0	0	3	0	0	1	0	0	0
1991	4	0.47	–	–	–	1	0	0	0	0	0	0	3	0	0	0
1992	21	19.00	–	55	–	3	0	2	2	6	0	0	8	0	0	0

续表

年份	数量（次）	过火面积（公顷）	损失			火灾原因（次）								处理情况		
			幼树（棵）	成材（立方米）	竹（吨）	积肥	烧荒	小孩玩火	上坟	吸烟	打火把	雷击	不明	罚款（元）	拘留（人）	判刑（人）
1993	15	5.47	–	5	530	4	0	1	2	2	0	0	6	0	0	0
1994	7	19.33	–	156	–	1	0	0	3	0	0	2	1	0	0	0
1995	5	0.67	–	3	26	1	0	0	1	1	0	0	2	0	0	0
1996	8	3.80	–	106	20	4	0	3	0	0	0	0	1	0	0	0
1997	13	39.20	84855	1135	135	10	0	0	0	0	0	0	3	0	0	1
1998	19	12.33	2300	89	113	5	0	2	4	1	0	7	0	0	0	0
1999	4	1.20	200	15	2	4	0	0	0	0	0	0	0	0	0	0
2000	14	4.73	–	–	–	9	0	1	1	1	0	2	0	5410	0	0
2001	3	3.00	–	27	–	0	1	1	1	0	0	0	0	0	0	0
2002	12	9.40	2300	58	–	10	0	0	0	0	0	0	2	5380	8	0
2003	14	13.87	–	–	–	9	0	0	0	1	1	0	3	0	2	0
2004	3	0.73	–	14	–	3	0	0	0	0	0	0	0	1200	0	0
2005	25	1.53	–	8	–	15	0	0	6	0	0	0	4	0	0	0
2006	82	370.00	–	2565	–	39	0	9	18	9	0	0	7	0	0	4
2007	20	19.67	–	89	–	9	0	2	1	0	0	0	8	0	0	0
2008	31	28.67	–	31	–	7	0	0	19	0	0	1	4	0	0	1
2009	6	2.93	–	–	–	–	–	–	–	–	–	–	–	0	0	0
2010	2	5.73	–	–	–	0	1	0	1	0	0	0	0	0	0	0
2011	7	36.67	7510	421	42	1	2	1	1	0	0	0	2	0	0	0
合计	382	701.07	106434	4791	1421	153	4	22	64	25	2	12	70	11990	10	7

二、森林病虫害防治

1986—2011 年，建立健全森林病虫害防治检疫体系和监测预警网络，设调查线路 188 条、标准地 80 个，调查监测面积 14746.67 公顷。每年 2 月、6 月和 8 月，在虫害面积大、虫口密度高的林区使用敌敌畏、白僵菌等药物防治，在虫口密度较低的林区采取人工捕捉方式防治。26 年间，全区森林虫害累计发生面积 25335.33 公顷，实际防治 13386.40 公顷。

1986—2011 年万盛区森林病虫害防治情况一览表

表 10–45　　单位：公顷

年份	虫害面积	应防面积	防治面积	年份	虫害面积	应防面积	防治面积
1986	596.00	433.33	357.67	1999	1202.80	967.80	967.80
1987	840.00	516.00	98.67	2000	1223.33	1223.33	993.80
1988	2145.33	56.67	56.67	2001	873.33	857.33	660.33

续表

年份	虫害面积	应防面积	防治面积	年份	虫害面积	应防面积	防治面积
1989	2028.07	539.87	539.87	2002	556.67	483.33	483.33
1990	1767.27	413.33	365.87	2003	1365.33	1233.33	1108.00
1991	1537.53	23.33	23.33	2004	326.67	326.67	293.33
1992	1202.60	132.67	122.67	2005	251.00	251.00	251.00
1993	1605.27	945.33	945.33	2006	740.00	740.00	740.00
1994	706.80	487.33	487.33	2007	516.00	516.00	516.00
1995	347.80	347.80	233.33	2008	153.33	153.33	153.33
1996	686.20	726.73	617.73	2009	209.33	209.33	209.33
1997	904.00	571.00	571.00	2010	186.67	186.67	186.67
1998	3333.33	2673.33	2373.33	2011	30.67	30.67	30.67

三、林业执法

万盛区森林警察支队（2004 年前为区公安分局林业派出所）与区林业局林政资源科共同履行打击侵占、滥占林地，盗伐、滥伐林木，非法运输、收购、经营、加工木材的林业行政案件和违法犯罪活动职能。

1986 年，全区查处乱砍滥伐林木案件 94 件，没收木材 28 立方米，罚款 6000 元，治安拘留 1 人、刑事拘留 1 人。

1988 年，全区查处林政案件 19 件，收缴木材 191.98 立方米，处罚款及赔偿森林资源损失费 4.02 万元；查处林业治安案件 9 件，拘留 13 人；查处林业刑事案件 2 件，收缴木材 99.62 立方米，没收赃款 1.48 万元。

1989 年，全区查处林政案件 148 件，处罚款及赔偿森林资源损失费 1.23 万元，收缴木材 90.82 立方米（折价 2.1 万元），处罚 61 人。

1990 年，全区查处林政案件 31 件，处罚款及赔偿森林资源损失费 2.09 万元，收缴木材 44.4 立方米（折款 1.31 万元）；查处治安案件 6 件，拘留 8 人，罚款 100 元；查处刑事案件 1 件，提请批准逮捕 1 人。

1991 年，全区查处林政案件 37 件，处罚款及赔偿损失 5650 元，收缴木材 43.4 立方米（折款 9900 元）；查处治安案件 3 件，拘留 6 人。

1993 年，全区查处林政案件 46 件，处罚 55 人，赔偿森林资源损失费 5 万元；查处治安案件 2 件，罚款 2 人，拘留 2 人；查处刑事案件 2 件，提请批准逮捕 1 人。

1994 年，全区查处林政案件 40 件，罚款及赔偿损失 7134 元，没收非法所得 4586 元，没收材变价款 8011.2 元；查处治安案件 6 年、拘留 5 人，警告 1 人，罚款 4 人，收缴木材 16.5 立方米（折款 1.24 万元），处赔偿损失 1.69 万元。

1995 年，全区查处林政案件 43 件，处罚款及赔偿损失 3535 元，收缴木材 200.7 立方米（折款 2.44 万元）；查处治安案件 5 件，拘留 4 人；查处山火案件 2 件，罚款 150 元。

1998 年，全区查处林政案件 21 件，处罚款及赔偿损失 3370 元。是年，万东镇五和村 23 户农户毁林 1.33 公顷，砍伐树木 238 棵、幼树 179 株。10 月，区林业局与万东镇林业站联合调查该案件，没收所伐木材 10 立方米，按每株 5 元 ~ 10 元予以罚款。是年 11 月，清理 1994—1998 年 10 月非法征占区林场林地情况，清理出非法占用林地 21.21 公顷，越权审批转让林地 131.67 公顷，责令限期退耕还林和补办转让手续。

1999年，全区清理出1994—1999年乱占滥用林地24.18公顷，补征植被恢复费12.8万元，占地补偿费75.4万元；查处毁林开荒34起、14.37公顷，责令恢复林地，补征森林资源补偿费7665元。9月，万盛石林旅游开发公司毁林0.3公顷，砍伐树木1789株，没收木材13.06立方米，罚款4964元，补征植被恢复费6000元，责令补植树木5634株。

2000年，全区查处林政案件34件，处罚34人次。2004—2005年，查处破坏森林资源案件55件，收缴木材222立方米，罚款9700元，补征植被恢复费4万元。2007年，查处林业行政案件44件，处罚44人次，收缴木材115.21立方米，价值56924元。

2011年，查处林业行政案件19件（森林火灾6件，无证运输木材8件，非法收购1件，滥伐林木3件，非法占用林地1件）；查处林业治安案件1件，治安拘留1人；查处森林火灾案件刑事案件2件，刑事处罚2人。

第九章　扶贫开发

“十五”（2001—2005年）期间，景星乡前进村、石门村，石林镇庙坝村、园场村、柏树村，南桐镇丰岩村，青年镇安乐村、燕石村，关坝镇兴文村、光明村，万东镇民建村，丛林镇白果村和金桥镇中心村等17个村被列为重庆市贫困村。2001年11月，万盛区扶贫开发领导小组成立。2002年5月23日，万盛区第十四届人大常委会第34次会议通过《万盛区扶贫开发五年规划（2002—2006年）》。2011年，编制《万盛区黑山镇北门村乡村旅游扶贫项目规划方案》。

第一节　扶贫措施

一、改善基础设施

重点建设公路、饮水、电力和农田基本设施，改造贫困户住房。2001—2005年，全区投入财政扶贫资金740万元，实施建设项目80个。2006—2008年，投入资金219万元，新建土特产交易市场1个（2000平方米），整治或新修村级道路143千米，新修或硬化人行便道52千米，新修引水渠12千米，新建人饮水池15口、540立方米，铺设水管42600米；在黑山、石林等镇推广使用生物质半气化炉具550套；改善贫困村医疗卫生条件，建立村级公共服务中心。2009年，整治公路5千米，修建便道8100米，安装电视光纤5千米。

二、产业扶贫

在“黑山谷—石林”扶贫综合开发片区建设万亩方竹笋基地、优质水果基地和发展反季节蔬菜种植及特色养殖业，实行“公司＋农户”的发展模式，逐步培植有稳定收入的主导产业。2001—2005年，间伐和培育方竹林333.33公顷，修建上山便道和采笋便道6千米，形成以方竹笋生产为主体，其他笋竹为补充的竹笋经济；培育猕猴桃333.33公顷、台农2号梨66.67公顷、甜柿66.67公顷；发展反季蔬菜基地66.67公顷，种植蚕桑66.67公顷；形成优质山羊、山地鸡和黄牛等特色养殖业。2006—2008年，间伐和培育方竹林666.67公顷，新建进山公路3千米、改造维修公路6千米，新建上山便道和采笋便道6500米，新建生产和初级加工用房15个，培育猕猴桃33.33公顷，发展反季蔬菜基地83.33公顷，种植韩国水晶萝卜66.67公顷、春笋66.67公顷，新建花卉苗木基地1个（3.33公顷），新建蚕桑示范园6.67公顷，改造茶园3.33公顷；新建清水鱼养殖基地1个（3.33公顷），养殖优质山羊650只、高山土鸡3000羽。2009年，建设高山反季蔬菜基地100.00公顷，间伐方竹林66.67公顷，修建伐笋便道1000米，生产管理用房10个；建设种兔养殖和商品养殖场4个（总计2000平方米），饲养种兔400组、2000只，出栏商品兔90000只。2011年，编制《万盛区黑山镇北门村乡村旅游扶贫项目规划方案》，建立乡村旅游扶贫网站。投入财政扶贫资金100万元，启动黑山镇北门村乡村旅游扶贫项目，统一改造乡村旅游农家乐30户，新建特色农业观光长廊和体验农业区。

三、技术扶贫

2001—2006年，重庆市和万盛区两级财政投入资金35万元，开办扶贫系统干部业务、农民实用技术、劳动致富技能等各类科技培训班40期，培训近2000人。其中举办扶贫系统干部培训班10期、280人，种植业和养殖业技术培训班15期、1140人，劳动力转移培训班15期、550人。2006—2008年，全区投入扶贫培训资金11万元，开办扶贫系统干部业务、农民实用技术等各类科技培训班，培训3680余人次（农民实用技术培训3200人次）。2010年，投入财政扶贫资金7万元，开展方竹笋、茶叶、猕猴桃、肉兔等产业实用技术培训，培训1360人次；举办肉兔、中蜂养殖创业培训班2期，培训220人次。2011年，投入扶贫资金7万元，举办乡村旅游、猕猴桃和方竹笋实用技术等培训班，培训600余人次。

四、易地安置

2002年，区财政拨专款12万元，新建住房，易地安置岩洞窝棚户32户、132人。2003年，拨专款14万元，新建住房，易地安置岩洞窝棚户39户，改造住房12户，乡镇敬老院安置3户，共192人受益。2006—2008年，投入资金116万元，易地安置农户125户、513人。2009年，易地安置黑山、石林、丛林、关坝、金桥和万东等镇28户、100人的生态移民。2010年，投入资金174万元（财政扶贫租金50万元，巩固退耕还林成果专项资金124万元），易地安置石林、丛林、关坝、金桥、青年等镇115户、448人。2011年，投入财政扶贫资金100万元，易地安置200人。

五、社会扶贫

依托社会力量在资金、技术、信息等方面的优势，开展形式多样的社会扶贫活动。2005年，全区社会力量直接投入扶贫资金5200万元，帮助贫困学生198人，修建校舍3所涌，现出福耀玻璃集团重庆配件公司和区交通局等社会扶贫先进典型。2006—2008年，社会力量直接投入扶贫资金4550万元（现金2900万元、物资折价1650万元），帮助贫困地区引进资金962万元，引进项目22个，引进人才37人，引进技术14项，修建校舍8所，帮助贫困学生1035人次，举办培训班45期，培训3500人次，组织劳务输出4076人。

六、贫困学生救助

2002—2005年，救助农村中小学贫困学生803人（小学生326人、初中生132人、高中生50人、大学生10人、中职生285人），补助经费121万元，小学生每学年补助250元，初中生350元。2006—2008年，投入贫困生救助财政资金16万元，救助农村贫困学生300人（小学生130人、初中生50人、高中生100人、大学生20人）。

七、村级互助基金

2009年，石林镇茶树村、青年镇毛里村设立村级扶贫互助基金，缓解贫困村发展生产资金短缺问题。2010年，投入互助试点项目资金60万元，黑山镇南门村、北门村、关坝镇光明村、丛林镇白龙湖村设立村级扶贫互助基金。2011年，投入财政扶贫资金45元，青年镇燕石村、石林镇白花村、庙坝村3个村村级互助基金。

第二节　整村脱贫

2009年，投入资金332.5万元（财政扶贫资金80万元、其他252.5万元），实施石林镇茶园村整村脱贫工程。是年，建立蔬菜专业合作社1个，入社农户176户，种植蔬菜213.34公顷（含复种），间伐方竹笋面积133.34公顷；建立肉兔养殖种畜场及标准化养殖场1个，可存栏种兔800只；整治青河公路8千米，新修油茶公路2千米，新修人行便道3500米；生态移民28人，改造危旧房10户，安装太阳能热水器10台，推广使用节能灶100台；实用技术培训280人次，劳动力转移培训8人。全村蔬菜产量3110吨，人均增收1100元。方竹笋产量达100吨，种植业产值275万元。

2010年，万盛区投入财政扶贫资金382万元，完成无公害蔬菜基地建设120公顷，猕猴桃种植面积46.67公顷，发展雷竹66.67公顷，改造和建设茶叶基地96.67公顷，发展庭院经济水果种植23.33公顷，引进种兔350组、2450只，出栏肉兔87400只、山地鸡32000羽、肉鸭34000羽，养殖山羊1350只，高山土猪350头；建设和维修乡村公路35千米，修建人行便道5300米，整治沟渠2100米，修建涵洞7个；新建蓄水池23口，新修引水沟渠1200米，安装引水管网11000米，建设1座人行便桥，完成各类实用技术培训5500人次。累计投入资金1082.15万元，其中财政扶贫资金190万元，整合部门资金691.47万元，群众投资折劳200.68万元，完成石林镇茶园村整村脱贫攻坚任务。

2011年，全区有10个重庆市贫困村纳入全市整村脱贫范围，其中2011年新启动3个村的整村脱贫，完成整村脱贫任务的6个村全部通过市级验收。投入财政扶贫资金100万元，完成扶贫移民200人的搬迁安置任务。全年投入财政扶贫资金200万元，启动白花村、南门村、燕石村3个村整村脱贫项目建设和茶园村整村脱贫奖补资金项目。扶贫集团及相关部门整合资金3500万元，对照“七有四通三解决”的脱贫标准，推进整村脱贫的各项工作，茶树村、北门村、白龙湖村、新木村、毛里村、光明村6个村通过市级检查验收。

第十章　农村合作基金会

农村合作基金会是以村、社合作经济组织的资金为主，以乡镇为单位，按照自愿互利、有偿使用原则组建的管理服务型资金合作组织。基金会受乡镇政府领导，依照基金会章程由乡镇农村合作经营管理站管理，承办乡镇内部融资业务，接受上级农业经营管理部门的指导和监督。

万盛区农业局是全区农村合作基金会的行政主管部门，区农村合作经济经营管理站是其业务主管机构。1988年，区内首个乡镇农村合作基金会——万盛乡农村合作基金会建立。1999年3月，全区9个农村合作基金会全部关闭。关闭时，全区农村合作基金会吸收存款（股金）户数27389户，存款（股金）余额8386.49万元，资金投放1813户，投放余额6975.64万元。

第一节　建立和管理

1988年5月10日，万盛乡试点建立农村合作基金会，期初集资总额为27.9万元。9月20日，丛林乡农村合作基金会成立，期初集资总额128万元；12月27日，景星乡农村合作基金会成立，集资额3.94万元。至1989年，9个乡镇全部建立合作基金会，年末集资总额259.18万元，其中会员股金173.68万元，代管资金85.5万元。

1989—1990年南桐矿区乡镇农村合作基金会集资情况一览表

表10-46　　单位：万元

年份	项目	万盛乡	南桐乡	青年镇	关坝乡	南天乡	景星乡	丛林乡	青山乡	金桥乡	合计
1989	收入	68.91	27.16	7.88	0	0	0	125.59	8.60	0	238.14
1990		47.78	23.39	6.15	5.85	5.31	6.77	117.68	9.59	8.24	230.26
1989	会员股金	68.91	10.52	7.81	0	0	0	0	1.00	0	88.28
1990		47.78	10.47	5.77	3.46	3.25	6.00	67.06	0.71	0	144.50
1989	代管股金	0	16.64	0.07	0	0	0	125.59	7.56	0	149.86
1990		0	12.92	0.38	2.39	2.06	0.77	50.62	8.88	8.24	86.26

1993年3月20日，万盛区农村合作基金联合会成立。区联合会是以乡镇农村合作基金会为基础，以保障资金拥有者占有权、自主权、利益权为前提的事业性股份式资金合作组织。

1994年7—8月，各乡镇合作基金会建立普通股制度，发行普通股，万东镇500股、青年镇400股、南桐镇120股、景星乡200股、丛林镇500股、南天乡200股、金桥乡200股、关坝镇200股，每股金额500元。是年，发放农村合作基金登记证，区联合会注册资本金20万元，万东镇40万元、南桐镇20万元、青年镇20万元、关坝镇10万元、丛林镇10万元、金桥乡10万元、南天乡5万元、景星乡10万元。

1995年万盛区农村合作基金集资、贷款情况一览表

表10-47

类别		单位	总计	万东	南桐	青年	关坝	南天	景星	丛林	金桥	区联会
集资情况	年末	万元	5706	1008	992	737	248	144	259	546	271	1501
	年末参资户数	户	21545	2535	4378	2161	2248	1526	1555	2371	1692	3079
	入股金额	万元	4998	806	848	720	224	110	206	454	243	1387
	占集资额比	%	87.6	79.96	85.48	97.69	90.32	76.39	79.50	83.15	89.67	92.41

续表

类别		单位	总计	万东	南桐	青年	关坝	南天	景星	丛林	金桥	区联会
贷款情况	累计完成	万元	8819	1312	1730	1159	263	208	404	794	285	2664
	年内累计投放户数	户	4030	214	572	976	144	494	379	463	615	173
	年末投放余额	万元	4368	513	833	699	144	115	199	444	193	1228
	投放余额占集资额比	%	76.55	50.89	83.97	94.84	58.06	79.86	76.80	81.32	71.22	81.81
	年内收回总额	万元	4451	799	897	460	119	93	205	350	92	1436
运营效果	贷款收入	万元	950	133	129	146	39	25	38	94	39	307
	红利支出	万元	659.2	109.6	97.3	96.9	31.3	15.8	28.4	66	28	185.9
	贷款费用支出	万元	210.2	30.1	30.5	40.5	7.2	6.7	9.3	22.4	9.7	53.8
	呆账准备金	万元	39.1	5.1	8.3	7	1.4	1.2	2	2.1	2	10
	每百元红利收益率	%	14.4	14.5	14.04	14.26	13.86	14	14.1	13.8	14.5	15

1998年，区农村合作基金联合会集资余额4400万元（其中股金余额4100万元），投放余额4500万元（含拆放同业），累计投放9030万元，累计回收4400万元，年资金周转2次，融资服务收入720万元，收息率95%以上，税前利润120万元。

第二节　清理和关闭

1998年7月13日，《非法金融机构和非法金融业务活动取缔办法》（国务院令第247号）实施。虽然农村合作基金会不是非法金融机构，但其他非法金融机构挤兑风潮迅速波及到区内部分农村合作基金会，影响了社会稳定。

1999年3月，中共重庆市委、重庆市政府清理整顿“三金”（农村合作基金会、乡镇企业投资公司、供销合作社社员股金服务组织）办公室规定，全市农村合作基金会停止一切业务活动。3月25日，中共万盛区委、万盛政府组建万盛区清理整顿农村“三金”领导小组及其办公室，开始治理整顿农村合作基金会。6月30日清产核资结束，7月1日开始分类处置。万东、关坝、南天、景星、丛林、金桥6个基金会被并入农村信用合作社（并入总资产2908.82万元，总负债2800.10万元，净资产101.72万元），南桐、青年2个基金会被清盘，万盛区农村合作基金联合会被清退。清盘、清退的基金会个人存款应兑付17343户、6148万元，已兑付9360户、3700万元，分别占应兑付户数58.96%和应兑付额60.18%，差额由政府举债解决。11月30日，区农村合作基金联合会资产总额2402.8万元，负债总额2038.4万元，所有者权益364.4万元。

1988—1999年万盛区农村合作基集资情况一览表

表10-48　　单位：万元

年份	合计	区联会	万东	南桐	青年	关坝	南天	景星	丛林	金桥
1988	180.50	0	34.13	0	0	0	0	3.94	142.43	0

续表

年份	合计	区联会	万东	南桐	青年	关坝	南天	景星	丛林	金桥
1989	259.18	0	68.91	27.16	7.87	6.97	4.00	6.15	129.59	8.53
1990	226.42	0	47.77	28.39	6.16	6.14	7.90	6.91	113.54	9.61
1991	411.96	0	150.89	31.37	22.02	13.53	12.00	34.92	122.09	25.14
1992	687.36	0	341.18	57.21	27.99	20.96	15.10	63.92	121.25	39.75
1993	1472.31	279.81	481.70	127.64	77.51	34.10	35.70	86.70	291.61	57.54
1994	3785.08	875.89	733.83	519.82	483.96	180.69	101.78	193.42	543.94	151.75
1995	5724.90	1518.60	1008.00	991.62	737.43	247.65	144.55	258.79	545.70	272.56
1996	8101.55	2663.18	1203.52	1218.82	986.42	427.92	180.15	272.28	719.10	430.16
1997	11129.00	4180.00	1380.00	1441.00	1217.00	678.00	249.00	319.00	981.00	684.00
1998	10598.00	4392.00	1297.00	1294.00	918.00	516.00	223.00	328.00	943.00	687.00
1999	8783.27	3039.71	1155.54	1171.10	837.94	515.86	243.35	292.80	870.02	656.95

1999年万盛区农村合作基金会资金贷出情况一览表

表10–49

项目		合计	区联会	万东	南桐	青年	关坝	南天	景星	丛林	金桥
借款数额（万元）	总计	6251.77	1497.07	784.15	1028.6	976.84	321.5	144.00	188.72	755.61	555.23
	农户	1458.02	127.34	137.31	140.22	359.29	63.63	64.26	63.70	262.76	239.45
	乡镇企业	4002.21	1369.73	423.04	786.39	416.35	257.67	16.52	94.86	492.05	145.60
	农服组织	345.29	0	223.00	0	89.70	0	4.09	12.00	0	16.50
	其他借款	446.25	0	0.80	101.98	111.50	0.20	59.13	18.16	0.80	153.68
借款户数量（户）	总计	1939	121	128	200	320	99	176	165	304	426
	农户	1606	65	90	147	296	73	151	132	271	381
	乡镇企业	225	56	10	46	13	26	7	17	33	17
	农服组织	23	0	2	0	5	0	8	3	0	5
	其他借款	85	0	26	7	6	0	10	13	0	23

说明：表中数值为各基金会停止运营时数据

第十一篇　乡镇企业

1985年，全区有乡镇企业2430家，总产值5047.40万元。其中乡（镇）办101家，产值2080万元；村办281家，产值1645万元；村民组办218家，产值282万元；联户办370家，产值551万元；个体户办1460家，产值488万元。

1995年，重庆市乡镇企业管理局规定，需同时具备固定的生产经营组织、场所、设备和固定从事生产经营人员，全年开工时间在三个月以上的，具备独立核算的条件或有单独的账目，能够单独计算出收入、支出、盈亏情况，有工商部门颁发的法人营业执照、经营执照或临时执照等4个条件的乡镇企业方可纳入统计。2011年，全区有乡镇企业304家，从业人员24921人，实现增加值123034万元，总产值419320万元，营业收入449585万元，利润23992万元，税金30358万元，固定资产投资7682万元，固定资产净值192862万元。

第一章　企业所有制类型

第一节　集体企业

乡镇企业中的集体企业分乡（镇）、村、组3类，以乡（镇）村企业为主。1985年，全区有集体企业600家，从业人员13889人。1986年，绝大多数（93%）乡镇企业推行“企业厂长（经理）牵头、集体承包、全员担保”为主的经营责任制。20世纪90年代后，乡镇企业相继推行租赁、兼并、联合及股份制改革。1994年7月，丛林镇硫精砂矿实行租赁经营，成为区内首家实行租赁经营的乡镇集体企业。9月，青年镇龙叫煤矿以300万元出售，成为区内首家被拍卖的乡镇集体企业；南桐镇重庆银筑新型建材厂改制为股份合作制企业。至1995年，乡镇企业改制及新建股份合作制企业21家。1996年，乡镇企业推行新一轮产权制度改革，新建和改制乡镇企业96家，其中股份制企业10家，股份合作制企业10家，拍卖企业3家，破产企业2家，租赁经营30家，风险承包经营9家，其他29家。其中35家实现股份制和股份合作制企业置换投资主体，实现资本总额1968万元（乡镇集体股份842万元，企业职工股份463万元，社会法人股份270万元，社会个人股份393万元）。1997年，233家乡、村企改制，其中70家实行股份制和股份合作制，2家破产、解体，131家租赁承包，6家被拍卖，24家采取其他改制形式。2008年，全区有集体企业23家，从业人员2256人，总产值11546万元，营业收入17220万元，利润总额1245万元，缴纳税金1435万元。乡（镇）集体企业以万东、青年镇居多，其次是丛林、关坝镇，南桐镇和金桥镇已无集体企业。

1985—2008年万盛区乡镇集体企业基本情况一览表

表11-1

年份	企业数量（家）	从业人员（人）	增加值（万元）	总产值（万元）	营业收入（万元）	利润（万元）	税金（万元）	固定资产投资（万元）	固定资产净值（万元）
1985	600	13889	–	4008	3377	207	244	400	1496
1986	563	15046	–	4608	3994	192	217	370	1871
1987	549	16125	–	5655	5349	260	328	304	2470
1988	566	17233	–	6861	6968	347	443	385	2592
1989	527	17058	–	6757	8157	677	551	109	2946
1990	515	16990	–	10882	9702	602	648	229	3416
1991	533	18029	–	12839	10465	554	714	677	3974
1992	634	20230	–	17360	14896	999	947	1990	4946
1993	782	22627	–	25852	27309	1670	1459	3657	6941
1994	716	22991	–	31981	36360	1895	2710	4398	7983
1995	278	15926	6175	19594	24317	923	1799	3235	7172
1996	427	18063	7405	22553	28925	1182	1668	4303	7486
1997	232	13299	6735	20780	22368	805	1255	4884	7101
1998	243	13746	7512	22942	27554	1211	1817	10312	6940
1999	248	12977	6689	21837	24839	968	1618	7406	13530
2000	246	11195	8683	25348	29900	2023	2144	6463	11529
2001	184	6980	6542	20483	23131	883	–	–	–
2002	148	6213	6335	19472	19624	1186	1548	8147	11305
2003	142	5485	5461	17460	17553	1070	–	–	4735
2004	91	5536	6372	20925	21580	1227	1514	–	4070
2005	91	4538	6834	21942	12033	1309	1443	885	4884
2006	86	3770	6453	24605	2297	1485	2328	729	7922
2007	32	2131	4902	13294	19153	1161	1455	–	3569
2008	23	2256	–	11546	17220	1245	1435	–	4219

第二节　个体与私营企业

一、个体企业

1980年，两河公社白花、猪行的社员开办打米厂3家，是区内最先开办的个体企业。1985年，全区有个体企业1830家（联户370家，户办1460家），从业人员4981人（联户办2751人、户办2230人），产值1039.42万元（联户办551.41万元、户办488.01万元）。

1993年，进一步放宽个体、私营者生产经营范围。1994年，全区有个体企业3978家，从业人员19549人，产值65479万元。2002年，全区有个体企业97个，从业人员888人，实现增加值993万元，产值3787万元，营业收入5298万元，利润321万元。2003年起，个体企业经济指标纳入私营企业统计。

1985—2002年万盛区乡镇个体企业基本情况一览表

表11–2

年份	企业数量（家）	从业人员（人）	增加值（万元）	总产值（万元）	营业收入（万元）	利润（万元）
1985	1460	4268	–	488	801	79
1986	2190	4012	–	1335	1878	131
1987	2917	6151	–	2199	2910	208
1988	3359	6196	–	2866	3408	223
1989	3521	6773	–	4140	4288	379
1990	3155	5620	–	4012	4646	449
1991	3753	7296	–	6169	6609	663
1992	4918	11170	–	13922	13346	1004
1993	7573	12240	–	36870	37062	2492
1994	3978	19549	–	65479	68221	–
1995	1053	2984	–	7821	7179	364
1996	3370	12625	–	31094	33077	–
1997	–	–	–	–	–	–
1998	54	321	466	1687	2211	121
1999	47	638	1292	3902	4597	257
2000	–	–	–	–	–	–
2001	26	317	422	30729	2420	118
2002	97	888	993	3787	5298	321

二、私营企业

1985年，全区乡镇企业中有私营企业370家，从业人员2751人，总产值551万元，营业收入456万元。

2011 年，全区有私营企业 175 家，从业人员 15029 人，增加值 72217 万元，总产值 242931 万元，营业收入 257968 万元，利润 17179 万元，上缴税金 16774 万元，固定资产净值 80799 万元。

1986—2011 年万盛区乡镇私营企业基本情况一览表

表 11-3

年份	企业数量（家）	从业人员（人）	增加值（万元）	总产值（万元）	营业收入（万元）	利润总额（万元）	上缴税金（万元）	出口货值（万元）	固定资产净值（万元）	固定资产投资（万元）
1986	224	2724	–	659	627	36	–	–	–	–
1987	239	2519	–	649	575	32	–	–	–	–
1988	214	2582	–	865	767	43	–	–	–	–
1989	172	2343	–	985	1012	78	–	–	–	–
1990	151	2042	–	1033	979	64	–	–	–	–
1991	44	776	–	471	595	43	–	–	–	–
1992	22	375	–	287	643	62	–	–	–	–
1993	–	–	–	–	–	29	–	–	–	–
1994	–	–		–	–	–	–	–	–	–
1995	–	–	1763	–	–	47	–	–	–	–
1996	–	–	4930	–	–	–	–	–	–	–
1997	35	1471	897	3779	3938	–	–	–	–	–
1998	66	2165	2402	9313	8744	538	–	–	–	–
1999	41	2053	3181	12334	11768	581	–	–	–	–
2000	91	4068	5228	18964	19545	38	–	–	–	–
2001	228	8213	8960	30729	33527	1248	–	–	–	–
2002	151	3204	5321	14150	19258	682	876	–	2356	–
2003	274	6272	7241	28042	29052	1473	1492	–	6595	–
2004	241	7797	20821	61111	70009	8629	4604	–	1904	–
2005	276	10540	23401	73215	84797	6863	5568	325	28030	4235
2006	236	11239	27285	79716	98872	7168	6729	–	22377	3757
2007	237	12296	34160	106957	133128	9536	8015	–	27919	8052
2008	252	14154	–	124987	147152	9372	9348	–	34060	23876
2009	233	15594	48248	154136	178299	9730	11268	–	82956	72537
2010	196	14963	56772	189476	211649	15544	13324	–	40580	23601
2011	175	15029	72217	242931	257968	17179	16774	–	80799	12754

第二章　企业门类

按照国民经济行业分类，乡镇企业分为农业、工业、建筑业、交通运输业、商业、饮食业、服务业和其他行业等8个企业门类。

1985年，全区乡镇企业总产值5047.40万元，其中工业产值2988.91万元，农业产值300.71万元，建筑业产值992.53万元，交通运输业产值433.97万元，商业产值64.80万元，饮食业产值53.70万元，服务业产值108.96万元，其他行业产值103.82万元。

2011年，全区乡镇企业总产值419320万元，其中工业产值310842万元，农业产值2001万元，建筑业产值24394万元，交通运输业产值29007万元，商业产值36806万元，住宿餐饮业产值8908万元，服务业产值1640万元，其他行业产值5722万元。

第一节　农业企业

农业企业是指从事企业化生产、经营和管理的农、林、牧、渔等种类企业，分为种植业和养殖业两大门类。

1985年，全区乡镇企业中有农业企业175家，从业人员3399人，产值300.71万元，居乡镇五大行业之末。其中以茶场、林场为主的种植业企业171家，以奶牛为主的养殖业企业4家。

1986年后，随着农村经济体制改革不断深入，原有的乡、村、组三级集体茶场、林场、种苗场、渔场、奶牛场、养猪场等农业企业纷纷改革，有的解散，有的通过承包、租赁、拍卖等方式转给个体经营，成为农村的种植、养殖业专业户，农业企业不仅没有增加，反而大幅度减少，在整个乡镇企业中的比重急剧下降。农业企业全部为种植企业，主要是茶厂和林场。

2011年，全区有农业企业16家，从业人员334人，实现增加值594万元，总产值2001万元，营业收入2451万元，利润117万元，上缴税金48万元，固定资产净值97万元。

1985—2011年万盛区乡镇农业企业基本情况一览表

表11-4

年份	企业数量（家）	从业人员（人）	增加值（万元）	总产值（万元）	营业收入（万元）	利润（万元）	税金（万元）	固定资产净值（万元）
1985	175	3399	–	301	213	–	–	–
1986	94	3230	–	264	211	–	–	–
1987	114	3613	–	387	337	–	–	–

续表

年份	企业数量（家）	从业人员（人）	增加值（万元）	总产值（万元）	营业收入（万元）	利润（万元）	税金（万元）	固定资产净值（万元）
1988	121	3386	–	457	415	–	–	–
1989	122	3482	–	388	362	–	–	–
1990	121	3304	–	390	323	–	–	–
1991	114	3102	–	443	373	–	–	–
1992	158	3165	–	529	443	–	–	–
1993	173	2885	–	1142	1039	–	–	–
1994	149	2571	302	1840	1318	–	–	–
1995	61	1272	101	236	214	–	–	–
1996	89	1544	95	449	441	–	–	–
1997	58	1211	114	312	311	–	–	–
1998	58	1267	183	426	424	–	–	–
1999	56	1304	163	482	489	–	–	–
2000	67	1546	201	666	693	–	–	–
2001	52	1481	198	561	549	–	–	–
2002	38	1153	193	586	582	62	–	223
2003	38	1258	263	1034	1045	45	–	261
2004	15	681	287	925	1076	61	–	184
2005	13	579	280	652	821	34	–	264
2006	11	579	166	540	761	52	12	335
2007	13	183	122	549	586	77	20	349
2008	16	454	430	1948	2304	89	45	499
2009	12	379	176	1928	1849	94	16	72
2010	11	292	352	1621	1581	79	17	66
2011	16	334	594	2001	2451	117	48	97

2011 年万盛区乡镇农业企业经营情况一览表

表 11–5

企业名称	从业人员（人）	增加值（万元）	总产值（万元）	营业收入（万元）	利润（万元）	税金（万元）
万盛区彩田农业开发公司	57	10	17	17	5	0
重庆市新西兰猕猴桃发展公司	13	43	76	76	2	12
万盛区燕石坎白芪种植专业合作社	38	6	80	100	6	0
万盛区黑山雪茶叶种植专业合作社	50	16	200	300	14	0

续表

企业名称	从业人员（人）	增加值（万元）	总产值（万元）	营业收入（万元）	利润（万元）	税金（万元）
万盛区牧牛沟荞麦种植专业合作社	20	3	40	50	2	0
万盛区富和农机专业合作社	30	5	65	75	4	0
万盛区均田蔬菜专业合作社	25	4	45	45	3	0
万盛区湛家花椒种植场	30	5	60	60	4	0
万盛区关坝镇林场	4	337	580	880	18	8
万盛区众策园生猪养殖专业合作社	4	23	78	78	5	6
万盛区刘康畜禽养殖公司	6	25	89	89	11	5
万盛区全永肉鸽养殖场	9	40	106	106	11	6
万盛区群利家禽养殖公司	8	38	76	76	11	9
万盛区四季源水产养殖专业合作社	2	19	69	69	4	1
盛尚茶业公司	30	12	300	350	15	0
万盛区万科农业开发公司	8	8	120	80	2	1

第二节　工业企业

1985 年，全区乡镇企业中有工业企业 822 家，从业人员 10449 人，产值 2988.91 万元，居乡镇五大行业之首。工业企业具有一定规模，门类亦较齐全，主要有煤炭、建材、机械加工和食品等 10 余个门类。

2011 年，全区有工业企业 161 家，从业人员 14014 人，实现增加值 91754 万元，总产值 310842 万元，营业收入 303042 万元，利润 17269 万元，缴纳税金 21436 万元。

1985—2011 年万盛区乡镇工业企业基本情况一览表

表 11-6

年份	企业数量（家）	从业人员（人）	增加值（万元）	总产值（万元）	营业收入（万元）	利润（万元）	税金（万元）	固定资产净值（万元）
1985	822	10449	–	2989	2274	–	–	–
1986	1034	12027	–	3833	3153	–	–	–
1987	1468	13396	–	5070	4582	–	–	–
1988	1498	13689	–	5794	6038	–	–	–
1989	1395	14177	–	5967	7781	–	–	–
1990	1303	13705	–	10243	8244	–	–	–
1991	1434	14159	–	11790	9749	–	–	–

续表

年份	企业数量（家）	从业人员（人）	增加值（万元）	总产值（万元）	营业收入（万元）	利润（万元）	税金（万元）	固定资产净值（万元）
1992	1631	16191	–	16801	13716	–	–	–
1993	2116	18814	–	27593	23205	–	–	–
1994	2066	–	–	43343	39690	–	–	–
1995	800	12385	5938	18085	19977	–	–	–
1996	1345	17643	7890	32211	31845	–	–	–
1997	163	10472	5457	16423	16053	–	–	–
1998	212	10670	6785	21521	21717	–	–	–
1999	209	10221	7461	24610	25820	–	–	–
2000	202	9571	7801	25177	26693	–	–	–
2001	263	9417	8826	29294	13330	–	–	–
2002	273	9265	10784	36109	137112	2086	–	15288
2003	309	11385	13168	47727	45424	2384	–	16278
2004	257	12226	28759	81367	85796	9243	–	31928
2005	271	13682	29463	85973	90087	6533	–	33493
2006	255	14164	37304	108474	113594	7539	–	–
2007	243	14894	44420	126885	131491	8972	10609	–
2008	235	15858	–	149621	158460	11782	12876	–
2009	213	14056	68210	198045	201609	11222	14797	–
2010	172	13030	68734	206849	214055	18678	15150	–
2011	161	14014	91754	310842	303042	17269	21436	–

一、煤炭工业

（一）煤炭开采

1986年，全区有乡镇煤矿82家（乡镇8家，村41家，组与联户33家；60家实现采掘半机械化），产煤64.56万吨。此后，区乡镇小煤矿（窑）发展迅速，至1997年达115家。1999年，全区开始关闭或取缔小煤矿（窑），至2005年有乡镇煤矿54家，从业人员5941人，产煤118.86万吨，增加值9535万元，总产值24595万元，营业收入25737万元，利润2610万元，税金2795.5万元。其中，营业收入1000万元以上企业6家，2000万元以上1家。

2011年，全区乡镇煤炭企业有28家（万东镇4家、南桐镇7家、青年镇5家、关坝镇7家、丛林镇5家），从业人员5638人，产量96万吨，实现增加值28886万元，总产值71188万元，营业收入68397万元，利润8921万元，税金9725万元，固定资产总值50140万元。

1985—2005 年万盛区乡镇煤矿生产情况一览表

表 11–7　　单位：万吨

年份	合计	万东镇	南桐镇	关坝镇	青年镇	丛林镇	金桥镇	石林镇
1985	48.51	5.94	11.59	8.86	8.88	10.92	1.70	0.62
1986	64.56	9.19	14.97	10.07	13.74	13.50	2.40	0.69
1987	80.27	11.02	20.99	14.11	14.34	15.80	3.30	0.71
1988	81.27	11.66	18.70	14.23	16.02	16.66	3.63	0.37
1989	80.51	14.08	18.49	13.99	14.72	16.67	1.89	0.67
1990	78.73	11.67	20.59	13.95	15.18	15.22	1.45	0.67
1991	88.98	13.59	19.70	17.34	16.99	18.83	1.66	0.87
1992	105.54	14.91	21.74	27.41	19.76	19.56	1.38	0.78
1993	131.01	17.16	27.92	40.00	21.26	23.30	0.74	0.63
1994	136.47	19.66	29.35	36.00	28.83	21.40	0.80	0.43
1995	105.40	17.11	31.16	29.00	12.64	14.71	0.20	0.58
1996	118.01	16.28	30.12	33.90	15.54	19.92	1.73	0.43
1997	104.49	13.41	28.00	29.00	22.00	9.00	2.42	0.66
1998	89.57	9.38	24.00	28.10	13.26	13.00	1.10	0.73
1999	76.77	7.51	18.00	26.30	13.00	10.40	0.77	0.79
2000	80.22	6.19	18.00	27.36	13.85	13.30	1.10	0.42
2001	80.00	7.26	18.00	26.14	13.86	13.00	1.69	0.05
2002	91.00	7.09	20.00	30.00	16.00	16.00	1.91	0
2003	106.25	7.55	25.00	37.00	20.00	14.61	2.09	0
2004	102.59	7.83	22.87	37.09	18.60	14.10	2.10	0
2005	118.87	7.86	21.49	52.24	21.00	14.37	1.91	0

2011 年万盛区乡镇煤矿经营情况一览表

表 11–8

乡镇名称	煤矿名称	从业人员（人）	增加值（万元）	总产值（万元）	营业收入（万元）	利润（万元）	税金（万元）	固定资产净值（万元）
万东镇	万盛区宏钰煤业公司宏顺源煤矿	141	1285	2466	2554	617	355	337
	万盛区东红煤矿	125	168	602	570	–122	103	356
	万盛区凤凰煤矿	33	8	18	29	0	2	27
	万盛区大石板煤矿	98	276	395	395	39	122	60
南桐镇	重庆四兴煤业公司营寨煤矿	367	1908	4524	4524	80	549	350
	重庆成渝矿产公司成渝煤矿	175	1274	1881	1878	383	447	720
	重庆四兴煤业公司建设煤矿	112	229	532	391	–202	66	196

续表

乡镇名称	煤矿名称	从业人员（人）	增加值（万元）	总产值（万元）	营业收入（万元）	利润（万元）	税金（万元）	固定资产净值（万元）
南桐镇	重庆四兴煤业公司全兴煤矿	84	914	1763	1676	301	412	160
	重庆成渝矿产公司王家坝煤矿	82	765	1232	1232	237	386	205
	重庆四兴煤业公司光焱煤矿	99	563	1033	1033	104	286	21
	重庆成渝矿产石桥煤矿	121	804	2111	1805	299	495	303
青年镇	万盛区青华龙叫煤矿	300	1190	3741	3381	1892	800	608
	万盛区堰口煤矿	210	869	2807	2610	30	100	323
	万盛区黄水凼煤矿	300	1335	4363	4103	218	530	0
	万盛区红伟煤矿	260	993	3172	3170	1354	537	1115
	万盛区均田煤矿	140	130	412	385	0	4	76
关坝镇	万盛区昌隆煤矿	182	771	2090	880	–123	237	143
	万盛区铁厂坡煤矿	135	1245	3874	3756	480	258	634
	重庆联创煤业公司	650	223	488	454	63	20	34000
	万盛区瓮子塘煤矿	232	1952	5854	5859	261	397	1323
	万盛区平翔煤矿	452	3403	9229	9229	805	951	4585
	万盛区油坊煤矿	170	1403	5718	5718	430	490	1891
	万盛区田坝煤矿	220	1761	4271	4185	871	868	567
丛林镇	重庆市斗金煤业公司寨子煤矿	300	1568	2321	2321	229	311	1007
	重庆市斗金煤业公司马达洞煤矿	173	1232	2146	2146	255	290	277
	万盛区中鸿煤业公司芭蕉湾煤矿	167	740	1379	1379	10	238	386
	万盛区中鸿煤业公司水井湾煤矿	130	980	1358	1337	428	237	144
	万盛区水角井煤矿	180	897	1408	1397	–18	234	326

（二）洗选与煤焦

1985 年，全区乡镇煤矿有 6 条洗煤生产线，年生产洗精煤 3.01 万吨，焦炭 3.75 万吨。1989 年，南桐乡修建东达洗选厂。1992 年，南桐乡民权焦厂停业。1993 年，受国家煤炭减产政策影响，焦炭产量比 1992 年降低 77.3%。2004 年 8 月，万立煤焦化公司投产。

2005 年，区乡镇工业炼焦企业只有万立煤焦化公司 1 家企业，企业人员 132 人，增加值 349 万元，产值 1934 万元，营业收入 2010 万元，亏损 70 万元，缴纳税金 90 万元；有乡镇煤炭洗选企业 12 家，从业人员 619 人，增加值 4229 万元，总产值 15743 万元，营业收入 17304 万元，利润 1160.4 万元，缴纳税金 605.7 万元。

2011 年，全区有乡镇煤炭洗选企业 11 家，从业人员 774 人，增加值 3696 万元，总产值 30192 万元，营业收入 31445 万元，利润 617 万元，缴纳税金 1031 万元，固定资产净值 903 万元。

2011 年万盛区乡镇煤炭洗选企业经营情况一览表

表 11-9

企业名称	从业人员（人）	增加值（万元）	总产值（万元）	营业收入（万元）	利润（万元）	税金（万元）	固定资产净值（万元）
万盛区界牌福利洗炼厂	75	442	4009	4009	57	70	42
万盛区德顺洗选厂	96	911	7197	7197	332	249	69
万盛区中汇洗选厂	28	39	544	559	–58	63	116
重庆市广沙湾煤炭洗选公司	31	134	2098	2131	–19	84	3
万盛区万富洗选公司	137	708	8556	9556	156	191	355
重庆新博煤炭洗选公司	53	452	3806	3795	58	281	150
万盛区益生精煤洗选厂	120	242	1471	1471	54	65	64
万盛区益生精煤洗选厂龙叫分厂	26	300	1471	960	17	24	0
万盛区罗鑫洗选厂	134	160	390	400	0	1	0
万盛区长源煤业公司	21	8	25	617	–13	2	85
万盛区华益精煤洗选公司	23	300	625	750	33	1	19

二、建材工业

建材工业是乡镇企业三大支柱之一，主要以水泥、砂石、机制砖、玻璃、预制品为主。

1985 年，全区有乡镇建材企业 247 家，从业人员 3437 人，总产值 731.81 万元，居乡镇工业第二位。2005 年，全区有乡镇建材企业 69 家，从业人员 2863 人，增加值 9852 万元，总产值 22880 万元，营业收入 24446 万元，利润 2018.1 万元，税金 1987.7 万元。

（一）水泥

1985 年，全区只有南桐麒麟大队水泥厂 1 家乡镇水泥企业，可生产 525、425、325 三个标号的普通硅酸盐水泥。1986 年 12 月，改造机立窑，年产量从 1.8 万吨增至 4.5 万吨。1987 年，该厂推行经营承包责任制，1996 年 8 月实施股份合作制。1998 年，南桐矿务局与南桐惠东工程公司共同投资成立南桐特种水泥厂。9 月 8 日，南桐特种水泥厂 30 万吨湿法旋窑水泥生产线投产。2002 年 9 月，重庆江洲水泥厂（地方国营）改制更名万盛区兰盛水泥股份公司。是年，南桐特种水泥公司投资开发普通硅酸盐 525 号水泥。2005 年，全区有区兰盛水泥厂、区麒麟水泥公司和南桐特种水泥厂 3 家乡镇工业水泥企业，从业人员 733 人，增加值 1635 万元，总产值 5326 万元，营业收入 5372 万元，亏损 432 万元，缴纳税金 434 万元、年产水泥 27.2 万吨。

2011 年，全区有重庆市南桐特种水泥公司和万盛区麒麟水泥公司 2 家水泥企业，从业人员 455 人，增加值 13364 万元，总产值 47290 万元，营业收入 49237 万元，利润 4526 万元，缴纳税金 706 万元，固定资产净值 60960 万元。

2011 年万盛区乡镇水泥企业经营情况一览表

表 11-10

企业名称	从业人员（人）	增加值（万元）	总产值（万元）	营业收入（万元）	利润（万元）	税金（万元）	固定资产净值（万元）
重庆市南桐特种水泥公司	370	12905	45977	47956	4660	550	60384
万盛区麒麟水泥公司	85	459	1313	1281	-134	156	576

（二）砂石

1985 年，全区有乡镇片石、碎石生产企业 62 家，从业人员 796 人，生产碎石 6.5 万立方米，片石 5.3 万立方米，产值 87.8 万元。2002 年，万盛区整顿非煤矿山企业，关、停、并、转规模小、工艺落后、安全措施不达标及无证开采企业，砂石企业减少至 50 家。2005 年，全区有乡镇片石、碎石生产企业 51 家，从业人员 979 人，实现增加值 1310 万元，总产值 3960 万元，营业收入 4405 万元，利润 261.6 万元，缴纳税金 240.2 万元。

2011 年，全区有乡镇片石、碎石生产企业 15 家，从业人员 1062 人，实现增加值 4388 万元，总产值 12363 万元，营业收入 12408 万元，利润 599 万元，缴纳税金 1004 万元，固定资产净值 4126 万元。

2011 年万盛区乡镇砂石企业经营情况一览表

表 11-11

企业名称	从业人员（人）	增加值（万元）	总产值（万元）	营业收入（万元）	利润（万元）	税金（万元）	固定资产净值（万元）
万盛区圣山建材公司	95	1209	4038	4038	124	359	1057
万盛区隆景采石场	54	261	427	466	46	72	200
万盛区黄杨采石场	88	173	485	485	15	45	100
万盛区骏东石灰石钙粉厂	61	130	413	435	15	0	30
万盛区德文采石厂	86	133	550	582	35	32	70
万盛区大田石厂	84	165	820	855	34	67	243
万盛区胡家沟采石厂	110	292	980	980	121	72	320
万盛区丰功采石厂	114	229	560	577	65	66	220
万盛区巴山采石场	20	140	400	400	24	40	336
万盛区旭东采石场	25	175	500	500	28	55	296
万盛区巴州采石场	25	175	500	500	28	55	544
万盛区胜利垭采石场	20	140	400	400	24	40	396
青年镇竹坝河石粉厂	50	190	420	420	10	1	44
重庆聚藏矿业公司	210	970	1850	1750	30	100	270
万盛区兴辽采石厂	20	6	20	20	0	0	0

（三）玻璃

1993年12月，万盛区平板玻璃厂与万东镇陶瓷厂联合投资800万元兴办重庆市万盛区渝万玻璃厂，主要生产平板玻璃。这是区内第一家，也是唯一从事玻璃生产的乡镇企业。1995年，区渝万玻璃厂停产。1999年，转产生产玻璃瓶。

2001年6月，福耀玻璃集团（重庆）公司成立。2002年3月26日，渝万玻璃厂破产。4月22日，福耀玻璃（重庆）公司投产，主营业务为制造、销售汽车安全玻璃和工业技术玻璃。

2004年3月，福耀玻璃（重庆）公司经营业务从生产配套玻璃转为生产配件玻璃。是年，利用万盛区渝万玻璃厂厂房，开办光明玻璃厂，恢复格法式平拉玻璃生产线。

2005年，有乡镇玻璃工业企业2家，从业人员589人，实现增加值6322万元，总产值11873万元，营业收入12963万元，利润总额2116万元，上缴税金1233万元。

2011年5月，重庆万盛浮法玻璃公司一期工程（日熔2×600吨优质浮法玻璃生产线，占地20.60公顷）建成投产。是年，全区有乡镇玻璃工业企业2家，从业人员976人，实现增加值18127万元，总产值48711万元，营业收入47315万元，利润总额4003万元，上缴税金2570万元，固定资产净值62639万元。

2011年万盛区乡镇玻璃企业经营情况一览表

表11–12

企业名称	从业人员（人）	增加值（万元）	总产值（万元）	营业收入（万元）	利润（万元）	税金（万元）	固定资产净值（万元）
福耀玻璃（重庆）公司	666	16645	32010	31585	4340	1744	7464
重庆万盛浮法玻璃公司	310	1482	16701	15730	–337	826	55175

（四）机制砖

1985年，全区有乡镇页岩砖厂企业1家，年生产页岩砖1696万块，产值93.34万元，销售收入103.09万元，职工224人。1992年，万盛页岩砖厂扩建，增加生产线1条。1993年，关坝矸石砖厂投产。1994年9月，关坝镇开办中坝矸石砖厂。1995年，青年镇开办青年矸石砖厂。1996年，青年镇开办双源矸石砖厂。1997年12月，万东镇开办万兴建筑材料公司。是年，金桥镇开办金桥页岩砖厂。2002年7月，万东镇开办万乐砖厂。是年，万盛页岩砖厂因修建綦江—万盛高速公路被征占。2004年，万东镇开办双赢砖厂。

2011年，全区有乡镇机制砖企业7家，从业人员466人，实现增加值1232万元，总产值3557万元，营业收入3549万元，利润116万元，缴纳税金324万元，固定资产净值1498万元。

2011年万盛区乡镇机制砖企业经营情况一览表

表11–13

企业名称	从业人员（人）	增加值（万元）	总产值（万元）	营业收入（万元）	利润（万元）	税金（万元）	固定资产净值（万元）
万盛区关坝矸砖厂	41	197	450	450	17	65	66
万盛区中坝矸石砖厂	68	296	499	465	15	105	0

续表

企业名称	从业人员（人）	增加值（万元）	总产值（万元）	营业收入（万元）	利润（万元）	税金（万元）	固定资产净值（万元）
万盛双源矸石砖厂	45	246	450	475	25	0	35
万盛区双赢矸砖厂	86	91	304	303	17	33	73
万盛区万兴建筑材料公司	96	209	737	734	37	68	1019
万盛区鹿子坝砖厂	87	148	740	730	2	48	258
万盛区用册砖厂	43	45	377	392	3	5	47

（五）预制品

1985 年，全区有乡镇水泥预制件企业 16 家，从业人员 436 人，总产值 125.08 万元。1993 年，南桐镇开办重庆银筑新型建材厂，主要生产国标（GB）新型建材、预制构件，是南桐镇首家股份合作制企业。2000 年，金桥乡开办新村预制构件厂。2001 年，南桐镇开办正昌预制场，年生产预制构件 5000 立方米。是年，重庆银筑建材厂停止生产新型建材，转为加工预制构件。2004 年，金桥新村预制构件厂停产。

2011 年，全区有乡镇水泥预制件企业 2 家，从业人员 58 人，实现增加值 141 万元，总产值 627 万元，营业收入 627 万元，利润 18 万元，缴纳税金 64 万元，固定资产净值 75 万元。

2011 年万盛区乡镇预制品加工企业经营情况一览表

表 11–14

企业名称	从业人员（人）	增加值（万元）	总产值（万元）	营业收入（万元）	利润（万元）	税金（万元）	固定资产净值（万元）
万盛区兴隆预制场	30	63	173	173	4	34	75
万盛区龙井预制场	28	78	454	454	14	30	–

第三节　建筑企业

1985 年，全区有乡镇建筑企业 38 家（3 级 1 家、4 级 6 家、5 级 10 家、专业修缮队 11 家），从业人员 2757 人，房屋施工面积 1.2 万平方米，竣工面积 8.8 万平方米，年产值 992.53 万元，居乡镇五大行业第 2 位。1986 年，区乡镇企业管理局和区城乡建设管理委员会整顿乡村建筑企业，取消 12 家企业从业资格。1987 年，青山乡建筑队停工。1988 年，青山乡金盛建筑公司成立。1992 年，青山乡青山掘井队成立。1994 年，青山掘井队停工。1995 年，金桥乡修建队停工。1996 年，景星乡开办景盛建筑公司。1999 年，区桃子建筑队停工。2000 年，南桐镇建筑工程队停工。2001 年，南桐镇开办顺兴建筑工程公司、渝盛建筑工程队、万富建筑工程队。是年，金盛建筑公司停工。

2011 年，全区有乡镇建筑企业 17 家，从业人员 6678 人，实现增加值 6889 万元，总产值 24394 万元，营业收入 27779 万元，利润 –550 万元，税金 2041 万元。

1985—2011年万盛区乡镇建筑企业基本情况一览表

表 11-15

年份	企业数量（家）	从业人员（人）	增加值（万元）	总产值（万元）	营业收入（万元）	利润（万元）	税金（万元）	固定资产净值（万元）
1985	38	2757	–	993	931	–	–	–
1986	89	3426	–	1263	1147	–	–	–
1987	149	4394	–	1409	1414	–	–	–
1988	146	4587	–	2067	1967	–	–	–
1989	165	3832	–	2273	2158	–	–	–
1990	191	3862	–	2678	2543	–	–	–
1991	173	4412	–	3289	2876	–	–	–
1992	336	5843	–	5318	5136	–	–	–
1993	400	7624	–	10923	9595	–	–	–
1994	636	8766	–	21740	21786	–	–	–
1995	27	3610	1031	5029	4039	–	–	–
1996	189	4392	1438	7654	7247	–	–	–
1997	20	2718	1489	5024	5161	–	–	–
1998	27	3467	1900	7178	7262	–	–	–
1999	26	3407	2526	8687	9354	–	–	–
2000	23	2949	2638	8707	9012	–	–	–
2001	27	3170	2902	10646	–	–	–	–
2002	23	2125	3429	9814	10350	331	–	4009
2003	21	2685	3264	10121	10186	469	–	2366
2004	14	3687	3532	13964	13093	493	–	2698
2005	18	2623	3878	13961	13224	488	–	3224
2006	17	3251	–	12146	11602	432	405	4432
2007	19	3568	3788	12626	13747	523	588	4878
2008	21	3806	4970	16546	15937	–	433	5065
2009	21	6290	6389	23566	24625	601	782	4515
2010	17	6191	5959	26451	22994	267	841	–
2011	17	6678	6889	24394	27779	–550	2041	–

2011年万盛区乡镇建筑企业经营情况一览表

表11-16

企业名称	从业人员（人）	增加值（万元）	总产值（万元）	营业收入（万元）	利润（万元）	税金（万元）	固定资产净值（万元）
万盛区渝盛公司	452	2211	6460	6460	–554	276	1111
重庆禧德置业公司	51	648	1400	5000	–500	300	7361
万盛区鸿丰建筑工程公司	1378	524	2015	2015	–200	279	460
万盛区渝南建筑工程公司	1665	627	2410	2410	85	294	158
万盛区顺兴建筑工程公司	676	220	845	845	61	88	288
万盛区盛发建筑工程公司	290	64	250	200	20	2	17
重庆豪安房地产开发公司	330	64	350	200	45	12	0
万盛区华兴建筑公司	304	296	918	918	64	101	255
万盛区昌洲建筑公司	256	611	4136	4136	41	222	26
万盛区恒厦建筑公司	311	568	2170	2170	93	277	121
万盛建筑公司	274	257	545	545	31	53	324
重庆城达电力开发公司万盛分公司	106	40	400	305	0	28	120
景盛建筑安装公司	323	304	1612	1612	228	78	444
金桥镇金青修缮队	101	30	162	162	19	2	22
万盛区诚锐建筑劳务公司	24	134	251	251	8	6	0
重庆元明建筑劳务公司	39	224	330	430	9	8	0
万盛区林洪劳务公司	98	67	140	120	0	15	0

第四节　交通运输企业

1985年，全区有农村交通运输企业535家（含运输专业户），从业人员717人，年产值433.97万元，居乡镇五大行业第3位。2005年，有乡镇交通运输企业4家（万乐通运输公司、富含装卸队、杨柳装卸队、榜上装卸队），从业人员108人，实现增加值229万元，总产值1088万元，营业收入1088万元，利润20万元，税金66万元。

2011年，全区有乡镇交通运输企业38家，从业人员743人，实现增加值5242万元，总产值29007万元，营业收入28572万元，利润941万元，税金1744万元。

1985—2011 年万盛区乡镇运输企业基本情况一览表

表 11–17

年份	企业数量（家）	从业人员（人）	增加值（万元）	总产值（万元）	营业收入（万元）	利润（万元）	税金（万元）	固定资产净值（万元）
1985	535	717	–	434	390	–	–	–
1986	524	669	–	538	547	–	–	–
1987	610	1078	–	692	701	–	–	–
1988	735	1263	–	994	988	–	–	–
1989	883	1480	–	1487	1492	–	–	–
1990	731	1320	–	1518	1517	–	–	–
1991	841	1451	–	2165	2269	–	–	–
1992	940	1598	–	4187	4187	–	–	–
1993	1061	1676	–	8669	8668	–	–	–
1994	1128	1851	–	–	17832	–	–	–
1995	224	500	41	848	66	–	–	–
1996	697	1329	915	6620	6619	–	–	–
1997	4	78	29	49	49	–	–	–
1998	35	284	285	925	925	–	–	–
1999	4	151	309	925	1085	–	–	–
2000	8	179	346	1340	1863	–	–	–
2001	7	216	402	1789	–	–	–	–
2002	5	140	388	1378	1739	45	–	126
2003	8	378	701	2295	2461	94	–	419
2004	5	340	306	1043	1043	67	–	60
2005	4	108	229	1088	1088	20	66	52
2006	3	79	199	1014	873	46	41	57
2007	8	313	1121	3771	4061	215	13.6	767
2008	8	315	680	2280	3195	–	141	924
2009	8	432	891	3800	3520	27	215	721
2010	28	582	3209	20478	20249	655	1141	–
2011	38	743	5242	29007	28572	941	1744	–

2011年万盛区乡镇运输企业经营情况一览表

表11-18

企业名称	从业人员（人）	增加值（万元）	总产值（万元）	营业收入（万元）	利润（万元）	税金（万元）	固定资产净值（万元）
重庆市沃野汽车运输公司	14	369	455	555	35	15	–
重庆朝鸿汽车运输公司	22	307	441	558	19	28	–
万盛区云石汽车运输公司	7	62	255	255	17	25	–
重庆合成物流公司万盛分公司	4	37	295	295	8	17	2
重庆睿智运输公司万盛分公司	25	225	1734	1734	57	101	–
重庆双利达物流公司万盛分公司	10	93	675	675	24	39	–
重庆同天物流公司万盛分公司	10	84	480	480	16	28	–
重庆川瑞物流公司万盛分公司	10	54	200	200	7	12	–
重庆飞恒物流公司	6	16	124	124	5	7	–
重庆正兴运输公司万盛分公司	11	88	696	696	18	41	–
重庆延亮运输公司万盛分公司	17	209	1699	1699	62	99	–
重庆南聚物流公司万盛分公司	12	93	592	592	24	34	–
重庆梁鸿物流公司	56	315	1564	1564	72	92	35
重庆市嘉亨物流公司万盛分公司	6	35	270	270	5	16	–
重庆中顺物流公司万盛分公司	13	81	413	413	24	24	3
重庆巨邦通流运输公司万盛分公司	12	94	707	707	19	41	135
重庆宏马联运公司万盛分公司	7	72	478	478	17	28	–
重庆华邦货运公司万盛分公司	8	43	239	239	10	14	–
重庆诚捷物流公司万盛分公司	6	26	218	218	3	13	6
重庆尚流物流公司万盛分公司	8	32	235	235	0	13	–
重庆万隆货运公司万盛分公司	4	2	20	20	0	1	–
重庆铭锐物流公司万盛分公司	6	11	75	75	2	4	–
重庆宇记运输责任公司	12	680	8388	8388	145	490	35
重庆神速物流公司万盛分公司	6	15	99	99	0	6	–
重庆美森物流公司万盛分公司	12	47	215	215	6	13	–
重庆通恒货物运输公司万盛分公司	12	56	233	233	12	14	–
重庆建通物流快运公司万盛分公司	4	5	20	20	0	1	–
重庆完美物流公司万盛分公司	8	20	146	146	2	8	–
重庆市弘超运输公司万盛分公司	17	121	587	587	42	34	–
重庆成翔物流公司万盛分公司	16	198	1771	1771	54	104	–
重庆亚迅物流公司万盛分公司	9	48	232	232	12	14	–
重庆市安然汽车运输公司	12	65	270	270	24	16	90

续表

企业名称	从业人员（人）	增加值（万元）	总产值（万元）	营业收入（万元）	利润（万元）	税金（万元）	固定资产净值（万元）
重庆忠德汽车运输公司	200	538	1008	1008	0	59	384
重庆禾茂汽车运输公司万盛分公司	33	107	547	547	0	32	101
重庆良晋弛物流公司	75	533	2110	1763	159	149	80
重庆骏马物流公司	31	389	1315	1050	22	105	357
重庆天茂亦运务公司	11	51	101	101	13	5	95
江津区前程运输公司万盛分公司	11	21	100	60	6	2	–

第五节　批发零售与餐饮住宿业企业

一、批发零售业企业

1985年，全区有乡镇批发零售业企业564家（乡办10家、村办6家、组办1家、联户34家、户办13家），从业人员893人，年产值64.8万元。1986年，南桐乡撤销商业办公室，重新组建供销经营部。1987年，南桐乡渝铁煤炭运输公司成立，经营煤焦业务。是年，南桐乡组建南桐乡煤焦经营处。1989年，景星乡组建景星林工商公司。1990年，景星乡组建永发贸易公司。1992年10月，丛林乡农机站开办汽、柴油加油站（丛林万家院川湘公路边）。是年，景星乡组建景星经贸公司，南桐乡供销经营部与煤焦经营处合并。1993年，南桐乡渝铁煤炭运输公司更名南桐煤焦经营处。是年，金桥乡成立金桥煤焦经营处。1994年，金桥乡成立万盛区金倍达经营部，景星乡林工商公司注销，南桐鸿丰农贸市场投入使用。1995年，金桥乡万盛金倍达经营部停业。1996年，景星乡永发贸易公司解体，景星供销经理部注销。1997年，南桐镇农机站更名南桐镇华源公司，经营汽油等燃料和民用爆炸品等物资，景星乡景星经贸公司注销。1999年，南桐煤焦经营处停业。2002年，金桥镇组建万盛区万隆物资贸易公司、万盛区多利回收公司。2003年，南桐镇华源公司转让给中石化南川石油公司经营，南桐支路商业步行街投入经营。2004年，南桐中心市场大地超市开业。2005年，万东镇长源煤业公司成立，金桥镇组建万盛区惜缘回收公司，万盛区万隆物资贸易公司和金桥煤焦经营处相继停业。是年10月，万家福超市南桐支路步行街店开业。

2011年，全区有乡镇批发零售业企业41家，从业人员1293人，实现增加值13719万元，总产值36806万元，营业收入67313万元，利润5076万元，税金4347万元，固定资产净值4081万元。

1985—2011年万盛区乡镇批发零售业企业基本情况一览表

表11–19

年份	企业数量（家）	从业人员（人）	增加值（万元）	总产值（万元）	营业收入（万元）	利润（万元）	税金（万元）	固定资产净值（万元）
1985	564	839	–	65	143	–	–	–

续表

年份	企业数量（家）	从业人员（人）	增加值（万元）	总产值（万元）	营业收入（万元）	利润（万元）	税金（万元）	固定资产净值（万元）
1986	576	764	–	207	–	–	–	–
1987	768	1065	–	307	211	–	–	–
1988	1077	1655	–	497	1208	–	–	–
1989	882	1244	–	694	1017	–	–	–
1990	827	1228	–	692	841	–	–	–
1991	1021	1427	–	873	1278	–	–	–
1992	1494	2553	–	2612	1301	–	–	–
1993	2368	3785	–	9455	3050	–	–	–
1994	3236	4890	–	–	14740	–	–	–
1995	176	969	821	3127	23767	–	–	–
1996	810	3200	1565	7350	7454	–	–	–
1997	19	338	469	2496	13275	–	–	–
1998	24	367	1042	3108	4477	–	–	–
1999	25	373	545	2718	7396	–	–	–
2000	24	817	2667	7119	3775	–	–	–
2001	40	648	2519	6590	9875	–	–	–
2002	72	1009	4284	9637	20298	985	–	1683
2003	70	1449	4951	9997	21811	1209	–	2251
2004	47	2786	4986	10233	24126	1207	–	2920
2005	55	4455	7570	20281	34902	2459	–	5185
2006	51	3691	7281	20439	38528	1676	1415	5213
2007	49	2144	9908	27476	66058	2853	2560	5601
2008	47	1333	11020	30556	64379	1807	2788	5282
2009	45	1364	6390	26706	58226	1561	2860	5213
2010	40	1324	9570	29975	60819	694	3589	–
2011	41	1293	13719	36806	67313	5076	4347	4081

二、餐饮住宿业企业

1985 年，全区有乡镇餐饮、住宿业企业 60 家，从业人员 168 人，产值 53.70 万元。1996 年，随着黑山谷、铜鼓滩、石林、九锅箐森林公园等旅游景区的开发，各景区、景点及公路沿线农家乐、山庄、宾馆、度假村等餐饮住宿企业应运而生。2005 年，有乡镇餐饮、住宿业企业 31 家，从业人员 200 人，实现增加值 518 万元，总产值 1562 万元，营业收入 1628 万元，利润 133 万元，缴纳税金 77 万元。

2011 年，全区有乡镇餐饮、住宿业企业 18 家，从业人员 1205 人，实现增加值 3382 万元，总产值 8908 万元，营业收入 9704 万元，利润 950 万元，税金 296 万元。

1985—2011 年万盛区乡镇饮食业企业基本情况一览表

表 11-20

年份	企业数量（家）	从业人员（人）	增加值（万元）	总产值（万元）	营业收入（万元）	利润（万元）	税金（万元）	固定资产净值（万元）
1985	60	168	–	54	–	–	–	–
1986	141	360	–	140	346	–	–	–
1987	167	406	–	259	483	–	–	–
1988	134	325	–	292	563	–	–	–
1989	174	540	–	433	761	–	–	–
1990	194	408	–	421	800	–	–	–
1991	226	526	–	628	1069	–	–	–
1992	300	708	–	1211	2249	–	–	–
1993	373	864	–	2031	6141	–	–	–
1994	590	917	–	–	178	–	–	–
1995	41	144	5	101	22	–	–	–
1996	272	1398	394	2455	2575	–	–	–
1997	3	36	74	255	255	–	–	–
1998	6	45	40	224	225	–	–	–
1999	15	198	97	422	425	–	–	–
2000	12	193	217	1014	1020	–	–	–
2001	48	534	969	3130	–	–	–	–
2002	40	278	430	1669	1671	95	–	423
2003	29	185	235	817	831	56	–	–
2004	27	172	376	1122	1298	72	–	694
2005	31	200	518	1562	1628	133	–	761
2006	18	250	659	2445	2835	232	110	5112
2007	14	657	1017	2777	3307	501	169	9069
2008	20	706	1680	4611	5615	772	217	9709
2009	17	611	1301	3540	4979	309	204	9533
2010	15	526	1109	2826	4403	358	–	–
2011	18	1205	3382	8908	9704	950	296	–

第六节　服务业企业

1985 年，全区有乡镇服务业企业 106 家，从业人员 276 人，产值 108.96 万元。2005 年，有乡镇服务业企业 5 家，从业人员 339 人，实现增加值 514 万元，总产值 3731 万元，营业收入 3831 万元，利润 150 万元，税金 119 万元。

2011 年，全区有乡镇服务业企业 4 家，从业人员 254 人，实现增加值 579 万元，总产值 1640 万元，营业收入 2208 万元，利润 62 万元，税金 39 万元。

1985—2011 年万盛区乡镇服务业企业基本情况一览表

表 11-21

年份	企业数量（家）	从业人员（人）	增加值（万元）	总产值（万元）	营业收入（万元）	利润（万元）	税金（万元）	固定资产净值（万元）
1985	106	276	–	109	–	–	–	–
1986	212	328	–	75	–	–	–	–
1987	264	457	–	150	–	–	–	–
1988	283	704	–	229	–	–	–	–
1989	446	1185	–	313	–	–	–	–
1990	378	717	–	391	–	–	–	–
1991	–	–	–	–	–	–	–	–
1992	601	1426	–	1004	–	–	–	–
1993	751	2061	–	–	–	–	–	–
1994	889	–	–	–	–	–	–	–
1995	3	30	–	–	–	–	–	–
1996	395	841	–	–	–	–	–	–
1997	–	–	–	–	–	–	–	–
1998	–	–	–	–	–	–	–	–
1999	–	–	–	–	–	–	–	–
2000	–	–	–	–	–	–	–	–
2001	–	–	–	–	–	–	–	–
2002	14	90	243	976	976	32	–	264
2003	5	171	849	2721	2731	59	–	1048
2004	6	483	576	3671	3544	65	–	747
2005	5	339	514	3731	3831	150	119	704
2006	5	333	564	3633	3407	167	139	801
2007	5	324	771	2876	4270	260	131	853
2008	18	627	1190	4453	6325	273	312	2990
2009	6	490	629	2114	3161	83	98	1937
2010	3	416	206	720	1840	37	19	–
2011	4	254	579	1640	2208	62	39	–

2011 年万盛区乡镇服务业企业经营情况一览表

表 11–22

企业名称	从业人员（人）	增加值（万元）	总产值（万元）	营业收入（万元）	利润（万元）	税金（万元）
万盛区首羽瓦斯安全技术检测公司	6	322	355	354	20	5
万盛区天涯芳草足浴保健公司	58	172	210	210	28	8
万盛区双坝劳务公司	158	44	325	894	6	12
万盛区关建建筑劳务公司	32	41	750	750	8	14

第七节　其他行业企业

1985 年，全区有乡镇其他行业企业 130 家，从业人员 191 人，总产值 103 万元，营业收入 684 万元。2005 年，有乡镇其他行业企业 7 家，从业人员 287 人，增加值 1420 万元，总产值 3984 万元，营业收入 2715 万元，利润 164 万元。

2011 年，全区有乡镇其他行业企业 9 家，从业人员 400 人，增加值 875 万元，总产值 5722 万元，营业收入 8516 万元，利润 127 万元，税金 407 万元，固定资产净值 237 万元。

1985—2011 年万盛区乡镇其他行业企业基本情况一览表

表 11–23

年份	企业数量（家）	从业人员（人）	增加值（万元）	总产值（万元）	营业收入（万元）	利润（万元）	税金（万元）	固定资产净值（万元）
1985	130	191	–	103	684	–	–	–
1986	304	978	–	247	274	–	–	–
1987	165	386	–	228	109	–	–	–
1988	145	402	–	181	127	–	–	–
1989	153	239	–	77	62	–	–	–
1990	76	108	–	29	29	–	–	–
1991	85	133	–	32	31	–	–	–
1992	114	291	–	128	95	–	–	–
1993	1113	1442	–	983	983	–	–	–
1994	889	1225	–	10	10	–	–	–
1995	–	–	–	–	–	–	–	–
1996	230	341	11	–	–	–	–	–
1997	–	–	–	–	–	–	–	–
1998	1	132	145	560	560	–	–	–

续表

年份	企业数量（家）	从业人员（人）	增加值（万元）	总产值（万元）	营业收入（万元）	利润（万元）	税金（万元）	固定资产净值（万元）
1999	1	14	25	220	229	–	–	–
2000	1	8	41	289	259	–	–	–
2001	1	8	108	343	–	–	–	–
2002	3	229	229	833	807	51	–	770
2003	2	189	193	1031	1034	38	–	28
2004	3	441	941	2189	2317	63	–	55
2005	7	287	1420	3984	2715	164	–	2001
2006	8	246	1488	4910	4971	137	258	2409
2007	9	187	1697	6907	6434	299	155	877
2008	6	405	1050	4273	1162	117	52	283
2009	5	261	442	2511	4519	56	138	301
2010	9	816	1302	8282	4994	73	299	299
2011	9	400	875	5722	8516	127	407	237

第三章　经营管理

第一节　经营体制

1979年后，乡镇企业开始推行企业承包经营，乡办、村办、组办、联户办企业实行“自主经营、自负盈亏、独立核算”的经营机制，从“统收统支、统负盈亏”改为“自负盈亏”，推行企业生产责任制和厂长（经理）负责制。1983年，乡、村、队企业下放自主权，由厂长（经理）承包经营，实行“五定一奖”（定人员、产量、成本、收入、利润，超额完成部分按比例分成奖励）。1986年，全区实行“集体承包、全员担保”经营机制的乡镇企业达93%。1988年，小型企业、微利企业和服务型企业推行租赁经营责任制。1989年，全区实行承包经营责任制的企业达636家，其中实行风险抵押承包的企业80家，租赁经营企业13家。1990年，开始推行租赁、兼并、联合股份制经营。1994年起，新开办的乡镇企业原则上都要实行股份合作制，原有的逐步改造为股份合作制。鼓励组建企业集团，通过拍卖、租赁方式调整一些小型加工企业、小型商业服务企业产权。1996年，全面改革乡镇企业经营体制，置换35家实行股份制和股份合作制企业的投资主体，新办乡镇企业大都实行股份制或股份合作制；多数实行股份制或股份合作制的企业实行股东决算、董事会决策、厂长（经理）执行的经营机制；个体与私营企业则由业主和法定代表人自行决策，自行管理。

第二节　用工制度

1984年9月，乡镇企业干部由任命制改为聘任制，固定职工改为合同制职工，固定工资制改为浮动工资制；部分乡（镇）企业采取“凡进入乡、村、组办企业的职工，可以带资（300元~500元）进厂”的方式，以解决企业资金短缺和劳动力问题。1986年后，企业用工灵活，不受限制，招收一般职工采取择优录用，能进能出、双向选择方式；招收管理和技术人员采取招聘、雇用、委托等方式；招收特殊专业技术人员采取高薪聘请方式。

1992年后，全区工业企业实行生产经营、产品价格、劳动用工、内部分配、技术改造的“五自主”，企业用工完全由企业自主，采用企业与个人双向选择，实行全员劳动合同制，打破固定工与合同工界限。

第三节　财务管理

乡镇企业财务管理机构分为乡（镇）、村、基层企业三级。1980年，各公社成立社办企业办公室，统一管理、监督社办企业财务。1984年，各乡镇企业办公室设财务辅导会计，管理范围扩大到乡、村、组、联户办和个体企业。部分村办企业设财务科（组、室）。1998年起，乡镇企业相继改革产权制度，组建股份合作、股份有限公司、私营和个体企业，乡镇企业办公室财务辅导与管理职能相对弱化。2001年，各乡镇经济发展办公室设企业财务统计1人，负责乡镇、民营企业、中小型企业和个体工商户的财务统计。

1986年5月起，乡镇企业动用专用基金或购买单项价值在5000元以上的固定资产，须区乡镇企业管理局审批；购买单项价值在5000元以下的固定资产，固定资产变卖、转让，呆账损失，企业产品削价损失（在进价、成本价以下的），50元以上的非生产性开支，须报各乡镇企业办公室审批；50元以下的非生产性开支，报独立核算的企业领导审批。

2000年4月，实行会计人员持证上岗，推行会计电算化。2001年起，全区各企业均执行此制度。

第四节　质量管理

1986年9月起，各乡镇企业办公室设专（兼）职质量管理人员1人，监督管理企业产品质量；部分工业企业建有质量管理（QC）小组，各企业设专职质检员，不准不合格产品出厂、不准生产或销售已公布淘汰的产品、不准弄虚作假。1988年，区乡镇企业管理局、各乡镇企业办公室、乡镇企业分别成立质量管理领导小组。1989年7月，区乡镇企业标准化整顿验收合格企业12家，计量定级合格企业1家，获省级优秀产品6个，市级优秀产品3个，市乡镇企业优良产品17个，推行全面质量管理企业3家，注册质量管理小组12家。1994年，区乡镇企业全面质量管理达标企业2家，8家企业被评为质量信得过企业。1997年，万东镇云峰茶厂“醒酒逸神”茶被评为重庆市新产品，南桐镇麒麟水泥厂525号普通硅酸盐水泥被列为重庆市名牌战略项目，重庆天泽钻井材料公司钻井油层堵漏剂被列入万盛区科技项目。1998 年 5 月 10 日，把质量和企业管理工作主要指标纳入企业年度考核评比。2001 年，区乡镇企业局被评为重庆市乡镇企业质量管理先进单位、重庆市建材工业质量管理先进单位。2003 年 12 月 30 日，南桐镇麒麟水泥公司、南桐特种水泥公司、兰盛水泥公司获得重庆市第一批水泥企业化验室合格证。

第五节　产销管理

各乡镇企业一般都设有专门的供销机构及销售人员，负责产品的销售业务。企业供应、销售方式灵活、多样，有业主授权处理，业主上门办理方式；有买卖双方签订合同、口头承诺形式；有代购代销、联销供销等方式。企业年初拟定销售目标、销售贷款回收率、销售提成比例、销售折扣比例等，以季度、半年度、年度考核兑现。

1989 年 1 月 1 日起，统一管理全区煤炭运销。除批准开采的煤矿、区矿业公司、区煤建公司外，其他单位和个人不得直接或间接从事煤炭经营活动。区乡镇煤矿生产的煤炭经铁路外运的，统一由区矿业公司管理，统一申请运转计划、统一调剂使用。7 月 1 日起，全区城镇民用煤、工业用煤的购销合同实行统一签证管理。

第十二篇　交通　邮电

第一章　交通建设

第一节　公路

1986 年，全区有公路 37 条，通车里程 337 千米，区内各乡和 90% 的行政村通公路。省道 4 条、总长 51.13 千米，其中川湘公路（温塘沙坡—丛林界牌段）26 千米，万东公路（万盛场—东林）3.2 千米，桃干公路（桃子荡—青羊市—綦江干坝子段）19.63 千米，建万公路（红旗旅馆—川湘公路 33.65 千米段）2.3 千米；县道 4 条、总长 55.40 千米，其中万金公路 20.60 千米，轮两公路 7.10 千米，腰黑公路 20.70 千米，青兴公路 7.00 千米；专用公路 13 条、总长 41.98 千米，其中丛海公路 4 千米，桃南公路 1.40 千米，清鱼公路 3.50 千米，供油公路 1.30 千米，小红公路 8.60 千米，新工路 4.60 千米，石大公路 1.10 千米，工炸公路 1.05 千米，坪九公路 8.18 千米，白新公路 4.22 千米，鱼裕公路 1.20 千米，高铁公路 1.54 千米，兴兴公路 1.29 千米；乡村公路总 185.22 千米，其中列养 16 条，总长 89.11 千米。

2011 年，全区公路总里程 1074.82 千米。其中省道 129.85 千米，县道 120.21 千米，乡道 188.08 千米，专用公路 8.88 千米；高速公路 7.10 千米，二级路 30.60 千米，三级路 97.99 千米，四级路 601.82 千米，等外路 337.22 千米。公路密度按国土面积计算达每百平方千米 190.04 千米，按辖区人口计算达每万人 40.06 千米，基本形成以省道为骨、县道为经、乡道为纬的公路网络。镇通畅率、村通达率 100%，村通畅率 94.7%，提前完成农村公路“双百”目标任务。

一、高速公路建设

（一）綦江—万盛高速公路

1999 年 10 月 8 日，綦万高速公路开工建设，2004 年 9 月 15 日通车。该路起于綦江县古南镇母家湾（与渝黔高速公路搭接相连），止于万盛区万东镇黄家湾，长 32.3 千米，路基宽 21 米，双向 4 车道，全封闭、全立交、中央设分隔绿化带，设计速度 80 千米 / 小时，总投资 12.5 亿元。万盛境内段（万东镇黄家湾—南桐镇温塘大桥）长 7.1 千米。全线建有通惠、永城（綦江县）和平山（万盛区）3 个出入口，三角、温塘等大小桥梁 18 座，隧道 3 座，涵洞 51 个，互通式立交 3 处，分离式立交 13 处，人行天桥 18 座。

（二）南川—万盛高速公路

2010 年 5 月 8 日，南川—万盛高速公路开工建设，2013 年 12 月 13 日通车。该路起于綦万高速公路万盛隧道出口段，止于南川区包茂高速公路南川互通，长30.6千米，路基宽24.5米，双向4车道，全封闭、全立交、中央设分隔绿化带，设计速度80千米/小时，总投资约27亿元。万盛境内（綦万高速公路万盛隧道出口—丛林镇界牌中桥）长14.5千米。全线建有金佛山西、南平、丛林3个出入口，设万盛、丛林、南平、金佛山西、南川5处互通，特大型桥梁1座703米，大、中型桥梁19座5117米，涵洞及通道146个，互通式立交5处，长隧道1座1130米，中、短隧道4座1460米。

二、新建及改造干线公路

1997年10月，投资3800万元，改造雷石公路（原川湘公路）境内段，按二级路标准浇筑厚24厘米混凝土路面26千米。

1998年，投资500万元，改造小万（腰子口—黑山）公路，按四级公路标准浇筑沥青路面20.7千米，并拓宽路面。

1999年，投资2692万元，改造南关（南桐支路—关坝）公路，按二级公路标准浇筑混凝土路面21千米；投资800万元，改造万金（万盛—金桥）公路，按四级公路标准浇筑沥青路面20.6千米；投资700万元，改造轮石（轮子坡—石林景区）公路，按三级公路标准浇筑混凝土、沥青路面12千米。

2003年11月，新场—江流坝旅游公路开工建设，按三级公路标准修建，全长9.3千米，投资1010千米。2005年11月，竣工通车。

2004年4月，白果—新场旅游公路开工建设，按四级公路标准修建，全长11千米。2005年9月，竣工通车。

2005年，投入资金1700万元，翻新改造雷石公路，改为沥青路面。

2008年，投入资金1636万元，翻新改造万金公路11.41千米。

2009年9月28日，万盛—綦江梨园坝公路万盛段开工建设，按二级公路标准建设，起万盛城区，经青年、关坝，入綦江县扶欢镇，长28.11千米。2012年，竣工通车。

2010年，投资3000万元，翻新改造万盛—黑山旅游公路，长20余千米；投资1200万元，翻新改造省道303线万盛至丛林段，拟投资8000万元，改造江流坝—石林旅游环线公路和光明大桥至关坝段运煤公路。

三、专用公路

丛海公路　起于丛林沟，止于海孔洞，长4千米，路面宽5.5米，水泥路面。

桃南公路　起于桃子荡，止于南桐煤矿，长2.96千米，路面宽4米，水泥路面。

清鱼公路　起于清溪桥，止于鱼田堡煤矿，长3.5千米，路面宽5.5米，水泥路面。

小红公路　起于小坡脚，经砚石台煤矿，止于红岩煤矿，长8.6千米，路面宽6米，水泥路面。

新工公路　起于红岩煤矿新风井，止于红岩煤矿工人村，长4.6千米，路面宽6米，水泥路面。

关九公路　起于关坝镇坪坝村，经兴无机械厂（国营渝州齿轮厂），止于九锅箐农场中坪，长8.18千米，路面宽3.5米，水泥路面。

白新公路　起于青年镇白鹭垭，止于新田湾煤矿，长4.22千米，水泥路面。

四、乡村公路

1986年，全区乡村公路总长185.22千米，其中列养的乡道有丛白、平九、湛龙、堡燕、两茶、金岩、金拱、先民、滩迎、鱼雷、谷沙、关藻、裕农、扶上、平金和五前等16条，总长89.11千米。2002年，全区实现村村通公路。2011年，全区有乡村公路328条，总长928.89千米。

1986—2005 年万盛区新建、改造公路情况一览表

表 12-1

年份	省、县道（千米）	乡村道（千米）	建设投资（亿元）
1986—1990	60.70	44.60	0.28
1991—1995	71.30	63.40	0.41
1996—2000	108.20	90.30	1.67
2001—2005	224.05	203.40	13.82

第二节　铁路

一、三江—万盛铁路

三江—万盛铁路是川黔铁路支线，起于川黔铁路三江站，经綦江县石角、蒲河，万盛区温塘、谷口河，止于万盛站，全长 32.64 千米。区内长 12.96 千米，有温塘、谷口河和万盛 3 个车站。

二、万盛—南川铁路

1986 年 4 月 18 日，万盛—南川铁路开工建设，1991 年 10 月 18 日竣工。该路是三江—万盛铁路延长线，等级为国家铁路Ⅱ级，单线，起于三江—万盛铁路万盛站，经丛林、南川区南平，止于南川站，全长 35.5 千米。区内长 13.5 千米，有万盛北站、丛林站 2 个四等车站。

三、专用铁路

区内有谷南线、万鱼线、万干线、万红线和谷电线等专用铁路线 5 条，全为南桐矿业公司运输煤炭专用铁路，总长 18.68 千米。

谷南线　起于谷口河站，止于南桐煤矿煤焦储运场，长 0.55 千米。

万鱼线　起于万盛站，止于鱼田堡煤矿，长 4.61 千米，有桥梁 3 座、涵洞 17 个。

万干线　起于万鱼线万东镇榜上村天池社，止于干坝子洗选厂，长 1.5 千米。

万红线　起于万盛站，经砚石台煤矿，止于红岩煤矿，长 11.22 千米，有桥梁 3 座、涵洞 30 个。

谷电线　起于谷口河站，止于南桐电厂，长 0.8 千米。

第三节　车站

一、汽车站

万盛客运中心　2003 年 3 月 16 日，万盛客运中心开工建设，2005 年 5 月 16 日竣工，2007 年 2 月投入运营。车站位于万盛城区观井湾迎宾大道与万东南路交会处，为国家二级 A 资质大型综合汽车站，占地 29511 平方米，主楼 16 层，停车场可容纳 29 座以上大客车 120 辆。站内装备有电子售票、检票、公告和监控系统，内设商场和警务、运管、医务室等。车站运营万盛至重庆、成都、遵义、綦江、南川、打通、隆盛、永城、大观、太平、杨地湾、狮溪、复兴等跨省、跨区线路，万盛至关坝、青年、石林、黑山谷、金桥、丛林和白果等区内线路。

万盛汽车站 原名四川省万盛汽车运输站，隶属四川省汽车运输公司第二十一队。1985年，车站划归重庆汽车运输公司第三公司。位于万新路90号，占地4000余平方米，可停放60辆大型客车，候车室可容纳300余人。2007年停止使用。

万盛车站 位于三元桥西侧，四级客运站，先后隶属重庆市公共交通公司和重庆万盛冠忠公共交通发展公司。候车室面积60平方米，车场可停放30辆大客车，主要运营万盛至南桐、东林、红岩、青年、关坝、鱼田堡、石林和金桥等短途客运线路。2007年停止使用。

二、火车站

万盛站 位于东林街道，是三万铁路终点站，三等站，隶属成都铁路局重庆分局。1953年修建，占地9.9万平方米，有到发线6股，装卸线4股，牵出线1股，机车转头三角线1条；设有候车室、站台、货场各1个，货位55个，总面积2650平方米。

谷口河站 位于南桐镇桃子荡谷口河，是三万铁路中间站，四等站，离三江站24千米，离万盛站8千米。1953年修建，有股道3条，货场3个，总面积2336平方米。

温塘站 位于南桐镇温塘村，是三万铁路中间站，四等站，离三江站20千米，离万盛站12千米。1952年修建，有股道3条，货场3个，货位26个，总面积3146平方米。已弃用。

万盛西站 位于万东镇榜上村，是三万铁路中间站，2001年建成投入使用。

万盛北站 位于万东镇团结村三层坎，1990年修建，是万南铁路中间站，四等站，隶属南川地方铁路分局，离万盛站3千米，离南川站32千米。

丛林站 位于丛林镇绿水村，1990年修建，是万南铁路中间站，四等站，隶属南川地方铁路分局，离万盛站12千米，离南川站23千米。

第四节　桥梁　隧道

一、公路桥梁与隧道

（一）公路桥梁

2011年，万盛区有公路桥梁74座，其中省道13座，专用公路1座（不含綦万高速公路万盛段桥梁）。

光明大桥 位于关坝镇光明村藻渡河，是连接綦江赶水镇和贵州省桐梓县出境公路上的重要桥梁。2007年5月16　日动工修建，2008年8月15日竣工，9月17日通车。桥长99.59米，净跨75米，净矢高12.5米，全宽12.5米，净宽9米，双向车道，设计荷载为汽车公路一级，钢筋混凝土拱桥，重力式桥台。

（二）公路隧道

2011年，万盛区有公路隧道1座，涵洞、箱涵有253个（省道128个，县道125个，不含綦万高速公路万盛段涵洞、箱涵）。

二、铁路桥梁与隧道

（一）桥梁

2011年，万盛区境有铁路桥梁8座（不含万南铁路数据），其中4座为三万支线桥梁，4座为南桐矿业公司专用铁路桥梁。

（二）隧道

2011年，万盛区境有铁路隧道1座，即位于温塘站板塘隧道，长106米，宽5.8米，高6.25米；

涵洞 4 个，箱涵 95 个（不含万南铁路数据）。

第二章　交通管理

第一节　道路维护

一、管理体制

1986—2005 年，公路管理遵循省（直辖市）、县（区）、乡分别按照国、省道、县（区）道和乡村公路分级管理原则。国、省道建设资金由中央按计划每年下拨到各省（直辖市、自治区），县（区）道由地方财政负责，省级财政给予适当扶持，地方重大基础设施建设（如大型桥梁、码头、车站等）资金原则按“三七”（地方自筹 30%，省级负担 70%）比例筹集，日常养护管理则由省按公路养护里程给予适当补助，乡村公路由各乡镇负责养护管理，境内厂矿专用公路由厂矿自行负责。2006—2011 年，省、县（区）、农村公路养护经费分别按每年 7000 元 / 千米、3500 元 / 千米、1000 元 / 千米标准，由重庆市财政转移支付，每年补助万盛区 360 万元，万盛区配套 10 万元。

二、公路养护

1980 年，重庆市养路总段南桐段成立，设青年、万盛 2 个工区，万盛、丛林沟、轮子坡、青年、红旗桥、庆江、隆盛、麒麟坝、蒲河、干坝子、石角和三江等 12 个道班，养护川湘、桃干、万东和建万等 4 条省道；南桐矿区公路养路队有景星、黑山、两河、金桥、白塔和关坝等 6 个道班，养护万金、轮两、青兴、腰黑 4 条县道。1993 年 4 月，重庆市公路养护总段南桐段更名重庆市公路养护总段万盛段。1997 年 1 月，重庆市公路养护总段万盛段更名万盛区公路养护段。2004 年 3 月，区公路养护段与区公路养护队合并组建区公路养护所。

2011 年，区公路养护所有万盛、丛林沟、麒麟坝、青山、金桥、轮子坡、景星、黑山、石林、青年、农前、眼镜塘等 12 个道班，区内省、县公路列养总里程 156.587 千米，乡村公路列养总里程 12.89 千米。

（一）省道养护

养护长习路（池井湾—同善桥段）、万桐路（立泰转盘—椅子台段）、开綦路（池井湾—温塘段）和南四路（白羊坪—隆盛段）等 4 条省道，总里程 105.84 千米。此外，长习路 6 千米、万桐路 5 千米、开綦路 5.83 千米由市政养护，南四路 4.55 千米是乡镇路，由金桥镇养护，均未纳入省道养护范围统计。

池井湾—同善桥段，长 39 千米，由丛林沟（3 人、7 千米）、万盛（8 人、9 千米）、轮子坡（4 人、6 千米）和青年（7 人、17 千米）等 4 个道班养护。

立泰转盘—椅子台段，长 54.04 千米，由景星（4 人、9 千米）、眼镜塘（8 人、28.04 千米）、黑山道班（4 人、7 千米）和农前道班（7 人、10 千米）等 4 个道班养护。

池井湾—温塘段，长 6 千米，由麒麟坝（3 人、4 千米）和青山（6 人、2 千米）2 个道班养护。

白羊坪—隆盛段，长 6.8 千米，由金桥道班（7 人、6.8 千米）养护。

（二）县道养护

养护万金路（万盛—金桥段）、南石路（桃子荡—青年—綦江县石角段）、轮石路（轮子坡—石林段）、黑石路（黑山—石林段）和新黑路（新场—黑山段）等5条县道，总里程50.75千米。

万盛—金桥段，长19.55千米，由青山（6人、9千米）和金桥（7人、10.55千米）2个道班养护。

桃子荡—青年—綦江县石角段，长7.75千米，由轮子坡（3人、4千米）和青年（7人、3.75千米）2个道班养护。

轮子坡—石林段，长11.6千米，由石林道班（4人、11.6千米）养护。

黑山—石林段，长3.93千米，由眼镜塘道班（8人、3.93千米）养护。

新场—黑山段，长7.92千米，由黑山道班（4人、7.92千米）养护。

（三）乡道养护

养护四江路（四道拐—江流坝段）、金鹅路（鱼子岗—金鹅村段）和黑北路（黑山道班—黑山谷北门段）3条乡道，总里程12.89千米。

四道拐—江流坝段，长8.89千米，由农前（7人、6.89千米）、景星（4人、2千米）2个道班养护。

鱼子岗—金鹅村段，长2千米，由景星道班（4人、2千米）养护。

黑山道班—黑山谷北门段，长2千米，由黑山道班（4人、2千米）养护。

第二节　运政管理

一、公路运输企业

（一）公路客运企业

1986年，全区有南桐矿区运输装卸公司、万盛汽车运输公司、南桐矿区运输装卸公司第二搬运站和重庆市公共交通公司万盛汽车站等客运企业4家。

1992年4月，南桐矿区运输装卸公司第二搬运站更名重庆市万盛汽车客运公司。

1992年10月，南桐矿区蓉达汽车客运公司成立。2000年1月更名海通汽车客运公司。

1996年9月，万盛汽车运输公司破产。

1997年10月8日，重庆盛辉商贸公司成立。2002年5月，更名重庆市汽车运输（集团）公司鑫盛公司。2006年，更名重庆市鑫盛汽车运输公司。

1998年11月，重庆市汽车运输（集团）公司（简称渝运集团）万盛总站成立。2011年9月，更名重庆市汽车运输（集团）公司第九分公司。

2000年1月6日，重庆市公共交通公司万盛汽车站改组为重庆冠忠（第三）公共交通公司万盛分公司。

2001年12月6日，重庆市汽车运输（集团）公司、万盛区渝南公路运输公司、万盛区海通客运公司共同出资组建重庆市汽车运输（集团）万盛客运公司。

2003年，万盛汽车运输公司被并入重庆市汽车运输（集团）公司。

2005年，重庆万盛冠忠公共交通发展公司成立，为重庆冠忠（第三）公共交通公司全资子公司，与重庆市汽车运输（集团）公司万盛总站实行一套班子、两块牌子的体制。

2011年，重庆市政府调整外环客运市场结构，重庆冠忠（第三）公共交通公司万盛分公司和重庆万盛冠忠公共交通发展公司退出万盛客运市场，运营线路、车辆移交重庆市汽车运输（集团）公司。至此，全区有重庆市汽车运输（集团）公司第九分公司、重庆市汽车运输（集团）公司万盛客运公司和重庆市鑫盛汽车运输公司等客运企业3家。

万盛区渝南公路汽车运输公司　为国有企业。1985年，南桐矿区运输装卸公司有客车4辆。1997年，改制为股份制企业，更名万盛区渝南公路汽车运输公司。2000年，有大客车32辆，月均客运量9.9万人次，旅客周转量252万人千米。2001年，将客运业务剥离，与重庆市汽车运输（集团）公司、万盛区海通客运公司共同组建重庆市汽车运输（集团）公司万盛客运有限公司。

万盛汽车运输公司　为国有企业。1986年，有大客车2辆，年客运量10.6万人次，客运周转量354.13万人千米。1996年9月破产。

万盛客运公司　为国有企业。原名南桐矿区运输装卸公司第二搬运站，1992年4月，更名重庆市万盛汽车客运公司。是年，购进8辆中型客车。1995年，有客车24辆，运营客运线路8条。1997年5月，改为股份制企业，资产总额175.25万元，流动资产2992万元，负债50万元，净资产125.25万元。2000年，有大中客车44辆，出租小汽车12辆。2003年，被并入重庆市汽车运输（集团）公司。

重庆冠忠公共交通公司万盛分公司　为中外合资、港资控股企业，原名重庆市公共交通公司万盛汽车站。1985年，有客车23辆，运营线路9条。1999年1月10日，重庆市第三公共交通公司与中国香港冠忠公共交通公司合资成立重庆冠忠（第三）公共交通发展公司。2000年1月6日，重庆市公共交通公司万盛汽车站改组为重庆冠忠（第三）公共交通公司万盛分公司。是年，有客车64辆，运营万盛至南桐、红岩和鱼田堡等线路8条。2004年9月，綦万高速公路开通后，运营万盛至南坪、陈家坪线路。2011年，重庆市政府调整外环客运市场结构，退出万盛客运市场，运营线路、车辆移交重庆市汽车运输（集团）公司。

重庆万盛冠忠公共交通公司万盛分公司　2005年，重庆万盛冠忠公共交通发展公司成立，为重庆冠忠（第三）公共交通公司全资子公司，与重庆市汽车运输（集团）公司万盛总站实行一套班子、两块牌子的体制。2009年12月1日，开通101路（建行—建行）、102路（子如广场—子如广场）城市环线公交线路，投入运营公交车6辆（均为无人售票车辆）。公交票价参照区内班线客车标准制订，起价1元，同步启用公交IC卡运营系统。2010年，开通103路（建行—红岩）、330路（建行—樱花温泉）和331路（建行—南桐）等3条公交线路。2011年，重庆市政府调整外环客运市场结构，退出万盛客运市场，运营线路、车辆移交重庆市汽车运输（集团）公司。

万盛海通汽车客运公司　为个体运输企业。1992年10月，南桐矿区蓉达汽车客运公司成立，为万盛街道开办企业。1996年9月18日，与万盛街道解除挂靠关系。2000年1月，更名海通汽车客运公司，有中型客运16辆，运营万盛至金桥、关坝、铁炉沟、东林等线路，固定资产110余万元。2001年1月，以16辆中型客车入股，与渝运集团、万盛渝南公司共同组建重庆市汽车运输集团万盛客运有限公司。

重庆市鑫盛汽车运输公司　民营企业。1997年10月8日，重庆盛辉商贸公司成立，经营汽车客运出租业务，有轿车及9座以下小客车26辆。2001年，有出租小汽车76辆、中型客车10辆，年客运量462万人次，客运周转量2310万人千米。2002年5月，与重庆市汽车运输（集团）公司共同组建重庆市汽车运输（集团）公司鑫盛公司，经营的客运班车、旅游客运、出租小客车、包车客运等业务，有面包车62辆，中型客车1辆，出租小汽车17辆。2004年，公司面包车退出客运市场。2005年，有出租小客车55辆，客运量330万人次，旅客周转量2640万人千米。2006年，更名重庆市鑫盛汽车运输公司。2007年，有出租小汽车55辆，中型客车8辆。

重庆市汽车运输（集团）公司第九分公司　为国有全资企业。1998年11月，重庆市汽车运输（集团）公司万盛总站成立。2005年，与重庆万盛冠忠公共交通发展公司实行一套班子、两块牌子的体制。2011年9月，更名重庆市汽车运输（集团）公司第九分公司，有高中级营运车辆148辆，主要经营万盛至重庆、南川、石林、黑山公交等21条线路。公司属客运1级，货运2级，安全主体责任A级客运企业，经营范围涉及县内班车客运、县际班车客运、省际县内班车客运、普通货运、出租客运、客运站经营、县内包车客运、省际包车客运、区内公共汽车客运。

重庆市汽车运输集团万盛客运公司　2001年12月6日，重庆市汽车运输（集团）公司、万盛区渝南公路运输公司、万盛区海通客运公司共同出资组建重庆市汽车运输（集团）公司万盛客运公司，为重庆市汽车运输（集团）公司子公司，主要经营班车客运、包车客运、出租客运，有大中小各型客车97辆（出租小汽车34辆），运营线路28条。

（二）公路货运企业

2004年，全区有公路货运业主643家，货车2936辆。2009年，全区有公路货运企业及经营户454家（户），从业人员22860人，货车18905辆（大吨位货车占16%），其中有100辆以上的企业41家。2010年，全区公路货运企业及经营户727家（户），货车20829辆，其中有100辆以上的企业53家。2011年，全区有货运企业603家，货车23166辆。

二、人力客运三轮车

1992年年初，万盛城区出现人力客运三轮车，经营者均为大足县人，运营车50余辆。因生意清淡，是年下半年，大足县经营者先后撤离，万东镇村民傅之佐带10辆车重新开拓万盛市场。1993年，运营车辆增至200余辆，主要集中在万盛、东林。是年5月，为加强人力三轮车管理，设立区人力三轮车管理办公室，由万盛街道办事处管理，将运营数量控制在200辆以内（实际确定为210辆）。核准运营车辆须办理行驶证，驾驶人员须办理驾工证、行驶证等。1995年，区人力三轮车管理办公室改设在区公安分局。1996年，将运营的人力三轮车分为7组，驾工统一着装，车辆须年审，两年更换车型。2001年6月，区人力三轮车管理办公室移交区公路运输管理所管理。是年，换发车辆营业执照，建立车辆档案，统一更换车型，3年须更换车辆。2003年，规定三轮车停车点及行驶路线。9月起，人力三轮车分单双日行驶，每天运营车辆为105辆。

三、公路运输市场管理

2004年，全区有运营的长途大客车38辆，常年经营易燃、易爆、易腐蚀品运输的货运车辆25辆。区交通管理部门分别为长途客运、“三危品”运输车辆业主和驾驶员建立档案。车辆启动前、运行中、收车后，做好安全性能隐患排查。是年“五一”黄金周前，在38辆长途大客车和25辆“三危品”运输车上安装全球定位系统（GPS），实行全天候、全方位安全监控。2005年起，四级及以下农村道路开行客运车辆须交通、安监、公安交警3个机构共同认定。2008年，调整客运车型结构，按照多样化的原则，提高中高级车型比例。全区中、高级班线客车170辆，其中高级客车20辆，中级客车150辆。中、高级客车运营线路18条。2009年，市、区财政为农村客运车辆购买相关保险，增强全区农村客运车辆的抗风险能力。26辆“两客一危”（高速公路客运、超长班线客运，危险品运输）车辆安装GPS或行车记录安全监控设施。2010年，万盛区实行客运企业公司化经营，所有新增或报废更新的班车全部实施公司化经营或经济目标考核经营，终止实施近20年的客运挂靠、承包经营制度。

四、从业人员管理

道路运输从业人员从业资格由县级以上道路运输管理机构认证。2006年，万盛区驾驶员培训办公室举办客运驾、售人员职业道德培训12期，培训客运从业人员206人次、货运从业人员407人次、客运从业人员轮训408人次、出租车从业人员治安培训410人次。

2007年，全区培训客运从业人员251人次，货运从业人员269人次，大客车运输从业人员11人次，高速公路运输从业人员培训15人次，客运从业人员轮训培训401人次，出租车从业人员治安培训401人次，职业技能培训295人次，换发从业资格证1120个。

2009年，全区培训运输从业人员1905人次，其中从业人员资格培训699人次，考核从业人员150名。

2010年，全区组织从业资格考试18期、参考3240人次，营运性驾驶员诚信考核1500余人。

2011 年，全区从业人员备案 1824 人次，营运性驾驶员诚信考核 1586 人次，组织道路运输从业资格考试 41 期、参考 3929 人次，出租汽车驾驶员服务监督卡培训测试 43 期、参考 597 人次，合格 146 人。

五、驾校管理

2003 年，重庆市政府将驾校的管理权从公安机关划转到交通部门，重新登记，重新核发经营许可证。2009 年 4 月，驾校应用 IC 卡计时培训系统，加强驾驶操作培训过程监管，推行培训学时公开和记录制度，实施机动车驾驶培训记录制度。是年，取缔违规三类驾校 1 家（重庆市聚鑫驾校万盛分校），降级处理驾校 1 家。至此，全区有一帆、路路通 2 家驾校。2010 年，全区驾校有教练车 33 辆，教练场 2.13 万平方米，年培训能力 2500 余人。2011 年，全区驾校有教练车有 35 辆，教练场 2.13 万平方米。

2006 年，全区初学驾驶员培训 887 人。2007 年，培训 1176 人。2009 年，培训 1206 人。2010 年，培训 1700 余人。2011 年，培训 2093 人。

六、运输价格

1984 年 2 月 1 日起，长途整车运输每吨千米 0.19 元，长途零担为 0.26 元；客运按每人千米 0.11 元计费。

2004 年，重庆市物价局、重庆市交通委员会印发《关于发布重庆市公路汽车旅客运价实施细则的通知》（渝价〔2004〕46 号），各区、县（自治县、市）负责本辖区内客运票价（含浮动票价）的测算工作，并将测算的票价报市价格、交通主管部门备案，每张客票起步价格为 1 元，位数按“三七作五，二舍八入十”的作价处理，旅客基本运价标准为每千米 0.073 元。

第三节　路政管理

20 世纪 80 年代初，南桐矿区交通运输委员会成立，下设交通安全办公室，由区公安分局交警队、区工交局和区农业局具有执法资格的人员组成。1998 年，交通安全办公室被撤销。

一、道路安全管理

（一）设立警示标志

在境内省、县道和部分乡村公路危险路段安装安全警示桩、警示标牌、防护栏等设施。2001—2005 年，共安装水泥警示桩（红、黄、白三色）46.2 千米，安装金属波纹和钢索防护栏 105.5 千米。2010 年，设置交通安全警示标志 69 套、指路标志 29 套、凸透镜 5 块。2011 年，更换、增设安全警示标志牌 219 块。

（二）治理拥堵瓶颈

区内省、县道有 3 座桥梁存在隐患。桃子荡胜利桥，桥宽不足 4 米，且无人行道，石雷路温塘公路桥，桥窄且两端坡大且弯急，石雷路丛林沟公路桥，桥面宽仅 4 米，无人行道，两侧条石护栏毁损严重。这些路段经常拥堵，事故频发。1990—1991 年，将桃子胜利桥改线，新建桃子跨线立交桥。1992 年，改线新建温塘公路桥。2003 年，改建丛林沟公路桥。

（三）清除路障及治理超限

公路沿线少数居民利用公路打谷晒场，在公路沿线控制区内修建违章建筑物，占用公路堆放大宗生产（生活）物资或停摆车辆等，部分机动车驾驶员严重超载、超高、超长行驶，危及运输安全。2004—2011 年，区公路路政管理大队累计出动执法人员 64775 人次，检测车辆 300546 辆次，查处超限车辆 16428 辆次，卸载 524 辆次，卸载货物 4804 吨，查处未密闭运输车辆 101 辆次，查处路政案件

404 件，整改占道堆放物资事件 210 件，办理行政许可 132 件，收取公路占用、赔补偿费 959.63 万元，罚款 191.12 万元。

二、运输安全管理

1986—1992 年，实行单车承包的经营模式。承包人（通常为驾驶员本人）与运输企业签订承包经营合同书，同时缴纳 1000 元 ~ 2500 元不等的安全风险保证金。经营者拥有很大的自主经营权，但安全第一、预防为主的方针很难落到实处。

1993 年起，探索建立安全目标责任管理机制。按照安全管理网络体系、安全规章制度体系、安全生产规范、须知以及安全管理机制体系，全过程监控安全生产与安全管理活动。新机制运行效果良好，交通事故件数、经济损失显著下降，运输企业获得显著经济效益和社会效益。区属运输企业安全生产管理进入重庆市先进行列。

2010 年，强化企业主体责任，督促辖区道路运输行业企业落实安全生产主体责任。行业管理部门会同辖区镇街按照 A、B、C、D 级评定全区运输企业，按级别实施分类指导。

第四节　规费征收

一、养路费

1986 年，汽车每月每吨（载重吨位，下同）96 元，拖拉机每月每吨 48 元，并 11 千瓦折合 1 吨计征。1988 年，全区交通运输管理费及拖拉机、摩托车养路费由区内机构征收，大小客车养路费由重庆市交通征费稽查局征收。运营车辆按运营收入 15% 征收，拖拉机及 1 吨（含）以下的农用运输车辆按运营收入总额 6% 征收，非运营车辆按费额标准征收。此后，多次调整收费标准。2000 年 7 月 1 日起，执行重庆市政府规定的收费标准：客车 190 元 / 月 • 吨，货车 160 元 / 月 • 吨，中型运营客车 320 元 / 月 • 吨，小型出租汽车（含 10 座以下）400 元 / 月 • 车，非客货运三轮摩托车 12 元 / 月，两轮摩托车 10 元 / 月，拖拉机 80 元 / 月 • 吨。

二、公路运输管理费

1986 年，交通运输企业、非交通部门独立核算的运输企业和个人一律按营业额 1% 征收，所有车辆、拖拉机按每月每吨 5 元征收。此后，多次调整收费标准。2000 年 7 月 1 日起，执行重庆市政府规定的收费标准：30 座以上客车 140 元 / 月 • 车，15 座以上 30 座（含）以下客车 100 元 / 月 • 车，5 座以上 15 座（含）以下客车 80 元 / 月 • 车，5 座以下出租等小客车 80 元 / 月 • 车；2 吨（含）以上货车 25 元 / 月 • 吨，1 吨（含）以上 2 吨（含）以下货车 40 元 / 月 • 车，1 吨（含）以下货车 25 元 / 月 • 车；人力三轮车 15 元 / 月 • 车，人力板车 5 元 / 月 • 车。2004 年起，不再征收出租车和农民购买从事运营的三轮车、拖拉机的运管费。2008 年，取消运管费。

三、公路客运附加费

2000 年 7 月 1 日起，执行重庆市政府规定的收费标准：20 座（含）以下客车 65 元 / 月 • 座，21 座（含）以上客车 52 元 / 月 • 座。

四、公路货运附加费

2000 年 7 月 1 日起，执行重庆市政府规定的收费标准 25 元 / 月 • 吨。

五、出租车经营有偿使用费

1993—2011 年，每台出租车每年收取经营有偿使用费 5000 元，使用年限为 5 年。

第三章　交通运输

第一节　公路运输

1986年，全区有营运客车33辆，运营路线19条，客运量85.2万人次，客运周转量3983万人千米。营运货车174辆（不含机关企事业单位自备各类车辆），汽车货运量9.9万吨，货运周转量493.7万吨千米。2011年，全区营运客车350辆，运营路线40条；营运货车22357辆。

1990—2011年万盛区公路客、货运输情况一览表

表12-2

年份	客运		货运		年份	客运		货运	
	营运客车（辆）	客运量（万人次）	营运货车（辆）	货运量（万吨、万吨千米）		营运客车（辆）	客运量（万人次）	营运货车（辆）	货运量（万吨、万吨千米）
1990	46	74	226	29	2001	186	467	1335	219
1991	82	144	239	32	2002	154	611	1363	232
1992	96	163	265	38	2003	172	648	2314	245
1993	121	187	417	58	2004	201	679	2325	276
1994	118	191	589	82	2005	264	280	8672	268
1995	143	211	776	108	2006	267	405	13406	1402
1996	165	243	914	127	2007	278	654	15073	2060
1997	187	261	1125	134	2008	278	1067	15673	3893
1998	189	308	1228	149	2009	278	1089	18783	4232
1999	216	322	1420	165	2010	288	1151	20773	4952
2000	221	317	1534	179	2011	350	1263	22357	6036

说明：2006年起，货运量的单位为万吨千米

第二节　铁路运输

一、客运

1986年，万盛站开有往返重庆站的旅客列车（5617/5618次）。1995年8月8日，开通往返重庆站的“万

盛石林号”旅游专列（335/336 次），同时 5617/5618 次停运。重庆站—万盛站为 335 次，8 时 10 分发车；万盛站—重庆站为 336 次，18 时 30 分发车。2004 年 3 月 8 日，三万铁路全线停止旅客运输。

1985 年，全区铁路客运量 33.8 万人次，1986—2003 年，年均 43 万人次。

二、货运

1985 年，全区铁路货运量 292.81 万吨。1986—2011 年，全区铁路货运量 9724 万吨，年均货运量 374 万吨。

第四章　邮政

第一节　邮政机构

一、万盛区邮政局

1986 年，南桐矿区邮电局设报务组、话务组、长途机组、市内机组、电力室、电缆组、投递组、邮政营业组、机要组和工程班等生产班组 10 个，后勤综合班组 1 个；有东林、桃子、关坝和丛林支局 4 个，红岩、鱼田堡、南桐、温塘、青年、九锅箐和海孔等邮电所 7 个，干堰沟、王家坝邮政代办所 2 个；报刊零售门市 1 个，集邮门市 1 个。

1991 年 4 月，关坝邮电支局迁至青年镇，更名青年邮电支局。

1993 年 4 月，更名万盛区邮电局。1995 年 1 月，增设支路邮电所。是年底，撤销九锅箐邮电所。1996 年，邮政营业组改为区邮电局邮政营业室。

1997 年 7 月，邮电体制改革，邮政、电信分营，撤销万盛区邮电局，设立万盛区邮政局、万盛区电信局。区邮政局隶属重庆市邮政局，区内各邮电支局、邮电所更名邮政支局、邮政所，划归区邮政局管理。

1998 年 4 月，撤销温塘邮政所。5 月，设立办公室、行政管理科、邮政业务市场科、计划财务科和人事保卫科等科室 5 个，

1999 年 2 月，增设万新路邮政所。1999 年 3 月，增设中力街、万盛火车站邮政所。1999 年 12 月，增设新田路、桃子街邮政所。

2000 年 5 月，中力街邮政所迁至万东北路 48 号，更名万东北路邮政所。6 月，万新路邮政所迁至砚石台，更名砚石台邮政所。

2002 年 3 月，撤销行政管理科。

2003 年 6 月，区邮政局邮政营业室改为万东邮政支局。7 月，区邮政局划归重庆市巴南片区邮政局管理，设综合办公室、经营服务科、储汇科。

2004 年，海孔邮政所迁至万新路，更名万新路邮政所。

2005 年，区邮政局设综合办公室、经营服务科和储汇科等科室 3 个；设万东、东林、桃子、青年和丛林等支局支局 5 个，万新路、万东北路、新田路、红岩、砚石台、支路、桃子街、南桐、鱼田堡、万盛火车站和关坝等 11 个邮政所；有集邮门市 5 个。

2007 年 2 月，邮政体制改革，区邮政局隶属重庆市邮政公司所属重庆邮政巴南片区局。7 月，区

邮政局设综合办公室、市场经营部、客户服务部和储汇部等内设机构 4 个。区邮政局不再承担邮政行业的市场监管职能。

2006—2011 年，撤销新田路邮政所，设万盛大道、子如广场邮政所 2 个邮政所。

2011 年，区邮政局设综合办公室、市场经营部、客户服务部和储汇部等内设机构 4 个；设万东、东林、桃子、青年和丛林等支局 5 个，万新路、万东北路、新田路、红岩、砚石台、万盛大道、子如广场、支路、桃子街、南桐、鱼田堡、万盛火车站和关坝等 12 个邮政所。

二、邮政支局

万东邮政支局　2003 年 6 月 10 日，撤销区邮政局邮政营业室，设立万东邮政支局，辖万东北路、新田路、红岩和砚石台 4 个邮政所。2004 年，晋林邮政所迁至万新路，更名万新路邮政所，隶属万东邮政支局。2011 年，下设投递组、营业组，辖万东北路、万新路、万盛大道、子如广场、砚石台和红岩 6 个邮政所，设城市投递段道 8 条、农村投递线路 1 条。

东林邮政支局　原名鱼田堡邮电支局，1982 年 10 月，更名东林邮电支局。1997 年 7 月，更名东林邮政支局，辖鱼田堡邮政所。1999 年，增设万盛火车站邮政所。2007 年 9 月，东林邮政支局所设投递段道（3 条）全部合并到万东支局。2011 年，辖鱼田堡和万盛火车站 2 个邮政所。

桃子邮政支局　1983 年，桃子荡邮电所改为桃子邮电支局。1997 年 7 月，更名桃子邮政支局，辖南桐、支路 2 个邮政所。2011 年，辖桃子支路、桃子街、南桐 3 个邮政所，有投递段道 4 条。

青年邮政支局　1982 年 7 月，青年邮电支局迁至关坝，更名关坝邮电支局。1991 年 4 月，迁回青年镇，更名青年邮电支局。1997 年 7 月，更名青年邮政支局，辖关坝邮政所，有农村投递线路 2 条，城乡兼投段道 3 条。

丛林邮政支局　1980 年，丛林沟邮电所改为丛林邮电支局。1997 年 7 月，更名丛林邮政支局，辖海孔邮政所。2004 年 12 月，海孔邮政所迁至万新路，更名万新路邮政所，隶属万东邮政支局。2011 年，有投递段道 1 条。

第二节　邮政网络

一、邮件收发

1986 年，区邮电局投递组、桃子邮电支局、丛林邮电支局、东林邮电支局和青年邮电支局分别负责辖区内邮件封发、开拆。

区邮电局投递组封发室封发出口的邮件种类和方向不同，直封格口有重庆、綦江、三江镇、石角镇、蒲河乡、南平镇、南川县、武隆县、彭水县、黔江县、酉阳县和秀山县等方向，转口格口有区东林、桃子、青年、丛林等邮电支局。除重庆格口平信、挂号信、汇款和包裹分封外，其余格口各类邮件混封，封发时间为每天 19 时至 22 时。

东林、桃子和丛林邮电支局设有重庆、万盛、綦江和南川等直封格口。除重庆格口外，其余格口各类邮件混封。区内各地的邮件由万盛封发室转封，封发时间为每天 17 时至 18 时。

青年邮电支局设有重庆、万盛等直封格口。除重庆格口外，万盛格口各类邮件混封，綦江、南川、武隆、彭水、黔江、酉阳、秀山和区内各地的所有邮件由万盛封发室转封，封发时间为每天 15 时 30 分至 17 时。

邮车到达各网点时间不同，各网点开拆邮件时间也不同。区邮电局投递组封发室、桃子邮电支局开拆邮件时间是每天 14 时至 16 时，东林邮电支局 17 时至 18 时，丛林邮电支局 15 时至 16 时，青年邮电支局8时至9时。

1987年11月10日起，区邮电局所属各网点全部开办邮政快件业务，均增设重庆邮政快件直封格口。

1988年3月16日，重庆市邮电局开通綦江县经万盛至綦江县松藻的自办汽车邮路。区邮电局投递组封发室增设綦江县管辖的东溪、赶水、打通和松藻等直封格口。同时，綦江、三江、隆盛、石梁河发往南川、武隆、彭水、黔江、酉阳、秀山的邮件由万盛封发室经转。

1990年5月起，每天上午收寄的邮政快件，必须于当日11时前封发。除青年邮电支局外，其余支局均增封1班发往重庆（包括经转）的邮政快件。封发时间是每天11时至12时。

1994年4月1日，区邮电局开办邮政特快专递业务。区邮电局投递组、桃子邮电支局增封1班至重庆（包括经转）的特快专递邮件，封发时间为每天11时至11时30分。东林邮电支局当天上午收寄的特快专递则派人送至区邮电局投递组封发室封发。丛林邮电支局增封1班交接每天早晨从南川返回重庆（秀山车）的邮车，特快专递的封发时间与其他邮件一致，封发时间为每天17时至18时。

1998年7月1日，区邮政局取消邮政快件业务和增发的邮政快件班次。

2007年12月，东林邮政支局进出口邮件由万东邮政支局转运交接，青年邮政支局进口邮件由桃子邮政支局转运交接，各支局延长当日特快邮件封发时间，做到当天收寄的邮件当天封发。

2011年，邮件全部改为自备汽车运输，封发频次每天2次。

二、邮件运输

（一）干线运输

重庆—秀山　为1986年自办汽车干线邮路，逐日班。去程17时39分到万盛，交换邮件后去秀山；返程7时33分到万盛，交换邮件后去重庆。1998年11月6日被撤销。

重庆—綦江—万盛　为1988年自办汽车干线邮路，逐日班。11时到万盛，交接完邮件报刊后，返回重庆。

綦江—万盛—松藻　为1988年3月自办汽车干线邮路，逐日班。沿线有通惠、三角、隆盛、石梁河、万盛、东溪、赶水、打通和松藻等交接点。1992年3月被撤销。

重庆—南川　为1998年11月6日自办汽车邮路，逐日班。6时从重庆出发，13时到万盛，交接邮件后，去丛林邮政支局，14时30分到南川。次日6时从南川返回。

重庆—万盛　为1998年11月6日自办汽车邮路，逐日班。6时从重庆出发，11时到万盛，交接邮件后，返回重庆。2002年1月停开。

重庆—万盛—南川　2008年1月1日，开行重庆至南川特快专递业务夜间快速邮路。3时从重庆二枢纽中心发车，经桃子支局，5时30分到万盛，交接邮件后，经丛林邮政支局，去南川区邮政局。20时从南川区邮政局发车，经丛林邮政支局，20时50分到万盛，交接邮件后，返回重庆二枢纽中心。

2010年5月6日，调整二级干线邮路运行时间。重庆至秀山邮路返程时经普通公路到酉阳、黔江，经渝湘高速公路到彭水、武隆、南川，经普通公路到万盛，经綦万高速公路到綦江，经渝黔高速公路返重庆。20时40分到丛林邮政支局，20时45分发车，21时到达万盛，21时20分发车去綦江县邮政局。重庆二枢纽—重庆报社—綦江—万盛—丛林—南川—涪陵—长寿—重庆二枢纽环线邮路，去程时经过万盛，到达时间为9时5分，9时25分发车，经丛林邮政支局后，去南川区邮政局。

（二）支线运输

支线运输包括委办汽车、自办汽车、摩托车、自行车和步行运输，5种运输方式互相联系，并与干线运输紧密衔接，摩托车、自行车和步行兼投递沿线邮件。

1986—2011 年万盛区支线运输路线和班次一览表

表 12-3　　单位：千米

时间	运输方式	路线名称	单程距离	班次	押运方式	备注
1986—1989 年	委办汽车	万盛—关坝	27	每日 1 班	专职人员押运	
		万盛—红岩	10	每周 6 班	营业人员押运	
		桃子荡—万盛	6	每日 1 班	委办汽车带运	
		东林—鱼田堡	4	每周 6 班	营业人员押运	
	摩托车	万盛—东林	3	每日 2 次	专职人员押运	
	自行车	桃子荡—平山	5	每周 6 班	营业人员押运	
		桃子荡—南桐	3	每周 6 班	营业人员押运	
	步行	丛林—晋林厂	3	每周 6 班	营业人员押运	
		关坝—九锅箐	10	每周 6 班	乡邮递员运送	
1990—1995 年	自办汽车	万盛—青年	22	每日 1 班	驾押合一	1990 年改为万盛—关坝邮路
		万盛—东林	3	每日 2 班	驾押合一	1990 年改为摩托车运输
		万盛—桃子荡	6	每日 1 班	驾押合一	
	委办汽车	万盛—红岩	10	每周 6 班	营业人员押送	
		东林—鱼田堡	4	每周 6 班	营业人员押送	
		青年—关坝	5	每周 6 班	营业人员押送	
	自行车	桃子荡—平山	5	每周 6 班	营业人员押送	
		桃子荡—南桐	3	每周 6 班	营业人员押送	
	步行	丛林—晋林厂	3	每周 6 班	营业人员押送	
		关坝—九锅箐	10	每周 6 班	乡邮递员押送	1995 年年底改为农村投递路线
1996—2002 年	自办汽车	万盛—青年	22	每日 1 班	驾押合一	
		万盛—东林	3	每日 1 班	驾押合一	
		万盛—桃子荡	6	每日 1 班	驾押合一	
		万盛—红岩	10	每周 6 班	专职人员押运	2000 年后改为专车运输
		丛林—晋林厂	3	每周 6 班	专职人员押运	2000 年后改为专车运输
	委办汽车	东林—工人村	2	每周 6 班	营业人员押送	2000 年前为东林—鱼田堡
		青年—关坝	5	每周 6 班	乡邮递员押送	
		桃子荡—南桐	3	每周 6 班	营业人员押送	
2003—2011 年	自办汽车	万盛—东林	3	每日 2 班	驾押合一	
		万盛—工人村	5	每日 2 班	驾押合一	
		万盛—红岩	10	每日 2 班	专职人员押运	
		万盛—南桐	9	每日 2 班	专职人员押运	
		桃子荡—关坝	21	每日 1 班	驾押合一	2003 年 2 月前，为万盛—青年
		丛林—晋林厂	3	每日 1 班	专车专员押送	2003 年 2 月取消

（三）邮件投递

邮件投递方式分为按地址投递和局内投交。按地址投递分为城市投递和农村投递。局内投交方式的城市网点与农村网点相同。

1. 城市投递

1986 年，全区设城市投递区 3 个（万盛、东林、桃子），投递段道 10 条，其中万盛 4 条，东林 3 条，桃子 3 条。2011 年，全区设城市投递区 2 个（万盛东林、桃子），投递段道 12 条（万盛东林 9 条，桃子 3 条）。

1986—2011 年万盛区城市投递路线一览表

表 12-4

时间	投递区	投递段道	范围	运输方式	备注
1986—1999 年	万盛	1	新田路、万盛街、莲池村	自行车 步行	
		2	矿山路、勤俭路、菱角村、建设段、浸水垭	自行车	
		3	矿山路、两河口、红矿路、红岩工人村	摩托车	1991 年 9 月改为汽车运输
		4	力新路、新田路、菜市场	自行车	
	东林	1	鱼田堡工人村	自行车	1991 年 9 月改为摩托车运输
		2	铁路新村、建设村、新华村、腰子街、新胜街	自行车	
		3	和平一村、和平二村、和平三村、东林一村、东林二村、五星村、清溪桥	自行车	
	桃子	1	桃子街、桃子巷、桃子横街、动力村、八〇一村	步行	
		2	五〇一村、北门村、四湾村、南桐村	自行车	
		3	南门村、新工村	自行车	
1999 年至 2003 年 3 月	万盛	1	新田路、万盛街、莲池村	自行车 步行	
		2	万东北路、菱角村、勤俭路、建设段	自行车	
		3	万东北路、松林路、红岩工人村	汽车	
		4	万新路、勤俭路、新田路、菜市场、浸水垭	自行车	
	东林	1	鱼田堡工人村 27 幢楼房	摩托车	
		2	铁路一村、铁路二村、建设村、新华村、腰子街、新胜街	自行车	
		3	和平一村、和平二村、和平三村、东林一村、东林二村、五星村、清溪桥	自行车	
	桃子	1	桃子街、桃子巷、桃子横街、动力村、八〇一村、五〇一村	自行车 步行	
		2	北门村、四湾村、南桐村、南门村、新工村	自行车	

续表

时间	投递区	投递段道	范围	运输方式	备注
2003 年 4 月至 2007 年 8 月	万盛	1	新田路、万盛街、莲池村	自行车	
		2	万东北路、体育路、菱角村、勤俭路、建设段	自行车	
		3	万东北路、松林路、红岩工人村	汽车	
		4	万新路、勤俭路、万盛大道、松林路、新田路、菜市场、浸水垭	自行车	
	东林	1	清溪桥、两河口、观井居民区、铁路一村、铁路二村、建设村、新华村、腰子街、新胜街	自行车	
		2	五星村、清溪桥、东林一村、东林二村、和平一村、和平二村	自行车	
		3	鱼田堡工人村全部楼房（30 幢）	汽车	
	桃子	1	桃子步行街、动力村、桃子横街、桃子巷	自行车	
		2	五〇一村、北门村、四湾村、南桐村、南门村、新工村	自行车	
		3	八〇一村、桃子步行街、菜市场	步行	
2007 年 9 月至 2011 年	万盛东林	1	区公安分局至区信用联社公路沿线右边一带，即日杂商店、农贸市场、百货公司、建设银行、供电局、烟草公司、人交公司、信用联社等单位和居民区	自行车步行	2009 年 7 月改为摩托车运输
		2	万盛内环沿线，即区邮政局、农业银行、区人民医院、广电局、房管局、万盛派出所、老街 1-5 巷等单位和居民区	自行车步行	2009 年 7 月改为摩托车运输
		3	区安监局、新华书店、万东镇政府、莲池村、重庆市第四十九中学校、氮肥厂、塔山疗养院、职教中心、福耀玻璃厂、老君坝、砚石台、红岩煤矿	汽车	
		4	区政府、保险公司、中医院、教师进修校、阳光国际、海棠晓月、渝南明珠小区	自行车步行	2009 年 7 月改为摩托车运输
		5	大道邮政所、区社保局、交通局、电信大楼、交警支队、红枫农贸市场、国土局、国资公司、自来水公司	自行车步行	2009 年 7 月改为摩托车运输
		6	白塔寺、五和村、三台村、金桥道班、沙坝村、金桥镇政府机关	自行车步行	2009 年 7 月改为摩托车运输
		7	万盛汽车站、福耀玻璃厂、废旧回收仓库、万盛火车站、矿业公司机修厂、和平小学、建设村、新胜街、腰子口、新华村、铁路村	自行车步行	2009 年 7 月改为摩托车运输
		8	观井湾社区、东林邮政支局、五星村、和平一村、和平二村、和平三村、东林一村、东林二村	自行车步行	2009 年 7 月改为摩托车运输
		9	南桐总医院、南桐矿业公司、东林中学、团结村、中盛小学、大湾变电站、矿业公司供应处、运销处、东林煤矿、干坝子洗选厂、腰子口、景星造纸厂、箐溪村、玉竹龙宫、黑山镇、榜上村、重庆市第四十九中学校 B 区、鱼田堡工人村、鱼田堡煤矿、五里村	汽车	
	桃子	1	桃子步行街、动力村、桃子横街、桃子巷	自行车	
		2	五〇一村、北门村、四湾村、南桐村、南门村、新工村	自行车	
		3	八〇一村、桃子步行街、菜市场	步行	

2. 农村投递

农村投递包括农村邮路和农村投递路线。农村邮路除运送邮件外，并投递沿线信、报。农村邮路和农村投递路线分直线、环线和直环混合3种形式。在计算里程上，直线统计单程，环线统计全程，直环混合分别计算。

1983年，区邮政局对农村投递工作改革试点，相继在各乡镇聘用乡代投员，担负乡镇的邮件投递。2002年后，各乡镇的代投员和代投方式发生变化。2003—2005年，除景星乡、丛林镇、石林镇各保留1名代投员外，其余各乡镇全部改为区邮政局自编人员和聘用劳务工投递。

1986—2004年万盛区农村投递路线一览表

表12-5　　单位：千米

路线名称	线型	线路里程	班次	运输方式	备注
新村—双河	环线	55	每周3班	步行	1990年被撤销
丛林—新建	直环	14	每周6班	自行车	
丛林—白果	直线	15	每周6班	步行	
景星—前进	环线	25	每周3班	步行	
景星—新场	直线	25	每周3班	步行	
东林—民建	环线	30	每周3班	步行	1990年被撤销
东林—鹤林	环线	20	每周3班	步行	1990年被撤销
桃子—九龙—南天	直线	56	每周6班	摩托车	
桃子—沙坝—营寨	环线	25	每周6班	步行	
南天—柏树	环线	45	每周3班	步行	
青年—毛里—板辽	直线	12	每周3班	步行	
关坝—光明	直线	30	每周3班	步行	2003年4月改为每周2班
关坝—林地	直线	30	每周3班	步行	2003年4月关坝—上坝段，改为每周2班；兴文、林地改为到关坝邮政所自取
万盛—新村	直线	15	每周6班	委办汽车	1990年改为万盛—金桥自行车运输；1991年，改为委办汽车运输
青山—三台	–	–	–	–	1990年增设
金桥—双河	–	–	–	–	1990年增设
关坝—九锅箐	直线	10	每周2班	步行	1995年增设

2004年6—8月，全区行政村精简为57个，农村投递路线随之调整，投递线路总里程（单程）319千米。

2005 年万盛区农村投递路线一览表

表 12–6　　单位：千米

路线名称	行走路线	线形	班次	线路里程	投递方式	运输方式	投递支局	备注
万盛—金桥	五和、青山、五头桥、新村、金堰	直线	每周 6 班	21	自投	委办汽车	万东	2009 年 10 月改为摩托车运输
金桥—三台	星河、三台	直线	每周 3 班	15	代投	步行	万东	
丛林—新建	红岩、新建、海孔	直线	每周 6 班	14	自投	自行车	丛林	
丛林—白龙湖	绿水、白龙湖、永胜	直线	每周 6 班	15	代投	步行	丛林	
景星—南门村	天星、南天门	环线	每周 3 班	25	代投	步行	东林	
景星—北门村	北门村、鱼子岗	直线	每周 3 班	25	代投	步行	东林	
桃子荡—石林	麒麟、金龙、石桥、王家坝、岩门、星台、石林	直线	每周 6 班	50	代投	自办汽车	桃子	
桃子荡—营寨	沙坝、民权、营寨	环城	每周 6 班	25	代投	步行	桃子	2010 年 8 月改为摩托车运输
石林—茶园	石鼓、园场、白花、茶树	环城	每周 3 班	45	代投	步行	桃子	
青年—板辽	堡堂、湛家、板辽	直线	每周 2 班	12	代投	自行车	青年	2010 年 8 月改为摩托车运输
青年—更鼓	毛里、更鼓	直线	每周 2 班	7	代投	自行车	青年	2010 年 8 月改为摩托车运输
关坝—光明	兴隆、平坝、田坝、光明	直线	每周 2 班	30	自投	步行	青年	
关坝—凉风	石足、双坝、凉风	直线	每周 2 班	25	自投	步行	青年	
关坝—九锅箐	黄茅岗、猪羊孔、中坪	直线	每周 2 班	10	自投	步行	青年	

2011 年，因农村邮件报刊投递量大减，石林镇白花、茶园、石鼓坪、农林村和黑山镇南门、北门、鱼子、天星村的邮件送至镇政府，由镇政府代投。南桐镇南桐村、万东镇新华村、团结村未单独设段，分别由城镇段投送；关坝镇兴文、林地村和青年镇燕石村的邮件到青年支局自取。是年，全区投递线路总里程（单程）295 千米。

2011 年万盛区邮政局农村投递线路一览表

表 12–7　　单位：千米

路线名称	行走路线	线形	班次	线路里程	投递方式	运输方式	投递支局	备注
万盛—金桥	五和、青山、五头桥、新村、金堰	直线	每周 6 班	30	自投	摩托车	万东	
金桥—三台	三台、星河、金堰	直线	每周 3 班	15	代投	步行	万东	
丛林—新建、红岩	海孔、新建、红岩	往返	每周 6 班	14	自投	摩托车	丛林	
丛林—永盛	绿水、白龙湖、永胜	往返	每周 6 班	15	自投	摩托车	丛林	

续表

路线名称	行走路线	线形	班次	线路里程	投递方式	运输方式	投递支局	备注
万盛—鱼子岗	榜上、五里、箐溪、黑山镇、鱼子岗	往返	每周6班	30	自投	自办汽车	万东	兼投城镇单位
万盛—红岩	万东镇、莲池、建设、六井、新田、红岩	直线	每周6班	30	自投	自办汽车	万东	
桃子—石林镇	麒麟、金龙、温塘、沙坡、石桥、王家坝、岩门、星台、两河、石林	往返	每周6班	50	自投	自办汽车	桃子	
桃子—谷口河	沙坝、三井、民权、营寨、谷口河	环线	每周6班	25	自投	摩托车	桃子	兼投镇上各单位、居民区
青年—板辽	堡堂、湛家、板辽	直环	每周2班	16	自投	摩托车	青年	
青年—更鼓	毛里、更鼓	往返	每周2班	15	自投	摩托车	青年	
关坝—光明	兴隆、平坝、田坝、光明	直环	每周2班	30	自投	自行车	青年	
关坝—凉风	双坝、凉风	直线	每周2班	25	自投	自行车	青年	

第三节　邮政业务

邮政业务分函件、包件、汇兑、特快专递、报刊、储蓄、集邮和机要通信等8类。

一、函件

（一）国内函件

国内函件包括信函、明信片、邮资邮简、印刷品、盲人读物、邮送广告和义务兵免费邮件等。

1986年10月27日，开始办理寄往中国南极长城站邮局邮件。1988年，11个网点开始办理邮政快件业务，并使用邮政快件标准信封和邮政编码。

1989年1月1日，银行交寄“银行挂号信”可使用“大宗邮政快件标签”。

1990年2月1日，普通挂号信函开始贴条码签。

1991年底，开始试办销售“中国邮政贺年（有奖）明信片”。是年，区邮电局销售明信片3万枚。

1994年3月20日，区邮电局出售“希望工程助学行动”专用邮资明信片5000枚。是年，全区函件出口量达最高量188万件。

1995年4月，开办中国邮政礼仪（邮资）信函业务，每套人民币2.5元。11月1日，保价邮件保价金额由最高限额1万元提高到5万元，取消个人用户邮件回执业务。12月1日，开始收取查询费，邮件查询时限改为信函20天，印刷品、包裹30天，邮政快件15天。

1996年7月12日，开办“中国邮政回音卡”业务。

1997年9月1日，万盛区邮政编码由6308××改为4008××。万盛街道、万东镇（部分）、金桥镇、红岩煤矿、砚石台煤矿、万东支局、万东北路邮电所、万新路邮电所、新田路邮电所、砚石台邮电所政编码为400800，丛林镇、丛林邮电支局为400801，东林街道、万东镇（部分）、景星乡、南桐矿务局机关、东林煤矿、鱼田堡煤矿、福耀玻璃厂、东林邮电支局、万盛火车站邮电所、鱼田堡邮电所为400802，南桐街道、南桐镇、丛林镇、石林镇、南桐煤矿、南桐特种水泥厂、南桐电厂、桃子邮电支局、桃子支路邮电所、桃子街邮电所、南桐邮电所为400803，青年镇、关坝镇、青年邮电支局、关坝邮电支局为400805。

1998年，取消邮政快件业务。1999年，开办商业函件业务。

2006年1月，调整国内印刷品业务资费，机要刊物类相关资费亦按标准相应调整；停止办理“非银联”标识的绿卡。11月，调整信函、明信片邮件资费。

（二）国际及中国香港、中国澳门、中国台湾函件

国际函件分为信函、明信片、印刷品、盲人读物、小包和保价信函。

1986年，开始办理国际及中国香港、中国澳门、中国台湾函件业务，是年，办理函件621件，包件8件。2005年，办理函件1062件，挂号120件，特快专递14件。2008年12月15日，开办两岸邮政业务。2011年，办理出口平常函件3件，挂号函件11件，特快专递39件。

（三）广告

1997年，开始办理代制、代投广告业务，制作“中邮专送”广告3期，共3万份。1997—2005年，代投各类广告30万份。2011年，代投广告2.15万份。

（四）企业金卡

1998年，开始办理企业金卡业务，是年，办理企业金卡（贺年卡、贺年片）3万枚。2004年，发行《万盛风光》形象金卡8万枚。2008—2011年，制作金卡39.9万枚。

二、包裹

1986—1996年，年收寄包裹业务量均在1万件以上，年最多收寄量1.59万件(1990年)。1997年后，除2000年外，年收寄包裹量均不足1万件。2010年2月26日，国内快递包裹业务纳入区速递物流分公司经营管理。2011年，收寄包裹4214件。

三、报刊

（一）预订业务

每年2月、5月、8月、11月为报刊预订期，报纸收订至月底，杂志收订至季末。错过预定期可破定，日报、周六报破月订阅至月底，期报和杂志中的月刊、半月刊、旬刊、周刊破季订阅（不能破月），季底截止。杂志中的季刊、双月刊破半年订阅（不能破季），6月或12月截止。

1989年，各报刊出版社发行模式逐渐转为自办和邮发相结合，区邮电局报刊发行量大幅度下降。2005年，区邮政局发报刊种类10357种。

1986—2011年，报纸发行量61.73万份，杂志47.14万份。

（二）零售业务

1979年，区邮电局营业室设报刊零售门市。1986年，在万盛火车站设置报刊零售点。1999年，在红旗旅馆路口、新田路5号、万盛火车站设置报刊零售亭。2000年，在桃子邮政支局设报刊零售门市。2002年，报刊零售品种1925种，销售额25.31万元。2004年，新增报刊零售亭5个。2011年，全区报刊零售品种136种，销售额11.95万元，有报刊零售亭3个（不含社会报刊亭）。

四、特快专递

（一）国内特快专递

1993年4月1日，区邮电局开始受理国内特快专递业务。是年，收寄特快专递293件。1994年后，特快专递业务量逐年增加。2003年，收寄特快专递突破1万件（11143件）。2005年，收寄国内特快专递13035件。2010年，收寄特快专递5.23万件，是1993年178倍。2011年，收寄特快专递1.75万件。

（二）国际特快专递

1988 年，区邮电局营业室（后改为万东邮政支局）开始受理国际特快专递业务，业务量一直很小。1993—2011 年，共收寄国际特快专递 397 件，年均 13.3 件，年最小收寄量为零（1999 年），年最大收寄量为 46 件（2006 年）。

五、集邮

（一）集邮网点

1981 年 6 月，区邮电局营业室开始办理集邮业务，主要出售纪念邮票、特种邮票和集邮用品。1995 年、1996 年，东林邮电支局、南桐邮电所先后开始办理集邮业务。1998 年，青年邮政支局和丛林邮政支局开始办理集邮业务。

（二）集邮票品

集邮票品分邮票和集邮品。邮票分为普通邮票、纪念邮票和特种邮票等，集邮品主要有首日封、纪念封和邮资明信片等。每年 11 月开始预订次年发行的纪特邮票。

1998 年，区邮政局开始发行集邮年册。2002 年，按国家规定发售通信邮票，停止出售普通邮票及零星纪念邮票、特种邮票。2006 年 3 月，区邮政局清理集邮票品，将 1997—2002 年积存的集邮票品逐项核对登记，打包封存，送交重庆邮政巴南片局集中销毁。

1986 年，全区集邮票品销售额 2458 元。年销售额最多为 106.24 万元（1998 年）。2011 年，集邮票品销售额 61.62 万元。

六、机要通信

机要通信主要是区级党政军机关及南桐矿务局、国防厂、驻区部队等单位机要文件的传递。

1986 年，区邮电局机要组设 3 个机要文件投递段，收寄机要文件 4208 件。20 世纪 90 年代起，重庆钢球厂、重庆无线电专用设备厂、渝州齿轮厂、平山机械厂和晋林机械厂以及成都军区五〇八库、水泥厂等单位陆续迁出，机要邮件业务量大幅下降，收寄机要文件数逐年减少。2008 年收寄量最少，为 502 件。2011 年，收寄机要邮件 712 件。

七、汇兑

邮政汇兑主要承担个人的小额资金往来汇兑业务，主要有普通汇款、航空汇款、电报汇款、快件汇款和入账汇款等业务。1988 年 5 月 1 日起，区邮政局开始办理邮政汇款快件业务（简称快件汇款）。1999 年 2 月 26 日起，增设国内邮政礼仪汇款。8 月 1 日起，开始办理入账汇款业务。10 月 1 日，实行超限额汇款制度，1 元 ~ 50000 元为 1 笔，超过 50000 元的汇款应分开办理。2000 年 3 月 27 日，开始办理内地至中国香港特区的汇兑业务。2002 年前，区邮政局主要办理等业务，以普通汇款为主，其他几项汇款则相对较少。2001 年 11 月 26 日，区邮政局开办电子汇兑业务，最快 4 小时到账。2002 年起，邮政汇票业务停止手工操作，全部改为电子汇兑办理，同时停止办理出口电报汇款业务。2003 年，取消传统汇款业务。5 月，开办实时电子汇款业务。7 月 16 日，区邮政局 16 个网点全部开通电子汇兑业务。

1986—2011 年，累计办理出口汇票 161.24 万张，年平均 6.24 万张。

八、邮政储蓄

1986 年 10 月 21 日，区邮电局开始办理邮政储蓄业务。区内邮政储蓄业务发展可分为两个阶段。1986—1989 年为代办阶段，区邮政局代中国人民银行办理储蓄业务，储蓄存款全部上划给中国人民银行，中国人民银行每月按邮政储蓄缴存款的月累计平均余额的 2‰支付代办手续费。1990—2007 年为自办阶段，，由企业按照国家规定的利率支付给储户利息，邮政企业吸收存款转存中国人民银行，中国人民银行只负责指导和监督邮政储蓄业务。2007 年，邮政储蓄制度改革，组建中国邮政储蓄银行，邮政储蓄业务全部划归邮政储蓄银行管理。2007 年 12 月 29 日，中国邮政储蓄银行重庆万盛区支行成立。

（一）邮政储蓄业务

1986年12月，区邮电局开始销售定期定额有奖存单，每张面额20元，存期一年。1989年停售。

1987年年初，区邮电局开办零存整取有奖储蓄，按月续存，每户5元，多存不限。1999年7月30日停办。

1988年起，新增汇转储、工资转储、重庆市内定活两便储蓄、3年期以上整存整取保值储蓄等业务。1991年4月1日起，停办3年期以上整存整取保值储蓄业务。

1998年5月29日起，区邮政局开办活期储蓄异地支取业务。11月8日起，开办“绿卡”（活期储蓄卡）业务，储蓄业务操作方式从手工改为计算机。

1999年2月23日，区邮政局开办“通知存款”业务。4月22日，开始代办家庭平安保险业务。6月10日起，区内各邮政储蓄网点全面代办保险业务。8月7日，开始代销“重庆风采”福利彩票。

2000年6月起，开始代发红岩煤矿、砚石台煤矿退休职工养老金。是年起，开始办理代销国债业务，实行邮政储蓄实名制。

2001年7月24日起，区内邮政网点开始联入全国邮政储蓄计算机网络。是年底，开始实行柜员制，操作方式从双人临柜、交叉复核改为个人单收单付责任制。

2002年9月30日起，开始发行“绿卡”银联卡，可在全国各银行间存取活期储蓄。

2006年6月起，开始办理代扣烟草款业务。9月起，开办代理中国人寿“美满人生（分红型）”保险业务。

（二）邮政储蓄网点

1986年10月21日，区邮电局营业室首先开办邮政储蓄业务。1987年6月1日，东林、桃子邮电支局开办邮政储蓄业务。1990年3月15日，关坝邮电支局开办邮政储蓄业务。7月2日，青年邮电支局开办邮政储蓄业务。1991年3月12日，丛林邮电支局开办邮政储蓄业务。9月1日，南桐邮政所开办邮政储蓄业务。1995年12月18日，鱼田堡工人村、温塘、桃子支路、海孔4个邮电所开办邮政储蓄业务。1999年2月26日，万新路邮政所开办邮政储蓄业务。1999年3月2日，红岩邮政所开办邮政储蓄业务。3月29日，万盛火车站邮政所和中力街邮政所开办邮政储蓄业务。12月26日，新田路、桃子街邮政所开办邮政储蓄业务。至此，区内所有邮政网点均开办邮政储蓄业务。

九、其他业务

1997年，开办邮政礼仪业务。群众遇亲朋结婚、生日或企事业单位开工、周年纪念等均可委托邮政企业代购礼品，邮政使者携带礼品代为前往祝贺。

1999年，区邮政局开办音像出租、出售业务，同时承接摄像、刻录影音光碟（VCD）等业务。

2011年10月，开设“邮政缴费一站通”网点，代收电费、天然气费、电话费，代订机票、火车票和报刊等。

十、邮政业务资费

邮政业务资费分基本资费和非基本资费。邮政业务的基本资费由国务院物价主管部门制订，报国务院审核批准；非基本资费由国务院邮政主管部门确定。基本资费是指国内水、陆路运递的平常信函和明信片的资费；非基本资费是指非专营性业务资费、特种资费和附加资费等。

1955年3月1日—1990年7月30日，本埠（重庆市九区区内及区与区之间）平常信函计费单位为每重20克或其零数（下同）收费0.04元，外埠（超出九区范围）平常信函计费单位为0.08元。每件信函限重2000克。明信片每件本埠收费0.015元，外埠每件收费0.03元。

1990年7月31日，调整邮政业务资费。本埠平常信函从0.04元调整为0.10元，外埠平常信函从0.08元调整为0.20元，明信片本埠每件收费0.1元，外埠每件收费0.15元。

1996 年 12 月 1 日，调整邮政业务资费，取消信函寄递本、外埠之分；平常信函收费 0.50 元，明信片每件收费 0.40 元。

1999 年 3 月 1 日，调整邮政业务资费，恢复本、外埠邮件分类；平常信函改为首重 100 克内每重 20 克（不足 20 克按 20 克计算），本埠收费 0.60 元，外埠收费 0.80 元，续重 101 克 ~ 2000 克，每重 100 克（不足 100 克按 100 克计算）本埠收费 1.20 元，外埠收费 2.00 元；明信片不分本埠、外埠，每件收费 0.60 元。

2002 年起，区内互寄信函按本埠收费，寄往区外各地信函按外埠标准收费。

2005 年 2 月 1 日，调整机要业务收费。20 克以内的文件类本埠 0.60 元、外埠 0.80 元，续重 101 克 ~ 2000 克，每重 100 克本埠 1.20 元、外埠 2.00 元；刊物类首重 100 克本埠 0.30 元、外埠 0.60 元，500 克以内每续重 100 克本埠 0.15 元、外埠 0，30 元；挂号费每件 3.00 元，保密费每件 1.00 元。

1986—2011 年万盛区邮政业务总量统计表

表 12-8

年份	函件（万件）	包裹（万件）	汇票（万张）	发送报纸期数（万份）	发送杂志期数（万份）	机要函件（件）	邮政储蓄（万元）
1986	82.40	1.24	9.30	5.7	4.98	4208	14.58
1987	95.32	1.39	9.85	6.65	5.37	4389	144.23
1988	137.46	1.68	10.27	5.70	4.70	3396	144.62
1989	141.80	1.71	9.97	2.69	3.17	3700	112.29
1990	168.30	1.59	9.79	2.46	2.63	3600	303.38
1991	186.30	1.38	8.75	2.74	3.06	3700	510.99
1992	140.90	1.31	9.30	2.56	2.92	3680	962.07
1993	144.60	1.36	8.72	2.22	2.03	2959	1912.52
1994	188.00	1.19	8.28	1.75	1.83	2514	1674.56
1995	120.49	1.20	7.50	1.97	1.71	2106	2606.33
1996	826.26	1.21	7.48	1.94	1.62	1488	2922.31
1997	103.94	0.82	6.72	2.94	1.86	1328	2747.00
1998	117.21	0.74	5.64	3.22	1.75	1432	3350.00
1999	144.86	0.82	5.59	2.11	1.33	1395	5278.50
2000	146.59	1.12	4.71	2.53	0.89	1380	6107.88
2001	114.62	0.99	5.16	1.13	0.77	1476	8674.50
2002	146.84	0.90	4.53	1.14	0.89	1169	13643.00
2003	148.33	0.95	4.56	1.48	0.58	1046	16528.38
2004	122.16	0.59	4.15	1.38	0.76	761	21752.00
2005	151.78	0.67	3.07	2.76	0.60	677	26722.00
2006	23.99	0.64	5.18	1.37	0.61	831	39764.00
2007	11.64	0.61	3.24	1.11	0.53	697	55943.00
2008	15.95	0.61	3.13	0.98	0.61	502	72927.00

续表

年份	函件（万件）	包裹（万件）	汇票（万张）	发送报纸期数（万份）	发送杂志期数（万份）	机要函件（件）	邮政储蓄（万元）
2009	14.11	0.47	2.87	0.75	0.59	771	88309.00
2010	22.64	0.45	1.99	1.09	0.66	785	79428.00
2011	18.75	0.42	1.49	1.36	0.69	712	99896.00
合计	3535.24	26.06	161.24	61.73	47.14	50702	552378.14

1986—2011 年万盛区邮政局国际及中国香港、中国澳门、中国台湾邮政业务量统计表

表 12-9　　单位：件

年份	函件	包件	挂号	特快专递	年份	函件	包件	挂号	特快专递
1986	621	8	0	0	1999	3661	4	0	0
1987	663	0	0	0	2000	2441	2	22	27
1988	1446	0	0	0	2001	2075	3	38	29
1989	2184	0	0	0	2002	1258	0	41	22
1990	2463	1	26	0	2003	1445	1	51	26
1991	3309	1	13	0	2004	1278	8	55	12
1992	3365	6	7	0	2005	1062	0	120	14
1993	5072	1	8	9	2006	696	4	37	46
1994	4784	9	12	6	2007	87	21	8	28
1995	4957	4	18	10	2008	26	15	0	32
1996	2995	11	10	2	2009	337	23	8	45
1997	2600	2	0	1	2010	5	29	3	47
1998	6532	0	0	2	2011	3	19	11	39

第五章　电信

第一节　经营机构

1986—1997 年 7 月，区内电信业务由区邮电局负责经营管理。

1997 年 7 月，邮电体制改革，邮政、电信分营，撤销万盛区邮电局，设立万盛区邮政局、万盛区电信局。区内电信业务由区电信局负责经营管理。1997 年底，重庆国信寻呼公司綦江中心分部万盛分部成立，经营无线寻呼业务。

1999年，中国联合通信公司万盛营业厅成立，经营移动电话业务。

2000年，中国联合通信公司万盛营业厅改为万盛区分公司，同时重庆国信寻呼公司綦江中心分部万盛分部划归中国联合通信公司万盛区分公司。

2001年，中国铁通重庆渝州分公司万盛营业厅成立，经营固定电话和宽带业务。

2003年9月，中国网络通信集团公司万盛区分公司成立，经营固定电话和宽带业务。

2004年，改革电信经营体制。万盛区电信局改制为中国电信公司万盛区分公司，经营固定电话、小灵通和宽带业务。

2008年10月，改革电信经营体制，中国联合通信万盛分公司和中国网络通信集团公司万盛分公司合并，组建中国联合网络通信公司万盛区分公司，经营固定电话、小灵通、移动电话和宽带业务；中国电信万盛分公司接收中国联合通信万盛分公司的CDMA数字移动通信业务，经营固定电话、小灵通、移动电话和宽带业务；中国移动万盛分公司接收中国铁通重庆渝州分公司万盛营业厅固定电话和宽带业务，经营固定电话、小灵通、移动电话和宽带业务。

第二节　电信通信设备

1986年，全区有电报电路3条（至重庆2条、至綦江1条），传输方式为明线载波；长途电话线路13条，全部为人工操作，中继线接续，其中万盛—重庆7条（明线载波6条，明线实线1条），万盛—南川2条（均为明线实线），万盛—綦江2条（明线载波1条、明线实线1条），万盛—青年2条（均为明线实线）；全区有市话杆路长67.3杆千米，架空裸铜线83.4对千米，电缆28.41波长千米，全部电缆芯线1650对千米，分线箱81个；区邮电局有载波机27路端，机械电传机43台，会议电话机4部、会议汇接台2部，机械电传打字机3部，全电子汉字电传打字机1部，15瓦无线电台2部。是年，架设10千伏渝筑（重庆—贵阳）长途电缆载波分支终端站电源专线，安装开通500门纵横制交换机，改造电缆杆路、明线杆路16千米，安装30路、120路1+1环路载波机各1套，新增长途电话电路3条，开通4路、8路载波机3端，新装电子汉字电传机3台。

1987—1989年，长途电路增至25路，长途电报电路增至22条，市话电路扩容600线对，更新长途人工交换机4台，电报通信设备由65型电传机改为JY智能终端机，3路载波机改为24路载波机，安装TDM电报时分设备。

1988年，建成渝筑同轴电缆载波工程南桐分支终端站，开通万盛—重庆，万盛—綦江方向长途线路11条，以及万盛—重庆自动转报中心电报、电话线各1条。区内数据通信进入电缆载波时代。

1990年，增添市话环路载波机“0+8”2套、“1+6”1套。

1992年，建成桃子荡八〇一村1–7号程控机房。

1993年，重庆市电信局无线通信分局在八面山建成区内首个无线寻呼和模拟移动电话基站。是年，在方家山建成微波机房，建筑面积38.25平方米。

1994年6月19日零时，开通引进的DMS100/200型程序控制自动交换电话系统，电话容量6000门，在区内可直接拨打国内、国际长途电话。是年，建成450兆赫兹移动通信系统，基地台设在区邮电局大楼内，发射功率50瓦，覆盖范围15千米；建成桃子端局500门小程控；开通音乐台和报时台。

1995年，开通桃子、青年、关坝3个市话分局，桃子分局安装数字程控交换机1000线，青年分局安装500线，关坝安装256线。成都—福州光缆万盛段支线竣工，新增出区光缆电路480条、微波电路 120 条；建成分组交换数据网。开通 127 无线自动寻呼台。

1996 年，铺设万盛—丛林光缆 9 千米；开通丛林 C5 市话分局，交换设备为 C&C08 交换机，初建容量 512 门，局间中继采用光缆传输。

1997 年 7 月，区电信局配置单边带收发讯机和短波电台各 1 套，新建桃子分局机房，联入重庆 C3 本地网，无线寻呼系统全部改为高速寻呼系统，建成 139 全球通数字移动电话基站。

1998 年 5 月 1 日，区电信局在南天、金桥两乡建立模块局，启用 4837、4839 局号；新建全球移动通信系统（GSM）移动通信基站 6 个和南环光缆万盛段；改造 D2Y02 相控电源系统，购置华为 1000 安培开关电源系统，包括 PD380/400AF 交流屏 1 架，PD482000DD 直流屏 1 架，1000 安培整流柜 2 架。是年，出局长途中继达 6000 条。

1999 年 10 月，中国移动万盛分公司 GSM 数字移动电话基站投入使用，有话音信道 12 条。是年，区电信局在东林地区、红岩地区新建接入网 2 个，启用 4826、4836、4834 局号；中国联合通信公司万盛营业厅在八面山、汤家沟等地开通 GSM 数字移动电话基站 5 个。

2001 年，建珠海佳讯公司的 DDN 设备 1 套，覆盖全区 8 个乡镇，使用 15 对音频专线，新增加 30 条 64K 的数据专线；启动万盛火车站 48267、48268 新局号；新增电缆 285 皮长千米、光缆线路 160 皮长千米、农话出局 10.08 万对交换点 15 处、支局接入网房 6 处（3325 平方米）；在城区和东林片区各配置中兴 ADSL 接入设备 1 套，城区容量 96 线，东林片区容量 48 线。

2002 年，区电信局在城区建设小灵通基站 51 个；在桃子荡新建一套中兴 ADSL 接入设备，配置 48 线；万盛城区扩容至 192 线，东林片区扩容至 96 线；腰子口、关坝机房均新建容量 1824 线的接入网；建成 163/169 平台，实现专线 ADSL 用户、LAN 网用户与 ADSL 虚拨用户分离。是年，中国联合通信万盛分公司开通 CDMA 数字移动电话基站 1 个。

2003 年，万盛区电信综合楼竣工投入使用，总建筑面积 10599 平方米。是年，中国网络通信集团公司万盛区分公司架设光缆 1 万线，主干电缆 0.8 万线。

2004 年，中国电信万盛分公司小灵通网上运行基站增至 157 个，信道数 890 个，网络容量扩容至 1.1 万门；宽带网络 ADSL 容量扩容至 2208 线，LAN 端口 1609 个，LAN 接入点 120 余个。

2001—2004 年，中国电信万盛分公司开工线路工程 288 个，增加主干电缆 9800 对、10150 线对千米，增加配线 12810 对、11892 对千米，增加管道 45.5 孔千米，增加光缆 965 芯千米。

2005 年，中国电信万盛分公司扩容升级万盛、东林地区光纤网络。

2010 年，中国联合网络通信公司万盛区分公司新建 WCDMA 数字移动电话通信基站 25 个，GSM 数字移动电话基站 30 个。

2011 年，中国移动万盛分公司有数字移动电话基站 203 个，有话音信道 10713 条，全区 GSM 网络覆盖率 99%，TD-SCDMA 网络城区覆盖率 99%；光缆 1320 皮长千米，数据端口 6 万线；中国联合网络通信公司万盛区分公司有光缆 890 皮长千米，有语音端口 1 万线，数据端口 2 万线，有 WCDMA 数字移动电话通信基站 61 个，GSM 数字移动电话基站 164 个，WCDMA 网络覆盖全区，GSM 网络覆盖率 98%。

1997—2005 年中国电信万盛分公司线路统计表

表 12-10

年份	线路（条）	光缆（皮长千米）	出租线路（条）	年份	线路（条）	光缆（皮长千米）	出租线路（条）	年份	线路（条）	光缆（皮长千米）	出租线路（条）
1997	2760	93	13	2000	3100	160	21	2003	3680	180	21
1998	2816	127	16	2001	3420	165	21	2004	3690	189	21
1999	2950	138	16	2002	3630	175	21	2005	3690	190	21

2002—2011 年中国移动万盛分公司数据通信线路一览表

表 12-11　　单位：皮长千米

年份	光缆长度	年份	光缆长度
2002	200	2007	670
2003	265	2008	750
2004	370	2009	890
2005	430	2010	1130
2006	530	2011	1320

第三节　电信业务

电信基本业务包括电报、固定电话、寻呼、小灵通、移动电话和互联网等。

一、电报

1985 年 4 月 1 日起，国内公众电报业务种类根据传递方式和业务性质分国内电报、国内船舶无线电报、传真电报和用户电报 4 个大类。国内电报中，又根据不同的对象和业务性质分为天气电报、水情电报、公益电报、新闻电报、普通电报、汇款电报、政务电报和公电等 8 种。国内船舶无线电报开放的业务种类有公益电报、普通电报、业务公电和纳费业务公电 4 种。传真电报根据不同传递内容和业务性质分真迹传真电报、相片传真电报、大件传真电报和报纸传真电报 4 种。

1986—1993 年，因长话电话线路少，电报业务量呈上升趋势。1988 年，全区去报 50213 张，为历史最高数据。1997 年后，长途电话逐渐取代电报业务，国内公众电报业务量急剧下降。2000 年，全区公众电报去报不足 4000 张，2005 年后，已无去报。

1986 年，开办的国内电报特别业务有加急电报、特急电报、校对、改发、分送、送妥通知、留交、亲启、预付回报费、邮送电报、话传电报、昼夜投递和指定日期投递等业务。公众使用较多的特别业务为加急电报。1988 年 2 月，新增加庆贺电报、请柬电报、吊唁电报 3 种特别业务。2001 年 8 月，除公益服务的特殊种类外，不再办理加急电报业务。

万盛区电报直投区域东至小坡脚，南至万盛火车站，北至浸水垭，西至万盛公园。区邮电局设专职电报投递人员 2 人，配有摩托车、自行车各 1 辆。桃子、青年支局投递范围内的电报，由区邮电局中心机房以话传方式传到支局后，再按邮送电报的规定投递。其余各地的电报均按邮送电报投递。无法投递的电报退回。

1986—1996 年万盛区电报业务量统计表

表 12–12　　单位：张

年份	去报		来报	年份	去报		来报
	总计	其中计费			总计	其中计费	
1986	35562	33410	40707	1992	44095	40258	46064
1987	38214	36535	35839	1993	48544	43153	51340
1988	50213	44676	50295	1994	25340	30477	41210
1989	47579	43141	49794	1995	23483	21311	54011
1990	40187	37753	43885	1996	16047	13339	21219
1991	41397	37957	44972	–	–	–	–

二、固定电话

万盛区固定电话业务经历人工—机械化—自动化—智能化的发展过程。业务种类按空间距离分为长途电话和市内电话 2 种，长途电话又分为国内长途和国际长途电话。

1980 年，开始使用模拟型 HJ921 纵横制式市内电话交换机，在重庆市远郊区、县中率先开通自动化电话。

1989 年年底，开通长途直拨电话，联入重庆市长途电话全托自动网，区号为 08216，有用户 168 户，每月长话交换量约 3 万张。

1991 年年初，青年、关坝实现电话自动化。至此，全区进入自动化电话时代。

1993 年 9 月，市内电话号码由 5 位升位 6 位，升位方法是在原电话号码 7 字头前加 2，原电话号码 6 字头改为 7，再前加 2。

1994 年 6 月 19 日零时，万盛区电话通信改纵横制交换机为程控交换机，区内可直接拨打国内、国际长途电话。

1995 年，桃子、青年、关坝新建市话分局，桃子安装数字程控交换机 1000 线，青年 500 线，关坝 256 线。8 月 1 日起，桃子启用电话号码 30××××，青年 35××××，关坝 40××××，长途区号统一为 08216。1996 年，丛林新建市话分局。

1997 年，区内电话联入重庆 C3 本地网，实现等位拨号（8 位），取消万盛长途区号（08216），统一使用重庆本地网长途区号（023）。

（一）市内电话

市内电话又称本地网电话，指在同一个长途交换编号区范围内，且同属于一个行政区域的本地电话和农村电话。

1995 年 10 月，市内电话业务分普通电话正机、电话副机及附件、无绳电话、用户交换机或集团电话、分机、中继线、专线、临时电话及临时专线、公用电话、用户终端复用设备、租杆挂线和代维设备 17 种。

1986 年，全区市内交换机容量为 1040 门。市话用户 508 户。

1997 年，全区电话普及率 5.7%（城市电话普及率 14.33%），农村 38 个行政村通电话，占行政村总数 41.38%。

1998 年，全区电话普及率 7.69%（城市电话普及率 14.7%），农村 45 个行政村通电话（农村市话用户 2000 户），占行政村总数 48%。

2003 年，中国网通固定电话开始放号，号段为 8700××××。2004 年，加放号段 8539××××。

2005 年 11 月，开通“村村通”无线座机，全区所有行政村均通固定电话。是年，全区交换机容量为 62300 门，市话用户 5.13 万门。2011 年，全区有固定电话用户 4.8 万户。

1986—2005 年万盛区电话交换机容量及市内电话用户统计表

表 12-13

年份	交换机容量（门）	用户数（户）		年份	交换机容量（门）	用户数（户）	
		总计	其中计费			总计	其中计费
1986	1040	508	472	1996	15072	9616	9484
1987	–	584	541	1997	18067	11359	–
1988	–	625	582	1998	14459	–	–
1989	–	735	680	1999	–	–	–
1990	–	806	744	2000	–	–	–
1991	–	886	803	2001	34614	30307	–
1992	–	977	911	2002	–	–	–
1993	–	984	942	2003	–	–	–
1994	–	1940	1924	2004	–	–	–
1995	–	7500	7434	2005	62300	51300	–

（二）国内长途电话

1986 年，区邮电局办理长途电话业务有代号电话、特种电话、紧急调度电话、业务电话、普通电话以及公务电话和政务电话 7 中，特别业务有预告电话、预约电话 2 种。1989 年，开通长途直拨电话，联入重庆市长途电话全托自动网。是年，全区有长途电话使用权的用户 168 门。

1997—2005 年中国电信万盛分公司国内长途电话量及收入统计表

表 12-14

年份	话务量（万张）	业务收入（万元）	年份	话务量（万张）	业务收入（万元）	年份	话务量（万张）	业务收入（万元）
1997	90.31	230.53	2000	99.46	295.04	2003	98.61	176.51
1998	96.22	273.14	2001	104.76	197.50	2004	103.99	172.30
1999	91.63	281.06	2002	102.98	183.83	2005	118.23	153.75

（三）国际及中国香港、中国澳门、中国台湾电话

1998 年前，国际及中国香港、中国澳门、中国台湾电话业务由北京、上海 2 局国际台代为处理，通话后通知补记。1998 年起，国际长途电话实现直拨，取消人工转接，双方直接通话。

1997—2005年中国电信万盛分公司国际及中国香港、中国澳门、中国台湾电话量及收入统计表

表12–15

年份	话务量（万张）	业务收入（万元）	年份	话务量（万张）	业务收入（万元）	年份	话务量（万张）	业务收入（万元）
1997	0.21	10.33	2000	0.24	10.12	2003	0.39	11.62
1998	0.32	12.16	2001	0.22	9.57	2004	0.35	10.17
1999	0.31	11.72	2002	0.25	10.02	2005	0.29	8.54

三、小灵通

“小灵通”（PHS）是一种人工无线接入系统，以无线方式接入固定电话，在覆盖范围内可以随身携带使用。

2002年6月，开通城区小灵通业务，用户2100户。2004年，运行基站增至157个、信道数890个，网络容量1.1万门。小灵通网络覆盖万盛城区、主要乡镇级和主要公路沿线。2005年，全区小灵通用户增至12721户。2011年，小灵通停止使用，转为电信移动电话。

四、移动电话及无线寻呼

1992年，开通450兆赫兹移动通信（俗称“大哥大”）和无线寻呼业务（俗称“BP”机）。

1993年，先后开通900兆赫兹移动通信（俗称“二哥大”）和无线移动电话、无线寻呼业务。

1995年，开通127无线自动寻呼台。

1997年3月，中国移动开通GSM数字移动网络通信业务，号段为138和139。是年，区内无线寻呼系统全部改造为高速寻呼系统，全区移动电话普及率0.30%，其中城市移动电话普及率0.78%。

1998年，中国移动开通137号段。是年，移动通信网络覆盖全区大部分乡镇、主干公路和部分景区，移动通信容量达5000门。

1999年，中国移动开通136号段，中国联通开通130、131号段。全区移动电话用户达5100余户。

2000年，中国移动开通135号段。是年，所有移动电话号码在号段后加0，升至11位。

2002年，中国联通开通CDMA数字移动通信网络，使用133号段。是年，全区有GSM数字移动通信网络移动电话用户25329户，CDMA数字移动通信网络移动电话用户3000户。年底，无线寻呼业务停办。

2004年，中国联通开通132号段。

2005年，区内移动通信网络有效覆盖率在99%以上，全区移动电话用户5.8万户。

2009年，区内开通第三代移动通信网络。中国联通使用WCDMA通信技术，中国移动使用TD-SCDMA通信技术，中国电信使用CDMA2000通信技术。

2011年，全区有移动电话用户19.93万户。

五、互联网

互联网业务始于1996年，用户经过市话网连接至数据局接点机上。1998年，全区有数据用户10户。

1999年10月，开通万盛数据接点机。此后，区内互联网用户数量有较大增长，净增多媒体用户50户，净增数据用户5户。

2000年年底，全区有综合数字业务网（ISDN）用户189户，网吧35家，注册公共交换电话网络（PSTN）用户500余户。

2001年9月，万盛、东林片区开通宽带数据业务，接装用户270户。

2002 年，建设 163/169 平台，实现专线非对称数字（ADSL）用户和虚拨（LAN）用户分离。

2003 年，全区 8 个乡镇全部开通宽带业务，全区 ADSL 用户 800 余户，LAN 用户 120 户，其中 LAN 网吧用户 35 个，连接上网计算机 1500 余台。

2004 年，宽带业务开始由中国电信和中国网通 2 家企业经营。是年，ADSL 业务覆盖城区及所有乡镇，可全面承载 ADSL 公众上网，公安、金融、党政等各类转网需求。全区宽带用户 2200 余户（中国电信 2091 户）。

2005 年，中国电信扩容、升级万盛、东林片区光纤网络和部分乡镇 ADSL，万盛、东林片区用户可自由选择光纤或 ADSL 接入互联网。

2008 年 5 月，中国移动开始发展专线及宽带业务。

2011 年，全区有宽带用户 2.42 万户。

第十三篇　财政　税务

第一章　财政

第一节　财政体制

一、区级财政体制

1985—1987年，重庆市区县实行“核定收支、分级包干、总额分成”财政体制，南桐矿区财政总额分成比例为上解25.5%，留成74.5%。

1988年，调整区县财政收支范围和财政体制。按各区县承担的中央借款数调减其财政支出基数；将城乡个体工商户营业税和所得税等13个税种划分为地方财政固定收入，并相应调整地方财政收支基数；将国营企业工资调节税、国营企事业单位奖金税也划为地方财政固定收入，并按收入划转数相应调整区财政支出基数。8月10日，南桐矿区实行“收入递增包干，增收全留”财政体制，收支基数为1987年决算数，按4%的递增比例包干上解。1988—1990年，南桐矿区财政总额分成比例为上解34.7%，留成65.3%（其间，市财政照顾调减上解基数60万元）。

1994年，区县实行分税制财政体制。新体制划分市、区县（市）财政固定收入和共享收入比例。将收入划分为市级固定收入、区县（市）级固定收入、市与区县（市）共享收入。万盛区财政固定收入包括印花税、资源税、个人所得税、车船税、房产税、屠宰税、工商税滞纳金、农业税、农业特产税、耕地占用税、契税、区企业（含集体、私营企业）所得税、区国有企业上缴利润、计划亏损补贴、排污费收入、教育费附加收入、其他收入、遗产与赠予税；市与区共享收入包括增值税25%（市、区六四分成），营业税、固定资产投资方向调节税和房产税（市、区五五分成）。市财政返还区县税收数额以1993年为基数年，确定税收返还基数，区县上解数按1993年决算体制上解数继续递增上解，递增率暂定3%。11月4日，万盛区分税制方案基数为：税收返还基数1637万元，市与区收入上下划360万元（上划市收入398万元，市下划收入38万元），上解基数759万元（“五五”共享收入上解1139万元，市与区收入上下划−360万元，市照顾调减上解基数−20万元），原体制订额补助376万元。

2004年起，重庆市执行新财政管理体制。新体制根据经济和社会发展水平和财源分布情况，将区县（市）分为主城区和郊区县两类，万盛区列为郊区县。郊区县营业税、个人所得税（含储蓄存款利息所得税）市与区县四六分成，教育费附加二八分成，增值税地方分享部分（25%）、企业所得税（不含中央跨地区经营、集中缴库企业所得税）地方分享部分、城建税、房产税（含城市房地产税）、投资方向调整税、城镇土地使用税、土地增值税、耕地占用税、国有土地使用收入等全部下划，作为区县财政固定收入。此财政体制执行至2011年。

二、乡镇（街道）财政体制

1986—1987年，各乡镇实行“定收定支，增收分成，超支不补，结余留用”财政体制，一定一年。

1988年1月8日，南桐乡、青年镇试行“核定收支、收支挂钩、总额分成”财政体制，一定三年。11月7日，街道实行“核定收支、收支挂钩、基数递增、基数内总额分成、超基数定比例分成”财政体制，一定两年。

1989年3月27日，关坝乡实行“自收自支，自求平衡”，青山乡实行“收入定额上解”，万盛乡、丛林乡实行“收支挂钩、总额分成”，东林街道、金桥乡和南天乡实行“定额补助”的财政体制，一定两年。

1991年6月11日，区调整乡镇、街道财政体制。万盛乡、关坝乡、青年镇、丛林乡、南桐乡和东林街道实行“定收定支、收支挂钩、总额分成”财政体制，一定三年；青山乡、金桥乡、南天乡和景星乡实行“定收定支、定额补助、超支不补”财政体制，一定三年；万盛街道、南桐街道实行“定收定支、超收分成”财政体制，一定一年。

1992年5月14日，区财政局核定南桐街道1992年收入基数13万元，支出基数2万元，超收分成比例100%；万盛街道1992年收入基数为40万元，支出基数21.2万元，超收分成比例50%。两街道1993年收入分别在1992年基础上递增8%，超收部分的40%作为发展基金，一定两年。

1994年6月28日，各乡镇、街道实行“定收定支，超收分成”财政体制，一定一年。

1995年1月1日，全区乡镇、街道实行“分税制”财政体制，划分共享收入和固定收入范围，支出范围不变，确定收支基数上解或补助，以及共享收入上划部分的考核，一定三年。

1996年，将农业税附加纳入财政预算，作为区、乡（镇）共享收入（区、乡镇七三分成）。

1999年，调整乡镇财政管理体制，在原分税制基础上实行“核定收支基数，确定上解（或补助），超收分成”财政体制，一定三年。

2002—2004年，万东镇实行“核定收支、统收统支、超收分成”财政体制；南桐、青年等7乡镇实行“划分税种，核定收支，定额补助，超收分成”财政体制。

2005年8月11日，乡镇划分为一般乡镇和特殊乡镇两类，执行不同财政体制。南桐镇、关坝镇、青年镇、丛林镇和景星乡为一般乡镇，万东镇、金桥镇、石林镇为特殊乡镇。一般乡镇以2004年确定的体制内收入数为基数，超上年财政收入执行数按5% ~ 10%递增的分成办法计算；特殊乡镇以2004年确定的体制补助数为基数，每年按上年体制补助执行数的10%递增补助；并调整区与各乡镇收入分成比例和乡镇财政支出范围；各乡镇学校和国土管理所的经费由区财政供给。

2008年11月，全区乡镇划分为三类，执行不同的财政体制，调整区与各镇的增值税、营业税、企业所得税、个人所得税、资源税、城建税、房产税、罚没收入的分成比例。一类乡镇为南桐镇、关坝镇，二类乡镇为青年镇、丛林镇、黑山镇，三类乡镇为万东镇、金桥镇、石林镇。

至2011年，未再调整各镇和街道财政体制。

第二节 财政收入

1986—2005年，万盛区财政总收入78344.9万元。其中，“七五”（1986—1990年）时期9293.2万元，“八五”（1991—1995年）时期15282.7万元，“九五”（1996—2000年）时期19758.0万元，“十五”（2001—2005年）时期34011万元；企业各税收入4760.6万元，工商各税52005.2万元，农业四税4927.3万元，专项收入3381.7万元，其他收入13270.1万元。

2006—2011年，区财政总收入393118万元。

1986—2011年万盛区财政收入情况一览表

表13-1　　单位：万元

年份	合计	企业各税	工商各税	农业四税	专项收入	其他收入
1986	1417.2	51.3	1260.2	66.6	31.5	7.6
1987	1516.7	44.1	1346.2	79.8	33.5	13.1
1988	1714.6	36.5	1526.7	93.5	37.7	20.2
1989	2203.3	-44.7	1931.9	171.2	65.1	79.8
1990	2441.4	-87	2203.1	150	58.1	117.2
1991	2557.8	-249.2	2410.4	150.1	82.6	163.9
1992	2884.7	-190.6	2670.1	159.5	85.4	160.3
1993	3925.5	-159.6	3568.6	177.5	93.4	245.6
1994	2715.0	286.3	1347.6	324.9	132.7	623.5
1995	3199.7	310.5	1697.4	276.2	140.7	774.9
1996	3377	401	1910	344	197	525
1997	4604	568	2577	349	194	916
1998	4628	551	2138	302	188	1449
1999	3506	365	1726	253	204	958
2000	3643	418	1854	242	190	939
2001	4311	471	2633	176	222	809
2002	4299	287	2385	463	198	966
2003	4800	234	2660	424	262	1220
2004	8277	401	5816	341	341	1378
2005	12324	1067	8344	384	625	1904
2006	14800	-	11345	392	838	2225
2007	33942	-	14497	761	1032	17652
2008	33361	-	18831	901	1275	12354

续表

年份	合计	企业各税	工商各税	农业四税	专项收入	其他收入
2009	33456	–	21960	1399	1291	8806
2010	53293	–	28525	2731	1596	20438
2011	224266	–	42664	3252	3564	174786
总计	471462.9	4760.6	189827.2	14363.3	12977.7	249531.1

第三节 财政支出

1986—2005年，万盛区财政总支出197017万元。其中，“七五”（1986—1990年）时期11692万元，“八五”（1991—1995年）时期23534万元，“九五”（1996—2000年）时期40357万元，“十五”（2001—2005年）时期121434万元；生产建设性支出60432万元，文教科学卫生48661万元，抚恤和社会救济费25015万元，行政管理费20133万元，其他支出39490万元，基金支出3286万元。

2006—2011年，区财政总支出825575万元。其中，教育支出83113万元，科学技术支出2876万元，公共安全支出38666万元，一般公共服务支出84475万元，国防支出3828万元，文化体育与传媒支出16713万元，社会保障和就业支出93356万元，节能环保支出1049万元，医疗卫生支出41066万元，城乡社区事务支出37251万元，农林水事务支出49920万元，交通运输支出14955万元，住房保障支出51372万元，资源勘探电力信息等事务支出12040万元，商业服务等事务支出16414万元，国土资源气象等事务支出21706万元，粮油物资管理事务支出1175万元，其他支出1979万元，基金支出223291万元。

1986—2005年万盛区财政支出情况一览表

表13–2　　单位：万元

年份	合计	生产建设	文教卫生科学事业	抚恤社会救济	行政管理	基金	其他
1986	1567	804	508	55	159	–	41
1987	1801	972	534	47	182	–	66
1988	2091	1061	663	47	233	–	87
1989	2659	1280	866	66	271	–	176
1990	3574	1683	1053	108	419	–	311
1991	3336	1277	1071	83	511	–	394
1992	4177	1283	1393	105	641	–	755
1993	4439	1502	1570	121	665	–	581
1994	5874	1613	2264	115	952	–	930
1995	5708	1592	2285	174	887	–	770
1996	6794	1654	2462	177	1137	–	1364

续表

年份	合计	生产建设	文教卫生科学事业	抚恤社会救济	行政管理	基金	其他
1997	8020	2088	2769	221	1062	273	1607
1998	8155	2219	2556	323	988	42	2027
1999	8280	2031	2550	403	1040	185	2071
2000	9108	2339	2621	433	1052	124	2539
2001	15233	4173	3658	2036	1354	382	3630
2002	23483	8519	4103	5306	1342	459	3754
2003	23000	6303	4476	5980	1677	192	4372
2004	27996	7853	5020	4711	2465	1003	6944
2005	31722	10186	6239	4504	3096	626	7071
总计	197017	60432	48661	25015	20133	3286	39490

2006—2011 年万盛区财政支出情况一览表

表 13-3 单位：万元

预算科目		2006 年	2007 年	2008 年	2009 年	2010 年	2011 年
一般预算支出	一般公共服务	5041	6533	9254	17257	18989	27401
	外交	–	–	–	–	–	–
	国防	36	104	94	312	1097	2185
	公共安全	2753	3570	5538	5547	8943	12315
	教育	7070	9205	10710	16843	17200	22085
	科学技术	165	254	431	542	648	836
	文化体育与传媒	557	684	3530	4352	4661	2929
	社会保障和就业	8730	12567	15897	15930	19306	20926
	医疗卫生	1358	2550	3962	11310	7149	14737
	节能环保	3647	3380	3142	8037	5398	7445
	城乡社区事务	2150	1578	8313	3616	6836	14758
	农林水事务	3305	4696	6620	10168	10669	14462
	交通运输	121	61	562	2245	3242	8724
	资源勘探电力信息等事务	1176	868	964	2199	2583	4250
	商业服务业等事务	–	–	283	1232	7397	7502
	金融监管等事务支出	–	–	–	–	–	–
	地震灾后恢复重建支出	–	–	100	–	–	–
	国土资源气象等事务	–	–	–	–	569	21137

续表

预算科目		2006年	2007年	2008年	2009年	2010年	2011年
一般预算支出	住房保障支出	–	–	586	26629	14393	9764
	粮油物资管理事务	–	–	835	135	164	41
	储备事务支出	–	–	–	–	–	2
	预备费	–	–	–	–	–	–
	国债还本付息支出	–	–	–	–	63	165
	其他支出	2007	–325	118	175	4	
政府性基金支出		1188	19482	24607	14501	14586	148927

第四节　预算外资金

一、预算外资金收入

1986—2010年，万盛区财政预算外收入77220.3万元。其中，“七五”时期5467.1万元，“八五”时期10206.2万元，“九五”时期19807万元，“十五”时期20755万元，“十一五”时期20985万元；地方财政部门17149.3万元，事业行政部门50932.2万元，国营企业及主管部门5807.8万元，乡镇自筹统筹资金3331万元。

1986—2010年万盛区财政预算外资金收入情况一览表

表13-4　　单位：万元

年份	合计	地方财政部门	行政事业部门	国有企业及其主管部门	乡镇自筹及统筹资金
1986	740.2	13.8	252.6	473.8	–
1987	895.2	15.9	325.2	554.1	–
1988	1096.9	15.2	456.2	625.5	–
1989	1356.1	58.5	531.4	766.2	–
1990	1378.7	29.6	624.3	724.8	–
1991	2066.9	97.2	1018.3	951.4	–
1992	2200	128	1062	1010	–
1993	1415	194.4	1220.6	–	–
1994	2136.7	196.5	1940.2	–	–
1995	2387.6	327.2	2060.4	–	–
1996	4019	1870	1899	–	250
1997	4931	1960	2286	–	685
1998	3546	518	2634	–	394

续表

年份	合计	地方财政部门	行政事业部门	国有企业及其主管部门	乡镇自筹及统筹资金
1999	3255	596	2281	–	378
2000	4056	1098	2506	34	418
2001	4928	699	3763	83	383
2002	4067	1045	2425	160	437
2003	3887	774	2496	153	264
2004	4039	681	3086	272	–
2005	3834	837	2875	–	122
2006	3877	734	3143	–	–
2007	3703	1297	2406	–	–
2008	4545	1111	3434	–	–
2009	4696	1333	3363	–	–
2010	4164	1520	2644	–	–
合计	77220.3	17149.3	50732.2	5807.8	3331

说明：1.1996—1997 年，地方财政收入含社会保障基金收入，分别为 1575 万元、1694 万元；2.1998 年起，地方财政收入含基金、附加收入、主管部门集中收入和其他收入

二、预算外资金支出

1986—2010 年，全区预算外支出 69171.8 万元。其中“七五”时期 5123.3 万元，“八五”时期 9174.5 万元，“九五”时期 20389 万元，“十五”时期 20446 万元，“十一五”时期 14039 万元；地方财政部门 9167.7 万元，事业行政部门 50923.4 万元，国营企业及主管部门 5404.8 万元，乡镇自筹统筹资金 3376 万元。

1986—2010 年万盛区财政预算外资金支出情况一览表

表 13–5　　单位：万元

年份	合计	地方财政	行政事业	国有企业	乡镇
1986	762.9	23.9	207.6	531.4	–
1987	817.3	26.9	202.4	588	–
1988	875.4	29	329.5	516.9	–
1989	1276	66.9	412.1	797	–
1990	1391.7	21.6	618.1	752	–
1991	1993.2	75.3	938.4	979.5	–
1992	1969	122	1009	838	–
1993	1414.5	217.8	1196.7	–	–
1994	1676.2	176.1	1500.1	–	–

续表

年份	合计	地方财政	行政事业	国有企业	乡镇
1995	2121.6	301.1	1820.5	–	–
1996	3946	1810	1885	–	251
1997	5242	2042	2545	–	655
1998	3490	427	2605	–	458
1999	3306	203	2720	–	383
2000	4405	168	3810	34	393
2001	4776	283	4016	83	394
2002	4021	399	3006	160	456
2003	3813	377	3019	153	264
2004	4071	494	3305	212	–
2005	3765	811	2832	–	122
2006	4053	1051	3002	–	–
2007	3636	–	3636	–	–
2008	4519	–	4519	–	–
2009	855	42	813	–	–
2010	976	–	976	–	–
合计	69171.8	9167.6	50923.4	5644.8	3376

说明：1.1996—1997 年，地方财政的支出含社会保障基金支出，分别为 1495 万元、1773 万元；2.1998 年起，地方财政的支出含基金、附加支出、主管部门集中支出和其他支出

第五节　财政监督管理

一、预算管理

1986 年 4 月，行政事业单位经费实行“包干使用，超支不补，结余留用”的办法。

1991 年 1 月 1 日，预算外征收管理的教育费附加收入纳入预算内管理。

1992 年 1 月，区水利工程管理单位实行“以收抵支、财务包干”管理办法。

1994 年 7 月，区政府将部分行政性收费纳入预算管理，机关事业单位实行“经费包干、奖惩挂钩”办法。

1995 年 6 月，行政性收费纳入预算管理，执法单位经费可高于党政机关人均经费 1.5%，专项支出金额在 5 万元以下由分管副区长审批，5 万元及以上由区长审批。

1996 年 4 月，万盛幼儿园由差额财政拨款单位改为全额财政拨款单位。

1997 年 1 月 1 日，事业单位实行“核定收支，定额或定项补助，超支不补，结余留用”的预算管理办法。是日，区城市管理监察中队被下划给区城市管理办公室管理。其财政经费由区财政从城市维护建设税分成资金中安排，所需办案经费由区财政局统筹解决。

1998 年 7 月，区有线电视台实行自收自支财务管理制度，原预算外资金管理办法不变，原核定拨款额度保持 5 年（1998—2002 年）不减，专项用于归还借、贷款。9 月，区市场管理服务所每年按年收费 30% 计提修购基金。

2000 年 4 月，区财政统一发放区教育、公安系统职工工资，包括基础工资、职务工资、级别工资、工龄工资，工改统一保留津补贴、老粮贴、特殊行业补贴、独生子女费、离退休金、护理费 10 项工资及福利；各单位发放代课代职人员及临时工工资。6 月 1 日，乡镇财政所开设工资专户，进入工资专户的总额由区财政局核定、划入。7 月 1 日，区财政统一发放全区财政供给人员工资。8 月 1 日，行政事业单位在职在岗职工工资和离退休人员的离退休费实行“编办核编、人事核算、财政核资、银行代发、监察监督”管理。

2001 年 1 月，全区行政事业单位实行“定收定支，综合预算，收支挂钩、自求平衡，财务总揽、资金统管”的财务管理体制。3 月，区人民法院、公安分局、城乡建委、国土局、人防办、供销区办 6 部门试点编制综合财政预算。8 月，南桐矿务局办 10 所中小学校（中学 3 所，小学 7 所）及教职员工（532 人）移交区政府管理。是年起，移交学校的办学经费基数部分（562 万元）由重庆市财政承担，超基数部分由区财政承担。

2002 年 1 月 1 日，区县级企业所得税和个人所得税为中央与区县共享收入（中央、区县五五分成，2003 年起，改为六四分成）。10 月起，区公安分局、工商分局、人民法院、环保局、计生委等执法单位按规定的收费以原解缴级次分别缴入市和区国库；法院诉讼费按原办法统一解缴到工商银行，工商银行按市 25%、区 75% 的比例分别缴入国库，实行“收缴分离、银行代收”制度。

2003 年 1 月，区人民法院、公安分局、计生委、环保局 4 个执法单位按规定收取的预算外资金全部纳入预算管理；各项行政事业性收费（含以前年度欠缴和未缴财政专户部分）全额上缴区金库。是年，全面推行部门预算。

2005 年 1 月，规范旅游结构调整资金使用管理，设立财政资金专户，专款专用。10 月，区财政局规定 2006 年部门预算实行综合、零基、细化预算，政府采购预算是部门的附加预算。

2006 年 3 月，农村义务教育阶段免收学生杂费和公用经费补助全部纳入农村中小学预算。4 月，区财政局设立征地农转非人员养老保险统筹费专户，专项使用，统一管理。7 月，取消社会抚养费区镇两级分成使用管理体制。

2011 年 1 月起，预算外资金管理收入（不含教育收费）全部纳入预算管理。

二、财政收入管理

（一）农业税收管理

1986 年 11 月，农村智力弱、缺乏生产能力的劳力和 3 年 ~ 5 年内不能摆脱贫困的农户，免征农业税 3 年（1986—1988 年）。

1987 年 5 月，所有农作物均按评定常年产量，以中等稻谷 0.36 元 / 千克计征农业税，实行“实物交纳、货币结算”办法。

1988 年 1 月，核定万盛乡、南桐乡和青年镇耕地占用税 6.50 元 / 平方米，关坝乡和丛林乡 6.00 元 / 平方米，青山乡、金桥乡、南天乡和景星乡 5.50 元 / 平方米。耕地占用税上解中央财政 50%、重庆市财政 20%，其余部分区、乡财政平均分配使用。

1989 年 1 月，耕地占用税上解中央财政比例减至 30%，上解重庆市财政减至 15%，区留成部分增至 55%。3 月，稻谷改按 0.436 元 / 千克计税。7 月，将水果、果用瓜、茶叶、蚕茧、花卉、中药材、树木、淡水养殖产品等收入纳入农林特产税征收范围，水果、果用瓜、淡水养殖收入税率 10%，原木 8%，其他 5%；农林特产税地方附加为纳税额 10%。

1990年2月，区财政局委托区房管分局代征城镇房屋买卖契税。4月，农业税征收方式从“户交户结”改为“户交社代结”。6月，各乡镇财政所征收农村部分房屋买卖契税。

1992年1月，行政、企事业单位以预收售房款的方式集资建房，产权属于出资者个人所有，对其依法征收契税。4月，稻谷改按0.496元/千克计税，新增收入13.5万元（包干产量仍为226.5万千克），除10%交市作为机动减免数外，全部留区。12月，因遭受大风、冰雹、暴雨等自然灾害影响，市减免区农业税30万元。

1993年6月，大宗农林特产收入实行全国统一税率，在新开荒山、荒地、滩涂、水面从事农林特产生产的，一至三年内免税。

1994年3月，茶叶生产纳税环节由生产单位或个人缴纳特产税7%，收购纳税环节由收购单位或个人缴纳特产税16%。6月，耕地占用税由所在地财政部门实行预征。至1995年，暂缓征收收购猪皮的单位、个人的农业特产税，收购牛皮、羊皮的农业特产税按5%征收。

1995年5月，凡土地房屋的买卖、赠予、交换，缴税6%，典当税3%，均由承受人缴纳契税。

1996年6月，稻谷改按1.44元/千克计税。

1997年7月1日，调整毛茶农业特产税税率，生产毛茶的单位和个人适用税率仍为7%，收购毛茶的单位和个人适用税率由16%调至12%。

1998年4月，蚕茧农业特产税统一按收购单位支付金额的50%作为收入计税，税率8%。12月，减免区1998年农业税33万元。

2000年4月，规定自1999年8月1日起，购买以指导价下销售的积压商品房（1998年7月11日至1999年6月30日建成），减半征收契税（至2000年12月31日），个人购买自用普通住宅，亦暂减半征收契税（至2000年12月31日）。10月，稻谷改按1.04元/千克计税。11月，公有制单位职工首次购买住房，免征契税。

2002年1月，减免农村残疾人农业税及附加。11月，按各乡镇实际入库数的5%农业税减免准备金。

2003年7月，重庆市财政局规定个人购买普通住宅契税（税率3%）减半征收，购买写字楼、公寓、门面、商铺、别墅、度假村全额征收。

2004年3月，农业税率由7%降至6%，农业税附加按下调后正税的20%征收，停止征收除烟叶以外的农业特产税。是年起，农业税减免准备金由5%提高至8%。4月，农业税及附加可以征收代金或实物，货币结算；2002年、2003年退耕还林合格面积中的计税面积按6%代扣农业税。9月，减免2004年农业税57.78万元，其中灾情减免31.84万元，社会减免18.08万元，其他减免7.87万元。

2005年1月1日，免征农业税及附加。3月，凡拆迁居民重购住房，其房款相当于拆迁补偿的部分免征契税，超过部分征收契税。

2006年10月1日，城镇职工首次购房，或首次参加单位集资建房，购买单位住房，以及因不可抗力而灭失住房需要新购房，减免个人契税。

2007年2月1日，契税由土地、房屋所在地机关（含乡镇、街道）财政所征收。6月，农民购买城镇二手房，面积在90平方米及以下，房款在20万元以下，免征契税。

2008年4月，重庆市政府规定万盛区耕地占用税额为20元/平方米。6月1日起，耕地占用税由区地税局征收。2010年1月1日，契税的征收管理职能全部被划入区地税局。

2010年10月20日，个人购买单套建筑面积140平方米以下，或套内面积120平方米以下，且为购买者唯一住房，按1.5%征收契税；单套建筑面积90平方米及以下，按1%征收契税。

1986—2011 年万盛区农业四税收入情况一览表

表 13–6　　　　　　　　　　　　　　　　　　　　　　　　单位：万元

年份	合计	农业税	农业特产税	耕地占用税	契税
1986	67	67	–	–	–
1987	80	74	–	6	–
1988	93	73	11	9	–
1989	172	99	16	55	2
1990	150	99	24	26	1
1991	151	99	25	24	3
1992	159	112	23	21	3
1993	178	118	27	30	3
1994	326	195	68	60	3
1995	276	195	50	18	13
1996	344	254	64	13	13
1997	349	254	66	16	13
1998	302	254	24	14	10
1999	253	185	25	32	11
2000	242	183	32	4	23
2001	176	122	25	4	25
2002	463	342	6	2	113
2003	424	291	6	1	126
2004	341	234	–	1	106
2005	384	–	–	2	382
2006	392	–	–	1	391
2007	761	–	–	8	753
2008	901	–	–	183	718
2009	1399	–	–	82	1317
2010	2731	–	–	1144	1587
2011	3252	–	–	1027	2225
总计	14366	3250	492	2783	7841

（二）工商税收管理

1993 年 5 月 1 日，商品零售和其他饮食业营业税由 3% 提高至 5%，平价零售粮食、食油和粮价放开地区的国有粮食企业和零售农业生产资料免征营业税。

1995 年 2 月 8 日，财政部驻重庆市财政监察专员办事处核定，重庆晋林机械厂 1993 年度应纳增值税额基数为 23 万元，按照“先征后退”办法，同意退付该厂超缴增值税 3.46 万元（中央财政负担 75%，地方财政负担 25%）。10 月 6 日，集贸市场和个体工商户（含无照户）的税收按个体税收划分征管，增值税、消费税占其缴纳流转税（以 1994 年为参照）51% 的纳税户由国税系统征管，营业税占其缴纳流转税（以1994年为参照）51%的纳税户由地税系统征管；按增值税、消费税附征的教育附加费由国税系统征收，按地方营业税附征的教育费附加费、交通重点建设附加费和地方政府决定征收的有关基金、规费，中央、省新开征所属地方固定收入的税种、基金和规费，均由地税系统征收。

1998年1月，三线搬迁企业"九五"后3年（1998—2000年）继续实行增值税和营业税"先征后返"的办法。8月，部分重点企业实行税收目标责任制，以企业所得税、增值税和营业税之和为考核基数，超基数部分按8%提取奖金，奖励该企业的法定代表人和党委书记，奖金免征个人所得税。

2007年6月15日，万盛区政府印发《万盛区纳税大户目标考核奖励的办法》，规定年纳税400万～600万元的企业，纳税400万元奖励1万元，每增加100万元再加奖300元；纳税600万～1000万元的企业，纳税600万元奖励2万元，每增加100万元再加奖3000元；纳税1000万元以上的企业，奖励5万元，每增加200万元再加奖5000元；最高奖金不超过10万元。

2008年4月7日，区政府表彰奖励福耀玻璃（重庆）配件有限公司等4家企业，并授予2007年度纳税大户称号。是日，行政事业单位履行个人所得税代扣代缴业务。

2009年8月，建立税收征管护税协税机制。

（三）政府性收费与基金管理

1986年8月8日，《重庆市蔬菜基地开发建设基金暂行管理办法》实施，南桐矿区蔬菜基地开发建设基金每亩6000元～8000元。1990年1月1日，增至每亩1万元。

1991年1月1日，开始征收污水排放费，费率为0.08元/吨，其中电力、矿业企业按0.02元/吨缴纳。

1992年10月，开始征收水资源费，地表水费率为1.00元/100立方米，地下水为2.00元/100立方米，水力发电企业为1.00元/1000千瓦时，火力发电为0.20元/1000千瓦时，饮料生产为3.00元/100立方米。

1993年11月，开始征收人力三轮车治安管理费（15元/月）、驾驶员安全学习费（3.30元/月）、区三轮车办公室管理费（10元/月）和三轮车过户手续费（200元/次，含过户、变更证照工本费），指标有偿使用费每辆100元/年。是月，废止和取消第一批行政事业性收费项目，包括定额合同资料费、"重合同守信用"企业牌匾费、门前"三包"责任书工本费、计算机扫毒费、台球治安管理费、查询卡服务费、房租资料费、国有土地有偿划拨金、驾驶员心理检测费、驾驶员安全保证金、房改会议资料费和综合治理年终表彰奖励集资费；暂停征收工商咨询服务费。12月，废止和取消第二批政府事业性收费项目，包括农村承包合同管理费、产品质量监督抽查检验费、驾驶员培训油料加价费、电大学生建档费、木器加工厂管理费、农民砍伐树木绿化费、屠工管理费、个体屠工生猪组织费、双月车检费、幼儿园活动经费、驾驶员学习资料费、车管费、审车费、维修许可证保证金、中小学自立的课外作业辅导费、劳动工具费、住读生床铺押金、节假日补课费、奖学金、清洁卫生费、建档提档费、各种活动费、体育服装费、补考费、迟到早退等罚款、早晚自习辅导费、转学手续费、公物押金、批改作业费、学生学籍档案管理费、议价生费和考试不合格费等；暂停征收外送技校生联系费。

1994年10月，万盛区政府同意区公安分局收取总额不超过2万元的内保执勤治安联防费。

1995年5月1日，征收文化娱乐附加费。营业性文化娱乐场所，每月按营业收入2%计征；以餐饮为主并附设伴歌伴舞、卡拉OK等项目场所，每月按营业收入1%计征。8月，人力三轮车指标有偿使用费增至每辆500元/年。11月1日，取消固定资产投资许可证工本费、新建商品房交易管理费、登记费、新建商品房勘测费、房屋产权和户籍档案管理费、土地纠纷案件调处费、强制检查授权资格登记费以及一、二、三级计量定级升级考试发证费、合同制工人养老保险登记费和综合治理费等行政事业性收费；降低行政事业性收费项目费率或收费标准，土地价评估费由评估地价总额1%降至3‰，律师执照（证）工本费降至1元/本。人才交流中心档案保存费，个人委托由每人每月15元降至5元，单位委托由每人每月20元降至10元，房屋租赁治安管理费，由公房租金的6%降至3%，由私房租金的 8% 降至 5%，柜台、店面、店堂出租不收费；农民在原宅基地重建房屋，不收取农村建房管理费，占用非耕地按每平方米 0.25 元～ 0.50 元征收，占用耕地按每平方米 1 元～ 2 元征收。是年，全区收费种类 141 个，项目 2380 个，涉及收费单位 300 余家，收费总额 3865 万元。

1996 年 3 月 1 日，在万盛街道、东林街道和万东镇、南桐镇城镇范围内新建、改建、扩建各类民用房屋，征收防空地下室异地建设费，标准为 3 元 / 平方米。

1997 年 2 月，调整有线电视安装费，城区每户 320 元，拆迁费 100 元；农村每户 400 元，拆迁费 120 元；分散用户视其远近据实加收材料费。4 月，核定出租汽车管理费每车 150 元 / 月，内部风险基金 100 元 / 月。6 月，重庆市财政局、物价局、交通局同意石雷公路万盛段可收取车辆通行费。

1998 年 5 月，南桐支路至关坝段工程改建通车后收取车辆通行费，用于偿还引资本息。

1999 年 1 月 1 日，按水利工程水费总额的 30% 征收水利建设基金，其他项目收费按总额的 3% 征收。5 月 1 日，全区部分行政性收费（包括政府性基金）实行“收缴分离”制度。是年，取消收费项目 36 个。

2000 年 7 月 1 日，区林业局、劳动局等 9 部门的 45 项行政性收费实行“收缴分离”制度。9 月 1 日，征收万盛、东林街道、万东、南桐、青年、关坝、丛林镇居民城市垃圾处置费，居民每户 3 元 / 月，外来人员每户 2 元 / 月。11 月 1 日起，民用建筑防空地下室异地建设费征收标准增至 13 元 / 平方米，解危解困学校改造可减半征收。

2001 年 7 月 1 日，征收万盛城市建设配套费，征收标准为规划区建设工程 40 元 / 平方米（建筑面积），建制镇、工矿区 20 元 / 平方米（建筑面积）。12 月 12 日，征收城镇各级机关、社会团体、企事业单位和个体经营者治安联防费。单位以金代劳每人 75 元 / 月，小规模私营企业和个体经营者每单位或个人铺面（固定摊位）1.5 元 / 月。2003 年 1 月 1 日，停收治安联防费。

2002 年 1 月 1 日，取消乡镇企业管理费、乡镇矿山、矿长安全资格审验考试费等涉及乡镇（集体）企业负担的收费项目。

2004 年 9 月 11 日至 2005 年 8 月 31 日，区人力三轮车营运权有偿使用金增至每辆 1000 元 / 年。12 月 1 日，城镇居民垃圾处置费增至每户 6 元 / 月，外来人员每户 2 元 / 月，机关、事业单位（含学校）和社会团体每人 2 元 / 月，集贸市场、餐饮、旅馆、酒店、交通运输、厂矿企业垃圾处置费 90 元 / 吨（运至指定垃圾场 50 元 / 吨），其他商业门店（网点）200 平方米内按每月 0.4 元 / 平方米征收，超过 200 平方米，超过部分按 0.3 元 / 平方米征收。

2005 年 10 月，行政事业性收费、政府性基金实行“收支两条线”管理制度，按照“预算纳入金库，预算外缴入财政专户”的原则，及时定额上缴金库或财政专户，实行“财政统收统支，资金专款专用”的管理办法。

2006 年及以后政府性收费纳入非税收入管理。

（四）罚没收入管理

1986 年 1 月，罚没收入仍按 20% 返还，月罚没款 5000 元以上（含 5000 元）按月上缴，5000 元以下按季度上缴。

1991 年 10 月 25 日，《重庆市罚款和没收财物管理条例》实施。

1996 年 4 月，规定罚没收入应在 5 日内上缴，零星罚没收入可按月上缴；罚没物资和赃物，除退还当事者外，其余公开拍卖，不得作价收购、自罚自用。各执法部门取得的罚没收入全部上缴区财政，严禁提留，分成和收支挂钩。

1998 年 6 月，公安、检察、审判和工商管理部门的行政性收费和罚没收入实行“收支两条线”管理。

1999 年 3 月 1 日，殡葬罚没收入全额上缴财政，区、乡（镇）财政三七分成。

2006 年及其以后罚没收入纳入非税收入管理。

（五）非税收入管理

2005年8月10日，万盛区非税收入实行“单位开票、银行代收、财政管理”的征缴方式（直缴和汇缴）。

2007年1月1日，将诉讼费收入纳入非税收入收缴管理系统征管。重庆市、万盛区财政按25%、75%分成。5月，将土地出让收入全额纳入非税系统征管。

2008年11月1日，人力三轮车运营有偿使用费由每辆每年1000元调至500元。12月，区取消和停止征收行政事业性收费项目100个。

2009年5月1日，新增建设用地土地有偿使用费，按12级标准20元/平方米计征。11月20日起，将水资源费纳入非税收入收缴管理系统征收，征收对象为水（火）力发电企业，标准为0.003元/千瓦时。

2010年1月1日，城市建设配套费Ⅰ档增至150元/平方米（建筑面积），Ⅱ档增至90元/平方米（建筑面积）。

三、预算外资金管理

1987年3月，南桐矿区政府印发《关于加强预算外资金管理的通知》，规定预算外资金的构成、收入项目、收费标准、提取比例、开支范围和管理办法等。是年，区教育委员会等10个行政事业单位试行“专户储存，集中管理”办法，集中资金40多万元。

1988年6月1日，凡预算外资金年收入5000元以上的区属行政事业单位全部实行“专户储存、计划管理、财政审批、银行监督”管理办法。

1989年5月1日，区属行政事业单位的预算外资金由区财政局预算科管理，区国土局、农业局、林业局、乡镇企业管理局的由农财科管理；凡预算外资金年收入超过1000元的单位，都要“专户储存、计划管理”。

1990年，区退休养老金和待业保险基金实行“专户储存”。年末，专户余额140万元。

1991年10月，行政事业单位预算外资金全部纳入财政专户储存，集中管理；各单位应在开户行开设预算外资金收入、支出两个账户，实行“收支两条线”管理。

1992年8月，南桐矿区政府印发《南桐矿区预算外资金管理办法》，规定预算外资金“不得分散和私设‘小金库’”，根据不同管理形式实行“专户储存、计划管理、财政审批、银行监督”，行政、事业单位和主管部门实行收费许可制度，使用统一印制、监制的专用收据。9月，规定一个单位只能在一家银行开设收入和支出户2个账户。是年，全区50个行政事业单位清理账户121个（469万元），撤并不符合规定账户11个，增开支出账户17个。

1995年8月1日，全区预算外资金、除保留用款和暂留账户账号外，其余全部被撤销，全额转入账政专户。9—12月，区人民法院在工商银行开设“当事人暂存款收入”专户，区计生委在农业银行开设计划生育费用款专户，区网点办在农业银行和建设银行开设网点费用款专户，区改水办和区畜牧兽医站、区世行贷款林业项目办公室分别在工商银行、农业银行开设预算外收款专户。年末，全区财政专户储存集中户60户，储存数1470.48万元，拨款1275.63万元，累计沉淀余额394.91万元，用于支持平衡预算260万元。

1996年4月，区旅游局在中国工商银行开设预算外资金用款专户，区公安分局在中国工商银行开设收入过渡户。5月，黑山、石林风景管理处和区人力三轮车管理办公室的预算外资金实行“财政专户、收支两条线”管理。6月，黑山、石林风景管理处的预算外资金全部缴入财政专户管理，其预算外收入的20%缴入金库平衡预算。5—9月，清查全区预算外资金，查出违纪单位18个，违纪金额394.7万元，应入库13.5万元，没收销毁非法票据1874本。是年，全区纳入财政专户单位121个，存入资金4019万元，支出3946万元，年终滚存沉淀资金1484万元，年内直接调剂用于预算周转360万元。

1997年5月，规定部门和单位将预算外资金用于基本建设投资，购买专控商品及其他专项支出5

万元以下（含5万元）由区财政局审批，5万元以上至10万元由分管副区长审批，10万元以上由区长审批。7—8月，清查全区预算外资金、罚没收入和小金库，查出违纪单位14个，违纪金额94.03万元，应入库17.42万元，没收销毁非法票据74本。9—10月，区交通局、汤家沟水库管理处、区煤管局开设预算外资金支出用款专户，实行“财政专户、收支两条线”管理。

1998年1月，预算外资金的所有权归区政府。5月，清理377个机关、企事业单位银行账户，撤销合并账户54个，账户总数减至323个（财政资金管理中心241个，工商银行34个，农业银行25个，建设银行21个，信用联社2个）。

2001年5月，清理区机关、事业单位、差额预算管理单位、自收自支事业单位、企业化管理的事业单位等银行账户377个（财政资金管理中心开户268个，中国工商银行40个，中国建设银行26个，中国农业银行41个，重庆市农村信用联社2个），撤销合并账户54个。清理后银行账户总数减至323个，其中财政资金管理中心241个，中国工商银行34个，中国农业银行25个，中国建设银行21个，重庆市农村信用联社2个。

2003年10月18日，实行外预算资金收缴分离办法和“单位开票、银行代收、财政统管”管理制度。

2005年3月，凡在区内开采矿产资源的单位和个人，均按0.3元/吨征收育林基金，缴入财政集中专户管理。

2006年4月，全额返还区疾控中心、区卫生监督所上缴的预算外收入，用于单位的基础设施建设。

2010年1月1日，预算外资金的收入（不含教育费）全部纳入预算管理。

四、资源型城市转型资金管理

2009年3月2日，万盛区（按地级市对待）被纳入全国第二批资源枯竭城市。

2010年5月31日，《万盛区资源型城市转型资金管理暂行办法》实施，规定转型专项资金由中央资源枯竭型城市财力性转移支付金、市级配套资金和区安排的重点项目资金组成。专项资金主要用于煤电化材料、机械产业、旅游业、社会保障、城市基础设施建设、环境污染、治理、教育、文化和卫生等。

至2011年，万盛区共获国家资源型枯竭城市财力性转移支付3.75亿元（2008年5300万元，2009年7700万元，2010年9200万元，2011年15300万元），主要用于破产企业安置和地质灾害综合治理，水土保持，通道绿化，学校校舍维修改造，市政基础设施建设，培育接续替代产业，社会保障及解决遗留问题，沉陷区环境和生态治理，医疗卫生和棚户区改造等。

五、政府采购管理

1987年1月，全区有小汽车、大轿车、摩托车、沙发、地毯、空调、沙发床、录音机和多用机、录像机、照相机和放大器、大型或高级乐器、家具、呢绒毛料及其制品、纯毛毯、彩色电视机、电冰箱、洗衣机、各种电取暖、电煮水设备等18项专控商品。

1988年4月，将复印机纳入专控商品管理范围。专控商品实行限区购买，其中复印机、空调、冰箱等11种商品定点供应。

1989年，专控商品增至29项，增加电子打印机、电传机、羽绒服、风雨衣、吸尘器、丝绸及其制品、钟表、灯具、国产名牌卷烟、品牌酒和进口卷烟、品牌酒。8月29日至是年底，停止审批购买专控商品。

1990年4月，适当放松重庆市生产的部分专控商品的管控，暂作一般商品对待，集团购买免控销售。5月起，重庆市控制社会集团购买力办公室除审批小汽车、大轿（客）车、空调、录像机4种专控商品外，其余专控商品审批权下放给各区、县控制社会集团购买力办公室。

1993年5月起，专控商品减至8项，包括小汽车、大轿车、摩托车、录像设备、空调、各种音响设备、照相机和放大机、无线寻呼机和无线移动电话。

1994 年 3 月 1 日，企业和自收自支事业单位购买小汽车，无须审批。7 月 15 日，停止征收小汽车和其他专控商品附加费。

1998 年 9 月 1 日，停止审批重庆生产的长安旅行车、长安铃木、重庆、北泉、渝彬、山花牌客车和摩托车。12 月 1 日，不再审批市各部门购买专控商品。将行政事业单位控购事宜，纳入政府采购范畴。

1986—1998 年万盛区社会集团购买力情况一览表

表 13-7 单位：万元

年份	计划	实际	年份	计划	实际
1986	400	384.9	1993	–	–
1987	470	467.1	1994	–	–
1988	430	424.9	1995	–	–
1989	–	–	1996	700	670.6
1990	480	398	1997		
1991	500	499	1998	900	890
1992	910	902.65	–	–	–

1999 年 4 月 20 日，《万盛区政府采购试行办法》实施，规定区内党政机关、行政事业单位、受财政补贴的社会团体均实行政府采购制度，区财政局为区政府采购的主管部门。

2000 年，万盛区政府采购 255 万元，其中汽车维修支出 116 万元。

2001 年 3 月，公布集中采购目录，分货物、工程和服务 3 类。

2003 年，万盛区政府采购 29 次，金额 810 万元，与市场价比较节约 45 万元。

2004 年，万盛区政府采购 326 次，金额 1469 万元（货物类 808 万元，工程类 485 万元，服务类 176 万元）；公开招标 240 万元，邀请招标 546 万元，竞争谈判 344 万元，询问价采购 333 万元。全区 8 个乡镇政府采购近 100 万元，占全区的 6.8%。

2005 年 1 月，区财政和行政机关、事业单位、各乡镇承担保险费的机动车辆，一律按新规定统一参加保险，并集中在中国人民财产保险公司万盛支公司办理。

2010 年 5 月，采购（目录内的项目）金额超过 1500 元的应通过政府采购网申报，其中 1500 元 ~ 2999 元的采购项目，各单位可自行采购，3000 元及以上的采购项目，须由区政府集中采购；采购目录之外单项金额 5 万元以上货物类和服务类项目，单项金额 20 万元以上的工程类项目，可自行采购或委托区政府采购。是月，万盛区政府变公开招标采购方式为非公开招标方式。

2011 年 2 月，区财政局印发《万盛区 2011—2012 年政府采购目录及标准》，规定单次采购金额 5000 元以下（含 5000 元）的项目，可实行分散采购，无需向区财政局申报；单次采购金额 5000 元以上的项目，实行集中采购；公务车辆保险、维修、加油实行定点协议采购，单次采购金额 1 万元以下的办公自动化设备、电子设备、网络设备及耗材实行定点采购。

2000—2011 年万盛区政府采购情况一览表

表 13-8

年份	采购金额（万元）	节约金额（万元）	节约率（%）
2000—2005	92		5.99
2006	1800	161	8.94
2007	2050	186	9.07
2008	2797	218	7.79
2009	9193	573	6.23
2010	18158	1243	6.85
2011	32337	3376	10.44
合计	72327	6116	8.46

六、国库集中支付核算制度

2000 年 7 月，通过商业银行统一发放区财政供给人员工资。

2003 年 4 月，在政府采购和工资统发直接支付的基础上，建立国库单一账户体系，各类区级财政性资金都纳入国库，收入和单位往来款缴入国库或财政专户，支出通过国库直接支付。纳入直接支付范围有统发工资、政府采购资金、部分专项资金、其他资金。5 月 1 日，区教育委员会、文化体育局、城乡建设委员会及其所属二级单位试点直接支付部分专项资金。

2005 年 7 月 1 日，区财政资金（包括预算内和预算外资金、借入资金、国债资金等）执行“集中管理、统一调度、量入为出、专款专用、统筹安排、确保急需”的规定。是年，全区财政直接支付资金 10693 万元。

2007 年 2 月，取消区及乡镇农业税收过渡账户，余额全部缴入区国库。

2009 年 1 月 1 日，实行国库集中收付核算制度。

2010 年 1 月 1 日，实行行政机关和全额预算单位会计集中核算改革。全区 232 个预算单位全部纳入国库集中支付，确定国库集中收付代理银行 2 家，清算银行 4 家，开设财政零余额账户 2 个，预算单位零余额账户 141 个，财政代管资金账户 5 个。是年，全区通过国库集中支付系统办理预算单位支付业务 73383 笔，集中核算 28.8 亿元，直接支付与授权比例 6：1。

七、财政信用

1985 年至 1986 年 10 月，全区城镇企业发展生产基金累计投放 275 万元（含回收再投放 32 万元），其中工业 124 万元，交通运输 15.3 万元，商业 81.7 万元，农牧业 19 万元，科学卫生 31 万元，民政福利 4 万元；投放单位 31 个；投放项目 36 个，其中技改 22 个（112.5 万元），改扩建 8 个（124.5 万元），其他 5 个（37 万元）。财政扶持城镇企业周转金回收率 61.5%，支农周转金回收率 60.9%。

1989 年 5 月，调整财政周转金占用费率。城乡企业生产发展基金贷款月息 4‰～9.5‰，事业发展基金（含福利事业）贷款月息 4‰～6‰。是年，投入各种周转资金 349.8 万元。其中支农周转金 255.8 万元，其中种养殖业 38.4 万元、农技推广 23 万元，林业 32.1 万元、农机水电 60.1 万元、建材工业 27 万元、化肥工业 25 万元，其他 31 万元；投入城镇企业发展金 84 万元，挡风玻璃厂 20 万元、造纸厂 5 万元、水泥厂 3 万元、空压厂 15 万元、饮料厂 5 万元、国营商业流动资金借款 16 万元等；安排事业发展基金 10 万元，文化事业 2 万元，教育事业 4 万元，医疗卫生事业 4 万元。

1990 年 4 月，全区各乡镇开始回收以前年度逾期和是年到期的区支农周转金 126.64 万元，其中

1989年以前逾期应收款34.18万元，1990年到期应收款92.47万元。7月1日，调整财政周转金占用费率。城乡企业生产发展基金借款月占用费率4‰～7‰，事业发展基金借款月占用费率4‰。是年，区投放各类周转金356.4万元。其中城镇企业发展75.5万元，企业临时周转金借款64.2万元，特困企业流动资金借款45万元，事业发展基金9万元，支农162.7万元（区级142.7万元，乡镇级20万元）。

至1991年年末，全区有支农周转金364.7万元，累计投放1009.5万元，累计回收676.5万元，占应回收数78%。

1992年8月，清理收回逾期支农周转金11.3万元，到期周转金12.4万元。12月，豁免万东镇陶瓷厂借款14.08万元及借款占用费。是年，投放各类周转金473.4万元。其中城镇企业事业和发展项目120.9万元，支农周转金352.5万元（乡镇企业200万元）。

1994年9月，减免南桐镇财政所1992年所借农业税丰歉基金5万元（有偿转为无偿）及免交占用费，余下2万元及占用费由南桐镇财政所归还。

2001年12月6日，调整区财政局职能，取消财政周转金制度。

八、财政监督

1989年11月，全区652个机关、企事业单位自查“小金库”，自查面99.4%；重点检查290个单位，检查面44.48%，查出违纪金额435.1万元，应入库196.7万元，全部入库。

1990年5—12月，清理“三乱”收费项目369个、1338万元，摊派项目8个、31万元，罚款项目35个、168万元。9—12月，开展税收、财务、物价大检查，查出违纪金额228.4万元，应入库158.8万元，已入库144.4万元。

1991年11—12月，查出违纪金额188.1万元，其中企业违纪160.3万元，行政事业单位违纪27.8万元，应入库97.1万元，已全部入库；查出“三乱”违纪额2.58万元，收缴财政2.18万元。

1992年9—12月，检查企业330家（国营56家，个体274家），行政事业单位79个，个体工商户1027户，查出违纪金额105.1万元，应入库49.9万元，次年1月入库49.4万元。

1993年9—12月，开展财务、税务、物价检查，查出经济执法部门、私营企业、个体户等225家，违纪金额134.4万元，入库108.7万元。

1994年8月，检查乡镇（街道）预算内、外自筹资金，检查资金总额2247.6万元（预算内1893.8万元，预算外153.1万元，自筹200.7万元），查出违纪金额42万元（预算内37.8万元，预算外2.8万元，自筹1.4万元），应入库2.6万元，全部入库，调账处理30.1万元。10—12月，检查行政事业单位、企业、个体工商户495家，查出违纪金额168万元（企业违纪金额144万元，行政事业单位违纪金额19万元），入库153.1万元。

1995年6—8月，清理1993年以来国有企业（包括各类公司）、集体企业、联营企业、企业集团、事业和行政单位、社会团体及各种学会、协会私设小金库的各项资金收支数额和1992年年末资金的滚存余额。全区自查358家，违纪9家，查出1992年小金库滚存余额0.43万元，截留隐匿收入3.58万元，滚存余额2.45万元，清查后上缴财政0.33万元。定案查处小金库4.38万元，期末滚存余额2.48万元。11月，自查3099家，检查639家单位和个体工商户，查出违纪金额496万元，应入库464万元，已入库433万元。

1996年11月至1997年2月，检查机关事业单位和个体工商户880家单位，查出违纪金额791万元（含清理欠税600万元），应入库762万元，全部入库。

1997年10月至1998年1月，检查机关、企业和个体工商户550家，查出违纪金额515万元，应入库294万元，入库184万元，并清理入库欠税311万元。

1998年4—7月，清理27家单位小金库的预算外资金，查出违纪单位22家，违纪金额296.1万元，其中 1998 年应缴未缴财政专户坐支挪用 68.2 万元。

2000 年 8—11 月，检查“收支两条线”执行情况。自查单位 62 家，重点检查单位 19 家，查出违纪金额 445.7 万元，处罚应缴国库金额 331 万元，责令清退乱收费 9.7 万元，补缴财政专户 43.7 万元。

2001 年，清理全区 112 个财政单位的 377 个账户，撤销、合并 54 个。

2004 年，开展治理企业“三乱”（乱收费、乱罚款、乱摊派），查处全区 34 个行政单位违反“收支两条线”管理、乱收费的行为。整顿统一着装，查出未经国务院批准的着装部门 10 个，涉及着装项目 12 项，仿制式单位 2 个，着装项目为公安协警、联防巡逻队，收回制式服装 79 套。

2005 年，审计黑山—石林景区旅游环线公路、区人民医院传染病房改造等政府性投资性项目 18 个，审减金额 216 万元。是年，国有资产处置收入 917 万元。

2006 年，开展“五清理”“四规范”工作，查出违规资金 278.8 万元，补交税金 30.2 万元，罚款 0.6 万元。是年，评审石林—九锅箐旅游环线公路、康隆盛商业步行街等政府投资性项目 30 个，送审 3440 万元，审定 3105 万元，审减 299 万元。

2009 年 8—11 月，检查全区 110 个行政事业单位“小金库”，查出 2 个单位涉案金额 44 万元，收缴财政 8 万元。

至 2010 年 10 月，全区家电下乡补贴 23351 台（件），补贴金额 629.48 万元，未发现违规行为。是年，审核 2009 年自然灾害救灾补助资金、抗震救灾、救灾物资总计 187.73 万元，未发现挪用、截留等行为。

2011 年 1 月，重点检查执收执法单位 17 个，查出 2 个单位漏报金额 3.59 万元；20 家国有企业和 41 家社会团体自查出“小金库”2 个，金额 524.98 万元，收缴财政专户 80.05 万元，纳入规定账簿 189 万元，撤销小金库银行账户 1 个。是年，审查 2007—2009 年中央、重庆市、万盛区强农惠农资金 39480 万元，查出违规金额 847 万元。

第二章　税务

第一节　税务管理机构

一、重庆市税务局万盛区分局

1986 年，重庆市税务局南桐矿区分局设办公室、政策法规科、税收政策管理科、征收管理科、税源管理一科、税源管理二科、计划征收科、人事教育科和监察室等科室 9 个。1993 年 4 月，更名重庆市税务局万盛区税务分局。

1994 年 9 月 29 日，撤销重庆市万盛区税务分局，组建重庆市万盛区国家税务局和重庆市万盛区地方税务局。

二、万盛区国家税务局

1994 年 9 月 29 日，万盛区国家税务局成立，设办公室、税收政策管理科、征收管理科、计划财务科、人事教育科和监察室等科室 6 个，下设万盛区国家税务局税务所、征收税务所、个体集贸税务所和万盛、东林、桃子、青年、关坝税务所。

2005年4月，万盛区国家税务局实施机构改革，设办公室、政策法规科、税政管理科、征收管理科、税源管理一科、税源管理二科、计划征收科、人事教育科和监察室等科室9个；有万盛区国家税务局稽查局1个直属机构，万盛区国家税务局信息中心1个事业单位；有关坝税务所等1个派出机构。

2009年6月，万盛区国家税务局实施机构改革，设办公室、税政法规科、收入核算与财务科、征管与纳税服务科、人事教育科和监察室等科室6个；有万盛区国家税务局稽查局1个直属机构，万盛区国家税务局信息中心、机关服务中心2个事业单位；有办税服务厅、第一税务所、第二税务所和关坝税务所等4个派出机构。

三、万盛区地方税务局

1994年9月29日，万盛区地方税务局成立，设办公室、税政管理科、征收管理科、计划财务科、人事教育科、监察科和稽查分局等科室7个；下设万盛、东林、桃子和青年等税务所4个。1995年7月2日，监察科更名纪检监察室。1996年6月，增设个体集贸税务所。12月，增设地方税科。1998年7月，增设征收税务所。2006年5月，撤销桃子税务所。12月，撤销关坝税务所。2008年11月，稽查分局升为稽查局，设综合科、检查科。2010年9月，税政管理科更名政策法规科，计划财务科更名收入核算科，人事教育科更名人事科，征收税务所更名办税服务厅。

2011年，万盛区地方税务局设办公室、政策法规科、收入核算科、征收管理科、人事科和监察室等科室7个；有万盛区地方税务局稽查局1个直属机构；有万盛税务所、东林税务所、办税服务厅3个派出机构。

第二节　税收种类

一、国税种类

万盛区国家税务局征收的主要税种有增值税、企业所得税、消费税、居民储蓄存款利息个人所得税和车辆购置税5种。

增值税　1984年，开始试点征收增值税。1993年11月，增值税上升为主体税种。1994年1月起，区内全面征收增值税，基本税率17%、低税率13%，小规模纳税人征收率6%（1998年7月1日起调减为4%，2009年调减为3%）。在级次上，中央分享75%，地方分享25%。1994—2011年，共征收255645万元。

企业所得税　1994年1月1日，开始征收企业所得税，税率为33%，优惠税率为18%、27%。2008年起，税率降至25%，优惠税率为20%、15%。1994—2011年，共征收10236万元。

消费税　1994年1月1日，开始征收消费税。征收对象主要是高档消费品和高能耗产品，分11大类。纳税额按价定率或者量定额计算。1994—2011年，共征收2422万元。

个人所得税　1999年11月，开始征收个人所得税，范围仅限于银行存款利息所得，由吸收个人储蓄存款的金融机构代扣代缴，税率为金融机构存款利息所得的20%。1999—2011年，征收4329万元。

车辆购置税　2001年1月1日起，交通部门征收的车辆购置附加费改为车辆购置税，由国税部门征收，税率10%。2005年起，开始征收车辆转移购置税。2006年1月1日起，实行一车一申报制度。2005—2011年，共征收7599万元。

二、地税种类

万盛区地方税务局征收的税种有营业税、企业所得税、个人所得税、资源税、房产税、城镇土地使用税、耕地占用税、契税、车船税、土地增值税、城市维护建设税、印花税、屠宰税、烟叶税和固定资产投资方向调节税等；非税项目有教育费附加、地方教育附加和文化事业建设费；代征项目有残疾人就业保障金和工会经费。

（一）税收项目

营业税　营业税征收对象为提供应税劳务以及销售不动产转让无形资产的单位和个人，税率为 3% ~ 20%。1995—2011 年，共征收 71037 万元。

企业所得税　1994 年 1 月 1 日，开始征收企业所得税，税率为 33%，优惠税率为 18%、27%。2008 年起，税率降至 25%，优惠税率为 20%、15%。1995—2011 年，共征收 26637 万元。

个人所得税　1993 年 10 月 31 日，开始征收个人所得税。2006 年 1 月 1 日，免征额提高至 1600 元。2008 年 3 月 1 日，免征额提高至 2000 元。2008 年 10 月 9 日，暂免征收储蓄存款利息所得个人所得税。2011 年 9 月 1 日，免征额提高至 3500 元，并将个人所得税第一级税率由 5% 调减为 3%，9 级超额累进税率修改为 7 级，取消 15% 和 40% 两档税率，增加 3% 和 10% 两个低档税率。1995—2011 年，共征收 23671 万元

资源税　1984 年，开始征收资源税。1994 年 1 月 1 日起执行新标准，煤炭税额幅度为 0.3 元 / 吨 ~ 20 元 / 吨。2011 年，扩大资源税的征收范围，由过去的煤炭、石油、天然气、铁矿石等少数几种资源扩大到原油、天然气、煤炭、其他非金属矿原矿、黑色金属矿原矿、有色金属矿原矿和盐等 7 种。1995—2011 年，共征收 13011 万元。

房产税　1986 年，开始征收房产税，计征方式分从价计征和从租计征。从价计征的，房产税依照房产原值一次减除 10% ~ 30% 后的余值计算缴纳，年税率 1.2%；从租计征的，房产税的计税依据是房产租金收入，年税率 12%。1995—2011 年，共征收 5965 万元。

城市房地产税　城市房地产税由产权所有人缴纳，产权出典者由承典人缴纳，产权所有人、承典人不在当地或产权未确定及租典纠纷未解决者，均由代管人或使用人代为缴纳。2009 年 1 月 1 日起，停止征收城市房地产税。

城镇土地使用税　1988 年 9 月，开始征收城镇土地使用税。2006 年，城镇土地使用税采用定额税率。万盛区土地划分为 4–7 级标准，每个等级适用不同的税额标准，分 3 元、5 元、8 元和 10 元 4 个税额等级。1995—2011 年，共征收 6949 万元。

耕地占用税　1987 年 4 月，开始征收耕地占用税，征收对象为占用耕地建房或者从事其他非农业建设的单位和个人，以实际占用的耕地面积为计税依据，以每平方米土地为计税单位，按适用的定额税率计税。2008 年 6 月 1 日起，万盛耕地占用税税额幅度为每平方米 20 元。2008—2011 年，共征收 2434 万元。

契税　土地、房屋买卖、典当、赠予和交换均须征收契税，公有制单位承受土地、房屋权属转移免征契税。契税计税依据为不动产价格，税率为 3% ~ 5%。2009 年前，重庆市财政征收，2009 年 1 月 1 日起，改为区地方税务局征收。2009—2011 年，共征收 5129 万元。

车船税　车辆、船舶的所有人或管理人为车船税的纳税义务人，按年申报缴纳，除挂车外均由保险公司代征。1995—2011 年，共征收车船税 640 万元。

土地增值税　转让国有土地使用权、地上的建筑物及其附着物并取得收入的单位和个人为纳税义务人。土地增值税实行四级超率累进税率。1995—2011 年，共征收土地增值税 3862 万元。

城市维护建设税　1994 年前，以纳税人实际缴纳的产品税、增值税和营业税的税额为计税依据。1994 年后，改为以纳税人实际缴纳的增值税、消费税和营业税的税额为计税依据。万盛区城市维护建设税税率为 7%。1995—2011 年，共征收 20966 万元。

印花税　1988年10月，开始征收印花税。纳税义务人分立合同人、立据人、立账簿人、领受人和使用人等5种人。1995—2011年，共征收2252万元。

固定资产投资方向调节税　1991年4月16日起，开始征收，实行差别税率。2000年1月1日起暂停征收。1995—2000年，共征收159万元。

屠宰税　按牲畜屠宰后的实际重量和税务机关核定的价格从价计征，税率为10%。不能按实际重量计征的地区，须规定各种牲畜的标准重量从价计征。2006年2月17日，废止。1995—2006年，共征收524万元。

（二）非税项目

教育费附加　1986年7月开始征收，凡缴纳增值税、消费税、营业税的单位和个人，均为教育费附加的纳费义务人，凡代征增值税、消费税、营业税的单位和个人，亦为代征教育费附加的义务人，征收费率为单位和个人实际缴纳的增值税、营业税和消费税税额的3%。1995—2011年，共征收8876万元。

地方教育附加　2010年开始征收，征收费率为单位和个人实际缴纳的增值税、营业税和消费税税额的2%。2010—2011年，共征收622万元。

文化事业建设费　1997年，开始征收广告、娱乐行业文化事业建设费。缴纳文化事业建设费的单位和个人，按销售额、营业额的3%计征，并分别由国家税务局、地方税务局在征收广告服务业的增值税、娱乐业的营业税时一并征收。1997—2011年，共征收94万元。

（三）代征项目

残疾人就业保障金　2004年4月30日起，除参加拨款的机关、社会团体、事业单位、中央直属单位（非企业）以及外地驻渝单位外，各类企业、自收自支的事业单位、社会团体和其他经济组织等应缴纳的残疾人就业保障金，由地方税务部门征收。2004—2011年，共征收1610万元。

工会经费　2006年7月1日起，工会经费或筹备金由地税部门代征。2006—2011年共代征收2304万元。

第三节　税费收入

一、国税收入

1994年，区国税收入6435万元，2011年收入54437万元，增长约7.5倍。其中税收收入由5325万元增至54411万元，增长约9.2倍。1994—2011年，入库税、费283994万元。

1994—2011年万盛区国家税务局税收情况一览表

表13-9　　单位：万元

年份	企业所得税	消费税	增值税	车辆税	营业税	储蓄利息个人所得税	其他收入	合计
1994	439	31	3949	–	827	78	1111	6435
1995	944	92	5109	–	359	188	136	6828
1996	450	105	4755	–	214	128	142	5794

续表

年份	企业所得税	消费税	增值税	车辆税	营业税	储蓄利息个人所得税	其他收入	合计
1997	3	111	5896	–	155	162	6	6333
1998	11	11	4650	–	165	–	–	4837
1999	6	4	3433	–	199	1	–	3643
2000	4	3	3670	–	175	208	–	4060
2001	6	3	4444	–	88	354	–	4895
2002	4	4	4861	–	39	388	–	5296
2003	54	4	5583	–	8	323	–	5972
2004	474	3	9707	–	–	384	–	10568
2005	451	3	14437	369	–	427	3	15690
2006	543	3	15305	446	–	512	25	16834
2007	801	5	20227	1118	–	570	17	22738
2008	912	3	29338	731	–	372	16	31372
2009	1624	372	30941	1406	–	168	31	34542
2010	1750	769	39168	1966	–	46	21	43720
2011	1760	896	50172	1563	–	20	26	54437
总计	10236	2422	255645	7599	2229	4329	1534	283994

二、地税收入

1995 年，区地税收入 2253 万元，2011 年收入 87655 万元，增长约 38 倍。其中税收收入由 2216 万元增至 47926 万元，增长约 21 倍。1995—2011 年，入库税、费 350225 万元。

1995—2011 年万盛区地方税务局税收情况一览表

表 13-10　　单位：万元

年份	税收收入	非税收入	合计	年份	税收收入	非税收入	合计
1995	2216	37	2253	2004	5816	447	6263
1996	2846	110	2956	2005	9077	540	9616
1997	3165	169	3334	2006	11430	11631	23061
1998	2968	927	3895	2007	13866	22192	36058
1999	2297	1823	4120	2008	16501	29617	46116
2000	2439	2452	4891	2009	20428	29300	63211
2001	3241	2678	5919	2010	30145	25262	55407
2002	3827	264	4091	2011	47926	39829	87655
2003	4453	306	4759	总计	182641	167584	350225

第四节　纳税大户

一、国税纳税大户

1994—2005年，区内国税纳税大户有重庆南桐矿业公司、福耀玻璃（重庆）配件公司、重庆南桐矿业公司电厂、重庆万盛电力公司、重庆万盛煤炭公司、万立煤焦化公司、重庆南桐化工厂、万盛区坪坝煤矿、万盛区铁厂坡煤业公司、中国银行万盛支行、重庆振兴煤业（集团）公司、万盛区瓮子塘煤矿等企业。

2006年，全区有纳税200万元以上的企业11家。

2011年，全区有纳税1000万元以上的企业10家，其中纳税超过1亿元的企业1家。

2006—2011年万盛区纳税（国税）大户一览表

表13-11　　单位：万元

企业名称	2006年	2007年	2008年	2009年	2010年	2011年
重庆南桐矿业公司	6652	5089	10966	11312	13169	19169
福耀玻璃公司	957	1163	1673	1767	1686	2097
恒泰发电公司	△	4270	3608	5522	4615	4530
万盛煤炭公司	473	916	391	451	685	1865
重庆南桐矿业公司电厂	456	516	506	391	441	840
方盛电力公司	420	290	193	270	131	1033
南桐化工厂	282	193	15	1	×	×
中国烟草万盛区分公司	257	254	329	756	1239	1513
中国工商银行万盛支行	252	259	132	59	14	6
重钢白云石矿	239	264	278	362	400	361
青年黄水凼煤矿	215	194	202	173	360	411
万立煤焦公司	200	548	840	461	209	34
桐梓县世纪煤焦公司	△	361	270	×	×	×
平翔煤矿	222	319	213	258	444	705
营寨煤矿	143	239	491	478	713	275
重庆振兴煤业（集团）公司	195	223	603	422	773	1170
国能煤炭销售公司	△	△	1553	1195	1656	1801
重庆山火木工商公司	7	32	388	5	×	×
重庆佳友物资公司	8	5	37	690	834	1155
重庆顺安爆破器材公司	※	※	113	652	817	691
重庆多普泰制药公司	62	127	184	374	939	1311
万盛区龙叫煤业公司	70	144	247	322	687	443

续表

企业名称	2006 年	2007 年	2008 年	2009 年	2010 年	2011 年
重庆农村商业银行万盛支行	124	144	102	279	611	778
万盛区瓮子塘煤矿	47	96	135	213	482	355
綦南供电局万盛分局	△	△	△	△	480	732
红伟煤矿	29	70	100	225	430	362
重庆万代混凝土公司	△	△	△	△	184	799

说明：“×”表示注销，“※”表示企业未成立，△表示无税

二、地税纳税大户

1994—2006年，万盛区地税纳税大户有万盛煤炭公司、重庆万安玻璃公司、中国烟草万盛区分公司、福耀玻璃（重庆）配件公司、万盛区宏居房地产开发公司和南桐矿业公司等企业。

2006 年，全区有纳税 200 万元以上的企业 6 家，其中纳税超过 1000 万元的企业 1 家。

2011 年，全区有纳税 500 万元以上的企业 11 家，其中纳税超过 1000 万元的企业 5 家。

2006—2011 年万盛区纳税（地税）大户一览表

表 13–12　　单位：万元

企业名称	2006 年	2007 年	2008 年	2009 年	2010 年	2011 年
南桐矿业公司	1578	1693	3230	3016	2581	5819
恒泰发电公司	697	1743	883	1383	864	1182
浦辉房地产公司	–	2	193	434	1278	3719
海业房地产公司	–	–	113	432	1346	1976
舜兴置业公司	–	–	12	170	908	1042
万盛区国资公司	18	12	10	18	1263	30
重庆电力总公司	273	53	–	–	5	–
重庆百年上邦公司	194	262	69	274	186	81
平翔煤矿	220	212	210	221	268	263
团结煤业公司	173	127	122	90	110	94
鸿丰建筑公司	351	69	71	85	109	275
周正房地产公司	73	268	208	210	113	17
宏居房地产公司	191	201	32	11	18	144
广进房地产公司	29	173	36	367	106	645
重庆农村商业银行万盛支行	166	176	207	250	459	814
宏恒兴房地产公司	–	106	14	681	536	91
重庆宇记运输公司	27	69	139	344	364	434
永耀房地产公司	4	16	65	374	177	–
虹湖房地产公司	–	–	–	–	803	625

续表

企业名称	2006 年	2007 年	2008 年	2009 年	2010 年	2011 年
浙江梁湖建设公司	–	–	–	82	394	173
国盛旅游公司	5	15	40	275	286	122
重庆顺安爆破器材公司	–	–	24	317	305	336
黑山谷旅游公司	–	–	–	19	181	585
南桐特种水泥公司	72	105	205	61	177	693
重庆禧德置业公司	–	–	–	–	–	583
重庆星圳房地产公司	–	–	–	–	144	388

第十四篇 金融

第一章 银行业

第一节 商业银行机构

1986年，区内有中国工商银行南桐矿区办事处、中国农业银行南桐矿区办事处、中国建设银行南桐支行3家银行机构。

2011年，区内有中国工商银行万盛支行、中国建设银行万盛支行、中国农业银行万盛支行、中国邮政储蓄银行万盛支行、重庆农村商业银行万盛支行和重庆银行万盛支行等6家银行机构。

一、中国工商银行万盛支行

1984年1月1日，中国工商银行南桐矿区办事处成立，承办工商信贷和储蓄业务，代理国库及中国人民银行的部分业务。办事处设计划科、信贷科、储蓄科、会计科、出纳科、总务科和人事保卫科等科室7个，下辖万盛、南桐、鱼田堡、二六（平山机械厂）、红岩、丛林和红峰（兴无机械厂）等分理处7个。1985年，增设稽核科。1992年12月，更名中国工商银行南桐矿区支行。1993年4月，更名中国工商银行万盛区支行。2002年9月24日，中国工商银行重庆市分行设立重庆市江津片区支行，万盛支行划归江津片区支行管理。2011年，设综合部和市场营销部等科室3个，辖万盛、万北、万东和鱼田堡等分理处4个。

二、中国建设银行万盛支行

1993年7月，中国建设银行南桐支行更名中国建设银行万盛支行。2002年5月，万盛支行降格为分理处，纳入綦江县支行管理，只保留万盛分理处和万新路、东林2个储蓄所。2003年10月，撤销东林储蓄所。2010年7月，撤销万新路储蓄所，设立海棠晓月分理处。2011年5月，重新设置万盛支行。

三、中国农业银行万盛支行

1986年年初，中国农业银行南桐矿区办事处设办公室、人事科、农业信贷科、计划信贷科、会计科、信用合作科和审计科等科室7个，下辖万盛、东林、桃子、丛林、青年、兴隆等营业所6个和万盛、东林、桃子、青年、清溪桥等储蓄所5个。1993年6月，更名中国农业银行万盛支行，设人事保卫科、审计稽核科、计划科、信贷科、会计科、储蓄科、信用合作科、综合业务科、办公室和监察室等科室9个。

是年，增设矿山路、红旗路、浸水垭和海孔等储蓄所4个。2001年3月，中国农业银行万盛支行被并入綦江支行。2006年9月，撤销东林储蓄所。12月28日，重新设置中国农业银行万盛支行。2010年，增设万东分理处。2011年，设综合管理、财会信贷、公司业务和个人金融4个组，下辖支行营业部、万东分理处、龙凤碑自助银行和国美自助银行4个网点。

四、中国邮政储蓄银行万盛支行

2007年12月，中国邮政储蓄银行万盛支行成立，设办公室、个人业务部、公司业务部、信贷部、会计部和审计部，下辖支行营业部、东林支行、万东北路支行、火车站支行、丛林镇支行、青年镇支行、关坝镇支行、桃子支行和万新路支行等营业网点9个，代理邮政储蓄业务营业网点9个。

五、重庆农村商业银行万盛支行

1984年10月，南桐矿区信用合作社联合社成立，业务归中国农业银行南桐矿区办事处领导。1986年，辖万盛、南桐、南天、青年、关坝、金桥、青山、丛林和景星等信用社9个，万盛老街、东林干堰沟、鱼田堡工人村、南桐桃子街口、南桐、丛林新风井和景星腰子口等储蓄所7个。1989年3月，增设小湾、五里储蓄所。1993年6月，更名万盛区信用合作股份联合社。2008年6月，更名重庆农村商业银行万盛支行，设综合部、业务发展部、风险部、稽核监察保卫部、会计财务部和营业部等6个部，下辖万盛、万盛大道、万盛街、金桥、青山、火车站、丛林、南桐、石林、青年、关坝和万新路等分理处12个。2011年，设综合部、业务部、“三农”和个人部、风险部、稽核部、保卫监察部、会计财务部和营业部等8个部和个人业务中心，下辖万盛、万盛大道、万盛街、金桥、青山、火车站、丛林、南桐、石林、青年、关坝和万新路等分理处12个。

六、重庆银行万盛支行

2010年2月，重庆银行万盛支行（二级支行）成立，设业务部、营业部和综合部。

第二节　银行业务

一、存款

1986年，全区各商业银行存款余额9275.46万元。2011年，存款余额722990.42万元。

1986—2011年万盛区各商业银行存款余额统计表

表14-1　　单位：万元

年份	中国工商银行万盛支行	中国建设银行万盛支行	中国农业银行万盛支行	中国邮政储蓄银行万盛支行	重庆农村商业银行万盛支行	重庆银行万盛支行
1986	5684.60	123	1843.8	–	1624.06	–
1987	7564.80	1434	2850.2	–	2169.34	–
1988	8054.66	1617	3447.3	–	2376.42	–
1989	7457.64	2041	3670.3	–	2497.75	–
1990	11322.10	1741	4035.1	–	2864.34	–
1991	13534.30	2202	3605.8	–	3320.95	–
1992	14408.47	2438	4334.9	–	4239.84	–

续表

年份	中国工商银行万盛支行	中国建设银行万盛支行	中国农业银行万盛支行	中国邮政储蓄银行万盛支行	重庆农村商业银行万盛支行	重庆银行万盛支行
1993	16615.20	3707	5570.5	–	4565.54	–
1994	21247.44	4991	6692.1	–	6681.60	–
1995	24215.60	6798	7818.3	–	7779.05	–
1996	31803.90	10271	10152.6	–	9115.42	–
1997	31776.20	10102	13698.4	–	10201.35	–
1998	39365.60	12635	12463.2	–	9970.30	–
1999	53020.70	16983	16142.9	–	11407.92	–
2000	58805.30	20363	15917.8	–	14432.00	–
2001	66039.00	25576	12953.3	–	16926.09	–
2002	85071.00	26867	13584.8	–	25473.98	–
2003	92185.00	25903	16947.4	–	34613.40	–
2004	105159.00	26368	18325.9	–	44665.10	–
2005	111189.00	31806	20746.0	–	52542.60	–
2006	109138.00	39263	19159.0	–	66044.35	–
2007	104560.00	33083	26041.0	–	74783.14	–
2008	133439.00	47710	43231.0	72927	94696.02	–
2009	174397.00	90422	65208.0	88309	149265.32	–
2010	176789.00	68506	96665.0	116192	212730.94	14787
2011	161535.00	61401	82777.0	141543	245636.42	30098
总计	1664377.51	574351	527881.6	418971	1110623.24	44885

二、贷款

1987 年，全区各商业银行贷款余额 20912.31 万元。2011 年，贷款余额 461066 万元。

1986—2011 年万盛区各商业银行贷款余额统计表

表 14–2　　单位：万元

年份	中国工商银行万盛支行	中国建设银行万盛支行	中国农业银行万盛支行	中国邮政储蓄银行万盛支行	重庆农村商业银行万盛支行	重庆银行万盛支行
1986	14496.50	–	–	–	714	–
1987	15068.31	2525	2525	–	794	–
1988	21302.90	2385	2385	–	907	–
1989	5856.00	3215	3215	–	1137	–
1990	29616.30	1503	1503	–	1492	–
1991	27503.90	1592	1592	–	2041	–
1992	31294.50	2029	2029	–	3246	–

续表

年份	中国工商银行万盛支行	中国建设银行万盛支行	中国农业银行万盛支行	中国邮政储蓄银行万盛支行	重庆农村商业银行万盛支行	重庆银行万盛支行
1993	33388.35	790	790		4141	–
1994	37736.25	1063	1063	–	5440	–
1995	41092.90	2181	2181	–	6395	–
1996	36129.90	5423	5423	–	6938	–
1997	34663.10	6737	6737	–	6966	–
1998	23595.70	3348	3348	–	7863	–
1999	33588.00	2213	2213	–	9334	–
2000	32080.10	2100	2100	–	9870	–
2001	31538.00	1670	1670	–	10639	–
2002	29395.00	12	12	–	10777	–
2003	34093.00	1179	1179	–	23616	–
2004	24822.00	207	207		35139	–
2005	39138.00	147	147	–	43420	–
2006	52249.00	–	–	–	45577	–
2007	62341.00	20155	20155	–	38451	–
2008	67409.00	20532	20532	139	40427	–
2009	76470.00	38904	38904	50033	87552	–
2010	73753.00	41800	41800	15626	151879	11239
2011	88097.00	56935	56935	22646	203934	32519
合计	996717.71	218645	218645	88444	758689	43758

三、结算

2007 年，全区各商业银行结算业务量 314.8 万元。2011 年，结算业务量 705657 万元（不含重庆农村商业银行万盛支行和重庆银行万盛支行）。2010—2011 年，重庆银行万盛支行办理结算业务 54725 笔。

1997—2011 年万盛区各商业银行结算收入统计表

表 14-3　　单位：万元

年份	中国工商银行万盛支行	中国建设银行万盛支行	中国农业银行万盛支行	中国邮政储蓄银行万盛支行
1997	20	–	–	–
1998	21	–	–	–
1999	23	–	–	–
2000	29	–	–	–
2001	30	–	–	–
2002	28	–	–	–

续表

年份	中国工商 银行万盛支行	中国建设 银行万盛支行	中国农业 银行万盛支行	中国邮政储蓄 银行万盛支行
2003	29	–	–	–
2004	74	–	–	–
2005	94	81	–	–
2006	150	80	–	–
2007	190	83	44.80	–
2008	263	74	127.50	394272
2009	505	92	316.89	536689
2010	429	118	962	614289
2011	735	242	1828	702852
合计	2620	770	3279.19	2248102

四、代理

2007 年，全区各商业银行代理业务收入 471.06 万元。2011 年，代理业务收入 978 万元（不含中国邮政储蓄银行万盛支行、重庆农村商业银行万盛支行、重庆银行万盛支行）。

1997—2011 年万盛区部分商业银行代理业务收入统计表

表 14–4　　单位：万元

年份	中国工商银行万盛支行	中国建设银行万盛支行	中国农业银行万盛支行
1997	9	–	–
1998	11	–	–
1999	12	–	–
2000	10	–	–
2001	12	–	–
2002	8	–	–
2003	24	–	–
2004	26	–	–
2005	21	81	–
2006	41	80	–
2007	353	83	35.06
2008	167	74	37.40
2009	165	92	17.15
2010	229	118	18
2011	53	242	683
合计	1141	770	790.61

第二章　保险业

第一节　商业保险机构

一、中国人民保险公司万盛支公司

1993年4月，中国人民保险公司南桐矿区办事处更名中国人民保险公司万盛区办事处。1996年11月，中国人民保险公司体制改革，实行财产、人寿保险分业经营，撤销中国人民保险公司万盛支公司，设立中国人民财产保险公司万盛支公司、中国人寿保险公司万盛经营部。

二、中国人民财产保险公司万盛区支公司

1996年11月，中国人民财产保险公司万盛支公司成立，设综合管理科、计财科和业务科等科室3个。1999年，更名中国人民保险公司万盛区支公司。2003年7月，恢复中国人民财产保险万盛区支公司名称，设综合部和营业部。2008年，增设客户服务部。2011年，设总经理室和综合部、业务一部、业务二部和理赔部等4个部。

三、中国人寿保险公司万盛支公司

1996年11月，中国人寿保险公司万盛区经营部成立，设综合管理科和业务科。1999年4月，更名中国人寿保险公司万盛区营业部。2000年8月，更名中国人寿保险公司万盛区支公司。2002年8月，辖万盛、青年、关坝、南桐、丛林和景星等营销服务部7个。2003年9月，设综合管理部、客户服务部、团险部、营销部和中介部等5个部。

四、中国太平洋人寿保险公司万盛支公司

2002年6月11日，中国太平洋保险公司万盛营销服务部成立，设团体险部、个人险部、综合部和保费部等4个部。2010年，更名中国太平洋人寿保险公司万盛支公司，设保费部、理赔部、综合部、团体险部和个人险部等5个部。

五、中国平安财产保险公司万盛支公司

2009年7月，中国平安财产保险公司万盛支公司成立，设经理室和业务发展部、综合管理部、理赔部、客户服务部等4个部。2011年，设经理室和业务管理部、综合管理部、客户服务部、电销团队、直销团队、银保团体和车行团队等8个内设机构。

第二节　保险业务

中国人民财产保险公司万盛区支公司　公司主要经营财产、责任、健康和意外伤害保险等非寿险业务，开办有机动车辆、企业财产、个体工商户财产、家庭财产、人身意外伤害、人身安康、企业用电安全、公众责任、雇主责任、医疗责任、道路客运承运人责任、矿山生产事故责任、国内铁路、公路货运和社保补充团体医疗保险等 40 余个险种。1996—2011 年，保费总收入 22892 万元，理赔支出累计 12194 万元，平均赔付率 53.27%。

中国人寿保险公司万盛支公司　公司主要经营寿险业务。1996—1999 年，长期险种有重大疾病定期和终身保险，短期险种有福寿安康、团体人身、少儿幸福年金、人身意外伤害、养老金还本、建筑安装工程人身意外伤害、学生平安、附加住院医疗、附加意外伤害、附加住院医疗津贴和附加意外伤害津贴保险等。2000—2011 年，长期险种有康宁定期和终身、祥和定期、祥运定期、祥瑞终身保险，国寿生命绿荫、如意两全、英才少儿、养老金还本、松鹤养老金、松柏养老金、福馨两全、千禧理财两全（分红型）、鸿鑫两全（分红型）、鸿丰两全（分红）、鸿瑞两全（分红型）、康恒重大疾病、永泰团体年金、相伴永远养老年金（分红型）保险，团体年金保险附加意外伤害医疗保险，附加意外伤害生活津贴、住院医疗生活津贴保险等，短期险种有国寿养老金还本、松鹤养老金、松柏养老金、团体补充医疗、学生幼儿平安，团体医疗保险，建筑工程团体人身意外伤害保险，人身意外伤害和综合保险，附加意外伤害、住院医疗、伤害医疗和伤害生活津贴保险等。1996—2011 年，保费总收入 50678 万元，理赔支出累计 3648 万元，年平均赔付率 7.20%。

中国太平洋人寿保险公司万盛支公司　公司主要经营寿险业务。2001—2005 年，主要经营长泰安康、康健一生、长健医疗、个人终身住院补贴、个人人身意外伤害、意外医疗、住院医疗、住院补贴、少儿乐、老来福、状元红、学生幼儿综合保障和团体意外人身保险等险种。2006—2011 年，长期险种有金玉满堂、事业有成、长命百岁、岁岁登高、华彩人生、如意安康、鸿福年年、鸿利年年、鸿运年年、鸿鑫人生、金泰人生终身保险，短期险种有个人人身意外伤害、意外医疗、住院补贴、合家欢、综合保障计划、补充工伤、团体意外伤害和住院补充医疗司乘险等。2001—2011 年，保费总收入 8645 万元，理赔支出累计 1058 万元，年平均赔付率 12.24%。

中国平安财产保险公司万盛支公司　公司经营企业、家庭财产损失保险、短期健康、意外伤害、建筑工程、安装工程、货物运输、机动车辆、船舶、能源、法定责任、一般责任、保证、信用、种植、养殖保险和代理国内外保险机构检验、理赔、追偿及其委托的其他相关事宜和经中国保监会批准的其他业务。2009—2011 年，保费总收入 1361.25 万元，理赔支出累计 656.14 万元，年平均赔付率 48.20%。

1996—2011 年万盛区各商业保险机构业务统计表

表 14-5　　单位：万元

年份	中国人民财产保险万盛区支公司		中国人寿保险万盛支公司		中国太平洋保险万盛支公司		中国平安保险万盛支公司	
	保费收入	理赔支出	保费收入	理赔支出	保费收入	理赔支出	保费收入	理赔支出
1996	868	445	775	51	–	–	–	–
1997	1146	483	959	101	–	–	–	–
1998	1116	605	1214	83	–	–	–	–
1999	705	516	1210	166	–	–	–	–
2000	814	450	1127	144	–	–	–	–
2001	749	583	1423	251	175	12	–	–
2002	848	616	1800	253	230	18	–	–
2003	884	502	2114	263	450	57	–	–

续表

年份	中国人民财产保险万盛区支公司		中国人寿保险万盛支公司		中国太平洋保险万盛支公司		中国平安保险万盛支公司	
	保费收入	理赔支出	保费收入	理赔支出	保费收入	理赔支出	保费收入	理赔支出
2004	942	504	1545	252	720	71	–	–
2005	962	434	1990	281	810	67	–	–
2006	1116	551	2802	246	840	112	–	–
2007	1609	692	4225	194	870	168	–	–
2008	1900	878	8920	620	950	142	–	–
2009	2306	1194	6438	237	1020	175	132.96	15.14
2010	3221	1720	8025	231	1160	110	534.83	263.35
2011	3706	2021	6111	275	1420	126	693.46	377.65
合计	22892	12194	50678	3648	8645	1058	1361.25	656.14

第三章　证券及其他金融业

第一节　经营机构

一、重庆市证券公司万盛区分公司

1988年7月2日，重庆证券公司南桐分公司成立，由南桐矿区财政局和重庆市证券公司合股组建，为重庆市证券公司领导的非独立核算的全民所有制企业。1990年3月，重庆市证券管理委员会决定将各区（县）证券分公司逐步改制为事业性质的国债服务部。1991年3月9日，重庆市南桐矿区国债服务部成立，科级全民事业单位，隶属区财政局。1995年11月，与万盛区投资公司合署，实行一个机构，两块牌子的体制。1996年1月1日，两个公司合并为万盛区投资总公司，保留重庆市证券公司万盛区分公司牌子。1998年6月，重庆市证券公司万盛区分公司被撤销。

二、万盛区投资总公司

1992年9月，南桐矿区投资公司成立，挂靠在区财政局，设办公室、业务部和财务部。公司为全民所有制事业单位，自主经营、独立核算、自负盈亏。1993年8月，调整内设机构，设办公室、投资开发部、财务部和信贷部。1995年1月，区投资公司在重庆设立分公司。11月，与重庆证券公司万盛分公司合署，实行一个机构，两块牌子的体制。1996年1月1日，两个公司合并为万盛区投资总公司，设财务部（挂信贷部牌子）、企管部和证券部。1997年1月，撤销信贷部、证券部，设投资信贷部和证券营业部。2002年2月27日，区投资总公司不再开展新业务，只负责回收原有债权债务。2003年12月22日，区投资总司公司被撤销。

三、万盛区农村合作基金联合会

1993 年 3 月 20 日，万盛区农村合作基金联合会成立，是以乡镇农村合作基金会为基础，以保障资金拥有者占有权、自主权、利益权为前提的事业性股份式资金合作组织。1999 年 3 月，中共重庆市市委、重庆市政府清理整顿“三金”（农村合作基金会、乡镇企业投资公司、供销合作社社员股金服务组织）办公室规定，全市农村合作基金会停止一切业务活动。7 月，万盛区农村合作基金联合会被清退。

四、万盛区融盛典当商行

1993 年 3 月，万盛区融盛商业公司与万盛综合商行共同组建万盛区融盛典当商行，注册资金 10 万元，双方各投资 5 万元，属集体所有制性质，自主经营、独立核算、自负盈亏，并独立承担民事法律责任，经营典当服务、寄售、委托、拍卖和自理罚没物品等项目。1994 年 2 月 25 日，与重庆市万安贸易公司联营，主营实物典当，处理罚没物品、收购废旧物资，兼营文化办公机械（用品）、家用电器、建筑材料。1999 年 6 月 25 日，重庆市万安贸易公司撤回联营资金，经济性质由联营经济变为集体经济。2000 年 8 月 21 日，万盛区融盛典当商行注销登记。

五、重庆通汇典当公司

2007 年 2 月，重庆通盛投资担保公司与重庆冠东贸易公司协商共同组建重庆通汇典当公司，注册资本 500 万元，经营范围为动产质押、房地产（外省、自治区、直辖市的房地产或未取得商品预售许可证的在建工程除外）抵押等典当业务，限额内绝当物品的变卖，鉴定评价及咨询服务。

第二节　经营业务

一、证券

重庆市证券公司万盛区分公司主要承担国库券的买进卖出、到期国库券兑付、个人国库券发行、国库券政策的宣传解释和特种国债收款等 5 项业务。

1986—2000 年万盛区国债发行兑付情况一览表

表 14–6　　单位：万元

年度	分配数	发行数	兑付数
1986	61.98	64.57	–
1987	61.90	65.02	–
1988	88.50	93.14	–
1989	628.50	646.95	–
1990	270.50	451.09	167.00
1991	389.00	389.00	290.00
1992	640.00	640.00	1138.00
1993	840.00	840.00	187.90
1994	700.00	715.70	250.00
1995	–	400.00	126.00

续表

年度	分配数	发行数	兑付数
1996	–	300.00	978.00
1997	–	300.00	418.00
1998	–	–	440.00
1999	–	–	422.00
2000	–	–	260.00

二、典当

区内典当商行主要经营典当、委托、销售、拍卖、处理罚没物品、质押典当、抵押典当、绝当物品买卖、鉴定评估和咨询服务等。

1993—1999 年万盛区融盛典当商行经营情况一览表

表 14–7　　单位：元

年份	收入	利润	年份	收入	利润
1993	30845.65	–8766.02	1997	75894.00	2520.43
1994	163917.98	–2421.60	1998	79372.00	–3265.83
1995	81356.90	–129.80	1999	48760.00	–9467.50
1996	80450.51	235.14	合计	560597.04	–21295.18

2007—2011 年重庆通汇典当公司经营情况一览表

表 14–8　　单位：元

年份	收入	利润	年份	收入	利润
2007	752201.00	9163.17	2010	1658125.10	386568.03
2008	1463595.20	69296.94	2011	606186.60	283437.22
2009	984543.50	145210.21	合计	5464651.4	893675.57

第十五篇　招商引资与经济协作

第一章　招商引资

第一节　优惠政策和奖励办法

一、招商引资机构

1991 年 6 月，区政府项目办公室成立，设在区计划经济委员会，负责招商引资。

1993 年 4 月，撤销区政府项目办公室，组建区政府招商引资办公室，挂靠在区计划经济委员会。1995 年 2 月，撤销区政府招商引资办公室，重新组建区政府项目办公室，挂靠在区计划经济委员会。1998 年 5 月，撤销区政府项目办公室，组建区政府项目管理招商引资办公室，挂靠在区计划经济委员会。2001 年 9 月，区政府项目管理招商引资办公室更名区招商引资办公室，并入区发展计划委员会，保留区招商引资办公室牌子。

2003 年 3 月，组建区招商局，区发展计划委员会不再挂区招商引资办公室牌子。2004 年 6 月，区招商局与万盛产业园区管理委员会合并，组建新的万盛产业园区管理委员会，挂区招商局牌子，实行一个机构，两块牌子的体制。

2007 年 4 月，区对外经济贸易委员会挂靠到区招商局。2009 年 12 月，撤销区招商局，其职能被并入新组建的区商务局。

二、优惠政策

1991 年，南桐矿区政府把招商引资工作纳入全区经济工作的重要议程。

1992 年，中共南桐矿区委、南桐矿区政府相继制订《关于进一步对外开放、对内放开、对下放权的若干政策》和《关于引进项目技术人才的奖励办法》等一系列政策。欢迎国内外、区外客商、单位、个人采用独资、合资、合作经营和联合协作等形式到区投资兴办企业；立项、审批、工商、税务登记、土地征用手续一律从简，7 天内办理完毕；允许企业自选生产经营范围，灵活选择生产经营方式；放权 2 个开发区，实行一个窗口对外的管理办法，自行制订有利于开发区建设的措施和办法；在开发区新办企业，可减免、缓征相关税费，合伙企业享受“先分后税”政策，“三资”企业税收从优；给予南桐、万盛 2 个乡区级经济管理权，允许万盛、东林、南桐 3 个街道办事处成立具有独立法人资格的实业总公司或经济发开总公司；放宽对新办公司、经济实体的审批权，城乡新办、联办和机关、事业单位开办经济实体、城乡股份制公司等由相关部门审批即可。

1993年，授权区政府招商引资工作部门代表区政府与投资者洽谈项目，提供信息和政策咨询，项目论证，协助投资者办理各项手续。7月，制订《万盛区鼓励外商投资者若干规定》。在区内经营10年以上的中外合资、合作企业，从开始获利年度起，2年免征企业所得税，之后4年减半征收。从事技术、知识、密集型和能源、交通等基础设施及旅游、矿产、开发型农业等投资大、回收期长的企业，均按15%的税率征收企业所得税，其中经营期15年以上的企业，从开始获利年起，免征所得税8年，之后2年减半征收。企业生产的出口产品（除原油、成品油和国家规定的产品外），免征工商统一税。外商从企业分得的利润和其他合法收入可依法汇出境外，外商投资企业除享受企业所得税减免外，一律免征地方所得税。外商投资占比40%～50%（含50%）的合资、合作企业，利润总额分配时，可多得5%，投资占比50%～60%（含60%）的，可多得10%，投资比例60%以上的，可多得15%。优先为外商企业提供供水、供电、供气和通信服务，实行与国有企业统一价格。银行优先审核，发放其生产、流通中的短期周转金及其他必需的信贷资金。

1994年10月，制订《万盛区加快发展旅游业的若干政策规定》。引进企业在风景区开发建设的旅游项目，其所需土地可采用出让、出租、入股等形式获得，土地使用年限40年；缓征企业投资方向调节税；从事专线客运和景区通信、供水服务的企业，1年免征所得税，之后1年减半。

1995年9月，制订《万盛区招商引资若干政策规定》。经营期在10年以上的生产性外商投资企业，从获利年度起，2年免征企业所得税，之后3年减半征收；投资额在500万元以上或投资能源、交通、通讯等投资回收期较长的项目，企业所得税减半征收，年限可延长1年～3年。区外客商到万盛区投资，可采取依法出让、转让、划拨等方式取得土地使用权，用地年限40年～70年；利用区内企业原生产用地开办企业，土地出让费按评估减收70%，场地使用费自投产年度起，免收8年，以后年度减半征收；成片开发荒山、荒地，土地出让费减收80%；以征用划拨方式取得的土地使用权，5年免缴使用费，其后减半征收；以出让方式取得的土地使用权，在出让期内可转让、出租、抵押和继承。

1997年4月，制订《万盛区招商引资规定（试行）》。中外客商到万盛区投资办企业，除享受国家和重庆市的税收优惠政策外，投资企业固定资产，可免征投资方向调节税；经营5年以上的生产性企业，2年内与属区、乡分成的增值税、营业税、房产税返还50%，企业所得税按15%征收；投资基础性建设项目的企业，2年免征企业所得税，之后6年按7.5%征收，之后按15%征收。

2003年5月，制订《万盛区鼓励外来投资优惠政策》。投资固定资产500万元以上的新办工业企业，从投产之年起，2年内缴纳的企业所得税区财政留成可支配部分全额返还，第3年返还50%；投资1000万元以上的，从投产之日起，前2年区财政全返还增值税和营业税；投资旅游开发和旅游产品配套项目，且投资额在2000万元以上的，从投产之年起，2年内缴纳的企业所得税区财政留成可支配部分全额返还，第3年返还50%；投资新办卫生、教育、文化、体育、农业产业化项目的，2年内缴纳的企业所得税区财政留成可支配部分全额返还，第3年返还50%；通过购买、兼并、租赁等形式经营亏损企业的，从签约之日起，以前3年企业税收平均数为基数，2年全额返还新增的增值税、营业税，第3年按50%奖励，3年全额返还新增的企业所得税，之后2年返还50%。一次性付清款项购买区属国有或集体企业，产权交易、房产交易契税可全额返还。

2005年4月，制订《万盛区招商引资优惠政策》。投资500万元以上工业项目的企业，从投产次年起，将其缴纳的企业所得税区财政留成可支配部分集中的专项资金，前2年按专项资金的100%，第3年按50%返还企业；投资1000万元以上的，在产后的次年起，3年内将其缴纳的增值税和营业税区财政留成可支配部分集中为专项资金，按50%返还企业；投资2000万元以上的，还可将其缴纳的综合税金，前两年按 100%，第 3 年按 50% 返还企业。

2007 年 5 月，修订《万盛区招商引资优惠政策》。凡投资额在 500 万元～1000 万元的企业，前 3 年缴纳的企业所得税按专项资金的 100% 奖给企业，前 2 年缴纳的企业增值税和营业税按专项资金的 50% 奖给企业；投资 1000 万元以上的，前 3 年缴纳的企业所得税、增值税和营业税，按专项资金的 100%，第 4 年～5 年按 50% 奖给企业；投资新办大型商场或超市，面积 2000 平方米以上的，自营业之日起，区财政将其缴纳的企业所得税作为专项资金，前两年按 100% 奖给企业，第 3 年按 50% 奖给企业。

三、奖励办法

1992 年 6 月起，奖励引进项目、技术、奖金、人才的区内单位和个人。引进项目、技术并在企业正式投资后，按固定资产总投资的 1% 一次性奖励引进者；企业投产 1 年后，再按实现税利的 1% 奖励；属本职工作引进的按投资总额的 3% 一次性奖励。科技人员或单位将科技成果或新产品投入企业生产，在获得经济效益后，连续 3 年按产品所创纯利润的 10% ～ 20% 奖励。引进先进技术（具有 20 世纪 80 年代水平）、实用专利，使企业产品质量提高，产量增加，利润增长的，按该产品当年新增利润的 5% 一次性奖励引进者；属本职工作引进的按 1% 一次性奖励。提供信息被企业采用收到明显经济效益的，或大专院校、科研单位、企事业单位工作人员，利用节假日到区属企业指导技术和管理、服务咨询，使企业科技管理工作明显改善，取得一定经济效益的，由企业付给一定酬金或奖励。引进资金（含外资）用于企业生产经营、项目建设或城市建设的，在资金到位后视其利率高低和使用期限长短，按引进资金总额的 0.5% ～ 3% 给予一次性奖励。引进资金额度大、使用期限在 5 年以上，并通过银行发放给企业，除用资单位按上述办法奖励外，引进单位还可以与银行按 4 ：6 比例（引资单位 4、银行 6）分息。区内各专业银行引进资金（不含政策性补助），由区政府按实际到位额的 10% 一次性奖励部门，用于衔接过程的有关费用，改善机关工作条件，职工福利和奖励有功人员，但用于奖励有功人员的费用不得超过部门获得奖金总额的 10%。区财政部门争取的资金，由区政府另行奖励。到区属城乡集体企业工作的人员，原具有全民企业的身份可以保留，关系可放在区人才交流服务站，企业可根据其贡献和能力，工资向上浮动，浮动级数由企业自定。连续工作满 4 年，可固定一级档案工资并再向上浮动一级，以后企业视其贡献，可每年固定一级档案工资，直至固定 4 级为止。引进、调入区属企业工作的各类人才，只要能开发新产品、上新项目，使企业连续 2 年新增利润 50 万元以上，或当年新增税利 100 万元以上，其配偶是农村户口的，可迁入城区居住并按城镇居民管理，其子女入托、入学享受企业职工同等待遇。可安排亲属 1 ～ 3 人到企业工作。有条件时，可优先办理农转非。凡到区属企业工作的各类人才，企业优先安排住房，企业住房有困难的，企业可为其临时租借住房，并由企业为其支付超过国家规定的房租。凡到区兴办、承办、承包城乡企业，投产 1 年内实现利润 50 万元以下的，按实现利润的 5% 一次性奖励；实现利润 50 万元以上或创税利 100 万元以上的，奖励两室一厅住房 1 套（60 平方米）或等价现金；实现利润 100 万元以上或创税利 150 万元以上的，奖励三室一厅（80 平方米）住房 1 套或等价现金；创税利 500 万元及其以上的，由区政府奖给现金 20 万元。区属机关干部辞职、停薪留职、调动、借调、选派等离岗兴办、领办、承包城乡企业的参照本办法奖励。凡自带资金、项目在区内兴办企业的人员，无论其户口是否在区内，均可享受区内集体企业或私营企业有关优惠政策。引入人才，并使企业经济效益明显提高的有功单位和个人，可由用人单位给予 500 元～ 1000 元一次性奖励，也可由双方商定一定酬金。

1993 年 7 月起，引进国外资金到区投资开发旅游，由受益单位给予一次性奖励。引入资金的利率与银行同期利率相同，且投资旅游景区开发的，使用期在 1 年及其以下的，按引资额的 1% 奖励；使用期在 1 年～ 3 年的，按 1.5% 奖励；使用期在 3 年以上的，按 2% 奖励。引入资金利率低于或高于银行同期利率的，奖励比例酌情增减。

1994年10月起，引进资金用于区旅游开发总公司的项目建设，且资金月利率在10‰以下的，视资金额度大小和利率高低，由区旅游开发总公司按引资额的1% ~ 5% 给予引资者一次性奖励；联系投资者自建项目的，视项目性质、投资规模和建设时间，由区旅游开发总公司按引资额的1% ~ 3% 给予联系人奖励。

1995年，区政府对有条件和可能争取上级部门无偿资金10万元以上，或引进有偿使用资金50万元以上的部门下达目标任务，由主要领导与区政府签订目标责任书，并考核部门主要领导(目标责任人)。以年内实际到位的资金为准，争取无偿资金10万元~100万元的，按争取资金总额的4%奖励；100万元~200万元的按4.5%奖励；200万元以上的，按5%奖励。引进有偿使用资金年利率低于13%的，以引进资金利率与13%之间的利率差价作为奖励。资金使用时间超过1年的，按1年1次性计奖，不足1年的按实际使用时间计奖，此项奖励不含引进的政策性资金部分。招商引资成绩突出的部门，年终由区政府一次性奖励，奖励额度不得超过3000元。9月起，凡到区投资金额在500万元以上的客商或一次性捐赠社会事业、公益事业或基础设施项目资金10万元以上的，由区政府授予“荣誉市民”称号，区政府根据情况给予联系人一定的奖励。

1998年6月起，通过项目建设投资、有偿借贷及无偿支持等方式引进区外资金，用于项目建设直接投资的，按引进资金额的0.1% ~ 1% 奖励引资人，奖金额最高不超过100万元；引进作为有偿借贷使用的资金，根据引进资金额度、利率和使用年限，按引资额的0.1% ~ 1% 奖励引资人，奖励额最高不超过50万元；引进作为无偿支持区内经济社会发展项目的资金（不含政策性补助资金和上级部门计划拨款），按引进资金额的10% 奖励引资人，奖金额最高不超过10万元。

2003年5月起，引资金额在100万元~500万元的，以奖励1000元为基数，在100万元的基础上每增加100万元，增加奖金1000元；引资金额在500万元~1000万元的，以奖励1000元为基数，在500万元基础上每增加100万元，增加奖金1200元；引资额在1000万元~2000万元的，以奖励15000元为基数，在1000万元的基础上每增加100万元，增加奖金1300元；引资额在2000万元~5000万元的，以奖励3万元为基数，在2000万元的基础上，每增加100万元，增加奖金1400元；引资额在5000万元~1亿元的，以奖励3万元为基数，在2000万元的基础上，每增加100万元，增加奖金1500元；引资额在1亿元以上的，以奖励16万元为基数，每增加500万元，增加奖金1万元，无最高奖励金额限制；引资额在100万元以下的，给予引资额1‰以下的奖励。

第二节　招商引资活动与成果

1992年，南桐矿区工业开发总公司与中国香港玫瑰毛衣针织厂合作组建重庆万丰制衣公司，引进区内第一笔港资58万元；与重庆中力消毒杀菌用品厂联营组建重庆市中力保健品联合公司。是年，万盛中客运输公司、南桐建银实业公司、南桐矿区南银经贸公司、南桐矿区物资综合贸易公司、重庆市华源农机供销公司、重庆市恒来装潢公司、万台电子娱乐中心和南桐矿区南瑞贸易公司相继成立。

1993年，接待到区考察客商14批次，签订意向性协议20项，正式合同6项，引进投资7414万元。是年，区工业经济开发总公司与国营渝州齿轮厂以股份合作形式联办重庆渝兴齿轮厂，区工业经济开发总公司作为合资第三方，加入重庆石棉制品厂与中国香港太和贸易公司合资经营卫生洁具金件，区劳动服务公司与中国香港盛泰贸易公司合资组建重庆盛泰针织公司，重庆市永发贸易发展公司与中国香港三轩公司合营成立重庆市渝轩实业公司，重庆万州贸易发展公司与中国香港钧伟实业公司合营成立重庆市万州彩扩公司，重庆方大开发公司与中国台湾大方企业股份公司合营成立重庆市万大纸品公司；南桐矿区同发商贸公司、南桐矿区渝南工业公司、重庆市万州经贸发展公司、重庆市川粤工贸易发展公司、南桐经济贸易公司、南桐矿区环境保护工程公司、重庆万汇经济开发公司、广东省惠阳县万州工贸发展公司、广东省汕头经济特区川粤工贸发展公司、重庆南元电力开发公司、重庆南兴电力物资设备公司、重庆南华电力工程公司、万盛财达物资公司、重庆环达出租汽车公司、重庆市三得利开发公司、南桐矿区安达信息咨询现代办公服务部、重庆市渝南石林综合开发公司、南桐矿区盛达开发总公司、万盛区融盛典当商行、万盛区东兴综合贸易公司、万盛区茶业技术服务公司、万盛区顺达旅游服务部、重庆渝南商务公司、万盛区万达商务公司、万盛区万金实业总公司、万盛区万发旅游联营客运公司、重庆环城贸易公司、南林综合开发总公司、万盛区武兴综合经营部、万盛区汤家沟水库开发总公司、万盛房地产开发公司、万盛区经济开发公司、深圳万州贸易公司、重庆鸿达工业公司、重庆万安贸易公司和重庆中力投资顾问公司等36家公司相继成立。

1994年，引进重庆丝绸公司投资建设万盛宾馆（三星级），重庆市总工会投资建设黑山人工湖避暑山庄，重庆市交通局在黑山投资建培训中心，重庆市规划勘测院、重庆市房管局分别在黑山投资建避暑山庄，四川省、重庆市民族宗教事务委员会投资建设苗寨楼。是年，万盛区万吉商贸公司、万盛区江河水利水电建筑安装工程公司、万盛区教育商贸公司、重庆市花溪化工厂二厂、万盛区旅游开发总公司和万盛宾馆公司相继成立。

1995年3—10月，万盛区政府推出招商引资项目80个，签订合同落实项目25个，引资5973万元，签订意向性协议10个、资金6052万元。1995年，引进金属镁、防护林工程和万盛温塘开发等项目。

1997年11月，《重庆日报》专版刊登万盛区推出的21个开发项目。全年接待美国、澳大利亚等国家，中国香港、中国澳门和内地客商14批、28人，商谈内容涉及綦万高速公路、火电厂、水泥厂、机焦等一批高投入基础性项目和旅游项目。

1998年5月，举办首届苗族踩山会暨旅游漂流节经贸招商活动。至8月，推出招商引资项目40余个，签约项目18个，合同引资2.7亿元，协议引资6.9亿元。是年，引进资金项目30个，资金15121.9万元，其中工业项目8个、引资额3596万元，商业项目2个、215万元，环保项目1个、500万元，交通项目2个、7650万元，农林水利项目7个、1355.9万元，城市房地产开发项目3个、910万元，文教卫生项目3个、70万元；履约南华山庄、毛里湖及茶山开发、雨水集团、重庆浒石林、重钢白云石开发等项目14个，实际到位资金2020万元。

1999年，引进重庆无线电专用设备厂大厦、汤家沟水库二期工程、农村电网改造、丛林河小流域治理、商品粮基地建设、孝子河防洪整治、卫生防疫人楼、区妇幼保健站、重庆市一一五中学教学楼和金桥中学教学楼等项目11个，区外直接投资3507万元。

2000年5月，在雾都宾馆联合举办万盛区投资环境推介暨招商引资项目发布会，邀请重庆市政府办公厅、重庆市计划经济委员会、重庆市经济贸易委员会和上海市和山东省等驻渝办事处及市内20家大型国有、民营企业参加，《人民日报》和《重庆日报》等新闻媒体记者近100人参与报道。会上签订黑山—鲤鱼河开发、万盛大道、孝子河综合治理及平山生物制药基地项目4个，引资额18522万元；与重庆大学签订硫酸钾等项目3个，引资12000万元。6月，参加重庆投资贸易洽谈会、三峡国际旅游节，签约项目8个，协议引资40322万元。万盛区政府与福建省外贸厅在福州市共同举办万盛区投资环境推介暨企业恳谈会，福州市计划经济委员会、经济贸易委员会、对外经济贸易委员会和招商局及30家当地知名企业和5家新闻单位参加，签订污水处理厂项目意向性协议，协议引资2500万元。是年，引进开发建设项目7个，引资到位额12000万元，其中争取上级资金3390万元。

2001年，实施“走出去”和“请进来”相结。参加重庆投资贸易洽谈会、三峡国际旅游节，推出基础设施、工业、农业和旅游类招商项目36个，总投资11亿元；签订方家山综合开发、浓缩茶开发、天然气项目和汽车安全玻璃技改等项目协议4个，协议引资2.44亿元。是年，引进各类投资项目43个，引资到位额2.62亿元，其中区外客商投资12582万元、占比48.05%，争取上级资金和捐赠8741万元、占比33.28%，市属驻区单位投资4890万元、占比18.67%。

2002年，参加重庆第七届投资贸易洽谈会，赴中国香港参加“重庆香港周”活动，举办万盛苗族踩山会暨黑山谷首游式招商项目签约仪式，举办万盛区首届优质农产品展示暨招商项目签约仪式，共签订意向性协议23个，协议引资12927万元。引进区外资金投资项目154个，引资额2.99亿元。其中引进区外客商投资项目47个、投资额13836万元，争取上级资金和捐赠项目101个、引资额9971万元，市属部门投资项目6个、投资额6133万元。

2003年，组团参加重庆市第八届经贸洽谈会暨三峡国际旅游节，推出城市建设、工业开发和资源开发等项目36个；采取主动接洽、致电、致函邀请区外客商75批次到区考察、商洽；更新重庆招商网，开通万盛旅游咨询网推出招商项目57个。协议引进区外资金投资项目34个，协议引资总额62.3亿元。其中投资额在亿元以上的项目4个，投资额55亿元，占全年引资总额的88.4%。

2004年4月，组团参加重庆市第九届经贸洽谈会暨三峡国际旅游节。8月，万盛区第一家中美合资企业——重庆美华医疗器械公司落户产业园区鱼田堡组团。9月，组团参加第八届厦门经贸洽谈会。10月，组团参加重庆市第二届小城镇招商引资洽谈会。重新申请万盛招商网独立域名，全新改版网站内容并与6家市内外网站建立合作关系，通过网站向外省（市）企业发送招商宣传资料电子邮件300余次。全年接洽区外客商150余批次，签订协议引资项目18个，协议引资4.15亿元。其中意向性协议引资项目1个、3.4亿元，正式协议或合同引资项目17个、0.76亿元。

2005年，组团参加重庆市第十届经贸洽谈会暨三峡国际旅游节和第九届厦门经贸洽谈会，邀请50多位客商参加建区50周年联谊座谈会，推出煤电产业和旅游项目，与70多家外地企业洽谈。8—9月，组建3支小分队赴江苏、浙江、福建3省点对点招商。全年接待浙江、上海、福建和江苏等25个省市客商到区考察，洽谈100余批次，协议引进区外客商直接投资1.06亿元。是年，引进大型连锁超市重客隆商场，结束万盛区无品牌商贸零售企业的历史；首次引进主城区迁建企业中电玻璃钢公司。全年引进的9个项目中，投资额在千万元以上的项目5个，投资额1.19亿元。

2006年，推进煤电产业链条相关项目招商引资，先后就载能项目、电厂废弃物综合利用等项目与中铝等公司对接；加强与中国民主促进会的联系并获得实施金桥蚕桑项目二期承诺支持。是年，引进区外资金项目27个（含区外客商直接投资续建项目、新签并履约项目和未签协议直接投资项目），实际使用区外资金10.36亿元。

2007年，组团赴辽宁阜新、河南焦作、宁夏宁东和江西萍乡等资源转型城市考察学习，与辽宁阜新、宁夏宁东能源基地、河南焦作签订友好合作协议；与重庆市财政局、九三学社重庆市委和重庆市侨联等30余个部门签署合作备忘录；与沿海友好城市加强进深交流与合作，与浙江乐清市签订《经济社会发展领域合作框架协议》，建立友好关系；围绕共建煤电化基地与周边地区加强合作，与贵州省桐梓县签订《关于合作共建渝黔煤电化基地模式及利益平衡机制的备忘录》，与綦江县签署《关于合作共建20万吨醋酸项目利益分配框架、权重设置及相关执行规则的协议》。

2008年3月，云南汇和集团投资10亿元建设金属镁生产综合利用及镁合金深加工项目。7月，重庆（万盛）煤电化基地建设的种子项目——年产20万吨醋酸项目在万盛工业园区关坝组团动工建设。是年，引进区外资金项目50个。其中工业项目20个，农业项目10个，旅游项目8个，房地产项目4个，基础设施项目1个，商贸服务业7个。

2009年5月，组团参加重庆市第十四届经贸洽谈会暨三峡国际旅游节。南桐矿业公司在贵州北部地区的柿花田、庙林、新庄和木孔等地区，与贵州能发集团等企业合作，实现资金、技术与资源的有机结合。

2010年，举办万盛资源型城市转型论坛及相关签约仪式，民革中央、政协重庆市委助推万盛资源型城市转型行动签约仪式，国电集团和战旗集团等7家企业与万盛签订项目投资合作协议，涉及煤电化、旅游、机械、材料和农业等方面，签约项目总投资119.6亿元；与山东枣庄市签订资源型经济友好合作协议，并与山东丰源煤电股份公司、山东枣庄市发改委分别签订30万吨醋酸乙烯、10万吨甲醇蛋白项目合作协议，协议引资19.65亿元。

2011年10月17日至10月19日，万盛区政府、重庆市科学技术研究院、中国有色金属工业协会镁业分会联合在万盛国际大酒店举办中国有色金属工业协会镁业分会第十四届年会，500余人参加会议。会议期间，万盛区政府与中国有色金属工业协会镁业分签订战略合作协议。是年，引进重庆中能化工有限公司10万吨二甲醚、重庆战旗化工有限公司5万吨煤制活性炭、重庆电力公司电力基础建设、福耀集团节能玻璃生产、陆升天然气公司青年—关坝片区天然气工程、博奥镁铝1200万件镁合金压铸件、盛镁镁业镁合金深加工、南桐矿业公司2×30万千瓦资源综合利用电厂、国电恒泰万盛电厂扩建2×66万千瓦机组、重庆盛川南天门风力发电公司南天门风电场、南桐矿业公司矿山设备制造、托拉斯公司整体搬迁及扩能和大溪地诺丽饮料公司保健饮料灌装生产线（GMP）10余个大型项目。

第二章　经济协作

第一节　联合与协作政策

1986年3月，国务院颁布《关于进一步推动横向经济联合若干问题的规定》。7月，南桐矿区政府经济协作办公室成立，承担区内外横向经济联合和协作的职能。是年，全区发展多种联合体23个，经济协作项目32个。

1987年5月，南桐矿区政府制订对外联合协作优惠政策11条。开办工业、交通、商业和服务业等经济组织的，联合开办的由区内代办工商登记手续，联合组织的登记项目不受成员单位原登记事项的限制；中外合资企业由区工商局代办登记；独资企业优先办理登记手续。联合开发能源、矿产资源、农副产品加工业、食品工业、饲料工业、建筑建材业，以及为城市重点产品配套的工业企业，其项目纳入区国民经济发展计划，并在选点、征地、设计施工、能源、原材料供应、劳动指标和交通运输等方面提供方便，重点项目优先安排。联合组织和成员单位，按照择优扶持的原则，可用分得的利润税前还贷。联合协作的项目，在保证国家增收的前提下，其固定资产折旧可申请区财政批准执行分类折旧法，符合国家规定的特殊项目可适当提高折旧率。到区投资参加联合的企事业单位和个人，联营利润分成比例可从优上浮10%～20%，联营分配一律实行先分后税的办法。对外来投资者一律实行“保息分红”（若外方所分利润低于银行利息时由区属方企业补足）。工业企业和科研单位向区内工业企业投资分得的利润减半征收所得税5年。国营企业和科研单位向区属生产企业扩散产品、转让技术成果、提供技术咨询、服务、培训得到的年净投入在30万元以下的免征所得税。联合协作项目新增效益部分，1年内免征产品税和营业税。提供短期技术支持的科技人员，其经济生活待遇从优；到区安家的中级职称以上的科技人员，家属可享受“农转非”经济待遇，就业、升学、住房优先解决。

1990年，区政府在区外设经济协作办事机构6个，外地区在区内设业务网点5个。是年底，全区有经济联合协作企业37家。

1993年7月，万盛区政府进一步鼓励发展横向经济联合协作，制订对外联合协作优惠政策9条。国内区外企业（含驻区市属企业）、经济组织和个人（简称国内投资者）可采取独资、联营、参股、承包、租赁、兼并及其他国际国内通行的投资方式投资。新建的国内联合企业或独资企业，从投产之日起，可获减免税，实现的利润，可先分红后征税或先征税后分红。国内联合企业或独资企业的固定资产折旧年限可缩短30%。国内投资者可通过出让、出租、合资、合作、划拨和土地折资入股等形式取得生产经营用地使用权，土地使用期限内，可依法继承、出租、转让、抵押、馈赠。国内联合企业的名称，可采用外地投资方的名称，产品可采用外地投资方的商标，投资比例超过40%的，区内投资方可让利4%～10%。外地投资方可用科研成果、技术专利入股分红，也可作为专利转让，由区内投资方支付转让费。联合投资或独资生产经营开发的，在场地、劳务、资金、供水、供电、供气运输和通讯信贷等方面提供便利条件。国内联合企业、独资企业在经营管理上享有充分自主权。国内投资者到工业经济开发区、城市综合开发区生产经营开发旅游业、发展乡镇企业，除享受该规定的优惠外，还可享受有关单项政策优惠。

第二节　经济技术联合与协作

1989年5月，在全区综合平衡的基础上，划出部分紧俏资源和产品交区经济协作办公室互换。

1990年，通过川黔边区经济技术协作区（简称川黔协作区）致函南岸区、綦江县、贵州省赤水县、习水县、桐梓县以及人员互访12次，为区属企业提供商品信息18条。是年，区内联合企业累计协调购进汽油、柴油、化肥、牛皮纸、纯碱、钢材等物资415吨，彩电、电冰箱、电风扇和洗衣机等日用工业品221台。

1991年10月，组织40余家企业、130多种产品参加重庆区县经济技术交易大会，与外区县达成意向性协议25个。是年，向川黔协作区提供信息20条，利用简报向区属企业提供信息50条。编辑《近期技术项目摘编》，发出信息71条，从摘编中利用简报的形式向区属企业提供信息30条。

1993年，万盛区政府驻深圳、汕头办事处为区内提供各类信息100余条，引进推荐项目10个。

1994年，区计划经济委员会与川黔协作区14个成员区（县、市）领导赴三峡库区考察，为川黔协作区提供经济协议10条。

1996年，组织周边考察组到桐梓、习水、武隆等周边区县考察，与桐梓县达成协议，共同开发铜鼓滩漂流。

1998年，万盛区政府与南桐矿务局合作，联合开发平土煤田，联合开办30万吨水泥厂。区外企业在区内设办事处2个。

2001年，福建福耀玻璃集团与重庆万安玻璃公司合作建成福耀玻璃重庆公司，湖北襄樊石化公司收购万盛区煤建石油公司，组建襄盛石油公司，在区内建1万吨油库1个，加油站7个。

第十六篇　中国共产党万盛区地方组织

第一章　组织机构

第一节　中共万盛区代表大会

中共万盛区代表大会及其产生的委员会是区内党的最高领导机关。1984 年 3 月至 1993 年 2 月，区党代会每 3 年举行 1 次；1993 年 2 月至 2011 年，每 5 年举行 1 次。区党代会由中共万盛区委员会负责召集，代表名额和选举办法，由中共万盛区委决定，并报中共重庆市委员会批准。

1993 年 2 月 16 日，南桐矿区更名万盛区。4 月 8 日，中共南桐矿区代表大会更名中共万盛区代表大会，届次连续计算。2011 年 10 月，国务院批准重庆市撤销万盛区、綦江县，在万盛区、綦江县的基础上设立綦江区。中共万盛区第九届代表大会代表履行职责至中共綦江区第一届代表大会代表选举产生时为止。12 月中旬，中共綦江区第一次代表大会代表选举产生。

区党代会的职权是听取和审查中共万盛区委员会工作报告、中共万盛区纪律检查委员会工作报告，讨论本地区范围内重大问题并作出决议，选举中共万盛区委员会、中共万盛区纪律检查委员会。

第二节　中共万盛区委员会

中共万盛区委员会经区党代会选举产生，组成人员为委员和候补委员。中共万盛区委委员和候补委员名额由中共重庆市委员会决定，委员出缺时，候补委员按得票多少依次递补。1984 年 3 月至 1993 年 2 月，每届任期 3 年，1993 年 2 月至 2011 年，每届任期 5 年。区党代会如提前或延期举行，中共万盛区委员会任期随之改变。1986—2011 年，中共万盛区委员会历经 7 届，其中第三至六届任期 3 年，第七至九届任期 5 年。中共万盛区委员会驻万盛街道新田路 74 号。

1993 年 2 月 16 日，南桐矿区更名万盛区。4 月 8 日，中共南桐矿区委员会更名中共万盛区委员会，届次连续计算。2011 年 10 月，国务院批准重庆市撤销万盛区、綦江县，在万盛区、綦江县的基础上设立綦江区。中共万盛区委员会职能、职权履行至中共綦江区委员会成立时为止。12月20日，中共綦江区第一届委员会选举产生。12月26日，中共綦江区委员会挂牌。

在区党代会闭会期间，中共万盛区委员会负责执行上级党组织的指示和区党代会的决议，领导本地方工作，定期向上级党的委员会报告工作。中共万盛区委员会全体委员会议的组成人员为中共万盛区委委员、候补委员，按例列席全体委员会议的人员有中共万盛区委办公室主任、副主任。根据会议内容需要，全体委员会议可临时安排区属相关部门党员领导干部和区属各党组织负责人列席会议。全体委员会议每年至少召开2次。

中共万盛区第三至九届委员会委员、候补委员人数一览表

表16–1　　单位：人

届次	任期	委员	候补委员	合计
第三届	1984.03—1987.04	19	2	21
第四届	1987.04—1990.02	21	3	24
第五届	1990.02—1993.02	21	4	25
第六届	1993.02—1997.12	21	4	25
第七届	1997.12—2003.02	25	5	30
第八届	2003.02—2007.01	25	5	30
第九届	2007.01—2011.12	33	6	39

说明：每届委员、候补委员人数以当届党代会选举确定的人数为准，以后增减，不再统计

一、中共万盛区委员会常务委员会

中共万盛区委员会常务委员会经中共万盛区委员会全体委员会议选举产生，任期与中共万盛区委员会任期相同，成员为书记、副书记和委员。中共万盛区委常委会在全体委员会议闭会期间，行使全委会职权，主持中共万盛区委日常工作；在下届党代会会议期间，继续主持中共万盛区委日常工作，直到新的中共万盛区委常委会产生时为止；定期向全委会报告工作，接受其监督。

中共万盛区第三至九届委员会常务委员会组成人员一览表

表16–2

届别	姓名	性别	民族	籍贯	职务	任职时间	备注
第三届	夏元东	男	汉	山东荣成	书记	1984.03—1987.04	
	郑兴明	男	汉	四川南充	副书记	1984.03—1987.04	
	尤春香	女	汉	重庆万盛	副书记	1984.03—1987.04	
	吕祥发	男	汉	重庆永川	副书记	1987.03—1987.04	中共重庆市委任命
	田登先	女	汉	重庆巴南	委员	1984.03—1987.04	
	范文海	男	汉	上海	委员	1984.03—1987.04	

续表

届别	姓名	性别	民族	籍贯	职务	任职时间	备注
第三届	唐宗碧	女	汉	重庆合川	委员	1984.03—1987.04	
	董文坤	男	汉	四川盐亭	委员	1984.03—1987.04	
	曾德胜	男	汉	重庆北碚	委员	1984.03—1987.04	
	邹绍康	男	汉	重庆綦江	委员	1987.03—1987.04	中共重庆市委任命
	汪世华	男	汉	重庆巴南	委员	1987.03—1987.04	中共重庆市委任命
第四届	吕祥发	男	汉	重庆永川	书记	1987.04—1990.01	
	何国清	男	汉	重庆綦江	副书记	1989.10—1990.01	中共重庆市委任命
					书记	1990.01—1990.02	
	王成云	男	汉	重庆北碚	副书记	1987.04—1990.02	
	郑兴明	男	汉	四川南充	副书记	1987.04—1990.02	
	唐宗碧	女	汉	重庆合川	副书记	1987.04—1990.02	
	邹绍康	男	汉	重庆綦江	副书记	1987.04—1990.02	
	田登先	女	汉	重庆巴南	委员	1987.04—1990.02	
	汪世华	男	汉	重庆巴南	委员	1987.04—1990.02	
	余明贵	男	汉	重庆潼南	委员	1987.04—1990.02	
	周尚荣	男	汉	重庆江北	委员	1987.04—1990.02	
	董文坤	男	汉	四川盐亭	委员	1987.04—1990.02	
第五届	何国清	男	汉	重庆綦江	书记	1990.02—1993.02	
	李贻盛	男	汉	四川通江	副书记	1990.02—1993.02	
	唐宗碧	女	汉	重庆合川	副书记	1990.02—1993.02	
	汪世华	男	汉	重庆巴南	副书记	1990.02—1993.01	
	邹绍康	男	汉	重庆綦江	委员	1990.02—1992.09	
	李碧澄	男	汉	重庆綦江	委员	1990.02—1993.02	
	杨辉	男	汉	安徽六安	委员	1990.02—1993.02	
	董文坤	男	汉	四川盐亭	委员	1990.02—1993.02	
	彭永辉	男	汉	重庆涪陵	委员	1991.09—1993.02	中共重庆市委任命
第六届	何国清	男	汉	重庆綦江	书记	1993.02—1995.01	
	姜平	男	汉	重庆荣昌	书记	1995.10—1997.12	中共重庆市委任命
	李贻盛	男	汉	四川通江	副书记	1993.02—1997.12	
	余敏	女	汉	重庆九龙坡	副书记	1993.02—1993.11	
	杨辉	男	汉	安徽六安	副书记	1993.02—1997.12	
	马礼政	男	汉	安徽合肥	委员	1993.02—1994.02	
					副书记	1994.02—1997.12	中共重庆市委任命
	魏学彬	男	汉	重庆合川	委员	1994.02—1997.04	中共重庆市委任命
					副书记	1997.04—1997.12	
	程真祥	男	汉	河南濮阳	委员	1993.02—1997.12	
					副书记	1997.12—1997.12	中共重庆市委任命

续表

届别	姓名	性别	民族	籍贯	职务	任职时间	备注
第六届	向泽映	男	汉	四川广汉	副书记	1997.12—1997.12	中共重庆市委任命
	文启元	男	汉	重庆巴南	副书记	1997.12—1997.12	中共重庆市委任命
	杜崇民	男	汉	湖北秭归	委员	1993.02—1997.12	
	彭永辉	男	汉	重庆涪陵	委员	1993.02—1997.11	
	董文坤	男	汉	四川盐亭	委员	1993.02—1996.01	
	朱本成	男	汉	重庆垫江	委员	1996.01—1997.12	中共重庆市委任命
第七届	姜平	男	汉	重庆荣昌	书记	1997.12—2002.12	
	翁杰明	男	汉	上海	书记	2002.12—2003.02	中共重庆市委任命
	魏学彬	男	汉	重庆合川	副书记	1997.12—2002.12	
	孙瑞彬	男	汉	河北昌黎	副书记	2002.12—2003.02	中共重庆市委任命
	程真祥	男	汉	河南濮阳	副书记	1997.12—2003.02	
	文启元	男	汉	重庆巴南	副书记	1997.12—2001.12	
	向泽映	男	汉	四川广汉	副书记	1997.12—2000.12	
	蒋建国	男	汉	四川渠县	副书记	2000.12—2003.02	中共重庆市委任命
	吕进	男	汉	四川遂宁	副书记	2003.01—2003.02	中共重庆市委任命
	刘永利	男	汉	重庆綦江	委员	1997.12—2003.02	
	朱本成	男	汉	重庆垫江	委员	1997.12—1999.06	
	岳建忠	男	汉	山西武乡	委员	1997.12—2003.02	
	田建渝	女	汉	四川内江	委员	1997.12—2003.02	
	霍似秋	男	汉	重庆万盛	委员	1997.12—2003.02	
	王忠民	男	汉	重庆綦江	委员	1997.12—2003.02	
	冯啸云	男	汉	河北邢台	委员	1999.06—2002.08	中共重庆市委任命
	王君成	男	汉	四川仁寿	委员	2002.01—2003.02	中共重庆市委任命
	李建文	男	汉	四川邻水	委员	2002.07—2003.02	中共重庆市委任命
	李明清	男	汉	重庆江津	委员	2003.01—2003.02	中共重庆市委任命
第八届	翁杰明	男	汉	上海	书记	2003.02—2004.05	
	孙瑞彬	男	汉	河北昌黎	副书记	2003.02—2004.05	
					书记	2004.05—2005.01	中共重庆市委任命
	张远林	男	汉	重庆长寿	书记	2005.01—2006.06	中共重庆市委任命
	程真祥	男	汉	河南濮阳	副书记	2003.02—2006.06	
					书记	2006.06—2007.01	中共重庆市委任命
	向涛	男	土家	重庆石柱	副书记	2006.06—2007.01	中共重庆市委任命
	蒋建国	男	汉	四川渠县	副书记	2003.02—2006.08	
	吕进	男	汉	四川遂宁	副书记	2003.02—2007.01	
	李明清	男	汉	重庆江津	委员	2003.02—2004.11	
					副书记	2004.11—2007.01	中共重庆市委任命
	田建渝	女	汉	四川内江	委员	2003.02—2003.06	

续表

届别	姓名	性别	民族	籍贯	职务	任职时间	备注
第八届	霍似秋	男	汉	重庆万盛	委员	2003.02—2007.01	
	冉进红	男	汉	重庆丰都	委员	2003.02—2007.01	
	李建文	男	汉	四川邻水	委员	2003.02—2007.01	
	徐万忠	男	汉	重庆万盛	委员	2003.02—2007.01	
	申大华	男	汉	重庆武隆	委员	2003.09—2007.01	中共重庆市委任命
	刘戈新	男	汉	重庆江津	委员	2005.05—2006.10	中共重庆市委任命
	艾亚军	男	土家	重庆秀山	委员	2006.12—2007.01	中共重庆市委任命
	杨晓云	男	汉	重庆南岸	委员	2006.12—2007.01	中共重庆市委任命
	张有力	男	汉	重庆南川	委员	2006.12—2007.01	中共重庆市委任命
	周瑜泉	男	汉	四川广安	委员	2006.12—2007.01	中共重庆市委任命
第九届	程真祥	男	汉	河南濮阳	书记	2007.01—2008.12	
	向涛	男	土家	重庆石柱	副书记	2007.01—2008.12	
					书记	2008.12—2011.12	中共重庆市委任命
	潘毅琴	女	回	北京朝阳	副书记	2008.12—2011.12	中共重庆市委任命
	冉进红	男	汉	重庆丰都	副书记	2007.01—2009.12	
	杨晓云	男	汉	重庆南岸	委员	2007.01—2009.12	
					副书记	2009.12—2011.12	中共重庆市委任命
	李建文	男	汉	四川邻水	委员	2007.01—2008.09	
	申大华	男	汉	重庆武隆	委员	2007.01—2011.12	
	张有力	男	汉	重庆南川	委员	2007.01—2011.12	
	艾亚军	男	土家	重庆秀山	委员	2007.01—2011.12	
	周瑜泉	男	汉	四川广安	委员	2007.01—2008.09	
	王君成	男	汉	四川仁寿	委员	2007.01—2010.06	
	肖猛	男	汉	重庆万盛	委员	2007.01—2011.12	
	杨明仑	男	汉	–	委员	2007.12—2008.12	挂职，中共重庆市委任命
	邓少雄	男	汉	–	委员	2008.09—2009.03	中共重庆市委任命
	弋渝生	男	汉	四川南充	委员	2008.09—2011.12	中共重庆市委任命
	贺广述	男	汉	四川宣汉	委员	2009.03—2011.12	中共重庆市委任命
	张泰春	男	汉	四川通江	委员	2009.08—2011.12	中共重庆市委任命
	徐德中	男	汉	重庆长寿	委员	2009.12—2011.12	中共重庆市委任命
	江绪容	女	汉	四川绵竹	委员	2010.06—2011.12	中共重庆市委任命

二、中共万盛区委员会工作机构

1986年年初，中共南桐矿区委有办公室、组织部、宣传部、统一战线工作部、政法委员会、政策研究室、计划经济委员会政治部、信访办公室（既是中共南桐矿区委工作机构，又是南桐矿区政府工作机构，列入中共南桐矿区委工作机构序列）、保密委员会办公室（挂靠在办公室）和区五讲四美三热爱（讲文明、讲礼貌、讲卫生、讲秩序、讲道德，心灵美、语言美、行为美、环境美，热爱祖国、热爱社会主义、热爱中国共产党）委员会办公室等工作机构10个。9月，组建区编制委员会，下设办公室负责日常工作，设在区人事局。区编制委员会办公室既是中共南桐矿区委工作机构，又是南桐矿区政府工作机构。

1987年8月，撤销中共南桐矿区委机关总支委员会和中共南桐矿区政府机关总支委员会，组建中共南桐矿区区级机关临时委员会。10月，组建区民族宗教侨务办公室，与统一战线工作部合署办公；组建对台工作办公室，与统一战线工作部合署办公。

1988年8月，区民族宗教侨务办公室被划转为南桐矿区政府机构序列。9月，撤销政法委员会，组建政法领导小组。

1989年12月，组建区国家保密局，与保密委员会办公室实行一套班子，两个牌子的体制，列入中共南桐矿区委工作机构序列。

1990年3月，撤销区五讲四美三热爱活动委员会及其下设办公室，在其基础上组建区精神文明办公室。区精神文明办公室作为中共南桐矿区委、南桐矿区政府的工作机构，列入中共南桐矿区委工作机构序列，设在宣传部。4月，撤销区级机关临时委员会。5月，撤销政法领导小组，重新组建政法委员会。12月，区编制委员会更名区机构编制委员会，办公室改为与南桐矿区人事局合署办公。

1991年5月，撤销区社会治安综合治理领导小组，组建区社会治安综合治理委员会，下设办公室作为日常办公机构，与政法委员会合署办公，实行一个机构，两块牌子的体制。7月，对台工作办公室更名台湾工作办公室，与南桐矿区政府台湾事务办公室实行一个机构，两块牌子的体制，列入中共南桐矿区委工作机构序列，与统战部合署办公；组建财贸政治部，与南桐矿区政府财贸办公室合署办公室，实行一个机构，两块牌子的体制。9月，中共南桐矿区委组织部老干部局改制为中共南桐矿区委老干部局，改制后仍由组织部管理。

1997年11月，撤销区精神文明办公室，组建区精神文明建设委员会，下设办公室作为日常办公机构，与宣传部合署办公。

1998年3月，重新组建计划经济委员会政治部，与万盛区计划经济委员会合署办公，实行一个机构，两块牌子的体制；组建农业政治部，与万盛区政府农业办公室合署办公室，实行一个机构，两块牌子的体制。8月，办公室机要科更名中共万盛区委机要局，由办公室管理。

2001年8月，撤销财贸政治部、计划经济委员会政治部，组建经济贸易委员会政治部，与万盛区经济贸易委员会合署办公，实行一个机构，两块牌子的体制；撤销政策研究室，其职能被划入办公室；区机构编制委员会办公室，仍保持既是中共万盛区委工作机构，又是万盛区政府工作机构的性质，但列入中共万盛区委工作机构序列；保密委员会办公室（万盛区国家保密局）、机要局被并入办公室，保留保密委员会办公室（万盛区国家保密局）、机要局牌子；台湾工作办公室（万盛区政府台湾事务办公室）被并入统一战线工作部，保留台湾工作办公室（万盛区政府台湾事务办公室）牌子；信访办公室改制为办公室管理。至此，中共万盛区委有办公室（保密委员会办公室、万盛区保密局、机要局）、组织部、宣传部（区精神文明建设委员会办公室）、统一战线工作部（台湾工作办公室、万盛区政府台湾事务办公室）、政法委员会（区社会治安综合治理委员会办公室）、区机构编制委员会办公室、经济贸易委员会政治部和农业政治部等工作机构8个；有老干部局（区委组织部管理）、信访办公室（区委办公室管理）2个部委办管理机构。

2003年3月，组建对外宣传办公室，与万盛区政府新闻办公室实行一个机构，两块牌子的制度，设在宣传部。7月，区机构编制委员会办公室改为与组织部合署办公。

2007年7月，撤销经济贸易委员会政治部。

2009年2月，撤销农业政治部。11月，重新组建政策研究室，挂靠在办公室。

2011 年，中共万盛区委有办公室（保密委员会办公室、万盛区保密局、政策研究室、机要局）、组织部（区机构编制委员会办公室）、宣传部（区精神文明建设委员会办公室、对外宣传办公室、万盛区政府新闻办公室）、统一战线工作部（台湾工作办公室、万盛区政府台湾事务办公室）、政法委员会（区社会治安综合治理委员会办公室）等工作机构 5 个；有老干部局（区委组织部管理）、信访办公室（区委办公室管理）2 个部委办管理机构。

三、中共万盛区委员会直属事业单位

1986 年年初，中共南桐矿区委设有区委党校、党史工作委员会办公室和区档案局（馆）等 3 个直属事业单位。10 月，区档案局改制为区政府工作机构。

1989 年 12 月，党史工作委员会办公室更名党史研究室。

2001 年 8 月，党史研究室被并入党校，保留党史研究室牌子。

2011 年 3 月 28 日，组建万盛区群众工作联席会议办公室，为中共万盛区委直属事业单位，与信访办公室合署办公。

2011 年，中共万盛区委有党校（党史研究室）和区群众工作联席会议办公室 2 个直属事业单位。

四、中共万盛区委员会派出机构

1990 年 4 月，撤销中共南桐矿区区级机关临时委员会，组建中共南桐矿区区级机关工作委员会。

1993 年 8 月，撤销中共万盛街道委员会、中共东林街道委员会，组建中共万盛街道工作委员会、中共东林街道工作委员会。

1998 年 3 月，组建中共万盛工业园区（重庆市万盛乡镇工业小区）工作委员会，与万盛工业园区（重庆市万盛乡镇工业小区）管理委员会合署办公。

2001 年 9 月，中共万盛区区级机关工作委员会更名中共万盛区直属机关工作委员会。

2002 年 5 月，撤销中共万盛区教育委员会，组建中共万盛区委教育工作委员会，与万盛区教育委员会合署办公。

2003 年 3 月，撤销中共万盛工业园区（重庆市万盛乡镇工业小区）工作委员会，组建中共万盛产业园区工作委员会，与万盛产业园区管理委员会合署办公。

2006 年 5 月，中共万盛产业园区工作委员会更名中共万盛工业园区工作委员会。

2007 年 4 月，组建中共万盛区委新经济与新社会组织工作委员会，与万盛区总工会合署办公。

2009 年 2 月，撤销中共万盛区委农业政治部，组建中共万盛区委农村工作委员会，与万盛区农业委员会合署办公。7 月，组建中共万盛区黑山旅游开发区工作委员会，与万盛区黑山旅游开发区管理委员会、万盛区旅游局合署办公。

2010 年 5 月，中共万盛区委新经济与新社会组织工作委员会改为与中共万盛区委组织部合署办公。

2011 年，中共万盛区委有中共万盛区直属机关工作委员会、中共万盛街道工作委员会、中共东林街道工作委员会、中共万盛产业园区工作委员会、中共万盛区委教育工作委员会、中共万盛区委新经济与新社会组织工作委员会、中共万盛区委农业工作委员会和中共万盛区黑山旅游开发区工作委员会等派出机构 8 个。

第三节　中共万盛区纪律检查委员会

中共万盛区纪律检查委员会由中共万盛区代表大会选举产生，与中共万盛区委员会任期相同，受中共万盛区委和中共重庆市纪律检查委员会的双重领导。1986—2011 年，中共万盛区纪委历经 7 届，其中第二至第五届任期 3 年，第六至第八届任期 5 年（事实上中共万盛区纪委的届次并未排序，为方便记述，本书按时间排序）。

1993 年 2 月 16 日，南桐矿区更名万盛区。4 月 8 日，中共南桐矿区纪律检查委员会更名中共万盛区纪律检查委员会，届次连续计算。2011 年 10 月，国务院批准重庆市撤销万盛区、綦江县，在万盛区、綦江县的基础上设立綦江区。中共万盛区纪律检查委员会职能、职权履行至中共綦江区纪律检查委员会成立时为止。12 月 20 日，中共綦江区第一届纪律检查委员会选举产生。

中共万盛区第二至八届纪律检查委员会委员人数一览表

表 16-3　　单位：人

届次	任期	委员人数
第二届	1984.03—1987.04	11
第三届	1987.04—1990.02	13
第四届	1990.02—1993.02	14
第五届	1993.02—1997.12	15
第六届	1997.12—2003.02	15
第七届	2003.02—2007.01	17
第八届	2007.01—2011.12	21

说明：每届委员人数以当届党代会选举确定的人数为准，以后增减，不再统计

一、中共万盛区纪律检查委员会常务委员会

中共万盛区纪律检查委员会常务委员会经中共万盛区纪律检查委员会全体委员会议选举产生，并需中共万盛区委员会通过后，报上级党的委员会批准，成员为书记、副书记和委员，任期与中共万盛区委员会相同。中共万盛区纪委常委会在全体委员会议闭会期间，行使中共万盛区纪律检查委员会的职权，主持日常工作；在下届党代会会议期间，继续主持日常工作，直到新的中共万盛区纪律检查委员会产生时为止。

中共万盛区第二至八届纪律检查委员会常务委员一览表

表 16–4

届次	姓名	性别	民族	职务	任职时间	备注
第二届	尤春香	女	汉	书记	1984.03—1987.04	
	阎绍文	男	汉	副书记	1984.03—1987.04	
	孔庆芳	女	汉	副书记	1984.03—1987.03	
	卢朝海	男	汉	委员	1984.03—1987.04	
	赵学甫	男	汉	委员	1984.03—1987.04	
第三届	唐宗碧	女	汉	书记	1987.04—1990.02	
	程真祥	男	汉	副书记	1987.04—1990.02	
	阎绍文	男	汉	副书记	1987.04—1990.02	
	卢朝海	男	汉	委员	1987.04—1990.02	
	夏自权	男	汉	委员	1987.04—1990.02	
	喻广福	男	汉	委员	1987.04—1990.02	
第四届	李碧澄	男	汉	书记	1990.02—1993.02	
	程真祥	男	汉	副书记	1990.02—1993.02	1991 年 8 月至 1992 年 10 月，任中共南桐乡委员会书记（挂职）
	卢朝海	男	汉	委员	1990.02—1991.12	
				副书记	1991.12—1993.02	中共南桐矿区委任命
	罗玉海	男	汉	委员	1990.02—1993.02	
	郭通成	男	汉	委员	1990.02—1993.02	
	濮小雪	女	汉	委员	1992.05—1993.02	中共南桐矿区委任命
第五届	程真祥	男	汉	书记	1993.02—1997.12	
	张希凤	女	汉	副书记	1993.03—1995.03	
	杨植君	男	汉	副书记	1993.03—1997.12	
	濮小雪	女	汉	委员	1993.03—1996.11	
				副书记	1996.11—1997.12	中共万盛区委任命
	杨富科	男	汉	委员	1993.02—1997.12	
	罗玉海	男	汉	委员	1993.03—1994.09	
	舒乾文	男	汉	委员	1993.02—1997.12	
	刘清光	男	汉	委员	1994.09—1997.12	中共万盛区委任命
第六届	霍似秋	男	汉	书记	1997.12—2003.01	
	吕进	男	汉	书记	2003.01—2003.02	中共重庆市委任命
	濮小雪	女	汉	副书记	1997.12—2001.09	
	向晓康	男	汉	副书记	1997.12—2001.09	
	刘仁强	男	汉	副书记	2001.09—2003.02	中共万盛区委任命

续表

届次	姓名	性别	民族	职务	任职时间	备注
第六届	王向东	男	汉	委员	1997.12—2001.09	
				副书记	2001.09—2003.02	中共万盛区委任命
	邓世维	男	汉	委员	1997.12—2003.02	
	杨富科	男	汉	委员	1997.12—2001.09	
	郭明远	男	汉	委员	1997.12—2003.02	
	邓先进	男	汉	委员	1998.01—2003.02	中共万盛区委任命
	文伦洪	男	汉	委员	2001.09—2003.02	中共万盛区委任命
第七届	吕进	男	汉	书记	2003.03—2006.12	
	周瑜泉	男	汉	书记	2006.12—2007.01	中共重庆市委任命
	刘仁强	男	汉	副书记	2003.03—2007.01	
	王向东	男	汉	副书记	2003.03—2007.01	
	文伦洪	男	汉	委员	2003.03—2004.12	
	邓先进	男	汉	委员	2003.03—2007.01	
	陈小辉	男	汉	委员	2003.03—2004.11	
	郭明远	男	汉	委员	2003.03—2004.11	
	朱兴川	男	汉	委员	2004—2007.01	中共万盛区委任命
	封云波	男	汉	委员	2004—2007.01	中共万盛区委任命
	黄友芝	女	汉	委员	2004—2007.01	中共万盛区委任命
第八届	周瑜泉	男	汉	书记	2007.01—2008.09	
	弋渝生	男	汉	书记	2008.09—2011.10	
	刘仁强	男	汉	副书记	2007.01—2009.10	
	黄能金	男	汉	副书记	2009.10—2011.10	中共万盛区委任命
	杜华侨	男	汉	副书记	2007.01—2011.10	
	王良湘	女	汉	委员	2007.01—2011.10	
	张方良	男	汉	委员	2007.01—2009.10	
	封云波	男	汉	委员	2007.01—2008.07	
					2010.05—2011.10	中共万盛区委任命
	梁山川	男	汉	委员	2007.01—2008.01	
	黄云辉	男	汉	委员	2008.01—2011.10	中共万盛区委任命
	王勇	男	汉	委员	2010.05—2011.10	中共万盛区委任命

二、区纪委工作机构

1986年10月，中共南桐矿区纪委有办公室、案件检查科和案件审理科等科室3个。

1988年12月，案件检查科更名案件检查室，案件审理科更名案件审理室，增设群众来信来访室。

1990年8月，群众来信来访室更名控告申诉室。

1993年4月1日，中共万盛区纪委与万盛区监察局合署，实行一个机构，两块牌子的体制。合署后，统一设置办公室、监察综合室、执法监察室、纪检监察室、案件审理室、信访室和党风廉政建设室等科室7个。

2001年12月，中共万盛区纪委（万盛区监察局）重新设置内部机构，设办公室、党风廉政建设室（中共万盛区委党风廉政建设领导小组办公室、万盛区政府纠正部门和行业不正之风领导小组办公室）、执法监察室、信访室（万盛区监察举报中心）、纪检监察室和案件审理室等内设机构6个。

2007年6月15日，增设行政效能监察室，挂万盛区行政效能举报中心牌子。

2009年7月，增设宣传教育室（挂靠在党风廉政建设室）、研究室（挂靠在案件审理室）、纠正部门和行业不正之风办公室（挂靠在行政效能监察室），实行一个机构，两块牌子的体制。

2011年，中共万盛区纪委（万盛区监察局）有办公室、党风廉政建设室（中共万盛区委党风廉政建设领导小组办公室、万盛区政府纠正部门和行业不正之风领导小组办公室）、执法监察室、信访室（万盛区监察举报中心）、纪检监察室、案件审理室、行政效能监察室（万盛区行政效能举报中心）、宣传教育室（挂靠在党风廉政建设室）、研究室（挂靠在案件审理室）、纠正部门和行业不正之风办公室（挂靠在行政效能监察室）等内设机构10个。

三、区纪委派驻机构

2003年5月，中共万盛区纪委根据中央改革和完善党的纪律检查体制的要求，开始在部分区政府工作部门派驻纪检组或纪律检查工作委员会。

（一）纪律检查工作委员会

1987年2月，组建中共万盛街道纪律检查工作委员会。

2001年8月，组建中共东林街道纪律检查工作委员会。

2003年5月，组建中共万盛区教育纪律检查工作委员会。

（二）纪检组

2003年5月，组建中共万盛区纪委驻区人民法院纪检组、驻区交通局纪检组（2009年12月更名驻区交通委员会纪检组）、驻区综合行政执法局纪检组（2010年7月更名驻区市政园林管理局纪检组）、驻区水利局纪检组（2005年6月更名驻区水务局纪检组）、驻区卫生局纪检组、驻区经济贸易委员会纪检组（2009年12月更名驻区经济与信息化委员会纪检组）、驻区政府农业办公室纪检组。

2004年1月，组建驻区财政局纪检组。11月，组建驻区人民检察院纪检组。

2005年11月，组建驻区国土资源局纪检组。

2006年1月，组建驻区建设委员会纪检组（2009年12月更名驻区城乡建设委员会纪检组）。5月，组建驻区安全生产监督管理局纪检组。

2007年2月，组建驻区民政局纪检组。

2008年1月，组建驻区人力资源和社会保障局纪检组；组建驻区环境保护局纪检组。6月，组建驻区林业局纪检组。

2009年2月，组建驻区发展与改革委员会纪检组。12月，撤销驻区政府农业办公室纪检组，组建驻区农业委员会纪检组。

2010年6月，组建驻区旅游局纪检组。

四、区监察局

1988年1月26日，万盛区监察局组建，是区政府工作部门。是年，区监察局有办公室、监察科和审理科等科室3个。

1989年3月，设立区行政机关经济违纪举报站。11月，更名区行政机关工作人员经济违纪举报站。

1989年6月24日，重庆市南桐矿区监察局案件审议委员会成立，主要职责是讨论决定政纪案件的处理和其他重要监察事项。

1993 年 4 月 1 日，万盛区监察局与中共万盛区纪委合署办公。

第二章　重要会议

第一节　中共万盛区党员代表大会

中共南桐矿区第四次代表大会　1987 年 3 月 31 日至 4 月 3 日，中共南桐矿区第四次代表大会在万盛召开，应到代表 202 人，实到 201 人，列席 17 人。会议听取、审议并通过中共南桐矿区委书记夏元东代表中共南桐矿区第三届委员会作的《坚持党的十一届三中全会以来的路线夺取我区两个文明建设的新胜利》工作报告、中共南桐矿区纪委书记尤春香代表中共南桐矿区第二届纪律检查委员会作的工作报告；选举王成云、尤春香（女）、孔庆芳（女）、田登先（女）、吕祥发、刘文渊、李碧澄、余明贵、余焕池、邹绍康、汪世华、范文海、周尚荣、郑兴明、胡祖荫、贺永增、唐宗碧（女）、梁金亭、董文坤、蔡庆海和熊荣光等 21 人为中共南桐矿区第四届委员会委员（按姓氏笔画排序），选举熊荣才、尤章书和李华年等 3 人为候补委员（按得票多少排序），选举卢朝海、杨辉、杨通贵、杨富科、何应顺、陈远志、罗宗明、胡相成、夏自权、唐宗碧（女）、阎绍文、喻广福和程真祥等 13 人为中共南桐矿区第三届纪律检查委员会委员（按姓氏笔画排序）。

中共南桐矿区代表大会（不记次）　1988 年 4 月 4 日，中共南桐矿区委在万盛召开中共南桐矿区代表大会，参会代表 91 人。会议选举尤春香、令狐荣柱、吕祥发、杨淑荣、唐国强和戴廷科等 6 人为中共重庆市第六次代表大会代表。

中共南桐矿区第五次代表大会　1990 年 2 月 19—22 日，中共南桐矿区第五次代表大会在万盛召开，应到代表 230 人，实到 225 人，列席 23 人。会议听取、审议并通过中共南桐矿区委书记何国清代表中共南桐矿区第四届委员会作的《治理整顿、深化改革、振奋精神、艰苦创业夺取万盛区“两个文明”建设的新胜利》工作报告、中共南桐矿区纪委书记唐宗碧代表中共南桐矿区第三届纪律检查委员会作的《认真履行职责严肃党的纪律为搞好区党风建设而奋斗》工作报告；选举广仲廉、王彪、令狐荣柱、田登先（女）、杜崇民、李贻盛、李维猋、李碧澄、杨辉、何国清、邹绍康、汪世华、张希凤（女）、金荣才、金登明、郑兴明、唐宗碧（女）、董文坤、彭永辉、熊荣才和熊荣光等 21 人为中共南桐矿区第五届委员会委员（按姓氏笔画排序），选举梁国栋、罗中全、刘润生和罗昭胜等 4 人为候补委员（按得票多少排序），选举王东林、卢朝海、刘清光、李碧澄、杨传华、杨富科、杨通贵、旷年友、罗玉海、罗宗明、罗登海、岳建忠、郭通成和程真祥等 14 人为中共南桐矿区第四届纪律委员会委员（按姓氏笔画排序）。

中共南桐矿区第六次代表大会　1993 年 2 月 15—18 日，中共南桐矿区第六次代表大会在万盛召开，应到代表 229 人，实到 229 人，特邀 1 人，列席 25 人。会议听取、审议并通过何国清代表中共南桐矿区第五届委员会作的《解放思想、把握机遇、团结奋进、夺取南桐矿区改革和建设的更大胜利》工作报告、中共南桐矿区纪委书记李碧澄代中表中共南桐矿区第四届纪律检查委员会作的《坚持党的基本路线、

全面履行四项职能，保证南桐矿区改革开放和经济建设顺利进行》工作报告；选举产生马礼政、王茂贵、文启元、田登先（女）、朱自淼、杜崇民、李贻盛、杨辉、何国清、余敏（女）、金荣才、郑兴明、费开学、唐宗碧（女）、彭永辉、董文坤、程真祥、熊荣才、霍本林、霍似秋和魏学彬等21人为中共南桐矿区第六届委员会委员（按姓氏笔画排序），选举吴瑶、韦长文、沈前林和李开友等4人为候补委员（按得票多少排序），选举王东林、杨植君、杨富科、李玉兰（女）、何应顺、张希凤（女）、陈世煜、罗玉海、罗宗明、罗登海、岳建忠、程真祥、傅光鸿、舒乾文和濮小雪（女）等15人为中共南桐矿区第五届纪律委员会委员（按姓氏笔画排序）。

中共万盛区代表大会（不记次）　1997年4月30日，中共万盛区委在万盛召开中共万盛区代表大会。会议选举田建渝（女）、江平万、李贻盛、陈之惠、姜平和魏学彬等6人为中共重庆市第一次代表大会代表。

中共万盛区第七次代表大会　1997年12月23—26日，中共万盛区第七次代表大会在万盛召开，应到代表233人，实到233人，列席16人。会议听取、审议并通过中共万盛区委书记姜平代表中共万盛区第六届委员会作的《解放思想、抓住机遇、开拓创新为实现万盛发展的第二次飞跃而努力奋斗》工作报告、中共万盛区纪委书记程真祥代表中共万盛区第五届纪律检查委员会作的《坚定不移、扎实工作、努力开创万盛区党风廉政建设的新局面》工作报告，审议《万盛区国民经济和社会发展“九五”计划和2010年远景目标》，并提出修改建议；选举马礼政、王忠民、王茂贵、尤共华、尤春香（女）、文启元、田建渝（女）、朱本成、向泽映、刘永利、杨传华、杨树良、李文生、李德明、吴瑶、陈春盛、罗海、岳建忠、侯家元、姜平、程昌志、程真祥、霍本林、霍似秋和魏学彬等25人为中共万盛区第七届委员会委员（按姓氏笔画排序），选举李祥云、潘万林、罗昭胜、王东林和李川等5人为候补委员（按得票多少排序），选举王开泉、王玉林、王向东、邓世维、邓先进、任永明、向晓康、刘祖斌、杨富科、敖川、郭明远、陶小芳（女）、蒋世秀（女）、霍似秋和濮小雪（女）等15人为中共万盛区第六届纪律检查委员会委员（按姓氏笔画排序）。

中共万盛区第八次代表大会　2003年2月18—21日，中共万盛区第八次代表大会在万盛召开，应到代表237人，实到237人，列席14人。会议主题是以邓小平理论和“三个代表”重要思想为指导，坚持“旅游带动”战略，为富民兴区、实现万盛跨越式发展而努力奋斗。会议听取、审议并通过中共万盛区委书记翁杰明代表中共万盛区第七届委员会作的《全面贯彻“三个代表”重要思想、为富民兴区、实现万盛跨越式发展而努力奋斗》工作报告、中共万盛区纪委书记吕进代表中共万盛区第六届纪律检查委员会作的《以“三个代表”重要思想为指导深入推进党风廉政建设和反腐败斗争》工作报告；选举尤邦令、田建渝（女）、申大华、冉进红、吕进、孙瑞彬、杨传华、李川、李建文、李明清、李钟亮、陈贵怀、岳建忠、胡再谦、侯家元、徐万忠、殷成贵、翁杰明、陶长银、敬雨龙、蒋建国、程昌志、程真祥、傅双现和霍似秋等25人为中共万盛区第八届委员会委员（按姓氏笔画划排序），选举万长生、罗昭胜、詹旭东、褚洪春（女）和李德明等5人为候补委员（按得票多少排序），选举万成华、王向东、文伦洪、邓先进、吕进、朱明、向晓康、刘仁强、刘永阳、刘祖斌、陈小辉、罗明权、封云波、莫杰、郭明远、陶小芳（女）和黄阿秀（女）等17人为中共万盛区第七届纪律检查委员会委员（按姓氏笔画排序）。

中共万盛区第九次代表大会　2007年1月19—21日，中共万盛区第九次代表大会在万盛召开，应到代表238人，实到225人，列席35人。会议听取、审议并通过中共万盛区委书记程真祥代表中共万盛区第八届委员会作的《加快发展，促进社会和谐，为争创资源型城市转型的先进典型而努力奋斗》工作报告、中共万盛区纪委书记周瑜泉代表中共万盛区第七届纪律检查委员会作的工作报告；选举王君成、尤邦令、毛朝银、艾亚军（土家族）、申大华、冉进红、吕进、向涛（土家族）、杨晓云、李川、李华全、李建文、肖猛、吴思余、余小池、张有力、张琳（女）、张勤、陈万木、陈新国、罗宗敏、岳建忠、周轶、周瑜泉、敖川、徐月芬(女)、唐应良、黄友明、黄能金、程真祥、詹旭东、褚洪春(女)和谭祈元等33人为中共万盛区第九届委员会委员（按姓氏笔画排序），选举陈贵怀、吴旷煤(女)、赵渝斌、梁正恒、覃政权和林江兵等6人为候补委员（按得票多少排序），选举万明、王良湘(女)、王建军、卢建华、朱明、刘仁强、刘永阳、杜天伦、杜华侨、张方良、陈昌建、幸敏(女)、罗隆文、周瑜泉、庞文建(女)、封云波、莫杰、唐友莉(女)、唐富斌、陶小芳(女)和梁山川等21人为中共万盛区第八届纪律检查委员会委员（按姓氏笔画排序）。

第二节　中共万盛区委全体委员会议

三届六次全委(扩大)会　1986年10月20—23日，中共南桐矿区三届六次全委(扩大)会在万盛召开，参会人员96人，中共南桐矿区委副书记尤春香主持会议。会议传达中共重庆市五届八次全委（扩大）会精神，学习中共十二届六中全委会通过的《中共中央关于社会主义精神文明建设指导方针的决议》，并分组讨论；听取中共南桐矿区委书记夏元东作的《振奋精神，奋力拼搏，千方百计地夺取今冬明春各项工作的新胜利》讲话。

四届一次全委会　1987年4月3日下午，中共南桐矿区四届一次全委会在万盛召开，应参会委员21人，实到20人，缺席1人，中共南桐矿区委副书记吕祥发主持会议。会议选举产吕祥发为中共南桐矿区第四届区委书记，王成云、郑兴明、唐宗碧（女）、邹绍康为副书记，王成云、田登先（女）、吕祥发、汪世华、邹绍康、余明贵、周尚荣、郑兴明、唐宗碧（女）、董文坤为常务委员会委员（按姓氏笔画排序）。

四届二次全委(扩大)会　1987年11月20日，中共南桐矿区四届二次全委(扩大)会在万盛召开，参会人员140人。会议传达并讨论中共重庆市委书记廖伯康在全市干部大会上的讲话和中共中央工作会议的主要精神。

四届三次全委(扩大)会　1988年2月2—3日，中共南桐矿区四届三次全委(扩大)会在万盛召开，王成云主持会议。会议听取吕祥发代表区委作的《1987年度区委工作总结和1988年度区委工作计划》报告，并分组讨论。

四届四次全委(扩大)会　1988年3月14日，中共南桐矿区四届四次全委(扩大)会在万盛召开，参会人员50人，郑兴明主持会议。会议组织中共中央、国务院印发的《关于经济形势和今年的经济工作》的文件、中共中央政治局常委、中共中央军委主席、国家中央军事委员会主席邓小平对《关于发展沿海地区外向型经济战略问题》作的批示、中共重庆市委印发的《关于选举出席市党代会代表的通知》，选举吕祥发为南桐矿区出席市党代会的代表。

四届五次全委会　1988年4月3日，中共南桐矿区四届五次全委会在万盛召开，应参会委员20人、候补委员3人，实到委员17人、候补委员2人，缺席4人，吕祥发主持会议。会议讨论关于召开中共南桐矿区第五次代表大会的问题，通过出席中共重庆市第六次代表大会的代表候选人名单和选举办法，递补候补委员熊荣才为委员。

四届六次全委(扩大)会　1988年10月18—20日，中共南桐矿区四届六次全委(扩大)会在召开，参会人员110人，王成云、郑兴明先后主持会议。会议传达中央工作会议和中共十三届三中全会精神，并分组讨论；听取中共重庆市委副书记陈宽金在大会上作的讲话，王成云作的《坚决贯彻党的十三届三中全会精神，治理经济环境，整顿经济秩序，全面深化改革，努力争取南桐矿区改革和建设的新胜利》

报告，唐宗碧作的《发挥政治优势，切实加强和改进思想政治工作，保证中共十三届三中全会精神贯彻落实》讲话。

四届七次全委(扩大)会　1989年2月20—21日，中共南桐矿区四届七次全委(扩大)会在万盛召开，参会人员110人，王成云主持会议。会议听取吕祥发代表区委作的《1988年度区委工作总结和1988年度区委工作要点》报告，分组讨论。

四届八次全委(扩大)会　1989年7月7—8日，中共南桐矿区第四届八次全委(扩大)会在万盛召开，参会人员114人，吕祥发主持会议。会议学习中共中央政治局常委、中共中央军委主席、国家中央军事委员会主席邓小平的《在接见首都戒严部队军以上干部时的讲话》，中共中央政治局常委、中共中央委员会总书记江泽民在中共十三届四中全会上作的重要讲话，以及中共中央政治局常委、国务院总理李鹏作的《关于赵紫阳在反党反社会主义的动乱中所犯错误的报告》；讨论并通过《关于坚决贯彻党的十三届四中全会精神的决议》。

四届九次全委（扩大）会　1989年12月14—16日，中共南桐矿区四届九次全委（扩大）会在万盛召开，参会人员140人，何国清、吕祥发、王成云先后主持会议。会议传达中共十三届五中全会和中共重庆市六届五次全委（扩大）会精神，中共中央政治局常委邓小平的重要讲话精神，并分组讨论；听取王成云就如何贯彻执行《中共中央关于进一步治理整顿和深化改革的决定》所提意见，分组讨论；通过《关于认真贯彻执行党的十三届五中全会精神的决议》。

四届十次全委会　1990年1月，中共南桐矿区四届十次全委会在万盛召开，全体委员、候补委员和中共南桐矿区纪委委员参会，何国清主持会议。会议研究决定下一届中共南桐矿区委、南桐矿区人大常委会、南桐矿区政府、政协南桐矿区委、中共南桐矿区纪委领导班子和南桐矿区人民法院、南桐矿区人民检察院领导人数及候选人推荐名单。

五届一次全委会　1990年2月22日，中共南桐矿区五届一次全委会在万盛召开，全体委员、候补委员参会，何国清主持会议。会议选举何国清为中共南桐矿区第五届区委书记，李贻盛、唐宗碧（女）、汪世华为副书记，李贻盛、李碧澄、杨辉、何国清、邹绍康、汪世华、唐宗碧（女）、董文坤为常务委员会委员（按姓氏笔画排序）。会议向新一届中共南桐矿区委领导班子提出工作和作风要求。

五届二次全委（扩大）会　1990年4月27日，中共南桐矿区五届二次全委（扩大）会在万盛召开，唐宗碧主持会议。会议听取何国清作的《以整风精神学“决定”，转变作风勤政为民”》（“决定”指中发〔1990〕3号文件）讲话，传达中共重庆市六届六次委（扩大）会精神，总结干部下基层工作情况。

五届三次全委（扩大）会　1990年7月23日，中共南桐矿区五届三次全委（扩大）会在万盛召开，参会人员32人，唐宗碧主持会议。会议听取何国清代表中共南桐矿区委作的《1990年上半年区委工作情况和下半年区委工作计划》报告，李碧澄代表中共南桐矿区纪委作的《1990年上半年区纪委工作情况和下半年区纪委工作计划》报告，李贻盛报告1990年上半年区政府经济工作情况。

五届四次全委会　1991年1月18—19日，中共南桐矿区五届四次全委会在万盛召开，全体委员、候补委员参会，李贻盛、何国清、唐宗碧先后主持会议。会议听取何国清代表中共南桐矿区委作的《1990年区委工作总结和1991年区委工作要点》报告，颜如琛代表区政府作的《南桐矿区国民经济与社会发展十年规划和第八个五年（1991—1995年）计划纲要（草案）及其说明》。

五届五次全委(扩大)会　1991年3月1—2日，中共南桐矿区五届五次全委(扩大)会在万盛召开，何国清、汪世华、李贻盛、唐宗碧先后主持会议。会议传达中共重庆市六届七次全委（扩大）会精神，听取李贻盛作的《关于南桐矿区国民经济与社会发展十年规划和第八个五年（1991—1995年）计划纲要（草案）及其说明》和《振奋精神，团结奋斗，集中精力抓好经济建设》讲话，何国清作的《全区各级党组织和共产党员要用坚强的党性来保证中共重庆市第六届委员会第七次全体委员（扩大）会议

精神的贯彻落实》讲话。

五届六次全委（扩大）会 1991年7月16日，中共南桐矿区五届六次全委（扩大）会在万盛召开。会议听取何国清代表中共南桐矿区委作的《1991年上半年区委工作总结和下半年区委工作要点》报告，学习中共重庆市委办公厅转发的《中共重庆市委、重庆市政府发展振兴南桐经济现场办公会议纪要》。

五届七次全委（扩大）会 1992年1月6—7日，中共南桐矿区五届七次全委（扩大）会在万盛召开，李贻盛、唐宗碧先后主持会议。会议传达中共中央总书记江泽民在中共十三届八中全会闭幕式上的讲话精神，学习《中共中央关于进一步加强农业和农村工作的决定》，并分组讨论，听取何国清代表中共南桐矿区委作《1991年度区委工作总结（讨论稿）和1992年度区委工作计划（讨论稿）》报告，并分组讨论。

五届八次全委会 1992年7月11日，中共南桐矿区五届八次全委会在万盛召开，全体区委委员、候补委员参会，何国清、李贻盛主持先后会议。会议听取李贻盛汇报1992年区政府经济工作情况及下半经济工作主要任务，唐宗碧汇报上半年为经济发展所作的工作情况及下半年工作意见，何国清作的《振奋精神，真抓实干，努力完成本届区委任期目标》讲话。

五届九次全委（扩大）会 1992年11月27—28日，中共南桐矿区五届九次全委（扩大）会在万盛召开，李贻盛、何国清先后主持会议。会议传达中共重庆市六届九次全委（扩大）会精神，提出《南桐矿区关于学习贯彻中共第十四次全国代表大会精神的意见（讨论稿）》，并分组讨论，听取李贻盛作的《关于当前经济形势和今冬明春经济工作主要任务》讲话。

五届十次全委会 1993年2月5日，中共南桐矿区五届十次全委会在万盛召开，全体区委委员、候补委员和中共南桐矿区纪委委员参会，李贻盛主持会议。会议讨论、审议何国清代表中共南桐矿区委在中共南桐矿区第六次代表大会上作的工作报告（草稿），李碧澄代表中共南桐矿区纪委在中共南桐矿区第六次代表大会上作的工作报告（草稿），通过中共南桐矿区第六次代表大会上有关选举事项。

六届一次全委会 1993年2月18日，中共南桐矿区六届一次全委会在万盛召开，全体委员、候补委员参会，何国清主持会议。会议选举何国清为中共南桐矿区第六届区委书记，李贻盛、余敏（女）、杨辉等3人为副书记，马礼政、杜崇民、李贻盛、杨辉、何国清、余敏（女）、彭永辉、董文坤、程真祥等9人为常务委员会委员（按姓氏笔画排序）。

六届二次全委（扩大）会 1993年7月10日，中共万盛区六届二次全委（扩大）会在万盛召开，何国清、李贻盛先后主持会议。会议听取何国清代表中共万盛区委作的《1993年上半年区委工作总结和下半年工作计划》报告。

六届三次全委（扩大）会议 1993年12月29日，中共万盛区六届三次全委（扩大）会议在万盛召开，李贻盛主持会议。会议听取何国清代表中共万盛区委作的《1993年区委工作总结和1994年工作计划》报告和讲话。

六届四次全委（扩大）会 1994年7月11—12日，中共万盛区六届四次全委（扩大）会在万盛召开，杨辉、马礼政先后主持会议。会议听取李贻盛作的《万盛区上半年经济情况分析及下半年主要工作》讲话，何国清作的《解放思想，抓住机遇，努力使万盛区经济发展进入快车道》讲话，并分组讨论。

六届五次全委（扩大）会 1994年10月31日—11月1日，中共万盛区六届五次全委（扩大）会在万盛召开，李贻盛主持会议。会议传达中共十四届四中全会和中共四川省委（扩大）会、中共重庆市委（扩大）会精神暨中共中央总书记江泽民视察重庆期间的讲话，并分组讨论；讨论并通过《关于认真学习贯彻落实党的十四届四中全会“决定”的决议（草案）》；听取何国清作的《认真贯彻落实党的十四届四中全会精神，切实加强和改进的建设》讲话。

六届六次全委会 1994年12月23日，中共万盛区六届六次全委会在万盛召开，何国清主持会议。

会议研讨1995年中共万盛区委工作要点和党建工作三年规划。

六届七次全委会　1995年7月24日，中共万盛区六届七次全委会在万盛召开，杨辉主持会议。会议分别听取中共万盛区委常委会委员汇报的1995上半年工作情况和下半年工作计划，李贻盛在会上作的讲话。

六届八次全委会　1996年12月13日，中共万盛区六届八次全委会在万盛召开，姜平主持会议。会议讨论并通过《关于制订万盛区国民经济和社会发展第九个五年计划（1996—2000年）和2010年远景目标的建议》。

六届九次全委（扩大）会　1996年7月19日，中共万盛区六届九次全委（扩大）会在万盛召开，李贻盛主持会议。会议听取姜平作的《突出重点，狠抓落实，确保今年目标任务的全面完成》讲话，并分组讨论。

六届十次全委（扩大）会　1997年1月3日，中共万盛区六届十次全委（扩大）会在万盛召开，李贻盛主持会议。会议传达1996年全市区、市、县经济工作会议精神和国务院副总理吴邦国在重庆考察期间的讲话精神。

六届十一次全委（扩大）会　1997年1月27—28日，中共万盛区六届十一次全委（扩大）会在万盛召开，杨辉、马礼政先后主持会议。会议听取姜平作的《振奋精神抓机遇，把握大局突重点，推动全区经济社会更好更快地发展》讲话，分组讨论；听取李贻盛作的《抓住机遇，加快发展，全力抓好1997年经济工作》讲话。

六届十二次全委(扩大)会　1997年10月10日，中共万盛区六届十二次全委(扩大)会在万盛召开，李贻盛主持会议。会议传达中共十五大和中共重庆市一二次全委（扩大）会精神，听取姜平作的《认真学习贯彻党的十五大精神，为实现万盛发展的第二次飞跃而努力奋斗》报告。

七届一次全委会　1997年12月26日，中共万盛区七届一次全委会在万盛召开，全体委员、候补委员参会，姜平主持会议。会议选举姜平为中共万盛区第七届区委书记，魏学彬、程真祥、文启元、向泽映等4人为副书记，王忠民、文启元、田建渝（女）、朱本成、向泽映、刘永利、岳建忠、姜平、程真祥、霍似秋、魏学彬等11人为常务委员会委员（按姓氏笔画排序）。

七届二次全委（扩大）会暨区政府第十四届一次全体会议　1998年7月19日，中共万盛区第七届二次全委（扩大）会暨区政府第十四届一次全体会议在万盛召开。会议传达全市区、县（市）经济工作会议精神，部署下一个时期深化改革、加快发展的工作，听取姜平作的《挥改革大手笔，做发展文章，为实现万盛新的振兴而努力奋斗》讲话。

七届三次全委（扩大）会　1999年1月13日，中共万盛区七届三次全委（扩大）会在万盛召开。会议听取姜平作的《振奋精神，知难而进，努力开创我区经济和社会发展新局面》讲话，魏学彬作的《抓住机遇，调整结构，提高效益，促进全区经济持续健康发展》讲话。

七届四次全委（扩大）会　1999年7月16日，中共万盛区七届四次全委（扩大）会在万盛召开。会议总结下一阶段面临的经济形势和任务，提出推动工业经济实现恢复性增长、全力以赴壮大旅游龙头产业、集中精力发展乡镇经济等工作重点，听取姜平作的《统一认识，振奋精神，努力扭转我区经济发展的被动局面》讲话，并分组讨论。

七届五次全委（扩大）会　1999年11月18日，中共万盛区七届五次全委（扩大）会在万盛召开。会议听取姜平作的《深入贯彻落实党的十五届四中全会精神，努力开创我区城乡企业改革和发展新局面》讲话，并分组讨论。

七届六次全委（扩大）会　1999年12月23日，中共万盛区七届六次全委（扩大）会在万盛召开，文启元、向泽映先后主持会议。会议听取姜平作的《把握形势，自重自强，为万盛在困境中崛起而奋发努力》讲话，并分组讨论；听取魏学彬作的《明年经济工作具体部署几点意见》讲话，并分组讨论；讨论并通过《中共万盛区委2000年工作要点》。

七届七次全委（扩大）会 2000年7月11日，中共万盛区七届七次全委（扩大）会在万盛召开。会议听取姜平作的《振奋精神，开拓进取，为推动经济实现恢复性增长而扎实工作》讲话，中共万盛区委常委、组织部部长岳建忠作的《以“三个代表”思想为指导，大力加强领导班子和干部队伍建设》讲话，万盛区计划经济委员会主任作的《正视困难，奋力拼搏，为实现全区经济恢复性增长而努力》讲话。

七届八次全委（扩大）会暨全区经济工作会议 2000年12月21—22日，中共万盛区七届八次全委（扩大）会暨全区经济工作会议在万盛召开，姜平、程真祥先后主持会议。会议听取魏学彬作的《关于制订重庆市万盛国民经济和社会发展第十个五年（2001—2005年）计划建议的说明》讲话，审议并通过《中共万盛区委关于制订国民经济和社会发展第十个五年计划的建议》。

七届九次全委（扩大）会暨区政府全体会议 2001年7月19—20日，中共万盛区七届九次全委（扩大）会暨区政府全体会议在景星乡召开。会议贯彻落实中共中央总书记江泽民“七·一”讲话和中共重庆市委一届九次全委会精神，总结万盛区上半年工作，部署下半年工作，听取姜平作的《众志成城，乘势而上，努力推动万盛经济形成新的发展高潮》讲话，魏学彬作的《巩固成绩、扎实工作、乘势前进、全面完成今年的各项目标任务》讲话，审议并通过《中共万盛区委关于加快实施科教兴区战略的决定》和《中共万盛区委关于开展创建“五好”村，“六好”乡镇，“七好”区活动的决定》。

七届十次全委（扩大）会 2001年11月9日，中共万盛区七届十次全委（扩大）会在万盛召开。会议姜平作的《深入贯彻落实中共十五届六中全会精神，努力开创新时期我区党的作风建设新局面》讲话，审议并通过《中共万盛区委关于认真贯彻落实〈中共重庆市委关于切实加强和改进党的作风建设的意见〉的实施意见》。

七届十一次全委（扩大）会暨区政府全体会议 2002年7月26日，中共万盛区七届十一次全委（扩大）会暨区政府全体会议在万盛召开，程真祥主持会议。会议听取姜平作的《以发展好第一要务，始终坚持与时俱进，努力开创世纪之初万盛发展的新局面》讲话，魏学彬作的《认清形势，扎实工作，千方百计完成今年的各项目标任务》讲话，表彰万盛区政府副区长孙瑞彬，代中共重庆市委为万盛区学教活动先进集体和个人颁发表彰证书。

七届十二次全委（扩大）会 2002年11月27日，中共万盛区七届十二次全委（扩大）会在万盛召开，姜平主持会议。会议传达中共中央总书记江泽民在中共十五届七中全会上的讲话精神和中共中央政治局常委、国家副主席胡锦涛在中共十六大主席团二次会议上的讲话精神；听取姜平作的《深入贯彻党的十六大精神，为发展振兴万盛，全面建设小康社会而努力奋斗》讲话；审议并通过《关于学习贯彻中共十六大精神的决议》。

八届一次全委会 2003年2月21日，中共万盛区八届一次全委会在万盛召开，全体委员、候补委员参会，翁杰明主持会议。会议选举翁杰明为中共万盛区第八届区委书记，孙瑞彬、程真祥、蒋建国、吕进等4人为副书记，田建渝（女）、冉进红、吕进、孙瑞彬、李明清、李建文、徐万忠、翁杰明、蒋建国、程真祥、霍似秋等11人为常务委员会委员（按姓氏笔画排序）。

八届二次全委（扩大）会暨区政府全体会议 2003年7月21日，中共万盛区八届二次全委（扩大）会暨区政府全体会议在万盛召开，孙瑞彬、程真祥先后主持会议。会议听取翁杰明作的《加快实施城镇化战略，为把万盛建设成为富有特色的中等城市而努力奋斗》报告，并分组讨论；听取孙瑞彬作的《坚定信心，增添措施，确保届首之年各项目标任务全面完成》报告；审议并通过《进一步加强城镇化进程的决定》。

八届三次全委（扩大）会暨全区经济工作会议 2003年12月20日，中共万盛区八届三次全委（扩

大）会暨全区经济工作会议在万盛召开。会议总结2003年中共万盛区委工作，并部署2004年工作；听取翁杰明作的《抢抓机遇，乘势而上，全力推动地区经济社会进入加速发展期》报告，孙瑞彬作的关于经济工作的讲话。

八届四次全委（扩大）会暨区政府全体会议　2004年7月20日，中共万盛区八届四次全委（扩大）会暨区政府全体会议在万盛召开。会议总结中共万盛区委2004年上半年工作，并部署下半年工作；听取孙瑞彬作的《以新型工业化为导向，为加快万盛区产业布局，迅速扩张经济总量而努力奋斗》报告；听取程真祥作的《统一思想，突出重点，确保全年各项目标任务全面完成》讲话。

八届五次全委（扩大）会暨区政府全体会议　2004年12月30日，中共万盛区八届五次全委（扩大）会暨区政府全体会议在万盛召开。会议听取孙瑞彬作的《坚定信心，乘势而上，把万盛推向全面快速发展的新阶段》讲话，程真祥作的关于经济工作的讲话。

八届六次全委（扩大）会暨区政府全体会议　2005年7月21日，中共万盛区八届六次全委（扩大）会暨区政府全体会议在万盛召开，参会人员115人，列席37人。会议贯彻落实中共十六届三、四中全会和中共重庆市二届七次全委（扩大）会精神，听取张远林作的《坚持科学发展，加快全面转型，为构建和谐万盛而努力奋斗》报告，并分组讨论；听取程真祥作的《突出重点，狠抓关键，千方百计完成全年各项目标任务》报告，分组讨论。

八届七次全委（扩大）会暨区政府全体会议　2005年12月22日，中共万盛区八届七次全委（扩大）会暨区政府全体会议在万盛召开，参会人员115人，列席35人。会议贯彻落实中共十六届五中全会议和中共重庆市二届八次全委（扩大）会精神，部署万盛区第十一个五年（2006—2010年）计划及2006年经济社会发展各项工作，听取张远林作的《以科学发展观统揽全局的地区经济社会全面转型奠定坚实基础》报告，程真祥作的2005年区政府工作总结和2006年区政府工作计划的报告。

八届八次全委（扩大）会暨区政府全体会议　2006年7月25日，中共万盛区八届八次全委（扩大）会暨区政府全体会议在万盛召开。会议听取程真祥代表中共万盛区委常委会作的《大胆解放思想，奋力开拓创新，推动地区经济社会持续协调发展》报告，万盛区政府代区长向涛作的《抓住关键，突出重点，千方百计完成全年经济目标任务》讲话。

八届九次全委会　2006年7月25日，中共万盛区八届九次全委会在万盛召开，全体委员、候补委员参会，程真祥主持会议。会议传达中共重庆市二届十次全委（扩大）会议精神，研究召开中共万盛区第九次代表大会相关事宜，听取吕进宣读《关于召开中共万盛区第九次代表大会的决议（草案）》，中共万盛区委常委、组织部部长刘弋新就中共万盛区第九次代表大会相关情况作的说明；讨论并通过《关于召开中共万盛区第九次代表大会的决议（草案）》。

八届十次全委会　2007年1月11日，中共万盛区八届十次全委会在万盛召开，全体委员、候补委员参会，程真祥主持会议。会议讨论审议程真祥代表中共万盛区第八届委员会在中共万盛区第九次代表大会上作的工作报告（草稿），周瑜泉代表中共万盛区第七届纪律检查委员会在中共万盛区第九次代表大会上作的工作报告（草稿）；通过中共万盛区第九次代表大会上有关选举事宜；研究审定出席中共重庆市第三次代表大会代表候选人预备人选和出席中共第十七次全国代表大会代表候选人推荐人选。

九届一次全委会　2007年1月21日，中共万盛区九届一次全委会在万盛召开，全体委员、候补委员参会，程真祥主持会议。会议选举程真祥为中共万盛区第九届区委书记，向涛、冉进红为副书记，王君成、艾亚军（土家族）、申大华、冉进红、向涛（土家族）、李建文、杨晓云、肖猛、张有力、周瑜泉和程真祥等11人为常务委员会委员（按姓氏笔画排序）。

九届二次全委（扩大）会　2007年8月2日，中共万盛区九届二次全委（扩大）会在万盛召开。

会议听取程真祥作的《抢抓新机遇，迎接新挑战，努力在统筹城乡中加速提升万盛综合竞争力》报告。

九届三次全委（扩大）会暨区政府全体会议　2007年12月29日，中共万盛区九届三次全委（扩大）会暨区政府全体会议在万盛召开。会议听取程真祥作的《攻坚克难求突破，聚精会神搞建设，全力推动万盛经济社会更好更快发展》报告。

九届四次全委（扩大）会　2008年8月7日，中共万盛区九届四次全委（扩大）会在万盛召开。会议贯彻中共重庆市三届三次全委会精神，听取程真祥作的《解放思想，真抓实干，在大开放中加速万盛资源型城市转型》报告，审议并通过《关于深入贯彻〈中共重庆市委关于进一步扩大开放的决定〉的意见》。

九届五次全委（扩大）会　2008年12月19日，中共万盛区九届四次全委（扩大）会在万盛召开。会议听取向涛代表中共万盛区委常委会向大会作的2008年工作报告，贯彻落实中共十七届三中全会和中共重庆市三届四次全委会精神，审议并通过《关于加快推进农村改革发展的决定》。

九届六次全委会　2009年2月26日，中共万盛区九届六次全委会在万盛召开。会议听取向涛代表中共万盛区委常委会向大会作的2008年度干部选拔任用工作情况报告，民主评议2008年度干部选拔任用情况，审议表决区管重要领导职务拟任人选、推荐人选。

九届七次全委会　2009年8月6日，中共万盛区九届七次全委会在万盛召开。会议听取向涛代表中共万盛区委常委会向大会作的2009年上半年工作报告，落实中共重庆市三届五次全委会精神，审议并通过《关于推动文化大发展大繁荣的决定》，决定表彰奖励万盛区文化工作突出贡献奖获奖者、万盛区十佳文化工作者和万盛区十大民间艺术家。

九届八次全委会　2009年12月29日，中共万盛区九届八次全委会在万盛召开。会议听取向涛代表中共万盛区委常委会向大会作的关于加强和改进新形势下万盛区党的建设工作的报告，杨晓云就《关于加强和改进新形势下党的建设的意见（审议稿）》作的说明；审议并通过《关于加强和改进新形势下党的建设的意见》。

九届九次全委会　2010年7月28日，中共万盛区九届九次全委会在万盛召开。会议听取向涛代表中共万盛区委常委会向大会作的工作报告，并分组讨论；听取潘毅琴就贯彻落实中共重庆市三届七次全委会精神和做好十大民生工作发表的具体意见，杨晓云就《关于扎实做好当前民生工作的决定（审议稿）》作的说明；审议并通过《关于扎实做好当前民生工作的决定》。

九届十次全委会　2010年11月30日，中共万盛区九届十次全委会在万盛召开。会议听取向涛代表中共万盛区委常委会向大会作的工作报告，并分组讨论；回顾总结万盛区第十一个五年（2006—2010年）计划时期经济社会发展成果，研究编制万盛区第十二个五年（2011—2012年）规划；听取潘毅琴就《关于制订万盛区国民经济和社会发展第十二个五年规划的建议（审议稿）》作的说明；审议并通过《关于制订万盛区国民经济和社会发展第十二个五年规划的建议》；听取向涛作的关于2010年度干部选拔任用工作情况的报告，并民主评议2010年度干部选拔任用工作和新选拔任用干部。

第三节　中共万盛区委常务委员会会议

第三届中共南桐矿区委常务委员会召开会议32次（扩大会议3次），主要研究全区思想政治工作，讨论召开南桐矿区农村工作会，讨论党代会、人代会、政协会的筹备工作，讨论领导班子民主生活，研究整党工作计划，传达学习中央、省、市有关会议和文件精神，研究体制改革、机构设置、干部任免和处理等议题。

第四届中共南桐矿区委常务委员会召开会议74次（扩大会议3次、临时会议3次），主要研究讨论全区的政治、经济、干部任免、机构及体制改革等重大议题。

第五届中共南桐矿区委常务委员会召开会议89次（扩大会议1次、民主生活会议3次），内容涉及干部任免议题65个，中共南桐矿区委换届、南桐矿区人大常委会、政协南桐矿区委换届以及人大、政协、统战等议题51个，传达贯彻中央、省、市会议、文件精神议题50个，区公安分局、区人民检察院、区人民法院、区司法局和中共南桐矿区纪委的议题13个，体制、机构改革议题23个，党风廉政和违纪处理等议题14个，区领导班子“四好”活动议题2个，目标责任制议题9个，宣传、精神文明建设的议题10个，政府工作议题45个，农村工作议题11个，老干部春节慰问等议题6个，人民武装部工作议题11个，抗灾、救灾议题1个，教育议题8个，“七·一”表彰会以及优秀党员评选等议题3个，乡镇企业工作议题4个，党校、干部培训工作议题6个，知识分子和科技工作议题共7个，群团工作议题3个，计划生育工作议题3个。

第六届中共万盛区委常务委员会召开会议86次（含常委扩大会议、不含常委民主生活会议），主要研究讨论全区政治、经济、人事任免、机构改革、企业改革、重点工程建设、资金引进、项目引进和文化教育卫生事业等重要议题。

第七届中共万盛区委常务委员会召开会议92次（含常委扩大会议、不含常委民主生活会议），主要研究讨论全区政治、经济、人事任免、机构改革、企业改革、重点工程建设、旅游资源开发、资金引进、项目引进和文化教育卫生事业等重要议题

第八届中共万盛区委常务委员会召开会议117次（含常委扩大会议、不含常委民主生活会议），主要研究讨论全区政治、经济、人事任免、机构改革、重点工程建设、旅游资源开发、资金引进、项目引进和文化教育卫生事业等重要议题。

第九届中共万盛区委常务委员会召开会议113次（含常委扩大会议、不含常委民主生活会议），主要研究讨论全区政治、经济、人事任免、机构改革、安全生产、资源型城市转型发展、重点工程建设、资源型城市转型发展、旅游资源开发、城市建设、国企改革遗留问题、资金引进、项目引进和文化教育卫生事业等重要议题。

第四节　中共万盛区纪委全体委员会议

三届一次全委会　1987年4月3日下午，中共南桐矿区纪委三届一次全委会在万盛召开，全体委员参会。会议选举唐宗碧（女）为中共南桐矿区第三届区纪委书记，程真祥、阎绍文为副书记，卢朝海、夏自权、唐宗碧（女）、阎绍文、喻广福和程真祥等6人为常务委员会委员（按姓氏笔画排序，下同）。

四届一次全委会　1990年2月22日，中共南桐矿区纪委四届一次全委会在万盛召开，全体委员参会。会议选举李碧澄为中共南桐矿区第四届区纪委书记，程真祥为副书记，卢朝海、李碧澄、罗玉海、郭通成和程真祥等5人为常务委员会委员。

五届一次全委会　1993年2月18日，中共南桐矿区纪委五届一次全委会在万盛召开，全体委员参会。会议选举程真祥为中共南桐矿区第五届区纪委书记，张希凤（女）、杨植君为副书记，杨植君、杨富科、张希凤（女）、罗玉海、程真祥、舒乾文、濮小雪（女）等7人为常务委员会委员。

六届一次全委会　1997年12月26日，中共南桐矿区纪委六届一次全委会在万盛召开，全体委员

参会。会议选举霍似秋为中共万盛区第六届区纪委书记，濮小雪（女）、向晓康为副书记，王向东、邓世维、向晓康、杨富科、郭明远、霍似秋、濮小雪（女）等7人为常务委员会委员。

七届一次全委会　2003年2月21日，中共南桐矿区纪委七届一次全委会在万盛召开，全体委员参会。会议选举吕进为中共万盛区第七届区纪委书记，刘仁强、王向东为副书记，吕进、刘仁强、王向东、文伦洪、邓先进、郭明远、陈小辉等7人为常务委员会委员。

八届一次全委会　2007年1月21日，中共南桐矿区纪委八届一次全委会在万盛召开，全体委员参会。会议选举周瑜泉为中共万盛区第八届区纪委书记，刘仁强、杜华侨为副书记，王良湘（女）、刘仁强、杜华侨、张方良、周瑜泉、封云波、梁山川等7人为常委会委员。

第三章　党务工作

第一节　纪检监察工作

一、党风廉政建设

（一）严控领导干部违规收受钱物

1986年3月，开展清退党政机关领导干部收受“红包”和各种馈赠现金活动，清退“红包”12个，总金额3600元。2000年，8名处级干部上交会议礼品14件，折价1400元。2001年，47个单位的130名党员领导干部主动上交礼金75780元。2002年，开设“581”廉政专户，全年收到上交现金12760元。是年，14名干部上交现金18650元。2005年，9名干部上交礼金22500元。2009年，5名市管领导干部上交礼金38800元，名酒4箱零3瓶、名烟1条；101名区管领导干部上交礼金74200元。2011年，开展自纠自查活动，上交礼金25.21万元，其中处级36人上交礼金15.9万元，科（乡）级19人上交礼金9.31万元。

（二）严查领导干部及其配偶、子女违规经商

1988—1989年，治理党政机关党政干部违规经商办企业，制发《关于党员领导干部保持廉洁自律的八条规定》。2000年，建立副处级以上党员领导干部配偶、子女从业情况登记制度，处理子女违规经商的处级干部2人。2001年，清查离退休的县（处）干部重新就业情况。2003年5月，要求全区各级党政组织登记并公示党员领导干部配偶和子女从业情况工作。建立领导干部配偶、子女从业情况动态化管理制度。2004年，清理整顿党政领导干部违规兼任企业领导职务，纠正31名党政领导干部违规在企业兼职取酬行为。2006年，清理国家机关工作人员和国有企业负责人投资入股经营煤矿，3名干部按规定退出股份。

（三）严禁领导干部违规使用公款、以权谋私

1990年，查处使用公款装修个人住房事件2件，按照党纪政纪处分当事人员，追回全部公款；查处9干部（3名局级、6名科级）使用公款委培自费生，追回全部公款。1991—1992年，印发《关于严禁用公款吃喝送礼等有关问题的通知》和《关于重申严禁用公款吃喝送礼的规定》；检查21个区属部门，1个街道和2个乡镇贯彻情况，收缴24个单位、219人违规发放或收受纪念品、折价9811元，追

缴3个单位公款吃喝费用7938元，并做罚款处理，追缴1人用公款旅游、2人搭车旅游费用2693元。另有47人主动上交其违规收受的礼品96件、折价4917元。1993年，追缴14个单位公款吃喝送礼、旅游费用2.19万元，处分违纪党员领导干部4人。1996年，清理领导干部违规多占住房42件、50套、117间、2440平方米。1998年，清理出使用公款安装的住宅电话376部，收回其中不符合文件规定的133部电话安装费29.34万元；清理出使用公款购买、使用的移动电话185部，将其中不符合文件规定的移动电话112部，作价或公开拍卖，收回公款41.40万元。1999年，查处4名处级领导干部违规配备、使用通信工具，收回资金12345.56元。2000年，制止1个区属部门和2个事业单位准备用公款旅游的行为。2004年，清查出27个单位存在使用公款为干部职工购买商业保险的问题，涉及210余人，金额29050元。

（四）建立领导干部个人重大事项申报制度

1997年，全区应参加申报的69个单位（部门）的286名副处级以上党员领导干部全部填报个人申报表。2008年，114名副处级以上干部主动将购房、举办红白喜事、驾驶公车等重大事项向中共万盛区纪委作报告；321名副处级以上党员领导干部主动将配偶、子女以及配偶从业情况向中共万盛区纪委作报告。

（五）控制会议数量和领导干部出国考察学习

1998年，全区各级各部门减少、压缩大型会议18个，取消、合并中小型会议14个，节约会议经费14.45万元，制止利用会议发纪念品3次，节约经费1.97万元。1999年，精减会议25个，减少参会人数3100余人，节约会议经费5.1万元。是年，有11个区属部门的11名处级领导申请出国（境）考察培训，审查批准6人，节约经费19万元。

（六）治理“小金库”

2009年，全区113个机关事业单位自查自纠主动上报设立的“小金库”31个，涉及金额199万元，均按规定纳入原资金渠道管理。2010年，检查15个单位的廉租房建设项目、政府采购交易、行政事业单位票据使用、津补贴发放等，发现个别单位违规发放津补贴，政府采购手续不完善，财政票据使用不规范，使用假发票、白条报账等问题，责令相关单位整改，并批评教育相关责任人。2011年，全区171个单位列入“小金库”专项治理复查范围。经过复查，未发现存在“小金库”问题。

二、纠正部门和行业不正之风

（一）查处村干部不正之风

1991年，中共南桐矿区纪委和中共南桐矿区委组织部联合调研部分村干部利用职权多头兼职取酬的不正之风，制发《关于村干部兼职取酬的暂行规定》。查处多头兼职取酬的村干部21人，退出非法兼职取酬40864元；查处乱占耕地建私房的村干部14人，处分并撤销职务6人，其余责令补办手续和补交罚款处理；查处利用职权拖欠、挪用集体资金的村干部47人，追回集体资金16.71万元，撤销职务11人。

（二）监察减轻农民税负工作执行情况

1992年2月，中共中央办公厅，国务院办公厅发出《关于切实减轻农民负担的紧急通知》，要求对涉及农民负担的一切收费项目，一律先停后清，取消43项达标升级活动，改正10种错误做法，取消37项收费、集资和基金项目。9月24—29日，重点检查万东镇、南桐镇、金桥乡、景星乡的8个村、16个社和24户农民家庭，基本摸清农民负担情况。发现收费管理上存在村级财务制度不健全，白条支付记账现象普遍，收费不使用统一收据等问题。采取制订收费管理办法，统一使用财政监制的收费收据，将村级管理支出统一收归乡、镇管理等措施。1994年，将涉及对农民收费的15个政府职能部门确定为重点监督对象，检查已取消的67个涉农收费项目执行情况，派专人通过区农村调查队核实农业基调户负担情况。经调查，区政府明令取消的67个涉农收费项目停止35个，32个未停止，涉及收费10.14万元，责令停止收费并退回违规收取的费用。1995年，推行农民负担监督卡制度。选择80户农户，发放负担项目监督卡。1996年，建立农民负担情况监测网、农民负担预算、决算方案报批和农民负担年终审计等4项规章制度。除教育附加费按有关规定拨付之外，其余农民负担均从拨付制改为报账制，收归乡、镇农经站统一管理。是年，发放农民负担监督卡42194张，占当年区内农户91.4%。2002年，在涉农收费部门、乡镇政府和行政村设立涉农收费项目、收费标准公示牌，在行政村聘请涉农收费联络员和督察员。2005年1月10日，中共中央、国务院决定全国免征农业税及附加。2005年1月起，万盛区免征农业税及附加。9月，检查8个乡镇免征农业税及附加执行情况，调查4个村、7个农业合作社和34户农户。经调查，农民不再负担任何税费。2010年，检查8个镇落实中央惠农政策和粮食直补制度的资金划拨模式落实情况。经调查，区内农民满意粮食直补到户的资金划拨模式。

（三）监督减轻企业负担工作执行情况

1991年4月，印发《支持企业搞活经济的意见》，清理纠正公安、工商、环保、交通和城管等5个部门的18种不规范收费行为，停止执行8种对企业的乱摊派行为。1993年10月11日，中共万盛区纪委、区监察局、区物价局和区政府法制办等8个部门联名向中共万盛区委、万盛区政府上报《关于清理我区企业负担情况的报告》，建议取消收费项目46个和集资项目3个，涉及金额34.49万元，建议实行收支两条线制度，强化预算外资金管理，规范党政机关收费行为。1994年，检查区政府取消的77项收费项目的执行情况，调查8个收费部门和5个企业单位。8个收费部门共废止收费项目35个，其中31个项目停止收费，4个项目仍在收费，涉及应清退款项5.2万元。1995年，在8个区属国有企业中推行企业负担监督卡制度。1996年，选择11家工商企业作为负担监督试点，不定时抽查登记情况。1997年，重新审验、规范行政事业性收费项目的收费票据、收费行为、财务管理等，遏制向企业乱收费的行为。1998年，区政府组建治理向企业乱收费、乱罚款和乱摊派工作领导小组。全年立案调查各类违规收费案件30件，查处违规收费、乱收费金额35.5万元，罚款16.85万元，清退不合理收费11.88万元。是年，向区政府确定的12家优势企业颁发重点保护牌。1999年，查出供电部门以“三峡水利基金”和“农网改造基金”等名义超额收取费用、金额2.9万元，煤气安装维修超额收取费用1.1万元，青年炸药库超额收管理费6.9万元；取消上述3个单位自立收费项目，收缴全部超额收取费用并分别处以罚款。是年，在优势企业和帮扶企业中实行企业收费登记卡制度。2001年，中共万盛区纪委、区监察局先后两次与区政府财贸办公室等部门联合召开专题会议，听取14家国有企业和19家国有控股企业领导汇报企业负担情况，组织企业领导人学习《重庆市禁止非法增加企业负担条例》；查处2个涉企收费部门的违规收费的问题，退回违规收取费用10.3万元，并全区通报。2007年4月，重庆市政府规定凡是国务院主管部门、市政府没有批准的企业升级、评比达标活动一律停止。全区74个主管部门（单位）填报《评比达标活动登记表》，清理出各类升级、评比达标活动183项，撤销88项，合并执行35项，暂停报重庆市政府审批3项，继续保留57项。

（四）监督制止中小学乱收费工作执行情况

1990年，配合区教育行政主管部门和物价部门检查全区中小学收费情况。1993年，再次重点检查全区中小学收费情况，发现部分学校存在超标准收费，其中中学有8项、多收20元，小学有6项、多收15元。

1995年，区政府转发《关于万盛区中小学收费项目和收费标准的通知》。9月，重点检查重庆市第四十九中学、关坝中学、南桐职业中学和万盛小学等12所中小学收费情况，查处浸水垭中学小学部收取补课费用975元，责令清退。1996年，先后制订《关于学校凭证亮卡收费的规定》《关于中小学收费项目、收费标准进行公示的规定》《关于中小学代收费报审和决算的规定》《关于中小学财务管理制度的规定》《关于对中小学收费进行检查的通知》《关于对中小学乱收费进行举报的通知》和《关于对中小学乱收费处理的暂行规定》等文件。9月，查处关坝镇田坝村小学擅自提高标准收费和金桥新村小学乱收费行为，责令清退违规收费1万元，追究2所小学主要领导党纪政纪责任，并通报全区。1997年，9月17日至10月14日，抽查15所中小学收费情况，查处11所中小学违规收费行为，责令清退不合理收费44.8万元，没收上缴区财政4.36万元，追究3所小学主要领导党纪政纪责任。1998年4月，抽查11所中学和15所小学收费情况，责令4所学校清退违规收费9.96万元，没收上缴区财政4.46万元，罚款9300元，并被通报全区。2001年3月，根据群众反映线索，调查6所小学和2所中学收费情况，责令4所学校清退违规收费4.74万元，罚款1.60万元罚款，并通报4所学校负责人。9月，责令3所中学和4所小学清退违规收费5.26万元，给予2所中学校长党内严重警告、行政记过处分。2002年，抽查11所中学和22所小学收费情况，责令2所中学和7所小学清退违规收费10.8万元，通报全区；追究违规多收校服代办费的1所中学和1所小学主要领导党纪、政纪责任。2003年，抽查7所中学和24所小学收费情况，责令2所中学和7所小学清退违规收费8.1万元。2004年，全区执行教育"一费制"，中小学收费明显规范。是年，抽查34所中小学执行教育"一费制"情况，发现1所小学违规收取补课费，责令清退补课费2760元，取消该校校长和党支部书记年度考核资格，并调离岗位；制止1所中学的补课计划，制止1所镇中心校准备收取"捐资助学费"的计划。2005年4月，集中培训全区中小学校长、支部书记、总务主任、财务主管，讲解收费政策、教育"一费制"和相关行政法规、党纪政纪知识。全年查处1所中学和4所小学的乱收费行为，清退违规收费5.1万元，没收"小金库"资金2万元，追究5名责任人党纪政纪责任。11月中旬，开展全区中小学收费情况公开测评调查，综合满意率97.56%。2009年3—4月，根据群众反映线索，调查2所中学收取补课费问题，责令清退补课费4.2万元。2010年3月，抽查13所中小学春季收费情况，发现2所小学所收取的校服"代办费"结余9460元，未及时退还学生，责令限时退还。2011年，抽查24所中小学的收费情况，未发现违规收费问题。

（五）监督治理医疗卫生领域不正之风执行情况

监督治理药品购销回扣行为。1996年，重点检查药品经营企业和医疗机构21个，检查区外药品购销经营单位10个，查出2人收受回扣39294.50元，追缴违规所得，并调离原岗位。2000年，区人民医院推行药品公开采购制度，配合区卫生局确定2家药品供应商。2003年，督促区人民医院、中医院参加全市药品、医疗器械统一竞标，要求各乡镇卫生院的药品采购工作必须报区药事监督管理委员会评审。

监督治理药品乱收费行为。1998年，检查全区11家医疗服务单位的医疗收费和药品销售价格情况，查处1所镇卫生院医疗服务和药品乱加价收费行为，收缴其乱收费所得1.47万元，罚款1万元，并将该单位主要领导调离岗位。1999年，查处私自收费、乱收费、擅离工作岗位和偷盗药品的医务人员3人。2010年，检查8所镇卫生院和1个卫生医疗站执行医疗服务收费、药品零售价格规定的情况，发现2所镇卫生院存在药品多收费问题，没收其违规收费所得1.14万元，并罚款4000元。2011年6月，检查区人民医院、区中医院和3所镇卫生院执行医疗服务收费、药品价格公示和药品、医疗器械采购环节折扣结算方式等情况，未发现违规行为。

（六）监督治理公路"三乱"执法工作

1994年，全国开展治理公路"三乱"（乱设卡、乱收费、乱罚款）行动。5—8月，中共万盛区纪委、区监察局组织交通、公安、林业等部门组建联合检查组，3次突击检查区内省道27千米和县道124千米。经查，区内公路设站、卡4个，均为合规设置，所收费用和罚款均按规定比例上缴纳入预算管理，使用财政统一印制的票据。全区有经交通部门审核批准的洗车场5个，均实行自愿洗车，未发现强行拦车洗车情况，均使用定额发票，未发现乱收费行为。发现南天、景星3个乡政府设置的木材咨询站存在违规设卡问题，责令取消检查站，撤除路卡；发现关坝镇设置的煤炭运输检查站和区农林部门在腰子口设置的农业特产税检查站存在违规设卡问题，责令取消。1996年，通过问卷调查方式检查公路“三乱”治理情况，向驾驶人员发放调查表110份，收回108份，满意和基本满意占比89.82%。2002年5月，万盛区公路管理被重庆市治理公路“三乱”办公室评为全市首批公路基本无“三乱”的区县。

（七）推行行业作风评议制度

1996年，区工商局、区卫生局试点行风评议。1997年起，逐步扩大行风评议范围，每年开展1次。2007年起，改为2年开展1次行风评议活动，在未开展行风评议的年份，只做监督检查或重点抽查工作。

三、行政执法监察

行政执法监察是检查监察对象贯彻执行国家法律、法规情况，调查并处理监察对象违反国家政策、法律法规以及违反政纪的行为，并受理个人或单位对监察对象违反国家政策、法律法规以及政纪行为的检举、控告。同时，受理监察对象不服行政法规处理的申诉并负责复查，纠正处理错误。

1988—2011年，累计给予115人行政处分，移送司法机关28人。

1988—2011年万盛区监察局行政执法监察情况一览表

表16-5　　　　单位：人

年份	行政处分人数								移送司法机关人数
	合计	开除公职	开除留用	行政撤职	行政记大过	行政记过	行政警告	免予处分	
1988	4	0	0	0	2	2	0	0	0
1989	9	1	1	3	1	3	0	0	1
1990	8	0	1	2	2	2	1	0	0
1991	5	0	0	1	1	1	2	0	0
1992	7	4	2	0	0	0	0	0	4
1993	5	1	0	1	2	1	0	0	1
1994	1	0	0	1	0	0	0	0	1
1995	3	1	0	2	0	0	0	0	1
1996	4	0	0	1	1	1	1	0	0
1997	4	0	0	0	1	0	0	3	0
1998	1	0	0	1	0	0	0	0	0
1999	6	1	0	1	1	2	1	0	0
2000	4	0	0	1	0	2	1	0	0
2001	2	0	0	0	1	1	0	0	0
2002	4	0	0	2	2	0	0	0	0
2003	3	0	0	2	1	0	0	0	0
2004	5	0	0	1	1	1	2	0	0
2005	8	3	0	1	1	1	2	0	3
2006	6	2	0	0	0	1	3	0	0
2007	6	1	0	1	1	1	2	0	1

续表

年份	行政处分人数								移送司法机关人数
	合计	开除公职	开除留用	行政撤职	行政记大过	行政记过	行政警告	免予处分	
2008	4	2	2	0	0	0	0	0	2
2009	10	6	0	2	1	1	0	0	6
2010	4	3	1	0	0	0	0	0	3
2011	5	5	0	0	0	0	0	0	5
合计	115	30	7	23	20	20	15	3	28

四、行政效能监察

行政效能监察是指监察政府机关公务人员以及政府任命的其他部门的工作人员和监察对象的工作效率、办事结果和廉政、勤政情况。

1998年4月，在区工商局、区环保局、区国土资源局3单位试点行政效能监察。2000年，万盛区政府印发《万盛区行政效能监察实施办法》，要求各单位开展行政效能监察工作。2001年5月，区计划经济委员会和区城乡建设委员会等7个部门分别组建行政效能监察工作领导小组，制订实施行政效能监察工作的细则和具体方案。2002年，把区旅游局利用国债资金修建的黑山—石林旅游环线公路，区交通局利用国债资金修建的万盛客运中心，区环保局利用国债资金修建的孝子河治污二期工程3个国债资金项目作为年度行政效能监察工作的重点。2003年，立项监察7个区政府职能部门主管的12个重点建设项目，要求未完成预定任务的工程项目负责单位限期整改目标。2004年，把万盛大道地下人防工程、万盛—桐梓公路和孝子河治污工程等9个项目作为年度行政效能监察重点项目，涉及7个主管部门。2005年，在万东镇、南桐镇、青年镇、关坝镇、丛林镇5个镇试点推行行政效能监察工作。是年，把区污水处理厂建设工程项目、乡村公路建设、学校危房改造和镇卫生院扩建改造等5项民心工程列为行政效能监察项目。2006年，把32条村级公路建设、4所镇卫生院改扩建工程、土地整治和农业综合开发利用等4项民心工程列为行政效能监察项目。2007年，开展如何提高行政效能和服务水平的讨论，通过《万盛报》、万盛电视台向广大群众和各界人士征求意见。全年收到人民群众和社会各界关于行政效能方面的投诉16件（电话投诉11件，来信投诉4件，来人投诉1件），均及时处理。2008年，全程督查南桐支路和塔山2个棚户区工程项目。万盛区全程督查棚改工程的做法和经验，得到中共重庆市纪委监察局肯定，并在全市旧城改造监督检查工作会议上作交流发言，《中国纪检监察报》《重庆日报》作采访报道。反映区纪委监察局全程督查棚户区改造工程的专题片《民心工程得民心》在重庆“两会”期间通过重庆电视台新闻频道和重庆卫视滚动播出。2009年，组建区监督检查组，督查15个中央投资的重点项目。2010年，组建区效能监察领导小组，每个季度督查1次12个重点项目和4个民心工程进展情况。2011年，制订《万盛区政府投资类重大建设项目公示办法》《万盛区领导干部插手干预工程建设十条禁令》《万盛区重大项目综合监督评价办法（暂行）》和《万盛区纪委监察局监督重大项目操作规程》等规章制度。

五、纪检信访

接待和处理群众来信来访是纪检监察部门重要职责之一，同时群众来信来访也是纪检监察部门调查处理违纪违法案件的重要线索来源。

1986—2011，受理纪检监察来信来访总量5162件次（属于纪检监察业务来信来访1892件次），须调查信访数量 480 件次，须立案信访数量 133 件次。

1986—2011 年万盛区纪检监察来信来访情况表

表 16–6

年份	来信来访数					须调查信访数量（件、次）	须立案信访数量（件、次）
	合计	来访（次）	来信（件）	属于纪检监察业务（件、次）	不属于纪检监察业务（件、次）		
1986	298	51	247	70	228	17	4
1987	212	33	179	50	162	8	3
1988	170	36	134	46	124	5	2
1989	244	55	189	46	198	11	4
1990	308	74	234	68	240	8	13
1991	200	34	166	41	159	10	4
1992	217	40	177	46	171	11	2
1993	280	75	305	97	314	18	7
1994	201	62	139	63	138	8	7
1995	199	28	171	59	140	4	2
1996	228	36	192	51	177	20	7
1997	213	32	181	77	136	14	6
1998	168	–	–	61	107	14	4
1999	208	40	168	98	110	20	9
2000	207	–	–	–	–	18	9
2001	245	42	203	78	167	16	7
2002	187	17	150	83	104	11	2
2003	204	21	183	110	94	7	3
2004	283	–	–	168	115	24	4
2005	239	–	–	163	76	14	4
2006	104	30	74	67	37	43	4
2007	97	30	67	54	43	34	4
2008	101	30	71	84	17	41	7
2009	114	35	79	74	40	38	7
2010	128	34	94	77	51	25	4
2011	107	20	87	61	46	41	4
合计	5162	855	3490	1892	3194	480	133

六、查处违纪案件

查处党员干部违纪违法案件是推进党风廉政建设和反腐败斗争的重要任务，也是党章赋予纪检监察机关的神圣职责。严肃查处党员干部违纪违法案件是保证党的队伍的纯洁性、增强党的战斗力和凝聚力的根本保证。

1986—2011，查处违反党纪政纪案件413件，结案移送审理376件，给予334人党纪处分，96人政纪处分；查处地厅级干部2人，县处级干部70人，科级干部117人，科级以下干部196人。

1986—2011年万盛区查处违反党纪政纪案件情况表

表16–7

年份	立案（件）	移送审理（件）	党纪处分人数（人）							政纪处分人数（人）							
			合计	开除党籍	留党察看	撤销党内职务	党内严重警告	党内警告	延长党员预备期	合计	开除职务	开除职务留用	撤销职务	降级	记大过	记过	警告
1986	19	19	13	3	3	1	3	3	0	6	–	–	–	–	–	–	–
1987	21	21	16	0	3	0	3	10	0	–	–	–	–	–	–	–	–
1988	11	13	10	0	1	0	5	3	0	4	0	0	0	0	2	2	0
1989	27	25	16	2	4	1	5	4	0	9	0	1	3	0	1	3	1
1990	28	28	17	7	4	0	5	1	0	8	3	0	1	0	2	1	1
1991	19	14	13	0	3	0	3	7	0	1	0	0	0	0	1	0	0
1992	20	24	21	5	4	1	7	4	0	–	–	–	–	–	–	–	–
1993	18	17	11	2	4	0	1	4	0	5	1	0	1	0	2	1	0
1994	15	15	14	4	7	1	1	1	0	1	0	0	1	0	0	0	0
1995	13	11	8	4	1	0	3	0	0	3	1	0	0	2	0	0	0
1996	8	8	8	0	2	1	3	2	0	1	0	0	0	0	0	1	0
1997	10	10	9	4	3	0	1	1	0	1	0	0	0	0	1	0	0
1998	10	10	8	2	2	1	1	2	0	1	0	0	1	0	0	0	0
1999	19	19	9	3	3	1	0	2	0	4	1	0	1	0	1	1	0
2000	17	17	15	4	2	0	5	4	0	4	0	0	1	0	0	2	0
2001	13	11	7	1	1	1	2	2	0	1	0	0	0	0	0	1	0
2002	14	16	16	8	1	1	5	1	0	2	0	0	2	0	0	0	0
2003	16	16	12	4	2	1	5	0	0	4	0	0	1	1	2	0	0
2004	19	–	16	8	3	1	1	2	1	8	0	0	3	0	0	3	2
2005	13	–	15	6	1	0	4	4	0	5	3	0	0	0	0	0	0
2006	10	10	11	1	2	1	5	1	1	4	1	0	1	0	2	0	0
2007	9	9	6	1	0	1	3	1	0	3	1	0	0	0	1	1	0
2008	15	15	15	12	2	0	1	0	0	7	2	4	2	0	1	1	0
2009	19	19	16	10	1	0	3	2	0	6	3	1	1	0	1	0	0
2010	16	15	15	3	2	1	5	4	0	4	0	1	1	0	1	1	0

续表

年份	立案（件）	移送审理（件）	党纪处分人数（人）							政纪处分人数（人）							
			合计	开除党籍	留党察看	撤销党内职务	党内严重警告	党内警告	延长党员预备期	合计	开除职务	开除职务留用	撤销职务	降级	记大过	记过	警告
2011	14	14	17	7	4	3	1	2	0	4	1	1	1	0	1	0	0
合计	413	376	334	101	65	17	81	67	2	96	17	8	21	3	19	18	4

说明：结案移送审理数含上年遗留转入数

1986—2011年万盛区被查处干部行政级别统计表

表16-8　　单位：人

年份	地厅级	县处级	科级	科级以下	非党员干部	年份	地厅级	县处级	科级	科级以下	非党员干部
1986	0	1	1	13	0	1999	0	6	6	7	0
1987	0	0	4	8	4	2000	0	4	5	8	0
1988	0	0	2	3	4	2001	0	4	5	2	0
1989	1	5	4	7	0	2002	0	6	4	6	0
1990	0	3	8	9	0	2003	0	3	7	3	0
1991	0	0	4	13	1	2004	0	3	8	4	0
1992	0	1	2	13	5	2005	0	4	7	9	0
1993	0	1	4	10	2	2006	0	2	5	10	0
1994	1	1	3	8	3	2007	0	1	5	5	0
1995	0	1	4	6	2	2008	0	3	2	10	0
1996	0	0	2	5	1	2009	0	7	8	4	0
1997	0	6	6	7	0	2010	0	2	2	14	0
1998	0	2	4	4	0	2011	0	4	5	8	0

第二节　组织工作

一、组织机构

中共万盛区委组织部是中共万盛区委的工作部门，与万盛区机构编制委员会办公室、中共万盛区直属机关工作委员会、中共万盛区委新经济与新社会组织工作委员会合署办公。

1986年前，组织部无内设科室。是年10月，设办公室、干部科和组织科等科室3个。1997年5月，增设干部审查科，与干部科合署办公。2001年10月，干部审查科更名干部监督科。2003年7月，增设调研信息科，与办公室合署办公。2004年4月，增设人才工作科，与干部科合署办公。2011年10

月，组织部设办公室、干部科、组织科、干部监督科和调研信息科等科室 5 个，有党员电化教育中心、党员信息管理中心 2 个下属事业单位。

二、党员队伍建设

（一）党员发展

1986—2011 年，万盛区委组织部按照中共中央组织部《中国共产党发展党员工作细则（试行）》的要求，贯彻“坚持标准，保证质量，改善结构，慎重发展”的发展党员工作方针和“从严治党”的精神，执行“稳定数量，提高质量，重在一线，拓宽视野，改善结构，均衡发展”的工作思路，注重改善党员文化结构、年龄结构，提高党员队伍的整体素质。在坚持领导发展党员工作的同时，下放发展党员的审批权限给具备审批党员条件的党委，做到管放结合，张弛有度。

1986—1992 年南桐矿区党员基本情况统计表

表 16-9　　单位：人

项目		1986 年	1987 年	1988 年	1989 年	1990 年	1991 年	1992 年
党员总数		6218	6319	6394	6346	6419	6471	6594
预备党员		266	193	126	73	105	124	167
女性党员		1242	1254	1272	1268	1276	1289	1297
少数民族党员		37	38	37	34	32	32	36
年龄	25 岁及以下	229	252	227	186	178	159	167
	26 ~ 35 岁	931	842	824	727	659	701	719
	36 ~ 45 岁	2052	2061	2005	1868	1877	1686	1596
	46 ~ 55 岁	1889	1885	1944	1945	1958	1922	1982
	55 ~ 60 岁	681	783	941	938	915	974	970
	61 岁及以上	436	496	453	684	832	1029	1160
文化程度	研究生	0	0	0	0	0	0	0
	本科	170	223	236	302	319	373	399
	大专	0	0	0	0	0	0	0
	高中（中专）	824	896	945	1002	1075	1111	1241
	初中	1330	1394	1416	1351	1371	1350	1364
	小学	2905	2841	2839	2785	2763	2764	2703
	文盲	988	965	950	906	891	873	860
入党时间	1937.07.06 以前	1	1	1	1	1	1	1
	1937.07.07—1945.09.02	10	12	12	11	11	9	10
	1945.09.03—1949.09	68	69	70	62	62	59	61
	1949.10—1966.04	3732	3666	3578	3527	3481	3474	3423
	1966.05—1976.10	1168	1173	1235	1178	1180	1148	1143
	1976.11—1992.09	1239	1398	1498	1567	1684	1780	1956

1993—1999 年万盛区党员基本情况统计表

表 16-10　　单位：人

项目		1993 年	1994 年	1995 年	1996 年	1997 年	1998 年	1999 年
党员总数		6654	6726	6886	7028	7217	7232	7461
预备党员		148	158	206	234	286	270	286
女性党员		1310	1348	1352	1389	1449	1427	1510
少数民族党员		39	40	41	40	40	44	47
年龄	25 岁及以下	136	118	182	176	178	187	186
	26 ~ 35 岁	735	758	718	801	948	1027	1044
	36 ~ 45 岁	1475	1420	1439	1366	1353	1145	1181
	46 ~ 55 岁	2063	2078	2113	2084	1985	2002	2019
	55 ~ 60 岁	929	920	873	884	920	868	921
	61 岁及以上	1316	1432	1561	1717	1833	2003	2110
文化程度	研究生	0	0	0	0	0	5	3
	本科	467	534	595	684	804	897	1049
	大专	0	0	0	0	0	0	0
	高中（中专）	1293	1327	1418	1440	1532	1550	1605
	初中	1370	1441	1515	1596	1589	1627	1682
	小学	2703	2679	2053	2620	2596	2460	2437
	文盲	821	745	705	688	696	693	685
入党时间	1937.07.06 以前	1	1	1	0	0	0	0
	1937.07.07—1945.09.02	10	10	10	9	9	7	6
	1945.09.03—1949.09	61	57	55	46	46	48	46
	1949.10—1966.04	3352	3371	3296	3223	3163	2995	2985
	1966.05—1976.10	1146	1082	1091	1089	1073	1084	1070
	1976.11—1992.09	1917	1883	1888	1888	1920	1843	1856
	1992.10 以后	167	322	545	773	1006	1255	1498

2000—2005 年万盛区党员基本情况统计表

表 16-11　　单位：人

项目	2000 年	2001 年	2002 年	2003 年	2004 年	2005 年
党员总数	7654	8032	8291	8393	8588	8655
预备党员	–	262	277	331	236	257
女性党员	–	1703	1768	1790	1890	1981
少数民族党员	–	46	47	53	55	64

续表

项目		2000 年	2001 年	2002 年	2003 年	2004 年	2005 年
年龄	25 岁及以下	–	192	210	0	0	0
	26 ~ 35 岁	–	1218	1287	1529	1658	1633
	36 ~ 45 岁	–	1262	1347	1430	1541	1709
	46 ~ 55 岁	–	1872	1763	1691	1395	1362
	55 ~ 60 岁	–	1109	1256	1140	1149	1087
	61 岁及以上	–	2379	2428	2603	2845	2864
文化程度	研究生	–	4	5	8	16	19
	本科	–	1357	1482	461	529	650
	大专	–	0	0	1208	1325	1341
	高中（中专）	–	1854	1978	1892	1955	1941
	初中	–	1807	1821	4824	4764	4704
	小学	–	2360	2367	0	0	0
	文盲	–	650	638	0	0	0
入党时间	1937.07.06 以前	–	0	0	0	0	0
	1937.07.07—1945.09.02	–	6	6	6	6	5
	1945.09.03—1949.09	–	42	42	38	37	33
	1949.10—1966.04	–	2838	2834	2683	2601	2509
	1966.05—1976.10	–	1090	1128	1122	1118	1060
	1976.11—1992.09	–	1937	1868	1867	1880	1794
	1992.10 以后	–	2119	2413	2677	2946	3254

1986—2011 年万盛区发展党员情况统计表

表 16-12　　单位：人

年度	总数	女性	少数民族	年龄					文化				
				25 岁及以下	26 ~ 35 岁	36 ~ 45 岁	46 ~ 55 岁	56 岁及以下	大学	大专	中专（高中）	初中	小学
1986	169	62	–	0	89	60	20	0	0	0	108	50	11
1987	89	35	0	12	30	33	11	3	4	0	49	27	9
1988	85	29	0	16	33	25	9	2	14	0	45	23	3
1989	46	12	0	16	27	2	1	0	11	0	21	12	2
1990	66	18	0	7	28	22	7	2	0	11	34	18	3
1991	91	28	0	7	40	35	8	1	0	18	48	19	6
1992	142	42	0	14	59	48	19	2	0	18	69	43	12
1993	105	28	3	11	44	43	7	0	0	23	56	20	6
1994	130	30	1	13	62	40	14	1	0	28	65	35	2

续表

年度	总数	女性	少数民族	年龄					文化				
				25岁及以下	26～35岁	36～45岁	46～55岁	56岁及以下	大学	大专	中专（高中）	初中	小学
1995	176	45	1	25	78	61	10	2	0	36	90	44	6
1996	204	58	0	28	98	60	17	1	0	38	90	69	7
1997	220	60	1	32	119	62	7	0	0	71	90	57	2
1998	230	65	0	24	148	42	16	0	0	75	117	37	1
1999	225	61	0	28	136	42	19	0	0	71	97	52	5
2000	221	–	–	–	–	–	–	–	–	–	–	–	–
2001	223	66	1	42	134	46	0	1	100	0	84	39	0
2002	220	78	1	20	134	66	0	0	94	0	78	46	0
2003	221	54	6	32	120	68	0	1	40	61	65	55	0
2004	236	85	3	32	134	70	0	0	31	81	80	44	0
2005	225	75	10	49	111	0	65		65	57	58	45	0
2006	–	–	–	–	–	–	–	–	–	–	–	–	–
2007	–	–	–	–	–	–	–	–	–	–	–	–	–
2008	212	73	–	–	–	–	–	–	–	58	–	–	–
2009	178	66	–	–	–	–	–	–	–	–	43	–	–
2010	177	81	–	–	–	–	–	–	–	–	–	–	–
2011	–	–	–	–	–	–	–	–	–	–	–	–	–

（二）党员教育

1987年6月，开展“如何增强党组织的活力”和“共产党员怎样在两个文明建设中发挥先锋模范作用”大讨论教育活动。1988年4月，在全区农村开展党员带头发展商品经济、勤劳致富和带领群众共同致富的竞赛活动。12月，增加带头加强精神文明建设内容。1991年，开展“五个一”（读一本好书，提一条合理化建议，写一篇“七一”体会，交一名党外朋友，为群众做一件好事）活动，参加活动党员5786人次，读书3478本，提合理化建议2230条，写作感想1713篇，交党外朋友1841人，为群众做好事4068件。1992年2月，开展以“工作、学习、团结、勤奋、廉洁”为主要内容的“五好”活动。1998年，开展全心全意为人民服务宗旨教育活动，组建先进模范人物事迹报告团，巡回宣讲全国特级民警江平万、优秀教师张开容、艰苦创业的下岗职工杨隆学等人的先进模范事迹。1999年，开展讲学习、讲政治、讲正气党员教育活动。是年6月，在文化广场举行百名党员入党宣誓、千名党员重温誓词的升旗仪式活动。2000年7—11月，开展三级书记（中共万盛区委书记、基层党委书记、支部书记）专题讲党课活动，共讲党课103场，8000余名党员和积极分子听课，听课率90%以上。是年，开展千名党员为民服务活动。2001—2002年，分两批开展“三个代表”重要思想教育活动。2001年1—6月，8个乡镇机关开展第一批教育活动。2001年7月至2002年6月，行政村开展第二批教育活动。2003年5月，农村党员开展“四带四比”（带头学习、比谁的素质好，带头守法、比谁的法制观念强，带头致富、比谁的经济收入高，带领致富、比谁的贡献大）为主要内容的“共产党员先进性在基层”教育活动；企业党员开展“四强四做”(强化党员意识，做履行党员义务的标兵，强化模范意识，做履行岗位职责的标兵，强化创新意识，做发明创造的标兵，强化法制意识，做遵纪守法的标兵)为主要内容的“共产党员先进性在第一线”教育活动。区属部门机关党员、干部开展“四争四创”（争当学习型干部，创建文明机关，争当先锋型干部，创建规范机关，争当创新型干部，创建高效机关，争当爱民型干部，创建满意机关）为主要内容的“共产党员先进性在岗位”教育活动。2003年8月，基层党组织和党员开展“五学”（导学、领学、送学、上门讲学、结对帮学）活动。2005年，分两批开展保持共产党员先进性教育活动。2006年，全区农村党员开展第三批保持共产党员先进性教育活动。2009年，分两批次组织开展深入学习、实践科学发展观活动。是年9月，印发《万盛区党员大规模培训大纲（2009—2013年）》。2011年，开展“人民好公仆”教育实践活动。

1989—1994年，建立基层党校11所。1995年，基层党校举办党员培训班60期，培训党员6370人次；购买各种教育录像带33部，播放66场次，受教育党员8300人次，受教育积极分子960人次；摄制反映各条战线先进基层党组织、优秀党员事迹专题片9部，其中2部获重庆市电教观摩评比优秀奖。是年，中共万盛区委组织部获四川省电教工作先进集体称号。2001年，建立流动党校网络，扩大学习教育覆盖面。8个行业系统和10个乡镇、街道建立一级分校18个，具备条件的行政村、社区和企事业单位建立二级分校92个，条件成熟的社区、楼院设立教学联系点，形成区、乡镇（街道）、村（社区）三级一体，遍布全区的党员教育网络。2010年，举办大型专题讲座12次，听众7100余人次，主题宣讲230场次，听众2.4万人次。

三、基层组织建设

（一）乡镇、街道党委

1986年年初，全区有中共青年镇党委、中共万盛乡党委、中共南桐乡党委、中共丛林乡党委、中共关坝乡党委、中共青山乡党委、中共金桥乡党委、中共南天乡党委、中共景星乡党委、中共万盛街道党委、中共东林街道党委和中共南桐街道党委等12个乡镇、街道党委。

1992年10月，撤销中共南桐街道党委、中共南桐乡党委，建立中共南桐镇党委；撤销中共青山乡党委和中共金桥乡党委，建立新的中共金桥乡党委；撤销中共万盛乡党委，建立中共万东镇党委；撤销中共关坝乡党委、中共丛林乡党委，建立中共关坝镇党委、中共丛林镇党委。

1993年8月，撤销中共万盛街道党委、中共东林街道党委，建立中共万盛街道工作委员会、中共东林街道工作委员会，为中共万盛区委派出机构。

2001年11月，撤销中共金桥乡党委，建立中共金桥镇党委；撤销中共南天乡党委党委，建立中共石林镇党委。

2006年4月，撤销中共景星乡党委，建立中共黑山镇党委。

2011年，全区有中共万东镇党委、中共南桐镇党委、中共关坝镇党委、中共青年镇党委、中共丛林镇党委、中共金桥镇党委、中共石林镇党委和中共黑山镇党委等镇党委8个。

（二）区属机关党委、党组

1986年年初，全区有区教育局党委、区第二轻工业局党委、区供销合作社党委、区商业局党委等4个区属部门党委，未设置区属部门党组。

1986年7月，建立区工业交通局党委。10月，建立区财政局党组。12月，建立区委党校党委。

1987年8月，建立区级机关临时党委、区广播电视局党组。9月，建立区卫生局党组、区工商管理局党组。

1989年3月，区教育局党委改为区教育委员会党委。4月，区供销合作社党委更名区供销合作社联合社党委。

1990年3月，撤销区工业交通局党委，建立区城乡建设委员会党委。4月，撤销区级机关临时党委、区卫生局党组，建立区卫生局党委、区监察局党组、区司法局党组。7月，建立区工业局党委。

1993年3月，撤销区监察局党组。

1994年9月，撤销区第二轻工业局党委、区工业局党委，建立区轻工业局党委。

1995年3月，撤销区商业局党委。4月，重庆市房地产管理局万盛区分局党组划归地方管理。

1998年3月，建立区体育运动委员会党组、区文化局党组、区国土资源局党组、区劳动局党组、区民政局党组、区审计局党组、区农机水电局党组、区乡镇企业管理局党组、区煤炭工业管理局党组、区物价局党组、区物资局党组、区统计局党组、区环境保护局党组、旅游园林管理局党组、区农业局党组、区林业局党组、区档案局党组、区人事局党组、区科学技术委员会党组、区计划生育委员会党组、区质量技术监督局党组。5月，建立区交通局党委。

1999年3月，重庆市房地产管理局万盛区分局党组更名重庆市万盛区房地产管理局党组。4月，区工商行政管理局党组更名重庆市工商行政管理局万盛区分局党组，划归重庆市工商行政管理局党组管理。

2000年11月，区质量技术监督局党组更名重庆市质量技术监督局万盛区局党组，划归重庆市质量技术监督局党组管理。

2001年9月，撤销区轻工业局党委，建立区工商业联合会党组。10月，撤销区物资局党组、区煤炭工业管理局党组、区体育运动委员会党组、区文化局党组、区房地产管理局党组、区国土资源局党组、区乡镇企业管理局党组、区物价局党组，建立区发展计划委员会党组、区安全生产监督管理局党组、区文化体育局党组、区国土资源和房屋管理局党组；区城乡建设委员会党委更名区建设委员会党委、区科学技术委员会党组更名区科学技术委员会和区科学技术协会党组、区广播电视局党组更名区广播电视事业管理局党组，区劳动局党组更名区劳动和社会保障局党组，区农机水电局党组更名区水利局党组，区旅游园林管理局党组更名区旅游局党组，区计划生育委员会党组更名区人口与计划生育委员会党组，区粮食公司党委改为区粮食局党委。

2002年5月，撤销区教育委员会党委，建立中共万盛区委教育工作委员会，为区委派出机构。

2003年3月，撤销区国土资源和房屋管理局党组，建立区国土资源局党组、区房地产管理局党组、区综合行政执法局党组。

2004年12月，撤销区广播电视事业管理局党组、区文化体育局党组，建立区文化广电新闻出版局党组。

2005年6月，区水利局党组更名区水务局党组。

2007年4月，组建区体育局党组，区发展计划委员会党组更名区发展与改革委员会党组。6月，建立区经济贸易委员会党委、区政府办公室党组、区政府农业办公室党组、区总工会党组。

2009年12月，撤销区经济贸易委员会党委、区人事局党组、区劳动和社会保障局党组、区国土资源局党组、区房地产管理局党组、区农业局党组、区政府农业办公室党组，建立区经济与信息化委员会党委、区人力资源与社会保障局党组、区国土资源和房屋管理局党组、区商务局党组；区交通局党委更名区交通委员会党委、区建设委员会党委更名区城乡建设委员会党委。

2010年7月，区综合行政执法局党组更名区市政园林管理局党组。

2011年，全区有区经济与信息化委员会党委、区交通委员会党委、区城乡建设委员会党委、区卫生局党委、区供销合作社联合社党委、区粮食局党委和区委党校党委等7个区属机关党委；有区政府办公室党组、区发展与改革委员会党组、区财政局党组、区文化广播电视新闻出版局党组、区体育局党组、区国土资源局和房屋管理局党组、区司法局党组、区人力资源与社会保障局党组、区民政局党组、区审计局党组、区统计局党组、区水务局党组、区环境保护局党组、区旅游局党组、区市政园林管理局党组、区林业局党组、区档案局党组、区科学技术委员会和科学技术协会党组、区人口与计划生育党组、区安全生产监督局党组、区工商业联合会党组、区商务局党组和区总工会党组等23个区属机关党组。

1986—2011年万盛区区属机关党委、党组数量统计表

表16-13　　　　单位：个

年份	党委	党组	年份	党委	党组
1986	6	1	1999	7	25
1987	7	4	2000	7	24
1988	7	4	2001	7	21
1989	7	4	2002	6	21
1990	8	5	2003	6	23
1991	8	5	2004	6	22
1992	8	5	2005	6	22
1993	8	4	2006	6	22
1994	7	4	2007	7	26
1995	6	5	2008	7	26
1996	6	5	2009	7	23
1997	6	5	2010	7	23
1998	7	26	2011	7	23

（三）市属驻区机关党委、党组

1986年年初，全区有区公安分局党委1个市属驻区机关党委，无市属驻区机关党组。

1987年9月，建立区房地产管理分局党组。

1991年7月，建立区税务分局党组。

1995年3月，撤销区税务分局党组。4月，重庆市房地产管理局万盛区分局党组划归地方管理。

1997年12月，建立区国家税务局党组。

1998年3月，建立区地方税务局党组。

1999年4月，区工商行政管理局党组更名重庆市工商行政管理局万盛区分局党组。

2000年11月，区质量技术监督局党组更名重庆市质量技术监督局万盛区局党组。

2001年9月，建立区电信局党委。

2002年1月，建立区药品监督分局党组。2003年12月，更名区食品药品监督分局党组。

2004年8月，区电信局党委更名重庆市电信公司万盛区分公司党委，划归重庆市电信公司党委管理。

2011年，全区有区公安分局党委1个市属驻区机关党委；有国家税务局党组、区地方税务局党组、区工商行政管理分局党组、区质量技术局党组、区食品药品监督分局党组等5个市属驻区机关党组。

（四）公有制企业党委、党组

1986年年初，全区有区粮食公司党委1个公有制企业党委，无有公有制企业党组。

1986年2月，建立中国工商银行南桐矿区办事处党组。1993年4月，更名中国工商银行万盛区支行党组。

1990年5月，建立中国农业银行南桐矿区办事处党组。1993年4月，更名中国农业银行万盛区支行党组。

1998年3月，撤销中国农业银行万盛区支行党组，建立中国农业银行万盛区支行党委。8月，中国农业银行万盛区支行党委划归中国农业银行重庆市分行党委领导。11月，撤销中国工商银行万盛区支行党组，建立中国工商银行万盛区支行党委。12月，中国工商银行万盛区支行党委划归中国工商银行重庆市分行党委领导。

2001年9月，区粮食公司党委更名区粮食局党委。

2003年11月，建立万盛国有资产经营管理公司党委。2004年4月，更名万盛区国有资产管理集团公司党委。

2011年，全区有万盛区国有资产管理集团公司党委1个公有制企业党委，无公有制企业党组。

（五）非公有制企业及经济组织党委

2002年6月，建立福耀集团重庆公司党委，先后归中共万盛区委经济贸易委员会政治部、区经济贸易委员会党委、区经济与信息化委员会党委领导。

2003年1月，建立万盛区个体劳动者协会党委，归区工商行政管理分局党组管理。

（六）行政村、社区党委

2002年11月，建立南桐镇南桐村党委。

2003年6月，建立万盛街道社区联合党委、东林街道社区联合党委。

2005年11月，建立东林街道和平村社区党委。

四、干部队伍建设

（一）干部人事制度改革

1987年，新提拔的区属机关领导干部实行任职试用期制度，试用期限1年。7月，在区人民法院、区人民检察院以及部分区属部门副职领导人选实行民意推荐制度。9月，在区第二轻工业系统中领导干部实行聘任制，打破全民和集体所有制干部界限。聘任期间，受聘人员享受同级干部待遇。

南桐矿区是重庆市最早推行干部考试录用制度的3个区县之一。1990年，开始实行干部考试录用制度。率先在银行、政法系统推行。凡进机关担任主任科员以下非领导职务的干部，必须经过考试，择优录用。

1997年9月，区工商行政管理局试行科长、所长领导职务聘任制，非领导职务聘用制。

1999年6—8月，全区范围内公开招聘部分处级领导干部。

2000年9—10月，区人民法院和区人民检察院中层干部实行竞争上岗制度。

2008—2011年，实施“阳光选人工程”，创新干部选拔任用工作机制，推行干部职位空缺预告制度。初始提名环节引入竞争机制，创新干部选拔任用监督机制，建立干部选拔任用全程纪实制度、组织工作监督员制度、组织工作情况通报制度。

（二）干部管理

处级干部由中共万盛区委管理，科级及以下干部由各党工委、党委、党组管理。中共万盛区委负责考察处级干部，区委组织部负责实施具体考察工作。

1986年9月，印发《关于进一步明确区属党群、行政机关和局级以上企事业单位党政领导人员的任免权限及任免程序具体意见》，明确处级干部的任免权限。中共南桐矿区委直接任免中共南桐矿区委办公室、组织部、宣传部、统战部、政法委、政策研究室、党校、计经委政治部正副职领导，各区属机关党组正副书记及成员，中共南桐矿区纪委副职领导；中共南桐矿区委讨论决定，组织部行文任免，其他副局级以上党群机构的正副职领导和调研员，以及各乡镇、街道、区政府工作部门及局级以上企事业单位党委（总支、支部）正副职领导；需按法定程序选举或任免的乡、局以上行政人员职务由党内提名任免通知；中共南桐矿区委、南桐矿区人大常委会、政协南桐矿区委的其他副局级以上的职务。

五、老干部管理

（一）管理机构

1984年5月，区委组织部设置老干部管理科，负责管理老干部。1985年2月，组织部老干部管理科更名组织部老干部局。1991年9月，撤销组织部老干部局，组建中共南桐矿区委老干部局，由区委组织部代管。

（二）老干部队伍

1982年2月前，退休干部按参加革命工作期限划分为“离休干部”和“退休干部”，均称为“退休干部”。1982年2月，中共中央印发《中共中央关于建立老干部退休制度的决定》（中发〔1982〕13号），规定1949年9月30日前参加革命工作退休的叫“离休干部”，1949年10月1日后参加革命工作退休的叫“退休干部”。

1991年前，老干部工作机构主要管理机关和事业单位的离休干部。1991年，退休处级干部纳入老干局管理范围。1999年1月，区内副处级非领导职务的退休干部交万盛区人事局管理。2009年1月，区内副处级非领导职务的退休干部重新划归老干局管理。

2006—2011年离退休干部（处级及以上）数量统计表

表16-14　　单位：人

年份	离退休干部总数	领导职务干部	非领导职务干部	离休干部	退休干部
2006	445	–	–	78	367
2007	451	–	–	77	374
2008	456	–	–	74	382
2009	475	277	198	71	404
2010	474	–	–	73	401
2011	506	297	209	66	440

（三）老干部待遇

政治待遇　主要指政治荣誉，参加政治学习，阅读上级有关文件，参加重要会议和重大活动等。老干部离、退休后，基本政治待遇不变：与同级在职干部一样阅读有关文件，参加重要会议，听取重大政治经济形势报告或情况通报，参加党内活动；订阅报刊（含党刊），参加政治理论学习；在重大节假日召开老干部座谈会，并开展慰问活动，凡老干部生病住院或长期卧病在床，单位领导及时或定期探视慰问；组织老干部参观工农业生产和现代化建设成就。

生活待遇　遵照中央“离休干部生活待遇略为从优”“退休干部生活待遇适当照顾”的原则，落实离退休干部生活待遇。离休干部的生活待遇是原标准工资（含保留工资）和福利待遇不变，其他各项生活待遇，与所在地区（单位）同级在职干部一样对待。凡原单位按国家规定调整工资时，离休干部同样调整，按在职时职级增加离休费。医疗、住房、用车和生活供应等方面优先照顾。2011年1月1日，调整离休干部离休费标准：民国26年（1937年）7月6日前（红军时期）参加革命工作的离休干部，从每人每年增发2个月基本离休费提高为增发3个月；民国26年（1937年）7月7日至民国31年（1942年）12月31日（抗战前期）参加革命工作的，基本离休费从1个月提高为2.5个月；民国32年（1943年）1月1日至民国34年（1945年）9月2日（抗战后期）参加革命工作的，基本离休费由1个月提高为2个月；民国34年（1945年）9月3日至1949年9月30日（解放战争时期）参加革命工作的，每人每年增发1个月基本离休费。退休干部（副处级及以上）的生活待遇是除领取国家法定的退休金和各种生活补贴外，享受除奖金以外的本单位在职职工的一切非生产性福利待遇。在原单位调整工资时，按国务院规定的额度增加退休金。

（四）老干部活动

1983年6月，修建中共南桐矿区委老干部活动室。老干部活动室配置电视机、音响、健身车、照相机、收录机、棋牌及各类报刊，并安装电扇、空调等设施。每天上午、下午和晚上定时开放，并安排1名服务人员管理活动室和服务老干部。1991年，修建老干部门球场，组建老干部门球队。1991—2011年，老干部活动的形式主要有3种：组织钓鱼、棋牌、文学、摄影、乒乓球、文艺演出和宣传报道等各项文娱活动，组织离退休老干部外出旅游参观、浏览祖国景色秀丽山川和日新月异的变化，组织离退休老干部参观国家重点建设工程和重庆市、万盛区建设变化情况。

第三节　宣传工作

一、宣传机构

中共万盛区委宣传部是中共万盛区委的宣传工作部门，与万盛区精神文明建设委员会合署办公，挂中共万盛区委对外宣传办公室、万盛区政府新闻办公室、万盛区政府网络建设和管理办公室牌子，并代中共万盛区委、万盛区政府管理万盛报社。

1986年，设办公室、理论科和宣传科等科室3个。

1990年3月，撤销区五讲四美三热爱活动委员会及其下设办公室，在区五讲四美三热爱办公室的基础上组建区精神文明办公室，设在区委宣传部。

1997年11月，撤销区精神文明办公室，组建区精神文明建设委员会，下设办公室作为常设机构，与区委宣传部合署办公。

2003年3月，组建中共万盛区委对外宣传办公室，与万盛区政府新闻办公室实行一个机构，两个牌子的体制，设在区委宣传部。

2011年，设有办公室、理论科、宣传科、文艺科、外宣科和网络舆情科等科室6个。

二、形势宣传

（一）党代会精神宣传

1986—2011年，区委宣传部积极宣传历次全国、省、市、区党代会精神，组织宣传队和辅导队巡回到乡镇（街道）、村（社区）、农民集居点、田间地头和厂矿企事业单位、企业、车间班组，宣传各级党代会精神；利用《宣传工作简报》《宣传简报》《宣传资料》《学习宣传材料》和《党员教育材料》等宣传手段，宣传各级党代会精神，让区内干部和人民群众了解党的大政方针。

（二）经济发展政策宣传

1986—2011年，宣传各级党委和政府的经济发展战略目标，让区内干部和人民群众了解国家经济发展大局，知晓重庆发展方向，看到万盛经济发展希望；发放各类宣传简报和宣传资料、材料9000余份。

（三）党的“三农”政策宣传

1986—1990年，中共中央1号文件连续5年要求各级党委做好“三农”（农村、农业和农民）工作。2004—2011年，中共中央1号文件连续8年关注“三农”工作。区委宣传部组织宣传队，到乡镇、村开展宣传教育活动，采取领导带头和乡镇干部亲临村民委员会宣传等方式。

三、创新宣传方式

（一）讲师团理论宣讲

1986—2011年，中共万盛区委讲师团成员按中共万盛区委、万盛区政府的要求开展理论宣讲活动，把党的路线、方针、政策，国家、市、区经济社会发展的重大举措等宣讲到各区属部门、乡镇（街道）、村（社区）、农村院坝和田间地头及企事业单位，让干部和群众及时了解掌握最新科学理论，接受教育。

（二）三级宣讲网络

1986年，组建三级宣讲网络（中共万盛区委讲师团、乡镇和街道讲师队、村和社区讲师组），宣传队伍人员分为政治理论类、企业管理类、农业生产类、科技服务类、工业管理类和旅游开发类等。利用三级宣讲队伍，到乡镇（街道）、企事业单位，到村（社区）及农户家中开展调查，根据掌握的翔实材料和上级精神，培训三级宣讲干部。1986—2011年，参加三级宣讲队伍人员累计6000余人，开办各种类型的培训班近200期，参训人员9000余人次。利用三级宣讲网络，以贴近基层、贴近群众、贴近生活的方式，把党和政府的重大方针、政策以及万盛经济社会发展的思路前景宣讲给全区广大干部群众。1996年5月，区委宣传部重建金桥乡邓家村农民夜校。根据农村劳动力输出量大，外出打工人员多，农村大多数为老人及儿童的特殊情况，乡镇宣讲队在各村社及村民集居点，利用农民夜校，向农民宣讲党和国家改革开放以来的大政方针和中共万盛区委、万盛区政府发展乡镇经济的思路。

（三）社区文明论坛

2004年，在区内部分社区创办社区文明论坛，派专人到相关社区开展社会调查研究，把人民群众关心的热点、难点或者社区干部、社区居民提出的问题作为论坛的主题，围绕主题讨论，通过讨论使大家达成一致的意见，解决群众头脑中的疑虑。

四、对外宣传

（一）区内媒体宣传

1986年6月，区内9个乡镇和5个市属以上厂矿使用调频收播自办广播节目。2007年，编印大型外宣品《魅力万盛》。2008年，组建负责网络建设和管理的专门机构——万盛区政府网络建设和管理办公室。2月22日，万盛区综合性门户网站——“万盛热线”开通，组建120余人的网络评论员队伍。9月18日，公布万盛区形象标志。是年，组建区新闻发言人队伍，组织新闻发布会5场次，实现万盛区新闻发布工作零的突破。2009年，在公务活动中推广使用万盛形象标志；制作旅游外宣产品黑山谷风光片4部，黑山谷风光画册3000册、明信片15.5万张。2010年，创建“万盛新闻群”QQ群，建立起与省级和中央级媒体记者的信息沟通联络机制。是年，召开黑山谷微型企业创业基地揭牌、三项活动和勇立潮头等新闻发布会17场次；组织民革中央和政协重庆市委助推万盛资源型城市可持续发展行动、重庆市大学生骨干走进万盛等大型对外文化交流活动31次。2011年6月，制订《万盛区网络新闻发言人年度量化考核办法》，建立网情预警机制。是年，拍摄万盛风光片和形象宣传片，开发蜡染和烙画等外宣产品。

（二）区外媒体宣传

1990年7月8日，南桐矿区遭受特大旱灾。中央、省、市新闻媒体均作采访报道。2007年3月6日，重庆日报、重庆电视台、《重庆晚报》和《重庆时报》等近10家重庆市主流新闻媒体，以“重庆直辖十年，万盛十年发展”为主题到万盛集中采访报道。重点采访资源型城市转型、区域经济合作、旅游业发展等。4月27—28日，参加“感受重庆——中外电视媒体易地采访活动”的联合国新闻部、英国BBC、美国纽约中文电视台、中国香港凤凰卫视和中央电视台等30余家中外电视媒体的60余名记者到万盛，集中采访旅游和金桥吹打。这是万盛区历史上规模最大、国外或境外媒体最多的一次采访活动。7月中旬至8月，万盛区遭受特大暴雨袭击。中央和重庆市主流媒体共刊播万盛区灾情新闻稿件25条次，新华网、华龙网等知名网站刊发稿件40余条次。8月29日，《重庆日报》在第十版、十一版（通版）以“直辖十年看万盛”为主题，刊发新闻稿件10余篇，新闻图片10幅，集中宣传重庆直辖十年期间万盛区发展成就。2008年7月28—29日，新华社、重庆日报社、重庆电视台、中国香港文汇报社、中国大公网和新浪网等20家媒体的20余名记者到万盛，参加“激情重庆——中外媒体聚焦重庆旅游”大型宣传活动，全方位、立体式宣传报道万盛旅游资源。2009年4月16日，“光辉历程——新中国成立六十周年”大型主题宣传采访团到万盛区采访。重庆日报社、重庆电视台等近10家省级媒体10余名记者用一周时间采访经济结构转型、旅游业发展等情况。2010年10月12日，中国（重庆）首届羽毛球文化节新闻发布会在重庆市政府新闻发布中心举行。中央电视台、人民网、新华网、重庆电视台、重庆日报社和华龙网等16家新闻媒体参加新闻发布会，人民网全程网络直播发布会。10月16日上午，中国（重庆）首届羽毛球文化节在万盛区文体中心开幕。《工人日报》、《中国体育报》、中央人民广播电台、人民网、新华网、《重庆日报》、重庆电视台等50余家知名媒体参加开幕式报道。10月16日下午，中央电视台“激情广场——爱国歌曲大家唱”大型演唱会在子如广场举行。2010年11月12日，万盛区在重庆市政府新闻发布中心召开羽毛球文化节新闻发布会，46家媒体参与报道。2011年5月18日，重庆日报社等8家重庆市主流媒体到万盛区，采访报道万盛工矿棚户区改造工程、解决采空沉陷区饮水工程等。2006—2011年，省级以上各类媒体发稿5280余篇（条次）。

五、精神文明建设

（一）国家、市、区级文明单位创建

1986—2011年，全区有国家文明单位1个（中国电信万盛分公司）、全国创建文明单位先进单位1个（区地方税务局），国家文明村1个（万东镇五里村）、全国创建文明村镇先进村2个（黑山镇鱼子村、青年镇堡堂村），省级文明单位标兵2个、省级文明单位29个，省级文明村标兵2个、省级文明社区标兵1个、省级文明村8个、省级文明社区5个、省级文明小区4个，区文明行业5个、区文明镇2个、区文明单位标兵68个、区文明单位109个、区文明社区24个、区文明村38个、区文明小区1个、区文明个体工商户24户。

（二）重庆市文明城区创建

2004年，万盛区启动创建重庆市文明卫生城区行动。是年，发放各种宣传资料近10万份，在《今日万盛》、万盛有线电视台开设专栏营造舆论氛围，在各社区创设“文明论坛”弘扬道德新风。2005年，开展一系列市容环境综合整治行动，整治“脏乱差”，专项集中整治渣土车等交通运输车辆和“闯红灯”“乱停放”“乱鸣号”“酒后驾驶”和“不系安全带”等交通违章行为。在全区客运行业开展“文明线路”“文明示范车”和“文明驾工人员”评比活动。2008年，开展“清洁家园、健康奥运”城市环境清扫活动，组织未成年人当文明劝导员，利用课余时间到街头劝导部分市民的不文明行为。2009年2月27日，万盛区启动创建省级卫生、山水园林、文明城市工作，组建创建领导机构和工作机构，制订创建规划及实施方案，编制三年创建规划，向重庆市精神文明建设办公室提交重庆市级文明城区创建申请。2010年开展“塑文明万盛形象、迎建国60周年”系列主题活动。是年，万盛区创建为重庆市文明城区。

（三）“万盛精神”宣传弘扬

1996年1月8日，中共万盛区委工作会议，首次提出“艰苦奋斗、团结拼搏、求真务实、开拓创新”

的“万盛精神”。3月2日，宣传部联合区委党史研究室、区文明办、区文化局、区广播电视局、区总工会，印发《关于在全区开展弘扬“红岩精神”与“万盛精神”塑造当代万盛人精神文明建设系列活动的通知》。3月起，全区开展弘扬“红岩精神”与“万盛精神”，塑造当代万盛人精神文明建设系列活动。各级党组织采用学、唱、赛、看、评等多种形式，宣传“红岩精神”与“万盛精神”。

（四）公民道德建设

2002年，全区范围内宣传、组织学习贯彻《公民道德建设实施纲要》。2005年4月，宣传部在全区各部门推广“八个一”（组织一次政治理论学习会，开展一次街头宣传，举办一次专题座谈，撰写一篇心得体会，开设一个新闻专栏，组织一场社区文明论坛，出版一期宣传板报）系列宣传活动，推动社会主义荣辱观的宣传教育深入人心。2006年，区内媒体创建“知荣明耻”宣传专栏，全区张贴宣传社会主义荣辱观“八荣八耻”（以热爱祖国为荣、以危害祖国为耻，以服务人民为荣、以背离人民为耻，以崇尚科学为荣、以愚昧无知为耻，以辛勤劳动为荣、以好逸恶劳为耻，以团结互助为荣、以损人利己为耻，以诚实守信为荣、以见利忘义为耻，以遵纪守法为荣、以违法乱纪为耻，以艰苦奋斗为荣、以骄奢淫逸为耻）的宣传画2500张。2009年8月，编辑出版《万盛故事——一个城市的精神样本》，全书约5.5万字，分城市英雄、先贤遗泽、英烈壮歌、创业楷范、人间大爱5个专辑，汇集31个人物或群体故事。2010年，全区开展城乡社区“时事面对面”和“英雄面对面”主题活动20余场次，宣传道德优秀人物。

第四节　统一战线工作

一、统战机构

中共万盛区委统一战线工作部是中共万盛区委的统战工作部门，挂中共万盛区委台湾工作办公室、万盛区政府台湾事务办公室牌子。1987年10月至1988年，挂南桐矿区民族宗教侨务办公室牌子。

1998年6月前，未设置科室。是年6月，设立办公室。

2003年7月，增设党派经济科。

2010年11月，组建万盛区统战服务中心，为统战部管理的事业单位。

二、合作共事

区委统战部贯彻党的“长期共存、互相监督、肝胆相照、荣辱与共”统战工作方针，使民主党派、工商联和无党派人士等充分参与政治协商、民主监督、参政议政活动。1989年12月，中共中央印发《关于坚持和完善中国共产党领导的多党合作和政治协商制度的意见》（中发〔1989〕14号文件）。中共南桐矿区委印发6个文件，提出坚持和完善中国共产党领导的多党合作和政治协商制度的政策性措施、意见、办法，使多党合作和政治协商成为中共南桐矿区委、南桐矿区政府实施民主决策、科学决策的重要环节，在重大问题和人事安排的决策上同民主党派、工商联、无党派人士形成制度化的协商。1991—2011年，中共万盛区委直接或委托区委统战部召开各民主党派、工商联负责人和无党派人士座谈会80余次。1999—2011年，统战部举办民主党派、工商联负责人暑期谈心活动13次。季度谈心会、暑期谈心活动成为中共万盛区委、万盛区政府与民主党派、工商联、无党派人士加强联系、沟通思想、通报情况的重要载体，成为民主党派、工商联、无党派人士参政议政的重要平台。1986—2011年，中共万盛区委、万盛区政府直接或委托有关部门召开的政治协商会、座谈会、情况通报会等200余次。统战部组织民主党派成员、无党派人士担任中共万盛区委、万盛区政府“特约人员”发挥统战工作监督职能。1986—2011年，党外人士50余人担任“特约人员”，110人次当选区人大代表、16人次当选四川省、重庆市人大代表，被安排为各级政协委员578人次，其中民主党派成员130人次。

举荐民主党派成员和无党派人士在万盛区人大常委会、万盛区政府、政协万盛区委及区司法机关中担任领导职务，是实现中国共产党多党合作的一项重要内容。1984—2011年，万盛区历届政协领导班子中，累计安排26名党外人士任政协副主席，其中民主党派16人。1986—2011年，第五届区人大开始，每一届区人大常委会中均安排1名党外人士任副主任。区政府领导班子中配置1名党外人士任副区长。1984—2011年，先后有37名党外人士担任区政府20余个部门副处级以上领导职务，有9名担任万盛区人大常委会、政协万盛区委、各人民团体机关副处级以上的领导职务。

三、知识分子工作

（一）“改右”和“五种人”政策历史遗留问题落实

被错划为右派分子和“五种人”（地主、富农、反革命分子、坏分子、右派分子）的人，绝大部分都是知识分子。1986—1988年，根据中共中央和中共四川省委政策精神，落实政策、处理历史遗留问题。1986—1988年，全区范围内，帮助因被错划为右派和“五种人”的家属22户、81人恢复城镇户口。

（二）政府特殊津贴发放

1993年，开始为做出突出贡献的专家、学者、技术人员发放政府特殊津贴。这是落实提高知识分子待遇政策的重要措施之一。特殊津贴发放对象是在区内科研、教育、卫生、工农业生产和科技推广等第一线工作岗位上做出突出贡献的专业技术人员，津贴分每月30元和20元2个档次。2005年，全区有10人享受政府特殊津贴，其中党外人士5人。

（三）知识分子表彰

1991年1月，中共南桐矿区委组织部、南桐矿区科学技术委员会、区人事局授予在区内精神文明建设和物质文明建设中做出突出贡献的曾庆固、赵万正、王泽民、彭跃（女，党外人士）、王万荣（党外人士）、熊荣才、徐德林、唐国强和卢贤盛等9人为南桐矿区首批“知识分子拔尖人才”称号。1999年起，在全区知识分子、党外人士中开展“学王选，评先进、树典型”活动，评出14名党外知识分子先进人物并予以表彰。

（四）知识分子政治举荐

1986—2011年，全区政治安排党外知识分子568人次。其中当选市、区人大代表122人次，当选各级政协委员446人次，举荐24名党外知识分子代表人士担任万盛区人大常委会、万盛区政府、政协万盛区委领导职务，举荐40多名党外知识分子在万盛区政府工作部门、万盛区人大常委会、政协万盛区委、区工商联、区侨联担任副处级以上领导职务，推荐多名党外优秀知识分子加入民主党派。

四、台湾工作

（一）台胞台属登记

台胞　区内台胞主要是1949年前去台湾人员及其在台湾生育的子女。1982年，落实台属政策时，开始登记区内去台人员和台属。1988年，全区登记台胞220户、380余人。1992年，全区有台胞363户、915人，有在区内工作、生活的原籍台湾的台胞2户、2人。2002年年末，全区有台胞342户、684人，有在区内工作、生活的原籍台胞6户、9人。随着部分驻区市属以上厂矿企业单位迁出万盛区，区内台胞减少，2005年，全区有台胞382人。

去台人员　区内去台人员主要是1949年前随国民党军队去台湾的军政人员和海孔飞机制造厂迁去台湾的员工及其家属。20世纪80年代后，随着海峡两岸交流交往日渐增多，因涉台婚姻而产生新的去台人员。1990年，全区有去台人员275户、664人（其中生于台湾的261人），其中校级以上军官29人、尉级军官30人，士兵63人，商人（其中一部分是退役后经商）16人，工程技术人员26人，教师21人，职员 30 人，其他（工人、家属等）56 人。1986—2005 年，全区涉台婚姻 25 起，有 15 人（全部为女性）与台胞结婚，并去台湾定居。

大陆台属　1987 年，全区有登记台属 175 户、800 余人。1992 年，全区有登记台属 451 户、2000 余人。2002 年，随着部分驻区市属以上厂矿企业单位迁出万盛区，台属户数、人数减少。2005 年 5 月，全区有登记台属 217 户、812 人，家居城镇的约占三分之二。

（二）宣传教育

1986—2011 年，每年春节和中秋节期间，分别召开侨、台属座谈会，中共万盛区委领导向参加座谈会的台、侨属代表宣传党的对台方针政策和对台工作形势，鼓励台胞台属、归侨侨眷为四化建设、祖国统一、振兴中华多做贡献。1992 年，组织全区党政干部和台胞、台属参加重庆市政府台湾办公室举办的“海峡两岸知识迎春有奖征答活动”，获二等奖 10 名、三等奖 6 名。1994 年春节前夕，走访慰问回乡探亲的台胞和有代表性的台属 30 余户，宣传党的对台方针政策。2001 年，利用区广播电视台、《万盛报》宣传党的对台方针政策 10 余次，被重庆市、万盛区各种媒体采用的涉及统战、对台工作稿件 75 篇。2003 年 7 月，创建统战宣传刊物——《万盛统战》，至 2011 年年末，刊发 25 期。

（三）台胞接待

1986—2005 年，全区接待台胞 490 人次，绝大多数均属去台人员返乡探亲。

1986—2005 年万盛区接待台胞统计表

表 16-15　　单位：人

年份	合计	性别		到区目的				年份	合计	性别		到区目的			
		男	女	探亲	旅游	经商	其他			男	女	探亲	旅游	经商	其他
1986	2	–	–	2	0	0	0	1996	10	8	2	10	0	0	0
1987	6	–	–	6	0	0	0	1997	10	10	0	10	0	0	0
1988	77	52	25	77	0	0	0	1998	4	3	1	4	0	0	0
1989	85	59	26	84	0	1	0	1999	5	4	1	5	0	0	0
1990	58	37	21	58	0	0	0	2000	2	2	0	2	0	0	0
1991	58	39	19	47	2	5	4	2001	5	4	1	5	0	0	0
1992	51	41	10	51	0	0	0	2002	2	2	0	2	0	0	0
1993	40	32	8	33	2	5	0	2003	2	2	0	2	0	0	0
1994	23	21	2	23	0	0	0	2004	7	6	1	7	7	0	0
1995	26	20	6	26	0	0	0	2005	17	14	3	0	0	0	17

（四）对台招商引资

1991 年，开始探索引进台资。是年 3 月，邀请台湾耐火材料工业公司董事长及其代理人员 2 次到区考察耐火材料资源和投资环境。1991 年 5 月 17 日，召开台属振兴矿区经济，引进台资牵线搭桥商讨会。是年，3 次约请 21 名返乡探亲和旅游的台胞聚会，组织其参观区属企业，介绍区情，为引进台资做牵线搭桥工作。1992 年，在全区台胞台属中动员开展“五个一”（向海外亲人写一封信，请回一个人，牵一条经贸线，引进一笔资金，促成一个项目）活动，召开有 100 多名台侨属参加的引进资金、技术、设备动员大会。12 月 1 日，区蔬菜副食水产公司与台胞黄胜光各投资 15 万元的电子娱乐中心开业。这是万盛区第一个与台胞的合资项目。2004 年，引进台资 20 余万元，修建金桥镇邓家小学。

五、侨务工作

广大海外侨胞是建设社会主义和实现祖国统一的重要力量，是党的统战工作需要争取和团结的重要对象。

1994—2005 年，区内归侨侨眷中有 1 人当选为重庆市人大代表，13 人次当选为万盛区人大代表；1 人当选为政协重庆市委员，37 人次当选为政协万盛区委员。归侨侨眷人大代表、政协委员参与区内政治、经济和社会事务活动，履行政治协商、民主监督的职能，反映归侨、侨眷和群众的意见和要求，提出有关提案、意见、建议。

六、民族宗教工作

（一）管理机构

1987 年 10 月前，区内民族宗教事务的管理机构是区政府侨务民族办公室。10 月，撤销区侨务民族办公室，组建区民族宗教侨务办公室，与统战部合署办公。1988 年 8 月，按党政分开原则，区民族宗教侨务办公室划归南桐矿区政府管理。2001 年，区民族宗教侨务办公室虽然与统战部合署办公，但仍按原有格局和管理权限运行。

（二）少数民族聚居区经济发展扶持

1987 年，开始免征农村少数民族农户农业税、农林特产税。1988 年，扩大减免税种，免征农村少数民族自宰自食的生猪和祭祀打牛、宰羊屠宰税，免除粮食定购任务和乡统筹费。是年起，区政府每年安排民族发展资金 5000 元。1990 年，区农业局组成专家技术服务组为少数民族农户提供技术服务。1991 年 2 月，区政府组织有关专家和技术人员为关坝乡古屋基合作社、箐林村苗族茶场等少数民族聚居地制订生产发展规划，并建立示范点。是年起，区财政补助改造中低产田，种植蚕桑、茶树、水果和烤烟的少数民族农户，按种植面积每亩补助 40 元～100 元。是年，新植茶园 4.13 公顷，改造茶园 0.67 公顷，种植果树 809 株、桑园 2.20 公顷、烤烟 1.40 公顷，建烟叶烘房 7 个。1991 年起，区政府民族发展资金增加至每年 1 万元。2002 年起，区政府民族发展资金增加至每年 2 万元，并视财力情况给予少数民族每人每年 15 元～20 元的民族工作机动金。2005 年 11 月，分别在关坝镇、石林镇、景星乡举办培训班 3 期，教授煤矿生产技术、安全知识、种养殖技术和旅游服务技能等培训，170 余名少数民族参训。区政府先后扶持创办青年镇更鼓村苗族煤厂、万盛民族工艺厂、南桐镇民族石粉厂、青年镇民族洗精煤厂、景星乡民族红砖厂和关坝镇坪坝石子厂等企业，解决 160 余名苗族人口就业问题。

（三）民族、宗教人士政治举荐

1986—2011 年，全区少数民族人士有 20 余人次当选为重庆市、万盛区人大代表，40 余人次当选为四川省、重庆市、万盛区政协委员。2003 年 3 月，举荐重庆市佛教协会副秘书长、妙音山紫竹寺住持释朗观任当选第六届政协万盛区委委员。

七、经济领域统战工作

经济领域统战工作是改革开放后统一战线开辟的新领域，是统战工作服从和服务于经济建设的一项战略性任务。经济领域统战工作政策的方针是“团结、帮助、引导、教育”非公有制经济人士。

（一）政治引导

1993 年 12 月，组建万盛区工商业联合会。区工商业联合会作为经济领域统战工作主要机构，起到连接党、政府和私营企业家的重要作用，也是私营企业家为国家、社会做出贡献的重要平台。2001 年 9 月，建立中共万盛区工商业联合会党组，中共万盛区委统战部副部长任党组书记。2011 年，全区非公有制经济企业中有中共党员约 400 人，其中个体、私营企业主党员 80 余人，建立基层党组织 30 多个。

（二）健全参政议政渠道

1992年，中共南桐矿区委统战部向中共重庆市委统战部推荐非公有制经济代表人士9人。1994年，建立与非公有制经济人士联系名单，并将区工商联正副会长纳入“迎春茶话会”“季度座谈会”“暑期谈心活动”固定人员。1995年，将工商联党外人士正副会长列入与中共万盛区委常委交朋友范围。1986—2011年，有7名非公有制经济人士当选万盛区人大代表，其中2名任万盛区人大常委会委员；2名非公有制经济人士当选为重庆市人大代表；28名非公有制经济人士当选政协万盛区委员。在区工商联领导班子中，非公有制经济人士占90%以上。

（三）社会责任教育

1996年，在全区非公有制经济人士中开展守法经营、诚实劳动、照章纳税、爱国敬业的评选活动。1998年，引导非公有制经济人士参与赈灾捐款活动。2000—2011年，在全区非公有制经济人士中开展“致富思源、富而思进”活动。2003—2004年，万盛区20名非公有制经济人士被评为重庆市和万盛区优秀中国特色社会主义建设者。

第五节　政法工作

一、领导机构

1986年年初，区内政法领导机构是中共南桐矿区委政法委员会。1988年10月，撤销中共南桐矿区委政法委员会，组建中共南桐矿区委政法领导小组。1990年5月，撤销中共南桐矿区委政法领导小组，重新组建中共南桐矿区委政法委员会。

1990年8月前，政法委员会未设置科室。1990年8月，内设办公室。

1991年5月，与区社会治安综合治理委员会办公室合署办公，实行一个机构，两块牌子的体制。

2001年2月，内增设综合科。

2003年7月，内增设执法监督科，与综合科合署办公。2010年4月，内增设政治处。

二、政法工作统筹

1990年，中共南桐矿区委政法领导小组制订涉及政法部门工作的文件15个，制发指导政法部门的文件22个，制订“严打”（依法严厉打击刑事犯罪分子活动的简略表述）工作意见，督促各政法工作部门落实预防处置突发性事件的方案。是年，组织参与全区各地召开的公开打击处理刑事、经济犯罪人会8场次。1991年，制订《认真贯彻执行党的十三届七中全会精神，竭尽全力维护社会稳定，为矿区经济建设保驾护航》等文件5个，制发部署反盗、禁赌等专项斗争和专项治理的文件8个、召开会议20余次，专题调查和撰写反映全区政法工作和综治工作的文章7篇。1993年，推行区公安分局、区人民检察院、区人民法院、区司法局定期召开信访联席会议制度，研究信访问题37个，其中解决疑难案件9件，协调处理信访问题25个，处理管辖不明案件3件。1994年，专门调查影响万盛区稳定的各种因素和存在的隐患，排列出可能影响全区稳定的5个方面重要因素，并分析其产生的原因，提出解决建议意见，提供给各政法工作部门，使其有针对性的采取措施、化解矛盾、消除隐患。1995年，指导和协调各政法工作部门在依法相互制约的同时做到密切配合。是年，先后开展春季“严打”斗争、夏季治安防范、秋季破案战役、冬季“反盗、打抢、禁毒、追逃”等专项整治斗争，部署和组织有关部门开展整治非法宗教和封建迷信活动，取缔查处非法组织“门徒会”。1998年，主持协调处理涉及全区稳定的案件5件，督办2件；整顿政法队伍，重点检查1996—1997年办理的各类案件质量，纠正检查发现的程序、实体违规以及干警责任心不强等问题。1999年，指导督促各政法工作部门配合参与城市整顿金融“三乱”（城市乱批设金融机构、乱从事金融业务、乱集资现象）、农村“三金”（农村合作基金会、乡镇企业投资公司、供销合作社社员股金服务组织）工作。2000年，制订《关于政法系统干部管理暂行规定》，规定政法委员会管理干部的范围和对象。区委政法委管理的干部分为协助中共万盛区委管理和直接管理2类。2001年，定期召开区政法委员会成员会议，以及区公安分局长、区人民检察院检察长、区人民法院院长联席会议。通过协调联席会，各政法工作部门在各环节做到快侦、快捕、快诉、快审、快判，加大打击犯罪力度，及时消化“严打”整治战果。2003年，重新修订《关于政法系统干部管理的规定》，规范政法部门科级以上干部的管理制度；组织政法部门开展以“公正执法树形象”为主题的集中教育活动，并成立督查组，抽查活动开展情况。2004年，指导督促政法部门完善执法质量考评、执法责任制、错案责任制、执法过错追究制等规章制度，加强单位内务和队伍管理。2005年，加强政治教育和培训考核，政法干警428人参考，合格率99.8%。2006年，推行司法体制和工作机制改革。2007年，在万盛电视台开辟《法治万盛》电视栏目，每年播放24期。2008—2011年，推动政法部门服务地区经济发展，及时化解群体性事件苗头53起，妥善处置群众阻工堵路等群体性事件20起，开展司法强拆和保护性施工42次。

三、社会治安综合治理

（一）矛盾纠纷调解

2000年，排查调处矛盾纠纷23起，调处率100%。2002年，排查调处矛盾纠纷232起，调处率100%。2003年，排查调处矛盾纠纷232起，调处率100%。2005年，排查矛盾纠纷123起，调处109起，调处率88.61%。2006年，排查调处矛盾纠纷137起，调处率100%。2007年，排查调处矛盾纠纷211起，调处率100%。2008年，排查矛盾纠纷391起，调处375起，调处率96%。2009年，排查化解突出矛盾纠纷43件，化解率100%。2010年，排查矛盾纠纷324起，调处314起，调处率96.9%。

（二）严打整治斗争

1983—1987年，组织“严打”战役3次、行动11次，提请批准逮捕各类刑事犯罪分子357人，其中判处死刑5人，死刑缓期2年执行4人，无期徒刑4人。1988—2005年，依法逮捕犯罪嫌疑人4052人（未统计1990年数据），判处犯罪嫌疑人4407人。2006—2011年，破获刑事案件5795件。2008—2011年，打击处理犯罪嫌疑人1745人，打掉黑恶势力团伙5个。

（三）基层基础工作

群防群治　群防群治队伍是维护社会治安必不可少的力量。万盛区在城市街道、社区和行政村建立治安巡逻队、联防队、守楼护院等群防组织。至2004年，全区24个社区建立巡逻队24支、队员5721人，城区13个社区组建治安巡逻队13支、队员82人，个别镇、村组建摩托车治安巡逻队；全区建立社区警务室19个，每个社区配备1～2名民警，民警带队巡逻，强化社会面的巡逻控制。在农村建立警民联系点76个，联防联户社886个。至2005年，区内金融、邮政、税务等单位与区公安分局110指挥中心联网安装自动报警器46处。至2011年，全区87个村（社区）全部建立综治工作站，建立治保会78个、会员417人，村（社区）巡逻队92支、队员872人，聘任楼长563人，建立铁路护路队4支、队员38人，建立院坝联防点1769个。

基层平安创建　1998—2011年，持续开展安全文明小区（单位）、平安乡镇（街道）、平安村（社区）、平安单位、平安家庭等创建活动。至2011年，创建区级平安单位63个，平安村（社区）66个，平安企业28家，平安校园25所，平安医院6所，平安风景区1个。2008—2010年，群众安全感分别为92.82%、94.47%和96.67%。

表彰见义勇为　1991年，设立南桐矿区见义勇为奖，并制订《南桐矿区见义勇为奖励办法（试行）》。

1996—2010年，授予17人“见义勇为积极分子”称号，每人奖励1000元。

（四）青少年犯罪预防及特殊人员管理

1988年，区人民法院试办审理少年犯合议庭。1992年，建立违法青少年帮教小组772个，有帮教人员1500余人。1993年，在全区中小学设置法制教育课。1999年，全区中小学把青少年法制教育纳入学校工作的重要议事日程，有目标、有计划实施依法治教工作。1998年，区各中小学校配置专职德育主任，定期向学生开展理想、道德、法律常识等教育，并开展各种形式的知识竞赛，模拟法庭等活动。是年，区内有35所中小学聘请法制副校长、辅导员。2001年，组织全区中小学参加重庆法制报社组织的《中华人民共和国预防未成年人犯罪法》和《中华人民共和国未成年人保护法》知识竞赛；开展校园周边秩序整治和专项重点治理，净化学校外部环境，维护学校安全。2002年，在重庆市第四九中学举办依法治校现场经验交流会，各社区在暑期中组织青少年学生学习法律知识、宣传禁毒知识，在重点学校开展警民共建文明校园活动。是年，区内97所中小学聘请政法部门工作人员在期初和期末到校举办法律知识讲座。2004年，组织全区各中小学校法制副校长、法制辅导员和民警定期到学校举办法制教育报告会。2004年，区司法局设立区未成年人法律维权中心。2005年，区综治办把预防和减少未成年人违法犯罪工作纳入全区社会治安综合治理工作，并签订“保稳定、保平安”责任书，将责任层层落实到基层。

1992年，建立考察期内的“两劳一少”释放人员帮教小组391个，有帮教人员800余名。1993年，在区司法局设立两劳社会工作科，在街道、乡镇建立帮教小组879个，组织帮教力量1672人。1994年，建立帮教小组623个，组织帮教力量1246人；为392名“两劳一少”刑释人员建立档案。1996年，为1000余名“两劳”人员及“两劳”释放人员建立档案。1997年，设立区两劳社会企业办公室，创办“两劳”企业2家，过渡性安置“两劳”释放人员。是年，登记全区1991—1997年的“两劳”释放人员和正在服刑、劳教、少管人员，并以公安派出所户籍辖区为单位，建立档案，落实帮教措施。全区落实帮教人员1045人，组成帮教小组438个，分别帮教438名帮教对象。1998年，落实帮教人员1176人，组成帮教小组588个。2000年，登记刑释解教人员49人，并建立档案。2001年，开展刑释解教人员集中摸排清理工作，排查出1998—2001年回归社会的刑释解教人员1037人，其中刑满释放人员891人，解除劳教146人，列管重点人口477人，人户分离、去向不明和外流140人。2002年，登记刑释解教人员85人，并建档和落实帮教人员，安置刑释解教人员66人。2004年，安置刑满释放人员140人和解除劳动教养人员46人。2005年，登记刑释解教人员247人，并建档和落实安置帮教措施。2008年，区人民法院设立少年犯审判合议庭。

1986年，安置“两劳一少”释放人员就业78人。1989年，安置“两劳一少”释放人员就业411人。1990年，安置“两劳一少”释放人员就业538人。

1986—1994年万盛区违法青少年教育转化情况一览表

表16-16　　单位：人

年份	列管	停止违法活动半年以上	撤销列管	逮捕数
1986	814	573	157	–
1987	778	–	265	–
1988	765	–	84	99
1989	191	103	61	–

续表

年份	列管	停止违法活动半年以上	撤销列管	逮捕数
1990	841	556	–	–
1991	812	514	–	–
1992	772	532	–	–
1993	–	–	–	–
1994	640	499	–	–

第六节　党校教育

一、组织机构

1993年4月，中共南桐矿区委党校更名中共万盛区委党校。1994年11月，万盛区行政学校成立，与中共万盛区委党校合署办公。2001年3月，中共万盛区委党史研究室被并入中共万盛区委党校，同时保留中共万盛区委党史研究室牌子。2009年9月，万盛区社会主义学院成立，与中共万盛区委党校合署办公。

1986年前，区委党校未设置科室。1986年1月，设立办公室、教研室和组教科等科室3个。1987年7月，办公室更名总务科，教研室更名教务科，组教科更名组织科。1991年6月，总务科、教务科、组织科分别更名办公室、教研室、组教科。

1995年前，党校无下属机构。1995年6月，万盛区乡镇企业职工培训中心成立，党校负责其教学和管理工作。

二、教学设施

1981年5月，党校恢复办学后，新校址选定在中共南桐矿区委大院，占地4000平方米。9月，开始修建教学楼，1982年3月交付使用。教学楼二楼一底，面积1012平方米，有教室2间，学员宿舍10间，其余为办公室、图书室、打字室。1982年9月20日，修建党校食堂、值班室和围墙。食堂和值班室建筑面积为207平方米，围墙全长110米、高2米、宽0.4米。至此，党校校园建成完成。1984年，修建篮球场1个。1984年11月—1985年3月，在食堂上面加层修建职工宿舍6套，面积224平方米。1986年7月，党校新建办公楼、教学楼各1幢，总面积1208平方米。1987年4月竣工。至此，党校有大小教室4间（大教室可容纳150人），学员宿舍26间，食堂1个（可容150人就餐），办公、生活用房20余间，书库、阅览室各1间。20世纪80年代，购置彩色电视机3台、录放机1台。1990年前，每年投入资金5000元购置图书资料，至1990年书库存书7000余册。1996年，将第三教室改装成微机教室，购进电脑26台。2001年4月，新建教学楼一幢（二楼一底共5间教室），面积780平方米。2001年8月31日，工程竣工。新建教学楼有多媒体教室1间，并开通中央党校远程教学B级网站；阶梯报告厅1间，可容纳200人。2001—2003年，购置电视机18台，电脑11台。2004年，购进电脑25台。2009年，增设150平方米学术报告厅1间，启用视频会议同步系统，扩容到近400座次。2010年，购进电脑30台，改造塑胶篮球场。

2011年，党校有报告厅1间（能容纳162人），教室7间（其中远程教学多媒体教室2间，微机培训教室 1 间），总计可容纳学员 500 人，办公用房 10 间，学员宿舍 830 平方米，接待用标间 9 间，普通间 12 间，食堂 1 座（可容纳 150 人就餐），图书室 1 间，存书约 2 万册。

三、师资力量

1986 年年初，党校有在职教职工 7 人，1988 年增至 22 人，其中专兼职教师 18 人。专兼职教师中，高中、中专、中师文化程度 5 人，大学专科学历 11 人，大学本科学历 2 人；高级讲师 4 人，讲师 6 人，助讲 3 人，教员 5 人；科学社会主义教师 4 人，中共党史教师 1 人，哲学教师 2 人，政治经济学教师 7 人，党建教师 3 人，语文教师 1 人。2005 年，党校有在职教职工 13 人，其中专兼职教师 9 人。专兼职教师中，大学本科学历 7 人，大学专科学历 2 人；高级讲师 1 人，讲师 4 人，助理讲师 2 人，教员 2 人；哲学、行政管理学 1 人，党建、管理学、领导学教师 1 人，微机教师 2 人，会计学教师 1 人，法律教师 2 人，政治经济学、社会主义市场经济理论、统计学教师 1 人，社会主义科学、马列主义基本理论教师 1 人。2008 年，党校有在职教职工 11 人，其中专兼职教师 8 人。专兼职教师中，研究生学历 1 人，大学本科学历 5 人，大学专科学历 2 人；讲师 4 人，助理讲师 1 人，教员 3 人。2011 年，党校有在职教职工 11 人，其中专兼职教师 8 人。专兼职教师中，高级职称 1 人，中级职称 3 人，初级职称 4 人。

四、干部培训

1986—1990 年，党校基本形成大专、中专、短训 3 个层次和主体班、学历班 2 类性质的办班格局。在此其间，举办各类短训班 12 期，培训干部 592 人。1991—2005 年，举办处级以上领导干部班 22 期，培训干部 1716 人次。2003—2005 年，举办处级干部周末培训班 3 期，培训干部 155 人。1994—2005 年，举办公务员培训班 22 期，培训 941 人次。其中 2003—2005 年举办周末公务员培训班 3 期，培训 168 人次。

1991—2005 年，举办企业领导干部培训班 11 期，培训 1118 人次。其中 1991 年 11 月—1992 年 10 月，党校同重庆经济干部管理学院联合举办经营管理干部培训班 3 期，第一期脱产学习，第二、三期半脱产学习，每期 3 个月，主要学习马克思主义基本理论、中国特色社会主义理论、经营管理知识，厂长（经理）和有关部委局负责人 250 人次参训。举办城镇基层领导干部培训班 9 期，培训 482 人次。举办科技人员、财会人员、妇女干部、理论骨干、再就业人员、微机培训班等共 37 期，培训 2266 人次（财会人员培训班 4 期、400 人次，高中低科技人员培训班 6 期、393 人次，微机培训班 21 期、865 人次）。举办农村党支部书记、村委会主任培训班 10 期、培训 882 人次。

2006—2011 年，举办处级领导干部、高级人才、青年干部、党外干部、公务员、选派大学生培训班、事业单位人员、村（社区）基层干部等各种类培训班 121 期，培训各类人员 10500 余人次。

五、学历教育

（一）中专教育

1986 年，区委党校根据中共中央组织部把丁部教育的重点转为“双下”（年龄 45 岁以下，文化程度初中以下）干部的要求，开办专业培训性质的中专班。1987 年 3 月，招收首届两年全日制中专生，设政治专业 1 个班，招收 61 名学员。1990 年后，停止一年全日制成人中专生招生工作。

1996—1997 年，党校同重庆第一财贸中专校联合办学，在党校设办学点。招收 2 届国家计划外中专生，设经济与贸易专业 1 个班，累计招录区内初中毕业，但未能考上国家计划内高中、中师和中专的学生 115 人。第一年，学员在区委党校全日制住校学习，第二年，到中共重庆市江北区委党校学习，第三年到有关企事业单位实习，推荐就业。因涉及学员就业问题，1997 年后停办。

1996—1997 年，区委党校同区乡镇企业管理局联合办学，举办 2 届村干部中专班，累计招录学员 96 人。该班主要解决农村村干部文化程度低下的问题。

1997 年后，党校停止中专招生工作。1987—1997 年，累计招收中专生 8 届，开办 8 个班，毕业学员 379 人。

1987—1997 年，党校累计开办中专教育班 18 个，开设经济管理、政治和经济与贸易 3 个专业，招录 384 人，按期毕业 379 人。

1987—1997 年万盛区委党校中专办学情况一览表

表 16–17

招录年份	学制	专业	班数（个）	招录（人）	按期毕业（人）
1987	两年全日制	政治	1	61	61
1988	一年全日制	经济管理	1	42	40
1989	一年全日制	经济管理	1	38	36
1990	一年全日制	经济管理	1	52	51
1996	三年制	经济与贸易	1	68	68
1996	一年制	–	1	46	46
1997	三年制	经济与贸易	1	37	37
1997	一年制	–	1	40	40
合计	–	–	8	384	379

（二）大专教育

1985 年 3 月，四川省干部函授学院重庆分院南桐辅导站成立，设在中共南桐矿区委宣传部。1987 年，改设在党校。

1985 年 3 月，南桐函授辅导站招收首届四川省干部学院函授大专生。因为綦江函授辅导站招录考生较少，重庆分院决定綦江函授辅导站与南桐函授辅导站合并办学，辅导地点在南桐矿区。南桐、綦江两地招收学员 123 人，其中南桐招收 113 人，綦江招收 10 人。

1993 年，党校与重庆广播电视大学万盛区工作站联合招收首届电大大专生（简称重庆电大）。

1996 年，党校、万盛区乡镇企业管理局联合渝州大学在万盛招收首届两年制半脱产大专生。

1996 年，党校招收首届中共中央党校函授学院重庆分院函授大专生。

1997 年重庆市直辖后，党校开始招收中共重庆市委党校函授大专生。2008 年后，党校停止招收函授大专生。

1985—2008 年，党校累计开办大专教育班 30 个，开设党政干部基础、经济管理、法学、政治与行政管理、企业管理与市场营销、会计与审计、企业管理和财务会计 8 个专业，招录 2086 人，按期毕业 2015 人。

1985—2008 年万盛区委党校大专办学情况一览表

表 16–18

<table>
<tr><th>年份</th><th>函院</th><th>专业</th><th>班数（个）</th><th>招录（人）</th><th>按期毕业（人）</th><th>优秀学员（人）</th></tr>
<tr><td rowspan="3">1985</td><td rowspan="3">四川省干部学院</td><td>党政干部基础</td><td>1</td><td>51</td><td>39</td><td rowspan="3">33</td></tr>
<tr><td>经济管理</td><td>1</td><td>38</td><td>26</td></tr>
<tr><td>财务会计</td><td>1</td><td>34</td><td>14</td></tr>
</table>

续表

年份	函院	专业	班数（个）	招录（人）	按期毕业（人）	优秀学员（人）
1989	四川省干部学院	经济管理	1	27	26	0
1991	中共四川省委党校	政治与行政管理	1	31	28	9
1993	重庆广播电视大学	企业管理与市场营销	1	56	49	0
1994	重庆广播电视大学	法学	1	65	65	0
		会计与审计	1	86	86	0
1996	渝州大学	企业管理	1	60	60	0
	中共中央党校	经济管理	1	55	52	3
1997	渝州大学	企业管理	1	69	69	0
	中共中央党校	经济管理	1	109	101	0
1998	中共重庆市委党校	经济管理	1	115	113	0
1999	中共重庆市委党校	经济管理	1	68	67	0
		法学	1	105	105	0
2000	中共重庆市委党校	经济管理	1	81	79	0
2001	中共重庆市委党校	法学	1	63	63	0
		经济管理	1	80	80	0
2002	中共重庆市委党校	经济管理	1	59	59	0
		法学	1	82	82	0
2003	中共重庆市委党校	经济管理	1	121	121	0
2004	中共重庆市委党校	经济管理	1	99	99	0
2005	中共重庆市委党校	经济管理	1	135	135	0
		法学	1	44	44	0
		财务会计	1	10	10	0
2006	中共重庆市委党校	法学	1	55	55	0
		经济管理	1	114	114	0
2007	中共重庆市委党校	经济管理	1	57	57	0
		法学	1	53	53	0
2008	中共重庆市委党校	经济管理	1	64	64	0
合计	–	–	30	2086	2015	45

（三）本科教育

1995年，党校设立中共四川省委党校函授学院重庆分院万盛辅导站，开始招收函授本科生。1998年12月，辅导站更名中共中央党校函授学院重庆分院万盛直属函授站。1995年，党校招收首届中共四川省委党校函授本科生。

1997年，党校招收首届中共中央党校函授本科生。

1998年，中共四川省委第二党校合并到中共重庆市委党校，为便于函授教育教学和领取资料等，党校函授站决定函授大专、本科一律招收中共重庆市委党校函授学院的学员。

2008年，党校停止招收函授本科生。

1995—2008年，党校累计开办本科教育班18个，开设经济管理、法学和财务会计3个专业，招录1362人，按期毕业1296人。

1995—2008年万盛区委党校大学本科班情况一览表

表16-19

年份	函院	专业	班数（个）	招录（人）	按期毕业（人）	优秀学员（人）
1995	中共四川省委党校	经济管理	1	75	66	0
1996	中共四川省委党校	经济管理	1	74	69	0
1997	中共中央党校	经济管理	1	68	68	0
1998	中共重庆市委党校	法学	1	64	57	3
1999	中共重庆市委党校	法学	1	125	114	0
2000	中共重庆市委党校	法学	1	125	114	0
		财务会计	1	46	46	0
2001	中共重庆市委党校	法学	1	91	83	0
		财务会计	1	49	46	2
2002	中共重庆市委党校	法学	1	84	80	0
		经济管理	1	65	62	0
2003	中共重庆市委党校	法学	1	97	97	0
2004	中共重庆市委党校	法学	1	79	79	0
2005	中共重庆市委党校	法学	1	76	76	0
		经济管理	1	36	36	0
2006	中共重庆市委党校	法学	1	79	79	0
2007	中共重庆市委党校	经济管理	1	60	60	0
2008	中共重庆市委党校	法学	1	69	64	2
合计	–	–	18	1362	1296	7

六、科研成果

1986—2005年，党校撰写了一批优秀的理论和调研文章。其中《用科学发展观促县域经济的发展》《新形势下发展壮大西部区县非公有制经济浅析》《关于打造诚信经济主体的几点思考》《党的几代领导集体关于我国工业化的思想与传承》等文章在国内核心期刊上登载；《中国共产党在西部开发中孕育的经济思想》《关于打造西部诚信经济主体的几点思考》等在省级学术交流中获一等奖。党校撰写的《万盛区农村基层党组织战斗力现状的调查》《关于万盛区征地拆迁后拆迁户安置问题的调查与思考》《新形势下万盛区农村共产党员保持先进性问题的调查与思考》《万盛区农村党员保持先进性长效机制初探》等一批以区情调研作为重点文章，为地区经济社会发展提供决策参考。

2006—2011年，党校撰写调研文章23篇。其中《关于加强万盛区农村卫生人才队伍建设的调查与建议》在中共重庆市委党校2010年度科研评比中获一等奖，《关于万盛区农村土地流转和规模化经营工作情况的调查研究》在中共重庆市委党校2010年度科研评比中获三等奖，《关于加强重庆文化建设的思考》《发展重庆文化软实力的对策思考》入选重庆市邓小平理论研究会办的“推进重庆建设国家中心城市理论研究会”论文集。

第七节　党史编研

一、编研成果

（一）大事记

1986年，中共南桐矿区委党史工作委员会决定编撰中共南桐矿区委大事记。1987年，撰成《中共南桐矿区委大事记（1955—1957年、1959—1963年）》初稿。1988年，撰成《中共南桐矿区委大事记（1958年、1964—1972年）》初稿。1989年，撰写成《中共南桐矿区委大事记（1973—1984年）》初稿。至此，撰写成《中共南桐矿区委大事记（1955—1984年）》征求意见稿。1990年，撰写1985年后的中共南桐矿区委大事记，并将其与之前编撰的大事记合编。1998年2月，《中共万盛区委大事记（1955—1997年）》定稿，约29万字。1998年3月，《中共万盛区委大事记（1955—1997年）》印刷发行，印数200册。2002年，撰成《中共万盛区委大事记（1998—2001年）》。此后，逐年编写。2011年，撰成《中共万盛区委大事简编（1955.01—2011.07）》，约21万字，印数2000册。

（二）地方党组织志书

1989年，中共南桐矿区委党史研究室开始编修《中共南桐矿区委员会志（1955—1985年）》。2月，组建临时编修办公室，启动编修工作。11月，撰成《中共南桐矿区委员会志（1955—1985年）》，约11万字。2009年，撰成《中共万盛区委员会志（1986—2005年）》初稿，并向相关人员征求意见。

（三）其他史料

1998年11月，撰成《第一次飞跃》，该书主要记录改革开放后20年万盛区的发展变化。1999年12月，中共万盛区委党史研究室和万盛区西南服务团团史研究会、中共万盛区委老干局共同主编《难忘的历程》。2008年，启动《党史正本》编纂。2009年，编写成《党史正本》初稿。2011年，编撰《中国共产党重庆历史·万盛区卷》，30余万字。6月，《中国共产党重庆历史·万盛区卷》由重庆出版社公开出版发行。这是万盛区第一部公开出版发行地方党史基本著作。

二、宣传教育

党史资料是党的宝贵精神财富。1987年3月28日，为纪念“三·三一”惨案60周年，举办“三·三一”惨案专题报告会，800多名干部和教师参加会。1988年4月，举办中共万盛党支部成立40周年纪念会和座谈会，邀请在中共南川县地下组织和万盛党支部工作过的6位老同志参会，并请他们讲述当年地下革命斗争事迹。1988年国庆前夕，印发《精英小传集》，辑录区内最早参加革命的朱凯、汪石冥、陈治均和霍恂等4位革命烈士的事迹。2004年，举办邓小平同志诞生100周年暨西南服务团建团55周年纪念活动。2005年7月，举办中国人民抗日战争胜利60周年纪念活动。

第十七篇　人民代表大会

第一章　组织机构

第一节　万盛区人民代表大会

万盛区人民代表大会是代表万盛区全体人民管理地方各项事务的国家权力机关，由万盛区城镇、农村、驻区市属以上厂矿、部队等全体选民通过法定民主程序选举产生的代表组成。

1986—2011 年，万盛区人民代表大会历经 7 届，其中第十至十二届每届任期 3 年，第十三至十六届每届任期 5 年（第十五届区人民代表大会实际任职 4 年）。1993 年 2 月 16 日，南桐矿区更名万盛区。4 月 8 日，南桐矿区人民代表大会更名万盛区人民代表大会，届次连续计算。2011 年 10 月，国务院批准重庆市撤销万盛区、綦江县，在万盛区、綦江县的基础上设立綦江区。第十六届万盛区人民代表大会代表履职至綦江区第一届人民代表大会代表选举产生时为止。12 月中旬，綦江区第一届人民代表大会代表选举产生。

一、区人大代表

区人民代表大会代表由选民按照《中华人民共和国人民代表大会和地方各级人民代表大会选举法》《四川省各级人民代表大会代表选举实施细则》《重庆市实施〈中华人民共和国人民代表大会和地方各级人民代表大会选举法〉细则》的规定直接选举产生，代表任期与区人民代表大会任期相同。

万盛区选举委员会在区人大常委会领导下主持区人大代表选举工作。选举委员会组成人选须经区人大常委会会议表决通过，由中共万盛区委、万盛区人大常委会、万盛区政府及相关部门、单位负责人组成。每一届区选举委员会主持当届换届选举，直到选举结束为止。下一届换届选举时，再组建新的选举委员会。区选举委员会下设选举办公室，负责日常工作。各乡镇、街道设立由乡镇党委、政府（党工委、办事处）负责人、公安派出所负责人和相关单位负责人组成的选举指导办公室，指导辖区内的区人大代表选举工作。

万盛区第十至十六届人民代表大会代表构成情况一览表

表 17-1 单位：人

届次	代表总数	妇女代表	少数民族代表	代表类别						政治面貌		
				工人	农民	干部	知识分子	军人	其他	中共党员	民主党派	无党派
十	233	51	5	49	82	37	50	3	12	139	3	91
十一	197	39	6	46	52	48	33	1	17	129	3	65
十二	151	–	–	–	–	–	–	–	–	–	–	–
十三	173	37	5	37	44	80	–	1	–	127	1	45
十四	173	42	3	42	40	60	22	1	8	122	3	48
十五	174	40	1	7	40	68	14	2	14	145	3	26
十六	173	42	5	–	–	–	–	–	–	152	9	12

二、全国、省、市人大代表

1986—1996 年，万盛区出席全国人民代表大会的代表由四川省人民代表大会选举，出席四川省人民代表大会的代表由重庆市人民代表大会选举，出席重庆市人民代表大会的代表，由区人民代表大会及其常务委员会选举产生。1987 年，杨伦选当选为第五届全国人民代表大会代表。1983—1988 年，鄢嵩山、罗正久、吴兆伸、刘文渊和杨伦选当选为第六届四川省人民代表大会代表。1988—1993 年，郑兴明、丁茂生当选为第七届四川省人民代表大会代表。

1997 年重庆直辖后，万盛区出席全国人民代表大会的代表由重庆市人民代表大会选举，万盛区人民代表大会及其常务委员会选举出席重庆市人民代表大会的代表。

万盛区出席四川省重庆市第十至十二届人民代表大会代表一览表

表 17-2

届次	序号	姓名	性别	民族	选出时间
第十届	1	尤春香	女	汉	1983 年 8 月
	2	王克珍	女	汉	1983 年 8 月
	3	王继纯	男	汉	1983 年 8 月
	4	邓洪森	男	汉	1983 年 8 月
	5	许雪恬	男	汉	1983 年 8 月
	6	杨伦选	男	汉	1983 年 8 月
	7	宋国昌	男	汉	1983 年 8 月
	8	张寿君	男	汉	1983 年 8 月
	9	张禅直	男	汉	1983 年 8 月
	10	陈庆溢	男	汉	1983 年 8 月
	11	胡竹君	女	汉	1983 年 8 月
	12	贺德泽	男	汉	1983 年 8 月
	13	高邦杰	男	汉	1983 年 8 月

续表

届次	序号	姓名	性别	民族	选出时间
第十届	14	敬靖侯	男	汉	1983 年 8 月
	15	鲁效南	女	汉	1983 年 8 月
	16	熊荣辉	男	苗	1983 年 8 月
	17	刘文渊	男	汉	1987 年 4 月
第十一届	1	王成云	男	汉	1988 年 4 月
	2	王自春	男	汉	1988 年 4 月
	3	尤章书	男	汉	1988 年 4 月
	4	尹永喜	男	汉	1988 年 4 月
	5	朱一心	男	汉	1988 年 4 月
	6	朱光源	男	汉	1988 年 4 月
	7	向昌义	男	汉	1988 年 4 月
	8	刘文渊	男	汉	1988 年 4 月
	9	邹名高	男	汉	1988 年 4 月
	10	陈昌明	男	汉	1988 年 4 月
	11	郑兴明	男	汉	1988 年 4 月
	12	侯定和	男	汉	1988 年 4 月
	13	贾湘寅	女	汉	1988 年 4 月
	14	梁大森	男	汉	1988 年 4 月
	15	曾庆固	男	汉	1988 年 4 月
	16	熊荣才	男	苗	1988 年 4 月
	17	明小玲	男	汉	1989 年 3 月
第十二届	1	王根芳	男	汉	1993 年 3 月
	2	韦宗泽	男	汉	1993 年 3 月
	3	方振玉	男	汉	1993 年 3 月
	4	朱自燚	男	汉	1993 年 3 月
	5	刘明朗	男	汉	1993 年 3 月
	6	李贻盛	男	汉	1993 年 3 月
	7	余敏	女	汉	1993 年 3 月
	8	张希凤	女	汉	1993 年 3 月
	9	张滋云	男	汉	1993 年 3 月
	10	张端俊	女	汉	1993 年 3 月
	11	陈继努	男	汉	1993 年 3 月
	12	金荣才	男	汉	1993 年 3 月
	13	郑兴明	男	汉	1993 年 3 月
	14	唐昌桂	男	汉	1993 年 3 月
	15	韩修田	男	汉	1993 年 3 月

续表

届次	序号	姓名	性别	民族	选出时间
第十二届	16	曾维正	男	汉	1993 年 3 月
	17	熊荣才	男	苗	1993 年 3 月
	18	霍似秋	男	汉	1993 年 3 月

说明：同一届代表按当选时间先后为序排列；当选时间相同的代表，按姓氏笔画为序排列

万盛区出席重庆市第一至三届人民代表大会代表一览表

表 17–3

届次	序号	姓名	性别	民族	备注
第一届	1	王万荣	男	–	1997 年 5 月
	2	王忠民	男	汉	1997 年 5 月
	3	严顺炳	男	–	1997 年 5 月
	4	张学贤	男	汉	1997 年 5 月
	5	张绍林	男	–	1997 年 5 月
	6	易治安	男	–	1997 年 5 月
	7	周勤	女	–	1997 年 5 月
	8	郑兴明	男	汉	1997 年 5 月
	9	郝建秋	男	–	1997 年 5 月
	10	姜平	男	汉	1997 年 5 月
	11	程碧英	女	汉	1997 年 5 月
	12	傅双现	男	汉	1997 年 5 月
	13	谭瑞群	男	–	1997 年 5 月
	14	熊荣才	男	苗	1997 年 5 月
	15	魏学彬	男	汉	1997 年 5 月
第二届	1	尤邦令	男	汉	2002 年 11 月
	2	冯天俊	男	汉	2002 年 11 月
	3	冯文学	男	–	2002 年 11 月
	4	孙瑞彬	男	汉	2002 年 11 月
	5	张远林	男	汉	2002 年 11 月
	6	易治安	男	–	2002 年 11 月
	7	岳建忠	男	汉	2002 年 11 月 2005 年 3 月
	8	周勤	女	–	2002 年 11 月
	9	赵学玉	女	–	2002 年 11 月
	10	姜平	男	汉	2002 年 11 月
	11	程真祥	男	汉	2002 年 11 月
	12	潘秀强	男	汉	2002 年 11 月

续表

届次	序号	姓名	性别	民族	备注
第二届	13	霍似秋	男	汉	2002年11月
	14	白庭学	男	–	2003年3月
	15	张丛林	男	汉	2003年7月
	16	张维仑	男	–	2003年7月
	17	段昌俊	男	汉	2003年7月
第三届	1	冯天俊	男	汉	2007年11月
	2	吕萍	女	–	2007年11月
	3	向涛	男	土家	2007年11月
	4	刘光才	男	汉	2007年11月
	5	刘德忠	男	汉	2007年11月
	6	张延松	男	–	2007年11月
	7	陈俊	男	汉	2007年11月
	8	陈新国	男	汉	2007年11月
	9	岳建忠	男	汉	2007年11月
	10	段昌俊	男	汉	2007年11月
	11	程真祥	男	汉	2007年11月
	12	雷瑞宏	男	–	2007年11月
	13	潘毅琴	女	回	2009年12月
	14	吕进	男	汉	2011年11月

说明：同一届代表按当选时间先后为序排列；当选时间相同的代表，按姓氏笔画为序排列

第二节　万盛区人民代表大会常务委员会

万盛区人民代表大会常务委员会是区人民代表大会常设机构，在区人民代表大会闭会期间主持会务工作。区人大常委会由主任、副主任和委员组成，由区人民代表大会选举产生，对区人民代表大会负责并报告工作，任期与区人民代表大会任期相同。区人大常委会2个月至少召开常务委员会议1次，特殊情况可提前或推迟。区人大常委会驻万盛街道新田路75号。

1993年2月16日，南桐矿区更名万盛区。4月8日，南桐矿区人民代表大会常务委员会更名万盛区人民代表大会常务委员会，届次连续计算。2011年10月，国务院批准重庆市撤销万盛区、綦江县，在万盛区、綦江县的基础上设立綦江区。万盛区人民代表大会常务委员会职能、职权履行至綦江区人民代表大会常务委员会成立时为止。12月23日，綦江区第一届人民代表大会常务委员会选举产生。

1986—2011年，区人大常委会历经7届，共召开区人大常委会会议206次（第十届9次、第十一届22次、第十二届24次、第十三届40次、第十四届40次、第十五届33次、第十六届38次），累计听取审议或讨论通过（包括修改及废止）各种报告、议案、法规708件次，接受上一级人大代表辞

职5人次，补选上一级人大代表8人次；接受区人大代表辞职或终止区人大代表资格31人次，恢复区人大代表资格2人次，接受区人大常委会主任辞职1人次、副主任辞职4人次、委员辞职9人次，终止区人大常委会委员职务1人次，接受区政府区长辞职2人次，接受副区长辞职或免去副区长职务14人次，任命代理区长2人次，任命副区长17人次，接受区人民法院院长辞职2人次，任命区人民法院代理院长2人次，接受区人民检察院检察长辞职1人次，任命区人民检察院代理检察长1人次，任命国家机关工作人员职务640人次，免去国家机关工作人员职务262人次；组织区人大常委会成员视察活动4次；领导和主持区级人大代表选举6次，选举产生区人大代表1041人次，领导和主持乡镇人大代表选举7次，选举产生乡镇人大代表2844人次（不含各乡镇第十二次人大代表数）。

区人大常务委员会主任会议由主任、副主任组成，区人大常委会机关各工作委员会及科室负责人列席会议。主任会议主要职责是处理区人大常委会重要日常工作。主任会议一般每月至少召开1次，会议必须有过半数的主任会议成员出席才能召开，会议由常委会主任或其委托的副主任召集并主持，主任因事缺席，则由其委托的副主任主持会议。1990—2011年，主任会议召开375次（第十二届73次、第十三届108次、第十四届71次、第十五届59次、第十六届召开64次），专题主任会议召开11次（第十四届2次、第十五届9次），非正式主任会议召开4次（第十五届4次）。

万盛区第十至十六届人大常务委员会主任、副主任一览表

表17-4

届次	姓名	性别	民族	籍贯	党派	职务	任职时间	备注
第十届	李维焱	男	汉	重庆万盛	中共	主任	1984.04—1987.04	
	贺德泽	男	汉	陕西神木	中共	副主任	1984.04—1987.04	
	刘文渊	男	汉	贵州桐梓	中共	副主任	1984.04—1987.04	
	谢景安	男	汉	河北新城	中共	副主任	1984.04—1987.04	
	敬靖侯	男	汉	四川西充	民盟	副主任	1984.04—1987.04	兼职
第十一届	刘文渊	男	汉	贵州桐梓	中共	主任	1987.04—1990.03	
	曾德胜	男	汉	重庆北碚	中共	副主任	1987.04—1990.03	
	魏熙文	男	汉	四川乐山	中共	副主任	1987.04—1990.03	
	敬靖侯	男	汉	四川西充	民盟	副主任	1987.04—1990.03	兼职
第十二届	郑兴明	男	汉	四川南充	中共	主任	1990.03—1993.03	
	尤春香	女	汉	重庆万盛	中共	副主任	1990.03—1993.03	
	魏熙文	男	汉	四川乐山	中共	副主任	1990.03—1993.03	
	詹一士	男	汉	江西婺源	民进	副主任	1990.03—1993.03	
第十三届	郑兴明	男	汉	四川南充	中共	主任	1993.03—1998.01	
	尤春香	女	汉	重庆万盛	中共	副主任	1993.03—1994.12	
	田其耕	男	汉	重庆渝中	中共	副主任	1993.03—1998.01	
	李碧澄	男	汉	重庆綦江	中共	副主任	1993.03—1994.12	
	詹一士	男	汉	江西婺源	民进	副主任	1993.03—1998.01	

续表

届次	姓名	性别	民族	籍贯	党派	职务	任职时间	备注
第十三届	李钟亮	男	汉	四川新津	中共	副主任	1995.01—1998.01	1995 年 1 月 20 日，第十三届区人民代表大会第三次会议补选
	张希凤	女	汉	重庆长寿	中共	副主任	1995.01—1998.01	
第十四届	马礼政	男	汉	安徽合肥	中共	主任	1998.01—2003.03	
	李钟亮	男	汉	四川新津	中共	副主任	1998.01—2003.03	
	刘润生	男	汉	重庆垫江	中共	副主任	1998.01—2003.03	
	詹一士	男	汉	江西婺源	民进	副主任	1998.01—2002.01	
	张希凤	女	汉	重庆长寿	中共	副主任	1998.01—2003.03	
	胡化洲	男	汉	四川宣汉	中共	副主任	1998.01—2003.03	
第十五届	程真祥	男	汉	河南濮阳	中共	主任	2003.03—2004.05	
	岳建忠	男	汉	山西武乡	中共	主任	2005.02—2007.02	2005 年 2 月 28 日，第十五届区人大三次会议补选
	李钟亮	男	汉	四川新津	中共	副主任	2003.03—2005.02	2004 年 5 月至 2005 年 2 月 8 日，主持区人大常委会工作
	张有为	女	汉	重庆巴南	中共	副主任	2003.03—2007.02	
	张希凤	女	汉	重庆长寿	中共	副主任	2003.03—2007.02	
	刘润生	男	汉	重庆垫江	中共	副主任	2003.03—2007.02	
	王忠民	男	汉	重庆綦江	中共	副主任	2003.03—2007.02	
	雷瑞宏	男	汉	重庆綦江	九三学社	副主任	2003.03—2007.02	2006 年 6 月，加入九三学社
第十六届	岳建忠	男	汉	山西武乡	中共	主任	2007.02—2011.12	
	冯天俊	男	汉	重庆渝中	民革	副主任	2007.02—2011.12	
	李文生	男	汉	河北平山	中共	副主任	2007.02—2011.12	
	李德明	男	汉	重庆万盛	中共	副主任	2007.02—2011.12	
	褚洪春	女	汉	四川南部	中共	副主任	2007.02—2011.12	
	霍似秋	男	汉	重庆万盛	中共	副主任	2007.02—2011.12	

第三节　万盛区人民代表大会常务委员会工作机构

一、内部机构

1982 年 2 月，区人民代表大会常务委员会设办公室、代表联络科和法制科等科室 3 个。1984 年，设财政经济科。1989 年 6 月，设教育科学文化卫生科。1990 年 1 月，第十一届区人大常委会第二十一次会议决定将区人大常委会的各工作科室（办公室除外）改为工作委员会，代表联络科改为代表工作委员会、法制科改为法制工作委员会、财政经济科改为财政经济工作委员会、教育科学文化卫生科改为教育科学文化卫生工作委员会，职责不变。2002年1月，代表工作委员会更名人事代表工作委员会，教育科学文化卫生工作委员会更名社会事业工作委员会，职责不变。2009年10月，撤销区人大常委会办公室信访科，设立区人大常委会信访办公室。至此，区人大常委会有办公室、信访办公室、法制工作委员会、财政经济工作委员会、教育科学文化卫生工作委员会和人事代表工作委员会等工作机构6个。

二、派出机构

2004年10月，万盛区人大常委会万盛街道工作委员会、东林街道工作委员会设立，为区人大常委会派驻街道的工作机构，受区人大常委会和街道党工委的领导。

第二章　人民代表大会会议

万盛区人民代表大会会议每年至少召开1次。1986—2011年，共召开28次，其中第十届1次，第十一届3次，第十二届3次，第十三届5次，第十四届6次，第十五届4次，第十六届6次。

第一节　南桐矿区第十届人民代表大会会议

十届三次会议　1986年3月27日至31日，第十届区人民代表大会第三次会议在万盛举行，应到代表228人，实到221人，列席63人。会议听取和审议区政府区长郑兴明作的《南桐矿区政府工作报告》、区人大常委会主任李维焱作的《南桐矿区人大常委会工作报告》、区人民法院院长徐天命作的《南桐矿区人民法院工作报告》、区人民检察院检察长杨通贵作的《南桐矿区人民检察院工作报告》、区计划经济委员会主任李贻盛作的《南桐矿区1985年国民经济与社会发展计划执行情况和1986年安排意见的报告》、区财政局副局长旷年友作的《南桐矿区1985年财政决算和1986年财政预算的报告》和区政府副区长翁善全作的《关于〈南桐矿区国民经济与社会发展第七个五年（1986—1990年）计划（草案）〉说明的报告》，并通过相应的决议。会议期间，收到代表议案26件，立案4件，其余转为代表团建议、意见；收到代表建议、批评、意见255件（不含未立案转入的，下同）。

第二节　南桐矿区第十一届人民代表大会会议

十一届一次会议　1987年4月21—26日，第十一届区人民代表大会第一次会议在万盛举行，应到代表197人，实到196人，列席65人。会议听取和审议区政府区长郑兴明作的《南桐矿区政府工作报告》、区人大常委会主任李维焱作的《南桐矿区人大常委会工作报告》、区人民法院院长徐天命作

的《南桐矿区人民法院工作报告》、区人民检察院检察长杨通贵作的《南桐矿区人民检察院工作报告》、区计划经济委员会主任李贻盛作的《南桐矿区1986年国民经济与社会发展计划执行情况和1987年安排意见的报告》、区财政局局长余敏作的《南桐矿区1986年财政决算和1987年财政预算的报告》，并通过相应的决议；表决通过修订的《南桐矿区人民代表大会关于议案的规定》。会议选举刘文渊为区人大常委会主任，曾德胜、魏熙文、敬靖侯为副主任，王太富、刘海、朱智远、汪翠微、巫达友、张有玉、曾维正、杨辉、杨光松、谭诏裕、熊荣辉为委员；选举王成云为区政府区长，周尚荣、尤春香、翁善全、李贻盛为副区长；选举徐天命为区人民法院院长、杨通贵为区人民检察院检察长。会议期间，收到代表议案26件，立案1件，其余转为代表团建议、意见；收到代表建议、批评、意见415件。

十一届二次会议　1988年4月14—18日，第十一届区人民代表大会第二次会议在万盛举行，应到代表192人，实到187人，列席65人。会议听取和审议区政府区长王成云作的《南桐矿区政府工作报告》、区人大常委会主任刘文渊作的《南桐矿区人大常委会工作报告》、区人民法院院长徐天命作的《南桐矿区人民法院工作报告》、区人民检察院检察长杨通贵作的《南桐矿区人民检察院工作报告》、区计划经济委员会主任颜如琜作的《南桐矿区1987年国民经济与社会发展计划执行情况和1988年安排意见的报告》、区财政局局长余敏作的《南桐矿区1987年财政决算和1988年财政预算的报告》，并通过相应的决议。会议选举王成云、王自春、尤章书、尹永喜、朱一心、朱光源、向昌义、刘文渊、邹名高、陈昌明、郑兴明、侯定和、贾湘寅（女）、梁大森、曾庆固、熊荣才（苗族）16人为第十一届重庆市人民代表大会代表。会议期间，收到代表议案26件，立案1件，其余转为代表团建议、意见；收到代表建议、批评、意见415件。

十一届三次会议　1989年4月12—16日，第十一届区人民代表大会第三次会议万盛举行，应到代表192人，实到184人，列席66人。会议听取和审议区政府区长王成云作的《南桐矿区政府工作报告》、区人大常委会主任刘文渊作的《南桐矿区人大常委会工作报告》、区人民法院院长徐天命作的《南桐矿区人民法院工作报告》、区人民检察院检察长杨通贵作的《南桐矿区人民检察院工作报告》、区计划经济委员会主任颜如琜作的《南桐矿区1988年国民经济与社会发展计划执行情况和1989年安排意见的报告》、区财政局局长余敏作的《南桐矿区1988年财政决算和1989年财政预算的报告》，并通过相应的决议；表决通过《南桐矿区人民代表大会关于财政对区财政预算、决算审批监督实行办法》。会议期间，收到代表议案23件，立案2件，其余转为代表团建议、意见；收到代表建议、批评、意见251件。

第三节　南桐矿区第十二届人民代表大会会议

十二届一次会议　1990年2月27日至3月5日，第十二届区人民代表大会第一次会议在万盛举行，应到代表151人，实到151人，列席80人。会议听取和审议区政府区长王成云作的《南桐矿区政府工作报告》、区人大常委会主任刘文渊作的《南桐矿区人大常委会工作报告》、区人民法院院长徐天命作的《南桐矿区人民法院工作报告》、区人民检察院检察长杨通贵作的《南桐矿区人民检察院工作报告》、区计划经济委员会主任颜如琜作的《南桐矿区1989年国民经济与社会发展计划执行情况和1990年国民经济与社会发展计划草案的报告》、区财政局局长余敏作的《南桐矿区1989年财政决算和1990年财政预算的报告》、区人大常委会副主任魏熙文作的《关于〈南桐矿区人民代表大会议事规则（草案）〉说明的报告》，并通过相应的决议。会议选举郑兴明为区人大常委会主任，尤春香（女）、詹一士、魏熙文为副主任，丁乃扬、王太富、王恒、邓洪森、古发先、杨光松、杨绍东、罗昭胜、岳

建忠、金荣才、董德言、谭昭裕为委员；选举李贻盛为区政府区长，杜崇民、余敏、邹绍康、翁善全、颜如琜为副区长；选举田登先为区人民法院院长、杨通贵为区人民检察院检察长。会议期间，收到代表议案24件，其中涉及政治3件，农林5件、财贸2件、人民生活6件、教科文卫8件，立案1件，2件超出区人民代表大会职权范围，建议由重庆市人大代表向市十一届三次人民代表大会提出，其余转为代表团建议、意见；收到代表建议、批评、意见233件，其中涉及工业交通和社会治安47件、城镇建设39件、财贸65件、农林和乡镇企业发展53件、教科文卫29件；收到群众来信7件。

十二届二次会议　1991年3月29日至4月3日，第十二届区人民代表大会第二次会议在万盛举行，应到代表150人，实到150人，列席87人。会议听取和审议区政府区长李贻盛作的《南桐矿区政府工作报告》、区人大常委会主任郑兴明作的《南桐矿区人大常委会工作报告》、区人民法院院长田登先作的《南桐矿区人民法院工作报告》、区人民检察院检察长杨通贵作的《南桐矿区人民检察院工作报告》、区计划经济委员会主任颜如琜作的《南桐矿区1990年国民经济与社会发展计划执行情况和1991年国民经济与社会发展计划草案的报告》、区财政局局长杨富科作的《南桐矿区1990年财政决算和1991年财政预算的报告》、区政府副区长作的《关于〈南桐矿区国民经济与社会发展十年规划和第八个五年（1991—1995年）计划纲要（草案）〉说明的报告》，并通过相应的决议。会议期间，收到代表议案9件，其中涉及政治2件、经济3件、教育1件、群众生活3件，全部转为代表团建议、意见；收到代表建议、批评、意见194件，其中涉及政治34件、城镇建设23件、工业交通和财贸邮电72件、农林水利和乡镇企业发展20件、教科文卫21件、群众生活23件、其他3件；收到群众来信13件。

十二届三次会议　1992年1月22—25日，第十二届区人民代表大会第三次会议在万盛举行，应到代表150人，实到144人，列席94人。会议听取和审议区政府区长李贻盛作的《南桐矿区政府工作报告》、区人大常委会主任郑兴明作的《南桐矿区人大常委会工作报告》、区人民法院院长田登先作的《南桐矿区人民法院工作报告》、区人民检察院检察长杨通贵作的《南桐矿区人民检察院工作报告》、区计划经济委员会主任文启元作的《南桐矿区1991年国民经济与社会发展计划执行情况和1992年国民经济与社会发展计划草案的报告》、区财政局局长杨富科作的《南桐矿区1991年财政决算和1992年财政预算的报告》，并通过相应的决议。会议期间，收到代表议案17件，其中涉及政治2件、经济6件、交通2件、市政建设3件、园林绿化管理1件、群众生活2件，立案1件，其余转为代表团建议、意见；收到代表建议、批评、意见90件，其中涉及政治20件、城镇建设11件、工业交通和财贸及邮电16件、农林水利和乡镇企业发展18件、教科文卫9件、群众生活14件、其他2件；收到群众来信3件。

第四节　万盛区第十三届人民代表大会会议

十三届一次会议　1993年2月27日至3月4日，第十三届区人民代表大会第一次会议在万盛举行，应到代表173人，实到171人，列席73人。会议听取和审议区政府区长李贻盛作的《南桐矿区政府工作报告》、区人大常委会主任郑兴明作的《南桐矿区人大常委会工作报告》、区人民法院院长田登先作的《南桐矿区人民法院工作报告》、区人民检察院检察长杨通贵作的《南桐矿区人民检察院工作报告》、区计划经济委员会主任文启元作的《南桐矿区1992年国民经济与社会发展计划执行情况和1993年国民经济与社会发展计划草案的报告》、区财政局局长杨富科作的《南桐矿区1992年财政决算和1993年财政预算的报告》，并通过相应的决议。会议选举郑兴明为区人大常委会主任，尤春香（女）、田其耕、李碧澄、詹一士为副主任，王太富、韦长文、刘祖斌、杨绍东、李善全、张吉生、罗世周、金荣才、郑守本、胡端、赵世彬、葛华为委员；选举李贻盛为区政府区长，杜崇民、翁善全、刘润生、张有为、文启元为副区长；选举田登先为区人民法院院长、岳建忠为区人民检察院检察长；选举王根芳、韦宗泽、方振玉、朱自焱、刘明朗、李贻盛、余敏（女）、张希凤（女）、张滋云、张端俊（女）、陈继努、金荣才、郑兴明、唐昌桂、韩修田、曾维正、熊荣才（苗）、霍似秋18人为第十二届重庆市人民代表大会代表。会议期间，收到代表议案25件，其中涉及旅游1件、工业交通4件、农业5件、财贸6件、教育卫生3件、群众生活4件、其他2件，立案1件，其余转为代表团建议、意见；收到代表建议、批评、意见192件，其中涉及政治16件、工业交通24件、城镇建设51件、财贸12件、农林水利和乡镇企业发展21件、教科文卫33、社会治安11件、群众生活17件、其他5件；收到群众来信3件。

十三届二次会议　1994年1月26—29日，第十三届区人民代表大会第二次会议在万盛举行，应到代表171人，实到167人，列席70人。会议听取和审议区政府区长李贻盛作的《万盛区政府工作报告》、区人大常委会主任郑兴明作的《万盛区人大常委会工作报告》、区人民法院院长田登先作的《万盛区人民法院工作报告》、区人民检察院检察长岳建忠作的《万盛区人民检察院工作报告》、区计划经济委员会主任赖恒万作的《万盛区1993年国民经济与社会发展计划执行情况和1994年国民经济与社会发展计划草案的报告》、区财政局局长刘永利作的《万盛区1993年财政决算和1994年财政预算的报告》，并通过相应的决议。会议期间，收到代表议案21件，其中涉及城市管理1件、工业经济建设1件、农业水利2件、城镇规划和基础设施6件、交通4件、市场建设管理3件、教育卫生3件、基层政权建设1件，立案1件，其余转为代表团建议、意见；收到代表建议、批评、意见90件，其中涉及工业交通9件、乡镇企业发展3件、农业13件、财贸3件、文化教育卫生10件、市容卫生管理9件、司法治安4件、厂地工农关系7件、机关作风5件、群众生活25件；收到群众来信4件。

十三届三次会议　1995年1月16—20日，第十三届区人民代表大会第三次会议在万盛举行，应到代表170人，实到164人，列席72人。会议听取和审议区政府区长李贻盛作的《万盛区政府工作报告》、区人大常委会主任郑兴明作的《万盛区人大常委会工作报告》、区人民法院代理院长邹刚作的《万盛区人民法院工作报告》、区人民检察院检察长岳建忠作的《万盛区人民检察院工作报告》、区计划经济委员会主任赖恒万作的《万盛区1994年国民经济与社会发展计划执行情况和1995年国民经济与社会发展计划草案的报告》、区财政局局长刘永利作的《万盛区1994年财政决算和1995年财政预算的报告》、区政府副区长作的《万盛区第十三届人民政府调整任期目标计划的报告》，并通过相应的决议。会议选举李钟亮、张希凤为第十三届区人大常委会副主任，选举程碧英第十三届区人大常委会委员。会议期间，收到代表议案20件，其中涉及农业1件、水利和电力建设2件、城区绿化1件、城市基础设施和公路交通建设6件、行政执法2件、机关廉政建设1件、群众生活4件、具他3件，立案1件，其余转为代表团建议、意见；收到代表建议、批评、意见74件，其中涉及工业交通10件、农业生产2件、城市基础设施建设9件、机关作风2件、行政执法3件、市场管理4件、邮电通讯建设4件、社会保障1件、群众生活22件、其他5件；收到群众来信2件。

十三届四次会议　1996年2月4—8日，第十三届区人民代表大会第四次会议在万盛举行，应到代表166人，实到161人，列席80人。会议听取和审议区政府区长李贻盛作的《万盛区政府工作报告》、区人大常委会主任郑兴明作的《万盛区人大常委会工作报告》、区人民法院代理院长邹刚作的《万盛区人民法院工作报告》、区人民检察院检察长岳建忠作的《万盛区人民检察院工作报告》、区计划经济委员会主任赖恒万作的《万盛区1995年国民经济与社会发展计划执行情况和1996年国民经济与社会发展计划草案的报告》、区财政局局长刘永利作的《万盛区1995年财政决算和1996年财政预算的报告》、区政府副区长作的《关于〈万盛区国民经济与社会发展第九个五年（1996—2000年）计划及

2010年远景规划纲要（草案）〉说明的报告》，并通过相应的决议。会议选举邹刚为区人民法院院长。会议期间，收到代表议案13件，其中涉及农业生产1件、旅游资源开发1件、供电和通信设施建设1件、市场管理1件、文化教育广播卫生1件、行政执法1件、基层政权和群众性自治组织建设1件、机关作风廉政建设1件、群众生活3件、其他2件，立案1件，其余转为代表团建议、意见；收到代表建议、批评、意见101件，其中涉及农业生产7件、旅游资源开发及管理4件、交通设施建设及管理22件、供电通信设施建设3件、城市综合管理12件、企业生产管理5件、市场建设管理7件、文化教育广播卫生13件、行政执法1件、社会治安综合治理2件、机关作风廉政建设2件、群众生活11件、其他12件；收到群众来信1件。

十三届五次会议 1997年5月13—17日，第十三届区人民代表大会第五次会议在万盛举行，应到代表163人，实到158人，列席95人。会议听取和审议区政府区长李贻盛作的《万盛区政府工作报告》、区人大常委会主任郑兴明作的《万盛区人大常委会工作报告》、区人民法院院长邹刚作的《万盛区人民法院工作报告》、区人民检察院检察长岳建忠作的《万盛区人民检察院工作报告》、区计划经济委员会主任田建渝作的《万盛区1996年国民经济与社会发展计划执行情况和1997年国民经济与社会发展计划草案的报告》、区财政局局长刘永利作的《万盛区1996年财政决算和1997年财政预算的报告》，并通过相应的决议。会议接受李贻盛辞去区政府区长职务，选举魏学彬为区政府区长；选举姜平、易治安、严顺炳、郑兴民、谭瑞群、魏学彬、熊荣才、张学贤、王忠民、程碧英、周勤、张绍林、王万荣、傅双现、郝建秋15人为第一届重庆市人民代表大会代表。会议期间，收到代表议案10件，其中涉及农业2件、旅游开发2件、交通建设1件、城市建设综合管理2件、社会治安综合治理1件、其他2件，立案1件，其余转为代表团建议、意见；收到代表建议、批评、意见94件，其中涉及农业生产7件、交通设施建设及管理9件、基础设施建设2件、邮电通信3件、城市综合管理14件、企业生产管理1件、市场建设管理7件、文化教育广播体育卫生事业17件、司法行政执法5件、社会治安综合治理2件、群众生活14件、其他6件；收到群众来信1件。

第五节 万盛区第十四届人民代表大会会议

十四届一次会议 1997年12月30日至1998年1月4日，第十四届区人民代表大会第一次会议在万盛举行，应到代表173人，实到172人，列席92人。会议听取和审议区政府区长魏学彬作的《万盛区政府工作报告》、区人大常委会主任郑兴明作的《万盛区人大常委会工作报告》、区人民法院院长邹刚作的《万盛区人民法院工作报告》、区人民检察院检察长岳建忠作的《万盛区人民检察院工作报告》、区计划经济委员会主任田建渝作的《万盛区1997年国民经济与社会发展计划执行情况和1998年国民经济与社会发展计划草案的报告》、区财政局局长刘永利作的《万盛区1997年财政决算和1998年财政预算的报告》、区政府提出的《万盛区国民经济与社会发展第九个五年计划和2010年远景目标规划（草案）》（根据区十三届人民代表大会第四次会议通过的《重庆市万盛区国民经济和社会发展第九个五年计划及2010年远景规划（草案）》修改而来），并通过相应的决议。会议选举马礼政为区人大常委会主任，李钟亮、刘润生、詹一士、张希凤、胡化洲为副主任，王大鹏、冯天俊、杨绍东、谭刚、张吉生、张怀志、林美轩、杨树良、罗世周、董礼、吴服群、程碧英（女）为委员；选举魏学彬为区政府区长，刘永利、张有为（女）、丁洪、刘光才、周训禾、李光成为副区长；选举杨传华为区人民法院院长、王忠民为区人民检察院检察长。会议期间，收到代表议案37件，其中涉及城市基础

设施建设管理3件、市场建设管理4件、城乡工业生产管理2件、交通建设管理6件、旅游开发3件、农业生产3件、环境保护1件、邮政通信1件、基层政权建设2件、文教卫生2件、群众生活4件、其他6件，立案1件，其余转为代表团建议、意见；收到代表建议、批评、意见71件，其中涉及城市基础设施建设管理5件、市场建设管理2件、城乡工业生产管理6件、交通建设管理4件、农业生产9件、环境保护3件、邮政通信1件、基层政权建设1件、文教卫生14件、行政执法2件、社会治安综合治理1件、群众生活14件、其他9件；收到群众来信4件。

十四届二次会议　1999年1月18—22日，第十四届区人民代表大会第二次会议在万盛举行，应到代表173人，实到170人，列席91人。会议听取和审议区政府区长魏学彬作的《万盛区政府工作报告》、区人大常委会主任马礼政作的《万盛区人大常委会工作报告》、区人民法院院长杨传华作的《万盛区人民法院工作报告》、区人民检察院检察长王忠民作的《万盛区人民检察院工作报告》、区计划经济委员会主任王君成作的《万盛区1998年国民经济与社会发展计划执行情况和1999年国民经济与社会发展计划草案的报告》、区财政局局长高进作的《万盛区1998年财政决算和1999年财政预算的报告》，并通过相应的决议。会议期间，收到代表议案16件，其中涉及旅游开发管理1件、城乡工业管理2件、交通和通讯建设管理4件、农村水利建设2件、环境保护2件、文教卫生3件、群众生活1件、其他2件，立案1件，其余转为代表团建议、意见；收到代表建议、批评、意见52件，其中涉及城市基础设施建设5件、市政管理4件、城乡工业生产管理3件、交通和通讯建设管理10件、农田水利4件、旅游开发2件、环境保护7件、文教卫生2件、司法1件、劳动就业1件、群众生活6件、其他7件。

十四届三次会议　2000年1月14—17日，第十四届区人民代表大会第三次会议在万盛举行，应到代表173人，实到169人，列席95人。会议听取和审议区政府区长魏学彬作的《万盛区政府工作报告》、区人大常委会主任马礼政作的《万盛区人大常委会工作报告》、区人民法院院长杨传华作的《万盛区人民法院工作报告》、区人民检察院检察长王忠民作的《万盛区人民检察院工作报告》、区计划经济委员会主任王君成作的《万盛区1999年国民经济与社会发展计划执行情况和2000年国民经济与社会发展计划草案的报告》、区财政局局长高进作的《万盛区1999年财政决算和2000年财政预算的报告》，并通过相应的决议。会议期间，收到代表议案18件，其中涉及交通建设5件、企业改革发展2件、农田水利基本建设2件、教育3件、群众生活3件、环境保护1件、旅游发展1件、农村“三金”（指农村合作基金会、乡镇企业投资公司、供销合作社社员股金服务部）1件，立案2件，其余转为代表团建议、意见；收到代表建议、批评、意见82件，其中涉及企业改革发展6件、交通建设6件、城市建设管理13件、市场建设管理6件、生态环境建设保护13件、旅游1件、广播电视通信7件、教科文卫12件、群众生活10件、其他8件。

十四届四次会议　2001年2月6—9日，第十四届区人民代表大会第四次会议在万盛举行，应到代表168人，实到165人，列席106人。会议听取和审议区政府区长魏学彬作的《万盛区政府工作报告》、区人大常委会主任马礼政作的《万盛区人大常委会工作报告》、区人民法院院长杨传华作的《万盛区人民法院工作报告》、区人民检察院检察长王忠民作的《万盛区人民检察院工作报告》、区计划经济委员会主任王君成作的《万盛区2000年国民经济与社会发展计划执行情况和2001年国民经济与社会发展计划草案的报告》、区财政局局长高进作的《万盛区2000年财政决算和2001年财政预算的报告》、区政府副区长作的《关于〈万盛区国民经济与社会发展第十个五年（2001—2005年）计划纲要（草案）〉说明的报告》，并通过相应的决议。会议期间，收到代表议案27件，其中涉及交通建设的7件、改革发展6件、城市建设管理3件、广播电视卫生2件、环境保护2件、旅游发展3件、其他4件，立案1件，其余转为代表团建议、意见；收到代表建议、批评、意见90件，其中涉及企业改革3件、交通建设9件、城市建设管理11件、农田水利建设3件、生态环境建设和保护11件、旅游2件、广播电视和电力通信 10 件、教科文卫 2 件、群众生活 11 件、司法 4 件、其他 9 件。

十四届五次会议 2002 年 2 月 25 日至 3 月 1 日，第十四届区人民代表大会第五次会议在万盛举行，应到代表 167 人，实到 165 人，列席 105 人。会议听取和审议区政府区长魏学彬作的《万盛区政府工作报告》、区人大常委会主任马礼政作的《万盛区人大常委会工作报告》、区人民法院院长杨传华作的《万盛区人民法院工作报告》、区人民检察院检察长王忠民作的《万盛区人民检察院工作报告》、区发展计划委员会主任王君成作的《万盛区 2001 年国民经济与社会发展计划执行情况和 2002 年国民经济与社会发展计划草案的报告》、区财政局局长高进作的《万盛区 2001 年财政决算和 2002 年财政预算的报告》，并通过相应的决议。会议收到代表议案 21 件，其中涉及交通建设 7 件、改革发展 4 件、城市规划建设管理及环境保护 3 件、文教卫生 1 件、社会保障 2 件、公安司法 1 件、其他 3 件，立案 3 件（其中有 2 件议案提案合并为 1 件立案），其余 17 件不予立案，转为代表团建议、意见；收到代表建议、批评、意见 82 件，其中涉及企业改革发展 3 件、交通建设 7 件、城市规划建设管理 20 件、农村经济发展 5 件、生态环境保护 11 件、旅游发展 2 件、文教卫生广播电视 3 件、电力通信 4 件、社会保障及群众生活 11 件、公安司法 4 件、其他 12 件。

十四届六次会议 2002 年 11 月 28—29 日，第十四届区人民代表大会第六次会议在万盛举行，应到代表 166 人，实到 145 人。会议选举孙瑞彬、姜平、易治安、程真祥、冯天俊、张远林、冯文学、岳建忠、周勤、尤邦令、潘秀强、赵学玉、霍似秋 13 人为第二届重庆市人民代表大会代表。

第六节 万盛区第十五届人民代表大会会议

十五届一次会议 2003 年 3 月 6—11 日，第十五届区人民代表大会第一次会议在万盛举行，应到代表 174 人，实到 172 人，列席 93 人。会议听取和审议区政府代理区长孙瑞彬作的《万盛区政府工作报告》、区人大常委会主任马礼政作的《万盛区人大常委会工作报告》、区人民法院院长杨传华作的《万盛区人民法院工作报告》、区人民检察院检察长王忠民作的《万盛区人民检察院工作报告》、区发展计划委员会副主任王慧明作的《万盛区 2002 年国民经济与社会发展计划执行情况和 2003 年国民经济与社会发展计划草案的报告》、区财政局局长高进作的《万盛区 2002 年财政决算和 2003 年财政预算的报告》，并通过相应的决议。会议选举程真祥为区人大常委会主任，李钟亮、张有为、张希凤、刘润生、王忠民、雷瑞宏为副主任，文先明、王箭、李逊、张丛林、吴旷煤、余宗煜、张峥、段昌俊、杨树良、赵世彬、黄能金、霍之云为委员；选举孙瑞彬为区政府区长，冉进红、王君成、黄新、刘光才、李光成、李文生、徐月芬为副区长；选举杨传华为区人民法院院长，选举区人民检察院检察长；补选白庭学为第二届重庆市人民代表大会代表。会议期间，收到代表议案 49 件，其中涉及交通建设 9 件、社会保障 9 件、农村经济发展 7 件、社会事业发展 5 件、城市建设和管理 4 件、环境保护 4 件、企业改革 2 件、行政管理 2 件、旅游发展 1 件、公安司法 2 件、其他 4 件，立案 1 件，其余转为代表团建议、意见；收到代表建议、批评、意见 156 件，其中涉及社会保障及群众生活 33 件、交通建设 20 件、农村经济发展 17 件、城市规划建设和管理 17 件、电力通讯 10 件、社会事业发展 14 件、行政管理 17 件、公安司法 5 件、生态环境建设与保护 8 件、旅游发展 4 件、其他 11 件。

十五届二次会议 2004 年 2 月 9—13 日，第十五届区人民代表大会第二次会议在万盛举行，应到代表 172 人，实到 163 人，列席 71 人。会议听取和审议区政府区长孙瑞彬作的《万盛区政府工作报告》、区人大常委会主任程真祥作的《万盛区人大常委会工作报告》、区人民法院院长杨传华作的《万盛区

人民法院工作报告》、区人民检察院主要领导作的《万盛区人民检察院工作报告》、区发展计划委员会主任李川作的《万盛区2003年国民经济与社会发展计划执行情况和2004年国民经济与社会发展计划草案的报告》、区财政局局长高进作的《万盛区2003年财政决算和2004年财政预算的报告》，并通过相应的决议。会议收到代表议案22件，其中涉及农村经济发展5件、交通建设4件、城市建设和管理4件、社会保障2件、社会事业发展2件、环境保护2件、企业改革发展1件、其他2件，立案2件，其余转为代表团建议、意见；收到代表建议、批评、意见87件，其中涉及城市规划建设和管理15件、行政管理14件、社会事业发展13件、社会保障及群众生活11件、交通建设9件、农村经济发展9件、生态环境建设与保护8件、电力通讯2件、企业改革发展2件、其他4件。

十五届三次会议　2005年2月25—28日，第十五届区人民代表大会第三次会议在万盛举行，应到代表169人，实到168人，列席99人。会议听取和审议区政府代理区长程真祥作的《万盛区政府工作报告》、区人大常委会副主任李钟亮作的《万盛区人大常委会工作报告》、区人民法院院长杨传华作的《万盛区人民法院工作报告》、区人民检察院主要领导作的《万盛区人民检察院工作报告》、区发展计划委员会主任李川作的《万盛区2004年国民经济与社会发展计划执行情况和2005年国民经济与社会发展计划草案的报告》、区财政局局长高进作的《万盛区2004年财政决算和2005年财政预算的报告》，并通过相应的决议。会议选举岳建忠为区人大常委会主任，尤共华、罗明权、庞文建为委员；选举程真祥为区政府区长。会议期间，收到代表议案22件，其中涉及交通及旅游4件、农业和农村经济3件，城市建设和规划管理以及环境保护5件、文教卫生和社会事业2件、行政和财税及司法5件、社会保障和群众生活3件，全部转为代表团建议、意见；收到代表建议、批评、意见52件，其中涉及交通和旅游9件、工业和能源项目建设及商贸3件、农业和农村经济2件、城市建设和规划管理及环境保护15件、文教卫生和社会事业6件、行政和财税及司法1件、社会保障和群众生活16件。

十五届四次会议　2006年2月15—17日，第十五届区人民代表大会第四次会议在万盛举行，应到代表168人，实到158人，列席97人。会议听取和审议区政府区长程真祥作的《万盛区政府工作报告》、区人大常委会主任岳建忠作的《万盛区人大常委会工作报告》、区人民法院院长杨传华作的《万盛区人民法院工作报告》、区人民检察院主要领导作的《万盛区人民检察院工作报告》、区发展计划委员会主任李川作的《万盛区2005年国民经济与社会发展计划执行情况和2006年国民经济与社会发展计划草案的报告》、区财政局局长高进作的《万盛区2005年财政决算和2006年财政预算的报告》、区政府副区长作的《关于〈万盛区国民经济与社会发展第十一个五年（2006—2010年）计划纲要（草案）〉说明的报告》，并通过相应的决议。会议收到代表建议、批评意见127件（含议案该作建议的19件），其中涉及交通、旅游、通讯29件，工业、能源、项目建设13件，农业、农村经济发展9件，城市建设、规划管理和环境保护30件，文教卫生、社会事业发展15件，行政、财税、司法11件，社会保障、群众生活20件。

第七节　万盛区第十六届人民代表大会会议

十六届一次会议　2007年2月4—8日，第十六届区人民代表大会第一次会议在万盛举行，应到代表173人，实到173人，列席101人。会议听取和审议区政府区长程真祥作的《万盛区政府工作报告》、区人大常委会主任岳建忠作的《万盛区人大常委会工作报告》、区人民法院院长杨传华作的《万盛区人民法院工作报告》、区人民检察院主要领导作的《万盛区人民检察院工作报告》、区发展计划

委员会主任李川作的《万盛区2006年国民经济与社会发展计划执行情况和2007年国民经济与社会发展计划草案的报告》、区财政局局长余小池作的《万盛区2006年财政决算和2007年财政预算的报告》，并通过相应的决议。会议选举岳建忠为区人大常委会主任，冯天俊、李文生、李德明、褚洪春、霍似秋为副主任，文先明、方建红、卢正容、何兴玲、余波、余宗煜、罗明权、胡再谦、段昌俊、徐小波、黄仲华、黄敬源、彭德龙、蒋凯旋、詹建海为委员；选举向涛为区政府区长，王君成、李川、张有力、陈万木、徐月芬、黄友明、雷瑞宏为副区长；选举周轶为区人民法院院长，选举区人民检察院检察长。会议期间，收到代表建议、批评意见219件（含议案该作建议的134件），其中涉及交通、旅游、通信54件，工业、能源、项目建设135件，农业、农村经济发展29件，城市建设、规划管理和环境保护54件，文教卫生、社会事业发展18件，行政、财税、司法32件，社会保障、群众生活26件。

十六届二次会议 2007年11月26—27日，第十六届区人民代表大会第二次会议在万盛举行，应到代表173人，实到169人，列席32人。会议选举冯天俊、吕萍、向涛、刘光才、刘德忠、陈俊、陈新国、岳建忠、段昌俊、程真祥、雷瑞宏、张延松12人为第三届重庆市人民代表大会代表。

十六届三次会议 2008年2月26—29日，第十六届区人民代表大会第三次会议在万盛举行，应到代表167人，实到160人，列席96人。会议听取和审议区政府区长向涛作的《万盛区政府工作报告》、区人大常委会主任岳建忠作的《万盛区人大常委会工作报告》、区人民法院院长周轶作的《万盛区人民法院工作报告》、区人民检察院主要领导作的《万盛区人民检察院工作报告》、区发展改革委员会主任肖猛作的《万盛区2007年国民经济与社会发展计划执行情况和2008年国民经济与社会发展计划草案的报告》、区财政局局长余小池作的《万盛区2007年财政决算和2008年财政预算的报告》，并通过相应的决议。会议期间，收到代表建议、批评意见115件，其中涉及交通、旅游、通信25件，工业、商业、能源、项目建设7件，农业、农村经济发展9件，城市建设、规划管理和环境保护29件，文教卫生、社会事业发展20件，行政、财税、司法7件，社会保障、群众生活18件。

十六届四次会议 2009年1月17—20日，第十六届区人民代表大会第四次会议在万盛举行，应到代表166人，实到166人，列席113人。会议听取和审议区政府区长向涛作的《万盛区政府工作报告》、区人大常委会主任岳建忠作的《万盛区人大常委会工作报告》、区人民法院院长周轶作的《万盛区人民法院工作报告》、区人民检察院主要领导作的《万盛区人民检察院工作报告》、区发展改革委员会主任肖猛作的《万盛区2008年国民经济与社会发展计划执行情况和2009年国民经济与社会发展计划草案的报告》、区财政局局长陶小芳作的《万盛区2008年财政决算和2009年财政预算的报告》，并通过相应的决议。会议期间，选举潘毅琴为区政府区长，选举傅以权、曾荣为区人大常委会委员。会议期间，收到代表建议、批评意见149件，其中涉及交通、旅游、通信40件，工业、能源、项目建设7件，农业、农村经济发展23件，城市建设、规划管理和环境保护31，文教卫生、社会事业发展10件，行政、财税、司法16件，社会保障、群众生活22件。

十六届五次会议 2010年1月29日至2月1日，第十六届区人民代表大会第五次会议在万盛举行，应到代表166人，实到164人，列席122人。会议听取和审议区政府区长向涛作的《万盛区政府工作报告》、区人大常委会主任岳建忠作的《万盛区人大常委会工作报告》、区人民法院院长周轶作的《万盛区人民法院工作报告》、区人民检察院代理检察长江克强作的《万盛区人民检察院工作报告》、区发展改革委员会主任詹旭东作的《万盛区2009年国民经济与社会发展计划执行情况和2010年国民经济与社会发展计划草案的报告》、区财政局局长陶小芳作的《万盛区2009年财政决算和2010年财政预算的报告》，并通过相应的决议。会议选举江克强为区人民检察院检察长。会议期间，收到代表建议、批评意见150件，其中涉及交通、旅游、通信30件，工业、商业、能源、项目建设4件，农业、农村经济发展14件，城市建设、规划管理和环境保护40件，文教卫生、社会事业发展14件，行政、财税、

司法 21 件，社会保障、群众生活 27 件。

十六届六次会议　2011 年 1 月 17—20 日，第十六届区人民代表大会第五次会议在万盛举行，应到代表 161 人，实到 148 人，列席 127 人。会议听取和审议区政府区长向涛作的《万盛区政府工作报告》、区人大常委会主任岳建忠作的《万盛区人大常委会工作报告》、区人民法院代理院长杨锐作的《万盛区人民法院工作报告》、区人民检察院检察长江克强作的《万盛区人民检察院工作报告》、区发展改革委员会主任詹旭东作的《万盛区 2010 年国民经济与社会发展计划执行情况和 2011 年国民经济与社会发展计划草案的报告》、区财政局局长陶小芳作的《万盛区 2010 年财政决算和 2011 年财政预算的报告》、区政府副区长作的《关于〈万盛区国民经济与社会发展第十二个五年计划纲要（草案）〉说明的报告》，并通过相应的决议。会议选举杨锐为区人民法院院长。会议期间，收到代表建议、批评意见 131 件，其中涉及交通、旅游、通信 23 件，工业、商业、能源、项目建设 3 件，农业、农村经济发展 16 件，城市建设、规划管理和环境保护 31 件，文教卫生、社会事业发展 10 件，行政、财税、司法 27 件，社会保障、群众生活 21 件。

第三章　主要工作

第一节　重大事项决定

万盛区人民代表大会及其常务委员会主要针对行政区域内政治、经济、社会发展以及人民群众普遍关心的、带有根本性、全局性、长远性的重大事项行使决定权。

万盛区人大常务委员会根据区人民代表大会审议的议题，先后围绕国民经济和社会发展计划、财政预算和决算、重点发展战略和重大基础设施建设、城市总体规划编修、城市建设与管理、教育发展、依法治区、民主法制建设、旅游资源开发、环境与资源保护等全局性重大工作，适时听取“一府两院”（区政府、区人民法院、区人民检察院）工作报告并及时作出决议、决定，同时督促“一府两院”认真实施，动员和组织全区广大人民群众贯彻执行，推动“一府两院”工作，促进地区经济社会全面进步与协调发展。

1986—2011 年万盛区人大常委会部分重要决议、决定一览表

表 17-5

届次	会次	时间	决议、决定名称
第十届	12	1986 年 1 月	关于青年乡人民代表大会变更为青年镇人民代表大会及实行镇管村体制的决定；关于召开第十届区人大三次会议的决定
	13	1986 年 3 月	关于同意逮捕第十届区人民代表大会代表殷永明的决定；关于任命周尚荣为第十届区政府副区长的决定
	14	1986 年 5 月	关于认真学习、宣传《中华人民共和国民法通则》的决议

续表

届次	会次	时间	决议、决定名称
第十届	15	1986 年 7 月	关于对区人大常委会任命的干部进行考核的决定；关于宣传贯彻《中华人民共和国土地管理法》，依法管好用好土地的决议
	16	1986 年 9 月	关于批准南桐矿区 1986 年财政预算部分变更的决议；关于撤销对第十届区人民代表大会代表殷永明的处理的决定
	17	1986 年 12 月	关于批准南桐公园总体规划的决议；关于批准补充修改《南桐矿区国民经济和社会发展第七个五年计划（1986—1990）纲要》的决议
	19	1987 年 3 月	关于认真组织学习、宣传和贯彻执行全国人大常委会《关于加强法制教育维护安定团结的决定》的决议；关于召开第十一届区人大一次会议的决定；关于通过《南桐矿区人民代表大会代表建议、批评和意见的提出与办理的规定》的决议
	20	1987 年 4 月	关于补选刘文渊为第十届重庆市人民代表大会代表的决定
第十一届	5	1987 年 9 月	关于认真贯彻实施《四川省计划生育条例》的决议
	6	1987 年 11 月	关于依法加强环境管理，加快环境治理的决议；关于批准南桐矿区 1987 年财政预算部分变更的决议；关于通过《南桐矿区人大常委会人事任免暂行办法》的决议；关于通过《南桐矿区人大常委会主任会议议事暂行办法》的决议
	7	1988 年 1 月	关于深入宣传、严格实施《中华人民共和国行治安管理处罚条例》，加强社会治安管理的决议
	8	1988 年 3 月	关于通过《万盛城镇总体规划（1987—2000 年）》的决议；关于通过《南桐矿区人大常委会对司法机关实行监督的暂行办法》的决议
	9	1988 年 3 月	关于召开第十一届区人大二次会议的决定
	12	1988 年 9 月	关于批准南桐矿区 1988 年财政预算部分变更的决议
	15	1989 年 3 月	关于通过《南桐矿区补选第十一届重庆市人民代表大会代表的选举办法》的决议；关于补选明小玲为第十一届重庆市人民代表大会代表的决定
	16	1989 年 3 月	关于召开第十一届区人大三次会议的决定
	19	1989 年 9 月	关于任命杜崇民为第十一届区政府副区长的决定
	20	1989 年 11 月	关于批准南桐矿区 1989 年财政预算部分变更的决议；关于第十二届区、乡镇人民代表大会代表大会代表名额的决定
	21	1990 年 1 月	关于进一步加强廉政建设工作的决议；关于通过《南桐矿区人大常委会议事规则》的决议；关于通过《南桐矿区人大常委会、乡镇人大主席团成员、乡镇国家机关领导人选举产生后，集中学习法律的决定》的决议；关于通过《南桐矿区人大常委会办事机构由科改为委员会的决定》的决议；关于通过《南桐矿区乡镇人大主席团工作办法（试行）》的决议；关于通过《南桐矿区人大代表议事规则》的决议；关于通过《南桐矿区人大常委会人事任免办法》的决议；关于通过《南桐矿区人大常委会主任会议议事规则》的决议
	22	1990 年 2 月	关于召开第十二届区人大一次会议的决定

续表

届次	会次	时间	决议、决定名称
第十二届	3	1990年6月	关于依法治区的决议
	5	1990年9月	关于贯彻实施《中华人民共和国行政诉讼法》的决议
	6	1990年11月	关于通过《南桐矿区人大常委会受理来信来访试行办法》的决议；关于批准南桐矿区1990年财政预算部分变更的决议
	9	1991年2月	关于召开第十二届区人大二次会议的决定
	11	1991年7月	关于通过《重庆市南桐矿区农业税、农林特产税征收管理试行办法》的决议
	13	1991年9月	关于进一步宣传贯彻《中华人民共和国义务教育法》的决议；关于批准南桐矿区1991年财政预算部分变更的决议
	14	1991年11月	关于在全区公民中实施法制宣传教育的第二个五年规划的决议；关于召开第十二届区人大三次会议的决定；关于任命江书元为第十二届区政府副区长的决定
	15	1991年12月	关于南桐矿区普及九年义务教育规划的决议
	16	1992年1月	关于任命黄祖焱为第十二届区政府副区长的决定
	18	1992年5月	关于加强预算外资金管理的决定
	21	1992年9月	关于第十三届区、乡镇人民代表大会代表大会代表名额的决定
	22	1992年11月	关于批准南桐矿区1992年财政预算部分变更的决议；关于对部分乡镇名称或区域变动后人民代表大会届次的决定
	23	1993年1月	关于召开第十三届区人大一次会议的决定
第十三届	6	1993年11月	关于万盛区实施2000年人人享有初级卫生保健规划的决议；关于批准区人民政府调整普及九年义务教育规划的决议；关于批准万盛区1993年财政预算部分变更的决议
	7	1993年12月	会关于加强区人大常委自身建设的决定
	8	1994年1月	关于批准万盛区1993年财政预算第二次部分变更的决议；关于召开第十三届区人大二次会议的决定
	10	1994年5月	关于终止第十三届区人大常委会委员韦长文委员职务的决定
	11	1994年7月	关于追认《关于许可区人民检察院对第十三届区人民代表大会代表赵福平采取强制措施的批复》的决定
	14	1994年11月	关于通过《万盛区人民代表大会议事规则》的决议；关于通过《万盛区人大常委会议事规则》的决议；关于通过《万盛区人大常委会主任会议议事规则》的决议；关于通过《万盛区人大常委会人事任免办法》的决议
	15	1994年12月	关于万盛区财政预算决算审批监督的规定；关于通过《万盛区人民代表大会代表建议、批评和意见的提出与办理的规定》《万盛区人民代表大会常务委员会工作部门职责》的决议。关于接受尤春香、李碧澄辞去第十三届区人大常常委会副主任职务职务的决定；关于接受田登先辞去区人民法院院长职务的决定；关于任命邹刚为区人民法院代理院长的决定；关于召开第十三届区人大三次会议的决定
	16	1995年3月	关于通过《万东镇小城镇建设规划》的决议
	18	1995年5月	关于追认《关于许可人民检察院对第十三届区人民代表大会代表安崇贵采取强制措施的批复》的决定
	20	1995年7月	关于进一步开展依法治区的决议

续表

届次	会次	时间	决议、决定名称
第十三届	21	1995年9月	关于通过乡镇举行换届选举的决定
	22	1995年11月	关于深入开展植树造林全面绿化万盛区的决议；关于同意万盛区1995年财政预算调整方案的决定
	23	1995年12月	关于召开第十三届区人大四次会议的决定
	25	1995年12月	关于恢复安崇贵第十三届区人民代表大会代表职务的决定
	27	1996年5月	关于通过《万盛区城市总体规划〈修编〉》的决定；关于通过《万盛区黑山——石鼓坪风景区（鲤鱼河风景区）总体规划》的决定；关于许可区人民检察院对第十三届区人民代表大会代表陈昌明采取强制措施的决定
	28	1996年7月	关于批准实施部门执法责任制的决议
	29	1996年9月	关于在全区公民中实施法制宣传教育的第三个五年规划的决议
	30	1996年11月	关于同意万盛区1996年财政预算调整方案的决定
	31	1996年12月	关于同意万盛区1996年财政预算第二次调整方案的决定
	33	1997年3月	关于实施城市初级卫生保健工作规划的决议
	34	1997年4月	关于暂停周官炳第十三届区人民代表大会代表职务及许可司法机关对其起诉、审判的决定；关于召开第十三届区人大五次会议的决定
	39	1997年11月	关于同意万盛区1997年财政预算调整方案的决定
	40	1997年12月	关于召开第十四届区人大一次会议的决定；关于任命丁洪为第十三届区政府副区长的决定
第十四届	2	1998年4月	关于进一步加强区人大常委会及其机关自身建设的决议
	4	1998年7月	关于通过《万盛区人大常委会关于决定聘任各工作委员会暂行办法》的决议
	6	1998年9月	关于认真贯彻“一纲四法”（即《中国教育改革和发展纲要》《中华人民共和国教育法》《中华人民共和国义务教育法》《中华人民共和国职业教育法》《中华人民共和国教师法》）积极推进万盛区中小学素质教育实验工作的决议
	7	1998年10月	关于同意撤销尤章怀区农办主任职务的决议
	8	1998年11月	关于同意万盛区1998年财政预算调整方案的决定；关于在全区领导干部中建立学法制度的决定
	9	1998年12月	关于召开第十四届区人大二次会议的决定；关于接受王大鹏辞去第十四届区人大常委会委员职务的决定
	11	1999年5月	关于通过《万盛区绿色工程总体规划》的决议
	14	1999年11月	关于同意万盛区1999年财政预算调整方案的决定；关于通过《万盛区人大常委会初审预算草案和审批预算调整的暂行办法》的决议
	15	1999年11月	关于召开第十四届区人大三次会议的决定
	17	2000年3月	关于许可对第十四届区人民代表大会代表王东林采取相应法律强制措施的决议；关于同意万盛区2000年财政预算调整方案的决定；关于接受丁洪辞去第十四届区政府副区长职务的决定
	19	2000年7月	关于深入开展依法治区的决议；关于接受林美轩辞去第十四届区人大常委会委员职务的决定

续表

届次	会次	时间	决议、决定名称
第十四届	20	2000年8月	关于通过《万盛区人大常委会讨论决定重大事项规定》的决议；关于通过《万盛区人大常委会关于实〈重庆市各级人大常委会司法案件监督条例〉的有关规定》的决议
	21	2000年9月	关于任命冉进红为第十四届区政府副区长的决定
	23	2000年11月	关于同意万盛区2000年财政预算第二次调整方案的决定；关于任命孙瑞彬为第十四届区政府副区长的决定
	24	2001年1月	关于召开第十四届区人大四次会议的决定；关于同意终止姜连生等5人第十四届区人民代表大会代表资格的决议
	27	2001年5月	关于同意万盛区2001年财政预算调整方案的决定；关于接受王东林辞去第十四届区人民代表大会代表职务的决定
	29	2001年8月	关于确定各乡镇第十六届人民代表大会代表名额的决定
	31	2001年11月	关于进一步开展法制教育的决定；关于严格执行、认真实施《万盛区旅游发展总体规划》的决议；关于同意万盛区2001年财政预算第二次调整方案的决定；关于通过《万盛区人大常委会关于公民旁听区人大常委会会议试行办法》的决议；关于接受冯天俊、程碧英辞去第十四届区人大常委会委员职务的决定
	32	2002年1月	关于变更区人大常委会部分工作机构名称的决定；关于追认万盛区2001年财政预算第三次调整方案的决定；关于废止《认真贯彻实施〈四川省计划生育条例〉决议》《区农业税、农林特产税征收管理试行办法的决议》《关于加强新时期工农联盟促进城乡经济发展的决议》《关于加强人才培训工作的决议》《关于继续打击刑事犯罪活动、加强社会治安综合治理的决议》《关于认真贯彻〈森林法〉、〈四川省绿化暂行条例〉的决议》6个规范性文件的决定；关于召开第十四届区人大五次会议的决定；关于接受詹一士辞去第十四届区人大常委会副主任职务的决定
	34	2002年5月	关于批准《万盛区扶贫开发五年规划（2002—2006年）》的决议；关于增调2002年区本级财政预算支出的决定
	35	2002年7月	关于提高科教总体水平加快实施科教兴区战略的决议；关于修订并通过《万盛区人民代表大会议事规则》《万盛区人民代表大会关于区财政预算决算审批监督的规定》《万盛区人民代表大会关于代表建议、批评和意见的提出与办理的规定》《万盛区人民代表大会常务委员会议事规则》《万盛区人民代表大会常务委员会主任会议议事规则》《万盛区人民代表大会常务委员会人事任免办法》《万盛区人民代表大会常务委员会工作部门职责》等8个规范性文件的决议；关于废止《万盛区乡（镇）人民代表大会主席团常务主席工作办法》等4个规范性文件的决议
	36	2002年9月	关于召开第十四届区人大六次会议的决定
	37	2002年10月	关于任命郑勇军为第十四届区政府副区长的决定
	38	2002年11月	关于同意万盛区2002年财政预算第二次调整方案的决定；关于推迟召开第十四届区人大六次会议的决定；关于调整十五届区人民代表大会代表选举时间的决定
	39	2002年12月	关于批准万盛区人民政府向市城市建设投资公司借款的决定；关于通过《万盛区城市总体规划（修编）》的决议；关于万盛区区域城镇体系规划的决议
	40	2002年12月	关于接受魏学彬辞去第十四届区政府区长职务的决定；关于任命孙瑞彬为第十四届区政府副区长的决定；关于任命向红月为第十四届区政府副区长的决定；关于任命孙瑞彬为第十四届区政府代理区长的决定

续表

届次	会次	时间	决议、决定名称
第十五届	1	2003 年 4 月	关于进一步加强人大常委会及其机关自身建设的决议
	2	2003 年 7 月	关于设立区第十五届人大常委会代表资格审查委员会的决议；关于接受岳建忠、赵学玉辞去第二届重庆市人民代表大会代表职务的决定；关于补选张丛林、张维仑、段昌俊等 3 人为第二届重庆市人民代表大会代表的决定
	3	2003 年 7 月	关于通过《万盛区人民代表大会常务委员会组成人员守则》的决议
	4	2003 年 9 月	关于进一步加快城镇化建设进程的决议
	6	2003 年 11 月	关于同意万盛区 2003 年财政预算调整方案的决定；关于批准区行政区划调整的决议
	7	2003 年 12 月	关于同意终止田建渝、吴瑶第十五届区人民代表大会代表资格的决定；关于召开第十五届区人大二次会议的决定
	9	2004 年 3 月	关于批准万盛区城镇职工基本医疗保险工作调整方案的决议
	10	2004 年 4 月	关于通过《万盛区人大常委会关于规范性文件备案审查办法》的决议
	11	2004 年 5 月	关于接受程真祥辞去第十五届区人大常委会主任职务的决定；关于接受孙瑞彬辞去第十五届区政府区长职务的决定；关于召开第十五届区人大三次会议的决定
	12	2004 年 6 月	关于撤销在 6 月上旬召开第十五届区人大三次会议的决定；关于任命程真祥为第十五届区政府副区长的决定；关于任命程真祥为第十五届区政府代理区长的决定
	13	2004 年 8 月	关于通过《关于万盛区人民法院、区人民检察院过错责任案件和有关重大事项向区人大常委会报告的规定》的决议
	14	2004 年 10 月	关于通过《万盛区城市总体规划（修编）》的决议；关于通过《重庆市万盛区人大常委会街道工作委员会工作办法》的决议；关于接受李逊、余宗煜辞去第十五届区人大常委会委员职务的决定
	16	2004 年 12 月	关于废止《万盛区人民代表大会常务委员会人事任免办法》的决议；关于同意万盛区 2004 年财政预算调整方案的决定；关于召开第十五届区人大三次会议的决定；关于接受黄能金辞去第十五届区人大常委会委员职务的决定；关于接受黄新辞去第十五届区政府副区长职务的决定
	17	2005 年 2 月	关于接受李钟亮辞去第十五届区人大常委会副主任职务的决定；关于接受戴廷科、赵志勇辞去第十五届区人民代表大会代表职务的决定
	18	2005 年 3 月	关于补选岳建忠为第二届重庆市人民代表大会代表的决定
	21	2005 年 8 月	关于通过《万盛区人大常委会关于许可对区人大代表采取限制人身自由措施的若干规定》的决议；关于接受庞文建、赵世彬辞去第十五届区人大常委会委员职务的决定
	23	2005 年 12 月	关于召开第十五届区人大四次会议的决定
	24	2005 年 12 月	关于延期召开第十五届区人大四次会议的决定
	25	2006 年 1 月	关于变更第十五届区人大四次会议召开时间的决定；关于同意区政府向重庆市财信企业集团有限公司融资 500 万元的决定
	27	2006 年 3 月	关于批准调整景星乡行政区划的决议
	28	2006 年 4 月	关于废止《万盛区人大常委会主任会议议事规则》《万盛区人民代表大会关于代表建议、批评和意见的提出与办理的规定》《万盛区人民代表大会代表工作办法》的决定

续表

届次	会次	时间	决议、决定名称
第十五届	29	2006年6月	关于进一步开展法制宣传教育的决议；关于接受程真祥辞去第十五届区政府区长职务的决定；关于任命向涛为第十五届区政府副区长职务的决定；关于任命陈万木为第十五届区政府副区长职务的决定；关于任命向涛为第十五届区政府代理区长职务的决定
	31	2006年10月	关于区、镇两级人民代表大会换届选举时间的决定
	32	2006年11月	关于批准2006年区级财政预算调整方案的决定
	33	2006年12月	关于批准2006年区级财政预算第二次调整方案的决定；关于同意区政府授权万盛国资公司向国家开发银行贷款1000万元的决定；关于同意区政府授权万盛国资公司向国家开发银行贷款1240万元的决定
	34	2007年1月	关于召开第十六届区人大一次会议的决定
第十六届	2	2007年4月	关于同意区政府授权万盛区顺达公路开发有限责任公司向中国农业银行綦江支行申请贷款5500万元的决定
	5	2007年10月	关于授权万盛国资公司向国家开发银行贷款1000万元的决定；关于召开第十六届区人大二次会议的决定；关于接受卢治萍辞去第十六届区人民代表大会代表职务的决定；关于终止李建文等3人第十六届区人民代表大会代表职务的决定
	6	2007年12月	关于批准2007年区级财政预算调整方案的决定；关于同意区政府授权万盛国资公司向中国农业银行万盛支行贷款1.5亿元的决定；关于同意区政府授权万盛建设投资有限公司向中国工商银行股份有限公司万盛支行贷款5000万元的决定；关于通过《万盛区人大常委会财政预算审查监督办法》的决定；关于废止《万盛区人大常委会关于区财政预算决算审批监督的规定》《万盛区人大常委会初审预算草案和审批预算调整方案暂行办法》《万盛区人大常委会述职评议等次确定暂行办法》《万盛区人大常委会关于实施〈重庆市各级人大常委会司法案件监督条例〉的有关规定》的决定；关于任命杨明仑为第十六届区政府副区长职务的决定
	7	2008年1月	关于接受黄仲华、封达远辞去第十六届区人民代表大会代表职务的决定；关于召开第十六届区人大三次会议的决定；关于终止殷承波等2人第十六届区人民代表大会代表职务的决定
	9	2008年5月	关于接受王远书辞去第十六届区人民代表大会代表职务的决定；关于批准万盛区资源型城市转型发展的总体规划的决定
	10	2008年7月	关于同意万盛区棚户区改造工程筹资方案的决定；关于同意万隆（万盛—隆盛）等3条公路项目建设向中国农业发展银行綦江支行贷款8000万元的决定；关于同意区政府授权万盛国资公司向国家开发银行贷款1.3亿元的决定
	11	2008年9月	关于在石林镇第二选区、驻军选区、财税金融选区、万盛街道第五选区各补选第十六届区人民代表大会代表1人的决定；关于同意区政府授权万盛国资公司向重庆银行和上海浦发银行申请贷款5000万元的决定
	12	2008年10月	关于任命杨晓军为第十六届区政府副区长职务的决定
	13	2008年11月	关于接受徐小波辞去第十六届区人大常委会委员职务的决定；关于批准2008年区级财政预算调整方案的决定；关于同意区政府授权重庆秘境山乡旅游投资有限公司向中国农业银行万盛支行申请贷款4200万元的决定

续表

届次	会次	时间	决议、决定名称
第十六届	14	2008 年 12 月	关于接受向涛辞去第十六届区政府区长职务的决定；关于任命潘毅琴为第十六届区政府副区长的决定；关于任命潘毅琴为第十六届区政府代理区长的决定
	15	2008 年 12 月	关于同意区政府将渝盛公司区属股权划转的决定；关于召开第十六届区人大四次会议的决定
	16	2009 年 2 月	关于同意区政府授权万盛建设投资有限公司向中国农业银行万盛支行贷款 5000 万元的决定
	17	2009 年 3 月	关于同意 2009 年区政府建设项目向银行贷款的决定；关于同意区政府回购黑山谷、石林、铜鼓滩景区的决定的决定
	18	2009 年 5 月	关于批准 2009 年区级财政预算调整方案的决定
	19	2009 年 7 月	关于同意《S204 线万盛至綦江梨园坝段二级公路改建工程项目融资建设有关情况的报告》的决定
	20	2009 年 9 月	关于接受方建红辞去第十六届区人民代表大会代表职务的决定；关于在万盛街道第三选区、教育系统第二选区、驻军选区、关坝镇第四选区各补选第十六届区人民代表大会代表 1 人的决定；关于终止邓少雄第十六届区人民代表大会代表职务的决定；关于任命胡俊为第十六届区政府副区长的决定
	21	2009 年 10 月	关于接受吴思余辞去第十六届区人民代表大会代表职务的决定
	22	2009 年 11 月	关于批准 2009 年区级财政预算第二次调整方案的决定
	23	2009 年 12 月	关于接受程真祥辞去第三届重庆市人民代表大会代表职务的决定；关于补选潘毅琴为第三届重庆市人民代表大会代表的决定
	24	2010 年 1 月	关于接受敖川辞去第十六届区人民代表大会代表、区人民检察院检察长和区检察委员会委员职务的决定；关于任命江克强为区人民检察院代理检察长的决定；关于接受詹建海辞去第十六届区人常委会委员职务的决定；关于免去陈万木第十六届区政府副区长职务的决定；关于同意 2010 年区政府主导建设项目贷款的决定；关于召开第十六届区人大五次会议的决定
	28	2010 年 6 月	关于接受王君成辞去第十六届区政府副区长职务的决定；关于任命肖猛为第十六届区政府副区长的决定
	31	2010 年 11 月	关于批准 2010 年区级财政预算调整方案的决定
	32	2010 年 12 月	关于召开第十六届区人大六次会议的决定；关于批准 2010 年区级财政预算第二次调整方案的决定
	33	2011 年 1 月	关于接受周轶辞去区人民法院院长职务的决定；关于任命杨锐为区人民法院代理院长的决定；关于终止周轶等 5 人第十六届区人民代表大会代表职务的决定
	34	2011 年 3 月	关于同意财政预算内资金偿还市三峡担保公司为重庆（万盛）煤电化基地基础设施建设（一期）项目担保融资本息及担保费用的决定
	35	2011 年 5 月	关于万盛区城镇河道利用与保护规划的决定
	36	2011 年 7 月	关于进一步加强法制宣传教育的决定
	37	2011 年 9 月	关于同意万盛区建设投资有限公司发行信托计划及安排财政专项资金补贴的决定
	38	2011 年 11 月	关于批准 2011 年区级财政预算调整方案的决定；关于补选吕进为第三届重庆市人民代表大会代表的决定

第二节　审议与监督

区人大常委会运用宪法和法律赋予的职权，通过听取、审议区政府及其职能部门、区人民法院和区人民检察院的工作报告，组织视察，执法检查，受理人民群众来信来访等形式，从法律和工作两个方面监督“一府两院”；通过对区人大常委会任命的干部实行述职评议制度，在政府部门推行部门执法责任制，在司法机关推行错案责任追究制，有效地促进国家机关的勤政廉政、依法行政和司法公正。

一、工作监督

1986 年至 1987 年 4 月，第十届区人大常委会听取区政府及其职能部门、区人民法院、区人民检察院工作报告 19 项，作出决议、决定 9 项，作出审议意见 18 项。

第十一届听取区政府及其职能部门、区人民法院、区人民检察院工作报告 38 项，作出决议、决定 9 项，作出审议意见 31 项。

第十二届听取区政府及其职能部门、区人民法院、区人民检察院工作报告 50 项，作出决议、决定 7 项，作出审议意见 39 项。

第十三届听取区政府及其职能部门、区人民法院、区人民检察院工作报告 79 项，作出决议、决定 30 项，作出审议意见 54 项。

第十四届听取区政府及其职能部门、区人民法院、区人民检察院工作报告 74 项，作出决议、决定 18 项，作出审议意见 52 项。

第十五届听取区政府及职能部门、区人民法院、区人民检察院工作报告 42 项，作出决议、决定 11 项，作出审议意见 25 项。

第十六届听取区政府及职能部门、区人民法院、区人民检察院工作报告 43 项，作出决议、决定 24 项，作出审议意见 41 项。

1990—2005 年，听取评议区人大常委会任命的干部述职报告 55 人次。

二、法律监督

区人常委会每年根据上一级人大常委会的安排，按要求开展执法检查，并及时报告行政区域内法律法规的贯彻执行情况。区人大常委会每年年初根据区内实际工作需要，制订年度工作要点及时安排执法检查项目，并按计划实施。

1986—2005 年，区人大常委会先后听取审议区政府关于在全区公民中实施法制宣传教育的第二、第三、第四个五年规划的报告，作出关于学习宣传《中华人民共和国民法通则》、关于贯彻实施《四川省计划生育条例》、关于切实贯彻《中华人民共和国行政诉讼法》、关于《南桐矿区人大常委会、乡镇人大主席团成员、乡镇国家机关领导人选举产生后，集中学习法律的决定》、关于进一步宣传贯彻《中华人民共和国义务教育法》、关于进一步开展依法治区、关于建立领导干部学法制度等 17 项有关普法教育的决议；制订或修改《南桐矿区人民代表大会代表建议、批评和意见的提出与办理的规定》《南桐矿区人大常委会对司法机关实行监督的暂行办法》《南桐矿区人大常委会议事规则》《南桐矿区乡镇人大主席团工作办法（试行）》《南桐矿区人大代表议事规则》《南桐矿区人大常委会人事任免办法》《万盛区人民代表大会议事规则》《万盛区人民代表大会代表建议、批评和意见的提出与办理的规定》《万盛区人大常委会关于公民旁听区人大常委会会议试行办法》《万盛区人大常委会关于规范性文件备案审查办法》《关于万盛区人民法院、区人民检察院过错责任案件和有关重大事项向区人大常委会报告的规定》《万盛区人大常委会街道工作委员会工作办法》《万盛区人大常委会关于许可对区人大代表采取限制人身自由措施的若干规定》《万盛区人大常委会财政预算审查监督办法》等27个规范文件；废止《认真贯彻实施〈四川省计划生育条例〉决议》《万盛区农业税、农林特产税征收管理试行办法的决议》《关于加强新时期工农联盟促进城乡经济发展的决议》《关于加强人才培训工作的决议》《关于认真贯彻〈森林法〉、〈四川省绿化暂行条例〉的决议》《万盛区人民代表大会关于代表建议、批评和意见的提出与办理的规定》《万盛区人大常委会关于区财政预算决算审批监督的规定》《万盛区人大常委会初审预算草案和审批预算调整方案暂行办法》《万盛区人大常委会述职评议等次确定暂行办法》等18个规范文件。

三、来信来访受理

人大信访工作是区人大常委会拓宽人大监督渠道，促进“一府两院”依法行政、公正司法的重要途径。1990—2004年，区人大常委会办公室负责处理来信、接待来访。2005年，区人大常委会成立信访科，专门负责信访工作，主管部门由办公室转到法制工作委员会，并制订《关于在全区建设人大信访网络的实施意见》。2009年10月，按照中共万盛区委印发的《关于加强新形势下人大工作的意见》要求，撤销区人大常委会办公室信访科，设立区人大常委会信访办公室负责信访工作。

第三节　人事任免

任免国家机关工作人员，是地方人大常委会一项重要职权。区人大常委会依照《中华人民共和国地方各级人民代表大会和地方各级人民政府组织法》《中华人民共和国人民法院组织法》《中华人民共和国人民检察院组织法》的规定，结合区内实际，坚持任人唯贤、德才兼备，注重实绩的原则，充分发扬民主，依照法律程序行使人事任免权。1990年1月16日，第十一届区人大常委会第21次会议通过修订后的《万盛区人民代表大会常务委员会人事任免办法》，1994年、2002年又先后两次修正该法规，使任免工作进一步制度化、规范化。

1986—2011年，批准区人大常委会主任辞职1人次、副主任辞职4人次、委员辞职9人次，终止区人大常委会委员职务1人次；批准区政府区长辞职2人次，批准副区长辞职或免去副区长职务14人次，任命代理区长2人次，任命副区长17人次；批准区人民法院院长辞职2人次，任命区人民法院代理院长2人次；批准区人民检察院检察长辞职1人次，任命区人民检察院代理检察长1人次；任命国家机关工作人员职务640人次，免去国家机关工作人员职务262人次。

第十八篇　人民政府

第一章　组织机构

第一节　万盛区人民政府

万盛区人民政府由区政府区长、副区长和区政府办公室的正职、区政府各组成部门的正职组成。区政府区长、副区长由区人民代表大会及其常务委员会选举产生，并对区人民代表大会负责；区政府办公室的正职、区政府各组成部门的正职由区政府区长提名，区人民代表大会及其常务委员会任命。1986—2011 年，万盛区政府历经 7 届，其中第十至十二届每届任期 3 年，第十三至十六届每届任期 5 年（第十五届区政府实际任职 4 年）。

1993 年 2 月 16 日，南桐矿区更名万盛区。4 月 8 日，南桐矿区人民政府更名万盛区人民政府，届次连续计算。2011 年 10 月，国务院批准重庆市撤销万盛区、綦江县，在万盛区、綦江县的基础上设立綦江区。万盛区政府职能、职权履行至綦江区政府成立时为止。12 月 23 日，綦江区第一届政府选举产生。

1986 年至 2007 年 6 月 10 日，区政府驻万盛街道新田路 69 号，2007 年 6 月 11 日至 2011 年 10 月，驻万盛街道新田路 2 号。

一、区长、副区长

区政府实行区长负责制。区长领导区政府工作，代表区政府向区人民代表大会报告工作，负责召集区政府全体会议、常务会议、区长办公会议，签署区政府发布的规范性文件和向区人民代表大会及其常务委员会提出的方案、人事任免等文件。副区长协助区长工作。第十至十三届区政府每届设置区长 1 人，副区长 4 人（不包括挂职），第十四至十六届区政府每届设置区长 1 人，副区长 8 人（不包括挂职）。

万盛区第十至十六届人民政府区长、副区长一览表

表 18–1

届次	姓名	性别	民族	籍贯	党派	职务	任职时间	备注
第十届	郑兴明	男	汉	四川南充	中共	区长	1984.04—1987.04	
	曾德胜	男	汉	重庆北碚	中共	副区长	1984.04—1987.04	
	谭安明	男	汉	重庆涪陵	中共	副区长	1984.04—1987.04	
	翁善全	男	汉	重庆巴南	中共	副区长	1984.04—1987.04	
	周尚荣	男	汉	重庆江北	中共	副区长	1986.03—1987.04	1986 年 3 月，第十届区人大常委会第十三次会议任命
第十一届	王成云	男	汉	重庆北碚	中共	区长	1987.04—1990.03	
	周尚荣	男	汉	重庆江北	中共	副区长	1987.04—1989.12	
	尤春香	女	汉	重庆万盛	中共	副区长	1987.04—1990.03	
	翁善全	男	汉	重庆巴南	中共	副区长	1987.04—1990.03	
	李贻盛	男	汉	四川通江	中共	副区长	1987.04—1990.03	
	杜崇民	男	汉	湖北秭归	中共	副区长	1989.09—1990.03	1989 年 9 月，第十一届区人大常委会第十九次会议任命
第十二届	李贻盛	男	汉	四川通江	中共	区长	1990.03—1993.03	
	邹绍康	男	汉	重庆綦江	中共	副区长	1990.03—1992.09	
	杜崇民	男	汉	湖北秭归	中共	副区长	1990.03—1993.03	
	翁善全	男	汉	重庆巴南	无党派	副区长	1990.03—1993.03	
	颜如璨	男	汉	重庆巴南	中共	副区长	1990.03—1993.03	
	余敏	女	汉	重庆九龙坡	中共	副区长	1990.03—1993.03	
	江书元	男	汉	四川渠县	中共	副区长	1991.11—1992.12	1991 年 11 月，第十二届区人大常委会第十四次会议任命，挂职
	黄祖炎	男	汉	重庆綦江	中共	副区长	1992.01—1993.01	1992 年 1 月，第十二届区人大常委会第十六次会议任命，挂职
第十三届	李贻盛	男	汉	四川通江	中共	区长	1993.03—1998.01	
	杜崇民	男	汉	湖北秭归	中共	副区长	1993.03—1997.12	
	翁善全	男	汉	重庆巴南	无党派	副区长	1993.03—1998.01	
	刘润生	男	汉	重庆垫江	中共	副区长	1993.03—1998.01	
	张有为	女	汉	重庆巴南	中共	副区长	1993.03—1998.01	
	文启元	男	汉	重庆巴南	中共	副区长	1993.03—1997.12	
	丁洪	男	汉	重庆潼南	中共	副区长	1997.12—1998.01	1997 年 12 月，第十三届区人大常委会第四十次会议任命

续表

届次	姓名	性别	民族	籍贯	党派	职务	任职时间	备注
第十四届	魏学彬	男	汉	重庆合川	中共	区长	1998.01—2002.12	
	孙瑞彬	男	汉	河北昌黎	中共	副区长	2000.11—2003.03	2000年11月，第十四届区人大常委会第二十三次会议任命
						代理区长	2002.12—2003.03	2002年12月，第十四届区人大常委会第四十次会议任命为代理区长
	刘永利	男	汉	重庆綦江	中共	副区长	1998.01—2003.03	
	张有为	女	汉	重庆巴南	中共	副区长	1998.01—2003.03	
	丁洪	男	汉	重庆潼南	中共	副区长	1998.01—2000.02	
	刘光才	男	汉	重庆巴南	民进	副区长	1998.01—2003.03	
	周训禾	男	汉	重庆巴南	中共	副区长	1998.01—2003.03	
	李光成	男	汉	重庆万盛	中共	副区长	1998.01—2003.03	
	冉进红	男	汉	重庆丰都	中共	副区长	2000.08—2003.03	2000年9月，第十四届区人大常委会第二十次会议任命
	向红月	男	汉	重庆合川	中共	副区长	2002.12—2003.03	2002年12月，第十四届区人大常委会第四十次会议任命
第十五届	孙瑞彬	男	汉	河北昌黎	中共	区长	2003.03—2004.05	
	程真祥	男	汉	河南濮阳	中共	副区长	2004.06—2005.02	2004年6月，第十五区人大常委会第十二次会议任命为副区长、代理区长
						代理区长	2004.06—2005.02	
						区长	2005.02—2006.06	2005年2月，第十五届区人民代表大会第三次会议选举为区长
	向涛	男	土家	重庆石柱	中共	副区长	2006.06—2007.02	2006年6月，第十五届区人大常委会第二十九次会议任命为副区长、代理区长
						代理区长	2006.06—2007.02	
	冉进红	男	汉	重庆丰都	中共	副区长	2003.03—2007.02	
	王君成	男	汉	四川仁寿	中共	副区长	2003.03—2007.02	
	黄新	男	汉	湖北随州	中共	副区长	2003.03—2004.11	
	刘光才	男	汉	重庆巴南	民进	副区长	2003.03—2007.02	
	李光成	男	汉	重庆万盛	中共	副区长	2003.03—2007.02	
	李文生	男	汉	河北平山	中共	副区长	2003.03—2007.02	
	徐月芬	女	汉	重庆万盛	中共	副区长	2003.03—2007.02	
	郑勇军	男	汉	广东	中共	副区长	2003.04—2004.04	2003年4月，第十五届区人大常委会第一次会议任命，挂职
	陈万木	男	汉	重庆璧山	中共	副区长	2006.06—2007.02	2006年6月，第十五届区人大常委会第二十九次会议任命

续表

届次	姓名	性别	民族	籍贯	党派	职务	任职时间	备注
第十六届	向涛	男	土家	重庆石柱	中共	区长	2007.02—2008.12	
	潘毅琴	女	回	北京朝阳	中共	副区长	2008.12—2009.01	2008年12月，第十六届区人大常委会第十四次会议任命为副区长、代理区长
						代理区长	2008.12—2009.01	
						区长	2009.01—2011.12	2009年1月，第十六届区人民代表大会第四次会议选举为区长
	张有力	男	汉	重庆南川	中共	副区长	2007.02—2011.12	
	王君成	男	汉	四川仁寿	中共	副区长	2007.02—2010.06	
	肖猛	男	汉	重庆万盛	中共	副区长	2010.06—2011.12	2010年6月，第十六届区人大常委会第二十八次会议任命
	徐月芬	女	汉	重庆万盛	中共	副区长	2007.02—2011.12	
	雷瑞宏	男	汉	重庆綦江	九三学社	副区长	2007.02—2011.12	
	陈万木	男	汉	重庆璧山	中共	副区长	2007.02—2010.01	
	李川	男	汉	山西长治	中共	副区长	2007.02—2011.12	
	黄友明	男	汉	重庆万盛	中共	副区长	2007.02—2011.12	
	杨明伦	男	汉	–	中共	副区长	2007.12—2008.12	2007年12月，第十六届区人大常委会第六次会议任命，挂职
	杨晓军	男	汉	河南鲁山	中共	副区长	2008.10—2009.12	2008年10月，第十六届区人大常委会第十二次会议任命，挂职
	胡俊	男	土家	重庆黔江	中共	副区长	2009.09—2011.12	2009年9月，第十六届区人大常委会第二十次会议任命

二、区政府工作部门

1986年年初，区政府有区政府办公室、区计划经济委员会、区科学技术委员会、区城乡建设管理委员会、区财政局、区人事局、区劳动局、区民政局、区司法局、区审计局、区统计局、区工商行政管理局、区物价局、区环境保护局、区第二经工业局、区农业局、区林业局、区乡镇企业管理局、区商业局、区教育局、区文化局、区卫生局、区广播电视局、区计划生育委员会、区政府侨务民族办公室、区体育运动委员会、区供销合作社（受区政府和重庆市供销社双重领导）、区政府农业财贸办公室和区人民防空领导小组办公室等工作机构29个。

1986年2月，区政府城市管理办公室组建，挂靠在区城乡建设管理委员会。7月，区工业交通局重新组建，区政府经济技术协作办公室组建，与区计划经济委员会合署办公。10月，区档案局从中共南桐矿区委机构序列划中转为区政府机构序列，为区政府直属局。

1987年8月，区政府经济技术协作办公室从区计划经济委员会中划出，更名区政府经济体制改革和经济技术协作办公室。9月，区社会治安综合治理领导小组重新组建，下设办公室作为常设机构，与中共南桐矿区委政法委员会合署办公；10月，组建区监察局、区国土局；撤销区政府侨务民族办公室，组建区民族宗教侨务办公室，与中共南桐矿区委统战部合署办公。11月，区政府经济体制改革和经济技术协作办公室挂区政府经济技术协作办公室、区政府经济体制改革办公室两块牌子，实行一个机构，两块牌子的体制。

1988 年 4 月，区开发性商品农业领导小组组建，下设办公室作为常设机构。8 月，区民族宗教侨务办公室被从中共南桐矿区委机构序列中划转为区政府机构序列。

1989 年 3 月，区教育局改建为区教育委员会。4 月，区供销合作社改组为区供销合作社联合社。5 月，区安全生产委员会组建，下设办公室作为常设机构，挂靠区劳动局；区技术监督局组建。7 月，区粮食局组建，与区粮食公司合署办公，实行一个机构，两块牌子的体制。12 月，区国家保密局组建，与中共南桐矿区委保密委合署办公，实行一个机构，两块牌子的体制，列入中共南桐矿区委机构序列。

1990 年 4 月，撤销区工业交通局，组建区工业局、区交通局；区开发性商品农业领导小组办公室被划转到区政府农业财贸办公室。5 月，区气象站改制为区气象局（受重庆市气象局、区政府双重领导，不计入区政府机构序列）。9 月，组建区农机水电局。

1991 年 3 月，区政府经济体制改革办公室更名区经济体制改革委员会；撤销区政府农业财贸办公室，组建区政府农业办公室、区政府财贸办公室；撤销区开发性商品农业领导小组办公室，组建区政府农业综合开发办公室，与区政府农业办公室合署办公。5 月，撤销区社会治安综合治理领导小组，组建区社会治安综合治理委员会，下设立办公室，与中共南桐矿区委政法委员会合署办公，实行一个机构，两块牌子的体制。6 月，组建区政府项目办公室，与区计划经济委员会合署办公。7 月，组建区政府台湾事务办公室，与中共南桐矿区委台湾工作办公室实行一个机构，两块牌子的体制，列入中共南桐矿区委机构序列，与区委统战部合署办公。10 月，组建区政府法制办公室。11 月，区物资站改制为区物资局；区政府教育督导室组建，挂靠在区教育委员会。

1992 年 5 月，区对外经济贸易委员会组建，与区计划经济委员会合署办公。10 月，组建区政府城区综合开发办公室。年末，区编制委员会根据中央、省、市三级党政领导机构要求，清理区党、政、群机关工作机构。清理后，经重庆市编制委员会批准设置的区政府工作机构有区政府办公室、区计划经济委员会、区政府财贸办公室、区经济体制改革委员会（区政府经济技术协作办公室）、区教育委员会、区科学技术委员会、区监察局、区民政局、区司法局、区财政局、区人事局、区劳动局、区国土局、城乡建设管理委员会、区农业局、区文化局、区体育委员会、区卫生局、区计划生育委员会、区审计局、区环境保护局、区统计局、区林业局、区政府农业办公室、区工商行政管理局、区物价局、区工业局、区乡镇企业管理局、区商业局、区粮食局、区广播电视局、区档案局、区人民防空领导小组办公室、区政府法制办公室和区技术监督局等 34 个。未经重庆市编制委员会批准自行设置的区政府工作机构有区农机水电局、区物资局、区交通局、区第二经工业局、区供销合作社联合社、区民族宗教侨务办公室和区政府城区综合开发办公室等 7 个。

1993 年 4 月，区旅游园林管理局组建，与区城乡建设管理委员会合署办公；区政府经济技术协作办公室被并入区计划经济委员会，保留区政府经济技术协作办公室牌子；区政府城区综合开发办公室被并入区城乡建设管理委员会；区监察局与中共万盛区纪律检查委员会合署办公，列入政府机构序列，但不计入政府机构个数；撤销区政府项目办公室，组建区政府招商引资办公室，为区政府非常设机构，挂靠在区计划经济委员会。5 月，区国有资产管理局组建，与区财政局合署办公室。9 月，撤销区工业局、区第二经工业局，组建区轻工局。

1994 年 11 月，区行政学校组建，与区委党校合署办公，实行一个机构，两块牌子的体制。

1995 年 2 月，撤销区政府招商引资办公室，组建区政府项目办公室，挂靠在区计划经济委员会。3 月，撤销区商业局。4 月，重庆市房地产管理局将重庆市房地产管理局万盛区分局划归万盛区政府管理。

1997 年 9 月，区煤炭工业管理局组建，与区乡镇企业管理局合署办公，实行一个机构，两块牌子的体制。

1998 年 4 月，区乡镇企业管理局与区煤炭工业管理局分设。5 月，撤销区政府项目办公室，组建区政府项目管理招商引资办公室，挂靠在区计划经济委员会。12 月，区旅游园林局更名区旅游局，从区城乡建设管理委员会管理机构升为区政府管理机构。

1999 年 3 月，重庆市房地产管理局万盛区分局更名重庆市万盛区房地产管理局。

1999 年 8 月，区工商行政管理局改为重庆市工商行政管理局直属机构，更名重庆市工商行政管理局万盛区分局。

2000 年 8 月 16 日，区政府抗灾救灾办公室组建，挂靠在区政府农业办公室，与区政府农业办公室合署办公。11 月，区供销合作社联合社从政府工作机构改制为政府管理的事业机构。12 月，区技术监督局改为重庆市质量技术监督局直属机构，更名重庆市万盛区质量技术监督局。

2001 年 1 月，组建区政府药品监督管理办公室。8 月，区政府药品监督管理办公室改为重庆市药品监督管理局直属机构，更名重庆市万盛区药品监督管理办公室。

是年 9 月，万盛区实施机构改革。既是中共万盛区委工作机构，又是区政府工作机构的区编制委员会办公室，列入区委机构序列；区国家保密局、中共万盛区委保密办公室被并入区委办公室，保留区国家保密局、区委保密办公室牌子；区政府台湾事务办公室、中共万盛区委台湾工作办公室被并入中共万盛区委统战部，保留区政府台湾事务办公室、区委台湾工作办公室牌子；既是中共万盛区委工作机构，又是区政府工作机构的区信访办公室划归中共万盛区委办公室代为管理；撤销区计划经济委员会，组建区发展计划委员会、区经济贸易委员会；撤销区政府财贸办公室、区经济体制改革委员会、区轻工局、区物资局；撤销区文化局、区体育委员会，组建区文化体育局，挂区新闻出版局牌子；撤销区国土局、房地产管理局，组建区国土资源和房屋管理局（实际撤建工作并未开展）；区城乡建设管理委员会更名区建设委员会；撤销区政府城市管理办公室，其职能被划入区建设委员会；撤销区国有资产管理局；撤销区劳动局，组建区劳动和社会保障局；区计划生育委员会更名区人口与计划生育委员会；区农机水电局更名区水利局；区乡镇企业管理局被并入区经济贸易委员会，保留区乡镇企业管理局牌子；区政府法制办公室被并入区政府办公室，保留区政府法制办公室牌子；区物价局被并入区发展计划委员会，保留区物价局牌子；区项目管理招商引资办公室更名区招商引资办公室，与区对外经济贸易委员会一同被并入区发展计划委员会，保留区招商引资办公室、区对外经济贸易委员会牌子；组建区安全生产监督管理局，由区经济贸易委员会代区政府管理；区煤炭工业管理局更名区煤炭工业局，并入区安全生产监督管理局，保留区煤炭工业局牌子；区人民防空领导小组办公室被并入区建设委员会，保留区人民防空领导小组办公室牌子；区民族宗教侨务办公室划归区政府办公室管理（实施机构改革时，原定区民族宗教侨务办公室与中共万盛区委统战部合署办公，但实际运作时遇到困难，采取变通处理：区委统战部 1 位副部长兼区民族宗教侨务办公室主任，但其编制设在区民族宗教侨务办公室，区民族宗教侨务办公室仍按原有格局和管理权限运行，未实行合署办公）；撤销区粮食公司，区粮食局划归区经济贸易委员会管理；区政府农业综合开发办公室划归区政府农业办公室管理；区广播电视局更名区广播电视事业管理局，从区政府工作部门改为区政府直属事业机构；区地方志办公室被并入区档案局，保留区地方志办公室牌子，同时从区政府工作部门改为区政府直属事业机构。机构改革后，区政府有区政府办公室、区发展计划委员会、区经济贸易委员会、区教育委员会、区科学技术委员会、区监察局（与中共万盛区纪律检查委员会合署办公，列入政府机构序列，但不计入政府机构个数）、区民政局、区司法局、区财政局、区人事局、区劳动和社会保障局、区国土资源和房屋管理局、区建设委员会、区交通局、区水利局、区农业局、区文化体育局、区卫生局、区人口与计划生育委员会、区审计局、区环境保护局、区统计局、区林业局、区旅游局和区政府农业办公室等工作部门 24 个。区政府工作部门代区政府管理的机构有区民族宗教侨务办公室（区政府办公室管理）、区粮食局（区经济贸易委员会管理）、区安全生产监督管理局（区经济贸易委员会管理）和区政府农业综合开发办公室（区政府农业办公室管理）等4个。

是年11月，区扶贫开发领导小组组建，下设办公室，挂靠在区政府农业办公室。

2002年12月，重新组建区国土资源局、区房地产管理局。

2003年3月，撤销万盛区工业园区管理委员会，组建万盛区产业园区管理委员会，为区政府直属事业机构，与中共万盛产业园区工作委员会合署办公；组建区招商局；区综合行政执法局组建，为区政府直属机构；区规划局组建，为区政府直属机构，由区建设委员会代为管理；区政府新闻办公室组建，与中共万盛区委对外宣传办公室实行一个机构，两块牌子的体制，挂靠在中共万盛区委宣传部；组建区政府重点项目建设领导小组，下设办公室，挂靠在区发展计划委员会。5月，区中小企业发展指导局组建，与区经济贸易委员会合署办公。7月，区安全生产监督管理局从区经济贸易委员会管理机构改为政府直接管理机构；区政府救灾办公室挂靠到区政府办公室。11月，万盛区产业园区管委会从区政府直属事业机构改制为区政府派出机构。

2004年6月，区招商局与万盛产业园区管理委员会合并，组建新的万盛产业园区管理委员会，挂区招商局牌子，实行一个机构，两块牌子的体制；撤销区政府重点项目建设领导小组办公室，组建区重点项目建设和管理办公室，委托区发展计划委员会管理。11月，区综合行政执法局重新组建，仍为区政府直属机构。

2005年2月，区国土资源局改为重庆市国土资源和房屋管理局、区政府双重管理，计入区政府机构。3月，撤销区文化体育局、区广播电视事业管理局，组建区文化广电新闻出版局，挂区体育局、区新闻出版局牌子。6月，撤销区水利局，组建区水务局，挂区农机局、区防汛抗旱指挥部办公室、区农田水利基本建设指挥部牌子。7月，区市政管理局组建，与区综合行政执法局合署办公，实行一个机构，两块牌子的体制。10月，组建区政府开发性金融合作办公室。

2006年5月，万盛产业园区管理委员会更名万盛工业园区管理委员会。

2007年4月，区发展计划委员会更名区发展和改革委员会，挂区物价局、区重点项目建设和管理办公室、区招投标管理办公室牌子；区对外经济贸易委员会挂靠到区招商局；区体育局单独设置，为区政府直属事业机构。

2008年1月，区煤矿安全监察局组建，挂靠在区安全生产监督管理局。7月，区政府应急管理办公室组建，挂区政府救灾办公室牌子，与区政府办公室合署办公。9月，区市政管理局更名区市政园林管理局。

2009年2月，撤销区农业局、区政府农业办公室，组建区农业委员会，挂区政府农业综合开发办公室、区政府扶贫开发办公室牌子；区水务局不再挂区农机局牌子。3月，撤销区人民防空领导小组办公室，组建区人民防空办公室，为政府管理部门，与区政府办公室合署办公。7月，区政府开发性金融合作办公室更名区政府金融工作办公室，与区财政局合署办公；9月，万盛区社会主义学院组建，与区委党校、区行政学校合署办公，实行一个机构，三块牌子的体制。

2009年12月，万盛区实施政府机构改革。撤销区经济贸易委员会，组建区经济和信息化委员会，不再保留区乡镇企业管理局牌子；区科学技术委员会不再挂区信息化办公室牌子；区煤炭工业局挂靠到区经济和信息化委员会，并更名区煤炭工业管理局；撤销区招商局、区对外贸易委员会，组建区商务局，挂区粮食局牌子；撤销区人事局、区劳动和社会保障局，组建区人力资源和社会保障局；撤销区国土资源局、区房地产管理局，组建区国土资源和房屋管理局（实际并未合并，仍分开办公，但机构数计为1个）；区民族宗教侨务办公室改为政府工作部门。区体育局改为区政府工作部门；区建设委员会更名区城乡建设委员会，挂区规划局牌子；区交通局更名区交通委员会；区发展和改革委员会不再挂区物价局牌子；区教育委员会不再挂区大学生招生委员会办公室、区高等教育自学考试委员会办公室牌子。此次机构改革后，区政府各机构统称为工作部门，不再设区政府工作部门管理机构。

2010 年 7 月，重新组建区市政园林管理局，挂区综合行政执法局牌子，为区政府工作部门；区人口与计划生育委员会更名为区人口和计划生育委员会。

2011 年，万盛区政府有区政府办公室、区发展和改革委员会、区教育委员会、区科学技术委员会、区经济和信息化委员会、区监察局（与中共万盛区纪律检查委员会合署办公，列入政府机构序列，但不计入政府机构个数）、区民政局、区司法局、区财政局、区人力资源和社会保障局、区国土资源和房屋管理局（重庆市国土资源和房屋管理局、区政府双重管理，计入区政府机构）、区环境保护局、区城乡建设委员会、区交通委员会、区市政园林管理局、区水务局、区农业委员会、区商务局、区文化广播电新闻出版局、区卫生局、区人口和计划生育委员会和区审计局等工作部门 27 个。

三、区政府直属事业机构

1986 年 4 月，区地方志编纂委员会组建，下设办公室作为常设机构。1993 年 5 月，常设机构更名区地方志办公室。

2001 年 9 月，区广播电视局更名区广播电视事业管理局，从区政府工作部门改为区政府直属事业机构；区地方志办公室被并入区档案局，保留区地方志办公室牌子，区档案局从区政府工作部门改为区政府直属事业机构。

2002 年 12 月，区行政审批服务大厅管理委员会组建，下设办公室作为常设机构，同时区行政审批服务大厅管理办公室组建；两个机构合署办公，为区政府直属事业机构。

2003 年 3 月，撤销万盛工业园区管理委员会，组建万盛产业园区管理委员会，为区政府直属事业机构，与中共万盛产业园区工作委员会合署办公。11 月，改为区政府派出机构。

2007 年 4 月，区体育局单独设置，为区政府直属事业机构。

2009 年 3 月，区机关事务管理局组建，挂区政府采购中心牌子，为区政府直属事业机构；区电视台单独设置，为区政府直属事业机构。

2011 年，区政府有区档案局（区档案馆、区地方志办公室与其合署办公）、区机关事务管理局、区电视台（副处级）和区行政审批服务大厅管理委员会办公室（副处级）等直属事业机构 4 个。

四、区政府派出机构

1986 年年初，区政府有万盛街道办事处、东林街道办事处和南桐街道办事处等派出机构 3 个。

1992 年 10 月，撤销南桐街道、南桐乡，在南桐街道、南桐乡的基础上组建南桐镇。南桐街道办事处随之被撤销。

1998 年 3 月，重庆市万盛工业园区（重庆市万盛乡镇工业小区）管理委员会组建，为区政府派出机构，与中共重庆市万盛工业园区（重庆市万盛乡镇工业小区）工作委员会合署办公。2003 年 3 月，撤销万盛工业园区管理委员会，组建万盛产业园区管理委员会，为区政府直属事业机构，与中共万盛产业园区工作委员会合署办公。11 月，万盛产业园区管理委员会改为区政府派出机构；2004 年 6 月，与区招商局合并，组建新的万盛区产业园区管理委员会，挂区招商局牌子。2006 年 5 月，更名万盛工业园区管理委员会。2007 年 5 月，区对外经济贸易委员会挂靠到区招商局，万盛工业园区管理委员会加挂区对外经济贸易委员会牌子。

2009 年 7 月，区黑山旅游开发区管理委员会组建，为区政府派出机构，与中共万盛区黑山旅游开发区工作委员会、区旅游局合署办公。

2009 年 12 月，撤销区招商局、区对外贸易委员会，万盛工业园区管理委员会不再挂区招商局、区对外经济贸易委员会的牌子。

2011 年 6 月，重庆（万盛）镁产业科技园管理委员会组建，与万盛工业园区管理委员会合署办公，实行一个机构，两块牌子的体制。是年，区政府有万盛街道办事处、东林街道办事处、万盛工业园区管理委员会［与重庆（万盛）镁产业科技园管理委员会合署办公］和区黑山旅游开发区管理委员会（与区旅游局合署办公）等派出机构 4 个。

五、其他机构

2000 年 11 月，区供销合作社联合社从政府工作机构改为政府管理的事业机构。2004 年 8 月，区合作经济联合社组建，与区供销合作社联合社合署办公，实行一个机构、两块牌子的体制。

2011 年，区政府有其他机构 1 个，即区供销合作社联合社。

第二节　驻区市属部门

1986 年，全区有重庆市公安局南桐矿区分局、重庆市税务局南桐矿区分局、重庆市房地产管理局南桐矿区分局、重庆市南桐矿区气象站（受重庆市气象局、区政府双重领导，不计入区政府机构序列）、重庆市南桐矿区邮电局和重庆市南桐矿区烟草专卖局等驻区市属部门 6 个。

1990 年 5 月，重庆市南桐矿区气象站更名重庆市南桐矿区气象局。

1993 年 2 月，南桐矿区更名万盛区，6 个驻区市属部门更名重庆市公安局万盛区分局、重庆市万盛区气象局、重庆市税务局万盛区分局、重庆市房地产管理局万盛区分局、重庆市万盛区邮电局和重庆市万盛区烟草专卖局。

1994 年 9 月，税务机构改制，撤销重庆市税务局万盛区分局，组建重庆市万盛区国家税务局和重庆市万盛区地方税务局。

1995 年 4 月，重庆市房地产管理局将重庆市房地产管理局万盛区分局划归万盛区政府管理。

1997 年 11 月，撤销重庆市万盛区邮电局，组建重庆市万盛区邮政局、重庆市万盛区电信局。

1999 年 8 月，区工商行政管理局改为重庆市工商行政管理局直属机构，更名重庆市工商行政管理局万盛区分局。

2000 年 12 月，区技术监督局改为重庆市质量技术监督局直属机构，更名重庆市万盛区质量技术监督局。

2001 年 8 月，区政府药品监督管理办公室改为重庆市药品监督管理局直属机构，更名重庆市万盛区药品监督管理办公室。12 月，撤销重庆市万盛区药品监督管理办公室，组建重庆市药品监督管理局万盛区分局。2003 年 12 月，撤销重庆市药品监督管理局万盛区分局，组建重庆市食品药品监督管理局万盛区分局。

2004 年 8 月，电信体制改革，重庆市万盛区电信局改制为重庆市电信公司万盛区分公司。

2005 年 2 月，区国土资源局改为受重庆市国土资源和房屋管理局、区政府双重管理，计入区政府机构序列。

2008 年 9 月，区房地产管理局管理的区住房公积金管理部改为重庆市住房公积金管理中心直属机构，更名重庆市住房公积金管理中心万盛分中心。

2009 年 12 月，撤销区国土资源局、区房地产管理局，组建区国土资源和房屋管理局。

2011 年，全区有重庆市公安局万盛区分局、重庆市万盛区国家税务局、重庆市万盛区地方税务局、重庆市万盛区气象局（受重庆市气象局、区政府双重领导，不计入区政府机构序列）、重庆市万盛区烟草专卖局、重庆市万盛区邮政局、重庆市工商行政管理局万盛区分局、重庆市万盛区质量技术监督局、重庆市食品药品监督管理局万盛区分局、重庆市万盛区国土资源和房屋管理局（受重庆市国土资源和房屋管理局、区政府双重管理，计入区政府机构序列）和重庆市住房公积金管理中心万盛区分中心等驻区市属部门11个。

第三节　乡镇人民政府

1986年，全区有乡镇人民政府9个，其中乡政府8个（万盛、南桐、关坝、青山、金桥、南天、丛林、景星），镇政府1个（青年）。

1992年11月，区政府调整街道和乡镇建制。撤销南桐街道、南桐乡，在南桐街道、南桐乡基础上设立南桐镇；撤销关坝乡，在其基础上设立关坝镇；撤销丛林乡，在其基础上设立丛林镇；撤销万盛乡，在其基础上设立万东镇；撤销青山乡，将其管辖区域被并入金桥乡。万盛、南桐、关坝、丛林和青山乡政府随之被撤销，同时组建万东、南桐、关坝和丛林镇政府。

2001年11月，撤销南天乡，在其基础上设立石林镇；撤销金桥乡，在其基础上设立金桥镇。南天和金桥乡政府随之被撤销，同时组建石林和金桥镇政府。

2006年4月，撤销景星乡，在其基础上设立黑山镇。景星乡政府随之被撤销，同时组建黑山镇政府。

2011年，全区有万东、南桐、关坝、青年、丛林、金桥、石林和黑山等镇人民政府8个。

第二章　重要会议

第一节　区政府全体会议

区政府全体会议组成人员为区政府区长、副区长、巡视员、副巡视员及组成部门的负责人；乡镇政府、街道办事处、区政府直属部门和驻区市属部门的主要负责人列席会议；同时根据会议议题需要，邀请中共万盛区委员会、区人大常务委员、区政协委员会领导和区委各部委、区人民法院、区人民检察院、区人民武装部、区工商联、区内各民主党派、人民团体及驻区市属单位、有关企业单位负责人列席会议。

会议原则上半年召开1次。区长或区长委托常务副区长召集并主持会议。区长或区政府常务会议确定会议议题。会议主要任务是传达贯彻上级党委、政府和区党委的重要指示、决议、决定和重要会议精神以及区人民代表大会的重要决议；讨论通过提交区人民代表大会及其常委会审议的重要工作报告及重要事项；决定和部署涉及全局的区政府重要工作；通报区内外重大事件和全区经济社会发展形势以及区政府重要工作情况；讨论通过需提交会议决定的其他事项。

1986—2011年，区政府累计召开政府全体工作会议55次。其中第十届1986年召开2次，1987年召开 1 次；第十一届召开 6 次，1987 年 1 次、1988 年 2 次、1989 年 2 次、1990 年 1 次；第十二届召开 7 次，1990 年 1 次、1991 年 4 次、1992 年 1 次、1993 年 1 次；第十三届召开 12 次，1993 年 2 次、1994 年 3 次、1995 年 1 次、1996 年 3 次、1997 年 3 次；第十四届召开 10 次，1998 年 1 次、1999 年 3 次、2000 年 1 次、2001 年 2 次、2002 年 2 次、2003 年 1 次；第十五届召开 8 次，2003 年 2 次、2004 年 2 次、2005 年 2 次、2006 年 2 次；第十六届召开 9 次，2007 年 2 次、2008 年 2 次、2009 年 2 次、2010 年 2 次、2011 年 1 次。

会议内容涉及研究确定较长时期政府工作指导思想和全区经济社会发展、改革目标的有 6 次。

1987 年 2 月 9 日，第十届区政府第六次全体会议提出，1987—1989 年区政府工作的指导思想是坚定不移坚持四项基本原则，坚持改革开放，坚持两个文明（物质文明、精神文明）建设一起抓，继续深化改革，大力发展生产，提高经济效益，继续推进以经济建设为中心的各项建设事业，巩固和发展安定团结的政治局面；到 1989 年年末，全区工农业总产值达到 1.6 亿元、年均增长 7.2%，其中工业总产值达到 1.11 亿元，农业总产值达到 4900 万元，社会商品零售总额达到 1.59 亿元，乡镇企业总产值达到 1.14 亿元，财政收入达到 1710 万 %，农村年人均纯收入达到 500 元，人口自然增长率控制在 9‰以内。

1990 年 1 月 20 日，第十一届区政府第六次全体会议，提出 1990—1992 年区政府工作的指导思想是坚决贯彻中共十三届四、五次全会精神，以经济建设为中心，坚持四项基本原则，坚持改革开放，在保持稳定前提下，坚定不移进一步深化改革，做好以控制总量、调整结构、整顿秩序、提高效益、增强后劲为重点的多项整顿工作，使区域经济基本走上稳定、协调发展的轨道；到 1992 年年末，工农业总产值达到 1.96 亿元、年均增长 5.5%，其中工业总产值达到 1.438 亿元，农业总产值达到 5320 万元，乡镇企业产值达到 1.466 亿元，社会商品零售总额达到 2.685 亿元，财政收入达到 2670 万元，农村年人均生产性纯收入达到 700 元，人口自然增长率控制在 10‰以内。

1993 年 1 月 16 日，第十一届区政府第七次全体会议，提出在区国民经济与社会发展第八个五年（1991—1995 年）计划（简称区“八五”计划）实施的后三年中，区政府工作的指导方针和奋斗目标是以中共十四大精神为指导方针，以建立社会主义市场经济体制为目标，毫不动摇坚持党的基本路线，加快经济发展和改革开放，进一步解放思想，实事求是，依靠全区人民艰苦奋斗，全面完成区“八五”计划后三年工作任务，并为区国民经济与社会发展下一个五年计划打下基础；到 1995 年年末，力争地区生产总值达到 8 亿元、年均增长 19%，其中农业总产值达到 1.4 亿元，工业总产值达到 7 亿元，乡镇企业总产值 10 亿元，社会商品零售总额达到 3.5 亿元，第三产业增加值达到 8.4 亿元，区地方财政收入达到 5000 万元，职工年人均工资达到 3000 元，农民年人均纯收入达到 1200 元，区属固定资产投资达到 2 亿元以上，人口自然增长率控制在 10‰以内。

1997 年 12 月 19 日，第十三届区政府第十二次全体会议，提出 1998—2002 年区政府工作的指导思想和奋斗目标是高举邓小平理论伟大旗帜，坚持党在社会主义初级阶段的基本路线、基本方针，以富民强区为目标，以“两个根本转变”（经济体制从传统的计划经济体制向社会主义市场经济体制转变，经济增长方式从粗放型向集约型转变）为主线，城乡并重，全面实施“以资源为依托、以旅游为龙头、以工业为主体、以农业为基础”的旅游带动战略，坚持走科教兴区和可持续发展道路，加强精神文明建设和民主法制建设，促进物质文明、精神文明共同进步；到 2002 年年末，基本建成重庆旅游新区和重要能源综合开发基地，基本形成旅游业、矿业（以煤炭开采为主）、农副产品加工业三大区域经济支柱，国民经济整体效益得到显著提高，实现经济总量增长幅度和人均国内生产总值高于全市平均水平，基本建立社会主义市场经济体制，基本形成开放型经济格局，精神文明建设和各项社会事业取得新成绩；全区国内生产总值达到 31 亿元，年均增长 13%，乡及乡以上工业增加值达到 6 亿元，农业增加值达到

4 亿元，乡镇企业上缴税利达到 1.49 亿元，五年内全社会投入完成 25 亿元，地方预算内财政收入达到 9920 万元，社会消费品零售总额达到 12.6 亿元，城镇居民年人均收入达到 9000 元，农民年人均纯收入达到 4200 元，人口自然增长率控制在 9‰以内。

2003 年 1 月 17 日，第十四届区政府第十次全体会议，提出 2003—2007 年政府工作的指导思想和奋斗目标是全面贯彻中共十六大精神，高举邓小平理论伟大旗帜，以“三个代表”重要思想为指导，坚持用全面建设小康社会统揽地区经济社会发展全局，以富民兴区为目标，以扩大就业和增加财政收入为目的，以改革开放和科技进步为动力，深入实施旅游带动战略，大力调整经济结构，强化工业主体地位，加快城市建设步伐，快速扩张经济总量，加强社会主义精神文明和政治文明建设，奠定建设重庆市旅游强区、工业重镇、绿色城市的坚实基础；到 2007 年年末，力争在 2000 年基础上实现区域内国内生产总值、地方预算内财政收入、工业总产值、全社会投入和城镇居民年人均可支配收入翻一番，即区域内国民生产总值达到 27 亿元，人均国内生产总值达到 1200 美元，地方预算内财政收入达到 7300 万元，全社会投入累计实现 40 亿元，城市居民年人均可支配收入达到 8000 元以上。

第二节　区政府常务会议

区政府常务会议组成人员为区政府区长、副区长、巡视员、副巡视员和区政府办公室主任；区武装部负责人和区政府办公室副主任及与会议议题有关的政府工作部门主要负责人列席会议；根据会议议题需要，邀请相关部门和单位的负责人列席会议；邀请区人大常委会、区政协联系领导和中共万盛区委办公室负责人列席会议。

会议原则上每月召开 1 ～ 2 次。区长或区长委托常务副区长召集并主持会议。区政府副区长提出会议议题，区长或常务副区长审定会议议题。会议的主要任务是传达贯彻上级党委、政府和区党委的重要指示、决议、决定和重要会议精神，研究贯彻区人民代表大会及其常委会的有关决定、决议事项，讨论决定以区政府名义制订出台的政策性、规范性文件，研究需要提请中共万盛区委常委会或区政府全体会议决定的事项，研究需提请区人民代表大会及其常委会审议或区政协民主协商的事项，研究国民经济和社会发展年度计划、财政收入预算安排及调整，讨论决定涉及国有资产经营与处置、重大建设项目、财政性资金投资项目、财政性资金安排、国有土地使用等方面的重大问题，讨论决定企业或其他业主提出的在经营、土地使用或其他方面要求区政府给予的优惠政策，讨论决定各级行政机构有关单位请示的重大问题和事项，讨论决定国家行政机关工作人员任免、考核和奖惩中的重大问题，研究和讨论其他重大问题和事项。1986—2011 年，区政府累计召开常务会议 483 次。

第十届区政府　1986 年 1 月至 1987 年 4 月，区政府召开常务会议 41 次（1986 年 32 次，1987 年 9 次），审议决定事项 109 项。其中传达贯彻和研究上级党委、政府和区党委、区人民代表大会及其常委会的指示、决议、决定及重要会议精神 8 项，研究需提请中共南桐矿区委常委会、区政府全体会议、区人民代表大会及其常委会审议和提请区政协委员会民主协商的事项 17 项，研究制订以区政府名义出台的政策性、规范性文件 9 项，讨论决定各级行政机构、有关单位和企业提出的重大问题、资产处置、重大项目请示 33 项，讨论决定人事任免、考核、奖惩事项 14 项，讨论决定机构人员编制、管理组建、撤并等其他事项 28 项。

第十一届区政府　1987 年 4 月至 1990 年 3 月，区政府召开常务会议 83 次（1987 年 18 次、1988 年 32 次、1989 年 29 次、1990 年 5 次），讨论决定事项 310 项。其中传达贯彻上级党委、政府和区党委、区人民代表大会及其常委会的指示、决议、决定及重要会议精神 16 项，讨论决定提请中共南桐矿区委常委会、区政府全体会议、区人民代表大会及其常委会审议和提请区政协委员会民主协商的区国民经济和社会发展规划及其执行情况、政府工作报告、财政预决算执行情况等重大事项 33 项，研究制订以区政府名义出台的政策性、规范性文件 34 项，讨论决定人事任免、奖惩事项 42 项，讨论行政机构和有关单位国有资产处置、财政资金安排、国有土地使用等及生产、工作、经营中的重大问题请示事项 152 项，讨论决定机构组建、撤并等其他事项 42 项。

第十二届区政府 1990 年 3 月至 1993 年 2 月，区政府召开常务会议 76 次（1990 年 23 次、1991 年 27 次、1992 年 22 次、1993 年 4 次），讨论议题 367 项。其中传达贯彻上级党委、政府和区党委、区人民代表大会及其常委会的指示、决议、决定及重要会议精神 10 项，研究需提请中共南桐矿区委常委会、区政府全体会议、区人民代表大会及其常委会决定审议和提请区政协委员会民主协商的事项 26 项，研究制订以区政府名义出台的政策性、规范性文件 55 项，讨论决定各级行政机关、企业重大问题的请示 183 项，讨论决定人事任免、考核和奖惩 50 项，决定机构组建、撤并等其他事项 43 项。

第十三届区政府 1993 年 3 月至 1998 年 1 月，区政府召开常务会议 96 次（1993 年 22 次、1994 年 25 次、1995 年 17 次、1996 年 18 次、1997 年 14 次），其中有 6 次会议专题研究经济发展问题，3 次会议专题研究经济体制改革，4 次会议专题研究教育发展和计划生育，2 次会议专题研究人事任免和奖惩问题。会议共研究决定议题 359 项，其中传达贯彻上级党委、政府和区党委、区人民代表大会及其常委会的决议、决定及重要会议精神 72 项，研究决定提请中共万盛区委常委会、区人民代表大会及其常委会审定和提请区政协委员会民主协商的事项 42 项，研究制订以区政府名义出台的政策性、规范性文件 86 项，研究决定行政机构、企业请示事项 38 项，研究决定机构组建、撤并等其他事项 27 项。

第十四届区政府 1998 年 1 月至 2003 年 3 月，区政府召开常务会议 54 次（1998 年 11 次、1999 年 8 次、2000 年 9 次、2001 年 17 次、2002 年 7 次、2003 年 2 次），研究决定事项 176 项。其中传达贯彻上级党委、政府和区党委、区人民代表大会及其常委会的决议、决定及重要会议精神 8 项，研究决定提请中共万盛区委常委会、区人民代表大会及其常委会审定和提请区政协委员会民主协商的事项 13 项，研究制订以区政府名义出台的政策性、规范性文件 44 项，研究决定行政事业单位、企业请示 56 项，研究决定人事任免、考核和奖惩事项 46 项，研究决定机构设立、撤并等其他事项 9 项。

第十五届区政府 2003 年 3 月至 2007 年 2 月，区政府召开常务会议 57 次（2003 年 12 次、2004 年 17 次、2005 年 13 次、2006 年 14 次、2007 年 1 次），研究决定事项 392 项。其中传达贯彻上级党委、政府和区党委、区人民代表大会及其常委会的决议、决定及重要会议精神 10 项，研究决定提请中共万盛区委常委会、区人民代表大会及其常委会审定和提请区政协委员会民主协商的事项 29 项，研究制订以区政府名义出台的政策性、规范性文件 69 项，研究决定行政事业单位、企业请示事项 241 项，研究决定人事任免、考核和奖惩事项 33 项，研究决定机构组建、撤并等其他事项 5 项。

第十六届区政府 2007 年 2 月至 2011 年 10 月，区政府召开常务会议 76 次（2007 年 11 次、2008 年 18 次、2009 年 16 次、2010 年 21 次、2011 年 10 次），研究决定事项 357 件。其中传达贯彻上级党委、政府和区党委、区人民代表大会及其常委会的决议、决定及重要会议精神 13 件，研究决定提请中共万盛区委常委会、区人民代表大会及其常委会审定和提请区政协委员会民主协商的事项 79 项，研究制订以区政府名义出台的政策性、规范性文件 67 件，研究决定行政事业单位、企业请示事项 242 件，研究决定人事任免、考核和奖惩事项 28 件，研究决定机构设立、撤并等其他事项 2 件。

第三节 区政府区长办公会议

区政府区长办公会议组成人员为区政府区长、副区长和区政府办公室主任；区政府办公室副主任和与会议议题有关的政府工作部门主要负责人列席会议。

会议原则上每月召开1～2次。区长或区长委托常务副区长召集并主持会议。区长、副区长或区政府办公室主任提出会议议题。会议主要任务是传达上级党委、政府和区党委的决定、指示和重要会议精神，处理、研究区政府日常工作中的重要事项，通报近期区政府工作，研究、分析下一个时期的全区经济形势，听取相关工作部门的专题汇报，部署阶段性重点工作。

第三章 综合政务

第一节 行政审批

一、行政审批服务机构

2002年12月，设立万盛区行政审批服务大厅（简称区行审大厅），组建万盛区行政审批服务大厅管理委员会，下设办公室作为常设机构，同时组建万盛区行政审批服务大厅管理办公室，两个机构合署办公，是区行政审批服务大厅的管理机构，性质为区政府直属事业机构，下设综合科和投诉督办科2个科室。2003年4月，区行政审批服务大厅挂牌运营，地址位于万东北路22号。2007年7月5日，区行政审批服务大厅管理委员会办公室被列入参照公务员法管理单位。2009年11月30日，办公地址搬迁至子如广场汇鑫假日酒店一楼。

二、行政审批改革

20世纪初期，随着改革开放的不断深入，社会主义市场经济的逐步建立，以及政府职能的转变，政府管理对象和内容随之发生变化，原有的行政审批制度逐渐暴露出一些弊端，如审批事项多、范围广、程序繁、效率低、服务差等，不仅束缚企业的手脚，影响企业的活力，而且不利于社会主义市场经济体制的发展和完善，严重影响经济发展环境的改善和改革开放的深入推进。为加快社会主义市场经济的发展，针对这些历史弊端，中共中央、国务院提出深化行政审批制度改革的措施。2001年10月，国务院下发《关于行政审批制度改革实施意见的通知》（国发〔2015〕33号），推行行政审批改革。

2002年，万盛区开始逐步推行行政审批改革。改革的主要内容是设立行政审批集中机构，逐步推行行政审批“两集中、两到位”(一个行政机关的审批事项向一个科室集中、行政审批科室向行政审批服务大厅集中，保障进驻行政审批服务大厅的审批事项到位、审批权限到位)，推行窗口集中办公模式，逐步实行“九公开”(公开审批内容、办事程序、政策依据、申报材料、承诺时限、收费标准等)、“六件制”(办件、承诺件、联办件、上报件、补办件、退回件)管理，逐步提供并联审批、一审一核、一表制、绿色通道等审批方式，逐步推出延时服务、提醒服务和自助服务等服务项目。是年 12 月，设立区行政审批服务大厅并组建其管理机构，2003 年 4 月挂牌运营。

2005 年，建设领域率先推行并联审批，探索建立重大项目绿色通道。是年，开通行政审批服务热线。2006 年，建立行政审批许可专用章制度，修订完善《万盛区基本建设项目分阶段并联行政许可办法》。2008 年，开通区行政审批服务大厅网站。2009 年，重新修订完善《万盛区建设领域阶段并联审批办法》。是年 11 月，试运行行政审批电子监察系统。2010 年，行政审批电子监察系统正式投入使用，建立万盛行政审批项目库，开始逐步推进行政审批“两集中、两到位”改革。2011 年，扩大并联审批制度实施范围，区监察局行政效能室进驻区行政审批大厅。

三、行政审批服务

2003 年，区行审大厅进驻窗口部门 24 个，即区公安分局、区公安消防支队、区林业局、区工商行政管理分局、区国土资源局、区国税局、区卫生局、区地税局、区劳动和社会保障局、区建设委员会、区人口与计划生育委员会、区环境保护局、区气象局、区文化体育局、区农业局、区质量技术监督局、区民政局、区食品药品监督管理分局、区水利局、区房地产管理局、区交通局、区旅游局、区科学技术委员会和区经济贸易委员会。是年，区农业局窗口取消证照工本费。

2004 年，增设区烟草专卖局窗口。2005 年，区文化体育局窗口更改为区文化广电新闻出版局窗口，区水利局窗口更改为区水务局窗口。2006 年，重庆市工商行政管理局万盛区分局窗口启用网上登记平台。2007 年，区国税局窗口与区地税局窗口合并为税务窗口，增设区发展和改革委员会窗口；取消医疗机构执业许可证工本费和卫生许可审验费。2008 年，取消区国土资源局窗口。2009 年 12 月，增设区商务局窗口、区安全生产监督管理局窗口、区国土资源和房屋管理局窗口，取消区旅游局窗口、区国土资源局窗口、区房地产管理局窗口；区劳动和社会保障局窗口更改为区人力资源和社会保障局窗口，区农业局窗口更改为区农业委员会窗口，区交通局窗口更改为区交通委员会窗口，区经济与贸易委员会窗口更改为区经济和信息化委员会窗口。2010 年，增设共青团万盛区委员会窗口。2011 年，开设政务信息查询窗口，取消区农业委员会窗口。

2011 年，区行审大厅进驻窗口部门 25 个，即区公安分局、区公安消防支队、区林业局、区工商行政管理分局、区国税局、区地税局、区卫生局、区人力资源和社会保障局、区建设委员会、区人口与计划生育委员会、区环境保护局、区气象局、区文化广电新闻出版局、区质量技术监督局、区民政局、区食品药品监督管理分局、区水务局、区交通委员会、区商务局、区安全生产监督管理局、区国土资源和房屋管理局、区科学技术委员会、区发展和改革委员会、区经济和信息化委员会和区烟草专卖局。

2003—2011 年万盛区行政审批服务大厅审批工作情况一览表

表 18–2

年份	进驻审批事项（件）	进驻窗口部门（个）	进驻工作人员（人）	受理审批事项（件）	办结审批事项（件）	办结率（%）
2003	269	24	32	7021	6953	99.03
2004	291	25	31	16721	16675	99.72
2005	291	25	30	23038	23030	99.97
2006	291	25	31	56428	56426	99.99
2007	272	26	28	30818	30788	99.90

续表

年份	进驻审批事项（件）	进驻窗口部门（个）	进驻工作人员（人）	受理审批事项（件）	办结审批事项（件）	办结率（%）
2008	197	25	30	36928	36925	99.99
2009	246	25	28	46271	46193	99.83
2010	246	26	30	49850	49845	99.59
2011	246	25	28	59544	59531	99.98

第二节　政务公开

2004 年 12 月 1 日，区政府信息中心（简称区政府信息中心）组建，职责是管理全区政务信息工作，组织和指导全区政府系统政务信息网络建设，编辑《政务信息》刊物，建设和维护区政府公众信息网网站。

2005 年 4 月 1 日，区政府办公室印发《万盛区深入推进政务公开工作方案》，明确政府信息公开范围、内容、程序、形式以及实施步骤、保障措施等具体事宜。

2006 年 3 月 24 日，万盛区政务公开工作领导小组组建，下设办公室作为常设办事机构，设在区政府办公室。区政府常务副区长任组长，区政府办公室主任任副组长并兼任办公室主任，区政府各工作部门负责人为成员。区政务公开工作领导小组的职责是指导全区政府系统政务工作。

2008 年 5 月 1 日，《中华人民共和国政府信息公开条例》（国务院令第 492 号）施行。2008 年 5 月 22 日，区政府印发《关于加强政府信息公开工作的意见》（万盛府发〔2008〕37 号），明确政府信息公开工作的意义、指导思想、基本原则、推行范围、内容和方式等。

2010 年 8 月 18 日，调整区政府信息中心职能职责，增加建设、管理、更新、维护区政府政务公开栏和适时按有关要求公开区政府有关政务工作情况以及在互联网上适时发布区政府有关文件、政务信息的职责。区政府层面主要通过政府公众信息网公开政务信息，每年约 1 万条次。区政府各工作部门、各镇街通过各自网站、公开栏、广播、电视和报纸等渠道，主动公开政府信息，每年约 1 万条次。

第三节　法治政府建设

一、机构

1988 年 3 月，区政府办公室法制科设立。1991 年 10 月，撤销区政府办公室法制科，组建区政府法制办公室（下设法制科），为区政府管理的副处级单位，主要负责推进全区依法行政和处理行政复议。2001 年 9 月，区政府法制办公室被并入区政府办公室，保留区政府法制办公室牌子。

2006 年 4 月 24 日，万盛区依法行政工作领导小组成立，负责制订全区推进依法行政工作的总体方案和年度实施计划，审定全区有关推进依法行政的职责分工、工作制度和保障措施，指导、协调、考评、监督、检查全区依法行政的各项工作。

2011 年 2 月 12 日，区政府办公室印发《重庆市万盛区人民政府办公室主要职责内设机构和人员编制规定》，明确区政府法制办公室为区政府办公室挂牌的副处级机构，下设法制科 1 个科室。

二、依法行政建设

1989 年 11 月 10 日，区政府印发《关于做好当前政府法制工作的通知》，提出政府法制工作的指导思想和基本任务，核心为推进区政府依法行政，为改革开放创造良好法制环境。

1990 年 6 月 27 日，区政府印发《关于加强政府法制工作实施依法治区的意见》，提出坚持一手抓经济建设和改革工作，一手抓法制建设的战略方针，依照法律、法规所赋予政府的职权，加强政府法制工作，提高依法行政水平，保障社会主义现代化建设和改革开放的顺利推进，促进物质和精神文明建设的健康发展。

1990 年 5 月 22 日，区政府印发《南桐矿区行政机关规范性文件备案监督办法（试行）》，促进和维护全区法制和政令统一，加强行政机关内部监督。

1992 年 10 月 8 日，区政府印发《南桐矿区行政复议程序内部规定》，规定行政复议工作申请与受理、审理与决定、送达与结案等程序，使行政复议工作走向规范化、制度化。

1996 年 10 月 10 日，区政府转发《重庆市推行部门行政执法责任制实施方案》，要求在全区行政机关建立和实施权责一致、行为规范、用权受监督的执法责任制，增强广大行政执法人员秉公执法、勤政为民的自觉性，不断提高依法行政水平和效能，保障法律、法规和规章的有效实施。

1998 年 5 月 1 日起，全区各行政执法机关启用重庆市行政执法证，停止使用四川省行政执法证。

1999 年 8 月 16 日，区政府印发《关于贯彻实施〈中华人民共和国行政复议法〉的通知》，部署行政复议队伍建设和行政复议工作。

2000 年 8 月 24 日，区政府印发《万盛区依法治区五年实施方案（1999—2003 年）》，计划通过五年时间，使全区政治、经济、文化、社会生活等主要方面做到有法必依，有章必循。

2004 年 12 月 7 日，启动辖区内综合行政执法改革。在城市管理、旅游市场管理领域组建跨部门的综合行政执法机构，在交通、农业、环保部门组建部门内的综合行政执法机构。13 日，区政府印发《万盛区行政执法责任制年度考核办法》，规定行政执法责任制年度考核对象、内容、方式和结果运用等具体事宜。

2005 年 8 月 5 日，建立行政执法与刑事执法相衔接机制。

2007 年，通过清理界定政府法定职责、规范委托执法职权、合理确定协助义务等形式，解决镇行政执法权责不明、监管不力、执法缺位等问题；通过创新服务模式、转变服务方式、强化服务职能等形式，解决镇公共服务意识不强、服务体系不全、服务水平不高等问题，建立权责明确、行为规范、公正透明、廉洁高效的镇行政管理体制和运行机制。

2008 年 10 月 27 日，区政府办公室印发《万盛区贯彻实施〈重庆市行政立法基本规范（试行）〉和〈重庆市行政执法基本规范（试行）〉工作方案》，推动两部基本规范在区内的贯彻实施，强化规范性文件制订与贯彻实施，明确执法主体、健全执法程序、完善执法文书、规范执法礼仪、加强执法监督，推进区内依法行政工作。

2009 年 9 月，规定行政应诉工作实行行政机关负责人负责制，行政机关负责人对本单位的行政应诉工作负总责，并具体规定行政机关负责人出庭应诉有关工作事宜。

2010 年 6 月 30 日，区政府办公室印发《关于开展行政执法人员资格确认和行政执法证件申领工作的通知》，规定行政执法人员资格确认条件、程序和证件申领工作的具体事宜，确保行政执法人员持证执法。

2011 年 1 月，《关于加快建设法治政府的意见》和《万盛区建设法治政府工作实施方案》实施，提出建成权责明确、决策科学、法制统一、行为规范、公正廉洁、和谐民主、监督有力的法治政府的目标。

第四节　信访工作

一、万盛区信访办公室

1984年5月9日，中共南桐矿区委、南桐矿区政府信访办公室成立，既是中共区委工作机构，又是区政府工作机构，列入中共区委工作机构序列，内设综合科1个科室。

1993年4月，更名中共万盛区委、万盛区政府信访办公室（简称区信访办）。

2001年9月，区信访办划归中共万盛区委办公室管理，业务上接受中共万盛区委办公室、万盛区政府办公室指导。

2004年9月18日，中共万盛区委、万盛区政府建立区集中处理信访突出问题及群体性事件联席会议制度，设立区信访问题联席会议办公室，与区信访办合署办公。

2005年4月19日，区信访办内设立信访督查科；组建区信访稳定信息中心，为其下属事业单位。

2009年5月25日，区信访稳定信息中心更名区信访接待中心，并在区信访办接访大厅增设涉法涉诉接访服务窗口。

2011年3月28日，万盛区群众工作联席会议办公室组建，为中共万盛区委直属正处级事业单位，与区信访办合署办公，内设群众工作科、稳定评估科。

2011年，区信访办与区信访问题联席会议办公室、区群众工作联席会议办公室合署办公，内设综合科、督查科、群众工作科和稳定评估科等科室4个，管理区信访接待中心1个事业单位。

二、区信访工作领导小组

1984年5月9日，中共南桐矿区委、南桐矿区政府组建区信访工作领导小组，下设办公室，设在区信访办。1990年12月24日，区信访工作领导小组改组为区信访落实政策领导小组。

2003年7月28日，中共万盛区委、万盛区政府组建区群众重复上访问题专项治理工作小组，下设办公室，设在区信访办。

2004年2月26日，中共万盛区委、万盛区政府组建区集中处理涉法信访问题工作领导小组，下设办公室，设在区信访办。

2005年5月8日，中共万盛区委、万盛区政府组建区信访稳定小组，万盛区政府区长任组长，下设办公室和6个专门工作组、1个政策法律咨询组、1个突出信访问题及群体性事件包案工作组。

2007年4月4日，中共万盛区委、万盛区政府组建区信访稳定领导小组。中共万盛区委书记任组长，中共万盛区委政法委书记主持小组日常工作。遇重大紧急事务，中共万盛区委政法委书记负责将其提交中共万盛区委六人信访稳定工作小组商定。小组下设办公室，设在区信访办。

2009年4月16日，中共万盛区委、万盛区政府组建区破案攻坚综合整治战役和“信访积案化解年”活动领导小组，并下设破案攻坚综合整治战役指挥部和“信访积案化解年”活动指挥部。小组下设办公室，设在中共万盛区委政法委。

三、信访受理

1984—2011年，信访受理工作分初始、发展和高发3个阶段，累计受理来信来访26557件次。初始阶段（1984—1992年），来信来访总量呈下降趋势，但是集体上访数量明显上升。发展阶段（1993—2005年），来信来访总量相对稳定，但集体上访人数总体上不断增加。来信来访数量400件～800件次的年份有9年，1000件次以上的年份有4年，集体上访次数300人次以上的年份有7年。高发阶段（2006—2011 年），年平均信访量在 1000 件次以上，集体上访呈高发态势，其中有 3 年集体上访次数超过 2500 人次。

1984—2011 年万盛区群众来信来访情况统计表

表 18-3

年份	受理来信来访总量（件次）	重点信访案件（件次）	办结案件（件次）	上级交办案件（件次）	自立自办案件（件次）	接待集体上访群众	
						件次	人次
1984	1549	–	–	–	–	–	–
1985	1665	–	–	–	–	–	–
1986	1008	–	699	35	413	–	–
1987	643	79	591	22	331	–	–
1988	509	66	461	5	263	–	–
1989	1020	50	846	6	503	–	–
1990	1320	422	1189	1	673	7	100
1991	987	355	898	1	296	8	204
1992	813	377	740	8	–	7	56
1993	694	233	638	2	235	8	70
1994	611	87	550	2	38	7	129
1995	437	77	406	–	29	4	28
1996	804	23	725	9	45	5	316
1997	1527	–	1495	1	99	28	656
1998	1256	–	1245	–	83	19	335
1999	617	–	601	10	76	–	102
2000	1189	162	1163	–	77	91	607
2001	1175	–	–	–	–	57	725
2002	549	–	–	–	–	62	639
2003	741	37	–	7	315	240	6634
2004	444	2	–	16	378	107	256
2005	678	49	624	2	–	71	1591
2006	903	260	–	5	95	48	881
2007	1132	–	–	15	230	121	2632
2008	1654	–	–	13	391	187	2267
2009	1011	–	–	19	–	98	1808
2010	807	141	–	15	324	112	2517
2011	814	136	–	6	237	105	2662

四、信访办案机制

1984年5月，区信访办开始实行每单日接待上访人员和受理信件，双日下基层调查研究处理问题的接案办案机制。

1990年，确立中共南桐矿区委、南桐矿区政府领导接待日制度，每月1次，每次1名区级领导参与接待。

1996年，中共万盛区委、万盛区政府先后召开5次会议，研究信访稳定工作，强调要一级对一级负责、不能上交矛盾，更不能激化矛盾。

2001年，完善区级领导公开接待群众来访制度，扩大参与接待的区级领导范围，增加万盛区人大常委会和政协万盛区委领导，增加接待次数和参与接待的区级领导人数，每月2次，每次2名区级领导参与接待。

2005年，拓宽信访信息渠道，行政村、社区设立“群众议事室”，及时掌握社情民意。

2006年，明确基层信访工作机构设置，落实专职信访工作人员，并将重点部门、镇街信访专职人员享受的信访津贴纳入部门预算。

2008年，推行重点信访人员网格化稳控体系，落实领导干部包案负责制，建立区政府、南桐矿业公司维稳协作机制，探索构建解决信访难案的工作体系，建立信访维稳台账新机制。

2009年，充实全区信访工作力量，增设区信访接待中心，各镇、街道和22个重点部门增配专职信访维稳干部，57个行政村、30个社区聘任综治信访专干87人。区信访稳定工作经费参照司法机关制度，全额纳入财政预算，常年设立疑难信访问题救助资金10万元，每年根据实际工作需要另行安排信访稳定专项经费。

第五节　机关事务管理

一、管理机构

2009年3月24日，万盛区机关事务管理局成立，挂万盛区政府采购中心牌子，为区政府直属事业机构，下设综合科、接待办公室、采购办公室和资产车辆管理科等科室4个。

2010年11月2日，万盛区公共资源综合交易管理委员会成立，下设办公室，挂靠在区机关事务管理局；万盛区公共资源综合交易中心成立，为副处级事业单位，与区机关事务管理局合署办公；重新设置区机关事务管理局科室，设综合科、接待办公室、资产车辆管理科和公共节能管理办公室等科室4个。区政府采购中心的职能被划入区公共资源综合交易中心，与此相应区机关事务管理局不再挂区政府采购中心牌子。区公共资源综合交易中心设信息部、交易一部和交易二部等科室3个。

2011年1月，区机关事务管理局被纳入参照公务员法管理事业单位。

二、政务接待

2009年，区机关事务管理局承办政务接待46次、协办28次，接待宾客2000余人次。其中承办国家级领导接待2次、2人次，省部级领导21次、47人次，国家部委局领导5次、52人次，省级部委办领导21次、218人次，友好区县领导3次、40人次，外省市考察团3次、45人次，台湾来宾1次、5人次，商务考察团6次、71人次，国外来宾3次、155人次；承办重要会议接待2次、115人次，重大活动接待7次、952人次。协助中共万盛区委办公室、万盛区政府办公室承办大型会议20余次。

2010年，承办政务接待108次，协办52次，接待宾客5000余人次。其中承办国家级领导接待1次、

8人次，省部级领导26次、47人次，国家部委局领导12次、78人次，省级部委办领导28次、347人次，友好区县领导10次、200人次，外省市考察团5次、65人次，商务考察团13次、150人次，国外来宾5次、175人次；承办重要会议接待5次、385人次，重大活动接待9次、2555人次。协助中共万盛区委办公室、万盛区政府办公室承办大型会议20余次。

2011年，承办政务接待138次，协办52次，接待宾客5000余人次。其中承办二级警卫接待1次、8人次，部级领导36次、57人次，国家部委局领导22次、78人次，省级部委办领导38次、347人次，友好区县领导20次、300人次，外省市考察团5次、65人次，商务考察团13次、150人次，国外来宾5次、175人次；承办重要会议接待5次、1385人次，重大活动接待9次、5555人次。协助中共万盛区委办公室、万盛区政府办公室承办大型会议20余次。

三、公务车辆管理

2009年，建立车辆管理制度，规定公务车辆管理的总体要求和编制证及维修保险及油料管理办法，明确各级公务车辆的编制核定，配置标准，购置、调配处置、报废更新及违规处理程序等。实行车辆编制证管理制度。区内各机关事业单位经审批购买且没有超编的公务车辆直接发放编制证；在使用的未经审批的公务车辆，经审批通过后补发编制证；新购车辆一律纳入编制证管理范围清查镇（街）、区级各部门公务用车。区属部门和镇街公务车辆建立电子档案台账。是年，清查镇（街）、区级各部门公务用车。区内市管车编部门(中共万盛区委、万盛区人大常委会、万盛区政府、政协万盛区委和中共万盛区纪委)有公务车37辆，政法系统(区公安分局、区人民检察院、区人民法院、区司法局)有公务车164辆，其他区管车编部门有公务车275辆，其中区属部门、乡镇和街道有公务车170辆（含不占编车20辆），事业单位、国有公司和协会有公务车105辆（含工程车）。清理出从私人、私企过户到机关单位的车辆21辆，清退涉及违规车辆4辆，处置事故隐患车辆7辆。

2010年，推行公务车辆“三定”（定点加油、定点保险、定点维修）制度，通过公开招标的方式，确定定点维修企业4家。

2011年，全区所有公务车辆全部纳入车辆编制证管理，发放编制证297个。

四、公共资源综合交易

2010年11月15日，区公共资源综合交易平台投入运营，《万盛区公共资源综合交易暂行管理办法》实施。推行定点采购制度，党群机关、政府部门、事业单位定点采购办公室自动化设备、耗材及其服务，通过政府采购的方式确定4家定点供应商。

2011年5月，采矿权转让项目纳入区公共资源综合交易平台。至2011年10月末，除国有建设用地使用权招标、拍卖、挂牌外的项目，其他公共资源交易全部纳入区公共资源综合交易平台。2011年，入场交易项目353项，成交金额86952.87万元，节约3806.20万元。其中政府采购284项，成交金额67511.84万元，节约资金493.74万元；采矿权协议转让3宗，成交金额500万元。

五、政府采购

2009年5—12月，区机关事务管理局、区财政局采购办共同举行竞争性谈判23次，公开招标5次，询价700余次。全年财政下达计划资金2992万元，实际使用资金2689万元，节约财政资金约303.6万元。

2010年，与区财政局采购办共同举行竞争性谈判78次，公开招标29次，询价1500余次。全年财政下达计划资金1.5亿元，实际使用资金1.35亿元，节约财政资金约0.15亿元。

六、非经营性国有资产管理

2010年起，按照所有权与使用权相分离的原则，逐步建立“政府所有、单位使用、财政监督、区机关事务管理局管理”的区属单位办公用房管理体制。

七、公共机构节能管理

2009年，组建区公共机构节能工作领导小组，统筹管理全区公共机构节能；建立节能目标责任制。2010年，建立公共机构节能联络员制度。至2011年，累计向各公共机构发放宣传资料15000份，组织街头宣传活动3次。

第十九篇　政协

第一章　组织机构

第一节　政协万盛区委员会

1984—2011 年，中国人民政治协商会议重庆市万盛区委员会历经 7 届，其中第一至三届每届任期 3 年，第四至七届每届任期 5 年（第六届实际任职 4 年）。1993 年 4 月，政协南桐矿区委员会更名政协万盛区委员会，届次连续计算。2011 年 10 月，国务院批准重庆市撤销万盛区、綦江县，在万盛区、綦江县的基础上设立綦江区。政协万盛区委员会职能、职权履行至政协綦江区委员会成立时为止，政协万盛区第七届委员会委员履职至政协綦江区第一届委员会委员选举产生时为止。12 月中旬，政协綦江区第一届委员会委员选举产生。

1984 年至 2007 年 4 月，政协万盛区委员会驻万盛街道新田路 74 号。2007 年 4 月至 2011 年，驻万东北路 45 号电信大楼。

1984 年 3 月，在中共南桐矿区委的领导下，中共南桐矿区委统战部、组织部会同区内各民主党派、人民团体以及相关单位协商推荐产生政协南桐矿区第一届委员会。委员会由来自中共南桐矿区委、各民主党派和无党派人士、共青团南桐矿区委、区总工会、区妇联、合作社、工商界、文艺体育界、科学技术界、农林界、教育界、医药卫生界、社会救济团体、少数民族和宗教及侨务界和特邀人士等 15 个界别的 151 名委员组成。自第二届起，每届委员会的参加单位、委员名额和人选及界别设置，经上届委员会主席会议审议同意后，由常务委员会协商决定。每届委员会任期内，如有必要增加或者变更参加单位、委员名额和决定人选，经本届委员会主席会议审议同意后，由常务委员会协商决定。

第二至三届委员会由中共南桐矿区委、各民主党派和无党派人士、共青团南桐矿区委、区总工会、区妇联、合作社、工商界、文艺体育界、科学技术界、农林界、教育界、医药卫生界、社会救济团体、少数民族和宗教及侨务界和特邀人士等 15 个界别组成。第四至七届委员会由中共万盛区委、各民主党派和无党派人士、共青团万盛区委、区总工会、区妇联、工商经济界、文艺体育界、科学技术界、农林界、教育界、医药卫生界、社会救济团体、少数民族和宗教及侨务界、特邀人士等 14 个界别组成。

政协万盛区第一至七届委员会委员构成情况一览表

表 19-1　　　　单位：人

项目		第一届	第二届	第三届	第四届	第五届	第六届	第七届
委员数量		151	160	159	165	168	159	165
界别构成	中共万盛区委	10	8	8	9	10	9	9
	民主党派和无党派人士	6	10	12	11	20	8	12
	共青团万盛区委	5	5	5	6	5	6	5
	区总工会	11	9	9	10	8	9	9
	区妇联	7	7	7	7	7	7	7
	合作社	6	6	6	–	–	–	–
	工商界	13	16	17	25	29	30	28
	文艺体育界	5	6	8	5	4	5	5
	科学技术界	17	20	20	21	14	13	14
	农林界	12	15	16	18	14	16	16
	教育界	15	12	14	13	10	15	13
	医药卫生界	13	14	14	11	7	10	10
	社会救济团体	2	2	2	2	2	3	5
	少数民族宗教及侨务界	7	7	6	6	6	8	8
	特邀人士	22	23	15	21	28	20	24
性别构成	男	119	122	119	132	126	123	–
	女	32	38	40	33	42	36	–
党派构成	中共党员	58	61	64	66	65	74	69
	民主党派及无党派人士	92	99	95	99	103	85	96
民族构成	汉族	141	150	153	159	161	155	–
	少数民族	10	10	6	6	7	4	–

说明：1. 以上界别划分人数以每届第一次会议确定数为准。2. 第四届、第五届未设民主党派界别，而将民主党派成员划入其他界别之中，在整理此表格时，将民主党派成员从其他各界划出来，列入民主党派界别中，相应扣减其他各界人数

第二节　政协万盛区委员会常务委员会

政协万盛区委员会常务委员会是政协万盛区委员会的常设机构，在全体会议闭会期间主持政协万盛区委工作。常委会由主席、副主席、秘书长和常务委员组成，其候选人由参加区政协委员会的各党派、人民团体、各民族和各界人士协商提名，经全体委员会议选举产生，对区政协委员会负责并报告工作，

任期与区政协委员会任期相同。区政协常委会一般每季度召开常委会议 1 次，必要时可临时组织，会议议程由主席会议拟定。1984—2011 年，区政协常委会累计召开常务委员会议 171 次。其中第一届 14 次，第二届 14 次，第三届 17 次，第四届 27 次，第五届 30 次（含在 2001 年 2 月 5—8 日区政协五届四次全体会议期间召开的 2 次常委会议和 2002 年 2 月 25—28 日区政协五届五次全体会议会期间召开的 2 次常委会议。这 4 次常委会议未列入例行常委会序列），第六届 33 次，第七届 36 次。

区政协委员会主席、副主席、秘书长组成主席会议。根据工作需要，区政协委员会副秘书长、各专门委员会和办公室负责人可列席主席会议。主席会议主要职责是处理区政协常委会重要日常工作。1984 年至 1993 年 5 月，主席会议原则上每月召开 1 次；1993 年 6 月至 1998 年 1 月，原则上两月召开 1 次；1998 年 2 月至 2011 年 11 月，原则上每月召开 1 次。主席会议召开日期和议程由主席提出、或由秘书长、秘书长会议提出报告主席。区政协第五届委员会召开主席会议 53 次，第六届委员会召开 20 次，第七届委员会召开 20 次。

政协万盛区第一至七届委员会主席、副主席和秘书长一览表

表 19–2

届次	姓名	性别	民族	籍贯	党派	职务	任职时间	备注
第一届	贺永增	男	汉	山东齐河	中共	主席	1984.04—1987.04	
	徐政	男	汉	上海	中共	副主席	1984.04—1985.10	兼任政协万盛区委秘书长
	张迅	男	汉	山东牟平	中共	副主席	1984.04—1987.04	
	吴雨仁	男	苗	重庆秀山	无党派	副主席	1984.04—1987.04	
	杨朝镛	男	汉	四川富顺	无党派	副主席	1984.04—1987.04	非驻会
	谢楚锋	男	汉	浙江余姚	无党派	副主席	1984.04—1987.04	非驻会
	徐政	男	汉	上海	中共	秘书长	1984.04—1985.10	
第二届	贺永增	男	汉	山东齐河	中共	主席	1987.04—1990.02	
	彭欣	男	汉	重庆巴南	中共	副主席	1987.04—1988.10	
	谭安明	男	汉	重庆涪陵	中共	副主席	1987.04—1988.03	
	吴雨仁	男	苗	重庆秀山	无党派	副主席	1987.04—1990.02	
	张相生	男	汉	湖北孝感	无党派	副主席	1987.04—1990.02	非驻会
	庄志明	男	汉	福建惠安	无党派	副主席	1987.04—1990.02	非驻会
	李碧澄	男	汉	重庆綦江	中共	副主席	1988.04—1990.02	1988 年 4 月，区政协二届二次会议补选
	穆根固	男	汉	重庆江津	中共	秘书长	1987.04—1990.02	
第三届	李维焱	男	汉	重庆万盛	中共	主席	1990.03—1993.02	
	余明贵	男	汉	重庆潼南	中共	副主席	1990.03—1993.02	
	熊荣光	男	汉	四川富顺	中共	副主席	1990.03—1993.02	非驻会
	唐仲凯	男	汉	重庆江津	民进	副主席	1990.03—1993.02	
	王前狄	男	汉	重庆忠县	九三学社	副主席	1990.03—1993.02	非驻会

续表

届次	姓名	性别	民族	籍贯	党派	职务	任职时间	备注
第三届	张海潮	男	汉	重庆开县	九三学社	副主席	1990.03—1993.02	非驻会
	庄志明	男	汉	福建惠安	无党派	副主席	1990.03—1993.02	非驻会
	梁金亭	男	汉	江苏徐州	中共	秘书长	1990.03—1993.02	
第四届	唐宗碧	女	汉	重庆合川	中共	主席	1993.03—1994.08	1994年8月，改任区政协巡视员
	尤春香	女	汉	重庆万盛	中共	主席	1994.12—1997.12	1994年12月，区政协四届三次会议补选
	颜如琛	男	汉	重庆巴南	中共	副主席	1993.03—1994.08	
	梁金亭	男	汉	江苏徐州	中共	副主席	1993.03—1995.06	1993年3月至1994年12月，兼任区政协秘书长
	王茂贵	男	汉	重庆万盛	中共	副主席	1993.03—1997.12	非驻会
	王恒	男	汉	四川都江堰	民进	副主席	1993.03—1997.12	
	王前狄	男	汉	重庆忠县	无党派	副主席	1993.03—1997.12	非驻会
	张培先	男	汉	重庆万州	九三学社	副主席	1993.03—1994.12	
	张大根	男	汉	重庆江北	无党派	副主席	1993.03—1997.12	非驻会
	田登先	女	汉	重庆巴南	中共	副主席	1994.12—1997.12	1994年12月，区政协四届三次会议补选
	王邦成	男	汉	重庆南川	中共	副主席	1994.12—1997.12	1994年12月，区政协四届三次会议补选，兼任区政协秘书长
	刘文龙	男	汉	河北衡水	九三学社	副主席	1994.12—1997.12	1994年12月，区政协四届三体会议补选，非驻会
	梁金亭	男	汉	江苏徐州	中共	秘书长	1993.03—1994.12	
	王邦成	男	汉	重庆南川	中共	秘书长	1994.12—1997.12	1994年12月，区政协四届三次会议补选
第五届	尤春香	女	汉	重庆万盛	中共	主席	1998.01—2003.03	
	田登先	女	汉	重庆巴南	中共	副主席	1998.01—2003.03	
	王茂贵	男	汉	重庆万盛	中共	副主席	1998.01—2003.03	非驻会。2001年4月，改任驻会副主席
	王邦成	男	汉	重庆南川	中共	副主席	1998.01—2003.03	
	翁善全	男	汉	重庆巴南	无党派	副主席	1998.01—2003.03	
	马三强	男	汉	湖北利川	民进	副主席	1998.01—2003.03	非驻会
	刘文龙	男	汉	河北衡水	九三学社	副主席	1998.01—2001.12	非驻会

续表

届次	姓名	性别	民族	籍贯	党派	职务	任职时间	备注
第五届	杨光松	男	土家	重庆秀山	民革	副主席	1998.01—2001.12	非驻会
	陈望来	男	汉	上海闵行	民进	副主席	2002.02—2003.03	2002 年 2 月，区政协五届五次会议补选，非驻会
	傅开鑫	男	汉	重庆万盛	九三学社	副主席	2002.02—2003.03	2002 年 2 月，区政协五届五次会议补选，非驻会
	朱金明	男	汉	重庆万盛	中共	秘书长	1998.01—2003.03	
第六届	岳建忠	男	汉	山西武乡	中共	主席	2003.03—2005.02	
	李钟亮	男	汉	四川新津	中共	主席	2005.02—2007.02	2005 年 2 月，区政协六届三次会议补选
	田登先	女	汉	重庆巴南	中共	副主席	2003.03—2006.02	
	王邦成	男	汉	重庆南川	中共	副主席	2003.03—2007.02	
	周训禾	男	汉	重庆巴南	中共	副主席	2003.03—2004.06	
	陈望来	男	汉	上海闵行	民进	副主席	2003.03—2004.06	
	傅开鑫	男	汉	重庆万盛	九三学社	副主席	2003.03—2007.02	非驻会
	冯天俊	男	汉	重庆渝中	民革	副主席	2003.03—2007.02	非驻会。2004 年 10 月，改任驻会副主席
	胡章	男	汉	重庆綦江	民革	副主席	2003.03—2007.02	非驻会
	戴廷科	男	汉	重庆綦江	中共	副主席	2005.02—2007.02	2005 年 2 月，区政协六届三次会议补选
	牟伟	男	汉	重庆綦江	无党派	副主席	2005.02—2007.02	2005 年 2 月，区政协六届三次会议补选
	朱金明	男	汉	重庆万盛	中共	秘书长	2003.03—2003.05	
	吴雪毅	女	汉	四川金堂	中共	秘书长	2004.02—2007.02	2004 年 2 月，区政协六届二次会议补选
第七届	吕进	男	汉	四川遂宁	中共	主席	2007.02—2011.12	
	戴廷科	男	汉	重庆綦江	中共	副主席	2007.02—2011.12	
	傅开鑫	男	汉	重庆万盛	九三学社	副主席	2007.02—2011.12	非驻会
	胡章	男	汉	重庆綦江	民革	副主席	2007.02—2011.12	
	牟伟	男	汉	重庆綦江	无党派	副主席	2007.02—2011.12	
	侯家元	男	汉	重庆万盛	中共	副主席	2007.02—2011.12	
	赵威	男	汉	重庆万州	中共	副主席	2007.02—2009.08	
	刘林	女	汉	重庆綦江	民进	副主席	2007.02—2011.12	

续表

届次	姓名	性别	民族	籍贯	党派	职务	任职时间	备注
第七届	周亚华	男	汉	重庆城口	中共	副主席	2010.08—2011.12	2010年8月，区政协七届五次会议补选
	曾祥明	男	汉	四川广安	中共	秘书长	2007.02—2010.01	
	张萍	女	汉	重庆綦江	中共	秘书长	2010.01—2011.12	

第三节 政协万盛区委员会工作机构

一、专门委员会及委员小组（工作组）

专门委员会和工作组受区政协常委会和主席会议的领导，是组织委员开展经常性活动的机构，是履行政协职能的重要基础，是广泛联系政协委员的组织。

1984年7月19日，区政协一届二次常委会议决定组建提案工作委员会和经济建设、农业林业、侨务台务、法制、教育、文化体育、妇幼、医药卫生、科学技术、民族等10个工作组。

1987年6月24日，区政协二届二次常委会议决定组建提案工作委员会和经济建设、农业林业、侨务台务、法制、文化体育教育、妇幼、医药卫生、科学技术、民族等9个工作组。

1990年2月27日，区政协三届一次常委会议决定组建提案、经济建设、农林民族、科技卫生、文化教育体育、侨台、法制、妇女青年、学习宣传、文史资料等10个专门工作委员会和大型厂矿、农林、机关及人民团体、工业交通及财贸、文化教育及卫生等5个工作组。

1993年3月1日，区政协四届二次常委会议决定组建提案、经济建设、群团政法、学习文史、民族侨台、科学技术、文化教育体育卫生等7个专门委员会和工会共青团妇联、农林民族、工业交通财贸、科学技术、教育文化体育、医药卫生、机关等7个委员小组。

1998年1月3日，区政协五届一次常委会议决定组建提案、经济建设、群团政法、学习文史、民族侨台、科学技术、文化教育体育卫生等7个专门委员会和农林民族、工商经济、科学技术、工会共青团妇联、教育体育、机关、文化卫生等7个委员小组。

2003年3月9日，区政协六届一次常委会议决定组建提案、经济、农林、民族侨台、教育体育文化卫生、群团政法、学习文史等7个专门委员会和民宗侨台、科技农业（2004年1月改为农业）、工商经济、工会共青团妇联、教育（2004年1月改为教育科技）、文化卫生等7个委员小组。2004年1月12日，区政协六届七次常委会议决定增设城乡建设环境保护工作委员会。

第七届政协将专门委员会和委员小组合二为一，设立提案、经济、农业、民宗侨台、城乡建设和环境保护、教体文卫、社会法制、学习文史等8个专门委员会。

二、区政协机关内部办事机构

1984年4月，区政协委员会成立时，机关内部未设立专门办事机构。

1989年12月16日，中共南桐矿区委批准区政协机关设立政协办公室、联络工作办公室、专门委员会工作办公室3个办事机构。1990年4月，联络工作办公室更名联络办公室，专门委员会工作办公室更名委组办公室。2001年，撤销委组办公室，设立经济办公室、科技文卫办公室。

第二章　政协万盛区委全体委员会议

政协万盛区委员会每年至少召开一次全体委员会议。1984—2011年，全体委员会议有30次，其中第一届3次，第二届3次，第三届3次，第四届6次，第五届5次，第六届4次，第七届6次。

第一节　政协南桐矿区第一届委员会全体委员会议

一届三次全体委员会议　1986年3月26—31日，区政协一届三次全体委员会议在万盛举行，应到委员151人，实到115人，列席11人。会议听取和审议区政协副主席杨朝镛作的《关于政协南桐矿区第一届委员会常务委员会工作报告》、区政协副主席兼提案工作委员会主任吴雨仁作的《关于政协南桐矿区第一届委员会第二次会议以来的提案工作报告》，并作出相应决议；列席区十届三次人民代表大会，听取并协商讨论区政府工作报告和《关于〈南桐矿区国民经济与社会发展第七个五年（1986—1990年）计划（草案）〉说明的报告》及其他报告；审议并通过《政协重庆市南桐矿区第一届委员会第三次会议决议》。会议期间，收到委员提案35件。

第二节　政协南桐矿区第二届委员会全体委员会议

二届一次全体委员会议　1987年4月20—25日，区政协二届一次全体委员会议在万盛举行，出席会议委员137人，列席13人。会议听取和审议区政协副主席吴雨仁作的《关于政协南桐矿区第一届委员会常务委员会工作报告》、区政协常务委员委兼提案工作委员会副主任颜如琜作的《政协南桐矿区第二届委员会第一次会议关于提案审查报告》，并作出相应决议；列席区十一届一次人民代表大会，听取并协商讨论区政府工作报告及其他报告；审议并通过《政协重庆市南桐矿区第二届委员会第一次会议决议》。会议期间，收到委员提案105件，经过审查立案102件。会议选举产生区政协第二届委员会主席、副主席、秘书长和常务委员。选举贺永增为主席，彭欣、谭安明、吴雨仁（苗族）、张相生、庄志明为副主席，穆根固为秘书长，王前狄、邓洪森、古发先（女）、向先富、向朝宾、刘大颂、李明海、李泽龙（民革）、李承绪（民建）、吴思忠、张大根、陈远志、周昌源、唐仲凯（民进）、阎治中、熊荣才（苗族）、颜如琜为常务委员。

二届二次全体委员会议　1988年4月13—17日，区政协二届二次全体委员会议在万盛举行，应到委员160人，实到 122人，列席11人。会议听取和审议区政协副主席吴雨仁作的《关于政协南桐矿区第二届委员会常务委员会工作报告》、区政协常务委员委兼提案工作委员会副主任颜如琜作的《政协南桐矿区第二届委员会第一次会议以来提案工作情况的报告》，并作出相应决议；列席区十一届二

次人民代表大会，听取并协商讨论区政府工作报告及其他报告；审议并通过《政协重庆市南桐矿区第二届委员会第二次会议决议》。从本次会议开始，政协委员提案不再限于会议期间提出，全年任何时间均可提出。会议补选李碧澄为区政协第二届委员会副主席。

二届三次全体委员会议　1989 年 4 月 11—16 日，区政协二届三次全体委员会议在万盛举行，应到委员 160 人，实到 132 人，列席 32 人。会议听取和审议区政协副主席张相生作的《关于政协南桐矿区第二届委员会常务委员会工作报告》、区政协常务委员委兼提案工作委员会副主任颜如琫作的《政协南桐矿区第二届委员会第三次会议会关于提案审查情况的报告》，并作出相应决议；列席区十一届三次人民代表大会，听取并协商讨论区政府工作报告及其他报告；通报区政协 1988 年委组工作情况，并表彰优秀的专门委员会和委员小组；审议并通过《政协重庆市南桐矿区第二届委员会第三次会议决议》。

第三节　政协南桐矿区第三届委员会全体委员会议

三届一次全体委员会议　1990 年 2 月 25 日至 3 月 3 日，区政协三届一次全体委员会议在万盛举行，出席会议委员 159 人，列席 25 人。会议听取和审议区政协副主席李碧澄作的《关于政协南桐矿区第二届委员会常务委员会工作报告》、区政协常务委员委兼提案工作委员会副主任颜如琫作的《政协南桐矿区第三届委员会第一次会议关于提案审查报告》，并作出相应决议；列席区十二届一次人民代表大会，听取并协商讨论区政府工作报告及其他报告；审议并通过《政协重庆市南桐矿区第三届委员会第一次会议决议》。会议期间，收到委员提案 105 件，经过审查立案 102 件。会议选举产生区政协第三届委员会主席、副主席、秘书长和常务委员。选举李维焱为主席，余明贵、熊荣光、唐仲凯、王前狄（九三学社）、张海潮、庄志明为副主席，梁金亭为秘书长，王万荣、尹才安、刘大颂、刘远尤、刘思亮、吴太昆、李泽龙（台属）、汪萃薇（女）、张大根、张希凤（女）、陈锦荣、罗致、周昌源、彭永辉、熊荣才（苗族）、张济伯、陈国芬（女）为常务委员。

三届二次全体委员会议　1991 年 3 月 17—22 日，区政协三届二次全体委员会议在万盛举行，应到委员 159 人，实到 135 人，列席 28 人。会议学习中共十三届七中全会文件、学习传达四川省政协六届四次会议和重庆市政协九届四次会议精神；听取和审议区政协副主席唐仲凯作的《关于政协南桐矿区第三届委员会常务委员会工作报告》、区政协副主席兼提案工作委员会主任余明贵作的《政协南桐矿区第三届委员会第一次会议会以来提案工作情况报告》，并作出相应决议；列席区十二届二次人民代表大会，听取并协商讨论区政府工作报告和《关于〈南桐矿区国民经济与社会发展十年规划和第八个五年（1991—1995 年）计划纲要（草案）〉说明的报告》；表彰区政协先进的专门工作委员会、委员小组和积极分子；审议并通过《政协重庆市南桐矿区第三届委员会第二次会议决议》。

三届三次全体委员会议　1992 年 1 月 21—24 日，区政协三届三次全体委员会议在万盛举行，应到委员 159 人，实到 159 人，列席 22 人。会议学习、贯彻中共十三届八中全会决定；听取和审议区政协副主席唐仲凯作的《关于政协南桐矿区第三届委员会常务委员会工作报告》、区政协副主席兼提案工作委员会主任余明贵作的《政协南桐矿区第三届委员会第二次会议会以来提案工作情况报告》，并作出相应决议；列席区十二届三次人民代表大会，听取并协商讨论区政府工作报告及其他报告；审议并通过《政协重庆市南桐矿区第三届委员会第三次会议决议》。

第四节　政协万盛区第四届委员会全体委员会议

四届一次全体委员会议　1993年2月25日至3月2日，区政协四届一次全体委员会议在万盛举行，应到委员165人，实到165人，列席50人。会议听取和审议区政协主席李维焱作的《关于政协南桐矿区第三届委员会常务委员会工作报告》、区政协常务委员委兼提案工作委员会副主任颜如琫作的《政协南桐矿区第三届委员会关于提案工作的报告》，并作出相应决议；列席区十三届一次人民代表大会，听取并协商讨论区政府工作报告及其他报告；审议并通过《政协重庆市南桐矿区第四届委员会第一次会议决议》。会议选举产生区政协第四届委员会主席、副主席、秘书长和常务委员。选举唐宗碧（女）为主席，颜如琫、梁金亭、王茂贵、王恒、王前狄（九三学社）、张大根（无党派）、张培先（九三学社）为副主席，梁金亭为秘书长，马三强、王邦成、王宗先（女）、尹才安、古发先（女）、田建渝（女）、刘光才、刘远尤、杨光松（土家族）、杨荣汉、李崇义、汪萃薇（女）、沈前林、张丛林、陈锦荣、罗致、胡超、曾开华、杨会元为常务委员。

四届二次全体委员会议　1994年1月25—28日，区政协四届二次全体委员会议在万盛举行。会议听取和审议区政协主席唐宗碧作的《关于政协万盛区第四届委员会常务委员会工作报告》、区政协副主席兼提案工作委员会主任颜如琫作的《政协万盛区第四届委员会第一次会议会以来提案工作情况报告》，并作出相应决议；列席区十三届二次人民代表大会，听取并协商讨论区政府工作报告及其他报告；审议并通过《政协重庆市万盛区第四届委员会第二次会议决议》。

四届三次全体委员会议　1994年12月20日，区政协四届三次全体委员会议在万盛举行。会议听取审议区政协副主席、区委统战部长王茂贵作《关于政协万盛区四届三次全体会议补选主席、副主席、秘书长和常务委员候选人名单的说明》；听取区政府区长李贻盛《关于1994年全区经济社会发展情况的通报》。会议补选区政协第四届委员会主席、副主席、秘书长和常务委员。选举尤春香（女）为主席，田登先（女）、王邦成、刘文龙（九三学社）为副主席，王邦成为秘书长，谭家斌为常务委员。

四届四次全体委员会议　1995年1月14—18日，区政协四届四次全体委员会议万盛举行，出席会议委员166人。会议听取和审议区政协主席尤春香作的《关于政协万盛区第四届委员会常务委员会工作报告》、区政协巡视员兼提案工作委员会主任颜如琫作的《政协万盛区第四届委员会第二次会议会以来提案工作情况报告》，并作出相应决议；列席区十三届三次人民代表大会，听取并协商讨论区政府工作报告及其他报告；审议并通过《政协重庆市万盛区第四届委员会第四次会议决议》。

四届五次全体委员会议　1996年2月2—7日，区政协四届五次全体委员会议在万盛举行，出席会议委员165人，列席60人。会议听取和审议区政协副主席田登先作的《关于政协万盛区第四届委员会常务委员会工作报告》、区政协巡视员兼提案工作委员会主任颜如琫作的《政协万盛区第四届委员会第四次会议会以来提案工作情况报告》，并作出相应决议；列席区十三届四次人民代表大会，听取并协商讨论区政府工作报告和《关于〈万盛区国民经济与社会发展第九个五年计划及2010年远景规划纲要（草案）〉说明的报告》；组织与会委员视察万盛石林风景区和汤家沟水库工程；表彰1994—1995年度先进专门工作委员会、委员小组和政协委员以及1993—1995年度优秀提案；审议并通过《政协重庆市万盛区第四届委员会第五次会议决议》。

四届六次全体委员会议　1997年5月11—16日，区政协四届六次全体委员会议在万盛举行，出席会议委员165人，列席59人。会议听取和审议区政协主席尤春香作的《关于政协万盛区第四届委员会常务委员会工作报告》、区政协副主席兼提案工作委员会主任田登先作的《政协万盛区第四届委员会第五次会议会以来提案工作情况报告》，并作出相应决议；列席区十三届五次人民代表大会，听取并协商讨论区政府工作报告及其他报告；组织与会委员视察南桐镇供水工程建设情祝、景星乡蔬菜基地和猕猴桃基地、黑山谷风景区，参观城区总体规划模型、安居工程红枫A区规划模型；审议并通过《政协重庆市万盛区第四届委员会第六次会议决议》。

第五节　政协万盛区第五届委员会全体委员会议

五届一次全体委员会议　1997年12月29日至1998年1月3日，区政协五届一次全体委员会议在万盛举行，出席会议委员168人，列席55人。会议听取和审议区政协主席尤春香作的《关于政协万盛区第四届委员会常务委员会工作报告》、区政协副主席兼提案工作委员会副主任田登先作的《政协万盛区第四届委员会提案工作情况报告》，并作出相应决议；列席区十四届一次人民代表大会，听取并协商讨论区政府工作报告和区政府提出的《万盛区国民经济与社会发展第九个五年（1996—2000年）计划和2010年远景目标规划（草案）》（根据区十三届人民代表大会第四次会议通过的《重庆市万盛区国民经济和社会发展第九个五年（1996—2000年）计划及2010年远景规划（草案）》修改）；审议并通过《政协重庆市万盛区第五届委员会第一次会议决议》。会议选举产生区政协第五届委员会主席、副主席、秘书长和常务委员。选举尤春香（女）为主席，马三强（民进）、王邦成、王茂贵、田登先（女）、刘文龙（九三学社）、杨光松（土家族，民革）、翁善全（无党派）为副主席，朱金明为秘书长，于永东、马泽勋、王建军、龙明虎、叶正西、刘宁、杨杰、杨银学（苗族）、李崇义、张崇德、陈望来（民进）、罗德泉（台属）、胡章（民革）、程守愚、曾开华、雷虹（女）、雷瑞宏（无党派）为常务委员。

五届二次全体委员会议　1999年1月17—21日，区政协五届二次全体委员会议在万盛举行，出席会议委员168人，列席54人。会议听取和审议区政协主席尤春香作的《关于政协万盛区第五届委员会常务委员会工作报告》、区政协副主席兼提案工作委员会副主任田登先作的《政协万盛区第五届委员会第一次会议会以来提案工作情况报告》，并作出相应决议；列席区十四届二次人民代表大会，听取并协商讨论区政府工作报告及其他报告；审议并通过《政协重庆市万盛区第五届委员会第二次会议决议》。会议补选区政协第五届委员会常务委员，选举牟伟、张琳为常务委员。

五届三次全体委员会议　2000年1月14—16日，区政协五届三次全体委员会议在万盛举行，出席会议委员168人，列席60人。会议听取和审议区政协主席尤春香作的《关于政协万盛区第五届委员会常务委员会工作报告》、区政协副主席兼提案工作委员会副主任田登先作的《政协万盛区第五届委员会第二次会议会以来提案工作情况报告》，并作出相应决议；列席区十四届三次人民代表大会，听取并协商讨论区政府工作报告及其他报告；审议并通过《政协重庆市万盛区第五届委员会第三次会议决议》。

五届四次全体委员会议　2001年2月5—8日，区政协五届三次全体委员会议在万盛举行，出席会议委员167人，列席61人。会议听取和审议区政协主席尤春香作的《关于政协万盛区第五届委员会常务委员会工作报告》、区政协副主席兼提案工作委员会副主任田登先作的《政协万盛区第五届委员会第三次会议会以来提案工作情况报告》，并作出相应决议；列席区十四届四次人民代表大会，听取并协商讨论区政府工作报告和《关于〈万盛区国民经济与社会发展第十个五年（2001—2005年）计划纲要（草案）〉说明的报告》；听取重庆市科学技术委员会主任张勤作的《关于信息网络知识的报告》；

审议并通过《政协重庆市万盛区第五届委员会第四次会议决议》。

五届五次全体委员会议　2002年2月25—28日，区政协五届三次全体委员会议在万盛举行，出席会议委员169人，列席59人。会议听取和审议区政协主席尤春香作的《关于政协万盛区第五届委员会常务委员会工作报告》、区政协副主席兼提案工作委员会副主任田登先作的《政协万盛区第五届委员会第四次会议会以来提案工作情况报告》，并作出相应决议；列席区十四届五次人民代表大会，听取并协商讨论区政府工作报告及其他报告；组织与会委员视察福耀玻璃集团（重庆）公司和汤家沟水库；审议并通过《政协重庆市万盛区第五届委员会第五次会议决议》。会议补选区政协第五届委员会副主席、常务委员，选举傅开鑫（九三学社）、陈望来（民进）为副主席，吴应欢、吴瑶、赵学玉、钟经济、段昌俊、霍本林为常务委员。

第六节　政协万盛区第六届委员会全体委员会议

六届一次全体委员会议　2003年3月5—10日，区政协六届一次全体委员会议在万盛举行，出席会议委员159人，列席39人。会议听取和审议区政协副主席王邦成作的《关于政协万盛区第五届委员会常务委员会工作报告》、区政协副主席兼提案工作委员会副主任田登先作的《政协万盛区第五届委员会提案工作情况报告》，并作出相应决议；列席区十五届一次人民代表大会，听取并协商讨论区政府工作报告和其他报告；组织与会委员及列席人员视察万盛石林—黑山谷旅游环线公路建设情况；审议并通过《政协重庆市万盛区第六届委员会第一次会议决议》。会议选举产生区政协第六届委员会主席、副主席、秘书长和常务委员。选举岳建忠为主席，田登先（女）、王邦成、周训禾、陈望来（民进）、傅开鑫（九三学社）、冯天俊（民革）、胡章（民革）为副主席，朱金明为秘书长，马泽勋、王银合、王慧明、令狐昌学、刘林（女，民进）、刘学能、牟伟（无党派）、杨柏林、李奂生（女）、李德明、吴应欢、何兴玲（女）、罗裕明、钟经济、郭明木、唐应良、蒋世秀（女）、谭祈元为常务委员。

六届二次全体委员会议　2004年2月8—12日，区政协六届二次全体委员会议在万盛举行，出席会议委员166人，列席57人。会议听取和审议区政协副主席田登先作的《关于政协万盛区第六届委员会常务委员会工作报告》、区政协副主席陈望来作的《政协万盛区第六届委员会第一次会议会以来提案工作情况报告》，并作出相应决议；列席区十五届二次人民代表大会，听取并协商讨论区政府工作报告及其他报告；组织与会委员及列席人员视察綦万高速公路施工情况；审议并通过《政协重庆市万盛区第六届委员会第二次会议决议》。会议补选区政协第六届委员会秘书长、常务委员，选举吴雪毅为秘书长，霍本林为常务委员。

六届三次全体委员会议　2005年2月25—28日，区政协六届三次全体委员会议在万盛举行，出席会议委员157人，列席50人。会议听取和审议区政协副主席田登先作的《关于政协万盛区第六届委员会常务委员会工作报告》、区政协副主席冯天俊作的《政协万盛区第六届委员会第二次会议会以来提案工作情况报告》，并作出相应决议；列席区十五届三次人民代表大会，听取并协商讨论区政府工作报告及其他报告；表彰2003年、2004年的区政协委员优秀提案、先进委员、先进专门工作委员会及委员小组；审议并通过《政协重庆市万盛区第六届委员会第三次会议决议》。会议补选区政协第六届委员会主席、副主席，选举李钟亮为主席，戴廷科、牟伟（无党派）为副主席。

六届四次全体委员会议　2006年2月13—16日，区政协六届四次全体委员会议在万盛举行。会议听取和审议区政协主席李钟亮作的《关于政协万盛区第六届委员会常务委员会工作报告》、区政协

副主席田登先作的《政协万盛区第六届委员会第三次会议会以来提案工作情况报告》，并作出相应决议；列席区十五届四次人民代表大会，听取并协商讨论区政府工作报告和《关于〈万盛区国民经济与社会发展第十一个五年（2006—2010年）计划纲要（草案）〉说明的报告》；审议并通过《政协重庆市万盛区第六届委员会第四次会议决议》。会议期间，收到委员提案230件、立案213件。

第七节　政协万盛区第七届委员会全体委员会议

七届一次全体委员会议　2007年2月3—7日，区政协第七届一次全体委员会议在万盛举行，出席会议委员165人、列席54人。会议听取和审议区政协主席李钟亮作的《关于政协万盛区第六届委员会常务委员会工作报告》、区政协副主席戴廷科作的《政协万盛区第六届委员会提案工作情况报告》，并作出相应决议；列席区十六届一次人民代表大会，听取并协商讨论区政府工作报告及其他报告；审议并通过《政协重庆市万盛区第七届委员会第一次会议决议》。会议选举产生区政协第七届委员会主席、副主席、秘书长和常务委员。选举吕进为主席，傅开鑫（九三学社）、刘林（女，民进）、牟伟（无党派）、胡章（民革）、赵威、侯家元、戴廷科为副主席，曾祥明为秘书长，马泽勋、王银合、尤元超、令狐昌学、吕萍（女）、朱启学、刘学能、杨林相、刘朝明、吴云山、罗明兰（女）、周晓东、胡生全、胡照钢、饶健、夏苗、康远锡、敬雨龙、鲁广明、游龙奇为常务委员。

七届二次全体委员会议　2008年2月25—28日，区政协七届二次全体委员会议在万盛举行。会议听取和审议区政协主席吕进作的《关于政协万盛区第七届委员会常务委员会工作报告》、区政协副主席戴廷科作的《政协万盛区第七届委员会第一次会议会以来提案工作情况报告》，并作出相应决议；列席区十六届三次人民代表大会，听取并协商讨论区政府工作报告及其他报告；审议并通过《政协重庆市万盛区第七届委员会第二次会议决议》。会议期间，收到委员提案253件、立案196件。

七届三次全体委员会议　2009年1月16—19日，区政协七届三次全体委员会议在万盛举行。会议听取和审议区政协主席吕进作的《关于政协万盛区第七届委员会常务委员会工作报告》、区政协副主席戴廷科作的《政协万盛区第七届委员会第二次会议会以来提案工作情况报告》，并作出相应决议；列席区十六届四次人民代表大会，听取并协商讨论区政府工作报告及其他报告；审议并通过《政协重庆市万盛区第七届委员会第三次会议决议》。

七届四次全体委员会议　2010年1月28—31日，区政协七届四次全体委员会议在万盛举行。会议听取和审议区政协主席吕进作的《关于政协万盛区第七届委员会常务委员会工作报告》、区政协副主席牟伟作的《政协万盛区第七届委员会第三次会议会以来提案工作情况报告》，并作出相应决议；列席区十六届五次人民代表大会，听取并协商讨论区政府工作报告及其他报告；审议并通过《政协重庆市万盛区第七届委员会第四次会议决议》。

七届五次全体委员会议　2010年8月27日，区政协七届五次全体委员会议在万盛举行。会议补选区政协第七届委员副主席，选举周亚华为副主席。

七届六次全体委员会议　2011年1月17—19日，区政协七届六次全体委员会议在万盛举行。会议听取和审议区政协主席吕进作的《关于政协万盛区第七届委员会常务委员会工作报告》、区政协副主席周亚华作的《政协万盛区第七届委员会第四次会议会以来提案工作情况报告》，并作出相应决议；列席区十六届五次人民代表大会，听取并协商讨论区政府工作报告和《关于〈万盛区国民经济与社会发展第十二个五年（2011—2015年）计划纲要（草案）〉说明的报告》；审议并通过《政协重庆市万盛区第七届委员会第六次会议决议》。会议期间，收到委员提案 207 件、立案 139 件。

第三章　政协工作

《中国人民政治协商会议章程修正案》第二条明确中国人民政治协商会议各地方委员会的主要职能是政治协商、民主监督、参政议政。“三大职能”贯穿于政协的全部工作之中，相互交融、相互作用。2004 年 8 月 20 日，区政协六届十三次常务委员会议通过《政协重庆市万盛区委员会关于政治协商、民主监督、参政议政的实施细则》，使政治协商、民主监督、参政议政规范化、制度化。

第一节　政治协商

区政协通过全体委员会议、常务委员会议、主席会议和专题会议等多种形式，协商讨论万盛经济政治社会发展中的重大事务，对促进中共万盛区委、万盛区政府科学、民主决策，提高决策的有效性和可行性起到重要作用。

每年区政协全体委员会议听取区政府工作报告、区人民法院工作报告、区人民检察院工作报告、区国民经济与社会发展计划及执行情况、区财政预算及执行情况和区国民经济与社会发展五年规划（计划）草案，并协商讨论，提出意见、建议，为中共万盛区委、万盛区政府、区人民法院、区人民检察院作出科学决策提供支持。

1984—2011 年，区政协常委会议先后听取区政府及其部门国民经济和社会发展五年规划（计划）草案、经济社会发展远景目标纲要草案、经济体制改革、政治思想工作、精神文明建设、国有企业改革、物价改革、商业供销系统改革、非公有制经济发展、农业生产、水资源综合开发利用、綦江—万盛公路和南川—万盛高速公路建设、城市建设、教育体制改革、科技兴区和科技兴农、再就业工程等涉及全区经济、政治和社会生活的重大问题的通报，并协商讨论提出积极的意见和建议，供决策部门参考。区政协常委会议还就农业结构调整和农民增收、特色产业园区建设、招商引资、黑山谷风景区开发、矿产资源开发与生态环境保护等重大问题开展专题协商，并提出有价值的意见和建议，供决策部门参考。

1997—2011 年，区政协主席会议先后听取万盛区政府及其部门关于财贸、供销社“两社两化”（专业合作社、综合服务社、商品经营连锁化、农业产业化）建设、国税、国土、质量监督、农业结构调整、特色农业发展、旅游体制改革、雷神店—麻坝河公路建设、城市建设、人防工程建设与管理模式、城市综合执法、机构改革、行政审批服务、城市低保和农村扶贫、农村初级卫生保健、医疗改革、农村卫生体制改革、素质教育改革、全区教育网点布局、广播电视、文化、计划生育等涉及全区经济、政治和社会生活的重大问题的通报，并协商讨论提出积极的意见、建议，供决策部门参考。区政协主席会议还就区重点项目建设、招商引资、万盛电厂建设、旅游景区生态环境保护、退耕还林工程、住宅小区物业管理、城市社区建设、民营企业职工养老保险、城镇居民就业与再就业等重大问题开展专题协商，并提出有价值的意见、建议，供决策部门参考。

1984—2011年，区政协召开专题协商会议就廉政建设、思想解放、经济发展总体规划、国有企业体制改革、非公有制经济发展、农业和农村发发展、工业发展、渝黔高速公路綦江—遵义段走向问题、綦江—万盛公路和南川—万盛高速公路建设、出租车行业管理、万盛城区总体规划、綦江流域综合治理、孝子河流域万盛段水污染综合治理工程、旅游景区生态环境保护、旅游经济发展、黑山鲤鱼河风景区规划、万盛区旅游发展规划、教育事业、万盛殡仪馆选址等重大问题开展协商讨论，并提出有价值的意见、建议，供决策部门参考。

第二节　民主监督

区政协通过全体委员会议、常委会议、主席会议、座谈会，组织委员开展督察、视察活动，通过双月评议等形式对区内重大决策落实情况、重大项目推进情况、人民群众普遍关心的热点、难点事情开展民主监督，并提出意见、建议，供决策部门参考。

1984—2011年，区政协通过在全体委员会议、常委会议、主席会议、座谈会上听取区政府及其部门和区人民法院、区人民检察院等机构工作报告和涉及全区发展的重大经济、政治、社会生活方面的问题通报及其办理区政协委员提案情况的说明，履行监督职能。

1984—2011年，区政协在全体委员会议期间，组织与会委员开展视察活动，分别视察石林风景区及汤家沟水库工程建设、南桐镇供水工程建设、景星乡蔬菜基地和猕猴桃基地及黑山风景区开发、福耀玻璃集团（重庆）公司及汤家沟水库、万盛石林—黑山谷旅游环线公路建设和綦万高速公路施工和视察煤炭安全生产等。

1984—2011年，区政协在常委会议期间，组织与会常委开展视察活动，分别视察黑山—鲤鱼河旅游公路建设、黑山谷景区开发、旅游文化街建设和万盛石林景区建设等。

1997—2011年，区政协在主席会议期间，组织与会的区政协领导和各专门委员会负责人开展视察活动，分别视察雷神店—麻坝河公路建设、孝子河商住小区建设、火车站广场整治、人防工程建设和管理、万盛至贵州桐梓县羊蹬公路万盛区境内段改造工程，重点提案办理、工业重点建设项目（万立煤焦有限责任公司机制焦项目、方盛电厂和普生药业工程）进展、刘子如陵墓、子如路、子如小学、旅游环线周边新农村建设、农业产业发展和农村公路建设与管理等。

1984—2011年，区政协先后组织视察（非会议期间组织）49次，政协委员针对视察中存在的问题向相关部门提出整改意见、建议。

2003年，中共万盛区委印发《关于区人大、区政协双月评议全区重大工作的试行办法》。9月24日，区政协六届五次常委会议通过《万盛区政协双月评议制度的实施意见》，确立区政协针对全区事关全局、影响长远、人民关注的重大事项原则上两月召开一次评议会，评议情况以《双月评议简报》的形式予以反映。

2003—2011年，区政协先后开展双月评议12次，评议内容分别是万盛区发展环境综合整治、区初中教育质量现状、城市市容和环境卫生管理、区旅游接待服务质量，全区食品安全、农村扶贫工作情况，区政府办理政协六届四次会议提案、网吧管理、评议《绿色宜居特色城市发展纲要》、退耕还林后续工作、农村食品安全和森林工程建设进展主城及城周园林绿化，并针对存在的问题提出意见建议，供决策部门参考。

第三节　参政议政

一、提案工作

政协委员将收集到的人民群众对地区经济、社会各方面的意见建议，以提案形式通过政协渠道反映到各级党政部门，并促其办理。提案工作是人民群众直接参与管理国家事务、行使民主权利的重要形式。

1986—2011 年，区政协累计收到提案 4165 件，立案交办 3333 件。

政协万盛区第一至七届委员会提案统计表

表 19–3　　单位：件

届	次	收案数	立案数	合并数	转作意见	未立案	集体提案	联名提案	提案内容					重点题案
									经济建设	城市建设与管理	科教文卫	政权建设	其他	
第一届	一	115	78	0	37	0	0	0	22	2	10	0	44	–
	二	81	49	0	32	0	0	0	9	9	13	7	11	–
	三	75	35	0	40	0	0	0	10	12	8	0	5	–
	小计	271	162	0	109	0	0	0	41	23	31	7	60	–
第二届	一	105	102	0	3	0	0	0	42	9	31	13	7	–
	二	120	92	0	28	0	0	0	57	0	7	28	0	–
	三	95	75	0	20	0	0	0	42	0	21	12	0	–
	小计	320	269	0	51	0	0	0	141	9	59	53	7	–
第三届	一	194	137	0	57	0	0	0	–	–	64	17	4	8
	二	222	142	2	70	8	6	0	–	–	–	–	–	12
	三	168	102	2	64	0	5	0	–	–	–	–	–	12
	小计	584	381	4	191	8	11	0	0	0	64	17	4	32
第四届	一	116	99	2	15	0	9	0	50	16	21	10	2	19
	二	107	99	0	8	0	11	0	52	16	16	8	7	19
	四	95	87	0	8	0	23	0	39	17	17	14	0	17
	五	135	111	6	15	3	23	0	51	26	19	8	7	12
	六	108	88	5	15	0	12	0	24	24	25	3	12	8
	小计	561	484	13	61	3	78	0	216	99	98	43	28	75

续表

届	次	收案数	立案数	合并数	转作意见	未立案	集体提案	联名提案	提案内容					重点题案
									经济建设	城市建设与管理	科教文卫	政权建设	其他	
第五届	一	129	106	9	12	2	8	19	31	36	16	14	9	9
	二	101	92	1	5	3	12	–	26	27	15	16	8	12
	三	131	103	9	9	10	15	–	30	28	23	14	8	8
	四	133	109	10	11	3	24	–	41	34	13	14	7	9
	五	133	125	0	7	1	22	17	52	32	20	16	5	10
	小计	627	535	29	44	19	81	36	180	157	87	74	37	48
第六届	一	207	183	0	20	4	40	18	53	75	28	20	7	20
	二	194	174	0	13	7	38	11	42	69	32	31	0	16
	三	212	200	0	12	0	43	17	54	65	42	39	0	28
	四	230	213	0	9	8	40	22	32	95	60	26	0	19
	小计	843	770	0	54	19	161	68	181	304	162	116	7	83
第七届	一	245	175	24	38	8	–	–	27	86	33	–	–	13
	二	253	196	–	–	–	–	–	–	–	–	–	–	12
	三	221	176	6	26	13	28	–	57	74	18	22	5	7
	四	229	173	–	–	–	35	–	52	83	47	50	7	9
	六	207	139	–	28	–	33	–	25	56	19	35	1	8
	小计	1155	859	30	92	21	96	0	161	299	117	107	13	49
总计		4361	3460	76	602	70	427	104	920	891	618	417	156	281

说明：1. 表列数据全部以历年全体会会刊中《提案工作报告》正式公布数据为准。2. 因为各年度《提案工作报告》表述方式不完全一致，有的年份对联名提案、合并提案等未作说明，而换届时《提案工作报告》对 3 年或 5 年有合计数，从而出现各年度之和与《提案工作报告》数不一致的情况。例如第五届联名提案共 75 件，年度之和只有 36 件。在提案内容分类上，每年均按立案数分类，1991 年、1992 年是按收案数分类，因此，在总计中分类数之和比立案数之和多 146 件。统计分类提案数据时未把这两年的数据纳入统计范围。3. 重点提案：指政协在当年提案中筛选的重点提案和对往年未办理完毕的提案回头追踪办理的提案。4. 政协万盛区委四届三次全体会是 1994 年 12 月 20 日增开的一次全委会，会期 1 天，内容为补选区政协主席、副主席，故三次全体会期间无建议案。 5 . 政协万盛区委七届五次全体会议于 2010 年 8 月 27 日召开，会期一天，内容为补选政协万盛区委副主席，无建议案

二、建议案

建议案是各级政协就本地区政治、经济、文化等各方面的重大事项，以政协全体委员会或常委会名义，向同级党政领导机关或人民代表大会提出的建议，较之政协委员个人提案或党派团体集体提案，内容更加重要，是政协行使参政议政的重要形式和渠道。

1991年，在区政协三届二次全体会议上，首次以区政协委员会名义提出建议案。至2007年，共提出建议案23件。

政协万盛区第三至七届委员会建议案一览表

表19–4　　单位：件

届	次	数量	建议案名称	备注
第三届	二	2	《关于依靠科技进步，振兴万盛区经济的建议案》	1991年6月13日，区政协主席会议审议通过
			《关于万盛区“质量、品种、效益年”活动中的几个问题的建议案》	1991年8月9日，区政协主席会议审议通过
	三	3	《关于万盛区发展多种经营，调整农业产业结构的建议案》	1992年5月6日，区政协三届十四次常委会议审议通过
			《关于在万盛区发展香菇、蕉藕、五倍子生产的建议案》	1992年8月27日，区政协三届十五次常委会议审议通过
			《关于增强合同观念，完善合同管理，防止发生合同纠纷和经济诈骗的建议案》	
第四届	一	2	《关于进一步搞好股份制试行工作的建议案》	1993年5月26日，区政协四届二次常委会议审议通过
			《关于大力发展万盛区个体私营经济的建议案》	1993年6月30日，区政协四届三次主席会议审议通过
	二	1	《关于把万盛区建成旅游区的建议案》	1994年8月17日，区政协四届七次主席会议审议通过
第四届	四	3	《关于发展菜肉生产，理顺流通渠道，平抑市场物价的建议案》	1995年4月14日，区政协四届十次常委会议审议通过
			《关于尽快建立万盛区度淡蔬菜基地，抓好淡季蔬菜生产的建议案》	
			《关于加强对区外的万盛籍人才及曾在万盛工作过的人才的联系和交往的建议案》	1995年6月26日，区政协四届十一次主席会议审议通过
	五	1	《关于大力发展农村特色多经项目的建议案》	1996年6月21日，区政协四届十八次常委会议审议通过
	六	1	《关于筹建綦万公路有关问题的建议案》	1997年3月6日，区政协四届二十一次常委会议审议通过
第五届	一	2	《关于重庆至北海高速公路綦江——遵义段走向的建议案》	
			《关于加快万盛区个体私营经济发展的建议案》	1998年5月5日，区政协五届四次主席会议审议通过
	二	1	《关于加快万盛区农业产业化进程的建议案》	1999年4月28日，区政协五届八次常委会议审议通过
	三	1	《关于万盛区参与西部大开发的建议案》	2000年6月2日，区政协五届十二次常委会议审议通过
	四	1	《关于探索城镇建设新路子推进城镇化进程的建议案》	2001年5月31日，区政协五届十七次常委会议审议通过

续表

届	次	数量	建议案名称	备注
第六届	一	1	《关于加快工业经济发展，全力打造工业重镇建议案》	2003 年 9 月 24 日，区政协六届五次常委会议审议通过
	二	1	《关于加快万盛区商贸流通产业发展的建议案》	
	三	1	《关于加强食品安全工作，切实保障人民生活健康的建议案》	2005 年 6 月 16 日，区政协六届二十次常委会议审议通过
	四	1	《关于加大扶贫工作力度推进我区新农村建设的建议案》	2006 年 4 月 25 日，区政协六届 28 次常委会议讨论通过
第七届	一	1	《关于进一步统一思想认识，加大旅游休闲度假基地建设力度的建议案》	2007 年 7 月 24 日，区政协第七届三次常委会讨论通过
	二	–	–	–
	三	–	–	–
	四	–	–	–
	五	–	–	–

第四节　调研与考察

调研和考察是区政协就行政区域内政治、经济、文化和社会生活中的重要问题及人民群众普遍关心的问题，通过现场视察、座谈、走访等多种形式，广泛听取意见，搜集社情民意，归纳分析深入研究，提出意见建议，是区政协履行政治协商、民主监督、参政议政职能的一项基本形式。

1984—2011 年，区政协先后组织调研 75 次，调研课题有西部大开发与万盛大发展，区内 5 个重点商业企业实施商业“四放开”（价格、工资、分配、用工四方面放开）试点情况，青年镇更鼓村苗族煤矿经营管理情况，区内工业企业及乡镇工业行业管理及服务情况，青山、万盛两个乡农村体制改革情况，全区非公有制经济发展状况，食品安全问题，区文化市场现状及文化设施管理使用情况，丛林地区煤炭采空区缺水情况及提灌设备状况，新型农村合作医疗制度实施情况，关于旅游发展问题的调研，关于大力推进环保四大行动、促进绿色宜居特色城市建设的调研，关于全区民营企业发展现状的调研，关于大力发展群众体育的调研，关于培育接续替代产业、推动资源型城市转型的调研，关于切实维护新生代农民工合法权益的调研，关于加大引导力度推进全区微型企业发展的专题调研和万盛城区临时停车情况调研等，并针对存在的问题提出整改意见建议。

1984—2011 年，区政协先后组织考察 45 次，考察的内容有区蔬菜公司流通体制改革情况，乡镇发展多种经营调整农村产业结构的情况，崇庆浒石林，区招商大楼、市民广场和商业步行街设计方案及建设现场，全区教育状况，农村扶贫工作和新农村建设情况，关闭煤矿后续问题，考察农村基本养老保险的试行情况，到内蒙古考察煤电化基地建设情况，到武隆考察旅游情况，考察南岸区开展群众体育运动的基本情况和好的做法，考察学习奉节在开发旅游方面的经验，考察机械制造行业发展现状与经营管理，到甘肃白银市考察资源型城市转型等，并针对存在的问题提出整改意见建议。

第二十篇　民主党派

第一章　中国国民党革命委员会万盛区委员会

第一节　组织机构

1985 年 4 月 29 日，中国国民党革命委员会重庆市委员会（简称民革重庆市委）批准组建中国国民党革命委员会重庆市南桐矿区小组。5 月 1 日，小组成立。

1989 年 3 月 31 日，民革重庆市委批准组建中国国民党革命委员会重庆市南桐矿区支部委员会。10 月 30 日，支部委员会成立。

1993 年 3 月，更名中国国民党革命委员会重庆市万盛区支部委员会。

2004 年 11 月 4 日，民革重庆市委二届五次主委办公会议批准组建中国国民党革命委员会重庆市万盛区工作委员会（简称民革万盛区工委）。是月 26 日，民革万盛区工委成立，下设综合、卫生和教育 3 个支部委员会。

2006 年 11 月 2—3 日，中国国民党革命委员会万盛区委员会（简称民革万盛区委）成立大会召开，宣布组建民革万盛区委，选举产生民革万盛区委第一届委员会。

第二节　主要工作

一、参政议政

1986—2011 年，民革万盛区委围绕万盛区经济建设建言献策，履行政治协商、民主监督、参政议政职能，累计提交 100 余个提案、议案和专题调研报告。其中在政协万盛区第七届委员会第一至四次全委会上，提出并立案的集体提案 38 件；2010 年，向政协万盛区委提交集体提案 10 余件（立案 8 件），意见 3 件，社情民意 20 余条；2011 年，向政协万盛区委提交集体提案 10 余件，个人提案 20 余件，社情民意 6 件，向区人大常委会提交议案 9 件。此外，民革万盛区委定期参加中共万盛区委举办季度座谈会、节日座谈会和各种纪念活动。

2006—2011 年，民革万盛区委会委员中有重庆市、万盛区人大代表 4 人（其中区人大常务委员会副主任 1 人），政协万盛区委委员 16 人（其中副主席 1 人，常委 3 人），有各类特约人员（评议代表）6 人。

中国国民党革命委员会万盛区委员会优秀提案统计表

表 20-1

提案名称	获奖年份	所获奖项
《正确处理发展工业与保护生态环境的关系，努力实现万盛区的跨越式发展》	2003	中共万盛区委统战部年度理论课题调研优秀成果一等奖
《加快行政审批大厅建设，进一步深化行政审批制度建设》	2004	中共万盛区委统战部年度统战理论调研文章征文三等奖
《正确处理万盛区发展工业和保护生态环境的建设》	2005	政协万盛区委优秀集体奖
《禁止使用原煤、改善城区生活环境和空气质量的建议》		政协万盛区委优秀个人奖
《关于依法预防和打击“医闹”维护健康和谐医患关系的建议》	2010	政协万盛区委优秀提案
《关于强化政府职业卫生监督管理的建议》	2011	政协万盛区委重点提案

二、服务社会

1996 年 8 月，民革万盛区支部委员会组织重庆市、万盛区医学专家，为区群众开展为期 1 周的义诊活动，义诊 1300 余人。

2003 年 5 月 18 日，民革万盛区工委开展“万众一心、众志成城、科学防治、战胜非典（非典型肺炎）”宣传活动，为抗击“非典”捐赠人民币 3.7 万元。

2005 年 12 月 20 日，民革万盛区工委综合支部 12 名党员向万盛区子如小学贫困学生和区内残疾人家庭捐款 1750 元。

2006 年，民革万盛区委组织党员到南桐镇金兰村开展医疗义诊。

2007 年 7 月，民革万盛区委第一支部全体党员和中国国民党革命委员会重庆医科大学医支部联合组织送医下乡活动，为群众义诊 300 多人次。

2008 年，民革万盛区委组织党员向万盛洪灾受灾群众捐款 13 万元；向“5. 12”汶川大地震灾区捐款 8.5 万元，捐献物品价值 1 万元；向贫困学生捐款 3.6 万元；推荐 1 名党员到石林镇两河村任经济发展顾问。

2009 年，民革万盛区委第一支部组织骨干党员到万盛区石林镇两河村调研，确定在该村发展“小芳猪”养殖项目，并制订 5 年规划。

2010 年，民革万盛区委为金桥镇残疾贫困儿童刘大凤募捐 12 万元，帮其治疗疾病和修建住房；为黑山镇、丛林镇农业综合开发项目分别争取资金 587 万元和 302 万元，用于修建道路和水塘、灌溉及排水沟渠，改善农业基础设施；支持石林镇两河村实施“小芳猪”养殖项目；向甘肃省舟曲县泥石流受灾地区捐款约 1 万元。

2011 年，联系民革重庆市委、民革渝中区委在新场小学开展“牵手同心、爱心字典”捐赠活动，捐赠字典 350 本；联合民革南岸区委向中盛小学捐赠 1 万元和价值 1.8 万元的办公桌、校园音响等物品；联系首邦实业公司捐赠 5 万元，用于修建石林镇乡村公路；联系南岸区珊瑚小学向丛林学校捐赠 22 台

53 英寸（135 厘米）背投电视和 25 张多媒体讲台。

三、自身建设

1985—2011 年，民革万盛区委累计发展党员 92 人。2011 年 9 月，民革万盛区委有党员 86 人（含南川区 8 人），其中男性 55 人、女性 31 人，大学以上学历 42 人，中级以上职称 66 人，区人大常委会副主任 1 人，政协万盛区委副主席 1 人，区属部门处级领导干部 3 人，重庆市人大代表 1 人，万盛区人大代表 4 人（含区人大常委会副主任 1 人），政协万盛区委委员 16 人（含政协万盛区委副主席 1 人和政协万盛区委常委 3 人），有各类特约人员（评议代表）7 人。

2007 年 8 月，组建民革万盛区委员会妇女工作委员会。12 月 6 日，开通民革万盛区委网站。

2011 年，民革万盛区委有支部委员会 5 个（第一、二、三、四、五），工作委员会 1 个（妇女工作委员会）。

第二章　中国民主促进会万盛区委员会

第一节　组织机构

1987 年 2 月，中国民主促进会重庆市南桐矿区小组成立。

1988 年 3 月 21 日，中国民主促进会重庆市委员会（简称民进重庆市委）批准组建中国民主促进会重庆市南桐矿区支部委员会。23 日，支部委员会成立。这是南桐矿区第一个民主党派支部委员会。

1992 年 1 月 14 日，民进重庆市委批准组建中国民主促进会重庆市南桐矿区总支部委员会。3 月 13 日，总支部委员会成立。

1993 年 2 月，更名中国民主促进会重庆市万盛区总支部委员会。

1998 年 6 月 17 日，中国民主促进会中央委员会批准组建中国民主促进会重庆市万盛区委员会（简称民进万盛区委）。9 月 24 日，民进万盛区委第一届代表大会召开，宣布民进万盛区委成立，选举产生民进万盛区委第一届主任委员。

2011 年 9 月，民进万盛区委下设机关、综合、重庆市第四十九中学校、进盛实验中学校、学校联合、东林、退休主城等基层支部委员会 7 个。

第二节　主要工作

一、参政议政

1988 年 4 月 12 日，民进南桐矿区支部负责人参加中共万盛区委举行的民主协商会，协商增补 1 名政协万盛区委副主席和提名推荐 1 名重庆市第十一届人大代表候选人。

1989 年 5 月，在政协万盛区第二届委员会第三次全委会上，民进南桐矿区支部主任唐仲凯代表民进南桐矿区支部，作题为《为加速南桐教育事业的发展，振兴南桐经济发展的几点建议》的发言。

1990 年 2 月，民进南桐矿区支部主任唐仲凯当选政协万盛区第三届委员会副主席，支部副主任王恒当选区第十二届人大代表和区人大常委会委员。

1991 年 3 月，民进南桐支部有 9 名会员参加区“两会”（区人民代表大会和区政治协商会议），提交提案 40 件，唐仲凯代表政协万盛区第三届常委会作《工作报告》。

1993 年，民进万盛区总支部会员李奂生当选政协四川省第七届委员会委员，会员张焕珉当选政协重庆市第十届委员会委员，会员傅颐年被聘为政协万盛区委特邀监察员。

1998 年 1 月，在区“两会”上，民进万盛区总支部集体提出《抓紧綦万公路启动建设的有利时机，加大招商引资力度》和《关于调整优化农业、农村经济结构，大力发展农村庭院经济》等提案和建议。

2003 年 3 月，民进万盛区委主任委员刘光才当选区人民政府副区长。

2005 年 2 月，在政协万盛区第六届委员会第三次全委会上，提交集体提案 22 件，占本次大会集体提案数 11%，提交个人提案 27 件。

2006 年，民进万盛区委 2 名会员担任区政府特邀监察员。

2007 年，在政协重庆市委、区人民代表大会、政协万盛区委等会议上提出意见、建议和提案 80 余件，会议发言 3 次。

2006—2011 年，在政协重庆市委、区人民代表大会、政协万盛区委等会议上累计提出提案、建议和意见 260 余件（条）。

中国民主促进会万盛区委员会优秀提案统计表

表 20–2

<table>
<tr><th>获奖提案</th><th>获奖年份</th><th>所获奖项</th></tr>
<tr><td>《我区非公有制经济发展环境调研报告》</td><td rowspan="2">2006</td><td>区统战理论研究课题调研一等奖</td></tr>
<tr><td>《以子如文化为载体，打造青少年德育基地》</td><td>区统战理论研究课题调研二等奖</td></tr>
<tr><td>《万盛区房地产调研报告》</td><td>2007</td><td>政协万盛区委提案三等奖</td></tr>
<tr><td>《推行新型农村合作医疗 提高农民健康水平的建议》
《关于加快打造“全国羽毛球运动之乡”的建议》</td><td rowspan="2">2008</td><td>政协万盛区委优秀提案</td></tr>
<tr><td>《关于当前民主党派成员思想状况的调研报告》</td><td>政协重庆市委提案三等奖</td></tr>
<tr><td>《关于进一步健全社区治安防控体系》</td><td rowspan="2">2009</td><td>政协重庆市委优秀提案</td></tr>
<tr><td>《关于加强农村食品安全建设的建议》《关于开通城区环城客车的建议》</td><td>政协万盛区委优秀提案</td></tr>
<tr><td>《关于完善物业管理体制的建议》《关于尽快启动黑山谷景区旅游地产的建议》《关于调整万盛城区环城公交线路的建议》</td><td rowspan="2">2010</td><td>政协万盛区委优秀提案</td></tr>
<tr><td>《万盛煤矿采空区居民情况调查报告》</td><td>政协万盛区委三等奖</td></tr>
<tr><td>《关于加快城市西区学校建设的建议》</td><td>2011</td><td>政协万盛区委重点提案</td></tr>
</table>

二、服务社会

1990 年 1 月，举办为期 5 天的暑期义务讲学活动，听课学生 700 余人。

1992 年 4—6 月，参与促进民进重庆市委与南桐矿区开展合作（简称“进桐合作”）。1993 年因南桐矿区更名万盛区，“进桐合作”改称“进盛合作”。民进万盛区总支部利用“进盛合作”为万盛区的旅游业、教育及文化事业的发展和引资引智等项目做了大量的联络、接待、协助配合工作。

1996 年 10 月，23 名会员向贫困山区群众捐赠衣物 200 余件。8 月 6 日，民进万盛总支参与促成“进盛合作”第二轮协议的签订。

2000 年 6 月下旬，邀请西南农业学院专家、教授到万盛区传授猕猴桃病虫害防治知识。是年，编写《关于大力发展农村职业技术教育》和《万盛区退耕还林还草报告》的调研报告。

2005 年 4 月 22 日，邀请重庆市教科所专家到万盛区培训区内 200 名学校校长和骨干教师。

2006 年，重庆市进盛教育基金设立，用于资助贫困学生、奖励优秀学生和帮助学校培训师资。

2007 年，会员义卖书画作品，所得款项全部捐赠给“进盛教育基金”；通过“进盛合作”，资助贫困学生 14000 元，并赠送 1 套价值近万元的经典诵读图书；与青年镇更鼓村建立结对帮扶关系。

2008 年，联合民进渝中区委及重庆市人民路中学到重庆市进盛实验中学开展送教下乡、支部交流、献爱心活动；会员及社会人士向“5.12”汶川地震灾区捐款近 10 万元，会员陈勇到灾区开展卫生健康工作；通过“进盛教育基金”，资助进盛中学、青年镇民族实验学校 24000 余元，用于奖励优秀学生和资助贫困学生。

2009 年，向石林镇大坝小学捐资 1 万元，为学校添置太阳能热水器和办公电脑，改善学校办学条件及生活条件；5 月 22—23 日，促成民进重庆市委向“进盛教育基金”捐赠，奖励“进盛教育之星”和进盛中学优秀学生，资助青年镇民族实验学校的贫困学生；联系民进南岸区委和民进文教书社向区教育部门捐赠价值 1.5 万元体育器材和价值 5 万元的教辅书籍；联系华博医药集团向区内卫生部门捐赠价值 10 万元药品；向青年镇民族实验学校捐资 1.2 万元；首次组织召开项目推介会，以此拓宽“进盛合作”领域。

2010 年 5 月 13 日，民进重庆市委与万盛区政府就新一轮合作签订协议书，并组织“两捐两送”活动。民进重庆市委向进盛实验中学校捐赠 10 万元专项资金，向重庆市第四十九中学校捐赠价值约 1 万元的经典书籍，资助 10 名青年民族学校贫困学生，表彰 5 名“进盛教育之星”，向青年学区捐赠一批办公设备。是年，走访慰问联系困难群众，发放慰问金、物品等近 5000 元；会员通过各种渠道向青海省玉树地震灾区和甘肃省舟曲泥石流灾区捐款近 3 万元。

2011 年，为贫困学生捐款 3 万多元，帮助困难群众筹资 15000 元，以解决其住房困难问题。

三、自身建设

1987—2011 年，民进万盛区委累计发展会员 100 余人。2009 年 9 月，有会员 112 人，其中男性 75 人、女性 37 人，大学专科以上学历 99 人，中级以上职称 101 人，政协万盛区委副主席 1 人，区属部门副处级领导干部 2 人，政协重庆市委委员 1 人，政协万盛区委委员 16 人（其中政协万盛区委常委 4 人），有各类特约人员（评议代表）7 人。

1998 年 6 月 17 日，民进万盛区委下设重庆市第四十九中学校、南桐矿务局、学校联合、综合和机关等支部 5 个。2001 年，南桐矿务局支部被撤销。2002 年 7 月，民进万盛区委设专职干部，办公室设在中共万盛区委统战部内，办公地点在三元桥旁。2011 年 9 月，民进万盛区委下设机关、综合、重庆市第四十九中学校、进盛实验中学校、学校联合、东林和退休主城等支部 7 个。

第三章 九三学社万盛区委员会

第一节 组织机构

1987 年 9 月 14 日，九三学社重庆市委员会（简称九三学社重庆市委）南桐矿务局小组成立。1988 年 1 月 18 日，升格为直属支社委员会。2003 年 10 月，更名南桐矿业公司直属支社委员会。

1999 年 2 月，九三学社重庆市万盛区直属支社委员会成立。

2002 年 4 月 15 日，九三学社重庆市南桐煤矿直属小组成立。

2006 年 6 月 30 日，九三学社重庆市委员会批准在整合九三学社重庆市南桐矿业公司直属支社委员会、万盛区直属支社委员会和南桐煤矿直属小组 3 个组织的基础上组建九三学社重庆市万盛区工作委员会（简称九三学社万盛区工委）。11 月，九三学社万盛区工委成立，下设支社委员会 2 个（南桐矿业公司、万盛），小组 1 个（南桐煤矿小组）。

2007 年 8 月 30 日，南桐煤矿小组升格为支社委员会。至此，九三学社万盛区工委下设万盛、南桐矿业公司、南桐煤矿 3 个下属支社委员会。

2010 年 5 月 31 日，九三学社重庆市万盛区委员会（简称九三学社万盛区委）成立，下设万盛、南桐矿业公司、南桐煤矿 3 个支社委员会。

第二节 主要工作

一、参政议政

1989 年，南桐矿务局直属支社 4 名社员，在政协万盛区二届三次会议上提交提案 6 件，其中《关于矿区公路根据性质划分区段负责管理》《加强工农联盟建立协调机制的意见》《关于繁荣群众文化艺术活动，促进矿区精神文明建设》3 件被采纳。

1990 年 2 月，南桐矿务局直属支社社员张海潮当选政协南桐矿区委副主席，社员周昌源、刘思亮当选政协南桐矿区委常委。

1998 年 1 月，南桐矿务局直属支社社员刘文龙当选政协万盛区委副主席，马泽勋当选政协万盛区委常委。

1999 年，南桐矿务局直属支社、万盛区支社直属支社，在区重点项目建设、招商引资、旅游经济发展、国有工商企业改制等方面工作上，建言献策，并在政协万盛区五届二次会议上，作《扩大旅游商品开发、加快万盛区旅游经济的发展》大会发言。

2005 年，南桐矿业公司直属支社向政协万盛区六届三次会议提出集体提案 6 件。九三学社万盛区内的 2 个支社和 1 个小组的主要负责人，分别当选政协万盛区委副主席和政协重庆市委委员。

2006—2011 年，九三学社万盛区委 2 名社员担任区政府特约监察员。2006 年，九三学社万盛区委在重庆市、万盛区“两会”等会上提出提案、建议、意见和社情民意 117 余件（条），在区政协大会上发言 1 次，提交调研论文 6 篇。

2009 年，九三学社万盛区工委邀请全国政协副主席、九三学社中央副主席王志珍和九三学社中央副主席、重庆市政府副市长谢小军到万盛区视察指导工作。

2010 年，九三学社万盛区委参与重庆市调研课题《万盛区资源枯竭城市转型发展问题及对策研究》；社员祝向东撰写的《加快旅游产业发展，促进资源枯竭型城转型》被收录进第五届《九三论谈》（九三学社中央委员会论文选集）。

九三学社万盛区委员会优秀提案统计表

表 20–3

<table>
<tr><th>获奖提案</th><th>获奖年份</th><th>所获奖项</th></tr>
<tr><td>《尽快集中焚烧处理我区医疗废物的建议》《关于我区水电气通讯的管道应用合理规划的建议》《关于治理整顿滨江小区餐馆乱搭乱建和脏乱差的建议》《关于加强小区管理，严禁占用绿化地的建议》《关于建立采用塌陷治理和生态恢复基金的建议》</td><td>2006</td><td>政协万盛区委优秀提案</td></tr>
<tr><td>《关于强力推进我区旅游休闲度假基地建设的建设》</td><td rowspan="2">2008</td><td>政协万盛第七届委员会第二次全委会议重点提案</td></tr>
<tr><td>《关于打造“全国羽毛球运动之乡”的建议》</td><td>政协万盛区委优秀提案</td></tr>
</table>

二、服务社会

1998 年，社员何兴玲在南桐矿务局煤矿井巷设计改革中，为矿井节约资金上千万元。

2006 年，万盛区遭遇干旱，社员到金桥镇义诊，送去防暑降温药品，为 70 余名群众义诊，开出处方 100 余张；数名社员（退休煤矿工程技术人员），为区乡镇和私营煤矿提供技术咨询服务。

2007 年，社员到区内乡村、敬老院等地义诊。

2008 年，“5.12”汶川地震后，社员抢救、照顾来区治疗伤员，并为地震灾区捐款 9900 元。

2009 年 4 月，社员参与区经济社会建设，打造“九盛合作”（九三学生重庆市委与万盛区政府）平台，促成九三学社重庆市委与万盛区政府签署合作协议。11 月 19 日，联合九三学社渝中区委在万盛区举办“中国第二十一届国际科学与和平周”活动。活动成员中的医学专家在区人民医院开展学术讲座 2 场和教学活动 4 场，并指导直肠癌手术 1 台。是年，社员到石林镇中心校开展“科普知识进课堂”活动；与区科学技术委员会一起到金桥镇开展“第二十一届国际科学与和平周”活动，接待咨询人员 100 余人次，发放科普资料 200 余份；社员祝向东策划并牵头负责万盛区石林镇南天门风力发电厂项目。

2010 年，九三学社万盛区委促成重庆市卫生局与万盛区政府签订《共建资源枯竭型城市医疗卫生服务体系》合作协议，落实合作资金 2300 万元，用于支持万盛区医疗卫生事业发展；邀请九三学社重庆市委社内专家到万盛区考察调研，就有效利用矿产资源、交通建设规划和环境保护等方面工作提出建议；促成九三学社重庆市委与重庆山外山血液净化技术股份有限公司联合向区人民医院捐赠价值 60 万元的血液透析机 2 台。

2011 年 6 月 30 日，通过“九盛合作”机制，重庆国家镁产业高新技术产业化基地暨重庆（万盛）镁产业科技园区规划通过评审，获得科技部批准的国家镁产业高新技术产业化基地资格。

三、自身建设

2011 年 9 月，九三学社万盛区委有社员 63 人，其中男性 39 人、女性 24 人，大学以上学历 51 人，高级职称 30 人、中级 20 人，政协万盛区委副主席 1 人，区属部门副处级以上领导干部 6 人，南桐矿业公司处级以上领导干部 14 人，重庆市人大代表 1 人，政协重庆市委员 1 人，区人大代表 1 人（任常委），政协万盛区委员 10 人（其中常委 3 人），有各类特约人员（评议代表）4 人。

第二十一篇　社会团体

第一章　工会

第一节　组织机构

一、万盛区总工会

1956 年 3 月，重庆市工会联合会南桐矿区办事处成立，内设办公室 1 个科室。

1959 年 4 月，更名重庆市总工会南桐矿区办事处。

1991 年 1 月 8 日，撤销重庆市总工会南桐矿区办事处，组建南桐矿区总工会，内设办公室 1 个科室。

1992 年，万盛区职工俱乐部成立，为区总工会下属事业单位。

1993 年 3 月，南桐矿区总工会更名万盛区总工会。

2004 年 2 月 13 日，区总工会增设财务科。

2007 年 4 月 3 日，中共万盛区委新经济与新社会组织工作委员会（简称中共万盛区委两新工委）成立，下设基层建设指导科 1 个科室。中共万盛区委两新工委是中共万盛区委派出机构，主管全区新经济与新社会组织的党建工作，与区总工会合署办公，实行一套班子、两块牌子的体制。

2010 年 5 月 18 日，中共万盛区委两新工委改为与中共万盛区委组织部合署办公。8 月 10 日，万盛区困难职工帮扶中心成立，为区总工会下属事业单位。

2011 年，区总工会内设办公室、计财科 2 个科室；有区职工俱乐部、区困难职工帮扶中心 2 个下属事业单位。

二、基层工会组织

1986 年，区第二轻工业局、区制鞋厂、区水泥厂、区劳动局工会等区属部门工会相继成立。区内工会组织形成区总工会，各部、委、局工会和企事业单位工会三级格局。是年，区总工会有基层工会 98 个，会员 1100 人。

1998 年，万盛、东林 2 个街道和万东、南桐、关坝、青年、丛林 5 个镇及金桥、南天、景星 3 个乡相继成立工会联合委员会。是年，全区发展基层工会 45 个，发展会员 3150 人。

2000 年 8 月，全区发展乡镇企业工会 30 个，发展会员 3470 人；基层工会增至 294 个，会员增至 17620 人。

2005 年，区总工会有镇（街道）工会联合会 10 个，局工会委员会 13 个，基层工会 312 个，有会员 22479 人；进城务工人员工会联合会 10 个，会员 5521 人。

2007 年 4 月，区总工会有镇（街）工会联合会 10 个，局工会委员会 13 个，直属工会 46 个，基层工会 318 个（机关工会 61 个，事业单位工会 78 个，企业工会 179 个），有会员 21609 人。

2011 年，区总工会有镇（街道）工会联合会 10 个，局工会委员会 12 个，基层工会 485 个，有会员 42758 人；有村（社区）进城务工人员工会 83 个，会员 31370 人。

第二节　万盛区总工会会员代表大会

1991 年 6 月 7—9 日，南桐矿区总工会第一次会员代表大会在万盛召开，参会代表 180 人。会议选举产生区总工会第一届委员会委员 19 人，选举金荣才为区总工会第一届委员会主席，王强为副主席。

1997 年 10 月 23—24 日，区总工会第二次会员代表大会在万盛召开，参会代表 130 人。会议选举产生区总工会第二届委员会委员 17 人，选举杨树良为主席。

2003 年 10 月 30 日，区总工会第三次会员代表大会在万盛召开，参会代表 150 人。会议选举产生区总工会第三届委员会委员 17 人，区总工会第三届经费审查委员会委员 5 人；选举杨树良为主席，詹建海为副主席。

2008 年 11 月 19—20 日，区总工会第四次会员代表大会在万盛召开，参会代表 135 人。会议选举产生区总工会第四届委员会委员 17 人，区总工会第四届经费审查委员会委员 5 人；选举胡再谦为主席，曹雯霞为副主席。

第三节　主要工作

一、维护工人权益

1989 年 4—12 月，区南桐机械厂、万盛玻璃厂和纸箱厂等工厂停产，造成 468 名职工只领到 50% 工资，影响了工人正常生活。区总工会及时介入，协调解决职工的生活困难。是年，区工会为职工办实事 224 件，惠及职工 4912 人，救济困难职工 563 人。

1992 年，在推广“共保合同”中，区总工会组织全区 55 个企业工会，代表职工与企业签订集体合同，促进企业劳动关系稳定和发展。

1998 年，区总工会组织全区基层工会注册法人资格，落实依法维权、依法治会原则。

2000 年，区总工会在全区 39 家国有企业、15 所学校、6 所医院实行厂（校、院）务公开制度，参与 54 家企业改制工作，依法维护职工合法权益。

2003 年，区总工会督促推行集体协商、职工代表大会制度，在 235 家企业中实行厂务公开，55 家企业与企业工会签订集体劳动合同。是年，区总工会配合区内执法部门开展维护职工合法权益执法检查，受理和查处各类违反职工合法权益案件 20 件，受理各类劳动仲裁案件 87 件，结案率 96%，纠正无效劳动合同 280 份，提供就业岗位 450 个。

2005 年，区总工会配合区内执法部门追讨农民工欠薪，督查矿山安全生产、调查非煤矿山事故。

全年为职工追讨回工资 7.6 万元，为农民工追讨回欠薪 52 万元，参与事故调查 16 次，督促企业赔偿一次性工亡补助费 304 万元。

2006—2011 年，区总工会与区政府召开联席会议 4 次，参加劳动关系三方会议 37 次，参与协商谈判 43 次，化解劳资矛盾 31 起；参与劳动争议仲裁案件 352 件，结案 328 件，涉及职工 750 人，涉及经济标的 1348 万元；办理职工法律援助案件 26 件，涉及职工 145 人，涉及经济标的 274 万元；接待“12351”职工维权热线 540 人次，接待来访 693 件，受理 670 件（23 件不属于受理范围）；参加重大生产事故调查 84 人次，督促企业赔偿一次性工亡补助费共 1580 余万元；督促企业与职工补签劳动合同 5248 份，促使企业为 14126 名职工购买工伤保险，为 143 人补办社会保险，补发职工工资 1770 万元；为 5433 名农民工追讨欠薪 3076.31 万元。

2011 年，区内 103 个企事业单位建立职代会和厂务公开制度，30 家规模以上非公企业按要求公开厂务；131 个基层工会与企业签订集体合同，覆盖职工 21695 人。

二、技术创新

1986—2011 年，区各级工会组织先后组织企业开展“双增双节”“提质降耗”“挖潜增效”“合理化建议”“岗位技术练兵”“技术创新”“技术比武”和“技术合作”等多种形式的群众经济技术练兵活动。据统计，全区有约 4.58 万人（次）参加各种技术创新活动，提出合理化建议 12521 条，被采纳 3000 余条，实施 2700 余项；革新技术 120 项、推广先进技术 25 项，发明创造 5 项，获国家专利 1 项，创造及节约经济价值约 2500 万元。

三、送温暖活动

1986—2005 年，组织 161 家企事业单位先后 7 次召开现场招聘会，提供就业岗位 1716 个，帮组 1200 多名下岗职工实现再就业；开展“爱心资助”活动，捐资 36.2 万元，帮助 45 名困难职工子女圆大学梦。1986—2011 年，区总工会在节假日期间，走访慰问困难职工 8623 人次、劳动模范 1000 余人次，发放慰问金 107.83 万元。

第二章　共青团

第一节　组织机构

一、中国共产主义青年团万盛区委员会

1955 年 12 月，中国新民主主义青年团南桐矿区委员会成立。1957 年 7 月，更名中国共产主义青年团南桐矿区委员会。1993 年 4 月，更名中国共产主义青年团万盛区委员会。

1994 年 8 月 4 日，共青团万盛区委设立办公室。

2005 年 7 月，万盛区青少年活动中心成立，为共青团万盛区委下属事业单位。

二、基层共青团组织

1986 年年初，共青团南桐矿区委有基层共青团委委员会 24 个、总支部委员会 12 个、支部委员会 300 个，有团员 7425 人。是年，新建南桐学区、区公安分局总支部委员会 2 个；新建区公安分局万盛派出所、东林派出所、刑警队、红岩派出所、区政府机关、区委机关、区计划生育委员会、区计划经济委员会支部委员会20个；新建区公安分局看守所、收容所，区机关，区审计局、司法局、体育运动委员会、环保局联合支部委员会3个；新建区选举办公室临时支部委员会1个。

1987年，全区新建中国工商银行区支行、南天中心校总支部委员会2个；新建区委党校教工、重庆市第一〇四中学初中部八九级、中国工商银行万盛分理处、南桐分理处、鱼田堡分理处、中国人民保险公司区支公司、区机关幼儿园和南天学区教师支部委员会8个；新建区劳动就业培训中心临时支部委员会1个。

1988年，全区组建共青团南桐矿区农业委员会。是年，全区新建区劳动服务公司、区供销公司、区经济体制改革和经济技术协作办公室、区防病保健中心支部委员会4个；新建浸水垭中学师生联合支部委员会1个；区税务分局机关支部拆分为区税务分局东林税务所支部、区税务分局机关和桃子税务所联合支部。

1989年，全区新建浸水垭中学总支部委员会1个，新建重庆市第一〇四中学九〇级联合支部委员会1个，新建区人口普查办公室临时支部委员会1个。

1990年，共青团南桐矿区工业局委员会组建。是年，全区新建区交通局、中国农业银行区支行总支部委员会2个；新建区技术监督局、区劳动局、区交通机关支部委员会3个；新建区审计局、体育运动委员会，区司法局、环境保护局联合支部委员会2个；区公安分局机关支部拆分为区公安分局治安、户籍2个支部。

1991年1月，共青团南桐矿区教育委员会组建。是年，全区新建区乡镇企业局、区林业局总支部委员会2个。

1992年4月，全区新建区农机水电局总支部委员会1个。

1993年11月，全区新建共青团万盛区委、区妇联、区总工会联合支部委员会1个。

1994年3月，共青团关坝镇企业支部委员会更名共青团关坝镇总支部委员会。是年11月，撤销共青团区第二轻工业局委员会、区工业局委员会，组建共青团区轻工业局委员会。

1995年3月，撤销共青团区税务分局总支部委员会，组建共青团区国家税务局支部委员会、区地方税务局支部委员会。

1997年7月，撤销共青团区邮电局支部委员会，组建共青团区电信局支部委员会、共青团区邮政局支部委员会；撤销共青团区农业局委员会，组建共青团区农业局支部委员会。

1999年7月，组建共青团区广播电视局支部委员会。11月，撤销共青团区交通局总支委员会，组建共青团区交通局委员会。

2002年6月，各乡镇卫生院团组织划归共青团区卫生局委员会直接管理。10月，组建共青团区级机关联合支部委员会。

2003年11月，组建共青团区综合行政执法局总支部委员会。

2004年3月，撤销共青团区城乡建设管理委员会、区城乡建设管理委员会青年工作委员会，组建共青团区建设委员会总支部委员会。总支部下设区城乡建设管理委员会机关支部委员会和区城乡建设管理委员会联合支部委员会。

2005年，全区有基层共青团委员会13个、总支委员会14个、支部委员会292个，有共青团员5391人。

1988—2005 年共青团万盛区委基层团组织情况一览表

表 21-1　　　　　　　　　　　　　　　　　　　　　　　　　　　　单位：个

年份	工业交通系统			农业系统			财贸系统			文卫系统			机关街道			合计		
	团委	团总支	团总支	团委	团总支	团支部	团委	团总支	团支部	团委	团总支	团支部	团委	团总支	团支部	团委	团总支	团支部
1988	3	3	55	9	8	128	3	4	54	6	1	94	4	2	28	25	15	358
1990	3	2	41	9	1	124	3	3	42	6	4	73	4	2	22	25	12	302
1993	3	3	38	8	1	11	3	4	4	6	4	72	3	6	26	23	18	151
1995	–	3	28	5	2	82	1	–	38	6	8	147	5	2	30	16	15	325
1999	2	–	14	18	–	99	1	–	5	5	22	127	3	3	12	29	25	257
2001	2	–	14	–	–	99	1	–	5	5	13	206	11	3	12	19	16	336
2002	–	–	11	8	–	57	–	–	5	5	8	165	2	–	12	15	8	264
2003	2	1	5	8	–	100	–	–	2	5	13	209	2	3	10	15	17	326
2004	–	–	11	16	–	57	–	–	3	5	7	165	2	1	28	23	8	265
2005	–	–	10	8	–	57	–	–	3	5	13	207	–	1	15	13	14	292

三、企业共青团组织

1986 年年初，区内有企业共青团委员会 22 个，总支委员会 7 个，支部 294 个，共青团员 4973 人。

随着经济体制改革和社会主义市场经济的建立，部分企业外迁、破产、解体、重组，其所属团组织随之迁离、解散、重新组建或更名。

1998 年，共青团重庆汇洋有色金属开发有限责任公司支部委员会组建。

1999 年 8 月，共青团万盛煤炭集团总支部委员会组建。

1999 年 7 月，共青团林产品公司和猕猴桃开发公司联合支部委员会组建。

2001 年 11 月，共青团野太阳百货支部委员会组建。

2003 年 11 月，共青团南桐矿务局委员会更名共青团重庆市南桐矿业公司委员会。

四、其他共青团组织

2010 年，全区“两新”（新经济、新社会）组织建立共青团组织 36 个，12 月 12 日集中授牌；在北京、遵义、昆明、重庆新建共青团工作委员 8 个，服务在异地务工的万盛籍青年就业和创业。

第二节　共青团万盛区代表大会

1988 年 11 月 24—26 日，共青团南桐矿区第七次代表大会在万盛召开，参会代表 230 人，其中农业系统代表 90 人，工业城建、财贸系统 65 人，文教卫生系统 46 人，机关街道 29 人。会议听取并审议共青团南桐矿区第六届委员会工作报告，选举产生共青团南桐矿区第七届委员会委员 17 人、常务委员会委员 7 人，选举朱光源为书记，罗昭胜为副书记。

1991 年 12 月 9—10 日，共青团南桐矿区第八次代表大会在万盛召开，参会代表 200 人，其中农业系统 70 人，工业交通 20 人，财贸系统 35 人，文教卫生系统 40 人，机关街道 35 人。会议听取并审议共青团南桐矿区第七届委员会工作报告，选举产生共青团南桐矿区第八届委员会委员 17 人、常务委员会委员 7 人，选举罗昭胜为书记，沈前林、胡端为副书记。

1994 年 10 月 20—21 日，共青团万盛区第九次代表大会在万盛召开，参会代表 194 人，其中农业系统 92 人，财贸系统 38 人，文教卫生系统 45 人，机关街道 13 人，其他 6 人。会议听取并审议共青团万盛区第八届委员会工作报告，表彰“万盛十佳青年”，选举产生共青团万盛区第九届委员会委员 17 人、常务委员会委员 7 人，选举沈前林为书记、雷虹为副书记。

1997 年 10 月 28—29 日，共青团万盛区第十次代表大会在万盛召开，参会代表 146 人，其中农业系统 45 人，工业交通 12 人，财贸系统 26 人，文教卫生系统 36 人，机关街道 15 人，其他 12 人。会议听取并审议共青团万盛区第九届委员会工作报告，交流基层共青团工作在新形势下的经验，选举产生共青团万盛区第十届委员会委员 17 人、常务委员会委员 6 人，选举雷虹为书记。

2001 年 5 月 24—25 日，共青团万盛区第十一次代表大会在万盛召开，参会代表 150 人，其中农业系统 78 人，工业交通 2 人，财贸系统 6 人，文教卫生系统 41 人，机关街道 23 人。会议听取并审议共青团万盛区第十届委员会工作报告，选举产生共青团万盛区第十一届委员会委员 15 人、常务委员会委员 7 人，选举林江兵为书记、龙雪梅为副书记。

2008 年 11 月 26—27 日，共青团万盛区第十二次代表大会在万盛召开，参会代表 153 人。会议听取并审议共青团万盛区第十一届委员会工作报告，选举产生共青团万盛区第十二届委员会委员 28 人、常务委员会委员 9 人，选举李先凯为书记、范静为副书记。

第三节　主要工作

一、学习教育活动

学雷锋活动　1990 年，共青团区委在全区团员青年中开展“学雷锋、做好事、做奉献”系列活动，成立学雷锋领导小组 146 个，学雷锋活动小组 581 个，4000 余人参加活动。3 月 4 日，全区 200 余个各级共青团组织，组织约 1 万名青少年参加学雷锋活动。3 月 11—13 日，组织 4000 多名青少年参加植树、护树活动，造林 2.67 公顷，植树约 10 万株，挂树牌 1000 余块。5 月，在“学雷锋、迎亚运”活动中，区内青少年购买亚运会奖券约 3 万张、捐款 3000 余元，为老弱户、特困户帮耕助收 66.67 公顷。1991 年，组织全区 3000 余名青少年参加“学雷锋、学赖宁”活动，开展咨询服务项目 30 余个，接待咨询群众 2000 余人次，免费擦洗自行车 400 余辆，为 100 余人义务理发，修理电视机 13 台、冰箱 11 台、收音机 18 台，补盆碗 100 个，为烈军属、孤寡老人送蜂窝煤 800 多个，发放科技卫生、法律宣传资料 1000 余份。1992 年 3 月，组织区内 4000 余名团员青年、少先队员参加义务咨询服务项目 40 余个，接待咨询群众 3000 余人，免费修理自行车、雨伞 、补鞋、补盆碗共 500 余次，为 400 余人义务理发，修理各种家电 200 余台，发放宣传资料 4000 余份，清扫绿化带垃圾 150 米，松土 150 米。1993 年 3 月，共青团区委、区教育委员会、区妇联等 21 个单位联合组织学雷锋为民服务活动，1700 余名职工及青少年参加活动。1994 年 3 月 5 日，共青团区委、区委宣传部、区精神文明建设办公室联合组织“爱心献社会、满意在岗位、温暖在万盛”学雷锋、学徐洪刚奉献月活动，全区各单位 1126 名青年志愿者参加活动，为贫困失学儿童捐款 726.65 元。

思想道德教育活动　1987 年 12 月，举办中共第十三次全代表大会知识有奖答题赛，全区 3000 多

名团员青年参赛。1988 年 5 月，组织团员青年学习讨论共青团员第十二次全国代表大会文件精神，全区 5800 多名团员参加。1996 年，组织团员青年学习邓小平理论活动。2001 年，开展《中华人民共和国未成年人保护法》《中华人民共和国预防未成年犯罪法》学习教育活动；在国际禁毒日（6 月 26 日），开展禁毒宣传活动，发放禁毒宣传资料 1500 余册。8 月 11 日，在 5 所学校举办法制教育专题报告会 5 场，3200 余名青少年参会。2002 年 12 月至 2003 年 1 月，组织开展学习党的十六大精神“六个一”（写一篇心得体会、举办一场篮球赛、举办一次宣讲、举办一次专题报告、开展一次团员青年扶贫帮助活动、组织看一场爱国主义教育影片）活动。2004 年，在重庆市一〇五中学举行青少年远离毒品誓师大会；举办青少年暑期法制讲座，150 名青少年参加。2006 年，开展“团结互助有爱共建和谐社会”主题教育读书活动和《中华人民共和国未成年保护法》国际禁毒日宣传咨询活动；组织 2000 余名团员青年参观红岩文化室和重庆历史名人刘子如生平展；举办“唱响时代主旋律树立社会主义荣辱观”为主题的青少年歌手赛。2007 年，开展“知荣明耻从我做起”“中华魂”读书活动；开展青春倡廉名言警句创作活动，创作作品 180 余件。2009 年 3 月 18 日，开展“团徽在岗位闪光”主题活动。

业务技能培训　1989 年 12 月，在万东镇、南桐镇、青年镇等地举办“青年星火带头人”培训班，培训食用菌种植、科学养猪、池塘养鱼、蚕桑栽培、化学除草等技术，全区 500 余名团员青年参加。是年，建立星火示范点 20 个，发送农业科技资料 2000 余份，组织农科知识咨询 32 次，举办实用农业技术培训 76 期，培训 6000 余人次。1990 年，定点培训和帮助南天乡、万盛乡农业技改。1990—1996 年，举办区级星火培训班 263 期，培训（扩散培训）27468 人次，建立科技示范点 155 个，建立乡级星火带头人档案 503 份，修订星火技术承包合同 19 份（不含 1995 年）。1993 年 2 月，举办中药材栽培技术培训班，23 名学员参训。2009 年 3 月 27 日，开展“青春建功”农村青年技能培训，1000 名农村青年参加，培训后转移劳动力 600 余人。2010 年，组织 102 名棚户区青年参加就业技能培训；开展关爱苗家儿童活动，探索出共青团“1+1+1”（1 名苗家儿童 +1 名团员青年 +1 项免费培训活动）的关爱苗族留守儿童万盛模式。全区 724 名苗族留守儿童和 772 名团员结对。

二、青年志愿者活动

1996 年 3 月，开展“献爱心作奉献”——万盛青年志愿者在行动活动，开设维修家用电器等项目 16 个，接待群众 4000 余人，发出宣传资料 3000 余份。1998 年 3 月，组织 50 名青年志愿者到丛林镇开展送科技、文化、卫生三下乡活动。8 月 6 日，万盛遭受洪水灾害，80 名青年志愿者到东林街道抢险救灾。2001 年 3 月，1000 名青年志愿者到社区开展便民活动。6 月，组织到万盛区开展社会实践的 10 名大学生到金桥镇农户家中开展科普进农家活动。2002 年起，每年组织青年志愿者在区内车站、旅游景区开展为旅客提供吃、住、行、游咨询活动。2003 年 9 月，响应中共重庆市委、重庆市政府“实施第一届大学生志愿者服务西部计划”活动，成立大学生服务万盛领导小组及项目管理办公室。此后，共有 19 名大学生志愿者到万盛各乡镇服务。2004 年 8 月，大学生志愿者服务重庆计划万盛地区支教志愿意者义务家教协会成立。2004 年 9 月，组织 8 名大学生无偿献血 2000 毫升。12 月，共青团中央、共青团重庆市委组织的“中国青年志愿者医疗扶贫万里长征”服务团到万盛开展大病普查，义诊接待群众 4800 人，发放药品价值 4.53 万元，送出价值 1.32 万元的卫生刊物，捐赠 6 万元药品。2007 年“五一”黄金周期间，组织万盛旅游青年志愿者服务团接待游客 6000 余人次，发放宣传资料 3000 余份。是年，组织青年志愿者，在万盛公园、南桐镇岩门村茶山社开展共青团植树活动，种植枫香树苗 3600 棵；组织西南大学、重庆工商大学融智学院大学生到青年镇、金桥镇、丛林镇开展“三下乡”暑期社会实践活动。2008 年“五一”和“国庆”黄金周期间，在客运中心、綦万高速路口和南桐车站设立青年志愿者服务岗，接待到区游客 20000 余人次，发放宣传资料 3000 余份；组织 400 多名青年志愿者参与“5•12”汶川地震救灾活动；组织 350 余名青年团员开展抗震救灾募捐活动，募集捐款 2.7 万元；组织 30 名青年志愿者到医院陪护

25 名从绵竹灾区到万盛治疗的伤病员；组织重庆工商大学融智学院、西南大学和重庆邮电大学社会实践队到万盛开展暑期“三下乡”社会实践活动。

三、少年先锋队工作

（一）组织机构

中国少年先锋队是中国少年儿童的群众组织，青年团受中国共产党委托直接领导中国少年先锋队。

1990 年 10 月，区内第一支少年先锋队仪仗队成立。11 月，中国少年先锋队南桐矿区第一次代表大会在万盛召开。会议宣布中国少年先锋队南桐矿区工作委员会成立，选举产生中国少年先锋队南桐矿区第一届工作委员会。

1991 年 4 月，中国少年先锋队南桐矿区工作学会成立，是群众性少先队工作学术团体，归少先队区工委管理。

（二）少年先锋队活动

1989 年，全区小学中开展“一学三热爱”读书活动，订购活动用书《火炬丛书》400 余册，评选“好儿童”“好少年”46 人。1991 年 4 月，举办“升起心中的旗”自编报比赛。1993 年，开展“露一手”竞赛活动，78 名同学参加市、区两级竞赛，获重庆市“露一手”活动优胜奖；组织儿童环保文艺会演、“黑山帐篷”夏令营演讲、棋赛等系列暑期少年儿童教育活动。1999 年 3 月，开展手拉手、捡回一个希望、还母亲河一片绿色主题活动。5 月，举办“六一珊珊杯”卡拉 OK 赛。2000 年 3 月，举办中小学少先队员“雏莺竞飞”风筝比赛，全区 15 个学校的 25 支代表队、75 名少先队员参赛。4 月，开展“我给妈妈讲安全”征文演讲活动。2001 年 2 月，举办“创新杯”科技活动。10 月，组织区“十佳”少先队员开展寻找“先辈足迹”活动，上门拜访革命老前辈，聆听前辈讲述他们浴血奋战的革命生涯，了解中国共产党人高尚气节。7 月，举办“新世纪、我能行”夏令营活动，培养青少年自我生存能力。11 月，开展“学十佳”“创四优”活动。2002 年 6 月，举办“永远跟党走”“六一”儿童节中小学合唱比赛和“手拉手”互助互学活动。2003 年 6 月，开展“红领巾手拉手送温暖”活动，少先队员捐出零花钱，为残疾和孤寡老人购买年货。2004 年，举办百科知识现场抢答赛和区首届“好娃娃杯”广场书法美术表演赛。2008 年 10 月 13 日，开展纪念中国少年先锋队建队 60 周年活动。

第三章　妇女联合会

第一节　组织机构

一、万盛区妇女联合会

1955 年，南桐矿区民主妇女联合会成立。1957 年，更名南桐矿区妇女联合会。1993 年 4 月，更名万盛区妇女联合会。

1991 年 8 月，区妇女联合会设立办公室。

二、基层妇联组织

1986 年年初，区内有万盛街道妇女联合会、东林街道妇女联合会基层妇联组织 2 个。

1987年起，个体妇女劳动者妇女代表委员会开始建立。

1990年起，机关、事业单位妇女代表委员会开始建立。

2005年，区内有万盛街道、东林街道和万东镇、南桐镇、关坝镇、青年镇、丛林镇、金桥镇、石林镇及景星乡基层妇女联合会10个；社区妇女代表委员会28个，行政村妇女代表委员会57个。

2009年，区内有基层妇联组织148个，其中机关、事业单位妇女代表委员会51个，镇妇联8个，街道妇联2个，社区妇女代表委员会30个，行政村妇女代表委员会57个。

2011年，区内有基层妇联组织151个，其中区级机关、事业单位妇女代表委员会35个，镇妇联8个，街道妇联2个，社区妇女代表委员会32个，行政村妇女代表委员会57个，市属单位妇女代表委员会17个。

第二节　万盛区妇女代表大会

1987年10月19—21日，南桐矿区第六次妇女代表大会在万盛召开，参会代表171人。会议听取并审议区妇联第五届执行委员会工作报告，选举产生区妇联第六届执行委员会委员19人、执委会常务委员会委员9人，选举张希凤为执委会常务委员会主任，古发先为副主任。

1993年4月26日，万盛区第七次妇女代表大会在万盛召开，参会代表170人。会议听取并审议区妇联第六届执行委员会工作报告，选举产生区妇联第七届执行委员会委员19人、执委会常务委员会委员9人；选举韦长文、古发先为副主任。

1998年10月22日，万盛区第八次妇女代表大会在万盛召开，参会代表150人。会议听取并审议区妇联第七届执行委员会工作报告，选举产生区妇联第八届执行委员会委员19人、执委会常务委员会委员9人，选举程碧英为主席、张琳为副主席。

2003年7月9日，万盛区第九次妇女代表大会在万盛召开，参会代表160人。会议听取并审议区妇联第八届执行委员会工作报告，选举产生区妇联第九届执行委员会委员21人、执委会常务委员会委员11人，选举蒋世秀为主席、张琳为副主席。

2008年11月25日，万盛区第十次妇女代表大会在万盛召开，参会代表168人。会议听取并审议区妇联第九届执行委员会工作报告，选举产生区妇联第十届执行委员会委员25人、执委会常务委员会委员9人，选举黎世兰为主席、杨小容为副主席。

第三节　主要工作

一、学比活动

1986年，区妇联利用技术培训班、农村广播站、各种专栏向农村妇女传授致富知识和实用技术。1987年，帮组丛林玻球厂原职工引进、养殖狄高鸭，开办乡镇针织厂，安置农村妇女35人；举办不同层次技术培训班177期，培训11737人次；南天乡妇联推广生猪熟改生饲养法，全年出栏肥猪7200头；金桥乡妇联举办蚕桑知识培训，全年新增养蚕106张，新增产值3740元。1994年，金桥乡妇联组织妇女科学养蚕，青年镇妇联组织堡堂村妇女发展良种蛋鸡养殖，景星乡妇联组织全乡妇女发展旅游服务业。2001年，各级妇联组织举办农业技术培训班18期，培训26900人次，480人获绿色证书，65名妇女获农业技术员职称；创建种植基地8个，科技示范基地2个；培育科技示范户60户，科技示范标兵40人，女能手60人、女状元8人、女标兵40人。2007年，命名“妇女·科技·环保”示范基地6个，“巾帼养殖示范基地”2个；举办各类妇女科技培训班42期，培训妇女5920人次，16人获绿色证书，110人获职业证书。2008年，建立全区农村女性人才库；制订2008—2012年“新农村、新家园、新女性”培训方案；通过农村女性素质学校培训农村妇女2.7万人次，85%的农村女劳动力掌握一到两门增收致富实用技术；转移农村女劳动力500人。2009年，转移农村女劳动力150人；实施“香港回归扶贫资金”项目，争取扶贫资金25万元，扶持丛林镇王道琦鹌鹑养殖场和青年镇黑山雪芽茶叶公司。

二、巾帼建功活动

1986年，开展“我为四化学一技、我为四化献一计”竞赛活动，全区80%女职工参加竞赛，评选先进集体6个，先进个人15人。1987年，开展“五个一”（节约一吨水、一度电、一米材料、一元钱，提一条合理化建议）活动，3010人次参赛，提出合理化建议544条，采纳336条，创造价值37.39万元，节约资金26.89万元，增加收入41.41万元。是年，组织技术操作比赛123次，1879名职业女性参赛。1994年，开展岗位建功活动，8810名职业妇女参加，评出“好园丁”27人；卫生系统开展学习白求恩、赵雪芳活动，评出“巾帼建功”先进个人17人。2007年，开展“岗村对接”活动，9个“巾帼文明岗”和“巾帼示范村”签订帮扶协议。2010年，修订《万盛区“巾帼文明岗”创建与管理办法》，复查73个区级“巾帼文明岗”；组织4个区内巾帼文明岗对口帮扶武隆县。2011年，开展巾帼志愿者帮扶“空巢老人”活动，结成“爱心呼唤”一对一帮扶510对。

三、优秀家庭创建活动

1986年，万盛乡五里村开展深化“五好”（爱国守法，热心公益好；学习进步，爱岗敬业好；男女平等，尊老爱幼好；移风易俗，少生优育好；夫妻和睦，邻里团结好）家庭活动和工农共建文明村试点工作，评出“五好”家庭80户，先进个人16人。1987年，修订“五好”家庭评选条件，新增“五好”家庭和“双文明”竞赛内容。是年，全区评选出“五好”家庭1129户，好婆婆、好媳妇、好妻子等共1492人。1997年，通过《万盛报》宣传区内10户“五好家庭”典型事迹。2001年1月，举办“恩爱夫妻”公众评选活动，选出“恩爱夫妻”10对，其中王廷桂、朱茂生夫妇被推荐为重庆市“五好”文明家庭。11月24日至12月6日，中央电视台、新华社、《法制日报》《人民日报》《光明日报》等新闻媒体相继刊登、播报王廷桂、朱茂生夫妇先进事迹。2006年，开展“家庭助廉”竞赛和“零家庭暴力”“学习型家庭”“十佳卫生标兵家庭”和“十佳好婆婆、好媳妇”等创建、评选活动。2007年，表彰“五好”文明家庭20户，“五好”文明家庭标兵10户；各镇街命名“平安家庭”147户。2008年5—10月，开展“节能减排家庭社区行动”活动，举办节能减排进社区家庭知识抢答赛，10支代表队参赛；开展廉政文化进家庭“五个一”活动。2009年，开展创建和谐家庭、廉政文化进家庭活动等活动，提高党员干部家属当好廉洁家庭“守门员”意识。2010年，开展“建和谐家庭”主题宣传活动，发放构建健康之家、构建幸福之家、构建平安之家等折页30000余份。金桥镇马头桥村和黑山镇南门村创建为重庆市“美德在农家”活动示范点。2011年，开展“平安家庭”创建活动，向群众发放宣传资料1500多份，接待群众咨询20多人次。

四、维护妇女权益

1986年，区妇联受理妇女来信来访134件（来信41件、来访93件）、处理132件，解救被骗妇女1人。1987年，接待信访人员298人次。1989年，开展女工劳动保护咨询活动。2006年，发放《中华人民共和国妇女权益保障法》册子1500余份、法律条文解释1500余份。2010年，开通12338妇女维权热线。2006—2011年，受理群众来信来访835件，年办结率96%以上。

五、关爱妇女儿童

1987 年，区妇联组织 11353 名妇女、13254 名儿童接受医疗检查，并医治查出患病的妇女和儿童。2006 年，到金桥镇、黑山镇慰问贫困儿童，发放价值 5000 元的书包；开展以“把最宝贵的东西给予儿童”为主题的宣传咨询活动，展出展板 12 块，发放宣传资料 500 余份；在青年镇建立“缔造春天”助学基金；向石林镇中心校言承旭春蕾班 50 名儿童捐赠价值 1 万元的学习用品；在石林镇中心校建立“北京英才春蕾班”，救助女童 50 人，助其完成小学阶段学业；发放“春蕾”女童救助款 41200 元。2007 年，筹集资金 8.6 万元，救助贫困儿童；帮助 5 名孤免费就读重庆行知技工学校；向贫困母亲捐赠纸尿裤价值 4 万元。2008 年，帮助新华小学华蒂“春蕾班”和石林中心校北京英才“春蕾班”募集资助 3.5 万元，帮扶女童 60 人；慰问南桐民权学校和青年镇中心校农村贫困儿童 100 名；向到万盛治疗的 16 名汶川地震灾区受伤儿童发放慰问金 3200 元。2009 年，2009 年 7 月，在万东镇五里村、南桐镇麒麟村实施“母亲水窖”项目，项目周期 1 年，资金 11 万元；帮助石林中心校北京英才“春蕾班”募集资助 3.5 万元；各级妇联组织对口救助“春蕾女童”300 人。2010 年，启动全区妇女“两癌”筛查工作，为南桐镇和石林镇 5000 名农村妇女免费作宫颈癌筛查；征集社会各界爱心人士，与 300 名留守儿童结成帮扶对子；募集约 1 万元，帮组困难留守儿童。2011 年，万东镇五里村实施“母亲水窖・饮水安全”项目 1 期，项目资金 25 万元，为 2800 名群众及 1400 名师生提供安全饮水；机关单位 200 余名干部，与 200 余名留守儿童结成“一对一”帮扶对子；150 名留守儿童游览万盛石林景区；关坝镇和南桐镇建立“留守儿童之家”。

第四章　科学技术协会

第一节　组织机构

一、万盛区科学技术协会

1960 年 1 月，南桐矿区科学技术协会成立，与区科学技术委员会实行一个班子，两块牌子的体制。1962 年 7 月，区科学技术协会被撤销。1978 年 12 月，南桐矿区科学技术协会重新组建，与区科学技术委员会实行一个班子，两块牌子的体制。1993 年 4 月，更名万盛区科学技术协会。

1985 年 3 月，区科学技术服务中心成立，为区科学技术协会管理的事业单位。2002 年 12 月，区科学技术协会办公室设立。2011 年，区科学技术协会有办公室 1 个科室，有区科学技术服务中心 1 个下属事业单位。

二、基层协会组织

20 世纪 80 年代，区内各行业、各技术主管部门开始建立学（协）会、研究会等群众学术组织。1987 年 1 月，全区有学（协）会 13 个，会员 1237 人；乡镇科学技术协会 9 个。

1987 年 7 月 22 日，区中学语文教学研究会成立，理事会成员 11 人。8 月 7 日，区食用菌研究会成立，理事会成员 4 人。12 月，区地理教学研究会成立，理事会成员 7 人。

1988 年 8 月 7 日，区供销经济学会成立。12 月 17 日，区林业科学技术协会成立。12 月 20 日，区气功科学研究会。

1989 年 1 月 7 日，区环境科学学会成立。

1990 年 5 月 5 日，区标准化协会成立。

1991 年起，各学会、协会、研究会及乡镇和企业科学技术协会须到区民政局登记审批，未通过审批，则解散。

1993 年 6 月 7 日，区香功协会成立。

1995 年 5 月 11 日，区乡镇企业科学技术协会成立。

2003 年 9 月 22 日，重庆市南桐机械制造公司科学技术协会成立。

2005 年年初，全区有学（协）会 7 个。区医学会有会员 85 人，其中高级职称 20 人，中级职称 18 人，初级职称 47 人；区环境科学学会有会员 72 人，其中高级职称 13 人，中级职称 29 人，初级职称 30 人；区林业科学技术学会有会员 60 人，其中高级职称 1 人，中级职称 15 人，初级职称 44 人；区畜牧兽医协会有会员 104 人，其中高级职称 2 人，中级职称 11 人，初级职称 91 人；区电子电气协会有会员 50 人，其中高级职称 5 人，中级职称 20 人，初级职称 25 人；区工商行政管理学会有会员 71 人；区税务学会（区国税局）有会员 76 人。10 月 27 日，区工程师协会成立。

2006 年 12 月，南桐矿业公司南桐电厂科学技术协会成立。

2008 年，区畜牧兽医协会注销。

2009 年，区国际税收研究会（区地税局）成立。

2011 年，全区有区医学会、区环境科学学会、区林业科学技术学会、区电子电气协会、区工商行政管理学会、区税务学会（区国税局）、区工程师协会和区国际税收研究会（区地税局）等 8 个科技学（协）会；有重庆市南桐机械制造公司科学技术协会、南桐矿业公司南桐电厂科学技术协会、重庆市南桐特种水泥公司科学技术协会和重庆钢铁集团矿业公司景星白云石矿科学技术协会等 4 个企业科技协会。

第二节　万盛区科学技术协会代表大会

1988 年 12 月 6—8 日，南桐矿区科学技术协会第二次代表大会在万盛召开，参会代表 111 人，列席 27 人。会议听取并审议区科学技术协会第一届委员会工作报告，选举产生区科学技术协会第二届委员会委员 23 人、常务委员 13 人，选举尹才安为主席，刘元富、王泽民为副主席。

1997 年 10 月 20 日，万盛区科学技术协会第三次代表大会在万盛召开，参会代表 94 人，列席 35 人。会议听取并审议区科学技术协会第二届委员会工作报告，选举产生区科学技术协会第三届委员会委员 17 人、常务委员 9 人，选举潘万林为主席，于永东为副主席。

2008 年 12 月 2—3 日，万盛区科学技术协会第四次代表大会在万盛召开，参会代表 98 人，会议听取并审议区科学技术协会第三届委员会工作报告，选举产生区科学技术协会第四届委员会委员 17 人、常务委员 9 人，选举王慧明为主席，陈勘、陈绍云为副主席。

第三节　主要活动

1987年，万盛、青年、关坝和青山等乡镇举办食用菌栽培技术培训6次，培训80人次。科技人员开展科技论文交流，1988年评出优秀论文41篇，1990年评出15篇，并将其编印成优秀论文集。2001—2003年，全区举办基层干部培训班134期，培训26028人次，394人获农民技术员资格证书，100人获农民技术资格证书，114人获农民经济师资格证书；编印书面教材15种、2800册。2005年5月14—21日，开科技活动周，展出科普展板100块，赠送农业科技资料6000份，科学种植技术小册子500本。2008年，关坝镇创建为重庆市科普活动镇，中盛小学创建为万盛区科普特色学校；在南桐镇开展全市农业科技下乡活动；在金桥镇举办“迎奥运·强素质·科技卫生服务进乡村”活动，为200余名村民提供义诊服务；启动市级科普项目3个；实施“金桥”工程项目7个，年增利税1129万元，节约资金514万元。2009年，培育市级科技示范镇2个，建设科普活动室3个，创建科普示范基地2个，发展科技示范户10户；举办区级科技培训班3期，培训150余人次；启动市级科普项目2个，年增利税1230万元，节约资金533万元。2010年，万东镇创建为第三批重庆市科普示范镇，区茶叶协会和万东镇五里村等建设科普惠农服务站6个；申报中国科协科普惠农兴村计划项目1个，申报重庆市科协科普项目1个；举办学术交流和各类咨询服务活动32场次，发放各种宣传资料约3万册（份），展示科普挂图200余幅；举办业务培训班24期，培训6648人次，发表论文25篇。2011年，黑山镇创建为重庆市科普示范镇，建设农村科普惠农服务站2个；申报中国科协科普惠农兴村计划项目1个；举办学术交流和各类咨询服务活动25场次，发放各种宣传资料约5万册（份），展示科普挂图200余幅；举办业务培训18期，培训6230人次，发表论文20篇。

第五章　归侨侨眷联合会

第一节　组织机构

1993年11月18日，中共万盛区委统战部向中共万盛区委请示组建万盛区归侨侨眷联合会。12月6日，中共万盛区委批复区委统战部，同意组建。1994年6月29日，万盛区归侨侨眷联合会成立，挂靠在区委统战部，与其合署办公。

2001年12月，区归侨侨眷联合会不再与区委统战部合署办公，由区委统战部代区委管理。12月20日，区归侨侨眷联合会在三元桥商业局原办公楼挂牌办公。

第二节　万盛区归侨侨眷联合会代表大会

1994 年 6 月 29 日，万盛区归侨侨眷第一次代表大会在万盛召开，参会代表 65 人。会议听取区民族宗教侨务办公室侨务工作报告，选举产生万盛区归侨侨眷联合会第一届委员会，选举刘梦华为主席。

1999 年 8 月 10 日，万盛区归侨侨眷联合会第二次代表大会在万盛召开，参会代表 56 人。会议听取并审议区归侨侨眷联合会第一届委员会工作报告，选举产生区归侨侨眷联合会第二届委员会，选举李奂生为主席。

2005 年 12 月 15 日，万盛区归侨侨眷联合会第三次代表大会在万盛召开，参会代表 46 人。会议听取并审议区归侨侨眷联合会第二届委员会工作报告，选举产生区归侨侨眷联合会第三届委员会，选举陈小平为主席。

2010 年 12 月 28 日，万盛区归侨侨眷联合会第四次代表大会在万盛召开，参会代表 50 人。会议听取并审议区归侨侨眷联合会第三届委员会工作报告，选举产生区归侨侨眷联合会第四届委员会，选举邹红为主席，马钟声、刘文勇为副主席。

第三节　主要工作

1994 年 11 月，区侨联组织归侨侨眷学习《邓小平文选》第三卷和中共第十三届中央委员会第四次全体会议精神，学习《中华人民共和国归侨侨眷权益保护法》。

1995 年，开展热爱家乡“五个一”（贡献一个计划、传递一个信息、介绍一个客户、引进一个项目、推销一个产品）活动，组织归侨侨眷参观区重点工程汤家沟水库，收到归侨侨眷建议 80 余条。1999 年 2 月 10 日，组织侨眷纪念江泽民《为促进祖国统一大业的完成而连续奋斗》的讲话四周年活动。2001—2002 年，在重庆市政协会议上，区归侨侨眷联合会提交集体提案 4 件，个人提案 45 件，其中《废品收购中的环境污染亟待治理》获 2002 年重庆市政协优秀个人提案奖。2002—2008 年，每年组织全区小学生参加世界华人小学生作文大赛，28 篇作文获奖，区归侨侨眷联合会获组织奖 2 次。2006 年 9 月，促成中国香港丰洲投资公司董事长林龙安先生捐资 20 万元，建设金桥镇侨兴小学。2006 年 9 月，为区内 1 名贫困大学生争取到重庆华商会“让我们同行”助学金 20000 元（分四年发放）。2009 年 6 月 4 日，参与促成签订《万盛区政府和重庆市归侨侨眷联合会关于加强招商引资合作的协议》。2010 年，募集中国香港、中国澳门、中国台湾和海外人士捐款 2 万元，对口帮扶 10 名贫困学生。2011 年，促成重庆工商大学归侨侨眷联合会“张坚中奖学金”落户石林镇茶园小学，帮助 10 名贫困儿童获 3000 元奖学金；开展纪念《中华人民共和国归侨侨眷权益保护法》颁布 20 周年征文和侨法知识竞赛活动，《用“三心”维护归侨侨眷合法权益》获重庆市归侨侨眷联合会二等奖，区归侨侨眷联合会获“最佳组织奖”。

第四节　华侨　华人

1994年，全区有海外华侨、华人138人，其中华侨77人、华人61人。2002年，全区有海外华侨、华人148户、198人（新一代华侨、华人44人），其中华侨107人、华人91人，分布在16个国家和地区。2009年，全区有华侨、华人156户，分布在16个国家和地区；有归侨2人，侨眷186户、558人。2011年，全区有海外华人、华侨148人，分布在15个国家和地区；有归侨1人，侨眷82户、188人，港澳同胞8人。

第六章　工商业联合会

第一节　组织机构

一、万盛区工商业联合会

1955年8月，重庆市工商业联合会派工作组接收南川县工商业联合会万盛分会、桐梓县工商业联合会桃子分会和綦江县工商业联合会青年、建设工商组。11月15日，重庆市工商业联合会撤销万盛、桃子分会和青年、建设工商组，组建重庆市工商业联合会南桐矿区办事处，下设万盛、桃子和青年等工商组3个。

1962年11月13日，重庆市南桐矿区小商小贩联合会组建，下设万盛、桃子和青年等分会3个，受工商业联合会领导，并与其合署办公。1967年2月，区工商业联合会和区小商小贩联合会停止工作。1973年底，区工商业联合会和小商小贩联合会解散。

1993年8月12日，中共万盛区委统战部向中共区委请示恢复区工商业者联合会机构建制。8月18日，中共区委批复同意恢复区工商业者联合会组织机构。9月下旬，万盛区工商联筹备委员会组建。11月17日，中共万盛区委统战部以万盛区工商联筹备委员会名义，向区政府请示成立重庆市万盛区工商业联合会。12月3日，万盛区工商业联合会成立。是年，区工商业联合会有会员272户（人）。

2001年9月，中共万盛区工商业联合会党组成立，中共万盛区委统战部副部长兼任区工商联党组书记、会长。

2003年11月，中共万盛区委委托区委统战部领导区工商业联合会党组。

2011年，区工商业联合会下设办公室、非公经济发展服务中心科室2个；有会员941个，其中企业会员690个，团体会员15个，个人会员236个。

二、万盛区总商会

成立于2005年9月8日，与区工商业联合会合署办公，实行一个机构，两块牌子的体制。

三、基层商会及行业商会

1998年5月8日，万盛街道分会成立。2002年11月28日，南桐镇商会成立。2003年5月28日，万东镇商会成立。2004年4月28日，关坝镇商会成立。6月15日，青年镇商会成立。2005年11月29日，丛林镇商会成立。2009年11月30日，金桥镇商会成立。2010年，石林镇商会、黑山镇商会成立。

2000年12月13日，万盛区烹饪协会成立。2004年12月26日，万盛区石材商会成立。2009年11月27日，万盛区美容美发商会成立。2010年，建筑和房地产商会成立。2011年1月31日，万盛区餐饮商会成立。

2011年，区工商业联合会有万盛街道分会1个，南桐镇、万东镇、关坝镇、青年镇、丛林镇、金桥镇、石林镇和黑山镇等基层商会8个；有烹饪、石材、美容美发、建筑和房地产、餐饮等行业商会5个。

第二节　万盛区工商业联合会会员代表大会

1993年12月3日，万盛区工商业联合会第一次会员代表大会在万盛召开，参会代表100人。会议选举产生区工商业联合会第一届执行委员会委员21人、常委13人，选举陆屏都为会长，刘宁、邓先见、李泽先、胡超为副会长。

1997年4月3日，万盛区工商业联合会第二次会员代表大会在万盛召开。会议听取并审议区工商业联合会第一届委员会工作报告，选举产生区工商业联合会第二届执行委员会委员23人、常委15人，选举冯天俊为会长，邓先见、刘宁、李泽先、胡超、孔繁杰、陈永平为副会长。

2001年12月19日，万盛区工商业联合会第三次会员代表大会在万盛召开。会议听取并审议区工商业联合会第二届委员会工作报告，选举产生区工商业联合会第三届委员会执行委员25人、常委17人，选举杨柏林为会长，刘宁、张崇林、段昌俊、郭明木、陈永平为副会长。

2006年10月31日，万盛区工商业联合会第四次会员代表大会在万盛召开。会议听取并审议区工商业联合会第三届执行委员会工作报告，通过区工商业联合会第四次会员代表大会决议，选举胡章为会长，尤元超、娄弼华、郭明木、方建红、鲁广民、姚代坤、胡照钢、王良佑、王裕强为副会长。

2011年8月29日，万盛区工商业联合会第五次会员代表大会在万盛召开。中共万盛区委、区人大常委会、区政府、政协万盛区委主要领导和分管领导参会；中共万盛区委书记向涛到会讲话，重庆市工商业联合会副主席李增参会。会议听取并审议区工商业联合会（总商会）第四届执行委员会工作报告；选举牟伟为区工商业联合会主席、区总商会会长，曾祥明、娄弼华、揭圣贵、方建红、鲁广民、胡照钢、王良佑、王裕强、娄治福、陈祖华、杨作俊、卢晓雨、杜英伟、甘奇超、王定连为区工商业联合会副主席；选举曾祥明、娄弼华、揭圣贵、王红涛、尹仕兵、陈燕、樊洪全、颜军为区总商会副会长，胡玉雪为区工商业联合会、区总商会秘书长。

第三节　主要工作

一、参政议政

1993—2011年，56名非公有制经济人士当选区工商业联合会执行委员会委员，3名非公有制经济人士当选重庆市工商业联合会执行委员会委员，1 名非公有制经济人士被区监察局聘为行风评议代表，2 名非公有制经济人士被区行政审批大厅聘为特邀监督员，14 名非公有制经济人士当选政协万盛区委委员，2 名非公有制经济人士当选政协万盛区委常委，5 名非公有制经济人士当选区人民代表大会代表，2 名非公有制经济人士当选区人大常委委会委员，2 名非公有制经济人士当选任重庆市人民代表大会代表；共开展调研活动 9 次，撰写调研报告数十篇；向政协万盛区委提交提案 108 件。

二、社会公益活动

1995 年，全区开展“育春蕾、扶女童、献爱心”活动，设立区工商业联合会春蕾基金，用于资助家庭贫困女童。

1996 年，全区开展“弘扬红岩精神，投身光彩事业”活动。6 月 28 日，会员单位凡力电器公司向金桥乡大堰小学捐款 4000 元，用于修建运动场。

1997 年 9 月，区工商业联合会在青年镇实施帮助失学女童重返校园的“春蕾”行动。

2002 年，全区组织会员企业捐资 15 万元，资助贫困大学生 25 人，中小学生 52 人。

2003 年，全区组织非公有制经济人士为抗“非典”捐款 25 万元，捐资 11.5 万元帮助家庭贫困学生。

2004 年，全区组织捐款助学活动，向区内学校和贫困学生捐款 127 万元。

2005 年，全区组织非公有制经济人士为组建区子如慈善分会等各项公益性事业捐款 299 万元。

2006 年 4 月 26 日，万盛区光彩事业促进会成立。在区光彩事业促进会成立大会上，区振兴煤业公司捐款 100 万元。是年，区内遭受重大旱灾，组织非公有制经济人士为抗灾救灾活动捐款 40 余万元。

2006 年，非公有制经济人士为抗洪救灾捐款 175 万元；通过区光彩事业促进会向社会各界捐款 88 万元，重庆市工商业联合会光彩资金 20 余万元，用于修建石林镇光彩小学。

2008 年，非公有制经济人士为“5.12”汶川地震灾区捐款、捐物，资金和物资核价共 192 万元；区光彩事业促进会向社会各界捐款 73.88 万元。

2009 年 3 月，金桥镇金堰村成为区内首个重庆市光彩事业推进村。振兴煤业集团捐资 5 万元，用于建设金堰村公共服务中心和农村书屋。首邦实业公司捐款 2 万元，用于建设万盛区光彩推进村——石林镇两河村农家书屋和启动绿色“小芳猪”养殖项目。

2010 年，开展“送温暖、惠民生”活动和“万名渝商红岩感恩行动”，对口帮扶区内 191 名“五老”（老党员、老干部、老劳模、老教师、老复员退伍军人）人员，发放慰问金 12 万元；走访慰问贫困村 4 个、困难群众 166 户，发放慰问金 4 万元；为南桐镇敬老院 43 名孤残老人，发放慰问金 0.43 万元；对口捐赠武隆县 3 个村健身器材购置费 2 万元；1 家民营建筑企业通过区光促进会向万盛区实验学校捐赠价值 5 万元的大型景观盆景；全区非公经济代表人士为中国（重庆）首届羽毛球文化节捐资 115 万元；通过区光彩事业促进会向社会各界、社会弱势群体捐助资金 155 万元。12 月 10 日，区第四个光彩事业推进村落户金桥镇青山村。万东房地产公司作为帮扶企业，现场捐助 1 万元“思源水窖”项目启动资金。

2011 年，建立重庆市光彩事业推进村 2 个和万盛区光彩事业推进村 3 个。全年累计向光彩事业推进村等贫困农村地区提供各类帮扶、捐助款 30 万元；为生活困难的老红军、老八路及其亲属发放慰问金 2.4 万元；重庆经开汽博实业公司捐资 30 万元，用于建设石林镇中心校教学楼辅助工程；万盛国能煤炭公司捐资 30 万元，用于修建石林镇大坪公路；振兴煤业集团公司为区内农村贫困人员和敬老院发放慰问金 4 万元；万东镇商会为万东镇第 25 届全民健身运动会捐款 10 万元，为 6 名困难家庭大学生发放助学金 1.2 万元，为新华小学 133 名留守儿童送去书包、笔记本等价值 5000 元的礼物。是年，区工商业联合会执行委员会以上会员单位通过光彩促进会向社会各界捐款 104 万元。

第七章　残疾人联合会

第一节　组织机构

一、万盛区残疾人联合会

1982 年 11 月 29 日，南桐矿区盲聋哑人协会成立，归区民政局管理。

1989 年 10 月 31 日，撤销区盲聋哑人协会，组建区残疾人联合会，由区民政局代区政府管理，人员编制和事业经费单列。

1993 年 5 月 24 日，区残疾人联合会被定为副局级机构，列入政府序列，隶属区政府领导，单独对外开展工作。1998 年 6 月 30 日，区残疾人联合会升为正局级机构。

2001 年，区残疾人联合会被定为群众团体机构，内设办公室 1 个科室。

二、区残疾人专门协会

区肢残人协会 2004 年 8 月 5 日，万盛区肢残人协会成立。区肢残人协会的日常工作由区残联执行理事会下设的办事机构承办。

区聋人、盲人及精神病残疾人亲友协会 2009 年 10 月 15 日，区残联分别召开全区聋人、盲人及精神病亲友代表大会，组建万盛区聋人、盲人及精神病亲友协会，分别通过《万盛区聋人协会章程》《盲人协会章程》《智力和精神病人亲友协会章程》。

三、区残联基层组织

1991 年 1 月 26 日，区政府要求各乡镇，街道及残疾人比较集中的单位，须组建残疾人协会组织。3 月 15 日，区第一个残联基层组织——南桐残疾人协会成立。至年底，全区各乡镇、街道均建立残疾人协会组织。

1993 年 10 月 25 日，各乡镇、街道残疾人协会更名残疾人联合会。是年，部分福利企业开始组建残疾人协会，村（居）民委员会组建残疾人小组。

2009 年，全区 57 个村、30 个社区相继成立残疾人协会。

第二节　万盛区残疾人联合会代表大会

1989 年 10 月 31 日，南桐矿区残疾人联合会第一次代表大会在万盛召开，参会代表 147 人。会议听取并审议区民政局副局长戴天云作的区残疾人工作报告；选举产生区残疾人联合会第一届主席团成员，推举执行理事会成员；聘请翁善全、魏熙文、李碧澄为名誉主席，选举戴天云为主席，李钟亮、郭培德、王强、朱元凯、旷年友（女）、张习凡、秦克富、梁隆金为副主席，推举戴天云为理事长，周汝华为副理事长。

1993 年 6 月 3—4 日，万盛区残疾人联合会第二次代表大会在万盛召开，参会代表 173 人（特邀代表 15 人）。会议听取并审议区残疾人联合会第一届主席团作工作报告；选举产生区残疾人联合会第二届主席团成员，推举执行理事会成员；选举出席重庆市残疾人联合会第二次代表大会代表 8 人；聘请何国清、李贻盛、李碧澄、梁金亭为名誉主席，选举杜崇民为主席，王国远、方振玉、李奂生、李泽先、李钟亮、吴开俊、范建生、邹良才、胡高扬、赵立先、黄明吉、曹维清、梁国栋、曾维君、魏学彬为副主席，推举黄明吉为理事长，张永良为副理事长。

1998 年 7 月 15 日，万盛区残疾人联合会第三次代表大会在万盛召开，参会代表 139 人。会议听取并审议区残疾人联合会第二届主席团作工作报告；选举产生区残疾人联合会第三届主席团成员，推举执行理事会成员；选举出席重庆市残疾人联合会第一次（直辖后）代表大会代表 5 人；聘请向泽映、张希凤、王邦成为名誉主席，选举丁洪为主席，董泽海、张承淑、马钟声为副主席，推举董泽海为理事长，王万年为副理事长。

2003 年 7 月 4 日，万盛区残疾人联合会第四次代表大会在万盛召开，参会代表 120 人。会议听取并审议区残疾人联合会第三届主席团作工作报告；选举产生区残疾人联合会第四届主席团成员，推举执行理事会成员；选举出席重庆市残疾人联合会第二次代表大会代表；聘请蒋建国、张希凤、周训禾为名誉主席，选举李光成为主席，马钟声、王万年、李荣刚为副主席，推举王万年为理事长。

2007 年 12 月 25 日，万盛区残疾人联合会第五次代表大会在万盛召开，参会代表 122 人，其中列席和特邀代表 37 人。会议听取并审议区残疾人联合会第四届主席团作工作报告；选举产生区残疾人联合会第五届主席团成员，推举执行理事会成员；选举出席重庆市残疾人联合会第三次代表大会代表 5 人；选举徐月芬（女）为主席，朱金明、马钟声等为副主席，推举朱金明为理事长。

第三节　主要工作

一、残疾人普查

1986 年，全区有盲、聋哑人 383 人，占全区人口 0.16%。其中盲人 97 人（男 57 人，女 40 人；农村 80 人，城市 17 人），聋哑人 286 人（男 177 人，女 109 人；农村 228 人，城市 58 人）。

1990 年 6 月，全区有残疾人 11541 人，占全区人口 4.4%。其中城镇 4686 人，农村 6855 人；盲人 258 人，聋哑人 311 人，肢体残疾人 3261 人，智力残疾人 312 人，精神病患者 292 人，其他残疾人 7107 人。

1998 年 7 月，全区有残疾人 13168 人，其中盲人 1295 人、聋哑人 1553 人、智力残疾人 1560 人，精神病患者 1460 人，肢体残疾人 7300 人。

2003 年 12 月，全区有残疾人 13500 人，其中肢体残疾人 8500 人、视力残疾人 700 人、听力残疾人 1400 人、智力残疾人 1600 人，精神病患者 1000 人，多重残疾人 300 人。

2011 年，全区有残疾人 15800 人，占全区人口 5.87%。其中肢体残疾人 9658 人，精神病患者 1031 人，言语残疾人 161 人，听力残疾 512 人，视力残疾 2283 人，智力残疾人 2063 人，多重残疾 182 人；农村残疾人 9850 人，城镇残疾人 5950 人。

二、残疾人颁证

1993 年 11 月起，全区向残疾人颁发残疾人证。至月底，全区颁证 1150 个。

1997 年，换发残疾人证，至 1998 年 7 月换发新证 1200 个。至 2000 年年底，全区累计颁发证 2304 个，办证人数占残疾人 17.06%。

2001年10月20日至12月31日，集中审验残疾人证。2001年，累计颁证2762个，核发比率20.46%，其中肢体残疾人证1919个、视力残疾人证277个、听力、语言残疾人证208个、智力残疾人证256个、精神残疾人证81个、多重残疾人证21个。2005年，全区累计颁证4770个，核发比率35.3%。其中肢体残疾人证2910个，言语残疾人证464个，视力残疾人证657个，智力残疾人证525个，精神残疾人证215个。

2009年12月起，万盛区开始换发第二代残疾人证。2009—2011年累计换证5025个。

2011年，全区累计办证5937个，其中听力残疾人证295个，视力残疾人证766个，智力残疾人证703个，精神残疾人证512个，言语残疾人证78个，多重残疾人证158个，肢体残疾人证3425个。

三、残疾人康复

区残联协同区卫生局、民政局等部门，开展残疾人"三项康复"（白内障复明手术、小儿麻痹后遗症矫治手术、聋儿语言训练）、肢体残疾人康复、智力残疾人和脑瘫儿童康复、精神病防治等工作。

1986—2010年，累计免费或减费为1346名白内障患者做复明手术，复明1339人，复明率99.48%。

1991—1993年，累计免费或减费为73名小儿麻痹后遗症患者作矫治手术，有康复效果70人，有效率95.8%。

1991—2010年，为70名聋儿开展语音训练培训，为34名聋儿安装助听器，为1名聋儿安装人工耳蜗。

1996—2011年，为肢体残疾人安装假肢88例，提供辅助器具492辆（副），开展康复训练280余人。

1996—2010年，为65名智力残疾儿童开展康复训练培训。经过训练，大部分智残儿童的有所改善，有的可以做到生活自理。

2005年，区残联与区卫生局、区精神病医院协作，在青年镇开展精神病患者防治康复试点工作，筛查精神病患者，调查核实精神病患者现状，并建档立卡，制订精神病患者防治康复具体措施。2006年12月，设立万盛区贫困精神病患者医疗救助基金，主要用于贫困精神病患者医疗救助。2006年起，区残联为295名精神病患者建档立卡，给予免费药品。

2006—2011年万盛区救助贫困精神病患者情况一览表

表21-2

年份	建卡数（人）	服药治疗（人）	服药治疗补助总额（元）	住院治疗（人）	补助总额（元）
2006	295	226	81360	29	13778
2007	295	226	81360	33	14451
2008	295	226	81360	35	15670
2009	295	226	81360	28	13537
2010	365	300	108000	54	48380
2011	390	351	126360	166	221914

说明：服药人数少于建卡人数是有一部分精神病患者没有服药治疗和康复

第八章　文学艺术界联合会

第一节　组织机构

一、万盛区文学艺术界联合会

1986年12月16日，南桐矿区文学艺术工作者筹备委员会成立。1990年11月，南桐矿区文学艺术界联合会成立，不列入局级单位编制，挂靠区文化局。是年12月22日，联合会挂牌。1993年4月，更名万盛区文学艺术界联合会。

2005年5月，区文联的机构性质被确定为群团组织，挂靠在区文化广电新闻出版局。

2009年7月6日，区文联从区文化广电新闻出版局的挂靠机构，调整为中共万盛区委宣传部直接管理机构。

二、区文联下属分会

区作家协会　1986年12月，南桐矿区文学协会成立，有会员80余人。2008年7月，更名区作家协会，有会员85人，其中重庆市作家协会会员5人。

区美术家协会　1986年12月，南桐矿区美术协会成立。1998年10月，区美术协会与区书法协会合署，实行一个机构，两块牌子的体制。2009年，更名区美术家协会，有会员50余人，其中重庆市美术家协会会员4人。

区音乐家协会　1986年12月，南桐矿区音乐协会成立，有会员30余人。2009年，更名区音乐家协会，有会员30余人，其中重庆市音乐家协会会员5人。

区书法家协会　1986年12月，南桐矿区书法协会成立。1998年10月，与区美术协会合署，实行一个机构，两块牌子的体制。1998年，有会员120余人。2009年，更名区书法家协会，有会员55人，其中重庆市书法家协会会员6人。

区摄影家协会　1986年12月，南桐矿区摄影协会成立，有会员20余人。2003年，有会员40余人。2009年，更名区摄影家协会，有会员50余人。

区舞蹈家协会　1986年12月，南桐矿区舞蹈协会成立。2009年，更名区舞蹈家协会。其中2名会员是重庆市舞蹈家协会会员。

区戏剧曲艺家协会　1988年，南桐矿区川剧爱好者协会成立。2006年，更名区戏曲协会。2009年，更名区戏剧曲艺家协会成立，有会员68人，其中重庆市戏剧家协会会员8人。

区诗词楹联家协会　1999年12月，石林诗社（后更名“万盛诗社”）成立，隶属区文学协会。2004年，有会员90余人。2005年，更名区诗词协会，独立开展工作。2009年，更名区诗词楹联家协会，有会员82人，其中中华诗词协会会员5人，重庆市诗词协会会员12人。

区收藏协会　1986年12月，南桐矿区火花协会成立，隶属区文联领导。1997年，更名区收藏协会，挂重庆市收藏协会万盛联络处牌子，为重庆市收藏协会分支机构，有会员40余人。是年，区收藏协会会员全部转为重庆市收藏协会会员。2009年，被并入区民间文艺家协会。

区灯谜楹联协会　2003 年 1 月，万盛区文联灯谜楹联协会成立。2009 年，被并入区民间文艺家协会。

区民间文艺家协会　2009 年，万盛区民间文艺家协会成立。区民间艺术家协会是在整合区收藏协会和区灯谜楹联协会基础上，组建的一个包括民间工艺、民俗等艺术门类的群团组织，有会员 81 人。

第二节　万盛区文学艺术界联合会代表大会

1992 年 12 月 22 日，南桐矿区文学艺术界联合会第一次代表大会在万盛召开。会议通过区文学艺术界联合会章程，选举产生区文学艺术界联合会第一届委员会委员 57 人、常务委员会委员 17 人，选举彭永辉为主席，吴开俊、曾开华、肖高和、魏学彬为副主席，林先才为秘书长。

1999 年 2 月 11 日，万盛区文学艺术界联合会第二次代表大会在万盛召开，参会代表 120 人。会议审议并通过区文学艺术界联合会章程修改案，听取并审议区文学艺术界联合会第一届委员会工作报告，选举产生区文学艺术界联合会第二届委员会委员及常务委员会委员，选举田建渝为主席，王开泉、郑丽娟、吴开俊、张林忠为副主席，郑丽娟为秘书长。

2005 年 6 月 2 日，万盛区文学艺术界联合会第三次代表大会在万盛召开，参会代表 100 人，列席代表 20 人。会议审议并通过区文学艺术界联合会章程修改案，听取并审议区文学艺术界联合会第二届委员会工作报告，选举产生区文学艺术界联合会第三届委员会委员及常务委员会委员，选举罗昭胜为主席，王启玉、吴开俊、耿直、陆懋蔚、陈保柱、简云斌为副主席，令狐克强为秘书长，聘请中共万盛区委常委、区委宣传部长申大华和中共南桐矿业公司委员会副书记张林忠为名誉主席。

2009 年 10 月 16 日，万盛区文学艺术界联合会第四次代表大会在万盛召开，参会代表 100 人，列席代表 15 人。会议审议并通过区文学艺术界联合会章程修改案，审议通过《万盛区文联第四次代表大会决议》，听取并审议区文学艺术界联合会第三届委员会工作报告，选举产生区文学艺术界联合会第四届委员会委员及常务委员会委员，选举简云斌为主席，杨东、龙雪梅（女）、吴开俊、罗昭伦、胡明、令狐克强为副主席，杨东为秘书长，聘请中共万盛区委常委、区委宣传部长申大华和中共南桐矿业公司委员会副书记张林忠为名誉主席。

第二十二篇　政法

第一章　公安

第一节　机构

一、重庆市公安局驻区机构

（一）*万盛区公安分局*

重庆市公安局南桐矿区分局是重庆市公安局的下属机构，负责南桐矿区境内公共安全。1993年5月，更名重庆市公安局万盛区分局。

1986年年初，区公安分局设政治处、秘书科、预审科、一科、经济文化保卫科、消防科、治安科、户籍科、刑事警察队和看守所等10个机构。

1990年4月27日，设立监察室。10月，设立交通管理科，对外称区交通警察队。

1992年10月14日，南桐矿区出租汽车治安管理办公室组建，设在区公安分局。

1994年，区交通警察队更名区交通警察大队。

1997年1月，组建万盛区110报警服务台，设在区公安分局。

1998年3月20日，撤销预审科。

1999年5月21日，刑事警察队更名刑事警察支队。9月8日，消防科更名消防处，规格从副营级升为副团级。9月20日，设立警务督察队，与监察室合署办公。11月16日，设立指挥室（与秘书科合署办公）、经济犯罪侦查科。

2000年6月16日，区公安分局交通警察大队更名重庆市公安局交通警察总队第十三支队，与区公安分局脱离隶属关系，改为重庆市公安局交通警察总队直接管理。

2001年4月2日，设立禁毒支队、强制戒毒所和后勤科；秘书科更名办公室，一科更名国内安全保卫支队，治安科更名治安支队（与经济文化保卫科合署办公），户籍科更名户政科，经济犯罪侦查科更名经济犯罪侦查支队。6月，设立审计室，与监察室合署办公。

2002年8月，区公安分局、区妇女联合会共同组建万盛区家庭暴力报警中心，挂靠区公安分局110报警服务台。

2003年9月16日，区出租汽车治安管理办公室和区公安分局刑事警察支队合署办公。

2004年11月1日，重庆市公安局撤销东林公安分局，其所属民警及资产被移交区公安分局管理。是年，晋林机械厂迁出区境，其厂4名公安民警及所属资产全部移交分局。

2005年4月21日，设立巡逻警察支队、情报信息科（与指挥室合署办公）。8月5日，区公安分局消防处和区武警消防中队实行“防消合一”管理体制，合并组建为重庆市万盛区公安消防支队，又称中国人民武装警察部队重庆市万盛区消防支队，规格从副团级升为正团级。

2006年10月14日，设立科技通信网络安全监察支队，与办公室合署办公。

2010年1月21日，重庆市公安局交通警察总队万盛区支队（第十三支队）与区公安分局巡逻警察支队，合并组建区公安分局交通巡逻警察支队，下设综合大队、秩序大队、机动大队、第一大队、第二大队、第三大队、第四大队。5月4日，设立校园安全保卫支队；7月23日，校园安全保卫支队与经济文化保卫科合署办公。9月14日，监察室更名纪检监察室，并加挂警务督察支队、审计室牌子，警务督察队更名警务督察支队。9月28日，设立刑事警察支队情报信息大队。

2011年8月22日，交通巡逻警察支队增设第五大队、第六大队。9月20日，法制科更名法制支队。9月28日，情报信息科与指挥室分离，单独设置。11月4日，强制戒毒所更名强制隔离戒毒所。年末，区公安分局下设政治处、办公室、指挥室（与办公室合署办公）、纪检监察室、审计室（与纪检监察室合署办公）、信息情报科、经济文化保卫科、户政科、后勤科、国内安全保卫支队（与国内安全保卫机动侦察支队合署办公）、经济犯罪侦查支队、刑事警察支队、治安支队（与经济文化保卫科合署办公）、法制支队、禁毒支队、交通警察巡逻支队、科技通信网络安全监察支队（与办公室合署办公）、警务督察支队（与纪检监察室合署办公）、校园安全保卫支队（与经济文化保卫科合署办公）、看守所、强制隔离戒毒所、区出租汽车治安管理办公室（与刑事警察支队合署办公）、区110报警服务台和区家庭暴力报警中心（与区110报警服务台合署办公）等24个机构。

（二）重庆市公安局东林分局

1986年5月29日，重庆市公安局南桐矿务局公安分局成立，为企业公安机构，业务隶属重庆市公安局二处，行政关系隶属南桐矿务局，负责南桐矿务局所辖范围案件侦破和安全保卫。南桐矿务局公安分局下设秘书科、政工科、治安科和生产保卫科等科室4个；各矿、厂、处设公安科8个、保卫科7个。

1998年12月，撤销南桐矿务局公安分局，设立重庆市公安局东林分局，下设综合科、政工科、治安科（刑事警察队）和生产保卫等科室4个，有南桐、和平台、鱼田堡、红岩、砚石台和九锅箐等派出所6个。南桐矿务局各二级单位设保卫科。

2004年11月1日，撤销东林公安分局，其所属民警及资产被移交区公安分局。

（三）重庆市公安局交通警察总队万盛区支队

2000年6月16日，区公安分局交通警察大队更名重庆市公安局交通警察总队万盛区支队（第十三支队），与区公安分局脱离隶属关系，改为重庆市公安局交通警察总队直接管理。2010年1月21日，与区公安分局巡逻警察支队合并组建区公安分局交通巡逻警察支队。

（四）重庆市公安局技术侦察总队驻万盛区支队

2008年12月9日，重庆市公安局行动技术总队驻万盛区支队成立。2010年9月10日，更名重庆市公安局技术侦察总队驻万盛区支队。

二、万盛区公安分局派出机构

1986年年初，区公安分局有万盛、东林、南桐、红岩和林业（设在景星乡）等派出所5个。

1993年11月16日，全区设立万东、支路、青年、关坝、景星、金桥、南天和丛林等派出所8个，撤销红岩派出所，南桐派出所更名桃子派出所。

1996年9月24日，支路派出所与桃子派出所合并组建新的桃子派出所。

2002年2月4日，南天派出所更名石林派出所。2006年6月9日，景星派出所更名黑山派出所。

2008 年 12 月 24 日，桃子派出所更名南桐派出所。

2011 年 2 月 11 日，撤销石林派出所，其管辖范围被划归黑山派出所；撤销金桥派出所，其管辖范围被划归万东派出所。

2011 年，区公安分局下辖万盛、东林、万东、南桐、青年、关坝、丛林和黑山等派出所 8 个。

第二节　户政管理

一、常住人口管理

区公安分局设户政科，派出所设户籍民警，管理常住人口户籍和身份证。户口以户为单位登记，一户一簿。户口簿内记载户口持有人姓名、性别、民族、年龄、出生地、受教育程度、婚姻状况和住址等多项信息。城镇户口有常住、暂住、出生、死亡、迁出、迁入和变更等 7 项变动登记项目；农村户口有出生、死亡、迁入和迁出 4 项变动登记项目；集体户口由持有单位指定专人到分管派出所办理本单位户口申报事项。

1986 年，区公安分局落实南桐矿务局井下职工家属户口入城政策，批准迁入 1183 户、3740 人。

1990 年第四次全国人口普查期间，区公安分局整顿区内居民户口，查出户口信息重复人口 27 人、全部注销，遗漏登记户口人口 11 人、全部补登，13655 人人户分离、归正 7964 人，纠正各类项目差错 54695 项，变更补齐自然项目 389233 项，核准全区户口 65970 户、人口 260137 人。是年，区公安分局录入 66133 户、261204 人的电子户籍资料。1991 年，累计录入 263029 人、6312696 条电子户籍资料，建成区人口基本信息库。

2000 年第五次全国人口普查期间，整顿区内居民户口，查出持居民身份证，但未登记户口人口 1551 人、全部补登，注销户口人口 2147 人，受理户口迁移申请 1216 份、办结 1531 人，发现与实际不一致的户口自然变更项目 77895 项、更正 72218 项，核准全区户口 76415 户、267948 人。是年，为规范户口办理程序，简化户口审批手续，区公安分局下放部分户口审批权限至派出所。

2001 年，重庆市政府改革小城镇户籍管理制度，引导农村人口向小城镇有序转移，逐步建立以居住地划分城镇户口和农村户口，以职业划分农业人口和非农业人口的户籍管理制度，实行城乡户口一体化管理制度。

2004 年 5—7 月，区公安分局核对全区户口信息，检查人口信息管理系统数据质量，核对 75640 户、251080 人户籍资料，核对出差错 64771 项，全部更改。

2010 年，《万盛区户籍制度改革农转城户口办理实施方案》实施。是年，第六次全国人口普查工作期间，区公安分局整顿区内居民户口，清查户口 91177 户、299736 人，应落、但未落户口人口 4114 人，办理落户 1002 人，应注销、但未注销户口人口 3470 人、注销 1874 人，户口信息重复人口 6 人，全部注销重复户口，纠正户口登记项目差错 7756 项，补充登记户口 19 人，清理人户分离、户在人不在的 22189 人户口信息。全年办理农村户口转非农村户口 1293 户、8429 人。

2011 年，区内有户口 96007 户、人口 268325 人，其中非农业人口 145335 人，城镇化率 54%（1986 年城镇化率 33%）。

1986—2011 年万盛区户籍人口统计表

表 22-1　　单位：人

年份	人口总数	年份	人口总数
1986	244780	1999	265059
1987	252576	2000	269304
1988	256041	2001	269583
1989	259031	2002	269538
1990	262693	2003	267602
1991	265277	2004	266825
1992	265507	2005	267153
1993	267400	2006	267801
1994	268753	2007	267719
1995	267428	2008	268200
1996	264805	2009	269031
1997	265096	2010	268592
1998	266442	2011	268325

二、暂住人口管理

1986 年 7 月，清查区内暂住人口，并登记发证。清查暂住人口 8665 人，登记 7555 人，发证 4722 人，审查 6718 人，发现违法人员 157 人，打击处理 5 人，治安处罚 17 人。

1989 年，暂住人口管理工作实行“谁主管、谁负责，谁用工、谁负责”原则。派出所负责登记审查本辖区内暂住人口；单位保卫部门负责申报登记及审查本单位内暂住人口，特别是临时雇佣人员；用工单位负责申报登记及审查本单位暂住人口。

2010 年第六次全国人口普查期间，区公安分局新登记暂住人口 22378 人，注销 8763 人暂住人口登记信息，登记境外人员 1 人。

2011 年，登记暂住人口在库数 35000 余人。

三、居民身份证管理

1987 年年末，区内城镇人口居民身份证发证工作结束，农村人口居民身份证发证率 84.3%。

1989 年起，区内开始实施居民身份证查验制度。

1999 年 10 月 1 日，国家建立并实行公民身份号码制度。新编制的公民身份号码，是国家为每个公民从出生之日起编定的唯一的、终身不变的身份代码。公安机关负责按照国家规定标准编制公民身份证号码，号码为 18 位阿拉伯数字（末尾数也有可能以英文字母 x 代替）。

2003 年，区公安分局开始换发第二代居民身份证。至 2007 年年末，累计换发第二代居民身份证 202048 张，16 周岁以上换证率 90%。

2006 年，清理身份证重号信息，确保公民身份号码的准确性和唯一性。

第三节　治安管理

一、公共治安秩序管理

（一）公共娱乐场所管理

1986年后，区内部分娱乐服务场所存在卖淫嫖娼、聚众赌博和吸贩毒品等违法行为。1988年5月起，区公安分局统一为区内公共娱乐场所发放治安管理登记证，以加强监管。

1989年，出警3831人次，清查整顿24个重点复杂场所376次，抓获违法犯罪嫌疑人员1740人，侦破刑事案件98件，预防或制止各类案件298件。

1990年，清查整顿26个重点复杂场所320次，查处治安案件255件，获违法犯罪嫌疑人员850人。是年，区内文化娱乐场所、文化市场推行治安承包责任制。50家场所中有40家与区公安分局签订治安承包协议。

2000年7月1日起，区公安分局停止娱乐场所审批，清查娱乐场所转租、转包行为。是年，区内有娱乐场所288家，其中歌舞厅、夜总会、卡拉OK厅75家，录像出租户104户，录像放映厅4家，电子游戏室69家，美容美发场所18家，桑拿洗浴2家，其他娱乐场所16家。

2001年10月至2002年2月，歌舞娱乐场所专项治理，发出限期整改通知书37份，吊销营业执照5个，停业整顿7家。

2006年起，公共娱乐场所逐步纳入特种行业管理范围。

（二）校园及其周边治安整治

20世纪90年代后期，区内学校及周边地区治安环境日趋复杂，学校教学秩序受到影响，引起社会普遍关注。2001年5—6月，组织万盛、东林、万东和南桐等4个派出所，集中整治校园周边地区治安秩序，重点整治区职业技术教育中心、重庆市第四十九中学校、重庆市第一〇四中学及周边地区，破获发生在校园周边地区的刑事案件20件，查处治安案件15件，处理违法、犯罪嫌疑人员33人。

2002年，先后2次集中整治校园及周边地区存在的治安问题，破获刑事案件15件，查处治安案件16件，处理违法、犯罪嫌疑人员32人，取缔非法经营的台球室9家、电子游戏室7家，收缴赌博机11台，取缔摆摊设点的无照经营户49户，督促整改消防隐患6处，清理房屋出租户42户，暂住人口68人。

2005年4月25—29日，取缔非法无照经营摊位30个，没收“三无”（无生产厂名，无生产厂址，无生产卫生许可证编码产品）食品10千克，责令6家餐饮店停业整顿。

2010年5月4日，区公安分局成立校园安全保卫支队，派驻校警12人。7月，区公安分局将校园安全保卫支队与经济文化保卫科、治安支队合署办公。8月，招聘校园保安274人。

2011年，重点整治关坝、青年、南桐和黑山等4镇境内13所学校及幼儿园校园及周边社会秩序，查处涉及学校、涉及学生治安案件18件，查处违法嫌疑人员11人。

（三）水域治安管理

2010年1月1日，《重庆市水域治安管理条例》实施，区公安分局主管区内水域治安。11月，采集录入区内藻渡、鲤鱼河等5条河流和关坝镇河坝水库、石湾角水库等15处湖泊信息，将其纳入日常治安管理。

2011年，规范采集录入孝子河亲水平台和孝子河二号闸坝2个水域固定平台，汤家沟水库水坝、康羽桥2个水域建筑设施，孝子河水上娱乐场所、汤家沟水库取水点、自来水厂取水点等信息。是年，查处水域治安案件1件。

（四）查禁黄、赌等社会丑恶现象

1987年，查获卖淫嫖娼案件25件、处理37人，查处赌博案件83件、处罚313人，查处传播淫秽物品案1件、处理5人，收缴淫秽物品36件。

1991年，开展全区性查禁赌博专项斗争，查处赌博案件107件、处罚663人。4月26日，区社会治安综合治理领导小组在万盛文化会堂召开处理赌博违法人员大会。公开宣布给予20名赌博人员治安拘留、罚款、警告等处罚，区政府给予26名参赌的国家机关工作人员党纪、政纪处理。

1995年，查处卖淫嫖娼案件14件、处理36人，责令2家歌舞厅、1家旅馆停业整顿。

2001年5—7月，开展“扫黄、打非”（“扫黄”指清理黄色书刊、黄色音像制品及歌舞娱乐场所、服务行业的色情服务；“打非”是指打击非法出版物）专项行动，清查音相出租门市78家、录像放映厅3家、书报刊摊点17个，查处违法案件6件，处理违法人员12人，收缴非法书报刊709册，淫秽光碟594张，盗版侵权光碟3831张。是年，专项治理群众反映强烈的路边店、茶馆、发廊、旅馆，查处卖淫嫖娼案件48件，介绍、容留妇女卖淫案件6件，赌博案件8件，捉获违法人员97人，给予治安拘留处罚8人，警告和罚款79人，收容教育3人。

2004年3月10日至6月20日，开展扫黄禁赌专项整治，查处涉黄、赌案件45件，处理违法人员124人，收缴淫秽光碟110张、投币机3台。

2007年4月起，集中打击赌博违法犯罪，查处赌博治安案件64件，查获赌博违法犯罪嫌疑人员276人，捣毁赌博窝点20个，收缴赌金3万元、赌机86台，处罚违法犯罪嫌疑人员33人。

2009年，查禁卖淫嫖娼和色情活动，查处卖淫嫖娼案件14件，处理违法犯罪嫌疑人员36人，责令2家歌舞厅、1家旅馆停业整顿。

2010年4月，开展扫黄禁赌专项行动，破获涉黄刑事案件4件，治安案件13件，处理违法犯罪嫌疑人员3人，给予治安拘留处罚35人；破获聚众赌博、网络赌博等团伙案件3件，涉案金额700余万元，处理违法犯罪嫌疑人员52人。

二、安全保卫

（一）重大节庆活动安全保卫

1991年，区公安分局制订《群众文艺、体育和庆祝活动安全保卫工作规范》。

1998年，万盛区举办首届重庆万盛踩山会暨旅游节活动。区公安分局制订6个具体安全保卫工作方案，出动安全保卫力量1360余人次，检查各活动场地37次，督促整改事故隐患57处。

1999—2005年，先后参加綦万高速公路开工庆典暨文艺演出、重庆电视台黑山谷景区“多谢四方众乡亲”演唱会、中国歌舞团文艺演出、万盛区建区50周年系列等大型庆祝活动的安全保卫。

2010年10月，负责中国（重庆）首届羽毛球文化节的安全保卫工作。在文化节期间，全体公安干警周密安排，有效维护了整个活动的顺利开展。

2011年，先后负责万盛石林景区开园仪式、戴斯圣杰温泉酒店开业剪彩庆典、万盛石林景区开园新闻发布会暨旅游项目签约仪式、万盛石林景区开园暨黑山谷戴斯圣杰温泉酒店开业文艺晚会等系列大型群众性活动安全保卫任务，有效维护了活动现场治安和交通秩序。

（二）重大灾害事故和突发性事件安全保卫

抗击“非典”　2003年春夏之交，全国大面积爆发非典型肺炎（简称“非典”）疫情。区公安分局出动警力2010人次，车辆170辆次，检查娱乐服务场所、宾馆、农家乐和风景旅游区等公共场所共360处；协助医疗部门设立医学观察点和隔离区各1处。隔离观察发烧病人31人次。

防治禽流感　2004年春节前后，亚洲十余个国家相继发生禽流感疫情，国内广西、湖南和湖北等省区也发生类似疫情。区公安分局出动警力，配合相关部门做好关卡、市场和养殖场检查工作。

处置重大灾害事故　2004年6月5日13时55分，因连日降雨，万东镇新华村胡家沟社矸子山发生山体滑坡，泥石流摧毁并掩埋山下14户村民住房，造成3人死亡、3人受伤、18人失踪的重大灾害事故。区公安分局启动重大灾害事故处置预案，调集民警、消防武警官兵赶赴并警戒、维护现场秩序，管制现场周边道路交通。至17时，现场得到全面控制，救援搜救工作有序开展。抢险期间，重庆市、万盛区两级公安机关共出动警力1500人次，车辆100余辆次。

三、特种行业管理

1985年，调整特种行业管理范围，修理业、铸字业和收购一般生活废旧物品行业不再纳入特种行业管理范围，旅店业、旧货业、印刷刻字业等3个行业纳入特种行业管理范围。

1987年，全区有特种行业企业（商户）58家，其中旅店业34家，印刷、复印、刻字业20家，废旧性收购委托行4家。全年查获违法犯罪嫌疑人员169人，治安拘留5人，罚款37人。

1988年，当铺归为旧货业，纳入特种行业管理范围。是年，区内有当铺1家。

1989年，万盛、东林、南桐3个街道和青年镇建立特种行业治安联合办公室，协助公安机关管理特种行业。

1990年，全区有特种行业企业（商户）78家，77家和派出所签订治安承包协议书。

1993年，彩色复印机销售纳入特种行业管理范围，实行准购证管理办法。

1996年4—6月，集中整顿区内废旧金属收购业，侦破刑事案件18件，查处治安案件31件，处理违法犯罪嫌疑人员57人，取缔无照收购商户25户，捣毁非法收购窝点3个，收缴黑色金属10.60吨、有色金属1.35吨。

1999年，机动车修理业、报废机动车回收业纳入特种行业管理范围。

2000年，区内30家旅店安装计算机前台联网登记系统。

2006年，全区有特种行业企业（商户）274家，其中旧货业32家、旅店业82家、印刷业33家、刻字业5家、机动车修理业129家。是年，整治铁路沿线废旧金属收购站点、印章业、旅店业，侦破刑事案件4件，查处治安案件11件。

2011年，特种行业场所治安管理信息化建设。全年有113家特种行业企业（商户）安装治安管理信息系统，其中行业场所治安管理信息系统73套，娱乐场所19套，废旧金属收购业11套，汽车修理业9套，汽车拆解业1套。

四、武器、爆炸物品管理

（一）枪支弹药管理

1987年，清查全区公安保卫系统枪支，有各类枪支278支，其中经济文化保卫系统配枪136支。1987年起，区公安分局建立各系统现有枪弹数量增、减原因登记制度，开展有枪单位的枪弹痕迹建档工作，并每年查验民用枪支。

1989年，全区有民用枪1934支，军用枪314支。

1990年，区公安分局集中收缴火药枪，依法处理持有自制火药枪支和非法生产、销售、携带、使用枪支人员。

1991年，检查区内有枪单位2次，重新颁发持枪证654个，收缴非法制造枪支34支，弹药127发；审验换发民用枪持枪证1026支，收缴民用枪264支，军用枪子弹43发，处理违法嫌疑人员26人。

1996年，收缴非法枪支1713支，手榴弹2枚，子弹9发，查处违法嫌疑人员15人。

1997年，区公安分局调整内部枪支弹药的管理制度。除刑事警察队、经济文化保卫科外，原为各科室单独保管的枪弹全部集中到治安科保管。收缴全区内保系统枪支、弹药，上交市公安局军用枪13支、子弹727发。

2001年，开展“缉枪治爆”专项行动，收缴民用枪支77支，军用枪子弹12发。至2011年，区内未发现非法持枪人员。

（二）爆炸物品管理

1986年，区内有民爆物品生产企业3家，储存库77个，使用单位220个，销售点128个。

1989年，检查区内爆炸物品管理情况3次，责令整改事故隐患85处，处理违章违法人员29人。

1990年6—9月，审验单位、个体联户持有的爆炸物品生产、储存、销售、使用许可证和爆破员作业证，审证616个，审证率80%。是年，建立爆破员档案，每年考核1次。

1991年，与区劳动局制订《南桐矿区民爆物品劳动安全监察规定》，配置民用爆炸物品专管员9人，实行专人专管、凭证购买制度。

1992年，分级、分层次统一归口管理民用爆炸物品，推行安全承包责任制，成立区民爆物品劳动安全监察联组。各乡镇（街道）共设专兼职管理人员52人，负责清查、整顿和收缴民用爆炸物品。

2006年，区内有民用爆炸物品使用单位138个，民用爆炸器材储存库室46个。

五、互联网管理

2000年，万盛区开始出现营业性网吧。是年，先后有13家网吧开业，但均无经营手续。8月，区公安分局依法检查13家网吧，督促其办理审批手续，整改存在问题。

2001年5—7月，督促证照不齐、经营不规范、登记不齐全的网吧整改。

2002年5—7月，在调查区电信公司、铁通公司、移动公司、联通公司、广电公司等5家接入服务提供单位的基础上，检查部分联网单位的计算机系统，发现隐患2处，删除有害信息5条，向13家网吧发出隐患限期整改通知书。是年，建成网吧后台管理系统，安装网吧安全管理软件刷卡版，推行实名刷卡上网制度。

2003年9月，举办网吧安全管理员培训班。区内31家网吧业主及安全管理员共58人参加培训。

2004年4—7月，开展以“净网”为代号的网吧专项整治行动，查处违规网吧15家，发出整改通知书28份，罚款约1万元。

2006年，检查网吧74家次，取缔黑网吧4家，处罚网吧3家，发出整改通知书4份，罚款1500元。是年，培训网吧安全管理员8人。

2006年10月14日，区公安分局组建科技通信网络安全监察支队，承担公共信息网络安全监察工作职责。至2011年，公安视频监控系统完成三期任务，建设监控摄像点位121个，并改造原有系统平台，城区主要干道、大型公共场所和重点单位实现24小时不间断视频监控。

六、110报警服务

1997年1月10日，万盛区110报警服务台开通。110报警服务系统主要有区公安分局指挥室和110出警队及基层派出所3个构成部分，承担110受理报警、提供服务和接受投诉3个功能。是年，110报警服务台接警1827次，出警1521次，侦破刑事案件25件，查处治安案件238件，处置各种事故57起，调解纠纷533件，捉获违法犯罪嫌疑人员89人。

1999年9月，开始建设区内金融单位110联网报警系统。2000年3月，系统投入运行。

2003年7月，区公安分局向社会推出有奖举报制度。指挥中心设立犯罪举报中心，开通举报电话，专门受理公民举报各类刑事案件和负案在逃案犯线索。

2008年7月，实行接警单位“一级出警”“就近出警”“分类出警”相结合的出警原则以及“首接负责制”。

2009年7月22日，110接警系统接入公安内网，并网使用。7月22日至12月31日，接警11068次，有效警情2013条，其中刑事类警情214条，治安类警情115条，求助类警情141条，119火警109条，122交通事故警情157条。

2010年，接警39846次，有效警情4963条，其中刑事类警情422条，治安案件警情326条，纠纷类警情1778条，其他类警情1240条，群众求助类警情194条，119火警342条，122交通事故警情655条。

2011年，区公安分局组建应急联动中心，建成350兆常规无线通信系统。8月1日，设立指挥中心，与情报信息科合署办公。是年，接警42928次，有效警情8339条，其中刑事类警情384条，治安案件警情323条，纠纷类警情1901条，其他类警情486条，群众求助类警情184条。

第四节　交通安全管理

1988年，区内有车单位418个，机动车1675辆，机动车驾驶员2140人，自行车15000余辆。区公安分局主要依据交通事故4项指数管理区内车辆，每半年考核1次。是年，开展路检31次，检查各类运行车辆5029辆次，纠正违章行为3796次，罚款1259次，行政拘留2人。

1990年10月，区公安分局设立交通管理科，对外称交通警察队，负责管理区内车辆、道路秩序、驾驶人等。

1993年7月15日，区公安分局将万盛城区内违章停车罚款权（50元以内）委托给万盛区城管监察中队。

1994年，交通管理科更名交通警察大队。

1995年2月15日，区公安分局将南桐矿务局企业专用道路上违章驾驶罚款权（50元以内）委托给南桐矿务局公安分局。

1998年4月23日，区公安分局招聘10名联防队员，组建区公路巡警大队。

2000年6月16日，区公安分局交通警察大队更名重庆市公安局交通警察总队第十三支队（万盛区支队），升格为副处级机构，与区公安分局脱离隶属关系，改为重庆市公安局交通警察总队直管。

2010年10月，重庆市公安局交通警察总队第十三支队与区公安分局巡逻警察支队整合，组建区公安分局交通巡逻警察支队，负责全区的交通安全宣传、有车单位管理、道路管理，交通秩序、事故处理，巡逻防控等工作。

2011年，区内有机动车83408辆，机动车驾驶员11000人。

1986—2011年，全区发生道路交通事故7820起，死亡485人，伤5849人，经济损失853.99万元。

1986—2011 年万盛区道路交通事故统计表

表 22-2

年份	交通事故（起）	致死（人）	致伤（人）	经济损失（元）	年份	交通事故（起）	致死（人）	致伤（人）	经济损失（元）
1986	41	14	28	24120	1999	256	30	312	691540
1987	72	20	57	48465	2000	349	17	463	757750
1988	105	15	77	59755	2001	217	18	311	382650
1989	100	14	58	65420	2002	143	27	237	422750
1990	119	15	67	58670	2003	206	22	293	450690
1991	154	20	79	130020	2004	350	16	434	306035
1992	322	26	201	244650	2005	389	12	319	278870
1993	121	26	8	158850	2006	452	13	325	296800
1994	104	11	58	161220	2007	560	15	356	328455
1995	160	30	144	349060	2008	640	15	365	369620
1996	170	27	104	358630	2009	702	17	398	385560
1997	76	12	68	216370	2010	734	18	406	405510
1998	125	13	100	509470	2011	1153	22	581	1078975

第五节　消防管理

1986 年，区公安分局设消防科，为营级单位，人员为现役军人编制。消防科受四川省消防总队和区公安分局双重管理。是年，区内城镇街道、农村、厂矿、企事业单位普遍建立群众义务消防组织，设大队 1 个、中队 23 个、分队 53 个、组 124 个，有队员 2448 人。

1999 年 9 月 8 日，消防科更名消防处，级别从营级升为副团级。

2005 年 8 月 5 日，区公安分局消防处和区武警消防中队实行“防消合一”管理体制，合并组建为重庆市万盛区公安消防支队，又称中国人民武装警察部队重庆市万盛区消防支队，级别从副团级升为正团级。

2006 年，全区有义务消防队 172 支。

2009 年，区内 10 个镇街均挂牌成立消防安全管理办公室，24 个村成立村志愿消防队。

2010 年，全区建立政府兼职消防队 7 个，村、社区义务消防队 88 个，依托社区警务室建立消防室 88 个。

2011 年，区消防支队配备水罐消防车 6 辆，泡沫消防车 5 辆，登高平台消防车 1 辆，消防宣传车 1 辆，抢险救援消防车 1 辆。

1986—2011 年，全区发生火灾 736 起，造成 10 人死亡，6 人受伤，经济损失 253.43 万元。

1986—2011 年万盛区火灾情况统计表

表 22-3

年份	火灾（起）	致死（人）	致伤（人）	经济损失（元）	年份	火灾（起）	致死（人）	致伤（人）	经济损失（元）
1986	7	0	1	10800	1999	30	0	0	220925
1987	9	1	0	79516	2000	43	0	0	213417
1988	7	0	0	10522	2001	33	1	0	85474
1989	13	1	0	19014	2002	45	0	0	196550
1990	11	1	1	29634	2003	17	0	0	69029
1991	11	0	1	109719	2004	51	1	0	157400
1992	13	1	0	42910	2005	42	1	0	69735
1993	6	0	0	25748	2006	41	0	0	52033
1994	7	1	0	33698	2007	54	0	0	148867
1995	11	2	1	75387	2008	70	0	0	91680
1996	8	0	2	98500	2009	72	0	0	258540
1997	11	0	0	45085	2010	75	0	0	163294
1998	32	0	0	100960	2011	17	0	0	125857

第六节　打击刑事犯罪

20 世纪 80 年代起，区内刑事案件发案数呈逐渐增多态势，经 1983 年“严打”（“严打”是司法名词，是依法从重从快，严厉打击刑事犯罪分子活动的简略表述）斗争后，刑事案件发案数上升势头得到控制。此后几年，区内刑事案件年发案数稳定在 300 件左右。1988 年，区内刑事案件立案数猛增到 759 件，比 1987 年（394 件）增长 93%。1989 年，区内刑事案件立案数首次突破 1000 件，达 1211 件。此后十年，区内刑事案件发案进入相对平稳期，年均刑事案件立案数在 1000 件左右。1999 年后，区内刑事案件发案数呈逐渐增多态势，毒品犯罪和经济领域犯罪发案数呈上升态势。2000 年，刑事案件发案数增至 1885 件。2001 年刑事案件发案数达 1995 件，为区内历史上最高数。2001—2011 年，区内刑事案件年发案数在 1500 件左右。

1986—1989 年，开展打击反盗窃和反抢劫专项行动 7 次，破获盗窃案件 624 件，抓获犯罪嫌疑人员 644 人，处理 93 人，给予治安处罚 25 人；组织集中清查流窜犯行动 8 次，出动警力 13928 人次，设卡 435 处，清查窝点、隐蔽场所 14476 处，抓获流窜犯罪嫌疑人员 146 人、刑事作案人员 61 人，破获刑事案件 27 件；召开公开处理大会 25 次，公开宣布逮捕犯罪嫌疑人员 249 人，协助法院公开判处犯罪嫌疑人员 132 人。

1993 年，开展“严打”集中行动 2 次，集中清查搜捕行动 25 次，破获刑事案件 507 件，抓获违法犯罪嫌疑人员 166 人，摧毁犯罪团伙 17 个，捉获在逃犯罪嫌疑人员 92 人，处理 169 人。

1994 年 8 月，开展以追逃犯、打团伙、破大要案为重点的破案战役，破获刑事案件 125 件，处理犯罪嫌疑人员 28 人。11 月，开展“破大案、追逃犯”大会战，破获刑事案件 308 件，抓获刑事作案人员 263 人，打掉犯罪团伙 33 个，抓捕成员 127 人，追回赃款赃物价值 17 万元。

1995 年，区公安分局组建禁毒办公室，调查摸排全区吸、贩毒人员情况，登记吸、贩毒人员 500 人。

1996 年，开展禁毒专项行动 2 次，查获吸、贩毒案件 250 件，查处吸、贩毒人员 506 人，其中提请批准逮捕 47 人、劳教 17 人、罚款 204 人。

1999 年 6—9 月，开展“打现行、破大案、追逃犯、抓整治”和“网上追逃”集中行动，破获刑事案件 186 件，捉获逃犯 72 人。是年，开展集中清查搜捕行动 3 次，出动警力 910 人次，设武装检查站 2 个，重点清查和搜捕区内复杂场所 150 个、暂住租赁户 400 户、重点部位和路段 5 处、“三逃”（批捕在逃人员，负案在逃人员，服刑或羁押在逃人员）人员 42 人、在侦案件犯罪嫌疑人 16 人、未执行拘留人员 25 人，抓获违法犯罪嫌疑人员 48 人，破刑事案件 20 件。

2001 年 4 月 2 日，区公安分局经济犯罪侦查科更名经济犯罪侦查支队，新设禁毒支队。至 2002 年年底，破获各类刑事案件 2205 件，打击处理犯罪嫌疑人员 1108 人。

2004 年 6—8 月，开展夏季破案战役，破获刑事案件 359 件，处理违法犯罪嫌疑人 140 人，捉获互联网通缉逃犯 21 人，收戒吸毒人员 90 人，缴获毒品海洛因 47.3 克，追获赃款 22 万元。9 月 10 日至 12 月 20 日，开展以反盗、打抢为主要内容的“百日破案会战”，破刑事案件 218 件，处理违法犯罪嫌疑人员 89 人。

2005 年 8 月 20 日至 10 月 20 日，开展“秋季攻势”系列集中行动，破盗窃案 100 件，“两抢”（抢夺和抢劫犯罪）案件 14 件，捉获互联网通缉逃犯 103 人；破获毒品案 226 件，处理违法犯罪嫌疑人员 109 人，强制收戒、吸毒人员 75 人，收缴毒品海洛因 32.3 克；看守所深挖破案 11 件，处理违法犯罪嫌疑人员 3 人；强制戒毒所深挖破案 42 件，处理违法犯罪嫌疑人员 12 人；查处卖淫嫖娼案 13 件，吸毒案件 47 件，赌博案件 5 件，处理违法嫌疑人员 89 人。11 月，开展以打击街头“两抢”、收戒吸毒人员为主要内容的“雄风一号”集中清查搜捕行动，清查重点整治地区 6 处、治安复杂场所 45 处、暂住租赁户 186 户，侦破刑事案件 1 件，抓获违法犯罪嫌疑人员 17 人。

2006 年，开展打击“两抢一盗”（抢劫、抢夺、盗窃）犯罪专项斗争，打掉抢劫团伙 2 个，抓获作案成员 11 人，破获抢劫案件 9 件；破获盗窃案件 30 件，打掉盗窃团伙 3 个，抓获作案成员 16 人。

2006—2008 年，区内刑事案件立案数 4775 件，侦破 2540 件（命案 18 件），抓获各类互联网通缉逃犯 289 人，其中区外互联网通缉逃犯逃犯 102 人。

2009 年，区内破获刑事案件 987 件，处理违法犯罪嫌疑人员 450 人，刑事拘留 254 人。在“破积案、追逃犯”联动战役中，破获刑事案件 307 件，其中积案 269 件，抓获各类逃犯 146 人。是年，区公安分局抓获潜逃 11 年、杀死 3 人的公安部督捕命案逃犯张某某。

2010 年，区内刑事案件立案数 1992 件，侦破 1115 件（命案 8 件），处理违法犯罪嫌疑人员 505 人，抓获逃犯 198 人（外省逃犯 46 人），查处涉黑涉恶犯罪团伙 3 个，抓获涉案人员 68 人，判决 45 人，劳动教养 3 人，其他处理 2 人。是年，开展整治发票犯罪专项行动，破获出售非法制造发票案件 4 件、破获信用卡诈骗案件 14 件，处理违法犯罪嫌疑人员 2 人。12 月 13 日，破获建区以来涉案金额最大持有假币案，抓获犯罪嫌疑人员 1 人，缴获假币 10 余万元。

2011 年，区内刑事案件立案数 1819 件，侦破 1219 件（八类刑事案件 116 件，侵财案件 851 件），处理违法犯罪嫌疑人员 461 人，抓获逃犯 206 人（外省逃犯 50 人，历年逃犯 38 人）。是年，区公安分局召集民警 70 余人，组建专案组 5 个，破获刑事案件 52 件，查处治安案件 21 件，缴获仿制式军用手枪 1 支。

1986—2011 年，全区处理刑事案犯 8559 人，其中逮捕 6255 人，劳教 1271 人，少管 11 人，追诉直诉 1022 人。

1986—2011年万盛区处理刑事案犯情况统计表

表 22-4　　单位：人

年份	处理情况					年份	处理情况				
	合计	逮捕	劳教	少管	追诉直诉		合计	逮捕	劳教	少管	追诉直诉
1986	95	65	22	0	8	1999	420	360	50	1	9
1987	96	64	23	3	6	2000	499	371	104	0	24
1988	127	105	9	0	13	2001	582	429	122	3	28
1989	232	202	16	0	14	2002	526	379	101	0	46
1990	179	160	15	1	3	2003	443	316	78	1	48
1991	185	159	1	0	25	2004	360	243	51	0	66
1992	171	156	15	0	0	2005	365	229	88	0	48
1993	234	198	22	0	14	2006	479	323	78	0	78
1994	197	183	14	0	0	2007	486	263	121	0	102
1995	209	150	40	2	17	2008	394	242	76	0	76
1996	327	283	32	0	12	2009	450	283	34	0	133
1997	221	188	33	0	0	2010	505	333	69	0	103
1998	334	310	24	0	0	2011	443	261	33	0	149

第七节　经济文化保卫

1986年，区公安分局确定区管内保单位47个，设保卫科（股）14个，其余配备专、兼职保卫干部；重要部位105个，重要人员548人。是年，检查内保单位239次，发现事故隐患515处，整改497处，其中重大事故隐患6处，整改5处。

1989年，推广防范技术，有11个内保单位、37个重要部位安装防范雷达。

1990年，区公安分局任命二、三级治安责任人1000余人，督促各单位增加值班守护人员700余人，保卫科增加至29个，专职保卫干部达181人，技术控制全区318个重要部位和218个“三管”部门。

1993年3月6日，区公安分局组建万盛区内保执勤队，履行集中执勤办公、解决处置单位内部各类案件和纠纷职能。是年，侦破刑事案件6件，处理犯罪嫌疑人4人；查处治安案件14件，处理12人；调解纠纷4件，协助外地公安机关捉获逃犯2人。

1999年，区公安分局经济文化保卫科列管的区属经文保单位内部安全保卫工作被下放到辖区派出所。

2000年3月，开通金融单位110联网报警系统。区内金融营业网点、金银珠宝店和金库等44家单位或商户加入联网报警中心。6—7月，集中检查全区金融单位61个基层营业网点。

2001年4月，区公安分局经济文化保卫科与治安支队合署办公。

2005年，全区有保卫组织51个，配备专、兼职保卫人员252人。

2010年，检查内保单位689次，发现事故隐患515处、整改515处，其中重大隐患6处、整改6处。

2011 年，区公安分局在区内 11 种行业中确定区级重点单位 28 家，区政府确定 30 家单位为区公安机关列管的区级治安保卫重点单位。

2011 年，全区有区管内保单位 30 个，保卫处 1 个，保卫科（股）6 个，合建保卫机构 23 个，专职保卫人员 32 人，兼职保卫人员 36 人。

第八节　监所管理

一、监所机构

万盛区看守所　位于万东镇李家湾，主要职责是看守管理刑事拘留人员、未判决的犯罪嫌疑人员及已判决的罪犯，改造其思想和挖掘犯罪线索。2008 年，迁至南桐镇石桥村。

万盛区强制戒毒所　成立于 2001 年 4 月，设在区中医院内，主要职责是开展区内吸毒人员戒毒和其心理、康复治疗工作，挖掘毒源线索，服务案侦。2009 年，搬迁至万东镇李家湾，与区拘留所合署办公。

万盛区拘留所　原名万盛区治安拘留所。2006 年 2 月更名区拘留所。主要职责是收押区内行政拘留人员，挖掘违法犯罪线索，服务案侦。2009 年，搬至万东镇李家湾，与区强制隔离戒毒所合署办公。

二、监所内部管理

1999 年，区看守所开展以“查漏补缺，确保安全”为目标的百日安全活动。加强监管民警思想教育，统一思想认识；整改存在的漏洞和隐患，推行制度管人模式；加强物防投入，保证监所安全；重新订定内部管理规定，修改完善收押、提讯、押解人犯、巡查管理、罪犯会见、监区出入等 10 个制度。1995 年起，每年开展文明监舍评比活动，增强监管民警服务意识，以人性化的管理促进在押人员思想转化。从 2004 年 6 月 1 日起，逐步提高在押人员给养费标准。

三、在押人员思想教育

监所采取集体教育和个别教育相结合的方式，向在押人员开展各种教育。定期请政法部门干部为在押人员开展普法教育，促使其认罪服法；邀请人大、政协、工会、共青团、妇联等干部到监所开展形势和前途教育；利用在押人员亲属来信来访规劝其认真改造。

第二章　检察

第一节　机构

一、万盛区人民检察院

万盛区人民检察院是区内检察机关，实行检察长负责制。本级人民代表大会选举产生区人民检察院检察长，报重庆市人民检察院，经市人民检察院检察长提请重庆市人民代表大会常务委员会批准；本级人民代表大会常务委员会任免区人民检察院副检察长、检察员等。

1986 年年初，区人民检察院设办公室、刑事检察一科、刑事检察二科、经济检察科和法纪检察科等科室 5 个。

1987 年 1 月，设立监所检察科。1988 年 8 月，设立经济罪案举报中心，隶属法纪检察科。1990 年 8 月，设立控告申诉检察科，经济罪案举报中心被从法纪检察科划转控告申诉检察科。10 月，经济检察科更名反贪污贿赂工作科。1993 年 4 月，设立民事行政检察科。1994 年 12 月，撤销反贪污贿赂工作科。2000 年 6 月，设立政工科。

2002 年 1 月，政工科更名政治处，刑事检察一科更名侦查监督科，刑事检察二科更名公诉科，法纪检察科更名渎职侵权检察科，更名后的职能不变。

2011 年年末，区人民检察院有办公室、政治处、侦查监督科、公诉科、职务犯罪预防科、监所检察科、控告申诉检察科和民事行政检察科等内设机构 8 个。

1986—2011 年万盛区人民检察院检察长一览表

表 22-5

姓名	性别	学历	职务	任职时间
杨通贵	男	初中	检察长	1984.04—1993.03
岳建忠	男	本科	检察长	1993.03—1998.01
王忠民	男	大专	检察长	1998.01—2003.03
敖川	男	本科	检察长	2003.03—2010.01
江克强	男	本科	代理检察长	2010.01—2010.02
			检察长	2010.02—2011.11

二、万盛区检察委员会

区检察委员会是负责讨论决定重大案件和其他重大问题的机构，其组成人员为检察长、副检察长和区人民检察院各职能部门负责人。区检察委员会工作由检察长主持，表决时实行民主集中制。如果检察长在重大问题上不同意多数人的决定，可以报请本级人民代表大会常务委员会决定。

三、万盛区人民检察院派出机构

1987 年 1 月，设立区人民检察院驻南桐矿区看守所检察室，派驻检察人员，负责监所检察工作。

1990 年 4 月，区人民检察院驻南桐矿区税务分局检察室设立，其检察业务工作受区人民检察院领导，其他日常工作受区税务分局领导。1994 年 9 月，税务机构改革，撤销重庆市税务局万盛区分局，组建万盛区国家税务局和万盛区地方税务局。区人民检察院驻万盛区税务分局检察室更名区人民检察院驻万盛区税务检察室，负责区国家税务局和地方税务局的税务检察工作。1998 年，各级检察院不再管辖涉税案件。6 月 10 日，区人民检察院驻万盛区税务检察室被撤销。

1993 年 2 月，区人民检察院驻中国农业银行南桐矿区办事处检察室设立，负责查处农行、信用社职工在金融管理活动中违法犯罪案件。4 月，更名区人民检察院驻中国农业银行万盛区支行检察室。1995 年 6 月，区人民检察院驻中国农业银行万盛区支行检察室被撤销。

四、万盛区人民检察院职务犯罪侦查局

1994 年 12 月，区人民检察院撤销反贪污贿赂工作科，组建区人民检察院贪污贿赂工作局，负责侦查国家工作人员贪污贿赂犯罪案件和国家工作人员职务犯罪的预防工作。

2002 年 1 月，区人民检察院贪污贿赂工作局更名区人民检察院反贪污贿赂局。

2003年7月，撤销区人民检察院反贪污贿赂局和区人民检察院渎职侵权检察科，组建区人民检察院职务犯罪侦查局，负责检察机关管辖案件的立案侦查工作和国家工作人员职务犯罪的预防工作。

第二节　民事行政检察

检察机关民事行政检察工作，主要是通过受理公民和法人对法院已发生法律效力的判决、裁定的申诉，并在初步审查基础上，复查其中判决裁定有误的案件。通过复查，原判决、裁定确有错误，即向法院提起抗诉；原判决、裁定无误，维持原判决、裁定，并做好息诉工作。1993年，区人民检察院设立民事行政检察科，开展民事行政检察工作。2005年9月，区人民检察院与区信访办公室制订《关于共同开展支持起诉的实施办法》，规定支持起诉的案件的范围、移送、审查、受理、协调、支持起诉的方式等。

1993年，受理申诉案件1件，不予抗诉。1995年，受理申诉案件1件，不予抗诉。1997年，受理申诉案件4件，立案复查2件，建议上级检察院提起抗诉1件，其余不予抗诉。1998年，受理申诉案件14件，立案复查5件，建议上级检察院提起抗诉1件，向区人民法院提起抗诉2件，建议区人民法院重审1件，不予抗诉1件。1999年，建议上级检察院提起抗诉2件，向区人民法院提起抗诉1件。2000年，建议区人民法院重审1件。2002年，建议上级检察院提起抗诉1件。2005年，建议上级检察院提起抗诉1件。2007年，受理申诉案件32件，立案10件。2008年，受理申诉案件30件，立案审查6件，提出抗诉3件，提出再审检察建议1件，提出改进工作检察建议2件。2009年，受理申诉案件56件，立案审查27件。2010年，受理申诉案件444件，立案审查7件，提出再审查检察建议3件，提出改进工作检察建议35件，支持起诉301件。2011年，受理申诉案件31件，立案审查8件。

第三节　刑事检察

一、审查批捕

1986—2011年，区人民检察院受理侦查机关提请批准逮捕刑事案件涉案嫌疑人员6842人，批准逮捕5936人，不批准逮捕569人，退回补充侦查239人，追捕漏犯31人。

1986—2011年万盛区人民检察院受理提请批捕刑事案件涉案嫌疑人员统计表

表22-6　　单位：人

年份	受理提请批捕	批准逮捕	不批准逮捕	退回补充侦查	追捕漏犯	年份	受理提请批捕	批准逮捕	不批准逮捕	退回补充侦查	追捕漏犯
1986	76	61	6	1	1	1999	397	335	26	32	0
1987	79	66	6	5	0	2000	408	376	32	0	4
1988	128	99	16	17	4	2001	491	432	47	0	5
1989	192	179	6	7	0	2002	374	316	10	0	1

续表

年份	受理提请批捕	批准逮捕	不批准逮捕	退回补充侦查	追捕漏犯	年份	受理提请批捕	批准逮捕	不批准逮捕	退回补充侦查	追捕漏犯
1990	150	130	12	8	0	2003	352	322	32	0	0
1991	165	151	9	5	0	2004	278	235	35	8	1
1992	172	149	14	9	4	2005	266	236	26	4	0
1993	247	198	26	20	0	2006	293	272	11	0	0
1994	241	181	32	28	0	2007	191	164	17	0	0
1995	218	160	27	28	0	2008	293	273	23	0	0
1996	320	276	26	29	1	2009	321	288	34	27	4
1997	196	152	35	9	0	2010	376	344	32	2	6
1998	315	286	29	0	0	2011	303	255	–	–	–

二、审查起诉

1986—2011 年，区人民检察院受理提请公诉刑事案件 5669 件、7731 人，提起公诉案件 5173 件、6920 人，免起诉案件 105 件，不起诉数案件 8 件、221 人，追诉漏犯 35 人。

1986—2011 年万盛区人民检察院受理提请公诉刑事案件统计表

表 22–7

年份	受理提请公诉		提起公诉数		免诉数（件）	不诉数		追诉漏犯（人）
	案件数（件）	涉案数（人）	案件数（件）	涉案数（人）		案件数（件）	涉案数（人）	
1986	59	74	52	67	7	2	4	0
1987	53	74	48	66	2	1	1	3
1988	72	102	67	88	2	0	0	1
1989	135	213	131	206	14	0	0	5
1990	109	176	97	145	7	0	0	0
1991	95	138	88	128	7	0	0	0
1992	119	197	105	172	–	0	0	3
1993	197	262	150	212	7	1	1	10
1994	131	178	123	164	14	0	0	0
1995	154	201	128	161	18	0	0	0
1996	258	350	246	324	27	1	1	1
1997	136	163	116	137	–	–	12	1
1998	214	261	201	243	–	–	6	0
1999	257	362	291	399	–	–	7	5
2000	303	401	262	332	–	–	8	0

续表

年份	受理提请公诉		提起公诉数		免诉数（件）	不诉数		追诉漏犯（人）
	案件数（件）	涉案数（人）	案件数（件）	涉案数（人）		案件数（件）	涉案数（人）	
2001	362	448	318	392	–	–	21	0
2002	352	496	312	413	–	–	31	0
2003	316	380	255	310	–	2	4	0
2004	271	373	268	347	–	1	1	0
2005	244	299	199	236	–	–	23	2
2006	255	381	233	321	–	–	14	0
2007	218	322	201	277	–	–	25	0
2008	330	419	317	413	–	–	18	0
2009	349	456	314	494	–	–	6	0
2010	311	463	291	427	–	–	20	4
2011	369	542	360	446	–	–	18	–
合计	5669	7731	5173	6920	105	8	221	35

三、侦查监督

1986—2004 年，区人民检察院要求公安机关追捕、追诉漏犯 13 人；发现公安机关不该捕而报捕，不该提请起诉而移送提请起诉案件 2 件（刑事案件）、2 人。1988 年在审查一流氓案时，据案卷材料，3 人参与犯罪行为，而且有逮捕必要。公安机关仅提请逮捕其中 2 人，区检察委员会决定逮捕另外 1 人。1996 年 5 月，在审查一起强奸案时，通过检查机关补查，查清犯罪嫌疑人行为不构成强奸罪，作出不予批准逮捕决定。1998 年，在审查一起盗窃案时，查出有 2 份基本证据是伪造证据，作出不予批准逮捕决定。2000 年，在审查一起法纪案线索时，发现盗窃现金 0.2 万元事实。公安机关调查后，未追究当事人刑事责任，作结案处理。区人民检察院向公安机关发出要求说明不立案理由通知书。公安机关接到通知书后，立案侦查，及时提请批捕涉案人员 2 人。

四、审判监督

1986—2011 年，区人民检察院向区人民法院提出刑事案件抗诉 11 件，涉及 14 人。

第四节　法纪检察

万盛区属矿产山区，区内矿采企业管理混乱，生产事故频繁。1986—1991 年，法纪检察工作重点是区内矿产企业生产事故。1988 年，立案侦查重大责任事故案 1 件、1 人，免予起诉。1989 年，立案侦查重大责任事故案 1 件、1 人，责任人被移送司法机关追究刑事责任。1990 年，立案侦查重大责任事故案 6 件、6 人，免予起诉 3 件、3 人，向区人民法院提起公诉 1 件、1 人。1991 年，立案侦查乡镇村级煤矿重大责任事故案（致死 5 人），依法提起公诉，追究主要责任人刑事责任。

1992 年起，区人民检察院工作重点转向侦办国家工作人员侵权渎职犯罪。是年，立案侦查利用职权非法拘禁无辜群众案 1 件、1 人。1994 年，立案侦查玩忽职守犯罪案、利用职权敲诈勒索案各 1 件、1 人。1995 年，立案侦查徇私舞弊案、非法拘禁案各 1 件、1 人。

1996 年上半年，区内先后发生 17 起生产事故，致伤致死 39 人。区人民检察院立案侦查重大责任事故案 4 件、4 人。是年 8 月起，区人民检察院不再受理重大责任事故案。

2000 年，协助上级检察院立案侦查玩忽职守案 1 件、1 人。2001 年，查办刑讯逼供案 1 件、1 人。

2005 年，立案侦查执法犯法和受贿案 1 件、1 人。2008 年 5 月 15 日，立案查办危害能源资源渎职犯罪 2 件、2 人。2009 年 9 月，立案侦查受贿案 1 件、1 人。2010 年，查获职务犯罪案件 3 件、3 人。2011 年，查办涉案金额在 100 万元以上的受贿案件 2 件、2 人。

第五节　控告申诉检察

1990 年，区人民检察院建立统一受理来信、检察长批阅信访、定期接待来访群众等工作制度，设立群众来访接待室。是年，受理各种来访信函 213 件，直接答复 53 件，转本院业务科室 43 件，转其他机关 117 件。2004 年，集中处理属区人民检察院管辖的涉法上访案件 5 件。2005 年，受理来信来访 60 件次，反馈举报申诉案件 36 件，办理刑事赔偿案件 1 件。2006 年 1—3 月，受理控告申诉举报来信来访 13 件次，其中举报来信来访 3 件次（来信 2 件，来访 1 件），控告来信 4 件，受理申诉 6 件（来信 4 件，来访 2 件）。2007 年，受理群众来信来访 95 件次（交转办 8 件次），其中举报线索 21 件，申诉案件 19 件，其他 55 件次。是年，下访接待 13 次，带案下访 5 件次，接待群众 20 余人次。2008 年，受理来信来访 85 件次。2009 年，受理来信来访 82 件次，办理刑事申诉案件 8 件。2010 年，受理群众来信来访 85 件次，其中举报线索 32 件，申诉 46 件。2011 年，受理群众来信来访 75 件次、83 人次，其中举报线索 30 件，申诉 45 件。

第六节　监所检察

监所检察主要任务是依法监督监狱、劳动改造机关、劳动教养机关以及看守所的执法活动。1987 年，区人民检察院设立监所检察科，负责监所检察工作。

一、看守所检察

1986 年，协助区看守所集中教育在押人员 5 次，与在押人员个别谈话 80 人次，催办各种刑事案件 158 件次。1987 年，协助区看守所处理牢头狱霸事件 3 件。1988 年，区人民检察院设立驻区看守所检察室。是年，纠正无法律文书羁押 1 次，纠正侦查人员违规问询事件 20 件次。1989 年，纠正未按时投劳、管教人员行为粗暴等侵犯被羁押人员的合法权益行为 5 次。1999 年，纠正监管部门违规收取在押人员接见费等行为 28 件次。2003 年，区人民检察院向公安机关提出在看守所设立医务室建议。区公安局接受建议，请专职医生，拨专款设立医务室。2007 年，配合看守所开展集中法制宣传教育 12 次，单独谈话教育 32 次。2008 年，配合看守所向在押人员开展道德、法制教育 49 人次，与在押人员谈话 19 人次。2010 年，审查区看守所提请减刑和暂予监外执行申请各 1 件；提示侦查机关办理提讯、提解 74 次，督促侦查机关办理提讯、提解 62 次，落实“一证通”375 人次。2011 年，配合看守所检查事故隐患 51 次，自巡检察 564 次。

二、监外执行罪犯检察

监外执行罪犯是指法院依法判处管制、有期徒刑缓期执行、剥夺政治权利、裁定假释、批准暂于监外执行（含保外就医）的五种服刑人员。这五种服刑人员的刑罚不在监狱或劳改队执行，交由其所在地的公安机关组织城乡基层单位监管改造。

1986—1989 年，监外罪犯检察工作主要是与区公安分局、区人民法院、区司法局组成联合检查组，开展定期检查活动。其间，参加联合检查 3 次，纠正监管部门违法违规行为 55 件次，提出口头检察建议 9 条，协助组建监管考察组织 6 个。1990—1997 年，检察监外执行罪犯 404 人次，纠正收管、撤管法律文书不齐全等违法行为 68 件次，提出检察建议 39 条。

2001 年，纠正违法行为 23 件次，发出书面建议书 10 件。2004 年，普检全区监外罪犯监管改造情况 2 次，就漏管、脱管问题，向监管组织发出检察建议书 16 份，书面建议公安机关收监 3 名有新的违法行为的监外执行罪犯。经区公安分局提请，区人民法院撤销 3 名监外执行罪犯的缓刑裁定，将其收监。2005 年，向区公安机关提出书面检察建议 7 份，经区人民法院审理有 4 名监外执行罪犯被撤销缓刑裁定，收监执行。2009 年，逐个检查区内 10 个区公安分局派出所和 10 个社区矫正试点单位管理的监外罪犯，发出书面检察建议 2 份，提出口头建议 10 件次，办理监外罪犯再犯罪案件批捕 1 件、1 人，起诉 1 件、1 人。2010 年，发出书面检察建议 3 份，建议区公安分局提请区人民法院收监 2 名有新的违法行为的监外执行罪犯。2011 年，区人民检察院辖区有监外执行罪犯 282 人，剥夺政治权利 21 人。是年，逐个检查区内 10 个区公安分局派出所和 10 个社区矫正试点单位管理的监外罪犯，发出书面检察建议 18 份，提出口头建议 10 件次。

第七节　职务犯罪侦查

1986—2011 年，初查贪污贿赂等职务犯罪案件线索 1245 件，立案侦查 394 件、450 人，向法院提起公诉 255 件、291 人，免诉 42 件、46 人，为国家及企业挽回经济损失 1823 万元。

1986—2011 年万盛区人民检察院查办职务犯罪案件统计表

表 22-8

年 份	初查线索（件）	立案侦查		提起公诉		免予起诉		挽回经济（万元）
		案件数（件）	涉案数（人）	案件数（件）	涉案数（人）	案件数（件）	涉案数（人）	
1986	35	9	10	5	6	3	3	13
1987	37	6	6	4	4	3	4	26
1988	31	12	13	8	8	2	3	64
1989	53	26	29	15	15	2	2	18
1990	49	22	25	13	14	9	9	36
1991	61	24	26	10	10	8	9	20
1992	122	25	25	17	23	0	0	40

续表

年份	初查线索（件）	立案侦查		提起公诉		免予起诉		挽回经济（万元）
		案件数（件）	涉案数（人）	案件数（件）	涉案数（人）	案件数（件）	涉案数（人）	
1993	68	21	26	10	10	3	3	150
1994	72	24	30	14	16	0	0	80
1995	103	28	34	21	26	5	5	110
1996	95	19	28	17	21	0	0	70
1997	57	15	18	8	12	0	0	120
1998	49	4	4	4	4	0	0	56
1999	53	11	14	6	8	0	0	81
2000	63	11	12	7	9	0	0	72
2001	88	21	21	19	19	0	0	79
2002	64	16	17	13	13	0	0	164
2003	21	11	12	8	9	0	0	25
2004	15	7	7	6	7	0	0	38
2005	9	9	10	8	9	0	0	36
2006	5	5	6	3	4	2	2	25
2007	9	9	11	6	7	2	3	58
2008	8	8	12	7	11	2	2	24
2009	28	13	13	12	12	0	0	38
2010	15	15	15	14	14	1	1	130
2011	35	23	26	–	–	–	–	250
合计	1245	394	450	255	291	42	46	1823

第三章　法院

第一节　机构

一、万盛区人民法院

1956年1月，南桐矿区人民法院成立，受四川省重庆市中级人民法院管辖。1993年4月，更名万盛区人民法院。1997年3月重庆市升为直辖市。9月，重庆市高级人民法院及其所属第一、二、三、四中级人民法院相继成立。万盛区人民法院受重庆市第一中级人民法院管辖。

1986年年初，区人民法院设刑事审判庭、民事审判庭、经济审判庭、办公室、执法组5个机构。12月，撤销执法组，设立执行庭、刑事审判第二庭。

1987年5月，设立行政审判庭。12月，刑事审判第二庭更名告诉申诉审判庭。1990年2月，设立政工科。1995年10月，设立司法警察队。1997年10月，司法警察队更名司法警察大队。2000年11月，撤销告诉申诉审判庭，设审判监督庭、立案庭。

2001年12月，区人民法院实施机构改革。民事审判庭更名民事审判第一庭，经济审判庭更名民事审判第二庭，政工科更名政治处，设立纪律检查组。至此，区人民法院设政治处、办公室、司法警察大队、刑事审判庭、民事审判第一庭、民事审判第二庭、行政审判庭、审判监督庭、立案庭和执行庭10个机构。

2002年7月，监察室设立，与纪律检查组合署办公。2003年5月，撤销区人民法院纪律检查组，改设中共万盛区纪律检查委员会驻区人民法院纪律检查组，区人民法院监察室与其合署办公。

2005年4月，设立研究室。2011年，设立审判管理办公室。

2011年，区人民法院设政治处、办公室、司法警察大队、刑事审判庭、民事审判第一庭、民事审判第二庭、行政审判庭、审判监督庭、立案庭、执行庭、研究室、监察室、中共万盛区纪律检查委员会驻区人民法院纪律检查组和审判管理办公室14个机构。

1986—2011年万盛区人民法院院长一览表

表22-9

姓名	性别	职务	任职时间
徐天命	男	院长	1984.03—1990.03
田登先	女	院长	1990.03—1994.12
邹刚	男	代理院长	1994.12—1996.02
		院长	1996.02—1998.01
杨传华	男	院长	1998.01—2007.02
周轶	男	周轶	2007.02—2010.12
杨锐	男	代理院长	2010.12—2011.01
		院长	2011.01—2011.11

二、万盛区审判委员会

区审判委员会是负责讨论决定重大案件和其他重大问题机构，其组成人员为院长、副院长和区人民法院各职能部门负责人员。区审判委员会工作由区人民法院院长长主持，表决时实行民主集中制。如果院长在重大问题上不同意多数人的决定，可以报请本级人民代表大会常务委员会决定。

第二节　刑事审判

1986—2011年，区人民法院受理审判刑事案件5838件，结案5836件。公诉案件4018件（不含2006年、2007年、2009年、2010年、2011年数据），其中故意杀人案28件、故意伤害案264件、抢劫案327件、盗窃案 1475 件、强奸案 164 件、流氓案 43 件、拐卖人口案 69 件、毒品犯罪案 936 件、贪污案 93 件、受贿案 44 件、挪用公款案 14 件、其他案 589 件；自诉案件 470 件（不含 2006 年、2007 年、2009 年、2010 年、2011 年数据）。

1986—2011 年万盛区人民法院刑事案件审判统计表

表 22-10　　单位：件

年份	新受理	结案														未结
		公诉												自诉	小计	
		故意杀人	故意伤害	抢劫	盗窃	强奸	流氓	拐卖人口	毒品犯罪	贪污	受贿	挪用公款	其他			
1986	99	0	6	1	23	7	5	1	0	4	1	0	10	22	80	19
1987	66	3	10	1	30	4	0	0	0	10	1	0	7	11	77	8
1988	77	1	7	2	38	8	6	1	0	2	2	0	7	9	83	2
1989	149	4	3	7	72	2	5	0	0	2	0	0	18	10	123	28
1990	148	0	6	6	63	3	2	6	0	8	5	0	45	14	158	18
1991	138	1	12	3	45	11	3	9	0	3	1	0	30	26	144	12
1992	184	1	8	5	69	5	7	5	0	10	0	2	60	10	182	14
1993	219	3	12	18	87	7	2	8	0	10	3	0	32	30	212	21
1994	158	4	5	6	78	14	4	4	0	7	3	1	9	27	162	17
1995	139	1	15	8	63	13	2	3	0	6	3	0	12	19	145	11
1996	307	1	18	34	108	18	7	5	44	10	0	0	36	33	314	4
1997	142	0	7	14	51	5	0	1	19	0	2	1	24	15	139	7
1998	259	1	9	24	82	7	0	5	87	2	2	0	12	22	253	13
1999	307	1	20	44	91	11	0	5	85	3	0	3	30	14	307	13
2000	293	2	9	15	75	13	0	8	86	3	4	2	46	32	295	11
2001	301	0	20	27	90	4	0	0	60	1	2	1	64	33	302	10
2002	443	1	24	38	119	10	0	3	183	2	2	1	11	38	432	21
2003	276	1	9	16	61	8	0	2	111	2	2	0	40	33	285	12
2004	266	1	6	20	73	4	0	2	76	2	3	2	35	39	263	15
2005	235	1	2	21	68	3	0	0	87	1	5	1	25	19	233	17
2006	212	–	–	–	–	–	–	–	–	–	–	–	–	–	213	16
2007	238	–	–	–	–	–	–	–	–	–	–	–	–	–	234	20
2008	321	1	56	17	89	7	0	1	98	5	3	0	36	14	327	14
2009	270	–	–	–	–	–	–	–	–	–	–	–	–	–	272	12
2010	274	–	–	–	–	–	–	–	–	–	–	–	–	–	272	14
2011	317	–	–	–	–	–	–	–	–	–	–	–	–	–	329	2
合计	5838	28	264	327	1475	164	43	69	936	93	44	14	589	470	5836	2

说明：结案数中，包括当年受理、当年结案案件和往年受理而当年结案的案件。未结案数中，包括当年受理、当年

未结案案件和往年受理而当年仍未结案的案件

第三节　民事审判

1986—2005 年，区人民法院受理各类民事案件（含 2002 年后受理的经济纠纷案件）18488 件，审结 18452 件。2006 年起，经济案件审判归并到民事案件审判中，称民商事案件审判。2006—2011 年，区人民法院受理一审民商事案件 8238 件，审结 8192 件。

1986—2011 年万盛区人民法院民商事案件（民事案件）审判统计表

表 22-11　　　　单位：件

年份	新受理	结案															未结
		离婚	赡养	抚养	扶养	收养	继承	人身损害赔偿	房屋	土地山林	民间借贷	买卖合同债务	相邻权	财产损害赔偿	其他	小计	
1986	346	151	34	23	3	1	2	42	11	0	16	0	0	0	9	292	54
1987	430	248	42	46	1	3	7	56	5	0	1	0	0	0	57	466	18
1988	586	277	33	42	14	2	8	65	11	8	25	22	0	0	82	589	15
1989	764	0	0	0	0	0	0	0	0	0	0	0	0	0	0	762	17
1990	796	401	55	67	20	0	3	90	9	0	23	3	0	0	107	778	35
1991	861	472	56	99	16	0	3	118	10	2	32	2	0	0	60	870	26
1992	846	474	34	58	10	1	7	128	26	3	49	15	3	18	25	851	21
1993	920	497	47	60	14	3	2	144	12		44	3	6	24	62	918	23
1994	940	541	33	68	9	5	8	107	12	1	51	2	3	22	61	923	40
1995	1101	631	42	85	7	2	3	141	14	4	84	6	6	33	63	1121	20
1996	1213	717	33	71	17	2	2	164	19	1	66	38	14	26	60	1230	3
1997	1571	740	62	93	7	0	4	80	18	0	106	154	2	0	271	1537	37
1998	1340	796	0	0	0	0	0	0	0	0	0	0	0	0	0	1334	43
1999	1125	581	40	38	9	0	1	117	4	0	126	12	3	0	175	1106	62
2000	1075	546	40	66	17	0	9	12	7	1	130	4	2	0	271	1105	32
2001	1131	568	46	66	10	3	3	83	9	8	55	13	15	6	219	1104	59
2002	984	434	35	73	8	0	3	92	2	1	55	68	14	28	173	986	57
2003	885	337	40	46	0	2	10	76	9	3	26	13	12	16	311	901	41
2004	815	271	26	54	5	2	5	65		2	36	21	5	16	309	817	39
2005	759	272	37	32	13	2	11	71	3	5	43	25	9	16	196	735	63

续表

年份	新受理	结案															未结
		离婚	赡养	抚养	扶养	收养	继承	人身损害赔偿	房屋	土地山林	民间借贷	买卖合同债务	相邻权	财产损害赔偿	其他	小计	
2006	824	–	–	–	–	–	–	–	–	–	–	–	–	–	–	800	87
2007	1163	–	–	–	–	–	–	–	–	–	–	–	–	–	–	1113	136
2008	1474	–	–	–	–	–	–	–	–	–	–	–	–	–	–	1489	121
2009	1333	312	10	25	1	10	106	0	0	54	56	5	48	286	422	1335	119
2010	1567	338	15	33	0	29	155	0	0	106	83	4	11	683	79	1571	115
2011	1877	379	26	27	2	29	247	0	0	130	118	7	32	745	27	1884	108
合计	26726	9983	786	1172	183	96	599	1651	181	329	1225	417	185	1919	3039	26617	109

说明：结案数中，包括当年受理、当年结案案件和往年受理而当年结案的案件。未结案数中，包括当年受理、当年未结案案件和往年受理而当年仍未结案的案件

第四节　经济审判

万盛区人民法院管辖范围内50万元以上（含50万元）的经济纠纷案件归重庆市中级人民法院管辖，50万元（不含50万元）以下的经济纠纷案件归区人民法院管辖。

2001年，区人民法院实施机构改革，经济审判庭更名民事审判庭。

2002年7月25日至11月11日，区人民法院受理审判东林煤矿政策性破产案，涉及破产职工25017人，资产1.86亿元，资产负债率203.66%。这是自《中华人民共和国企业破产法（试行）》实施以来，重庆市最大的一宗企业破产案。

2006年起，经济案件审判归并到民事案件审判中，称民商事案件审判。

1986—2001年万盛区人民法院经济案件审判统计表

表22-12　　单位：件

年份	新受理	结案														未结案
		购销合同	建设承包合同	加工承揽合同	货物运输合同	借款合同	财产租赁合同	企业承包合同	联营合同	农村承包合同	科技转让协作合同	保险合同	破产	其他	小计	
1986	108	19	3	4	2	13	2	–	–	2	–	–	–	37	82	26

续表

年份	新受理	结案														未结案
		购销合同	建设承包合同	加工承揽合同	货物运输合同	借款合同	财产租赁合同	企业承包合同	联营合同	农村承包合同	科技转让协作合同	保险合同	破产	其他	小计	
1987	79	13	5	1	2	19	1	–	–	–	–	–	–	49	90	15
1988	116	62	4	3	–	13	6	–	3	1	–	2	–	18	112	19
1989	216	67	6	–	–	26	5	–	1	1	–	1	–	111	218	17
1990	106	55	4	–	–	5	4	–	1	–	–	–	–	46	115	8
1991	109	80	3	1	–	8	2	–	–	2	1	–	–	8	105	12
1992	152	98	2	2	1	17	3	2	2	3	–	–	–	18	148	16
1993	236	144	3	4	1	25	4	11	2	4	–	1	–	27	226	26
1994	161	104	–	4	–	25	–	12	5	1	–	–	3	15	169	18
1995	223	127	2	10	–	45	–	8	3	5	–	–	–	17	217	24
1996	265	102	1	11	–	69	6	25	2	3	–	–	14	17	250	39
1997	252	125	1	1	3	61	–	24	1	–	1	1	8	28	254	37
1998	304	128	10	–	–	115	1	19	–	–	–	1	–	40	314	27
1999	379	78	4	3	2	258	–	11	–	–	–	1	–	38	395	11
2000	228	85	–	1	2	116	5	6	2	–	2	–	–	11	230	9
2001	191	53	–	12	2	61	10	5	–	–	1	–	1	51	196	4
合计	3125	1340	48	57	15	876	49	123	22	22	5	7	26	531	3121	4

说明：结案数中，包括当年受理、当年结案案件和往年受理而当年结案的案件。未结案数中，包括当年受理、当年未结案案件和往年受理而当年仍未结案的案件

第五节　行政审判

行政审判是法院依照行政诉讼程序受理审判行政管理相对人不服行政机关具体行政行为之诉的审判活动。区内行政审判主要有治安行政审判、土地行政案件、行政赔偿案等。

1987 年 5 月，区人民法院设立行政审判庭。11—12 月，区人民法院行政审判庭受理区内首件行政审判案件。1987—2011 年，审结各类治安行政案件 52 件。1991—2011 年，审结各类涉及土地行政案件 62 件。

2001 年起，行政诉讼中附带行政赔偿的案件，须另案起诉一并审理，至 2005 年，受理审判单独的行政赔偿案件 33 件。

1987—2011 年万盛区人民法院行政案件审判统计表

表 22-13　　　　单位：件

年份	新受理	结案															未结
		不服治安行政处罚	不服工商行政处罚	不服食品卫行处罚	不服交通运输处罚	不服计生行政处罚	不服国土行政处罚	不服林业行政处罚	不服环保行政处罚	不服民政行政处罚	不服城建行政处罚	不服撤迁安置行政	不履行行政职责义务	行政赔偿	其他	小计	
1987	2	2	0	0	0	0	0	0	0	0	0	0	0	0	0	2	0
1988	3	1	0	2	0	0	0	0	0	0	0	0	0	0	0	3	0
1989	–	–	–	–	–	–	–	–	–	–	–	–	–	–	–	–	–
1990	6	2	0	0	1	0	0	1	0	0	0	0	0	0	2	6	–
1991	17	5	0	0	0	2	4	2	2	0	0	0	0	0	0	15	2
1992	21	6	0	0	0	2	6	0	1	0	0	0	0	0	8	23	0
1993	17	4	0	0	0	0	6	0	0	1	0	0	0	0	5	16	1
1994	22	5	0	1	0	1	7	1	0	0	0	0	0	1	4	20	3
1995	38	3	1	0	0	2	7	2	0	0	0	0	0	1	25	41	0
1996	15	4	0	0	1	1	5	0	2	0	1	0	0	0	1	15	0
1997	11	–	–	–	–	–	–	–	–	–	–	–	–	–	–	11	0
1998	15	–	–	–	–	–	–	–	–	–	–	–	–	–	–	15	0
1999	19	–	–	–	–	–	–	–	–	–	–	–	–	–	–	19	0
2000	27	–	–	–	–	–	–	–	–	–	–	–	–	–	–	27	0
2001	40	2	1	0	2	1	4	0	0	2	0	0	13	8	7	40	0
2002	52	4	1	0	1	0	2	0	0	2	0	14	2	22	4	52	0
2003	36	10	1	0	1	0	1	0	0	0	1	8	7	0	7	36	0
2004	22	1	0	0	0	0	2	0	0	0	0	3	3	2	10	21	1
2005	22	0	1	0	2	–	4	2	0	0	0	0	4	2	7	22	1
2006	40	–	–	–	–	–	–	–	–	–	–	–	–	–	–	37	4
2007	70	–	–	–	–	–	–	–	–	–	–	–	–	–	–	49	25
2008	22	–	–	–	–	–	–	–	–	–	–	–	–	–	–	45	2
2009	39	1	1	0	0	0	1	2	0	0	8	0	0	0	21	39	2
2010	92	0	0	0	0	0	9	0	0	0	0	65	5	1	12	92	2
2011	27	2	2	0	0	0	4	1	0	0	5	1	2	0	9	26	3
合计	675	52	8	3	8	9	62	11	5	5	15	91	36	37	122	672	3

说明：结案数中，包括当年受理、当年结案案件和往年受理而当年结案的案件。未结案数中，包括当年受理、当年

未结案案件和往年受理而当年仍未结案的案件

第六节 审判执行

1986年年初，区人民法院执法组负责执行工作。12月，撤销执法组，设立执行庭。1990年起，受理税务执行案件数量大幅上升，年收案数在300件以上，同时标的额也越来越大。

1998年8—12月，办结各类执行案776件，执结总金额1636.31万元。1999年9—10月，办结各类执行案案件227件，执结标的783.66万元。2000—2005年，开展涉及农村"三金"（农村合作基金会、乡镇企业投资公司、供销合作社社员股金服务部）违规行为和城市金融"三乱"（城市乱批设金融机构、乱从事金融业务、乱集资现象）专项执行活动和季节性专项执行活动等，每年结案数均在440件以上。2006—2008年，受理执行案件1473件，收案标的6300万元，结案1378件，执行率93.55%，执结标的6029万元。2009年，受理执行案件390件（含旧存案9件），执行结案375件，执行率91.15%，执行兑现标的1285万元。2010年，受理执行案件563件，结案533件，执行率76.5%，兑现债权金额2910万元。2011年，受理执行案件633件（含旧存案45件），执行结案583件。

1986—2011年万盛区人民法院执行案件情况统计表

表22-14 单位：件

年份	新收	结案							未结
		民事	经济	行政	刑事案件中的财产部分	非诉行政	其他	小计	
1986	100	49	29	0	0	0	0	78	22
1987	117	80	26	0	1	0	3	110	29
1988	161	94	62	2	2	2	6	168	22
1989	219	129	60	0	0	8	4	201	40
1990	357	194	97	0	0	17	18	326	71
1991	350	260	85	14	0	30	13	402	19
1992	325	218	80	1	0	30	1	330	14
1993	303	169	69	1	2	30	1	272	45
1994	282	161	93	0	2	33	9	298	29
1995	386	204	111	0	2	39	26	382	33
1996	510	196	234	0	0	60	2	492	51
1997	523	222	234	0	1	60	6	523	51
1998	756	327	238	0	1	5	205	776	31
1999	1316	296	443	0	3	281	291	1314	33
2000	777	341	352	4	6	74	0	777	33
2001	640	225	303	0	8	85	19	640	33

续表

年份	新收	结案							未结
		民事	经济	行政	刑事案件中的财产部分	非诉行政	其他	小计	
2002	616	424	8	1	8	113	56	610	39
2003	512	433	0	0	7	56	21	517	34
2004	440	367	0	0	2	71	0	440	34
2005	519	294	0	0	7	233	1	535	18
2006	505	–	–	–	–	–	–	506	17
2007	403	–	–	–	–	–	–	404	16
2008	442	231	0	16	29	37	136	449	9
2009	381	333	0	6	11	25	0	375	15
2010	563	414	0	1	78	21	19	533	45
2011	588	453	0	0	117	13	0	583	50
合计	12091	6114	2524	46	287	1323	837	12041	50

说明：结案数中，包括当年受理、当年结案案件和往年受理而当年结案的案件。未结案数中，包括当年受理、当年未结案案件和往年受理而当年仍未结案的案件

第四章　司法行政

第一节　机构

一、万盛区司法局

1986 年年初，区司法局设办公室、调解组和宣传教育组等科室 3 个。1988 年，调解组更名调解科，宣教组更名宣传教育科。

1989 年 5 月 6 日，区法律援助中心成立，是区司法局直属的国家法律援助机构。

1990 年 10 月，调解科更名基层工作科。1991 年 9 月，设政工科。1993 年 12 月，设两劳（劳动改造人员、劳动教养人员）人员社会工作科。

1997 年 5 月，撤销“两劳人员”社会工作科，组建区两劳社会企业管理办公室，设在区司法局。

2001 年，设法制科。2010 年，撤销政工科，其职能被归并到办公室；设社区矫正科。

2011 年，区司法局设办公室、宣传教育科、基层工作科、法制科和社区矫正科等科室 5 个；有万盛区公证处、万盛区法律援助中心事业单位 2 个。

二、区司法局派出机构

司法所是区司法局在乡镇、街道的派出机构，是基层政法组织体系中的重要组成部分，受区司法局和其所驻镇（街道）政府（办事处）的双重领导。

1991 年 1 月，万盛乡司法所成立，是区内第一个基层司法所。1992 年更名万东镇司法所。

2002 年，万盛街道、东林街道、南桐镇、关坝镇、青年镇、丛林镇、金桥镇、石林镇和景星乡司法所先后组建。

2006 年，景星乡司法所更名黑山镇司法所。

2011 年，区司法局有万盛街道、东林街道、万东镇、南桐镇、关坝镇、青年镇、丛林镇、金桥镇、石林镇和黑山镇等司法所 10 个。

第二节　法制宣传

一、普法教育

1985 年 9 月 27 日，南桐矿区召开“一五”普法（法制宣传教育第一个五年计划）动员大会，启动全区“一五”普法工作。1986 年 5 月，全区教育系统 1844 名干部、教职员工参加法学基础理论和宪法知识考试，考试平均成绩 90 分以上，及格率 100%。是年，举办各类普法学习班 184 场（次），撰写法制稿件 50 余篇，被媒体采用 40 余篇。1987 年，举办民法通则培训班，宣传《中华人民共和国民法通则》。1990 年，制作“严打”宣传专栏 6 期，印发“严打”宣传资料 300 份，广播宣传 105 次。

“二五”普法（1991—1995 年），确定普法试点单位 7 个，征订普法教材 7500 余册。全区 17.5 万人参加“二五”普法学习，参学率 90.4%，合格率 94.5%，其中农村人口参学率 87%，合格率 86.5%。

“三五”普法（1996—2000 年），征订“三五”普法教材《社会主义法制建设基本知识》2500 余本。1997 年 8—10 月，组织区“三五”普法知识竞赛，80 个单位参赛。是年，制发《依法治区工作意见》，制订《万盛区档案法制宣传教育工作规划》。2000 年 5 月，举办万盛区局级领导干部法律轮训班，78 名局级领导干部参加培训。是年，设立《重庆法制报》万盛区通联站。

2006 年，组织 2 次科级以上新任领导干部法制理论考试，组织全区各级干部参加法制理论知识考试，及格率 100%。是年，镇街司法所建立普法中心，村（社区）建立普法站，中心户（院坝）建立普法点。

2007 年 10 月 1 日，首次通过手机短信方式宣传物权法。是年开展现场法制宣传咨询活动 20 余次，接待群众 10000 余人次，解答法律问题 1000 余个，发放宣传资料 20000 余份，发放公民维权手册 2000 余份，制作法制宣传栏 12 期；全区 5200 余名干部参加普法考试。

2008 年 3—9 月，分三次组织区内机关、企事业单位干部 2156 人参加全市统一的法制考试。是年，“黑山论坛”发布普法文章 35 篇，点击率 7861 人次，回帖 752 人次；万盛电视台开设“法治万盛”栏目，编制“法治万盛”节目 11 期，滚动播放 60 余次；《万盛报》开设“法治万盛”宣传专栏，累计制作“法治万盛”宣传专栏 32 期，刊发稿件 46 篇；命名民主法治村 9 个，民主法治社区 6 个；开展现场法制宣传咨询活动 32 次，接待群众 15000 余人次，解答法律问题 3000 余个，发放普法宣传资料 20000 余份，制作法制宣传专栏 52 期。

2009 年，命名区级民主法治村 3 个，民主法治社区 5 个；开展现场法制宣传咨询活动 24 场次，接待群众 30000 余人次，解答法律问题 12000 余个，发放宣传资料 50000 份，制作法制宣传专栏 46 期；

全区 2208 名机关事业单位干部、2555 名教职员工参加普法考试。

2010 年，在中共万盛区委、万盛区文化馆等地制作法制宣传专栏 6 期；万盛电视台播放普法专题片 2 期；《万盛报》创办“法治万盛”专刊，刊登法制建设信息 50 余条；开展“五五”普法渝州行”网上法律知识竞赛和各类主题法制宣传活动 62 次，发放宣传资料 45000 余份，接待群众法律咨询 7000 余人次；组织新提任副科级以上领导干部 92 人、机关、企事业单位干部 2223 人参加法制理论知识考试；推行人大代表联系普法示范点制度，建立示范点 223 个；命名民主法治村 3 个，民主法治社区 1 个。

2011 年，开展现场法律咨询 71 场次、发放宣传资料 48700 余份，组织法制讲座及培训 61 场次、普及法律知识 24600 余人；组织新任科处级领导干部 101 人、机关事业单位干部 2141 人参加的法制理论知识考试。

二、青少年法制教育

青少年法制教育的重点是在校学生，区内学校均设有法制副校长和法制辅导员。

2004 年，《关于加强未成年人法制建设的实施意见》施行，建立学校、社会、家庭齐抓共管的未成年人法制教育格局。2006 年，校园开创“模拟调解庭”，开展法制知识抢答赛。2007 年，区司法局到区内各学校开展关爱留守儿童专题法制宣传。2008—2009 年，28 所中小学校宣传《中华人民共和国宪法》《中华人民共和国预防未成年人犯罪法》《中华人民共和国未成年人保护法》等相关法律。2010 年，区法律援助中心办理涉及未成年人援助案 34 件。2011 年，万盛区在全市率先实施“小班”法制教学系统工程，编撰《青少年法律知识读本》，试点单位进盛实验中学开设法制课。

第三节　基层法律服务

一、人民调解

人民调解委员会是在基层人民政府和基层人民法院指下，调解民间纠纷的群众性组织。其调解的民间纠纷，包括发生在公民与公民之间、公民与法人和其他社会组织之间涉及民事权利义务争议的各种纠纷。

1986年年初，区内33个单位建有人民调解委员会125个，有专兼职调解干部35人，调解人员1562人。

2011 年，区内有各类人民调解委员会 102 个，其中镇街调委会 10 个，村（社区）调委会 90 个，专业调委会 2 个（交通事故人民调解委员会、医疗纠纷人民调解委员会），有调解人员 562 人。

1986—2011 年万盛区人民调解工作情况统计表

表 22-15　　单位：件

年份	受理纠纷	调解	调解成功	防止激化案件
1986	2578	2572	–	–
1987	2699	2600	–	–
1988	–	–	–	–
1989	3406	3147	2709	59
1990	2714	2482	2134	78
1991	3141	3079	2791	19

续表

年份	受理纠纷	调解	调解成功	防止激化案件
1992	2870	–	–	7
1993	2212	2124	1933	6
1994	–	–	–	–
1995	1889	1881	1831	8
1996	1265	1225	1150	51
1997	2495	2495	–	7
1998	1931	1905	1857	12
1999	2025	2005	1924	11
2000	2450	2450	2352	10
2001	–	–	–	–
2002	2974	2974	2831	7
2003	2242	2242	2197	8
2004	2747	2747	2689	3
2005	2566	2566	2462	9
2006	–	3115	3025	23
2007	–	3075	3013	–
2008	–	3179	–	–
2009	7596	7596	7543	–
2010	–	9481	9416	–
2011	–	7958	7910	–

二、“两劳人员”安置帮教

1991—1994 年，区内有正在服刑的劳改人员 132 人、劳教人员 6 人，就地改造罪犯 44 人（保外就医 10 人、假释 6 人、缓刑 17 人、监外执行 11 人）；有刑释解教人员 392 人，重新犯罪 26 人。

1994 年，为 581 名“两劳人员”建立档案，其中刑满释放人员 399 人，就地改造人员 44 人，服刑人员 138 人。

1996 年，区内 1991 年后刑释解教人员和正在服刑、劳教、少管人员 1000 余人，以各派出所户籍辖区为单位为其建立档案；到干沟水泥厂中队探视南桐矿区籍服刑人员。

1997 年，扶持创办石嘴煤矿和新盛水泥厂 2 家两劳社会企业，推荐安置“两劳人员”2 人；建立两劳刑释解教人员档案 56 份。

2002 年，建立两劳刑释解教人员档案 85 份。2003 年，安置帮教刑释解教人员 153 人。2004 年，建立两劳刑释解教人员档案 186 份。

2005 年 7 月，社区矫正试点工作，安置帮教刑释解教人员 224 人。

2006—2010 年，全区安置帮教免刑释解教人员 984 人。

2010 年，全区核对 733 名刑释解教人员信息。2011 年，启用刑释解教人员信息管理系统。全区 227 名在册刑释解教人员重新犯罪率控制在 3% 以内。

三、法律援助

1998—1999年，全区办理法律援助案件14件，其中刑事案5件，行政案1件，民事案8件。2000年，148法律服务专线开通。2002年，接到法律求援电话182次，接待来访解答法律咨询案件116件，办理法律援助案件24件。2003年，办理法律援助案件113件。2004年，受理法律援助案件82件。2005年，办理法律援助案件390件，其中涉及未成年人维权21件，农民工维权15件，残疾人维权35件，普通贫困者维权5件，老年人维权308件。2006年，办理法律援助案462件，其中农民工维权50件，残疾人维权20件，未成年人维权14件、老年人维权286件、妇女儿童维权90件，非诉讼案2件。2007年，受理法律援助案672件，办结616件。2008年，接听法律咨询电话2000余次，受理法律援助案件787件，办结726件。其中民事案257件、刑事案47件、行政案4件、非诉讼案440件；老年人维权61件，妇女儿童维权299件，普通贫困者维权308件，农民工维权83件。2009年，受理法律援助案件347件，办结226件。其中刑事案27件，民事案320件；妇女儿童维权129件，未成年人维权22件，农民及农民工案维权138件。2010年，148法律援助热线改为12348法律援助热线。是年，接待咨询196人次，受理法律援助案546件，结案归档520件。其中办理老年人维权26件，残疾人维权9件，未成年人维权34件，妇女儿童维权19件，农民工维权359件。2011年，走访慰问农民工900余人次，惠及农民工321人，受理法律援助案593件，办结282件，为受援人挽回经济损失425.98万元。

四、司法救助

2009年，万盛区建立司法救助资金，区财政每年预算救助专项资金20万元。2009年，司法救助17件，发放救助资金16.52万元。2010年，司法救助12件，发放救助资金16.02万元。2011年，司法救助13件，发放救助资金17.63万元。

第四节　公证

公证事项包括合同、继承、委托、声明、赠予、遗嘱、招标投标、拍卖、婚姻状况、亲属关系、收养关系、出生、生存、死亡、身份、经历、学历、学位、职务、职称、有无违法犯罪记录、公司章程、保全证据、文书上的签名、印鉴、日期、文书的副本、影印本与原本相符以及自然人、法人或者其他组织自愿申请办理的其他公证事项。2011年，全区办理公证563件。

1986—2011年万盛区公证情况统计表

表22-16　　　　单位：件

年份	国内民事	国内经济合同	涉港澳台	法律援助	合计
1986	–	258	–	–	320
1987	–	–	–	–	581
1988	–	910	–	–	1041
1989	–	1419	–	–	1632
1990	–	1479	–	–	1815
1991	–	1801	–	–	2025
1992	–	1819	–	–	2026

续表

年份	国内民事	国内经济合同	涉港澳台	法律援助	合计
1993	–	2663	–	–	3151
1994	–	–	–	–	–
1995	–	602	–	–	730
1996	–	230	–	–	350
1997	–	714	–	–	857
1998	–	356	–	–	–
1999	–		–	–	762
2000	–	503	–	–	–
2001	–	–	–	–	–
2002	–	290	–	–	620
2003	–	266	5	5	676
2004	–	320	14	14	605
2005	–	272	9	9	503
2006	260	355	15	65	695
2007	383	428	7	55	873
2008	–	–	–	38	754
2009	–	–	–	–	822
2010	609	–	23	–	648
2011	–	–	–	–	563

第五节 律师

1985 年 1 月，南桐矿区法律顾问处更名区律师事务所。2000 年，万顺律师事务所成立。2011 年，区内有律师事务所 3 家。其中区司法局开办的律师事务所 1 家（万盛区法律援助律师事务所），有专职律师 2 人，兼职律师 6 人；社会律师事务所 2 家（万顺律师事务所，北信律师事务所），有专职律师 5 人。

2006—2011 年，全区律师和法律服务工作者为 275 个国家机关、企事业单位担任常年法律顾问，代理各类案件 2138 件。

1986—2011 年万盛区律师代理案件情况统计表

表 22-17

年 份	代理案件			担任机关、企业法律顾问（个）	挽回和避免经济损失（万元）
	民事（件）	刑事（件）	非诉讼（件）		
1986	62	41	–	57	–
1987	87	35	174	68	–
1988	–	–	–	–	–
1989	204	103	99	118	–
1990	221	107	115	121	329
1991	123	83	77	81	80
1992	151	75	46	86	102
1993	180	49	56	108	235
1994	–	–	–	–	–
1995	134	41	19	90	200
1996	184	47	20	90	120
1997	198	48	–	90	–
1998	171	45	11	90	300
1999	–	–	–	–	–
2000	–	–	–	50	–
2001	–	–	–	–	–
2002	–	–	–	–	–
2003	90	30	40	22	90
2004	–	–	–	–	–
2005	–	–	–	–	–
2006	202	89	8	78	–
2007	200	96	8	70	–
2008	246	30	7	65	–
2009	466	19	52	50	–
2010	333	46	31	54	–
2011	496	41	13	36	–

第二十三篇　军事

第一章　军事机构

第一节　中共万盛区委人民武装委员会暨万盛区国防动员委员会

1998年5月11日，中共万盛区委人民武装委员会和万盛区国防动员委员会合并为一个机构，新机构名称为中共万盛区委人民武装委员会暨万盛区国防动员委员会，设办公室、人民武装动员办公室（设在区人民武装部军事科）、经济动员办公室（设在区计划经济委员会）、人民防空办公室（设在区人民防空领导小组办公室）和交通战备办公室（设在区交通局）等5个工作机构。中共万盛区委书记任第一主任，万盛区政府区长任主任，万盛区政府办公室和区人武部军事科负责委员会的秘书工作。

2005年4月19日，中共万盛区委人民武装委员会暨万盛区国防动员委员会调整工作机构，设综合办公室（设在区政府办公室）、人民武装动员办公室（设在区人民武装部）、经济动员办公室（区发展计划委员会）、人民防空办公室（设在区建设委员会）、交通战备办公室（设在区交通局）和国防教育办公室（设在区人武部政工科）等6个工作机构。

第二节　中共万盛区委人民武装委员会

中共万盛区委人民武装委员会是领导区内人民武装力量的专门机构，负责贯彻中共中央、国务院、中央军委有关民兵建设的各项方针、政策，研究解决民兵工作的重大问题，研究征兵、转业、复员、退伍军人安置工作等；下设办公室做日常工作机构，办公室设在区人民武装部。中共万盛区委书记任委员会主任，万盛区政府区长、区人民武装部部长任副主任。

1994年11月29日，中共万盛区委人民武装委员会与万盛区国防动员委员会合署，实行一个机构，两块牌子的体制。

1998年5月11日，中共万盛区委人民武装委员会与万盛区国防动员委员会合并为中共万盛区委人民武装委员会暨万盛区国防动员委员会。

第三节　万盛区国防动员委员会

1994年11月，万盛区国防动员委员会成立，与中共万盛区委人民武装委员会合署，实行一个机构，两块牌子的体制。中共万盛区委书记任委员会第一主任，万盛区政府区长任主任。

1998年5月11日，万盛区国防动员委员会与中共万盛区委人民武装委员会合并为中共万盛区委人民武装委员会暨万盛区国防动员委员会。

第四节　万盛区人民武装部

1986年年初，中国人民解放军四川省重庆市南桐矿区人民武装部为军队建制，职级为副团级，隶属中国人民解放军重庆军分区领导，设军事科、政工科和后勤科等科室3个。1月14日，中共中央、国务院、中央军委印发《关于县(市)人民武装部改归地方建制有关问题的通知》，决定将各级地方人民武装部从军队建制改为地方建制。根据要求，南桐矿区政府、区人民武装部组建交接工作领导小组，负责具体操作区人民武装部交接事宜。南桐矿区政府区长郑兴明任组长，区人民武装部部长朱本成、区人民武装部政委董文坤等任副组长。5月26日交接开始，至5月28日结束。

区人民武装部改地方建制后，全称改为四川省重庆市南桐矿区人民武装部，级别为副处级，工作任务、性质不变，仍是本地区的军事领导指挥机关，既是中共南桐矿区委的军事部，又是南桐矿区政府的兵役机关；机构单设，受中国人民解放军重庆军分区和中共南桐矿区委、南桐矿区政府的双重领导；人员以地方管理为主，干部被装按现役陆军军官标准发放，经费由地方财政提供；下设办公室、军事科和政工科等科室3个。中共南桐矿区委书记兼任区人民武装部第一书记，区人民武装部政委任中共南桐矿区委常委，部长参加南桐矿区政府区长办公会议。

1988年，区人民武装部增设后勤科。

1993年4月，区人民武装部更名四川省重庆市万盛区人民武装部。

1995年，中共中央、国务院、中央军委印发《关于县（市、区）人民武装部收归军队建制的通知》，决定将全国所有县（市、区）人民武装部收归军队建制。根据要求，中共万盛区委、万盛区政府、区人民武装部组建区人民武装部收归军队建制领导小组，负责交接事宜。中共万盛区委书记姜平任组长，万盛区政府区长李贻盛等任副组长。3月27日交接结束。4月1日，区人民武装部收归军队建制。

区人民武装部改地方建制后，全称改为中国人民解放军四川省重庆市万盛区人民武装部，级别为正团级，工作任务、性质不变，仍是本地区的军事领导指挥机关，既是中共万盛区委的军事部，又是万盛区政府的兵役机关；机构单设，仍受中国人民解放军重庆军分区和中共万盛区委、万盛区政府的双重领导；下设军事科、政工科和后勤科等科室3个。中共万盛区委书记兼任区人民武装部第一书记，区人民武装部政委任中共万盛区委常委，部长参加万盛区政府区长办公会议。

1997年重庆市直辖后，四川省重庆市万盛区人民武装部更名重庆市万盛区人民武装部。1998年11月，升格为副师级单位。

第五节　万盛区人民防空办公室

1970年7月25日，南桐矿区人民防空领导小组成立，下设办公室作为常设机构。区人民武装部部长兼任区人民防空领导小组办公室主任。

1983—1992年，区人民防空领导小组办公室主任改为区政府办公室主任兼任。1993年3月至2001年9月，区人民防空领导小组办公室主任改为专职专任。

2001年9月，区人民防空领导小组办公室被并入区建设委员会，保留牌子。区建设委员会设人民防空科，负责人民防空工作。区建设委员会副主任兼任区人民防空领导小组办公室主任。

2009年3月，撤销区人民防空领导小组办公室，组建万盛区人民防空办公室，为政府管理部门，与区政府办公室合署办公。

万盛区人民防空办公室是区政府负责人民防空工作的主管部门，也是中共万盛区委人民武装委员会暨万盛区国防动员委员会常设的办事机构。其职责是掌握人防建设情况，拟订人防建设规划和配套法规，负责人防建设项目审核，落实防空预案和保障措施，开展人防科研，组织战时人防工作。

第六节　基层人民武装部

一、乡镇、街道人民武装部

1986年年初，全区有万盛、南桐、关坝、丛林、金桥、青山、南天、景星乡和青年镇等乡镇人民武装部9个。

1992年11月，万盛乡人民武装部更名万东镇人民武装部，南桐乡、关坝乡和丛林乡人民武装部分别更名南桐镇、关坝镇和丛林镇人民武装部，撤销青山乡人民武装部。

1999年10月，组建万盛街道人民武装部和东林街道人民武装部2个街道武装部。

2001年11月，金桥乡人民武装部、南天乡人民武装部分别更名金桥镇人民武装部、石林镇人民武装部。

2006年4月，景星乡人民武装部更名黑山镇人民武装部。

2011年，全区有万东、南桐、关坝、青年、丛林、金桥、石林和黑山镇等镇人民武装部8个，有万盛街道和东林街道等街道武装部2个。

二、大型厂矿和国防企业武装保卫机构

（一）南桐矿业公司武装保卫部

1965年7月，南桐矿务局人民武装部成立。1984年9月，南桐矿务局人民武装部与南桐矿务局保卫处合并，组建南桐矿务局武装保卫处。1986年3月，撤销南桐矿务局武装保卫处，恢复南桐矿务局人民武装部、武装保卫处建制。2003年11月，南桐矿务局改制为重庆市南桐矿业公司。2004年10月，在南桐矿务局人民武装部和武装保卫处的基础上，组建南桐矿业公司武装保卫处。2008年，南桐矿业公司武装保卫处更名南桐矿业公司武装保卫部。

（二）国防企业人民武装部

20世纪60年代中期，国营晋林机械厂、国营平山机械厂、国营渝州齿轮厂等国防军工厂相继迁入万盛，其武装保卫工作由工厂军代室负责。20世纪80年代末期，国营晋林机械厂、国营平山机械厂、国营渝州齿轮厂等3厂建有人民武装部。20世纪90年代中期后，上述国防企业相继迁离万盛。

第二章　兵役

第一节　征兵

一、组织机构

万盛区政府征兵办公室是常设兵役机构。每年成立征兵工作领导小组，万盛区政府区长或常务副区长任组长，区人民武装部部长、政委担任副组长。领导小组下设办公室，由区人武部副部长或军事科长任主任。征兵办公室设政审组、体检组、后勤保障组、宣传组和纪检组等。各乡镇、街道和大中型企业亦相应设立征兵工作领导小组及征兵办公室（征兵站）。

二、兵员征集

征兵实行岗位责任制目标管理和“六公开”（征集任务数向基层组织公开；征集范围、条件、对象向群众公开；采取报名目测后的初榜公布、体检合格后的再榜公布、定兵后的三榜公布名单的三榜制度，把上站体检、体检合格、定兵后的应征青年向社会公开；采取“三级”定兵制度，实行集体定兵、公开定兵；把病史调查的内容向群众公开；把优抚政策向群众公开）、“一监督”（在万盛区人民武装部、中共万盛区纪委、万盛区监察局设立举报电话和举报箱，受理群众对征兵中不正之风的检举）征集制度。

1986—2011年，万盛区政府征兵办公室为部队累计征集输送兵员3027人。

第二节　预备役登记

《中华人民共和国兵役法》规定18 ~ 28岁基干民兵服一类预备役，18 ~ 35岁普通民兵服二类预备役。

1986年6月24日，组建南桐矿区预备役登记工作领导小组。1986—2011年，全区确定服预备役人员69.99万人次，其中服一类预备役人员9.12万人次，服二类预备役人员60.92万人次。

第三章　民兵

第一节　民兵组织

万盛区地方民兵组织是中共万盛区委、万盛区政府领导下不脱离生产的群众武装组织，是军队的助手和后备力量，是地区武装力量的组成部分。其任务是参加地区的社会主义现代化建设，完成生产和各项任务，担负战备执勤，保卫地区安全，维护社会治安，随时准备参军参战，抵抗侵略，保卫祖国。

《民兵工作条例》规定，民兵组织每年整顿一次。

1991 年，民兵整组工作纳入村级组织建设，实行“五统一”（统一计划、统一动员、统一开展工作、统一宣传教育、统一检查验收）管理模式。

1993 年，城市根据民兵人数的多少、分布、管理情况，分别编为连、排、班。农村以乡编基干民兵连，村编基干民兵排。

第二节　军事训练

区人民武装部负责组织开展民兵军事训练。1990 年 5 月 15—17 日，中共重庆市委、重庆市政府、重庆军分区在晋林厂召开重庆市民兵应急分队建设现场会。6 月 24 日，区民兵应急分队参加重庆市民兵应急分队汇报比武，获得五六式冲锋枪定时射击比赛和女子射击比赛一等奖。

1993 年，晋林机械厂、丛林镇等人武部组织民兵参加汤家沟水库会战，出动人员 100 余人次。关坝镇等组织民兵参加治安巡逻。

1995 年 9 月，万盛区基干民兵接受四川省军区基干民兵军事训练考核，获一等奖。万盛区政府区长李贻盛受到四川省军区通报表彰。

1997 年 4 月 1 日至 6 月 16 日，区民兵应急分队开展应急训练，组织厂矿民兵应急分队开展防暴制乱综合演习（代号“尖刀—97 演习”）。

2006 年 7 月，南桐矿业公司开展防暴技能和森林扑火等内容的综合演练，160 人参演。全年专业技术分队参训人员 60 人，训练时间 30 天；民兵应急分队参训人员 110 人，训练时间 15 天，城市民兵参训人数 148 人，训练时间 15 天。

2007 年，全区组织民兵开展“军事三项”比武竞赛活动，参赛 66 人，选拔 12 名队员开展强化集训。9 月 21 日，选定 4 名队员赴黔江区参加重庆市第三届农民运动会民兵“军事三项”比武，获团体总分、投弹团体单项、个人 5 千米越野跑、个人全能 4 个第一名。全年高机分队参训人员 84 人，训练时间 25 天；勤务保障队参训人员 100 人，训练时间 15 天；空观察分队参训人员 30 人，训练时间 15 天；人防专业分队参训人员 40 人，训练时间 15 天。各镇组织应急队伍开展为期 10 天的应急维稳和抢险救灾训练，训练应急队伍 182 人。

2008 年，全年组织民兵训练 6 批，训练时间 90 天，参训 385 人。其中，9 月组织 180 名应急民兵在黑山镇鱼子村参加区应急民兵分队跨区支援抢险救灾演练。

2011 年 6 月 10 日，全区 140 余名处级以上领导干部参加军事日活动，到驻训地集中过“军事日”。

1986—2005 年万盛区民兵军事训练统计表

表 23-1　　单位：人

年份	总数	高射机枪民兵	步兵	应急分队	年份	总数	高射机枪民兵	步兵	应急分队
1986	270	270	270	–	1996	354	166	188	–
1987	270	270	270	–	1997	483	236	50	200
1988	270	200	70	–	1998	352	106	126	120
1989	170	125	39	–	1999	325	105	120	100
1990	270	225	39	170	2000	325	105	120	100
1991	504	251	253	94	2001	270	–	–	–
1992	517	240	277	–	2002	270	–	–	–
1993	350	187	163	–	2003	270	178	178	92
1994	453	168	285	–	2004	270	–	270	–
1995	352	119	233	–	2005	298	–	–	148

第三节　政治教育

1986 年，全区实行基干民兵每季 1 次、普通民兵每年 1 ～ 2 次的政治教育制度。

1987 年，政治教育改月课制为刊授教育。

1995 年，全区民兵继续开展学雷锋教育活动。

1998 年，农村民兵开展“科技兴农、扶贫帮困”和“万众一心奔小康”活动；厂矿民兵开展“创价值、增效益、作贡献”活动。

2000 年，全区 18% 的民兵被评为学雷锋标兵，24% 的民兵被评为技术能手。

2001 年，全区开展理想信念和民兵基本知识等内容的教育。12 月，组织国防知识竞赛活动，约 1 万人参加。

2002 年，全区开展“讲文明、树新风”主题活动。

2003 年 6—7 月，全区开展以“国防连着你我他，安宁维系千万家”为题的国防知识电视大赛。

2005 年，全区开展“强化战斗精神，提高打赢能力”主题教育和舆论战、心理战、法律战实战准备。

2011 年，全区开展纪念《中华人民共和国国防教育法》施行 10 周年暨庆祝《重庆市国防教育条例》施行系列活动。

第四节　服务社会

一、维护社会稳定

1988 年，全区民兵参加巡逻执勤，协助公安部门维护社会治安，制止和破获盗窃财产、违法违规案件 300 余件。1989 年，组织民兵护厂、护院、护店，守护重要目标 408 个。民兵应急分队出动 3271 人次，守护重点目标、要害单位 101 个，配合公安干警抓获刑事犯罪分子 54 人，缴获凶器 8 件，缴获赃物 80 件，赃物折价 3400 元，缴获赃款 3960 元。1991 年，全区出动民兵 1197 人次，车辆 66 辆次，收缴赃款 2.34 万元，赃物 253 件，凶器 55 件，抓获违法违纪人员 271 人。1993 年，配合公安部门抓获违法犯罪人员 26 人，追回赃款 5000 余元。1994 年，参加治安巡逻，抓获各类犯罪分子及违法人员 179 人，协助公安部门破获刑事案件 66 件，协助查获治安案件 86 件，预防制止案件 103 件，疏导缓解矛盾 89 件。1995 年，组织 150 名基干民兵配合公安部门维护建区 40 周年庆祝活动会场治安秩序。1996 年，巡逻 2000 余人次，抓获各类犯罪人员 45 人。1997 年，晋林厂组织 6 批、共 13 名民兵押运队伍，完成厂部下达的军品押运任务，行程 2 万千米无事故。2005 年 8 月 15 日，东林街道和平二村 13 号楼发现 2 号病（霍乱）患者 1 人，区人武部组织 40 名民兵应急分队队员封闭隔离该楼 16 户、25 人。2010 年 6 月，出动民兵 300 余人次，到景区执行安保执勤任务。

二、参与生产建设

1986 年，全区组建乡镇帮户助耕小组 92 个。1987 年，晋林机械厂民兵参加技术革新 351 人次，改造项目 70 余个，为企业节约资金 10 余万元；开展“五小”（小发明、小创造、小革新、小设计、小建议）活动，创价值 2210 万元；组建乡镇帮户助耕小组 89 个，助耕面积 1.11 平方千米。1988 年，组建乡镇帮户助耕小组 93 个，被帮对象 179 户，助耕面积 1.01 平方千米；成片造林 0.64 平方千米，植树 60 余万株。1989 年，支援贫困户劳动力 8158 个，帮户助耕面积 1.39 平方千米，33 人为遇险群众无偿献血。1990 年，青年镇民兵组建助耕小组 27 个，为困难户栽种大春作物。1994 年，约 1 万民兵参加为民服务活动，包括为群众义务理发、修理家用电器、宣传法律法规，计划生育咨询、高炮人工消雹增雨等；民兵以劳养武企业实现年总产值 300 万元，销售收入 280 余万元，实现利税 40 余万元。1995 年，全区以劳养武经济实体年创产值 500 万元，利润近 50 万元。1998 年 7 月，配合公安部门维护首届万盛采山节活动治安。2009 年，组织民兵预备役人员参与棚户区改造工程拆迁、万盛大道二期工程、体育中心建设等重点工程。2011 年，出动民兵 1400 余人次，开展帮促春耕生产、春季植树造林。

三、参与抢险救灾

1989 年，全区组织民兵约 2 万人次参加抢险救灾，做好人好事 400 余件。1990 年 5 月 9 日，南桐乡温塘村代家沟发生特大森林火灾，重庆钢球厂、平山机械厂、南桐乡 300 余名民兵，经 3 个多小时将大火扑灭。1998 年 8 月，万盛区遭受特大洪灾，出动民兵 5844 人次，抢救遇险群众 1192 人，抢修公路 62.6 千米，出动车辆 192 辆次，搬运粮食 2.21 万千克、冰箱 50 台、电视机 62 台，转移牲畜 92 头，清除淤泥和土石方 9220 吨，排除险情 15 处，抢修房屋 239 间，安置灾民 697 户。2000 年 5 月 13 日，万东镇丰崖山、金桥乡小卢池山先后发生森林火灾，区民兵应急分队、砚石台煤矿民兵、金桥乡民兵协同区人武部、驻渝某部通信团、高炮团官兵及村民，经过 5 个多小时将大火扑灭。2002 年 6 月 13 日，刘家河河床塌陷，河水漏入鱼田堡煤矿、南桐煤矿井下，973 名井下矿工被困。区人武部调遣各乡镇、街道、厂矿民兵应急分队 720 余人次参加抢险救灾。2003 年 3 月 26 日，组织万东镇、丛林镇、景星乡民兵应急分队50余人，赶赴南川市铁村乡谢坝村火灾现场参与灭火。2006年，万盛区遭受特大干旱，全区民兵参加扑救大小山火72次。2007年7月12日，万东镇发生山体滑坡，区武装部组织200名应急民兵参加救灾。2008年5月28日，关坝镇发生特大洪灾，区武装部启动抗洪救灾预案，组织关坝镇、青年镇应急民兵40人和其他民兵300余人，紧急转移受灾群众。2011年8月，万盛区遭遇连续高温天气，造成部分群众饮水困难，区武装部组织镇（街）应急民兵成立送水小分队，出动民兵预备役1700人次，送水1000余吨，铺设水管6000余米。

第四章　武警部队

第一节　万盛区武警中队

1980年3月，中国人民武装警察部队四川省总队重庆市支队南桐矿区中队成立，隶属南桐矿区公安分局。1983年5月，整编为中国人民武装警察部队重庆市支队南桐矿区中队。1993年4月，更名中国人民武装警察部队重庆市支队万盛区中队。1998年1月，改称中国人民武装警察部队重庆市总队第六支队万盛区中队，职级为正连级，受武警重庆总队第六支队和中共万盛区委、万盛区政府双重领导，主要担负看守、押解、逮捕、追捕违法犯罪分子和处置突发事件等内卫值勤任务。

1998年8月6日，万盛区发生特大洪灾，区武警中队官兵在抗洪抢险中挽回直接经济损失80万元，转移受灾群众100余人。

2002年2月，广西北海市一犯罪团伙主犯张某某抢劫杀人后潜逃至万盛区内，区武警中队在丛林镇将其抓获。

2003年，区武警中队组建反恐小分队。全年出动兵力150人次，参加城区武装巡逻、黑山谷临时执勤；出动兵力36人，长途押解18次；出动兵力20人次，参加设卡堵截4次；出动兵力10人，参加森林扑火1次。

2004年6月，万东镇新华村胡家沟社发生山体滑坡，区武警中队官兵参加救灾，搜救遇险群众3人，清理搬运遇难尸体3具，疏散事故核心区群众约2万人。

2005年，区武警中队押解人犯262人，追捕犯罪嫌疑人19人，设卡堵截犯罪嫌疑人80人，处置突发事件1起，参加抢险救灾2次。

2006年，万盛区遭受旱灾，区武警中队官兵参加扑救大小山火30余次，挽救森林面积20余平方千米。

2011年8月20日晚，武警万盛区中队出动15余名官兵，奋战8余小时，扑灭南桐镇云寨村森林大火。

1986—2011 年万盛区武警中队执行任务情况统计表

表 23-2

年份	看押人数（人）	押解人数（人）	追捕人数（人）	设卡堵截（人）	处置突发事件（件）	抢险救灾（次）
1986	2000	148	30	150	1	1
1987	1980	259	24	152	0	1
1988	1923	275	35	160	1	2
1989	1980	262	29	98	0	8
1990	1895	144	31	132	1	5
1991	1680	262	27	146	1	6
1992	1885	267	28	152	1	3
1993	2481	275	33	162	1	2
1994	1864	254	26	152	0	1
1995	1955	275	28	143	1	1
1996	1923	262	29	149	0	1
1997	2015	144	32	138	0	1
1998	2055	262	27	127	1	2
1999	1499	267	31	138	0	1
2000	1805	262	29	142	0	2
2001	1986	267	27	148	1	1
2002	1859	275	32	170	0	1
2003	2050	254	31	56	0	1
2004	2008	275	20	101	0	1
2005	2100	262	19	80	1	2
2006	1900	276	17	99	0	1
2007	1780	189	22	120	1	1
2008	2010	156	24	96	1	2
2009	1890	172	19	156	0	2
2010	1860	204	27	126	1	1
2011	2100	212	34	95	0	1
合计	50483	6160	711	3388	13	51

第二节　万盛区公安消防支队

1958 年 4 月 24 日，重庆市公安局消防总队第一支队第十四中队成立，隶属重庆市公安局消防处。1983 年至 1997 年 12 月，重庆市消防支队第十四中队隶属中国人民武装警察部队重庆市消防支队。

1997 年 12 月至 2005 年 8 月，重庆市消防总队第一支队第十四中队隶属中国人民武装警察部队重庆市消防总队。2005 年 8 月，在重庆市消防总队第一支队第十四中队基础上组建重庆市万盛区公安消防支队，隶属中国人民武装警察部队重庆市消防总队，设综合办公室、防火监督处，下辖万东消防中队。

2005 年，区消防支队接警 922 次，其中火警 405 次、社会救助 397 次、抢险救灾 120 次，参加重大活动执勤 9 次。

2006 年，接警出动 311 次，出动车辆 416 辆次、警力 3291 人次，疏散被困人员 21 人，抢救人员 41 人，保护财产 980 万元。

2007 年，全区发生火灾 51 起，无人员伤亡，直接经济损失 141767 元；区公安消防支队参加抢险救援和社会救助 120 次，抢救、疏散被困人员 305 人次，抢救财产价值 100 万元。

2008 年，区消防支队接警出动 322 次，出动车辆 445 辆次、警力 3791 人次，疏散被困人员 55 人，抢救人员 25 人，保护财产 1080 万元。

2009 年，区消防支队接警 207 次，出警 207 次，出动消防车 265 辆次、消防官兵 1880 人次。是年，全区发生火灾 68 起，无人员伤亡，直接财产损失 23.1 万元。区公安消防支队参加抢险救援和社会救助 139 次，抢救被困人员 45 人、疏散被困人员 211 人，抢救财产价值 15.5 万元。

2010 年，区消防支队接警出动 251 次（火灾扑救 74 次、抢险救援及社会救助 177 次），出动消防车 352 辆次、消防官兵 2572 人次，抢救被困人员 24 人，疏散人员 3353 人，抢救财产价值 33.1 万元。

2011 年，区消防支队接警出动 162 次，其中火灾 17 次、抢险救援及社会救助 145 次。

第二十四篇　民政

第一章　基层自治组织

第一节　社区居民委员会

居民会议可以由本社区全体18周岁以上居民或者每户派代表参加，也可以由每个居民小组选举代表参加。

社区居民委员会，原称居民委员会，是在城镇设立的基层群众自治组织，由居民直接选举，组成人员为主任、副主任和委员，任期3年，可连选连任。居民委员会受街道办事处或乡镇政府的指导和社区党组织的领导，受居民会议的监督。

1986年，全区有居民委员会有34个，其中万盛街道11个，东林街道11个，南桐街道11个，青年镇1个。

1993年，厂矿家属聚居区的居民委员会改为家属委员会。更改后，全区有居民委员会13个，家属委员会37个。

1995年9月25日至1996年3月，全区48个居民（家属）委员会换届选举，选举出居民（家属）委员会主任48人（连选连任36人，中共党员27人，女性27人），副主任48人，委员160人。

1998年10月至1999年1月，全区50个居民（家属）委员会换届选举，选出居民（家属）委员会主任49人（万盛街道建钢村居民委员会未选出主任），副主任38人，委员152人。其中主任连选连任的有25人，中共党员21人，女性34人，大专文化2人、高中文化19人、初中文化18人、小学文化10人。

2001年，居民委员会、家属委员会均改制为社区，同时社区管理机构统一为社区居民委员会。改制后，全区有社区居民委员会24个。是年9月20日至2002年3月15日，全区社区居民委员会换届选举，选出社区居民委员会主任24人，副主任和委员48人。其中主任中女性15人，中共党员6人，大专以上文化9人、高中15人，30岁及以下5人、31～40岁16人、41～50岁2人、51岁以上1人；副主任和委员中女性36人，中共党员6人，大专以上文化10人、高中31人、初中7人。

2008年1月16日，全区28个社区居民委员会换届选举，有选民91180人，参加投票79355人。选出社区居民委员会主任28人，副主任11人，委员69人。其中女性73人，中共党员77人，大专以上文化 68 人、高中和中专 34 人、初中 6 人。

2011 年 1 月 16—18 日，全区 33 个社区中有 29 个社区居民委员会换届选举。选出社区居民委员会主任 29 人，副主任和委员 115 人，居民小组长 489 人，选举居民代表 1178 人，社区监察委员会成员 114 人。是年，全区有社区居民委员会 35 个，其中万盛街道 7 个，东林街道 6 个，万东镇 7 个，南桐镇 6 个，关坝镇 2 个，青年镇 1 个，丛林镇 4 个，金桥镇 1 个，石林镇 1 个。

第二节　村民委员会

村民会议由本村 18 周岁以上村民组成，是村民自治活动中的最高决策形式和最直接民主形式。村民代表会议由村民选举产生的村民代表、村民委员会成员、村民小组长、常住户口在本村的乡镇及以上人大代表组成。村民代表会议在村民会议闭会期间，履行村民会议的职能。

村民委员会是在农村建立的基层群众自治组织，由村民直接选举，组成人员为主任、副主任和委员，任期 3 年，可连选连任。村民委员会受乡镇政府的指导和村党支部的领导，村民代表会议的监督。

1986 年年初，全区有村民委员会 92 个，其中青年镇 11 个，万盛乡 17 个，南桐乡 14 个，关坝乡 10 个，南天乡 12 个，景星乡 9 个，丛林乡 8 个，青山乡 6 个，金桥乡 5 个。

1990 年 4—10 月，全区村民委员会换届选举，选出村民委员会主任 89 人，副主任 43 人，委员 272 人。

1995 年 9 月至 1996 年 3 月，全区村民委员会换届选举，选出村民委员会主任 86 人（连选连任的 42 人，女性 1 人，中共党员 46 人，大专文化 2 人、高中文化 22 人、初中文化 54 人、小学文化 7 人），副主任 16 人，委员 313 人，补选村民代表 4436 人。

1998 年 9 月至 1999 年 4 月，全区村民委员会换届选举，选出村民委员会主任 90 人（景星乡金鹅村、石笋村未选出），副主任 2 人（均系万东镇），委员 222 人，村民代表 3610 人。其中连选连任的 111 人，女性 60 人，中共党员 111 人，大专以上文化 5 人。

2001 年 9 月 20 日至 2002 年 3 月 15 日，全区村民委员会换届选举，选出村民委员会主任 92 人，副主任 1 人，委员 197 人。

2004 年 6—8 月，调整村级建制，全区行政村数量从 92 个调减为 57 个，村民委员会随之减至 57 个，其中万东镇 10 个，南桐镇 10 个，青年镇 6 个，关坝镇 8 个，石林镇 7 个，景星乡 4 个，丛林镇 6 个，金桥镇 6 个。同时开展全区村民委员会选举工作，选出村民委员会主任 57 人，副主任 2 人，委员 129 人。

2008 年 1 月 18 日，全区村民委员会换届选举，选出村民委员会主任 57 人，委员 129 人，村民小组长 513 人，村民代表 2604 人，村务公开监督小组成员 320 人，理财小组长 513 人，村民代表 2604 人，村务公开监督小组成员 320 人，理财小组成员 226 人。村民委员会委员中女性 75 人，中共党员 143 人，大专以上文化 53 人、初高中文化 133 人，20 ~ 29 岁 13 人、30 ~ 39 岁 68 人、40 ~ 49 岁 82 人、50 岁以上 23 人。

2010 年，撤销万东镇莲池村村民委员会；撤销石林镇茶树村村民委员会，恢复园场村村民委员会、庙坝村村民委员会。

2011 年 1 月 10 日，全区村民委员会换届选举，选出村民委员会主任 57 人，委员 57 人，委员 224 人，村民小组长 489 人，村民代表 2303 人，村监督委员会成员 182 人。村民委员会委员中女性 103 人。是年，全区有村民委员会 57 个，其中万东镇 9 个，南桐镇 10 个，关坝镇 8 个，青年镇 6 个，丛林镇 6 个，金桥镇 6 个，石林镇 8 个，黑山镇 4 个。

第二章　优抚安置与老龄工作

第一节　抚恤

一、死亡抚恤

死亡抚恤是国家为因战、因公和因病死亡军人的家属（简称“三属”）提供一定的抚恤金，以保障他们基本生活的社会优抚安置制度。死亡抚恤是优抚保障制度中最基本的内容。根据抚恤的内容和性质的不同，死亡抚恤分为一次性给付和定期给付两种形式。

（一）一次性给付

1984年1月1日起，因战、因公和因病死亡军人，一次性抚恤标准：烈士，师职2400元，团职2300元，营职2200元，连、排职2100元，班长、战士2000元；因公牺牲，师职700元，团职650元，营职600元，连、排职550元，班长、战士500元；病故，师职600元，团职550元，营职500元，连、排职450元，班长、战士400元。

1988年7月18日，国务院第8号令《军人抚恤优待条例》规定革命烈士一次性抚恤金发放标准改为其40个月工资（若其月工资低于正排职，则以正排职月工资标准发放；若高于，则按其本人标准发放。下同），因公牺牲军人为20个月工资，病故军人为10个月工资。

2004年8月1日，国务院、中央军委第413号令《军人抚恤优待条例》规定革命烈士、因公牺牲、病故军人一次性抚恤金分别调整为其80个月工资、40个月工资、20个月工资。

2011年8月1日，国务院、中央军委第602号《军人抚恤优待条例》规定革命烈士、因公牺牲都调整为上一年度全国城镇居民人均可支配收入的20倍加本人40个月的工资，病故军人调整为2倍加本人40个月的工资。获得中央军事委员会授予荣誉称号的，增发35%；获得军队军区级单位授予荣誉称号的，增发30%；立一等功的，增发25%；立二等功的，增发15%；立三等功的，增发5%。多次获得荣誉称号或者立功的，按其最高等级奖励的增发比例增发。

2008年，发放因病死亡军人一次性抚恤金2人，其中1人为60000元，另1人43617元。

（二）定期给付

定期抚恤金的基本标准和享受的具体条件，由国家统一制订。

1985年，南桐矿区定期抚恤金的标准：革命烈士和因公牺牲军人家属为农村居民的，每人每月25元；病故军人家属为农村居民的，每人每月20元；城市革命烈士、因公牺牲和病故军人家属，每人每月40元。

1988年7月起，“三属”定期抚恤标准在原基础上每人每月提高6元。

1989年1月起，烈士家属、因公牺牲军人家属为农村居民的，定期抚恤每人每月不低于40元，为城镇居民的，每人每月不低于55元。病故军人家属为农村居民的，每人每月不低于35元，为城镇居民的，每人每月不低于50元。

1992年，烈士家属、因公牺牲军人家属为农村居民的，定期抚恤每人每月43元，为城镇居民的，每人每月 66 元；病故军人家属为农村居民的，每人每月 38 元，为城镇居民的，每人每月 61 元。

1993 年 1 月 1 日起，“三属”定期抚恤金在原标准基础上，每人每月增加 11 元。

1994 年 1 月 1 日起，“三属”定期抚恤金在原标准基础上，每人每月增加 5 元。

1995 年 1 月 1 日起，“三属”定期抚恤金在原标准基础上，每人每月增加 5 元。

1997 年 1 月 1 日起，“三属”为农村居民的，定期抚恤金每人每月 89 元，为城市居民的，每人每月 111 元。

1998 年 1 月 1 日起，“三属”定期抚恤金在原标准基础上，每人每月提高 8 元。

1999 年 1 月 1 日起，“三属”定期抚恤金在原标准基础上，每人每月提高 27 元。

2000 年 1 月 1 日起，“三属”定期抚恤金在原标准基础上，每人每月提高 20 元。

2001 年 1 月 1 日起，“三属”定期抚恤金在原标准基础上，每人每月提高 20 元。

2002 年 1 月 1 日起，“三属”定期抚恤金在原标准基础上，为城镇居民的，每人每月提高 40 元，为农村居民的，每人每月提高 25 元。

2003 年 7 月 1 日起，“三属”定期抚恤金在原标准基础上，为城镇居民的，每人每月提高 60 元，为农村居民的，每人每月提高 30 元。

2006 年，革命烈士、因公牺牲和病故军人家属为农村居民的，定期抚恤金标准分别为每人每月 312 元、297 元、282 元；家属为城镇居民的，分别为 479 元、449 元、419 元。

2007 年，革命烈士、因公牺牲和病故军人家属为城镇居民的，定期抚恤金标准分别为每人每月 564 元、514 元、489 元；为农村居民的，分别为 352 元、337 元、327 元。此后，定期抚恤金标准经过 5 次提高。至 2011 年年末，革命烈士、因公牺牲和病故军人家属为农村居民的，定期抚恤金标准分别为每人每月 555 元、532 元、511 元；家属为城镇居民的，分别为 937 元、813 元、769 元。

1986—2011 年万盛区“三属”人员数量统计表

表 24-1　　单位：人

年份	人数	年份	人数	年份	人数
1986	68	1995	55	2004	48
1987	65	1996	58	2005	48
1988	65	1997	58	2006	34
1989	65	1998	55	2007	32
1990	64	1999	58	2008	31
1991	60	2000	55	2009	33
1992	60	2001	41	2010	33
1993	51	2002	48	2011	31
1994	54	2003	48	–	–

二、残疾抚恤

现役军人因战、因公、因病致残，依照《军人抚恤优待条例》规定享受残疾抚恤金。退出现役的残疾军人，按照残疾等级享受残疾抚恤金。残疾抚恤金标准在不同时期有所不同。

1986—2003 年万盛区在职伤残军人抚恤金（保健金）标准一览表

表 24–2　　单位：元 / 年

残疾等级	残疾性质	1986 年	1988 年	1991 年	1994 年	1998 年	1999 年	2000 年	2001 年	2002 年	2003 年
一等	因战	118	204	204	374	500	800	980	1200	1440	1720
	因公	108	184	184	342	460	760	940	1160	1400	1680
	因病	–	–	–	332	450	750	930	1150	1390	1670
二等甲级	因战	96	156	156	288	380	455	515	600	690	810
	因公	86	140	140	268	360	435	495	580	670	790
	因病	–	–	–	250	340	415	475	560	650	770
二等乙级	因战	84	135	135	231	300	360	420	500	580	680
	因公	76	122	122	214	280	340	400	480	560	660
	因病	–	–	–	210	270	330	390	470	550	650
三等甲级	因战	70	108	108	174	226	260	320	380	440	510
	因公	64	98	98	160	200	240	300	360	420	490
三等乙级	因战	60	90	90	132	170	205	265	320	370	430
	因公	56	82	82	122	170	205	265	310	360	420

1986—2003 年万盛区在乡伤残军人抚恤金标准一览表

表 24–3　　单位：元 / 年

残疾等级	残疾性质	1986 年	1988 年	1991 年	1994 年	1998 年	1999 年	2000 年	2001 年	2002 年	2003 年
一等	因战	702	1020	1260	1860	4920	6160	6760	7560	8640	9840
	因公	668	950	1170	1740	4790	6030	6630	7430	8510	9710
	因病	668	860	1060	1620	4660	5900	6500	7300	8380	9580
二等甲级	因战	498	740	920	1250	2342	2912	3272	3692	4128	4678
	因公	458	660	830	1150	2332	2902	3262	3682	4118	4568
	因病	458	600	760	1070	2142	2712	3072	3492	3928	4478
二等乙级	因战	404	538	656	856	1878	2118	2478	2738	3028	3398
	因公	376	480	590	780	1790	2030	2390	2658	2948	3318
	因病	376	450	554	740	1758	1998	2358	2618	2908	3278
三等甲级	因战	252	336	416	536	1510	1662	1812	1942	2122	2322
	因公	252	322	400	516	1490	1642	1792	1922	2102	2302
三等乙级	因战	212	272	90	342	1408	1542	1692	1812	1972	2152
	因公	212	272	82	–	1408	1542	1692	1812	1972	2152

2004年万盛区残疾军人残疾抚恤金标准一览表

表24-4　　　　单位：元/年

残疾等级	残疾性质	在乡残疾军人标准	在职残疾军人标准
三级	因战	11120	8960
	因公	10560	8400
	因病	9960	7800
四级	因战	9440	7280
	因公	8760	6600
	因病	8160	6000
五级	因战	6398	5600
	因公	5838	5040
	因病	5358	4560
六级	因战	5278	4480
	因公	4998	4200
	因病	4398	3600
七级	因战	4122	3360
	因公	3762	3000
八级	因战	3002	2240
	因公	2682	1920
九级	因战	1680	1680
	因公	1440	1440
十级	因战	1120	1120
	因公	960	-

说明：从2004年10月1日起执行

2006年万盛区残疾军人残疾抚恤金标准一览表

表24-5　　　　单位：元/年

残疾等级	残疾性质	在乡残疾军人标准	在职残军人标准
一级	因战	16720	14560
	因公	16200	14040
	因病	15730	13570
二级	因战	15260	13100
	因公	14640	12480
	因病	14120	11960

续表

残疾等级	残疾性质	在乡残疾军人标准	在职残军人标准
三级	因战	13810	11650
	因公	13080	10920
	因病	12300	10140
四级	因战	11630	9470
	因公	10740	8580
	因病	9960	7800
五级	因战	8078	7280
	因公	7348	6550
	因病	6728	5930
六级	因战	6618	5820
	因公	6258	5460
	因病	5478	4680
七级	因战	5112	4350
	因公	4642	3880
八级	因战	3642	2880
	因公	3242	2480
九级	因战	2180	2180
	因公	1870	1870
十级	因战	1460	1460
	因公	1250	1250

说明：含因公伤残警察、伤残国家机关工作人员、伤残民兵民工

1985 年，全区有革命伤疾人员 49 人（一等 1 人，二等甲级 9 人，二等乙级 26 人，三等甲级 59 人，三等乙级 54 人），全年发放抚恤金 1.7 万元。

2005 年，万盛区残疾军人伤残等级从原来一等、二等（甲、乙）、三等（甲、乙）5 个等级改为一级至十级 10 个等级。

2006 年起，将因公伤残警察、国家机关工作人员、伤残民兵民工纳入享受伤残抚恤金人员范围。

2007 年 1 月 1 日起，服役期间患精神病退伍回家休养治疗的军人，在家休养期间每人每月发放生活、医药及护理补贴共 210 元补贴，病重入院期间，每人每月 1000 元。

2008 年 8 月 10 日起，开始发放一至四级革命残疾人员护理费。因战、因公一级和二级革命残疾人员护理费每人每年 11549 元，因战、因公三级和四级革命残疾人每人每年 9239 元，因病一至四级革命残人员每人每年 6929 元。

2011 年，全区有伤残军人 117 人（含伤残警察和伤残国家机关工作人员）发放伤残抚恤金 104.7 万元。

1993—2011年万盛区伤残军人抚恤金统计表

表24-6

年份	伤残军人（人）			总金额（万元）
	合计	在乡	在职	
1993	156	28	128	8.05
1994	155	28	127	9.00
1995	157	28	129	10.00
1996	157	28	129	11.04
1997	151	30	121	16.19
1998	151	30	121	12.18
1999	151	30	121	16.00
2000	147	30	117	17.92
2001	142	32	110	28.29
2002	129	35	94	27.00
2003	127	34	93	20.26
2004	127	34	93	21.96
2005	132	34	98	46.50
2006	116	35	81	54.00
2007	112	34	78	–
2008	114	37	77	67.17
2009	114	39	75	83.93
2010	117	40	77	96.07
2011	117	–	–	104.75

说明：2006年起，包含因公伤残警察、伤残国家机关工作人员、伤残民兵民工

三、复退军人定期定量补助

《军人抚恤优待条例》规定年老体弱、生活困难的复员退伍军人由民政部门给予定期定量补助。

1986年，全区有在乡复退军人542人，享受定期定量补助的有96人，年补助总额18012元，人均187元。

1987年，全区有享受定期定量补助的在乡复退军人有305人。1988年，增至431人。7月起，西路红军老战士定期补助标准在原基础上每人每月提高6元。

1989年，复退军人定期定量补助每人每月不低于25元。

1990年，全区有享受定期定量补助的复退军人有443人，年补助总额143727元，人均324元。1991年，增至465人，年补助总额157764元，人均339元。

1992年起，在乡复退军人全部享受定期定量补助，标准为农村复退军人每人每月28元～33元，城市复退军人每人每月53元。是年，享受定期定量补助的复退军人有406人，年补助总额173556元。7月1日起，西路红军老战士定期补助，每人每月增加35元。

1995年1月1日起，西路红军老战士定期补助，每人每月增加15元。

1997年，全区有复员军人395人，定期定量标准为，农村复员军人每人每月53元，城市复员军人每人每月82元；有退伍军人56人，定期定量标准分别为45元、50元。是年，有在乡西路红军老战士1人，每月发放补助金171元。

1998年1月1日起，西路红军老战士定期定量补助每人每月提高至301元。是年，全区有复退军人442人、西路红军老战士1人。

1999年1月1日起，西路红军老战士定期定量补助每人每月提高100元。7月1日起，在乡老复员军人定期补助金每人每月增加20元。是年，全区有复退军人450人，西路红军老战士1人。

2000年1月1日起，西路红军老战士定期定量补助每人每月提高至341元。

2001年1月1日起，西路红军老战士定期定量补助每人每月提高至421元。全区有复退军人357人、西路红军老战士1人。

2002年1月1日起，在乡老复员军人定期补助标准为每人每月107元，带病回乡退伍军人为每人每月42元。7月1日起，在乡老复员军人定期补助每人每月增至127元。是年，全区有复退军人356人，西路红军老战士1人。

2003年1月1日起，在乡复员军人定期补助每人每月增至134元，带病回乡退伍军人每人每月增至44元。7月1日起，在乡西路红军老战士定期补助每人每月提高105元。8月1日起，在乡老复员军人每人每月再增10元。是年，全区有复退伍军人361人、西路红军老战士1人。

2004年1月1日起，在乡老复员军人定期补助每人每月增至160元，带病回乡退伍军人每人每月增至46元。是年，全区有复退伍军人359人、西路红军老战士1人。

2005年，在乡老复员军人定期补助每人每月增至232元，带病回乡退伍军人每人每月增至53元。

2006年1月1日起，在乡老复员军人定期补助每人每月增至289元；带病回乡退伍军人每人每月增至80元。

2007年8月1日起，在乡老复员军人定期补助每人每月增至343元，带病回乡退伍军人每人每月增至120元，在乡西路红军经战士每人每月增加170元。是年，全区有在乡老复员军人215人，带病回乡退伍军人59人，西路红军老战士1人。

2008年10月1日起，在乡老复员军人定期定量生活补助每人每月增至414元，西路红军老战士定期补助每人每月增至1239元。

1993—2005年万盛区复退军人定期抚恤补助情况一览表

表24–7

年份	人数（人）	总额（万元）	年份	人数（人）	总额（万元）
1993	427	20.36	2000	455	26.30
1994	445	21.60	2001	358	36.30
1995	459	26.70	2002	357	48.10
1996	451	27.00	2003	362	55.10
1997	452	30.70	2004	360	53.00
1998	443	30.70	2005	355	86.10
1999	451	30.70	–	–	–

说明：复退军人含带病回乡退伍军人、西路红军老战士

四、临时困难补助

部分烈军属、残疾军人、复员退伍军人在享受定期定量补助后，在生活、住房、医疗等方面仍有困难的，万盛区政府给予临时困难补助。

2000年起，因优抚、定补等有关政策的全面落实和完善，一般不再发放临时困难补助。

1986—1999年万盛区军队“三属”和复员退伍军人临时补助情况一览表

表24-8

年份	住房补助		生活补助		医疗补助	
	人数（人）	金额（元）	人数（人）	金额（元）	人数（人）	金额（元）
1986	–	2610	174	5164	51	3550
1987	5	1200	–	300	–	–
1988	23	5150	–	–	–	–
1989	30	6700	–	–	–	–
1990	–	–	–	15000	–	–
1991	12	3600	–	–	–	–
1992	23	8250	–	–	–	–
1993	–	–	–	2100	–	–
1994	5	2000	–	25000	–	–
1995	–	3000	–	–	–	–
1996	–	–	–	–	–	–
1997	–	–	–	–	–	–
1998	–	2000	–	–	–	–
1999	42	8400	57	5700	–	–

2007年，为5名农村特困医疗救济优抚对象，每人发放医疗补助5000元。

2010年，为22名困难优抚对象发放住房补助11.2万元，为319名重点优抚对象发放解困资金15.2万元，为83名治病难优抚对象发放医疗补助53万元。

第二节　烈军属优待

《军人抚恤优待条例》规定义务兵现役期间，其家属由当地政府发给优待金或其他优待，标准不低于当地平均生活水平。1986年，全区为农村456户义务兵家属优待金74195元，户均162.7元，其中烈属20户，军属415户，残疾军人16人，复员军人2户，退伍军人2户，西路红军1人；发给城镇96户义务兵家属优待金12912元，其中待业入伍义务兵家属92户，在职义务兵家属4户。

1991年9月27日，南桐矿区政府印发《关于颁发烈属、军属优待金社会统筹和评定发放办法的通知》，标准为农村义务兵家属按全区农村上年人均收入的二分之一发放，城镇待业入伍义务兵家属按每年120

元发放；在职人伍义务兵家属按原月基本工资的二分之一（不足30元的按30元）发放；义务兵超期服役的，超期1年增发10%，超期2年增发20%；烈士父母，未满18岁的子女，未改嫁的配偶（简称家属，下同），农村每户每年300元，城镇200元；因公牺牲军人家属，农村每户每年300元，城镇200元；病故军人家属，农村城镇均每户每年150元；在乡三等以上伤残军人家属每年每户200元；在乡孤老复员军人或年老完全丧失劳动能力的复员军人，患严重精神病或其他严重疾病完全丧失劳动能力或带病回乡退伍军人家属，每年每户154元；在乡西路红军老战士家属每年每户200元；在部队立三等功增发50元，二等功增发100元，一等功增发150元，获集团军以上荣誉增发200元，获大军区以上荣誉增发250元，获中央军委授予荣誉的增发300元。

2000年8月，万盛区政府规定户籍在农村服现役的义务兵家属优待标准不得低于上年农民人均纯收入的70%；城镇在校学生，社会待业入伍服现役的义务兵家属每年发给200元。

2008年12月，万盛区政府办公室印发《关于建立城镇义务兵家庭优待金自然增长机制的通知》，规定凡2008年及以后入伍的城镇义务兵，其家庭优待金标准为每户每年按上年全市城镇居民可支配收入的5%发放。

2010年，万盛区城镇义务兵家属优待金从每户每年200元提高到787元，农村从700元～1500元统一提高到3555元。

2011年10月，城镇义务兵家属优待金调整为每户每年876元，农村按重庆市上年度农民人均纯收入的70%，每户每年4142.6元。

1986—2011年万盛区义务兵家属优待金发放情况一览表

表24-9

年份	户数（户）	总额（元）	年份	户数（户）	总额（元）
1986	552	87707	1999	441	333416
1987	410	71776	2000	384	239300
1988	392	68204	2001	333	220546
1989	386	69746	2002	317	172465
1990	368	75974	2003	284	219340
1991	318	67890	2004	266	172240
1992	424	105548	2005	241	123080
1993	393	122000	2006	245	137900
1994	412	130183	2007	104	52160
1995	438	111000	2008	194	100880
1996	391	164400	2009	187	118882
1997	410	283500	2010	173	335024
1998	496	292000	2011	160	394020

说明：2010年含立功受奖增发优待金25户、2500元；2010年含立功受奖增发优待金20户、2372元

第三节　拥军优属

每年春节、建军节和其他重大节日期间，中共万盛区委、万盛区人大常委会、万盛区政府、政协万盛区委等单位都慰问驻区部队指战员、士兵和区内烈属、参战军人家属和革命残疾军人等，并赠送慰问金或各类慰问品。

1986 年春节期间，中共南桐矿区委、南桐矿区人大常委会、南桐矿区政府、政协南桐矿区委及有关部门组成 4 个分团分赴全区慰问“两山”（云南老山、者阴山）参战军属 11 户（负伤残疾军人家属 5 户），祖国南疆保卫牺牲的烈士家属 4 户，西路红军老战士家属 1 户，在乡二等残疾军人家属 1 户，住院病员 1 人及驻区部队 9 个单位。区政府给老山前线指战员发慰问信 200 封，区属单位写慰问信 5510 封，送各类慰问品 1110 件。

1987 年 7 月 27 日，中共南桐矿区委、南桐矿区人大常委会、南桐矿区政府组成 3 个分团慰问 59458 部队、5779 工厂、武警中队五一站、消防十四中队、国营晋林、平山机械厂军代室等驻区部队。建军节期间，向云南前线指战员写慰问信 1405 封，寄慰问品 2915 件。

1992 年，全区召开双拥座谈会 425 次，慰问驻军部队指战员和优抚人员 8400 人次，送年画 39300 张，慰问品 8300 件。建军节前，中共南桐矿区委、南桐矿区政府、南桐矿区人武部表彰南桐矿务局等 60 个拥军优属先进单位，88 名拥军优属先进个人，59458 部队等 5 个拥政爱民先进单位，9 名拥政爱民先进个人，7 名军人的好父母、好妻子。

1999 年，万盛区被全国双拥领导小组评为“爱心献功臣行动先进区”。

2000 年，万盛区政府慰问健在的抗美援朝老战士，发放慰问金 2 万元，奖励 1999 年在部队立功受奖的 50 名军人家属，为“三属”和现役军人分送“光荣之家”门贴 1000 份。

2004 年春节期间，中共万盛区委、万盛区政府慰问驻区部队和全区复员、退伍、转业军人，赠送慰问金 4.2 万元，年画 1.5 万张。建军节期间，送给 260 名在乡老复员军人每人慰问金 100 元。

2011 年，元旦、春节、“五一”、端午、建军、中秋、国庆期间，走访慰问驻区部队及武警官兵和各类优抚人员，全年送慰问金和慰问品（折合人民币）30 余万元。

第四节　复退军人安置

1986 年 7 月 18 日，南桐矿区政府第 19 次常务会议决定成立开发使用退伍军人两用人才领导小组，负责全区退伍士兵中军地两用人才的开发使用。

1987 年，国务院颁布《退伍义务兵安置条例》，规定退伍义务兵原是农业户口的，回入伍前户口所在地参加农业生产；原是城镇户口的，服役前没有参加工作的，由国家统一分配工作；原是国家机关、人民团体、企、事业单位正式职工，退伍后原则上回原单位复工复职；原是学校（含中等专业学校和技术学校）未毕业的学生，退伍后要求继续学习而本人又符合学习条件的准予复学；因战、因公致残的二、三等伤残军人，原是城镇户口的，由原征集地的退伍军人安置机构安排力所能及的工作；原是农业户口的，原征集地区有条件的，可以在企事业单位安排适当工作，不能安排的，按规定增发残疾抚恤金。

1986—2011年，万盛区累计接收复退军人3272人（城市1553人，农村1719人），为1216人安置工作，复工复职35人，自谋职业314人。

1986—2011年万盛区复员退伍军人安置情况一览表

表24-10　　单位：人

年份	当年复退人数			安置情况			年份	当年复退人数			安置情况		
	合计	城市	农村	安置工作	复工复职	自谋职业		合计	城市	农村	安置工作	复工复职	自谋职业
1986	213	52	161	52	0	0	1999	99	43	56	40	0	3
1987	210	49	161	49	0	0	2000	160	81	79	79	0	2
1988	152	47	105	47	0	0	2001	181	84	97	71	4	9
1989	118	39	79	36	3	0	2002	160	66	94	55	2	9
1990	97	53	44	53	0	0	2003	155	71	84	50	2	19
1991	92	71	21	69	2	0	2004	166	83	83	63	4	16
1992	76	53	23	51	2	0	2005	147	63	84	38	4	21
1993	64	39	25	35	4	0	2006	126	66	60	31	0	65
1994	104	64	40	62	2	0	2007	99	57	42	26	0	25
1995	102	54	48	51	3	0	2008	127	73	54	32	0	38
1996	70	34	36	31	2	1	2009	105	59	46	29	0	27
1997	58	34	24	34	0	0	2010	111	61	50	22	0	35
1998	201	92	109	90	1	1	2011	79	65	14	20	0	43

第五节　老龄工作

1987年9月，南桐矿区老龄工作委员会成立，下设办公室，挂靠在区人事局，负责全区老龄工作。1993年4月13日，区老龄工作委员会办公室改设在区民政局。

2004年，万东镇10个村和1个社区居民委员会分别成立老年协会。是年，全区共组建城乡老年协会25个。

2005年，全区有老年人（60岁以上）28998人，占全区总人口7%。其中60～69岁18000人、占62%，70～79岁8392人、占29%，80～99岁2600人、占8.9%，100岁以上6人、占0.02%；独居2500人，与配偶共同居住8400人，养老机构住养180人，与子女、亲友居住17918人。全区有敬老院8所，老年公寓1所；有城乡老年协会25个，有老年文、体组织10个，有老年大学1所（设在区文化馆），在校人数100余人。

2006年12月，五里村被国家老龄工作委员会办公室授予全国敬老模范村称号。

2008年，全区有60岁以上的老年人46326人，占总人口17.2%。其中60～64岁9511人、占

20.5%，65 ~ 79 岁 31819 人、占 68.7%，80 ~ 99 岁 4964 人、占 10.7%。全区有敬老院 8 所，总建筑面积 6372 平方米，有床位 303 张。全区百岁老人营养补贴每人每月增至 150 元。

2009 年，60 周岁以上老年人办理老年优待证 1700 个，老年工作列入各镇街工作目标考核。全年办理老年人法律援助案件 104 件。年末，全区有老年协会 45 个，会员 3873 人。

2010 年，全区有社会福利机构 9 个（镇敬老院 8 所，城市老年公寓 1 所），都配备有热水器、电视机、床头柜等设施，有床位 391 张（含五保家园床位），集中供养 362 人（含社会代养 45 人），床位利用率 93%。是年，建立万盛区五保供养人员管理信息平台。全区有五保老人 775 人，集中供养五保人员 317 人，供养率 40.9%；有 100 岁以上老人 12 人，全年累计发放营养补助费 21600 元。

2011 年 5 月起，百岁老人营养补贴每人每月增至 300 元。是年，全区有 100 岁以上老人 12 人，发放营养补助金 34000 元；办理老年优待证 2000 个；重阳节期间走访慰问敬老院和贫困老人、百岁老人 681 人，发放慰问金 85000 元，赠送慰问品价值 38000 元。

第三章 救济救助

第一节 社会救济

一、城市救济

城市社会救济主要是给予城市居民中的困难户（孤老、孤儿和盲、聋、哑、肢体残疾人员等）定期定量救济或临时补助，以解决其基本生活。

1986 年，南桐矿区有城市居民困难户 106 人，享受救济金 32292 元，人均每月 25 元。

1987 年 8 月起，城市定期定量救济标准调为每人每月 31 元，另加价格补贴 6 元，肉类补贴 2.50 元。

1996 年 7 月起，实行城市居民最低生活保障线制度和城镇居民最低生活保障线下扶困办法，符合条件的城市居民困难户按月领取最低生活保障金。万盛区城市居民最低生活保障享受对象为有城区常住非农业户口、家庭人月均收入低于 130 元城市居民。7 月，全区有 208 户、424 人享受城市居民最低生活保障，人均 32.63 元；有 15 户、27 人享受扶困金，人均 8.5 元。

1998 年，万盛区政府印发《关于建立健全城市居民最低生活保障制度的通知》，成立万盛区最低生活保障工作领导小组，乡镇、街道招聘 11 名城市居民最低生活保障工作人员，各乡（镇）、街道和居民（家属）委员会工作人员调查、复核享受低保对象，并张榜公布享受抵保人员名单、金额，最后审批落实低保金。

1999 年 7 月 1 日起，万盛区提高城市居民最低生活保障标准提高至每人每月 169 元。

2001 年，根据重庆市政府扩大城市居民最低生活保障面政策，在全区范围内开展扩面工作，全年有 97548 户次、222755 人次享受低保，发放最低生活保障金 1803 万元。在全市各区县中率先采用通过邮政储蓄发放低保金的方式。

2002 年，万盛区城市居民最低生活保障标准提高至每人每月 185 元。

2003 年 4 月 15 日，区民政局设立低保督察室，不定期地调查低保对象，防止骗取和冒领低保金。

2004年1—6月，入户抽查1040户低保人员，停发68户、调减22户。1—9月，共退回保障金133万元。10月1日起，城市居民最低生活保障标准提高至每人每月195元。

2005年，逐步推行分类施保及低保渐退制度，有效地杜绝和防范骗保行为。全年审批低保家庭119767户次，337758人次，发放低保金3787万元，平均每人每月112元；比2004年减少低保家庭30074户次、下降25%，低保金减少605.25万元、下降16%，平均每人每月减少23.2元。

2008年，探索低保与就业联动机制，全区新增就业补贴2329人，同口径累计核减低保金500余万元，发放低保就业补贴686万元。

2011年，审批城市低保131824人次，金额33141670元，平均每人每月221元。

1996—2011年万盛区城市居民低保金发放情况一览表

表24–11

年份	总数（人次）	月均享受低保户数（户）	月均享受低保人数（人）	发放低保金总额（元）	月人均低保金（元）
1996	2842	242	473	93563	32.9
1997	7248	324	604	280721	38.7
1998	8495	397	708	459195	54
1999	18735	836	1561	1518861	81
2000	32162	1440	2680	2175142	67.6
2001	222755	8129	18563	18030301	80.9
2002	422211	15380	35184	47366881	112
2003	402224	14972	33519	48436880	120
2004	324864	12487	27077	43928389	135.2
2005	337758	9981	28146	37875823	112
2006	311124	9329	25430	35694381	114.7
2007	393763	8573	–	35896317	122
2008	221985	7387	18379	–	150.33
2009	198224	7038	16476	–	176
2010	156966	6864	12940	35048847	223
2011	131824	6118	10985	33141670	251

说明：1996年数据统计时限为7~12月

二、农村救济

1986年，全区农村有贫困户1370户、特困户433户，当年扶持贫困户659户、2394人。安排进乡镇企业、村办企业和扶贫福利企业务工有156户、占应扶持户23.7%，进联办企业务工有44户、占6.7%，扶持从事个体工、商、运、加工业的有7户、占应扶持户1%，扶持发展种植业有258户、占39.1%，扶持发展养殖业有161户、占24.4%，专业户带贫困户有22户、占3.3%，扶持从事其他的有11户、占1.7%。经过一年扶持，达到脱贫的有397户、1636人，占60.2%。

1987年，全区农村有贫困户1650户，有特困户456户。全年扶持贫困户640户，441户脱贫。

456户特困户获国家救济2.78万元、集体救济1.48万元，减免农业税费0.97万元。

1988年，全区农村有贫困户1323户、特困户491户。全年扶持贫困户869户，国家救济3.12万元，集体救济2.82万元，减免农业税费1.46万元、学费0.13万元。

1989年，扶持贫困户510户，脱贫296户；扶持特困户529户，国家救济生产补助金3.70万元，生活救济金1.60万元，集体补助生产帮工金和提留等3.10万元，减免农业税费1.70万元、学杂费0.10万元。

1990年，扶持贫困户516户（其中扶持发展种植业169户、养殖业276户、商业、运输业44户，安排进乡村企业和扶贫福利企业务工116人），脱贫266户，脱贫率52%。全区有特困户504户，全部填发农村特困户照顾证，并结合各乡镇实际给予扶持。国家扶持发展生产资金3.53万元，集体扶持帮工补助金3.28万元，减免农业税费1.55万元、学费0.53万元，集体减免提留和义务工等1.53万元。

1991年，扶持贫困户553户，脱贫357户。扶持特困户509户，国家扶持发展生产补助金3.56万元，生活救济1.60万元，集体扶持发展生产资金（含帮工折款）3.57万元，医药费补助0.28万元，集体和国家照顾减免农税、学费、集体提留等6.99万元。9月27日，南桐矿区政府颁发《农村乡（镇）救灾扶贫互助储金会章程》，建立救灾扶贫互助储金会，至年末筹储资金40.50万元，入会农户达3.32万户。

1992年，扶持贫困户527户、1843人，脱贫309户、1059人。扶持种植业510户，养殖业498户，兼营个体工商业32户，安排进乡镇企业务工205人。扶持特困户476户、1449人，国家补助发展生产资金4.91万元，集体补助6.09万元。救灾扶贫互助储金会实行“救灾与扶贫，有偿救济与无偿救济相结合”原则，全区入会农户17056户，占总农户41.45%，筹集资金21.16万元，其中农户入会资金8.53万元，其余为国家、集体补助及社会捐赠。

1993年，扶持贫困户518户、1839人，脱贫300户、1093人。扶持特困户493户、1459人，国家、集体给予扶持发展生产资金12.24万元。农村救灾扶贫互助储金会筹集资金23.5万元，入会农户2.10万户，占总农户51.2%。

1994年，扶持贫困户517户、1740人，通过科技、资金、信息扶持脱贫311户、1066人。扶持特困户522户、1537人，落实生产发展资金13.56万元，其中国家救济4.17万元，集体照顾减免款9.39万元。

1995年，计划扶持贫困户500户，1945人，实际扶持583户，1962人。通过扶持，脱贫333户，脱贫率57.1%。计划扶持特困户531户，1542人，实际扶持539户，1575人。用于特困户资金15.72万元，其中国家救济5.96万元，集体补助9.76万元。

1996年，扶持贫困户561户，脱贫313户；扶持特困户591户、1643人。

1997年，扶持贫困户548户，脱贫307户；扶持特困户621户，国家救济和集体照顾金额达23.04万元。区扶贫救灾互助储金会共集资32.32万元，入会农户2.16万户。

1998年，扶持贫困户471户、1518人，投入扶持资金16.41万元，人平348元，283户、905人脱贫。扶持特困户583户、1715人，脱贫91户、261人。落实特困户国家救济和集体照顾金额22.55万元，其中国家发展生产资金7.92万元，集体照顾减免1.46万元。

1999年，扶持贫困户412户、1362人，投入扶贫资金11万元，脱贫262户、866人。扶持特困户601户、1622人，落实国家救济扶持资金和各种减免款计24.32万元。

2000年5月，清理整顿全区8个乡（镇）的救灾扶贫互助储金会、救灾扶贫周转金，将能收回的部分资金由区民政局收回用于救灾物资仓储，撤销救灾扶贫互助储金会和救灾扶贫周转金。是年，全区扶持特困户607户，兑现国家生产发展资金和帮耕金9.71万元。

2001年，扶持特困户623户、1702人，落实国家救济扶持资金和各种减免款24.89万元。

2002年，扶持特困户737户、1958人，落实国家救济扶持资金和各种减免税29.48万元。

2003 年 4 月，全区贫困家庭总户数 3519 户、11365 人。其中孤寡人员 277 人，因残致贫的 780 户、2467 人，因缺劳力致贫的 1213 户、4090 人，因病致贫 865 户、2921 人，因灾致贫 384 户、1610 人。10 月，全区农村有特困户 1035 户、2873 人。其中因残致贫 387 户、1051 人，缺劳力致贫的 341 户、958 人，因病致贫的 331 户、660 人，因灾致贫的 7 户、26 人，其他原因造成的 69 户、178 人。

2003 年万盛区农村贫困家庭情况统计表

表 24-12

乡、镇	农业人口（人）	贫困家庭（户）	贫困家庭人口（人）	致贫原因								
				孤寡（人）	因残		缺劳力		因病		因灾	
					户数（户）	人数（人）	户数（户）	人数（人）	户数（户）	人数（人）	户数（户）	人数（人）
合计	153350	3519	11365	277	780	2467	1213	4090	865	2921	384	1610
万东镇	26207	362	1146	38	127	408	105	357	79	286	13	57
南桐镇	29217	358	911	34	156	432	76	208	91	235	1	2
关坝镇	23595	468	1342	37	75	213	167	465	140	455	49	172
青年镇	21516	387	1288	17	87	283	182	633	92	333	9	22
丛林镇	10517	216	691	1	59	205	94	273	47	158	15	54
金桥镇	20801	580	1777	60	151	498	191	647	174	557	4	15
石林镇	11570	890	3526	32	76	272	303	1221	203	785	276	1216
景星乡	9928	258	684	58	49	156	95	286	39	112	17	72

2004 年 10 月 19 日，万盛区建立农村特困户救助制度，特困户救助标准为每人每年 100 元。

2005 年，区民政局为全区特困户 1117 户、2557 人建档发证。是年，特困户救助标准每人每年增至 150 元，其中属残疾等级一、二级的残疾人每人每年增至 200 元。全年共发放特困户救助金 40 万元。

2006 年，全区有特困户 1150 户、2777 人，发放特困救助金 42.8 万元。是年，开展农村特困群众大病医疗救助工作，救助 25 户，发放医疗救助金 3.1 万元。

2007 年 1 月起，农村开始实施最低生活保障制度，将特困户与低保户并轨。此后，农村特困户享受农村低保政策的相关规定。农村低保政策按家庭户籍计算人口，按家庭年人均收入差额救助，标准为每人每年 700 元。是年，发放农村低保 17638 户次、50551 人次，发放金额 813723 元，年人均 193 元。

2008 年 1 月 1 日，农村低保标准每人每年增至 1600 元。是年，全区有 3205 户、6064 人享受农村低保，发放低保金 389.37 万元，年人均 642.09 元。

2009 年，全区有 3469 户、5972 人享受农村低保，发放低保金 435 万元，年人均 728.48 元，保障人数占全区农业人口 4.39%；11168 人次农村人口享受大病救助，救助金额 146.16 万元。

2010 年 1 月 1 日，农村低保标准每人每年增至 1800 元。是年，全区有 4139 户、6417 人享受农村低保，发放低保金 612.13 万元，年人均 954 元；全区有 10000 人次农村人口享受大病救助，救助金额 190 万元

2011 年 1 月 1 日，农村低保标准每人每年增至 2040 元。

第二节　赈济

1986年5—8月，全区先后遭受暴雨、冰雹、大风等自然灾害5次，区9个乡镇21248户、87860人受灾，损毁住房29户、54间，受伤3人，受灾农田3624.73公顷，成灾1246.27公顷，刮断水泥电杆76根、高压电线5000米，刮倒树木、果树2200余株。驻区56231部队指战员及家属捐款1259元、粮票538斤；区五金公司调拨铁丝6吨，钉子4吨给灾民修建房屋；区民政局拨救灾款8.18万元，其中住房4483元，生活救济1.13万元；灾后区保险公司赔付9220元。

1987年，9个乡镇遭受旱灾、洪涝、滑坡、风灾和病虫害等自然灾害7次，20672户、86066人受灾，受灾面积4409.07公顷，成灾995.53公顷，绝收7.20公顷，毁坏农田41.93公顷，减产177.5万千克，损毁房屋108户、208间，损坏房屋89户、116间。区民政局拨救灾款28466元，拨粮食35198千克，救济1269户、3821人。

1988年4—5月，大风、暴雨毁坏农田18.67公顷，损毁房屋74户、197间，损坏房屋1646户、3344间。6月27日至7月27日伏旱，连晴高温38℃～40.6℃。全区9个乡镇35254户、153783人受灾，其中72个村474个合作社出现人畜饮水困难，涉及10073户、53871人；受灾农田11138.47公顷，成灾3753.13公顷，绝收10.33公顷。8月，区民政局拨救灾款17223元。

1989年3—5月，连续阴雨，低温少晴，诱发大面积农作物病虫害，使小春粮食严重减产。全区小春粮食播种面积4731公顷，受灾3517.80公顷，成灾1575.93公顷。8月，区民政局拨救灾款36563万元。

1990年6月30日至9月初，南桐矿区遭受旱灾，全区9个乡镇39592户、156131人受灾，受灾严重的有34049户、132711人，占全区农村人口85.9%；农作物受灾面积10913.33公顷，成灾5866.67公顷，绝收1993.33公顷，减产1559万千克。为解决人畜饮水问题，南桐矿务局、重庆无线电专用设备厂、重庆钢球厂、平山机械厂、晋林机械厂、渝州齿轮厂和区环卫所等单位抽调汽车组成送水车队，为受灾群众送水。区民政局拨付生活救济款135516元，粮食246729千克。

1991年3月25日8时—11时，景星乡前进、农胜、天星等村，南天乡庙坝村遭受8级～10级大风袭击，受灾1253户、4672人。5月20日，南桐、景星、南天乡普降大雨，降雨量76.5毫米，大雨造成山体滑坡1000余立方米，损毁南天乡村民房屋7间。8月3—20日，部分乡镇先后遭受3次暴雨，1小时～2小时降雨量达74毫米，受灾4567户、17962人，冲毁公路2.5千米，冲垮堰堤7处、57米，关坝乡兴文村石林岗社一村民房屋垮塌，致2人死亡，3人受伤。区民政局拨付救灾款5.12万元，返销粮6.05万千克。

1992年4月29日午夜，青年、关坝、南天、南桐、万盛5个乡镇遭受8级～10级大风和冰雹，损毁房屋17户、27间；受灾农作物面积3225.47公顷，成灾7.97公顷，粮食减产733327千克，油菜籽减产39707千克；吹断高、低压电杆211根，麒麟坝电站11万伏变压器遭雷击，停电15小时；青年镇竹林湾煤矿60千瓦发电机遭雷击，青年镇安乐、毛里小学停课。5月6日4时15分至13时30分，青年、关坝、南天、景星等7个乡镇两次普降暴雨，雨量最小为73.2毫米，最大为237毫米，低洼地作物、公路、民房、矿井和工厂受损，泥石流、塌方严重，电力、交通、通信讯中断。6月5日23时至6日1时，区境南部乡镇遭受9级～10级大风（最大风速23米/秒），降雨量68毫米～81.5毫米，景星乡130毫米，造成南桐、青年、关坝、南天、景星、万盛6个乡镇1.36万户、5.29万人受灾。7月10日至8月19日，持续29天最高气温35℃以上，有9天超过40℃，8月12日最高气温达41.3℃。全区水稻脱水3420公顷，占种植面积73.85%，其中龟裂2653.33公顷，绝收433.33公顷。全区除毛里、大槽水库有少量蓄水外，其余塘、库全部干涸，4条河流断流。受灾期间，重庆市和南桐矿区财政共拨救灾款37.13万元，群众捐款1.13万元。是年，区民政局拨救灾款26.50万元，救灾粮10.2万千克。

1993年4月25日，8个乡镇63个村遭受8级以上大风和冰雹袭击，最大风速19米/秒，冰雹最大直径13毫米，降雨量40.5毫米。农作物减产21万千克，直接经济损失17.9万元。5月1日，8个乡镇58个村遭受大风袭击，最大风速21米/秒，降雨量33.4毫米。粮食作物减产26.9万千克，油料作物3.7万千克，损坏房屋6167间，死亡2人，受伤1人，直接经济损失27.5万元。是年，区民政局拨救灾款13.80万元。

1994年6月24日20时，8个乡镇81个村遭受8级～9级大风和暴雨袭击。7月14—15日，8个乡镇29个村连续两次遭受大风、冰雹袭击。8月6日下午，金桥等乡遭受10级以上大风和冰雹袭击，冰雹直径10毫米～30毫米，大风持续15分钟。3次灾害致粮食作物减产279万千克，经济作物减产51.5万千克，损坏住房8433间、圈舍1294间，死亡1人，受伤3人，吹断电杆148根、树木15736株、果树1500株，直接经济损失387万元。区民政局拨救灾款12万元。

1995年8月16—18日，8个乡镇92个村591个组遭受大暴雨袭击，日降雨量最小51.2毫米，最大140毫米以上，12738户、84048人受灾，受灾农作物面积1433.33公顷，粮食减产36万千克，损坏房屋168间，垮塌195间，冲垮田埂2820处、农田16.67公顷、商店1个，淹没仓库2幢，冲毁公路1127米，鱼塘10口等，直接经济损失159万元。青年镇毛里水库水满外溢，导致1户村民住房垮塌，致1人死亡、2人受伤。南天乡白花村发生山体滑坡，致2人受伤。是年，区民政局拨救灾款23.29万元，拨救灾粮6.5万千克。

1996年，因低温阴雨、大风、暴雨等灾害，致农作物成灾4533.33公顷，减产635万千克，房屋垮塌313间，损坏455间，死亡5人，轻重伤17人。区民政局拨救灾款21.50万元。

1997年6—8月，因大风、暴雨、冰雹等灾害，致农作物受灾1180公顷，粮食减产80万千克，住房倒塌81间，损坏240间，死亡2人，直接经济损失114.25万元。区民政局拨救灾款36万元。

1998年8月6日20时至7日4时，全区遭受暴雨袭击，最大降雨量达200毫米以上。全区8个乡镇2个街道，92个村920个组，7个居民（家属）委员会43758户、16.14万人受灾，受灾农作物7480公顷，成灾4480公顷，绝收833.33公顷，粮食减产99910吨，住房垮塌355户、1065间，损坏1129户、3080间，毁坏林木13.8万株，冲走木材450立方米，发生滑坡、泥石流1500余处，冲垮田埂1000余处、3500余米，冲毁渠道750余处、6700余米，冲毁区、乡、村道832处、89.1千米，冲毁铁道4段、180米，损坏大小桥梁15座，损坏高压电杆157根、电线7500米，冲走煤炭8900吨，冲坏堰塘56口，损失鱼苗31.3万尾、成鱼25.7万千克，死亡24人、失踪4人、重伤6人，猪（牛）圈垮塌1445间，死亡猪（牛）2102头，直接经济损失总计1.33亿元。这次灾害是建区以来财产损失、人员伤亡最大的一次。洪灾后，重庆市民政局拨款20万元，重庆市慈善总会拨款2.60万元，江北区捐款5万元，万盛区群众捐款24.50万元，共计现金52.10万元；重庆市民政局分配衣物12943件、雨鞋828双、大米10吨、方便面30箱、榨菜10箱、鞋1113双、钢材6吨、手扶拖拉机1辆，汇洋集团捐赠纯净水200箱、毛巾1000条，区合作基金会捐赠玻璃瓦2869块，重庆市慈善总会捐赠药品38箱，区医药公司和平药房捐赠药品20845件（箱），区水泥厂捐赠水泥500吨，新原兴集团捐赠月饼6240盒，总计折价57.79万元。区民政局拨救灾款99.31万元（含救灾粮150吨折款38.4万元）。

1999年6月25—26日的大暴雨，引发南天乡和平村千丘社山体滑坡，滑坡地带长500米、宽180米、下沉 1.5 米，转移安置 25 户、108 人。是年，自然灾害造成全区粮食减产 76 万千克，住房垮塌 363 间。区民政局拨救灾款 39.50 万元（含救灾粮 150 吨，折款 26.60 万元，建房补助款 9.45 万元）。

2000 年，全区多次遭受洪涝灾害，区民政局拨付救灾款 22.86 万元（含粮食 11.50 万千克，折款 17.58 万元）。

2003 年，全区春旱，灾害造成农业直接经济损失 150 万元，粮食减产 1151 吨。6 月 24 日 18 时 30 分—20 时 30 分，全区普降暴雨，引发山体滑坡 1050 处，冲毁公路 4 处、2360 米，鱼塘 32 口，引水渠、堰沟 15730 米，河堤 180 米，石林、黑山谷景区交通中断，直接经济损失 2500 万元，其中农业 320 万元，粮食减产 3336 吨。区民政局划拨口粮救济款 32.50 万元（购买粮食 20.80 万千克），划拨建房补助款 72.53 万元。

2004 年 6 月 5 日 15 时许，万东镇新华村胡家沟社发生山体滑坡，冲垮南桐矿务局东林煤矿矸石渣场护堤，掩埋民房 14 户，死亡 21 人。8 月 17 日 2 时，石林镇、南桐镇、万盛城区遭暴雨袭击，造成城区 14 户住房进水，23 户农房受损，13 户农房垮塌。是年，区民政局发放口粮救济款 30 万元（购买粮食 131 吨），划拨建房补助款 71.60 万元。

2005 年，区民政局拨救灾款 70 万元，救灾粮 247 吨。

2006 年，部分乡镇遭受洪涝和冰雹灾害，损毁房屋 50 间，损坏房屋 1125 间。6 月至 9 月 18 日，全区遭受干旱，其中出现 35℃以上的高温达 65 天，40℃以上达 21 天，8 月 15 日、9 月 1 日出现 44.3℃的极端高温天气。全区水利工程可用水量仅为 441.05 万立方米，占应蓄水量 21.17%，受灾农作物 13333.33 公顷，绝收 4666.67 公顷。是年，区民政局拨救灾粮 275 吨，救灾建房款 46 万元，安排 10 万元捐款，发放医疗救助金 3.1 万元。

2007 年，部分乡镇遭受洪涝和风、雹灾害，损毁房屋 344 间，损坏 2557 间，受灾农作物面积 7380 公顷，绝收 1813.33 公顷，直接经济损失 1.17 亿元。是年，区民政局拨救济粮 344 吨，安排救灾建房款 189 万元，安排捐款 15 万元。

2008 年，万盛区因雪灾、暴雨和受“5.12”汶川大地震影响，倒塌 429 户、1719 间，受损 2746 间，受灾农作物面积 1860 公顷，绝收 813.33 公顷，因灾死亡 2 人，直接经济损失 1.27 亿元。是年，区民政局拨救济粮 260 吨（折价 23.2 万元），安排生活补助费 105 万元，安排救灾建房款 397 万元，安排捐款 20 万元；划拨汶川灾区 71 名伤员在区的治疗费和 90 名家属的生活费 30 万元。

2010 年，区民政局拨救灾资金 155 万元，发放救灾物资折合 58.73 万元。

2011 年，因雨雪、风雹、干旱等灾害，全区受灾农作物面积 6453.33 公顷，成灾 2980 公顷，绝收 2473.33 公顷，直接经济损失 1.66 亿元。是年，区民政局拨救济灾款 122 万元。

第三节　收容救助

一、收容、遣送

1986—2003 年，万盛区收容遣送站累计收容 2397 人次（直接收容 1738 人次，他站转来 659 人次），遣送 2397 人次。

1986—2003年万盛区收容遣送情况统计表

表24-13　　单位：人次

年份	收容			遣送				
	合计	直接收容	他站转来	合计	遣送	安置	转其他部门	其他
1986	46	35	11	46	46	0	0	0
1987	36	30	6	36	36	0	0	0
1988	157	117	40	157	147	0	2	8
1989	63	52	11	63	59	0	0	4
1990—1993	398	341	57	398	369	0	10	19
1994	130	127	3	130	126	0	0	4
1995	110	102	8	110	29	0	2	79
1996	156	130	26	156	76	0	45	35
1997	91	77	14	91	91	0	0	0
1998	91	67	24	91	91	0	0	0
1999	209	141	68	209	82	0	39	88
2000	176	117	59	176	106	0	21	49
2001	282	184	98	282	108	0	36	138
2002	351	161	190	351	195	0	14	142
2003	101	57	44	101	46	0	10	45
总计	2397	1738	659	2397	1607	0	179	611

1998—2002年万盛区收容对象基本情况分析一览表

表24-14　　单位：人次

年份	总数	农民	工人	居民	在校学生	儿童	老年	中年	少年	精神病痴呆症
1998	91	77	0	14	0	0	0	70	21	5
1999	209	169	1	31	4	0	3	164	42	0
2000	176	160	0	13	1	2	3	141	32	0
2001	282	259	0	18	2	3	1	207	74	0
2002	351	340	0	7	3	1	2	275	74	0

二、社会救助

2003年8月，原来的强制收容转变成自愿求助，社会救助以自愿救助和无偿救助为原则。万盛区救助管理站有床位20张（按照性别、年龄设置）。2004—2011年，区救助管理站累计救助1721人次，支付救助金37万元，医治有病救助人员95人。区救助管理站与巴南区、南川区、合川区、涪陵区、九龙坡区、綦江县、贵州省遵义市救助部门开展区、省际救助协作，护送病残老人，未成年儿童、产妇等人员172人回家。

第四章　社会福利

第一节　农村五保户供养

1986 年，全区有五保户 377 人，其中入院（敬老院）供养 120 人，分散供养 257 人（包户照料 225 人，亲友照料 18 人，生活能自理 14 人）。各乡镇五保人员口粮每人每年黄谷 300 千克，生活费每人每月 19 元～21 元，丛林乡敬老院每人每月 33 元，景星乡敬老院 31.5 元，青年镇敬老院 29.33 元，超过区规定标准。

1987 年，区民政局拨款 9000 元为万盛、南桐、关坝、南天、景星、金桥和青年等 7 个乡镇敬老院修建澡堂。区财政拨款 2.1 万元，区民政局拨款 1.1 万元，修建青山乡敬老院。区民政局拨救济款 2000 元，维修关坝乡敬老院。

1988 年，区民政局拨款 2.3 万元，扶持农村敬老院发展院办副业生产。全年各敬老院共生产猪肉 2925 千克、蔬菜 21.75 吨、粮食 4860.5 千克，基本做到蔬菜、猪肉自给。丛林、景星、金桥、青山、关坝等乡建立以敬老院为依托的五保服务中心，统一管理散居户，建立包护组 208 个，配置包护人员 459 人。

1989 年，全区各乡镇均建立以敬老院为依托的五保服务网络。全年院办农副生产收入 23852 元，人均 206 元。

1990 年，全区敬老院自种粮食 9854 千克，蔬菜 48106 万千克，出槽肥猪 30 头，产肉 3728 千克；种养业、加工业、商业等收入 33163 元，人均 301 元。

1991 年春节期间，万盛乡组织 18 个慰问组慰问五保老人，送去食品（折款）818 元，现金 2120 元。

1992 年，敬老院办副业产值 19790 元，纯收入 12290 元；院办种养业产值 28.60 万元，纯收入 22740 元。是年，用群众捐款 63000 元扩建敬老院 6 所，新增床位 67 张。

1994 年 6—10 月，全区开展第二次五保普查，符合五保条件有 349 户、375 人，纳入五保供养的 300 户、325 人，而应纳入而未纳入供养的是村、社集体经济差，无力再纳入新的五保户。供养经费由乡镇财政按季拨给敬老院。

1995 年，区民政局划拨 13600 元专款，为老人添置冬衣、被。关坝镇投入 20 万元，将渝州齿轮厂职工医院维修改装为镇敬老院，将集中供养的五保户全部迁入。是年，全区 8 所敬老院创收 5.2 万元。

1996 年，区民政局划拨 4.1 万元，改善全区敬老院设施。

1998 年，全区敬老院创收 62547 元，人均 485 元。重庆市慈善总会捐赠电冰柜 5 台，价值 1.8 万元，重庆市募捐委员会捐赠踏花被 140 床。

1999 年，全区敬老院创收 81036 元，人均 426 元 。重庆市民政局拨款 26 万元，改扩建南桐、万东、丛林镇和景星乡敬老院；分别捐赠南天、景星乡敬老院电冰柜各 1 台。

2001 年，全区敬老院创 4.63 万元，40% 作为敬老院扩大再生产，60% 用于老人们的生活和劳动报酬。

2002 年，全区敬老院创收 5.52 万元，人均 400 元。

2003年，普查全区敬老院和五保户供养情况，全区8所敬老院占地15081平方米，建筑面积6905平方米，生产用地1.28公顷，固定资产287.40万元，设床位289张，入住153人。是年，全区敬老院创收7万元，人均475元。

2006～2008年，新建或改建全区8个乡镇敬老院，建筑面积合计6372平方米，设床位303张；建成村级五保家园35个。

2010年，投入资金7万元，8所敬老院安装“全球眼”监控系统。

2011年，全区有五保户681人，其中集中供养321人，分散供养360人。全年发放供养金229.46万元。

1986—2011年万盛区农村五保户供养情况一览表

表24-15

年份	五保人员（人）			供养标准			
				敬老院		分散	
	合计	敬老院供养	分散供养	黄谷（千克/人·年）	生活费（元/人·年）	黄谷（千克/人·年）	生活费（元/人·年）
1986	377	120	257	300	–	300	–
1987	–	–	–	300	210	300	210
1988	–	–	–	300	315	300	315
1989	–	–	–	300	363	300	363
1990	328	110	218	300	457	300	–
1991	332	117	215	300	–	300	–
1992	361	123	238	300	493	300	400
1993	327	117	210	300	–	300	438
1994	325	–	–	300	841	300	–
1995	307	115	192	300	999	300	807
1996	301	120	181	300	–	300	–
1997	427	126		300	–	300	–
1998	327	129	198	300	–	300	–
1999	351	138	213	300	–	300	–
2000	320	126	194	300	–	300	–
2001	345	130	215	300	–	300	–
2002	391			300	–	300	875
2003	384	153	231	300	–	300	–
2004	544	151	393	300	–	300	–
2005	609	–	–	300	–	300	–
2006	682	–	–	300	1200	300	1200
2007	–	–	–	300	1440	300	1440
2008	758	–	–	300	1920	300	1920
2009	782	–	–	300	3360	300	2640

续表

年份	五保人员（人）			供养标准			
				敬老院		分散	
	合计	敬老院供养	分散供养	黄谷（千克/人·年）	生活费（元/人·年）	黄谷（千克/人·年）	生活费（元/人·年）
2010	806	362	444	300	-	300	-
2011	681	321	360	300	-	300	-

说明：2000年起，供养金按上年村（居民委员会）人均收入70%计提

第二节　城市社会孤老孤儿供养

万盛区城市社会孤老、孤儿主要实行分散供养，采取定期定量救济或临时救济的救助办法，街道办事处敬老服务指导站统一规划和管理辖区内的孤老、孤儿，社区居民委员会组建包护小组照顾孤寡老人的日常生活。

1986年，万盛、东林、南桐3个街道敬老服务站各配置管理员1人，有包护小组39个，帮扶人员104人，包护孤寡老人41人。是年，区民政局救济孤寡老人1.78万元，南桐矿务局、五〇八库、解放军56231部队、区福利厂、区造纸厂、区二轻局供销公司、区商业局和东林粮店门市等单位赠送孤寡老人现金1115元，衣裤、月饼、白糖、保温杯、毛巾和热水袋等生活用品，折价1244元。

1987年，3个街道有包护小组31个，包护社会孤老24人。区民政局救济10140元，南桐矿务局敬老院接收厂矿孤老职工10人。南桐街道修建社会福利院1所，建筑面积152平方米，有床位6张。

1990年，社会孤老、残、幼人员定期定量救济标准每人每月增至43元。

1992年，全区有社会孤老、残、幼41户，44人，发放生活费34056元，每人每月62元。

1993年，全区有敬老服务站19个，包护社区孤老35人，生活费每人每月67.5元

1996年7月1日，《重庆市城市居民最低生活保障暂行办法》实施，城市社会孤老、残、幼纳入城市低保。

2011年7月，万盛区制订城市“三无”（无劳动能力、无收入来源、无法定赡养人）人员供养制度。全年审批城市“三无”人员417人，发放供养金94万元，每人每月350元。10月起，“三无”人员供养金增至每人每月390元。是年，区制订孤儿基本生活费发放制度，全年审批孤儿48人，发给基本生活费35万元，标准为社会福利机构集中供养的孤儿每人每月700元，散居孤儿600元。

第三节　残疾人安置

1986年，全区有残疾人福利企业14家，共安置残疾人员18人（农村13人、城镇5人）。1992年，区直属福利企业有残疾人职工62人，街道福利企业有残疾人职工20人，农村扶贫企业有残疾人职工94人。1994年，区残联促成区针织厂与重庆市环城物资贸易公司合作，成立重庆飞达齿轮公司，安置

残疾人 42 人，每人月收入 300 元 ~ 600 元。1998 年，福利企业发展速度放慢，停产 4 家，半停产 5 家。1999 年，区内大部分福利企业处于停产、半停产状态。2000 年，注销福利企业 3 家。2001 年后，区内福利企业效益和残疾人就业情况都有较大改善。2011 年，全区有福利企业 12 家，安置残疾人职工 222 人。

1986—2011 年万盛区福利企业情况一览表

表 24–16

年份	企业数量（家）	职工数量（人）	残疾职工（人）	残疾职工月工资（元）	年份	企业数量（家）	职工数量（人）	残疾职工（人）	残疾职工月工资（元）
1986	14	–	–	–	1999	22	311	139	–
1987	13	–	–	–	2000	18	386	189	–
1988	13	273	–	–	2001	17	392	206	–
1989	17	388	165	–	2002	17	396	219	–
1990	14	304	154	–	2003	14	469	240	–
1991	14	273	154	–	2004	15	540	279	–
1992	14	317	176	–	2005	16	560	292	–
1993	14	241	118	–	2006	15	573	282	520
1994	19	327	133	–	2007	12	571	228	668
1995	25	481	240	–	2008	13	699	289	725
1996	25	445	224	–	2009	13	645	278	828
1997	21	432	197	–	2010	13	670	280	830
1998	22	296	127	–	2011	12	473	222	1135

第四节　福利彩票

1989 年 10 月至 1993 年 6 月，全区发行福利彩票 116 万元，筹措社会福利资金 20 余万元。

2006 年，发行福利彩票 716 万元，用于残疾人福彩公益金 3.7 万元。2007 年，发行福利彩票 787 万元，筹措社会公益金 6.21 万元。2008 年，发行福利彩票 578 万元，筹措社会公益金 9.1 万元。2009 年，发行福利彩票 752.98 万元，公益金 4.1 万元。2010 年，发行福利彩票 846.5 万元，残疾人公益金 8 万元，筹集社会公益金 57.4 万元。2011 年，发行福利彩票 1620.16 万元，筹集社会公益金 89.4 万元。

第五章　婚姻与收养登记　殡葬管理

第一节　婚姻登记

一、结婚登记

1986 年，全区实行结婚当事人持村民（居民）委员会或单位出具的婚姻状况证明、有效身份证、女方体检证明，到一方户口所在乡镇政府办理登记的制度。2003 年 10 月，实行婚前健康体检自愿原则，取消登记时必须提供单位或村民（居民）委员会出具的有关婚姻当事人婚姻状况证明等规定。2003 年 10 月 1 日起，全区结婚登记改为集中到区民政局婚姻登记处办理。复婚登记程序与结婚登记程序一样，只是在登记时，应注销离婚证件。现役军人办理结婚登记，应出具所在单位团以上政治机关出具的军人婚姻登记证明和军官证或文职干部证、学员证、士兵证、离休证、退休证等军人身份证件。1986—2011 年，全区累计办理结婚登记 66551 次。

二、离婚登记

1986 年，南桐矿区的离婚登记程序是：男女双方持所在单位、村民（居民）委员会出具的介绍信，及本人户口簿、身份证、结婚证和双方签订的离婚协议书共同到一方户口所在地的婚姻登记机关提出离婚申请；婚姻登记人员通过审查离婚申请，如果双方感情确已破裂，并适当处理子女抚养和财产问题，则准予离婚，发给离婚证；如双方发生争执和纠纷，则转法院处理。2003 年 10 月 1 日起，双方当事人持户口簿、身份证、结婚证和双方共同签订的离婚协议书到区民政局婚姻登记处即可办理离婚登记。现役军人申请离婚的，应当提供部队所在政治机关出具的同意离婚证明。现役军人配偶要求离婚，应当征得军人同意，军人一方有重大过错除外。夫妻双方到一方户口所在地的婚姻登记机关登记离婚或向法院提出离婚诉讼。1986—2011 年，全区累计办理离婚登记 16327 次（不含法院裁定离婚数）。

1986—2011 年万盛区婚姻登记情况统计表

表 24–17　　　　单位：次

年份	结婚	离婚	年份	结婚	离婚
1986	3323	78	1999	1876	403
1987	2723	91	2000	1609	494
1988	3018	120	2001	1620	564
1989	3096	156	2002	1822	595
1990	2932	158	2003	1803	922
1991	2926	203	2004	1931	1321
1992	3539	263	2005	1914	960

续表

年份	结婚	离婚	年份	结婚	离婚
1993	3123	293	2006	2200	1050
1994	3472	313	2007	2408	1065
1995	2819	354	2008	2567	893
1996	2658	439	2009	2906	1887
1997	2314	397	2010	2805	1365
1998	2165	489	2011	2982	1454

第二节　收养登记

1994年，万盛区民政局开始办理儿童收养登记。1994—2011年，办理儿童收养登记224件。

1994—2011年万盛区儿童收养登记情况统计表

表24–18　　单位：件

年份	办理收养登记			收养人情况		解除收养关系
	合计	社会弃婴	生父母无力抚养	单身	夫妻	
1994	1	1	0	0	1	0
1995	3	3	0	0	3	0
1996	3	3	0	1	2	0
1997	4	4	0	2	2	0
1998	9	9	0	5	4	0
1999	18	16	2	2	16	0
2000	9	8	1	1	8	0
2001	16	15	1	3	13	0
2002	18	17	1	4	14	0
2003	20	19	1	5	15	1
2004	19	19	0	5	14	0
2005	14	14	0	–	–	0
2006	12	11	0	–	–	0
2007	24	24	0	3	21	0
2008	16	16	0	2	14	0
2009	22	22	0	–	–	1
2010	9	–	–	4	5	0
2011	7	–	–	3	4	0

第三节　殡葬管理

一、殡葬改革

1985年4月1日，南桐矿区政府印发《关于实行殡葬改革的通告》，要求城市街道、厂矿的死亡人口全部火葬；农村交通方便的地区划为火葬区，死亡人口全部火葬。6月18日，将万盛、南桐、丛林3个乡的20个村、127个村民小组划为火葬区。

1986年，全区死亡1346人，火化尸体389具，火化率28.9%，其中城镇火化率93.84%，农村火化率0.85%。

1987年，万盛乡五里村试点建立红白事理事会，开展农村亡人口火化工作。是年，农村火化区死亡人口181人，火化尸体5具，火化率2.76%。

1988年，全区有33个居民委员会、75个行政村建立红白事理事会。是年，城乡红白理事会共操办丧事250件次，节约丧事费用11.59万元，全区火化率30.1%。

1989—1996年，全区居民委员会、行政村共建立红白事理事会115个，并明确规定禁止占用耕地建坟，查处违规丧葬48起，全区火化率43.18%。

1997—1999年，万盛区将火化区扩大至2个街道和8个乡镇的45个村、235个村民小组，火化区人口约18万。1999年，全区火化率51.7%。

2000—2004年，城镇火化率100%，农村火化区则无1例尸体火化。

2005年，殡葬改革的重点是城区抓文明治丧，巩固火化率；农村调整火化区范围，稳步推进，做好土葬区丧葬方式改革，倡导火葬。

2009年，全区举办文明治丧宣传活动2次，散发宣传资料5000份和殡葬改革宣传单1000份。

2010年，5个社区、14个村29个村民组被划入实行火葬的区域范围，火葬区人口增加26539人。

2011年，全区查处违规丧葬行为5起，清理违规丧葬用品经营店1家，查处违规办理丧事活动3起。

1986—2011年万盛区死亡人口火化情况统计表

表24–19

年份	死亡人口（人）			火化尸体数（具）			火化率（%）		
	合计	城市	农村	合计	城市	农村	全区	城市	农村
1986	1346	–	–	389	381	8	28.9	93.84	0.85
1987	–	347	–	327	322	5	–	92.8	–
1988	1415	427	988	426	412	14	30.1	96.5	1.42
1989	1472	463	1009	442	442	0	30	95.5	0
1990	1477	486	991	482	464	18	32.0	95.5	1.80
1991	–	535	–	–	522	–	–	97.6	–
1992	–	516	–	539	514	25	–	99.6	–
1993	–	530	–	587	527	60	–	99.4	–

续表

年份	死亡人口（人）			火化尸体数（具）			火化率（%）		
	合计	城市	农村	合计	城市	农村	全区	城市	农村
1994	1345	452	893	484	452	32	35.9	100	3.59
1995	–	567	–	567	567	0	–	100	0
1996	–	606	–	606	606	0	–	100	0
1997	–	637	–	637	637	0	–	100	0
1998	–	701	–	701	701	0	–	100	0
1999	–	826	–	826	685	141	51.7	100	–
2000	–	696	–	696	696	0	43.6	100	0
2001	–	693	–	693	693	0	38.0	100	0
2002	1203	519	–	519	519	0	43.1	100	0
2003	1372	618	–	618	618	0	45.0	100	0
2004	–	700	–	700	700	0	42.0	100	0
2005	–	710	–	710	710	0	42.0	100	0
2006	1620	–	–	710	710	–	–	100	–
2007	–	–	–	700	700	–	–	82	–
2008	–	–	–	621	621	–	38.7	–	–
2009	–	–	–	605	605	–	38.7	82	–
2010	–	–	–	650	650	–	–	76	–
2011	–	–	–	650	650	–	–	100	–

二、殡葬设施与服务

1993 年 2 月，南桐矿区第一个经营性公墓——干龙洞公墓（位于万东镇团结村干龙社）建成，占地 3.98 公顷，可安埋骨灰盒 1 万个。该公墓为区民政局与万东镇团结村联办。

1995 年 3 月，南桐镇修建长槽公墓（位于南桐村长槽社），占地 1.52 公顷，设 6 个墓区、墓穴 2200 个。

2004 年 2 月 16 日，干龙洞公墓更名龙凤陵园。

2005 年 4 月，区龙源殡仪服务中心建成，建筑面积 2000 平方米，设悼念厅、整容间、会议室、客房、餐厅、丧葬用品经营部、娱乐室等，提供治丧、守灵、穿衣和美容等服务。

2009 年，万东镇建设村修建农村公益性森林公墓——灵安园森林公墓，占地 2 公顷，设墓穴 170 穴，种植树木 1000 余株。

2011 年，万盛区有龙凤陵园公墓、长槽公墓和灵安园森林公墓 3 处。其中龙凤陵园公墓埋葬骨灰 317 具，销售墓穴 349 穴；长槽公墓埋葬骨灰 87 具，销售墓穴 105 穴。

第六章　民间组织管理

第一节　社团登记

1991年9月30日，南桐矿区民政局印发《关于清理整顿社会团体的公告（通知）》。10月，全区有各类社团207个，其中全区性社团58个，乡镇社团48个，街道、地区性社团13个，驻区市属以上单位社团88个。12月，区林业科学技术协会、区价格学会登记为法人社团，区农业科学技术协会、区政协老委会联谊会、区西南服务团团史研究会、区一野、二野军大校史研究会登记为非法人社团；批准新成立的区新闻学会登记为法人社团，区女领导干部联谊会登记为非法人社团。

1992年1月，区青少年科技辅导员协会等14个社团登记为法人社团，核准区烟草同业公会为非法人社团；区教委将区教育理论与实践研究会等7个社团合并为区教育协会，登记为法人社团。4—6月，清理整顿全区207个社团，其中准予登记40个，暂缓登记30个，认定为社团分支机构46个，合并8个，撤销83个。

1997年，全区有社团43个（学术性13个，专业性12个，行业性4个，联合性14个），有团体会员732个，个人会员1.1万人。

1999年，清理整顿全区43个社团，重新登记22个，注销18个，备案处理1个，待后处理2个。重新登记的22个社团有单位会员260个，个人会员9358人。

2005年，批准成立万盛区子如研究会、万盛区慈善会等社团8个。

2011年，全区有社团53个（专业性15个，行业性16个，联合性17个，学术性5个），有单位会员1179个，个人会员7935人。

2011年万盛区社团一览表

表24-20

名称	类别	主管单位	登记日期
万盛区国土房管学会	行业性	万盛区国土房管局	1999.8.28
万盛区工商行政管理学会	学术性	万盛区工商行政管理分局	1999.7.28
万盛区税务学会	联合性	万盛区国家税务局	1999.8.2
万盛区环境科学学会	联合性	万盛区环境保护局	1999.8.3
万盛区林业科学技术协会	联合性	万盛区林业局	1999.9.2
万盛区集邮协会	行业性	万盛区邮政局	1999.10.28
万盛区民营（私营）个体经济协会	行业性	万盛区工商行政管理分局	1999.11.10
万盛区文明单位协会	联合性	中共万盛区委宣传部	1999.12.13

续表

名称	类别	主管单位	登记日期
万盛烹饪（饮食行业协会）	行业性	万盛区商务局	2001.3.16
万盛区体育总会	联合性	万盛区体育局	2002.5.20
万盛区道路运输协会	行业性	万盛区交通局	2001.5.16
万盛区民政企业联合会	联合性	万盛区民政局	2002.12.6
万盛区质量管理协会	联合性	万盛区质监局	2002.12.10
万盛区茶叶协会	专业性	万盛区农业局	2003.5.4
万盛区医学会	学术性	万盛区卫生局	2003.5.20
万盛区特种行业协会	行业性	万盛区万盛街道	2003.12.10
万盛区农民经纪人协会	联合性	万盛区供销联社	2004.5.18
万盛区建设工程质量安全管理行业协会	行业性	万盛区建设局	2004.11.1
万盛区外来投资企业协会	联合性	万盛工业园区管委会	2004.12.29
万盛区慈善会	联合性	万盛区民政局	2005.3.20
万盛区文化市场行业管理协会	行业性	万盛区文广新闻出版局	2005.8.30
万盛区子如研究会	学术性	中共万盛区委宣传部	2005.10.01
万盛区工程师协会	行业性	万盛区科学技术协会	2005.11.22
万盛区农家乐协会	联合性	万盛区黑山镇政府	2005.12.2
万盛区中小企业信用促进会	联合性	万盛区经济与信息化委员会	2006.4.18
万盛区光彩事业促进会	联合性	中共万盛区委统战部	2006.4.26
万盛区竹木行业管理协会	行业性	万盛区林业局	2006.6.5
万盛区旅游行业协会	行业性	万盛区旅游局	2006.10.25
万盛区金鑫养蚕专业协会	专业性	万盛区金桥镇	2006.11.1
万盛区再生资源行业协会	行业性	万盛区供销合作	2007.7.30
万盛区黑山猕猴桃协会	专业性	万盛区黑山镇	2007.12.11
万盛区作家协会	学术性	中共万盛区委宣传部	2008.9.3
万盛区资源综合利用协会	联合性	万盛区经济贸易委员会	2008.12.19
万盛区新木村互助扶贫协会	专业性	万盛区农业办公室	2009.1.22
茶园村互助扶贫会	专业性	万盛区农业办公室	2009.1.22
万盛街道综合治理协会	联合性	万盛区街道办公事处	2009.5.22
万盛区国际税收研究会	学术性	万盛区地方税务	2009.6.19
万盛区基督教“三自”爱国运动委员会	联合性	万盛区民宗侨办	2009.9.23
万盛区茶树村扶贫互助社	专业性	万盛区扶贫开发办	2009.12.26
万盛区毛里村扶贫互助社	专业性	力盛区扶贫井发办公室	2010.9.2
万盛区农产品技术推广协会	专业性	万盛区供销合作社联合社	2010.9.2
万盛优质稻专业技术协会	专业性	万盛区科学技术协会	2010.10.18
万盛渔业专业技术协会	专业性	万盛区科学技术协会	2010.10.27

续表

名称	类别	主管单位	登记日期
万盛区 SYB 创业者协会	行业性	万盛区就业服务管理局	2010.10.28
万盛区民营企业信用促进会	联合性	万盛区工商业联合会	2010.11.16
万盛区物业管理协会	行业性	万盛区房地产管理局	2010.11.22
万盛区关坝镇光明村扶贫互助社	专业性	万盛区扶贫开发办公室	2010.12.9
万盛区微型企业协会	行业性	重庆市工商行政管理局万盛区分局	2011.3.29
万盛区安全生产协会	行业性	万盛区安全生产监督管理局	2011.6.30
万盛区白花村扶贫互助社	专业性	万盛区扶贫开发办公室	2010.12.1
万盛区庙坝村扶贫互助社	专业性	万盛区扶贫开发办公室	2010.12.1
万盛区白龙湖村扶贫互助社	专业性	万盛区扶贫开发办公室	2010.12.1
万盛区燕石村扶贫互助社	专业性	万盛区扶贫开发办公室	2010.12.1

第二节　民办非企业单位

2001 年前，全区有民办非企业单位约 180 家，但未实行统一的登记管理，少数部门各行其是，自行审批建立民办非企业单位，甚至有些民办非企业单位未经审批擅自开展活动，干扰了正常的社会经济秩序，带来一些不良影响和隐患。

2001 年 3 月，区民政局清理复查并重新登记全区民办非企业单位。2005 年，全区有民办非企业单位 30 家，其中个体 22 家，合伙 7 家，法人 1 家。

2011 年，全区有民办非企业单位 37 家，其中教育类 25 家，社会服务类 11 家，体育类 1 家。

2011 年万盛区民办非企业单位一览表

表 24–21

名称	类别	主管单位	登记日期
万盛区阳光育苗幼儿园	教育类	万盛区教育委员会	2001.11.10
万盛区培育幼儿园	教育类	万盛区教育委员会	2001.11.15
万盛区新田幼儿园	教育类	万盛区教育委员会	2001.11.15
万盛区龙凤幼儿园	教育类	万盛区教育委员会	2001.11.15
万盛区蓓蕾幼儿园	教育类	万盛区教育委员会	2001.11.15
万盛区小铃铛幼儿园	教育类	万盛区教育委员会	2001.11.15
万盛区芳芳幼儿园	教育类	万盛区教育委员会	2001.11.15
万盛区小星星幼儿园	教育类	万盛区教育委员会	2001.11.15
万盛区干坝子洗选厂幼儿园	教育类	万盛区教育委员会	2001.11.15
万盛区晶晶幼儿园	教育类	万盛区教育委员会	2001.11.15

续表

名称	类别	主管单位	登记日期
万盛区红岩煤矿幼儿园	教育类	万盛区教育委员会	2001.11.15
万盛区鱼田堡煤矿幼儿园	教育类	万盛区教育委员会	2001.11.15
万盛区苗苗幼儿园	教育类	万盛区教育委员会	2001.11.15
万盛区贝贝幼儿园	教育类	万盛区教育委员会	2001.11.15
万盛区红枫幼儿园	教育类	万盛区教育委员会	2001.11.15
万盛区星星幼儿园	教育类	万盛区教育委员会	2001.11.15
万盛区新馨幼儿园	教育类	万盛区教育委员会	2001.11.15
万盛区砚石台煤矿幼儿园	教育类	万盛区教育委员会	2001.11.25
万盛区万南桐稻草援助中心	社会服务类	南桐镇政府	2007.2.23
万盛区青年镇稻草援助中心	社会服务类	青年镇政府	2007.2.23
万盛区关坝镇稻草援助中心	社会服务类	关坝镇政府	2007.2.23
万盛区金桥镇稻草援助中心	社会服务类	金桥镇政府	2007.2.23
万盛区黑山镇稻草援助中心	社会服务类	黑山镇政府	2007.2.23
万盛区关丛林镇稻草援助中心	社会服务类	丛林镇政府	2007.2.23
万盛区石林镇稻草援助中心	社会服务类	石林镇政府	2007.2.23
万盛街道稻草援助中心	社会服务类	万盛街道办事处	2007.3.23
万盛区东林街道稻草援助中心	社会服务类	东林街道办事处	2007.3.23
万盛区南桐镇中小企业服务中心	社会服务类	万盛区经济与信息化委员会	2009.4.9
重庆大东方教育培训学校	教育类	万盛区教育委员会	2009.6.9
万盛区中小企业服务中心	社会服务类	万盛区经济与信息化委员会	2009.7.21
万盛区永萍幼儿园	教育类	万盛区教育委员会	2011.2.15
万盛区宇田文化培训中心	教育类	万盛区教育委员会	2011.5.25
万盛区青年欣欣幼儿园	教育类	万盛区教育委员会	2011.6.9
万盛区关坝镇欣欣幼儿园	教育类	万盛区教育委员会	2011.6.9
万盛区新贝贝佳幼儿园	教育类	万盛区教育委员会	2011.6.9
万盛区绿色环保科技服务中心	教育类	万盛区教育委员会	2011.6.9
万盛区广进青少年体育俱乐部	体育类	万盛区体育局	2011.6.9

第七章 勘界与地名管理

第一节 勘界

一、万盛—桐梓界线

1955—1993年，万盛区与贵州省桐梓县没有边界争议记录。1994年3月，国家土地资源详查确权时，桐梓县与万盛区发生边界争议。争议点集中在九锅箐梨树坪、杉树湾，面积180公顷，均为林地，争议地从边界线延伸至南桐矿务局林业处境内约2.5千米的车厂。

1999年3月上旬，万盛区勘界办公室和桐梓县勘界办公室召开第一次联席会议，双方共同拟定《万盛区与桐梓县联合勘定行政区域界线实施方案》。3月19日—9月20日，双方联合勘定边界线。9月1日，民政部全国勘界工作办公室，国家林业局共同签署《关于渝黔线九锅箐凤垭段未定界线及有关问题的处理意见》。9月20日，两区县勘界工作领导小组在重庆市勘界办公室、贵州省勘界办公室协调和监督下，共同签订《重庆市万盛区勘界工作领导小组与贵州省桐梓县勘界工作领导小组联合勘定的行政区域界线协议书》。至此，勘定万盛—桐梓边界线全长55.5千米。

二、万盛—南川界线

万盛区与南川区边界多处存在争议，主要争议点集中在倒流水、红鸡湾、芹菜塘，最大一处争议面积40公顷。

1999年8月2日，万盛区勘界办公室、南川市勘界办公室在万盛召开第一次联席会议，共同拟定《万盛区与南川市联合勘定行政区域界线实施方案》。

2000年3月20日，双方在万盛召开第二次联席会议，就绝大部分边界线的划定方案达成共识。7月18日，双方在南川市召开第三次联席会议，协商倒流水、红鸡湾、芹菜塘3处边界问题，因双方分歧较大，未能达成共识。9月7日，双方在万盛召开第四次联席会议，在重庆勘界办公室的指导、协调下，两区市签订《重庆市万盛区与南川市勘界工作领导小组关于黑山边界争议地段协商会议纪要》，划定倒流水、红鸡湾、芹菜塘3处边界。至此，勘定万盛—南川边界线全长59.1千米。

三、万盛—綦江界线

万盛区与綦江县边界争议不大。2000年3月29日，万盛区勘界办公室、綦江县勘界办公室在万盛召开第一次联席会议，共同拟定《万盛区与綦江县联合勘定行政区域界线实施方案》。8月14日，双方在綦江县召开第四次联席会，就边界线中有争议地段的解决方案达成共识。12月18日，两区县政府签订《重庆市万盛区人民政府与綦江县人民政府联合勘定的行政区域界线协议书》。至此，勘定万盛—綦江边界线全长106.7千米。

第二节　地名管理

1981年2月，南桐矿区地名领导小组成立。4月，开始普查全区地名。1984年9月，根据地名普查资料，编撰成《四川省重庆市南桐矿区地名录》，参照1∶5万地形图，编制成1∶10万南桐矿区地图，标注全区村以上行政区划地名和部分自然村、自然地理实体名称，收集地名概况资料40篇，辑录全区村以上行政单位及其驻地、自然村、居民地（含路、街、巷）、自然地理实体、人工建筑物、企事业单位、名胜古迹等1141条，每条地名加注汉语拼音，并简要说明地名的来历、含义。

1985—1988年，全区完成地名档案整理工作。

1990年5月18日，区政府召开地名标志设置工作会议。9月18日，区地名领导小组通报地名标志设置情况。12月13—14日，在万盛乡举办地名补查和资料更新业务培训班。

1991年3月，全区开始地名补查工作，至9月下旬基本结束外业核查工作，共收集整理调查资料（记录）3700余页，约100万字。注销地名11处，补充、更新地名资料1130条，纠正错误地名34条，变更类别225条，更换标准名称60条，变更名称含义34条，补查地名388条。经过比较，确定上报补查成果表的地名121条，占补查地名31%。是年，南桐矿区政府印发《关于加强地名标志管理的通告》，规定城乡建委负责设置城镇路、街、巷及居民住宅区出入处的柱式、板式地名标志，公安部门负责设置楼、院、栋、单元、门牌标志，交通部门负责设置公路指向和桥名等标志，文化部门负责设置古迹标志，乡（镇）政府负责设置、维护和管理乡（镇）、村驻地（含水库）和分界指向标志。凡新形成的路、街、巷、居民区、人工建筑，任何单位不得随意设置地名标志，若需移动地名标志，需经区地名标志管理部门同意。

1992年3月，撤销南桐矿区地名领导小组，成立南桐矿区地名委员会。是年，全区共制作各种标志牌26041块。

2002年6月4日，命名滨江路、临江路、滨江花园、莲池路、体育路、滨江桥、东盛宾馆、万盛文化广场和万盛火车站站前广场等地名。

2004年，调整村建制和街道区划，将92个建制村调整为57个，将46个居民（家属）委员会调整为24个社区；滨江路更名滨江东路，临江路更名滨江西路，塔山路更名迎宾大道。

2006年11月，设立地名标志40块，其中关坝镇11块，青年镇8块，南桐镇11块，万盛城区10块。

2007年10月，命名关坝镇新化路（关坝—扶欢公路横穿居民点段及公路以西居民点）、中坝街（关坝—扶欢公路横穿居民点段及以东居民点）。

2009年6月，命名公园路（龙凤碑—爱情桥）、桂花路（重庆市第四十九中学校—东城大道段）、观景路（观井湾三岔路口—东城大道段）、东城大道（木器厂—万东南路段）、西城大道（浸水垭—高速公路口段）、孝慈桥（莲池路—滨江路连接公园的桥）、爱情桥（滨江路珊瑚楼旁）。

2011年4月，命名建新路（塔山路—黑塘子—西城大道）、翠屏路（孝子河—塔山路）、新房路（翠屏路—西城大道）、黑山谷大道（矿工广场—黑山谷景区北门），在黑山镇南门村新建居民点命名江流东路、江流西路、江流北路、江流南路，丛林沟改名为丛林街，将万东镇政府西侧、万盛区文体中心东侧、呈东西走向横跨孝子河的桥梁命名为康羽桥。

第二十五篇　人力资源管理与社会保障

第一章　管理机构

第一节　行政机构

一、万盛区人事局

1980年6月，南桐矿区人事局成立。1986年9月，与南桐矿区编制委员会办公室合署办公。

1987年9月，南桐矿区老龄工作委员会办公室挂靠到区人事局。

1989年2月，区人事局设办公室、干部管理科和工资福利科等科室3个。

1990年9月，调整科室设置，设办公室、干部调配科、工资福利科和任免奖惩科等科室4个。12月，南桐矿区编制委员会办公室更名南桐矿区机构编制委员会办公室。

1991年3月，增设职位职称专家科。

1993年4月，区老龄工作委员会办公室被划转到区民政局。是月，南桐矿区人事局更名万盛区人事局。

1996年4月，工资福利科挂万盛区机关事业单位工作人员丧失工作能力鉴定委员会办公室牌子。

1999年3月，万盛区人事争议仲裁委员会组建，下设办公室作为常设办事机构，挂靠在区人事局干部调配科。

2001年9月，万盛区实施机构改革，区人事局承担的国家机关、事业单位工作人员社会保险及乡镇聘用干部养老保险职能，划入新组建的万盛区劳动和社会保障局。12月，调整科室设置，设办公室、公务员管理科、事业单位管理科（挂万盛区职称改革办公室牌子）、工资福利与退休管理科（挂万盛区机关事业单位工人技术等级岗位考核办公室牌子）和人才流动开发与人事争议仲裁科（挂万盛区国外智力引进办公室）等科室5个；管理区人才交流服务中心、区机关事业单位社会保险管理中心、区专业技术考试培训考试中心和区机关事业单位退休人员服务中心等事业单位4个。

2003年7月，区机构编制委员会办公室改为与中共万盛区委组织部合署办公。

2009年12月，万盛区实施机构改革，撤销万盛区人事局，其职能职责被划入新组建的万盛区人力资源和社会保障局。

二、万盛区劳动和社会保障局

1980 年 11 月，南桐矿区劳动局成立。1986 年 12 月，设办公室和工资安全科等科室 2 个。

1991 年 3 月，调整科室设置，设办公室、工资调配科、劳动保护监察科、仲裁科（挂南桐矿区劳动争议仲裁委员会办公室牌子）和保卫科等科室 5 个。同时，南桐矿区就业服务管理办公室的科室设置和人员编制被纳入区劳动局。

1993 年 1 月，撤销保卫科。4 月，南桐矿区劳动局更名万盛区劳动局。

1998 年 4 月，工资调配科更名工资保险科。

1999 年 11 月，撤销万盛区公费医疗办公室，其职能、人员被从区卫生局划转到区劳动局。是月，区劳动局增设医疗保险科。

2001 年 9 月，万盛区实施机构改革，区劳动局撤销，在其基础上组建区劳动和社会保障局，矿山安全监督、职业卫生监察和特种设备监察职能分别被划转给区安全生产监督管理局、区卫生局和区技术监督局；划入区人事局承担的国家机关、事业单位工作人员社会保险及乡镇聘用干部养老保险和区民政局承担的农村社会养老保险职能；废除审批企业招工和审核区属新建国有企业定员标准职能；不再独立承担企业解困职能。11 月，万盛区劳动和社会保障局正式组建，设办公室、劳动保障监察科、劳动关系综合科和社会保险科等科室 4 个；管理区就业服务管理办公室、区城镇职工基本医疗保险管理中心、区机关事业单位养老保险管理中心、区职业介绍所和区劳动就业训练中心等事业单位 5 个。

2003 年 11 月，撤销区就业服务管理办公室，组建万盛区就业服务管理局，归区劳动和社会保障局管理。

2004 年 6 月，改革社会保险管理机构管理体制，重庆市社会保险局设在各区、县（自治县）的分局下放给地方政府管理。7 月，重庆市社会保险局万盛区分局更名万盛区社会保险局，划归万盛区劳动和社会保障局管理。

2009 年 12 月，万盛区实施机构改革，撤销区劳动和社会保障局，其职能职责被划入新组建的万盛区人力资源和社会保障局。

三、万盛区机构编制委员会办公室

1986 年 1 月，中共南桐矿区委组织部和南桐矿区人事局印发《南桐矿区机构编制管理暂行办法》，规定机构编制管理事务是中共南桐矿区委组织部和南桐矿区政府人事局的共同职责。9 月，南桐矿区编制委员会组建，下设办公室作为常设办事机构，与区人事局合署办公。区编制委员会是区委、区政府主管机构编制事务的职能部门，具体负责贯彻执行有关机构编制的方针政策。

1990 年 12 月，更名南桐矿区机构编制委员会，下设的办公室随之更名南桐矿区机构编制委员会办公室。

1993 年 4 月，更名万盛区机构编制委员会，下设的办公室随之更名万盛区机构编制委员会办公室。

2001 年 9 月，万盛区实施机构改革，确定区机构编制委员会办公室为区机构编制委员会的常设机构，既是中共万盛区委工作机构，又是区政府工作部门，列入中共万盛区委机构序列。

2003 年 7 月，区机构编制委员会办公室改为与中共万盛区委组织部合署办公。

四、万盛区人力资源和社会保障局

2009 年 12 月，万盛区实施机构改革，撤销万盛区人事局、区劳动和社会保障局，组建万盛区人力资源和社会保障局。区人事局、区劳动保障局和区卫生局新型农村合作医疗管理以及区农业局承担的农村劳动力转移、劳务输出职责被划入新组建的区人力资源和社会保障局。2010 年 5 月 25 日，区人力资源和社会保障局成立，设办公室、政策法规科、财务监督科、公务员管理科、事业单位管理科（挂万盛区职称改革办公室牌子）、劳动关系综合科（挂万盛区机关事业单位工人技术等级岗位考核办公室、万盛区国家职业技能鉴定所牌子）、人力资源科、工资福利科（挂万盛区机关事业单位退休管理服务中心牌子）和社会保险管理科等科室9个；管理万盛区社会保险局、区就业服务管理局、区城镇职工基本医疗保险管理中心、区工伤保险管理中心、区生育保险管理中心、区人才交流服务中心、区军转干部服务中心、区劳动保障监察大队、区劳动人事争议仲裁院和区就业培训中心牌子等事业单位10个。

2011年，办公室挂信息科牌子，政策法规科挂信访室牌子；区就业培训中心挂靠到区就业服务管理局。

第二节　事业机构

一、万盛区就业服务管理局

1980年11月，南桐矿区劳动服务公司成立。1991年3月，南桐矿区劳动服务公司改为南桐矿区就业服务管理办公室，科室设置和人员编制被纳入区劳动局，设综合科、安置培训科、企业管理科和待业保险科等科室4个。区就业服务管理办公室为区劳动局管理的事业单位，独立对外开展工作。

1993年4月，更名万盛区就业服务管理办公室。

2003年11月3日，撤销区就业服务管理办公室，组建万盛区就业服务管理局，挂万盛区职业介绍中心、万盛区职业技能培训中心两块牌子，为副局级事业单位，仍归区劳动和社会保障局管理；设办公室、失业保险科和就业指导培训科等科室3个。

2010年5月，改为区人力资源和社会保障局管理。

二、万盛区社会保险局

1986年12月，南桐矿区职工社会保险事业管理所成立。1991年3月，更名南桐矿区职工社会保险事业管理处。1993年4月，更名万盛区职工社会保险事业管理处。

1994年6月，万盛区社会事业保险处更名重庆市社会保险局万盛分局，改为重庆市社会保险局直接领导，副局级事业单位。

1995年2月，重庆市社会保险局万盛分局设办公室，财务科和业务科等科室3个。

2003年7月，办公室更名综合科。

2004年7月，重庆市社会保险局万盛分局更名万盛区社会保险局，移交给地方政府管理。万盛区将其划归万盛区劳动和社会保障局管理。2010年5月，改为区人力资源和社会保障局管理。

三、万盛区事业单位登记管理局

1996年，万盛区事业单位登记服务中心成立，隶属区机构编制委员会办公室。2003年9月，更名区事业单位登记管理中心，挂区事业单位登记管理局牌子。

2004年9月，不再使用万盛区事业单位登记管理中心名称，改为万盛区事业单位登记管理局。

四、其他事业单位

万盛区人才交流服务中心　1991年5月，南桐矿区人才交流服务站成立，隶属区人事局。1993年，更名万盛区人才交流服务中心。2010年5月，改为区人力资源和社会保障局管理。

万盛区职称改革办公室　1986年11月，南桐矿区职称改革办公室成立，由区科学技术委员会管理。1991年2月，改为由区人事局管理。1993年4月，更名万盛区职称改革办公室

万盛区矿山安全卫生监察室　1989年12月，南桐矿区矿山安全职业卫生监察室成立，隶属区劳动局，可独立对外开展工作。1993年4月，更名万盛区矿山安全卫生监察室。2001年9月，改为由区

安全生产监督管理局。

万盛区城镇职工基本医疗保险管理中心　2000年11月成立，隶属区劳动局，与区劳动局医疗保险科合署办公。2010年5月，改为由区人力资源和社会保障局管理。

万盛区劳动保障监察大队　2003年12月区劳动保障监察中队成立，隶属区劳动和社会保障局。2005年6月，升为区劳动保障监察大队。2010年5月，改为由区人力资源和社会保障局管理。

万盛区机关事业单位养老保险管理中心　1995年4月，万盛区机关事业单位社会保险管理中心成立，隶属区人事局。2001年11月，更名区机关事业单位养老保险管理中心，改为由区劳动和社会保障局管理。2003年12月，改为由区社会保险管理局管理。2004年12月被撤销。

万盛区工伤保险管理中心　2004年4月成立，隶属区劳动和社会保障局，与区城镇职工基本医疗保险管理中心合署办公。2010年5月，改为由区人力资源和社会保障局管理。

万盛区军官干部服务中心　2005年4月成立，隶属区人事局。2010年5月，改为由区人力资源和社会保障局管理。

万盛区劳动力市场管理中心　1998年12月成立，隶属区劳动局。2001年11月被撤销，其职能被并入区就业服务管理办公室。

万盛区劳动人事争议仲裁院　1988年8月，区劳动争议仲裁委员会及其办公室成立。1991年3月，与区劳动局设立仲裁科合署办公。1999年3月，区人事争议仲裁委员会及其办公室成立。2001年11月，改为与区劳动局劳动关系综合科合署办公。2007年，撤销区劳动争议仲裁委员会办公室，成立万盛区劳动争议仲裁院，隶属区劳动和社会保障局。2010年5月，区劳动争议仲裁委员会及其仲裁院和区人事争议仲裁委员会及其办公室合并，组建万盛区劳动人事争议仲裁院，隶属区人力资源和社会保障局。

万盛区国家职业技能鉴定所　1995年11月，万盛区国家职业技能鉴定站成立，隶属区劳动局，与区就业训练中心合署办公。1998年11月，区国家职业技能鉴定站业务工作划归区劳动局工资保险科负责。2001年11月，其职能被划入区劳动和社会保障局劳动关系综合科，保留区国家职业技能鉴定站牌子。2010年，更名区国家职业技能鉴定所，挂靠在区人力资源和社会保障局人力资源科。

万盛区职业介绍中心　1992年7月成立，挂靠在区就业服务管理办公室。2003年12月，更名区职业介绍中心，挂靠在区就业服务管理局。2010年被撤销。

万盛区就业培训中心　1987年，南桐矿区劳动就业训练中心成立，与区劳动服务公司合署办公。1993年4月，更名万盛区就业训练中心。2003年12月，更名区职业技能培训中心，挂靠在区就业服务管理局。2010年，更名区就业培训中心，改为由区人力资源和社会保障局管理。2011年，改为挂靠在区就业服务管理局。

第二章　机构编制管理

第一节　机构管理

一、行政及党群机构管理

行政及党群机构包括中共万盛区委、万盛区政府、万盛区人大常委会、政协万盛区委的工作机构和群众团体及中共万盛区委、万盛区政府直属事业单位，各机构的变革分别参见第十六、十七、十八、十九、二十和二十一篇相应内容。此处，只记述三次规模较大的机构改革。

1992 年 5 月 16 日，印发《关于冻结、控制、清理机构编制的通知》，清理整顿非常设机构。全区有经重庆市机构编制委员会批准设置的机构 44 个：中共南桐矿区委办公室、中共南桐矿区委组织部、中共南桐矿区委宣传部、中共南桐矿区委统战部、中共南桐矿区委政研室、中共南桐矿区委政法委，南桐矿区人民武装部、区保密局、区政府办公室、区计划经济委员会、区科学技术委员会、区城乡建设管理委员会、区政府农业办公室、区政府财贸办公室、区监察局、区审计局、区财政局、区人事局、区劳动局、区民政局、区司法局、区国土局、区统计局、区工商管理局、区环境保护局、区物价局、区经济体制改革委员会、区工业局、区农业局、区林业局、区乡镇企业管理局、区商业局、区粮食局、区教育委员会、区文化局、区卫生局、区广播电视局、区计划生育委员会、区体育运动委员会、区档案局、区人民防空领导小组办公室、区政府法制办公室、区机构编制委员会办公室、区技术监督局；有按《中国共产党章程》和《中华人民共和国地方各级人民代表大会和地方各级人民政府组织法》设置的机构 11 个：中共南桐矿区纪律检查委员会、中共南桐矿区区级机关工作委员会、区人民法院、区人民检察院、区总工会、共青团南桐矿区委员会、区妇女联合会、区科学技术协会、万盛街道、南桐街道、东林街道；有未经重庆市机构编制委员会批准自行设置的机构 13 个：南桐矿区农机水电局、区物资局、区交通局、区房地产管理分局、区第二轻工业局、中共南桐矿区委老干部局、区供销合作社联合社、区信访办公室、中共南桐矿区委对台工作办公室、区精神文明办公室、区民族宗教侨务办公室、中共南桐矿区委机要科、区政府经济协作办公室；有局级事业单位 4 个：中共南桐矿区委党校、区老龄委员会办公室、中共南桐矿区委党史研究室 、区地方志编纂委员会办公室；南桐矿区人大常委会、政协南桐矿区委有工作机构 8 个：区人大常委会设有办公室、法制工作委员会、代表工作委员会、财政经济工作委员会、教育科学文化卫生工作委员会，政协南桐矿区委设有办公室、联络工作办公室、专门委员会办公室。

2001 年 9 月，根据中共重庆市委、重庆市政府《关于万盛区机构改革方案的通知》（渝委发〔2001〕6 号）精神，万盛区实施机构改革。机构改革后，中共万盛区委设办公室（保密委员会办公室、机要局，万盛区保密局）、组织部、宣传部（区精神文明建设委员会办公室）、统一战线工作部（台湾工作办公室、万盛区政府台湾事务办公室）、政法委员会（万盛区社会治安综合治理委员会办公室）、经济贸易委员会政治部、农业政治部和区机构编制委员会办公室等工作机构 8 个，设老干部局（组织部管理）、区信访办公室（办公室管理）等部委办管理机构 2 个，设党校（党史研究室）1 个直属事业单位，设中共万盛街道工作委员会、中共东林街道工作委员会、中共万盛工业园区（重庆市万盛乡镇工业小区）工作委员会和中共万盛区直属机关工作委员会等派出机构 4 个。万盛区人大常务委员会设办公室 1 个综合办事机构，设人事代表工作委员会、财政经济工作委员会、社会事业工作委员会和法制工作委员会等工作委员会 4 个。万盛区政府设办公室、区发展计划委员会、区经济贸易委员会、区教育委员会、区科学技术委员会、区监察局（与中共万盛区纪律检查委员会合署办公，列入政府机构序列，但不计入政府机构个数）、区民政局（区老龄工作委员会办公室）、区司法局、区财政局、区人事局、区劳动和社会保障局、区国土资源和房屋管理局、区建设委员会、区交通局、区水利局、区农业局、区文化体育局、区卫生局、区人口与计划生育委员会、区审计局、区环境保护局、区统计局、区林业局、区旅游局和区政府农业办公室等工作部门 24 个，设区民族宗教侨务办公室（区政府办公室管理）、区粮食局（区经济贸易委员会管理）、区安全生产监督管理局（区经济贸易委员会管理）、区政府农业综合开发办公室（区政府农业办公室管理）等部门管理机构 4 个，设区广播电视事业管理局、区档案局（区地方志办公室）等直属事业机构 2 个，设万盛街道办事处、东林街道办事处和万盛工业园区（万盛乡镇工业小区）管理委员会等派出机构 3 个。政协万盛区委员会设办公室 1 个综合办事机构，设联络办公室、教育科学文化卫生办公室和经济办公室等专门工作办公室3个。设万盛区总工会、共青团万盛区委员会、万盛区妇女联合会、万盛区科学技术协会、万盛区工商业联合会、万盛区归侨侨眷联合会和万盛区残疾人联合会等群团机构7个。

2009年，万盛区实施政府机构改革，撤销万盛区农业局、区政府农业办公室，组建区农业委员会，挂农业综合开发办公室牌子，水务局不再保留农机局牌子；撤销区经济贸易委员会，组建区经济和信息化委员会，不再保留区乡镇企业管理局牌子；区科学技术委员会不再挂区信息化办公室牌子；区煤炭工业局挂靠到区经济和信息化委员会，并更名区煤炭工业管理局；撤销区招商局、区对外贸易委员会，组建区商务局，挂区粮食局牌子；撤销区人事局、区劳动和社会保障局，组建区人力资源和社会保障局；撤销区国土资源局、区房地产管理局，组建区国土资源和房屋管理局（实际并未合并，仍分开办公，但机构数计为1个）；区民族宗教侨务办公室由政府办公室管理部门改为政府工作部门；区体育局从区政府直属事业机构改为区政府工作部门；区建设委员会更名区城乡建设委员会，挂区规划局牌子；区交通局更名区交通委员会；区发展和改革委员会不再挂区物价局牌子；区教育委员会不再挂区大学生招生委员会办公室、区高等教育自学考试委员会办公室牌子。

2011年，中共万盛区委设工作机构5个，部委办管理机构2个，直属事业单位1个，派出机构8个。区内设置中共党内监察组织1个，即中共万盛区纪律检查委员会。万盛区人大常务委员会设工作机构6个，派出机构2个。万盛区政府设工作部门27个，直属事业单位4个，派出机构5个，有其他机构1个。政协万盛区委员会设工作机构3个。区内设置群团机构7个。

二、事业机构管理

1986年12月，设立区企业登记管理所、区城镇职工社会保险事业管理所、区城乡建设档案室，分别隶属区工商局、区劳动局、区城乡建设管理委员会。

1987年6月，设立区经济检查所，隶属区工商局。12月，设立区文物保护管理所，隶属区文化局。

1995年3月，设立区机关事业单位社会保险管理中心，隶属区人事局。4月，设立区事业单位登记服务中心，隶属区机构编制委员会办公室。9月，撤销区防病保健中心，恢复区防疫站和区妇幼保健所；设立万盛报社，隶属中共万盛区委宣传部。

2001年9月，重新设置乡镇事业单位，将各乡镇设置的8～14个事业单位精简为5个。其中统一综合设置农业综合服务中心（挂林业站、农机水保站牌子）、文化广播电视服务中心、人口与计划生育宣传技术服务站、畜禽水产站4个事业单位，各乡镇因地制宜设置1个。

2003年11月，撤销区就业服务管理办公室，组建区就业服务管理局，为副局级事业机构，隶属区劳动和社会保障局。12月，撤销万盛报社，设立万盛新闻社，隶属中共万盛区委宣传部。

2003年12月，根据《关于深化事业单位机构改革的指导意见》（渝编〔2003〕12号文）和《关于万盛区事业单位机构实施意见的通知》（万盛委办发〔2003〕151号文）精神，实施全区各系统和各部门所属事业单位机构改革。2004年4月，事业单位机构改革结束。全区事业单位（不含中共万盛区委、万盛区政府直属事业机构）从213个精简为192个（行政执法类事业单位35个，社会公益事业单位151个，开发经营类事业单位4个，中介服务类事业单位2个），减少20个，精简9.86%。

改革后被撤销的事业单位11个：区科技开发中心（隶属区科学技术委员会）、区投资公司（隶属区财政局）、区环境监理所（隶属区环保局）、区出租汽车营运管理办公室（隶属区交通局）、区社会福利有奖募捐委员会办公室（隶属区民政局）、区民政福利企业指导中心（隶属区民政局）、区两劳社会企业管理办公室（隶属区司法局）、区旅游质量监督管理所（隶属区旅游局）、区民宗侨属企业管理办公室（隶属区民族宗教侨务办公室）、区木材检查检疫站（隶属区林业局）和区水利工程质量监督站（隶属区水利局）；合并的事业单位6个：区蚕桑站被并入区农业综合开发管理中心（隶属区政府农业办公室），区体育馆羽毛球训练基地被并入区青少年体育运动学校（隶属区文化体育局），区公路养护队与重庆市公路局万盛养护段合并组建区公路养护所（隶属区交通局），区土肥站、区种子管理站被并入区农业技术推广站（隶属区农业局），区茶叶站被并入区经济作物技术推广站（隶属区农业局）；更名事业单位28个：区乡镇矿山安全技术管理站更名区煤矿安全生产监督管理站（隶属区安全生产监督管理局），区矿山安全卫生监察室更名区非煤矿山安全卫生监察室（隶属区安全生产监督管理局），区事业单位登记服务中心更名区事业单位登记管理中心（挂事业单位登记管理局牌子，隶属区机构编制委员会办公室）、重庆市南桐中学更名万盛区南桐中学校（隶属区教育委员会），重庆市景星初级中学更名万盛区景星初级中学校（隶属区教育委员会），万东镇初级中学更名重庆市进盛实验中学校（隶属区教育委员会），区教育企业公司更名区教育服务中心（隶属区教育委员会），区计划生育技术指导站更名区人口与计划生育生殖健康中心（隶属区人口与计划生育委员会），区有线电视台更名区广播电视台（隶属区广播电视事业局），区城市经济调查队更名区城市社会经济调查队（隶属区统计局），区粮油质量检测中心更名区粮油质量检测站（隶属区粮食局），区公园绿化工程管理处更名区公园绿化工程管理所（隶属区建设委员会），区政府矿产资源管理办公室更名区矿产资源管理办公室（隶属区国土资源局），区土地开发整理和土地收购储备中心更名区土地开发整理和储备中心（隶属区国土资源局），区黑山景区管理处更名区黑山景区管理所（隶属区旅游局），区石林景区管理处更名区石林景区管理所（隶属区旅游局），万盛区森林派出所更名重庆市公安局万盛区分局森林警察支队（隶属区林业局），各乡镇的畜禽水产站更名畜牧水产站（隶属区农业局），区水土保持环境监测站更名区水土保持站（隶属区水利局），各乡镇信息服务站更名农机水利服务中心，各乡镇的人口与计划生育宣传技术服务站更名人口与计划生育生殖健康服务站；新组建的事业单位3个：组建区环境监察支队（隶属区环境保护局），区森林病虫害防治检疫站（隶属区林业局）和区水务工程管理站（隶属区水利局）。

2004年万盛区事业单位机构设置情况一览表

表25-1　　　　单位：个

部门名称	数量					单位名称
	合计	行政执法类	社会公益类	开发经营类	中介服务类	
中共万盛区委办公室	1	0	1	0	0	区信息技术中心
中共万盛区委老干部局	1	0	1	0	0	区老干部活动中心
区机构编制委员会办公室	1	1		0	0	区事业单位登记管理中心
中共万盛区委区委组织部	1	0	1	0	0	区电化教育中心
中共万盛区委宣传部	1	0	1	0	0	万盛新闻社
区文化体育局	3	0	3	0	0	区文化馆、区图书馆、区青少年体育运动学校
区科学技术委员会	2	0	1	1	0	区地震监测站、区生产力促进中心
区教育委员会	38	0	38	0	0	中小学校35所、区教育服务中心、区电教教仪站、区广播电视大学工作站
区人口与计划生育委员会	3	0	3	0	0	区人口与计划生育生殖健康中心、区计划生育药品器械管理站、区人口与计划生育协会办公室

续表

部门名称	数量					单位名称
	合计	行政执法类	社会公益类	开发经营类	中介服务类	
区卫生局	15	1	14	0	0	区疾病预防中心、区妇幼保健院、区中心血库 区卫生进修学校、区卫生监督所、医院 10 所
区广播电视事业局	1	0	1	0	0	区广播电视台
区统计局	2	2	0	0	0	区农村社会经济调查队（市管）、区城市经济调查中心
区财政局	4	3	1	0	0	区政府采购办公室、区财政资金管理中心 区会计核算中心、区会计函授分校
区发展计划委员会	2	1	1	0	0	区物价检查所、区物价认证中心
区粮食局	1		1	0	0	区粮油质量检测站
区经济贸易委员会	1	1	0	0	0	区商业集体企业管理办公室
区房地产管理局	3	1	0	1	1	区住房公积金管理部、区公房经营管理所、区房屋安全鉴定所
区建设委员会	6	1	5	0	0	区建设工程质量监督站、区公园绿化工程管理所 区环卫管理所、区路灯管理所、区建设工程服务中心、区建筑工程质检所
区国土资源局	4	2	1	1	0	区征地办公室、区矿产资源管理办 区地质环境监测站、区土地开发整理与储备中心
区环境保护局	2	1	1	0	0	区环境监测站、区环境保护行政执法大队
区劳动和社会保障局	4	1	3	0	0	区劳动保障监察中队、区劳动就业服务管理站 区城镇职工医保中心、区机关事业单位养老保险中心
区交通局	6	3	3	0	0	区交通运输管理所、区公路路政管理大队 区交通稽查征费所、区公路养护所、区公路质监站、区公路收费管理所
区民政局	5	0	5	0	0	区救助管理站、区殡葬管理所、区低保办 区军队干休所、区社区服务中心
区安全生产监督管理局	2	2	0	0	0	区煤矿安全生产监管站、区非煤矿区山安全卫生监察室
区政府农业办公室	1	0	1	0	0	区农业综合开发管理中心
区残疾人联合会	1	0	1	0	0	区残疾人服务站
区人事局	3	0	3	0	0	区机关事业单位退管中心、区培训考试中心、区人才交流服务中心
区总工会	1	0	1	0	0	区职工俱乐部
区人民武装部	2	2	0	0	0	区民兵武器装备仓库、区民兵训练基地
区司法局	1	0	1	0	0	区法律援助中心
区旅游局	2	0	2	0	0	区黑山景区管理所、区石林景星管理所
区林业局	3	2	1	0	0	区警察支队、区森林病虫害防治检疫站、万盛林场

续表

部门名称	数量					单位名称
	合计	行政执法类	社会公益类	开发经营类	中介服务类	
区农业局	16	2	14	0	0	区农村合作经济管理站、区植保植检站、区农业技术推广站、区蔬菜技术推广站、区经济作物技术推广站、区畜牧兽医站、区水产站、区农广分校、8个乡镇的畜牧水产站
区水利局	6	1	4	1	0	区水政监察大队、区水务建设工程管理站、区水资源管理站、区水土保持站、区农机管理监理站、区汤家沟水库管理所
万盛街道	2	0	2	0	0	社区服务中心、社会保障服务所
东林街道	2	0	2	0	0	社区服务中心、社会保障服务所
万东镇	6	1	5	0	0	财政所、农业综合服务中心、农机水利服务中心、文化广播电视服务中心、人口与计划生育生殖健康服务站、社会保障服务所
南桐镇	6	1	5	0	0	财政所、农业综合服务中心、农机水利服务中心、文化广播电视服务中心、人口与计划生育生殖健康服务站、社会保障服务所
青年镇	6	1	5	0	0	财政所、农业综合服务中心、农机水利服务中心、文化广播电视服务中心、人口与计划生育生殖健康服务站、社会保障服务所
关坝镇	6	1	5	0	0	财政所、农业综合服务中心、农机水利服务中心、文化广播电视服务中心、人口与计划生育生殖健康服务站、社会保障服务所
丛林镇	5	1	4	0	0	财政所、农业综合服务中心、文化广播电视服务中心人口与计划生育生殖健康服务站、社会保障服务所
金桥镇	4	1	3	0	0	财政所、农业综合服务中心、文化广播电视服务中心人口与计划生育生殖健康服务站
石林镇	5	1	4	0	0	财政所、农业综合服务中心、文化广播电视服务中心人口与计划生育生殖健康服务站、旅游综合服务中心
景星乡	5	1	4	0	0	财政所、农业综合服务中心、文化广播电视服务中心人口与计划生育生殖健康服务站、旅游综合服务中心

2004年4月，设立区会计局，为副局级事业机构，隶属区财政局；设立区工伤保险管理中心，与区城镇职工医疗保险中心合署办公，隶属区劳动和社会保障局。8月，设立区合作经济联合社，与区供销合作社联合社合署办公；设立区龙源殡仪服务中心，挂靠在区殡仪管理所。11月，设立区外来客商投诉协调中心，挂靠在区招商局；设立区交通行政执法大队、区农业行政执法大队和区环境保护行政执法大队，分别隶属区交通局、区农业局、区环境保护局。12月，撤销区机关事业单位养老保险管理中心；设立区农民科技教育培训中心，挂靠在中央农业广播电视学校南桐矿区分校；设立青山湖（张

三塘）水利工程管理所、金桥水库管理所和毛里水库（青年镇）管理所，隶属区水利局；设立区安全生产执法大队、区安全技术培训中心、区安全调整中心、区安全事故应急救援中心、区安全生产监督管理站，均隶属区安全生产监督管理局；重庆市社会保险局万盛区分局移交万盛区劳动和社会保障局，更名万盛区社会保险局，隶属劳动和社会保障局；设立区政府信息中心，隶属区政府办公室，与信息督查科合署办公；设立区文化市场行政执法大队，隶属区文化体育局。

2005年4月，设立区普查中心，挂区城市社会经济调查中心牌子，隶属区统计局；设立区健康教育所，挂靠在区疾控中心，隶属区卫生局；设立军队转业干部服务中心，挂靠在区人才交流中心，隶属区人事局；设立区综合行政执法局南桐中队、青年中队。6月，设立区信息化办公室，隶属区科学技术协会；区劳动保障监察中队改为区劳动保障监察大队。7月，设立万盛区青少年活动中心，隶属共青团万盛区委员会。8月，设立区宣传文化中心，隶属中共万盛区委宣传部；9月，重庆市事业单位登记管理局将万盛区房屋产权产籍监理所划归万盛区事业单位登记管理局管理；设立区水质监测中心站，隶属区水务局。

2006年，区内各镇统一设置农业服务中心、文化服务中心、财政所、人口与计划生育生殖健康服务站和社会保障服务所等5个公益性的全额拨款事业机构。是年，注销不具备法人资格的事业单位12个。

2007年，进盛中学与东林高级中学合并为重庆市进盛实验中学校，隶属区教育委员会；设立区新型农村合作医疗管理中心，隶属区卫生局；设立区人大常务委员会信息中心、政协万盛区委员会信息中心；设立区劳动争议仲裁院，隶属区劳动和社会保障局；区城市最低生活保障办公室更名区最低生活保障中心，隶属区劳动和社会保障局；设立区政府投资建设项目审核中心。是年，区内各镇差额拨款的事业单位全部改为全额拨款事业单位；将分镇设置国土资源管理所调为分片区设置；年检法人事业单位131个，合格率97.7%，注销不符合条件的法人事业单位17个，审核登记符合条件的事业单位3个。

2008年，区建设工程质量监督站改为单独设置；设立外来投资企业服务中心，隶属区商务局；设立学生资助管理中心，隶属区教育委员会；设立关坝镇水库管理所、青年镇水库管理所和金桥镇水库管理所。是年，年检法人事业单位130个。

2009年，万盛电视台改为区政府直属事业单位。是年，核准登记事业单位4个，变更登记法人事业单位20个，注销不合格法人事业单位12个，年检核准合格法人事业单位137个。

2010—2011年，完成区内233个事业单位分类、审核、上报备案工作。2011年，登记法人事业单位4个，变更登记法人事业单位48个，注销不合格法人事业单位16个，年检法人事业单位151个，合格率99%。

三、乡镇（街道）机构管理

1986年6月，南桐、关坝、丛林、景星、南天、青山、金桥7个乡的党委设党委办公室，政府设行政办公室、农林办公室和企业办公室。

1990年1月，各乡镇建立乡镇人民代表大会主席团。

2001年9月，改革乡镇、街道工作机构设置。万盛、东林2个街道办事处设行政办公室（与街道党工委办公室合署，挂社会治安综合治理办公室牌子）、社会事务管理科、社区建设科、城市管理科和人口与计划生育办公室等5个综合办事机构。万东、南桐2个镇政府设行政办公室（与镇党委办公室合署，挂社会治安综合治理办牌子）、经济发展办公室、社会事务管理办公室（挂人口与计划生育办牌子）、村镇建设管理办公室和安全生产监督管理办公室等5个工作机构。青年、关坝、丛林3个镇政府设行政办公室（与镇党委办公室合署，挂社会治安综合治理办牌子）、经济发展办公室、社会事务管理办公室（挂人口与计划生育办牌子）和安全生产监督管理办公室等4个工作机构。金桥、景星、南天3个乡政府设行政办公室（与乡党委办公室合署，挂社会治安综合治理办牌子）、经济发展办公室（挂安全生产监管办牌子）和社会事务管理办公室（挂人口与计划生育办牌子）等3个工作机构。乡镇人民代表大会主席团、中共纪律检查委员会（监察室）、人民武装部、共青团委员会、妇女联合会、工会按有关规定设置，不设内设机构。

2006年，乡镇工作机构再次改革。万东、南桐、关坝3个镇政府设行政办公室（与镇党委办公室合署）、经济发展办公室、社会事务办公室（挂民政办、人口计生办牌子）、社会治安综合治理委员会办公室（挂安全生产监督管理办公室牌子）和城镇建设管理办公室等5个工作机构。青年、丛林、金桥、石林、黑山镇5个镇政府设行政办公室（与镇党委办公室合署）、经济发展办公室、社会事务办公室（挂民政办、人口计生办牌子）和社会治安综合治理委员会办公室（挂安全生产监督管理办公室牌子）等4个工作机构。

2008年，万东、南桐、关坝3个镇政府城镇建设管理办公室更名建设管理办公室，增设统计办公室和应急办公室；青年、丛林、金桥、石林、黑山5个镇政府增设建设管理办公室、统计办公室和应急办公室；万盛、东林2个街道办事处增设统计办公室和应急办公室。

第二节　编制管理

一、行政编制管理

1985年，中共重庆市委、重庆市政府给南桐矿区43个党政群机关单位和3个街道、9个乡镇（不含区人民法院、区人民检察院、区司法局和9个乡镇的合同制干部）编制数控制为637人。

1986年8月，中共南桐矿区委组织部和区人事局发文，调整区内部分单位人员编制数量，调整后增加42人。

1986年8月南桐矿区部分单位增加人员编制情况统计表

表25-2　　单位：人

单位名称	小计	行政编制	事业编制	企业编制	备注
区地方志编辑委员会办公室	3	3	0	0	不含聘用的离退休干部
区政府城市管理办公室	7	0	7	0	如经费来源为财政开支，则编制暂定3人
区编制委员会办公室	1	1	0	0	
区国库券管理办公室	3	0	3	0	
区老龄工作委员会办公室	2	2	0	0	
区个体劳动者协会	2	0	2	0	
农业区划委员会办公室	2	0	2	0	本系统内调剂
区工业交通局	31	15	0	16	与区计划经济委员会分开后，单独设置
区人民代表大会常委会办公室	2	2	0	0	
中共南桐矿区委政法委员会	1	1	0	0	
中共南桐矿区委组织部	1	1	0	0	增加落实政策工作人员
重庆市总工会南桐矿区办事处	1	1	0	0	

续表

单位名称	小计	行政编制	事业编制	企业编制	备注
区政府农业财贸办公室	3	3	0	0	
区“五讲四美三热爱”委员会办公室	1	1	0	0	
区财政局	2	0	2	0	综合预算业务人员
区民政局	2	1	1	0	
区档案局	2	2	0	0	
青年镇	2	2	0	0	
南桐乡	1	1	0	0	
合计	71	35	20	16	

1986 年 8 月南桐矿区部分单位减少人员编制情况统计表

表 25-3　　单位：人

单位名称	原人员编制数			调减后编制数		
	小计	行政编制	企业编制	小计	行政编制	企业编制
区计划经济委员会	40	19	21	13	13	0
区商业局	39	0	39	37	0	37
合 计	79	19	60	50	13	37

1986 年 10 月 3 日，区编委印发《关于重新下达区级党政群机关和局级以上企事业单位人员配备控制数的通知》（桐编〔1986〕4 号），要求区属党政群机关和局级以上企事业单位，清理核对各自单位自 1984 年 9 月区编制委员会下达的人员编制数及其以后零星调整的人员编制控制数。

1986 年 10 月南桐矿区区属党政群机关人员编制统计表

表 25-4　　单位：人

单位名称	1984 年 9 月确定编制数				1984 年 9 月后调整编制数				1986 年 10 月确定编制数			
	小计	行政编制	事业编制	企业编制	小计	行政编制	事业编制	企业编制	小计	行政编制	事业编制	企业编制
区委办公室	26	24	0	2	2	2	0	0	28	26	0	2
区委保密委员会办公室	1	1	0	0	0	0	0	0	1	1	0	0
区委党史工作委员会办公室	2	0	0	2	2	2	0	0	2	2	0	0
区委组织部	12	12	0	0	1	1	0	0	13	13	0	0
区委宣传部	12	12	0	0	0	0	0	0	12	12	0	0
区委统战部	3	3	0	0	0	0	0	0	3	3	0	0
区委政法委员会	3	3	0	0	1	1	0	0	4	4	0	0
区委政策研究室	4	4	0	0	0	0	0	0	4	4	0	0

续表

单位名称	1984年9月确定编制数				1984年9月后调整编制数				1986年10月确定编制数			
	小计	行政编制	事业编制	企业编制	小计	行政编制	事业编制	企业编制	小计	行政编制	事业编制	企业编制
中共南桐矿区纪律检查委员会	9	9	0	0	0	0	0	0	9	9	0	0
区委老干局	2	2	0	0	0	0	0	0	2	2	0	0
区人民代表大会常务委员会	14	14	0	0	2	2	0	0	16	16	0	0
政协南桐矿区委员会	8	8	0	0	0	0	0	0	8	8	0	0
共青团南桐矿区委员会	6	6	0	0	0	0	0	0	6	6	0	0
区妇女联合会	5	5	0	0	0	0	0	0	5	5	0	0
重庆市总工会南桐矿区办事处	5	0	5	0	1	1	0	0	6	1	5	0
区政府办公室	21	21	0	0	1	1	0	0	22	22	0	0
区“五讲四美三热爱”委员会办公室	2	2	0	0	1	1	0	0	3	3	0	0
区计划经济委员会	40	19	0	21	–24	–6	3	–21	16	13	3	0
区政府经济技术协作办公室	0	0	0	0	3	0	3	0	3	0	3	0
区政府农业财贸办公室	11	8	0	3	11	0	0	11	0	0	0	0
区科学技术委员会 区科学技术协会	6	6	0	0	0	0	0	0	6	6	0	0
区人事局	7	7	0	0	0	0	0	0	7	7	0	0
区老龄工作委员会办公室	0	0	0	0	2	2	0	0	2	2	0	0
区编制委员会办公室	0	0	0	0	1	1	0	0	1	1	0	0
区劳动局	7	7	0	0	2	2	0	0	9	9	0	0
区民政局	12	8	4	0	–1	–1	0	0	11	8	3	0
区统计局	6	6	0	0	1	0	1	0	7	6	1	0
区财政局	18	13	5	0	5	0	5	0	23	13	10	0
区物价局	3	3	0	0	0	0	0	0	3	3	0	0
区环境保护局	3	3	0	0	0	0	0	0	3	3	0	0
区城乡建设管理委员会	12	11	0	1	24	0	24	0	36	11	24	1
区政府城市管理办公室	0	0	0	0	3	0	3	0	3		3	
区审计局	7	7	0	0	4	4	0	0	11	11	0	0
区体育运动委员会	4	4	0	0	0	0	0	0	4	4	0	0
区人民防空领导小组办公室	2	2	0	0	0	0	0	0	2	2	0	0
区计划生育委员会	8	5	3	0	0	0	0	0	8	5	3	0
区工业交通局	0	0	0	0	31	15	0	16	31	15	0	16
区第二轻工业局	35	0	0	35	0	0	0	0	35	0	0	35
区乡镇企业管理局	20	6	0	14	0	0	0	0	20	6		14
区商业局	39	0	0	39	–2	0	0	–2	37	0	0	37

续表

单位名称	1984年9月确定编制数				1984年9月后调整编制数				1986年10月确定编制数			
	小计	行政编制	事业编制	企业编制	小计	行政编制	事业编制	企业编制	小计	行政编制	事业编制	企业编制
区工商管理局	20	19	1	0	0	0	0	0	20	19	1	0
区个体劳动者协会	0	0	0	0	2	0	2	0	2	0	2	0
区教育局	36	6	30	0	2	0	2	0	38	6	32	0
区文化局	5	3	2	0	0	0	0	0	5	3	2	0
区广播电视局	19	0	19	0	0	0	0	0	19	0	19	0
区卫生局	15	5	10	0	0	0	0	0	15	5	10	0
区档案局	5	2	3	0	2	1	1	0	7	3	4	0
区农业局	19	11	8	0	2	0	2	0	21	11	10	0
区林业局	22	5	17	0	0	0	0	0	22	5	17	0
合计	516	292	107	117	79	29	46	4	571	314	152	105

1986年10月南桐矿区街道、乡镇机关人员编制统计表

表25-5　　单位：人

单位名称	1984年9月确定编制数				1984年9月后调整编制数				1986年10月确定编制数			
	小计	行政编制	事业编制	企业编制	小计	行政编制	事业编制	企业编制	小计	行政编制	事业编制	企业编制
万盛街道	11	11	0	0	4	4	0	0	11	11	0	0
南桐街道	10	10	0	0	0	0	0	0	10	10	0	0
东林街道	9	9	0	0	0	0	0	0	9	9	0	0
万盛乡	12	12	0	0	0	0	0	0	12	12	0	0
南桐乡	11	11	0	0	1	1	0	0	12	12	0	0
关坝乡	10	10	0	0	0	0	0	0	10	10	0	0
景星乡	9	9	0	0	0	0	0	0	9	9	0	0
南天乡	10	10	0	0	0	0	0	0	10	10	0	0
丛林乡	11	11	0	0	1	1	0	0	12	12	0	0
青山乡	10	10	0	0	0	0	0	0	10	10	0	0
金桥乡	9	9	0	0	0	0	0	0	9	9	0	0
青年镇	12	12	0	0	2	2	0	0	14	14	0	0
合计	124	124	0	0	8	8	0	0	128	128	0	0

1986 年 10 月南桐矿区区属政法机关人员编制统计表

表 25-6　　单位：人

单位名称	1984 年 9 月确定编制数				1984 年 9 月后调整编制数				1986 年 10 月确定编制数			
	小计	行政编制	事业编制	企业编制	小计	行政编制	事业编制	企业编制	小计	行政编制	事业编制	企业编制
区人民检察院	25	25	0	0	6	6	0	0	31	31	0	0
区人民法院	28	28	0	0	13	13	0	0	41	41	0	0
区司法局	11	11	0	0	5	5	0	0	16	16	0	0
合计	64	64	0	0	24	24	0	0	88	88	0	0

1986 年 10 月中共南桐矿区委、南桐矿区政府直属企事业单位人员编制统计表

表 25-7　　单位：人

单位名称	1984 年 9 月确定编制数				1984 年 9 月后调整编制数				1986 年 10 月确定编制数			
	小计	行政编制	事业编制	企业编制	小计	行政编制	事业编制	企业编制	小计	行政编制	事业编制	企业编制
区供销合作社	33	0	0	33	0	0	0	0	33	0	0	33
区粮食公司	40	0	0	40	0	0	0	0	40	0	0	40
中共南桐矿区委党校	15	0	15	0	7	0	7	0	22	0	22	0
区地方志编辑委员会办公室	0	0	0	0	3	0	3	0	3	0	3	0
合计	88	0	15	73	10	0	10	0	98	0	25	73

1987 年 5 月 20 日，中共南桐矿区委组织部印发《关于确定区级部委办局领导职数的通知》，明确区级部委办局（不含区人民武装部）和各街道办事处等 53 个单位领导职数设置。具体为中共南桐矿区委统战部、政法委员会、政策研究室、老干部局、南桐矿区人事局、区档案局、区统计局、区物价局、区体育运动委员会、区人民防空领导小组办公室、区“五讲四美三热爱”委员会办公室和区科学技术协会等 12 个单位设 1 个领导职数；南桐矿区人民代表大会常务委员会办公室、政协南桐矿区委员会办公室、南桐矿区政府农业财贸办公室、南桐矿区科学技术委员会、区劳动局、区民政局、区审计局、区财政局、区文化局、区计划生育委员会、区司法局、区环境保护局、区广播电视局、区妇女联合会、重庆市总工会南桐矿区办事处、共青团南桐矿区委员会和中共南桐矿区委党校等 17 个单位设置 2 个领导职数；中共南桐矿区纪律检查委员会、中共南桐矿区委办公室、组织部、宣传部、南桐矿区政府办公室、南桐矿区房地产管理分局、南桐矿区人民法院和南桐矿区人民检察院等 8 个单位设置 2 ～ 3 个领导职数；南桐矿区城乡建设管理委员会、区乡镇企业管理局、区林业局、区卫生局和区公司行政管理局等 5 个单位设置 3 个领导职数；南桐矿区计划经济委员会、区工业交通局、区第二轻工业局、区商业局、区供销合作社、区粮食公司、区教育局、区农业局、万盛街道办事处、东林街道办事处和南桐街道办事处等 11 个单位设置 4 个领导职数。

1987 年 7 月，全区控编机构实有编制人员 677 人，超重庆市编制委员会给南桐矿区划定的编制人数 12 人。此外，重庆市编制委员会控编外的区人民法院、区人民检察院、区司法局有编制 88 人，实有 84 人，缺 4 人。区统计局、区第二轻工业局、区地方志编辑委员会办公室有编制 45 人，实有 39 人，缺 6 人。全区局以上机关及街道、乡镇有编制 850 人，实有 800 人，缺 50 人。

1988年9月24日，再次核查区属党政群机关、乡镇（街道）机关和局级以上事业单位的人员编制数量。

1988年9月南桐矿区区属党政群机关人员编制统计表

表25-8　　单位：人

单位名称	1986年10月确定编制数				1986年10月后调整编制数				1988年9月确定编制数			
	小计	行政编制	事业编制	企业编制	小计	行政编制	事业编制	企业编制	小计	行政编制	事业编制	企业编制
区委办公室	28	26	0	2	4	4	0	0	32	30	0	2
区委保密委员会办公室	1	1	0	0	0	0	0	0	1	1	0	0
区委党史工作委员会办公室	2	2	0	0	0	0	0	0	2	2	0	0
区委组织部	2	2	0	0	-1	-1	0	0	12	12	0	0
区委宣传部	12	12	0	0	-1	-1	0	0	11	11	0	0
区委统战部	3	3	0	0	1	1	0	0	4	4	0	0
区委政法委员会	4	4	0	0	0	0	0	0	4	4	0	0
区委政策研究室	4	4	0	0	0	0	0	0	4	4	0	0
中共南桐矿区纪律检查委员会	9	9	0	0	1	1	0	0	10	10	0	0
区委老干局	2	2	0	0	1	1	0	0	3	3	0	0
中共南桐矿区区级机构临时委员	0	0	0	0	3	3	0	0	3	3	0	0
区人民武装部	0	0	0	0	21	21	0	0	21	21	0	0
政协南桐矿区委员会	8	8	0	0	4	4	0	0	12	12	0	0
共青团南桐矿区委员会	6	6	0	0	0	0	0	0	6	6	0	0
区妇女联合会	5	5	0	0	0	0	0	0	5	5	0	0
重庆市总工会南桐矿区办事处	6	1	5	0	0	0	0	0	6	1	5	0
区人民代表大会常务委员会	16	16	0	0	0	0	0	0	16	16	0	0
区政府办公室	22	22	0	0	3	3	0	0	25	25	0	0
区“五讲四美三热爱”委员会办公室	3	3	0	0	0	0	0	0	3	3	0	0
区计划经济委员会	16	13	3	0	1	1	0	0	17	14	3	0
区体制改革、经济技术协作办公室	3	0	3	0	6	6	0	0	9	6	3	0
区政府农业财贸办公室	11	11	0	0	-1	-1	0	0	10	10	0	0
区科学技术委员会、区科学技术协会	6	6	0	0	1	1	0	0	7	7	0	0
区人事局	7	7	0	0	2	2	0	0	9	9	0	0
区老龄工作委员会办公室	2	2	0	0	0	0	0	0	2	2	0	0
区编制委员会办公室	1	1	0	0	1	1	0	0	2	2	0	0
区劳动局	9	9	0	0	2	2	0	0	11	11	0	0
区民政局	11	8	3	0	1	1	0	0	12	9	3	0
区统计局	7	6	1	0	0	0	0	0	7	6	1	0

续表

单位名称	1986年10月确定编制数				1986年10月后调整编制数				1988年9月确定编制数			
	小计	行政编制	事业编制	企业编制	小计	行政编制	事业编制	企业编制	小计	行政编制	事业编制	企业编制
区财政局	18	13	5	0	6	4	2	0	24	17	7	0
区物价局	3	3	0	0	0	0	0	0	3	3	0	0
区环境保护局	3	3	0	0	0	0	0	0	3	3	0	0
区城乡建设管理委员会	36	11	24	1	–4	0	–4	0	32	11	20	1
区政府城市管理办公室	3	0	3	0	0	0	0	0	3	0	3	0
区国土局	0	0	0	0	9	9	0	0	9	9	0	0
区监察局	0	0	0	0	10	10	0	0	10	10	0	0
区审计局	11	11	0	0	0	0	0	0	11	11	0	0
区体育运动委员会	4	4	0	0	0	0	0	0	4	4	0	0
区人民防空领导小组办公室	2	2	0	0	0	0	0	0	2	2	0	0
区计划生育委员会	8	5	3	0	1	0	1	0	9	5	4	0
区工业交通局	31	15	0	16	–5	–2	0	–3	26	13	0	13
区第二轻工业局	35	0	0	35	0	0	0	0	35	0	0	35
区乡镇企业管理局	20	6	0	14	–2	0	0	–2	18	6	0	12
区商业局	37	0	0	37	–6	0	0	–6	31	0	0	31
区工商管理局	20	19	1	0	0	0	0	0	20	19	1	0
区个体劳动者协会	2	0	2	0	1	0	1	0	3	0	3	0
区教育局	30	6	32	0	0	1	–1	0	38	7	31	0
区文化局	5	3	2	0	0	0	0	0	5	3	2	0
区广播电视局	19	0	19	0	–2	0	–2	0	17	0	17	0
区卫生局	15	5	10	0	–1	0	–1	0	14	5	9	0
区档案局	7	3	4	0	0	0	0	0	7	3	4	0
区农业局	21	11	10	0	–5	–2	–3	0	16	9	7	0
区林业局	22	5	17	0	–3	0	–3	0	19	5	14	0
区房地产管理分局	26	0	26	0	–4	0	–4	0	22	0	22	0
合计	584	314	173	105	44	69	–14	–11	647	394	159	94

1988年9月南桐矿区街道、乡镇机关人员编制统计表

表25–9　　单位：人

单位名称	1986年10月确定编制数				1986年10月后调整编制数				1988年9月确定编制数			
	小计	行政编制	事业编制	企业编制	小计	行政编制	事业编制	企业编制	小计	行政编制	事业编制	企业编制
万盛街道	11	11	0	0	0	0	0	0	11	11	0	0

续表

单位名称	1986年10月确定编制数				1986年10月后调整编制数				1988年9月确定编制数			
	小计	行政编制	事业编制	企业编制	小计	行政编制	事业编制	企业编制	小计	行政编制	事业编制	企业编制
南桐街道	10	10	0	0	0	0	0	0	10	10	0	0
东林街道	9	9	0	0	0	0	0	0	9	9	0	0
万盛乡	12	12	0	0	0	0	0	0	12	12	0	0
南桐乡	12	12	0	0	0	0	0	0	12	12	0	0
关坝乡	10	10	0	0	0	0	0	0	10	10	0	0
景星乡	9	9	0	0	0	0	0	0	9	9	0	0
南天乡	10	10	0	0	0	0	0	0	10	10	0	0
丛林乡	12	12	0	0	0	0	0	0	12	12	0	0
青山乡	10	10	0	0	0	0	0	0	10	10	0	0
金桥乡	9	9	0	0	0	0	0	0	9	9	0	0
青年镇	14	14	0	0	0	0	0	0	14	14	0	0
合计	128	128	0	0	0	0	0	0	128	128	0	0

1988年9月南桐矿区区属政法机关人员编制统计表

表25-10　　单位：人

单位名称	1986年10月确定编制数				1986年10月后调整编制数				1988年9月确定编制数			
	小计	行政编制	事业编制	企业编制	小计	行政编制	事业编制	企业编制	小计	行政编制	事业编制	企业编制
区人民检察院	31	31	0	0	9	9	0	0	40	40	0	0
区人民法院	41	41	0	0	23	23	0	0	64	64	0	0
区司法局	16	16	0	0	20	20	0	0	36	36	0	0
合计	88	88	0	0	52	52	0	0	140	140	0	0

1988年9月中共南桐矿区委、南桐矿区政府直属企事业单位人员编制统计表

表25-11　　单位：人

单位名称	1986年10月确定编制数				1986年10月后调整编制数				1988年9月确定编制数			
	小计	行政编制	事业编制	企业编制	小计	行政编制	事业编制	企业编制	小计	行政编制	事业编制	企业编制
区供销合作社	33	0	0	33	0	0	0	0	33	0	0	33
中共南桐矿区委党校	22	0	22	0	1	0	1	0	23	0	23	0
区地方志编辑委员会办公室	3	0	3	0	0	0	0	0	3	0	3	0
合计	58	0	25	33	1	0	1	0	59	0	26	33

1992 年 10 月，街道、乡镇建制调整后，区机构编制委员会随之调整各街道、乡镇人员编制，总的编制数维持不变，只是重新分配。万盛、东林两个街道各分配编制 15 人。乡镇按辖区人口、面积等因素分配编制人数。南桐镇 30 人，万东镇 17 人，丛林镇 14 人，关坝镇 14 人，青年镇 14 人，金桥乡 13 人，景星乡 12 人，南天乡 13 人。

1994 年 8 月，区人民法院增加编制 8 人，其中特殊岗位 2 人，总编制数为 74 人；区人民检察院增加编制 6 人，总编制数为 48 人。

1994 年 10 月 18 日，区机构编制委员会、中共万盛区委组织部、区人事局重新确定各乡镇编制及领导职位设置情况。

1994 年 10 月万盛区各乡镇编制、内设机构及领导职数情况一览表

表 25–12

乡镇名称	机关编制数（人）			内设机构（个）	内设机构领导职数（个）		事业编制数（人）
	行政编制	事业编制	合计		正职	副职	
南桐镇	30	12	42	8	8	0	68
万东镇	17	13	30	6	6	0	51
青年镇	14	8	22	5	5	0	58
关坝镇	14	8	22	5	5	0	45
丛林镇	14	8	21	5	5	0	41
金桥镇	13	8	21	5	5	0	66
南天乡	13	8	21	5	5	0	39
景星乡	12	9	21	5	5	0	44
合计	127	74	201	44	44	0	412

说明：1. 机关编制含财政所、计划生育办公室、国土资源管理办公室，事业编制含企业管理办公室。2. 内设机构不含共青团、妇联组织。3. 内设机构 4 人（含 4 人）以下设 1 个领导职数，在 5 人以上，可增设 1 个副职领导职数。4. 计划生育办公室可单独设置

1994年11月，再次核定各乡镇机关人员编制，万东镇30人，南桐镇42人，关坝镇23人，青年镇22人，丛林镇 22 人，南天乡 21 人，金桥乡 21 人，景星乡 21 人。

2001 年，万盛区实施机构改革，重新核定全区行政机构人员编制数量。区属机关行政编制从 596 人减至 483 人，减少 113 人，精简 19%。精简后重新核定区属机关行政编制数为 494 人。区人民法院、区人民检察院和区司法局政法专项编制从 158 人减至 142 人，减少 16 人，精简 10%。精简后重新核定区人民法院、区人民检察院和区司法局政法专项编制数为 152 人，其中区人民法院 68 人，区人民检察院 45 人，区司法局 39 人（含区委政法委员会人员）。中共万盛区委常委会设常委 11 人，其中书记 1 人，副书记 4 人；万盛区政府设区长 1 人，副区长 6 人；万盛区人大常委会设主任 1 人，副主任 5 人；政协万盛区委设主席 1 人，副主席 7 人；万盛区人民法院设院长 1 人，副院长 3 人；万盛区人民检察院设检察长 1 人，副检察长 2 人；区属党政工作部门设正职 1 人，副职 1 ~ 2 人；街道党工委设书记、副书记各 1 人；街道办事处设主任 1 人，副主任 3 人。

2001 年万盛区机构改革后行政机构编制情况一览表

表 25-13　　　　单位：人

系统及单位名称	编制数	实有编制数			派出机构	
		合计	其中		编制数	实有编制数
			部门领导人数	内设机构领导人数		
中共万盛区委、中共万盛区纪委系统	75	65	26	17	0	0
中共万盛区纪委（区监察局）	15	15	9	6	0	0
区委办公室	17	12	4	2	0	0
区委组织部	12	12	2	4	0	0
区委宣传部	11	8	4	2	0	0
区委统战部	5	4	2	1	0	0
区委政法委员会	0	0	0	0	0	0
中共万盛区直属机关工作委员会	3	3	1	1	0	0
区委老干局	3	5	2	1	0	0
区机构编制委员会办公室	2	0	0	0	0	0
区委其他	3	2	2	0	0	0
区委领导	4	4	0	0	0	0
区委领导工作人员	0	0	0	0	0	0
万盛区人大常委会系统合计	19	18	6	2	0	0
办公室	8	8	2	2	0	0
法律工作委员会工委	2	1	1	0	0	0
区人大常委会其他	3	3	3	0	0	0
区人大常委会领导	6	6	0	0	0	0
区人大常委会领导工作人员	0	0	0	0	0	0
万盛区政府系统合计	326	289	85	82	5	5
区政府办公室	18	15	5	5		
区发展计划委员会	13	11	4	5	5	5
区经济贸易委员会	30	21	5	0	0	0
区民族宗侨务办公室	3	3	1	1	0	0
区民政局	13	11	3	4	0	0
区财政局	22	22	4	9	0	0
区人事局	12	10	1	2	0	0
区劳动和社会保障局	10	9	3	4	0	0
区教育委员会	22	22	4	6	0	0
区科学技术委员会	5	5	3	2	0	0
区文化体育局	8	8	2	3	0	0

续表

系统及单位名称	编制数	实有编制数			派出机构	
		合计	其中		编制数	实有编制数
			部门领导人数	内设机构领导人数		
区卫生局	9	7	3	3	0	0
区计划生育委员会	10	11	4	3	0	0
区建设委员会	24	24	5	9	0	0
区国土资源局	15	13	3	5	15	13
区环境保护局	9	7	2	1	9	7
区煤炭工业局	9	9	4	3	9	9
区交通局	12	7	4	0	12	7
区水利局	10	8	3	0	10	8
区农业局	10	5	3	1	10	5
区政府农业办公室	7	9	5	2	7	9
区林业局	12	9	3	4	12	9
区粮食局	6	11	3	2	6	11
区审计局	15	10	3	3	15	10
区统计局	6	6	2	2	6	6
区旅游局	8	8	3	3	8	8
区政府领导	8	8	0	0	8	8
区政府领导工作人员	0	0	0	0	0	0
政协万盛区委系统合计	15	13	6	2	15	13
办公室	4	4	2	2	4	4
政协其他	6	4	4	0	6	4
政协领导	5	5	0	0	0	0
政协领导工作人员	0	0	0	0	0	0
群众团体系统合计	19	17	11	5	0	0
区总工会	4	2	1	0	0	0
共青团万盛区委	3	3	2	1	0	0
区妇女联合会	3	3	2	1	0	0
区科学技术委员会	3	3	2	1	0	0
区归侨侨眷联合会	1	1	1	0	0	0
区残疾人联合会	2	2	1	1	0	0
区工商业联合会	3	3	2	1	0	0

2005年6月，重新核定乡镇机关行政编制，乡镇行政编制数209人，其中万东镇29人、南桐镇38人、青年镇25人、关坝镇26人、丛林镇25人、金桥镇22人、石林镇22人、景星乡22人；乡镇机关后

勤编制数 18 人，其中万东镇、南桐镇各 3 人，青年镇、关坝镇、丛林镇、金桥镇、石林镇、景星乡各 2 人。

2006 年，再次核定乡镇编制数和领导职数，确定万东、关坝和南桐镇机关行政编制控制在 30 人内，设领导职数 9 个；青年、丛林、金桥、石林和黑山镇控制在 25 人内，设领导职数 7 个。全区区级机关有行政编制数 525 人，实用 483 人，余编 18 人；有政法专项编制 162 人，实用 152 人，余编 10 人；乡镇机关有行政编制 255 人，实用 172 人，余编 83 人。

2010 年，重庆市下达万盛区各级行政编制 791 人，万盛区下核 744 人，实有人员 733 人。其中下达区级行政编制 536 人，下核 529 人，实有人员 527 人；下达镇级行政编制 255 人，下核 215 人，实有人员 206 人；下达政法专项编制 196 人，下核 194 人（区人民法院 88 人、区人民检察院 57 人、区司法局 41 人、区森林警察支队 10 人），实有人员 166 人（区人民法院 80 人、区人民检察院 46 人、区司法局 31 人、区森林警察支队 9 人）。

2011 年，重庆市下达万盛区区级行政编制 536 人，实有人员 501 名；下达政法专项编制 196 人，实有 178 人，空编 18 人；下达镇级行政编制 255 人，实有人员 212 人。

二、事业编制管理

1987 年 1 月 15 日，在清理核定全区各系统控编人员情况后，制订区属事业单位人员编制方案。新的编制方案，自 1987 年 2 月起执行。

1986 年南桐矿区教育系统事业单位编制方案一览表

表 25-14　　单位：人

学校或学区名称	所有制性质	核定编制	经费渠道
重庆市第四十九中学	全民	107	区财政拨款
南桐中学	全民	81 ~ 83	区财政拨款
重庆市第一〇四中学	全民	64	区财政拨款
重庆市第一〇五中学	全民	85 ~ 94	区财政拨款
重庆市第一〇六中学	全民	40 ~ 47	区财政拨款
重庆市第一一五中学	全民	39 ~ 42	区财政拨款
浸水垭中学	全民	41	区财政拨款
鱼田堡中学	全民	59	区财政拨款
景星中学	全民	26 ~ 27	区财政拨款
南桐职业中学	全民	34 ~ 40	区财政拨款
区教师进修学校	全民	37 ~ 40	区财政拨款
万盛小学	全民	77	区财政拨款
万盛学区	全民	176	区财政拨款
南桐学区	全民	219	区财政拨款
青年学区	全民	122	区财政拨款
关坝学区	全民	188 ~ 204	区财政拨款
南天学区	全民	129 ~ 138	区财政拨款
景星学区	全民	76	区财政拨款

续表

学校或学区名称	所有制性质	核定编制	经费渠道
丛林学区	全民	99 ~ 107	区财政拨款
青山学区	全民	73	区财政拨款
金桥学区	全民	76 ~ 78	区财政拨款
教育幼儿园	全民	14	区财政拨款
教育企业公司	全民	7	区财政拨款

1986 年南桐矿区卫生系统事业单位编制方案一览表

表 25-15　　单位：人

单位名称	所有制性质	核定编制	经费渠道	备注
区人民医院	全民	252	区财政拨款	区财政定向补助
区防疫站	全民	41	区财政拨款	
区爱国卫生运动委员会办公室	全民	3	区财政拨款	
区卫校	全民	11	区财政拨款	区财政定向补助
区药检所	全民	9	区财政拨款	包括药政 2 人
区妇幼保健所	全民	24	区财政拨款	
青年地区医院	全民	40	区财政拨款	区财政定向补助
区中医院	全民	108	自收自支	区财政定向补助 37 人
区精神病院	全民	45	区财政拨款	区财政定向补助 19 人
南天卫生院	全民	10	区财政拨款	区财政定向补助 4 人
青山卫生院	全民	9	区财政拨款	区财政定向补助 3 人
关坝卫生院	全民	18	区财政拨款	区财政定向补助 5 人
万盛卫生院	全民	27	区财政拨款	区财政定向补助 5 人
桃子医院	全民	47	区财政拨款	区财政定向补助 15 人
金桥卫生院	全民	8	区财政拨款	区财政定向补助 4 人
景星卫生院	全民	11	区财政拨款	区财政定向补助 1 人

1986 年南桐矿区文化系统事业单位编制方案一览表

表 25-16　　单位：人

单位名称	所有制性质	核定编制	经费渠道	备注
区文化馆	全民	21	区财政拨款	
区川剧团	全民	60	区财政拨款	区财政定向补贴
各乡镇文化站	全民	12	区财政拨款	

1986年南桐矿区交通系统事业单位编制方案一览表

表25-17　　单位：人

单位名称	所有制性质	核定编制	经费渠道
区交管站	全民	16	自收自支
区养路队	全民	70	自收自支

1986年南桐矿区城乡建设系统事业单位编制方案一览表

表25-18　　单位：人

单位名称	所有制性质	核定编制	经费渠道
南桐公园	全民	22	市财政拨款
区绿化队	全民	23	市财政拨款
区环卫所	全民	25	市财政拨款
街道城管办公室	全民	15	市财政拨款
区建筑设计室	全民	13	自收自支

1986年南桐矿区农业系统事业单位编制方案一览表

表25-19　　单位：人

单位名称	所有制性质	核定编制	经费渠道	备注
区农技站	全民	6	区财政拨款	
区植保站	全民	4	区财政拨款	
区土肥站	全民	4	区财政拨款	
区经管站	全民	10	区财政拨款	
区水产站	全民	6	区财政拨款	
区畜牧站	全民	18	区财政拨款	
区蚕桑站	全民	3	区财政拨款	
区茶技站	全民	5	区财政拨款	
区水电站	全民	10	区财政拨款	
区农机站	全民	12	区财政拨款	
区经作站	全民	6	区财政拨款	
区农科所	全民	7	区财政拨款	区财政定向补贴
区农广校	全民	2	区财政拨款	

1986 年南桐矿区计生系统事业单位编制方案一览表

表 25-20　单位：人

单位名称	所有制性质	核定编制	经费渠道
区计划生育指导站	全民	8	区财政拨款
各乡镇（街道）计生办公室	全民	21	区财政拨款

1986 年南桐矿区综合系统事业单位编制方案一览表

表 25-21　单位：人

单位名称	所有制性质	核定编制	经费渠道	备注
区机关幼儿园	全民	27	区财政拨款	区财政定向补贴人员工资
区计量检定站	全民	10	区财政拨款	区财政定向补贴人员工资
区林场	全民	40	自收自支	区财政定额定向补贴业务费
区森林派出所	全民	4	林业事业费中开支	
驻渝办事处	全民	11	自收自支	
区委招待所	全民	3	自收自支	
区劳动服务公司	全民	10	管理费开支	区财政开支 4 人
区劳动服务站	全民	9	管理费开支	
区社会保障管理所	全民	4	管理费开支	
区物检所	全民	6	区财政拨款	
区民政收容站	全民	4	区财政拨款	
区殡葬服务站	全民	3	区财政拨款	
区业余体校	全民	6	区财政拨款	增加场管工 1 人
区环境监测站	全民	6	排污返还费中开支	以市编制办定编为准
区地震监测站	全民	4	区财政 市财政	
区律师事务所	全民	8	自收自支	

1986 年南桐矿区未作归类事业单位编制方案一览表

表 25-22　单位：人

单位名称	所有制性质	拟定编制	经费渠道	备注
区内 5 个工商行政管理所	全民	59	区财政拨款	市财政拨款
区房管所	全民	28	区财政拨款	市财政拨款
区农业经济调查队	全民	5	区财政拨款	市财政拨款
区科技开发中心	全民	4	区财政拨款	
区图书馆	全民	15	区财政拨款	
区种子公司	全民	7	区财政拨款	
区农机公司	全民	23	自收自支	

续表

单位名称	所有制性质	拟定编制	经费渠道	备注
区林业公司	全民	25	自收自支	
区供销公司	全民	30	自收自支	
区矿业公司	全民	40	自收自支	
区蚕茧公司	全民	12	自收自支	
区物资站	全民	59	自收自支	
区新华书店	全民	25	自收自支	
区电影公司	全民	11	自收自支	
南桐电影院	全民	14	自收自支	
区工业供销公司	全民	33	自收自支	
南桐街道工业办公室	全民	3	自收自支	
东林街道工业办公室	全民	3	自收自支	

2001年，全区有事业单位199个，其中财政预算的151个，经费自理的48个；有事业编制4861人，其中财政预算的4188人，其他673人；实用事业编制4537人，其中财政预算的3955人，其他582人。

2001年万盛区各系统事业单位编制情况一览表

表25-23

系统名称	单位总数（个）	财政预算机构			经费自理机构		
		单位（个）	编制（人）	实有（人）	单位（个）	编制（人）	实有（人）
教育系统	44	43	2940	2784	1	2	0
文化系统	5	4	39	39	1	20	25
广电系统	10	9	76	77	1	1	2
卫生系统	22	15	582	525	7	145	113
体育系统	3	3	10	10	0	0	0
农林水利系统	37	29	253	242	8	86	88
交通系统	8	0	0	0	8	219	188
气象事业	1	0	0	0	1	4	4
地震事业	1	1	4	5	0	0	0
环保事业	2	2	20	17	0	0	0
信息咨询事业	1	1	5	3	0	0	0
标准计量 技术监督 质量检测	6	3	4	1	3	19	10
房地产服务 城市公用事业	10	4	103	91	6	91	102
社会服务事业	8	4	13	10	4	14	11
经济监督事务	3	2	3		1	8	5
其他事业	36	31	135	149	5	50	27

2003年12月，万盛区实施事业单位机构改革，采取撤、并、重组等方式改革区属各系统及部门所属事业单位，重新核定事业单位数及人员编制数。改革后，区内事业编制人员编制从4830人减少为4474人，减少356人，精简7.37%。

2003年万盛区事业单位机构改革后各单位管辖事业单位及其编制情况一览表

表25-24

单位名称	事业单位数量（个）	编制数量（人）			
		全额财政拨款	差额财政拨款	自收自支	合计
中共万盛区委办公室	1	3	0	0	3
中共万盛区委老干部局	1	2	0	0	2
万盛区机构编制委员会办公室	1	2	0	0	2
中共万盛区委组织部	1	2	0	0	2
中共万盛区委宣传部	1	8	0	0	8
万盛区文化体育局	3	33	0	0	33
万盛区科学技术委员会	2	4	0	3	7
万盛区教育委员会	38	2684	0	0	2684
万盛区人口与计划生育委员会	3	16	0	0	16
万盛区卫生局	15	76	568	0	644
万盛区发展和计划委员会	2	4	5	0	9
万盛区粮食局	1	0	0	4	4
万盛区经济贸易委员会	1	0	0	3	3
万盛区建设委员会	6	71	0	16	87
万盛区广播电视局	1	0	28	0	28
万盛区统计局	2	4	0	0	4
万盛区财政局	4	6	0	10	16
万盛区房地产管理局	3	0	0	58	58
万盛区国土资源局	4	2	18	18	38
万盛区环境保护局	2	12	0	0	12
万盛区劳动和社会保障局	4	22	0	0	22
万盛区交通局	6	0	0	173	173
万盛区民政局	5	13	4	4	21
万盛区安全生产监督管理局	2	2	25	0	27
万盛区政府农业办公室	1	5	0	0	5
万盛区残疾人联合会	1	0	0	2	2
万盛区人事局	3	3	4	2	9
万盛区总工会	1	0	0	10	10
万盛区人民武装部	2	11	0	0	11

续表

单位名称	事业单位数量（个）	编制数量（人）			
		全额财政拨款	差额财政拨款	自收自支	合计
万盛区司法局	1	3	0	0	3
万盛区旅游局	2	8	0	0	8
万盛区林业局	3	13	26	0	39
万盛区农业局	16	53	0	74	127
万盛区水利局	6	27	0	15	42
万盛街道	2	14	0	0	14
东林街道	2	14	0	0	14
万东镇	6	13	21	0	34
南桐镇	6	22	28	0	50
青年镇	6	14	19	0	33
关坝镇	6	14	25	0	39
金桥镇	4	10	18	0	28
丛林镇	5	14	21	0	35
石林镇	5	8	19	0	27
景星乡	5	8	18	0	26

2011年，全区有各级各类事业单位235个，核定事业编制5019人，实有4254人，空编765人。其中区级事业单位191个，核定事业编制4619人，实有事业人员3909人，空编720人；镇街道事业单位44个（镇事业单位40个，街道事业单位4个），重庆市编办核定万盛区镇街事业编制400人，万盛区下核394人（各镇350人，街道34人，片区国土资源管理所10人），实有345人（各镇308人，街道27人，片区国土资源管理所10人），空编55人。

第三章　人事管理

第一节　人力资源管理

一、人才基本状况

1986年5—8月，全区（不含驻区市属工业企业、金融机构等单位）开展人才普查工作。经普查，全区专门人才（具有中专以上学历或按规定取得技术员以上职称的各类人员）2185人，其中在职2060人，离休退休 122 人，个体在业 1 人，社会闲散 2 人；非专门人才（含集体所有制单位正式干部和留任用的民办教师）1712 人，其中留任用民办教师 194 人。

1987 年 3 月，全区注册登记各类专业技术人员（包括原定职称和未定职称）2980 人，其中大学本科生 152 人，“文化大革命”期间毕业生（1970—1980 年）20 人，大学专科 242 人，各类中专生 1230 人，高中及以下 1336 人；有各类专业技术职称人员 941 人，其中中级专业技术人员 30 人（工程师 8 人，农艺师 10 人，主治医师 9 人、会计师 2 人、统计师 1 人），初级专业技术人员 911 人。

1988 年，全区有高级职称的专业技术人员 63 人，其中工程类高级工程师（副高）1 人，农业类高级农艺师（副高）1 人，卫生类主任医师（正高）1 人，副主任医师（副高）8 人，文化档案类副研究员（副高）2 人，司法类二级律师（副高）3 人，教学类中学高级教师（副高）43 人，党校高级讲师（副高）4 人。中级职务专业技术人员 655 人，其中工程类工程师 32 人，农业类农艺师 32 人，卫生类主治医师 78 人，经济类经济师 10 人，会计类会计师 9 人，统计类统计师 7 人，文化档案类馆员 6 人，新闻出版类记者 1 人，司法类三级公证员 2 人，体育类教练 3 人，教学类小学高级教师 254 人，中学一级教师 213 人，党校讲师 8 人。

1990 年，全区企业单位（含农林牧机关）聘任专业技术人员 3252 人，其中高级 47 人，中级 769 人，初级 2436 人。

1991 年，验收全区首次职称改革工作情况。全区参加职称评定的专业技术人员有 3759 人（含机关、企事业单位在职、退休及去世的专业技术人员），聘任专业技术人员 3074 人，其中事业单位 2416 人（高级职务 55 人，中级职务 668 人，初级职务 1693 人），企业单位 658 人（中级职务 74 人，初级职务 584 人）。

1995 年，万盛区企事业单位在岗专业技术人员共 3876 人，其中全民事业单位专业技术人员 2415 人，已聘专业技术职务 2211 人（高级职务 62 人，中级职务 703 人，初级职务 1446 人）；集体、事业单位专业技术人员 284 人，已聘专业技术职务 218 人（高级职务 5 人，中级职务 30 人，初级职务 185 人）；全民企业单位专业技术人员 806 人，已聘专业技术职务 582 人（高级职务 2 人，中级职务 72 人，初级职务 508 人）；集体、企业单位专业技术人员 371 人，已聘专业技术职务 237 人（中级职务 31 人，初级职务 206 人）。

2003 年，全区具有中专以上学历或初级以上职称人员 9100 人。其中研究生 9 人，大学本科 1250 人，大学专科 4000 人；高级职称 330 人，中级职称 1500 人；享受国家级政府特殊津贴优秀专家 9 人，享受区政府特殊津贴的优秀专业技术人才 6 人。

2005 年，万盛区各级各类人才仅占全区总人数 3.37%，低于全市平均水平，具有大学本科以上文化的人才仅占人才总量 13.7%，具有高级职称的人才仅占人才总量 3.6%，专家、拔尖人才、学术带头人等重点人才匮乏，企业高技能人才严重缺乏与低层次劳动力过剩的结构性矛盾突出。万盛区人才大部分集中在教育、卫生和采矿业，约 5500 人，占人才总量 60.4%。

2006—2011 年万盛区各类人才情况一览表

表 25-25　　　　单位：人

年份	合计	党政	专业技术	经营管理	技能	农村实用	社会工作	年份	合计	党政	专业技术	经营管理	技能	农村实用	社会工作
2006	22054	894	6377	1648	4202	8651	282	2009	26768	1085	7740	2000	5100	10500	343
2007	23657	959	6840	1768	4507	9279	304	2010	30153	1172	7918	2100	7100	11500	363
2008	25279	1025	7309	1889	4816	9916	324	2011	31900	1100	9800	2300	8500	–	–

二、人才管理

1988 年 2 月 10 日，南桐矿区政府召开全区人才预测结果评审会。12 日，编制成《南桐矿区专业人才需求预测分析总结报告》。1991 年 5 月，重新设置南桐矿区人才交流服务站，负责人事档案的管理工作。1992 年，印发《南桐矿区关于引进人才试行办法》和《南桐矿区关于开展人才交流工作的意见》，具体规定引进人才的工作原则、人员范围、办理方法、审批程序、优惠政策和奖励办法等。是年，区人才交流服务站接收流动人员长期保存档案 28 份，临时保存档案 11 份。区人事局与区教育委员会、区计划经济委员会开展为企业事业单位委托培养大中专学生工作，委托培养大中专生 118 人。区人事局建立正常的人才招聘秩序、审批并参与区中药厂、牛奶场、造纸厂、城区开发公司、职业中学、广播电视局等单位的公开招聘考试、考核，全年录用各类人才 15 人。

1993 年 9 月，建立区人才市场，作为区人才交流服务中心开展人才交流的场所。1999 年，起草《万盛区 1998—2010 年人才预测规划》，开展全区第二次人才资源调查，建立第二次人才资源档案库。8 月，印发《万盛区人事局 1998—2010 年人才资源需求预测与发展规划》。2000 年，为 387 名农村人才档案建库。是年底，建成人才需求库和人才求职信息库。2002 年，起草《万盛区 2003—2008 年人才资源开发战略规划》和《万盛区 2003—2008 年工业发展人才计划》，针对性地提出实施实用型经济科技人才高地建设战略的人才资源开发思路。区人才交流服务中心建立全区机关事业单位和区属国有企业专业技术人员、管理人员信息基础数据库。2003 年，清查全区干部学历，清理、审查干部学历 507 份，其中国家公务员学历 395 份，事业单位领导人学历 112 份。清理出国家不承认的学历 1 份，假本科文凭 1 份。2004 年，将人才工作纳入全区目标考核，考核结果与领导班子和领导干部调整、任用、晋级、奖惩直接挂钩；推行区级领导联系拔尖人才，组织、人事部门领导联系优秀人才，乡镇和行业主管部门领导联系骨干人才的制度。2005 年，制订《万盛区拔尖人才、优秀人才、骨干人才评选办法》，选拔拔尖人才 10 人，优秀人才 30 人，骨干人才 100 人。是年，建立卫生人才培训基地，教育人才培训基地、农业人才培训基地 3 个专业技术人才基地，举办人才培训 35 期，分类轮训卫生、教育和农业等系统的专业技术人才 3200 人。

三、人才服务

1993 年，区人才交流服务中心建立流动人员档案的转递、存放、接放、审查制度，整理流动人员档案 63 份。1994 年，管理流动人员档案 84 册，提供人事档案查阅 89 人次。1998 年，管理人才档案 152 册，提供人事档案查阅 110 人次；办理人才求职登记 50 余人次；发布人才信息 180 条。2000 年，接收档案 65 份，传递档案 15 份，提供人事档案查阅 35 人次，办理证明介绍 11 人次。2001 年，代办私营企业职称评聘手续 4 人次，为 27 名毕业生和专业技术人员办理社会人才集体户口，为 32 名大中专毕业生代理户口粮食手续，新接收管理档案 200 份，传递档案 15 人份，提供人事档案查阅 35 人次，办理证明介绍 11 人次，发布人才信息 4 期，推荐人才 230 人。2002 年，保管档案 1000 册，代理人才档案 464 份。2003 年，代理人才档案 524 份，代理户口 45 人，办理职称初评 6 人。2004 年，新增人事代理 142 人，新增求职登记 48 人，保管人事档案 1386 册，代理档案 620 份，代理户口 45 人，代办理职称初评 28 人。2005 年，新增档案 213 份，代理户口 61 人，发放大中专毕业生入户通知书 174 人次，办理干部档案传递 62 份。2007 年，代理档案总数 1903 份，新增档案 197 份，新增代理户口 2 人，办理干部档案传递 25 份。2009 年，办理转出和接收档案 510 份，单纯保管 196 份，办理人事代理 158 份。2010 年，新增档案 603 份，转出档案 395 份。2011 年，新增档案 666 件，转出档案 385 件。

四、人才市场

1993—1994 年，区人才交流服务中心接待各类专业技术人员 500 余人次，求职登记 381 人次，发布人才信息 300 余条，交流成功 45 人，向区企业单位推荐 43 名大中专毕业生。1998 年，向区企业单位推荐58名大中专毕业生。1999年5月13日，区人才市场在区劳动商场挂牌。9月11日，举办万盛区首次非师范类大中专毕业生双向选择就业大会，43个单位参会，双选成功31人，达成就业意向65人。2000年9月16日，举办万盛区第二届非师范类大中专毕业生双向选择就业大会大会，80个单位参会，20人签订就业协议，60余名学生与用人单位签订意向协议。2003年，为3名大专生到太平洋保险公司参加招聘，为3家企业举办人才现场招聘活动2次，与市新华人才市场联合举办大型人才招聘会，入场4000余人，签订用人协议300余份。2004年，印发《万盛人才》20期，推荐255人就业。2005年10月29日，举办秋季大型人才招聘会，21家区内外企业参会，提供岗位150个，求职人员约2000人，签订意向协议211份。2007年，改版万盛人事人才网，发挥网络平台服务功能。全年发布企业招聘信息29次，人才求职登记信息89人次。2008年，发布人才招聘信息78条、人才求职信息152条，为区内企业招聘人才53人。是年，254名机关事业单位临聘人员纳入区人才交流中心实行人事代理，切实维护临聘人员合法权益。2009年，举办招聘会28场次，为区内招聘各类专业技术人才200多人；区内5家企事业单位建立高校毕业生见习就业基地，接收高校毕业生93人参加就业见习；为区综合执法局、区黑山旅游开发区管理委员会等单位审批临聘人员82人。

2010年，组织区内34家企业举办现场招聘会32场次，提供岗位2000余个，帮助724名求职者实现就业。

2011年，收集全市招聘信息2000余条，岗位5000余个，并发布到各镇街社保所服务平台；组织各类招聘会37场次，提供岗位7000余个，帮扶1430名求职者实现就业。

五、人才交流

1991年，区人才交流服务站推荐19名非在职的国家不包分配的大中专毕业生就业。1992年，为企业调配、引进各类专业技术、管理人员39人；通过公开招聘、选派等形式为区内企业引进人才15人；为区内引进各类人才42人，其中中级职称2人，初级职称29人，其他9人；办理区内人才交流18人。1993年，通过人才交流，引进各类人才105人，大部分安排到企业工作；向区属企事业单位推荐3名国家不包分配的大中专毕业生。1994年，协助用人单位引进各类专业技术人才32人。其中中级职称6人，初级职称15人。

1998—2003年，为区重点单位、重点项目、重点工程和教育、卫生、农业系统引进人才294人，推荐162名大中专毕业生就业，从市国家公务员“候录库”中引进公务员21人，安置应届本科、专科毕业生178人。

2005年，通过公招、调入等方式为机关事业单位引进人才89人；从高校为事业单位和企业引进人才150多人。2006年，引进大学专科学历以上人才和急需人才136人。制订《万盛区“三支一扶”大学生管理暂行办法》，选拔6名优秀大学生参加“三支一扶”计划。2007年，重庆市人事局分派到万盛区的“三支一扶”大学生13人。2008年，选派15名大学生到乡镇党政机关、学校、医疗卫生机构、农技服务机构工作；为企业引进人才53人。2009年，选派8名大学生到乡镇农技服务机构工作。2010年，选派3名大学生到乡镇农技、社保服务机构工作。2011年，选派16名大学生到乡镇农技、社保服务机构工作，选派“三支”人员176人次，接收三支人员44人次；招聘事业单位人员210人，引进各类人才253人。

第二节　干部录用与调配

一、干部录用

1986年，从“五大生”（电大、职大、函大、夜大、业大）和机关临聘人员中录用干部4人，为政法系统6名工人办理干部录用手续。

1987年，从“五大生”中录用干部9人，聘用干部1人。

1988年，为区人民检察院、区人民法院、区公安分局和区司法局等8个单位的66名工人办理干部录用手续；新招录干部16人。

1989年，为15名“五大生”办理干部录用手续。

1990年9月24日，为区政府办公室、区卫生局和区农业局等单位的7名打字员办理干部录用手续。是年，录用计划内自费大专毕业生8人为干部。

1992年，为3名全民、集体企业领导（副局级）办理干部录用手续；录用在干部岗位上以工人身份担任副经理以上职务的15人为干部；录用1名区属企业厂长为干部；为13个区属部门调人、录用干部18人。

1993年，录用4名工人身份的挂职干部为国家干部；中国建设银行万盛支行招收干部3人；为区人民法院、区林业派出所的3名工人身份的警察办理干部录用手续。

1994年，区人民法院和人民检察院招收干部13人。

1995年，政法系统招录干部10人。

1996年，区政府机关录用干部3人。

1998年，区人民检察院招收干部2人，区计划经济委员会招收干部3人，录用2名工人身份的干部为国家干部。

1999年，中共南桐矿区纪委、区审计局、区林业局等部门招录干部6人。

2000年，区人民检察院、区人民法院招收干部5人；从高校毕业生中选拔录用3名大学生到乡镇机关工作。

2002年，黑山景区管理处、区会计核算中心、医保中心等19个企事业单位公开招收工作人员46人，面向社会公开招录公务员113人。

2003年，区机关面向社会公开招录公务员35人。

2004年，区司法局、区人民法院、区人民检察院、区科委、丛林镇从重庆市公务员候录库中招录11人；面向社会为公开招录公务员6人。

2005年，通过候录库和面向社会为公开招公务员15人，从乡镇农经员中招录公务员7人。

2006年，从转业士官和复员士兵中招聘事业工勤人员5人，面向社会招聘专技人员3人，从事业工勤人员中择优选聘事业管理或专技人员116人。教育卫生系统选聘高校毕业生和各类人才99人。招录参照公务员制度管理单位工作人员70人。

2007年，定向招聘中小学教师和卫生技术人员97人，定向招聘复退转业军人3人，定向招聘临聘教师22人，面向社会公开招聘部分事业单位工作人员42人，考核招聘紧缺岗位工作人员3人。录用公务员18人，从村、社区招录公务员2人到镇、街道工作。

2008年，招聘教育、卫生、国土、宣传等事业单位人员127人；组织相关单位到北京、上海引进博士生 1 人，硕士生 2 人。招录公务员 11 人，招录参照公务员法管理人员 57 人。

2009 年，面向社会公开招聘事业单位工作人员 139 人，定向招聘事业单位工作人员 13 人；通过现场面试遴选和政审等招聘程序，引进高校大学毕业生 19 人；招录公务员 15 人，招录参照公务员法管理人员 18 人。

2010 年，公开招聘事业单位工作人员 157 人，考核引进研究生 7 人；招录公务员 37 人，招录参照公务员法管理人员 76 人。

2011 年，通过考核招聘引进硕士研究生学历人才 7 人，面向社会公开招聘卫生技术人员 68 人，教师 83 人，机关工勤 3 人，事业工勤 2 人，其他行业 38 人，聘用 2009 年选派大学生（2 年服务期满）8 人；招录公务员 25 人，招录参照公务员法管理人员 29 人。

二、干部调配

调配管理　1986 年，制订《南桐矿区干部调配工作暂行规定》，明确规定干部调配的原则、进出条件、调动手续、纪律等内容。1991 年 3 月 5 日，制订《南桐矿区关于干部调配工作的若干规定》，设置干部调配政策、审批权限、调配程序、纪律等原则 7 条。1992 年 5 月起，关闭企事业单位人员调入机关和企业调入事业单位的进口。1994 年 5 月 5 日，制订《关于万盛区教育系统人事调动管理权限的规定》，规定学校高级专业技术人员和中级及以下技术职务人员的出区出系统调动原则和程序。

跨区县调动　1986 年，跨区县干部调动 48 人，其中调进 23 人、调出 25 人。接收安置三州（甘孜、河坝、凉山）内调干部 1 人（未报到）。1987 年，办理跨区县商调干部 59 人，其中调进 29 人、调出 30 人。1988 年，办理跨区县干部调动 64 人，其中调进 36 人，调出 28 人；安置三州内调干部 1 人；为区税务局、银行选调干部 17 人。1989 年，办理跨区县干部调动 57 人，其中调进 34 人；调出 23 人。1990 年，办理跨区商调干部 36 人，其中调进 15 人、调出 21 人；区中小学教职员跨地区调动 27 人，其中调出区外 24 人，区外调入 3 人。1993 年，办理跨区县干部调动 35 人。1994 年，办理跨区县调动 95 人，其中调进 37 人，调出 58 人。1997 年，办理跨区县调动 38 人，其中调入 11 人，调出 27 人。1998 年，办理跨区县调动 44 人，其中调入 1 人，调出 43 人。2006 年，调出区外 7 人，2007 年，跨区调动 23 人，其中调出 17 人，调入 6 人。2009 年，跨区调入 6 人。2010 年，跨区调动 13 人，其中调出 2 人，调入 11 人。2011 年，跨区调动 30 人，其中调出 24 人，调入 6 人。

区内调整调动　1986—1989 年，办理区内各系统部门之间干部余缺调整调动 228 人。1990 年，区中小学教职员区内调动 13 人，其中从学校调教委机关和直属企业单位 3 人，从学校调行政机关 7 人，从学校调党群系统 2 人，从行政机关调学校 1 人。1993—1994 年，办理区内各系统之间干部余缺调整 67 人。1996 年，区事业单位调入干部 24 人，其中从机关调入 1 人，从事业单位调入 12 人，从企业调入 13 人；调出 30 人，其中因加强乡镇党政机关 5 人，人员调整安置 7 人，解决夫妻分居 7 人，照顾家庭困难 4 人，调整用非所学 7 人。区企业单位调入干部 2 人；调出 12 人，其中加强乡镇党政机关 2 人，人员调整 2 人，解决夫妻分居 3 人，照顾家庭困难 3 人，调整用非所学 2 人。是年，区政府机关公务员调整 16 人，其中转任 12 人，轮换 3 人，挂职锻炼 1 人。1997 年，区内各部门干部余缺调整调动 26 人；区政府机关公务员部门之间调整 12 人，其中转任 3 人，轮换 1 人，挂职锻炼 8 人；区企事业单位调入干部 33 人，其中事业单位调入 31 人（机关调入 1 人，事业单位调入 23 人、企业单位调入 7 人），企业单位调入 2 人；区企事业单位调出 60 人，其中事业单位调出 58 人（因工作需要调出 24 人，因照顾家庭 29 人，因其他原因 5 人），企业单位调出 2 人（因工作需要 1 人，因照顾家庭 1 人）。1999 年，区乡镇科员级干部挂职锻炼 1 人。2007 年，区内调动 93 人。2009 年，区内调动 203 人，其中教育系统 43 人，交通系统 54 人。2010 年，区内调动 189 人，其中教育系统内部调动 67 人。2011 年，区内调动 106 人。

第三节　干部考核与奖惩

一、公务员及事业编制人员考核

1992 年，全区开始实施行政机关工作人员年度考核制度，考核对象包括行政编制和事业编制人员。1996 年，行政编制人员和事业编制人员分开考核，分开统计。

1996—2011 年万盛区公务员考核情况统计表

表 25-26　　　　单位：人

年份	应考核	实际考核	考核等次				
			优秀	称职	基本称职	不称职	未定等次
1996	671	613	54	558	–	–	–
1997	–	607	68	539	0	0	0
1998	976	974	138	829	0	1	6
1999	951	946	130	803	6	2	5
2000	910	909	118	783	3	1	4
2001	665	664	92	–	–	–	–
2002	497	497	74	392	0	3	28
2003	517	517	76	432	0	0	9
2004	525	225	84	407	1	2	31
2005	617	617	85	532	0	0	0
2006	667	667	106	55	0	0	16
2007	668	668	104	541	0	0	23
2008	710	710	110	529	0	2	69
2009	731	731	107	592	0	2	30
2010	829	829	139	638	0	0	52
2011	856	853	146	665	0	1	42

说明：1997 年，公务员不包括党群机关、人大、政协、检察院、法院编制人员；1998 年，不含参照公务员管理人员；2001 年，全区机构改革，有 250 余名机关干部退休和提前退休；2002 年起，不含副处级及以上领导干部

1999—2011 年万盛区事业编制人员考核情况统计表

表 25-27　　　　单位：人

年份	应考核	实际考核	考核等次					
			优秀	合格	基本合格	不合格	缓定等次	未定等次
1999	1547	1538	224	1302	8	1	1	2

续表

年份	应考核	实际考核	考核等次					
			优秀	合格	基本合格	不合格	缓定等次	未定等次
2000	–	–	–	–	–	–	–	–
2001	1552	1529	211	1291	15	3	0	9
2002	1673	1673	243	1374	11	3	0	42
2003	1574	1574	207	1319	8	2	0	38
2004	3198	3198	565	3341	2	3	1	38
2005	4238	4238	607	3583	3	3	1	41
2006	4211	4211	674	3442	2	0	0	93
2007	4158	4158	635	3442	2	0	1	78
2008	4222	4222	678	3468	0	0	0	76
2009	4169	4169	636	3475	0	0	0	58
2010	4196	4196	709	3419	0	0	0	68
2011	4096	4096	614	3435	0	0	0	47

说明：1996—2003 年，不含区教育系统工作人员

二、干部奖励

1986 年起，全区开展升级奖励工作。1988 年 2 月，规定升级奖励的范围是区属党政群机关和事业单位工作人员。1996 年 1 月，规范荣誉称号的设置和奖励表彰时间。

干部升级奖励　1986 年，全区给予 1 名干部和 3 名教师升级奖励。1987 年，给予 6 名干部升级奖励。1988 年 2 月 21 日，给予 13 名干部升级奖励。其中 2 人获省劳动模范称号，1 人获国家教育委员会科研成果奖，1 人获国家计划生育委员会科技奖，1 人为体育教练员，1 人为省先代会代表，2 人为区先进个人，其他成绩突出的 5 人。5 月 30 日至 6 月 18 日，给予 8 名干部晋升一级工资奖励。1989 年，给予在两个文明建设中的 8 名劳模和先进人物晋升一级工资奖励，其中固定升级 3 人，浮动升级 5 人。1990 年，给予 7 名干部晋升一级工资奖励，其中局级干部 1 人，科级以下干部 6 人。1991 年，给予 10 名干部晋升一级工资奖励。1992 年 3 月 5 日，给予 1 名重庆市劳动模范晋升一级工资奖励。6 月 24 日，给予 7 名干部升级奖励。

常规性表彰奖励　1993 年，全区表彰奖励区内行政机关、经济管理机关工作人员及其所属事业、企业单位工作人员（不含检察院、法院、人大、政协、党群机关，下同）87 人，其中行政机关 42 人，事业单位 17 人，企业 28 人。受奖人员中，记功 5 人，授予奖品或奖金 57 人，升级 13 人，升职 4 人，其他 8 人。

1994 年，全区表彰奖励行政机关工作人员 31 人，其中授予奖品或奖金的 28 人，其他奖励 3 人；表彰奖励事业单位工作人员 2 人；表彰奖励企业单位工作人员 10 人。

1996 年，全区表彰奖励事业单位工作人员 2 人。

1998 年，全区表彰奖励行政机关工作人员 9 人，其中嘉奖 7 人，市以上政府部门授予荣誉称号 2 人。受奖人员中，副区级干部 2 人，局级干部 6 人，科级干部 1 人；表彰奖励事业单位工作人员 78 人，其中授予奖品或奖金 73 人，升级 5 人。

1999 年，全区表彰奖励行政机关公务员 4 人，其中嘉奖 2 人，受国务院荣誉称号 1 人，受省部级荣誉称号 1 人。

2006 年，全区公务员及事业单位人员记三等功 88 人，其中公务员 40 人。

2011 年，全区连续三年年度优秀记三等功公务员 47 人；累计九年年度优秀记二等功 3 人；重庆市人民好公仆 1 人。

三、干部惩戒

1986 年，全区有 3 名干部受到政纪处分。其中 2 人被撤销行政职务，1 人被开除公职。1989 年 8 月，1 名干部被给予开除公职留用察看 1 年的行政处分。1993 年，1 名干部被给予惩戒处分。1994 年，1 名干部被给予行政记过处分，1 名干部被给予行政撤职处分；2 名区企业单位干部受到惩戒处分，其中 1 人被开除公职，1 人涉嫌刑事犯罪被移送司法机关。1996 年，1 名区事业单位专业技术人员受到行政警告处分。1997 年，1 名干部被给予政纪处分，1 名干部涉嫌刑事犯罪被移送司法机关；2 名事业单位工作人员分别受到行政警告和记大过处分，1 名事业单位工作人员受到降职处分。1998 年，2 名事业单位工作人员受到行政撤职处分，1 名事业单位工作人员涉嫌刑事犯罪被移送司法机关。1999 年，1 名干部受到行政记过处分，5 名干部涉嫌刑事犯罪被移送司法机关。2000 年，2 名事业单位聘用干部涉嫌刑事犯罪被移送司法机关。2001 年，1 名干部受到行政降职处分。2002 年，2 名干部受到行政降级处分，1 名干部涉嫌刑事犯罪被移送司法机关。2003 年，1 名干部受到降级处分。

第四节　干部教育培训

一、学历教育

1991 年，全区 5 名干部参加自学考试。1996 年，19 名公务员参加学历教育大专班学习，其中局（处）级 2 人，副局（处）级 1 人，科级 11 人，副科级 4 人，科员办事员级 1 人；291 名事业人员参加学历教育学习，其中参加党校函授班 7 人，参加管理干部学院及其他培训机构 284 人（学历教育研究生 4 人，大学本科 39 人，大专 239 人，中专 2 人）；企业单位 1 人参加大专班学历教育。1997 年，20 名公务员参加学历教育学习，其中研究生 1 人，大学本科 2 人，中专 6 人；604 名事业人员参加学历教育学习，其中大学本科 145 人，大专 458 人，中专 1 人；3 名企业单位人员参加大专学历教育；35 名参照公务员管理工作人员参加学历教育，其中大专以上学历 29 人，中专 6 人。1998 年，3 名公务员参加大学本科学历教育；580 名事业、企业按编制人员参加学历教育，其中大学本科 88 人，大专 487 人，其他学习 5 人。2003 年，8 名公务员参加学历学位教育，其中局处级 1 人，科员 2 人。2004—2005 年，组织机关事业单位“专业证书”班学历培训，共 78 人参加。

2010—2011 年，22 名基层机关事业单位在职人员参加专业学历教育。

二、培训

1994 年，组建万盛区行政学校，作为培训公务员基地。12 月 18 日，全区 1198 名机关干部参加公务员制度知识和行为规范考试，公务员制度知识考试及格 1181 人，行为规范考试及格 1163 人。

1997 年，行政机关公务员参加党校培训 12 人，参照公务员管理人员参加培训 51 人（党校培训 16 人），区事业单位参加党校培训 16 人。

1998 年，区最后一批公务员过渡培训，全区应参加培训 250 人，应考试 238 人，及格率 100%。是年，17 名公务员参加党校培训，33 名参照公务员管理人员参加培训（党校培训 2 人），33 名区事业单位干部参加党校基础知识培训。12 月 19 日，全区党政群机关 40 岁以下人员参加公务员科技知识考试。

1999 年，全区举办 2 期国家公务员科技知识培训班。434 人参加，考试及格率 100%。是年，各乡镇、街道、区级各部门新招录和未参加过培训考试的 63 名公务员参加公务员基础知识培训考试。

2000 年 5 月 27 日，1010 余名公务员和参照公务员管理人员参加依法行政和国家安全知识考试。是年，开展公务员普通话培训考试工作，组织骨干培训 50 余人，抽调 139 名教师测试。

2001 年，“创造力开发知识”培训、考试，征订教材 3511 本；卫生、教育、城建等部门 2611 名专业技术人员考试，合格 2591 人。全区参加普通话测试的公务员 740 人，其中合格 695 人，不合格 45 人。

2002 年，新录用的 72 名公务员集中培训过渡考试科目，合格率 100%。是年，79 名公务员参加各类培训，其中政治经济理论知识培训 6 人，更新知识培训 7 人。

2003 年 3 月 31 日至 4 月 11 日，70 名新录用的公务员参加创造力开发知识，普通话、世界贸易组织（WTO）知识等 10 门课程的初任培训。研究制订区公务员培训方案和培训计划。是年，91 名公务员参加培训，其中政治经济理论知识培训 22 人，更新知识培训 24 人。

2004 年，700 余名公务员参加创造力知识考试和世界贸易组织知识考试，合格率 100%。

2005 年，全区举办公务员初任培训班 1 期，培训 31 人；举办第三期科级以下非领导职务公务员周末培训班 1 期，培训 69 人。

2006 年，全区举办公务员初任培训 2 期，培训 100 人；举办新提任科级干部培训 1 期，培训 59 人；举办人事干部培训 1 期，培训 100 余人；举办公务员周末培训班 2 期，培训 148 人次。

2007 年，全区举办公务员初任培训班 1 期，培训 34 人次；举办科级干部任职 1 期，培训 45 人次；组织知识更新 1 期，培训 68 人次。

2008 年，全区举办公务员初任培训班 2 期，培训 96 人次；举办科级干部任职培训班 1 期，培训 53 人次；举办选派大学生培训班 1 期，培训 55 人次；举办全区人事干部专题培训班 2 期，培训 85 人次。

2009 年，全区举办科级干部任职培训班 2 期，培训 90 人次，组织 1002 人次参加行政能力培训。

2010 年，全区举办各类培训班 25 期，培训 1000 余人次。

2011 年，4902 人次参加各类培训，其中 1182 人次参加“从政之德”学习，3720 人次参加公务员初任培训和在职培训及专门业务培训。

第五节　离退休退职人员管理

一、离退休（职）人员统计

1986 年，区机关事业单位离退休（职）人员 505 人，其中离休 50 人（机关单位 26 人、事业单位 24 人），退休 454 人（机关单位 169 人、事业单位 285 人），退职 1 人（机关单位）。

2011 年，区机关事业单位离退休人员 2796 人，其中离休 43 人（机关单位 35 人、事业单位 8 人），退休 2750 人（机关单位 705 人、事业单位 2045 人），退职 3 人（机关单位 1 人、事业单位 2 人）。

1986—2011 年万盛区机关事业单位离退休人员情况统计表

表 25-28　　　　单位：人

年份	全区				机关单位				事业单位			
	合计	离休	退休	退职	合计	离休	退休	退职	合计	离休	退休	退职
1986	505	50	454	1	196	26	169	1	309	24	285	0
1987	535	51	483	1	213	34	178	1	322	17	305	0
1988	566	54	511	1	228	37	190	1	338	17	321	0
1989	636	63	570	3	251	47	202	2	385	16	368	1
1990	663	66	594	3	267	50	215	2	396	16	379	1
1991	764	70	690	4	294	54	236	4	470	16	454	0
1992	847	83	759	5	329	66	258	5	518	17	501	0
1993	920	82	833	5	341	64	272	5	579	18	561	0
1994	981	82	894	5	338	64	270	4	643	18	624	1
1995	1060	74	981	5	342	54	284	4	718	20	697	1
1996	1187	74	1108	5	364	54	306	4	823	20	802	1
1997	1280	71	1204	5	378	52	322	4	902	19	882	1
1998	1420	68	1343	9	393	50	336	7	1027	18	1007	2
1999	1498	66	1423	9	426	48	371	7	1072	18	1052	2
2000	1575	65	1501	9	427	48	372	7	1148	17	1129	2
2001	1857	78	1771	8	583	61	516	6	1274	17	1255	2
2002	1983	67	1909	7	613	54	554	5	1370	13	1355	2
2003	2040	62	1971	7	650	48	597	5	1390	14	1374	2
2004	2106	58	2043	5	663	40	620	3	1443	18	1423	2
2005	2142	55	2084	3	678	42	634	2	1464	13	1450	1
2006	2116	76	2037	3	590	35	554	1	1526	41	1483	2
2007	–	–	–	–	–	–	–	–	–	–	–	–
2008	–		–	–	–	–	–	–	–	–	–	–
2009	2720	45	2672	3	745	35	709	1	1975	10	1963	2
2010	2743	45	2695	3	732	35	696	1	2011	10	1999	2
2011	2796	43	2750	3	741	35	705	1	2055	8	2045	2

二、离休人员管理

离休干部管理　老干部是指中华人民共和国成立以前，在新民主主义革命的 4 个时期中，参加革命的干部。老干部经组织批准离职休养，称离休干部。离休干部分 3 类：民国 26 年（1937 年）7 月 6 日以前参加革命工作为“红军干部”，民国 26 年（1937 年）7 月 7 日至民国 34 年（1945 年）9 月 2 日参加革命工作的为“抗日干部”，1945 年 9 月 3 日至 1949 年 9 月 30 日参加革命工作的为“解放干部”。

1986 年年初，全区有离休干部 98 人（不含南桐矿务局和驻区市属单位以及调离区内后离休），当年离休 8 人，当年死亡 2 人，年末有离休干部 104 人。

2011 年年末，全区有离休干部 43 人。

1986—2011 年万盛区离休干部一览表

表 25-29　　单位：人

年份	上年末离休	当年离休	当年死亡	当年底离休
1986	98	8	2	104
1987	104	7	2	109
1988	109	39	–	148
1989	148	–	4	–
1990	–	–	1	131
1991	131	5	7	129
1992	129	2	7	124
1993	124	5	3	126
1994	126	2	3	125
1995	125	0	3	122
1996	123	0	3	120
1997	120	0	4	116
1998	116	0	7	109
1999	109	0	2	103
2000	103	0	3	100
2001	100	0	3	97
2002	97	0	2	95
2003	95	0	4	92
2004	92	0	8	84
2005	84	0	3	81
2006	81	0	5	76
2007	–	–	–	–
2008	–	–	–	–
2009	–	–	–	45
2010	45	0	0	45
2011	45	0	2	43

说明：1999 年年末，全区离休干部应为 107 人，实统计为 103 人，因统计口径由区属改市属，少 4 人；2003 年年末全区离休干部应为 91 人，实为 92 人，因统计口径由市属改区属，多 1 人

离休干部易地安置　离休干部一般可就地分散安置，也可在本人原籍或配偶所在地安置。如果老干部本人希望回乡或到某些适宜的地区定居，也应当积极为他们安排，提供方便。易地安置是指跨省、

地、县的安置，在本县范围内的安置不属于“易地”。1984年12月至1988年4月，南桐矿区先后安置13名离休干部到外省（市）县（区）安度晚年。1989年10月20日，四川省委组织部老干局规定，身边有配偶子女的老干部，原则上不作易地安置，身边无子女但又可能调1名子女到其所在地工作的，应说服他们就地安置。1990年后，南桐矿区不再办理易地安置离休干部手续，自行易地居住的老干部，其管理服务工作仍由原单位负责。

易地安置离休干部生活待遇　1980年10月至1982年12月，易地安置的离休干部，由原单位一次发给安家补助费150元，安置到农村的，发给300元。

1982年12月至1992年2月，易地安置离休干部的各项生活待遇执行接受安置地区的标准。1992年2月后，易地安置的离休干部是否能执行接受安置地区自行规定的生活待遇项目，可由其原单位根据实际情况酌定。区易地安置离休干部的工资福利待遇和其他各项生活补贴，按原单位的标准执行。

1984年7月，南桐矿区执行四川省委组织部老干部局规定，易地安置离休干部特需费标准为每人每年150元，管理费标准为地专级（含享受待遇）离休干部每人每年300元，县处级及以下200元。1995年，离休干部的特需费由原来每人每年150元调整为300元。2002年，特需费调整为每人每年500元。

1987—2005年万盛区易地安置离休干部特需费、管理费统计表

表25-30

年份	易地安置（人）	费用总额（元）	年人均金额（元）	年份	易地安置（人）	费用总额（元）	年人均金额（元）
1987	11	3950	359	1997	9	6700	744
1988	12	5200	433	1998	8	6850	856
1989	12	5200	433	1999	8	6850	856
1990	11	6050	550	2000	6	4700	783
1991	9	5350	565	2001	6	4900	812
1992	9	5350	565	2002	7	5850	836
1993	9	5350	565	2003	7	7400	1057
1994	9	5350	565	2004	6	6150	1025
1995	9	6700	744	2005	5	5150	1030
1996	9	6700	744	–	–	–	–

三、处级以上退休干部管理

1987年12月，全区有处级以上退休干部15人（不含南桐矿务局和驻区市属单位）。2011年，处级以上退休干部396人。

1992—2011 年万盛区处级以上退休干部一览表

表 25-31　　单位：人

年份	地厅级	处级	合计	年份	地厅级	处级	合计
1992	2	59	61	2002	–	–	–
1993	8	78	86	2003	20	349	369
1994	8	83	91	2004	22	352	374
1995	8	96	104	2005	23	355	378
1996	–	–	–	2006	25	340	366
1997	12	149	161	2007	26	345	371
1998	–	–	–	2008	24	353	377
1999	–	–	–	2009	22	361	383
2000	15	209	224	2010	24	366	390
2001	16	300	316	2011	21	375	396

四、机关事业单位退休人员管理

1988 年 10 月 31 日，重庆市政府印发《批转市人事局等单位关于进一步加强退休干部管理工作的意见的通知》，规定退休干部的管理工作，应在政府人事部门统筹安排下，以退休干部原所在单位管理为主，政府人事部门负责管理党政群机关、全民所有制事业单位的退休干部（含退休工人）。

1993 年 8 月 18 日，区退休干部活动中心建成。是年，万东镇退休干部管理小组试点退休干部自管，并向全区推广。

1999 年，局级非领导职务退休干部从中共万盛区委组织部老干局移交到区人事局管理。4 月 20 日，30 余名名局级非领导职务退休干部参观区重点工程汤家沟水库和汇洋金属生产车间及工艺流程。

2002 年，全区多次组织离退休专家开展科技咨询活动，鼓励离退休专业技术人员通过推广科技项目，开展项目承包等形式为区经济发展服务。退休干部邓洪森被中国老年科技工作协会评为 2001 年度第五届优秀老年科技工作者。

2005 年 10 月 11 日，全区老干部工作表彰暨重阳节庆祝大会召开，表彰先进集体 15 个、老有所为先进个人 61 人。

2007 年春节前，走访慰问家庭特别困难的退休干部 20 人，发放慰问金和慰问品 4000 元，“三八”节组织处级非领导职务的女退休干部参观五和梨花，1300 人参加重阳节大型游园活动，组织近 100 名处级非领导职务的退休人员参观青年堡堂、青年广场。

2008 年春节前，全区走访慰问家庭特别困难的退休干部 29 人，发放慰问金和慰问品 5800 元，“三八”节组织处级非领导职务的女退休干部参加登山活动，参观黑旗岩，组织 1430 人参加重阳节大型游园活动，近 100 名处级非领导职务的退休人员参观南川金佛山。

2009 年，举办“夕阳无限好”庆祝祖国六十华诞暨重阳节大型文艺演出，1600 人参加活动。是年，组建夕阳红艺术团、诗书画小组和门球小组。

2010 年，“秋天的诗”庆国庆、迎重阳大型文艺演出活动举行，观看人数 2000 余人。

2011 年，重新组建“夕阳红”艺术团，组建老年合唱团。

第四章　工资　津补贴　奖金

第一节　工资

一、公务员及事业编制人员工资

1985 年 6 月前，南桐矿区有机关及事业编制人员 3132 人，年工资总额 237.4 万元，月工资总额 19.78 万元，人均月工资 63.15 元。1985 年 6 月，执行国务院第三次工资制度改革，实行结构工资制，月工资由基础工资（五类工资区每人每月 39 元）、职务工资（按职务划分等级）、工龄工资（每工作 1 年计发工龄津贴 0.5 元）和奖励工资（每人每月 10 元）4 部分组成。是年，区内 3282 名机关及事业编制人员工资额月增 84476 元，人均月增 25.74 元。

1987 年 2 月，南桐矿区从五类工资区调为六类工资区，818 名（干部 706 名，工人 112 名）机关工作人员月增资总额 1806.42 元，人均月增 2.21 元；2978 名事业编制人员（干部 2145 名，工人 883 名）月增资总额 5901.62 元，人均月增 1.98 元。

1988 年，全区 497 名工资低于新聘职务最低工资等级的事业编制人员月增资总额 5965 元，人均月增 12 元。是年，全区 1649 名中小学教师工资标准提高 10%，月增资总额 13870.5 元，人均月增 8.41 元。1985 年工资改革以来，增资额不足 3 个级差的干部提高 1 级工资，月增资总额 227 元，人均月增 7.32 元。

1989 年，区属医疗事业单位（含集体医疗单位）护士标准工资提高 10%。9 月，全区机关及事业编制人员普调 1 级工资，并再升 1 级。调整后，人均月工资 114 元，其中机关工作人员 119 元，事业编制人员 112 元。

1992 年，调整机关及事业编制人员奖励工资标准和离退休人员退休费，人均月增奖励工资 25 元。

1993 年 7 月起，区内机关及事业编制人员普调 1 级工资，人均月增 7.13 元，人均月工资 415.59 元，其中机关工作人员 475.19 元，事业编制人员 388.79 元。

1999 年 7 月 1 日起，调整公务员及事业编制人员基础和级别工资标准，人均月增资 132.7 元。是年，公务员及事业编制人员工资总额 3213.1 万元（公务员 709.2 万元，事业编制人员 2503.9 万元），公务员人均月工资 588.65 元，事业编制人员人均月工资 487.41 元。

2006 年年末，再次实施工资改革，全区公务员及事业编制人员人均月增资 260 元，公务员人均月基本工资增 388 元、增至 1275 元，事业编制人员增 215 元、增至 1061 元。

2011 年，区内公务员及事业编制人员月工资总额 1571 万元，其中公务员 401 万元，事业编制人员 1170 万元；公务员及事业编制人员人均月工资 3193 元，其中公务员 3523 元，事业编制人员 3093 元。

1985—2011年万盛区公务员及事业编制人员工资情况一览表

表25-32

年份	合计（人）	公务员（人）	事业编制（人）	月工资总额（万元）		人均月工资（元）	
				公务员	事业编制	公务员	事业编制
1985	3132	765	2367	–	–	90	82
1986	3132	765	2367	–	–	95	88
1987	–	–	–	–	–	–	–
1988	–	–	–	–	–	–	–
1989	–	–	–	–	–	119	112
1990	–	–	–	–	–	135	127
1991	–	–	–	–	–	160	153
1992	4337	1015	3322	10.61	28.13	105	85
1993	4337	1015	3322	11.42	30.41	113	92
1993	4246	1317	2929	68.03	116.00	479	398
1994	–	–	–	–	–	–	–
1995	4518	1285	3233	63.82	126.01	497	390
1996	–	–	–	–	–	–	–
1997	5601	1925	3676	94.40	151.95	480	413
1998	5692	1925	3767	103.56	162.78	538	432
1999	5285	1004	4281	59.10	208.66	589	487
2000	5248	914	4334	62.49	252.72	656	535
2001	5062	711	4351	73.02	309.79	1027	712
2002	–	–	–	–	–	1103	812
2003	–	–	–	–	–	1203	912
2004	5071	908	4163	111.77	398.40	1231	957
2005	5155	934	4221	184.93	468.53	1980	1110
2006	5162	860	4302	179	508	2085	1180
2007	5029	993	4036	222	528	2231	1308
2008	5103	1176	3927	331	633	2815	1611
2009	5051	1169	3882	370	870	3163	2242
2010	5226	1238	3988	417	1168	3365	2929
2011	4922	1138	3784	401	1170	3523	3093

说明：人平均月工资一般以平均职工数计算，包括基本工资、奖金、各种补贴；不含临时工作人员工资

二、企业职工工资

1985年6月，南桐矿区执行国务院工资改革规定，企业工人从8级工资制改为15级工资制，企业干部实行22级工资制。7月，南桐矿区工资类别从四类地区调为五类地区。区属全民企业职工3384人，

调类人员 3381 人，人均月增资 1.62 元；集体企业职工 5187 人，调类人员 4747 人，人平月增资 2.11 元。是年，南桐矿务局取消工人 8 级工资制和干部 24 级工资制，按照煤炭部制订的岗位工资对应套改。干部工资设 15 个级别，月工资范围 36 元～224 元；专业技术人员执行工资设 15 个级别，月工资范围 51 元～263 元（五类地区）。工人井下一类 1～6 级，月工资范围 54 元～111 元；井下二类 1～6 级，月工资范围 45 元～100 元；地面工人一类 1～8 级，月工资范围 37 元～111 元；地面工人二类 1～7 级，月工资范围 37 元～100 元。南桐矿务局 23110 名干部职工参加工资改革，人均月工资增 19.86 元。

1986 年 1 月，重庆市改革企业工资制度。改革主要内容是“两个挂钩、一个脱钩”，即企业职工工资增长同企业效益挂钩、职工个人的劳动报酬同职工个人劳动贡献挂钩，企业的工资改革同机关事业单位的工资改革和工资调整脱钩。10 月，南桐矿务局 14.86% 的职工，人均月工资增 1.8 元。

1987 年 2 月，南桐矿区工资类别从五类地区调为六类地区。全区参加调类单位 119 个（全民 31 个，集体 88 个），参加调类人员（含离退休人员）15006 人，人均月增资 1.52 元。其中机关、事业、全民企业 8534 人，人平均月增资 1.72 元；集体企业 6472 人，人平均月增资 1.26 元。

1988 年，南桐矿务局为工资偏低的专业技术人员和工人增加工资，全局升级 5359 人，升级面 22.9%，其中工人升级面 20%。

1989 年，区全民企业、集体企业、城镇企业，不论行业均实行企业自有资金的升级调资。区全民企业增资 26 家，集体企业增资 49 家。企业自定增资方案，表现好、成绩显著的职工还可另增加浮动工资。10 月 1 日，南桐矿务局普遍升级全局在册职工（含固定工、合同制工、农民轮换工和计划内临时工）工资，涉及 22883 人，人均月增资 12.8 元。同时，根据中煤总公司和重煤公司《关于处理发〔1989〕83 号文遗留问题会议纪要》，又下达部分升级指标，填平补齐 1988 年年底前参加工作的全民所有制职工，均属处理遗留问题范围。全局工资升级人员 18743 人，其中升半级 18727 人，升一级 16 人，人均月增资 6.52 元。

1990 年，全区清理 1985 年以来企业职工升级和标准工资变化情况，“双控”（控制平均浮动等级水平、控制个人最高浮动水平）区属国营、城镇集体企业职工的浮动工资水平。全区有公有制企业职工 8547 人，其中全民 3317 人，集体 5230 人。清算职工 7968 人，其中全民 3219 人，集体 4749 人。清算中可升级职工 4981 人，其中全民 1834 人，集体 3147 人。全区实际浮动升级职工 7249 人，其中全民 2936 人，集体 4313 人。

1992 年 4 月 1 日，南桐矿务局在东林煤矿试点岗位技能工资及配套改革，通过劳动测评归岗定档。操作职工岗位工资，井下 4～8 岗，地面 1～6 岗；管理（含专业技术）职工岗位工资，初级 1～4 岗，中级 3～5 岗，高级 4～7 岗。操作职工、管理职工、专业技术职工的技能工资采用同一标准，共设 26 个档次。操作职工技能工资，初级 1～5 档、中级 1～13 档，高级 1～19 档；管理（含专业技术）职工技能工资，初级 1～14 档，中级 1～21 档，高级 1～26 档（1994 年调整为 1～30 档）。1993 年 9 月起，全局执行岗位技能工资改革，岗位工资全局人均增资 24 元。

1994 年，南桐矿务局规定职工技能工资由实行岗位工资后的临时技能工资和经考试（考核）后确定的技能工资增量两部分组成，操作职工分高、中、初 3 类，管理人员按行政职务分为 8 类，专业技术人员按技术职称分为 4 类。每类人员均分为 4 个等级，以不同的系数确定增资量。在册在岗的全民所有制职工（固定工、劳动合同制工人）人均增资 62.9 元。

1994 年南桐矿务局职工技能月工资情况一览表

表 25-33　　单位：元

类别		四级标准工资	三级标准工资	二级标准工资	一级标准工资
管理人员	局级	104	108	112	116
	副局级	92	96	100	104
	处级	80	84	88	92
	副处级	68	72	76	80
	科级	56	60	64	68
	副科级	44	48	52	56
	科员	32	36	40	44
	办事员	20	24	28	32
专业技术人员	高级师	80	84	88	92
	中级师	68	72	76	80
	助师	56	60	64	68
	员级	44	48	52	56
操作职工	高级	66	72	78	84
	中级	48	54	60	66
	初级	30	36	42	48

1995 年 7 月 1 日，万盛区制订最低月工资标准，额度为 160 元，就业人员月工资不得低于最低标准。是年，万盛区商贸股份制企业主要管理人员实行低水平年薪制。是年，南桐矿务局全局职工岗位工资统一调整为执行煤炭部的岗位工资标准，操作职工为 2 岗副 ~ 8 岗正，管理人员为 3 岗副 ~ 11 岗正，专业技术人员初级 3 岗副 ~ 4 岗正、中级 4 岗副 ~ 6 岗正、高级 5 岗副 ~ 8 岗正。调整后，人均月增资 33.29 元。是年，南桐矿务局在南桐、红岩、鱼田堡、东林、砚石台煤矿、电厂、机修厂、干坝子洗选厂、供应处、运销处、金南公司试行承包集团年薪制（1997 年，全局所有二级单位推行年薪制）。

1995 年南桐矿务局职工岗位月工资对照一览表

表 25-34　　　　单位：元

岗位		煤炭部标准	矿务局标准	岗位		煤炭部标准	矿务局标准
一岗		48	48	七岗	副	161	120
二岗	副	58	54		正	172	127
	正	8	9	八岗	副	183	135
三岗	副	8	5		正	194	148
	正	8	1	九岗	副	205	150
四岗	副	8	8		正	216	158
	正	108	84	十岗	副	228	166
五岗	副	118	91		正	240	174
	正	128	98	十一岗	副	252	182
六岗	副	139	105		正	264	190
	正	150	112	–	–	–	–

1996 年 9 月 7 日，南桐矿务局规定井下采掘职工可晋升 1 ~ 3 级，升 3 级占 20%，升 2 级占 30%，升 1 级占 50%；其他职工升 1 ~ 2 级，升 2 级占 30%，升 1 级占 70%。

1999 年，南桐矿务局在册职工增加工资，其中 1 ~ 3 岗人员增加 3 档技能工资，4 ~ 7 岗人员增加 4 档技能工资，8 岗及其以上人员增加 5 档技能工资。

2004 年，南桐矿业公司改革分配制度，生产单位执行计件工资，招聘的紧缺专业人员通过谈判确定工资，公司机关一级业务员以上人员执行月度岗位结构工资 + 年终单项奖励 + 年终安全奖的分配办法，一级业务员以下者，执行岗位技能工资 + 月度津贴、补贴 + 月度综合奖 + 月度效益奖 + 月度安全奖 + 年终单项奖的分配办法。

2011 年 1 月 1 日，万盛区最低月工资标准 750 元，非全日职工制最低小时工资 7.5 元。

1995—2011 年万盛区最低月工资标准一览表

表 25-35　　　　单位：元

执行时间	最低工资标准	执行时间	最低工资标准
1995 年 7 月 1 日	160	2002 年 5 月 1 日	300
1995 年 7 月 1 日	170	2004 年 5 月 1 日	380
1997 年 7 月 1 日	190	2006 年 9 月 1 日	480
1999 年 10 月 1 日	250	2008 年 1 月 1 日	560
2000 年 10 月 1 日	270	2011 年 1 月 1 日	750

第二节　津补贴与奖金

一、津贴补贴

2008年1月起，万盛区规范全区机关工作人员及其离退休人员津补贴发放。是年，区内机关工作人员归并执行的津补贴有保留津补贴（9元/月·人）。工作性补贴和生活性补贴3项。区机关工作人员保留的特殊岗位津补贴有区人民法院办案人员岗位津贴（2.2元/天·人，每月按22天计算），法官审判津贴，区人民检察院办案人员岗位津贴（2.2元/天·人，每月按22天计算），检察官检察津贴，警察警衔津贴，人民警察值勤岗位津贴（10元/天·人，每月按22天计算），纪检监察办案人员补贴（2元/天·人，每月按22天计算），审计人员工作补贴（2元/天·人，每月按22天计算），司法助理员岗位津贴（0.6元/天·人，每月按22天计算），密码人员岗位津贴和环保监测津贴（每人每天3元，每月按22天计算）等11项。区内机关工作人员保留的其他津补贴项目有独生子女奖励金（5元/月·人）和老粮贴（1元/月·人～3元/月·人）2项；机关离退休人员津补贴有保留津补贴（129元/月·人）、离休干部护理费、老粮贴、离休人员生活补贴，中华人民共和国成立初期部分退休人员生活补贴和其他国家规定的津补贴等6项。至2011年，特殊岗位补贴数量、标准、名称有变化。

万盛区特殊岗位津贴执行情况一览表

表25-36

津补贴名称	开始执行年份	执行人员	执行标准
医疗卫生津贴	1979	卫生系统下属单位工作人员	二类，6元/月·人；三类，9元/月·人
教龄津贴	1985	教育下属学校、卫生学校教师	6～10年，3元/月·人；11～15年，5元/月·人；16～19年，7元/月·人；20年及以上，10元/月·人
农业事业单位有毒有害保健津贴和畜牧兽医医疗卫生津贴	1997	农林局农技站、动物卫生监督所、乡镇农业服务中心工作人员	乙类：55元/月·人
城市下水道工人和环境卫生工人岗位津贴	1997	环卫所工作人员、城市排水管理所工作人员	66元/月·人
卫生防疫津贴	2004	疾控中心、卫生监督所人员	三类，110元/月·人
警察执勤岗位津贴	2006	外出执行执法办案任务的警察	220元/月·人
司法助理津贴	2009	司法局法律援助中心工作人员	150元/月·人
信访津贴	2009	各级信访部门及从事信访工作人员	235元/月·人；130元/月·人
警察加班补贴	2009	林业警察	100元/月·人
纪检办案补贴	2011	纪检监察干部	220元/月·人
审计津贴	2011	审计机关工作人员	220元/月·人

二、奖金

2001 年起，公务员及事业编制人员实行年终一次性奖金制度，年度考核为称职（合格）及以上的工作人员可发放，标准为本人当年 12 月份的基本工资。

2010 年，实行绩效工资后，事业编制人员不再实行年终一次性奖金制度。

第五章　劳动就业

第一节　劳动用工制度

1986 年 9 月，南桐矿区取消企业职工子女顶替制度，新招工人一律实行合同制，拉开劳动用工系列改革。

1987 年 1 月 20 日，四川省劳动人事厅印发《关于在深化企业改革中有关劳动、工资、保险若干问题的意见》，强调扩大企业劳动用工及劳动管理的自主权及内部分配自主权，实行社会保险制度，搞活企业。1988 年 3 月，南桐矿区改革固定工制度，实行劳动合同制，落实配套政策，完善养老金和待业保险金管理办法，扩大企业自主权，特别是用人自主权。区内有条件又有积极性的集体企业可以参照执行。1988 年 11 月，进一步改革固定工制度，按照自上而下“将点兵”，自下而上“兵选将”及择优上岗的方法优化劳动组合，打破“铁饭碗”“终身制”的观念和制度，使企业职工有压力，压力变动力，从而提高职工积极性、主动性，提高劳动效率和企业经济效益。是年，劳动就业方针转为劳动者自主就业、市场调节就业、政府促进就业。

1989 年上半年，全区有区属全民企业合同制职工 644 人（女职工 329 人），其中企业职工 434 人（女职工 245 人），签订长期合同的 21 人，短期 413 人；机关、事业单位职工 210 人（女职工 84 人），签订长期合同的 95 人，短期 115 人；城镇职工 590 人（女职工 316 人），签订长期合同的 78 人，短期 512 人；农村职工 54 人（女职工 13 人），签订长期合同的 38 人，短期 16 人。全区 26 家全民企业中，有 4 家企业试行搞活固定工，实行优化劳动组合，组合上岗人数 665 人，未组合上岗 17 人，包括停薪留职、辞职 3 人，余缺调剂 9 人，其他 5 人。大部分企业没有全面推行，主要原因是富余人员难以安置，因而采取少激化矛盾的谨慎态度。

1992 年，重庆市政府印发《重庆市城镇集体所有制企业改革劳动制度实施办法的通知》，明确集体企业新招工人一律实行劳动合同制。

1993 年 11 月，劳动部门不再向企业下达指令性职工人数计划和招工计划，企业内部逐步过渡或直接实行全员劳动合同制。是年，南桐矿务局实行全员劳动合同制管理。1994 年 8 月，打破所有制界限，用人单位根据生产经营需要，自主决定招聘职工的范围、对象、数量、时间、条件以及考试考核内容、方法。

1995 年 3 月 28 日，区造纸厂、水泥厂、自来水公司、日杂公司、精美五金洁具厂等 24 家企业试点全员劳动合同制。8 月，区政府召开全面推行全员劳动合同制动员大会，并与 88 家区属企业签订劳动合同制责任书。至年末，渝兴齿轮厂及大集体、晋林机械厂及大集体、平山机械厂及大集体、区邮电局和南桐矿务局先后实行全员劳动合同制，总计7470名职工签订劳动合同；全区97家区属企业中，有95家实行全员劳动合同制（东林贸易公司、民政系统的强力机械厂未实行），有6857名职工签订劳动合同，占职工总数87%。10月，凡从事矿山井下以及在其他有害身体、健康工种、岗位工作的农民工，实行定期轮换制度。是年，区内国有企业、股份制企业、城镇和乡村集体所有制企业、外商投资企业、联营企业、私营企业、个体经济组织和企业化管理的事业组织中的全体劳动者，以及国家机关、社会团体、非企业化管理事业组织中的工勤人员均实行劳动合同制。

2003年5月，规定劳动者可以在一个或一个以上用人单位，以小时为工作时间单位计酬。

第二节　就业与再就业

一、待就业人员状况

待就业人员是指从未工作过的人员和失去工作而正在找工作的人员，以从未工作过的人员为主。

1986年，全区有待就业人员约2000人。实行社会主义市场经济体制后，因区属企业绝大部分是小企业，产品落后，竞争力弱，陆续停产、解体、破产，职工大多下岗失业。1997年，实行股份制改造后，大部分区属全民和集体企业名存实亡，大量富余职工下岗，城镇待就业人员增至5000余人。

2000年年底，全区有从未工作的人员7470人（男性2280人），下岗人员6010人（男性3600人），合计13480人。在业总数12.488万人，因工作时间不充分，存在隐形失业人员，隐形失业人员约占30%。

2002年6月，区内最大国有企业南桐矿务局因水灾停产，6500人下岗，加上原有区属企业失业职工，全区城镇失业人员超过2万人。随着房地产、交通、工业的快速发展，农村富余劳动力逐渐转向外出务工，常住和寄住人口向区内城镇、郊区、区外、市外转移，富余劳动力数量相对降低。是年末，城镇劳动力总数7.1万人，失业人员约2万人（登记失业5000余人），需就业岗位2.6万个；农村劳动力总数8.9万人，从事纯农业生产2.67万人，在乡镇企业务工1.43万人，外出务工1.67万人，剩余劳动力3.1万人。

2009年年末，全区有城镇从业人员67223人，其中城镇从业人员52665人，进城务工半年以上的农民工14558人，城镇失业人员4862人；有农村劳动力80190人，已转移49528人，扣除土地耕种吸纳人数及上学、服兵役、丧失劳动力等数量，全区有6752名农村富余劳动力。

二、再就业工程

（一）企业下岗职工登记管理制度

1996年11月6日，区劳动局印发《关于改制企业富余人员分流途径的意见》，提出8条分流途径和相关措施。1997年5月起，下岗职工需要再就业的，持下岗职工登记卡到下岗职工户口所在地街道、乡镇就业服务站领取重庆市企业职工下岗证，作为下岗失业人员享受优惠政策的凭证。2003年6月起，区就业局发放的失业职工失业证（蓝皮）作为不享受失业保险金的失业人员享受再就业优惠政策的凭证，与领取失业保险金的失业职工失业证（绿皮）并存使用。是年末，下岗失业职工进出再就业服务中心工作全部结束，企业失业职工符合条件的直接享受失业保险或享受社会最低生活保障，下岗证停止使用。

（二）托管服务

1998年，万盛区国有企业下岗职工再就业服务中心（以下简称区再就业服务中心）成立。下岗职工与区再就业服务中心签订托管协议，区再就业服务中心为下岗职工发放基本生活费，代缴基本养老保险金和失业保险金，提供“一三一”（一次资助培训、不低于三次就业信息、一次再就业指导）服务。1999年后，对自愿解除托管协议自谋职业的职工，给予1年工龄1个月工资的经济补偿。1998年，区属国有企业区糖果厂、区矿业公司、南桐贸易公司、区食品公司、区专机厂381名下岗职工全部与区再就业服务中心签订托管协议；是年，有292名下岗职工自愿与企业、区再就业服务中心解除劳动关系和协议。至2002年年末，与区再就业服务中心签订托管协议的下岗职工累计8836人。2003年7月，全区累计有15110名下岗职工与区再就业服务中心签订托管协议。是年末，全区8334名下岗职工全部与区再就业服务中心解除托管协议。

（三）再就业基金

再就业基金筹集的原则是“三三”制，即重庆市、万盛区财政拨款，企业自筹和社会筹集。1998年，万盛区开始筹集再就业基金。1998—2005年，万盛区共筹集再就业资金27780640元。

1998—2005年万盛区再就业基金筹集情况一览表

表25-37　　单位：元

年份	合计	财政拨款	企业自筹	社会筹集	其他收入
1998	2034332	1855130	38000	140823	379
1999	2890716	1631000	–	1255668	4048
2000	1804060	1117000	–	738000	9060
2001	2286150	1366700	–	919450	–
2002	2064573	1200000	–	863000	1573
2003	3774751	2282400	–	1485000	7351
2004	4772750	4750000	–	0	22750
2005	8153308	8110000	–	0	43308
总计	27840640	22312230	38000	5401941	88469

说明：财政拨款为市、区两级，社会筹集为失业保险金中提取。2004年，停止从失业保险金中提取再就业基金

1998—2003年万盛区再就业基金支出情况一览表

表25-38　　单位：元

年份	合计	基本生活费	“双解”奖励金	经济补偿金	代缴养老金	代缴失业金	其他
1998	1998611	51936	1164000	451149	282537	24989	24000
1999	2292277	165695	830000	414897	563114	9062	309509
2000	1708266	251945	441000	308124	612707	17541	76949
2001	2054024	218530	32000	256999	207869	15234	1323392
2002	2088462	144445	–	115560	161293	10264	1656900
2003	940443	87410	–	98004	86029	4165	664835
总计	11082083	919961	2467000	1644733	1913549	81255	4055585

说明：区化肥厂未建“中心”而发放的基本生活费、建立社会保障平台支出列入其他支出

2004—2005 年万盛区再就业基金支出情况一览表

表 25-39　　　　单位：元

年份	合计	小额贷款贴息	培训补贴	代缴养老金	代缴医保金	公益岗位补贴	社会保险补贴	社会保障平台	其他
2004	2938772	51907	54510	118505	1432750	–	–	–	1281100
2005	4087160	171296	87418	162952	239580	18000	628718	470000	2309196
总计	7025932	223203	141928	281457	1672330	18000	628718	470000	3590296

说明：2004—2005 年代缴养老金、医保金对象为“40、50”人员；区化肥厂基本生活费 1078794 元列入 2004 年其他栏；区煤气公司 2005 年 11 月、12 月生活费列入 2005 年其他支出

（四）再就业专项资金

重庆市政府和万盛区政府根据就业状况和就业工作目标，在财政预算中安排就业专项资金用于促进就业工作。就业专项资金用于职业介绍补贴、职业培训补贴、社会保险补贴、岗位补贴、职业技能鉴定补贴、特定就业政策补助、小额贷款担保基金和贴息、扶持公共就业服务、就业补贴、就业重点企业贷款贴息、小额担保贷款手续费补助和回收奖励等。2006—2011 年，万盛区筹集就业专项资金 14682 万元，支出 9171 万元。

2006—2011 年万盛区就业专项资金筹集情况一览表

表 25-40　　　　单位：万元

年份	小计	重庆市财政拨款	万盛区财政拨款	上年末结存	其他收入
2006	1845	690	25	1126	4
2007	1256	514	32	700	10
2008	2758	1998	80	674	6
2009	2033	1041	80	898	14
2010	3466	2594	52	815	5
2011	3324	2039	106	1144	35
总计	14682	8876	375	5357	74

2006—2011 年万盛区就业专项资金支出情况一览表

表 25-41　　　　单位：万元

项目	2006 年	2007 年	2008 年	2009 年	2010 年	2011 年
社会保险补贴	188	284	350	348	530	740
岗位补贴	14	20	19	24	21	19
职业培训补贴	81	122	160	294	148	94
职业介绍补贴	13	17	18	14	4	6
职业技能鉴定补贴	2	6	20	18	4	8
低保对象就业补贴	33	369	1104	538	1215	318

续表

项目	2006 年	2007 年	2008 年	2009 年	2010 年	2011 年
高校毕业生服务街道（乡镇）	–	–	–	–	11	23
小额担保贷款贴息及奖励	41	59	118	94	263	430
大龄下岗职工基本生活保障费	61	118	46	23	21	39
用再就业政策支持国企改革	–	–	–	–	–	–
人力资源市场网络建设费	5	1		39	54	64
社区（村）平台建设费	28		19		27	5
送温暖	10	7	1		1	
其他（工作经费及专项经费等）	169	123	55	18	24	11
资金支出合计	645	1126	1910	1410	2323	1757

（五）促进城市低保人员就业

2006 年，重庆市开始实施低保就业补贴政策。2007 年，万盛区建立促进就业与城市低保联动机制。2006—2011 年，累计促进 8116 名城市低保对象退出低保实现了就业，占全区低保对象中劳动年龄段有就业能力的 81.4%；累计补贴 21075 人次，发放就业补贴 3577 万元，同口径累计核减低保金 6806.6 万元。

2006—2011 年万盛区就业补贴情况一览表

表 25–42

年份	补贴人数（人）	补贴金额（万元）	年份	补贴人数（人）	补贴金额（万元）
2006	504	32.8	2009	4605	537.8
2007	2773	369.2	2010	5406	1215.2
2008	5015	1103.7	2011	2772	317.9

（六）促进就业困难人员就业

2006 年，重庆市财政局、市劳动保障局、市就业再就业办公室规定社会保险补贴和岗位补贴的对象、范围、标准、期限和补贴程序等。2008 年，将原就业困难人员从城镇下岗失业人员中的“4050”人员扩展到城镇登记失业人员的“4050”人员。2009 年，为支持和鼓励登记失业的高校毕业生创业就业，将招用登记失业的高校毕业生就业的企业，纳入社会保险补贴范畴，将公益性岗位吸纳登记失业的高校毕业生纳入公益性岗位补贴范畴。2010 年，万盛区按照重庆市社会保险补贴和岗位补贴政策精神执行，促进就业困难人员和登记失业高校毕业生就业再就业。2006—2011 年，万盛区累计发放社会保险补贴 2441.7 万元，补贴 7997 人；发放岗位补贴 117.08 万元，补贴 709 人。

2006—2011 年万盛区社会保险补贴和岗位补贴支出情况一览表

表 25-43

年份	社会保险补贴		岗位补贴	
	补贴人数（人）	不提金额（万元）	补贴人数（人）	不提金额（万元）
2006	621	188.5	143	14.3
2007	1153	283.8	197	19.7
2008	1091	350.4	96	19.2
2009	1136	348.4	121	24.2
2010	1701	530.1	96	20.6
2011	2295	740.5	56	19.08
合计	7997	2441.7	709	117.08

（七）创建“充分就业社区”（“充分转移就业村”）

2007 年，重庆市开展创建“充分就业社区”工作。同年，万盛区启动“充分就业社区”创建工作。2008 年，万盛区在全市率先启动创建“充分转移就业村”工作，并制订“充分就业社区”“充分转移就业村”验收标准、验收程序、补助标准等工作细则。是年，万盛区创建“充分就业社区”9 个，“充分转移就业村”6 个。2009 年，万盛区创建“充分就业社区”5 个，“充分转移就业村”6 个。2010 年，万盛区创建“充分就业社区”6 个，“充分转移就业村”23 个。2011 年，万盛区创建“充分就业社区”3 个，“充分转移就业村”2 个。

（八）小额创业贷款

2006 年，重庆市将小额担保贷款发放对象扩大至城镇复员转业退役军人和其他城镇登记失业人员，城镇下岗失业人员、城镇复员退役转业军人、登记失业大学生申请小贷实行财政全额贴息，其他城镇登记失业人员申请小贷由财政给予 50% 贴息。2008 年，将小额担保贷款发放扩大至重庆籍农民工，申请小贷由财政给予 50% 的贴息。2009 年，将农民工和其他城镇登记失业人员小贷贴息比例提高至 80%。2010 年 1 月 1 日起，将农民工和其他城镇登记失业人员小贷贴息比例提高至 100%。至 2011 年，万盛区累计发放小额担保贷款 1488 笔、13047.24 万元，贴息 728.26 万元，扶持带动就业 7645 人。

2006—2011 年万盛区小额担保贷款发放及贴息情况一览表

表 25-44

年份	发放情况		贴息情况	
	笔数（笔）	金额（万元）	笔数（笔）	金额（万元）
2006	142	966.00	–	28.82
2007	173	1201.400	–	47.33
2008	141	1112.90	–	55.71
2009	302	2450.50	162	99.90
2010	392	3940.44	290	181.80
2011	338	3376.00	394	314.70
合计	1488	13047.24	846	728.26

（九）就业创业培训

2006 年，重庆市将就业再就业培训人员范围拓展至城镇其他登记失业人员，享受一次性培训补贴。是年，万盛区首次举办 SYB（START YOUR BUSINESS 意为创办你的企业）创业培训班。2009 年，重庆市财政局、市人力社保局和市就业再就业办公室明确就业再就业培训、SYB 创业培训、在岗农民工技能提升培训和农民工岗前培训等就业创业培训的对象、补贴标准等事宜。同时，将原先的一次性培训补贴调整为每人每年只能享受一次培训补贴。 2010 年，重庆市启动微型企业创业培训工作。是年，万盛区开展首期微型企业创业培训。2006—2011 年，万盛区累计举办创业培训 27 期（微企培训 11 期），培训 1114 人（微企培训 388 人），举办职业技能培训 486 期，培训 23511 人。

2006—2011 年万盛区就业创业培训情况统计表

表 25–45

年份	创业培训（期）	培训人数（人）	职业技能培训（期）	培训人数（人）
2006	1	20	50	2380
2007	1	24	57	3308
2008	3	90	48	4588
2009	6	195	191	7647
2010	4	161	118	4703
2011	12	624	22	885
合计	27	1114	486	23511

第六章　劳动保障

第一节　劳动监察

一、劳动安全监察

劳动安全工作实行国家监察、行政管理和群众监督制度，劳动部门履行监察职责。

1986 年，根据《四川省厂矿企业劳动安全条例》标准验收细则，南桐矿区劳动局组织开展达标活动，要求区属企业在 1990 年前分期分批达标。是年，4 家区属企业申请达标验收，区二轻局、工业交通局、商业局、城乡建委制订本系统企业达标验收规划和措施。1987 年，南桐化工厂、南桐木器厂、南桐造纸厂、南桐乡邱家湾煤矿验收合格。

1988 年 6 月 30 日，全区详细规定区属全民企业、事业单位、城镇集体所有制企业、事业单位（包括街道和劳动服务公司企业）、乡镇企业、市属及以上企业附属的集体企业、个体企业、个体性质的合伙联户企业发生事故后，对单位和事故责任人的经济处罚办法。10 月 28 日，区劳动局转发重庆市房管局对外发包工程安全生产承包合同和生产技术措施，指导和规范企业做好发包、承包和转包工程中的安全工作。

1990年7月，全区明确各级政府行政第一负责人的安全生产责任。10月18日，规定按安全管理、伤亡事故控制、生产设备、生产场所、职工个人防护与遵章守纪5个部分验收发证。

1991年，区安全生产办公室首次检查公园、企业内部、公共场所的游乐设施安全情况。1993年3月，协助重庆市职业安全卫生检测站检查特种设备、电梯、扶梯、塔式起重机，查出塔机问题较多。8月1日，检查涉及游乐设施的人员、制度、操作规程、维护保养和承包经营的安全管理情况，推行安全检测认证制度。1994年4月5日至5月12日，检测（查）全区32个单位、68个建筑物的防雷装置和南桐化工厂、各炸药库的安全情况。10月上旬，组织全区建筑单位接受重庆市职业安全卫生检测站检测在用的塔式起重机3台（全区20余台），下达整改通知书和隐患整改44条。

1995年，全区发生各类生产伤亡事故100起，死亡50人，重伤50人，直接经济损失64.6万元。

1998年9月1日，重庆市人民政府颁布《重庆市劳动安全条例》，原《四川省工业企业劳动安全条例》作废，安全管理体制变为业主负责、行业管理、国家监察、群众监督和劳动者遵章守纪。

1999年，区劳动局再次专项检查全区塔式起重机，查出的问题依然较多，主要有制度不落实、无记录，没有可靠安全防护等。

2001年10月11日，万盛区机关机构和职能改革，劳动安全的职能编制、人员、资料移交至万盛区安全生产监督局。

2006年，区安监局启动重大危险源普查，评估全区60个重大危险源，并建立档案，记录危险源类别、级别、危险物质、危害方式和程度。在非煤矿山企业中推行“台阶式”“一厂一策”划红线机械化开采和爆破等技术。采取“一对一”“人盯点”、专人专运、专柜专营的方式监管烟花爆竹经销点。

2006—2008年，区安监局开展安全执法检查3050次，查处各类非法经营企业（商户）15家（户），违规经营企业（商户）20家（户），事故隐患27500处，其中重大隐患230处；专项检查危化物品188次，查处事故隐患300余处。

2009年，全区发生各类生产死亡事故16起，死亡18人。其中煤矿发生事故5起，死亡6人（生产事故4起、死亡4人，私挖盗采1起、死亡2人）。是年，各镇街设立安全生产监督管理办公室，为5个产煤镇配备安全生产监督执法车，为区、镇（街）、村（居）三级配备各类基层安全监管装备。全区所有镇街实现安全监管规范化，20%村（居）实现安全监管制度化。建设煤矿企业瓦斯治理示范区和示范矿井，实施煤矿和非煤矿山企业安全基础设施建设。全区有重庆市质量标准化矿井煤矿企业6家，二级质量标准化矿井煤矿企业22家、三级质量标准化矿井煤矿企业7家，有重庆市标准化非煤矿山企业1家、五级标准化非煤矿山企业26家。建立全区煤矿安全视频监控系统和瓦斯监控系统，建立非煤矿山远程视频监控系统，实现矿山远程安全报警监控和应急救援指挥，建立特殊灾害天气安全信息预警发布平台，建立煤炭计量安全调运管理平台，实现煤炭计量站电子计量、电子视频监控系统联网总监控和总调度。开展打“三非”（非法建设、非法生产、非法经营）、反“三违”（违章作业、违章指挥、违反劳动纪律）、治“三超”（超能力、超强度、超定员）行动，查处违法违规行为6352起，处以罚款142.57万元。全年检查煤矿960次，下达现场检查笔录905份、现场处理决定书894份、行政处罚决定书118份、撤销人员命令书3份、其他文书99份，排查整治事故隐患4249处，作出全矿停产整改处罚50矿次，整顿关闭煤矿3家；开展非煤矿山执法检查1800余人次，责令停产整顿16家次，经济处罚24家，下达安全监察执法文书450余份，整顿关闭非煤矿山企业11家；开展烟花爆竹检查350人次，下达《责令改正指令书》19份，查获非法生产行为2起、非法销售23起、非法储存3起，收缴烟花爆竹532件，价值12万元，收缴原材料49.2千克，收缴非法产品84余件，土制鞭炮约45万响，非法生产原料147.2千克，罚款0.8万元，警告教育33人，刑事拘留2人。

2010 年，全区发生各类生产死亡事故，16 起、死亡 16 人，其中煤矿事故 9 起、死亡 9 人，道路交通事故 5 起、死亡 5 人，建设施工事故 1 起、死亡 1 人，工商贸易及其他事故 1 起，死亡 1 人，非煤矿山未发生事故，危险化学品、烟花爆竹、消防等重点行业和领域未发生生产事故。是年，建立区、镇（街）、村（社区）三级属地监管机制，建立中共万盛区委、万盛区政府每年听取 1 ~ 2 次安全生产汇报制度，集中研究解决安全生产重大事项。万盛区率先在全市推行企业安全分级监管模式，将企业安全生产现状分为 A 、B 、C 、D 四个等级，分类指导、分级监管。在非煤矿山、危险化学品和烟花爆竹行业共 173 家生产经营单位中推行安全责任保险，企业参保人数 450 余人，承保金额近 5170 万元，企业参保率 100%。全区各级各部门共监督检查企业 6000 余家次，排查治理一般隐患约 4 万处，整顿关闭企业 40 余家，限期整改企业 91 家；开展烟花爆竹“打非”行动联合执法 5 次，查处非法销售 3 起、非法储存 1 起，收缴非法产品 37 件，警告教育 4 人。

2011 年，全区发生各类生产死亡事故 9 起、死亡 9 人，其中煤矿事故 2 起、死亡 2 人，道路交通事故 4 起、死亡 4 人，建设施工事故 2 起、死亡 2 人，工商贸易及其他事故 1 起，死亡 1 人，非煤矿山、危险化学品、烟花爆竹、消防等重点行业和领域未发生生产事故。是年，按照一个指挥中心加多个专业救援队加片区救援协作组的模式构建应急救援体系。建立区—镇（街）—企业三级应急救援体制；成立 44 名专家组成的全区应急管理专家组，建立 1 支全区综合应急救援支队、7 支应急救援专业队伍和 1 支综合保障队伍；建立 110、120、119、122、12350 应急协调机制；建立特殊灾害天气信息预测预警发布处置系统；更新升级煤矿瓦斯数据监控系统以及煤矿、非煤矿山远程信息和视频监控系统，扩大安全监控覆盖面，制订烟花爆竹仓库、经营户远程视频监控系统并网联接方案，客运企业均建立客运驾驶员安全生产信息监管平台和 GPS 监控系统。全区非煤矿山率先在全市 100% 推行分层或台阶式开采，实现采、装、运、加工全过程 100% 机械化。

二、劳动保障监察

1988 年一季度，全区调查国营企业实行租赁、承包以后出现的问题。南桐矿区政府 1988 年 4 月 1 日批转区劳动局等部门《关于国营企业实行租赁、承包以后保障职工合法权利的意见》，有效减少和化解矛盾，保障企业和职工合法权益。

1990 年 6 月 28 日，区劳动就业机构（区劳动服务公司）具体组织全区的社会劳动力监察工作，监督和检查辖区内各单位使用社会劳动力情况和务工情况，劳动合同的签订、内容是否合法合理及履行情况等 6 个方面。

1995 年 4 月 13—20 日，全区企业及机关事业单位自查贯彻执行《中华人民共和国劳动法》的情况，有 53 个单位填报自查表。4 月，检查 21 家国有、集体、合资、私营企业贯彻《中华人民共和国劳动法》，缴纳失业保险、养老保险两费及工资分配和劳动保护情况。

1996 年 9 月，全区检查区内 10 家企业缴纳失业保险、养老保险两费及工资分配和劳动保护情况。

1997 年 4 月 7 日，区劳动局印发《关于 1996 年劳动用工年检安排的通知》，安排企业用工年检工作。该项工作因各种原因，只实行 1 年多。

1998 年 9—10 月，区劳动局重点检查区内 18 家重点企业用工情况，并取缔非法职业介绍机构 2 个。

2002 年 12 月，全区开展为农民工追讨所欠工资活动。2003 年 12 月 16 日，万盛区劳动和社会保障局成立清理拖欠农民工工资工作小组。2004 年，开展“百日追薪活动”，现场检查 27 家施工单位的 40 个在建工程项目的农民工工资发放情况和宾馆、商场、餐厅服务人员的工资发放情况，向拖欠农民工资的 4 家单位下达劳动保障监察整改指令书。全年为 1116 名农民工，追回被拖欠工资 110.5 万元；受理群众举报案件 42 件，受理来信来访 1200 余人次。

2005 年，全区开展农民工工资支付情况专项检查活动，印发宣传资料 4000 余份，接受群众咨询

100余人次。全年受理群众投诉65件，办结60件；追讨工资60万元，涉及农民工810人。开展清理整顿劳动力市场专项检查，依法取缔非法的职业介绍单位2家；开展禁止使用童工专项执法检查，特别针对服装业、餐饮业等服务行业，检查用人单位10家，涉及劳动人员14243人；开展国家职业资格证书制度专项执法检查。10月20日至2006年1月30日，开展“百日维权”专项检查活动。

2006年，全区受理群众投诉32件，办结30件。全年为1810名农民工追讨拖欠工资171.4万元。

2007年5月，重庆南桐矿业公司等20家用人单位评为首批劳动保障守法诚信企业。是年，开展整治非法用工打击违法犯罪专项行动，检查全区仍在生产的135家“四小”企业，涉及职工7109人；督促企业与职工补签劳动合同442份，向32名职工补发工资1770元，补办社会保险143人；开展清理整顿劳动力市场秩序专项行动，取缔非法职介机构1家。全年为798多名农民工追讨工资71.77万元，接到群众投诉案件69件、结案68件。

2008年，全区开展劳动保障监察90次，受理群众各类投诉64件，办结61件，结案率95.3%；开展追讨拖欠农民工工资专项执法检查行动，共为713名农民工追讨被拖欠工资269.77万元；清理整顿人力资源市场，依法取缔非法职业中介机构1家，并督促职业介绍许可证到期的3家职业中介机构及时更换新证；开展《中华人民共和国劳动合同法》执行情况专项检查行动，检查企业42家，并督促16家企业与职工补签劳动合同431份。

2009年7月，全区开展“整非打违”专项执法，重点打击“四小”企业，共检查各类用人单位90余家，涉及劳动者5400余人。是年，受理群众投诉81件，办结80件，结案率98.7%；为1439名农民工追讨被拖欠工资1257.99万元。

2010年，全区受理投诉案件79件，办结77件，结案率97.5%；为1524名农民工追讨被拖欠工资1054.024万元。

2011年，全区受理投诉案件82件，办结80件，结案率97.6%；为681名农民工追讨被拖欠工资546.8577万元。

第二节　劳动能力鉴定

劳动能力鉴定分因病、非因工负伤和因工负伤、职业病丧失劳动能力程度鉴定。1996年前，不论因工还是非因工负伤，均执行《四川省干部、工人因伤、病丧失劳动能力鉴定标准》。1996年，国家颁布《职工工伤与职业病致残程度鉴定标准》，患病与非因工负伤职工劳动能力鉴定，参照此标准执行。2000年6月28日，重庆市政府印发《重庆市企业职工因病或非因工负伤丧失劳动能力鉴定标准》，停止执行《四川省干部、工人因伤、病丧失劳动能力鉴定标准》。是月，重庆市劳动局规定，凡不参照《职工工伤与职业病致残程度鉴定标准》鉴定的，按《重庆市企业职工因病或非因工负伤丧失劳动能力鉴定标准》鉴定。

1986年12月前，区劳动局负责全区劳动能力鉴定工作。12月，南桐矿区社会保险事业管理所成立，负责全区劳动能力鉴定工作。1994年6月，全区劳动能力鉴定工作又改由区劳动局办理。2001年，万盛区劳动和社会保险局设置社会保险科，承担工伤、职业病等级鉴定工作。

2007年，全区工伤认定1972人，劳动能力鉴定328人。2008年，全区工伤认定1562人，劳动能力鉴定238人。2009年，全区工伤认定1615人，劳动能力鉴定366人。2010年，全区工伤认定1542人，劳动能力鉴定362人。2011年，全区工伤认定1534人，劳动能力鉴定474人。

第三节　劳动争议仲裁

1987年7月31日，国务院颁布《国营企业劳动争议处理暂行规定》，规定劳动争议仲裁适用于企业与职工因履行劳动合同发生的争议和因开除、除名、辞退违纪职工发生的争议。1993年7月6日，国务院颁布《中华人民共和国企业劳动争议处理条例》，劳动争议仲裁适用范围扩大到中国境内的企业与职工的劳动争议，将职工辞职、自动离职发生的争议和因执行国家有关工资、保险、福利、培训、劳动保护规定发生的争议纳入。

1988年8月，南桐矿区劳动争议仲裁委员会成立，下设办公室作为常设机构，设在区劳动局。1990年11月，区劳动争议仲裁委员会编印《南桐矿区劳动争议仲裁、调解、鉴证文件汇编》，下发各企业，使企业调解人员、分管领导从案例中吸取经验教训，自觉遵法守纪。1995年，区劳动局举办劳动法律法规培训班7期、培训企业行政、工会、调委会干部350人；建立企业调解委员会和劳动关系信息员等劳动争议调解网络。1997年，全区建有企业调解委员会156个，通过企业调解委员会调解处理劳动争议案件350件。1999年12月7日，建立区劳动争议信息员网络和兼职仲裁员制度，设立地区仲裁庭。兼职仲裁员主要由南桐矿务局和各乡镇、街道有关人员组成。是年，区劳动争议仲裁委员会办公室通过企业成功调解劳动争议案件37件。2007年，万盛区劳动争议仲裁院成立，隶属万盛区劳动和社会保障局。2008年，《中华人民共和国劳动合同法》和《中华人民共和国劳动争议调解仲裁法》相继施行。2010年5月，万盛区劳动争议仲裁院更名万盛区劳动人事争议仲裁院，隶属万盛区人力资源和社会保障局。

1993—2005年万盛区劳动争议案件处理情况统计表

表25-46　　单位：件

年份	受理	调解结案	裁决结案	其他结案	年份	受理	调解结案	裁决结案	其他结案
1993	31	26	1	4	2000	250	60	25	165
1994	45	–	–	–	2001	181	48	25	78
1995	45	–	–	–	2002	156	48	25	78
1996	43	–	–	–	2003	146	39	28	77
1997	68	28	6	34	2004	182	56	23	71
1998	85	35	8	42	2005	152	71	30	49
1999	153	48	10	95	–	–	–	–	–

2006—2011年万盛区劳动争议案件处理情况统计表

表25-47　　单位：件

年份	受理	结案	年份	受理	结案
2006	541	536	2009	333	333
2007	187	184	2010	168	161

续表

年份	受理	结案	年份	受理	结案
2008	168	162	2011	248	248

第七章　社会保障

第一节　养老保险

1986 年 10 月 1 日起，南桐矿区逐步在各类用工、各类所有制单位中实行社会养老保险统筹，以重庆市为核算和调剂范围征收养老保险基金，企业按工资总额 16% 缴纳，职工按其工资总额 3% 缴纳（由企业在职工工资中代扣代缴）。

1987 年 4 月 1 日起，南桐矿区实施以重庆市为统筹单位的国营企业职工养老保险。

1989 年 11 月 1 日起，南桐矿区城镇集体企业养老保险施行，以区为统筹单位。

1993 年 3 月 1 日起，将原来以区为统筹单位的区属城镇集体企业养老保险统筹并入全市城镇职工基本养老保险体系。

1999 年 9 月 1 日，58 家企业退休人员养老金实行银行代发。2000 年，企业退休人员养老金全部通过银行、邮局发放。

2003 年 7 月 1 日，个体劳动者可以参加基本养老保险。

2007 年 7 月 1 日，农民工可以参加基本养老保险。9 月，机关事业单位临时聘用人员和村干部可以参加基本养老保险。

2008 年 1 月 1 日起，根据《重庆市被征地农转非人员基本养老保险试行办法》（渝府〔2008〕26 号文），将原征地农转非人员和 2008 年 1 月 1 日以后新征地农转非人员纳入养老保险范围。2 月，根据《重庆市对曾在我市城镇用人单位工作未参加基本养老保险超过法定退休年龄人员有关养老保险问题处理意见的通知》（渝府〔2008〕25 号文），开始开展未参保超龄人员养老保险工作。参保范围和对象是原来未参加养老保险，在重庆市城镇用人单位工作过，具有本市城镇户口，超过法定退休年龄的人员，本人自愿按规定缴纳养老保险费之后，纳入城镇企业职工基本养老保险范围管理。

2011 年 1 月 1 日起，调整养老金缴费基数标准，参保职工上年度平均工资低于全市职工平均工资 40% 的，按全市职工平均工资 40% 核定缴费基数，高于 40% 的按本人上年度实际月平均工资核定缴费基数。是年，全区企业养老保险基金收入 18480 万元，参保人数 36895 人，基金拨付 24351 人，29000 万元。

1986—2011 年万盛区企业养老保险缴纳及拨付情况一览表

表 25-48

年份	基金征收		基金（含丧抚费）拨付		年份	基金征收		基金（含丧抚费）拨付	
	人数（人）	金额（万元）	人数（人）	金额（万元）		人数（人）	金额（万元）	人数（人）	金额（万元）
1986	1014	56	–	–	1999	14892	1484	7224	2346
1987	32845	963	7261	6	2000	16563	1205	7802	3131
1988	10325	268	2949	198	2001	14145	2168	7010	2722
1989	22287	354	3127	273	2002	12554	1572	7304	3626
1990	24935	462	3635	334	2003	12154	1718	7827	3833
1991	25845	612	3845	449	2004	11964	2001	6681	3401
1992	22506	695	3647	503	2005	11617	3069	6932	3775
1993	23296	1362	4278	896	2006	13598	4467	7330	4546
1994	17968	1514	4871	1052	2007	16804	11299	7901	6498
1995	18515	1420	5112	1301	2008	18534	12800	11813	11438
1996	15357	1271	5110	1368	2009	23771	20177	18873	12962
1997	14207	1328	5482	1573	2010	31998	15483	22408	22300
1998	13407	1390	5889	1884	2011	36895	18480	24351	29000

第二节　医疗保险

一、医疗保险政策

在医疗制度改革以前，万盛区执行重庆市的公费、劳保医疗制度。机关事业单位职工实行公费医疗制度，实报实销，经费由地方财政负担；城镇企业职工实行劳保医疗制度，按规定比例报销，经费由企业自行负担。

2002 年 7 月 1 日起，开始实行城镇职工基本医疗保险制度，以区为统筹核算单位。

2004 年 12 月，南桐矿业公司纳入万盛区医疗保险体系。2005 年 1 月起，公司职工享受区医疗保险参保待遇。

2005 年 10 月 1 日起，灵活就业人员可参加医疗保险。

2006 年，农民工纳入医疗保险参保范围。

2007 年，将二类特殊疾病的年最高支付限额由 600 元调整至 1000 元，大额补充医疗支付比例从 2006 年的 80%、82% 提高至 85%、87%。

2008 年，将城镇职工医疗保险住院报销比例普调 3%，转诊转院的起付线由转出和转入医院分别计算调整为合并计算 1 次。是年，启动万盛区城乡居民合作医疗保险，推行网格化服务，将医保网络覆盖到所有街镇、社区和定点医疗机构，居民可在任何一个社区“一站式”完成登记、参保、缴费流程，可在任何一家定点医疗机构刷卡就医。

2009 年，《万盛区以个人身份参加城镇职工基本医疗保险暂行办法》施行，将灵活就业人员、国企双解人员、无用人单位主体的退休人员纳入城镇职工医疗保险范畴；扩大医疗服务项目，医保报销医疗服务项目增加 229 种；增加城镇职工个人账户划入标准，将各年龄段个人账户划入比例分别上调 0.4% ~ 0.7%；提高城镇职工普通门诊报销比例：一类特殊疾病报销比例由 80% 提高至 90%，二类特殊疾病报销比例由 50% 提高至 80%，并取消二类特殊疾病报销限额，取消市外住院个人先自付 5%，区外乡镇医院限额报销 3000 元的规定；调整城乡居民合作医疗保险异地报销规定：将城乡居民合作医疗保险区外医院一律按三级医院标准报销的规定调整为按医院实际等级标准报销。

2010 年，调整城乡居民合作医疗保险管理体制，理顺管理职能，将原新农合与城乡居民合作医疗保险合并；将城镇职工基本医疗保险最高支付限额由 27000 元提高至 31000 元，将大额补充医疗保险的最高支付限额由 30 万元提高到 35 万元，将大额补充医疗保险报销比例提高 5%；将城乡居民合作医疗保险二档一类特殊疾病门诊报销限额由 1 万元提高至 6 万元。

2011 年，调整住院起付线标准，将起付线标准由按每次住院可报销金额大小计算调整为按每次住院的医院等级计算，办理特殊疾病证的参保人员住院，一年只支付 1 次起付线；调整住院报销比例，将住院报销比例由按年龄段和医院等级计算调整为按在职 85%，退休 95% 计算；调整门诊特殊疾病病种，将精神病（含精神分裂症、心境障碍、偏执性精神障碍）、活动性肺结核由一类门诊特殊疾病病种调整为二类，将血友病，重度前列腺增生（限额报销 1000 元），类风湿性关节炎，肌萎缩侧索硬化症，骨髓增殖性疾病（真性红细胞增多症、原发性血小板增多症、原发性骨髓纤维化症）纳入二类门诊特殊疾病病种，在二类门诊特殊疾病病种中减少重症肌无力，甲亢，急诊观察病人（三日内）的抢救治疗；2008 年 12 月 31 日前，男满 60 周岁、女满 50 周岁的，以个人身份参加城镇职工基本医疗保险参保人员，医疗保险实际缴费年限最高不超过 15 年；国有改制企业改制前退休人员以个人身份参加城镇职工基本医疗保险按普通参保人员征收保费。城乡居民合作医疗保险将一档参保居民年最高支付限额由 6 万元提高至 7 万元，二档参保居民年最高支付限额由 10 万元提高至 11 万元。

二、医疗保险金征收及支出

（一）城镇职工医疗保险

2006 年，全区城镇职工医疗保险参保 42057 人，基金征收 1990.2 万元，征收率 100%，支出 1290.9 万元。

2007 年，全区城镇职工医疗保险参保单位 261 个，参保人员 43096 人（机关单位 2906 人，事业单位 5514 人，企业职工 21012 人，享受余命医疗费退休人员 13319 人，灵活就业人员 345 人；在职人员 23275 人，退休 19821 人），基金征收 3690 万元（统筹基金 1869 万元，个人账户基金 1792 万元，灵活就业人员医疗保险费 29 万元），支出 3531 万元（正常参保统筹支出 1077 万元，余命医疗费统筹 985 万元，个人账户基金 1469 万元），正常参保单位统筹基金结余 780 万元，余命医疗费超支 649.5 万元（余命医疗费本年应进统筹仅 335.5 万元），个人账户基金结余 323 万元。是年，补充医疗保险费一次性征收 514 万元，支付 399 万元，结余 115 万元。

2008 年，全区城镇职工医疗保险参保单位 302 个，参保人员 45010 人，基金征收 3942 万元（统筹基金 2162 万元，灵活就业人员医保费 44 万元，个人账户基金 1736 元），支出 3331 万元（正常参保统筹支出 1027 万元，余命医疗费统筹 892 万元，个人账户基金 1412 万元），正常参保单位统筹基金结余 1135 万元，个人账户基金结余 605 万元。是年，补充医疗保险费一次性征收 404 万元，支付 368 万元，结余 36 万元。

2009 年，全区城镇职工医疗保险参保人数 48089 人，新增 2122 人，基金征收 3964 万元（统筹基金 1548 万元，个人账户基金 2416 万元），支出 3977 万元（统筹基金 2436 万元，个人账户基金 1541

万元）。

2010年，全区城镇职工医疗保险参保人数51500人，新增3017人，基金征收6381万元（统筹基金3024万元，个人账户基金4142万元），支出6985万元（统筹基金3808万元，个人账户基金3177万元），全年亏损604万元（统筹基金亏损784万元，个人账户基金结余965万元）。

2011年，全区城镇职工医疗保险参保人数57556人，基金征收9907万元（统筹基金4371万元、个人账户基金4753万元、大额补充医疗保险基金783万元），支出8623万元（统筹基金3973万元，个人账户基金3886万元，大额补充医疗保险基金764万元），医保基金累计结余14686万元（统筹基金9345万元，个人账户基金4569万元，大额补充医疗保险基金772万元）。

（二）城乡居民合作医疗保险

2008年，全区城乡居民合作医疗保险参保家庭约3万户，参保居民5.3万人，基金收入462万元（居民个人筹资91万元，各级财政补助371万元），城乡居民合作医疗保险基金支出50万元（门诊支出1万元，住院支出49万元）。

2009年，全区城乡居民合作医疗保险参保人数68259人，基金收入887万元（居民个人筹资213万元，各级财政补助674万元），支付511万元（门诊支出86万元，住院支出425万元）。

2010年，全区城乡居民合作医疗保险参保人数达199959人，基金收入2908万元（居民自筹515万元，各级财政补助2393万元），支出2135万元（一档支出1847万元，二档支出288万元），全年基金结余773万元（一档结余784万元，二档亏损11万元）。

2011年，全区城乡居民合作医疗保险参保人数201056人，基金征收4387万元，支出3115万元，累计结余3353万元。

第三节　失业保险

1986年10月1日，全区开始实施待业保险，1994年起改称失业保险。保险以重庆市为核算和调剂单位，保险对象包括国营企业及机关、事业团体中的劳动合同制工人，保险资金来源主要由职工个人和用工单位缴纳筹集。

1986年10月1日起，国营企业按其全部职工标准工资的1%缴纳待业保险费，国家机关、事业单位、社会团体按劳动合同制工人标准工资的1%缴纳。

2011年1月1日起，失业保险单位缴费基数为本单位职工个人缴费基数之和，职工个人缴费基数为本人上年度月平均工资，参保职工上年度本人月平均工资高于全市职工月平均工资的60%，按60%核定缴费基数；参保职工上年度本人月平均工资低于全市职工月平均工资的40%，按40%核定缴费基数；上年度本人月平均工资高于全市职工月平均工资40%，在缴费基数上限以下的，按上年度本人实际月平均工资核定缴费基数。是年，全区参加失业保险人数27113人，保险金收入1217万元，支出246万元。

1986—2011 年万盛区失业保险金收支情况一览表

表 25-49

年份	参保人数（人）	失业保险金支出（元）	失业保险金收入（元）				上级补助收入（元）
			缴费	利息	其他收入	合计	
1986	35000	–	75954	276	–	76230	–
1987	35153	103	319647	2503	11230	333380	–
1988	35520	537	297525	8145	–	305670	–
1989	35806	699	287176	38736	–	325912	–
1990	36750	540	339984	42230	–	382213	–
1991	40586	60	349257	100543	–	449800	–
1992	39518	1709	390406	3718	–	394124	–
1993	45334	41905	457134	104424	–	561558	–
1994	44987	91462	627004	15372	–	642376	–
1995	43497	214982	705896	30266	–	736162	–
1996	38770	542223	1382694	160493	–	1543187	–
1997	33332	1011973	1295748	112485	–	1408233	350000
1998	34000	629626	1097352	5214	13440	1116006	58870
1999	36000	1165981	2137128	163560	–	2300668	148678
2000	35000	1853800	2307700	37800	100	2345600	858500
2001	32260	2425500	3554800	6100	–	3560900	1020800
2002	29089	3174600	3385200	5100	–	3390300	840900
2003	32069	8744335	9999449	8944	8	10008401	5196969
2004	31528	6620832	4166808	4568	12	4171388	6295078
2005	23538	2098710	4593208	6933	27	4600168	479533
2006	25557	2408296	5472202	9237	457	5481896	239140
2007	25557	2247112	6727765	24120	6	6751891	371788
2008	25935	1823758	8962992	27087	228	9310101	312249
2009	26286	1837557	10846467	24607	201	10871275	–
2010	27113	1962865	8638397	34092	4488	8676977	–
2011	27113	2456969	12121353	52973	250	12174576	–

第四节　工伤保险

1955—1997 年，万盛区企业及职工的工伤待遇政策（包括因工伤、残、死亡），依据《中华人民共和国劳动保险条例》（1953 年）执行。

2003年4月27日，国务院颁布《工伤保险条例》。11月17日，重庆市政府印发《重庆市工伤保险实施暂行办法》，规定工伤保险基金实行全市统筹、分级管理，2004年1月1日起施行。

2004年5月1日前，万盛区未实行企业及职工工伤保险统筹。如果企业及职工发生工伤事件，由区劳动和社会保障局按照工伤和工伤待遇程序规定，认定工伤，组织劳动能力鉴定，落实工伤待遇。5月1日起，开始实行工伤保险制度。

2006年，全区有工伤保险参保单位382家，参保人员15044人，征收保险费231.22万元，支出630.48万元（工伤医疗待遇支出272.72万元，伤残100.60万元，工亡249.67元，劳动能力鉴定1.97元，其他5.53元），重庆市级调剂616.90万元。

2007年，全区有参保单位398家，参保人员19038人，征收保险费316.79万元，上级补助350万元，支出494.06万元，上解163.86万元，结余123.7万元（包括期初结余114万元）。

2008年，全区有参保单位420家，参保人员19527人，工伤保险基金收入1129.16万元（征收保险费481.08万元，上级补助523万元，上期结余123.70万元），支出749.47万元（工伤医疗待遇支出270.57万元，伤残200.9万元，工亡267.12万元，劳动能力鉴定和其他10.86万元），上解240.19万元，结余139.49万元。

2009年，全区有参保单位455家，参保人员20271人，工伤保险基金收入855.65万元，支出776.6元（工伤医疗待遇支出332.81万元，伤残259.96万元，工亡173.63万元，其他10.17万元），上解428.6万元。

2010年，全区有参保单位453家，参保人员24045人，工伤保险基金收入1057万元，支出874.7万元（工伤医疗待遇支出260.8万元，伤残404.32万元，工亡205.29万元，劳动能力鉴定和其他4.29万元），上解524万元，结余349.28万元。

2011年1月，南桐矿业公司14988名在职职工工伤保险移交区工伤保险管理中心管理。是年，全区有参保单位595家，参保人员44689人，工伤保险基金收入3019万元，支出3865万元（工伤医疗待遇支出1483万元，伤残1773万元，工亡591万元，劳动能力鉴定和其他18万元），上解1360万元，结余834万元。

第五节　生育保险

2005年12月，万盛区开始实施生育保险，生育保险缴费费率是参保单位职工上年度月平均工资总额的0.7%。参保单位足额缴满6个月生育保险费的次月起，单位职工发生的符合《重庆市职工生育保险暂行办法》规定的生育费用，由生育保险基金支付。2009年12月，万盛区生育保险缴费费率从0.7%调整为0.5%。2011年，全区生育保险参保21744人，保险金192万元，支出109万元。

2005—2011年万盛区生育保险参保收支情况一览表

表25-50

年份	参保人员（人）	享受待遇（人次）	收入（万元）	支出（万元）	上解（万元）	结余（万元）
2005	14845	0	7.6	0	3.5	4.1
2006	15741	57	104	9	40	59

续表

年份	参保人员（人）	享受待遇（人次）	收入（万元）	支出（万元）	上解（万元）	结余（万元）
2007	16295	225	133	32	74	86
2008	17467	271	176	48	92	122
2009	19093	213	219	53	109	179
2010	19786	333	193	97	96	178
2011	21744	337	192	109	81	23

第二十六篇　科学技术

第一章　组织机构

第一节　管理机构

一、万盛区科学技术委员会

1960 年 1 月，南桐矿区科学技术委员会成立，1962 年 7 月被撤销。1978 年 12 月，恢复区科学技术委员会。1991 年，内设办公室。1993 年 4 月，更名万盛区科学技术委员会。1998 年 4 月，增设科技发展管理科。2005 年 6 月，与万盛区信息化办公室合署办公，挂万盛区信息化办公室牌子。2010 年 1 月，不再挂万盛区信息化办公室牌子。

二、万盛区信息化办公室

2005 年 6 月，万盛区信息化办公室成立，与区科学技术委员会合署办公。2010 年 1 月，撤销万盛区信息化办公室，其职能被划入万盛区经济和信息化委员会。

三、万盛区地震办公室

1992 年 1 月，南桐矿区地震办公室成立，挂靠在南桐矿区科学技术委员会。1993 年 4 月，更名万盛区地震办公室。

第二节　科技服务机构

一、万盛区科委科技服务机构

万盛区科技开发中心　1985 年 6 月，南桐矿区科技开发中心成立，为企业性质。1990 年 8 月，改为事业单位。1993 年 4 月，更名万盛区科技开发中心。2003 年 12 月，被并入万盛区生产力促进中心。

万盛区生产力促进中心　2000 年 4 月，万盛区生产力促进中心成立，与区科技开发中心合署办公，实行一套班子，两块牌子的体制。2003 年 12 月，不再挂万盛区科技开发中心牌子。

万盛区地震监测站　1987 年 7，南桐矿区地震监测站成立，1993 年 4 月，更名万盛区地震监测站。

二、农业科技服务机构

1986年，全区有区农业科学技术研究所、农业技术推广站、植保站、土肥站、经济作物蔬菜站、水产站、蚕桑站、茶叶技术站等农业科技服务机构8个。

2011年，全区有区植物检疫站、农业技术推广站、农产品质量检测检验站（挂区蔬菜技术推广站牌子）、经济作物技术推广站、动物卫生监督所和重庆市农业广播电视学校万盛区分校等农业科技服务机构6个。

三、企业科技服务机构

1985年，全区有南桐矿务局科学技术管理处、南桐矿务局瓦斯研究所、平山机械厂设计所、晋林机械厂产品设计研究所、渝州齿轮厂科学技术委员会、重庆无线电专用设备厂研究所和重庆钢球厂研究所等厂矿科技服务机构7个。

1995年后，因产业结构调整，重庆钢球厂、重庆无线电专用设备厂、渝州齿轮厂、平山机械厂、晋林机械厂相继搬出，其科技服务机构随之迁出万盛区。

2003年11月，南桐矿务局改制为南桐矿业公司。撤销南桐矿务局科学技术管理处、瓦斯研究所，在南桐矿业公司设生产技术部。2004年4月，设通风瓦斯管理部。2008年，设地质测量部。

第二章　科技队伍

第一节　科技人员

一、区属企事业单位科技人员

1987年4月，全区有登记注册的各类专业技术人员941人。其中中级专业技术人员30人，初级专业技术人员911人；有在专业技术岗位而又未评职称的专业技术人员2049人。

1988年，全区有中高级职称人员718人，其中高级职称专业技术人员63人，中级职称专业技术人员655人。

1990年，全区事业单位有聘任的专业技术人员3252人。其中高级47人、中级769人、初级2436人。

1991年，全区全民所有制事业单位、企业有专业技术人员3074人。其中事业单位2416人，企业单位658人。

1995年，全区企事业单位有在岗专业技术人员3876人。其中全民事业单位2415人，集体事业单位284人，全民企业806人，集体企业371人。

2003年，全区有具有大中专以上学历或初级以上职称人员9100人。其中研究生9人、大学本科1250人、大学专科4000人，高级职称330人、中级职称1500人，享受国家津贴的专家9人，享受区政府津贴的专家6人。

2005年，全区各类专业技术人员占全区总人口的3.37%，低于全市平均水平；具有高级职称的人员仅占各类专业技术人员总量的3.6%。

二、南桐矿业公司科技人员

1995年，南桐矿务局系统有高级职称科技人员116人（工程系列66人、卫生系列24人、教育系列18人、经济系列6人、会计系列2人），其中中级职称科技人员530人（工程系列183人，卫生系列88人，教师系列190人，经济系列36人，会计系列26人，统计系列4人，图书、新闻系列3人）。

2005年，南桐矿业公司有高级职称各类专业技术人员109人（工程系列73人，卫生系列22人，教师系列3人，经济系列3人，会计系列8人），其中有中级职称各类专业技术人员271人（工程系列116人、卫生系列84人、教师系列7人、经济系列34人、会计系列25人、统计系列2人、新闻系列1人）。

2011年,南桐矿业公司各类专业技术人员2267人(工程类1095人,医疗卫生类489人,经济类202人,政工类481人），其中正高级职称1人，副高级职称175人，中级职称442人，初级职称1649人。

第二节　科技人员管理

一、职称评聘

1986年至1991年2月，全区专业技术职称评定工作由区科学技术委员会负责。1991年2月至2009年，由区人事局负责。2010年起，由区人力资源和社会保障局负责。

1986年，恢复专业技术职称评定工作。

1988年3月，南桐矿区中级职称综合评审委员会成立。11月，高级职称评审批准权下放副市级评审，中级职称审批由市下放给区县自审。

1989年1月，组建工程技术、经济、卫生、农业等4个专业系列的中级职称评审委员会。是年，全区开展首次技术职务的评聘工作，有3759人获得专业技术职称并被聘用。其中高级67人，中级966人，初级2726人。全年，评聘乡镇企业、广播、文化等农村专业技术人员1234人。

2004年6月，万盛区政府印发《万盛区地方高级专业技术职务任职资格评聘管理暂行办法》，按照国家规定的每个专业序列只设置副高级一个等级，由区人事局根据每年申报人员的能力、业绩、行业分布和申报数量提出评职职数，报区政府下达评聘地方高级专业技术职务的指标，开展地方高级专业技术任职资格评聘工作。所评地区高级专业技术职务任职资格仅限区内使用。

1987—2005年万盛区评定专业技术人员统计表

表26-1　　单位：人

年份	总数	高级	中级	初级	年份	总数	高级	中级	初级
1987	80	8	28	44	1997	414	27	126	261
1988	1923	59	653	1211	1998	719	16	106	597
1989	1634	–	261	1373	1999	270	13	61	196
1990	–	–	–	–	2000	573	13	190	370
1991	122		15	107	2001	468	11	132	325
1992	502	21	128	353	2002	733	18	291	424
1993	1928	52	379	1497	2003	173	23	120	30

续表

年份	总数	高级	中级	初级	年份	总数	高级	中级	初级
1994	508	20	220	268	2004	150	4	104	150
1995	429	10	99	320	2005	413	33	150	230
1996	40	–	40	–	–	–	–	–	–

说明：2005 年高级职称中含地方高级职称 10 人

1995—2005 年万盛区教师、讲师系列技术职务评聘统计表

表 26-2　　单位：人

年份	中学高级教师	中学一级教师	中学二级教师	中学三级教师	小学高高级教师	小学高级教师	小学一级教师	小学二级教师	教员	助理讲师	讲师	高级讲师
1995	0	0	32	0	0	0	0	54	0	1	0	0
1996	0	12	67	0	0	0	58	44	0	0	0	0
1997	7	22	50	7	0	39	58	75	0	0	0	2
1998	8	45	103	15	0	48	115	104	0	2	0	0
1999	10	0	35	0	0	0	0	75	0	0	0	0
2000	0	24	21	1	0	21	83	66	0	0	0	0
2001	15	34	57	0	0	37	105	34	0	0	0	1
2002	14	0	17	0	0	0	0	1	0	0	0	0
2003	13	92	62	18	0	104	185	8	1	0	0	0
2004	12	62	73	0	0	37	39	1	0	2	0	0
2005	2	56	91	0	3	28	32	1	0	0	0	0

说明：未统计驻区市属以上企业数据，下同

1995—2005 年万盛区工程系列技术职务评聘统计表

表 26-3　　单位：人

年份	高级工程师	工程师	助理工程师	技术员	高级农艺师	农艺师	助理农艺师	技术员	高级畜牧兽医师	畜牧兽医师	助理兽医师	兽医技术员
1995	2	0	1	0	1	1	2	0	–	–	–	–
1996	1	7	72	22	0	0	3	1	0	0	0	2
1997	0	0	0	1	0	5	3		0	1	0	0
1998	0	8	62	33	0	0	0	1	0	0	1	0
1999	0	6	31	79	0	2	0	0	1	0	2	0
2000	1	13	26	9	0	4	0	0	0	1	0	0
2001	0	9	19	17	0	0	1	7	0	1	23	4
2002	1	2	15	1	2	0	2	13	1	2	0	0

续表

年份	高级工程师	工程师	助理工程师	技术员	高级农艺师	农艺师	助理农艺师	技术员	高级畜牧兽医师	畜牧兽医师	助理兽医师	兽医技术员
2003	2	7	24	13	2	0	0	3	0	0	0	2
2004	2	3	40	11	1	1	0	1	0	1	0	0
2005	5	79	19	3	1	1	2	0	0	0	1	0

1996—2005 年万盛区医师系列技术职务评聘统计表

表 26–4　　单位：人

年份	主任医师	副主任医师	主治医师	医师	医士	主任中医师	副主任中医师	主治中医师	中医师	中医士
1996	0	1	6	9	1	1	0	12	0	0
1997	0	0	0	2	14	0	0	0	0	0
1998	0	0	0	13	12	0	0	0	0	8
1999	0	3	0	6	4	0	1	0	2	0
2000	0	5	0	0	0	1	0	0	0	0
2001	0	0	0	12	43	0	0	0	2	0
2002	0	5	0	10	13	0	0	0	1	3
2003	0	2	0	10	13	0	1	0	0	0
2004	0	1	0	4	13	0	0	0	1	0
2005	0	5	0	9	15	1	0	12	0	0

1996—2005 年万盛区药学、护理学、检验学系列技术职务评聘统计表

表 26–5　　单位：人

年份	副主任药师	主管药师	药师	药士	主管中药师	中药士	副主任护师	护师	护士	主管技师	检验师	检验技士
1996	0	6	9	1	1	0	0	22	3	5	7	0
1997	0	0	0	1	0	1	0	13	15	0	0	3
1998	0	0	2	8	0	0	0	19	8	0	1	0
1999	0	0	0	5	0	1	0	2	15	0	0	0
2000	0	0	0	0	0	0	0	0	0	0	0	0
2001	0	0	2	2	0	1	0	12	5	0	0	0
2002	0	0	0	0	0	0	0	0	0	0	0	0
2003	1	0	0	0	0	0	1	0	1	0	0	0
2004	0	0	0	0	0	1	1	0	1	0	0	0
2005	0	0	0	0	1	0	0	0	0	0	0	0

1996—2005 年万盛区经济、会计、统计系列技术职务评聘统计表

表 26-6　　单位：人

年份	高级经济师	经济师	助理经济师	经济员	高级会计师	会计师	助理会计师	会计员	统计员
1996	–	–	–	–	0	0	1	0	0
1997	0	0	9	12	0	0	26	46	0
1998	0	0	6	8	0	0	29	17	0
1999	0	0	5	12	0	0	5	23	0
2000	0	5	9	0	0	3	1	0	1
2001	0	0	3	0	1	0	12	6	0
2002	0	0	0	0	0	0	0	0	0
2003	0	0	1	0	0	0	0	0	0
2004	1	0	7	5	0	0	4	1	0
2005	0	0	0	0	0	0	0	0	0

二、激励奖励

1990 年，全区开展选拔知识分子拔尖人才工作。1991 年 1 月 31 日，中共南桐矿区委组织部、南桐矿区科学技术委员会、区人事局联合表彰全区知识分子拔尖人才 9 人。

1992 年 10 月 9 日，南桐矿区实行政府特殊津贴制度，特殊津贴的对象是在区内科研、教育、卫生、工农业生产和科技推广第一线工作岗位上做出突出贡献的专业技术人员。政府特殊津贴为每月 30 元和 20 元 2 档，终身享受，每年 30 元档控制在 3 名以内，20 元档控制在 5 名以内。

1993 年 1 月，确定第一批享受区政府特殊津贴的人员 6 人，其中王万荣、鲁舟文每月 30 元，王泽民、赵万正、冯颖、刘思亮每月 20 元。

1994 年 4 月，确定第二批享受区政府特殊津贴的人员 4 人，其中王前荻、徐德林每月 30 元，葛华、熊绍文每月 20 元。

1996 年 12 月，成立万盛区知识分子工作领导小组，建立科技人才奖励基金，建立和管理科技人才信息库。

2003 年 1 月，改革政府津贴制度，动态管理，两年一评，不享受终身。是年，确定杨雪华（南桐矿业公司高级工程师）、蒲斌（鱼田堡小学高级教师）、刘怀清（南桐矿业公司总医院）、付凤兰（万盛区交通局工程师）、罗应金（青年镇更鼓茶场）、周小强（万盛区文化体育局教练员）等 6 人享受区政府特殊津贴，每人每月 200 元。7 月 7 日，印发《关于进一步加强专业技术人才工作的意见》，提出人才引进、奖励与保护的具体措施。新引进的优秀中青年专业技术人才，接收单位按房租费的 30% ~ 50% 给予房租补贴，省级以上学科带头人或具有博士学位的高级专业技术人才到区从事专业技术工作的，区财政给予 1 万元 ~ 3 万元购房补贴。中共万盛区委、万盛区政府每 2 年评选 1 次在技术创新、科技成果转化等方面作出特别重大贡献的专业技术人员，根据实际贡献给予 2 万 ~5 万元奖励，并授予“万盛区杰出专业技术人才”荣誉称号。为重点专业技术人才颁发万盛区优秀专家证，每月发给区政府特殊津贴 100 元。

三、继续教育和考核

1992年，区职称改革办公室建立企事业单位专业技术人员年度考核制度和专业技术人员继续教育登记制度。是年，办理继续教育登记发证2485人，组织经济会计、审计、统计系列专业技术资格考试1287人。组织会计、工程、经济、卫生专业外语达标考试578人。

1993年，办理继续教育登记发证2900人。组织会计专业技术资格考试403人，组织中高级职称外语达标考试100人。

1994年，专业技术资格考试5次、874人参加考试。

1995年，经济、建筑、审计、执业药师和外语等资格考试5次、252人参考。

1998年，会计、经济、审计、统计、房地产和建筑等专业考试，389人参考。办理专业技术人员继续登记发证500人。

1999年，会计、经济、卫生、职称外语、职称计算机、注册税务师、农技人员“双基”（基础知识、基本技能）考试，823人参考，颁发考试合格证书195个，办理专业技术人员继续教育登记发证5124人。

2000年，职称外语、注册税务师、会计资格考试728人参考，颁发考试合格证书407个。

2001年，会计、经济、职称计算机、职称外语考试4次，455人参考。

2002年，经济、职称计算机、职称外语考试5次，320人参考。

2003年，职称外语、计算机和经济类专业技术资格考试5次，1300人参考。

2004年，职称外语、职称计算机、经济专业技术资格、农业基础知识考试9次，9000余人参考，颁发考试合格证书800个。举办职称计算机培训班一期，129人参加，会同区委组织部举办企事业单位高级职称专业技术人员和科级以下管理人员培训班二期，154人参加。

2005年，职称外语、职称计算机、经济专业技术资格考试9次，2900人参考，颁发考试合格证书800个。举办职称计算机培训班三期，96人参加培训。

四、技工培训和考试

1998年，区人事局首次组织机关、事业单位技术工人技术等级培训考试，参加考试628人，其中高级工94人、中级工289人，初级工245人。

2000年，机关事业单位中的公路养护、行政管理、营业员、中式烹调、水电工、经济管理、森林管理、计算机文字录入、卫生系列中的药剂和护理等12个岗位的技术工人303人参加技术等级培训、考试，考试合格265人，合格率87%。

2002年，机关事业单位中的行政岗位和驾驶员岗位的技术工人112人（高级43人、中级54人、初级15人）参加技术等级晋升培训、考试。

2003年，机关、事业单位技术工人48人，参加晋升等级培训考试，考试合格40人，合格率83%。

2004年，机关事业单位技术工人187人，参加技师等级培训考试。

第三章　科技活动

第一节　成果应用及推广

一、工业科技成果及应用

1987年，重庆钻井泥浆材料厂引进钻井泥浆材料技术。是年，生产腐殖酸1900吨，水玻璃200吨。

1989年，重庆金属软管厂自主研发的20瓦、30瓦荧光灯镇流器被评为商业部优秀产品。

1990年，南桐矿务局鱼田堡煤矿在60个突出头（面）推广应用煤与瓦斯突出预测预报技术，安全掘进煤巷和半煤巷5133米，生产原煤109.73万吨，节约防突措施费378万元，减少瓦斯突出伤亡事故。是年，南桐化工厂引进溶解乙炔生产技术，新建溶解乙炔生产线。

1991年，南桐机械厂研制生产的RL365-180农用排灌单级离心泵产品，达到国内同类产品先进水平。南桐纸箱厂投资改造瓦楞纸箱生产工艺。

1995年，南桐化工厂引进云南安宁化工厂乳化炸药生产技术，乳化炸药年生产能力增至1000吨。

1996年，重庆钻井泥浆材料厂生产的高温抗盐降滤失剂（RSTF）被国家定为重点科研新产品。2000年该企业获重庆市高新技术示范企业称号。

2002年，南桐矿务局电厂推广应用汽轮机凝结器阻垢技术新工艺，采用静电除尘器除尘技术和“水冷风室”床下热烟气锅炉点火方式，提高了锅炉热效率，点火成功率从60%提高到100%，并通过“一控双达标”验收。

2004年，鱼田堡煤矿使用大倾角炮采型单体液压支柱，采用放炮落煤工艺，解决大倾角煤层中支柱及落煤工艺问题。是年，重庆天泽钻井材料公司改造生产技术，年产值增加1倍。渝旺食品公司投资100万元，建成国家三级屠宰场，年宰生猪能力10万头。

2006年11月22日，煤矸石在水泥生产中的应用技术获重庆市第七届科教兴渝金桥工程三等奖。

2009年，普生药业公司生产的脉血康胶囊和脉血康肠溶片分别获批国家高新技术产品和重庆市重点新产品。南桐选煤厂、万电粉煤厂与重庆工程职业技术学院共同开展的大锥角重介旋流器开发及在高密度物料分流中的应用项目，突破传统选煤分选工艺，洗煤矸石实现无排放，提高回收率，减轻污染。

1986—2011年万盛区工业科技项目获市级以上奖励一览表

表26-7

年份	科研名称	奖名及等级	研究人员
1986	微机局部网络与远程通信联网系统	煤炭部计算机应用成果三等奖	南桐矿务局电子技术中心邮电部数据传输研究所
1986	粉尘工人健康检查间隔年限研究	四川省科技进步二等奖	南桐总医院周尤禹（协作）

续表

年份	科研名称	奖名及等级	研究人员
1986	煤工尘肺 X 线诊断标准研究	煤炭部科技进步二等奖	南桐总医院傅开旭、周尤禹（协作）
1987	用力学方法研究煤与瓦斯突出危险区的预测	国家教委科技进步三等奖	南桐矿务局郑先智
1989	镀铜宫腔形宫内节育器的研制及	重庆市卫生局医学科技成果二等奖	南桐矿区人民医院曾庆固
1989	钠石灰生产工艺改进及其临床应用的研究	重庆市科技进步三等奖	南桐总医院刘怀清、卢天俊
1990	建筑物群下采煤	四川省科技进步三等奖	南桐矿务局赵清义等
1990	南桐煤矿水平延深主体工程优化设计	重庆市科技进步三等奖	南桐矿务局安俊敏等
1991	茅口灰岩岩溶管道流研究及防治方法	重庆市科技进步三等奖	红岩煤矿
1992	长骨干骨折致凝血功能变化研究	重庆市科技进步二等奖	南桐总医院刘怀清、卢天俊
1993	煤与瓦斯突出预测预报推广应用	四川省科技进步三等奖	南桐矿务局罗信华等
1993	南桐电厂利用高硫煤矸石发电	煤炭部节能优秀奖	南桐电厂赵国权等
1993	南桐煤矿新工区采动地表旧地重建多层抗变建筑群的运用	重庆市科技进步三等奖	南桐矿务局赵清义等
1994	煤层自然发火早期发现及灭火技术	四川省科技进步三等奖	南桐矿务局
1994	延深工程快速施工技术的应用研究	重庆市科技进步三等奖	南桐矿务局刘孔智等
1994	鱼田堡煤矿大倾角炮采型单体液压	重庆市科技进步三等奖	南桐矿务局张智明等
1995	采动区基岩地基建筑物间接保护技术的研究	煤炭部科技进步三等奖	南桐矿务局孙京荣等
1995	砚石台煤矿特殊动力现象定性定量	重庆市科技进步二等奖	南桐矿务局刘孔智等
1995	南桐煤矿深部采区突水的研究	重庆市科技进步三等奖	南桐矿务局叶增仁等
1996	南桐煤矿瓦斯抽放系统转层研究	重庆市科技进步三等奖	南桐矿务局傅开鑫等
1996	采取综合措施提高保护层工作面的开采速度	重庆市科技进步三等奖	南桐矿务局
1997	《常见疼痛病的非手术现代疗法》（专著）	重庆市医学科技成果二等奖	南桐总医院刘怀清、马永康
1998	充填急倾煤层采动高层治理地表沉降的研究	重庆市科技进步二等奖	南桐矿务局孙京荣等
2000	大倾角复杂煤层柔性掩护支架采煤工艺研究	重庆市科技进步二等奖	南桐矿务局刘孔智、何明云
2010	大倾角煤与瓦斯突出薄煤层综合机械化	国家能源局科技进步三等奖	南桐矿务局朱建春、操良荣等

二、农业科技成果及应用

1986 年，重庆市水产项目办公室在万东、南桐、景星 3 个乡镇实施商品鱼基地建设项目。至 1990 年，共投资 111.09 万元，建成成鱼养殖基地 25.90 公顷，鱼种基地 7.50 公顷，每公顷产成鱼 6180 千克。2005 年，每公顷产成鱼增至 22500 千克，年均向市场提供鲜鱼 372 吨。1986 年后，区农业局先后引进北碚 447 梨橙、橘橙、橙柑、山下红、琯柚、福建漳州柚、矮晚柚、脆香甜和杂柑等新品种。2005 年，全区柑橘种植面积 139.40 公顷，年产柑橘 733 吨。

1989—1992 年，区林业技术协会开展马尾杉出材率测定、葡萄桐引种试验和杨树引种试验等 35 个林业技术推广项目，引种千桉、美国湿地松、楠竹、花椒、柿子、猕猴桃和杜仲等种苗，在景星、南天和丛林乡建立经济林、用材林和良种基地示范片 3 个。

1993 年，区林业局推广松树大田切根术、杉木无性系苗木培育、猕猴桃丰产技术和黄栀子病虫害防治技术等 35 个项目，引进猕猴桃、枇杷、雪梨、脐橙和杉木无性系苗等优良树种 58 个，建立良种基地 40 公顷。

1994 年，万东镇引进金水二号、金盖酥等 21 个梨树优良品种，在五和村试种 13.33 公顷。1996 年起，先后在迎峰、建设、六合、箐溪、鹤林和榜上 6 个村成片种植。2005 年，全镇梨树种植面积 153.33 公顷，年产 345 吨。

1999 年，推广新荣猪Ⅰ型综合配套技术，在南桐、青年和关坝镇建立科技示范户 40 户，2000 年开始产仔。2001 年，该技术获重庆市政府科技进步三等奖。9 月，在青年、丛林两镇试点实施富民沼气工程建设项目。至 2004 年，建成沼气池 5000 口。2005 年通过农业部、财政部验收。

2001 年，万盛区被列入重庆十大农业发展百万工程、笋竹两用基地重点区县之一。至 2004 年，全区新植麻竹 1333.33 公顷，抚育间伐原有方竹林 2000 公顷。2005 年，全区优质笋竹两用林发展至 2666.67 公顷。

2001 年，引进矮晚柚、板栗、桃子、梨子和杂交 3 号竹栽植试验；石林镇猪行村推广杉木无性系苗栽植 6.67 公顷，引进麻竹、大甜竹栽培技术，栽植 133.33 公顷，将麻竹笋用林品系比较试验列入“两新”（新产品、新技术）项目；景星乡石笋村，石林镇猪行村建方竹笋用林间伐复垦试验地 6.67 公顷。

2002 年，引种南杭杨 10 万株，在南桐镇王家坝和邱家湾建示范基地 6.67 公顷。

2003 年，实行多树种混交造林和培育乔、灌、草立体混交林。在南桐镇王家坝采取种植混交香樟等树种，保留地表原生植被模式造林 4.67 公顷。

2005 年，万盛区被重庆市林业局确定为林业科技示范基地建设区县。是年，引进贵州皱皮木瓜苗 38.5 万株和树形金银花，在关坝、南桐、丛林、景星 4 个乡镇的 10 个村建立木瓜科技示范基地 233.33 公顷，栽植树形金银花 33.33 公顷。

1986—2005 年万盛区农业科技项目获市级以上奖励一览表

表 26-8

获奖年份	获奖项目	完成单位或个人	获奖等级	颁奖单位
1986	桑树细菌病研究	区蚕桑站	二等奖	重庆市政府
1986	区综合农业区划	区土肥站	二等奖	重庆市政府
1988	杂交中稻高产栽培技术研究	区农技站	二等奖	重庆市政府
1988	茶叶增产提质技术改进及推广	区农业局	二等奖	重庆市政府
1989	运用农业区划成果促进茶叶丰收	区茶叶专业组	三等奖	重庆市农业区划委员会
1989	S195 柴油机节能技术改造	区水电局	三等奖	重庆市农机水电局
1989	土壤普查成果运用	区土肥站	三等奖	重庆市农业区划委员会
1990	名优茶开发及生产技术推广	区茶技站	二等奖	重庆市农牧局
1990	大面积防治鸡新城疫	区畜牧兽医站	二等奖	重庆市农牧局
1990	茶园大面积推广应用增产菌	区植保站	二等奖	重庆市农牧局
1991	人字架冬瓜高产栽培技术推广	区经劳站	三等奖	重庆市丰收计划项目组
1991	水稻病虫草害统防统治技术	区植保站	二等奖	重庆市丰收计划项目组
1991	小春粮油作物病虫草害统防统治技术	区植保站	二等奖	重庆市丰收计划项目组
1993	池塘养鱼万亩高产	区水产站	二等奖	重庆市农业局

续表

获奖年份	获奖项目	完成单位或个人	获奖等级	颁奖单位
1994	淡季蔬菜综合技术推广	洪志群	三等奖	国务院
1994	池塘养鱼万亩千斤高产配套技术	区水产站	二等奖	重庆市政府
1995	优产商品肉猪生产配套技术推广	畜牧兽医站	三等奖	重庆市政府
1996	小春粮油作物病虫害统防统治	区植保站	三等奖	重庆市丰收计划项目组
1996	甜橙高级换种丰产技术	曾辉	一等奖	国务院
1998	小春粮油作物病虫害统防统治	区植保站	三等奖	重庆市丰收计划项目组
1998	美洲斑潜蝇的研究与防除	区植保站	二等奖	重庆市政府
1999	猕猴桃优质丰产栽培技术推广	区经济作物站	二等奖	重庆市科委
1999	丰收计划管理	区科教信息科	二等奖	重庆市农业局
2001	甜柿早结优质丰产栽培技术及贮藏等技术研究	区经作站	三等奖	重庆市农业局
2001	丰收计划管理	区科教信息科	一等奖	重庆市农业局
2001	池塘混养名优水产品技术	区水产站	三等奖	重庆市丰收计划项目组
2002	新荣昌猪Ⅰ系综合配套技术推广	区畜牧兽医站	三等奖	重庆市丰收计划项目组

第二节　学术交流

1988 年 1 月，全区召开学术交流会，交流优秀科技论文 41 篇。

1990 年，全区组织交流优秀科技论文 15 篇，在 1988 年和 1990 年两次交流的论文评选出 15 篇优秀论文编印优秀论文集册。

1994—2005 年，全区组织农业系统科技人员撰写论文 30 篇，相继在省、市科技报纸、杂志发表科技论文 19 篇。

2006—2008 年，全区举办学术交流活动 23 场次，4000 余人参加，发表论文 160 余篇。

2009 年，全区举办学术交流活动 5 场次，900 余人参加，发表论文 20 余篇。

2010 年，全区举办学术交流活动 32 场次，6600 余人参加，发表论文 25 余篇。

2011 年，全区举办学术交流及咨询活动 25 场次，6000 余人参加，发表论文 20 余篇。

第三节　科普宣传

1986 年 5 月，40 名科技人员到万盛、关坝、青年等乡镇举办科技赶场活动，接待群众 2841 人次，提供科技资料 2236 份。9 月，组织 17 名科技人员分别到 9 个乡镇开展科技扶贫活动，讲解种植业、养殖业技术，接待群众 1680 人次，赠送科技资料 1511 份。

1990 年，全区开展科技兴农技术咨询活动，受理技术咨询 4820 人次，举办科技图片展 5 场，放映科普录像 84 场。

1991 年，全区组织科技人员 159 人科技赶场 20 次，开展宣传 59 场，放映科技录像 41 场，发售科技资料 36800 份。

1992 年 7 月，全区举办首次地震知识宣传周活动。

1993 年 3—4 月，全区开展科技推广月活动，组建技术小分队 39 个，参加科技赶场 40 场次，举办科技知识演讲 108 场次，放映科技录像 18 场次，销售科技书籍 7188 册。7 月，在区广播站、电视台举办宣传地震知识专题节目，到厂矿及人口集中地区巡回展示地震知识挂图。

1995 年 2—4 月，全区开展农业科技推广月活动，组建技术小分队 13 个，参加科技赶场 24 场次，举办技术培训 17 期，放映科技录像 11 部、26 场次，发放科技资料 5000 余份。8 月，通过区广播站、电视台、《万盛报》举办以学习国务院《关于加强科普工作的若干决定》和中共万盛区委、万盛区政府《关于科教兴区的决定》以及全国科学大会为主要内容的知识竞赛。

1996 年 3—4 月，全区组织技术小分队 34 个，采取科技赶场、专题宣传，深入村、社传授技术等形式开展科技之春科普宣传活动。

1998 年 3 月，全区组织科技下乡活动，赠送科技图书及期刊 1.6 万册。6 月，南桐矿务局举办“八五”科技成果展。

1999 年，全区开展科技“三下乡”（技术、文化、卫生下乡）和农技推广活动，发送科技资料 1.2 万份，农村科普图书 1.1 万册。

2000 年 3 月，在开展科技“三下乡”活动中，向区领导和有关部门赠送《现代科普知识展开图集》100 册。6 月，组织 20 人在万盛街头举办“保护和建设生态环境，再造重庆秀美山川”宣传，展示挂图 30 幅，发送资料 2200 份。

2001 年，在农业科技推广月活动中，全区举办现场会专题讲座 80 场次，发送科技资料 61 万份。

2003 年 5 月 17—23 日，全区举办第三届科技活动周，向有关部门、街道社区、学校等发放预防非典型肺炎的宣传资料约 1 万份。是年，在科技“三下乡”活动中，发放科普资料 2.8 万份，农村实用技术手册 1000 册，科普挂图 8 套，光盘 30 套，推广新技术 20 项、新品种 10 个。

2004 年 5 月，万盛区第四届科技活动周展出科幻画作 80 幅，发放科技资料 4300 份，保健资料 1 万份，优惠发售科技图书 2000 册，发送种植技术手册 8400 册，受理健康咨询 400 余人次。

2005 年 5 月，万盛区第五届科技活动周展示科普展板 100 块，书法作品 40 幅，发放环保健康资料 1.2 万份，赠送农业科技资料 6000 份，种植技术手册 500 册。

2006 年，全区组织科技活动周、全国科普日、科技下乡等大型科普活动 4 次，展示科技挂图 30 余幅，发放科普宣传资料约 1.2 万份。12 月，丛林镇绿水村、万东镇莲池村建立村级科普活动室。

2008 年，万东镇五里村、石林镇两河村和黑山镇鱼子村建立村级科普活动室。

2009 年，丛林镇海孔村、金桥镇金堰村和万东镇五里村建立村级科普活动室。

2010 年 10 月，子如文化广场修建 20 米的科普画廊。是年，各镇共建成科普活动室 8 个和科普惠农服务站 3 个。

2011 年，万东镇五里村建成科普画廊，万东镇六井村、金桥镇新木村和关坝镇兴隆村建立科普活动室。是年，全区组织科技活动周等大型科普活动 5 次，悬挂宣传条幅 35 条，发放各类科普宣传资料约 5 万份，设立咨询台 25 个，制作展板 70 余块，组织科技创新报告会 1 次，受众 500 余人。

第四章　科技管理

第一节　项目管理

区科学技术委员会根据各行业、各专业、各部门申报的科技项目，综合平衡，筛选出对全区经济发展，社会进步有推动作用的新技术、新材料、新发展项目，列入当年科技项目计划，下达给申报单位，由申报单位按要求组织科技人员实施。1986—2011年，全区共批准实施科技项目492个（未统计1987年、1992年、1998年）。

1986—2011年万盛区科技项目计划一览表

表26-9　　单位：个

年份	项目数	计划项目名称
1986	21	第二代不锈钢宫腔节育器的研制、钻井泥浆材料的试制和生产、超制肉鸭—樱桃谷鸭的饲养及繁殖、魔芋栽培及加工工艺的研究等
1987	–	–
1988	17	–
1989	56	大春作物推广应用增产菌、引进新农药“优得乐”防治稻飞虱试验示范、引进新型除草剂“农得时”防治恶性杂草试验示范、主要农作物根外喷施复合肥剂的筛选与推广、玉米施锌应用技术推广、杂交中稻留蓄再生稻示范推广、吨粮田开发、垦荒梯形密植桑园的开发利用、广东杂交桑推广应用、大面积防治鸡新城疫、奶牛净化为无布病牛群、商品鱼基地成鱼高产养殖试验、两用田制示范推广、红苕适宜栽插期的研究及推广、引种驯化野生花卉的栽培探索名优茶开发及生产技术推广、应用葡萄、草菌套草技术开发庭院经济、乡镇农机站建档及利用、杂交玉米新组合区域试验、种草养鹅、兔技术推广、红苕新品种开发及综合利用、茶园大面积推广应用增产菌、茶园推广草甘膦化学除草、山区冬水田综合开发利用、建立无公害蔬菜基地、菜椒高产探索、大白菜推广133.33公顷、低产茶园改造的技术借施推广、丘陵地区池塘数精养鱼试验、生猪生产成本核算、家庭经济结构研究、葡萄盆栽试验、引种新建鱼种基地、金桥乡综合开发、引进肉兔良种示范推广、引种楠竹苗栽培技术推广、鹅掌楸杆插技术试验、引种“对岁桐”试验推广、引进美国湿地松成功技术推广、中华猕猴桃适龄不结果技术推广、改造猕猴桃适龄不结果技术推广、猕猴桃早结、丰产栽培试验、研究开发多功能保健茶、利用废旧塑料抽丝编织包装袋、磺化褐煤新产品开发、腐殖酸钾新产品开发、腐殖酸钠系列产品开发试验及推广、“汗绒布”产品引进生产、引种栽培黑荆树、引种栽培意大利杨树、引种栽培葡萄桐树、矿车用整形三环链批量生产中试、硫铁矿治污尾砂烧制页岩砖、星火智力开发培训、雅周桑引进试种及推广、开发性庭院经济模式探索

续表

年份	项目数	计划项目名称
1990	26	工艺镜及通草画产品开发、小麦新品种引进繁殖及推广、大肠杆菌 K88GC 生物工程菌苗免疫防治猪白、黄痢试验、大面积推广鸡新城设、禽霍乱油乳剂二联苗、红苕新品种繁殖推广、玉米轴育苗移栽、之豇 28-2 繁殖、育肥猪不同组合饲养试验、沙克油芸豆的推广、ABT 生根粉在蔬菜上增产效果试验、大坝塑料薄膜防渗、南桐矿区畜禽疫病普查、ABT 生根粉在花卉上应用试验、大理石纹玻璃产品开发、玻璃器皿新产品开发、溶解乙炔产品开发、锅炉节能热管开发、造纸黑液治理、萤石精矿粉、高浓度腐殖酸复合肥研制、南桐矿区卫生发展战略研究、区干旱灾害发生规律及对策研究、农村星火计划带头人培训、秋闲田开发利用、引进推广高温测值 813、猕猴桃品种园
1991	52	水稻耐氨固氮菌技术试验示范及推广、糯稻新良种试验示范筛选及推广、杂交玉米单株定向移植技术示范推广、水稻长龄多蘖秧施用多效唑技术推广、再生稻主要病虫害发生规律及防制技术探讨、杂交水稻新组合试验筛选及示范推广、陆稻新品种试验筛选及示范推广、杂义玉米新组合试验筛选及求其示范推广、遮阳网覆盖栽培蔬菜试验推广、秋番茄的栽培试验推广、茶树良种杆插繁育技术推广、小蚕片叶立体育试验示范应用推广、实施粮食作物病虫草害统防统治规范化研究、南桐矿区农田（舍）科学灭鼠方法研究、调查稻秆潜蝇的发生及危害规律和防治试验、水蜜桃引种示范推广、配合颗粒饲料池塘养鱼试验示范、森林经营方案编制、高山草莓引种栽培及应用推广、寒冬预防马尾松毛虫、冬防松梢螟及松山小卷叶蛾、国有林复垦试验、猕猴桃密植矮化早结栽培试验、猕猴桃幼年果园间种西瓜应用技术、板栗引种栽培试验、花椒苗引进栽培试验技术、林业资源及其动态变化初探、次生林、低产林改造试验、马尾松出材率及其相关数测定、小麦新品种引进繁殖及推广、红苕新品种渝薯 34 和南薯 88 繁殖推广、之豇 28-2 繁殖、AT13 生根粉在花卉的应用试验、引种驯化野生花卉的应用试验、南桐矿区干旱规律及对策研究、雅周桑引进试验及示范和推广、农村土地承包经营动态模型及人地关系定量预测、开发利用闲田土提高耕地产出率、试验推广宁镇 1 号大豆、天然料自然烧结砖、电热柔轮式滚柔按摩治疗器、聚合硫酸铁策凝剂、河扁水库大坝防渗、SCL 双轴旋水耕机引进推广、根艺家具开发、纸方格蔟上族法提高蚕茧质量试验、野生观赏植物驯化、磷性槽泥改造高损害电机技术、高浓度腐殖酸载体复合肥料、电脑照排技改技术、实用技术人才开发利用、水泥夹筋纸袋机技术、重庆南天门中药厂技改工程可行性研究
1992	–	–
1993	13	小稻旱育秧技术试验和示范及推广、优质稻的引进筛选和开发、优质鲜食型玉米新品种引进筛选及开发、早秋菜新品种开发试验推广、三倍体桑树品种引进示范推广、腐殖酸盐碱水剂研制、摩托车齿轮加工制作、煤矿硝铵炸药研制、ZP 多功能水性磨削液技术引进、圆柱形铅蓄电池研制、猕猴桃保鲜技术研究、K2S 矿用防爆轴流式风机推广应用、皮带运输机保持器开发运用
1994	10	角蓓培植技术研究、ABT 生根粉推广应用、籽粒苋的种植及开发利用、水稻施硅效果探讨及推广应用、小麦新品种的筛选及推广、天麻栽培技术研究、50 瓦～1000 瓦逆变电源、多功能小型携带式焊机、青蒿素产品开发、厨房油垢清洗剂开发
1995	11	鱼鲶混养高产技术试验推广、胡萝卜新品种引进试验推广、AGP 法检测种鸡感染禽流感试验、杂交水稻新组合引进试验筛选推广、杂交玉米新组合引进试验、暴雨洪涝预报方法、低碱水泥试产、E 型瓦楞纸试制、五倍子栽培技术研究、香葩梨栽培技术、粉末冶金件试制
1996	18	挡风玻璃卡丁线模具及风栅“二改四”研制、高温抗盐降虑失剂试制生产 摩托车从动链（粉末冶金）、山区稻田新组合（11 优—6018）引进示范、推广、杂交水稻新组合（II 优 6018）引进试验示范及推广、黄栀子病虫害防治研究、角蓓培植应用技术研究、微机培训
1997	10	水稻旱育秧对比试验、美洲斑潜蝇综合防治技术、扁形名茶开发及技术推广、黄栀子病虫害防治、平衡配套施肥技术在杂交水稻上应用效果研究、微机信息网的建立、重金石活化剂的开发、地震活动情况的调查、夹胶玻璃生产、钻井油层堵漏剂研制

续表

年份	项目数	计划项目名称
1998	–	–
1999	16	黄花梨引进及示范、大豆新品种示范推广、特优米—中国香米的示范推广、地震数据微机管理系统、防雾玻璃的研制开发、黄栀子病虫害防治、FA旱地龙的推广应用、兴办白色垃圾塑料燃油加工厂、特种钻井泥浆稀释剂、QD12模压生产线、高强伸性覆膜包装低、猕猴桃旱结丰产栽培技术研究、农业示范村建设、万盛信息网络系统建设、邓小平经济理论与地区经济发展研究、建立万盛区统计进度数据库
2000	20	茶树良种嫁接新技术换种试验、柑橘新品种引进及推广、花生优质丰产栽配综合配套技术示范与推广、大甜竹品质鉴定和栽种示范及推广、万只蛋鸡高产饲养试验（二期）、植物组织培养及应用试验、葛根提取黄酮类物质综合利用技术研究及开发、旋风式制冷压缩机试制研究、生态立体蚕桑基地建设、野生植物引种驯化及栽培、培养职高学生审美素质、科技示范乡镇建设、猕猴桃丰产技术推广、猕猴桃竹制改型架材栽培及应用推广、名优茶的研制与开发、洋三元种猪引进推广、提高自然方竹笋用林产量的综合技术研究、数字化地震仪设备改造配套设施、高分子胶状乳化炸药的开发、生产力促进中心项目数据库建设
2001	17	超前排防钻孔防灾有效半径技术研究、植物组织培养及应用、新型实质性器官手术刀研究及开发、方竹笋用林抚育间伐示范、名优茶综合技术开发、甜柿新品种试验和配套技术研究、猕猴桃保鲜贮藏试验推广、生产力促进中心建设、南桐化工厂创新体系建设、蔬菜大棚、优质蚕基地、旅游信息系统触摸屏、万盛区企业电子商贸系统建设、乡镇科技干部培训、高档优质果品示范园建设、农副旅游产品综合开发、优质水果、水产示范基地建设
2002	15	石林旅游文化集镇规划研究、万东镇科技信息服务站建设、丛林—白果生态农业园区建设规划、青年镇优质花椒扶贫基地建设、万盛旅游资讯网建设、金桥镇河坝蚕桑科技园建设、关心青少年工作委员会科技培训、景星猕猴桃冷藏技术研究、西南新材料科技创新园建设、资源综合利用服务体系、区“校校通”工程建设可行性研究、百万只小家禽建设项目、搭建区旅游电子商贸信息平台、丛林花禾园艺建设、区科技培训中心建设
2003	11	景星黑山羊引种试验示范、万盛区旅游电子商务系统建设、金桥外销蔬菜基地建设、万盛区网络计算机培训中心建设、无公害五粮粉丝加工关键技术研究、丛林镇钙资源综合利用可行性研究、丰岩村万只黄羊引种试验推广、科技CEO及科技特派员创业行动计划、加大结构调整力度全力打造工业重镇研究、万盛区生猪发展建设规划研究、电厂粉煤炭煤渣及石膏的综合利用
2004	12	景星黑山羊扩繁场建设、区山羊产业化发展战备和重点技术研究及服务体系建设、多媒体信息化建设、山药综合栽培技术推广、优质山羊品种改良和饲养配套技术推广、草盖洋芋种植试验及示范推广、蔬菜大棚试验示范、学校多媒体网络教室用网络计算机（NC）研究、区生产力促进中心平台建设、循环生态种养模式建设、丛林五万只蛋鸡养殖场建设、优质笋用竹品种—雷竹引种试验示范
2005	16	煤炭采动影响治理技术研究、特色水产养殖基地建设、第五届科技活动周、煤与瓦斯治理、甜柿丰产栽培管理技术研究、无公害优质生猪标准化养殖小区建设、食用菌综合开发及产业化、无公害名优茶开发及产业化、黄金梨科学植示范基地、万盛台地震电磁波辐射资料分析、黑猪保健花生的开发与推广、肝素钠140效价的推广应用、金桥镇特色农副产品加工、十百千科技人员下农村行动示范工程、政风行风评议工作规范化及制度化探索、村村上网工程建设

续表

年份	项目数	计划项目名称
2006	31	科技进步奖表彰和科技大会工作、煤矸石综合利用产业化研究、煤炭安全信息系统建设、茶园覆盖栽培技术试验、循环经济示范村建设、万盛区煤矿安全生产信息系统示范工程、绿色面条和绿色粉丝生产开发项目、万盛区金桥镇农业生产循环利用项目、GAPP 社区信息化示范工程建设、原镁冶炼炉改造、万东镇莲藕“荷花苑” 栽培技术推广、网络监控设备、万盛区地震信息接点建设、丛林镇鹌鹑标准化养殖技术应用与推广、社会主义新农村建设、科技特派员创业服务体系建设、档案信息化示范、机械物理制浆项目、利用现代远程教育系统开展新农村人才培训模式研究、木瓜新品种引种试验、猕猴桃棚架技术推广、堡堂空心面开发、秸秆—肥料（饲料）—种养模式循环利用、提高瓦斯抽放率的技术研究、鹌鹑综合配套养殖技术推广、特色金兰鱼养殖技术推广、瓦斯监控系统建设、木瓜示范基地建设、花生优良品种的引进与推广、黄金梨科学种植示范基地建设
2007	24	万盛城市一卡通工程建设、万盛 20 万吨醋酸生产工艺引进项目、万盛区有线数字电视传输、万盛区藻渡大桥建设工程、柑橘新品种引进示范栽培、优质水果绿色安全生产试验示范、电厂废弃物粉煤灰分级综合利用项目、高山反季节无公害蔬菜、猕猴桃棚架式管理试验示范与推广应用、山地鸡秸秆饲料加工项目、新农村建设科技促进行动专项—青年镇“有机名优茶”技术推广项目、新农村建设科技促进行动专项—丛林镇新农村农业观光示范园建设、新农村建设科技促进行动专项—省力化固定蚕台及简易大棚的推广应用、小关节内侧缘注入胶原酶治疗腰椎间盘突出症、“黑山方竹笋”系列旅游食品开发、对煤炭洗选副产品资源化利用的研究、煤泥水加压过滤回收技术、信息对接与圆桌对话会议制度研究、渝黔煤电化基地总体规划编制项目、（太罗）罗格列酮钠片干预 IGT/IFG 临床运用观察、万盛区渝荣 I 号配套系良种种猪推广与示范、区科委网络办公应用系统建设、药柑病虫害综合防治技术应用、猕猴桃冬季管理技术应用
2008	19	万盛区资源综合利用与节能减排规划、“万盛热线”网络信息安全技术应用、城市一卡通功能拓展研究与应用、南天门风力发电项目开发、区广播电视“721”覆盖工程、小学美术与民间蜡染有机整合的研究、鲟鱼养殖试验、欧洲雁养殖、铝熔炼废物一次熔炼回用、万盛电厂脱硫石膏综合利用、双低优质油菜高产栽培技术应用、生态淡水鱼养殖基地建设、金桥镇优质水稻品比试验及大田推广应用、万盛区苗族工艺品开发项目、粉煤灰综合利用方向研究、春方竹引种培育、清洁能源开发可行性研究、重庆大学校地合作计划、富硒茶开发研究
2009	20	巨尾桉与马尾松抗 SO2 污染对比试验、无公害高山萝卜多季种植试验及推广应用、香猪繁育与养殖的推广应用、石灰岩综合利用工艺技术、“黑山方竹笋”旅游系列食品开发、无公害蔬菜种植技术推广应用、万盛科技电子政务综合信息系统建设、万盛公园“天梯”登山步道全民健身锻炼标准、区属小型煤矿单体液压支柱推广应用、万盛区优质猕猴桃良种繁育基地建设项目、关于促进万盛区非公有制经济发展的专题调研、万盛区科技致富宣教片制作、丛林镇生态链式养殖、万东镇有机水果种植与微生物肥应用示范、乡镇煤矿低浓度瓦斯发电、蟾蜍越冬技术研究及高产品种选育、富硒茶种植示范、苗族民间传统工艺品研究与开发、桉树速生丰产林建设、万盛至黑山旅游科普走廊

续表

年份	项目数	计划项目名称
2010	32	粉煤灰渣湿法磁选铁粉4000吨水循环系统的开发与应用、钻井液用无铬磺化褐煤泥浆处理剂开发与产业化应用、高硫炼焦精煤重介分选工艺的研究开发与产业化应用、地震监测远程监测监控系统建设、重庆市玉囤矿业有限公司钙盐系列产品开发、黑山镇有机名优茶良种示范观光园、万盛区湿地生态作物－莼菜引种试验、企业工程技术中心建设专项补助资金、万盛区茶叶专家大院建设、金沙杏引进示范栽培、黑山猕猴桃系列旅游产品的开发和研究、金桥镇无公害萝卜干加工基地建设及产业化示范、万盛区七彩山鸡专业化养殖 、茶叶生产自动化清洁化加工技术研究及应用、万东镇农村科普惠农服务站建设、关坝镇农村科普惠农服务站建设、金镇农村科普惠农服务站建设、石林镇农村科普惠农服务站建设、黑山镇农村科普惠农服务站建设、丛林镇红岩村科普惠农服务站建设、大黑山地区主要蜜源植物泌蜜载蜂量与有机蜂蜜生产研究、发展重庆黑山谷休闲农业的研究、重庆至广州铁路规划研究、小学生综合素质能力培养评价模式研究、加快万盛区非公有制经济发展的研究、充分发挥纪检监察作用强化煤矿安全监管机制构建、影响民主党派思想态势因素研究、提高参政党建设科学化水平研究、资源枯竭型城市问题及对策研究、上消化道癌临床流行病学调查与分析、打造版画特色学校研究、旅游环线生态路研究
2011	25	浅池藕秸秆栽培示范与推广、辣椒穴盘育苗技术试验及推广应用、无公害蔬菜深加工、黑山土鸡无公害养殖基地建设、黑山方竹笋种植技术示范与推广应、稻鳅蛙生态立体养殖技术、循环农业技术研究与示范、木瓜规模化种植示范基地建设、红叶杨引种繁育与栽培试验、红岩优质蔬菜科技示范基地建设、农村信息化三级示范推广、生物能源树种科普植物园建设、农林村核桃优新良种试验示范及推广、重庆（万盛）镁产业科技园区规划编制、重庆万盛工业园区生产力促进中心建设、科技特派员服务体系建、汪石冥烈士故居打造成万盛区爱国主义教育基地和红色文化旅游点的可行性研究、万盛石林国家地质公园科普规划、万盛区农村民居地震安全工程研究、光动力治疗尖锐湿疣、电视胸腔镜技术治疗中早期肺癌、圆形小阴影的分布特点在尘肺诊断中的价值研究、基层医院放射科小型医学影像存储与传输系统的构建与应用研究、臭氧大小自体血交换治疗的应用研究、射频热凝术治疗三叉神经痛

第二节　经费管理

万盛区政府用于科学技术的经费为科技三项费（新产品试制费、中间试验费、重大科研项目补助费）、科技成果奖励费和科技发展基金等3种。

一、科技三项费

1986—2011年，万盛区政府累计投入科技三项费861.35万元。

1986—2011年万盛区科技三项费预算情况一览表

表26-10　　单位：万元

年份	金额	年份	金额
1986	2.4	1999	16.0
1987	0	2000	16.3
1988	0.87	2001	19.0

续表

年份	金额	年份	金额
1989	4.84	2002	20.0
1990	4.59	2003	22.0
1991	5.0	2004	36.0
1992	6.0	2005	39.0
1993	7.0	2006	176.75
1994	7.0	2007	42.0
1995	7.0	2008	55.0
1996	7.0	2009	72.0
1997	8.0	2010	93.6
1998	14.0	2011	122.0

二、科技成果奖励费

1986—2011 年，奖励区级科技成果 112 个，奖励金总额 17.70 万元。

三、科技发展基金

1986 年，根据重庆市科委科技发展基金管理办法的规定，每年重庆市科委拨款 3 万元，南桐矿区财政按 1 ：2 的比例拨款 6 万元，建立科技发展基金，用于区内重点科技项目的低息贷款。是年为建立科技发展基金的初年，重庆市科委拨款 10 万元，南桐矿区财政拨款 20 万元。至 1994 年，重庆市科委累计拨款 27 万元，万盛区财政拨款 56 万元，全区科技发展基金增至 113 万元。

1991 年 8 月，制订《南桐矿区科技发展基金管理办法实施细则》，规定科技发展基金由区科委审批，区科委开发中心负责管理。采用贷款、入股分红和委托信贷等形式使用科技发展基金，按略低于银行同期贷款的利息，在收回本息的前提下，增值部分的 50% 进入基金，50% 用于改善科技管理工作条件、生活条件和表彰奖励。至 1993 年，共向 35 个科技项目发放贷款，累计贷款金额 114.6 万元；完成 14 个项目，回收资金 55.2 万元，滚动增值 5.5 万元。

1995 年，重庆市科委不再直接向区县划拨科技资金，改为通过重庆市科技风险投资公司以借款方式投放。是年，万盛区科技投资公司成立，通过重庆市科投风险投资公司借款 50 万元。此后，区财政不再向区科技发展基金注入资金，区科技发展基金也不再向企业发放贷款。

第二十七篇　教育

第一章　教育管理

第一节　管理体制及机构

一、管理体制

1988年，南桐矿区实施教育体制改革。在领导管理体制方面，实行“分级管理，分工负责”的管理体制。区级层次由区政府教育工作部门负责，各乡镇分别成立教育管理机构，负责各自辖区教育工作。区内学校划分为区政府教育工作部门直属学校和乡镇学校。乡镇政府拥有乡镇学校的干部任免权、人事管理权、财政权；区政府教育工作部门指导乡镇学校教育教学管理和办学。在教育内部管理体制方面，实行学校党支部监督，校长全面负责，教代会民主参与的管理体制。

2002年，实行以区为主、乡镇为辅的教育管理体制。撤销各乡镇教育委员会及其下设教育办公室，职能归并到乡镇政府社会事务办公室。乡镇学校干部的任命权、教师人事管理权划归区政府教育工作部门，但在任命学校干部、调动教师时须先征求乡镇党委和政府意见。

2005年，再次改革教育管理体制，实行以区为主、分级管理的教育管理体制。区政府教育工作部门直接管理教育教学、人事、经费，乡镇政府管理义务教育入学、捐资助学、土地征用、学校治安。

二、万盛区教育委员会

1986年，南桐矿区教育局设教育科、人事保卫科、中共南桐矿区教育局委员会办公室和行政科等科室4个，有区电化教育（教学仪器）站和重庆广播电视大学南桐矿区工作站等直属机构2个。此外，区政府招生考试办公室设在区教育局。

1987年2月，增设成人教育科。4月，行政科更名行政办公室。

1988年5月，人事保卫科分设为人事科和保卫科。是年，南桐矿区政府临时督导室成立，设在区教育局。

1989年1月，区教育局改制为区教育委员会。6月，增设勤工俭学科、教育技术装备科。12月，增设法制科。

1990年，增设计划财务科。

1991年3月，增设德育科、监察审计科，分别与教育科、计划财务科合署办公。是年，撤销区政府临时教育督导室，组建区政府教育督导室，设在区教育委员会。

1993年4月，南桐矿区教育委员会更名万盛区教育委员会。

1994年12月，撤销教育技术装备科。

1996年11月，区教育委员会改革内设机构，改革后设党政办公室、人事保卫科、教育科、计划财务科和职教成教科等科室5个；万盛区政府招生考试办公室、区政府教育督导室和万盛区电化教育（教学仪器）站及重庆市广播电视大学万盛区工作站仍设在区教育委员会。

2002年，区教育委员会再次改革内设机构，改革后设党政办公室（挂纪检监察室牌子）、人事保卫科、计划财务科和教育科等科室4个。万盛区政府招生考试办公室、区政府教育督导室和万盛区电化教育（教学仪器）站及重庆市广播电视大学万盛区工作站仍设在区教育委员会。

三、乡镇教育管理机构

1986—1988年，区内乡镇未设教育行政机构，只设有教育专干，区教育局直接管理全区教育。

1989年教育管理体制改革后，各乡镇设立教育委员会，下设教育办公室，负责辖区教育行政管理。

2002年，各乡镇教育委员会及其下设教育办公室被撤销，其职能被归并到乡镇政府社会事务办公室。

第二节　教育经费

1988年前，教育经费实行区政府统一管理，区政府教育工作部门统一安排使用的管理制度。1989—2004年，实行分级管理制度，区级财政承担区属学校经费，乡镇财政承担乡镇学校经费。2005年起，实行区政府统一管理，区级财政直接拨付给各学校，区政府教育工作部门负责指导各学校财务管理的管理制度。

1982年起，除区财政预算内教育经费外，每年从地方农业税附加中抽取15% ~ 20%，从城市维护费中抽取约10%，用于修缮中小学校校舍。1984年起，开始征收教育基金、教育附加，作为预算外收入，用于改善中、小学办学条件。

1986年，教育经费348.7万元，其中教育事业费327.6万元。小学生人均公用经费11.1元，中学人均公用经费32.6元。

1987年，区教育经费366.6万元，其中教育事业费348万元。中小学在校学生人均公用经费17.9元。

1988年，区教育经费450.6万元，中小学生人均公用经费48元。

1989年，区教育经费610.10万元，其中区、乡（镇）两级财政预算内教育经费532.40万元，农村税附加40.40万元，城市维护费附加15.90万元，鞭炮附加7万元，专控商品附加4.40万元，中小学危房改造费10万元。

1990—1992年，区教育经费4402.6万元，其中财政预算内教育经费2940万元（占区财政收入46%，年递增20.7%），农村税附加270.1万元，城市维护费附加627万元，鞭炮附加、专控商品附加及中小学危改费52.4万元，党政群机关按教育集资7万元，乡镇、村社和个人捐资7万元，校办企业退税6.6万元，其他492.5万元。

1995—1997年，乡镇预算内教育事业费1781万元，占区财政收入一半以上。

1997年，区教育事业费1904.7万元，中小学生人均教育费597.0元，中小学生人均公用经费117.0元。

1998年，区教育事业费2090.9万元，中小学生人均教育费666元，中小学生人均公用经费118.4元。

2009年，教育经费首次超过亿元。2011年，全区教育经费18425万元。

2000—2011 年万盛区财政预算内教育经费情况一览表

表 27–1

年份	数量（万元）	小学生人均教育费（元）	中学生人均教育费（元）	小学生人均公用经费（元）	中学生人均公用经费（元）
2000	1873	425	754	35	132
2001	2755	638	877	39	125
2002	2943	651	882	64	147
2003	3186	711	929	76	158
2004	3504	781	933	86	195
2005	4192	940	1230	193	286
2006	6438	1481	1716	657	886
2007	8582	2142	2675	678	1014
2008	9678	2519	3065	901	1278
2009	13050	3893	4114	1208	1474
2010	14281	4269	4540	1309	1727
2011	18425	6286	4892	3063	1809

第三节　教育设施

一、校舍

1986 年，拆除危房 1554 平方米，维修校舍 16903 平方米，年末全区校舍面积 146462 平方米。

1987 年，新建校舍 6392 平方米，年末全区校舍面积 148409 平方米。

1988—1989 年，筹集危房改造资金 190.1 万元，改造校舍 25318 平方米。

1990—1992 年，投入 561 万元，改扩建校舍 23838 平方米，新建教学办公用房 6980 平方米、教师住宅 4584 平方米；投入 129.60 万元，改善全区乡村学校内部设施。

1993—1994 年，投入 233 万元，新扩建校舍 6532 平方米。

1995—1996 年，全区小学生人均建筑面积 4.95 平方米，初中生 11.78 平方米。

1997 年 11 月，投入 80 万元，修建中盛小学第二期教学综合楼，建筑面积 1522 平方米。

1999—2000 年，全区改造校舍 2665 平方米，租用农户房 3500 平方米作临时校舍。

2001—2005 年，投入 4505.90 万元，新建校舍 59166 平方米。

2006 年，改造校舍 6022.8 平方米，新建校舍 11239 平方，年末全区校舍面积 250740 平方米。

2007 年，投入 1887 万元，改造校舍 3295 平方米，新建教学用房 11815 平方米、学生宿舍 4199 平方米。

2008 年，新建教学用房 2560 平方米、学生宿舍 4871 平方米、厕所和浴室 194 平方米。

2009 年，拆除 D 级危房 4595 平方米，维修 C、B 级危房 3500 平方米，新建学生宿舍 2823 平方米。年末全区校舍建筑总面积 249800 平方米。

2010 年，拆除危房 1.74 万平方米，新建校舍 3.12 万平方米，学校食堂、厕所达标率 73%，标准化学校 29 所，义务教育学校标准化建设完成率 60.4%。

2011年，拆除D级危房4011平方米，维修校舍28270平方米，新建校舍5899平方米。年末全区校舍建筑总面积305163平方米。

二、教育设备

1986年，全区中、小学校均配置有收录机和幻灯机，教学设备价值12.93万元，其中中学和各乡镇中心校平均每校有收音机5台~7台。区电化教育（教学仪器）站在全区建立放像点11个，将总价值6798.28元电教器材和教学仪器分配到学校站。

1987年，新购课桌凳2300套，住宿生床50张，调配给部分学校。

1988—1997年，全区投入经费550万元，用于购置中、小学校教育仪器设备和图书资料。

1994年，开始在全区中、小学校配置计算机室。是年，全区5所中、小学校配置计算机室6间，计算机60台。

1998年，全区有区教师进修校、区职业中学、重庆市第四十九中学校、万盛小学、中盛小学、重庆市第一〇四中学和重庆市第一〇五中学等7所学校配置有计算机室。

2001年，投入80万元，重庆市第四十九中学校B区建成电子监控室，定点为万盛区高考考场。

2002年，全区各乡镇中心校、中学全部配置计算机室。2003年，部分村小校开始配置计算机设备。

2004年，区职业教育中心、区实验学校、重庆市第一一五中学和重庆市第四十九中学校开始配置多媒体教室，其中重庆市第四十九中学校教室全部配置。

2005年，全区信息技术远程教育基本普及，建成远程教育模式一校点23个，模式二校点49个，模式三校点17个，远程教育校点1个，“校校通”光盘播放点65个。

2006年，投入180余万元，建成农村中小学现代远程教育项目1个，在农村中学新建计算机教室12间。是年，区职教中心安装数控车床。

2008—2010年，远程教育模式一校点增至65个，模式二校点增至60个，模式三校点减至16个，农村现代远程教育实现全覆盖。是年，开通区教育委员会门户网站和教育城域网。

2011年，投入3551.83万元，添置教学仪器设备和实施“班班通”工程，购置电脑2348台，购置课桌凳16029套，建成数字校园10所，标准化学校占75%。

三、图书

1986—2009年，全区中小学纸质图书总量为243438册。2010—2011年，新配图书92013册。2011年，全区中小学纸质图书总量为335451册。

2011年万盛区部分中小学纸质图书数量一览表

表27-2　　单位：册

学校	图书	学校	图书	学校	图书	学校	图书
重庆市第一〇四中学	3500	进盛实验中学	6000	东林明德小学	7000	青年镇燕石小学	600
重庆市第一〇五中学	15486	南桐实验学校	18168	砚石台小学	2000	青年镇湛家小学	1508
重庆市第一〇六中学	3852	丛林学校	16000	鱼田堡小学	1000	关坝镇中心学校	15836
景星初级中学	4142	南桐镇民权学校	6280	南大门小学	6500	关坝镇卫东小学	2746
关坝镇初级中学	16000	红岩学校	7500	新华小学	14940	金桥镇青山中心学校	300
石林镇初级中学	2627	万盛区实验学校	19000	南桐镇中心学校	2912	金桥镇金桥中心学校	3255
子如初级中学	2643	中盛小学	8364	南桐镇石桥小学	8000	石林镇中心学校	8672
重庆市第四十九中学	112000	和平小学	3000	青年镇中心学校	12870	黑山镇中心学校	2750

第二章　基础教育

第一节　学前教育

幼儿学前教育属于非义务教育，有公办、民办、私人办3种办学形式。学前教育主要由幼儿园承担，招收3～7岁儿童，按“保教结合”原则，开展启蒙教育，在保障幼儿身体健康的前提下，培养幼儿的良好生活、卫生习惯，促进幼儿的智力发展，为进入小学打好基础。

1986年，全区有区属幼儿园2所，南桐矿务局局属幼儿园6所。

1988年，区教育局将学前教育纳入地区教育发展规划。6月，区幼教中心教研组成立。7月，区教育局将其主办的南桐矿区幼儿园，交予万盛小学管理。是年，全区有幼儿园、托儿所93所，办班149个，入园儿童4890人。

1991年起，部分小学附设学前班，招收6～7岁幼儿，学制分3个月、6个月和1年。

1997年，全区有幼儿园50所，入园幼儿7294人，学前班人数4834人，城镇幼儿入园率85%，农村幼儿学前一年入园（学前班）率80%。

2000年，全区有幼儿园72所，在园幼儿5451人，城镇幼儿入园率87%，农村学前一年入园（学前班）率81%。

2000年12月，万盛幼儿园与万盛小学合并为万盛区实验学校，学校设幼教部，对外保留万盛幼儿园名称。2001年，区实验学校幼教部创建为重庆市示范幼儿园。

2002年，整顿全区幼儿园，将幼儿园数量从93所调减至47所。2005年，全区有在园幼儿6321人，城镇幼儿入园率90%，农村学前一年入园（学前班）率85%。

2006年，全区城镇幼儿入园率90%，农村幼儿学前一年入园（学前班）率85%。是年，实行幼儿教师资格审定、考核、培训制度，有计划地培训尚未受过专业训练的学前班教师；在乡镇学前班实行教师聘用制。

2008年，全区乡镇中心幼儿园全部达到合格标准。

2011年年末，全区有幼儿园56所（公办1所、校办19所、民办36所；重庆市示范幼儿园1所，二级园15所），有在园幼儿6653人，城区幼儿园入园率99.9%，农村幼儿入园率95.2%，学前一年幼儿入园率100%。是年，制订《万盛区学前教育三年发展规划》《万盛区学前教育三年发展规划实施细则》，启动学前教育三年行动计划。

第二节　小学教育

一、学校设置

1986 年，全区有小学 108 所（区直属城市小学 2 所，乡镇中心校 9 所，农村小学 88 所，驻区厂矿子弟校 9 所），有在校学生 27870 人。

1989 年，乡镇中心校及农村小学全部下放给各乡镇政府管理，同时开始调整小学布局。5 月，青山乡中心校从青山乡庙树村庙坝迁至林家岗社。1991 年，南桐镇民权小学单列为完全小学。1993 年，金桥乡中心校、丛林镇中心校、南桐镇中心校异地重建。1995 年 9 月，城区新建中盛小学。1999 年 3 月，撤销浸水埡学校初中部，保留小学。8 月，撤销景星乡万家山、飞炉山 2 所农村小学。2000 年 2 月，撤销浸水埡小学，学生合并至万盛小学。9 月，撤销万东镇大石板小学，学生合并至万东镇鹤林小学。12 月，万盛幼儿园与万盛小学合并，设立万盛区实验学校。是年，南桐矿务局将局中心小学、南大门小学、八〇一小学、东林煤矿子弟校、红岩煤矿子弟校、砚石台煤矿子弟小学和鱼田堡煤矿子弟小学等 7 所小学移交万盛区政府管理。

2001 年，调整全区小学校布局，撤销农村小学校 14 所，其中万东镇 5 所，南桐镇 3 所，青年镇 1 所，南天乡 1 所，景星乡 3 所。2002 年，撤销万东镇沙岗小学、迎峰小学，石林镇杉树岗私立小学停办，景星乡新场小学更名景星乡逸夫小学，关坝镇卫东小学更名长安希望小学。2005 年，金桥镇双河小学更名侨心小学。是年，全区有小学校 86 所，教学班 613 个，有在校学生 20408 人，有教职工 1263 人，校园面积 366716 平方米，建筑面积 111045 平方米。

2005 年万盛区小学校基本情况一览表

表 27-3

序号	学校名称	创办年份	教学班（个）	在校学生（人）	教职工（人）	校园面积（平方米）	建筑面积（平方米）
1	万盛区实验学校	1907	37	2065	117	16327	11989
2	万盛区中盛小学校	1995	18	848	51	11185	3931
3	万盛区南大门小学	1958	21	887	60	8047	3702
4	万盛区八〇一小学	1961	9	315	32	10230	1980
5	万盛区和平小学校	1952	24	1117	69	6667	4776
6	万盛区砚石台小学校	1965	12	526	33	4710	2962
7	万盛区东林小学	1945	11	395	30	5746	3742
8	万盛区红岩学校	1965	13	501	32	4204	2044
9	万盛区鱼田堡小学	1973	12	484	31	3845	2265
10	万东镇建设小学	1952	12	314	16	5984	2440
11	万东镇大石板小学	1962	2	35	4	1896	362
12	万东镇六合小学	1952	1	23	2	710	410

续表

序号	学校名称	创办年份	教学班（个）	在校学生（人）	教职工（人）	校园面积（平方米）	建筑面积（平方米）
13	万东镇民建小学	1989	2	34	3	1348	391
14	万东镇箐溪小学	1951	3	77	6	1336	600
15	万东镇五和小学	1932	6	167	11	3600	530
16	万东镇皂角小学	1967	6	131	11	2135	728
17	万东镇中心校	1945	23	1030	64	21971	4945
18	南桐镇中心校	1928	20	842	52	16023	3695
19	南桐镇风岩村小学	1963	3	40	4	3502	273
20	南桐镇金兰村小学	1937	6	153	9	1834	318
21	南桐镇九龙村小学	1950	6	148	10	5520	1354
22	南桐镇民权村小学	1950	7	270	10	3134	1555
23	南桐镇南桐村小学	1950	6	177	11	4550	868
24	南桐镇沙坝村小学	1954	6	222	7	5385	1234
25	南桐镇石桥村小学	1942	8	258	15	5007	938
26	南桐王家坝村小学	1963	6	141	10	2162	536
27	南桐镇温塘村小学	1950	5	66	7	1750	420
28	南桐镇岩门村小学	1956	6	89	10	3150	1073
29	南桐镇营寨村小学	–	6	117	8	3800	908
30	青年镇板辽小学	1956	6	234	5	2350	675
31	青年镇安乐小学	1956	4	91	4	2340	482
32	青年镇大漕小学	1964	5	57	6	1852	866
33	青年镇毛里小学	1964	5	100	4	1150	966
34	青年民族小学（原更鼓小学）	1952	6	248	9	2650	850
35	青年镇堰口小学	1956	6	168	7	1860	884
36	青年镇燕石小学	1956	6	181	6	4516	573
37	青年镇湛家小学	1956	6	231	9	3980	2542
38	青年镇中心校	1947	24	938	54	16874	4436
39	关坝镇长安希望小学	1957	8	332	12	4280	1113
40	关坝镇大坝小学	1956	6	215	10	6041	806
41	关坝镇凉风小学	1960	6	149	8	3000	774
42	关坝镇林地小学	1964	3	90	5	1181	639
43	关坝镇箐林小学	1954	3	79	4	2638	833
44	关坝镇上坝小学	1953	6	198	10	3720	573
45	关坝镇田坝小学	1951	0	0	8	8729	847
46	关坝镇下朝小学	1951	2	56	0	6311	766

续表

序号	学校名称	创办年份	教学班（个）	在校学生（人）	教职工（人）	校园面积（平方米）	建筑面积（平方米）
47	关坝镇兴文小学	1954	3	78	2	4854	407
48	关坝镇中心校	1909	17	863	50	6955	4783
49	石林镇白花小学	1960	3	49	3	2907	685
50	石林镇柏树小学	1960	3	31	4	1410	278
51	石林镇大坝小学	1952	6	157	7	2000	436
52	石林镇和平小学	1964	3	25	4	746	326
53	石林镇庙坝小学	1971	3	38	3	830	339
54	石林镇青龙小学	1971	3	55	4	870	298
55	石林森林希望小学	1963	6	109	6	2550	829
56	石林镇星台小学	1963	4	72	5	1833	331
57	石林镇园场小学	1971	3	61	3	1680	507
58	石林镇中心小学	1938	8	351	29	6139	1674
59	石林镇猪行小学	1963	3	48	4	856	423
60	石林镇大坪小学	1955	5	89	6	1467	524
61	景星乡金鹅小学	1950	0	0	0	1002	312
62	景星乡农胜小学	1950	6	135	8	2911	553
63	景星乡前进小学	1952	6	140	7	1497	449
64	景星乡石门小学	1951	2	10	1	668	178
65	景星乡石笋小学	1950	3	19	2	602	201
66	景星乡天星小学	1950	6	125	10	2774	548
67	景星乡文丛小学	1950	1	8	1	504	70
68	景星乡逸夫小学	1950	6	200	8	5587	1084
69	景星乡中心校	1951	8	251	27	3940	2062
70	丛林镇中心校	1949	9	354	25	4608	2000
71	丛林镇八一小学（原白果小学）	1951	4	65	7	6667	762
72	丛林镇海孔小学	1961	6	106	8	2553	607
73	丛林镇七龙小学	1949	4	65	6	3142	783
74	丛林镇唐家堡小学	1950	6	104	8	7474	731
75	丛林镇新建小学	1949	6	111	9	7547	599
76	丛林镇永胜小学	1951	6	102	9	3013	790
77	金桥镇大堰小学	1970	5	99	4	3860	251
78	金桥镇邓家小学	1946	6	158	9	3098	880
79	金桥镇范家小学	1956	4	65	4	1721	541
80	金桥镇金桥中心校	1936	12	460	31	5603	2074

续表

序号	学校名称	创办年份	教学班（个）	在校学生（人）	教职工（人）	校园面积（平方米）	建筑面积（平方米）
81	金桥镇南木小学	1968	3	21	4	2650	230
82	金桥镇侨心小学	1970	6	170	7	3334	527
83	金桥镇青山中心校	1921	12	386	30	7758	1658
84	金桥镇三台小学	1950	6	161	7	4725	612
85	金桥镇新村小学	1933	6	171	10	3731	714
86	金桥镇中兴小学	1966	5	57	5	1420	395

2006年，撤销南桐镇民权小学、黑山镇石门小学。2007年，撤销万东镇箐溪，关坝镇林地、箐林、下朝和黑山镇文从等5所农村小学校。

2008年，撤销黑山镇石笋，南桐镇沙坝、南桐、温塘、云寨、丰岩，青年镇大漕，关坝镇后朝、新文，石林镇柏树、和平、大坪、星台、庙坝、园场和丛林镇八一、七龙等17所农村小学校。

2011年，全区有小学校39所（包括九年一贯制学校），在校学生12882人，小学教职工1108人。

2011年万盛区小学校基本情况一览表

表27-4

序号	学校名称	创办年份	教学班（个）	在校学生（人）	教职工（人）	校园面积（平方米）	建筑面积（平方米）
1	万盛区红岩学校	1965	6	196	23	8408	4085
2	南桐镇民权学校	1952	6	120	9	9530	3340
3	丛林学校	1969	12	349	57	37407	9510
4	南桐实验学校	1973	13	695	23	54816	15962
5	万盛区实验学校	1907	35	1776	102	22304	13469
6	万盛区中盛小学校	1995	26	1192	60	10654	6875
7	关坝镇中心校	1909	21	1010	61	23701	5816
8	关坝镇大坝小学	1956	5	170	10	6041	789
9	关坝镇田坝小学	1951	1	45	3	8729	1123
10	关坝镇长安希望小学	1957	5	209	14	5814	1166
11	黑山镇中心小学校	1951	6	143	21	21669	2635
12	黑山镇新场小学	1951	6	127	9	5587	1020
13	黑山镇农胜小学	1950	3	33	5	2911	554
14	黑山镇天星小学	1950	3	31	5	3674	309
15	黑山镇前进小学	1952	4	82	6	4218	479
16	万盛区鱼田堡小学	1973	11	347	33	5198	1911
17	万盛区新华小学校	1945	23	978	76	33315	10252

续表

序号	学校名称	创办年份	教学班（个）	在校学生（人）	教职工（人）	校园面积（平方米）	建筑面积（平方米）
18	万东镇建设明德小学	1952	6	152	18	6150	2958
19	南桐镇中心校	1928	18	784	69	35502	8490
20	南桐镇九龙村明德小学	1950	5	84	12	5520	1042
21	南桐镇石桥村小学	1942	6	106	14	8157	1370
22	南桐镇王家坝村小学	1963	5	63	9	2160	517
23	金桥镇金桥中心校	1936	8	199	38	12113	2270
24	金桥镇侨心小学	1970	4	38	7	3334	596
25	东林明德小学	1963	8	224	24	7461	3280
26	万盛区砚石台小学校	1965	7	262	34	4710	3007
27	万盛区南大门小学	1958	6	197	36	8678	2547
28	金桥镇青山中心校	1921	6	160	30	9387	2010
29	金桥镇三台小学	1950	2	21	7	4296	542
30	金桥镇子如小学（原新村小学）	1933	3	33	9	5180	761
31	金桥镇邓家小学	1946	3	47	10	3287	743
32	万盛区和平小学校	1952	24	1000	77	12850	7286
33	青年镇中心校	1947	24	1069	63	24085	10312
34	青年镇燕石小学	1956	4	67	9	4510	680
35	青年镇湛家小学	1956	5	110	11	3980	821
36	万盛区民族学校	1951	5	74	9	2650	978
37	石林镇中心学校	1938	13	533	50	20418	8185
38	石林镇大坝小学	1952	4	66	11	1682	684
39	石林茶园小学（原青龙小学）	1971	3	91	15	3319	848

说明：万盛区红岩学校、丛林学校、南桐镇民权学校、南桐实验学校为九年一贯制学校

二、教学工作

1986—1996 学年度，全区农村小学执行重庆市九年义务教育农村全日制小学课程计划。在执行教学计划中，部分学校受师资、场地影响，不能开齐课程，学科间课时作必要调整。

1986—1996 学年度万盛区全日制农村小学周课时计划表

表 27–5　　单位：课时

科目	一年级	二年级	三年级	四年级	五年级	六年级
思想品德	1	1	1	1	1	1

续表

科目		一年级	二年级	三年级	四年级	五年级	六年级
语文	小计	10	10	10	9	8	8
	阅读	8	8	8	7	6	6
	作文	0	0	1	1	1	1
	说话	1	1	0	0	0	0
	写字	1	1	1	1	1	1
数字		5	6	6	6	6	6
自然		0	0	1	1	2	2
社会		0	0	0	2	2	2
音乐		2	2	2	2	1	1
体育		2	2	2	2	2	2
美术		1	1	1	1	1	1
唱游		–	–	–	–	–	–
美术		2	2	2	2	1	1
劳动		1	1	1	1	1	1
活动	晨会	每天 10 分钟	每天 10 分钟	每天 10 分钟	每天 10 分钟	每天 10 分钟	每天 10 分钟
	班队活动	1	1	1	1	1	1
	科技活动	1	1	1	1	1	1
	体育锻炼	1	1	1	1	1	1
	自习	2	2	3	2	3	3
每周总课时		27	28	30	30	30	30

1986—1996 学年度万盛区城市小学（含乡镇中心校）周课时计划表

表 27–6　　单位：课时

科目		一年级	二年级	三年级	四年级	五年级	六年级
思想品德		1	1	1	1	1	1
语文	小计	10	10	10	9	9	9
	讲读	8	8	7	6	6	6
	说话	1	1	0	0	0	0
	作文	0	0	2	2	2	2
	写字	1	1	1	1	1	1
数字		6	6	6	6	6	6
外语		0	0	0	0	3	3
自然		0	0	2	2	1	1
地理		0	0	0	0	2	0
历史		0	0	0	0	0	2

续表

科目		一年级	二年级	三年级	四年级	五年级	六年级
体育		2	2	2	2	2	2
音乐		2	2	2	2	2	2
唱游		–	–	–	–	–	–
美术		2	2	2	2	1	1
劳动		0	0	0	1	1	1
活动	自习	2	2		2	2	2
	体育活动	2	2		2	2	2
	科技文娱	3	3		3	3	3
	班队会活动	1	1		1	1	1
每周总课时		31	31	33	33	33	33

1996—2002 学年度，全区小学执行重庆市全日制六年制教学计划（其中小学一、二年级仍执行原教学计划），三年级每周 25 节，思想品德 1 节，语文 9 节，数学 6 节，自然 2 节，体育、音乐、美术各 2 节，劳动 1 节；四年级每周 24 节，思想品德 1 节，语文 9 节，数学 5 节，自然、体育、音乐、美术各 2 节；五年级每周 24 节，思想品德 1 节，语文 8 节，数学 6 节，地理 2 节，自然 1 节，体育、音乐各 2 节，美术、劳动各 1 节；六年级每周 24 节，思想品德、自然、美术、劳动各 1 节，语文 9 节，数学 5 节，历史、体育、音乐各 2 节；三至六年级有班队活动、兴趣活动、科技活动科各 1 节，体育活动 2 节，总课时均为 30 节。

2003—2011 年，全区执行小学新课程计划。

2003—2011 学年度万盛区全日制六年制小学周课时计划表

表 27-7　　　　单位：课时

科目	一年级	二年级	三年级	四年级	五年级	六年级
思想品德	3	3	2	2	2	2
科学	0	0	3	3	3	3
语文	7	7	6	6	6	6
数学	4	4	4	4	5	5
外语	0	0	3	3	3	3
体育	4	4	4	4	4	4
艺术或音乐美术	4	4	4	4	4	4
综合实践	0	0	2	2	2	2
地方课程	4	4	2	2	1	1
周总课时	26	26	30	30	30	30

说明：一、二年级语文课每周有两课时写字，三至六年级语文课每周有 1 课时写字；一、二年级思想品德为生活，三至六年级思想品德为社会；一至六年级地方课程每周有 0.5 课时安全教育

第三节　中学教育

一、普通初级中学设置

1986年，全区有初中20所（区属初中13所，驻区厂矿初中7所），开设教学班133个，有学生6620人；有16所小学附设初中班86个，在校学生4207人；全区初中教师600余人。

1987年，浸水垭民办中学更名浸水垭中学。是年，开始逐步实行中小学分设，关坝乡中心校中小学分设，建立关坝初级中学。

1990年，重庆市第一〇五中学不再附设高中班。

1991年，丛林镇中心校中小学分设，建立丛林初级中学；南桐镇民权中心校中小学分设，建立南桐初级中学。

1992年，南天乡中心校中小学分设，建立南天乡初级中学。

1993年，金桥乡中心校中小学分设，建立金桥乡初级中学；插旗学校中小学分设，建立万东镇初级中学校。至此，全区所有小学不再附设初中班。是年，全区初中25所（区属初中13所，乡镇初中5所，驻区厂矿初中7所），开设教学班227个，有学生8776人，专任教师871人。

1997—1998年，国营平山机械厂子弟中学、国营渝州齿轮厂子弟中学先后随厂迁离万盛。

1999年，撤销区浸水垭中学，在南桐职业中学设初中部，接收浸水垭中学学生就读。

2000年12月，南桐矿务局第一中学、第二中学移交万盛区政府管理，分别更名万盛区东林中学和万盛区南大门中学。

2004年，万东镇初级中学更名重庆市进盛实验中学校。

2005年11月，金桥镇初级中学更名万盛区子如初级中学校。是年，部分驻区厂矿迁离万盛区，全区初中减至16所，开设教学班233个，有学生11026人，教职工1125人。

2006年，南桐中学与南大门初级中学合并，组建新南桐中学。是年，全区有初中15所，在校学生11192人，专任教师779人。

2007年7月，东林高级中学校与重庆市进盛实验中学校合并，组建新重庆市进盛实验中学校。是年，全区有初中14所，在校学生10776人，专任教师767人。

2010年，南桐中学与重庆市一一五中学合并，组建南桐实验学校。

2011年，全区有初中13所（包括九年一贯学校和完全中学），开设教学班200个，在校学生9705人，专任教师863人。

2011年万盛区初级中学校一览表

表27-8

序号	学校名称	创办年份	教学班（个）	在校学生（人）	教职工（人）	占地面积（平方米）	建筑面积（平方米）
1	重庆市第四十九中学校	1956	27	1519	78	66711	47094
2	重庆市进盛实验中学校	1951	29	1570	117	30203	27511
3	重庆市第一〇五中学校	1958	19	953	78	12884	6392

续表

序号	学校名称	创办年份	教学班（个）	在校学生（人）	教职工（人）	占地面积（平方米）	建筑面积（平方米）
4	关坝镇初级中学校	1969	25	1391	91	17114	11345
5	景星初级中学校	1974	9	261	43	5569	3569
6	万盛区子如初级中学校	1969	7	273	33	4967	4100
7	重庆市第一〇四中学校	1960	30	1577	104	13706	9429
8	重庆市第一〇六中学校	1958	9	402	50	9790	5136
9	石林镇初级中学校	1969	9	402	50	9790	5136
10	万盛区红岩学校	1965	4	89	20	8408	4085
11	南桐镇民权学校	1952	1	20	23	9530	3340
12	丛林学校	1969	6	197	40	37407	9510
13	南桐实验学校	1973	25	1051	136	54816	15962

说明：重庆市第四十九中学校和重庆市进盛实验中学校为完全中学，表中两校数据仅为其初中部分；万盛区红岩学校、丛林学校、南桐镇民权学校、南桐实验学校为九年一贯制学校

二、普通高级中学设置

1986 年，全区有高中 6 所（区属高中 4 所，驻区厂矿办高中 2 所）；另有 4 所初中附设高中班；全区在校学生 4000 余人。

1988—1990 年，全区精简高中数量，所有初中不再附设高中班。区直属普通高中只保留重庆市第四十九中学校 1 所，南桐矿务局办普通高中只保留第三中学校，并更名南桐矿务局第三高级中学。精简高中数量后，全区有普高中在校生 2500 余人。

2000 年 12 月，南桐矿务局第三高级中学移交万盛区政府管理，更名万盛区高级中学。

2001 年，重庆市第四十九中学校与万盛区高级中学合并为新的重庆市第四十九中学，分设 A 校区（原重庆市第四十九中学校）和 B 校区（万盛区高级中学）。

2005 年 11 月，东林中学恢复高中办学，更名东林高级中学校；重庆市第四十九中学校更名重庆市万盛田家炳中学。

2007 年，东林高级中学校与重庆市进盛实验中学校合并，组建新的重庆市进盛实验中学校。

2011 年，重庆市万盛田家炳中学恢复重庆市第四十九中学校校名。是年，全区有重庆市第四十九中学校和重庆市进盛实验中学校 2 所高中，在校学生 5560 人，专任教师 329 人。

三、学制及课程计划

1986 年，全区中学学制执行初中三年，高中三年的三三制。初、高中课程按教育部的规定设置，统一使用国家教材。1986—1990 年，南桐矿区城市初中执行四川省全日制中学第二类教学计划，农村初中执行重庆市九年义务教育课程计划。

1986—1990 学年度南桐矿区农村初级中学周课时计划表

表 27-9　　单位：课时

科目		一年级	二年级	三年级
政治		2	2	2
语文	小计	10	10	10
	阅读	8	8	8
	作文	1	1	1
	说话	1	1	1
数学		5	6	6
外语		2	2	3
生物		2	2	0
地理		2	2	0
化学		0	0	2
物理		0	2	2
历史		2	2	2
音乐		2	1	1
体育		2	2	1
美术		2	1	1
劳动		2	1	1
晨会、午会、夕会		每天 10 分钟	每天 10 分钟	每天 10 分钟
班队活动		1	1	1
自习		1	1	3
周课时总量		35	35	35

1990—1996 学年度万盛区初中周课时计划表

表 27-10　　单位：课时

科目	一年级	二年级	三年级
政治	3	3	3
语文	6	6	6
数学	5	5	6
外语	6	6	6
生物	3	2	0
地理	3	2	0
化学	0	0	2
物理	0	2	2
历史	3	3	2
音乐	1	1	1

续表

科目	一年级	二年级	三年级
体育	1	1	1
美术	1	1	1
劳动	1	1	1
晨、午、夕会	每天10分钟	每天10分钟	每天10分钟
班队活动	1	1	1
自习	1	1	3
周课时总量	35	35	35

1996—2002学年，万盛区初中执行重庆市全日制初中教学计划课程调整意见。

1996—2002学年度万盛区初级中学周课时计划表

表27-11　　单位：课时

科目	一年级	二年级	三年级
政治	2	2	2
语文	6	6	6
数学	5	5	6
外语	6	5	3
生物	2	2	0
地理	2	2	0
化学	0	0	3
物理	0	2	3
历史	2	2	2
微机	1	1	2
音乐	2	1	1
体育	2	2	1
美术	2	1	1
劳技	2	1	1
晨会（午会、夕会）	每天10分钟	每天10分钟	每天10分钟
班队活动	1	1	1
自习	1	2	3
周课时总量	35	35	35

2002年，国家全面实行新课程改革，不再执行统一的教学大纲、课程计划和教材，只要求按照国家《新课程标准》选择教材。初中统考科目为政治、语文、外语、数学、物理、化学，结业科目为地理、生物、劳动技术，考察科目为心理健康、综合实践、艺术。各学校可开发校本教材。高中开设必修课和选修课，

并增加社会实践课；实行文科、理科分班教学，参加国家文科、理科高考，语文、外语、数学三科是国家高考统一科目。

2002—2009学年，万盛区初中实行重庆市新课程计划。通过新课程改革，各学校建立起校本培训机制。

2003—2009学年度万盛区初级中学周课时计划表

表27-12　单位：课时

科目	一年级	二年级	三年级
思想品德	3	3	3
历史	2	2	2
语文	6	6	6
数学	5	5	5
外语	4	3	3
地理	2	2	0
物理	0	2	3
化学	0	0	3
生物	2	2	0
体育与健康	4	4	4
音乐	1	1	1
美术	1	1	1
信息技术	1	1	1
综合实践	2	2	2
绿证或劳动技术	1	1	0
心理健康	1	1	1
学校课程	2	1	2
晨会（午会、夕会）	1	1	1
班队活动	1	1	1
自习	1	1	1
周课时总量	40	40	40

2009—2011年，万盛区初中执行重庆市新课程计划。全区初中按照新课程计划要求，开齐课程门类，上足体育、音乐、美术、写字和公共安全教育等学科课时。

2009—2011学年度万盛区初级中学周课时计划表

表27-13　单位：课时

科目	一年级	二年级	三年级
思想品德	3	3	3

续表

科目	一年级	二年级	三年级
语文	6	6	6
数学	5	5	5
外语	4	3	3
历史	2	2	2
地理	2	2	0
生物	2	2	0
化学	0	0	3
物理	0	2	3
体育与健康	4	4	4
艺术或音乐美术	3	3	3
综合实践活动	2	2	2
地方与学校课程	2	1	1
周总课时数	35	35	35

说明：一至三年级语文课每周有1课时为写字课，地方与学校课程每周有0.5课时为安全教育。晨会、班队会、科技文体活动等，由学校自主安排

四、普及中等义务教育

万盛区中等义务教育的普及是与初等义务教育的普及同步推行。1986年开始实施中等义务教育工作，至1995年完成普及任务。普及中等义务教育的难点在初中教师学历不达标和初中生辍学上。区教育委员会在区广播电视大学工作站开设教师专科进修班，在区教师进修校开设教师专科函授班，逐步使初中教师学历达到规定标准。区乡镇建立义务教育执法制度，学校教师深入学生家访做工作，逐步将初中生辍学率控制在3%以内。2004年，万盛区普及九年义务教育工作通过重庆市政府教育督导室复查验收。2006年，重庆市政府提出“双高（高水平、高标准）普九”要求，实施“中小学建设标准化”工程。是年，万盛区政制订“双高普九”实施计划，启动“中小学标准化建设”工程。2007年，九年义务教育完成率达98%，其中初中巩固率97.4%，毕业率98%，通过国家“两基”复查验收。2008年，实施义务教育均衡发展。2010年，初中入学率100%，巩固率99.48%，辍学率0.52%。2011年，创建重庆市义务教育均衡发展合格区。

1986—2005学年度，初中毕业生参加会考及格率约54%，优生率约22%，升学率约62%。2006—2011年，初中毕业生参加会考及格率52.83% ~ 73.7%，升学率从72%增至93.5%，考入联招学校和上重点高中人数从700余人增至1258人。

五、高中教育发展

1986—1990年，普通高中招生规模为600 ~ 808人，在校生1600 ~ 3000人。

1991—1995年，普通高中招生规模为600 ~ 700人，在校生1600 ~ 2000人。

1995年7月，重庆市第四十九中学校被列为重庆市联招学校。12月，按重点完全中学配编，高中12个班和初中12个班均按每班5人增配教师。1995—1996学年度，该校人员编制从130人增至137人。

1996—2000年，普通高中招生规模为400 ~ 500人，在校生1000 ~ 1600人，升入大学人数从

108 人增至 222 人。

2000 年，普通高中招生 492 人，其中区属普通高中招生 271 人，厂矿普通高中招生 221 人；全区在校普通高中学生 1525 人，其中区属高中 779 人，厂矿高中 746 人。

2001—2005 年，普通高中规模为 630 ~ 1000 人，在校生 2100 ~ 3100 人之间。

2006 年，普通高中招生 1510 人，在校生 3554 人。2007 年，普高招生 1631 人。

2008 年 2 月 4 日，万盛区田家炳中学被重庆市政府批准为重庆市重点中学，成为区内首所省级重点中学。是年，全区高中入学率从 2003 年的 24% 增至 86.5%，初步改变万盛区高中教育在全市落后的面貌；启动普通高中招生“渝黔合作”，在贵州省桐梓县招收学生 27 名；重庆进盛实验中学校建成为完全中学。

2009 年，实施教育品牌战略，深化渝黔教育合作，区内 2 所普通高中分批到桐梓县相关学校交流与对接，吸引外地生源到区就读；高中入学率达 91.6%。

2010 年，普通高中招生 2038 人，在校学生 5570 人，高中入学率 93.6%。

2011 年，普通高中招生 2401 人，高中入学率 94.5%，在全市排位从 2005 年第 39 位提升至第 15 位，基本实现高中教育普及目标。

第四节　幼儿园与中小学校选介

一、幼儿园选介

（一）万盛幼儿园

1956 年 6 月，南桐矿区机关托儿所成立，是区内第一所幼儿园。1975 年，更名南桐矿区革命委员会机关托儿所。1989 年 12 月 18 日，移交区教育委员会管理，更名南桐矿区幼儿园。1993 年 4 月，更名万盛幼儿园。1998 年 1 月，被评为重庆市一级幼儿园。2000 年，与万盛小学合并组建万盛区实验学校，设幼教部，对外保留万盛幼儿园名号。2001 年，获重庆市示范幼儿园和重庆市首批教育科研实验基地称号。

幼儿园位于勤俭路 18 号，占地面积 4230 平方米，建筑面积 4924 平方米，室外活动面积 1950 平方米，绿化面积 1100 平方米；有 3 套大型多功能玩具，约 1000 平方米的塑胶、草坪，戏水池、玩沙地，音乐厅和舞蹈室等现代化教育设施设备。教室配置有钢琴、录音机、影音光碟（VCD）播放器、电视机等电教设备。

2011 年，幼儿园有教职工 62 人（教师 30 人、保育员 15 人、保健员 2 人），其中小学高级职称 12 人，小学一级职称 23 人，小学二级职称 2 人，未评职称 3 人；开设教学班 16 个，在园幼儿 582 人，其中小班 3 个、75 人，中班 4 个、140 人，大班 8 个、342 人，婴儿班 1 个、25 人。

（二）万盛艺术幼儿园

2003 年 2 月，万盛艺术幼儿园开园办学，为重庆市二级幼儿园。学园占地 2000 多平方米，有大小操场 3 个，面积 1300 平方米，教学楼 1400 平方米，娱乐室 6 间（600 平方米），有图书室、保健室和寝室，每个教学班均配有彩色电视机、多媒体一体机。2011 年，开设教学班 9 个，其中小班 2 个，中班 3 个，大班 4 个，在园幼儿 360 人；有教职工 28 人，其中教师 9 人，专业保健医生 1 人。

二、小学选介

（一）万盛区实验学校

万盛区实验学校办学历史最早可追溯到创建于清光绪三十三年（1907年）的万寿宫初等小学堂，有100余年办学历史。1978年，万盛小学被确定为重庆市重点小学、四川省首批办好的重点小学。2000年3月，区聋哑校撤到南川，校舍划归万盛小学。7月，撤销浸水垭小学，部分教师划归万盛小学。12月，与万盛幼儿园合并，组建万盛区实验学校。2008年，被评为重庆市绿色学校。

学校位于勤俭路18号，占地面积22304平方米，建筑面积13469平方米，建有校园网、班班通、多媒体教室、校园广播电视台（绿果果）、室内运动场等设施及功能室。

（二）万盛区和平小学

1952年，东林煤矿子弟校成立，1958年更名南桐矿务局职工子弟校，1983年更名南桐矿务局中心校。2000年12月，交万盛区政府管理，更名万盛区和平小学。2006—2011年，学校先后获全国红旗大队、全国学校艺术教育先进单位和重庆市优秀家长学校、重庆市文化系统特色单位、重庆市校园文化建设示范学校等称号。

学校位于东林街道和平二村，占地12850平方米，建筑面积7286平方米，内部设施完备，有多媒体和微机室2间，自然实验室2间，音乐室（含合唱室、舞蹈室）3间，美术室（含国画室、书法室）3间。

2005年，有小学高级教师36人，市级骨干教师3人，区优秀专业技术人才1人，区骨干教师5人，全国、市级先进教师10人。有24个教学班，学生总数1114人。学生在绘画、书法、声乐、舞蹈等方面独具特色。2001—2005年，学生连续5年获重庆市艺术尖子生考试第一名；共获得国家级奖励90多项次，市级奖励100多项次。学生合唱团获市合唱比赛一等奖，连续5年获区校园艺术节合唱比赛一等奖。

2011年，开设教学班24个，在校学生981人；有教职工73人，其中小学高级教师36人，重庆市骨干教师3人，万盛区优秀专业技术人才1人，万盛区骨干教师5人，全国、重庆市先进教师10人

三、中学选介

（一）重庆市第四十九中学校

1956年，重庆市第四十九中学校成立，1959年办成完全中学。1978年，被确定为南桐矿区重点中学。1995年，被列为重庆市首批25所联招学校。2001年，与万盛区高级中学合并组建新的重庆市第四十九中学，分A校区（原重庆市第四十九中学校）、B校区（万盛区高级中学）。2005年11月，更名重庆市万盛区田家炳中学。2008年2月，被重庆市政府批准为重庆市重点中学，成为区内首所省级重点中学。2011年，恢复重庆市第四十九中学校名称。学校明确把“体艺教育”作为办学特色，体艺教育在全市中学中处于领先行列。建校50余年来，培养合格中学毕业生60000余人，向高等院校输送新生10000余人。

学校分A校区（万东北路58号）、B校区（鱼田堡工人村）两地办学，本部设在A校区，占地66711平方米，建筑面积47094平方米。

2005年，开设教学班68个（高中班48个，初中班20个），有教职工277人，其中专任教师236人，高级教师50人，中级教师129人，全国优秀教师、省级优秀教师26人，重庆市、万盛区骨干教师11人，全国、省级学术团体会员76人。

（二）重庆市进盛实验中学校

1945年9月，东林煤矿员工子弟小学校成立。1950年更名西南工业部四〇三煤矿子弟学校，1951年恢复东林煤矿职工子弟学校名称，1959年9月更名鱼田堡煤矿子弟校，1965年更名南桐矿务局职工子弟校，1968年更名南桐矿务局机修厂子弟校。1978年更名南桐矿务局第二职工子弟校。1980年9月，南桐矿务局第一职工子弟学校高中部被并入南桐矿务局第二职工子弟校。1982年9月，南桐矿务局第

二职工子弟校中小学分设，中学部分组建南桐矿务局中学校。1983年，南桐矿务局中学校更名南桐矿务局第一中学校。1996年9月，高中部被划给南桐矿务局第三中学校，初中部单设，沿用南桐矿务局第一中学校名称。2000年12月，移交万盛区政府管理，更名万盛区东林初级中学。2005年11月，东林中学恢复高中办学，更名东林高级中学校。

1993年，插旗学校中小学分设，初中部分改建为万东镇初级中学校。2004年9月，万东镇初级中学更名重庆市进盛实验中学校。

2007年7月，东林高级中学校与重庆市进盛实验中学校合并，组建新的重庆市进盛实验中学校。

学校位于和平二村60号，占地30203平方米，生均9.28平方米，建筑面积27511平方米，生均8.45平方米。

2011年， 开设教学班68个教学班，在校学生3255人；有教职工241人，其中高级教师27人，中级教师85人，重庆市级骨干教师7人，万盛区级骨干教师31人，万盛区教育名师3人，68个教学班，学生3255人。

（三）重庆市第一〇四中学校

1960年8月，万盛初级中学成立，借用万盛小学教室办学。1961年，学校教学大楼竣工（两楼一底），有24间教室。1965年3月，开始在新教学大楼办学。1966年8月，更名重庆朝晖中学。1971年4月，更名重庆市第一〇四中学校。是年秋季，开始招收高中学生。1982年，高中部教学班被划给重庆市第四十九中学校，划入万盛小学戴帽初中教学班。至此，学校只开展初中教学。1985年，新建成教学楼2栋（三楼一底，16间教室；四楼一底，20间教室）。1997年，更名重庆市第一〇四中学校。1998年，被确定为重庆市教育科研示范基地和万盛区素质教育实验学校。

学校位于新田路20号，校园面积15148平方米，建筑面积12486平方米。2011年，开设教学班30个，在校学生1606人；教职工112人，其中专任教师106人。

第三章 中等职业技术教育

第一节 学校设置

1986年，全区有南桐职业中学1所职业高中，有南桐矿区卫生学校、中央农业广播电视学校南桐矿区分校（20世纪90年代更名重庆市农业广播电视学校万盛区分校）、南桐矿务局技工学校和南桐机械技工校（20世纪90年代中期，迁离万盛区）4所职业技术学校；重庆第四十九中学校、晋林厂子弟中学、南桐矿务局第二、第三中学和鱼田堡中学等5所普通中学开设职业高中班。

1993年9月20日，南桐矿区卫生学校更名重庆市万盛区卫生进修学校，与四川省重庆卫生学校重庆市万盛区医院临床教学部实行两块牌子，一套班子的体制。2004年停止招生。

1995年5月，鱼田堡中学职业高中班合并到南桐职业中学。10月，南桐职业中学更名万盛职业中学。

1996年，南桐中学开设职高班，1998年职高班合并到万盛职业中学。

1997年，南桐矿务局第二、第三中学、鱼田堡中学和晋林、平山机械厂子弟中学职高班停止招生。

2000 年 11 月，万盛职业中学更名万盛职业教育中心。

2005—2007 年，重庆市万盛区安全生产技术培训中心、重庆科技学院安全工程学院学研基地、重庆煤矿职工中专万盛教学点在重庆市万盛职业教育中心挂牌。

2011 年，全区有万盛职业教育中心 1 所职业高中，有万盛区卫生进修学校、重庆市农业广播电视学校万盛区分校和南桐矿业公司技工学校 3 所职业教育学校。

第二节　教学工作

1986年，南桐矿区职业中学开设农学、财务会计、汽车修理、家电维修、花卉、机电和养殖等7个专业，学制 2 年或 3 年。1987 年，增设无线电、建筑 2 个专业，学制 3 年。1988 年，区教育局与区卫生局在区人民医院共同开办农村医士班，学制3年。1989年，区职业中学与区卫生局联办农村医士班，学制3年；区职业中学与区乡镇企业管理局联办地质测量班，学制2年。两个专业的文化课由区职业中学教师教授，专业技术课分别由区人民医院、区乡镇企业管理局医生和技术人员教授。

1990 年，区职业教育执行初中毕业后一年制、二年制、三年制和普通高中毕业后一年制、二年制不同层次学制。除初中毕业后一年制学生外，其他层次学制学生德智体考核合格的发给职业高中毕业证。厂矿职业教育实行三年制，其专业设置按厂矿需求确定。是年，全区改革职教招生制度，有条件的学校经教育行政主管部门批准可实行春、秋两季招生，实行国家统招计划和委托培训 2 种招生办法。学校在完成国家统招计划的基础上，经区教育行政主管部门批准，可接收单位和个人委托培训生。

1991—1994 学年度，区属职业高中设置农学、机电、财务会计、地质测量和农村医士等 5 个专业。

1995—1998 学年度，区职教中学先后与西南师范大学、重庆青年干部学院、重庆职工联合大学以及区人武部联合办学，开设计算机、旅游、军事预备役等专业。

1999—2005 年，区职业教育专业门类根据社会需要适时更新，毕业生就业率达 95% 以上，255 人升入高等职业院校学习。

2006 年，全市恢复春秋两季招生制度。是年，区职教中心招生 428 人，有在校学生 1120 人。

2007 年，区职教中心招生 563 人，有在校学生 1147 人，毕业生就业率达 98%，就业稳定率达 91%；培训农民工 1123 人。是年，区职教中心与重庆市安监局、重庆市煤监局、重庆科技学院、重庆煤炭职工中专开展联合办学，成立重庆市万盛区安全生产培训中心、重庆科技学院安全工程学院产学研基地、重庆煤炭中专万盛教学点。

2008 年，区职教中心开设专业 12 个，有在校学生 1617 人；培训农民工和下岗职工等 4623 人次。

2009 年，区职教中心开设 9 个专业，有在校学生 1607 人；培训农民工和下岗职工等 3268 人次。

2010 年，区职教中心招生 857 人，毕业生一次性安置率 98%，就业稳定率 90%。

2011 年，区职教中心开设专业 15 个，以旅游、酒店服务与管理为重点专业，招生 1157 人，有在校学生 2430 人；培训各类人员约 5000 人次。

1986—2011 学年度万盛职业教育中心主要专业设置及课程开设情况一览表

表 27-14

学年	专业	文化课	专业课	专业实习
1983—1985	农学	政治 语文、数学	植物学、动物学、农业经营与管理、蔬菜生产技术	养兔、种菌
	养殖（含兽医）	政治 语文、数学	猪兔生产经营、兽禽营养与饲料及解剖生理	养兔、种菌
1986—1989	机电	政治 语文、数学	机械制图、机械基础、电工基础、工厂供电、电机控制、钳工基础、粉碎加工	钳工、电机控制
	林业	政治 语文、数学	森林培育、森林病虫害防治、园林美术、园林植物	森林防护
	财经	政治 语文、数学	经济法基础、财政基础、财税模拟、税收基础、基础会计、财务会计	模拟财会
	地质测量 采煤技术	政治、语文 数学、外语	地质探测、矿采基础知识、掘井	南桐矿务局
1990—1995	电子技术	政治 语文、数学	电工基础、电子技术基础、音响设备、电视原理、电视维修、家电维修	电视维修
	建筑	政治 语文、数学	建筑制图、建筑材料、建筑装饰、建筑工程预算、建筑材料力学	建筑实习
	汽车维修	政治 语文、数学	机械制图、机械基础、钳工基础、汽车构造、汽车电器设备	汽车驾驶、汽车维修
1996—2002	旅游	政治、语文 数学、外语	旅游概论、心理学、旅游地理、形体训练、餐饮服务、客房服务、普通话	餐饮服务、客房服务
	电子商务	政治、语文 数学、外语	电子商务基础、商务实训、基础会计、财务会计、经济法、文字录入、计算机基础	财会模拟、算机操作
	文秘	政治、语文 数学、外语	公共关系基础、秘书基础、经济管理、应用写作、文书与档案管理	文秘实习实训
	兵役	政治、语文 数学、外语	军事常识、军事训练、军体拳、擒拿格斗、计算机	军事训练
1996—2002	计算机应用	政治、语文 数学、外语	操作系统、局域网、文字录入、字表处理、图形处理、数据库、C 语言	计算机操作
	机电一体化	政治、语文 数学、外语	机械制图、机械基础、电工基础、工厂供电、电机控制、钳工基础	钳工、电机控制
2003	航空服务	政治、语文 数学、外语	餐饮服务、客房服务、票务服务、礼貌礼节、形体训练、旅游地理、文字录入计算机基础	餐饮服务、客房服务

续表

学年	专业	文化课	专业课	专业实习
2004—2006	商贸旅游	政治、语文数学、外语	旅游概论、餐饮服务与管理、客房服务与管理、公关营销、计算机基础、专业英语、饭店服务与管理、礼仪、形体训练等	餐饮服务、客房服务
	医护	政治、语文数学、外语	人体解剖、生理学基础、护理、内外儿妇科护理、老年护理学、急救与监护社区护理学、预防医学等课程	医护实习实训
	数控技术应用	政治、语文数学、外语	机械制图、机械基础、金属材料与热处理、机械制造工艺、钳工、车工、数控车（铣）编程与操作、电工基础、电工技能、数控原理、数控车床加工技术等	数控操作、钳工
2007—2011	涉外旅游	政治、语文数学、外语	形体训练、旅游概论、涉外酒店实务、公关营销、涉外英语、导游业务与实训、饭店服务、英语、西餐宴会服务	餐饮服务、客房服务
	矿山机电	政治、语文数学、外语	矿山供电、矿山机械、采掘机械、电机学与电机拖动、矿山机电设备控制、矿山电气安全、机电一体化设备等	矿务局实训、矿山机电等

第三节　职业教育学校选介

一、万盛职业教育中心

1983年5月，南桐矿区建设农业中学成立，利用已停办的重庆市第二师范学校南桐分校校舍开展教学。1984年9月，更名南桐职业中学。1995年10月，更名万盛职业中学。1999年7月，创建为首批重庆市重点职业中学。2000年10月，创建为重庆市文明礼仪示范学校，获重庆市人民政府授予职业教育先进集体称号。11月，更名万盛职业教育中心。2007年，开设涉煤专业机电班，与重庆市安监局、重庆市煤监局、重庆科技学院、重庆煤炭职工中专联合办学，挂重庆市万盛区安全生产培训中心、重庆科技学院安全工程学院产学研基地和重庆煤炭中专万盛教学点牌子。

2011年，学校占地95424平方米，校舍建筑面积23437平方米；开设专业15个，教学班34个，在校学生2430人；有教职工103人，其中专任教师90人。

二、南桐矿业公司技工学校

1958年10月，南桐矿务局技工学校成立，位于南桐支路八〇工区。12月，更名重庆市煤矿技工学校。1961年8月，停止办学。1966年4月，恢复办学，“文化大革命”中停止办学。1979年10月，恢复办学，恢复南桐矿务局技工学校名称，迁至东林街道腰子口新胜街195号。2002年3月，重庆市南桐三级煤矿安全培训中心经成立，办事机构设在南桐矿务局技工学校。2005年7月，挂重庆工程职业技术学院南桐函授站牌子。2009年6月，挂南桐矿业公司安全生产技术三级培训中心牌子。9月，更名南桐矿业公司技工学校。2010年，迁至南桐镇石桥村。搬迁后，学校先后投资300余万元，修建车行桥、学校大门、塑胶操场等基础设施。2011年，学校占地2.10公顷，校舍面积6694平方米，有多媒体教室3间，微机室2间，校内实习场地597平方米，建有标准的电工、钳工、机械加工实习车间、数控实验室、三合一实验室以及煤矿事故案例展室固定资产总值1814万元；有教职工49人，专任教师40人，其中高级职称4人，中级12人，初级21人，工人技师3人。

第四章　成人教育与特殊教育

第一节　成人教育

一、成人教育机构

1986年，南桐矿区教育局设成人教育科，配备成教专干4人，兼职教研员2人，负责全区成人文化教育工作；各乡镇设成人教育办公室，配备成教专干1人，专职教师1人。是年初，南桐乡成立乡农校。12月，南桐乡、金桥乡、丛林乡和景星乡分别成立农村成人文化技术教育学校。

1997年，万东镇、关坝镇、青年镇和南天乡分别成立农村成人文化技术教育学校。

2002年，全区机构改革，区教育委员会撤销成人教育科，其职能被划转教育科；各乡镇成人教育机构职能归并到社会事务办公室，教职人员返回乡镇学校；区内成人文化技术学校全部停办。在各乡镇中心校或中学设成人教育班，形成普教带职教的新格局。

二、农村成人文化技术教育

1986年，全区开办全日制成人高中班7个，招收学员276人。金桥乡培训通讯员30人。万盛乡举办各种短训班9期，培训学员327人；开办初中文化补习班1个，招收学员40人。

1987年，区教育局开办三年制初中文化技术班3个，招收学员104人；开办小学文化技术班2个，招收学员54人；开办一年制技术学习班17个。南桐乡开办三年制初中文化班2个，招收学员80人；开办常年性短期培训班2个，招收学员115人；设置季节性实用技术培训点7个，常年在培人数281人；举办各种短期培训班24期，参学人数1320人次。丛林乡开办农民文化技术班1个，招收学员40人；举办短期技术培训班4期，参学人数2340人。

1988年，全区乡镇开展岗位专业技术培训61期，编发乡土教材1400余份。

1989年，实施“燎原计划”，全区举办各种长期技术培训班，培训1625人；举办各种季节性培训班361期，培训21585人。

1991年，巩固和推广“燎原计划”，全区举办长、短期训班25个，培训1552人；组织短期培训409期，参培31861人次。

1992—1993学年度，全区有成人文化技术学校64所，开设教学班249个，在校学员25844人，兼职教师162人。

1993年，全区举办技术培训86期，培训农村各类初级技术人员5650人；举办实用技术培训班1426期，培训农民112800人次。是年，关坝镇成人学校开办农业广播学校机电中专班，招收学员40人。

1993—1994学年度，万盛区有成人文化技术学校102所，开设教学班102个，在校学员50782人，专任教师8人。

1995年，青年镇中心校挂青年镇成人文化技术学校牌子。

1997年，全区举办50学时以上的技术教育班25个，参学1072人，结业945人；举办短期技术教育培训班736期，参学人员45587人次；举办以时事、政策、法制、社会文化、音乐和生活教育为主要内容的短期培训班509期，参学人员50382人次。其中，参加短期技术培训班的应届初、高中毕业生1930人，占毕业生82%。举办绿色证书培训班35期，与区农业广播学校联合举办乡村干部管理中专班51个。

1998年，全区举办水稻育秧、施肥、快速养猪、养鱼和养兔等技术培训班300余期，参学人员54439人次。其中景星乡举办家庭经营记账组、西瓜种植培训班、农技班、养鱼班、魔芋种植技术班、科学养牛班和书法班等类型培训班20余期，参学人员1486人次；青年镇举办病虫害防治培训班，防治效果居全市各乡镇之首；关坝镇举办油菜种植培训班，引进KW33高产油菜获得成功，种植面积200公顷，每公顷产3045千克；南天乡举办养殖培训班，引进饲养黄牛，获得成功。

2002年，因产业结构调整，区、乡镇财政十分困难，农村成人文化技术教育受到影响，成人文化技术学校停办。

三、成人高中文化教育

1986年，全区应参加成人高中学习的职工4427人（区属职工2161人），实际参学人数817人（区属职工438人）。区教育局编写职工高中语文、数学复习资料，供学员学习。6—7月，重庆市统一组织2次职工高中文化考试，全区399人参考，及格率64.04%。是年，协助五〇八库等驻区部队举办干部、职工高中文化学习班，参学人员32人。1988年，组织职工高中学员参加重庆市统一文化考试，参加考试154人科次，及格率37%。

1991年，74人参加职工高中文化结业考试。1993年，213人参加职工高中文化毕业考试，12人取得高中文凭。是年，全区组织77名初中文化程度职工参加成人高中文化学习2期，73人获得高中文凭。1993年后，成人高中文化学习学员逐年减少，一般仅有15人左右。2004年，区内成人高中停办。

四、扫盲教育

1985年，全区农村16～40周岁人口非文盲率93.4%，基本完成农村扫盲任务。农村扫盲主要任务是巩固扫盲成果，达到高标准扫盲。

1987年，全区高标准扫盲的主要任务是实现入学率98%以上，巩固率98%以上，毕业率91%以上，普及率93%以上。

1992—1993学年度，全区高标准扫盲通过重庆市验收。

1993年万盛区各乡镇扫盲“四率”情况统计表

表27-15

乡镇	入学率（%）	巩固率（%）	毕业率（%）	普及率（%）
万东镇	99.2	99.4	98.5	97.8
南桐镇	99.8	99.7	85.0	98.5
关坝镇	97.6	97.6	94.9	88.1
青年镇	98.0	99.0	98.0	98.7
丛林镇	97.1	98.6	97.0	97.0
金桥乡	98.0	99.6	97.0	97.0
南天乡	97.6	98.0	97.0	84.1
景星乡	97.1	98.6	97.0	93.1

1994 年，全区组织 1771 名青壮年脱盲人员参加巩固提高学习，结业 1746 人，占参加脱盲巩固学习人员 98.5%，占青壮年脱盲总数 95.78%。

1995 年，全区青壮年非文盲率 98.8%，其中农村 98.44%，城镇 99.49%。脱盲学员继续学习比例 95.78%。10 月，经四川省、重庆市政府评估验收，万盛区被国家教育委员会命名为“基本普及九年义务教育和扫除青壮年文盲区”。

1996 年，组织 1738 名农村青壮年脱盲人员参加巩固提高学习，结业 1675 人，占全区总数 96.38%，巩固率 95% 以上。与普及九年制义务教育相结合，控制流失生数量，减少新文盲产生。是年，抽样调查区内人口文盲、半文盲情况，抽样调查 2230 户、7937 人。其中成人文盲率 11.91%，青壮年文盲率 0.99%。

1997 年，全区青壮年非文盲率 98.66%。组织 1834 名农村青壮年脱盲人员参加巩固提高学习，结业 1796 人。是年，万盛区获重庆市扫盲工作一等奖。

1998 年，全区青壮年 148544 人，其中文盲、半文盲 3459 人，文盲率 2.32%。

2001 年，全区有文盲 1232 人，文盲率 0.5%。其中有学习能力的扫盲对象 765 人，妇女占 71%。

2002 年，万盛区获重庆市“巩固两基成果区”称号。

五、电视大学教育

（一）重庆广播电视大学万盛工作站

1984年，重庆广播电视大学南桐工作站成立，管理区内广播电视大学的招生、教学、考试及学籍工作。1993 年 4 月，更名重庆广播电视大学万盛工作站。学员入读，必须参加国家成人高考，按高校录取程序录取，建立学籍档案。学员授课，按照课时计划，利用周末集中上课或远程网上学习，并设班主任专门管理班级。考试按国家考试规则纪律开展，学员毕业必须各科成绩合格，并通过毕业论文答辩。

1993 年，区电大工作站设置 10 个专业，开设教学班 20 个。

1991—1993 年，开设教学班 12 个，招生 388 人，毕业 190 人，73 人获专科文凭。

1995 年，开设大中专班 14 个，在读学员增至 348 人，结业、毕业约 140 人。

1996 年，配合区农业广播学校，与乡镇成人文化学校联合办学，开设文秘、机电农业中专班 2 个，招收学员 90 余人。当年毕业，毕业率分别为 60%、77%。

2000 年后，区电大工作站开办本科阶段教育。

1996—2011 年，重庆广播电视大学万盛工作站共开设教学班 86 个，招生 2001 人，毕业 1637 人。

1996—2011 年重庆广播电视大学万盛工作站办学基本情况一览表

表 27-16

年份	专业设置	教学班（个）	招生（人）	毕业（人）
1996	财会与审计	3	70	55
1997	小教师资	3	85	60
1998	小教师资、市场营销	3	88	66
1999	会计、经营管理	4	95	68
2000	财会、法学	4	98	80
2001	小教师资、护理	4	105	86

续表

年份	专业设置	教学班（个）	招生（人）	毕业（人）
2002	市场营销、法学	4	110	90
2003	工商管理、法学	4	112	94
2004	应用会计、法学	4	123	102
2005	市场营销、护理	5	136	109
2006	市场营销、护理学	3	127	110
2007	市场营销、护理学、法学、会计学	8	128	115
2008	市场营销、机电一体化技术、法学、会计学	8	182	159
2009	市场营销、法学、会计学	6	153	149
2010	市场营销、工商企业管理、法律事务、行政管理、汉语言文学、法学、会计学、人力资源管理、工商管理	10	176	152
2011	工商企业管理、法律事务、汉语言文学、会计学、法学、工商管理、人力资源管理、行政管理、工程造价、土木工程（工程造价）	13	213	142
合计		86	2001	1637

（二）万盛区教师进修学校

1986年，万盛区教师进修学校开办重庆广播电视大学政治、外语、数学、汉语言4个电视专科班，招收学员110人，均为中小学教师。1992年、1995年分别举办重庆广播电视大学汉语言文学专科班，招收学员114人，均全部毕业，获专科文凭。

（三）中共万盛区委党校

参见第十六篇第三章第六节。

六、函授教育

（一）万盛区教师进修学校

20世纪70年代，万盛区教师进修学校开始函授高等教育。1988—2005年，开办幼师、中师、大学专科、本科函授教育，设置专业20个，招生1619人，全部获毕业文凭。

2006年，开办教师学历教育班。

1986—2011年万盛区教师进修学校函授教育情况一览表

表27-17

年份	函授院校	专业名称	教学班（个）	招生（人）	毕业（人）	办学层次
1988	重庆幼儿师范学校	–	1	16	16	中师
	中师	–	1	27	27	中师
	中师	–	1	58	58	中师

续表

年份	函授院校	专业名称	教学班（个）	招生（人）	毕业（人）	办学层次
1988	重庆教育学院	中文	1	9	9	专科
	重庆教育学院	数学	1	24	24	专科
	重庆教育学院	英语	1	21	21	专科
	重庆教育学院	化学	1	6	6	专科
	重庆教育学院	生物	1	1	1	专科
	重庆教育学院	体育	1	2	2	专科
	重庆教育学院	物理	1	3	3	专科
1993	重庆市教育委员会三沟通	政治教育	1	11	11	专科
	重庆市教育委员会三沟通	数学	1	7	7	专科
	重庆市教育委员会三沟通	中文	1	54	54	专科
	重庆市教育委员会三沟通	英语	1	9	9	专科
	重庆市教育委员会三沟通	物理	1	3	3	专科
	重庆市教育委员会三沟通	化学	1	1	1	专科
	重庆市教育委员会三沟通	生物	1	4	4	专科
	重庆市教育委员会三沟通	历史	1	3	3	专科
	重庆市教育委员会三沟通	地理	1	12	12	专科
	重庆市教育委员会三沟通	体育	1	10	10	专科
1997	重庆教育学院	汉语言文学	1	46	46	本科
	重庆教育学院	数学	1	26	26	本科
1998	重庆教育学院	小学教育	2	131	131	专科
1999	重庆教育学院	小学教育	2	113	113	专科
	重庆教育学院	教育管理	1	94	94	本科
2000	重庆教育学院	小学教育	1	55	55	专科
	重庆教育学院	计算机应用理论	1	55	55	专科
	重庆教育学院	汉语言文学	1	73	73	本科
2001	重庆教育学院	小学教育	1	78	78	专科
	重庆教育学院	汉语言文学	1	82	82	本科
	重庆教育学院	教育管理	1	56	56	本科
	重庆教育学院	体育	1	42	42	本科
	重庆师范学院	美术	1	31	31	本科
2002	重庆教育学院	小学教育	1	30	30	专科
	重庆教育学院	汉语言文学	1	55	55	本科
	重庆教育学院	数学	1	38	38	本科
	重庆教育学院	应用心理学	1	46	46	本科

续表

年份	函授院校	专业名称	教学班（个）	招生（人）	毕业（人）	办学层次
2002	重庆教育学院	英语	1	38	38	本科
2003	重庆教育学院	汉语言文学	1	60	60	本科
	重庆教育学院	信息技术	1	36	36	本科
2004	重庆教育学院	汉语言文学	1	37	37	本科
	重庆教育学院	教育学	1	53	53	本科
2005	重庆教育学院	汉语言文学	1	63	63	本科
2006	–	–	–	–	–	–
2007	重庆教育学院	汉语言文学	1	36	32	本科
2008	–	–	–	–	–	–
2009	重庆教育学院	汉语言文学	1	44	43	本科
2010	–	–	–	–	–	–
2011	重庆教育学院	汉语言文学	1	45	45	专科
合计			48	1744	1739	–

说明：“三沟通”是指高师函授、卫星电视教育和自学考试相沟通的学历进修形式。参加自学考试的学员可以带着他自学考试合格科目的成绩来读“三沟通”，合格的科目不需要再继续学习和考试，只要剩余的规定课程进修考试过关就可以领毕业证

（二）中共万盛区委党校

参见第十六篇第三章第六节。

第二节　特殊教育

一、特殊教育办学形式

特殊教育是运用特殊方法、设备和措施对身心有缺陷的少年儿童进行教育，使其获得平等参加社会生产、生活的机会和能力。万盛区特殊教育的办学方式有随班就读、开设特殊教育班和建立特殊教育学校3种。

随班就读　1990年前，因经济条件限制，特殊教育只能采取随班就读方式。只要生活能自理的残疾少年儿童，各中小学都应接纳其入学，随其他健康儿童编班，随班就读。

特殊教育班　1991年，万盛小学、万盛乡中心校开设特殊教育班，集中教育、管理和照护特殊儿童。

特殊教育学校　1994年7月，万盛区聋哑学校成立，成为单独建制的特殊教育学校，配合专职教育，实施特殊教育课程。学校实施封闭式管理，学生一律住校就读，师生交流用“手语”。2001年，区聋哑学校停办，但保留建制，校舍由区实验学校代管。

二、特殊教育发展概况

1990 年，全区 7 ~ 15 周岁特殊儿童中有盲童 4 人，聋哑 31 人，弱智 324 人，病残 81 人（肢体残），多数特殊儿童随班就读。

1991 年，南桐矿区政府把特殊教育纳入基础教育管理体制，采取“先行试点，逐步发展”办法，在万盛小学和万盛乡中心校各开办试点班 1 个，招收残疾儿童。

1992—1993 学年度，万盛区有特殊教育班 2 个，有入学残疾儿童 72 人，其中在特殊教育班就读 18 人，随班就读 54 人。

1993 年 10 月，万盛区聋哑学校建成，招生聋哑儿童 12 人。1994 年，区聋哑学校有教学班 2 个，学生 20 人，专任教师 5 人。1996 年，招生 10 人，全校学生共 31 人。1997 年，招生 10 人，全校学生共 39 人。

2000 年，全区有 7 ~ 15 周岁残疾儿童 296 人，入学 280 人，入学率 94.6%。区聋哑学校有在校学生 25 人。

2001 年，区聋哑学校有在校生 12 人。是年，区聋哑学校规模过小，资费负担相对过重而停办，但保留建制，校舍由区实验学校代管。万盛区聋哑儿童转到南川市聋哑学校就读。

2005 年，全区有 11 名聋哑儿童在南川市聋哑学校就读，其往返车费和家长护送费全部由区教育委员会承担。此办法一直沿用至 2011 年。

第五章　教师

第一节　教师队伍

一、教师队伍管理

1986—1988 年，区教育主管部门直接管理教师队伍，管理事项包括教师安置、调动和档案等。农村工分教师、民办教师的任用由所在乡镇政府管理。学校聘请代课教师须请示教育主管部门，代课费由教育主管部门。

1989 年，全区实行“分级办学、分级管理”的教育管理体制，教师管理权部分下放。教育主管部门直管区属学校教师，乡镇政府直管乡镇学校教师。1997 年，全区教师实行持证上岗制度，通过考试认定教师资格，发给教师资格证书。新教师须参加培训考试，合格者持证上岗。2000 年起，新进教师实行“供需见面，双向选择”制度。每年 6—7 月，教育主管部门公布各校教师需求情况，开设选聘现场，通过面试、答辩，由学校自主选人，并报教育主管部门审批。2001 年 7 月起，区财政统一发放全区教师工资。工资由银行代发，教师持工资卡直接到银行领取。

2002 年，全区实行“以区为主”的教育管理体制，教师队伍管理权收归教育主管部门。2003 年起，实行教职工聘任（用）制度。区人事局和区教育委员会与教职工签订聘任（用）合同书，合同期 3 年，合同期满后重新签订。2004 年起，实行教师调动考试考核办法，凡申请区内调动的教师，须参加教育主管部门统一组织的业务知识考试（按 30% 计分）和申请调入学校的综合考核（按 50% 计分），并接受教育主管部门的复查考核（按 20% 计分）。

2006 年，建立教师竞争激励机制。2010 年，建立城乡学校教师交流制度。

二、教师队伍数量

1986 年，全区有公办教职工 1736 人，其中小学 835 人，中学 901 人；有民办教师 243 人，代课教师 324 人；离退休教师 167 人。

1987 年，10 名民办教师经考试考核转为公办教师。

1988 年，全区新进中小学教师 55 人，其中大专毕业生 11 人，中师毕业生 44 人。

1990 年，全区有公办教职工 1842 人，其中小学 884 人，中学 958 人；有民办教师 224 人，代课教师 353 人；区退离休教职工 287 人。

1993 年，全区新进教师 80 人，其中大专毕业生 29 人，中师毕业生 51 人；15 名民办教师转为公办教师。

1995 年，全区有公办教职工 2016 人，其中小学 1123 人，中学 993 人；有民办教师 158 人，代课教师 325 人；退离休教职工 341 人。

1996—1998 年，全区新进教师 491 人，其中大专生 124 人（“五大生”42 人），中师生 367 人。1997 年，区内民办教师全部转为公办教师（110 人），辞退代课教师 29 人。

2000 年，全区有公办教职工 2384 人，其中小学 1242 人，中学 1142 人；退离休教职工 526 人。

2002 年起，全区中小学招收师范类大专生，不再录用中师生；中学已无代课教师，小学有代课代职人员 60 人。

2003 年，全区面向社会公开招聘公办教师 9 人，安置到山区村校任教。

2005 年，全区有公办教职工 2606 人，其中小学专任教师 1219 人，中学专任教师 1227 人；小学有代课教师 76 人；退离休教职工 907 人。

2006 年，全区有在职教职工 2572 人，退休教职工 928 人。

2007 年，全区面向社会公开招聘教师 92 人，从代课教师中招录教师 23 人，充实山区教师队伍。

2008 年，全区有教职工 2602 人，其中专任教师 2382 人；退休教职工 1254 人。

2010 年，录用教师 88 人，其中本科学历 79 人，研究生 3 人。2011 年，录用新教师 87 人。

三、教师职称

1987 年 10 月，区教育局成立教师专业技术职称评审委员会。

1988 年 12 月，全区首次开展中小学教师职称评审工作，参评教师 1463 人，评出中学高级教师 39 人，中级教师 518 人，初级教师 713 名，未定人员 193 人。同时，评定部分民办教师专业技术职称。

1995 年，全区评定教师职称 246 人，其中高级教师 7 人，中级教师 74 人，初级教师 165 人。

1997 年，全区评定教师职称 136 人，其中中级教师 61 人，初级教师 75 人。

2005 年，全区有中小学高级教师 88 人，中级教师 892 人，初级教师 1156 人。

2006 年，全区有中小学高级教师 101 人，中级教师 962 人，初级教师 1658 人。

2011 年，全区有中小学高级教师 99 人（小学 5 人、中学 94 人），中级教师 920 人（小学 410 人、中学 510 人），初级教师 1236 人（小学 559 人、中学 677 人）。

第二节　教师待遇

一、教师工资

1986年，第二次工资制度改革结束，教师工资平均每月增加27.25元，平均月工资增至90.34元。

1988年，提高中小学教师工资，平均每月增加9.45元。

1992年，提高中小学教职工奖励工资，平均每月增加25元。

1993年，提高教职工工资，平均每月增加76元，平均月工资增至386.82元。此后，教师工资按时正常晋升（每2年普调一级工资），每年按教职工总数3%奖励晋升一级工资。

1994年，教职工工资平均每月增加84元。

1999年，教职工工资平均每月增加131元。

2001年，教职工工资平均每月增加115元。

2003年，改革事业单位工资制度。根据工作人员工作量和贡献大小全部或部分重新分配活工资或年终一次性奖金，试行岗位工资制度。是年，全区教职工正常晋升工资，每人每月平均增加54元。

2005年，全区中小学教师平均月工资825元（不含津补贴）。

2006年，再次改革事业单位工资制度，教师平均月工资增至1538元。

2009年，实行竞争上岗，岗位入轨后平均月工资增至2261元。

二、教师福利

1986年，教育系统开始执行《南桐矿区公费医疗管理暂行规定》，医药费由各校管理，实行划片就医制度，医药费标准每年30元～45元。是年，发放高山边远学校教职工一次性生活补贴，标准每年10元～60元；冬季取暖费标准每年14元（农村民办教师和代课老师每年7元）；批准6户教师家属户口“农转非”。

1987年，批准2户教师家属户口“农转非”；区财政投资修建教师住宅45套。

1990年起，发放边远高寒山区教师交通费补助费，标准每人每月5元。

1992年，再次提高边远高山教师一次性生活补贴标准，提高至每年72元～300元。是年起，区教育委员会向在职公办、民办教师发放教育质量目标考核奖，每人每年200元，离退休教师每人每年100元；规定女教师教师产假与寒暑假重叠，寒暑假可以顺延。

1994年5月，建立教职工定期体检制度，每年分2批体检。7月，1993年后（含1993年）分配到高寒山区学校工作的大中专毕业生，提高一级工资。10月起，中小学教职工津贴各学校自主分配。

1996—1997年，实施“广厦工程”和“安居工程”，教师修建住房228套、23216平方米，教职工住房成套率75.4%；133名教师家属办理户口“农转非”。

2002年起，开始为教师办理失业保险、基本医疗保险和住房公积金。失业保险学校承担2%，教师个人承担1%；医疗保险学校承担7.5%，教师个人承担2%；住房公积金单位学校承担9%，教师个人承担9%。

2004年9月，提高全区中小学班主任津贴、高山边远教师津贴和代课教师工资标准。小学班主任津贴由原来每月6元～12元增至40元～60元，中学班主任津贴由每月8元～14元增至50元～60元；高山边远教师津贴由原来每月6元、10元、15元、20元、25元分别增至20元、30元、40元、100元、240元；代课教师平均月工资由原来320元增至450元。

2011 年，提高边远高寒山区教师津贴，标准每月 100 元～450 元。

第三节　教师培训与进修

1986 年，全区教师参加教材教法考试，小学教师及格率 95.04%，初中教师及格率 94.2%，高中教师及格率 82.8%。是年，参加大学本科函授学习在职教师 9 人，参加函授学习 117 人，参加幼师函授学习 18 人，参加政治、外语、数学、汉语言专业电视专科班学习 110 人。

1989 年 3 月，幼儿园教师参加教材教法和专业文化考试。8 月，中学教师参加专业文化知识考试。

1990 年 8 月，中小学、幼儿园教师专业合格证书文化知识考试、中学英语、体育教师技能考试和中学美术教师专业技能考试。

1992 年，《南桐矿区师资队伍培训十年规划》实施。是年，启动小学教师见习期培训工作。

1993 年 3 月，继续教育证书制度建立。是年，在岗教师参加“三沟通”培训。

1994 年 5 月，开展教师基本功训练及竞赛活动，选拔 20 名教师参加重庆市教师基本功竞赛。是年，全区小学教师学历达标率 85.1%，中学教师学历达标率 65.9%。

1995 年 3 月，实行小学教师继续教育登记制度，登记内容有骨干教师培训，专业基本功培训，新教师实习期培训，职务岗位培训，学历培训和干部培训等。

1995 年万盛区中小学教师学历达标情况统计表

表 27–18　　单位：人

学校类别		专任教师	符合规定要求人数					学历合格率（%）
			小计	中专学历	大专及以上学历	取得专业合格证书	至 1986 年年末任教满 20 年已评聘职称	
小学	重点小学	87	87	80	7	0	0	100
	城市小学校	250	243	214	21	7	1	97.2
	乡镇中心校	194	192	172	8	9	3	99.0
	村小	588	562	473	2	66	21	95.6
	聋哑学校	8	8	6	0	2	0	100
	小计	1127	1092	945	38	84	25	96.9
初中	二类初中	644	551	0	510	7	34	85.6

1997 年 7 月，区教师进修学校分别考核小学、中学教师一般基本功，考核教师小学教师 871 人、中学教师 606 人，合格率分别为 67.3%、91.6%。年末，组织中小学教师参加教学大纲、教材教法考试，参考教师 1543 人（小学 1076 人，中学 467 人），合格 1415 人（小学 958 人，中学 958 人）。是年，全区小学教师学历达标率 94.4%，中学达标率 86.18%，普通高中标率 72.36%。

1998 年，全区参加函授专科、本科教育的中小学教师分别为 130 人、75 人，参加新教师培训 133 人。是年，培训幼儿教师 29 人，培训骨干教师 33 人。

1999 年，全区进修专科的小学教师 212 人，进修本科的初中教师 102 人，报考研究生的高中教师 4 人。

2000年，全区中小学教师参加教育职业道德修养培训。

2001年4月，万盛区中小学教师继续教育中心成立。是年，全区中小学教师参加现代教育技术培训。

2002年，全区小学、中学教师基本功合格率分别为97.6%、98.9%，学历合格率份别为95.3%、82%；高中教师学历合格率65%。

2003年7月，区教师进修学校举办新课程改革培训班，培训中小学教师750人；举办骨干教师培训班，培训155人。是年，组织中小教师参加教育法学基础培训。

2005年，实施新课程改革第一轮培训，并启动班主任培训工作。

2006年，小学、初中和高中教师学历合格率分别为99.1%、94.1%和81.7%。

2007年，全区小学、初中和高中专任教师学历合格率分别为99.9%、98.5%和85.8%。

2008年，选送骨干教师76人次到重庆参加培训，培训新入职教师97人次，班主任100人次。是年，骨干教师增至87人。

2009年，培训班主任4100人次。是年，骨干教师增至94人。

2011年，举办骨干教师培训班3期。

第六章　教学研究

第一节　幼教教研

1999年，万盛区幼教科研课题《幼儿发展水平的测查和分析》《通过智能游戏对幼儿进行智能素质培养的研究》《幼儿启蒙英语实验》等3个课题立项，课题承担单位为万盛幼儿园。

2000年，《通过智能游戏对幼儿进行智能素质教育的研究》教研课题结题，获万盛区教研成果评比一等奖。

2001年，万盛幼儿园被重庆市教育科学研究院命名为重庆市教育科研实验基地。是年，《幼儿启蒙英语实验》《幼儿发展水平的测查和分析》等2个教研课题结题。

2004年，万盛区幼教科研课题《阳光英语教育目标、方法、评价》立项，课题承担单位为万盛区实验学校。是年，《在音乐活动中培养幼儿音乐智慧的实验》教研课题结题。

2007年，万盛区实验学校承担的《幼儿情感教育的实验研究》教研课题开题，2010年结题。

2011年，青年中心校幼儿园承担的《以园本教研为载体，促进农村幼儿良好行为习惯的养成教育实践研究》教研课题结题。

第二节　中小学教研

1995 年 9 月，万盛区各中学参与西南师范大学《提高初中课堂教学效益》教研课题。

1996 年 1 月，重庆市教研课题《小学学科“结构考核”改革实验》开题，承担单位为万盛区教师进修学校。

1998 年，万盛区被重庆市政府列为重庆市首批素质教育实验区。2001 年 11 月，重庆第四十九中学校、重庆第一〇四中学、重庆第一一五中学、中盛小学、万盛小学、青年镇中心校等 6 所中小学被批准为万盛区首批素质教育实验学校（各校均有一个实验课题）。2002 年 3 月，中盛小学被重庆市教育科学研究院命名为重庆市教育科研实验基地。

2003 年 8 月，重庆第四十九中学校、重庆市第一〇四中学、万盛区实验学校、中盛小学被确定为万盛区新课程改革教育科研实验基地。9 月，万盛区教育委员会表彰第二届中小学教育科研优秀成果、先进集体（个人）。

2008 年，“特色学校〇一校一品建设”实验课题 14 个。2010 年，“特色学校〇一校一品建设”实验课题 5 个，结题 18 个。2011 年，专项课题 13 个，结题 15 个。

1998—2011 年，全区教育科研课题立项 335 个、结题 201 个；入选重庆市教育科研课题 30 个。

1998—2011 年万盛区入选重庆市教育科研课题一览表

表 27-19

序号	课题编号	课题名称	承担单位	负责人
1	1998-11-063	小学素质教育质量评价基本理论与实践研究	万盛区教育委员会	李奂生
2	1998-11-064	关于提高职业高中旅游专业学生综合素质，促进旅游经济发展的教学研究	万盛区职业中学	董贵全
3	2000-11-036	农村小学开展地方特色美术教学 促进地方旅游文化发展的研究	南桐镇中心校	曾荣
4	2000-11-037	小学写字教育研究	中盛小学	张东明
5	2002-11-002	小学研究性学习结合学科教学的多样化设计与组织实施的研究	中盛小学	蒋永平
6	2002-11-003	万盛区初中物理、历史乡土教材的建设与使用	万盛区教师进修校	罗裕明
7	2002-11-004	结合地方旅游文化特色的小学旅游实践校本课程研究	万东镇中心校	王乾银
8	2003-11-011	小数“问题情境”与“问题解决”教学研究	万盛区实验学校	王小林
9	2006-11-002	以当地文化为载体，深化初中生思想道德建设	进盛实验中学	刘林
10	2006-11-003	农村小学开展剪纸特色美术教学的研究	南桐镇中心校	龚泽武
11	2006-11-004	“练、学、教、测、评”五步法课堂教学模式的应用研究	万盛区田家炳中学	彭德龙
12	2007-TS-073	营造校园艺术氛围与培养学生艺术综合能力的研究	和平小学	屈家乐
13	2007-TS-074	农村小学开展剪纸教学 创建特色学校的研究	南桐镇中心校	龚泽武
14	2007-TS-075	少儿羽毛球特色学校发展研究	万东镇中心校	陈光平

续表

序号	课题编号	课题名称	承担单位	负责人
15	2007-TS-076	以书法教育为载体努力打造有特色的墨香校园	鱼田堡小学	左其刚
16	2008-11-001	高中语文教学与传媒艺术素养培育结合途径的探究	万盛区田家炳中学	张雪莲
17	2008-11-003	小学英语交互性情境创设的研究与实践	中盛小学	吴明芳
18	2008-11-004	源于生活的初中思想品德课堂教学情景构建的研究	万盛区教师进修学校	杨彩霞
19	2010-11-001	普通高中综合实践活动常态课实施策略研究	万盛区教师进修学校	罗裕明
20	2010-11-004	利用本土资源开发综合实践活动课程及评价体系的探究	万盛区实验学校	邱忠维
21	2010-11-005	农村初中利用身边易得材料进行微型实验的探究	进盛实验中学	陈中能
22	2011-KG-035	新课改背景下课堂教学“三维”目标实现途径与方法的研究	万盛区田家炳中学	余丽
23	2011-KG-113	高中生物学科“探究－前诊－构建－反馈”教学模式研究	万盛区田家炳中学	毕文刚
24	2011-LE-084	实施阳光心理工程 促进留守儿童健康成长的策略研究	万盛区教育委员会	覃政权
25	2011-LE-053	农村留守儿童行为养成教育研究	丛林学校	李亚军
26	2011-LE-018	农村留守儿童的家校联动机制建设研究	石林初级中学	张学红
27	2011-LE-044	农村小学留守儿童行为习惯养成教育研究	石林镇中心校	罗绪钟
28	2011-LE-014	农村留守儿童成长动态监测研究	新华小学校	左其刚
29	2011-JS-016	新课程下信息技术在高中地理图像教学中的应用研究	进盛实验中学	尹仕敏
30	2011-TC-021	城乡教师“区管校用”模式研究	万盛区教育委员会	马宣新

1998—2011 年万盛区区级教育科研课题统计表

表 27-20　　单位：个

年份	立项	开题	结题	年份	立项	开题	结题
1998	42	42	0	2005	21	21	10
1999	13	13	0	2006	27	27	9
2000	9	9	15	2007	13	13	8
2001	77	77	28	2008	33	33	22
2002	22	22	6	2009	14	14	28
2003	11	11	0	2010	19	19	18
2004	12	12	42	2011	22	22	15

第三节　教研成果

1998 年，万盛区小学教育获重庆市素质教育改革综合一等奖。

2000 年 12 月，万盛区教育委员会表彰教育科研优秀成果 7 项、优秀课题组 7 个、先进集体 6 个、先进个人 14 人。是年，编辑《万盛区第一届素质教育论文选》，收录论文 35 篇。

2001 年 12 月，《关于写字教育的思考》（中盛小学蒋永平）和《刍议说课》（东林小学蒋庚才）获重庆市第二届中小学教育科研优秀奖。

2002 年 3 月，重庆市第四十九中学校、中盛小学校获重庆市中小学教育科研先进集体称号，罗裕明获先进个人称号。9 月，教研课题《加强领导，创设环境，确保素质教育顺利实施》（万盛区教育委员会）获重庆市中小学全面实施素质教育研究成果三等奖。15 日，万盛区教育委员会表彰中小学教育科研优秀成果优秀成果 18 个、先进集体 2 个、优秀课题组 8 个、先进个人 8 人。是年，编辑《万盛区第二届素质教育论文选》，收录论文 34 篇。

2004 年，万盛区实验学校获重庆市基础教育课程改革先进集体称号，张华平、朱卫东、韩红、张鸿获先进个人称号。

2005 年 1 月，万盛区实验学校、中盛小学获重庆市第三届教育科研先进集体称号，吴明芳、蒋永平、况涛获先进个人称号，教研课题《小学写字教育研究》（中盛小学和鱼田堡小学）获基础教育优秀教改成果三等奖。

2009 年 4 月，教研课题《中小学研究性学习与新课程学科教学整合的研究》（万盛区教师进修校）、《小学英语活动化交际教育研究与实践》（万盛区实验学校）和《小学研究性学习结合学科教学的多样化设计与组织实施的研究》（中盛小学）等 3 个课题获重庆市第四届教育科研优秀教成果三等奖。

第七章　招生与考试

第一节　中小学招生与考试

1980 年后，重庆市教育局下达指导性的小学、普通中学招生计划，区教育主管部门根据全区学龄儿童数及中、小毕业生数和各学校设备情况，拟定学年招生计划，将招生任务落实到各学校。除重点中学校按规定范围，统一择优录取学生和随父母调动转学的学生外，按学校服务区域，凭户口就近入学。20 世纪 90 年代末，全区已普及初等教育，取消小学升初中考试。

1993 年，未开设外语学校的考生可免试外语。关坝镇初中、南天乡初中和浸水垭中学分流班学生可只参加政治、语文、数学 3 科考试。

1996 年，初中升学考试增加体育科目，成绩按百分制评定，计入考生升学总分。报考中专的考生，其体育考试分数计入预选总分，录取时只作参考。

1986—2011 年万盛区初中毕业会考基本情况统计表

表 27-21

年份	考生（人）	及格率（%）	优生率（%）	升学率（%）	升学情况（人）						
					重点高中	普通高中	职业中学	中等师范学校	中等专业技术学校	技工学校	高水平运动员
1986	3238	38.6	15.2	22.7	25	–	–	33	49	131	0
1987	3325	39.2	15.5	23.2	37	767	389	59	51	60	1
1988	3417	41.4	16.4	23.5	24	453	334	39	42	0	0
1989	3439	44.6	19.3	23.8	28	592	206	28	34	64	0
1990	3516	43.7	18.1	24.4	41	–	–	58	48	–	–
1991	3608	47.8	17.2	24.5	28	–	–	79	53	–	–
1992	3302	50.0	16.8	24.7	27	–	–	80	66	–	–
1993	3633	49.2	18.6	25.1	44	–	–	93	12	–	–
1994	3114	65.2	23.8	29.3	–	–	–	93	127	–	–
1995	2759	56.1	25.7	30.9	–	–	–	–	–	–	–
1996	2843	70.9	32.5	38.4	–	–	–	–	–	–	–
1997	3665	76.1	38.7	41.8	–	–	–	–	–	–	–
1998	4106	81.1	40.0	42.5	–	–	–	–	–	–	–
1999	3008	71.2	35.6	50.7	–	–	–	–	–	–	–
2000	2960	81.9	26.3	46.6	–	–	–	–	–	–	–
2001	3262	80.0	40.0	48.4	–	–	–	–	–	–	–
2002	3345	83.0	48.8	52.6	–	–	–	–	–	–	–
2003	3963	86.0	50.0	58.2	–	–	–	–	–	–	–
2004	2717	84.1	41.5	60.3	–	–	–	–	–	–	–
2005	2587	71.2	36.5	62.0	–	–	–	–	–	–	–
2006	2698	73.7	29.3	72.0	–	–	–	–	–	–	–
2007	3345	55.2	21.1	75.0	–	–	–	–	–	–	–
2008	3686	47.7	13.9	86.5	–	–	–	–	–	–	–
2009	3159	52.8	19.0	91.6	–	–	–	–	–	–	–
2010	3284	54.9	21.9	92.6	–	–	–	–	–	–	–
2011	3238	60.7	22.1	93.5	–	–	–	–	–	–	–

第二节　大中专招生升学考试

1980 年起，重庆市实行高考预考制度。预考指标分配到各区县，重庆市统一命题，预考上线的学生才有资格参加全国统一高考。1981 年起，预考指标分到学校，高中毕业考试与高考预考结合，毕业考试成绩优秀的学生，按分配到校的预选名额报名参加全国统一高考。高考文理分科，文科考试科目为语文、数学、政治、历史、地理和外语 6 科，理科考试科目为语文、数学、政治、物理、化学、生物和外语 7 科；考试时间为每年 7 月 7—9 日。

1990 年，高考预考制度取消。

1991 年，取得省普通高中学籍的学生都要参加四川省高中毕业会考。

1998 年，职高毕业生可参加全国职教师资大专班专业对口考试。

2003 年起，高考文科考试科目为语文、数学、外语和文科综合（政治、历史、地理）4 科，理科考试科目为语文、数学、外语和理科综合（物理、化学、生物）4 科；考试时间改为每年 6 月 7—9 日。

1986—2011 年万盛区普通高中（职业高中）升学情况统计表

表 27–22　　　　单位：人

年份	普通高中考生			录取								职业高中考生	录取	
	合计	文科	理科	合计	文科			理科			中等专业技术学校		高职	本科
					小计	专科	本科	小计	专科	本科				
1986	256	54	202	64	21	–	–	43	–	–	11	–	–	–
1987	291	57	234	58	13	–	–	45	–	–	16	–	–	–
1988	302	60	242	91	30	–	–	61	–	–	4	–	–	–
1989	361	65	296	83	17	–	–	66	–	–	3	–	–	–
1990	472	115	357	96	27	–	–	69	–	–	8	–	–	–
1991	415	125	290	61	13	–	–	48	–	–	13	–	–	–
1992	392	124	268	87	20	–	–	67	–	–	–	–	–	–
1993	379	102	277	114	39	–	–	75	–	–	5		–	–
1994	365	145	220	135	50	43	7	85	70	15	7	–	–	–
1995	341	129	212	159	56	51	5	103	84	19	3	–	–	–
1996	244	112	132	125	51	44	7	74	64	10	4	–	–	–
1997	220	105	115	112	45	35	10	67	47	20	6	–	–	–
1998	296	131	165	149	48	48	–	101	69	32	0	24	7	0
1999	364	123	241	290	68	66	2	222	154	68	0	–	–	–
2000	486	165	321	374	119	91	28	255	182	73	0	40	27	0
2001	532	193	339	574	191	147	44	383	273	110	0	21	20	0
2002	515	241	274	477	170	116	54	307	193	114	0	131	71	0
2003	532	272	260	723	383	250	133	340	225	115	0	83	47	0
2004	718	300	418	925	386	267	119	539	377	162	0	51	43	0
2005	926	313	613	639	253	126	127	386	212	174	0	43	27	1
2006	822	383	439	585	307	154	153	278	144	134	0	79	41	0
2007	948	396	552	561	267	152	115	294	183	111	0	27	18	0
2008	1056	500	556	652	375	202	173	277	172	105	0	31	21	0
2009	1392	679	713	793	403	260	143	390	283	107	0	34	17	1

续表

年份	普通高中考生			录取								职业高中考生	录取	
	合计	文科	理科	合计	文科			理科			中等专业技术学校		高职	本科
					小计	专科	本科	小计	专科	本科				
2010	1488	669	819	1009	472	296	176	537	384	153	0	8	6	0
2011	1674	842	832	1017	500	277	223	517	324	193	0	19	14	1

第三节　成人教育招生考试

成人高校招生考试每年举行1次，时间在5月中旬，考场设在万盛城区。2003年5月，考试时间改在11月。2004年，考试时间改为每年10月。

2006年，自考本科段开考专业由12个增至36个，专科开考专业由24个增至70个，在籍学员保持在2000人左右，开考科次保持在85科次左右。后因高校扩招，自学考试学员有所减少，但每年报名学员仍在100人左右。2007年，万盛成人高考自考考点被评为重庆市“电子化规范化考点”。

2008—2009年，成人高等教育自考开考专业57个，在籍考生2000人左右。

1986—2011年万盛区成人高校招生考试录取情况统计表

表27-23　　单位：人

年份	考生	录取	年份	考生	录取
1986	267	128	1999	359	188
1987	190	83	2000	442	291
1988	259	153	2001	566	391
1989	269	136	2002	–	–
1990	294	135	2003	456	307
1991	305	100	2004	454	435
1992	–	151	2005	373	327
1993	257	107	2006	346	284
1994	458	142	2007	–	–
1995	–	175	2008	–	–
1996	341	150	2009	–	–
1997	391	171	2010	643	494
1998	427	173	2011	608	469

第二十八篇　文化

第一章　文化机构

第一节　文化管理机构

万盛区文化主管机构是万盛区文化广播电视新闻出版局。1981 年 12 月，南桐矿区文化局成立，未设置内部科室。1993 年 4 月，更名万盛区文化局。1998 年，区文化局设办公室，文艺科和市场科等科室 3 个。2000 年 11 月，万盛区新闻出版局成立，挂靠在区文化局，内设机构改为办公室，业务科和文化市场科等科室 3 个。2001 年 8 月，撤销区文化局、区体育运动委员会，组建万盛区文化体育局，挂万盛区新闻出版局牌子。

2005 年 3 月，撤销区文化体育局、区广播电视事业管理局，组建万盛区文化广播电视新闻出版局，挂万盛区体育局、万盛区新闻出版局牌子，设办公室、文化科、广播电视科和体育科等科室 4 个，下设区文化馆、区图书馆、区文化市场行政执法大队、区文物管理所和区电视台等事业单位 5 个。2007 年 4 月，区体育局改制为区政府直属事业机构，单独设置。2009 年 2 月，区电视台改制为区政府直属事业机构，单独设置。2010 年，区文化广播电视新闻出版局设办公室、财务科、文化科、广播电视科等科室 4 个，下设区文化馆、区图书馆、区文化市场行政执法大队和区文物管理所等事业单位 4 个。

2000 年 11 月，万盛区新闻出版局成立，挂靠在区文化局。2001 年 8 月，改挂在区文化体育局。2005 年 3 月，改挂在区文化广播电视新闻出版局。区新闻出版局行使区内新闻出版物审批和监督管理权限，审批和管理区内歌舞娱乐场所、游艺娱乐场所经营单位、网吧、营业性演出、单位（团体）演出、个体演出、演出场所经营单位、音像制品经营、电影放映单位、书店、书摊、印刷业（印刷厂、复印打印）和内部资料性出版物。

第二节　文化单位

一、万盛区文化馆

万盛区文化馆是全区群众文化艺术活动的阵地和辅导单位，位于万东北路14号，占地5222平方米，主要建筑设施有文化馆综合大楼、文化广场。

1986年，设宣传股、经营股和图书阅览室。1989年，设行政办公室、文艺辅导股和经营管理股。1995年，文艺辅导岗位设置文学、音乐（声乐、器乐）、舞蹈、美术、摄影、戏曲、故事、调研8个门类。2000年年初，区文化馆组建万盛区文化经济开发公司，出租区文化馆房屋、场地设施，将收入补贴群众文化艺术活动。是年，设行政办公室、文艺辅导股和区文化经济开发公司。

2003年，万盛区老年大学成立，设在区文化馆，开设有音乐、舞蹈、书法美术、心理健康知识等课目。

2010年，区文化馆有专业技术人员11人，其中副高级职称1人，中级2人。2011年11月，万盛区文化馆被文化部评定为国家一级文化馆。

二、万盛区图书馆

1988年，区图书馆成立，隶属区文化馆。8月，图书馆大楼竣工，建筑面积1227平方米，位于万盛万东北路14号。1990年8月，区图书馆与区文化馆分设，隶属区文化局，内设报刊阅览室、图书外借室、少儿阅览室、科技书阅览室，有书库5间。

2008年，因城市建设规划需要，图书馆大楼拆除。区图书馆租赁350平方米办公用房，临时过渡，开设报刊阅览室、电子阅览室各2间，机房1间，馆藏图书约4万册，订阅报刊150余种。

2010年6月，区图书馆搬迁至区文体中心新馆舍办公，开办图书采编、图书（期刊）借阅以及公共图书电子阅览业务。2011年，区图书馆订购期刊115种、报纸96种，开放报刊阅览室363天、阅览6901人次、34501册次，电子阅览室开放363天、阅览1809人次，馆藏图书53400册。

三、万盛区新华书店

万盛区新华书店为国有企业，业务归重庆市新华出版集团公司管理，行政关系受区文化广播电视新闻出版局和重庆市新华书店双重管理。区新华书店主要业务是图书发行，为工矿、农村、学校教学和社会单位读者服务。每年发行各类图书及教材约2万种、50万册。

1985年，区新华书店营业地址从矿山路11号迁至万新路7号。1988年，改革经营体制，由经理负责制改为承包经营责任制。1994年10月，区新华书店综合楼竣工，位于万东北路40号，建筑面积2300平方米，一、二楼为营业门市，三楼办公用房，地下层为库房。1999年，新楼门市营业，与万新路7号老门市分称中心一门市、二门市。

2000年后，随着市场竞争日益加剧，区新华书店经营图书发行业务的同时，兼营发行音像制品和文化、办公用品。同时，租用新建综合楼开办新华超市招商引资，出租经营百货、副食等民用商品。

第三节　文化社团

一、万盛区文学艺术界联合会

参见第二十篇第七章。

二、万盛区地方历史文化研究会

2000年12月16日，万盛区地方历史文化研究会成立，有会员36人。该会旨在发掘整理地方历史文化资料，研究地方社会发展，民族迁徙演变和重大历史事件，研究地方历史文化，编辑地方历史文化研究会专刊《万盛史苑》和有关书籍。2011年11月，因区建制被撤销，研究会解体。

第二章　文化设施与文化市场管理

第一节　文化设施

1986年，全区主要文化设施有区文化馆，占地面积5222平方米，设有文化会堂、曲艺场、图书阅览室、文艺活动室，南桐影剧场，南桐电影院。1988年8月，图书馆大楼竣工，建筑面积1227平方米，设阅览室、藏书室、图书借阅室等。1994年，区文化馆综合大楼、文化广场竣工。

2007年，区文化馆、区图书馆被纳入区文体中心项目建设。2008年，按照城市建设规划，拆除区图书馆。2010年9月，区文体中心主启用。区文化馆、区图书馆按照文化部颁布的地市级二级馆标准设计，配置钢琴、电子琴、各类民族乐器等文艺培训器材，电脑、数码相机、数码摄像机、电视、灯光、投影及幕布等业务设备，复印件、扫描仪、激光打印机、传真机、移动硬盘、空调、档案柜等刻录设备，书架、报刊架、桌椅、上架手推车等书库及阅览室设备，音箱、功放、调音台、投影及幕布、视听资料柜、碟片架等办公厅或多媒体室设备，触摸屏、检索机、读者服务设备，空调、监视器、应急灯、灭火器等安全设备。

1986—2004年，各乡镇文化站设在乡镇政府办公场所内，设施设备只有简单的文化宣传、有线广播、电视差转器材等。2005—2011年，争取中央投资162万元，各镇全部建成综合文化站、广播站，建成标准农家书屋57个，村广播室57个，安装广播终端设备62套，喇叭1240支；建成区级文化信息资源共享工程万盛支中心，建成4个镇级文化信息资源共享工程，新增价值15万元数字电影放映机5台，各镇数字电影放映机覆盖率100%。

第二节　文化市场管理

1989 年 12 月，南桐矿区社会文化管理所成立，隶属区文化局，与区文化局市场科共同负责区内文化市场管理。2005 年 3 月，万盛区文化市场行政执法大队成立，负责全区文化市场的执法监督。

一、音像制品管理

1986 年，录放机和音像制品相继进入万盛，音像制品发行（批发、零售、出租）和放映市场逐渐形成。是年，区内音像发行单位只有区广播电视局，放映点有南桐影剧场，南桐电影院、区文化会堂以及市属厂矿的俱乐部。1988 年，音像制品发行和放映发展到乡镇、街道文化站，放映点增加至 9 个。1989 年 12 月，区文化馆设立南桐矿区录音录像发行站，全区有音像发行点 2 个，以批发为主，兼零售、出租音像制品。

1990 年，全区整顿音像发行市场，统一片源，统一发行，统一管理，统一价格，统一排带。区广播电视局和区文化馆两个录音录像发行站停止购进录像带，原有录像带可继续发行，新录像带由区电影公司统一平衡，有选择性地购进，实行录像带与电影配套发行，按顺序排带和特殊照顾方式统一安排。

1994 年，全区有音像制品发行（零售、出租）点 5 个，放映点 61 个。随着人民生活水平的提高，影音光碟（VCD）及高密度数字视频光盘（DVD）播放器等进入城乡居民家庭，音像市场结构发生变化，发行点增多，放映点减少。1995 年，全区音像制品放映点减少至 17 个，发行点增加至 18 个。1996 年，全区音像制品发行点增至 44 个，经检查取缔无照非法经营点 16 个，关闭镭射厅 4 家。

2011 年，全区有音像制品批发、零售、出租经营商户 42 家，分布在万盛、东林街道和南桐、青年、关坝、丛林、金桥等镇。

二、娱乐场所管理

（一）歌舞厅

1987 年，南桐矿区只有区文化站、东林宾潇楼两家售票经营的歌舞厅。随着市场经济的发展，区内歌舞厅数量增长快速。歌舞厅一般配有乐队伴奏，歌手伴唱。乐队演奏人员和歌手须按规定参加区文化局组织的考试、审核，合格者获发演奏（唱）证。1994 年，全区有歌舞厅 26 家，经营项目良莠不齐，黄、赌、毒现象时而显现。是年，查处非法录像带 98 盒，非法侵权录像带 784 盒，无发行权光碟 56 张。1995 年，区内歌舞厅增至 78 家，其中新注册卡拉 OK 歌舞厅 4 家。2000—2001 年，查出非法淫秽音像制品 21653 盒（张）。2005 年，全区有歌舞厅（含录放厅、卡拉 OK、夜总会、迪斯科吧、音乐茶座等）34 家，其中城区 21 家，东林街道 6 家，南桐镇 5 家，关坝镇、景星乡各 1 家。2006 年起，全区开展歌舞娱乐场所创卫达标活动，整顿娱乐场所和校园周围文化环境，严格控制噪音，严禁超时经营。2011 年，全区有经营性歌舞娱乐场所 36 家。

（二）电子游戏厅（室）

20 世纪 80 年代初，南桐矿区开始出现经营性电子游戏厅（室）。1988 年，全区有电子游戏厅（室）经营商户 7 家。1993 年，增至 71 家，有游戏机 162 台，全区各街道、乡镇均有分布。1994 年，开始出现少数不法经营者利用游戏机赌博。是年，查封从事赌博活动的电子游戏厅（室）经营商户 2 家，赌博机 123 台。1999—2001 年，收缴赌博游戏机 49 台。2003 年，收缴赌博游戏机 26 台。

（三）网吧

2000 年，万盛区开始出现网吧。2001 年，全区网吧经营户增至 34 家。2002 年，检查网吧 180 家次，取缔黑网吧，责令校园周围200米内的网吧限期搬迁，净化学校环境。2004年，核定网吧经营商户33家，按网吧拥有计算机终端数量，将其分为5个组，50台～100台编为中型组（1个），25台～50台编为小型组（4个）。2005年，全区有网吧31家，其中城区16家，东林街道5家，南桐镇5家，关坝镇3家，青年镇、丛林镇各1家。2011年，全区有网吧经营户31家。

第三章　文化艺术

第一节　文艺演出

一、广场文艺演出

1997年，为满足广大群众对文化生活的需求，区文化会堂拆除，原址改建露天舞台广场（名文化广场），由区文化馆负责管理。2005年9月，子如广场竣工，大小型文艺演出在子如广场和文化广场交替举行。在传统节日和重大活动时，区文体局组织实施广场活动，区属有关单位、乡镇、街道、企业、学校等参与。

1998—2011年，全区举办苗族歌舞、金桥民间吹打、丛林鼓乐表演、企业职工文艺演出、中小学校园艺术节文艺演出和重庆直辖十周年暨万盛区十大功臣颁奖仪式大型文艺演出等各种广场文艺演出活动300余场次。

二、外出演出

外出演出主要是在开展全区文艺活动基础上，选出较好节目，组织演出团队参加全市文艺调演、会演以及有关艺术节展演，旨在进行文化艺术交流，宣传万盛，提升万盛知名度。

1986年，南桐矿务局干坝子洗选厂幼儿教师吴文容，参加四川省总工会和中国音乐家协会四川省分会联合举办的四川省产业职工通俗歌手赛，荣获一等奖，获优秀歌手称号。

1988—1999年，参加重庆巴渝金秋艺术节演出和重庆市群众文艺创作调演、重庆市曲艺、戏剧小品调演、重庆市“国土杯”文艺调演、重庆市“一会一节”“三峡国际旅游节”等文艺演出，先后获女声独唱特等奖1次，舞蹈特等奖2次和男女声独唱、舞蹈、戏剧小品等节目表演一等奖12次。1998年，组织苗族歌舞表演队两次应邀参加“世界旅游日华夏城乡旅游节”、第七届中国电影金鸡百花奖开幕式和中日民间旅游文化交流会等表演。

2000—2011年，先后组织以苗族歌舞为主的“夜郎风情艺术团”到渝中区、沙坪坝区、九龙坡区、璧山县等地促销宣传演出10余场次，观众近20万人次；《夜郎国里尽朝晖》文艺节目参加重庆市城乡文化互动工程2006年农村文化进城市活动演出，金桥吹打连续两次应中央电视台特邀赴京参加“民歌中国”“村歌献给党”全国村歌大赛演播活动，苗族少儿舞蹈《苗家鼓娃》获全国青少年优秀艺术人才选拔活动比赛少儿A组一等奖，并在中央电视台少儿频道播出，区财政局表演的《红岩随想·记忆与召唤》获重庆市财政系统片区一等奖。

第二节　文艺创作

一、文学

1993—1999年，魏学彬创作个人散文集《君子兰》（中央民族大学出版社），王开泉创作个人散文集《希望交响曲》（伊犁人民出版社），罗昭伦创作个人散文集《万盛风光散记》（重庆出版社出版）。

2009年，蔡佑祥创作传记文学《重庆历史名人刘子如》（重庆出版社），罗昭伦创作个人散文集《与山水共舞》（作家出版社）。

2011年，简云斌创作个人散文集《旧年的灯》（吉林文史出版社），个人诗集《时光侧影》（重庆大学出版社）；杨东创作纪实文学《你也可以拍电影》（西南师范大学出版社）。

二、音乐

1986—1997年是全区群众音乐作品创作兴盛时期，创作反映万盛风光、企业精神的歌曲40余首，如《万盛石林美如画》（陈春明、焦仁碧词，刘青方曲）、《有一个美好的去处》（卢贤盛词，刘青方曲）、《我家门前鲤鱼河》（陈昆曲）、《请到我们南桐来》（耿直词，刘青方曲）、《软管工人之歌》（杨富科词曲）、《钟表工人在改革中前进》（耿直词曲）、《你向胜利走去》（刘青方曲）、《我们是光荣的人口普查员》（吴爱民词、刘青方曲）、《人口普查小唱》（赵世芳词曲）、《万盛，我们放飞希望》（简云斌词、胡明曲）等。1993年，刘青方谱曲的《我们是新时代的园林工人》入选全国工人歌曲选《奋进者之歌》。1994年10月，金桥吹打第五代传承人翁庆华被重庆市文化局命名为重庆市民间艺术家。1999年，胡明改编创作的民间吹打乐曲《祝福》，获重庆市首届民间吹打乐比赛三等奖。金桥乡民间吹打乐被评为重庆市巴渝十大民间艺术，翁庆华被授予“巴渝优秀民间艺术家”称号。

2004年，胡明改编创作的苗族三人组合歌曲《芦笙场上》，获首届重庆市群众文艺展演周音乐类一等奖，被推荐参加全国群星奖评选，获重庆赛区奖。

2005—2009年，李凡、杜华胜、张华、李财军、邹翔、刘琼和黄延明等创作《万盛之恋》《护林人之歌》《开山号子》《美丽万盛我的家》《把喝彩留在今天》等本土歌曲。胡明创作的《采石调》获重庆市第二届社区文化节才艺大赛第一名。

三、舞蹈

1988年11月，舞蹈《椿悦》（董明华编舞，郑丽娟、李冬红表演）、《铁链的未来》（郑丽娟、李冬红表演）分别获首届巴渝金秋艺术节特等奖、一等奖。1990年独舞《追思》（张建军表演）获第三届巴渝金秋艺术节二等奖，舞蹈《黑姑娘》（董明华编舞，南桐矿务局舞蹈队表演）获重庆群众文艺创作调演创作、表演三等奖。1991年，舞蹈《丰收溜溜溜》（渝州齿轮厂创编、表演）获第四届巴渝金秋艺术节二等奖。1998年，万盛苗族系列歌舞（董明华编导）相继应邀参加世界旅游日华夏城乡旅游节、第七届中国电影金鸡百花奖开幕式、中日民间旅游文化交流会等文化活动。

2001年，舞蹈《平安进苗家》（杨熠、李馨、张鸿霞等编创）获重庆市片区调演一等奖，舞蹈《赶鸭》（杨熠、李馨、张鸿霞等编创）、《喜悦》（杨熠、李馨、张鸿霞等编创）获重庆煤炭系统调演一等奖；舞蹈《牛仔很忙》（张鸿霞编创）、《波斯猫》（张鸿霞编创）分别获全国少年才艺大赛重庆赛区学龄前组、少儿组金奖；少儿舞蹈《孔雀与花儿》（张鸿霞编创）、《青花瓷》（张鸿霞编创）分别获中国舞蹈家协会主办的“小荷风采”重庆赛区总决赛铜奖。

2010年，苗族歌舞《跳笙歌》（鲁广峰编创）获第四届乡村文艺汇演舞蹈类一等奖。

四、戏剧曲艺

1990年8月，戏剧小品《监督台前》（汪江创作、陈代科等表演）获重庆市群众文艺创作调演创作、表演三等奖，荒诞剧《皈依伏法》获重庆市“国土杯”优秀节目会演一等奖，谐剧《罚款之后》（孔德生创作、徐跃勤表演）获第三届巴渝金秋艺术节二等奖。1991年10月，小品《错父误子》（孔德生创作、王福洪、龚芳表演）获第四届巴渝金秋艺术节一等奖，故事《万老幺》（霍本固创作、讲演）获第四届巴渝金秋艺术节二等奖。

1992年4—5月，中共南桐矿区委宣传部、区文化局创作戏剧小品《献上一片爱心》《灾祸难测》。

2008年，万盛区第一部方言电视剧《招兵买马》（陈代科导演，杨东编剧，区戏曲协会会员参演）由重庆音像出版社出版，并在新华书店公开发行。小品《两家人》（贺美林创作）、《呼唤》（贺美林创作）分别获重庆市安全小品大赛二等奖、贵州煤矿安全生产小品大赛一等奖。

2010年，小品《唢呐声声》获第四届乡村文艺会演小品类一等奖。

五、美术书法

2002年，霍之瑞、贺正仁、杜祥煜、张颢、吴开俊、钱邦钊、万树培、张昌锡、何尧勋、张登清等老年会员创作的书画作品分别参加重庆市庆祝中国共产党十六大召开老年书画展和重庆市首届老干部艺术节书画摄影及家居艺术展；区书法家协会、美术家协协助和平小学、鱼田堡小学编辑出版《南桐矿务局中心校少儿国画社作品选集》《万盛区和平小学国画选集》《鱼田堡小学师生书法作品集》。

2006年，贾秀平、耿直书法作品和令狐克强篆刻作品获全国财政系统庆祝中华人民共和国成立57周年职工书画摄影大赛获奖，贾秀平书法作品在《书法报》发表，郭洁（12岁）书法作品获送日本参展，获高野山书道协会奖。

2007—2011年，王金友书法作品入编中国文联主编的《名联颂中华》书法集，贾秀平、张同建书法作品和万承毅、王金友硬笔书法作品入选重庆市首届教师书法展，万承毅硬笔书法作品获2010年重庆万人硬笔书法大赛获一等奖，王金友美术作品被中国驻西班牙大使馆收藏，陈光超烙铁画被重庆市政府选定为重庆礼品，水粉画《姐妹》（张守云创作）和詹建海书法作品获重庆市第十六届“群星奖”评选活动三等奖，水粉画《宁静的夜》（张守云创作）和贾秀平书法作品分别获摄影联展优秀奖。张登清小楷书写《红楼梦》《三国演义》《水浒传》《西游记》，并自行装订成册，受到《重庆晨报》《重庆商报》等媒体关注并采访报道。

六、摄影

1998年，摄影作品《夜雨》（熊光远）、《田园春曲》（周明）和《致富路上》（官代敏）分别获重庆市第二届三峡库区农村摄影艺术联展一等奖、三等奖、三等奖。

2010年，摄影作品《云中行》（周应福）荣获全国第二十三届摄影艺术展览纪录类优秀作品奖；摄影作品《庆丰收》（周明）、《悦》（令狐克勇）分别获第十四届三峡艺术摄影作品联展一等奖、二等奖，《步步高》（严奇）、《春》（叶凌）、《依托》（周慰）获三等奖。

2011年6月，摄影作品《古城新姿》（周应福）获“诗情四季安踏杯”第二届全国市长摄影艺术大展优秀作品奖。是年，摄影作品《锦绣家园》（周明）、《织锦》（周应福）、《党员示范岗》（王小年）获重庆市第十五届美术书法摄影联展优秀奖。

第四章　图书　报刊

第一节　图书

一、图书馆（室）

1990年，全区有图书室87个（党政机关10个，大中型厂矿15个，街道乡镇62个），藏书约10万册。

1990年8月，南桐矿区图书馆建成，有图书约1.5万册。2008年，区图书馆藏书约3万册，每年增订报纸50余种、280份，杂志（期刊）110种、1410余单册。2011年，区图书馆藏书5.34万册，接待读者6000多人次（其中网络资料读者1700余人次，查阅资料5500余册。

1990年后，因部分企业关停并转、经费困难等原因，基层图书室数量减少，报刊、书籍订量减少。2005年，全区能正常开放的基层图书室仅有区老干局、区党校、区文化中心、区教师进修校、重庆第四十九中学校、区职业中学、区实验学校、南桐矿业公司、东林街道和平社区、区消防中队等单位。2006—2011年，全区建成农家书屋45个，存储图书约3万册。

二、图书发行

新华书店是图书发行的主要单位，有门市发行、工矿发行、农村发行和教材发行等发行方式。

1986年后，个体书摊（店）数量逐渐增加，经营图书出租、书报刊零售，逐渐替代新华书店的工矿、农村发行功能。1999年，区新华书店新楼门市（位于万盛宾馆旁）营业，与万新路7号老门市分称中心一门市、二门市，发行网点有东林、南桐、青年和关坝4个。

2011年，全区图书报刊经营市场相对稳定，图书报刊发行经营户13家。

1986—2011年万盛区图书发行情况一览表

表28-1

年份	进书量（万册）	发行量（万册）	销售额（万元）	年份	进书量（万册）	发行量（万册）	销售额（万元）
1986	33	32	80	2002	67	65	997
1988	43	40	135	2003	73	70	930
1989	43	41	144	2004	76	73	890
1990	44	42	166	2005	75	73	855
1992	45	43	178	2006	10	9.19	129
1995	47	45	338	2007	11	9.78	131
1996	46	45	455	2008	12	9.77	150
1997	48	46	468	2009	17	15.50	221
1999	52	50	526	2010	28	25.22	391

续表

年份	进书量（万册）	发行量（万册）	销售额（万元）	年份	进书量（万册）	发行量（万册）	销售额（万元）
2000	55	53	542	2011	30	25.85	396
2001	62	60	708	合计	917	873.31	8830

说明：2006—2011 年含音像制品

第二节　报刊

一、报纸

（一）《万盛报》

1994 年 1 月 1 日，《万盛报》第 1 期试刊出版，试刊 3 期后正式创刊，为旬刊，4 开黑白版，是中共万盛区委、万盛区政府主办的地方党报，在全区范围内公开发行。1995 年 2 月，改为周刊，1998 年 1 月 1 日，改为每周 2 期。1998 年 12 月 29 日，率先在全市区县报中创办月末版(彩色版)。2002 年 1 月，改为 4 开彩版。2003 年 12 月 31 日，因重庆市整顿区县报刊，停刊，出版 778 期。2007 年 1 月 5 日复刊（渝内字 502 号），每周 2 期，4 开 4 版彩色。2011 年 12 月 16，因行政区划调整，停刊，出版 94 期。

（二）《今日万盛》

2004 年 1 月 1 日，《今日万盛》（刊号渝 05—502）创刊，每周 2 期，4 开彩色，是中共万盛区委、万盛区政府主办的地方报刊。2006 年 12 月 29 日停刊，出版 96 期。

（三）《南桐矿工》

1986 年 10 月，《南桐矿工报》试刊每周 2 期。1987 年 1 月 1 日，正式改为每周 2 期，期发出量由 3000 份增至 6000 份。1988 年 4 月 2 日，恢复每周 1 期。1990 年 1 月 1 日，再次改为每周 2 期。1998 年 3 月 3 日，更名《南桐矿工》。2000 年 11 月 15 日，自总第 1988 期起，采用电脑排版，胶版印刷。2009 年 3 月，开办网络版。至 2011 年 12 月 31 日共出版 2240 期。

（四）《万盛文化》

1994 年，《万盛文化》创刊，是万盛区文化局（区文化体育局）主办的文化小报，4 开 4 版铅印，不定期出版，内部发行，反映万盛文化生活，繁荣文艺创作，培养文艺新人，传递文化信息，服务万盛经济。第 4 期后停刊。1999 年 1 月，复刊。2002 年，再次停刊。《万盛文化》共出版 8 期。

（五）《小小鸟》

1999 年 5 月 10 日，《小小鸟》创刊，是鱼田堡小学校办小报，由鱼田堡小学少先队大队部、少儿雏鹰文学社主办，主要发表师生书法、绘画和作文、诗词等习作以及登载创建特色校园等动态。2009 年 9 月停刊，共出版 21 期。

（六）《群文简讯》

1985 年 12 月，《馆站简讯》创刊，是南桐矿区文化馆馆办刊物，主要反映区文化馆工作和群众文艺活动动态，以及区内外文化信息交流，不定期出刊。1997 年更名《群文简讯》。2006 年改为双月刊。2011 年，因行政区划调整，停刊，累计出版 153 期。

（七）《万盛书画》

1987年，《书法通讯》创刊，是万盛区书法、美术协会的会刊，协会内部会员交流信息小报，8开4版铅印。1998年6月，更名《万盛书法》，第一期与《南桐矿工》联合主办。1999年更名《万盛书画》，累计出版8期后停刊。

（八）《万盛收藏》

1997年12月1日，《万盛收藏》创刊，是重庆市收藏协会万盛联络处（万盛区收藏协会）与南桐矿务局林业处（九锅箐林业综合分公司）联合主办的会刊，8开4版铅印。1998年8月停刊，共出版4期。

二、期刊

（一）《黑山谷》

2000年1月，《石林诗刊》创刊，区文学协会石林诗社主办，旨为会员开展创作、研讨、交流活动，促进写作水平，32开书籍版，首期为油印，后为铅印。2002年11月，石林诗社更名万盛诗社，《石林诗刊》更名《万盛诗词》。2009年，出版29期后，更名《万盛文学》。2010年，更名《黑山谷》，改为大16开本。2011年11月，因行政区划调整停刊，共出版5期。

（二）《万盛史苑》

2003年12月，《万盛史苑》（渝内准印字NO.021900号）创刊，由区地方历史文化研究会主办，区民族宗教侨务办公室协办，是区地方历史文化研究会会员研讨、交流，挖掘区内文化传统的内部刊物，大16开本，每年出版1期。2011年11月，因行政区划调整停刊，共出版10期（2009年国庆60周年增刊1期）。

（三）《万盛文艺》

2009年2月28日，《万盛文艺》创刊，是万盛作家协会主办的综合性文艺刊物，每年出版1期。2011年11月，因行政区划调整停刊，共出版3期。

第五章　广播　电视　电影

第一节　广播

一、万盛区广播站

1986年，南桐矿区广播站设在区广播电视局，有采访、编辑、播音人员5人。1989—1993年，开办通讯员培训班，培养城镇骨干通讯员197人，农村骨干通讯员108人。1993年4月，更名万盛区广播站，有采访、编辑、播音人员10人。1997年，区广播站从新田路171号搬迁至勤俭路52号。1999年2月，更名万盛人民广播电台。2000年，万盛人民广播电台与区有线电视台合并为万盛区广播电视台，采取广播、电视一体化运作方式，有采访、编辑人员8人。

二、转播节目

1986年，区广播站每天早、中、晚3次转播中央人民广播电台新闻、农村广播、国际时事、各地广播电台联播节目，转播时长 210 分钟。

1990 年，每天早、中、晚增加转播重庆人民广播电台、重庆经济台节目，转播时长 12 分钟。

1993 年 7 月 1 日，调整转播节目，早晨转播中央人民广播电台新闻和报纸摘要节目，转播时长 30 分钟，转播重庆人民广播电台重庆新闻和报纸摘要节目，转播时长 20 分钟；中午转播重庆人民广播电台大千世界节目，转播时长 30 分钟；晚上转播中央人民广播电台、各地人民广播电台联播节目，转播时长 30 分钟，转播重庆人民广播电台"嘉陵夕照"节目 45 分钟。全天转播节目时长共 155 分钟。

1997 年，区广播站使用 102.4 兆赫兹频率和万盛区广播站呼号开播广播节目，转播中央、省、市节目，每天 8 小时。

1999 年 2 月，万盛人民广播电台转播各级人民广播电台节目 135 分钟。

2002 年 5 月起，方家山广播差转台建成，全天转播重庆人民广播电台第一套调频立体声广播节目。

2004 年 7 月，万盛城区及周边部分农村和旅游景区可接收新开通的重庆音乐调频广播。

三、自办节目

1987 年，区广播站新增广播音乐、区内新闻、农业简明新闻、专题节目、每周一歌、报纸信息、文化与生活、对农村广播、天气预报、戏曲等 13 个自办节目，每天播出 140 分钟。

1990 年，区广播站调整自办节目，设置广告、区内新闻、天气预报、南桐生活、临时专题、对农村广播、企业之窗、文艺欣赏、政治思想教育、广播天地、一周新闻选播等 11 个自办节目，每天播出 210 分钟。

1993 年后，区广播（万盛人民广播电台、万盛区广播电视台）站先后新增万盛新闻、万盛早晨、社会生活、广播天地、万家灯火 4 个板块，每天播出 160 分钟。

2004 年 3 月后，区广播电视"村村通"工程全面启动，逐步替代有线广播。

四、"村村通"工程

2004 年 3 月，万盛区启动广播电视"村村通"工程，计划 5 年内分 5 步实施。

2004 年 4 月至 2005 年 11 月，全区各乡镇新建广播电视网络 87 千米，改造内网 180 千米，新增有线电视用户 1500 户，覆盖 50 户以上自然村 45 个。全区 40% 的农村能收看到 12 套～ 34 套有线电视节目，广播、电视覆盖率从 1999 年的 80.31% 和 75.49%，分别提高至 86.9% 和 85.56%。

2006—2010 年，在全市率先实现全部行政村"村村通"有线电视联网目标，实现全区 832 个自然村联网通广播电视，开通全区（包括南桐矿业公司）数字电视网络，实现数字电视在有线网络全覆盖，转播中央电视台第一、七频道和直播区综合频道自办节目，转播中央人民广播台第一套，重庆音乐、交通、都市、娱乐、故事、新闻频道 7 套调频广播节目。

第二节 电视

一、万盛区广播电视台

1988 年 1 月，区广播电视局在警报山修建地面卫星收转站。9 月 2 日，收转站竣工投入使用。1990 年，城区开始建设闭路电视联网工程，接容量 1 万户，全频道传送 12 套电视节目。

1991 年 7 月，南桐矿区有线电视台成立，隶属区广播电视局，实行局台合一体制，对外呼号南桐矿区有线电视台，与广播一体化运作，有采编、播音、编辑人员 4 人。1993 年 4 月，更名万盛区有线电视台，有播音员兼字幕机操作员 2 人，摄像记者兼编辑机操作员 2 人。1994 年 7 月 27 日，区有线电视台设新闻部、制作部、经宣部，有管理、采编人员 8 人。2000 年，万盛区有线电视台与万盛人民广播电台合并为万盛区广播电视台，采取广播、电视一体化运作方式。2009年3月，区电视台单独设置，为区政府直属事业机构。2011年，区电视台设有新闻采编部、专题制作部，有管理、采编人员12人。

二、转播节目

1986年，方家山电视差转台向全区转播中央电视台、四川电视台、重庆电视台3套电视节目。1988年9月，区地面卫星收转站启用，转播中央电视台第一、二套节目、四川电视台、云南电视台、贵州电视台和重庆电视台6套电视节目。1992年，闭路电视联网工程竣工，增加转播中央电视台第四套、浙江电视台第二套电视节目。1997年4月，区有线电视前端及线路邻频改造工程竣工，转播节目增至23套。2001年1月，宽带网工程竣工，有线电视模拟信号转播节目增至33套。2009年增至45套。2011年，万盛城区开始使用可以收视100多个频道的数字电视信号技术，逐步替换、停止有线电视模拟信号网络转播；城区有近2000余户使用数字电视信号。

三、自办节目

1990年10月，创办南桐新闻、广告、点歌等栏目，均为不定期不定时播放。

1991年，自办节目编辑、播放初步正常化，每星期六20时重播一次。南桐新闻播出之后，播出一组“百叶窗”节目。星期一至星期五20时播出广告、点歌和录像栏目。1992年，节目播放时间调整为每天19时30分至20时播放点歌节目，每星期六和星期日20时播放南桐新闻，星期日和星期一12时30分重播南桐新闻。

1993年4月，南桐新闻更名万盛新闻。1994起，自办电视节目增设今晚节目早知道、医院广角、市场经纬、来自重点工程的报道、请您欣赏等栏目，新闻节目改在每星期一、五20时播出，次日12时30分和20时重播。

1998年1月，自办节目全面改版，每星期一、三、五20时播出一期万盛新闻，次日12时30分和20时重播。

2005年，万盛新闻频道增设党旗飘飘、科技之窗、希望的田野、一周要闻、三讲、聚焦工业、致富之路、旅游等栏目。

2006—2011年，新开办万盛综合、万盛生活2个频道。栏目“万盛新闻联播”每周5期，星期一至星期五19时35分首播，22时30分、次日8时、12时30分重播，时长约10分钟，内容有民生直通车、区域大看台等栏目。“十分关注”每周1期，星期六19时35分首播，22时35分、星期日8时、12时30分、19时35分、22时35分、次周一8时、12时30分重播，时间约10分 钟。“纪录”每周1期，星期一20时首播，星期三、星期五、星期日20时重播。“旅游与生活”每周1期，每天播出4档，星期一18时30分首播，22时55分、星期二至星期日7时30分、12时、22时55分，次周一7时30分、12时重播，内设生活资讯、文化动态、一周商情资讯、玩转万盛等小栏目。“家在万盛”每周1期，每天播出3档，星期一22时15分首播，星期二至星期日10时30分、12时50分、22时15分、次周一10时30分、12时50分重播，内设楼市资讯、美城记、佳盘赏析、居家小参谋等房地产资讯小栏目。其间，区电视台拍摄制作《转型之路》《创卫进行时》《崛起中的万盛工业》《万盛旅游二次创业》《打造健康之城：禁烟》《海孔传奇》等专题片51部。

第三节　电影

1986年，全区有电影放映单位29家，其中放映35毫米胶片的有区电影放映公司、南桐影剧院、南桐电影院、平山机械厂、晋林机械厂、渝州齿轮厂俱乐部、南桐矿务局俱乐部、南桐煤矿、红岩煤矿、东林煤矿、鱼田堡煤矿、砚石台煤矿和南桐电厂俱乐部等13家。全区发行各种影片367部，放映电影9320场，观众407.1万人次，放映收入64.57万元。

1986年后，随着电视机、电脑普及和厂矿迁出，区电影市场逐渐低迷。

2000年，区电影放映公司被区万昌公司兼并，不再隶属文化部门管理。

2006年5月，万盛区启动农村电影惠民工程。2008年12月，石林镇文广中心成为万盛区惠民农村数字电影放映主体单位，下设石林、黑山、青年镇放映队，负责全区8镇、57村和63所学校的电影放映。

2009年9月至2010年8月，全区放映电影1526场、观众28.28万人次，其中农村放映816场、观众10.95万人次，学校放映676场、观众16.93万人次，社区放映34场、观众3950人次。

2011年，全区农村惠民电影放映1318场（农村684场，农村中小学校630场，农民工专场4场）。

第六章　文物　非物质文化遗产

第一节　文物

1987年12月，南桐矿区文物保护管理所成立，负责全区文物保护管理，挂牌在南桐矿区文化馆。1993年，更名万盛区文物保护管理所，隶属万盛区文化局，挂牌在区文化局业务科室。2001年9月，隶属万盛区文化体育局。2004年12月，隶属万盛区文化广播电视新闻出版局。

一、文物普查

1987年，全区开展文物普查，收集429个普查点原始资料，新发现文物点120处，汇点资料135份；确定上报文物点118处（古遗址1处，古建筑6处，古城址2处，古墓葬76处，石窟寺和石碑10处，崖墓15处，近现代史迹7处，其他1处）。全区重要文物点28处，其中万东、青年、南桐、金桥等乡镇的东汉至南北朝时期崖墓群，万东镇榜上村“播州界”摩崖石刻，刀子岩石碑，万盛街道禁运煤“示碑”，景星乡老龙洞石碑，东林寺白塔，青年镇飞龙塔，沙坝村财井民居，温塘村铸钱遗址，青年镇堰石村四合头墓等有较高价值。

1994年5月，万东镇新民村出土南宋高宗绍兴十六年（1146年）“宋太夫人陈氏墓志铭”，碑文中“仆吉，葬于荣懿寨之南，八面山下”的记载，可推证万盛城区在宋代是荣懿寨治所。

2001年，南桐镇王家坝村龙泉观旧址发现一批清代石刻文物，其中清道光十九年（1839年）“永结善缘”碑、道光二十三年（1843年）“福田广种”碑和光绪二年（1876年）“永垂千古”碑等6块石碑字迹清晰。

2007年9月30日至2011年5月31日，全区开展第三次全国文物普查，普查内容包括文物、非物质文化遗产和古籍。复查第二次全国文物普查登记的文物点118处，现存74处（将原16处合并为4处），消失32处；新发现文物点71处。全区共普查登记不可移动文物点139处，其中古建筑10处，古遗址6处，古墓葬97处，石窟寺及石刻11处，近现代重要史迹及代表性建筑15处。其间，应上级部门要求复查区内抗战遗址和革命遗址，上报丛林镇国民政府航空委员会第二飞机制造厂（海孔洞）、南桐镇麒麟村印子寨2处重庆市首批抗战遗址文物点数据。普查工作结束后，编制、出版《万盛区第三次全国文物普查工作报告》。

二、文物保护

1988年，“播州界”摩崖石刻被确定为重庆市第一批文物保护点，金兰崖墓群、刀子岩石碑、青年镇飞龙塔等26个文物点为南桐矿区文物保护点。区文化局、文管所设置文物点保护标志，划定保护范围，建立乡镇、街道文物保护档案，落实乡、街文物保护责任制。

2009年12月15日，国民政府航空委员会第二飞机制造厂（海孔洞）被确定重庆市第二批文物保护单位。

2011年万盛区文物保护单位一览表

表28-2

序号	文物名称	年代	地址	级别	确定年份
1	“播州界”摩崖石刻	明	万东镇榜上村	重庆市	1988
2	国民政府航空委员会第二飞机制造厂（海孔洞）	民国	丛林镇海孔村	重庆市	2009
3	垭口崖墓群	东汉—南北朝	万东镇五和村	万盛区	1988
4	二郎峡崖墓群	东汉—南北朝	万东镇建设村	万盛区	1988
5	刀子岩石碑	清	万东镇新华村	万盛区	1988
6	东林寺白塔	清	万东镇团结村	万盛区	1988
7	王家湾崖墓群	东汉—南北朝	万东镇五和村	万盛区	1988
8	飞龙塔	清	青年镇毛里村	万盛区	1988
9	四合头墓	清	青年镇燕石村	万盛区	1988
10	利吉沟崖墓群	东汉—南北朝	青年镇板辽村	万盛区	1988
11	金兰崖墓群	东汉—南北朝	南桐镇金龙村	万盛区	1988
12	峁老山石室墓	南宋	南桐镇金龙村	万盛区	1988
13	大松林古墓	明	南桐镇麒麟村	万盛区	1988
14	财井民居	清	南桐镇沙坝村	万盛区	1988
15	北冰岩崖墓群	东汉—南北朝	关坝镇坪坝村	万盛区	1988
16	刀子坎崖墓群	东汉—南北朝	关坝镇双坝村	万盛区	1988
17	杨宗枝墓	清	关坝镇光明村	万盛区	1988
18	穿洞坪崖墓群	东汉—南北朝	金桥镇金堰村	万盛区	1988
19	岩嘴岩崖墓	东汉—南北朝	金桥镇星河村	万盛区	1988
20	下榜崖墓群	东汉—南北朝	金桥镇星河村	万盛区	1988
21	梁子上石室墓	明	金桥镇星河村	万盛区	1988
22	黄家沟崖墓群	东汉—南北朝	金桥镇青山村	万盛区	1988
23	大石包崖墓	东汉—南北朝	金桥镇青山村	万盛区	1988
24	仙洞碥崖墓群	东汉—南北朝	金桥镇新木村	万盛区	1988

续表

序号	文物名称	年代	地址	级别	确定年份
25	油坊沟崖墓群	东汉—南北朝	金桥镇马头桥村	万盛区	1988
26	官在序墓	清	石林镇园场村	万盛区	1988
27	禁运煤示碑	清	万盛区文物所	万盛区	1988
28	石虎头崖墓群	东汉—南北朝	关坝镇兴文村	万盛区	1988

第二节　非物质文化遗产

2006 年 5 月 20 日，万盛区“金桥吹打”入选第一批国家非物质文化遗产名录（编号Ⅱ—52）。

2007 年 5 月 25 日，万盛区“金桥吹打”入选重庆市第一批非物质文化遗产名录（编号Ⅱ—5）。

2010 年 7 月，万盛区政府公布第一批非物质文化遗产名录，共 7 类，30 项。

2011 年，全区有国家非物质文化遗产 1 项，重庆市非物质文化遗产 7 项，万盛区非物质文化遗产 30 项。

2011 年万盛区非物质文化遗产一览表

表 28-3

序号	项目类别	项目名称	级别	批次	公布年份	编号
1	民间音乐	金桥吹打	国家级	第一批	2006	Ⅱ—52
			省级	第一批	2007	Ⅱ—5
			区级	第一批	2010	–
2	民俗	万盛苗族踩山会	省级	第一批	2007	Ⅹ—3
			区级	第一批	2010	–
3	传统舞蹈	后坝狮舞	省级	第三批	2011	Ⅲ -20
			区级	第一批	2010	–
4	传统技艺	道竹芦笙传统制作技艺	省级	第三批	2011	Ⅷ 54
			区级	第一批	2010	–
5	传统技艺	金桥唢呐传统制作技艺	省级	第三批	2011	Ⅷ -55
			区级	第一批	2010	–
6	传统技艺	祝家山苗族服饰传统制作技艺	省级	第三批	2011	Ⅷ -56
			区级	第一批	2010	–
7	民俗	黑山请水习俗	省级	第三批	2011	Ⅹ -15
			区级	第一批	2010	–
8	民间文学	更鼓“卡龙”授语	区级	第一批	2010	–
9	民间文学	田坝苗族民间传说	区级	第一批	2010	–

续表

序号	项目类别	项目名称	级别	批次	公布年份	编号
10	传统音乐	白龙湖山歌	区级	第一批	2010	–
11	传统音乐	金堰开山号子	区级	第一批	2010	–
12	传统音乐	青山撬工号子	区级	第一批	2010	–
13	传统音乐	东乡坝川剧	区级	第一批	2010	–
14	传统舞蹈	石林红苗歌舞	区级	第一批	2010	–
15	传统舞蹈	东林莲箫舞	区级	第一批	2010	–
16	传统舞蹈	天门高跷芦笙舞	区级	第一批	2010	–
17	传统舞蹈	关坝龙舞	区级	第一批	2010	–
18	传统美术	堡堂木版画	区级	第一批	2010	–
19	传统美术	官井苗族刺绣	区级	第一批	2010	–
20	传统美术	石榴坝苗族蜡染	区级	第一批	2010	–
21	传统美术	石鼓坪苗族蜡染	区级	第一批	2010	–
22	传统技艺	石桥妆颜制作	区级	第一批	2010	–
23	传统技艺	滴翠剑名茶艺	区级	第一批	2010	–
24	传统技艺	丛林棕衣制作	区级	第一批	2010	–
25	民俗	金桥婚俗	区级	第一批	2010	–
26	民俗	夜郎里阴斋	区级	第一批	2010	–
27	民俗	青羊市抬龙杆	区级	第一批	2010	–
28	民俗	角角塘苗族“若琐”节	区级	第一批	2010	–
29	民俗	水草坝苗族打母猪鬼	区级	第一批	2010	–
30	游艺、传统体育与竞技	南桐灯谜	区级	第一批	2010	–

第七章　档案　地方志

第一节　档案

1980年11月，南桐矿区档案局成立，为中共南桐矿区委下属机构。1983年12月，南桐矿区档案馆成立，与区档案局合署办公。1986年10月，区档案局（馆）被从中共南桐矿区委机构序列划转为区政府机构序列，为政府直属局。1993年4月，更名万盛区档案局（馆）。2001年9月，万盛区地方志办公室被并入区档案局，保留区地方志办公室牌子。11月，区档案局设办公室和综合业务科。

一、档案馆（室）

1983年6月，区档案馆动工修建，1984年2月竣工，库房面积330平方米，办公用房124平方米。库房楼3层，高11米，楼顶设有隔热层，库房入口设有过渡间，库房设双层小窗门，配置档案柜（箱）164个，资料柜13个，目录柜1个。1985年，购置除湿机1台、复印件1台、打字机1台、吸尘器1台、报警器1台、干湿球湿度计6支、台式电风扇6台、F8型干粉灭火器4个。1988年，购置除湿机3台。2007年9月，区档案馆改建工程立项。2010年10月，万盛区档案馆建设项目（异地新建）被列入中西部地区县级综合档案馆建设规划，纳入国家“十二五”建设项目。

1986年，全区有95个机关、团体和企事业单位建有档案室（不含南桐矿务局和其他市属及以上企业档案机构）。此后，经历多次机构改革，至2011年全区有63个单位保留档案室。

二、馆藏档案

1985年9月，区档案馆首次接收区属单位档案31个全宗、3095卷。2011年，区档案馆有全宗卷105册，案卷目录167册，专题目录6册，专题介绍目录6册，会议简介4册，资料档案目录8册；馆藏档案40608卷（件）。

1989—2011年万盛区档案馆馆藏档案情况统计表

表28-4　　单位：卷

年份	接收	移出	年末数	年份	接收	移出	年末数
1989	3058	–	13513	2001	2636	–	29551
1990	–	–	–	2002	1090	–	30641
1991	4377	–	17890	2003	953	854	30740
1992	2303	–	20193	2004	136	465	30411
1993	523	–	20716	2005	1109	–	31520
1994	–	56	20660	2006	2036	–	33556
1995	527	–	21187	2007	2136	–	35692
1996	–	–	–	2008	533	–	36225
1997	2383	–	23570	2009	5757	535	41447
1998	780	1158	23192	2010	466	1457	40456
1999	1105	967	23330	2011	152	–	40608
2000	3585	–	26915	–	–	–	–

三、档案征集与保护

1990—2011年，区档案馆征集民间族谱和古书籍52册。2001年，中共重庆市委原书记、中共青年公社堡堂大队支部原书记王茂全捐献个人收藏的四川省纪念毛主席“农业学大寨”发表十周年展览照片30张和叶剑英、李井泉等领导人接见王茂全的照片各1张。2003年，征集西南服务团离休干部郑英材诗稿27集和中共万盛区委宣传部编写的《历史的足迹》。2005年，征集区民宗侨办编撰的《万盛区苗族志》。

1985年，区档案馆打印和复制各类档案2534页、约80万字，更换全宗档案卷盒500个。1988年，整理、复制区委、区政府开放档案1801页。1999年，更换科技档案卷盒189个，更换文书档案卷盒

380个，复制档案1099页。2001年，复印区组织部、计委20世纪50年代档案76页。2002年5月10日，确定陈永贵视察南桐矿区青年公社堡堂大队及王茂全参加各级政治活动档案，社会慈善家刘子如档案，国民政府创建南桐煤矿档案和刘泗英创建东林煤矿档案等重点抢救项目4个；1959年4月10日南桐矿务局东林煤矿瓦斯爆炸特大事故（死亡82人）档案和陈永贵视察堡堂大队农业学大寨情况和王茂全任职期间主要事迹材料等档案文献遗产2个。

四、档案利用

1986—2005年，区档案馆接待查阅档案人员23500人次，查阅64360卷次。其中1987年，接待查阅档案单位154个、个人1275人，查阅档案7109卷次（编修区志查阅4987卷次，编撰区党史查阅1013卷次，职务、职称评定77卷次）。1988年4月1日起，开始收取查阅档案费用。

1990年1月4日，区档案馆将自形成之日起已满30年和虽然不满30年，但实用性大、利用率高、不属于保密和控制使用范围的档案分批向社会开放。首批开放档案包含文书、婚姻、房屋普查、房屋土地、农业税等种类各类档案884卷，涉及全宗8个、部门（单位）14个。是年，接待查阅档案单位76个，查阅档案1215卷；个人512人，查阅档案7398卷次（107人次查阅开放档案938卷）。其中编修志书查阅档案5871卷次，学术研究1266卷次，工作考察1266卷次，解决纠纷21卷次，落实政策19卷次。

1999年，区档案馆向社会开放1969年以前文书、人口普查、新闻和婚姻等种类档案5973卷。

2006—2011年，区档案馆接待查阅档案7771人次，查阅利用档案25334卷，涉及人事、工资、信访、住房买卖、低保、婚姻证明、养老保险、土地纠纷、干部聘任、调动、退休、待遇、上山下乡、参加工作时间和编史修志等。

1991—2011年万盛区档案馆馆藏档案利用情况统计表

表28-5

年份	查阅（人次）	利用目的							资料（册）	复制档案资料（页）
		合计（卷）	编史修志（卷）	工作查考（卷）	学术研究（卷）	经济建设（卷）	宣传教育（卷）	其他（卷）		
1991	256	2367	2100	190	0	70	–	–	5	451
1992	298	502	323	0	145		–	–	2	192
1993	–	–	–	–	–	–	–	–	–	–
1994	276	665	59	474	0	132	–	–	–	166
1995	126	597	0	512	0	85	–	–	3	287
1996	230	530	188	293	0	39	–	–	–	300
1997	120	403	84	172	0	147	–	–	–	60
1998	146	315	35	191	0	2	–	–	8	20
1999	148	287	13	78	0	0	0	196	0	1099
2000	181	1294	811	395	0	18	0	70	0	580
2001	421	2731	2317	206	0	0	0	208	0	–
2002	1282	1166	94	366	0	0	0	706	2	698
2003	532	895	100	75	0	276	0	444	0	1526
2004	–	2318	1114	958	0	246	0	0	0	–

续表

年份	查阅（人次）	利用目的							资料（册）	复制档案资料（页）
		合计（卷）	编史修志（卷）	工作查考（卷）	学术研究（卷）	经济建设（卷）	宣传教育（卷）	其他（卷）		
2005	–	2895	2200	55	0	120	100	420	3	330
2006	1033	3464	2800	70	0	150	120	324	0	–
2007	1215	2195	1280	0	0	50	25	840	20	1450
2008	1278	3975	600	450	0	350	106	2469	0	10780
2009	1200	2350	800	400	0	300	150	700	20	4400
2010	1500	2500	300	500	0	400	100	1200	20	3600
2011	1545	5850	450	1500	100	2000	200	1600	20	2500

第二节　地方志

1986年4月，南桐矿区地方志编纂委员会成立，下设办公室作为常设机构，为区政府直属事业机构。1993年4月，南桐矿区地方志编纂委员会更名万盛区地方志编纂委员会。5月，万盛区地方志编纂委员会办公室更名万盛区地方志办公室。2001年9月，万盛区地方志办公室被并入区档案局，保留区地方志办公室牌子。

一、地方综合志书

（一）《重庆市南桐矿区志》

1986年4月，南桐矿区开始编纂地方综合志书。9月15日，区地志办拟定《重庆市南桐矿区地方志编纂试行方案》。25日，区政府召开全区修志工作会议，布置修志任务。12月，区地志办举办首次修志人员培训班；组织22人，分6次参加重庆市志总编室举办的修志培训班。

1987年，各修志单位和部门查阅档案54996卷，编写资料卡（片）46238张，搜集资料约2780万字。

1991年1月，组建区志编撰工作组，聘请特约编辑人员7人。8月，聘请审稿人员4人。

1994年10月，组建区志审稿组，聘请审稿人员6人。

1996年6月，区志初稿报送重庆市地方志办公室审查。10月，重庆市地方志办公室制发审稿意见。1997年1月，区志开始总纂。

1998年8月31日，重庆市政府批准志书出版发行。2002年8月，区志由重庆出版社公开出版发行，印数5000册；全书分概述、大事记、正文3部分，正文设23篇、92章，166.8万字。

（二）《重庆市万盛区志（1986—2005）》

2002年11月15日，万盛区启动第二轮地方综合志书编修，计划至2010年完成《重庆市万盛区志（1986—2005）》编纂及出版。

2003年5月13日，《重庆市万盛区志（1986—2005）》编纂委员会组建，召开第一次编纂委员会会议，落实各单位、部门资料长编编辑机构和编撰人员，初步审定区志提纲，设概述、大事记、正文3部分，正文设28篇、172章。

2004年3月，区地志办审定、修改部门资料长编纲目60个，大事记资料启动收集。是年，全区

86个参与单位，有79个编撰资料长编，7个编写资料。2011年，部分篇章初稿框架完成。受行政区划调整，《重庆市万盛区志（1986—2005）》编修工作搁浅。

二、乡镇街道志

1999—2006年，先后启动《万盛区关坝镇志》《万盛区万东镇志》《万盛区万盛街道志》《万盛区南桐镇志》《万盛区丛林镇志》《万盛区金桥镇志》《万盛区石林镇志》《万盛区景星乡志》（后更名《万盛区黑山镇志》）和《万盛区青年镇志》编纂工作。至2011年，9部镇街志书初稿编纂基本完成。受行政区划调整，编修后续工作搁浅。

三、专门志

《万盛区苗族志》 2000年8月，区民族宗教侨务办公室与区地方志办公室启动《万盛区苗族志》编纂工作，2005年9月出版发行（内部）。全书设10章、27节，约18万字，下限为2000年。

《万盛区军事志（1911—2005）》 2004年5月，万盛区人民武装部组建《重庆市万盛区军事志》编纂领导小组，启动编纂工作，2006年出版发行（内部）。全书设8篇、28章，约40万字。

四、企业志

《南桐矿务局志》 1992年，南桐矿务局开始首部企业志书编纂。1994年10月，公开出版发行（成都科技大学出版社），印数2000册；全书设13篇、55章，约83.8万字，上限1938年（大事记除外），下限1990年。

《国营第一五七厂厂史》 1986年4月启动编纂工作，1995年2月出版发行（内部）。全书4篇、20章、63节，约18万字，记述国营第一五七厂（亦称国营晋林机械厂）25年（1964—1988年）历史。

《国营第二五七厂厂史》 1988年6月出版发行（内部），全书4编、29章、123节，记述国营第二五七厂（亦称国营平山机械厂）22年（1964—1985年）历史。

《国营第五〇四七厂厂史》 1985年5月启动编纂工作，1989年5月出版发行（内部）。全书8章、54节，28万字，记述国营第一五七厂（亦称国营渝州齿轮厂）20年（1966—1985年）历史。

《重庆南桐矿业有限责任公司总医院志》 2008年4月，南桐矿业公司总医院启动首部院志编纂工作，2011年11月出版发行（内部）。全书设16章、76节，约76万字，上限1959年（大事记除外），下限2008年，是南桐矿业公司第一部二级单位志书。

五、地方综合年鉴

2008年，万盛区地方志办公室将编修《万盛年鉴》纳入年度例行工作。至2011年，出版《万盛年鉴（2009）》和《万盛年鉴（2010）》2卷。其中《万盛年鉴（2009）》是2006—2008年的合编本，全书分特载、万盛概况、政治与法制、经济、社会事业、街道乡镇工业园区、人物·光荣榜、大事记、文献、统计资料和附录等10个部分，80余万字，2009年10月出版；《万盛年鉴（2010）》全书分特载、万盛概况、政治与法制、经济、社会事业、街道乡镇工业园区、人物·光荣榜、大事记、文献、统计资料和附录等10个部分，55余万字，2011年12月出版。

第二十九篇 体育

第一章 体育机构

第一节 行政管理机构

万盛区体育局是全区体育工作的行政主管机构，前身是南桐矿区体育运动委员会。2001 年 8 月，撤销区体育运动委员会、区文化局，组建区文化体育局，挂区新闻出版局牌子。2005 年 3 月，撤销区文化体育局、区广播电视事业管理局，组建区文化广播电视新闻出版局，挂区体育局牌子；区体育局设行政办公室 1 个科室。2007 年 4 月，区体育局从区文化广播电视新闻出版局分出，改为区政府直属事业单位，增设体育事业发展科。2009 年 12 月，区体育局从区政府直属事业单位改为区政府工作部门，设办公室、群众体育科、竞技体育科 3 个科室。

第二节 事业单位

一、万盛区青少年体育运动学校

成立于 1976 年，原名南桐矿区少年儿童业余体校。2001 年 11 月，更名万盛区青少年体育运动学校。2003 年 12 月，区体育馆和重庆市羽毛球万盛训练基地被并入区青少年体育运动学校，保留重庆市羽毛球万盛训练基地牌子。2007 年 4 月，区青少年体育运动学校被并入区羽毛球训练中心，保留区青少年体育运动学校和重庆市羽毛球万盛训练基地牌子。

二、万盛区体育馆

1997 年 4 月，万盛区体育馆成立，为全民事业单位，先后隶属区体育运动委员会、区文化体育局。2003 年 12 月，区体育馆被并入区青少年体育运动学校。

三、重庆市羽毛球万盛训练基地

2001 年 7 月，重庆市羽毛球万盛训练基地成立，隶属区文化体育局。2003 年 12 月，重庆市羽毛球万盛训练基地被并入区青少年体育运动学校，保留牌子。

四、万盛区羽毛球训练中心

2007年4月，区体育局独立设置后，整合区内体育资源，组建区羽毛球训练中心，与区体育局合署办公，并将区青少年体育运动学校并入，挂区青少年体育运动学校和重庆市羽毛球万盛训练基地牌子。

五、万盛区体育场馆管理中心

2009年，区体育场馆管理中心成立，隶属区体育局。

第三节　体育团体

一、万盛区体育总会

2002年5月，区民政局批准成立万盛区体育总会。2002年6月10日，万盛区体育总会在万盛宾馆召开成立大会。区体育总会为体育法人社团，至2011年有信鸽、棋牌、武术气功、门球、羽毛球、体育舞蹈、自行车、乒乓球分会和户外运动9个分会。

二、万盛区信鸽协会

成立于1980年，是区内各行业系统、机关街道、农村乡镇信鸽爱好者自愿结成的专业性、地方非营利性体育社团组织。2002年有会员100余人。2002年6月，区信鸽协会加入区体育总会，12月以区体育总会信鸽分会之名重新登记。

三、万盛区武术气功协会

前身是区武术协会，成立于1994年。1995年，区武术协会与区气功科学研究会合并，更名区武术气功协会，下设万盛、东林、南桐、红岩4个武术气功辅导站；同时成立区武术馆，作为武术培训中心。2002年6月，区武术气功协会加入区体育总会，12月以区体育总会武术气功分会之名重新登记。

四、万盛区门球协会

成立于1995年。2002年有会员500余人，球队30余支。2002年6月，区门球协会加入区体育总会，12月以区体育总会门球分会之名重新登记。

五、万盛区棋牌协会

成立于1985年，2002年有会员约200人。2002年6月加入区体育总会，增加中国象棋、围棋两个项目，12月以区体育总会棋牌分会之名重新登记。

六、南桐矿业公司体育协会

前身是南桐矿务局体育协会，成立于1990年2月，下设象棋协会、围棋协会、桥牌协会、信鸽协会和钓鱼协会等5个分会。2003年11月，更名南桐矿业公司体育协会。2006年2月，重新组建南桐矿业公司体育协会，下设棋牌协会、乒乓球协会、羽毛球协会和篮球协会等4个分会。

第二章　体育设施

第一节　运动场馆

一、万盛区文化体育中心

万盛区文化体育中心是万盛区规模最大的综合性体育场馆，位于孝子河西岸滨江西路中段。2008年10月，区文化体育中心开工建设，2010年9月竣工。区文化体育中心占地面积7.3万平方米，建筑面积约3万平方米，主要包括羽毛球比赛训练馆1个（建筑面积5037平方米、可容纳20片标准羽毛球场地），运动员大楼1幢（建筑面积9440平方米，设有多功能厅、会议厅、餐厅等公用设施，客房64间），运动场1个（面积1.81万平方米，有400米塑胶跑道，草坪标准足球场1个），可以同时接待300人集训、比赛。

二、万盛滨江路体育馆

原名万盛体育馆，是万盛区首座综合性体育场馆，位于孝子河东岸滨江路北段。1993年9月，区体育馆开工建设，1995年10月建成投入使用。“万盛体育馆”匾额为时任国家体委主任伍绍祖题写。2010年9月，更名万盛滨江路体育馆。

滨江路体育馆占地1.1万平方米，建筑面积4000平方米，比赛场地864平方米，设观众席2000个，可供篮球、羽毛球、乒乓球等项目比赛和训练使用。场馆附属设施有棋牌室、乒乓球运动场、体育舞蹈训练室、健身房、运动员集体宿舍和室外门球场等。

三、万盛公园健身广场

2010年1月3日，万盛公园健身广场开工建设，2010年5月26日竣工，2010年5月27日对外开放使用。广场面积5300平方米，分灯光网球场、乒乓球场、篮球场、羽毛球场和健身路径5个区域，有灯光网球场1个，乒乓球台13张，标准塑胶篮球场1个，标准塑胶羽毛球场2片，各类健身器材37件。

四、学校运动场地

2011年，全区有中小学41所，共有运动场地41块，其中400米环形运动场1个（万盛职业教育中心）、300米环形运动场2个（重庆市第四十九中学校、重庆市进盛实验中学校）、200米环形运动场13个、100米～150米环形运动场25个。

五、其他运动场地

区灯光球场　原为南桐矿区文化馆篮球场，“文化大革命”初期更名东风球场。1973年，改建为有固定看台的灯光球场，并更名南桐矿区灯光球场，场地面积1410平方米，四周有固定看台，能容纳观众2500人，是区内主要篮球赛场。1992年被拆除。

南桐矿业公司矿工俱乐部灯光球场　原名南桐矿务局职工俱乐部灯光球场，建于1970年，场地面积680平方米，四周围有铁栏杆，是南桐矿业公司职工体育活动和球类比赛主要场地。2003年，在球场上加盖雨棚，并更名南桐矿业公司矿工俱乐部灯光球场。

樱花温泉游泳池　建于1988年，有成人游泳池1个（25米×8米），儿童游泳池1个（25米×8米）。

南桐矿务局游泳池　建于1988年，有泳道泳池1个（20米×50米，9道）。1994年停用。

净水乐园游泳池　建于1996年，为万盛自来水公司所有。

此外，1986年年初，区内有南桐煤矿灯光球场、红岩煤矿子弟学校体操训练房、重庆无线电专用设备厂灯光球场、平山机械厂灯光球场、晋林机械厂灯光球场、东林煤矿灯光球场和渝州齿轮厂灯光球场等一批厂矿体育场地。2000年后，随着各工矿、军工企业的搬迁或破产，这些运动场地多数被废弃或拆除。

第二节　健身器材

1999年10月，万盛区第一套健身路径器材在万盛滨江路体育馆投入使用。后将此套健身路径器材资助给重庆市第一〇四中学。

2006年，万东镇建设村、红枫社区、莲池苑社区、建设社区和南桐镇南桐村、麒麟村、金龙村、温塘村、王家坝村等10个村（社区）建设村级农民体育设施10套；万盛街道新田社区、老君坝小区和万东镇团结村后坝社和东林街道腰子口社区安装健身路径12套。

2007年，青年镇堡堂村、湛家村、更鼓村、板辽村、燕石村、毛里村、青年街社区和黑山镇南门村、北门村、天星村、鱼子村等11个村各安装篮球架1副和乒乓球台2张；万盛街道和南桐镇的4个社区安装健身路径各1套。

2008年，关坝镇双坝、林地、兴文、坪坝村和丛林镇红岩、新建、海孔、绿水等村安装村级农民健身路径11套。

2010年，丛林镇、万东镇安装农民健身广场配套健身器材各1套。

2011年，万东镇新田村和红枫社区安装广场健身路径器材各1套。

第三章　学校体育

第一节　体育教学与达标

一、体育教学

1986—2011年，区内中小学均按教育部颁布的中小学教学计划开设体育课，每个班级每周2节~3节，各校均配齐专职体育教师。体育教学活动按教育部制订的中小学体育教学大纲教材实施，实施每天“两操”（课间广播体操、眼保健操）制度。体育教学内容包括田径、体操、球类以及体育健康知识。全区41所中小学共配置体育教师165人，专职体育教研员1人。其中中学体育教师96人、小学体育教师69人；专职体育教师149人、兼职体育教师16人。

1998年，万盛区开始实施初中毕业生升学体育考试，考试项目为50米跑、立定跳远、推铅球(3千克）

和 1 分钟跳绳（4 项中自选 3 项）。体育考试成绩计入普通、职业高级中学录取总分，计入中等师范、中等专业技术学校预选划线，计入中等师范学校录取总分。2005 年起，体育考试项目调整为 50 米跑、1 分钟仰卧起坐、1 分钟跳绳 3 项，但考试成绩不计入学生升学考试总分，作为毕业成绩。

二、锻炼达标

1975 年，国务院颁布实施《国家体育锻炼标准》。此后分别在 1979 年、1982 年和 2003 年三次修订《国家体育锻炼标准》。区内各学校把锻炼标准与体育教学、业余锻炼、课外活动相结合，增强学生体质，促进德智体全面发展。

1985—2005 年万盛区中小学生体育锻炼达标情况一览表

表 29-1

年份	达标人数（人）	达标率（%）	优秀率（%）	良好率（%）
1985	10130	84.3	–	–
1986	10050	–	–	–
1987	13854	87.9	–	–
1990	16033	84.6	–	–
1993	19593	88.2	6	31.6
1996	32200	96.2	–	–
1999	–	98.3	–	–
2005	–	98.9	9	33.4

第二节　传统项目学校

1990 年，区体育委员会、区教育委员会根据区内各中小学竞技项目活动及成绩情况，在全区中小学开展建设体育传统项目学校、传统项目运动队评定活动。是年，全区有重庆市体育传统项目学校 4 所（新华小学、万盛小学、南桐矿务局中心小学校、重庆市第四十九中学校），有重庆市体育传统项目运动队 2 个（南桐矿务局中心小学校羽毛球队、重庆市第四十九中学校田径队）。

1993 年，南桐矿务局中心小学校被命名为重庆市体育传统项目学校；新华小学羽毛球队、万盛小学乒乓球队被命名为重庆市体育传统项目运动队；重庆市第一〇四中学、重庆市第一一五中学、南桐矿务局第一中学和红岩煤矿子弟学校被命名为万盛区体育传统项目学校；南桐矿务局第一中学田径队和篮球队、红岩煤矿子弟学校体操队和举重队被命名为万盛区体育传统项目运动队。

1998 年，南桐镇中心小学校被命名为重庆市体育传统项目学校。

2011 年，全区有重庆市第四十九中学校、重庆市第一〇四中学、重庆市第一〇五中学、南桐实验学校、进盛中学、万盛区实验学校、新华小学、和平小学、中盛小学、红岩学校和南桐中心学校等 11 所传统体育项目学校，涉及田径、羽毛球、乒乓球、足球、射击、举重、篮球、门球、航模、毽球和体操等项目 11 个。

2011 年万盛区传统体育项目学校一览表

表 29-2

校名	项目	级别	校名	项目	级别
新华小学	羽毛球	市级	重庆市第一〇四中学	毽球	区级
万盛区实验学校	乒乓球	市级	南桐实验学校	航模	区级
	田径	区级	重庆市进盛实验中学校	田径	区级
	足球	区级		篮球	区级
重庆市第四十九中学校	田径	市级		羽毛球	区级
	篮球	区级	红岩学校	体操	区级
	足球	区级		举重	区级
和平小学	羽毛球	市级	中盛小学	羽毛球	区级
	射击	市级	重庆市第一〇五中学	田径	区级
南桐镇中心学校	门球	市级			

2011 年万盛区传统体育学校运动队一览表

表 29-3

校名	运动队名	级别	校名	运动队名	级别
和平小学	羽毛球队	市级	新华小学	羽毛球队	市级
重庆市第四十九中学校	田径队	市级	南桐镇中心学校	门球队	市级

第三节　万盛区中小学田径运动会

万盛区中小学田径运动会是区体育局和区教育委员会联合举办的全区性学生体育竞赛活动。首届始于1982年，每年一届，中学生田径运动会和小学生田径运动会分别举行。至2011年，共计举办30届。

2011 年万盛区小学生田径运动会纪录一览表

表 29-4

竞赛项目	男子组				女子组			
	时间	单位	创纪录者	成绩	时间	单位	创纪录者	成绩
60 米跑	2007 年 4 月	和平小学	陈胜	8 秒 02	2004 年 4 月	万盛区实验学校	蔚蓝	8 秒 44
100 米跑	2007 年 4 月	和平小学	陈胜	13 秒 18	2000 年 4 月	万东学区	封娟	13 秒 70
200 米跑	2009 年 3 月	中盛小学	王永阳	27 秒 04	2000 年 4 月	万东学区	封娟	29 秒 20
400 米跑	2002 年 4 月	万东学区	刘刚	1 分 2 秒 50	2001 年 4 月	万东学区	杨小玲	1 分 9 秒 80

续表

竞赛项目	男子组				女子组			
	时间	单位	创纪录者	成绩	时间	单位	创纪录者	成绩
800 米跑	2004 年 4 月	八〇一小学	范世杰	2 分 29 秒 66	1990 年 4 月	南桐矿务局小学	陈小丽	2 分 40 秒 00
1000 米跑	2008 年 3 月	南桐学区	黎福星	3 分 12 秒	2008 年 3 月	中盛小学	张仁利	3 分 6 秒
4×100 米接力跑	1998 年 4 月	万盛小学	接力队	53 秒 06	2004 年 4 月	万盛区实验学校	接力队	57 秒 38
4×200 米接力跑	2007 年 4 月	万盛区实验学校	接力队	1 分 52 秒 22	2004 年 4 月	万盛区实验学校	接力队	2 分 2 秒 09
跳高	2004 年 4 月	万盛区实验学校	李斌	1.38 米	1987 年 10 月	红岩小学	李鲤	1.24 米
跳远	2003 年 4 月	青年学区	黄川	4.71 米	2004 年 4 月	关坝学区	张静	4.37 米
垒球［25.4 厘米（10 英寸）］	1996 年 4 月	南桐矿务局小学	刘浩	59.52 米	2002 年 4 月	青年学区	李中芬	48.33 米
三项全能	2007 年 4 月	青年学区	罗林林	1222 分	2009 年 3 月	新华小学	陈洁	1590 分
铅球（3 千克）	2003 年 4 月	红岩小学	黎家春	11.18 米	2000 年 4 月	万盛小学	何倩	8.66 米

2011 年万盛区中学生（初中组）田径运动会纪录一览表

表 29–5

竞赛项目	男子组				女子组			
	时间	单位	创纪录者	成绩	时间	单位	创纪录者	成绩
100 米跑	2003 年 4 月	南大门中学	李琦	11 秒 68	2003 年 4 月	重庆市第四十九中学校	况冶	13 秒 14
200 米跑	1990 年 4 月	红岩学校	谢勇	24 秒 90	2003 年 4 月	重庆市第四十九中学校	况冶	28 秒 25
400 米跑	2006 年 3 月	东林中学	李尚静	54 秒 23	2003 年 4 月	重庆市第一〇五中学	张于	1分07秒17
800 米跑	2003 年 4 月	重庆市第一〇五中学	文智	2 分 15 秒 34	2001 年 4 月	重庆市第一〇五中学	犹小敏	2分37秒50
1500 米跑	1985 年 5 月	南桐矿务局第一中学校	张兵兵	4 分 37 秒 30	2000 年 4 月	重庆市第一〇五中学	犹小敏	5分22秒90
3000 米跑	1991 年 4 月	重庆市第一〇六中学	董德才	9 分 52 秒 70	–	–	–	–
100 米跨栏跑	1990 年 4 月	重庆市第四十九中学校	卿志刚	14 秒 00	2000 年 4 月	景星中学	杨敏	18 秒 00
110 米跨栏跑	2006 年 3 月	东林中学	邓刘毅	16 秒 81	–	–	–	–

续表

竞赛项目	男子组				女子组			
	时间	单位	创纪录者	成绩	时间	单位	创纪录者	成绩
4×100 米接力跑	2003 年 4 月	南大门中学	接力队	49 秒 66	2003 年 4 月	重庆市第四十九中学校	接力队	55 秒 76
4×400 米接力跑	2004 年 4 月	重庆市第一〇五中学	接力队	3 分 54 秒 04	2002 年 4 月	重庆市第四十九中学校	接力队	4分44秒60
跳高	1991 年 4 月	平山机械制造厂子弟学校	郭衍辉	1.72 米	2000 年 4 月	重庆市第四十九中学校	吴敏	1.37 米
跳远	1991 年 4 月	南桐矿务局第一中学校	李云	5.77 米	1994 年 4 月	重庆市第四十九中学校	赵丹	4.89 米
三级跳远	2002 年 4 月	重庆市第一一五中学	霍松	12.62 米	2001 年 4 月	重庆市第四十九中学校	梁大游	10 秒 24
铅球	1990 年 4 月	重庆市第四十九中学校	宋国伟	13.42 米	1994 年 4 月	重庆市第四十九中学校	赵丹	9.60 米
铁饼	1990 年 4 月	重庆市第四十九中学校	宋国伟	42.72 米	1996 年 4 月	重庆市第四十九中学校	娄小林	21.18 米
标枪	1994 年 4 月	南天中学	罗颖	44.24 米	1992 年 4 月	南桐矿务局第一中学校	付玲玲	26.34 米
三、五项全能	2006 年 4 月	关坝中学	周侃然	1347 分	2000 年 4 月	重庆市第四十九中学校	吴敏	1748 分

说明：铅球项目，男子组为 5 千克，女子组为 3 千克。三、五项全能项目，男子为五项、女子为三项

2003 年万盛区中学生（高中组）田径运动会纪录一览表

表 29-6

竞赛项目	男子组				女子组			
	时间	单位	创纪录者	成绩	时间	单位	创纪录者	成绩
100 米跑	1986 年 4 月	重庆市第四十九中学校	陈洪强	11 秒 70	1980 年 4 月	重庆市第一〇五中学	尤雷明	13 秒 40
200 米跑	1988 年 4 月	重庆市第四十九中学校	王波	24 秒 70	1981 年 4 月	重庆市第一〇五中学	尤雷明	28 秒 60
400 米跑	2003 年 4 月	重庆市第四十九中学校	王欢	55 秒 18	1990 年 4 月	重庆市第四十九中学校	何露娜	1 分 04 秒 90
800 米跑	1986 年 4 月	南桐中学	王良平	2 分 10 秒 60	1989 年 10 月	重庆市第四十九中学校	杨小放	2 分 35 秒 70
1500 米跑	1990 年 4 月	重庆市第一〇五中学	陈沛华	4 分 40 秒 40	1989 年 4 月	重庆市第四十九中学校	杨小放	5 分 41 秒 30

续表

竞赛项目	男子组				女子组			
	时间	单位	创纪录者	成绩	时间	单位	创纪录者	成绩
3000米跑	–	–	–	–	1980年4月	重庆市第一〇五中学	唐德桂	12分37秒00
5000米跑	1992年4月	南桐职业中学	尤勇	17分0秒90	–	–	–	–
110/100米跨栏跑	2002年4月	重庆市第四十九中学校	代浩	16秒20	1991年4月	南桐矿务局第一中学	李　涛	17秒90
4×100米接力跑	2001年4月	重庆市第四十九中学校	接力队	47秒80	1990年4月	重庆市第四十九中学校	接力队	56秒20
4×400米接力跑	2002年4月	重庆市第四十九中学校	接力队	3分55秒20	2003年4月	重庆市第四十九中学校	接力队	4分48秒94
跳高	1991年4月	重庆市第四十九中学校	赵毅	1.73米	1986年10月	重庆市第四十九中学校	周明利	1.36米
跳远	1985年4月	重庆市第四十九中学校	陈亚东	6.32米	2000年4月	重庆市第四十九中学校	张丽娜	4.72米
三级跳远	1992年4月	南桐矿务局第三高级中学	姚德伟	13.11米	2001年4月	重庆市第四十九中学校	张丽娜	10.28米
铅球	1997年4月	重庆市第四十九中学校	罗颖	10.97米	1987年4月	南桐矿务局第二中学	罗娅凌	8.87米
铁饼	1991年4月	南桐矿务局第一中学	欧强	30.76米	1991年4月	重庆市第四十九中学校	徐琅	22.36米
标枪	1997年4月	重庆市第四十九中学校	罗颖	42.44米	1991年4月	南桐矿务局第一中学	李涛	25.62米
三、五项全能	1996年4月	重庆市第四十九中学校	罗颖	2015分	1997年4月	重庆市第四十九中学校	吴珊	1369分

说明：铅球项目，男子组为5千克，女子组为4千克；跨栏跑项目，男子组为110米，女子组为100米；三、五项全能项目，男子为五项、女子为三项

第四章　群众体育

第一节　职工体育

职工体育活动在万盛区开展较为普遍。区内厂矿、企事业和机关单位都根据自身条件和职工爱好，

开展篮球、乒乓球、羽毛球、棋牌、拔河和健身长跑等体育活动，其中篮球运动最为普及。1980—1992年是区内职工体育活动最活跃的时期，涌现出区工业交通系统、南桐矿务局、渝州齿轮厂、南桐煤矿、区教育系统、平山机械厂等实力较强的职工男女篮球队、乒乓球队和羽毛球队。1992年，全区性职工体育比赛使用场地南桐矿区灯光球场被列为危险建筑停止使用，致使1993—1997年全区性职工体育比赛活动暂时中断。1998年起，区体育运动委员会恢复区内职工周末篮球、羽毛球、乒乓球、门球等项目的友谊赛、邀请赛、选拔赛。

2005年起，开始举办全区性羽毛球赛事——区羽毛球公开赛。2006年起，开始举办全区性残疾人运动会。2008年起，开始在“三节”(元旦、春节、元宵节)期间举办历时约1个月的系列文化体育活动，开展羽毛球、乒乓球、田径和篮球等项目比赛。2007年起，开始举办区五人制足球赛。

一、篮球

全区性职工体育竞赛活动以篮球比赛为主，20世纪80年代起每年区内至少举办一次全区性篮球比赛活动。区属工业、交通、商业、教育、卫生、机关等系统和区内市属厂矿每一至两年也举办一次系统职工篮球比赛，并选出代表队参加全区职工篮球运动会。每届区职工篮球运动会参赛单位（队）至少8支以上，参赛人数100人左右。

二、羽毛球

羽毛球运动是区内较为普及的职工体育运动，南桐矿务局最为出色。1986—1996年，南桐矿务局羽毛球队连续11年获重庆市“山城杯”羽毛球赛冠军。1989年11月，该队代表重庆市参加在法国图卢兹举办的国际羽毛球邀请赛，刘庆东、周渝获混双第二名，江玉忠、罗旭光获混双第三名，江玉忠获男单第四名，江玉忠与刘庆东获男双第三名。1989年和1993年，该队两次代表煤炭部参加全国运动会。2005年9月，万盛区第一届羽毛球公开赛举行，作为全区性的体育赛事以后逐年按届举办。区内教育和计划生育等系统举办系统性的职工羽毛球赛事。

三、健身长跑

1999年起，万盛区每年年末举办全民健身长跑活动。1999年12月30日，区委宣传部、区体育运动委员会组织以跨进2000年为主题的万盛区第一届全民健身长跑运动，15个方阵、1000余人参加。此后每年12月30日，都如期举办。这项运动成为万盛区各界群众辞旧迎新的一项重要体育活动。

四、其他体育运动

1986—2011年，万盛区举办过多次区级广播体操比赛、体育舞蹈比赛、武术太极拳比赛和趣味体育比赛。这些群众性体育活动的开展，丰富了群众文化体育生活，提高了全民身体素质。

第二节　农民体育

万盛区农民体育活动主要有篮球、乒乓球、棋牌、拔河和赛跑等项目。全区8个乡镇多数建有篮球队或中国象棋队，相互间不定期开展比赛。

1986年，各乡镇相继成立农民体育协会，因地制宜开展单项或综合性体育运动会。1998年后，全区开展创建“亿万农民健身活动”先进乡镇活动。2006年起，开始举办全区性以镇为单位参加的登山、田径、篮球、羽毛球、乒乓球、拔河、定向体验和棋牌及趣味体育活动等比赛，至2011年一直逐年举办。2007年，各镇、村成立武术、体育舞蹈和腰鼓等健身队伍，农民体育活动内容和组织形式更加完善。

1985年，万盛乡第一届农民运动会举行，至2011年一直逐年按届举办。运动会有篮球、乒乓球、武术和挑粮食赛跑等项目。关坝、南桐、黑山和金桥等镇也举办过全镇性的全民健身运动会或篮球、乒乓球、羽毛球、棋牌等单项体育比赛活动。2000 年、2002 年、2004 年，青年镇、万东镇被评为重庆市农民体育运动先进乡镇。2006 年，万东镇和青年镇获全国亿万农民体育健身先进乡镇称号，金桥镇获重庆市亿万农民体育健身先进乡镇称号。

1991 年 6 月，在重庆市第二届农民运动会上，区农民象棋队获象棋比赛团体冠军和个人第三名、第五名、第八名；女子篮球队获第六名。

1999 年 11 月，在重庆市第一届农民运动会上，区农民毽球运动员雷友强获毽球男子项目第一名。

2003 年 10 月，在璧山县赛区举办的重庆市第三届农民运动会篮球比赛和自行车负重比赛中，万盛区代表团获女子篮球赛第八名、女子自行车负重团体赛第七名。在涪陵赛区总决赛中，获男子自行车负重项目银牌 1 枚。

2007 年 10 月，在黔江区举办的重庆市第三届农民运动会上，万盛区代表队参加民兵军事三项、田径、武术、自行车载重、乒乓球和中国象棋等 6 个大项比赛，获团体三等奖和体育道德风尚奖。军事三项比赛获金牌 3 枚、田径赛获金牌 1 枚、乒乓球赛获银牌 2 枚、中国象棋赛获铜牌 4 枚，代表团奖牌总数排列全市第 5 位。

2011 年 10 月，在永川区举办的重庆市第四届农民运动会上，万盛区代表队 64 名运动员参加田径、乒乓球和武术等 9 个大项比赛。代表团团体总分排列全市第 16 名，奖牌总数排列全市第 11 名，获金牌 4 枚、银牌 1 枚、铜牌 2 枚。

第三节　老年体育

万盛区老年体育活动始于 20 世纪 80 年代初期。1983 年 2 月，重庆市老年体育协会南桐分会成立。1986 年后，随着离退休人员的增加，老年体育运动逐年发展起来。万盛街道、东林街道、南桐煤矿、红岩煤矿等建有老年健身活动辅导站。老年体育活动以运动量较小又能娱乐身心的登山、跑步、门球、钓鱼、棋牌、太极、拳剑和健身舞项目为主。区老年体协分会常利用元旦、春节、重阳等节假日或周末开展各类老年体育活动，每年至少 20 余次。

1989 年，在重庆市老年健身比赛中，区老年体协分会组建的代表队获优胜奖。退休老干部邴国礼、陈金元分别获老年人长跑 2000 米冠军、老年组 3000 米第四名；老年健身操（舞）、气功、拳术分别获团体第二名。1999 年，在重庆市第一届老年人运动会中，万盛区代表队参加钓鱼、武术、门球 3 个项目，获团体总分第六名，太极拳单项比赛获第五名。2008 年 7 月，区武术分会组队参加焦作国际太极拳交流大赛，黎永先、罗开学分别获子太极拳比赛项目铜牌，短器械比赛铜牌。2009 年 10 月，区武术分会组队参加重庆市老年协会举办的武术太极拳比赛，获 8 个一等奖、4 个二等奖。是年，万东镇组队参加市乡镇老年门球赛获团体冠军。

2011 年年末，全区有老年健身队 56 个，其中武术 6 个，自行车 2 个、门球 35 个，乒乓球 3 个、羽毛球 4 个、健身操舞 6 个。老年健身队在城区相对固定的 11 个健身辅导站开展体育活动。

第五章　竞技体育

竞技体育项目大致可分为奥运会所设的竞技体育项目和非奥运会的群众性竞技体育项目两大类。万盛区开展的奥运会类竞技体育项目主要有篮球、羽毛球、乒乓球、田径、游泳和举重等，非奥运会的群众性竞技体育项目主要有门球、体育舞蹈、武术、中国象棋、围棋和桥牌等。

第一节　区级竞技体育赛事

一、万盛区运动会

万盛区运动会是中共万盛区委、万盛区政府主办，区体育局承办，区内工、农、商、学及各行业系统、机关团体参加的全区性、综合性体育运动赛事。区体育运动会每四年举行一届，开设田径、篮球、游泳、羽毛球、乒乓球、足球、门球、中国象棋、围棋和桥牌等10大项比赛。2004年万盛区举办第一届。至2011年年末，共举办两届。

万盛区第一届运动会　2004年5月10日，运动会在区滨江路体育馆开幕，10月末闭幕，历时近半年。这是重庆市直辖后，万盛区举办的规模最大的一次综合性体育赛事。全区各镇、街道，各行业系统、市属厂矿、民营企业、机关和学校21个代表团，1000余名运动员参赛。赛事包括田径、游泳、篮球、羽毛球、乒乓球、足球、门球、中国象棋、围棋和桥牌等10个大项、66个小项，共产生金、银、铜牌各66枚，打破区纪录6项。

2004年万盛区第一届运动会各代表团团体成绩一览表

表29-7　　　　单位：分

名次	单位	团体总分	名次	单位	团体总分	名次	单位	团体总分
1	教育系统	910	8	卫生系统	200	15	金融保险	54
2	建设系统	807	9	财税系统	163	16	区经贸委	51
3	政法系统	435	10	福耀集团	125	17	工商系统	50
4	万东镇	409	11	南桐镇	122	18	邮电系统	40
5	南桐矿业公司	335	12	关坝镇	70	18	交通系统	40
6	青年镇	309	13	金桥镇	60	20	石林镇	31
7	区级机关	247	14	景星乡	55	21	丛林镇	5

2004 年万盛区第一届运动会奖牌榜一览表

表 29-8 单位：枚

名次	单位	金牌	银牌	铜牌	合计	名次	单位	金牌	银牌	铜牌	合计
1	教育系统	27	25	12	64	9	南桐镇	1	2	1	4
2	建设系统	16	15	14	45	10	景星乡	1	1	2	4
3	区级机关	8	2	2	12	11	财税系统	0	3	2	5
4	青年镇	7	7	5	19	12	工商系统	0	1	3	4
5	南桐矿业公司	4	3	1	8	13	关坝镇	0	0	1	1
6	政法系统	1	3	12	16	13	金桥镇	0	0	1	1
7	万东镇	1	2	8	11	13	石林镇	0	0	1	1
8	卫生系统	1	2	3	6	13	金融保险	0	0	1	1

2004 年万盛区第一届运动会产生的新区纪录一览表

表 29-9

项目	姓名	成绩	项目	姓名	成绩
男子 200 米跑	严爽	23 秒 42	男子 400 米跑	刘翼	52 秒 64
男子 800 米跑	刘翼	2 分 10 秒 00	女子 3000 米跑	张元维	12 分 26 秒 93
女子跳高	廖颖	1.4 米	男子三级跳远	刘淇	13.65 米

万盛区第二届运动会 2008 年 10 月，运动会在区滨江路体育馆开幕，10 月末闭幕，历时 19 天。全区各镇、街道、各行业系统、市属厂矿、民营企业、机关和学校的 16 个代表团，1000 余名运动员参赛。赛事包括田径、篮球、羽毛球、乒乓球、台球、网球、门球、中国象棋、围棋和桥牌等 10 个大项、51 个小项，共产生 49 枚金牌、48 枚银牌、43 枚铜牌，共计 140 枚奖牌。

2008 年万盛区第二届运动会各代表团成绩一览表

表 29-10

团体成绩（分）			奖牌榜（枚）					
名次	单位	团体总分	名次	单位	金牌	银牌	铜牌	合计
1	教育系统	478	1	教育系统	18	11	5	34
2	政法系统	296	2	万东镇	5	3	5	13
3	区级机关	249	3	区级机关	4	4	5	13
4	财经邮电	191	4	青年镇	4	4	3	11
5	万东镇	172	5	南桐镇	3	5	3	11
6	南桐镇	157	6	工业商业系统	3	5	1	9
7	关坝镇	153	7	关坝镇	3	4	1	8
8	青年镇	147	8	黑山镇	2	1	3	6
9	黑山镇	120	9	财经系统	2	0	4	6

续表

团体成绩（分）			奖牌榜（枚）					
名次	单位	团体总分	名次	单位	金牌	银牌	铜牌	合计
10	工业商业	117	10	交通建设	2	1	1	4
11	交通建设	93	11	政法系统	1	5	2	8
12	石林镇	91.5	12	石林镇	1	1	4	6
13	卫生系统	70	13	金桥镇	1	1	3	5
14	金桥镇	47	14	卫生系统	0	2	1	3
15	丛林镇	26.5	15	丛林镇	0	1	1	2

二、篮球竞赛

区级篮球运动赛事主要有区体育运动委员会（以及后来的区文化体育局、区体育局）和区总工会联合举办的职工篮球赛，与区农林部门联合举办的区农民篮球赛，与区教育局（后更名区教育委员会）联合举办的区中小学生篮球赛以及区级机关篮球赛等。1992—1996 年，因南桐矿区灯光球场停用，区内篮球赛事暂时中断。1996 年，区体育馆（后更名区滨江路体育馆）投入使用，恢复举办区级篮球赛事。

全区性职工篮球赛每年举办一次。1988 年 4 月 20—28 日，在区东风体育场举办区第一届“矿山杯”职工篮球运动会。全区各系统、行业、机关、厂矿的 13 个单位、17 支队伍（男队 12 支、女队 5 支）、300 余名运动员参赛。至 1992 年共举办四届，此后赛事中断。

1989—1991 年，连续三年举办农民篮球赛。1996 年，区体育运动委员会和共青团区委联合举办区“五四青年杯”篮球赛。10 支区基层共青团支部篮球队、120 余人参赛。1998 年 5—7 月，区体育运动委员会和区内房地产企业联合举办区“房管杯”职工周末篮球赛。区委机关、区政府机关、区消防中队、区人民医院和区中医院等 8 支队伍参赛。2003 年，区文化体育局和共青团区委联合举办“冠忠杯”男子篮球赛，区内各行业、机关、企事业单位的 16 支队伍参赛。2005 年，区举办庆祝万盛建区 50 周年篮球运动会，区内及驻区企业单位 20 余支队伍参赛。2006 年，举办区“广进地产杯”男子篮球赛。2011 年 1 月，举办区迎新年“体彩添彩”男子篮球比赛，区级机关、政法系统、教育系统和各乡镇 11 支球队参赛。

三、羽毛球赛

羽毛球活动是万盛区传统优势体育项目。20 世纪 80 年代初期，全区有南桐矿务局、区商业系统、渝州齿轮厂和区少年儿童业余体校等 10 余支羽毛球队伍。20 世纪 90 年代中期，因为区内军工企业搬迁，部分羽毛球爱好者随单位一同离开万盛，致使区内能组队参赛单位减少，区内基本未举办区级羽毛球赛事。1999 年万盛开展创建全国羽毛球之乡运动后，恢复全区性羽毛球赛事。2000 年 3 月，举办万盛区少儿羽毛球赛，区内各中小学 12 支队伍、300 余人参赛。

2000 年万盛区少儿羽毛球赛成绩一览表

表 29-11

组别	名次	团体	男子单打	女子单打	男子双打	女子双打
小学组	第一名	万盛小学	资登峰	肖遥	资登峰、黄杰	–
	第二名	万盛小学	田町	肖雅文	朱政、肖朝阳	–
	第三名	和平小学	肖朝阳	肖雪冰	田町、陈豪	–
	第四名	万东镇中心校	朱政	何婷婷	刘欢、张有宇	–
高中组	第一名	重庆市第四十九中学校	–	张娟	–	张娟、王臻
	第二名	–	–	罗静	–	罗静、陈小洁
	第三名	–	–	陈小洁	–	–
	第四名	–	–	王 臻	–	–

四、门球赛

区级门球比赛有重庆市两江四岸全民健身门球通讯赛（万盛赛区）、庆“三八”、庆“五一”、庆“十一”和“迎新年”等节庆系列门球赛以及建设银行、南桐总医院等企业冠名赞助性比赛，甲、乙级季度联赛，每年赛事 10 余次。1998—2005 年，全区举办“建行杯”门球赛办 3 届、“南桐总医院健康杯”门球赛 2 届。

五、桥牌赛

1986—1999 年，区级桥牌赛事频繁，形成制度性的比赛有区桥牌团体锦标赛、区桥牌双人赛等。2000 年后，桥牌项目的区级赛事大为减少，只举办过 8 次。

六、棋类赛

棋类比赛主要有中国象棋、围棋 2 个项目。区元宵节棋牌大赛是形成制度和规模的区级棋类赛事。1986—2005 年，区体育部门和区棋牌协会共举办中国象棋比赛 15 次，围棋比赛 8 次。2010 年，万盛区第一届中国象棋排位赛举办。

第二节　市级竞技体育赛事

一、重庆市运动会

从 1987 年重庆市第六届运动会起，重庆市运动会分为以行业系统组队参赛的成年人运动会和以区县组队参赛的青少年运动会。在此届运动会上，南桐矿区籍羽毛球运动员江玉忠、段海燕等分别代表煤炭、前卫（公安和武警部队系统）、金融、商业和建设等行业参赛。煤炭系统获羽毛球赛事男、女团体冠军，江玉忠获男子单打项目亚军、段海燕获女子单打项目季军。

在 1992 年重庆市第七届运动会中，区籍羽毛球运动员分别代表煤炭、前卫、金融、商业和市级机关等行业参赛。代表煤炭系参赛的南桐矿务局羽毛球队获羽毛球项目男、女团体赛冠军，江玉忠、罗锐分别获男、女单打冠军。区籍运动员包揽羽毛球项目男、女单打赛前四名。

在 1996 年举办的重庆市第八届运动会中，区籍羽毛球运动员分别代表煤炭、前卫和交通等行业参赛。前卫行业代表队获男子团体冠军、交通行业代表队获女子团体冠军，煤炭行业代表队获男、女团体亚军。徐练（前卫行业代表队）、张玲（交通行业代表队）分别获男、女单打项目冠军。

二、重庆市青少年运动会

在1989年重庆市第二届青少年运动会中，南桐矿区代表队参加田径、羽毛球、乒乓球、体操、举重、摔跤和射击7个项目比赛。在团体比赛中，获羽毛球团体金杯2座，其他项目团体铜杯1座，总分23分，排名全市第17位。在单项比赛中，获金牌14枚、银牌10枚、铜牌7枚，排全市第14位。

在1993年重庆市第三届青少年运动会中，万盛区代表队参加田径、羽毛球、乒乓球和射击4个项目比赛。在射击项目单项比赛中，获金牌1枚、银牌2枚、铜牌2枚。在羽毛球项目中，获男、女团体赛冠军，获单项金牌2枚、银牌3枚、铜牌4枚。

三、重庆市青少年羽毛球赛

1986—1991年，重庆市青少年羽毛球赛多围绕着万盛区运动员是否参加省、全国一级比赛的情况而举行。凡因一线队员参加上一级比赛时举行的重庆市青少年羽毛球比赛，南桐矿区派二、三线队员参加比赛，均包揽比赛全部冠军和大部分奖牌。

1992年，参加重庆市少年儿童羽毛球赛，获甲组男、女团体总分第一名，乙组男、女团体总分第一名。甲组男、女单打冠军（许鹏、李争）、乙组男、女单打冠军（王唯、陆立英），甲组男、女单打亚军（张渝琦、叶青）、乙组男、女单打亚军（刘磊、王紫燕）和4个第三名、4个第四名，共获金杯4座，金牌4枚、银牌4枚、铜牌4枚。1994年，获甲、乙组男、女团体冠军和甲、乙组男、女单打冠军等8枚金牌，团体总分第一名。1995年，获所设8个项目的6块金牌，团体总分第一名。1996年，获12个项目中的9块金牌，团体总分第一名。

四、重庆市少年儿童乒乓球赛

1986—1990年，南桐矿区代表队4次参加重庆市少年儿童乒乓球赛，获冠军2个、亚军4个、季军5个。1996年，获乙组女子团体第八名，乙组男自单打第七名，女子单打第八名。

第三节 省级竞技体育赛事

一、四川省运动会

1988年，在自贡市举办的四川省第六届运动会中，南桐矿务局羽毛球队代表省煤炭厅参加羽毛球项目比赛，江玉忠获男子单打亚军。

1992年10月，在绵阳市举办的四川省第七届运动会中，区籍羽毛球运动员分别代表省煤炭厅、省前卫体育协会参加羽毛球项目比赛，获羽毛球项目铜牌3枚；区籍桥牌运动员分别代表省电子工业厅、省煤炭厅参加桥牌项目比赛，晋级团体八强。

二、四川省青少年运动会

1986年，在成都市举办的四川省第一届青少年运动会中，区籍羽毛球运动员代表重庆市参加羽毛球项目比赛，获金牌7枚，男子团体总分第一名，女子团体总分第二名，为重庆市捧回省“青运会”第一座金杯。其中青少年甲组获男、女团体冠军，谢阳春、严路分别获甲组男、女单打冠军，谢阳春、郑周组合和严路、周渝组合分别获男、女双打冠军，曾嵘获儿童组男子单打冠军。

1990年，在德阳市举办的四川省第二届青少年运动会中，区籍羽毛球运动员代表重庆市参加羽毛球项目比赛，获男子团体总分第一名、女子团体总分第二名，获单项比赛金牌5枚。

1994年，在乐山市举办的四川省第三届青少年运动会中，以万盛籍羽毛球运动员为主体的重庆市羽毛球队获男、女团体总分第一名，包揽单项比赛 8 枚金牌。

三、重庆市运动会

2003 年 2—8 月，在重庆市第一届运动会中，万盛区代表团成人组 30 名运动员参加羽毛球、门球、游泳、武术、散打、田径和举重 7 个项目比赛，获金牌 3 枚、银牌 1 枚、铜牌 4 枚，团体总分 261.5 分，排全市第 16 名，获单项体育道德风尚奖 2 个。青少年组获金牌 1 枚、银牌 2 枚、铜牌 4 枚、团体总分 378 分，排全市第 20 名，获单项体育道德风尚奖 1 个。朱靖获女子 44 千克级举重冠军，并打破市青少年纪录。羽毛球运动员余鹏、王静、刘灿、张翼获 3 枚金牌。区门球队晋级四强。

2007 年 2—5 月，重庆市第二届运动会举行，万盛区派出 146 名运动员参加羽毛球、乒乓球、田径、游泳、武术散打、举重、跆拳道、门球、中国象棋、围棋和桥牌等 11 个项目、两个组别（成年组 61 人、青少年组 85 人）比赛，获奖牌 42 枚，其中金牌 13 枚、银牌 16 枚、铜牌 13 枚，团体总分 983.5 分，排全市第 16 名。

2010 年 9 月 24 日至 10 月 6 日，在重庆市第三届运动会中，万盛区代表团 160 名运动员参加羽毛球、乒乓球、武术散打、举重、跆拳道、国际式摔跤、中国象棋、桥牌、钓鱼、体育舞蹈、游泳和田径等 12 个项目比赛，获奖牌 47 枚，其中金牌 18 枚、银牌 14 枚、铜牌 15 枚。

四、重庆市青少年运动会

1997 年 7 月，在重庆市第一届青少年运动会中，万盛区派出 58 名运动员参加田径、羽毛球和乒乓球 3 个项目比赛。在羽毛球项目上，万盛区获团体总分、金牌数、奖牌数 3 个第一名。其中男子、女子团体赛排第一名，男子、女子单打排第一名，男子、女子双打排第一名。刘新、张娅、余鹏分别获单打男子乙组、女子乙组、男子儿童组金牌。张娅、卢潇吟组合和余鹏、杜兴组合分别获双打女子乙组、男子儿童组冠军。在乒乓球项目上，获男子乙组团体第九名、男子儿童组团体第八名。在田径项目上，梁大林获男子乙组标枪金牌（成绩 45.54 米），打破重庆市纪录。

2000 年 7 月，在重庆市第二届青少年运动会中，万盛代表团参加羽毛球、乒乓球、田径、游泳、举重、柔道和足球 7 个项目比赛，获银牌 2 枚、铜牌 8 枚。在乒乓球项目上，获铜杯。

五、重庆市少年儿童羽毛球赛

1998 年，参加重庆市少年儿童“国土杯”羽毛球团体赛，万盛区代表队获乙组男团第一名、女团第二名，儿童组男团第二名、女团第二名，团体总分第一名。2000 年 5 月，获甲组男团第一名、女团第二名，乙组男团第二名、女团第三名，儿童组男团第二名、女团第四名，获单项金牌 2 枚、银牌 6 枚、铜牌 2 枚。2001—2005 年，共获金牌 22 枚、银牌 31 枚、铜牌 28 枚，获 1 次团体总分第一名。

2006 年，在重庆市青少年羽毛球锦标赛中，获金牌 3 枚。2008 年，获金牌 7 枚、银牌 4 枚、铜牌 2 枚。2009 年，获金牌 1 枚、银牌 5 枚、铜牌 5 枚，团体总分第一名；在重庆市青少年羽毛球冠军赛中，获金牌 3 枚、铜牌 6 枚。2010 年，获团体总分第一名，4 个组别分别获团体总分第一名，金牌 9 枚。2011 年，获金牌 9 枚，团体第一名。

六、重庆市少年儿童（青少年）乒乓球赛

1999 年，参加重庆市少年儿童乒乓球赛，万盛区代表队获亚军 1 个。2000 年，获甲组女子团体季军，丙组女子团体季军。2001—2005 年，共获亚军 3 个，季军 2 个。2005 年，参加重庆市青少年乒乓球比赛，罗静获男子单打第 6 名，获女子丙组团体第 6 名。2008 年，获团体第八名。

七、重庆市少年儿童（青少年）游泳赛

2000 年 8 月，参加重庆市儿童游泳比赛，万盛区代表队获甲组男子 50 米蝶泳第八名、男子 100 米蝶泳第七名、女子 50 米蛙泳第六名、女子 100 米蛙泳第二名、女子 50 米仰泳第七名、女子 100 米自由泳第八名，获乙组男子 100 米蛙泳第四名、男子 200 米混合泳第八名。2004 年，获第一名 7 个、

第二名 2 个、第三名 4 个，获少年乙组团体总分第一名。2005 年，获第一名 1 个、第二名 6 个，第三名 3 个。2006 年，参加重庆市青少年游泳比赛，获男子甲组团体第一名和女子甲组团体第四名，团体总分第八名。

八、体育舞蹈比赛

2004 年 3 月，在重庆市体育舞蹈单项比赛中，万盛区代表队获金牌 8 枚、银牌 7 枚、铜牌 3 枚，在 11 个参赛区县中成绩排第一名。

九、武术比赛

1998 年，在重庆市"朝天门"杯散打比赛中，获单人第二名 1 个，团体第六名 1 个；在"雄霸杯"散打比赛中，获单人第二名 1 个。1999 年，在重庆市散打锦标赛中，获单人第三名 1 个。2007 年，在重庆市武术太极拳比赛中，获一等奖 8 个、二等奖 4 个。2008 年，在重庆市武术散打锦标赛中，获单人第一名 3 个、第二名 2 个。2011 年，在重庆市第九届武术精英赛（涪陵赛区）中，万盛区武术队获金牌 4 枚、银牌 11 枚、铜牌 9 枚。

十、举重比赛

2006 年，在重庆市青少年举重比赛中，万盛籍运动员陆荣获男子 64 千克级第四名。2011 年 7 月，在重庆市青少年举重锦标赛中，万盛区代表队获金牌 4 枚、银牌 4 枚，铜牌 1 枚，获男子团体乙组总分第四名。区运动员严浪获男子 44 千克级乙组第一名，并以抓举 68 千克、挺举 85 千克、总成绩 153 千克，打破重庆市纪录；周航获男子 48 千克级乙组第一名，向启美获女子 40 千克级乙组第二名。

十一、摔跤比赛

2011 年，万盛区首次派出 4 名队员参加重庆市青少年国际式摔跤锦标赛。傅豪、刘迎爽分别获金牌 1 枚，李智、曹珂维分别获银牌 1 枚，区代表队获团体总分第七名。

第四节　国家级竞技体育赛事

1987 年，在全国青少年羽毛球赛中，区籍运动员罗曦霖、徐练组合获男子乙组双打第三名。1988 年，在全国青少年羽毛球赛中，区籍运动员阙宁获男子甲组单打亚军，罗曦霖、徐练组合获男子双打亚军。

1991 年 5 月，在成都举办的第二届全国城市运动会中，南桐矿区组队代表重庆市参加羽毛球项目比赛，获男子团体第五名，男子双打银牌 1 枚（谢阳春、郑周组合）。

1994 年，在全国青少年羽毛球赛中，区籍队员阙宁、罗曦霖组合获专业组男子双打第一名，向春艳、胡琳霞组合获业余组女子双打冠军，向春艳获业余组女子单打亚军。

1995 年，在第二届全国城市运动会上，代表重庆市羽毛球队参赛的万盛籍运动员罗曦霖、阙宁组合获男子双打第三名。在全国羽毛球赛上，代表四川队参赛的万盛籍运动员谢阳春、郑周、罗曦霖、周渝等获混合团体赛冠军。

1999 年，在西安市举办的第四届全国城市运动会中，区籍运动员陈晓丽、向春艳、胡琳霞、张亚雯代表重庆市羽毛球队参赛，获女子团体第六名。

2001 年 8 月，在全国少年羽毛球比赛丙组（重庆赛区）中，区籍运动员资登峰获 12 岁组男子单打冠军。11 月 11—25 日，在广州举办的全国第十届运动会上，代表重庆队参赛的万盛籍羽毛球运动员陈晓丽、张亚雯组合获女子双打第四名，犹剑波、蒋雪莲组合获混双第四名；代表四川队参赛的万盛籍羽毛球运动员皮红艳获女子单打第三名。

2002年5月，在“凯胜杯”全国少年羽毛球比赛丙组（重庆赛区）中，万盛籍运动员朱政、廖文攀分别获11岁组男子单打第三名、第六名，彭通获12岁组男子单打第六名，何潇潇、周甫分别获11岁组女子单打第四名、第六名，何诗嫣获10岁组女子单打第五名。

2004年，在全国青少年门球比赛中，代表重庆市参赛的万盛区南桐中心校队，获少年乙组第三名。

2005年10月，在全国体育舞蹈锦标赛上，代表重庆市参赛的万盛籍选手罗晓波、李芳琴获银牌2枚、铜牌1枚。

2007年8月，在全国羽毛球学校比赛中，万盛区青少年体育运动学校获第五、六名。是年，在全国体育舞蹈比赛中，代表重庆市参赛的万盛籍运动员获成年组银牌、铜牌各1枚；在全国体育舞蹈公开赛中，代表重庆市参赛的万盛籍运动员获青少年组金牌1枚、银牌2枚、铜牌1枚。

2008年，在全国青年羽毛球锦标赛中，万盛籍运动员彭通获甲组单打第五名，朱正霖、邓梦家组合获丙组双打第5名。9月，在全国少年羽毛球比赛中，万盛籍运动员杨代熊获甲组双打第三名。10月，在全国少年羽毛球精英赛中，万盛籍运动员杨代熊获甲组双打第二名。

2009年，在第十一届全国运动会女子举重预赛暨全国锦标赛上，万盛籍运动员朱靖获58千克级第六名，实现万盛区举重项目进入全运会决赛的新突破。是年，在全国青少年羽毛球分区赛（重庆赛区）中，区体校羽毛球运动员获第二名2个、第四名2个、第六名1个。

2010年8月，在全国体育传统项目学校羽毛球比赛中，代表重庆市参赛的万盛区羽毛球队获男子单打银牌2枚，女子单打铜牌1枚。在全国少年甲组羽毛球比赛中，获铜牌3枚。

第五节 国际体育竞赛

1989年11月，在法国图卢兹举办的国际羽毛球邀请赛中，南桐矿区少年儿童业余体校羽毛球队和南桐矿务局羽毛球队联合组队代表重庆市参赛，周渝获女子单打亚军，周渝、李渝兰组合获女双第二名，周渝、刘庆东组合获混双第二名。刘庆东、江玉忠组合和罗旭光、江玉忠组合分获男双、混双第三名。是年，在第三届世界青年羽毛球锦标赛上，万盛籍选手谢阳春获男单第五名，与队友合作获男双亚军。

1994年，在印度尼西亚举办的第十八届汤姆斯杯羽毛球锦标赛上，代表中国队参赛的万盛籍运动员谢阳春获男子双打第三名。

1996年，在丹麦举办的世界青年羽毛球锦标赛上，代表中国队参赛的万盛籍运动员罗曦霖获男子单打铜牌。

1999年，在缅甸举办的亚洲青年羽毛球锦标赛上，代表中国队参赛的万盛籍运动员张亚雯获女单第三名、女双第三名，并与队友夺取团体冠军。

2005年7月，在澳大利亚青年邀请赛上，万盛籍举重运动员朱靖获女子53千克级第三名。8月，在美国阿纳海姆举办的第十四届羽毛球世锦赛上，代表中国队参赛的万盛籍运动员张亚雯与队友获混双冠军。12月，在第十八届世界杯羽毛球赛上，代表中国队参赛的万盛籍运动员张亚雯与队友获混双冠军、女子双打亚军，成为万盛区历史上第一位世界性体育赛事冠军获得者。

2007年，在新加坡羽毛球超级赛、第十届苏迪曼杯羽毛球团体混合赛、法国羽毛球超级赛上，代表中国队参赛的万盛籍运动员张亚雯均获冠军。是年，在焦作举办的国际太极拳交流大赛上，万盛籍运动员获铜牌2枚。

2008年，在北京举办的第二十九届奥运会上，代表中国队参赛的万盛籍运动员张亚雯获羽毛球女子双打铜牌，实现重庆市奥运会奖牌“零”突破。因此万盛区获“2008年北京奥运会突出贡献集体”称号，被重庆市政府授予“2008年北京奥运会突出贡献奖”和“2008年北京奥运会集体三等功”。

1986—2011年万盛籍羽毛球运动员参加国家及国际大赛获奖情况一览表

表29–12

姓名	性别	赛事名称	比赛时间	名次
谢阳春	男	世界青年羽毛球锦标赛	1989年	男双亚军
		全国青年羽毛球锦标赛	1993年	男双冠军
		汤姆斯杯团体赛	1994年	团体季军
		亚洲杯羽毛球赛	1995年	男单季军
罗曦霖	男	全国羽毛球混合团体赛	1995年	团体冠军
		世界青年羽毛球锦标赛	1996年	男单季军
周渝	女	全国第八届运动会羽毛球比赛	1996年	团体季军
张甜	男	亚洲青年羽毛球团体赛	2000年	团体冠军
张亚雯	女	世界羽毛球锦标赛	2005年	混双亚军
		世界杯羽毛球锦标赛	2005年	混双冠军、女双亚军
		北京奥运会羽毛球比赛	2008年	女双铜牌
皮红艳	女	全国第九届运动会	2001年	女单季军
		羽毛球世界排名赛	2005年	第三名

第六节 运动员培养

万盛区体育运动员培养工作，主要由区青少年体育运动学校负责。2006年后，区体育局与区教育委员会合作，构建“一基地六网点”（区滨江路体育馆训练基地，重庆市第四十九中学校、重庆进盛实验中学校、万盛区实验学校、和平小学、中盛小学和新华小学训练网点）训练模式，统筹区内体育和教育资源，完善体育后备人才培养体系。

1985—2011年，区青少年体育运动学校先后为重庆市、四川省和国家输送羽毛球专业运动员、教练员30名，乒乓球专业运动员8名，篮球、举重等专业运动员6名，培训等级运动员1000余名。

1985—2011年万盛区向省、市级运动队输送的运动员一览表

表29–13

序号	姓名	性别	项目	输送运动队	输送时间
1	谢阳春	男	羽毛球	四川省羽毛球队	1985年
2	郑周	男	羽毛球	四川省羽毛球队	1985年
3	张强	男	羽毛球	四川省羽毛球队	1985年

续表

序号	姓名	性别	项目	输送运动队	输送时间
4	彭颖	女	乒乓球	四川省乒乓球队	1986 年
5	彭磊	女	乒乓球	陕西省乒乓球队	1986 年
6	卿雪贻	女	乒乓球	四川省乒乓球队	1986 年
7	曾颖	女	乒乓球	陕西省乒乓球队	1986 年
8	彭皓	男	乒乓球	贵州省乒乓球队	1986 年
9	罗曦霖	男	羽毛球	四川省羽毛球队	1988 年
10	阙宁	男	羽毛球	四川省羽毛球队	1988 年
11	皮红艳	女	羽毛球	四川省羽毛球队	1988 年
12	张青	男	举重	重庆市举重队	1990 年
13	黄银华	男	举重	重庆市举重队	1990 年
14	周勇	男	举重	重庆市举重队	1990 年
15	杜忠义	男	田径	四川省田径队	1991 年
16	徐练	男	羽毛球	重庆市羽毛球队	1993 年
17	犹剑波	男	羽毛球	重庆市羽毛球队	1993 年
18	陈阳	男	羽毛球	重庆市羽毛球队	1993 年
19	刘小练	男	羽毛球	重庆市羽毛球队	1993 年
20	张甜	男	羽毛球	重庆市羽毛球队	1993 年
21	李晓睿	女	羽毛球	重庆市羽毛球队	1993 年
22	张玲	女	羽毛球	重庆市羽毛球队	1993 年
23	陈晓丽	女	羽毛球	重庆市羽毛球队	1993 年
24	王静	女	羽毛球	重庆市羽毛球队	1993 年
25	胡琳	女	羽毛球	重庆市羽毛球队	1993 年
26	郝永强	男	乒乓球	甘肃省乒乓球队	1993 年
27	刘新	男	羽毛球	重庆市羽毛球队	1997 年
28	张亚雯	女	羽毛球	重庆市羽毛球队	1997 年
29	余鹏	男	羽毛球	重庆市羽毛球队	2002 年
30	张翼	男	羽毛球	重庆市羽毛球队	2002 年
31	杜一峰	男	羽毛球	重庆市羽毛球队	2003 年
32	廖剑歌	男	羽毛球	重庆市羽毛球队	2003 年
33	金亮	男	羽毛球	重庆市羽毛球队	2003 年
34	彭通	男	羽毛球	重庆市羽毛球队	2008 年
35	朱正霖	男	羽毛球	重庆市羽毛球队	2008 年
36	邓梦家	男	羽毛球	重庆市羽毛球队	2008 年
37	罗静	男	乒乓球	重庆市乒乓球队	2008 年
38	杨雪莹	女	乒乓球	重庆市乒乓球队	2008 年
39	曾倩运	女	羽毛球	重庆市羽毛球队	2011 年

第六章　羽毛球之乡创建

第一节　发展历程

羽毛球运动在万盛区群众基础深厚，是特色体育项目。1999 年 6 月 11 日，万盛区政府印发《关于发展羽毛球运动争创全国“羽毛球之乡”的通知》（万府发〔1999〕63 号），总体规划“羽毛球之乡”创建，并提出具体实施方案。

1999 年 9 月 11—20 日，在西安举办的第四届全国城市运动会期间，万盛区体育运动委员会领导专程到西安向国家体育总局汇报万盛创建“羽毛球之乡”工作。

2006 年 10 月，重庆市市长王鸿举到万盛调研工作，专门察看万盛羽毛球基地建设情况。

2007 年年初，中共万盛区委、万盛区政府提出把万盛打造成“全国羽毛球之乡”的目标，并组建创建“全国羽毛球之乡”工作领导小组，制订创建工作整体方案，确定创建工作的阶段实施计划。这标志着创建工作全面展开。4 月，万盛区青少年体育运动学校被国家体育总局乒乓球羽毛球运动管理中心、中国羽毛球协会授予“中国羽协一级羽毛球学校”称号。

2008 年 1 月 18 日，万盛城区高速公路入口处“羽毛球之乡”雕塑修建，展示万盛城市文化品牌。6 月，万盛羽毛球训练基地（万盛区文体中心）动工建设。是年，启动以羽毛球运动为主题的健身休闲公园建设，重庆市羽毛球专业队整体搬迁到万盛开展训练，万盛区被重庆市体育局授予“重庆市羽毛球之乡”称号，这是万盛区创建“全国羽毛球之乡”的一个重要里程碑。

第二节　活动与成效

全区各中小学在体育课中增设羽毛球教学内容，利用课外活动时段广泛开展日常性羽毛球运动。区少年儿童业余体校发掘有潜力的学生，集中指导训练。在区羽毛球训练中心参加训练的人数常年保持在 80 ~ 100 人，有一支 20 ~ 30 人的比赛队伍，一支 20 ~ 30 人的骨干队伍，一支 30 ~ 50 人的启蒙训练队伍。重点发展和平小学、万盛区实验学校、新华小学、中盛小学、进盛中学和重庆市第四十九中学校等羽毛球网点学校。

2000 年，全区举办少儿羽毛球专项比赛。2005 年，结合万盛区建区 50 周年庆，举办万盛区羽毛球公开赛。

2007—2008 年，万盛区建成 200 余片标准羽毛球场地，遍布全区各街镇、机关、企事业单位和学校。

2010 年 10 月 16 日至 12 月 16 日，中国（重庆）首届羽毛球文化节在万盛文体中心举办。文化节是国家体育总局乒乓球羽毛球运动管理中心、中共重庆市委宣传部、重庆市体育局、重庆市文广新局和万盛区政府联合举办的面向全国的大型羽毛球运动赛事，是万盛创建“全国羽毛球之乡”的一项重要的赛事活动。期间，先后举办《激情万盛》《拥抱希望》等大型文艺演出，中国中央电视台《激情广场》爱国歌曲大家唱，“羽球名人万盛行·黑山谷杯”对抗赛，全国少年甲组羽毛球赛、全国业余俱乐部团体赛总决赛、重庆市第三届运动会羽毛球比赛、万盛区群众羽毛球“百团大战”，“羽球文化与健康城市”论坛、中国国民党革命委员会中央委员会和重庆市政协助推万盛区资源型城市可持续发展行动等10余项大型活动。羽毛球文化节的举办，展示了万盛深厚的羽毛球文化底蕴，打出了万盛“羽毛球之乡”的城市名片，提升了万盛的知名度和美誉度，扩大了万盛影响力。

2011年，万盛区承办重庆市工会系统（黑山谷）杯职工羽毛球比赛，重庆市政府政务信息系统（能源杯）羽毛球友谊赛等一系列比赛。

截至2011年，万盛区共向市级、省级和国家羽毛球队输送30余名优秀羽毛球运动员，包括重庆直辖后第一个世界性体育赛事冠军获得者、第一个奥运会奖牌获得者张亚雯。培养输送的运动员在各种重大羽毛球赛事中获金、银、铜牌40余枚，多人成为省市级以上羽毛球专业队教练员，其中包括国家羽毛球队副总教练钟波，另有一些人在法国、丹麦、新加坡、马来西亚等国家和中国香港、中国台湾担任羽毛球教练。

第七章　体育产业

第一节　体育本体产业

体育产业是指从事体育产品生产和提供体育服务的经营性行业。本体产业是指体育部门直接开办、管理提供体育服务的经营行业。1993年，区体育运动委员会开始尝试提供体育服务，创办经济实体，并与区电影公司联合开办股份合作制小型企业——万盛河滨茶园，开展“以副养体”和“以场养体”的实践。万盛河滨茶园经常举办全区性棋牌比赛活动，并经营小型体育用品、茶水以及瓜果糕点小吃等。1997年，区滨江路体育馆建成投用后，区体育运动委员会将体育馆推向市场，作为区体校培训基地使用，收取一定培训费，并对外来演出团体、区内外商业企业开放出租，收取场租费。2010年9月，区文体中心建成投用后，也实行同样使用政策。

第二节　体育彩票

体育彩票（原称体育奖券）是经国务院批准，由省、市发行的一种通过社会集资支援体育事业发展的体育产业服务形式。所集资金部分用于体育事业发展基金。1988年，南桐矿区开始发行体育彩票（奖券），发行任务由四川省体育基金会下达，每年发行1期（次）。1989年、1993年为迎接亚运会和第七届全国运动会的召开，连续发行2期即开型体育彩票，发行时长3个月。1997年重庆市直辖后，万盛区体育彩票事业受重庆市体育运动委员会、市体育彩票中心管理，区内组建区政府体育彩票发行领导小组，下设办公室（设在区体育运动委员会，区体育运动委员会主任兼任办公室主任），具体负责组织实施日常发行事务工作。小组办公室下设宣传组、发行组、奖品财务组、后勤保卫组，并制订发行实施方案，指定专人负责。2000年，万盛区开始发行电脑体育彩票。

2000—2011年万盛区体育彩票销售情况统计表

表29-14　　单位：万元

年份	销售金额	年份	销售金额	年份	销售金额
2000	120	2004	150	2008	968
2001	145	2005	110	2009	1400
2002	130	2006	202	2010	1740
2003	120	2007	298	2011	1454

第三十篇　医疗卫生

第一章　机构

第一节　行政机构

一、万盛区卫生局

1980年11月25日，南桐矿区卫生局成立，1993年4月更名万盛区卫生局。

2001年10月，区卫生局设办公室、业务科和人事科等科室3个。2010年11月，增设财务科。2011年，区卫生局有办公室、人事科、业务科和财务科等科室4个。

二、重庆市食品药品监督管理局万盛区分局

1979年2月，重庆市南桐矿区药品检验所成立。2001年1月，组建区政府药品监督管理办公室，将区药品检验所划给区政府药品监督管理办公室管理，统一行使药品监督管理职能。8月，区政府药品监督管理办公室划归重庆市药品监督管理局管理，更名重庆市万盛区药品监督管理办公室。12月，撤销重庆市万盛区药品监督管理办公室，组建重庆市药品监督管理局万盛区分局。2003年12月，撤销重庆市药品监督管理局万盛区分局，并在其基础上组建重庆市食品药品监督管理局万盛区分局，挂万盛区食品安全协调委员会办公室牌子，设办公室、综合科和市场监管科等科室3个。

第二节　非医疗性事业单位

一、万盛区爱国卫生运动委员会办公室

万盛区爱国卫生运动委员会是区政府的非常设机构，其办公室作为区政府常设职能机构，承担区爱国卫生运动委员会日常事务工作。1986年4月，南桐矿区爱国卫生运动委员会办公室从区卫生防疫站迁至区卫生局，由区卫生局局长兼任区爱国卫生运动委员会办公室主任。1993年4月，更名万盛区爱国卫生运动委员会办公室。

二、重庆市万盛区红十字会

1988 年，南桐矿区红十字会成立，南桐矿区政府分管医疗卫生工作的副区长任会长，区政府卫生、教委、民政等工作部门以及区内各医疗卫生单位为团体会员。区红十字会无人员编制，日常工作由区卫生局业务科室负责。

1993 年 4 月，更名万盛区红十字会。

2005 年 4 月，万盛区中医院划拨编制 1 人到区红十字会和区爱国运动委员会办公室。

2007 年 12 月，区红十字会和区爱国卫生运动委员会办公室增加事业编制 1 人（两单位共用）。

2011 年，区红十字会和区爱卫办有编制 5 人，工作人员 4 人。

三、万盛区卫生防疫站

1986 年年初，南桐矿区卫生防疫站（挂区爱国卫生运动委员会办公室牌子），设办公室、流行病科、食品卫生科、防疫科、检验科、结核病防治科、总务科和卫生宣传教育科等科室 8 个，隶属区卫生局。4 月，区爱国卫生运动委员会办公室迁至区卫生局。

1987 年 7 月，改革预防保健体制，区卫生防疫站与区妇幼保健站合并，组建南桐矿区防病保健中心，设办公室、食品卫生科、卫生科、流行病科、计划免疫科、检验科、总务科和中心门诊部（设妇保科、儿保科）。1992 年，撤销计划免疫科、流行病科，增设防疫科。1993 年 4 月，更名万盛区防病保健中心。

1995 年 10 月，撤销区防病保健中心，重新设置万盛区卫生防疫站。2001 年 10 月 27 日，撤销区卫生防疫站，其职责被划入区疾控中心和区卫生监督所。

四、万盛区卫生局卫生监督所

2001 年 10 月 27 日，万盛区卫生局卫生监督所成立，隶属区卫生局，履行食品、公共、放射、学校、职业卫生、医政监督管理和卫生综合执法职责。2005 年，有办公室、监督一科和监督二科等科室 3 个。2011 年，区卫生局卫生监督所有办公室、公共卫生科、医疗卫生科、职业卫生科和综合信息科等科室 5 个。

五、万盛区疾病控制中心

2001 年 10 月 27 日，万盛区疾病控制中心成立，隶属区卫生局。2002 年 3 月，撤销食品卫生科、卫生科、防疫科，增设卫生监督科、撤销疾病控制科。2004 年 6 月，有办公室、疾病控制科、结核病防治科和检验科等科室 4 个。2005 年 2 月，增设监测科。2007 年 5 月，增设技管科，与监测科合署办公室。2011 年，有办公室、疾病控制科、结核病防治科、检验科、监测科和技管科等科室 6 个。

六、万盛区卫生进修学校

1975 年 11 月，南桐矿区卫生学校成立（挂牌在区人民医院），隶属区卫生局，主要职责是承担全区医学继续教育和基层卫生人员专业技术理论培训工作。是年，开设护士、助产士 2 个专业。1978 年起，按国家下达招生计划招生，培养中等护理专业毕业生。

1986 年 1 月，开设护理专业 2 班、85 人。1988 年，开办三年制“农村医士”培训班，招收农村应届初中毕业生 50 人，毕业颁发乡村医生证书，不包分配，直接充实乡村医疗技术队伍。

1993 年 9 月 20 日，更名重庆市万盛区卫生进修学校，与四川省重庆卫生学校重庆市万盛区医院临床教学部实行两块牌子，一套班子的体制。1996 年 10 月 28 日，设立乡村医生中专水平函授站。

2004 年，停止招生。是年，最后一批一年制乡村医生中专学历函授生毕业后，结束各种学历教学任务。

2011 年，区卫生进修学校有在编职工 5 人（其中卫生专业技术人员 4 人），校址在莲池村万北一段 175 号。

七、万盛区中心血库

1995 年 5 月 3 日，万盛区中心血库成立，挂牌在万盛区人民医院。是年，获重庆市卫生局采供血点资格。

1999年9月2日，区中心血库改为独立设置，隶属区卫生局。是年，获重庆市卫生局颁发的采供血许可证。

2009年9月，区中心血库通过卫生部全国采供血机构质量体系建设督导检查。

2011年12月，区中心血库设血源信息科、检验科、体采科和成分科等科室4个；有在编职工8人，其中中专业技术人员5人（中级职称2人，初级职称3人）；仪器设备价值160余万元，业务用房500平方米，可提供全血、去白细胞悬浮红细胞、病毒灭活新鲜冰冻血浆、手工血小板、冷沉淀等血液成分，能够完全满足全区医疗机构临床用血。

八、万盛区健康教育所

2010年2月，万盛区健康教育所成立，隶属区卫生局。

第二章　行政管理

第一节　医政管理

一、医疗机构管理

1986年，南桐矿区人民医院、南桐矿区妇幼保健所、南桐矿务局总医院和平山机械厂、晋林机械厂、渝州齿轮厂职工医院试行产期母婴安康保险。

1987年3月，批准区中医院临时配制肝炎合剂。是年，整顿全区农村医疗卫生站，核发“三证”（乡村医生合格证、卫生站许可证、购药证），落实劳务报酬。3月，区卫生局批准区中医院临时配制肝炎合剂。

1988年3月，《关于建立医疗器械更新基金暂行办法》实施，基金实行无息有偿使用。8月，区人民医院采血站启用。10月，区医疗事故鉴定委员会成立。11月，区执行重庆市城市围产保护管理办法，并将婚前检查列入围产保健内容。

1989年7月，南桐矿区成为四川省第一个“基本消灭麻风病区（县）”。

1990年2月，批准区人民医院开展白内障手术。3月，要求区内各级各类医院计划用血、合理用血、节约用血，推广成分输血，确保用血安全。5月，在全区推广妇幼防病保健保偿实施办法。6月，要求各医疗卫生机构提高脊髓灰质炎疫苗接种率和质量，要加强流动人口、超生儿童的疫苗接种，消除免疫空白。是年，要求开展气功医疗活动的机构和人员，须持气功医疗许可证方能执业。

1995年，开展全区中小学“碘油丸”普服工作；批准南桐矿务局总医院在塔山分院设立病区，开展药物依赖治疗工作（限于收治南桐矿务局职工、家属），业务受重庆市药物依赖监测中心和重庆市药物依赖治疗中心指导。

1996年，推行全面质量管理，加强基础医疗和基础护理，建设医疗护理、科室协作、后勤保障三大系统，重点做好门诊、急诊、疑难危重和手术病人的诊治及救治工作。

2001年，实施医疗机构分类管理，审核45家非营利性和营利性医疗机构执业许可证，实行社会办医“准入”制度，编制万盛区区域卫生规划。

2002年3月，改革卫生管理体制，乡镇卫生院从“区乡共管、以乡为主”改为“区乡共管、以区为主”的管理体制。6月1日起，乡镇卫生院人员、业务、经费等移交区卫生局管理。

2006年3月，转发《重庆市有关医院间医学检查、检验结果互认暂行办法》，规定同一地区二级医院之间互相认可医学检查、检验结果，并试行二级认可三级医院的医学检查、检验结果。4月，批准区人民医院设置社区卫生服务站或社区卫生服务中心。5月，《缓解群众看病难看病贵工作方案》实施，规范医疗服务项目的划价与收费，实行部分医学影像、检查、检验结果互认。

2007年1月，推广医院医务公开制度。4月，建立医学科技创新奖励制度。是月，要求全区各医疗机构进一步规范济困病房，落实好医疗费用减免及优惠措施；确定区人民医院、区中医院、区妇幼保健院、南桐矿业公司总医院及其南桐分院和各乡镇卫生院为区内第一批新农合定点医疗服务机构。5月，明确医院感染监测工作对象、内容、项目及收费标准。8月，重申医务人员不得在执业注册地点外从事医疗活动。10月，批准青年地区医院开展剖宫产手术项目。

2008年3月，要求二级以上医疗机构应设置独立的输血科（血库）。4月22日，批准南桐矿业公司总医院塔山分院更名万盛区精神病传染病专科医院，行政上由南桐总医院管理，业务接受区卫生局指导，遇突发公共卫生事件或其他应急事件由区卫生局统一调配使用；保留区中医院门诊精神科（心理咨询科），不再收治精神病人；保留区人民医院门诊传染病科，撤销传染病区。5月，《万盛区医疗机构职业违规行为实行记分管理暂行规定》实施。6月，区人民医院、区中医院和南桐矿业公司总医院及其南桐分院，分别在内、外、妇、儿科设立济困病房；再次明确区人民医院、区中医院、南桐矿业公司总医院及其南桐分院、认可重庆市内二级以上医院的医学检查检验结果；明确区卫生局管理区内各医疗单位护士执业注册；重申医疗纠纷赔偿中医疗机构责任人员应按医方责任大小承担相应额度的经济责任（5%～30%）。8月，批准青年地区医院病床由20张增至55张，关坝镇卫生院由10张增至44张；批准万盛街道社区卫生服务中心设置病床50张（康复床位20张，住院病床30张），东林街道卫生服务中心设置40张（康复病床10张，住院病床30张）。10月，建立医院感染管理责任制，明确专兼职人员及职责，确定各级医疗单位（含中心血库、妇幼保健院、卫生所、个体诊所、村卫生站）为医院感染监测对象。12月，将区人民医院作为婴幼儿奶粉事件定点医院，区妇幼保健院、南桐矿业公司总医院不再作为定点医院，只开展相应筛查工作；批准戴书贵诊所扩建为万盛区博爱医院，桃子地区医院更名南桐镇卫生院，青年地区医院更名青年镇中心卫生院。

2009年6月，确定博爱医院病人赵某某死亡事故为一级甲等医疗事故；重新确认区人民医院、区妇幼保健院、南桐矿业公司总医院及其南桐分院和石林、丛林、金桥、黑山、南桐、关坝、青年镇卫生院具有剖宫产技术服务资格。7月，实施农村孕妇住院分娩补助政策。参加新农合的农村孕妇，在镇卫生院平产住院分娩全免费；在区及以上医院平产或剖宫住院分娩减免800元；未参加新农合的，减免400元。是月，批准仁爱门诊部为仁爱医院。10月，批准万盛仁爱医院麻醉药品第一类精神药品购买使用权。

2010年1月，区卫生局委托区妇幼保健院负责全区出生医学证明等母婴保健法律证件的事务性管理。5月，明确区人民医院、区中医院、南桐矿业公司总医院为健康体检资质单位，南桐矿业公司总医院为职业健康（粉尘类）检查资质单位，区疾病控制中心为从业人员健康体检资质单位，区人民医院、区中医院、南桐矿业公司总医院、各镇卫生院及各社区卫生服务中心为结婚登记体检单位，区人民医院为入学、招兵体检资质单位，区妇幼保健院、各社区卫生服务中心、镇卫生院为学前儿童体检资质单位，各种专项疾病筛查和普查资质单位由区卫生局根据筛查和普查疾病项目的具体要求专门指定。7月，批准区博爱医院开展人工安置节育环术、人工取环术、人工终止妊娠术等计划生育手术项目。9月，要求全区各类医疗卫生单位2010年年底开展创建无烟单位活动，至2011年年底要全部达到禁烟规定。

11 月，各乡镇卫生院全部实行基本药物制度改革及药品无利销售。12 月，确定区人民医院、南桐矿业公司总医院为天然气事故伤病员定点救治医院；定向择优招聘乡镇卫生院工作人员 65 人（中专学历 47 人，大专 18 人）。

2011 年 2 月，批准南桐矿业公司总医院撤销红岩分院，设红岩卫生站；批准区人民医院病床增至 500 张。4 月起，区内医疗机构出生医学证明实行网络打印填写，取消手工填写。是月 27 日，通报区人民医院“2·10”医疗纠纷处理结果。5 月，批准区中医院开展美容皮肤业务。9 月，批准区精神病传染病专科医院增设综合内科。10 月，批准万盛博爱医院保留原门诊部。

二、农村卫生及个体医疗管理

1980 年 11 月，南桐矿区政府出台《关于个体开业行医人员管理实施细则》《关于个体行医人员暂行管理办法》，规定个体行医人员的开业条件、审批手续、业务、管理等。是年，发放第二批乡村医生证书。

1988 年 7 月，南桐矿区建立农村卫生协会，将驻区厂矿医院、区属医疗卫生单位和乡村卫生人员纳入其中。11 月，规定个体开业医师、中医师承担初级卫生保健任务，全民所有制和集体所有制卫生机构在职人员不得申请开设个体诊所。

1993 年，整顿、验收全区 87 所村卫生室（甲级 26 个，乙级 61 个），基本实现处方、门诊登记、工作制度、用药统一。农村卫生室还承担农村儿童计划免疫、妇幼保健以及配合村委会宣传计划生育工作。

2006 年 6 月，乡村医生学习《乡村医生（中医）药知识与技能基本要求》和《乡村医生（西医）中医药知识与技能基本要求》，并作为对乡村医生的考核内容。11 月，经区卫生局批准核发执业许可的个体医疗机构，可申请办理输液许可证；个体从业人员取得助理医师以上资格，并经卫生行政部门注册者，可核发输液许可证。是年，全区有乡村医生 162 人，其中西医 155 人（助理医师 9 人），中医 7 人。

2008 年，万盛区实施农村卫生人员中专学历教育，因条件限制，仅 7 人报名。是年，区人民医院、区中医院和区妇幼保健院培训乡镇医院医护人员，主要培训内、外科、妇产科，4 人参加。

2009 年，全区有执业注册的乡村医生 153 人。

2010 年，南桐镇金龙村、沙坝村和万东镇新田村等 10 个村卫生室达到规范化村卫生室标准。是年，全区有乡村医生 155 人（大专学历 2 人，中专 123 人，高中 10 人，初中 15 人，小学 5 人），其中 142 人有执业资格证。

2011 年 4 月，7 个镇的 13 个村卫生室达到规范化村卫生室标准。是年，全区制订《万盛区村卫生站及乡村医生管理办法（试行）》《重庆市万盛区卫生局关于对超龄乡村医生进行生活补助的通知》等文件，落实乡村医生待遇和养老保险，解决农村医务人员的后顾之忧。

第二节　药政管理

1986 年 5 月，南桐矿区开始执行《晚期癌症病人申领麻醉药品供应卡的暂行规定》。医疗单位凭区卫生局开具的镇痛专用麻醉药品通知单，办理镇痛专用麻醉药品供应卡，到区卫生局指定医疗单位领取。7 月，制订《药品管理程序》，在全区医疗单位试行；建立中药饮片炮制加工工艺流程。9 月，规范购药渠道，严禁农村医疗卫生单位从私人手中购买药品。12 月，建立聘任药品监督员制度。

1987年，各医疗单位设药品检查员，定期报验、抽检生产、经营单位和医疗卫生单位的药品，并定期发布质量公报。

2001年4月，全区整治医疗机构购销中的不正之风，从源头上杜绝非法药品进入。12月，重庆市食品药品监督管理局万盛区分局成立，负责全区药政管理。是年，全区查出不合格药品41件，没收价值5.25万元的不合格医疗器械，罚款2.54万元。

2002年，区人民医院、南桐矿务局总医院及其南桐分院停止配制大容量注射液，并拆除生产设备。

2003年，全区重点检查防治非典型肺炎药械进货渠道、购进记录、质量，规范区医疗单位汤药剂煎制，监督检查防治非典型肺炎药品价格，防止趁机涨价。

2004年，全区建设农村药品供应网络，设立16个村级药柜。

2006年，全区建立区特殊药品监管网络，实现全过程监管。

2007年2月，全区要求严格核定医生使用他达拉非的处方权。5月1日起，各镇卫生院、各村卫生室执行药品器械询价制度，实行统一配送、统一管理。10月，印发《关于加强门诊精神药品处方管理的紧急通知》，规定不得以满足患者需求为由单独为患者开具超过3天的一类精神药品或7天以上的二类精神药品处方；门诊医师开具精神药品处方，必须书写处方量、服用方法、剂量，其中服用方法、剂量必须用中文书写，同时向患者或家属口头交代；各医疗机构门诊不得向无监护人陪护且未满18周岁的青少年开具精神药品处方。是年，全区药品、器械监督检查146次，检查生产、经营使用单位846家次；开展药品经营质量规范跟踪检查和零售药店专项整治；专项检查狂犬疫苗、人血蛋白、广东百易静注人免疫球蛋白和中药非法添加药物等。

2008年1月，全区加强医疗机构麻醉药品和精神药品管理，防止麻醉、精神药品从医疗机构流入非法渠道。12月，未批准桐君阁大药房万盛区和济堂设置中医坐堂医诊所的申请。

2009年3月，规定各医疗单位与药品（卫材）供货商签订购销合同时，必须同时签订廉政协议书。是月，批准博爱医院麻醉和精神药品使用权。5月，批准金桥镇卫生院麻醉和精神药品使用权。6月，区妇幼保健院拆迁重建，其剩余的麻醉和精神药品移交区人民医院使用。7月，批准石林镇卫生院麻醉和精神药品使用权。11月，指定区精神病传染病专科医院为收治甲型流感病人定点医院，药品购买和储存单位为区精神病传染病专科医院和区人民医院。12月，批准仁爱医院麻醉和精神药品使用权。

2010年11月，全区启动国家基本药物制度，在各镇卫生院、社区卫生中心基本药品实行无利销售，同时规定中心卫生院、社区卫生机构使用非基本药物的销售金额不得高于该单位药品销售总金额40%，一般镇卫生院不得高于30%。

2011年5月，全区计划用3年或更长时间在全区所有医疗机构开展抗菌药物（重点是抗生素）临床应用的专项整治工作。7月，区卫生局与区各医疗机构签订抗菌药物临床合理应用责任状，将住院患者抗菌药物使用率控制在60%内，门诊处方比例控制在20%内，抗菌药物使用强度40DDD以下（DDD表示限定日计量）。6月，全区55个村卫生室和17个地名卫生室实施国家基本药物制度，执行无利润销售。8月，印发《万盛区乡村医生基本用药目录（试行）》，分化学药品和生物制品，中成药2部分，共260种。

第三节　人事分配制度改革

1987年4月至1989年10月，全区实施医疗卫生领域职称改革。改革后，全区医疗卫生领域有高级职称10人，中级职称70人，初级职称356人。是年，区人民医院、区中医院试行技术经济承包责任制，按照“国家、集体、个人一起上”的办医方针，在以全民所有制为主体的前提下，支持各行业、部门、集体、个体办医。

1988年年初，全区卫生机构管理体制改革，乡镇卫生院移交乡镇政府管理。

1991年，全区安排13名医务人员到乡镇卫生院，并为乡镇卫生院定向委培一批学员，毕业后定向分配到乡镇卫生院工作。

1992年，实施卫生改革。下放干部人事管理权限，归口、分级管理医疗卫生单位的干部，医疗单位有权在定编范围内有计划地招聘专业技术人员，也有权解聘严重违纪人员；逐步建立起干部能上能下、工人能进能出、能工能干的用人制度，科室以上中层干部实行聘任制；实行“增人不增资、减人不减资”的工资总额包干，制订岗位技能工资、职称工资、效益工资等多种形式的内部工资制度，破除“铁工资”，分配自主、以收减支，收支平衡后节余的30%作为奖金分配。

1994—2005年，全区深化区卫生系统内部管理体制和人事分配制度改革。各医疗单位在确保国有资产不流失的前提下，实行“一院两制”或“一院多制”、股份制、租赁等管理体制；在劳动人事制度上，推行干部聘用制和工人合同制；实行工资总额与效益挂钩浮动，以效益工资为主体的分配制度。

2007年1月，区卫生局首次面向社会公开招聘卫生事业单位专业技术人员，涉及临床医学、预防医学、护理、医学检验、卫生检验等专业。3月21日，面向社会招聘丛林镇卫生院院长。8月22日，招聘29人到各医疗卫生单位工作。

2008年，全区公开招聘46人到区人民医院、区中医院、区疾控中心、区乡镇卫生院工作，解除7人的聘用合同。

2009年4月，各医疗卫生机构临聘人员（具有中专及以上学历）实施人事代理制度。5月，全区医疗卫生系统全面开展竞争上岗。8月，各医疗卫生机构清理在编不在岗人员。

2010年3月，医疗卫生机构临聘人员实行备案管理制度，每年备案4次（3、6、9、12月末）。4月，区机构编制委员会批准乡镇卫生院承担公共卫生、基本医疗、综合管理3项服务职能，经费由财政差额拨款改为全额拨款，核增全额拨款事业编制100人，共271人（南桐镇中心卫生院55人，青年镇、关坝镇中心卫生院各42人，万东镇中心卫生院36人，金桥镇、石林镇、丛林镇、黑山镇卫生院各24人）。8月，规定奖励性绩效工资要向一线、关键岗位业务骨干和有突出业绩的工作人员，承担疾病防治、突发公共卫生事件处置与救治、环境恶劣和现场工作岗位、承担公共卫生服务岗位倾斜。

2011年5月，全区确定公共卫生与基层卫生事业单位负责人绩效考核奖励标准，确定二、三、四类医疗卫生津贴标准。二类每人每月（下同）12元，三类9元，四类6元。是月，明确区人民医院、区中医院在基础性绩效工资中再提70%纳入考核，工资固定部分和考核部分的比例为18 ∶ 82。

第三章　医疗技术与服务

第一节　中医

1986年，全区有南桐矿区中医院1所中医医院，有住院床位30张，各乡卫生院设有中医科室；

全区中医药从业人员 177 人，其中中医师 17 人，中医士 56 人，中药师 2 人，中药士 26 人，药剂人员 52 人；中医业务有内科、儿科、妇科、外科、骨伤科、推拿按摩、针灸和痔瘘等。

1989 年 3 月，区中医院开始临时配制肝炎合剂。是年，为培养中医函授大学生举办短期培训班，培训学生 100 余人次；为米雪岚、邓寿康、温炳文、刘继凡、高济民等 5 名老中医配备助手 6 人；米雪岚著《医话》收入重庆市名老中医经验选编；区中医院主治医师蒋文逸研究的结膜肠炎汤剂开始临床应用。

1990 年后，区中医药事业发展受卫生改革和自身特点影响，区人民医院等部分医疗单位因无中医专业人员，中医门诊曾一度停诊。区中医院中医优势也逐渐减弱。1995 年，区中医院陈思文被评为重庆市名老中医。1997 年，区中医院被卫生部授予二级乙等医院资质。

2005 年，全区有万盛区中医院 1 所中医院，设有中医门诊的综合医院 3 所、镇卫生院 5 所，个体中医诊所 4 所，中医药从业人员 321 人（中医师以上职称 21 人，中药师 17 人，中医士 86 人，中药士 72 人），中医业务以内科、儿科、妇科、外科、骨伤科、推拿按摩、针灸和痔瘘为主。

2006 年，区中医院与重庆鹅岭骨质增生专科医院横向联合开办骨质增生专科，与渝中区中医院联合开设肿瘤专科，与重庆中药研究所合作开设乙肝专科。2006—2007 年，石林镇、南桐镇、黑山镇卫生院相继开设中医科或中医理疗科。

2008 年，公开招聘中医学本科毕业生 3 人从事中医临床。

2009 年 3 月，区中医院结合万盛区病原特点选择性推广治疗慢性支气管炎、慢性疲劳综合征、肩周炎、髌骨软化症、脑卒中肢体偏瘫、急性期骶髂关节小错缝、寒湿性膝关节炎等疾病的中医治疗技术项目。10 月 30 日—11 月 3 日，区中医院为全区 36241 名中小学师生调配 2196 剂（每剂可供 50 人服用 1 天），近 10 吨的中药汤剂，预防甲型 H1N1 流感。是年，招聘中西医结合专业本科生 4 人到区中医院工作；区中医院开设康复理疗科、皮肤美容科、身心疾病科，添置牵引床、针灸治疗仪、颈椎牵引器、中频治疗仪等医疗设备；青年镇中心卫生院开设疼痛科，运用神经阻滞、针灸、红外线治疗仪及药物治疗四肢关节疾患、软组织挫伤及颈椎病、腰椎间盘疾患所致疼痛、头痛、三叉神经痛等疑难杂症的顽固性疼痛。

2011 年，区属医疗单位有中医药人员 42 人（不含乡村医生），其中副主任中医师 4 人，主治中医师 8 人，中医师以下人员 92 人，主管中药师及药士 14 人；南桐矿业公司总医院有副主任中医师 1 人，主治医师 1 人。

第二节　西医

一、内科

1985 年，区内医院内科为大内科性质，没有二级科室，床位 206 张。1986 年 1 月，区人民医院儿科被并入内科。5 月，南桐矿务局总医院内科学科带头人李兴禄组建胃镜室并用于临床。

1988 年 8 月，南桐矿务局总医院率先在全市厂矿卫生系统开设神经内科。10 月，开设内科纤支镜室。

1990 年，南桐矿务局总医院组建内科血液病室，开展骨髓涂片及组织化学染色检查。该科室在慢性肺心病并发呼衰、心衰及多器官衰竭、钩体病肺弥漫性大出血型、支气管哮喘持续状态、大咯血、急性白血病等多种复杂疑难杂症的救治上获得成功。

1991 年 7 月，南桐矿务局总医院南桐分院内科开展自体血光量子辐射治疗新发偏瘫疾病，疗效显著。

是年，区人民医院成立神经内科，与五官科同一护理单元，设病床 15 张。

1992 年 10 月，南桐矿务局总医院开设内科二级科室，按病区、病种要求，将内科分为内一科、内二科，并把神内科改为内三科，将原设在内科的儿科专科病房独立分设儿科。分设后内一科编制床位 40 张，主治呼吸系统、血液系统、内分泌系统及代谢系统病变等疾病；内二科编制床位 40 张，主治心血管疾病、肾脏内科疾病，设置冠心病监护病房（CCU）病室 1 间、透析病房 1 间；内三科主治脑血管、中枢神经系统、周围神经、脊髓疾病以及各种原因引起的颅内高压综合征（脑外伤除外），各种颅内感染和植物神经系统疾病等。

1994 年 2 月，区人民医院神内科被并入内科。是年，南桐矿务局总医院设立内四科，主要收治呼吸、循环、消化、泌尿系统慢性病患者；内三科开展星状神经节阻滞结合药物、心理疗法，治愈率 95% 以上。

1995 年，区人民医院分设内二科，并将儿科分离至内二科。

1996 年，区人民医院调整科室设置，将内科分设为 3 个病区，各病区下设若干专业组。内一病区设心血管、呼吸、血液、泌尿专业组，内二病区设儿科、神经、消化、内分泌专业组，内三病区设传染病专业组（由原传染科改设）。

1997 年年初，南桐矿务局总医院内四科增设中西医结合病房，内四科编制床位 40 张，设消化、肿瘤专业组，主要收治各种消化系统疾病、肿瘤及各种中毒性疾病。

1999 年 3 月，区人民医院开设甲状腺专科门诊，开展三碘甲状腺原氨酸（T3）、四碘甲状腺原氨酸（T4）、促甲状腺激素（TSH）放射免疫测定及碘—131（Ⅰ 131）治疗吸收率测定。是年，南桐矿务局总医院内四科开展腹膜透析治疗中毒患者技术。

2001 年，区人民医院内一科配置呼吸机、纤支镜等设备；南桐矿务局总医院内四科采用 B 超引导无水乙醇局部注射治疗肝癌技术。

2002 年 7 月，区人民医院调整内科科室设置，设内一科（含呼吸、消化、感染等专业）和内二科（含心、肾、神经、内分泌等专业）。8 月，区人民医院内科设置糖尿病专业组，开设糖尿病专科门诊；10 月，开展人工胰岛素注射、体外反搏术等技术；11 月，开展糖尿病血糖曲线测定与分析。是年，南桐矿务局总医院内一科创建区内首个呼吸重症监护病房（RICU），开展经 CT 引导肺穿活检术等技术；内四科开展重症胰腺炎的内科治疗、胃镜局部微波烧灼及注射化疗药物治疗晚期食道癌、内镜直视下治疗上消化道出血等技术。

2003 年 2 月，区人民医院内二科开展肿瘤化疗、抗生素射流雾化在呼吸道的运用等技术；4 月，儿科再次从内二科分离为独立一级科室。是年，南桐矿业公司总医院内一科开展经纤支镜肺癌局部化疗介入技术，引进区内首台胰岛素泵治疗糖尿病及并发症等新业务技术；内四科开展经股动脉局部灌注化疗药物及栓塞治疗原发性肝癌、无痛胃镜在上消化道疾病中的临床应用等技术。

2004 年 1 月，区人民医院内二科开展抗凝治疗冠心病技术。是月，甲状腺专科门诊使用病情计量纠正计算Ⅰ 131 治疗甲亢、葡萄糖耐量试验（OGTT）及血糖曲线测定；5 月，开展人绒毛膜促性腺激素（BHCG）、甲状腺微粒体抗体（TMA）、抗甲状腺球蛋白抗体（TGA）测定。是年，南桐矿业公司总医院内四科临床应用结肠运输技术。

2005 年 1 月，区人民医院甲状腺专科门诊开展性激素全套测定。是月，南桐矿业公司总医院内四科成功救治 13 例急性亚硝酸盐中毒病人。是年，南桐矿业公司总医院开展经结肠治疗仪治疗炎症性肠病技术

2010 年 7 月 12 日，区人民医院内二科开展血液透析术。8 月 1 日，在重庆医科大学附属第一医院血管外科专家全程指导下，区人民医院内二科为两名血透病人实施前臂动静脉造瘘术。

二、外科

1986年年初，南桐矿务局总医院和南桐矿区人民医院2所医院可开展胸腔、头部、器官修补（摘除）、脊椎修复、断肢再植等高难度手术；全区各医院均设外科门诊，并能做一般性清创缝合。7月，南桐总医院副主任医师赵玠首次在区内开展直肠癌根治术。9月，主治医师卢天俊首次在开展急性坏死性胰腺炎漂浮法手术。12月，赵玠、卢天俊首次在区内开展肺修补术、肋骨切开复位术等手术。是年，南桐矿务局总医院、区人民医院等7所医院设有外科专科病房，有床位174张。

1987年11月18日，南桐总医院外科为1名车祸伤员施行纵隔气肿引流、肺破裂修补、肺大泡结扎、胸骨肋骨折内固定术等手术；12月，开展心室破裂修补、肺破裂修补术。

1988年4月，南桐总医院外科收治大面积烧伤患者（烧伤面积达50%以上或Ⅲ度面积达30%以上），并行早期切削痂植皮术。

1991年5月，南桐总医院开展乳腺癌改良根治术。是年，区人民医院外科翟建明开展颅骨骨板吻合术新技术，恢复和新开脑外科手术、颅骨缺损修补、前列腺、甲状腺切除术，改进脑外伤术式。

1992年，南桐矿务局总医院外科分为外一科、外二科。外一科设创伤专业组、骨科专业组，并设有重症监护病房（TCU）。创伤专业组主要开展开颅探查、硬膜外、硬膜下、颅内及后颅凹血肿清除术；上矢状窦结扎修补术、大脑脑叶切除术、颅骨缺损修补术等；剖胸探查、肺修补、肺叶切除、胸膜剥脱术、心包剥脱术，心脏修补术；外伤性胰十二指肠切除，脾及半脾切除脾修补、外伤性膈疝修补，肝破裂修补、不规则肝叶切除、肠破裂修补、肠切除吻合、胃部分及全胃切除、经腰经腹肾切除、肾修补、输尿管吻合术等。骨科专业组主要开展四肢骨折内外固定，死骨清除植骨术、四肢血管损伤修补或吻合术、断肢再植术、人工股骨头置换、椎管内肿瘤切除、脊髓探查减压内固定术、椎间盘摘除、骨结核病灶清除术等。外二科设普外、泌尿2个专业组，并开设肝胆、烧伤、小儿外科专业，主要手术种类有近全胃切除、胃癌根治性大部分切除、乳腺癌根治切除、结肠造瘘、直肠癌根治术、经十二指肠oddi括约肌（胆管末端和胰管末端的环形平滑肌与胆胰壶腹周围的环形平滑肌）切断术和成形术、胆肠吻合术、肝脾破裂修补、前列腺摘除、尿道瘢痕修补、膀胱肿瘤切除术等，烧伤外科能开展大面积烧伤患者抢救治疗、早期切削痂、植皮手术。

1993年12月，区人民医院外科分为外一科、外二科。外一科为普外科，外二科为创伤科。是年，区人民医院外科医生王红旗开展食道癌切除术（颈胸段），胡志贤开展人工股骨头置换术。

1994年，区人民医院外二科医生翟建明施行颅前中窝血肿清除术；外一科医生张能振主刀施行保肛直肠癌根治术。

1995年5月，区人民医院外二科医生翟建明实行椎管内肿瘤切除术。

1996年4月，区人民医院外二科成功抢救1名心脏破裂伤员，填补区内同类创伤抢救空白。5月，南桐矿务局总医院外一科开展椎管内肿瘤摘除术（T12节段～L1节段脊髓膜良性肿瘤）。

1997年4月，南桐矿务局总医院成功完成1例左腕完全离断伤断肢再植术。5月，开展人工股骨头置换术。8月，开展上矢壮窦破裂修补术（特急特重型颅脑伤），并开展重症颅脑伤监护治疗（ICU），包括颅内压监测、肝破裂修补术等。1999年，外二科医师杨兵施行膀胱输尿管再植术、尿道瘢痕狭窄切除吻合术。2000年11月，南桐分院外科杜冀桐主刀完成一例特急特重颅脑伤、部分脑叶切除术。2001年，外二科医师胡冶凌等开展胃癌D2式规范根治术、低位直肠癌根治保肛手术、左半侧结肠癌伴梗阻Ⅰ期切除吻合术、直肠癌经腹会阴根治术。2002年，完成纤维结肠镜下大肠息肉、腺瘤的电凝电切术、肝叶部分切除术等。2003年，外二科开展经尿道前列腺汽化电切术。

2004年5月17日，区人民医院医生高阳为一患者摘除腹腔10千克肿瘤。10月，南桐矿业公司总医院外一科引进胸腔镜、关节镜手术。该院外二科先后开展胰十二指肠切除术、胆肠R—Y吻合术、胆道镜的临床应用、腹腔镜胆囊切除术、小儿先天性巨结肠根治术、小儿先天性无肛手术等技术。2005年，该科室开展经尿道输尿管镜下气压弹道碎石术和全肾切除术。

2006年11月，区人民医院外一科成功为1名患先天性肛门闭锁伴直肠会阴瘘（异位肛门）的女婴（8个月）实施手术。是年，区人民医院外一科开展内痔、直肠全脱硬化治疗，医生程红刚开展首例前列腺汽化电切术。

2008年11月，区人民医院外二科设置ICU病房，床位6张，配备医师2人，护理人员6人。

2009年2月26日，区人民医院外一科医生高阳、游炯成功实施1例腹腔镜下脾脏假性囊肿开窗引流术。6月，区人民医院在外二科ICU病房基础上，设置独立ICU单元（外二科代管），床位增至8张。是年，该院率先在区内成功实施PCNL（经皮肾镜取石）手术。

2010年2月24日，区人民医院成功救治1名心脏被刀刺穿患者。4月4日，外一科成功实施1例后腹腔镜下左肾切除手术，为区内首例微创肾切除手术。

三、妇产科

1986年年初，南桐矿区人民医院、南桐矿务局总医院设有妇产科，部分乡镇卫生院设有妇产科门诊，负责接生和一般妇科疾病处理；全区医院设有妇产科专科病床近100张。8月，区人民医院曾庆固医生负责研制的不锈钢宫腔形宫内节育器获国家计划生育委员会科技进步三等奖和十二省市宫内节育器流行病学调查的国家二级成果奖。

1987年2月，南桐矿务局总医院妇产科医师刘桂兰为一患者切除13.3千克卵巢囊肿。1988年，该科室该开展B超临床监测高危妊娠者。1989年，立项开展计划分娩，观察预产期超过40周的孕妇，降低过期妊娠剖宫产率和围产儿死亡率。

1991年，区人民医院妇产科医生蒋亚非开展腹膜外剖腹产手术，填补该院此项手术空白。是年，该科室为一高龄巨大卵巢肿瘤伴胆道疾患病人成功施行肿瘤摘除术。

1992年，南桐矿务局总医院妇产科开展卵巢成熟性畸胎瘤剥出术。是年，区人民医院妇产科开展腹膜外子宫全切除术、广泛性子宫切除 + 盆腔淋巴清扫术等手术。

1993年，南桐矿务局总医院妇产科开展前庭大腺囊肿、脓肿造术，防止前庭大腺囊肿、脓肿复发。

1995年4月，区人民医院妇产科医师涂江莲实施首例经阴道子宫全切除手术及阴道前后壁修补术。1998年11月，涂江莲先后开展腹腔镜下子宫次全切、子宫三角形切除、卵巢囊肿剥除、输卵管开窗取胚术、输卵管造口成型术等，首次在万盛、綦江、南川片区妇产科实施微创手术先例。

2000年，南桐矿务局总医院妇产科副主任医师陈洪美施行子宫颈癌根治术。

2004年，南桐矿业公司总医院妇产科开展卵巢癌根治术。2005年，开展非脱垂子宫阴式切除术。

2008年1月，区人民医院妇产科医生涂江莲在全区开展首例宫腔镜检查及宫腔镜下内膜息肉摘除术、宫腔粘连分离术、宫腔异物取出术、嵌顿性宫内节育器取出术，并逐渐开展宫腔镜下黏膜下肌瘤电切术、宫腔粘连电切分离术。12月12日，涂江莲成功实施首例腹腔镜输卵管吻合再通术。

2009年，区人民医院妇产科开展非子宫脱垂的新阴式子宫切除、子宫肌瘤剥除术、卵巢囊肿剥除术等妇科微创技术。

2011年7月，南桐镇卫生院获开展剖宫产手术资质。

四、儿科

1985年，区人民医院设有儿科一级科室，南桐总医院在内科设有儿科病床，2所医院有专科病床26张，区内其他医院均有儿科门诊。1986年1月，区人民医院儿科与内科合并。至此，区内无专门儿科专科。

1992年10月，南桐矿务局总医院设置独立的儿科，床位20张。1993年，该科室开展大剂量安定治疗新生儿破伤风技术。

1995—2003年，区人民医院儿科改设在内二科，仍以儿科专业组形式设置，设有专科病床。在此期间，区人民医院儿科开展静脉高效丙球治疗多种疾病、激素冲击疗法治疗难治性肾病以及各种类型癫痫治疗等技术；南桐矿务局总医院儿科开展酚妥拉明间羟胺治疗毛细支气管炎、丙种球蛋白和阿司匹林联合治疗川崎病、小儿实用血气及酸碱失衡判断、万托林辅舒酮联合吸入治疗儿童哮喘、小儿中枢神经系统疾病的诊治、鼻塞—面罩持续正压给氧（CPAP）治疗小儿呼吸衰竭、儿童哮喘的阶梯式治疗、儿童糖尿病酮症酸中毒的抢救与治疗等技术，并实施医患沟通制，组建新生儿病房。

2003年4月，区人民医院组建儿科一级科室。

2004—2005年，南桐矿业公司总医院儿科先后开展静脉内注射免疫蛋白（IVIG）治疗新生儿溶血症、丽珠赛乐复方丹参联合治疗新生儿缺氧缺血性脑病等技术。

2010年1月，区人民医院成功抢救一名孕龄仅28周、体重只有1300克的早产儿。

五、传染科

1986年年初，区内8所医院设有传染病科门诊或病房，以南桐矿务局总医院塔山分院结核科和区人民医院传染科为主，有专科床位104张，分肝炎科、结核科。

1991年，塔山分院结核科采用短程化疗方案（即以异烟肼+利福平+吡嗪酰胺+乙胺丁醇或链霉素为主）治疗结核病，疗程为6—9个月，尽可能不住院，以减轻病人精神和经济负担。

1995年，区人民医院传染科改设在内三病区，只保留有一定数量传染病专科床位。

1997年，塔山分院结核科开始将新药用于结核病化疗，采取在原化疗方案的基础上加用氧氟沙星、力克肺疾等新药，复治肺结核、Ⅱ型肺结核、肺外结核，Ⅳ型肺结核患者，采取鞘内给药强化治疗结核性脑膜炎。

2003年，区人民医院传染科改设在内二科。是年，防治“非典”期间，万盛区政府在塔山分院设立“非典”防治隔离病房，隔离治疗发热患者18人。2004年，防治人感染禽流感期间，隔离治疗患者10人。

2005年4月，区内小范围发生流行性脑脊髓膜炎疫情。区人民医院传染科收治患者8人（痊愈出院），并成功抢救1例流行性脑脊髓膜炎重症患儿。8月，区人民医院建成传染病病房。是年，区内仅有塔山分院设有传染病科室，设床位70张（结核科40张，肝炎科30张）。区人民医院无传染科，但在内科设有少量传染病专科床位。其余医疗单位仅设有以肠道传染病为主的专科门诊。

2008年4月21日，南桐矿业公司总医院塔山分院更名万盛区精神病传染病专科医院；区人民医院撤销传染病区，保留门诊传染病科牌子，肝炎病人和肠道传染病人由内一科收治。

六、五官科

1985年，区人民医院设立五官科，有病床15张。1986年年初，全区有7所医院开设五官科门诊，其中区人民医院、南桐矿务局总医院设有五官科专科病房，有床位28张。

1988年，南桐总医院五官科开展上颌窦根治+筛窦切除+鼻腔肿瘤切除术。1990年，开展结膜瓣修补+人工瞳孔联合治疗角膜穿孔术。

1991年，区人民医院五官科开展白内障现代囊外摘除和重睑整容术。是年，南桐矿务局总医院五官科床位增至18张，并开展视网膜脱离治疗手术。

1993—1995年，南桐矿务局总医院五官科开展白内障囊外摘除+人工晶体植入术；区人民医院五官科开展白内障现代囊外摘除+人工晶体植入术和三角巩膜瓣下小梁网咬切联合白内障现代囊外摘除术。

1996年，南桐矿务局总医院五官科开展青光眼小梁切除术后眼压观察术和鼻息肉摘除+中鼻甲切除+筛窦刮除术。

1999 年，区人民医院五官科开展鼻内窥镜微创手术。

2005 年，南桐总医院五官科开展骨水泥修复眼眶骨折手术和支撑喉镜下声带（肿瘤）显微摘除术；区人民医院五官科开展显微镜下支撑喉镜手术。

七、神经、精神病科

1978 年，区人民医院开设神经内科门诊。1984 年 8 月，南桐矿务局总医院塔山分院开设精神病科。1985 年 11 月，区卫生局与丛林乡政府合资，将丛林乡卫生院扩建成南桐矿区神经精神病防治院，设精神病床 50 张，神内科床 20 张，综合性病床 30 张。

1986 年年初，区人民医院、区神经精神病防治院、南桐矿务局总医院及其塔山分院等 4 所医院开设有神经内科或精神病科门诊，共有神经精神病专科床位 120 张，其中区神经精神病防治院有神内科床位 20 张、精神病科床位 50 张，南桐矿务局总医院塔山分院精神病科有床位 30 张，区人民医院专科床位 20 张。

1988 年 8 月，南桐矿务局总医院开设神经内科，设床位 19 张。1990 年 6 月，撤销区神经精神病防治院，神经精神病专科被并入区中医院，设精神病专科，有床位 38 张。1991 年，区人民医院设神经内科，病床 15 张。

1992 年 10 月，南桐矿务局总医院神经内科改为内三科。1994 年 2 月，区人民医院神经内科被并入大内科。

2008 年 4 月 21 日，南桐矿业公司总医院塔山分院更名万盛区精神病传染病专科医院，设精神病一科（床位 55 张）、二科（床位 45 张），有医护人员 26 人。4 月 28 日，区中医院精神病科将 20 名精神病患者转入区精神病传染病专科医院。5 月 8 日，区中医院撤销精神病科。

八、麻醉科

1986 年年初，区内未设置麻醉科一级科室，各医疗单位麻醉及手术室均由外科管理，区人民医院、南桐矿务局总医院及南桐分院等单位设有专职手术室主任或护士长。

1992 年 10 月 28 日，南桐矿务局总医院开设麻醉手术科，开设疼痛专科病房，有医护人员 12 人。1997 年 2 月，撤销麻醉手术科，设麻醉科、手术室。

1999 年，区人民医院开设麻醉科，有医技人员 14 人。

2005 年，全区有区人民医院、南桐矿务局总医院及南桐分院 3 所医院开设麻醉科，有普通麻醉机、多功能综合麻醉机、电动呼吸机、喷射呼吸机、多功能呼吸机、多功能心电监测仪、无创血压脉搏监测、脉搏氧饱和度监测等技术设备，能开展腰硬联合麻醉、全麻联合硬膜外麻醉，颈内静脉、锁骨下静脉、股静脉、桡动脉、足背动脉置管，有创血压、控制性降压、呼气末二氧化碳、麻醉气体等监测、血液保护、呼吸循环功能监测技术，危重（ASA Ⅲ级以上）病人麻醉处理等技术，并具备对严重休克、急性呼吸窘迫综合征（ARDS）、心衰、多器官衰竭及心肺脑复苏监测、抢救能力；4 所镇卫生院配置有专业麻醉人员。

2008 年，南桐矿业公司总医院麻醉科开展上肢远端神经阻滞技术项目，可满足普外、胸外科、颅脑科、神经外科、五官科、儿科、泌尿科、烧伤和妇科等各专科及危重病人急救要求。

九、疼痛科

1990 年，南桐矿务局总医院在区内率先开设麻醉科疼痛专科门诊，开展硬膜外填充治疗腰腿痛技术。1992 年，麻醉科开设疼痛病房，有病床 7 张，开展骶裂孔置管注药治疗腰突症等技术。1997 年，开展常见疼痛非手术现代疗法。1998 年 10 月 8 日，组建疼痛治疗专科，设床位 21 张，开展 CT 引导胶原酶溶解术治疗椎间盘突出症技术。2001 年，开展砷化镓激光治疗颈、肩、腰、腿痛技术。2003 年，开展腰大肌肌间沟阻滞治疗腰腿痛技术。2004 年，开展椎体成形术治疗骨质疏松所致椎体骨折应用研究和醒脑开窍新针疗法治疗中风偏瘫技术。

2006年，区人民医院开设疼痛科，有病床10张，归外二科管理。7月，将针灸科划入疼痛科。

第三节　中西医结合

1986年年初，区内各医疗单位都不同程度开展中西医结合，主要体现为西医医生基本上都掌握中医药的基本理论和用药方法，能结合临床使用部分中成药或临床方剂。

1990年后，随着中医优势逐步弱化以及中医自身发展需要，中西医结合速度加快，主要表现为中医向西医化发展，中成药在临床上得到更广泛应用，中药饮片临床配方相对减少。1997年年初，南桐矿务局总医院开设中西医结合病房，主要收治呼吸、循环、消化、泌尿系统慢性病患者。

第四节　急救

1985年4月，南桐总医院设立急救室，配置内科、外科、妇产科和五官科等科室医生3～5人，护士2人。区内其他医疗单位门诊设有夜间急诊。

1995年，区人民医院急诊工作主要由内外科医生在门诊轮转承担，120急救电话由院总值班或者救护车司机接听，一般病员由救护车司机独自一人转运回医院，危重病员由总值班临时调配相应科室医生护士出诊。

1997年2月24日，南桐矿务局总医院开设急诊科。2002年，区人民医院开设急诊科。

2004年3月，南桐矿业公司总医院急诊科添置救护车，开设120急救绿色通道。12月，区人民医院住院医师均须到院前急诊科定期轮转，配备可视听诊器、血氧饱和仪等院前急救设备，添置1台新的救护车，为急诊科人员配备手机，组成无线联络系统。

2005年，南桐矿业公司总医院南桐分院、青年地区医院等医疗机构能开展部分相应急诊抢救工作。

第五节　医技

一、放射

南桐矿务局总医院创建为二级综合医院后，能开展消化系统造影、胆道系统造影、泌尿肾盂造影，椎管造影（颈、胸、腰段造影）、子宫输卵管造影（碘油或碘水造影）、支气管造影、脑血管造影、周围血管造影（肋间静脉造影、下肢动脉静脉造影）、各种瘘管造影（窦道造影）、膝关节造影（阴性或阳性造影剂造影）、断层摄影（可行胸肺部支气管，上颌窦脊柱、胆囊、咽喉等部位），高千伏摄影、CT全身部位平扫及增强扫描等。2004年，南桐矿务局总医院放射科获重庆市卫生局授予尘肺片检查资质。

2006年4月，区人民医院购置首台美国通用电气公司8排螺旋CT和日本岛津800毫安数字化X

光机。28日，区人民医院设立影像中心（集放射科、CT室、磁共振室为一体），为綦江—南川片区规模最大、设备最先进影像中心。是月，南桐矿业公司总医院购置德国西门子公司6排螺旋扫描机。是年，区人民医院利用先进设备开展心脏起搏器安装、下腔静脉支架安装、椎管造影、脑血管造影、四肢血管造影、乳腺导管造影等“三甲”医院开展的项目，CT导引下经皮颅内血肿、肿瘤穿刺术，经皮肺、肝、肾等多脏器穿刺术、CT血管造影、CT灌注成像、CT三维成像等。

2008年，南桐总医院放射科开展透视、数字摄片、尘肺高千伏摄片、特殊造影及全身各部位CT平描、增强、三维重建等检查项目。

2009年7月21日，区人民医院购置日立牌0.3T核磁共振机，开展磁共振增加扫描、磁共振脑血管成像、椎动脉成像、弥散成像、泌尿道成像、胰胆管成像、椎管成像、内耳成像等检查项目。

2011年，区人民医院在普通放射方面开展各类透视、数字化摄片、消化道造影、静脉肾盂造影（IVP）、逆行造影、四肢血管造影、子宫输卵管造影、胆道及各类窦道造影及床旁X线检查等；在螺旋CT方面，可开展全身各系统、各部位容积扫描；在磁共振检查方面，可开展全身各部位的扫描，磁共振脑血管成像、磁共振椎动脉成像及弥散成像、水成像、胰胆管成像等。

二、检验

1986年，全区有20所医疗机构开设检验项目，有业务人员45人，其中检验师5人，检验士24人，检验员16人。

1991年，区人民医院检验科开始培养染色体。1992年，购置半自动生化仪1台，可检验生化、血脂、血糖、肝功、淀粉酶、心肌酶谱等项目。1995年，购置电解质分析仪和尿液分析仪，采用电极法测定钾、钠、氯，用干化学法测定尿常规10项常见指标。1996年，可开展PCR定性实验、骨髓检查、铁染色等项目。1997年，购置F820血球仪，血常规检测实现自动化。2001年，购置全自动生化分析仪，开设磷酸酶、谷氨酰转肽酶、胆汁酸、前白蛋白检测项目。2003年，购置过敏源检测仪、微量元素检测仪、半自动血凝仪等设备，开设免疫球蛋白E、总免疫球蛋白E、血浆凝血酶原时间、活化部分凝血活酶时间、纤维蛋白原等和铁、铜、锌、钙、镁等检测项目。2004年，可开展乙肝病毒前S2抗原、甲型肝炎急性期抗体、丙型肝炎由丙型肝炎病毒检测项目。2005年，可开展前列腺特异抗原（PSA）、癌胚抗原（CEA）、衣原体（CT）、支原体（uu）检测。

1992—1995年，南桐矿务局总医院检验科在临床血液、体液、免疫、生化、PCR检验等方面连续获得四川省及重庆市检验室间质量评比合格成果。2005年，检验科设有临床检验组、生化检验组、细菌免疫组、门诊检验组、配血室等专业组5个，可开展血液病及贫血原因检查、体液及排泄物检查、无机离子、酶类、内分泌激素、免疫球蛋白等测定、肿瘤标记物、性病检查、细菌培养鉴定和药敏分析等300余项检验业务；聚合酶链式反应临床基因扩增实验室获卫生部临床检验中心认可。

2008年4月，区人民医院购置奥林巴斯AU400全自动生化分析仪，可开展载脂蛋白A1、载脂蛋白B、前白蛋白、总胆汁酸、铁等的检测。2011年9月，区人民医院购置迈瑞BS800全自动生化分析仪、罗氏E -411全自电化学发光分析仪，可开展胱抑素C、甲功5项、性激素6项、肿瘤标志物2项、唐筛中期2项等检测项目。是年，区人民医院检验科设生化检验、免疫检验、临床血液检验、临床体液检验、临床微生物检验、临床基因扩增检验和血库专业组7个，可展检验项目300余项。

三、特检

1985年，区人民医院将心电图、脑电图、B超检测合称特检。1986年，南桐矿务局总医院购置荷兰SCANNE950型超声诊断仪、上海ND-82B八道脑电图机、KG-2B脑血流图诊断仪。

1988年4月，南桐矿务局总医院开设特检科，增设脑电图、心功能、胃电图检查，开展常规心电图、二阶梯运动试验、胃镜、肺功能、心腹（包括妇产科）超声检查项目。

1990年，区人民医院将心电图室、B超室合并，组建特检科。1993年，购置胃镜、心功能仪、乳腺诊断仪、体外反搏仪等特检设备。

1997年，南桐矿务局总医院购置日本SSA-240B型黑白超声显像仪。是年，特检科可开展心功能、肺功能、电身理（脑电）、超声（A、B型）等全部检查项目。区人民医院将消化内镜室并入特检科，购置冠心病检测仪及动态心电图，开展心电图踏车运动试验。

1998年8月，区人民医院购置区内首台彩超诊断仪（意大利百胜Au3），开展腹部、心脏、妇产科、浅表器官彩超诊断。

2001年1月，南桐矿务局总医院购置美国GE-LOGIQ-400MR3型数字化彩色超声波诊断仪，开展彩色多普勒检查。是年，区人民医院开展超声引导下疑难宫腔残留物清除及取环术。

2002年5月，南桐总医院特检科与内儿科、外二科合作开展彩色超声波引导下行肝、肾治检术及脓肿、囊肿抽吸引流、局部注射药物治疗，电波穿刺注射无水酒精治疗肝癌，电波肾穿刺置管引流术等，疗效较好。是年，区人民医院特检科开展经阴道、经直肠超声检查。

2004年7月，南桐矿业公司总医院购置美国MEIGAOYI-TM-425型运动平板诊断系统、ECLAB型心电综合分析工作站，提高了诊断无症状隐性冠心病的阳性率。是年，区人民医院开展超声引导下肝、肾囊肿穿刺治疗，胸腔穿刺定位。

2005年5月，南桐矿业公司总医院购置北京产NT92-MTD16R型便携式数字彩色电脑地形图仪，开展痫痛等脑电活动异常疾病的床旁检查、诊断。

2006年，区人民医院率先开展宫腔声学造影。

2008年4月，南桐矿业公司总医院购置韩国MEDISON-9900型实时三维彩超诊断仪，可观察胎儿在子宫内活动及状态，是诊断胎儿是否畸形的主要检查手段。是年，区人民医院购置GE-200Por、飞利浦G-20黑白超声诊断仪各1台。

2010年，区人民医院购置意大利百胜Mylab70彩超诊断仪。是年，特检科率先开展胎儿NT（颈项透明层）检查及胎儿脐血流检查。

2011年12月，区人民医院购置意大利百胜Mylab70、Mylab90高档彩超诊断仪、日本光电9020K心电图各1台，开展常规心电图、TCD、彩超检查（腹部、心脏、妇科、产科、浅表器官、腔内）检测。

四、药剂

1985年，全区有区人民医院和南桐矿务局总医院及其南桐分院3所医院可生产制剂，有8所医院能调配西药，卫生院以上医院均能炮制加工中药材；全区医疗单位共有药剂人员170人，其中西药剂师11人，中药剂师2人，西药剂士36人，中药剂士26人，西药剂员43人，中药剂员52人。

1986年5月，南桐矿务局总医院新制剂室投入使用，有40升/时重蒸馏器、消毒柜、微孔滤器（2套）、20升配液桶、真空机（2台）、大输液生产联运线1套、旋光仪、澄检等制剂设备。是年，经区卫生局、区药检所检查验收批准可生产制剂77种（普通制剂56种，输液及注射剂11种，眼用灭菌制剂10种）。

1991年6月5日，区人民医院设药剂科，有调剂室、制剂、药库及中药配方4个专业组。1994年11月，制剂室具备配制大输液、五官科制剂、外用内服制剂和中、小针剂等5类制剂条件。

2002年4月，南桐矿务局总医院停止生产大输液制剂。7月，区人民医院制剂室停止生产制剂。

2006年12月，南桐矿业公司总医院药剂科停止生产普通药剂。

第六节　护理

1986年年初，全区19所医院均开设护理专业，包含内科、儿科、妇科、外科、传染科、五官科、精神病科、中医等各种专科护理和综合性护理，以及门诊注射治疗、清创缝合、病房的基础护理和各种特殊护理，有护理人员445人，其中护师9人，护士179人，护理员239人。

2005年，全区有注册护士364人，其中副主任护师5人，主管护师45人，护师135人，护士179人。区人民医院、南桐矿业公司总医院设有专职护理部，区中医院、南桐矿业公司总医院南桐分院设有专职护理干事，青年地区医院、关坝镇卫生院设有专职病房护士长，其他乡镇卫生院仅能完成基本的住院护理和普通门诊护理工作，无专职护理管理工作人员。

2006年4月27日，万盛区制订《重庆市万盛区护理工作发展规划（2006—2010年）》。2007年7月，要求综合医院总体上护士与床位比为0.6 ∶ 1，其中0.2配置于门诊、急诊、手术室等，0.4配置于病房。

2011年4月，要求各医疗单位在两年内配齐护士，护士与床位比至少达到0.4 ∶ 1。

第四章　卫生防疫

第一节　爱国卫生运动

每逢元旦、春节、“五一”、“十一”等重大节日，区爱国卫生运动委员会都要组织社会各界开展以整治环境卫生为主要内容的群众性卫生运动。

1989年4月，区爱国卫生运动委员会开展南桐矿区第一个爱国卫生月活动。此后，每年都确定一个具有明确活动主题的爱国卫生活动月。

2003年春，全区发出“抵御SARS疾病，保障人民健康”（SARS：非典型肺炎的英文缩写）的倡议，动员城乡各地开展以整治环境卫生为主要内容的爱国卫生运动，重点清除陈旧垃圾和污水沟渠。

2004年4月，全区开展市容整治月活动，重点整治旅游景区、出境公路、施工工地、南桐镇中心片区、红枫A区环境卫生和市容，消除卫生死角。是年，区爱卫会重点整治万盛城区燃煤二氧化硫污染，万盛街道滨江路和红枫小区市容市貌等。

2005年4月，全区专项整治浸水垭、重庆市无线电专用设备厂铁路平交道口等地垃圾死角，清运生活垃圾和建筑渣土18吨。8月，万盛发现霍乱带菌者，区爱卫会组织“整治环境卫生，减少疾病传染”为主题的秋季爱国卫生运动，有效控制霍乱等急性肠道传染病的暴发。

2006年12月，全区开展第17个爱国卫生月活动，完成8700余人口的自来水改水任务，新增沼气用户1500多户。

2009年，全区投放鼠药1000千克，灭鼠面积900万平方米（室内400万平方米，公共场所500万平方米），灭鼠5000余只；印发吸烟有害健康宣传资料约1万份，禁烟标志500份，创建无烟单位18个。

第二节　初级卫生保健

1991年6—8月，全区9个乡镇相继成立初级卫生保健委员会。10月16日，中共南桐矿区委、南桐矿区政府将初级卫生保健纳入政府工作目标。

1993年4月，万盛区政府与各乡镇政府签订初级卫生保健工作责任书，要求各乡镇政府将初级卫生保健工作纳入乡镇社会经济发展规划和目标责任管理，从人力、物力、财力上倾斜，多渠道筹集资金，解决好乡镇卫生院补助经费、初保办公经费和农村卫生工作经费。

1994—1995年，全区初级卫生保健工作进入查漏补缺、自查验收阶段。1995年，青年镇卫生院获重庆市“十佳”乡镇卫生院，万东镇六井村、南桐镇麒麟村卫生室获重庆市“五十强卫生室”称号。

1996年3月，万盛区初级卫生保健工作通过四川省初级卫生保健委员会评审验收。

2001年，国家启动新一轮以农村为主的初级卫生保健规划。万盛区在达标基础上，以农村卫生基础设施建设、儿童计划免疫、妇幼保健，健康教育以及农村改水改厕工作为重点，全面推进目标实现。

第三节　传染病防控

一、计划免疫

1986年，全区计划免疫进入普及阶段，儿童计划免疫接种的疫苗有卡介苗、脊灰疫苗、百白破疫苗、麻疹疫苗和白破二联疫苗，主要预防新生儿结核、脊髓灰质炎、百日咳、白喉、破伤风、麻疹6种疾病。

1988年，全区儿童“四苗”（卡介苗、脊灰疫苗、百白破疫苗、麻疹疫苗）接种率85%，首次通过国家达标验收。

1997年，停止7岁、12岁（农村）儿童卡介苗复种，改为儿童出生后24小时内接种卡介苗。2000年，万盛区将流脑疫苗和乙脑疫苗纳入计划免疫。2003年，万盛区将乙肝疫苗纳入计划免疫。

2005年，全区免费接种一类疫苗（卡介、脊灰、百白破、麻疹、流脑、乙脑、乙肝疫苗）。

2006—2008年，区卫生局调查全区2004—2006年出生的适龄儿童（633人）基础免疫情况，包括儿童人数、建卡率、建证率、卡证填写符合率、卡介苗、脊髓灰质炎、百白破、麻疹、乙肝、乙脑疫苗接种率等内容。

2004—2006年万盛区儿童基础免疫接种情况统计表

表30–1

项目	单位	2004年	2005年	2006年
出生儿童	人	212	211	210
建卡率	%	100	98.57	99.52
建证率	%	85.90	95.73	99.52

续表

项目	单位	2004 年	2005 年	2006 年
卡证填写符合率	%	99.60	96.23	97.61
卡介苗接种率	%	99.06	95.73	100
卡痕阳性率	%	99.10	96.23	97.4
脊灰疫苗接种率	%	95.30	95.26	98.10
百白破疫苗接种率	%	94.30	95.26	98.10
麻疹疫苗接种率	%	98.60	95.26	96.67
四苗全程合格接种率	%	94.30	95.26	95.71
流脑疫苗接种率	%	86.80	85.30	95.71
乙脑疫苗接种率	%	98.10	95.73	95.71
乙肝疫苗接种率	%	96.20	96.21	99.05
首针及时率	%	89.62	91.46	92.85

2009 年，基础免疫接种 28645 人次、平均接种率 97.72%，加强免疫接种 15463 人次、平均接种率 98.86%。其中卡介苗实种 2247 人次、接种率 98.75%，脊灰疫苗接种 7586 人次、接种率 97.91%，百白破疫苗实种 8363 人次、接种率 97.50%，麻疹疫苗（包括麻风疫苗和麻腮疫苗）实种 9541 人次、接种率 99.35%，乙肝疫苗实种 6281 人次、接种率 99.10%，流脑疫苗实种 5333 人次、接种率 97.50%，乙脑疫苗实种 3568 人次、接种率 97.50%（首针及时率 94.67%），白破二联疫苗实种 1216 人次、接种率 93.67%。

2010 年，卡介苗、脊灰疫苗、麻疹疫苗、麻风疫苗、麻腮疫苗、麻腮风疫苗、乙肝疫苗、流脑、乙脑疫苗、精制百白破疫苗、A+C 流脑疫苗和白破二联疫苗等 12 种疫苗共接种 39973 人次，平均接种率 98.60%。其中卡介苗实种 2034 人次、接种率 98.75%，脊灰疫苗实种 7489 人次、接种率 98.61%，百白破疫苗实种 7956 人次、接种率 98.60%，麻疹疫苗实种 3596 人次、接种率 98.35%，乙肝疫苗实种 6289 人次、接种率 99.10%（首针及时率 94.67%）；流脑疫苗（包括流脑 A+C 疫苗）实种 6534 人次、接种率 98.19%，乙脑疫苗实种 4465 人次、接种率 98.51%，白破二联疫苗实种 1610 人次、接种率 98.10%。

2011 年，卡介苗、脊灰疫苗、麻疹疫苗、麻风疫苗、麻腮疫苗、麻腮风疫苗、乙肝疫苗、流脑、乙脑疫苗、精制百白破疫苗、A+C 流脑疫苗、白破二联疫苗和甲肝疫苗等 13 种疫苗共接种 42463 人次，平均接种率 98.78%。其中卡介苗实种 2182 人次、接种率 100%，脊灰疫苗实种 7694 人次、接种率 98.75%，百白破疫苗实种 83756 人次、接种率 98.78%，麻疹疫苗（包括麻风疫苗、麻腮疫苗和麻腮风疫苗）实种 4412 人次、接种率 98.75%，乙肝疫苗实种 6250 人次、接种率 99.20%（首针及时率 95.67%），流脑疫苗（包括流脑 A+C 疫苗）实种 7043 人次、接种率 98.68%，乙脑疫苗实种 3870 人次、接种率 98.65%，白破二联疫苗实种 1075 人次、接种率 99.17%，甲肝疫苗实种 1562 人次、接种率 98.71%。

二、疫情管理

1986 年，南桐矿区建立以区卫生防疫站为信息中心的村、乡镇（街道）、区三级疫情报告管理体系，区卫生防疫站每半年调查 1 次疫情漏报情况，确保全区法定传染报告率在 90% 以上。

2005 年 1 月，全区医疗单位传染病报告网络直报系统建成，各医疗单位配备专用电脑和人员，成为重庆市第一个完成乡镇传染病网络直报系统的区县。

2006—2011 年，全区各医疗单位累计报告传染病报告卡 11438 张，及时报告数 10649 张，及时率 93.1%；每年检查 2 次全区各医疗机构传染病报告情况。

2006—2011 年万盛区传染病报告及报告检查情况统计表

表 30-2

年份	传染病报告				传染病报告检查						
	网报机构（个）	报告卡（张）	及时报告卡（张）	报告及时率（%）	抽查门诊病人（人次）	查出传染病患者（例）	报告传染病患者（例）	报告率（%）	查报告卡（张）	网络录入（张）	网络报告率（%）
2006	16	1645	1564	95.1	106571	497	475	95.6	497	470	94.57
2007	16	2582	2301	89.2	96351	497	472	95.0	497	465	93.56
2008	16	2576	2267	88.0	122571	508	501	98.6	347	341	98.27
2009	16	1674	1605	95.9	166949	341	336	98.5	257	256	99.61
2010	16	1496	1451	97.0	122804	275	274	99.6	274	274	100
2011	13	1465	1461	99.7	210066	303	303	100	292	292	100
合计	–	11438	10649	93.1	825315	2421	2361	97.5	2164	2098	96.95

三、消毒、灭鼠、杀虫

1986—2011 年，区内消毒、灭鼠、杀虫工作主要是以配合爱国卫生运动的方式开展。

消毒　在重大洪灾后和传染性疾病暴发流行时开展，主要使用生石灰粉（水）、漂白粉（含氯制剂）等药物消毒。

灭鼠　1986—1990 年，全区组织开展大规模灭鼠活动 2 次。1991 年起，城区灭鼠活动开展时间统一在每年春秋两季，灭鼠毒饵由区爱国卫生运动办公室统一购买。1998 年起，受企业改制影响，大部分企业的爱卫工作处于停滞状态，影响了灭鼠活动。2001 年后，全区城镇每年的灭鼠药物投放量不足 300 千克，不能抑制鼠害。2005 年后，区财政每年安排专项经费用于城区春季灭鼠，灭鼠效果较好。农村地区的灭鼠工作由区农业局负责，不定期开展野外灭鼠，投用的鼠药主要是丘氏鼠药和溴敌隆。

杀虫　每年春夏季在重点地区灭虫，主要使用生石灰粉（水）、漂白粉（含氯制剂）、“666”药粉、溴氢菊酯、奋斗纳等药物。1986—2011 年，区内未发生因生物虫媒害而引发的重大卫生事件。

四、传染病防治

（一）甲类传染病防治

甲类传染病有鼠疫、霍乱 2 种。1986—2011 年，区内无鼠疫病例报告。

2005 年 8 月 6 日，綦江县石角镇一村民家生日宴后发现霍乱病例。9 日，区卫生局接綦江县疾病控制中心通报，立即监测区内参加宴请的 33 人，并采样检测。经检测，发现霍乱O 139 菌株带菌者 4 例。区卫生局紧急启动公共卫生突发事件应急预案，隔离治疗带菌者；设置疫点，为其他参加宴请人员及与其密切接触人群发放预防药物，对疫点周围环境和厕所作消毒处理。8 月 22 日，疫情解除。2006 年，全区设置疫点 3 个，对疫点人群和环境带菌监测采样 98 件，其中带菌者样品 2 件，生活用水 12 件，污水 12 件，池塘 5 件，粪池 10 件，物表样品 57 件，均未检出阳性样品。

（二）乙类传染病防治

乙类传染病有26种。1986—2011年，区内无登革热、炭疽、白喉、布鲁氏菌病和血吸虫病病例报告。

1. 传染性非典型肺炎

传染性非典型肺炎，亦称非典型肺炎（简称“非典”）。2003年3月，“非典”在国内暴发流行，国务院将其纳入法定乙类传染病，并按甲类传染病管理。4月，组建万盛区“非典”防治领导小组。23日，万盛区政府召开乡镇、街道“非典”防治工作专题会。24日，中共万盛区委、万盛区政府召开紧急会议，向各单位发出督办通知。

5月1日，全区启动交通卫生检查，发现2名疑似“非典”人员，启动紧急预案，经查均无异常。8日，第二次启动紧急预案，在丛林镇卫生院内的保护性隔离区集体隔离4人。14日，发现从北京返乡的发热病人2人，将2人及同车人员全部暂时隔离，在塔山分院隔离10人，丛林镇卫生院隔离20人。

7月1日，防止“非典”工作结束，全区未出现一例“非典”感染者。

2. 甲型H1N1流感

2009年10月19日，受全球甲型H1N1流感疫情暴发影响，万盛区多所学校发生急性发热呼吸道感染病例，疫情波及全区32所中小学校，5257师生感染。区疾病控制中心采集样品136个，检出阳性标本62个，季节流感阳性标本1个，确诊甲型H1N1流感患者62人。是月28日和11月6日，重庆市疾病控制中心分配万盛区疫苗8410人份。11月2日、10日，分两次为公安民警、医疗保健和疾病预防一线人员、中小学校毕业班学生和一线教职员工等重点人群接种疫苗。11月30日，疫情基本结束。

3. 艾滋病

艾滋病，别称获得性免疫缺陷综合征。2000年，万盛区中心血库建立艾滋病病毒（HIV）初筛试验室，开始初筛检测献血人员。2001年，区内出现第一例HIV感染者。2004年，区疾病控制中心建立HIV初筛试验室。2005年，区疾病控制中心2次到区公安分局戒毒所，为38名戒毒人员检测HIV，检出HIV感染者1例。是年底，全区有5名HIV感染者，并完成个案调查。

2006年，万盛区承担艾滋病自愿咨询检测（VCT）、娱乐场所干预、吸毒人员针具交换、吸毒人员美沙酮替代治疗门诊及监管场所HIV检测5项中央补助地方艾滋病防治项目。9月30日，万盛区中医院美沙酮替代海洛因维持治疗门诊开诊，至10月31日收治滥用阿片类药物成瘾者62人。是年，检测监管场所被监管人员506人次，未检出HIV感染者；检测娱乐场所工作人员32人，未发现HIV感染者。

2007年，区疾病控制中心4次到区公安分局看守所、戒毒所检测新羁押人员558人次，初筛HIV阳性4人。是年，区疾病控制中心接待HIV检测咨询1134人次，检测1050人次，初筛HIV阳性3人；随访HIV阳性感染者6例。

2008年6月5日，区疾病控制中心中盖艾滋病项目（卫生部和国务院防治艾滋病工作委员会办公室与美国比尔及梅琳达·盖茨基金会艾滋病防治合作项目）通过批准。

2009年，区疾病控制中心召开中盖项目工作人员及非政府组织（NGO）能力建设培训会、同伴教育员及病人随访小组培训会和娱乐场所业主培训会。

2010年5—6月，区疾病控制中心采集城区娱乐场所322名女性工作人员血样，未检测出HIV感染者。

2011年5—7月，区疾病控制中心采集万盛城区娱乐场所400名女性工作人员血样，检测出HIV感染者1人。

4. 病毒性肝炎

1986年，全区有病毒性肝炎患者686人，超过1984年发病总人数一半以上，发病率280/10万，占是年法定传染病患者人数52.6%。1987年、1988年，患者人数均在300人以下。1990年、1991年，患者人数分别为561人、586人。1992年，患者人数减至348人。1993年、1994年，患者人数再次出现反弹，分别为376人、412人。1995—2004年，患者人数162～282人，发病率降至61.54/10万～104.65/10万。2005年，全区有病毒性肝炎患者352人，发病率130.01/10万，占36.44%。2006—2011年，患者人数最多578例（2007年），最少269例（2011年），发病率在105.16/10万～216.31/10万。1986—2011年，全区未发现因病毒性肝炎死亡病例。

5. 脊髓灰质炎

1986—1992年，区内无脊髓灰质炎患者。1993年发现1例，是区内自1983年后发现的第2例患者。1994—2011年，区内无脊髓灰质炎患者，基本达到消灭无脊髓灰质炎标准。

6. 人感染高致病性禽流感

2005年10月，万盛区政府启动人感染高致病性禽流感防控工作。11月，区卫生局组建由医疗、疾控、卫生监督专家组成的人感染高致病性禽流感防治技术专家组。2005—2011年，全区3所二级医院门诊及住院发热病人中未发现不明原因肺炎病例。

7. 麻疹

1986年，全区有麻疹患者79人，为是年法定传染病患者人数的第3位，散在性发生，发病率32.27/10万。1987年、1988年各有10例，1989—1991年有1例，1992年有23例。1994年4月1日—6月9日，青年镇爆发麻疹疫情，波及湛家、板辽、燕石3个村，全镇120名儿童发病，罹患率0.45%。是年，全区麻疹患者125人，发病率46.51/10万。1996年、1997年发病人数均在60例以上。1998—2004年，除1999年、2000年发病人数分别为11、57例外，其余年份均在6例以下。2005年，全区有25例，发病率9.23/10万，为是年法定传染病第6位。2006—2008年，发病人数分别为2、2、3例。2009—2011年，全区无麻疹病例报告。1986—2011年，区内无麻疹患者死亡病例。

8. 流行性出血热

1977年，区内发现首例流行性出血热患者。1987—1990年，每年各发现1例，其中1989年死亡1例。2000年发现3例，2001、2003年各发现1例。2007年发现1例。

9. 狂犬病

1986年出现2例，全部死亡，病死率100%。1989年、1998年各出现1例，全部死亡。2000年出现2例，死亡1例。2008年出现3例。2010年、2011年各发生1例，全部死亡。

10. 流行性乙型脑炎

1987—1992年，每年均有乙脑病例出现，年发病数1例～4例。1993年发病10例，死亡2例。1994年、1995年、1998年分别出现1、2、2例，无死亡。2000年、2001年分别出现11、9例，均有1例死亡。2002年、2003年分别出现2、8例，其中2003年死亡1例。2004年出现生4例，死亡1例。2005—2007年各出现1、4、3例。

11. 细菌性和阿米巴性痢疾

1986年，全区出现痢疾患者382例，占是年法定传染病患者人数的29.34%，发病率156.05/10万。1987—1989年，每年发病人数均在400人以上，其中1987年高达659例。1990—1996年，发病人数呈下降趋势，从250例（1990年）减至85例（1996年）。1997—1999年，发病人数出现反弹，从234例（1997年）增至462例（1999年）。2000年9月1日，青年镇板辽村因农村家宴引起细菌性疾病暴发疫情。至6日，参加宴请的240人中有30人发病，发病率12.5%。2000年发现82例。2001—2004年，发病人数呈下降趋势，其中2003年仅21例。2005—2011年，分别发现36、53、23、23、40和38例。1986—2011年，区内未出现因痢疾死亡患者。

12. 肺结核

1986—1993年，全区有肺结核病患者70～110人，发病率27.03/10万～41.41/10万。1994—1997年，

发病人数由 126 人增至 167 人。1998—2001 年，区内患者人数均在 100 例以上。2000 年，万盛街道被确定为全国第四次结核病流行病学调查暨重庆市首次结核病流行病学调查国家级调查点，抽样 1216 人，应检 978 人，实检 962 人，发现肺结核患者 1 人，患病率 104/10 万。2002 年，万盛区实施第二次世界银行贷款资助的肺结核防治项目，疑似结核病患者的就诊人数明显增加。是年底，全区有肺结核病患者 214 人，发病率 78.69/10 万。2004 年，肺结核病患者增至 365 人，发病率 135.45/10 万，为是年法定传染病患者之首位。2005—2011 年，区内患者均在 200 例以上，其中 2010 年死亡 3 例，2011 年死亡 4 例。

13. 伤寒和副伤寒

1987 年，区内有伤寒患者 1 例。1990 年发病 4 例，1992—1997 年共发病 6 例。1998 年发病 69 例，其中 9 月 20 日至 11 月 23 日，南桐煤矿及附近的 3 个村（南桐镇）发生伤寒疫情，65 人感染。1999 年、2001 年、2003 年各发病 1、5、2 例。2004 年，发现副伤寒患者 1 例。2005 年，发现伤寒患者 1 例。1986—2011 年，区内未发现因伤寒、副伤寒死亡病例。

14. 流行性脑脊髓膜炎

1986—1990 年，区内每年均有流行性脑脊髓膜炎病例出现，年发病数 1 例 ~ 10 例。1992 年、1993 年、1995 年、1997 年分别发病 2、3、1、1 例。1998 年，发病 2 例，其中死亡 1 例。1999—2004 年，仅发病 1 例。

2005—2006 年，景星乡鱼子村、石林镇茶树村发生局部流行性脑脊髓膜炎疫情。2005 年 3 月 23—24 日，景星乡鱼子村连续发病 3 例。是年全区发病 15 例。2006 年 1 月 11—13 日，茶树村发病 2 例，为同一家庭儿童。是年发病 3 例 1 月 23 日，区卫生局安排石林、青年、景星、南桐镇第一轮应急接种流脑疫苗。2 月 9 日，安排万东、关坝、金桥、丛林镇和万盛、东林街道、区教育系统第二轮应急接种和学校消毒。2005 年 12 月—2006 年 1 月，疫点人群预防服药 1105 人次，消毒 17000 平方米；全区 34822 名 2 ~ 15 岁儿童接种流脑疫苗，覆盖率 88.52%，所有乡镇 A+C 疫苗接种率均达 80% 以上。2006 年 10 月，区疾病控制中心在万东、南桐、黑山、石林镇采集采集血清样品 227 个，A 群流脑抗体阳性率 48.46%，抗体几何平均滴度 1 ： 10.62，C 群抗体阳性率 38.33%，几何平均滴度 1 ： 6.8；采集咽拭子 227 个，未检出流脑带菌者。

15. 百日咳

1986 年，全区有百日咳患者 12 人，发病率 4.90/10 万，为是年法定传染病患者人数的第 6 位。1993—1997 年，共发病 4 例。

16. 新生儿破伤风

1991 年、1992 年、1994 年，区内发现新生儿破伤风病例，发病率分别为 0.48‰、1.40‰、2.87‰。1998 年，发病 1 例，1999 年、2000 年各发病 2 例，全部死亡。2003 年，发病 1 例，死亡；2004 年，发病 2 例，死亡 1 例。

17. 猩红热

1986—1993 年，区内均有猩红热感染病例发生，最少发病人数 3 例（1993 年），最多 26 例（1991 年）。1994—2004 年，发病人数呈下降趋势，每年 1 例 ~ 4 例。2005 年发病 4 例，发病率 1.48/10 万。2006 年、2007 年、2008 年、2011 年分别发病 1、3、1、1 例。1986—2011 年，区内无因感染猩红热死亡病例报告。

18. 淋病

1988 年 5 月 13 日，南桐矿务局总医院南桐分院确诊建区以来首例淋病患者。1989 年，淋病被纳入乙类法定传染病管理。是年，发病 124 例，发病率 47.87/10 万，为是年法定传染病患者人数的第 3 位。1990—1991 年，发病人数略有减少。1992—2003 年，发病人数基本在 100 例以上（1998 年 92 例），

2000年高达197例。2004—2011年，发病数分别为95、61、90、81、74、52、37、32例。1988—2011年，区内未发现因患淋病死亡的病例报告。

19. 梅毒

1989年，梅毒被纳入乙类法定传染病管理。是年，南桐总医院南桐分院确诊1例梅毒感染者。1990年，发病2例。1994—1998年，共发病7例。1999年、2000年、2003年和2005年发病数分别为7、25、63、75例。2006—2011年，梅毒成为区内主要乙类传染病之一，报告病例81例～102例，发病率30.69/10万～40.56/10万。1989—2011年，区内未有因感染梅毒死亡的病例报告。

20. 钩端螺旋体病

1986年，全区发病44人，发病率17.89/10万，为是年法定传染病的患者人数的第5位。1987年，发病36例。1988年起，普及接种钩端螺旋体疫苗，发病人数有所减少。1988—1990年，发病数分别为9、11、6例。1991—2001年，每年发病1例～8例。2004年、2005年、2010年发病数分别为2、1、1例。1986—2011年，区内未有因感染钩端螺旋体死亡的病例报告。

21. 疟疾

1986—1996年，区内均有疟疾病例报告，一般1例～2例，最多4例（1995年）。1997年，发病3例，其中本地疟疾1例（这是至2011年区内确诊的唯一一例本地疟疾感染者）。1988年、1996年、1999年发病数分别为1、1、5例。

（三）丙类传染病防治

丙类传染病有11种。1986—2011年，区内无黑热病、包虫病、丝虫病病例报告。

1. 流行性感冒

2002年，流行性感冒（以下简称流感）纳入丙类法定传染病管理。是年，全区报告流感病例101例，发病率37.14/10万，为是年法定传染病患者人数的第4位。2004年、2007年发病数分别为6、2例。2008年3月4—30日，南桐中学和重庆市第一一五中学发生流感疫情，两学校师生感染人数分别为26、77人。区疾病控制中心采样16件送重庆市疾病控制中心检验，其中3件分离出流感A3型病毒株。2008年、2009年、2010年发病数分别为101、17、9例。2002—2011年，区内无因感染流感死亡的病例报告。

2. 流行性腮腺炎

2000年11月10—17日，青山小学发生流行性腮腺炎疫情，感染31人，罹患率10.7%。2001年、2002年、2004年、2005年，全区发病数分别为1、2、42、75例。2007年，发病166例；是年11月5—30日，青年中学发生流行性腮腺炎疫情，感染29人；12月8—24日，石林中学发生流行性腮腺炎疫情，感染11人。区疾病控制中心通过发放治疗药品和消毒等措施控制疫情，但效果不明显。2008年，区内暴发流行性腮腺炎疫情，感染829人。全区除金桥镇外，其他乡镇均有感染病例报告，万盛街道、青年镇、黑山镇、石林镇和东林明德小学、黑山新场逸夫小学、南桐镇民权小学疫情较重。因感染者得不到有效隔离，人群免疫力低等原因，疫情控制效果不明显。2009年，除丛林镇中心校新感染1例外，其他学校疫情基本得到控制。是年，发病116例，发病率44.62/10万，仍高于常年发病率。2010年，发病37例，呈散在分布，无聚集疫情发生。2011年，发病144例，青年镇欣欣幼儿园发生小规模病例聚集，其他患者多为散在分布。2000—2011年，区内无因感染流感死亡的病例报告。

3. 风疹

2002年、2004年、2005年分别发病7、1、3例。2006年3月6日至6月22日，青年镇湛家小学发生风疹疫情，感染163人，罹患率55.25%。3月28日—5月17日，石林镇中心校和石林镇初级中学发生风疹疫情，感染63人。区疾病控制中心采样14份（湛家小学8份、石林镇两学校6份），8份样品检测出风疹 IgM 抗体阳性（湛家小学 7 份、石林镇两学校 1 份），确认为风疹暴发疫情。2007 年，发病 491 例，发病率 183.7/10 万，区内多数学校出现风疹。其中青年学区 8 所中小学有 7 所发生疫情，感染 194 人；丛林中心校感染 22 人；黑山镇北门小学感染 85 人。2008 年、2009 年分别发病 75、11 例。2011 年，关坝中心校、万东镇建设明德小学出现风疹小流行。是年，全区发病 31 例。2009—2011 年，无风疹聚集疫情发生。2002—2011 年，区内无因感染风疹死亡的病例报告。

4. 急性出血性结膜炎

2004—2009 年发病数分别为 3、8、2、13、26、11 例，均呈散在发生。2010 年 8 月 19—22 日，红岩煤矿暴发急性出血性结膜炎疫情，有 172 人出现眼部不适，结膜充血等症状，罹患率 11.04%。因多数患病职工未到医院就诊，仅确诊报告 14 例。是年，全区报告 117 例，报告发病率 44.45/10 万。2011 年，发病 21 例，均呈散在发生。

5. 麻风病

1984年，南桐矿区开展第一次麻风病普查和回顾性调查，区内曾有6名麻风病人，其中金桥乡4人（全部死亡），南桐矿务局电厂 1 人（治愈后死亡），南桐煤矿小学教师 1 人（治愈）。在普查中重点针对患者接触较多的乡村、工厂人员，实查1250人，未发现麻风感染者。1985年10月，再次调查22099人，未发现新的麻风病病例。1988年，经重庆市专家组验收，南桐矿区达到基本消灭麻风病目标。1994年7月，金桥乡发现患者 1 例，2005 年治愈。

6. 流行性和地方性斑疹伤寒

1996 年、1997 年、2000 年分别发病 2、1、1 例。

7. 其他感染性腹泻病

其他感染性腹泻病是指除霍乱、细菌性和阿米巴性痢疾、伤寒和副伤寒以外的感染性腹泻病。1989 年 8 月 30 日—9 月 9 日，因南桐煤矿饮用水受污染，发生疫情，共收治 290 人，其中职工 117 人，家属 86 人，外诊 87 人。经查痢疾感染 22 人，福氏杆菌感染 2 人。2002 年、2004 年，区内分别出现 2 例和 6 例不明原因的腹泻病患者。2004 年 4 月 13—26 日，万盛城区发生不明原因的腹泻疫情，报告病例 1076 例。2005 年，全区报告 71 例，死亡 1 例。是年 2 月 14 日，景星乡南门村发生轮状病毒引起的腹泻病疫情，响水村、石院墙、湛家嘴 3 个社报告病例 35 例，多为儿童，罹患率 1.3%，死亡 1 例，病死率 2.86%。2006 年，报告 23 例，2008 年报告 15 例。

8. 手足口病

2008 年 5 月，手足病被纳入国家丙种传染病管理。是月 13 日，南桐矿业公司总医院和万盛区人民医院分别报告 1 例手足口病感染者。2008 年、2009 年分别发病 23、97 例。2010 年 11 月 19 日—12 月 3 日，万盛艺术幼儿园发生手足口病聚集疫情，感染 9 人。2011 年，发病 111 例，均呈散在发生。

（四）其他监测传染病防治

非淋菌性尿道炎、尖锐湿疣、生殖器疱疹、生殖道沙眼衣原体感染、水痘5种也纳入传染病监测范围，除水痘外均是重庆市监测性传播疾病，按照法定丙类传染病报告。

1. 非淋菌性尿道炎

2006 年、2007 年、2009 年、2010 年分别报告感染者 112、172、1、1 例。

2. 尖锐湿疣

2005—2011 年，分别报告感染者 50、146、128、98、76、50、46 例。

3. 生殖器疱疹

2005—2011 年，分别报告感染者 8、26、29、18、9、17、8 例。

4. 生殖道沙眼衣原体感染

2008—2011 年，分别报告感染者 23、29、2、2 例。

5. 水痘

2005 年 11 月 20 日至 12 月 4 日，金桥镇青山村邓家小学发生水痘疫情，感染 28 人。2006—2008 年，全区发病数分别为 20、27、48 例，均呈散在发生。2009 年，发病 37 例。是年 4 月，黑山镇农胜小学和青年镇中心校发生水痘疫情，分别感染 6 人、16 人。2010 年 12 月，丛林小学一年级 2 班发生水痘疫情，感染 14 人。2011 年，发病 37 例，均呈散在发生。

第四节　卫生监督监测

一、放射卫生

1986 年，区防疫站按照《放射性同位素工作卫生防护管理办法》规定，监测区内所有卫生医疗机构的 X 光机防护情况，建卡管理放射人员。

2005 年，全区有医疗放射装置 20 台，其中 X 光机 8 台，计算机断层扫描（CT）诊断仪 2 台。

2008 年 7 月，全区检查从事放射性诊疗活动的医疗机构 14 家，其中 11 家无放射诊疗许可证，责令限期整改。

2009 年 8 月，检查全区从事第四类（X 射线影像诊断类）放射诊疗活动的医疗机构 14 家，11 家无放射诊疗许可证，全部无设备质量控制和放射防护监测报告，其他检查项目均完善。

2010 年，全区检查 8 家医疗机构 X 射线装置，重点监督检测放射卫生防护场所各 4 次，检测覆盖率 100%。

2011 年，全区检查从事 X 射线诊疗活动医疗机构 11 家和区疾病控制中心设备 13 台，3 家无放射诊疗许可证；全区被监管单位共有放射诊疗设备操作人员 18 人，12 人未按要求佩戴辐射剂量计上岗。

二、学校卫生

1986 年，区防疫站负责监管学校卫生，设有学校卫生专职监管人员。是年，重庆市第四十九中学、一〇四中学、一〇五中学、十八中学、万盛小学配有校医，另有 17 所中、小学设有兼职保健教师。

1986—2005 年，全区学校未发生重大公共卫生突发事件。

2006 年 9 月，全区检查 23 所中小学校食堂和校园周边经营场所的卫生状况，其中 3 所学校食堂未办理卫生许可证；食堂从业人员 118 人，其中 21 人未办个人健康证；查出校园周边无照经营的副食小摊 3 个，现场销毁“三无”食品 15.4 千克。

2007 年 9 月，全区检查 29 所中小学校食堂，其中 4 所学校食堂未办理卫生许可证，1 所未按期更换卫生许可证；食堂从业人员 118 人，其中 21 人未办健康证。

2008 年 9 月，全区检查 28 所学校食堂，有 2 所学校食堂未按期更换卫生许可证；食堂从业人员 118 人，有 3 人未办健康证；学校生活用水卫生检验全部合格。是年，全区有学校医务室 3 个。

2009 年 3 月，全区检查南桐镇各学校周边食品摊点、门市生活用水，查处无证经营商贩 11 家，收缴非法散装食品 30 千克，小包装食品 200 袋。

2010 年 9 月，全区检查 15 所学校中小学校的传染病防控、学校饮水、教学环境、生活设施卫生、突发公共卫生事件应急处置等情况，提出整改要求。

2011 年 3 月，全区检查学校春季传染病防控情况，检查中小学、幼儿园 61 所（中学 14 所、小学 32 所、技工校 1 所、幼儿园 14 所），发现少数学校制度不健全，人员管理不到位。9 月，检查 43 所学校（小学 28 所，中学 15 所）卫生情况，1 所学校未建立传染病疫情报告制度，25 所学校未建立饮水卫生管理制度，28 所学校教室人均面积不符合卫生要求，20 所学校课桌椅不符合要求，25 所学校黑板不符合卫生要求，40 所学校教室照明不符合卫生要求。

三、饮用水卫生

1986—2005 年，每月检测 1 次各水厂出厂水和末梢水浑浊度、菌落总数、大肠菌群和余氯 4 个指标；每年检测 2 次（丰水期、枯水期各 1 次）各水厂出厂水和末梢水色度、浑浊度、嗅味、肉眼可见物、氢离子浓度指数（pH）、铁、锰、铜、锌、氯化物、硫酸盐、溶解性总固体、总硬度、挥发酚类、阳离子合成洗涤剂、砷、镉、铬、铅、汞、硒、氰化物、氟化物、硝酸盐菌落总数、大肠菌群和余氯等 27 个水质常规指标（含感观性状、一般化学指标、毒理指标和微生物指标）。监测农村集中式供水工程取水点和灾后饮用水源、水厂供水和用水点水质，检测覆盖率 100%。2005 年，区内各水厂饮用水监测合格率 85%。

2007 年，全区 6 家供水单位（城区 1 家、乡镇水厂 2 家、企业自备水厂 3 家）均建有分户档案。是年，生活饮用水采样 92 件，监督检查 66 家次，水质监测 104 件，均合格。

2008 年，检查供水单位基本情况、制水工艺、卫生管理、水质检验等 49 次，水质抽样 63 件（出厂水 14 件，末梢水 49 件），合格率 100%。

2009 年 7—9 月，采取分层随机方式抽查青年镇 5 个村、社集中式供水和分散式供水情况，检测项目包括色度、浑浊度、氢离子浓度指数（pH）、消毒剂余量、耐热大肠菌群等，全部合格。

2010 年，采集 6 家集中式供水单位水样 66 件（出厂水 10 件，末梢水 56 件），均合格。

2011 年，检查全区 11 家乡镇水厂，水源卫生防护、引水设施、制水设备和从业人员资质全部合格，2 家建有完善的管理制度，2 家持有效卫生许可证。

1986—2011 年，区内未发生重大饮水公共安全事件。

四、食品卫生

通过抽样检测食品卫生状况和理化指标的方式监管食品生产经营单位和个体商户，监测宾馆、酒家、餐厅、食店、茶楼的餐饮具消毒效果。

2005 年，肉类监测合格率 26%，糕点 89%，餐饮具 10%。

2006 年，检查经营户 273 家，查处违法食品经营户 16 家，查获“三无”食品 37 种，过期调味品 13 瓶、98.60 千克，罚款 1450 元。

2007 年 8—9 月，检查餐饮企业 163 家、中小学校食堂 28 家、食品超市 5 家、食品批发部（店）8 家、食品加工企业 8 家，依法取缔无证、卫生条件差单位和摊点 2 家（个）。中考、高考期间，检查 29 所学校食堂，24 家有卫生许可证，22 家建有食品原辅材料进货验收制度，13 家餐具、工具、容器用后消毒，未发现采购使用变质、过期食品行为。国庆期间，检查旅游景区餐饮业 28 家、农贸市场经营户 16 家、大型超市 2 家、农村家宴 1 场。

2008 年，全区有食品生产加工经营单位 1366 家（餐饮 534 家、学校食堂 28 家、集体食堂 7 家、食品加工企业 45 家、其他 752 家）。是年，开展农村食品、保健食品、化妆品、消毒产品专项整治。检查农村食品经营单位 549 家，保健食品营单位 43 家，化妆品营单位 33 家，消毒产品药店经营单位和医疗单位 171 家，查处违法食品经营单位 69 家，立案查处 2 家，罚款 3000 元。

2009 年 5 月，在九锅箐培训中心开办全区食品安全培训班，在区文化广场举行食品安全法大型宣传咨询活动。

2010 年，继续分级管理餐饮经营单位，全区餐饮单位 355 家，其中 A 级 4 家、B 级 6 家、C 级 345 家。

汇鑫假日酒店、陶然居饮食公司和青羊饭店被评为食品安全信用单位。是年，举办食品卫生知识培训班 11 期，培训食品从业人员 1049 人次，编写《万盛卫生监督简报》105 期；开展重大活动食品卫生安全监督行动，检查餐饮服务单位 1000 家次，查处违法违规经营 26 家次。

第五章 妇幼保健

第一节 妇女保健

一、围产期保健

1984 年，晋林机械厂职工医院率先在区内开展围产期保健工作。1985 年 1 月，区妇幼保健站在万盛街道建设段开展孕妇围产期保健系统管理试点。是年底，全区城镇和厂矿医院孕产妇围产期保健系统管理面 100%，9 个乡镇都有试点村，南天乡孕产妇围产期保健系统管理面 100%。1992 年，城区覆盖面 60%，农村 40%。1993 年，全区覆盖面 100%。1995 年，孕产妇围产期保健工作步入规范化、法制化管理轨道。2000 年，万盛区纳入重庆市孕产妇死亡监测点。2006 年，全区孕产妇住院分娩率 92.68%，死亡率 53.82/10 万。

2007 年 7 月 1 日起，实施农村孕产妇住院分娩补助和新生儿免费保险制度。是年，全区推行妇幼保健产后访视服务券制度，发出服务券 1410 张，回收 1335 张；农村孕妇住院分娩率 93.73%。

2008 年，全区无孕产妇死亡，农村孕产妇住院分娩率 94.73%。

2009 年 7 月 1 日，万盛区启动降低孕妇死亡率和消除新生儿破伤风项目，增加农村孕妇住院分娩费用补助额度。

2010 年 3 月，万盛区启动农村孕妇增补叶酸预防神经管缺陷项目，在区婚姻登记大厅免费发放。是年，农村孕产妇住院分娩率 99.30%。

2011 年，万盛区免费发放叶酸 1310 人次、8232 瓶，产后访视率 93.05%，无孕产妇死亡。至 11 月 30 日，为全区 1520 名农村孕产妇拨付 60.8 万元住院分娩补助费，住院分娩率 99.71%，婴儿死亡率 10.95‰。

1986—2011 年万盛区孕产妇系统管理情况统计表

表 30-3

年份	系统管理率（%）	产后访视率（%）	孕产妇死亡率（1/10 万）	年份	系统管理率（%）	产后访视率（%）	孕产妇死亡率（1/10 万）
1986	–	–	–	1999	93.55	94.32	92.20
1987	57.00	57.00	0	2000	92.60	95.10	39.80
1988	81.39	52.82	0	2001	94.70	96.82	0
1989	18.60	68.00	90.60	2002	93.60	94.60	0
1990	33.09	6.71	133.70	2003	87.54	93.01	58.75

续表

年份	系统管理率（%）	产后访视率（%）	孕产妇死亡率（1/10 万）	年份	系统管理率（%）	产后访视率（%）	孕产妇死亡率（1/10 万）
1991	47.36	59.78	95.06	2004	89.57	94.87	0
1992	66.60	63.93	56.02	2005	95.58	95.47	0
1993	94.70	90.25	27.93	2006	89.67	92.90	53.82
1994	93.48	78.98	144.34	2007	84.14	90.59	45.7
1995	95.74	95.46	54.30	2008	86.24	90.53	0
1996	93.62	85.40	26.82	2009	86.78	92.51	0
1997	93.41	95.87	34.63	2010	86.16	94.52	41.2
1998	93.62	95.60	33.23	2011	86.06	93.05	0

二、妇女疾病普查

1986—2011 年，妇女疾病主要普查项目从宫脱垂、宫颈类等常见疾病逐步转为普查宫颈癌、乳腺癌为主。

1986—2011 年万盛区妇女病普查普治情况统计表

表 30–4

年份	普查率	检查率	检出治疗率	年份	普查率	检查率	检出治疗率
1986	–	–	–	1999	31.63	15.92	100
1987	54.80	57.04	100	2000	52.71	22.90	100
1988	66.11	72.74	100	2001	62.85	18.85	100
1989	63.35	24.72	100	2002	64.32	18.86	100
1990	74.70	9.58	100	2003	60.59	25.72	100
1991	29.00	31.00	100	2004	70.44	29.14	100
1992	49.76	63.93	100	2005	67.60	15.63	100
1993	41.32	10.67	100	2006	74.78	8.26	86.53
1994	67.50	10.60	100	2007	42.56	29.49	90.63
1995	35.65	12.87	100	2008	47.02	19.52	–
1996	26.36	19.07	100	2009	74.10	26.30	–
1997	38.61	26.70	100	2010	–	–	–
1998	46.58	11.35	100	2011	64.85	16.57	–

说明：表中数值为百分数

第二节　儿童保健

一、新法接生

1986 年，全区城乡已普及新法接生，接生率 95% 以上。1995 年，规定乡村卫生所的接生员不再从事接生。至 2005 年，全区建成产科急救网络，在二级医院和乡镇中心卫生院开设产科急救绿色通道，新法接生住院分娩率提高，孕产妇和新生儿死亡率及破伤风病发病率降低。

2007 年 7 月 30 日至 8 月 2 日，检查全区 13 个医疗单位产科质量，助产医疗保健单位均有母婴保健技术执业许可证，从业人员均有母婴保健技术合格证，开展剖宫产手术的医疗单位手术室硬件齐全，所有单位产科病历质量符合要求，孕妇和胎儿监护工作较好。

2009 年 6 月，重新确认全区医疗机构助产技术服务资格和业务范畴。区人民医院、区妇幼保健院、南桐矿业公司总医院及其南桐分院、青年地区医院和关坝镇、万东镇、丛林镇、黑山镇、南桐镇、金桥镇、石林镇卫生院具有助产技术服务资格，区人民医院、区妇幼保健院、南桐矿业公司总医院及其南桐分院、青年地区医院和关坝镇卫生院具有剖宫产技术服务资格。

2011 年，全区妇幼保健工作纳入公共卫生服务管理，二级医院均设立产科，其他医疗机构均配置助产专业技术人员，新法接生率 100%。

1986—2011 年万盛区新法接生情况统计表

表 30-5

年份	新法接生率（%）	住院分娩率（%）	新生儿破伤风发生率（1/10 万）	年份	新法接生率（%）	住院分娩率（%）	新生儿破伤风发生率（1/10 万）
1986	–	–	–	1999	99.12	85.45	0
1987	98.90	68.45	0	2000	98.92	82.10	0
1988	99.14	70.36	0	2001	99.35	90.60	0
1989	99.50	82.00	0	2002	99.19	89.90	0
1990	98.95	82.48	0	2003	98.82	89.24	0
1991	99.52	75.08	0.48	2004	98.86	88.76	1.08
1992	98.30	75.00	1.40	2005	98.59	88.45	0
1993	98.95	82.37	0	2006	98.76	92.68	0
1994	98.83	87.27	2.87	2007	99.31	90.54	0
1995	98.27	89.21	0	2008	99.78	95.14	0
1996	98.13	89.14	0	2009	99.82	98.51	0
1997	99.20	83.00	0	2010	100	99.30	0
1998	99.35	89.37	0	2011	100	99.71	0

二、儿童系统管理

1986年，城区各医疗单位在所辖地区内开展儿童系统管理工作，各乡镇开始试点。1992年，城区儿童系统管理覆盖面60%，农村40%。1993年全区覆盖面100%。1995年，全区儿童系统管理逐步走向规范化、法制化轨道。1996年，区妇幼保健院建成区内首家爱婴医院（卫生部、联合国儿童基金会、世界卫生组织联合授予）。1997年、1999年，区人民医院、南桐矿务局总医院获爱婴医院称号。2001年，青年地区卫生院建成为区内首家爱婴卫生院。2003年、2004年，关坝卫生院、南桐矿业公司总医院南桐分院获爱婴卫生院和爱婴医院称号。

2006年9月，实施儿童入学预防接种证查验制度，规定全区各类托儿所、幼儿园和小学校所有新报名入托、入园、入学儿童（包括转学和借读）都属查验对象，预防接种后方可入托、入园、入学。2007年，新生儿疾病筛查1374例。

2009年4月，全区启动麻疹强化免疫工作，8个月至14岁儿童都要接种麻疹疫苗。至20日，全区完成目标人群麻疹强化免疫7794人，未发生严重接种不良反应。

2010年5月，区疾病控制中心抽查适龄儿童基础免疫情况。抽查1岁组儿童210人，麻疹疫苗、百白破三联制剂、乙脑疫苗合格接种210人；2岁组儿童210人，乙脑疫苗合格接种209人；3岁组儿童210人，流脑疫苗合格接种209人；4岁组儿童210人，脊髓灰质炎疫苗合格接种210人；6岁组儿童210人，白破二联合格接种208人，流脑疫苗合格接种210人。

2011年5月，检查53所学校和托幼机构的教育、消防、治安、房屋、卫生情况，多数学校和托幼机构重视卫生保健和传染病防控，制度规范齐全，幼儿一人一巾一杯，基本用房、卧室、活动室、流动洗手池、厕所设置基本合理。7月13—22日，为3859名3～6岁农村留守儿童免费健康体检。10月，全区开展脊髓灰质炎疫苗强化免疫活动，0～47月龄儿童，不分其居住地与出生地，一律接种2次脊髓灰质炎疫苗（间隔1个月）。

1987—2011年万盛区儿童系统管理情况统计表

表30-6

年份	管理率（%）	婴儿死亡率（‰）	1～5岁 儿童死亡率（‰）	五岁以下儿童Ⅱ度 以上营养不良发生率（%）
1987	29.97	20.41	–	–
1988	15.29	25.30	–	–
1989	56.06	33.98	–	–
1990	31.70	29.14	36.36	6.02
1991	19.24	18.80	36.16	5.71
1992	58.76	28.62	26.21	5.03
1993	68.12	27.10	37.71	4.21
1994	66.78	26.27	33.78	4.11
1995	85.51	22.41	27.60	2.79
1996	85.61	22.26	26.02	1.77
1997	90.60	20.80	24.93	2.39
1998	92.11	17.28	24.59	2.04

续表

年份	管理率（%）	婴儿死亡率（‰）	1～5岁 儿童死亡率（‰）	五岁以下儿童Ⅱ度 以上营养不良发生率（%）
1999	92.55	18.44	24.44	1.21
2000	96.20	15.92	23.50	1.60
2001	96.90	15.30	24.20	1.60
2002	96.60	15.70	22.70	1.30
2003	94.00	14.10	19.63	1.60
2004	97.42	11.85	12.43	1.57
2005	97.81	7.53	10.14	0.47
2006	94.52	7.00	10.76	0.39
2007	92.76	10.06	13.25	0.30
2008	95.99	9.20	12.27	0.57
2009	95.93	5.70	6.56	0.21
2010	93.15	4.94	8.65	0.29
2011	96.18	10.95	12.21	0.15

三、新生儿疾病筛查

2000年，万盛区开始开展新生儿疾病筛查工作。2008年9月，三鹿牌奶粉事件发生后，区卫生局组织全区各医疗机构免费医疗筛查、医疗救治食用三鹿牌奶粉的婴幼儿，共筛查患儿6123人，医疗救治患儿1000余人。

2009年4月，区卫生局与58所学前教育机构签订手足口病防控防控责任书。是年，新生儿筛查1155例，出生缺陷儿童筛查6例，婴儿死亡率5.7‰，7岁以下儿童保健覆盖率95.8%，新生儿出生缺陷率1.08%。

2000—2011年万盛区新生儿疾病筛查情况统计表

表30-7

年份	筛查率（%）	筛查出疾病人数（人）		年份	筛查率（%）	筛查出疾病人数（人）	
		苯丙酮尿症	甲状腺功能减低症			苯丙酮尿症	甲状腺功能减低症
2000	2.41	0	0	2006	–	0	0
2001	7.00	0	0	2007	–	0	0
2002	4.50	0	0	2008	64.10	0	0
2003	5.00	0	0	2009	–	0	0
2004	37.10	0	2	2010	–	0	0
2005	70.20	0	1	2011	76.38	0	0

第六章　医疗资源

第一节　医院

1986年，南桐矿区有各类卫生机构22个，其中医院11所；病床数365张，其中医院病床数355张。

2011年，全区有各类卫生机构127个，其中综合医院4所、中医院1所、妇幼保健院1所、专科医院1所，疾病预防控制机构1个，采供血机构1个，乡镇卫生院8所和社区服务站4个，村卫生室及分室63个，民营医疗机构及个体诊所29个；病床数1391张（医院1135张，卫生院256张），每千人平均床位数5.2张。

一、区属医院

（一）万盛区人民医院

万盛区人民医院是综合性医疗卫生专业机构，国家二级甲等资质，隶属区卫生局，位于万东北路43号。

1952年8月，南川县政府开设第十区卫生所。至1953年2月，在万盛小坡脚建成平房5间，配置医疗人员4人。1954年12月，卫生所从小坡脚迁至万盛老街。1955年南桐矿区成立，十区卫生所更名南桐矿区卫生所。1957年，在矿山路43号（今万东北路43号）修建一楼一底砖瓦结构房屋1栋，面积700平方米。1958年5月4日，重庆市卫生局撤销重庆市运输工人医院，部分人员和设备划拨给南桐矿区，与区卫生所合并成立南桐矿区人民医院，开设内科、儿科、妇科、中医等科室，有病床50张，工作人员60人。1985年，区人民医院门诊部设内科、儿科、外科、妇科、五官科、皮肤科、神经内科、结核科、保健科、针灸理疗科等临床诊疗室；住院部设内科、儿科、外科、妇科和传染科等病房，有病床195张；医技部门设中药房、西药房、制剂室、供应室、放射室、检验室、心电图、脑电图、超声波和病理室等科室，有手术室1间（20平方米）；有职工243人。

1988年，拆除内科病房，重建外科大楼，建筑面积4186平方米。1990年，将心电图室、B超室合并，组建特检科。1992年，新建五楼一底门诊综合楼，建筑面积3286平方米，原门诊部改为院办公楼。1993年4月，更名万盛区人民医院。是年，分设外二科，以骨伤、胸、脑外科为主。1996年6月，区人民医院获二级乙等医院资质。2001年，单设神经内科、儿科、心血管科。2002年成立急诊科。2003年改造外科大楼。

2006年，区人民医院建成綦南片区规模最大，设备最先进的影像中心。

2009年12月25日，区人民医院获国家二级甲等医院资质。

2011年，区人民医院设内一科、内二科、外一科、外二科、儿科、妇产科、五官科、麻醉科（手术室）和急诊科等临床科室9个，中医科、口腔科、皮肤科、针灸理疗、甲状腺专科和糖尿病专科等专业科室6个，检验科、放射科、特检科、药剂科、病理科和供应室等医技业务科室6个；编制床位500张，实际开设252张；有职工430人（在编255人，聘用或返聘175人），其中卫生技术人员319人（高级职称28人，中级职称81人，初级职称210人）；房屋建筑面积13810平方米（业务用房10560平方米），万元以上医疗设备195台（套），总价值2650万元；年门诊病人97903人次，出院病人9452人次。

（二）万盛区中医院

万盛区中医院是以中医为主，西医为辅、中西医结合诊治的综合性医院，国家二级乙等资质，隶属区卫生局，位于万新路101号。

1951年，南川县第十区联合医院成立，位于万盛老街20号。1952年，更名南川县第十区联合诊所。1956年，更名南桐矿区万盛联合诊所，并增设腰子口、丛林两个医疗点；有职工27人，设观察病床2张，有业务用房10间，约400平方米。1958年，更名南桐矿区街道联合诊所，增设中医儿科、外科、牙科，腰子口和丛林两个医疗点划出改为公社卫生院。1968年，更名南桐矿区东风联合诊所。1973年，更名南桐矿区万盛街道卫生院。1977年，在万新路83号（今万新路101号）建成三楼一底房屋1栋，1188平方米。1980年4月，更名南桐矿区中医院，增设针灸、痔瘘、推拿按摩、中医骨伤科和检验室，设住院病床30张。

1988年10月，建成住院部大楼（一楼一底）。1990年，区神经精神病医院被撤销，人员、职能被归并至区中医院，住院病床增至100张（精神科病床60张，内科病床40张），职工98人。1991年7月1日，区中医院由集体所有制转为全民所有制事业单位。1993年4月，更名万盛区中医院。1994年12月，住院部大楼扩建工程竣工，在一楼一底基础上增建3层。是年，与重庆市中医肿瘤治疗中心、重庆市鹅岭骨质增生专科医院达成协议，建立肿瘤治疗分中心和骨质增生专科门诊；设立乙肝专科、心理咨询专科、头痛专科。1995年1月，开设外科（西医）和手术室。1996年8月，建立急诊科。

2008年5月，区中医院不再收治精神病人。

2009年6月，区中医院门诊大楼拆除，照光室、中西药库房、供应室及门诊大楼各科室搬至总务大楼和住院部5楼。是年，为缓解业务用房矛盾，租用万盛万丽花园房屋开设针灸理疗、口腔门诊诊疗室；中风科被确定为重庆市中医特色专科项目。

2010年2月，万盛区公共卫生服务中心综合大楼（含区中医门诊大楼）动工修建，总建筑面积10000平方米（15层），2011年竣工。

2011年，区中医院设中医诊室3个，西医诊室7个，医技科室5个（检验科、特检科、放射科、药剂科、供应室），设内、外科住院部各1个，床位120张，门诊接诊42581人次，出院病人3242人次；有在职人员163人（专业技术人员135人），其中副高职称5人，中级职称36人，初级职称62人；业务用房14142平方米（住院大楼3660平方米，后勤大楼482平方米，新大楼10000平方米）；万元以上医疗设备15台（套），总价值330万元。

（三）万盛区妇幼保健院

万盛区妇幼保健院是从事妇幼保健工作专业医疗机构，隶属区卫生局，位于万东北路一段175号。

1956年5月，南桐矿区建立兴隆场青年妇幼保健站，桃子街道桃子妇幼保健站和万盛街道万盛妇幼保健站，每站有4～5人，简易病床2张。1959年8月28日，撤销兴隆站，人员调整至青年乡村医院和妇幼保健站。1962年3月，万盛、桃子两站合并为南桐矿区妇幼保健站，与区防疫站合署办公。1980年4月，新建办公用房1幢（三楼一底，万新路91号），面积800平方米。是年末，设办公室、妇幼保健科、儿保科及检验、放射、药房、供应、总务和财务等科室，病床6张，有工作人员13人。1984年更名区妇幼保健所。

1987年7月，区妇幼保健所与区卫生防疫站合并组建区防病保健中心，区妇幼保健所改称中心门诊部，设妇保科和儿保科。1995年10月，撤销区防病保健中心，重新设置区妇幼保健所。2000年更名区妇幼保健院。

2005年，区妇幼保健院设儿保科、妇保科、药房、检验、特检和治疗室等科室，开放床位13张；

有工作人员19人,其中中级职称7人,初级职称12人;房屋建筑面积1000平方米(业务用房800平方米),万元以上医疗设备14台(套),总价值45万元。

2006年,全区出生医学证明、婚前医学检查证明改为区妇幼保健院统一开具。

2007年3月,增设妇幼保健科。是年,改造治疗室和观察室。

2009年5月,区妇幼保健院拆除重建(办公室迁至区卫生局,万东北路一段175号),停止诊疗业务,只负责新田路、万盛街、浸水垭地段儿童的预防接种、体检,产妇产后访视工作转入区人民医院保健科。

2011年,区妇幼保健院有在编职工17人,均是专业技术人员,其中副主任医师1人,中级职称4人,初级职称12人。

二、乡镇医院

（一）万东镇中心卫生院

万东镇中心卫生院是综合性的乡镇医疗机构,国家一级甲等医院资质,隶属区卫生局,位于万东北路60号。

1958年,南桐矿区大垭、民权、万盛3个乡的联合医院和1个村医务室合并组建万盛公社医院,设23个村卫生室,简易病床30张,有工作人员66人。1962年,更名万盛公社联合诊所;1966年,更名东风联合诊所; 1972年,更名万盛公社卫生院;1983年,更名万盛乡卫生院。1985年,有工作人员26人,设病床10张,业务用房500平方米,下设东林大坝门诊部。

1986年7月,卫生院拆除拆建。1992年11月,更名万东镇卫生院。1993年,在业务楼上增建业务用房1层,面积300平方米。1996年2月,获国家一级甲等医院资质。1998年4月,在东林街道观井湾社区设门诊部。2000年3月,在万盛街道红枫社区设门诊部。2001年9月,在万盛街道滨江路设门诊部(2004年6月被撤销)。

2007年12月,在万盛街道老街设门诊部。2010年4月,卫生院由差额拨款调整为财政全额拨款事业单位。11月19日,在东林街道公共卫生社区服务中心挂万东镇卫生院牌子,增加编制9人。

2008年12月,更名万东镇中心卫生院。

2011年,中心卫生院设有东林、观井湾、红枫和老街等4个门诊部,设内科、儿科、外科、妇科、中医、五官科、口腔科、疼痛科、预防保健科和放射、检验、心电B超室、手术室、中、西医药房等辅助科室,住院部开放床位30位;有在编职工57人,均为专业技术人员,其中高级职称1人,中级职称6人,初级职称44人;占地面积1020平方米,房屋建筑面积1260平方米(业务用房1200平方米),万元以上医疗设备13台(套),总价值46.22万元。

（二）南桐镇中心卫生院

南桐镇中心卫生院是综合性的乡镇医疗机构,隶属区卫生局,位于南桐镇动力村787号。

1956年,南桐矿区设立桃子街道联合诊所。1960年在水井湾建南桐公社医院。1962年10月,两河公社医院被并入桃子街道联合诊所。1970年,桃子街道联合诊所更名南桐街道卫生院,南桐公社医院更名南桐公社卫生院。1983年,南桐公社卫生院更名南桐乡卫生院。1985年1月,南桐街道卫生院与南桐乡卫生院合并,组建桃子地区医院(位于水井湾),设内、外、妇、中医、口腔科门诊,医技科室有治疗、放射、检验、中药房、西药房等,设综合病床10张;有职工38人,其中医技人员32人。

2008年12月,更名南桐镇中心卫生院。

2009年9月,迁至南桐镇政府旁(动力村787号),新建门诊部和住院部大楼。

2010年4月,中心卫生院由差额拨款调整为财政全额拨款事业单位。

2011年,中心卫生院设内科、住院部内科、门诊外科、住院部外妇科、门诊妇产科、中医科、中西医结合科、理疗科、疼痛科、公卫科、口腔科、肠道门诊、发热门诊等临床科室,中药房、西药房、检验室、放射科、B 超室、心电室、收费室、门诊观察室、门诊治疗室、换药室、手术室等辅助科室，有院外门诊部 3 个，开放床位 50 张；有职工 65 名（专业技术人员 52 人），其中副主任医师 1 人、主治医师 6 人、主管检验师 1 人、主管护师 2 人、药师 6 人、护师 3 人、医师 8 人；占地面积 3442 平方米，业务用房 3744 平方米。

（三）关坝镇中心卫生院

关坝镇中心卫生院是综合性的乡镇医疗机构，隶属区卫生局，位于关坝镇兴隆街 244 号。

1958 年，兴隆公社联合医院成立，随后改称兴隆公社医院。1960 年年末，更名青年公社兴隆医院，1963 年，更名兴隆公社联合诊所，1968 年，更名红星公社联合诊所，1972 年，更名兴隆公社卫生院，1984 年，更名关坝乡卫生院。

1993 年，更名关坝镇卫生院，新建业务用房 1 栋（三楼一底），面积 1327 平方米。

2007 年，修建住院部，改扩建门诊部。

2008 年 12 月，更名关坝镇中心卫生院。

2010 年 4 月，中心卫生院由差额拨款调整为财政全额拨款事业单位。

2011 年，设临床科室 5 个，辅助科室 3 个，开放床位 54 张，门诊年接诊 14859 人次，出院病人 528 人次；职工 43 人（专业技术人员 37 人），其中中级职称 2 人，初级 34 人；房屋建筑面积 2077 平方米（业务用房 1727 平方米），万元以上医疗设备 15 台（套），总价值 40 万元。

（四）青年镇中心卫生院

青年镇中心卫生院是综合性的乡镇医疗机构，隶属区卫生局，位于青年镇桐梓街 31 号。

1958 年 7 月，重庆市第一工人医院在青年街开设医疗点，随后定名青年乡村医院，设内、外、妇科和检验室、中药房、西药房，职工 18 人，病床 18 张。1960 年 8 月，兴隆保健站被并入青年乡村医院。1962 年 9 月，撤销青年乡村医院，成立青年公社联合诊所。1966 年 2 月，撤销青年公社联合诊所，恢复青年乡村医院并更名青年卫生院，职工 23 人，病床 20 张。1969 年，在青年桐梓街建业务楼房 1 栋。1973 年 5 月，更名青年地区医院。1974 年增设放射科。

2007 年 5 月，青年地区医院挂青年镇公共卫生服务中心牌子。

2008 年 12 月，更名青年镇中心卫生院。

2009 年，开设特色专科疼痛科。

2010 年 4 月，中心卫生院由差额拨款调整为财政全额拨款事业单位。6 月，新建成综合大楼，面积 2000 平方米，新增床位 40 张。

2011 年，中心卫生院设内科、外科、妇产科、疼痛科、肛肠科、中西医结合科、五官科和护理部 8 个临床科室，设放射、检验、B 超心电室 3 个辅助科室，开放病床 50 张；有职工 48 人（专业技术人员 44 人），中级职称 2 人，初级职称 27 人；房屋建筑面积 3077 平方米，万元以上医疗设备 13 台（套），总价值 45 万元。

（五）丛林镇卫生院

丛林镇卫生院是综合性的乡镇医疗机构，隶属区卫生局，位于丛林镇黄泥堡。

1955 年，南桐矿区联合医院在丛林设立医疗点，分别负责中、西医门诊，有工作人员 2 名。1958 年，医疗点扩建为丛林公社医院，设中、西医内科和妇产科门诊。1962 年 4 月，更名丛林医务室，后改为丛林卫生所。1963 年更名红岩联合诊所，1970 年更名丛林公社卫生院，新建业务楼 1 栋（两楼一底），设住院床位 10 张，设外科、痔瘘科等门诊，有职工 19 人。1984 年更名丛林乡卫生院。

1985 年，撤销丛林乡卫生院，在其基础上新建南桐矿区神经精神病防治院，建成综合楼 1 栋（两楼一底），面积 1500 平方米。

1990 年 6 月，撤销区神经精神病防治院，人员被并入区中医院，恢复丛林乡卫生院。1992 年更名丛林镇卫生院。2002 年 10 月，设红岩村（工人村）门诊部。

2008 年 7 月，输液观察室和住院部业务楼改建工程竣工。

2010 年 4 月，卫生院由差额拨款调整为财政全额拨款事业单位。

2011 年，卫生院设临床科室 6 个，辅助科室 3 个，开放床位 20 张；有职工 26 人，其中专业技术人员 23 人；建筑面积 2316 平方米。

（六）金桥镇卫生院

金桥镇卫生院是综合性的乡镇医疗机构，隶属区卫生局，位于金桥镇金灵庙 5 号。

1958 年 7 月，青山公社医院成立，金灵乡卫生所被并入，作为该院医疗点。1963 年，青山公社医院更名青山公社联合诊所，1972 年更名青山公社卫生院。1975 年，金桥公社卫生院成立。1984 年，青山公社卫生院更名青山乡卫生院，金桥公社卫生院更名金桥乡卫生院。1992 年，青山乡被并入金桥乡后，青山乡卫生院更名金桥乡青山卫生院，为具有相对独立的地名卫生院。

1994 年，金桥乡卫生院修建业务用房 1 栋（三楼一底），全院业务用房面积达 1450 平方米。

1996 年，撤销金桥乡青山卫生院，更名金桥乡卫生院青山门诊部，纳入金桥乡卫生院统一管理，保留独立核算财务体制。是年，青山门诊部重新购置业务用房。

2002 年，金桥乡卫生院更名金桥镇卫生院。

2010 年 4 月，卫生院由差额拨款调整为财政全额拨款事业单位。

2011 年，卫生院分院本部、青山门诊部、红岩门诊部 3 个部分，院本部设内、儿、妇、外、中医等临床科室和药剂、照光、检验、心电图、B 超等辅助科室，开放床位 10 张；有职工 20 人（专业技术人员 16 人），其中助理医师 5 人，药剂师 2 人，护师 1 人，护士 4 人，医士 4 人；建筑面积 2250 平方米（青山门诊部 780 平方米）。

（七）石林镇卫生院

石林镇卫生院是综合性的乡镇医疗机构，隶属区卫生局，位于石林镇星台村张家嘴。

1958 年，两河乡联合医院成立，1959 年 2 月更名两河公社医院。1962 年 10 月，撤销两河公社医院，人员被并入桃子街道联合诊所。1974 年 8 月 1 日，恢复两河公社卫生院。1984 年 5 月更名南天乡卫生院。2002 年更名石林镇卫生院。

2006 年，在石林镇星台村张家嘴新建综合门诊大楼。

2010 年 4 月，卫生院从差额拨款调整为财政金额拨款事业单位。

2011 年，卫生院设有中医、西医、妇科、外科、公共卫生科、康复科和手术室等门诊科室和综合住院部，有中药房、西药房、检验室、B 超、心电图室、放射室等辅助科室，开放床位 27 张，门诊接诊 7066 人次，年出院病人 1059 人次；有职工 14 人（专业技术人员 12 人），中级职称 1 人，初级 11 人；建筑面积 2300 平方米，业务用房 1200 平方米。

（八）黑山镇卫生院

黑山镇卫生院是综合性的乡镇医疗机构，隶属区卫生局，位于东林街道腰子口社区新胜街 272 号。

1952 年，南川县第十区联合医院在腰子乡设医疗点，后交万盛乡联合医院管理。1958 年，腰子乡医疗点独立设置为腰子卫生所。1962 年，万盛公社联合医院分出部分人员和设备成立大垭公社腰子联合诊所。1966 年，大垭公社腰子联合诊所与腰子卫生所合并成立景星公社联合诊所（位于马家坳）。1972 年更名景星公社卫生院，1984 年更名景星乡卫生院。

2000 年 4 月，本部迁至东林街道腰子口，租用南桐矿务局技工学校校舍作为业务用房，马家坳设置门诊所。2001 年 3 月，在万盛火车站旁开设门诊所。2005 年，马家坳（乡政府旁）门诊所新建业务用房 319 平方米。

2006 年，更名黑山镇卫生院。2007 年，本部迁至东林街道腰子口社区新胜街 272 号。

2010 年 4 月，卫生院由差额拨款调整为财政全额拨款事业单位。

2011 年，卫生院分院本部和马家坳、万盛火车站门诊 2 个门诊所，院本部设中医、内科、外科、妇科、中医理疗科、口腔科和痔疮专科等临床科室 7 个，检验科和放射科等辅助科室 2 个，开设病床 20 张，年门诊接诊 8834 人次，出院病人 605 人次；有医护人员 17 人（专业技术人员 16 人），其中医生 10 人，护士 5 人；建筑面积 500 平方米。

三、企业医院

（一）南桐矿业公司总医院

南桐矿业公司总医院是综合性医疗卫生专业机构，国家二级甲等资质，隶属南桐矿业公司，位于东林街道清溪桥五星村 34 号。总医院下辖南桐、红岩、塔山 3 个分院，鱼田堡、东林、砚石台 3 个卫生所。

1959 年 2 月 21 日，南桐矿务局中心医院成立；9 月，更名鱼田堡煤矿职工医院。1965 年 3 月，鱼田堡煤矿职工医院恢复南桐矿务局中心医院名称。1984 年 8 月，更名南桐矿务局总医院，下辖南桐、红岩、塔山 3 个分院，鱼田堡、东林、砚石台 3 个卫生所和 8 个保健站。1992 年 12 月，新建成住院大楼，建筑面积 7235 平方米。1997 年 11 月，南桐总医院获国家二级甲等医院资质。1999 年 9 月，获“爱婴医院”称号。2000 年 12 月，所辖南桐、红岩 2 个分院和鱼田堡、东林、砚石台 3 个卫生所划归所在单位管理。2003 年 4 月，南桐、红岩 2 个分院和鱼田堡、东林、砚石台 3 个卫生所重新划归总医院管理。是年，总医院挂全国煤矿创伤学会西南分会牌子。2004 年 7 月，挂国家矿山医疗救护南桐（重庆）分中心牌子。2005 年 3 月，获卫生部临床检验中心授予的 PCR 临床基因扩增实验室资质证书。12 月，改制为南桐矿业公司总医院。

2009 年 12 月，新门诊部大楼竣工，建筑面积 15514 平方米。

2011 年 10 月，总医院挂第三军医大学大坪创伤专科医院南桐创伤分院牌子。是年，总医院本部设内科、外科、儿科、妇产科、口腔科、皮肤科、五官科、神经内科、疼痛科、传染科、精神科和康复科等 15 个临床科室，药剂科、检验科、放射科、特检科和病理科及 LCU、CCU、RICU 病房等 13 个医技科室，开放床位 652 张；院本部有职工 686 人，其中专业技术人员 529 人（高级职称 55 人，中级职称 110 人，初级职称 338 人），门诊年接诊 110679 人次，出院病人 15498 人次；院本部建筑面积 28819 平方米，万元以上设备 500 台（套），总价值 6230 万元；下辖南桐、塔山分院 2 个，东林、鱼田堡、红岩和砚石台卫生所 4 个，松林、和平社区门诊部 2 个。

（二）南桐矿业公司总医院南桐分院

1950 年 4 月，南桐煤矿职工医院成立。1951 年 2 月，更名西南工业部第四〇一煤矿职工医院。1954 年 1 月，更名国营南桐煤矿职工医院。1984 年 8 月，更名南桐矿务局总医院南桐分院，设有内科、外科、儿科、妇产科、放射科、检验科、药剂科、中医、针灸科、麻醉科、预防保健科、五官科和职业病科等门诊部及供应室等临床医技科室，开放病床 150 张，有职工 217 人。

2000 年 12 月，医院划归南桐煤矿管理，更名南桐煤矿职工医院。全院房屋面积 7502 平方米，固定资产净值 96.12 万元；医疗设备 23 台（件），净值 45.15 万元。2003 年 4 月，重新划归南桐矿务局总医院管理，恢复南桐矿务局总医院南桐分院名称。

2005 年 12 月 31 日，更名南桐矿业公司总医院南桐分院。是年，分院设内科、外科、儿科、妇产科、皮肤科、中医科、针灸科、麻醉科、五官科、口腔科、放射科、检验科、药剂科和预防保健科等临床、医技科室；有职工 132 人。

2008 年，分院与重庆市第一人民医院、重庆医科大学附属第一医院达成技术合作协议。

2011 年，分院职工 67 人，专业技术人员 48 人；开放床位 140 张。

（三）南桐矿务局总医院塔山分院

1965 年 5 月，南桐矿务局疗养院成立，位于箐溪村，隶属南桐矿务局中心医院管理，专门收治精神病、肝炎、结核、外伤性截瘫病人。1967 年 7 月，迁至万盛乡塔山，更名南桐矿务局中心医院住院分部，建筑面积 2144 平方米，设床位 110 张（肝炎病房 20 张，结核病房 60 张，精神病房 30 张），有职工 34 人（医护人员 20 人）。1979 年 8 月，更名南桐矿务局中心医院塔山分院。1983 年 8 月，更名南桐矿务局总医院塔山分院，设精神病科（专业组）、结核病科（专业组）。

1988 年 12 月，新办公楼建成，建筑面积 1115 平方米。1990 年 1 月开展放射业务。1994 年 6 月，设立精神病科二病区，床位 17 张。1995 年 8 月 29 日，精神病科二病区改设为戒毒病房，收治自愿戒毒人员。2007 年 9 月 27 日，撤销戒毒病房。2003 年 4 月，塔山分院设立万盛区“非典”隔离病房。2004 年设立万盛区“人感染禽流感”定点隔离病房。2005 年，在肝炎科设立万盛区“流行性脑脊髓膜炎”定点隔离病房。

2008 年 4 月 21 日，区卫生局（万盛卫发〔2008〕18 号文件）批准塔山分院更名重庆市万盛区精神病传染病专科医院，行政上由南桐总医院管理，业务接受区卫生局指导，遇到突发公共卫生事件或其他应急事件由区卫生局统一调配使用。该院为万盛区精神病、传染病定点医院，时有职工 65 人。是月 28 日，区中医院将收治的 20 例精神病患者转入该院精神病科。精神病科设一科（病区）、二科（病区）。是年，一科开设床位 55 张，二科开设床位 45 张，有医护人员 26 人。

2011 年，分院有职工 74 人，专业技术人员 62 人，开放床位 150 张。

（四）南桐矿业公司总医院红岩分院

1972 年 9 月，红岩煤矿职工医院成立，位于红岩村垮岩。1984 年 8 月，划归南桐矿务局总医院管理，更名南桐矿务局总医院红岩分院。

2000 年 12 月，划归红岩煤矿管理，更名红岩煤矿职工医院。全院房屋面积 2610 平方米，固定资产净值 32.52 万元。2003 年 4 月，划归南桐矿务局总医院管理，恢复南桐矿务局总医院红岩分院名称。因当地居民大多移居至万盛城区，医院接诊量减少，医院医务人员减至 25 人，开放床位减至 30 张，除保留医技科室外，临床科室统一设置为综合治疗科（含内、儿、妇、外专业），保留工人村、新风井保健站。

2006 年 6 月，更名南桐矿业公司总医院红岩分院。2007 年 5 月，迁至红岩煤矿娱乐中心红矿路河边。

2011 年 2 月 18 日，撤销红岩分院被，设立红岩卫生所。

（五）平山机械厂职工医院

1965 年，国营平山机械厂设立厂医务室。1966 年，改建为厂卫生所。1969 年，扩建为厂职工医院，设门诊部、住院部和 2 个车间保健站。1998 年底，该院随厂迁至重庆市巴南区渔洞镇。

（六）晋林机械厂职工医院

1965 年，国营晋林机械厂设立厂医务室。1968 年，改建为厂卫生所。1970 年，扩建为厂职工医院，设门诊部、住院部和 2 个车间保健站。2003 年，该院随厂迁至四川省彭县。

（七）渝州齿轮厂职工医院

1966 年，国营兴无机械厂设立厂医务室。1969 年，扩建为厂职工医院，设住院部、门诊部。1985 年，更名国营渝州齿轮厂职工医院。1996 年底，该院随厂迁至巴南区渔洞镇。

四、民营医院

万盛博爱医院

2008年11月，万盛区博爱医院成立，12月5日营业。医院位于东林二村191-1-2号，面积900平方米，开设内科、儿科、外科（碎石科）、妇科（不含接生）、中医科、检验科、放射科和特检科等临床门诊及辅助科室；有医务人员32人，其中医生12人，护士17人，药剂士3人。

2011年12月，迁至万东北路48号，占地1525平方米，建筑面积2000余平方米，旧址改为医院分部。是年，设病床130张，有医技、后勤人员60人（专业技术人员52人），年门诊接诊18000人次，住院2000人次。

第二节　医疗队伍

1986年，全区有医疗卫生技术人员489人，其中卫生机构医生140人，主治医师39人，护士77人，护理员55人。

2005年，全区有医疗卫生技术人员956人，其中执业医师313人，执业助理医师74人，注册护士364人，药剂人员105人，检验人员49人，其他技术人员51人。

2011年，全区有医疗卫生技术人员1237人（高级职称85人、中级职称229人、初级职称923人），每千人拥有卫生技术人员4.6人，其中每千人医生数1.73人，每千人护师（士）数1.88人。

第三节　医疗设备

1986—2011年，区内各医疗单位不断更新常规医疗设备的同时，为提高医疗诊断和治疗水平，还购置科技含量高、相对先进的医疗器械。

2011年万盛区人民医院主要医疗设备一览表

表30-8

序号	设备名称	规格型号	单价（万元）	数量（台、套、件等）	购置年份
1	电视腹腔镜	德国WSAO	12	4	1998
2	彩超工作站	–	89	1	1999
3	麻醉机	MF—708	5	1	1999
4	腹腔镜器械配件	–	15	1	2000
5	全自动生化分析仪	拜尔560	36	1	2001
6	四通道血凝仪	法国ST-4	7	1	2002
7	病理图文分析系统	–	7	1	2002
8	眼科手术显微镜	–	5	1	2002

续表

序号	设备名称	规格型号	单价（万元）	数量（台、套、件等）	购置年份
9	电子胃镜	–	34	1	2002
10	救护车	东南得利卡	12	1	2002
11	空气洁净器	1600 型	5	2	2003
12	电子结肠镜	EC–3830FK	16	1	2003
13	手术动力装置	–	10	1	2003
14	过敏源检测仪	–	40	1	2003
15	呼吸机	美国伟康	24	1	2003
16	阴道镜	KJ8200	6	1	2003
17	麻醉机	Aeon 7500A	20	1	2003
18	自动洗片机	布鲁泰克	6	1	2003
19	中心供氧设备	–	6	51	2003
20	中心机站供氧设备	–	9	1	2003
21	肺功能仪	800 型	6	1	2003
22	微量元素分析系统	GGX–9	10	1	2003
23	高频电刀	Model–400	6	1	2003
24	三分群血细胞分析仪	迈瑞 BC–3000	13	1	2004
25	经颅多普勒	MT–1010	6	1	2004
26	迈瑞黑白 B 超	DP–9900	22	1	2004
27	腹腔镜摄像系统	–	5	1	2008
28	救护车	东南牌	14	1	2005
29	监护仪	PM–6000	7	1	2005
30	腹腔镜	–	63	1	2005
31	麻醉工作站	–	12	1	2005
32	鼻窦镜配件	–	6	1	2005
33	医用中心制氧设备	–	65	1	2006
34	X 光机透视系统	–	225	1	2006
35	骨科牵引床	–	9	30	2006
36	骨科牵引床	–	6	15	2006
37	多层螺旋 CT 机	美国 GE	428	1	2006
38	有创呼吸机（捐赠）	–	6	1	2006
39	照光机（捐赠）	–	18	1	2006
40	血球仪（含打印）	BC–3000	9	1	2006
41	多系统治疗仪	普林格尔 YS–C200	7	1	2007
42	黑白超声仪	西门子 G20 标配	34	1	2007

续表

序号	设备名称	规格型号	单价（万元）	数量（台、套、件等）	购置年份
43	自动洗片机	–	7	1	2007
44	全自动洗涤脱水机	–	6	2	2008
45	高频电刀	–	7	1	2008
46	全自动生化分析仪	–	57	1	2008
47	电子阴道镜	–	7	1	2008
48	除颤 / 监护仪	–	5	1	2008
49	救护车	全顺	18	1	2008
50	彩超	–	13	1	2008
51	妇科环切刀	CV–2000 型	7	1	2008
52	呼吸机	ESPRIT	15	1	2008
53	黑白 B 超	GE	24	1	2008
54	血气分析仪	–	9	1	2009
55	麻醉机	7200A 型	15	1	2009
56	X 射线影像系统	C 型	29	1	2009
57	听力计	丹麦国际听力 AD229E 型	8	1	2009
58	纤维喉镜	–	14	1	2009
59	电子胃镜	–	29	1	2009
60	核磁共振设备	日立	500	1	2010
61	全数字化彩色超声诊断仪	–	210	1	2010
62	五分类血液细胞分析仪	BC–5500	20	1	2010
63	快速生物阅读器	–	6	1	2011
64	血液透析用水设备	600L/H	13	1	2011
65	脉动真空灭菌器	–	18	1	2011
66	产科中央监护系统	–	27	1	2011
67	纤维支气管镜	潘太克斯	20	1	2011
68	肠镜	潘太克斯	45	1	2011
69	超声诊断系统	MYLAB90	240	1	2011
70	全自动尿沉渣分析仪	–	28	1	2011
71	监护仪	–	8	1	2011
72	便携式呼吸机	–	6	1	2011

2011 年南桐矿业公司总医院主要医疗设备一览表

表 30-9

序号	名称	规格型号	单价（万元）	数量（台、套、件等）	购置年份
1	麻醉呼吸机	FABIUS	32	1	1998
2	彩色多普勒诊断系统	GE LODIQ 400MR3	134	1	2000
3	X 光机	万东 F99-IBT500M	37	1	2000
4	微生物鉴定仪	MICROSCAN-PALER	7	1	2000
5	高压氧舱	SHC2000/3600	25	1	2001
6	手术显微镜	ASOM-3	15	1	2001
7	电视系统	OTV-SC	5	1	2001
8	全自动血球计数仪	sysmex kx-21	18	1	2002
9	便携式多参数监护仪	GE DASH3000	28	1	2002
10	腹腔镜	狼牌	23	1	2002
11	前列腺汽化电切镜	狼牌	10	1	2002
12	开颅机	DK-2000A	12	1	2002
13	纤支镜	PENTAXFB-14P	8	1	2002
14	呼吸机	PB ACHIEVA TM PSO2	19	1	2002
15	电子胃镜	日本 PENTAX EPK-700	29	1	2002
16	胆道镜	欧林巴斯	9	1	2002
17	全自动生化分析仪	日立 7060	79	1	2002
18	半自动分析仪	KH-2000	9	1	2003
19	多功能呼吸机	KD-500C	14	1	2003
20	麻醉机	Aum7300B	7	1	2003
21	黑白 B 超	海鹰 E150	32	1	2003
22	便携式多参数监护仪	509B-MEC	6	1	2003
23	X 线诊断机	万东 F30-2F	5	1	2003
24	便携式多参数监护仪	西润 CD2000+	8	1	2003
25	黑白 B 超	EUB-500	36	1	2003
26	服务器	HP ML570G2	10	1	2003
27	阻抗听力计	丹麦国际听力 AA220	8	1	2003
28	呼吸机	伟康 BiBAPVision	37	1	2003
29	气压弹道碎石机	E M C	43	1	2003
30	手术床	P1050	16	1	2003
31	病理图文分析系统	PIPS-2020	8	1	2003
32	麻醉机	S/5 TM AESPIRE100	29	1	2003
33	呼吸机	熊牌 1000	25	1	2004

续表

序号	名称	规格型号	单价（万元）	数量（台、套、件等）	购置年份
34	计算机成像系统	柯达 CR500	120	1	2004
35	灭菌器	MG-1.2	20	1	2004
36	电刀	威利 FORCE 2	15	1	2004
37	麻醉气体检测	Drager Vamvs	9	1	2004
38	骨髓系统	Mcds-2011	6	1	2004
39	脑电	北京新拓 NT92-MD16R	7	1	2004
40	肺功能机	福田 ST-75	7	1	2004
41	妇科多功能射频治疗仪	BBT-RF-B	17	1	2004
42	胸腔镜	狼牌	16	1	2004
43	椎间盘镜	齐伯纳	68	1	2004
44	咽喉镜	狼牌	18	1	2004
45	痔疮治疗机	ZZ-11600	20	1	2004
46	结肠治疗仪	IMS-100A	9	1	2004
47	关节镜	狼牌	28	1	2004
48	自体血液回收机	自体 2000	20	1	2004
49	灭菌器	MG-1.0	13	1	2004
50	运动平板心电系统	ECGLAB 型	10	1	2004
51	照光机	F52-8C500MA	28	1	2004
52	生物安全柜	BSC120-2	6	1	2004
53	麻醉机	ACM603B	6	1	2004
54	血球计数仪	POCH-100i	10	1	2004
55	电脑腹水超浓缩会输系统	WLFHY-500	6	1	2005
56	救护车	江淮 HFC5036XJH	32	1	2005
57	便携式多参数监护仪	日本光电 2303K	27	1	2005
58	多层螺旋 CT	西门子 SOMATOM	474	1	2005
59	电刀	威利 FORCE 2	15	1	2005
60	便携式多参数监护仪	日本光电 2303K	27	1	2005
61	牙科治疗机	ST3603	5	1	2005
62	全自动血液分析仪	MEK-6318K	15	1	2005
63	便携式呼吸机	鹰牌 750 型	17	1	2005
64	床旁 X 光机	Canpact	36	1	2005
65	救护车	HJC5036XJH	16	1	2005
66	电动手术床	–	8	1	2005
67	荧光定量 PCR 仪	SLAH	21	1	2005

续表

序号	名称	规格型号	单价（万元）	数量（台、套、件等）	购置年份
68	胰岛素泵	美敦力 508	6	1	2005
69	血透机水处理	天创 TCH-RO/1	7	1	2006
70	显像主机	MGB MS-V	10	1	2006
71	纤维喉头插管镜	PENTAX FI-10BS	12	1	2006
72	全自动血凝仪	SYSMEX CA-510	17	1	2006
73	微量元素分析仪	东西 7001M	24	1	2006
74	肌电图 / 诱发电位	凯威 WDEG	32	1	2006
75	显像系统	MGB MS-V	9	1	2006
76	超声乳化仪	博士伦 DPX100	37	1	2006
77	模拟定位机	SL-1	118	1	2006
78	肺功能仪	思科达 980A	8	1	2006
79	麻醉机	康强 5300	35	1	2006
80	电动手术床	三丰 5600S	18	1	2006
81	直线加速器	XHA600	190	1	2006
82	放射防护门	–	9	3	2006
83	切片机	RM2016	6	1	2006
84	电动手术床	三丰 5600S	18	1	2007
85	X 光机	万东 HF50-R	32	1	2007
86	增强器	东芝	7	1	2007
87	多功能 X 光机	GE PS800+	226	1	2007
88	三维放射治疗计划系统	–	79	1	2007
89	X 刀治疗系统	新华奇林	41	1	2007
90	刨削手柄	“狼”牌	8	1	2007
91	IP 板	柯达 (14*17)	5	4	2007
92	电子胃镜	PENTAX EG-2970K	25	1	2008
93	臭氧发生器	德国赫尔曼 MEDOZON	27	1	2008
94	医院信息系统软件	中联 ZLHIS+	39	1	2008
95	多功能射频疼痛治疗仪	施乐辉 ET-20S	58	1	2008
96	容灾系统	Symantec	9	1	2008
97	核心交换机	中兴 ZXR10 T40	14	1	2008
98	动态心电血压系统	中健科仪 CB-1302-A	24	1	2008
99	救护车	瑞风	13	1	2008
100	半导体椎间盘激光治疗仪	HOP-100	35	1	2008
101	彩色多普勒诊断系统	麦迪逊 SA9900	260	1	2008

续表

序号	名称	规格型号	单价（万元）	数量（台、套、件等）	购置年份
102	全自动干式生化系统	SYSMEX FDC-3500	43	1	2008
103	血液透析机	DBG-02	30	1	2008
104	洗片机	柯达 101/102	7	1	2008
105	血流变	MVIS-2035	19	1	2008
106	医用诊断 X 线机	XG200A-5	11	1	2008
107	平衡功能检测系统	PC708	12	1	2009
108	言语障碍系统	S-YYZ-01	12	1	2009
109	双极电凝	GN060	8	1	2009
110	便携式多参数监护仪	BeneVIEW T5	23	2	2009
111	输尿管镜	狼牌 719.401	6	1	2009
112	低温等离子消毒机	CDMJ100	49	1	2009
113	全自动工业洗衣机	XGQ-100F Ⅱ	11	1	2009
114	电化学发光免疫分析仪	Elecsys 2010	62	1	2009
115	麻醉机	航天长峰 ACM603	6	1	2009
116	单用的心理测验量表及用具	CETS-MA-V1.0	5	1	2009
117	吞咽障碍治疗仪	美国 VITALSTIM	8	1	2009
118	全数字超声诊断系统	DP8800PlUS	9	1	2009
119	影像增强器	泰雷滋 23*Z4ST	6	1	2009
120	PT 训练床	B-PLC-02	10	3	2009
121	智能主被动训练器	AP-ZXQ-01	7	1	2009
122	减重步态训练器	G-JZB -03	12	1	2009
123	认知障碍系统	R-ZZY	12	1	2009
124	器械清洗机	Rapid M320	13	1	2010
125	骨密度仪	EXA-3000	34	1	2010
126	洗片机	布鲁泰克	7	1	2010
127	动脉硬化检测仪	VS-1000	20	1	2010
128	婴儿氧舱	YLC05/1.5	13	1	2010
129	床旁 X 光机	HM-32	18	1	2010
130	呼吸机	VS uitra	25	1	2010
131	超声波清创机	UUi-I/MB	11	1	2010
132	小儿呼吸机	MAQUET SERVO-i	43	1	2010
133	手术显微镜	Microflex FS1-11	60	1	2010
134	呼吸机	VSUIFRA	25	1	2010
135	数字 X 光机（DR）	Digital Diagnost VR	230	1	2010

续表

序号	名称	规格型号	单价（万元）	数量（台、套、件等）	购置年份
136	全自动五分类血球计数仪	XS-800i	17	1	2010
137	全自动生化分析仪	日立 7600-010+ISE+ID	119	1	2010
138	小儿肺功能仪	Moster scope	14	1	2010
139	便携式彩超	APOGEE1100	48	1	2010
140	增强器	泰雷滋	7	1	2010
141	全电脑牙科综合机	2A2O8D	6	1	2010
142	纤维鼻咽喉内窥镜	FNL-15RP3	16	1	2010
143	全自动五分类血球计数仪	XT-2000i	33	1	2010
144	彩色多普勒超声诊断仪(含工作站)	SONOACE X6	18	1	2010
145	呼吸机	VSUIFRA	25	1	2010
146	单人用血液透析装置	DBB-27	23	1	2010
147	除颤监护仪	飞利浦	13	1	2010
148	除颤监护仪	TEC-5521C	7	1	2010
149	二级反渗水处理机	TCH-R0 Ⅱ /1	13	1	2010
150	超声刀系统	强生豪韵	44	1	2010
151	输尿管肾镜	狼牌 719.401	6	1	2010
152	低温消毒机	CDMJ100	49	1	2010
153	电子肠镜	EPK-150C	32	1	2010
154	骨质疏松治疗仪	AUTES ZH-21	16	1	2011
155	全数字彩色超声诊断系统	DC-7	89	1	2011
156	气囊式体外反搏装置	P-ECP/TI	18	1	2011
157	心电工作站含 PDA	DMS	6	1	2011
158	全数字彩色超声诊断系统	美国索诺声	45	1	2011
159	全自动凝血分析仪	CA1500	30	1	2011
160	血液透析机	SURDIAL-55	10	2	2011
161	超声碎石清石机	LithoClast Master	98	1	2011
162	纤维胆道镜	FCN-15X	20	1	2011
163	经皮肾镜	GA-D318	12	1	2011
164	心电工作站含 PDA	DMS	6	1	2011
165	监护仪	MP20	25	1	2011
166	救护车	依维柯	27	1	2011
167	救护车	依维柯	26	1	2011
168	全自动血液分析仪	-	11	1	2011

2011 年万盛区中医院主要医疗设备一览表

表 30-10

序号	设备名称	规格型号	单价（万元）	数量（台、套、件等）	购置年份
1	超声诊断仪	–	26	1	2008
2	免疫分析仪	KPS-II	6	1	2008
3	血球仪	–	7	1	2008
4	激光治疗仪	–	13	1	2009
5	深层活细胞美容仪	–	5	1	2010
6	彩色多普勒诊断系统	飞利浦 HD9	195	1	2011
7	全自动生化分析仪	日立 7180	98	1	2011
8	空气波压力循环治疗仪	LGT-2200W	6	1	2011
9	微电脑仿生治疗仪	YS-7002T	5	1	2011

2011 年万盛区妇幼保健院主要医疗设备一览表

表 30-11

序号	设备名称	规格型号	单价（万元）	数量（台、套、件等）	购置年份
1	多功能弱视矫治仪	–	10	1	2001
2	小儿视力测定仪	–	8	1	2001
3	B 超机	–	22	1	2001
4	超导可视妇科手术仪	–	17	1	2007
5	全自动血液分析仪	POCH-100I	6	1	2007
6	超声诊断仪	迈瑞 DP-9900	16	1	2007

2011 年万盛区乡镇卫生院主要医疗设备一览表

表 30-12

单位	序号	设备名称	规格型号	单价（万元）	数量（台、套、件等）	购置年份
万东镇中心卫生院	1	口腔科手术器械	–	1	1	2010
	2	超声诊断仪器	DP-9900	1	1	2009
	3	监护仪器	MEC-1000	1	1	2009
	4	基础外科手术器械	–	1	1	2006
	5	高频电刀	S900	2	1	2007
	6	十二道心电图机	SE-1200	2	1	2011
	7	全自动血球分析仪	AN79DC951	2	1	2009
	8	手自动生化仪	ECA-2000B	3	1	2006
	9	一般医用化验器具	–	3	1	2006

续表

单位	序号	设备名称	规格型号	单价（万元）	数量（台、套、件等）	购置年份
万东镇中心卫生院	10	呼叫系统	–	3	1	2006
	11	心电监护仪	–	3	2	2006
	12	耳、鼻、喉科手术器械	–	3	1	2007
	13	超声诊断仪器	DP–9600	4	1	1999
南桐镇中心卫生院	1	超声诊断仪器	HY3100	4	1	2007
	2	监护仪器	M6	2	1	2007
	3	血液化验分析系统	BC–1800	2	1	2008
	4	超声诊断仪器	DP–9600	3	1	2009
	5	高频手术设备	赛龙 300	1	1	2010
	6	心电诊断仪器	SE –1200EXPRESS	5	1	2011
关坝镇中心卫生院	1	B 超机	–	3	1	2009
	2	半自动生化分析仪	–	2	1	2001
	3	电解质分析仪	–	3	1	2011
	4	血球仪	–	12	1	2006
	5	心电监护仪	–	2	1	2008
	6	碎石机	–	20	1	2006
青年镇中心卫生院	1	血球分析仪	CA–500	5	1	2006
	2	血球分析仪	CA–9800	5	1	2011
	3	多参数心电监护仪	LK8600A	3	1	2003
	4	海扶刀	G2F 型	3	1	2009
	5	B 超机	DP900	3	1	2009
	6	多功能牵引床	–	3	1	2011
	7	半自动生化仪	BG–2000B	3	1	2002
	8	口腔科综合治疗仪	ST–303	2	1	2006
	9	B 超机探头	–	2	1	2009
	10	手术无影灯	2F–620/620	2	1	2006
	11	心电监护仪	PM–7000	2	1	2006
	12	阴道镜	PK6650	2	1	2009
	13	光波数码多功能治疗仪	–	2	1	2009
	14	心电诊断仪器	12 通道	2	1	2011

续表

单位	序号	设备名称	规格型号	单价（万元）	数量（台、套、件等）	购置年份
丛林镇卫生院	1	200mA X光机	–	6	1	2005
	2	全数字超声诊断系统	DP-9600	3	1	2009
	3	血球计数器	DC-1800	2	1	2008
	4	阴道镜	PK-6650	3	1	2008
	5	超声波臭氧雾化妇科治疗仪	FJ-00813 型	6	1	2009
	6	生化分析仪	PUN-2048A	2	1	2010
金桥镇卫生院	1	血细胞分析仪	BC-1800	2	1	2008
	2	台式 B 超	SIP-600	3	1	2008
石林镇卫生院	1	血球计数器	BC-1800	2	1	2008
	2	台式超声诊断仪器	DP-9600	3	1	2008
黑山镇卫生院	1	血液化验分析系统	BC-1800	2	1	2008
	2	超声诊断仪器	DP-9600	3	1	2009
	3	X 线通用诊断设备	–	8	1	2009
	4	血液化验分析系统	BC-1800	2	1	2008

第三十一篇　社会生活

第一章　居民生活

第一节　居民收入

1986年，全区城市职工、农村居民年收入分别为1080元、399元，城市居民、农村居民人均住房面积分别为6.62平方米、20平方米。

2005年，全区城市职工、农村居民年收入分别为13828元、3242元，城市居民、农村居民人均住房面积分别为18平方米、31平方米，城市居民人均储蓄余额6827元。

2011年，全区城市职工、农村居民年收入分别为35031元、7255元，城乡居民储蓄余额41.97亿元，人均15641元。

第二节　居民消费

1986年，全区社会消费品零售总额11945万元。2005年，全区社会消费品零售总额83897万元。2010年，全区社会消费品零售总额188000万元，城镇居民消费支出9627元，农村居民人均生活消费支出3816元。2011年，全区社会消费零售总额299000万元，城镇居民、农村居民人均生活消费支出分别为10474元和4614元。

1986—2011年万盛区城乡居民年均收入统计表

表31-1　　单位：元

年份	城市职工	农村居民	城乡居民人均储蓄余额	年份	城市职工	农村居民	城乡居民人均储蓄余额
1986	1080	399	–	1999	5875	2245	3137

续表

年份	城市职工	农村居民	城乡居民人均储蓄余额	年份	城市职工	农村居民	城乡居民人均储蓄余额
1987	1215	453	267	2000	6019	2300	3530
1988	1473	518	301	2001	6743	2400	3927
1989	1588	580	391	2002	8042	2524	4499
1990	1793	650	525	2003	9067	2645	5426
1991	1925	720	643	2004	12230	2998	6239
1992	2209	802	768	2005	13828	3242	6827
1993	2492	920	891	2006	16027	3268	7610
1994	3326	1150	1184	2007	17922	3974	7919
1995	3612	1570	1510	2008	20453	4630	10440
1996	5196	1820	1822	2009	23721	5079	11895
1997	5885	2107	1931	2010	28862	5918	14110
1998	5749	2240	2314	2011	35031	7255	15641

1986—2011年万盛区社会消费品零售总额统计表

表31-2　　单位：万元

年份	零售额	年份	零售额	年份	零售额	年份	零售额
1986	11945	1993	28340	2000	48406	2007	111500
1987	13487	1994	32540	2001	52276	2008	134000
1988	18137	1995	41295	2002	57820	2009	159000
1989	20174	1996	42355	2003	64123	2010	188000
1990	20418	1997	46272	2004	73485	2011	299000
1991	22488	1998	47336	2005	83897	–	–
1992	25286	1999	45537	2006	96300	–	–

第三节　衣食住行

一、服饰

20世纪80年代后，随着改革开放的逐步深化，物质生活水平的提高和审美观念的改变，工作和生活服饰都有很大变化。职业正装以西装为主，生活服饰日趋多样化。女士长裤逐渐由边开口改为中开口。喇叭裤、牛仔服、T恤衫、羽绒服、紧身裤、露肩、露脐装、超短裤、超短裙、高跟鞋、拖鞋、高统皮靴等服饰先后成为流行服饰；唐装、旗袍等传统服饰成为个性化服装。中小学校一般为学生制作统一的校服。

二、饮食

20 世纪 80 年代后，物质生活逐步改善，居民饮食结构发生很大变化。从吃饱到吃好、吃健康，注重营养，荤素合理搭配。主食以大米为主，兼食玉米、小麦、豆类、薯类等，肉、蛋、奶等食品消费量逐年上升。早餐以面食、稀饭为主，中餐和晚餐多为米饭。米饭的烹饪工具，逐步由甑子改为高压锅、电饭煲。菜品烹饪方式，多数为煎、炒、烧、炖、蒸和炸等。城镇居民烹饪燃料逐步由煤改为液化气、天然气、电。农村居民烹饪燃料以柴、煤为主，少量使用液化气或天然气。饮品以茶、酒为主，茶以绿茶为主，其他类较少，部分年轻人喜饮奶茶；酒以啤酒、白酒为主，红酒较少。

三、住房

20 世纪 80 年代后，农村土墙草房消失，基本不再建造土木结构房屋，新建房屋多为砖混或框架结构。2000 年后，进城务工农村居民逐步增多，部分在城镇购买商品房；开始出现经过统一规划，集中修建的农民新村。

20 世纪 90 年代城镇住房制度改革后，住房由单位分配改为集资建房或购买商品房。2000 年后，集中式住宅小区逐步取代单体住宅，电梯房取代步梯房；房屋户型多样化，一般为一室一厅一卫、两室两厅两卫、三室两厅两卫，并出现跃层式、错层式等户型。

四、出行

20 世纪 80 年代，出行近程多以步行为主，少数骑自行车；远程以公共汽车、火车为主。20 世纪 90 年代，摩托车开始进入部分居民家庭，并逐步普及；城区出现人力三轮车和出租车。2000 年后，小汽车开始进入部分家庭，并逐步增多。2011 年，农村居民出行，一般乘坐公共汽车，部分偏远山区居民出行主要选择摩托车。城镇居民出行方式较多样，可选城市公交、出租车，或自驾摩托车、小汽车。

第二章　宗教

第一节　宗教事务管理

1991 年 3 月，南桐矿区民族宗教侨务办公室（简称区民宗侨办）成立，为区政府主管民族、宗教、侨务工作部门。

1993 年 9 月，中共南桐矿区委统战部、区民宗侨办召开全区宗教工作会。是月，批准妙音山紫竹寺为全区第一个佛教活动开放场所。10 月，妙音山紫竹寺通过民主选举建立管理委员会，并修缮寺庙。

1994 年 9 月，印发《关于加强万盛区宗教活动管理的意见》和《万盛区基层宗教工作职责》，乡镇（街道）、村（居委会）建立宗教管理网络和宗教管理工作责任制。

1995 年 3—4 月，全区开展整治非法宗教活动和封建迷信活动专项斗争，关闭非法宗教活动场所 152 处，查禁取缔非法组织“门徒会”。11 月，批准南桐镇麒麟基督教堂为基督教活动场所。

1996 年 4 月，全区举办宗教基本知识和《重庆市宗教事务管理条例》培训班，培训各宗教活动场所负责人及管理委员会成员。是年，建立宗教场所和宗教教职人员登记制度。

1997 年，开放的宗教活动场所实施定期年检制度。是年，批准万东镇东岳庙、青年镇贵泉山弥陀寺、南桐镇观顶寺、金桥乡显灵庙、景星乡八角庙为佛教活动场所，南桐镇营寨村威灵山道观为道教活动场所。专项治理乱建庙宇、乱塑造像行为，关闭、拆除天堂寺、二郎庙等非法庙宇 100 多处。

1998 年 6 月，区内各宗教活动场所开始统一使用专用收据、发票、功德簿记账凭证制度。

1999 年，区宗教界开展创建“五好”（爱国思想好、遵守纪律好、民主管理好、团结和睦好、社会服务好）活动。

2000 年 9 月，区民宗侨办表彰妙音山紫竹寺、东岳庙、麒麟基督教教堂等创建“五好”活动成绩突出宗教场所。

2001 年 10—12 月，全区佛教开放场所开展教风建设活动。

2002 年，全区整治乱建庙宇、乱塑造像行为，取缔非法庙宇 70 余处。

2003 年，区民宗侨办就观顶寺、东岳庙、威灵山道观等宗教活动场所管理委员会成员年龄偏大、文化程度低、管理能力差和东岳庙、八角庙房屋失修等问题，提出限期整改要求。

2004 年 3 月，批准桃子荡天主堂作为天主教徒活动场所。是年，建立宗教工作联席会议制度，每半年召开 1 次，研究处理宗教工作中的重大问题。

2005 年，宗教工作纳入乡镇（街道）工作目标考核，初步形成区、乡镇（街道）和村（社区）三级宗教管理工作机制。是年，全区有佛教、道教、基督教和天主教 4 个宗教教别，宗教活动场所 60 余处（经批准开放活动场所 10 处），信徒约 2.5 万人，占全区总人口 9%。

2006 年 3 月，全区清理私设基督教聚会点 23 处，其中取缔 15 处，合并 8 处。11 月，区民宗侨办责令三官桥龙门道观整改财务管理问题。12 月，麒麟基督教堂受采煤影响成为危房，停止开展宗教活动。是月，《重庆市宗教事务条例》施行，区民宗侨办组织全区 10 个宗教场所、95 名宗教教职人员、民主管理委员会成员学习。

2007 年 6 月，区内 10 个宗教活动场重新核发登记证。8 月，全区举办镇、街道宗教行政执法人员培训班，25 人取得重庆市行政执法资格证书。

2008—2009 年，区民宗侨办 3 次与市政、公安等部门联合查处冒用宗教名义的假僧人骗取市民钱财行为。

2010 年 3 月，万盛区政府与重庆市民族宗教事务委员会签订《关于促进万盛区民族宗教和谐稳定合作协议书》。是月，国家宗教事务局《宗教活动场所财务监督管理办法（试行）》施行。是年起，区民宗侨办为宗教界主要教职人员发放生活补助，每人每月 300 元。

2011 年 11 月，区民宗侨办与市政、公安等部门联合劝阻冒用宗教名义假僧人拟在子如广场开展武术表演。

第二节　佛教

1978 年，区内恢复佛教活动。

1982 年，南桐地区佛教信徒筹资在南桐乡石桥村八面山尖山顶观音寺遗址修建观顶寺。

1985 年 6 月，东林地区佛教信徒修复黑旗岩插旗寺（1993 年 9 月，更名妙音山紫竹寺）。

1986 年，南桐地区佛教信徒万成芬在南岸区慈云寺皈依入教后，回到南桐地区发展信徒，形成以南桐煤矿退休人员为主的自发性佛教组织。是年，僧人释应参从南川金佛山宝象寺到青年地区发展信徒，并组织信徒募捐。1987 年，释应参在白鹭垭灵通寺遗址修建西方殿，并经常邀宝象寺佛闻、超慧法师到西方殿主持法事。西方殿逐渐成为青年地区佛教活动中心。

1991年，南桐、东林、青年三地区佛教信徒发展至近千人，其中南桐地区300余人，东林地区400余人，青年地区200余人。

1992年，青年地区佛教信徒集资8万元在青年镇灵通寺遗址修建贵泉山弥陀寺。是年，全区佛教庙宇发展至20余处，神像100余尊，佛教信徒1000余人。

1993年9月，妙音山紫竹寺被批准为佛教活动开放场所。

1997年，万东镇东岳庙、南桐镇观顶寺、青年镇贵泉山弥陀寺、金桥乡显灵庙、景星乡八角庙被批准为佛教活动开放场所。至此，全区有佛教活动开放场所6处。

1999年，区民宗侨办通过重庆市佛教协会从九龙坡区华岩寺引进重庆佛学院毕业僧人释朗观担任妙音山紫竹寺住持。

2000年5月，区佛教协会筹备小组成立，释朗观任组长，办公地点设在东岳庙。是年，各佛教寺庙相继通过民主选举建立管理委员会。

2005年，全区有经批准开放的佛教寺庙6处，信徒约1.6万人。

2006年9月，东岳庙办理土地使用权证和房屋产权证。11月，释觉慈任青年镇弥陀寺住持、管理委员会主任。

2007年12月，释朗观当选重庆市佛教协会副会长。

2008年12月，妙音山紫竹寺、东岳庙、观顶寺、显灵庙被评为万盛区2007—2008年度“五好”宗教活动场所。

2009年4月，释净杰任黑山镇八角庙住持、管理委员会主任。11月，万盛区佛教协会成立，释朗观任会长，释照智、释照慈任副会长，释照心任秘书长。

2010年4月，万东镇东岳庙拆迁，拟在原址向东林方向位移30米处重建。8月，释朗观参加在西南大学举办的重庆市中青年宗教教职人员两年制国民教育培训班学习。

2011年1月，释朗观获重庆市首届创建和谐寺观教堂先进个人称号。4月，释照浩任东岳庙住持。5月，八角庙举行佛像开光典礼，重庆市佛协副会长释智丰、释朗观等参加。10月，东岳庙迁建工程开工建设（2012年10月竣工），占地770平方米，建筑面积849.24平方米。

第三节　道教

1978年，区内恢复道教活动。1983年，道士王理泽入住南桐镇营寨村威灵寺开展道教活动。

1997年5月，威灵山道观被批准为道教活动开放场所。12月14日，威灵山道观举行开光庆典，正式开放。

2000年8月，万东镇新民村陈三房三官桥龙门观被批准为道教活动开放场所。是年，在重庆市道教协会和周至清道长资助下重建龙门道观。2003年2月竣工，占地7041平方米，房屋建筑面积1430平方米。

2004年年初，区民宗侨办从南岸区老君洞引进道教教职人员3人，负责三官桥龙门道观管理工作。

2005年，全区有经批准开放的道教活动场所2处，信徒6000余人。

2006年6月，三官桥龙门道观举行开光庆典活动。

2007年10月，朱理玄任三官桥龙门道观监院、管理委员会主任。12月，朱理玄当选重庆市道教协会副秘书长。

2010年8月，朱理玄参加在西南大学举办的重庆市中青年宗教教职人员两年制国民教育培训班学习。

第四节　天主教

1985年，万盛街道新田段、建设段有天主教信徒22人，多为妇女，归南川县天主教教会管理，每年参加圣诞节活动。

1992年，天主教南川爱国委员会南桐矿区教组成立，有信徒50余人，分成南桐、万盛2个片区、9个教友学习组（南桐片区6个，万盛片区3个），每个学习组选出1名代表负责组织教友学习。信徒每周轮流在教友代表家中集中学习1次，每年4个瞻礼节（复活节、圣神降临节、圣母升天节、圣诞节）时，大多数教友都到南川参加活动。

2003年，重庆市天主教爱国会、重庆市天主教教务委员会和各地教会及教友共同筹资购买南桐镇桃子街6号房产，将其改建为天主堂（建筑面积559平方米），作为信徒活动场所。是年，天主堂被批准为天主教活动开放场所。

2004年3月8日，万盛区天主教民主管理小组成立，主任司铎刘照江任组长，李洪西、吴会容、王毅、胡照珍、刘钟壕为组员。3月25日，天主堂正式开展活动。信徒每周一至周六7时～8时诵经祈祷，每周日7时～9时学习《圣教经课》。

2005年，万盛区有天主教信徒400余人，主要分布在万盛、南桐、南桐支路、青年、麒麟村、八面山等地，妇女、农村居民居多。

2008年1月，信徒陈秀勇参加重庆市天主教第三次代表会议。

2010年8月，刘照江神父参加在西南大学举办的全市中青年宗教教职人员两年制国民教育培训班学习。

2011年6月，重庆市天主教爱国会副主席、南川区天主教神父刘文明代管万盛区天主教教务工作，兼任万盛区天主教堂管理委员会主任。

第五节　基督教

1985年，南桐街道有基督教信徒23人，归重庆市基督教教会管理，每3天聚会1次，每年参加圣诞节活动。

1988年，基督教信徒王开珍、陈有慧等人在南桐乡筹备组建基督教教会组织。

1991年，区内基督教信徒发展至200余人。

1994年，区基督教活动场地有红岩、东林、南桐四湾、新工区和麒麟坝等聚会点5个，信徒发展至1000余人。

1995年，重庆市基督教两会捐赠和区内基督教信徒集资购买南桐镇麒麟村电影院，改建为礼拜堂（12月开始使用），建筑面积700平方米。11月，麒麟村洋房子社礼拜堂被批准为基督教活动开放场所。区内基督教信徒每周星期四、星期日到教堂参加聚会。是年，区民宗侨办选送基督教信徒张玉到四川神学院进修。

1998年7月，区民宗侨办推举张玉为基督教传导员。

2000年9月，麒麟基督教礼拜堂被评为区“五好”宗教活动场所。

2002年3月，张玉被重庆市基督教协会按立为副牧师。

2005年，全区基督教活动以麒麟基督教礼拜堂为中心，分为麒麟、南桐、东林、红岩4个片区，每个片区有3～4个学习点；有基督教信徒3000余人。

2006年12月，麒麟基督教堂受采煤影响成为危房，停止宗教活动。

2007年1月，信徒在南桐镇桃子社区租房作为临时活动点。7月，租用区金属软管厂厂房200余平方米作为临时活动场所。

2008年12月，万盛区基督教礼拜堂获区“五好”宗教活动场所称号。

2009年9月，万盛区基督教三自爱国运动委员会成立。牧师张玉任主任，张昌平、文淑容、曾祥明任副主任，陈有慧任秘书长。

2011年万盛区宗教活动开放场所一览表

表31-3

教别	场所名称	始建时间	批准年份	地点
佛教	妙音山紫竹寺	民国初期	1993	万东镇团结村瓦啄沟社
	显灵庙	–	1997	金桥镇三台村红岩工人村
	弥陀寺	唐	1997	青年镇毛里村白露垭
	观顶寺	–	1997	南桐镇石桥村八面山
	八角庙	清中期	1997	黑山镇北门村
	东岳庙	清末期	1997	万东镇莲池社区
道教	龙门观	2000年	2000	万东镇榜上村陈三房社幸福井
	威灵山道观	明	1997	南桐镇营寨村下坝社
天主教	天主教堂	2003年	2003	南桐镇桃子街6号
基督教	基督教礼拜堂	1995年	1995	南桐镇麒麟村洋房子社

第三章　习俗

第一节　节庆

一、传统节日

春节　农历新年，俗称过年。从农历腊月最后一日至次年正月十五日为春节。区境沿袭传统习俗，在腊月二十三打扬尘，开始置办年货。腊月最后一日，每家门前挂红灯笼，张贴春联，或门神像，烧纸钱祭祀灶神和祖先，吃团年饭，守岁，子夜时放鞭炮。新年正月初一凌晨挑银水，早上吃汤圆，晚辈给长辈拜年，长辈给晚辈发压岁钱，挂青上坟。正月初二开始走亲戚拜年。正月十五元宵节，入夜放烟火，看花灯，舞龙、狮等。20世纪80年代后期，挑银水等习俗逐渐消失。春节放假3天（正月初一至初三）。

清明节　日期不固定，在农历二月下旬至三月上旬之间。节日期间，到家族祠堂或祖先墓地祭祀祖先，燃放香、烛、纸钱或摆放鲜花，为坟墓填土。部分单位、学校组织职工、学生，或群众自发组织，前往烈士陵园或墓地祭扫，缅怀革命先烈。2008年起，清明节放假1天。

端午节　又称端阳节，农历五月初五日。节日期间，门前悬挂菖蒲、陈艾，吃粽子、盐蛋、麦粑。2008年起，端午节放假1天。

中秋节　农历八月十五日。节日期间，全家团聚，吃糍粑、月饼，夜晚赏月。2008年起，中秋节放假1天。

重阳节　农历九月初九日。1989年，被国务院确定为敬老节，也称老人节、老年节。节日期间，各级党政机关、企事业单位开展敬老、爱老、助老活动，组织离退休人员游园登山等健身娱乐活动。

二、纪念节日

元旦　公历1月1日。1949年9月27日，中国人民政治协商会议第一届全体会议决定，中华人民共和国采用世界通用公元纪年法，并将公历1月1日定为元旦，放假1天。

国际劳动妇女节　公历3月8日。全称联合国妇女权益和国际和平日，中国称国际劳动妇女节，为纪念妇女在经济、政治和社会等领域做出的重要贡献和取得的巨大成就而设立。2000年起，妇女放假半天。节日期间，全区各级妇联组织和机关、企事业单位组织妇女开展庆祝活动。

国际劳动节　公历5月1日。节日期间，放假1天（5月1日）。1999年9月18日，国务院将国际劳动节假期改为3天（5月1—3日）。2008年1月1日，假期改为1天（5月1日）。

青年节　公历5月4日。为纪念1919年五四运动设立。2000年起，青年（14～28周岁）放假半天。

国际儿童节　公历6月1日。节日当日，少年儿童（14岁以下）放假1天。

中国共产党成立纪念日　公历7月1日。1941年，中共中央决定将公历7月1日定为中国共产党成立纪念日。节日期间，全区各级党组织开展纪念活动，表彰先进基层党组织、优秀党员、优秀党务工作者，组织新党员宣誓等。

中国人民解放军建军节　公历8月1日。1933年，中华苏维埃共和国临时中央政府决定将公历8月1日定为中国工农红军成立纪念日。中华人民共和国成立后，改称中国人民解放军建军节。节日期间，现役军人放假半天。全区各地均要召开烈、军属及复原退伍军人座谈会，开展拥军优属活动。

国庆节　公历10月1日。1949年9月27日，中国人民政治协商会议第一届全体会议决定，10月1日为中华人民共和国国庆节。节日期间，放假1天。1999年起，改为放假3天（10月1—3日）。

除此之外，还有植树节（公历3月12日）、国际护士节（公历5月12日）和教师节（公历9月10日）等纪念性节日。

三、区内少数民族传统节日

踩山会　亦称踩山坪、踩山节，区内苗族传统节日，时间一般在农历正月初二至初六，是群众性的传统喜庆节日，类似汉族的欢庆丰收和集贸活动。节会期间，既有苗族歌舞、竞技表演，又进行自由贸易，并为苗族青年男女联络感情、求爱定情提供机会，其他民族也可参加。清至民国初期，在今南桐镇民权村苗湾和青年镇更鼓村更鼓坝举行。1921年停办，1989年恢复举办，地点迁至青年镇更鼓村油橄榄林。1997年，中共万盛区委、万盛区政府将一年一度的苗族采山会与旅游活动结合起来，举办时间改在适合旅游的4—7月，地点迁至万盛石林景区，节会内容主要有苗族祭祀大典、赶圩、传统绝技和歌舞情景剧表演。

若琐　区内苗族传统节日。若琐意为砍火星节，农历八、九月间举行，具体日期、形式无统一规定。同姓家族各户轮流举办，开展砍火星祭祀和跳芦笙舞、唱歌、表演和集体聚餐等活动，以庆祝丰收，祝祷神灵降福、驱邪除灾。不邀请其他族姓参加。20 世纪 80 年代后，此习俗已逐渐不再传承。

第二节　礼仪

一、生日

区境城乡居民的寿诞习俗，讲究男逢九、女逢十办寿宴的习俗，特别是年满 60 岁以上长辈的整十生日，必办寿宴（生期酒），年满 70 岁及其以上的整十寿辰，还要专门烧制寿碗，回赠亲朋以作纪念。筹办寿宴家人发送请柬、或电话通知，亲戚朋友届时赴宴，送礼祝贺。20 世纪 80 年代后，举办寿宴的年龄、规模、档次都有一定变化，50 岁、40 岁甚至 30 岁都办寿宴。城镇居民举办寿宴一般在酒楼或农家乐举办，席前要请司仪致祝寿词，后辈向寿星拜寿，席间寿星家人向亲朋敬酒致谢。农村居民一般在家中宴请亲朋，条件好的家庭还要请乐队，唱歌跳舞祝贺。年满百岁老人的寿宴，办得更是热闹隆重，祝寿的不仅是寿星家人、亲朋，其他人闻讯后也随之“赶寿缘”，领寿碗，讨吉利；区民政局和寿星所在乡镇（街道）派代表前往祝寿送礼，以表示党和政府尊重长寿老人。

二、百日宴

百日宴是指初生婴儿一百天举行的庆祝仪式。婴儿出生 100 天，父母在酒楼或家中招待亲友，祈愿孩子长命百岁。部分居民也有在婴儿出生 1 个月时，举办满月酒。

三、升学宴

城乡居民的子女考入大学，举办升学宴。家长发出请柬，亲朋应邀参加酒宴，送礼金表示祝贺。部分家长还会举办谢师宴，感谢子女教师。

四、婚嫁

20 世纪 80 年代前，提倡节俭办婚事，一般不举办婚宴，仅请亲朋好友在家中或单位食堂聚餐。20 世纪 80 年代后，随着改革开放不断深入，人们思想观念逐步开放，物质、文化生活不断丰富，婚嫁形式有很大变化。婚礼前，男女双方拍摄结婚照，一般男方要送女方彩礼，以戒指、耳环等饰品和现金为主，女方要备嫁妆，以床上用品、家具和家电等生活用品为主。婚庆日除重要节庆日外，仍流行择吉日、吉时举办结婚典礼。一般使用轿车队或轿车加客车迎亲。婚礼、婚宴一般在酒店举办，部分农村居民在家中举办，亲戚朋友应邀参加，送数量不等的“红包”，以示庆贺。婚礼隆重热闹，新娘穿婚纱、旗袍，新郎着西服、唐装，司仪主持婚礼，并全程录像。

五、丧葬

1985 年后，城镇居民死亡多数实行火葬，农村提倡火葬，但仍以传统的土葬为主。弥留之际，儿孙床前送终，去世后放鞭炮，烧落气钱（纸钱），搭灵棚、设灵堂、燃香、点烛，请道士开灵，在堂屋正中设坛做道场，孝子轮流守灵。亲朋送祭幛、花圈或请锣鼓吹打等吊唁。一般停灵 3 天。择时出殡，孝子披麻戴孝，亲友送葬。安葬后，有“烧七”习俗。

第三节　禁忌

死人葬服忌用皮、缎，忌棺材钉铁钉；父母丧期忌食荤腥、穿红戴绿、嬉笑欢乐、夫妇同床。

丧家忌讳死者出殡后再有人来送祭礼。

孕妇家中忌动土、盖房、钉钉子、搬动屋内家具。

妇女生产后未满1月，忌外人入门。

挖煤忌说“垮”“塌”“埋”等与事故有关的同音字词。

未婚男、女忌食猪蹄。

区内苗族忌未婚女孩在新婚夫妇床上坐、躺。

第四章　社会风尚

第一节　文明新风

1982年，中共南桐矿区委、南桐矿区政府开始把创建文明单位作为精神文明建设的重要载体。1997年11月，万盛区精神文明建设委员会成立后，广泛开展万盛区、重庆市、国家文明单位和最佳文明单位、文明行业、文明社区、文明村镇等群众性文明单位创建活动。1986—1992年，文明单位分为重庆市、南桐矿区和基层3个级别；1993—2003年，分为重庆市和万盛区2个级别；2004年，分为国家、重庆市、万盛区和乡镇（街道）4个级别；各级文明单位分别由同级党委、政府或精神文明建设委员会批准命名。

一、“六大”创建活动

1986—2011年，全区开展文明单位、文明行业、文明社区、文明小区、文明村镇和文明个体工商户等“六大”创建活动。

1986年7月，全区新命名南桐矿区文明单位32个，军民共建文明单位2个，文明先进单位31个，农村双文明户3户，城乡双文明个体户4家。

1988年6月，全区新命名南桐矿区文明单位（村）5个。

1989年9月，全区新命名南桐矿区文明单位（村）10个，双文明户4户。

1990年6月，全区新命名南桐矿区文明单位4。

1991年4月，全区新命名南桐矿区文明单位2个。

1992年5月，全区新命名南桐矿区文明单位7个。

1993年5月，全区新命名万盛区文明单位5个。

1994年12月，全区新命名万盛区文明单位2个，文明小区1个；授予南桐化工厂等7个单位上年度最佳文明单位称号。

1995 年 12 月，全区新命名万盛区文明单位 3 个，城市文明个体户 7 家。

1997 年 7 月，全区全区新命名万盛区文明单位 4 个，双文明个体户 2 个，文明小区 1 个。

2002 年 4 月，区职教中心、区人口与计划生育委员会和万东镇五里村等 3 个单位被命名为重庆市文明单位，重庆烟草公司万盛分公司、万盛区邮政局获重庆市最佳文明单位称号。

2003 年 6 月，区文明办召开创建重庆文明单位现场经验交流座谈会。是年，区文明办在全区文明单位中开展结对创建工作、“十佳窗口”评选活动、诚信文明调研活动、精神文明建设演讲比赛。

2004 年 2 月，全区命名最佳文明单位 12 个，文明单位 21 个，文明社区 5 个，文明村 13 个，文明个体工商户 1 个。6 月，万盛电信分公司、国税局、万盛烟草分公司、工商分局、冠忠公交公司、青羊饭店等 10 个单位被命名为重庆市诚信文明先进单位，张学才等 100 户被命名为重庆市诚信文明模范家庭。

2005 年 2 月，全区撤销万盛区文明单位 1 个，文明个体工商户 5 家。3 月，新命名万盛区文明行业 3 个，最佳文明单位 11 个，文明单位 17 个，文明社区 5 个，文明小区 1 个，文明村 1 个，文明个体工商户 3 家。万盛区人大常委会和区工商分局被命名为重庆市文明单位，万东镇莲池村为文明村，万东北路二段滨江小区为文明小区，万东镇机关为“百佳”文明单位。4 月，命名“万盛—石林”客运线路为万盛区文明客运线路。是年，撤销文明单位及文明工商户 12 个（家）。

2006 年 2 月，全区命名万盛区最佳文明单位 13 个，文明单位 23 个，文明社区 7 个，文明村 9 个，文明个体工商户 1 家；撤销文明单位 2 个，文明个体工商户 3 家。是月，因建制调整，机构合并自然，万盛区文明单位及文明个体工商户减少 6 个。6 月，万盛区国税局获重庆市文明单位标兵称号。

2007 年 2 月，南桐镇党政机关、区质监分局、区地税局万盛税务所、区国税局稽查局、区公路收费所、重庆进盛实验中学被命名为重庆市文明单位，东林街道和平村社区为重庆市文明社区，万东镇新华村、关坝镇田坝村为重庆市文明村镇，万盛区实验学校获重庆市文明单位标兵称号。3 月，新命名万盛区最佳文明单位 8 个，文明单位 27 个，文明社区 2 个，文明村 5 个。11 月，命名万盛区文明单位标兵 11 个，文明单位 13 个，文明镇 1 个，文明社区 1 个，文明村 7 个。是年，万盛区与贵州省桐梓县共同发起创建“大娄山文明走廊”活动，开展农业区域经济合作，建立警务协作联席会机制，开展交通建设合作，启动藻渡河大桥工程，签订渝南黔北地区新型农村合作医疗协议书，共建新农合协作区。

2008 年 2 月，全区新命名万盛区文明镇 1 个，文明标兵 8 个，文明单位 12 个，文明社区 1 个，文明村 2 个；中共万盛区委宣传部等 5 个被命名为重庆市文明单位，南桐镇桃子社区、东林街道鱼田堡社区为文明社区，黑山镇鱼子村、万东镇榜上村为文明村镇标兵，区地税局为文明单位标兵，石林镇星台村等 3 个单位为文明村标兵。9 月，万盛区气象局被撤销重庆市文明单位称号。是年，区地税局、黑山镇鱼子村、青年镇堡堂村被命名为国家文明创建先进单位（村、镇），实现万盛区文明创建工作历史性突破；新创建重庆市文明单位（标兵、村镇、社区）9 个，万盛区文明单位（标兵、村镇、社区）近 20 个；万盛区获重庆市精神文明建设“组织工作先进单位”称号。

2009 年 2 月，万盛区卫生局等 5 个单位被命名为重庆市文明单位，南桐镇支路社区为文明社区，关坝镇双坝村等 3 个村为文明村。

2010 年 1 月，万盛区中盛小学等 3 个单位被命名为重庆市文明单位，南桐镇平山社区、东林街道观井湾社区为重庆市文明社区。是年，万盛区获重庆市创建文明城区工作先进区称号，万盛街道新田社区被命名为重庆市文明社区标兵，东林街道为文明街道。

2011 年，全区新创建国家文明单位 1 个，重庆市文明单位标兵单位 1 个。

二、重庆市文明城区创建

2002 年，编制万盛区 2012 年创建成重庆市文明城区规划。创建重庆市文明城区，须先创建成重庆市卫生城区，后因对照标准检查，条件还不具备而暂时搁置。

2004 年，万盛区启动创建市级文明卫生城区工作，将社区建设作为创建活动的细胞工程，设置“文明论坛”弘扬道德新风。

2005 年，全区整治城区脏乱差、闯红灯、车辆乱停放和乱鸣号，酒后驾驶和不系安全带等违章行为；全区客运、人力三轮车行业开展文明线路、文明示范车、文明驾工人员评比活动；治理农村脏乱差，逐步改变落后不健康的生活方式；在环境较好的丛林镇白龙湖村启动生态文明村创建工作。

2007 年，城区中小学校开展“小黄帽平安回家”“我是一名小交警”“红领巾安全交通岗”等活动。

2008 年，组织“清洁家园、健康奥运”城市环境清扫活动，组织未成年人当好文明劝导员，利用课余时间走上街头劝导部分市民不文明行为。

2009 年 2 月，万盛区再次启动创建重庆市卫生、山水园林、文明城市工作，编制 3 年创建规划，向重庆市文明办提交申请。是年，开展“塑文明万盛形象、迎建国 60 周年”系列主题活动，组织“文明祥和迎新春”扶贫帮困活动和“我们的节日”系列活动。

2010 年，全区开展“全民动手、洁净家园”等群众性创建活动，网格化管理背街小巷市容环境，实施重点民生工程建设。6 月，万盛区创建为重庆市卫生城区。

2011 年 1 月，万盛区获重庆市文明城区工作先进区称号。是年，开展“粒粒皆辛苦”——餐桌文明大行动，整治市容市貌、交通秩序，清理城乡接合部、社区环境卫生。

三、群众性精神文明建设主题活动

1989 年 11 月，万盛区开展革命传统教育活动。举办革命先烈英雄事迹报告会和重庆解放 40 周年图片展览，放映《烈火中永生》《歌乐忠魂》等电影和电视录像片，召开老干部忆先烈、忆传统座谈会等。

1996年3月，全区开展弘扬“红岩精神”与“万盛精神”，塑造当代万盛人精神文明建设系列活动倡议。是年起，每年植树节（3 月 12 日）时，区文明办组织各文明单位到城区周边、公园及乡镇植树造林。

2005 年 11 月，全区开设社区文明论坛，南桐镇四湾社区、东林街道和平社区、铁路村社区等单位开展圆桌对话会议 5 次，畅通公众参与社会事务渠道，搭建市民与政府沟通平台。是年，推进乡风文明建设，举办万东镇农民运动会，组建南桐镇麒麟村农民腰鼓队、关坝镇兴隆村农民文艺宣传队；评出农村星级文明家庭 13781 户，占农村总户数 32.4%。

2006 年，全区开展“共铸诚信文明、共建和谐万盛”等系列创建活动，开展“遵守交通秩序、争做文明市民、构建和谐万盛”的万人签名、宣传活动。

2007 年，全区组建万盛千万市民文明行动领导小组，编制提升万盛整体形象的实施意见。

2008 年，全区组织文明捐赠活动，将价值 5 万元的生活卫生用品送到 1400 余户城市棚户区和农村困难群众家中；开展“我们的节日”系列节庆活动，普及传统节日知识；“5.12”汶川地震后，各级文明单位向灾区捐款 400 余万元，在全社会起到示范带动作用；全区 150 个文明单位中开展“献爱心助学—结对扶贫”活动，救助贫困学生 100 人。

2010 年，全区开展“我们的节日”系列活动 243 场，组织全区中小学开展文明礼仪活动。

2011 年 5 月，万盛区志愿者协会成立。区志愿者协会与区“三创”（创市级卫生、山水园林、文明城区）办公室联合组织千人文明劝导志愿者服务团，着力倡导文明礼仪、整治公共秩序；开展“红红火火过大年”志愿服务、扶贫帮困活动；组织“关爱留守儿童、关爱空巢老人、关爱农民工”志愿服务活动；组织慰问孤寡老人、残疾人、困难群众。是年，千人文明劝导志愿团组织活动 108 场，约 35000 人参加。

第二节 婚育新风

一、“六万”工程

1997—2000年，全区建成生育文化一条街、生育文化长廊和生育文化活动室等婚育文化宣传阵地108个，建成婚育文化院坝宣传园地352个（进楼、院坝宣传园地51个），举办婚育新风宣传演出138场次，发放各类婚育文化、计生知识宣传资料13.8万份，书写婚育新风对联450余幅，开展生育保健服务96次，接待生育文化、计生知识咨询约5.1万人次，表彰“五好”（好婆婆、好公公、好儿媳、好女婿、好丈夫）带头人318人。其间，全区计划生育率均在94%以上，500多对育龄夫妇主动放弃第二孩生育指标。

2000年3月，全区实施婚育新风进万家活动“六万工程”（知万家情、进万家门、解万家难、暖万家心、写万家书、评万家先）。

2001年10月，万盛区获全国婚育新风进万家活动先进县（市、区）荣誉。

2003年，苗族集中的村社、院坝开展婚育新风“五好”带头人评选活动，送知识、送信息、送技术、送服务到苗家，组织医务人员上门为苗族提供生育生殖健康保健服务。

2009年8月，区卫生局分别在万盛街道新田社区、万北一社区举办“认识健康、享受人生”知识讲座，发放艾滋病防治知识宣传资料。9月，全区各医疗卫生单位组织专业技术人员到机关、社区、厂矿、农村、军营举办健康知识讲座。10月，举办男性健康日宣传活动。

2010年，万盛区人口计生宣传教育年。是年，全区开展计划生育宣传活动9次，文艺演出8场，在《万盛报》刊登《建设信息计生，助推地区发展》专版1次，协助录制人口计生主题的专题片1部，在《家》杂志刊登以计生信息化建设为主题的专版1页。分别在《中国人口报》《新华报》《重庆日报（农村版）》、华龙网等报刊和网站上刊登新闻86篇；各镇街建立人口计生宣传长廊500多平方米，制作大型固定标语51块，院坝宣传栏853个；在《万盛报》、万盛电视台开设专题栏目，《万盛报》刊出《计生之窗》24期，万盛电视台播出《万盛人口》6期、52次。

2011年3月，全区组建人口计生宣传咨询服务队，到各镇街开展服务活动。是年，在各公路主干道改造T型生育宣传牌、广告，规范醒目标语120余幅，在社区、楼院制作宣传园地520块，新建生育文化长廊300余米，开展计生赶场60余场，发放计生名片约8万张，在《中国人口报》《重庆人口》《家》和新华网等报刊、网站刊播稿件325篇、12期。

二、婚育新风示范村（社区）

2001年5月，全区城乡广泛开展创婚育新风示范村活动。

1998—2004年，全区投入118万元，为各乡镇、街道人口学校配备电视机、投影仪、录像机等设备，婚育文化宣传实现电教化教学；修建万盛勤俭路生育文化一条街，温塘—石林公路沿线生育文化长廊；楼院、院坝和交通要道设置生育文化宣传标语、宣传画1568幅，宣传园地1091个，读报栏70个。全区确立婚育新风示范村（社区）40个，示范院坝728个，示范户1280户。2001—2004年，全区计划生育率均在95%以上，人口自然增长率在3.8‰以内，新生婴儿性别比、出生缺陷率等指标均低于全市同期平均水平。

2005年，万东镇箐溪村为每户印发1张融咨询、服务和举报电话的“名片”，万东镇五里村实行“院坝长”负责制。

2006 年，组织育龄人群院坝活动 1000 余次，接听人口计生咨询电话约 1 万次，直接解答群众的疑难和送服务到家约 1 万人次。

2007 年，借助“流动党校”“农民夜校”、三级思想政治宣讲网络等，以“关怀关爱、促进和谐”为主题，为农民工家庭送政策、送宣传、送服务上门；举办各级集中学习宣传教育活动 1240 余场次，群众知晓计划生育政策率 80% 以上。

2009 年，加大扶助城乡独生子女和农村二女（纯女户）计划生育的力度，开展形式多样的 “生育关怀行动”；在万盛城区举办“生育关怀”征文、书法、摄影大赛，举办“生育关怀行动”座谈会，开展“生育关怀·亲情牵手”活动。

第三节　诚信新风

一、创建“重合同守信用”企业

1988 年，区工商局开始组织评选“重合同守信用”单位活动。

2005 年，全区有 54 家企业获万盛区“重合同守信用”企业称号。其中南桐矿业公司、万盛建筑工程公司、万盛区节育器厂、万盛五金交电公司、万盛区包装厂、万盛区林产品公司、万盛区麒麟水泥厂、万盛万新商业公司和万盛建筑工程队等 11 家企业连续 8 年被评为万盛区“重合同守信用”企业，南桐化工厂等 10 家企业被评为重庆市“重合同守信用”企业，南桐矿务局被评为 1992—1994 年度四川省“重合同守信用”企业，重庆渝州齿轮厂和重庆市建筑安装工程公司被评为 1994 年度四川省“重合同守信用”企业。

2006—2007 年，中国人民财产保险公司万盛区支公司、中国人寿保险公司万盛区支公司、重庆南桐化工厂、重庆南桐矿业公司、南桐矿业公司九锅箐林业分公司、重庆三元电器公司、中国电信公司万盛区分公司、重庆市南桐工程勘察公司、南桐节育器具厂、南桐特种水泥公司、万盛建筑安装工程公司、万盛区华兴建筑工程公司、万盛区红太阳广告装饰公司、万盛区南桐机械制造公司、万盛区盛发建筑工程公司、万盛区顺兴建筑工程公司、万盛区周正房地产开发公司、重庆万盛煤炭公司和重庆渝铭建筑公司 19 家企业被评为万盛区“重合同守信用”企业；重庆巨鼎房地产公司、万盛区鸿丰建筑工程公司和万盛区渝南建筑工程公司被评为重庆市“重合同守信用”企业。

2008 年，重庆恒泰发电公司、中国财产保险万盛支公司、中国人寿保险万盛支公司、中国移动万盛分公司、重庆翠信茶业公司、南桐矿业公司、南桐矿业公司机械制造厂、南桐矿业公司金鑫电脑分公司、南桐矿业公司九锅箐林业分公司、重庆市黑山茶业公司、南桐工程勘察公司、重庆市万立煤焦公司、万盛建筑安装工程公司、万盛区贵先米业公司、万盛区红太阳广告公司、万盛区华兴建筑公司、万盛区景盛建筑公司、万盛区南桐机械制造公司、万盛区顺兴建筑公司、重庆首邦实业公司、重庆四维精美龙头公司、重庆渝铭建筑公司和重庆振兴煤业等 24 家企业被评为万盛区“重合同守信用”企业；重庆天纬渝盛公司、重庆万盛煤炭公司、重庆巨鼎房地产公司、中国电信万盛分公司、南桐特种水泥公司、万盛区渝南建筑公司和福耀玻璃公司被评为重庆市“重合同守信用”企业。

2009—2010 年，重庆恒泰发电公司、中国财产保险万盛支公司、中国移动万盛分公司、南桐矿业公司金鑫电脑分公司、南桐矿业公司九锅箐林业分公司、重庆市国盛林产品公司、重庆市黑山茶业公司、南桐工程勘察公司、万盛区贵先米业公司、万盛区华兴建筑公司、万盛区景盛建筑公司、万盛区南桐机械制造公司、万盛区顺兴建筑公司、重庆四维精美龙头公司和重庆渝铭建筑公司 15 家企业被评为万盛区“重合同守信用”企业；重庆万盛煤炭公司、重庆天纬渝盛公司、南桐特种水泥公司、万盛区渝南建筑公司、南桐矿业公司和重庆振兴煤业公司被评为重庆市“重合同守信用”企业。

2011年，万盛区顺兴建筑公司、万盛区华兴建筑公司、南桐矿业公司金鑫电脑分公司、重庆市国盛林产品公司和万盛区贵先米业公司等5家企业被评为万盛区“重合同守信用”企业;重庆万盛煤炭公司、万盛区南桐机械制造公司、重庆振兴煤业公司、万盛区渝南建筑公司和南桐矿业公司等5家企业被评为重庆市“重合同守信用”企业。

二、消费者信得过（满意）企业（个体工商户）

1997年，区消费者协会开始组织评选消费者信得过（满意）企业（个体工商户）活动。2010年，暂停消费者信得过（满意）企业（个体工商户）评选。

2005年，中国烟草公司万盛区分公司、重庆市宏居房地产开发公司、万盛区创世纪通讯器材经营部、重庆市天泽钻井材料公司、万盛炊烟依旧饮食店、万盛新华书店、万盛百货公司和万东房地产开发公司等等35家企业被评为万盛区消费者信得过（满意）企业，娄方勇被评为消费者信得过（满意）个体工商户；万盛区创世纪通讯器材经营部、华侨食品公司、野太阳百货商城、重庆市渝川燃气公司万盛区分公司、宏居房地产开发公司、景盛建筑安装工程公司、万盛区邮政局、三元电器公司、重庆冠忠公共交通发展公司和中国移动通信公司万盛分公司10家企业被评为重庆市消费者信得过（满意）企业。

2006年，重庆巨鼎房地产公司、南桐矿业公司金鑫电脑分公司、重庆广进房地产开发公司、重庆市中映天竹科贸发展公司、重庆毛哥老鸭汤万盛分店、万和药房万盛区盛纲药房、万盛区盛美妍美容院和重庆市航顺商贸公司万盛万德超市8家被评为万盛区消费者信得过（满意）企业。

2007年，重庆天纬渝盛建设公司、重庆巨鼎房地产公司、万盛自来水公司、中国联通万盛分公司、中国电信万盛分公司、重庆商社万盛家电商场、南桐矿业公司金鑫电脑分公司被评选为重庆市消费者信得过（满意）企业；万盛区白果王餐饮公司、重庆四维精美龙头公司、重客隆超市南桐连锁店、万盛区天涯芳草足浴保健公司、重庆首邦实业公司、重庆金芙蓉酒店有限公司、重庆市汝生物资公司、重庆百货大楼超市分公司万盛店、南桐工程勘察公司、万盛宾馆、万盛区雅梦家具厂、汇鑫假日酒店、福满家食品超市、万盛区嘉陵影社和中国旅行社万盛门市部等15家企业被评为万盛区消费者信得过（满意）企业，马忠红被评为万盛区消费者信得过（满意）个体工商户。

三、“山城百店无假货”示范店

2003年，部分商业企业参加中共重庆市委宣传部等8部门组织的“山城百店无假货”示范店评选活动。示范店要做到不售假货，明码标价，质价相符，计量器具标准，公平交易，所售商品实行“三包”（包赔、包换、包退），处理消费者投诉完结率100%，店堂美观大方，服务人员举止端庄，服务规范。

2004年，重庆商社电器万盛家电商场、万盛区野太阳百货公司和万盛区昌宏鞋城等3家企业被评为重庆市“山城百店无假货”示范店。

2007年，重庆商社万盛家电商场、万盛野太阳百货、万盛昌宏商都和金世纪电器4家被评为重庆市“山城百店无假货”示范店。

2008年，重客隆万盛店被评为重庆市“山城百店无假货”示范店。

2010年，永辉超市公司万盛区名都分公司、万盛区地下家具城、万盛区雅兰家私城被评为重庆市“山城百店无假货”示范店。

第三十二篇　人物

第一章　人物传略

李培才

李培才，男，汉族，中共党员，民国5年（1916年）生，四川省阆中县西山乡村人。民国22年（1933年）9月，参加中国工农红军第四方面军，在红31军89师任战士。民国23年（1934年）5月，任红31军89师276团2营营部司号。11月，任红31军政治部司号，随部队长征。民国24年（1935年）5月，任国民革命军第八路军129师276团团部司号长。民国27年（1938年）4月，在129师卫生部四所学习。民国28年（1939年）3月，在山西襄陵县卫生学校学习，并于是月加入中国共产党。民国29年（1940年）4月，于太行山卫生学校毕业，被分配到太岳军区疗养院任司药。民国30年（1941年）3月，任太岳军区疗养院看护长。民国32年（1943年）1月，在太岳军区司令部卫生所任看护班长。4月，在太岳军区卫生部任司药。9月，在太岳军区卫生部四所任调剂员。民国33年（1944年）2月，在浮山县供给处任医助。民国34年（1945年）7月，在襄陵游击大队任医助。民国35年（1946年）5月，在翼城县独立营任医助。民国36年（1947年）8月，在太岳军区62军185师554团历任医助、医生、主治军医。1949年8月至1950年1月，在62军历任军直属后勤部任主治军医、辎重团后勤处主任。1950年8月至1951年4月，历任西康军区运输处卫生所所长、西南军区公安三团团部后勤主任兼卫生部长。1952年8月，在西南军区第一速成中学学习。1954年11月，在第七军医大学一分队任班主任。1958年5月，任南桐矿区人民委员会卫生科科长。1980年，离职休养。中共南桐矿区第二、四次代表大会代表，南桐矿区第九届人民代表大会代表。1989年3月14日逝世。

徐朝惠

徐朝惠，女，汉族，1964年7月17日生，綦江县东溪区柴坝乡草坪村人。1986年结婚后，居住关坝镇林地村。1992年1月10日，徐朝惠在关坝镇林地村一水塘边割猪草时，忽然听到一落水妇女呼救声，便扔下刀和猪草跳入水中施救，不幸牺牲。1993 年 3 月 8 日，被四川省人民政府批准为革命烈士。

尤治福

尤治福，男，汉族，中共党员，民国 32 年（1943 年）3 月生，重庆市九龙坡人。1965 年 12 月，加入中国共产党。1994 年 4 月 8 日，南桐矿区砚石台油坊沟发生森林火灾，时任南桐矿务局运销处工务段党总支书记的尤治福在带领职工灭火抢救国家财产时，不幸牺牲。1996 年 10 月 13 日，被四川省人民政府批准为革命烈士。

彭继和

彭继和，男，汉族，中共党员，民国 4 年（1915 年）生，湖南省龙山县人。民国 23 年（1934 年）6 月，参加中国工农红军，在红 18 师 53 团任战士，并参加长征，后历任 120 师 359 旅队长、排长等职。民国 25 年（1936 年）2 月，加入中国共产党。民国 26 年（1937 年）4 月，任 359 旅连长。民国 32 年（1943 年）3 月，任 359 旅营长。1949 年 11 月，任重庆物资调配委员会科员。1950 年 5 月，在西南工农速成中学学习。1954 年 10 月，在重庆市人民检察院工作。1956 年 7 月—1982 年 9 月，先后任南桐矿区粮食局站长、股长、指导员、办公室主任等职。1982 年 10 月，离职休养。中共南桐矿区第五次党代会代表。1996 年 4 月 11 日逝世，享年 81 岁。

孙克胜

孙克胜，男，汉族，中共党员，民国 3 年（1914 年）2 月生，山西沁县人。民国 26 年（1937 年）1 月加入中华民族先锋队，在山西太谷县阳邑二高学校任教。民国 27 年（1938 年）5 月，任山西沁县联合学校校长。民国 27 年（1938 年）8 月，任山西三专署文教科科员。民国 28 年（1939 年）2 月，任山西沁县民革室干部。民国 28 年（1939 年）4 月加入中国共产党。民国 29 年（1940 年）2 月，任山西沁县第一民高校长、校党支部书记。民国 32 年（1943 年）10 月，任山西沁县第二民高校长、校党支部书记。民国 33 年（1944 年）8 月，任山西沁县政府干部、训练班主任。民国 34 年（1945 年）3 月，任太岳一专署文教科科员。民国 34 年（1945 年）10 月，任山西屯留县政府文教科科长，留县政府支部宣传委员。民国 36 年（1947 年）5 月，在太岳二专署从事文教工作。民国 36 年（1947 年）9 月，任晋南二中副教学主任、校党组副组长。民国 37 年（1948 年）4 月，任山西省条西中学副教学主任，校党支部宣传委员。民国 37 年（1948 年）10 月，任任运城师范副教学主任、校党支部委员、校党支部书记。民国 38 年（1949 年）3 月，任晋南行署中教科副科长。民国 38 年（1949 年）9 月，任西北南下工作团驻临汾留守处文教科科长。1950 年 5 月，任四川眉山专署文教科科长。1953 年 4 月，任重庆教育局中教科副科长。1953 年 5 月，任重庆市人民委员会行政干部学校办公室副主任。1958 年 8 月，任南桐矿区人民委员会文教科科长。1959 年 3 月，任中共南桐矿区委党校主任。1970 年 6 月，任南桐矿区粮食公司工作组组长。1971 年 4 月，学习班学习。1972 年 5 月，在中共南桐矿区委宣传部工作，任南桐矿区革命委员会文教局革命领导小组副组长。1980 年 8 月，任南桐矿区政府顾问。1983 年 12 月，离职休养。1997 年逝世，享年 83 岁。

翁庆华

翁庆华，男，汉族，民国 16 年（1927 年）9 月 17 日生，四川省綦江县青山乡（今万盛区金桥镇青山村）人，国家级非物质文化遗产金桥民间吹打第五代传承人。民国 30 年（1941 年），拜李家珍、向紫清为师，学民间吹打技艺。1949 年前后，与向紫清不断探索创新，使金桥民间吹打闻名于綦江、南川、巴县等周边地区。一生创作及改编民间吹打曲牌 60 余首，其中《闹春耕》（创作）获重庆市农村文艺调演一等奖（1959 年）、四川省农村文艺调演二等奖（1961 年），《蛟龙翻舞》《蜜蜂围着菜花飞》《庆元宵》《春到养鸡场》和《庆丰收》（均为创作）等曲牌先后获南桐矿区、重庆市、四川省创作奖。1995 年，获重庆市文化局授予的重庆市民间艺术家称号。1999 年 11 月，获重庆市文化局授予的巴渝优秀民间艺术家称号。2004 年 8 月 26 日，因病逝世，享年 77 岁。

贺永增

贺永增，男，汉族，中共党员，民国 19 年（1930 年）生，山东省齐河县人。民国 38 年（1949 年）2 月，参加革命工作，在山东临沂专署干训班学习后，分配到齐河县粮库工作。1950 年 2 月—1950 年 8 月，在华东粮运指挥部驻川转运站工作。1950 年 8 月，在四川省涪陵专署公安处工作。1952 年 7 月，在南川县公安局工作，任副股长，参加反特和地方保卫工作。11 月，加入中国共产党。1954 年 12 月，任中共南川县第十区委副书记。

1956 年 3 月，调任中共重庆市南桐矿区委审干办公室负责人。1957 年 2 月，任中共南桐矿区委组织部副部长。1964 年 2 月—1972 年 11 月，先后任南桐矿区委农村工作部部长、区革委会农林小组组长。1972 年 11 月—1978 年 2 月，任中共南桐矿区委副书记、南桐矿区革委会副主任。1978 年 2 月—1980 年 12 月，任中共南桐矿区委书记、南桐矿区革委会主任。1980 年 12 月—1983 年 12 月，任中共南桐矿区委书记。

1984 年 4 月—1990 年 2 月，任政协南桐矿区委主席。1993 年，离休。2004 年，因病在万盛逝世，享年 74 岁。

王茂全

王茂全，原名王茂，男，汉族，中共党员，民国 22 年（1933 年）8 月生，綦江县青年乡堡堂村（今万盛区青年镇堡堂村）人。少年时期在家入私塾读书，后在家务农。1951—1958年，先后任青年乡堡堂村农会主任、初级农业合作社、高级农业合作社社长。其间，1952年2月加入中国新民主主义青年团，1955年2月加入中国共产党。1958年至1963年5月，先后任南桐矿区青年公社宣传部部长、工业部部长、湛家大队大队长等职。1963年5月，任青年公社堡堂大队党支部书记。

1974年1月，被录用为国家干部，任中共重庆市委常委、农村工作部副部长。是年，当选第四届全国人民代表大会代表。1975年1月，任第四届全国人民代表大会常务委员会委员。1975年1月（綦江为11月）—1983年7月，任中共重庆市委书记。其间，1976—1980年，兼任中共重庆市农委书记。1977年8月，当选中共十一届中央委员会委员。1977—1982年，兼任重庆市革委会副主任、重庆市政府副市长。1978年5月—1984年1月，兼任中共江北县委书记。1984年2月，任綦江县政府顾问。1993年12月，退休。

在20世纪60年代农业学大寨运动中，中共青年公社堡堂大队支部书记王茂全带领群众将老鸦颈等荒山坡地改造成13.33公顷果园、梯田，并兴修水利，改善灌溉条件。1973年4月12日，中共山西省委书记、中共昔阳县委第一书记、中共大寨大队支部书记陈永贵考察堡堂大队，充分肯定和高度评价堡堂大队取得的成绩。1973年6月，四川省在重庆市召开川东片区学大寨经验交流会，肯定堡堂大队四川省农业学大寨先进典型，并提出“全省农业学大寨，赶化林、超堡堂”口号，王茂全在会上作经验交流发言。1973年9月16日，中央人民广播电台以《艰苦奋斗的带头人——王茂全》为题，播出堡堂大队学大寨的事迹。

2009年7月17日，王茂全因病在綦江逝世，享年76岁。

胡金标

胡金标，男，汉族，中共党员，民国4年（1915年）生，江西省峡江县人。自幼孤苦，无正式名字，人呼“桥牯仔”（小娃娃）。五六岁时流浪乞讨，稍长，靠放牛割草糊口。民国18年（1929年），参加中国工农红军，部队首长为其取名“金标”。

民国21年（1932年），加入中国共产党。民国24年（1935年）2月，在长征途中负伤，被留在四川古蔺县一农民家；民国27年（1938年），在重庆新华日报社做印刷、发行工作；民国35年（1946年），参加晋绥吕梁军区土改工作，参加“入川干部队”学习。民国37年（1948年），任陕西省白河县第一区区委书记。1950年，任綦江铁矿助理军事代表。1951年2月至1958年，历任四〇三（东林）煤矿军事代表、中共东林煤矿总支书记、东林煤矿副矿长和矿长等职。1958年，胡金标被错划为右派分子，受到开除党籍、撤职、降级处分，下放到荣昌煤矿劳动。1979年2月，被平反后，任南桐矿务局综合管理处副处长。1982年，离休。2010年，因病逝世，享年95岁。

于汉卿

于汉卿，男，汉族，中共党员，民国18年（1929年）生，河北省宁河县人。民国35年（1946年）7月，参加革命。民国36年（1947年）3月，加入中国共产党。民国35年（1946年）7月后，在冀东军区历任通讯员、班长、排长、党支部书记、副指导员、政治教员。1949 年 11 月，随部队到重庆，任重庆市公安局南岸分局派出所副所长、分局副科长、协理员、副局长，中共南岸区委工业部副部长，重庆水泥厂党委书记，中共重庆市委工业部基建处副处长，重庆钢铁公司转炉一厂党委书记、三厂厂长，重庆松藻矿务局党委副书记。

1963 年 11 月，任鱼田堡煤矿党委书记。1965 年 4 月，任南桐矿务局党委副书记；1966 年 2 月—1967 年 3 月，任南桐矿务局局长。

1970 年 1 月后，历任重庆市煤炭工业管理局革命领导小组和党的核心小组副组长，中共重庆市委工业交通部核心小组副组长、副部长。

1973 年起，历任四川省重庆市煤管局革命领导小组和核心小组副组长；四川省重庆市委工业部核心小组副组长、副部长，中共重庆市委书记、重庆市革委会副主任。

1980 年，任中共重庆市委第二书记，重庆市政府市长。1985 年 5 月，任中共重庆市委副书记。1987 年 11 月，主持中共重庆市委工作。

1988 年 6 月后，历任重庆市第十一届、十二届人大常委会主任，全国农业与农村委员会委员，重庆市政府经济顾问，中国贸促会重庆市分会名誉会长。第九届全国人民代表大会代表。2004 年 1 月，离职休养。

2011 年 2 月 22 日 16 时，因病在重庆逝世，享年 82 岁。

第二章　人物名录

一、先进人物名录

（一）全国劳动模范、先进生产（工作）者

1986—2011 年万盛区全国劳动模范、先进工作者一览表

表 32–1

序号	姓名	性别	出生时间	荣誉称号	获奖年份	获奖时工作单位	颁奖单位
1	江平万	男	1951 年 1 月	先进工作者	2000	万盛区公安分局万盛派出所	国务院
2	张前东	男	1966 年 10 月	劳动模范	2005	鱼田堡煤矿掘进 103 队	国务院
3	涂江莲	女	1964 年 12 月	先进工作者	2005	万盛区人民医院妇产科	国务院
4	喻洪荣	男	1964 年 3 月	先进工作者	2010	重庆振兴煤业成渝煤矿	国务院

（二）全国五一劳动奖章

1986—2011 年万盛区全国五一劳动奖章获得者一览表

表 32-2

序号	姓名	性别	出生时间	获奖年份	获奖时工作单位	颁奖单位
1	罗南钊	男	1932 年	1986	红岩煤矿掘进 131 队	国家经济委员会
2	罗昭骏	男	–	1991	南桐矿务局工会	中华全国总工会
3	丁茂生	男	1957 年	1993	南桐煤矿采煤队	中华全国总工会
4	张前东	男	1966 年 10 月	2003	鱼田堡煤矿掘进 103 队	中华全国总工会

（三）四川省劳动模范

1986—2011 年万盛区四川省劳动模范一览表

表 32-3

序号	姓名	性别	出生时间	获奖年份	获奖时工作单位	颁奖单位
1	刘大颂	男	1930 年 4 月	1986	南桐矿区律师事务所	四川省政府
2	朱代芹	男	1940 年 5 月	1989	南桐矿区酿造厂	四川省政府
3	丁茂生	男	1957 年	1989	南桐煤矿采煤队	四川省政府
4	马仕荣	男	–	1995	南桐煤矿采煤队	四川省政府
5	杨能良	男	1936 年 12 月	1995	万盛区田坝煤矿	四川省政府
6	傅开明	男	1954 年 2 月	1996	万盛区江洲水泥厂	四川省政府

（四）重庆市劳动模范、先进生产（工作）者

1986—2011 年万盛区重庆市劳动模范、先进工作（生产）者一览表

表 32-4

序号	姓名	性别	出生时间	荣誉称号	获奖年份	获奖时工作单位	颁奖单位
1	柯兴芸	女	1964 年 7 月	劳动模范	2000	青年镇堡堂村	重庆市政府
2	何青松	男	–	劳动模范	2000	干坝子洗选厂	重庆市政府
3	蔡春容	女	1956 年 2 月	先进工作者	2000	万盛区妇幼保健院	重庆市政府
4	刘茂怀	男	1954 年 11 月	劳动模范	2000	南桐镇政府	重庆市政府
5	侯祯碧	女	1963 年 9 月	劳动模范	2005	金桥镇马头桥村前丰合作社	重庆市政府
6	任高勋	男	–	劳动模范	2005	南桐煤矿掘进 114 队	重庆市政府
7	傅汝栋	男	1963 年 6 月	劳动模范	2005	万东镇五里村党支部委员会	重庆市政府
8	傅凤兰	女	1965 年 6 月	先进工作者	2005	万盛区交通局	重庆市政府
9	罗应全	男	1954 年 12 月	劳动模范	2009	青年镇湛家村	重庆市政府

续表

序号	姓名	性别	出生时间	荣誉称号	获奖年份	获奖时工作单位	颁奖单位
10	杨明	男	–	劳动模范	2009	南桐特种水泥公司	重庆市政府
11	刘德忠	男	–	劳动模范	2009	南桐矿业公司	重庆市政府
12	王道琦	女	1959 年 5 月	劳动模范	2009	丛林镇新建村	重庆市政府
13	陈俊	男	1967 年 11 月	劳动模范	2009	万盛区公安分局桃子派出所	重庆市政府

（五）省（部）级先进人物

1986—2011 年万盛区获省（部）级表彰先进人物一览表

表 32–5

序号	姓名	性别	出生时间	荣誉称号	获奖年份	获奖时工作单位	颁奖单位
1	罗南钊	男	1932 年	全国先进班组长	1986	红岩煤矿掘进 131 队	中华全国总工会 国家经济委员会
2	卢天俊	男	1938 年	劳动模范	1988	南桐矿务局总医院	能源部
3	杨光松	男	1940 年 1 月	–	1988	万盛区食药监局	卫生部
4	张永萍	女	1952 年	全国模范护士	1988	南桐矿务局总医院	卫生部
5	郑在良	男	1938 年	劳动模范	1988	南桐矿务局	能源部
6	郭若纯	女	1934 年 7 月	全国生育节育抽样调查先进工作者	1989	南桐矿区计划生育委员会	国家计划生育委员会
7	秦宗育	女	1936 年	优秀教师	1989	南桐矿务局技工学校	四川省政府
8	张绍全	男	1942 年 9 月	全国优秀教师	1989	景星乡中心校	国家教育委员会、人事部、中国教育工会全国委员会
9	周万寿	男	1935 年 2 月	30 年教龄特殊贡献教育者	1989	重庆第一〇四中学	四川省政府
10	朱淑群	女	1941 年 3 月	优秀教师	1989	重庆第一〇四中学	四川省政府
11	卓雪珍	女	1945 年 10 月	全国优秀教师	1989	南桐矿务局东林子学校	国家教育委员会、 人事部、中国教育工会 全国委员会
12	霍仁昆	男	–	破案能手	1990	南桐矿区人民检察院	四川省人民检察院
13	张有为	女	1950 年 11 月	第四次全国人口普查先进个人	1990	南桐矿区人事局	四川省政府
14	张有为	女	1950 年 11 月	第四次全国人口普查先进个人	1990	南桐矿区人事局	国务院
15	刘仁强	男	–	三等功	1992	南桐矿区人民检察院	四川省人民检察院
16	胡大才	男	1950 年 1 月	优秀法官	1993	万盛区人民法院	四川省高级人民法院
17	霍仁堂	男	1956 年 6 月	计生工作 15 年贡献	1996	南桐镇政府	国家计划生育委员会

续表

序号	姓名	性别	出生时间	荣誉称号	获奖年份	获奖时工作单位	颁奖单位
18	张有为	女	1950 年 11 月	计划生育先进工作者	1996	万盛区政府办公室	四川省政府
19	罗开元	男	1952 年 5 月	调解工作先进个人	1998	南桐镇政府	重庆市政府
20	吴佳斌	男	1968 年 8 月	优秀法官	1998	万盛区人民法院	重庆市高级人民法院
21	熊绍文	男	1942 年 12 月	为发展我国农业技术事业做出突出贡献	1998	万盛区农业局	国务院
22	徐月芬	女	1954 年 10 月	抗洪抢险先进工作者	1998	万盛区农机水电局	人事部 水利部
23	陈玲玲	女	–	全国十大杰出青年岗位能手	1999	万盛区邮政局	共青团中央 国家经济贸易委员会 劳动和就业保障部
24	万承学	男	1970 年 10 月	全国农业技术推广先进工作者	1999	南天乡农经站	农业部
25	张有为	女	1950 年 11 月	民族团结进步模范	1999	万盛区政府办公室	国务院
26	张有为	女	1950 年 11 月	民族团结进步模范	1999	万盛区政府办公室	重庆市政府
27	李良贤	男	1948 年 11 月	劳动模范	2000	万盛区物资局	国家经济贸易委员会、人事部
28	谭宗惠	女	1958 年 4 月	人民满意好法官	2000	万盛区人民法院	重庆市高级人民法院
29	张有为	女	1950 年 11 月	全国初级卫生保健工作先进个人	2000	万盛区政府办公室	卫生部、农业部、环保总局、国家计划生育委员会、全国爱国卫生运动委员会
30	霍仁堂	男	1956 年 6 月	全国“婚育新风进万家”活动先进个人	2001	南桐镇政府	国家计划生育委员会
31	谭毅	男	1970 年 1 月	“严打”整治斗争先进个人	2001	万盛区人民法院	重庆市高级人民法院
32	王廷桂	女	1950 年 1 月	全国功臣模范	2001	万盛区公安分局	中华全国妇女联合会
33	张元林	男	1947 年 5 月	修订《重庆市防空袭方案》工作先进个人	2001	万盛区人防办	重庆市政府 重庆警备处
34	傅先灿	男	1955 年 12 月	“三年无火警火灾”先进个人	2002	景星乡政府	重庆市政府
35	冷德由	男	1952 年 2 月	“九五”期间人口与计划生育先进工作者	2002	万盛区计划生育委员会	重庆市政府
36	宁光林	男	1949 年 10 月	“九五”期间先进工作者	2002	万盛区计划生育委员会	重庆市政府
37	谭毅	男	1970 年 1 月	优秀审判长	2002	万盛区人民法院	重庆市高级人民法院
38	张兵	男	–	先进个人	2002	万盛区人民检察院	重庆市人民检察院
39	程昌林	男	1964 年 6 月	拥军优属先进个人	2003	万盛区民政局	中共重庆市委、重庆市政府、重庆警备区
40	蒋红	女	1970 年 12 月	优秀书记员	2003	万盛区人民法院	重庆市高级人民法院
41	潘世福	男	1958 年 11 月	优秀共产党员	2003	万盛区卫生局	中共重庆市委

续表

序号	姓名	性别	出生时间	荣誉称号	获奖年份	获奖时工作单位	颁奖单位
42	谭毅	男	1970 年 1 月	“严打”整治斗争先进个人	2003	万盛区人民法院	中共重庆市委 重庆市政府
43	徐月芬	女	1954 年 10 月	抗“非典”工作先进个人	2003	万盛区政府	重庆市政府
44	杨开瑜	男	1964 年 1 月	“非典”防治工作先进个人	2003	丛林镇红岩村	中共重庆市委 重庆市政府
45	杨晓放	女	1972 年 1 月	优秀法官	2003	万盛区人民法院	重庆市高级人民法院
46	犹明文	男	1970 年 8 月	全国人口和计划生育法制建设先进个人	2003	万盛区人口与计划生育委员会	国家人口和计划生育委员会
47	张勇	男	1973 年 11 月	全国优秀少先队辅导员	2003	万盛区实验学校	中国少年先锋队全国工作委员会
48	霍似秋	男	1957 年 3 月	2003—2004 年度防范和处理邪教问题工作先进个人	2004	中共万盛区政法委	中共重庆市委 重庆市政府
49	蒋红	女	1970 年 12 月	优秀书记员	2004	万盛区人民法院	重庆市高级人民法院
50	左萍	女	1969 年 5 月	优秀法官	2004	万盛区人民法院	–
51	戴廷科	男	1956 年 8 月	扶贫开发领导小组先进个人	2005	区交通局	区交通局
52	郭绍华	男	1956 年 5 月	“婚育新风进万家”先进个人	2005	万盛区人口与计划生育委员会	中共中央宣传部
53	蒋红	女	1970 年 12 月	优秀书记员	2005	万盛区人民法院	重庆市高级人民法院
54	谭宗惠	女	1958 年 4 月	优秀法官	2005	万盛区人民法院	重庆市高级人民法院
55	犹明文	男	1970 年 8 月	2003—2004 年度百佳行政执法人员	2005	计划生育委员会	重庆市政府
56	张冰涛	男	1963 年 3 月	优秀法官	2005	万盛区人民法院	重庆市高级人民法院
57	刘大勇	男	1953 年 9 月	抗旱救灾工作先进个人	2006	金桥镇马头桥村	中共重庆市委 重庆市政府
58	刘怀清	男	1950 年 9 月	全国知识型职工先进个人	2006	南桐矿业公司总医院疼痛科	中华全国总工会 中央文明办等
59	唐洪智	女	1955 年 9 月	计划生育先进工作者	2006	万盛区人口与计划生育委员会	重庆市政府
60	王英	女	1973 年 10 月	“十五”期间助残扶残先进个人	2006	万盛区民政局	重庆市政府
61	徐月芬	女	1954 年 10 月	抗旱工作先进个人	2006	万盛区政府	重庆市政府
62	杨传华	男	1949 年 3 月	二等功	2006	万盛区人民法院	重庆市高级人民法院
63	杨晓放	女	1972 年 1 月	优秀法官	2006	万盛区人民法院	重庆市高级人民法院
64	余丽	女	1968 年 12 月	文明市民	2006	重庆第四十九中学	重庆市政府
65	傅凤兰	男	1965 年 6 月	优秀共产党员	2007	万盛区交通局	中共重庆市委
66	万文英	女	1967 年 1 月	优秀共产党员	2007	南桐镇石桥村	中共重庆市委

续表

序号	姓名	性别	出生时间	荣誉称号	获奖年份	获奖时工作单位	颁奖单位
67	姚代正	男	1964 年 3 月	优秀法官	2007	万盛区人民法院	重庆市高级人民法院
68	张学毅	男	1967 年 6 月	全国优秀教师	2007	重庆第四十九中学	教育部
69	周策	男	1967 年 9 月	清积案活动先进个人	2007	万盛区人民法院	重庆市高级人民法院
70	周麟	男	1973 年 10 月	优秀班主任	2007	重庆第四十九中学	重庆市政府
71	蒋红	女	1970 年 12 月	三等功	2008	万盛区人民法院	重庆市高级人民法院
72	李治平	男	1961 年 3 月	2007 年度全国自行车被盗问题专项行动先进个人	2008	万盛区公安分局	公安部、建设部、商务部、国家工商总局、国家质监总局
73	唐德兵	男	1971 年 1 月	优秀人民调解员	2008	青年镇青年街社区	重庆市高级人民法院
74	杨含忠	男	–	先进个人	2008	万盛区人民检察院	重庆市人民检察院
75	姚代正	男	1964 年 3 月	三等功	2008	万盛区人民法院	重庆市高级人民法院
76	张登阳	男	1967 年 10 月	国家非物质文化遗产代表传承人	2008	金桥镇青山村	文化部
77	张雄	男	–	抗震救灾优秀共产党员	2008	南桐矿业公司总医院	中共重庆市委
78	周德全	男	1955 年 4 月	中共十七大安全播出先进个人三等功	2008	万盛区文广新局	国家广电总局
79	周应福	男	1956 年 8 月	中共十七大安全播出先进个人一等功	2008	万盛区文广新局	国家广电总局
80	蔡春明	男	1967 年 4 月	优秀共产党员	2009	重庆第四十九中学	中共重庆市委
81	成大彬	男	1972 年 5 月	优秀共产党员	2009	东林街道办事处	中共重庆市委
82	成月波	男	1979 年 12 月	全国模范教师	2009	石林镇中心校	人力资源和社会保障部 教育部
83	李财兵	男	1972 年 12 月	干部大走访攻坚行动表现突出	2009	万盛街道办事处	中共重庆市委 重庆市政府
84	李星伟	男	1958 年 6 月	审判业务标兵	2009	万盛区人民法院	重庆市高级人民法院
85	李雅洁	男	1964 年 4 月	优秀共产党员	2009	万盛区公安分局	中共重庆市委
86	罗单	男	1976 年 10 月	“三五”普法先进个人	2009	万盛区信访办	中共中央宣传部 司法部
87	邱忠维	女	1973 年 4 月	第三届教育先进工作者	2009	万盛区实验学校	重庆市政府
88	谭宗惠	女	1958 年 4 月	审判业务标兵	2009	万盛区人民法院	重庆市高级人民法院
89	夏清卫	男	1930 年 6 月	职工楷模	2009	万盛区饮食服务公司	重庆市政府
90	张万能	男	1976 年 6 月	优秀共产党员	2009	万盛区公安分局	中共重庆市委
91	周轶	男	1967 年 9 月	大走访攻坚行动嘉奖	2009	万盛区人民法院	中共重庆市委 重庆市政府
92	朱霞	女	1976 年 1 月	重庆市教学成果三等奖	2009	万盛区新华小学	重庆市政府

续表

序号	姓名	性别	出生时间	荣誉称号	获奖年份	获奖时工作单位	颁奖单位
93	蔡启文	男	1956 年 11 月	清积案活动先进个人	2010	万盛区人民法院	重庆市高级人民法院
94	李华全	男	1965 年 10 月	重庆市“三环八射”高速公路建设先进个人	2010	万东镇政府	重庆市政府
95	熊君洪	男	1976 年 9 月	交通运输文明执法标兵	2010	万盛区交通局	交通运输部
96	周清秀	女	1968 年 7 月	信访工作先进个人	2010	万盛区人民法院	重庆市高级人民法院
97	柏刁	男	1971 年 12 月	优秀共产党员	2011	万盛区中医院	中共重庆市委
98	陈胜	男	1976 年 1 月	先进政法干警	2011	万盛区公安分局	中共重庆市委
99	蒋红	女	1970 年 12 月	先进个人	2011	万盛区人民法院	重庆市高级人民法院
100	马成骁	男	1985 年 8 月	优共青团员	2011	万盛区电视台	共青团中央
101	彭德龙	男	1967 年 10 月	优秀共产党员	2011	重庆第四十九中学	中共重庆市委
102	彭德龙	男	1967 年 10 月	百名优秀专业技术人才	2011	重庆第四十九中学	重庆市政府
103	杨银宾	男	1966 年 9 月	优秀党务工作者	2011	黑山镇鱼子村	中共重庆市委
104	王新文	男	1942 年 6 月	农村科普工作先进个人	–	万盛区人口与计划生育委员会	重庆市政府
105	张继渝	男	1956 年 12 月	全国优秀人民警察	–	万盛区公安分局	公安部

（六）重庆市“五一劳动奖章”

1986—2011 年万盛区重庆市五一劳动奖章获得者一览表

表 32–6

序号	姓名	性别	出生时间	获奖年份	获奖时工作单位	颁奖单位
1	刘德忠	男	–	2006	南桐矿业公司	重庆市总工会
2	邱学东	女	1962 年 10 月	2007	万盛区农业局植保站	重庆市总工会
3	陈俊	男	1967 年 11 月	2008	万盛区公安分局桃子派出所	重庆市总工会
4	邹刚	男	1958 年 5 月	2009	重庆海博金属冶炼公司	重庆市总工会
5	刘泽进	男	–	2009	南桐矿业公司	重庆市总工会
6	沈文剑	男	–	2010	南桐煤矿	重庆市总工会
7	邱刚	男	1967 年 2 月	2010	万盛区教育委员会	重庆市总工会
8	尤杰	男	1970 年 12 月	2011	万盛区黑山谷旅游公司	重庆市总工会
9	魏崇兴	男	–	2011	红岩煤矿采煤队	重庆市总工会

（七）重庆市三八红旗手

1986—2011年万盛区重庆市三八红旗手获得者一览表

表32–7

姓名	出生时间	获奖年份	获奖时工作单位	颁奖单位
傅凤兰	1965年6月	2006	万盛区交通局	重庆市妇联
卢静	1961年10月	2009	万盛区交通委员会	重庆市妇联

（八）重庆市道德模范

1986—2011年万盛区重庆市道德模范一览表

表32–8

姓名	性别	出生时间	获奖年份	获奖时工作单位	颁奖单位
冯光荣	女	1963年11月	2007	万东镇箐溪村	重庆市总工会 共青团重庆市委 重庆市妇联

（九）民主党派中央表彰先进人物

1986—2011年万盛区获民主党派中央表彰先进人物一览表

表32–9

姓名	性别	出生时间	荣誉称号	获奖年份	获奖时工作单位	颁奖单位
陈亚莉	女	1973年4月	优秀宣传干部	2005	重庆市万盛区新闻社	民革中央委员会

二、享受国务院政府特殊津贴专家

1986—2011年万盛区享受国务院政府津贴专家一览表

表32–10

姓名	性别	出生时间	授予年份	工作单位
吴兆伸	男	1924年7月	–	南桐矿务局
罗信华	男	–	–	–
郑守本	男	1940年6月	–	南桐矿务局
王吉宽	男	–	–	–
赵清义	男	1939年1月	–	南桐矿务局
叶增仁	男	1945年5月	–	南桐矿业公司
曾庆固	男	1929年1月	1992	南桐矿区人民医院

三、正高级专业技术职称人员

1986—2011 年万盛区获正高级专业技术职称人员一览表

表 32-11

序号	姓名	性别	出生时间	工作单位	技术职务	从事行业
1	曾庆固	男	1929 年 1 月	南桐矿区人民医院	主任医师	医疗
2	王心明	男	1952 年 10 月	万盛职业教育中心	教授	教育
3	朱继宜	女	1955 年 4 月	万盛区人民医院	主任医师	医疗
4	蒋文逸	男	1943 年 9 月	万盛区中医院	主任中医师	医疗
5	吴兆伸	男	1924 年 7 月	南桐矿务局	正高级工程师	采矿
6	侯定和	男	1931 年 5 月	南桐矿务局	正高级工程师	采矿
7	叶增仁	男	1945 年 5 月	南桐矿业公司	正高级工程师	采矿
8	赵清义	男	1939 年 1 月	南桐矿务局	正高级工程师	测量
9	郑守本	男	1940 年 6 月	南桐矿务局	正高级工程师	洗煤
10	刘怀清	男	1950 年 9 月	南桐矿业公司	主任医师	医疗
11	卢建明	男	1957 年 4 月	南桐矿业公司	主任医师	医疗

附录

前志正误

《重庆市南桐矿区志》关于溱州及荣懿县治的记载有误

2008 年 8 月出版的《重庆市南桐矿区志》记述辖区历史隶属时说："十六年（642）年，置溱州隶江南道，辖荣懿、扶欢、乐来 3 县（州及荣懿县治在今南桐矿区青年镇境内）。"志书关于溱州及荣懿县治的记载是错误的。

溱州州治与荣懿县县治在一地，《通典》（唐·杜佑撰）和《太平寰宇记》（北宋·乐史撰）及《舆地广记》（北宋·欧阳忞撰）等史籍均有明确记载，这一点是没有争议的。

关于荣懿县治所在地主要有两种观点。一说荣懿县治在今青年镇境内，一说在今万盛城区。

考诸史籍，前一种观点最早出自清道光年间修《綦江县治》（罗星编纂）。罗星根据清嘉庆年间綦江县永里金兰坝（今南桐镇金龙村）出土的南宋《赵牟氏墓志》中"孺人处荣懿，舅姑处新市，相距一舍"等记载，遂在其编纂的《綦江县治卷之九·邱墓·赵牟氏墓》中提出"荣懿、新市等地，疑在今扶欢坝、青羊市（今青年镇）等处"。在《綦江县治卷之九·古迹·废溱州》中更是直接断言"青羊市即荣懿也"。此说流布较广，亦被《重庆市南桐矿区志》所采纳。

后一种观点出自民国版《桐梓县志》（犹海龙编纂）和《南川县志》（韦麟书编纂）。《桐梓县志·卷八·舆地志下·荣懿废县》："今据《赵牟氏墓志》考之……盖青羊市即旧名兴旺市，新市即兴旺之讹称也。所谓距一舍者，古人以三十里为一舍。其距新市实三十里，惟南川县之东乡坝（今万盛城区）有荣懿镇。今称镇子上。今其墓在金兰坝，去镇子上不出十里外。可知镇子上之为荣懿无疑矣。"《南川县志·卷一·古迹·荣懿镇》："惟荣懿所在……吾邑万盛场外大石坝傅氏宅，旧称荣懿镇，距青羊市仅四十里，或即当日县治所在未可知也。"

1994 年 5 月 29 日，万东镇新民村境内发现一座南宋初期墓葬，出土《宋太夫人陈氏墓志铭》石碑一块。碑铭记述因避靖康之乱而飘寓南平荣懿的河北磁州进士武思永，"卜吉葬（其母宋太夫人）于荣懿寨之南、八面山下、溪桥之侧"。此墓志明确指出墓葬的具体方位，其北面为荣懿寨，也就今万盛城区。青羊市在此墓葬南二十余里。由此可知荣懿治所在万盛城区，不在青年镇境。

重要文献

民政部关于四川省重庆市南桐矿区更名万盛区的批复

民行批〔1993〕42号

（1993年2月16日）

四川省人民政府：

你省一九九二年十二月五日《关于重庆市南桐矿区更名万盛区的请示》收悉。经国务院批准，同意将重庆市南桐矿区更名万盛区。

国家发展改革委 国土资源部 财政部 关于印发第二批资源枯竭城市名单的通知

发改东北〔2009〕588号

（2009年3月2日）

河北省、山西省、内蒙古自治区、辽宁省、吉林省、黑龙江省、安徽省、江西省、山东省、河南省、湖北省、湖南省、广西壮族自治区、重庆市、四川省、贵州省、云南省、陕西省、甘肃省人民政府：

国家发展改革委、国土资源部、财政部《关于报送第二批资源枯竭城市名单的请示》(发改东北〔2009〕227号）已经国务院批准，现将第二批资源枯竭城市名单印发给你们。

《国务院关于促进资源型城市可持续发展的若干意见》（国发〔2007〕38号）明确指出，资源型城市的可持续发展工作由省级人民政府负总责。请你们切实加强对资源型城市可持续发展工作的领导和支持。第二批资源型城市要抓紧制订、完善转型规划，提出转型和可持续发展工作的具体方案，进一步明确转型思路和发展重点，切实做好相关工作，用好中央财力性转移支付资金。中央财力性转移支付具体方案另行下达。

附件：第二批资源枯竭城市名单

附件：

第二批资源枯竭城市名单

一、地级市9个：山东省枣庄市、湖北省黄石市、安徽省淮北市、安徽省铜陵市、黑龙江省七台河市、重庆市万盛区（当作地级市对待）、辽宁省抚顺市、陕西省铜川市、江西省景德镇市。

二、县级市17个：贵州省铜仁地区万山特区、甘肃省玉门市、湖北省潜江市、河南省灵宝市、广西壮族自治区合山市、湖南省耒阳市、湖南省冷水江市、辽宁省北票市、吉林省舒兰市、四川省华蓥市、吉林省九台市、湖南省资兴市、湖北省钟祥市、山西省孝义市、黑龙江省五大连池市（森工）、内蒙古自治区阿尔山市（森工）、吉林省敦化市（森工）。

三、市辖区6个：辽宁省葫芦岛市杨家杖子开发区、河北省承德市鹰手营子矿区、辽宁省葫芦岛市南票区、云南省昆明市东川区、辽宁省辽阳市弓长岭区、河北省张家口市下花园区。

国务院关于同意重庆市调整部分行政区划的批复

国函〔2011〕129号

（2011年10月22日）

重庆市人民政府：

你市《关于部分区县行政区划调整的请示》（渝府文〔2011〕10号）及《关于部分区县行政区划调整的补充请示》（渝府文〔2011〕31号）收悉。现批复如下：

一、同意撤销重庆市双桥区、大足县，设立重庆市大足区。以原双桥区、大足县的行政区域为新设的重庆市大足区的行政区域。大足区人民政府驻棠香街道二环北路中段1号。

二、撤销重庆市万盛区、綦江县，设立重庆市綦江区。以原万盛区、綦江县的行政区域为新设的重庆市綦江区的行政区域。綦江区人民政府驻古南街道中山路1号。

上述行政区划调整涉及的各类机构要按照“精简、统一、效能”的原则设置，涉及的行政区域界线要按规定及时勘定，所需人员编制和经费由你市自行解决。要严格执行中央关于厉行节约的规定和国家土地管理法规政策，加大区域资源整合力度，优化总体布局，促进区域经济社会协调健康发展。

中共重庆市委 重庆市人民政府
关于撤销双桥区大足县设立大足区和撤销万盛区綦江县设立綦江区
有关工作的通知

渝委发〔2011〕31号

（2011年10月29日）

各区县（自治县）党委和人民政府，市委各部委，市级国家机关各部门，各人民团体：

根据国务院《关于同意重庆市调整部分行政区划的批复》（国函〔2011〕129号）精神，经市委第143次常委会议、市政府第111次常务会议审议通过，现就撤销双桥区和大足县设立大足区、撤销万盛区和綦江县设立綦江区有关工作通知如下：

一、撤销双桥区、大足县，设立重庆市大足区，辖原双桥、大足所辖行政区域，区人民政府驻原大足县棠香街道二环北路中段1号；撤销万盛区、綦江县，设立重庆市綦江区，辖原万盛、綦江所辖行政区域，区人民政府驻原綦江县古南街道中山路1号。大足区、綦江区行政规格均为地厅级。

同时，设立重庆市双桥经济技术开发区，规划面积133平方千米；设立重庆市万盛经济技术开发区，规划面积150平方千米。两个经济技术开发区作为市级开发区，分别委托所在区的区委、区人民政府管理。双桥经济技术开发区、万盛经济技术开发区主要负责经济发展和开发建设工作，其党务、社会事务分别由所在区的区委和区人民政府统筹管理。

二、撤销中共重庆市双桥区委、中共大足县委，设立中共重庆市大足区委；撤销中共重庆市万盛区委、中共綦江县委，设立中共重庆市綦江区委。大足区委、綦江区委的届次重新计算。原中共重庆市双桥区、中共大足县本届代表大会代表履行职责至中共重庆市大足区第一届代表大会代表选举产生时止；原中共重庆市万盛区、中共綦江县本届代表大会代表履行职责至中共重庆市綦江区第一届代表大会代表选举产生时止。

三、撤销中共重庆市双桥区纪律检查委员会、中共大足县纪律检查委员会，设立中共重庆市大足区纪律检查委员会；撤销中共重庆市万盛区纪律检查委员会、中共綦江县纪律检查委员会，设立中共重庆市綦江区纪律检查委员会。大足区纪律检查委员会、綦江区纪律检查委员会的届次重新计算。

四、依法设立重庆市大足区和綦江区人大、区政府、区人民法院、区人民检察院。大足区、綦江区人民代表大会的届次重新计算。原双桥区、大足县本届人民代表大会的代表，依法履行职责至大足区第一届人民代表大会代表选举产生时止；原万盛区、綦江县本届人民代表大会的代表，依法履行职责至綦江区第一届人民代表大会代表选举产生时止。

五、依照政协章程，设立政协重庆市大足区委员会、政协重庆市綦江区委员会，其届次重新计算。原大足县本届政协委员会的委员履行职责至政协重庆市大足区第一届委员会委员产生时止；原万盛区、綦江县本届政协委员会的委员履行职责至政协重庆市綦江区第一届委员会委员产生时止。

六、大足区委、綦江区委负责筹备工作的组织领导和统筹协调，研究决定重大事项，并负责区党代会筹备等事宜。同时，分别组建区人大、区政府、区政协筹备组，在区委常委会领导下，负责区人代会、政协会筹备等事宜。

七、大足区和綦江区的区委、区人大常委会、区政府、区政协领导班子，区纪委书记、区人民法院院长、区人民检察院检察长和双桥经济技术开发区、万盛经济技术开发区市管领导干部的人选，按照《党政干部选拔任用工作条例》、有关法律和章程的规定，由市委组织部、市纪委考察提出意见，经市委审定后按程序办理。区管领导干部分别由大足区、綦江区委统筹调配。原双桥区委、区人大常委会、区政府、区纪委的职权、职能，原大足县县委、县人大常委会、县政府、县政协、县纪委的职权、职能，分别履行到大足区新机构成立时止；原万盛区委、区人大常委会、区政府、区政协、区纪委的职权、职能，原綦江县县委、县人大常委会、县政府、县政协、县纪委的职权、职能，分别履行到綦江区新机构成立时止。

八、大足区、綦江区涉及的各类机构要按照“精简、统一、效能”的原则设置。大足区、綦江区分别设区委机构8个、区委部门管理机构2个；区人大常委会综合办事机构1个，工作委员会5个；区政府工作部门30个；区政协综合办事机构1个，专门委员会办事机构3个；群团组织、民主党派、工商联按规定设置。区属事业单位按事业单位分类改革要求调整整合。市级部门设在原行政区的派出机构原则上整合设置。区级领导职数按市委规定确定。区党政工作部门一般设正职 1 名、副职 1—3 名。人员编制暂为原区县人员编制之和，今后逐年精简消化。

双桥经济技术开发区和万盛经济技术开发区分别设立党工委、管委会。管委会设 7 个内设机构和 1 个直属事业单位，所需人员编制分别由大足区、綦江区在现有人员编制总额内调剂。

大足区、綦江区及双桥经济技术开发区、万盛经济技术开发区机构编制设置方案，分别由两区党委常委会按程序报批。

九、根据国家现行财税政策和行政区划调整实际，将市对原双桥区和大足县、万盛区和綦江县的财政补助额度分别叠加，作为市对大足区、綦江区补助的基数，保持总量不减。党政机关和事业单位津补贴与绩效工资标准，按照同级别“就高”原则解决。

十、加强领导，严肃纪律。要统一思想，精心组织实施，确保过渡期间的经济运行、招商引资、财政税收、土地规划等工作有序过渡，不断不乱；要严格执行中央关于厉行节约的规定和国家土地管理法规政策；要做好思想政治工作，特别要加强生产安全和社会稳定工作；要加大区域资源整合力度，优化总体布局，促进区域经济社会协调健康发展。各级干部要顾全大局，讲政治，讲责任，严格遵守政治纪律、组织人事纪律、财务管理纪律和工作纪律，确保新区组建工作顺利推进。市级各部门要密切配合，主动做好区划调整的服务工作。

索引

一、本索引分主题索引和表索引两部分。

二、主题索引不含图表、概述、大事记、附录和编后记等部分及志文篇、章、节的名称。索引按主题词首字汉语拼音字母（同音字按声调）顺序排列，第一字相同，按第二字音序排列，依次类推。主题词所在页码，标注于主题词后，同一主题词有多个页码的，同时标注。

三、表索引分篇章，按表序号排列。表题所在的页码，标注在表题之后。

A

B

C

D

E

F

G

H

J

K

L

M

N

P

Q

R

S

T

W

X

Y

Z

表索引

编 后 记

修志问道，以启未来。

方志是传承中华文明、发掘历史智慧的重要载体，是承上启下、继往开来、服务当代、有益后世的千秋大业。故“一邑之典章文物，皆系于志”是也。

《重庆市万盛区志 (1986—2011)》是接续《重庆市南桐矿区志》的第二部万盛区志。2013 年 12 月，重庆市万盛经济技术开发区组建了区志编纂委员会，并于次年 6 月启动编修工作。

2017 年 6 月，志书分篇章初稿完成，后经总撰、区内专业人员审读、区级部门专项审查、区编纂委员会审核、市地志办评审、重庆市政府审批等环节。2018 年 10 月，志稿获批付梓。志稿设 32 篇、157 章，约 196 万字。

区志资料浩繁，此方天文、地理、政治、经济、文化、生态、军事、艺术等不一而足，皆不能遗漏或顾此失彼。如此而已，吾等只有竭尽全力而为之，焉敢懈怠！

区志编修以来，得到重庆市地方志办公室和万盛经开区领导的亲切关怀，全区企事业单位的鼎力支持，特邀专业人员的点评斧正，谬误大多得以匡正。在此，对所有关心和支持区志编纂的单位和个人，表示衷心感谢。

区志出版，兹量体大，存史、育人、资政之要义跃然纸上，读者可圈可点，也可笔伐鞭策。凡 26 年，不长亦不短，然毕竟时过境迁，机构、人员多有替换，加之资料保管或欠妥、或疏忽、或缺失。总而言之，部分缺失或不足无法弥补，终为憾事；更兼区志编纂者学识浅薄，笔力不坚，书中定有鲁鱼亥豕，误人子弟之处。倘如此，吾等诚惶诚恐，望肯谅之又谅之。

古人云：“盖文学毛病，犹春草渐生，旋划旋有，不厌朋友切磋也。”若此可作为吾等聊以自慰之托词，便也心安些许，少些负疚。

《重庆市万盛区志 (1986—2011)》编辑部

2018 年 11 月